Otium

Studien zur Theorie und Kulturgeschichte
der Muße

12

Rebekka Becker

Muße im höfischen Roman

Literarische Konzeptionen des Ausbruchs und der Außeralltäglichkeit im ›Erec‹, ›Iwein‹ und ›Tristan‹

Mohr Siebeck

Rebekka Becker, geboren 1987; Studium der Germanistik und Philosophie in Tübingen und Freiburg i.Br.; wissenschaftliche Mitarbeiterin und 2016 Promotion am SFB 1015 ›Muße. Räume, Konzepte, Figuren‹ der Albert-Ludwigs-Universität Freiburg i.Br.; seit 2018 Gymnasiallehrerin.

Diese Publikation entstand im Rahmen des Sonderforschungsbereichs 1015 ›Muße‹ (Teilprojekt C1: ›Paradoxien der Muße im Mittelalter. Paradigmen tätiger Untätigkeit in höfischer und mystischer Literatur‹). Gefördert durch die Deutsche Forschungsgemeinschaft (DFG) – Projektnummer 197396619 – SFB 1015.

ISBN 978-3-16-157725-3 / eISBN 978-3-16-157726-0
DOI 10.1628/978-3-16-157726-0

ISSN 2367-2072 / eISSN 2568-7298 (Otium)

Die Deutsche Nationalbibliothek verzeichnet diese Publikation in der Deutschen Nationalbibliographie; detaillierte bibliographische Daten sind über *http://dnb.dnb.de* abrufbar.

Das Buch wurde von Yannick Della in Tübingen aus der Minion gesetzt, von Hubert & Co. in Göttingen auf alterungsbeständiges Werkdruckpapier gedruckt und gebunden.

Der Umschlag wurde von Uli Gleis in Tübingen gestaltet. Umschlagabbildung: Ausschnitt aus: Thomasin von Zerklaere: Welscher Gast. Text-Bild-Edition ›Welscher Gast digital‹. Hrsg. von Jakub Šimek unter Mitwirkung von Peter Schmidt und Christian Schneider, Heidelberg: Universitätsbibliothek, 2015ff. (https://doi.org/10.11588/edition.wgd)

Printed in Germany.

Meiner Familie

Es stammen aber die Namen Ziel und Zweck aus der Sprache der Schützen: Bedeutet also ziellos und zwecklos in seinem ursprünglichen Zusammenhang nicht so viel wie kein Tötender sein?

Robert Musil,
Der Mann ohne Eigenschaften

Vorwort

Diese Arbeit, die im Wintersemester 2016/17 als Dissertation angenommen wurde, ist im Rahmen des SFB 1015 ›Muße. Konzepte, Räume, Figuren‹ (2013–2016) an der Albert-Ludwigs-Universität Freiburg im Breisgau entstanden und wurde für den Druck überarbeitet. Sie ist geprägt von den Überlegungen, Diskussionen und Forschungsansätzen des Projektes und des integrierten Graduiertenkollegs. Ich bin sehr dankbar, dass ich bei diesem Sonderforschungsbereich mitwirken und dieses Buch schreiben konnte.

Besonders herzlich danke ich Prof. Henrike Manuwald für ihre große Unterstützung, für Orientierung wie Freiraum gleichermaßen, für ermutigende Worte und wertvollen Rat sowie für das Interesse und die Aufmerksamkeit, mit der sie die gesamte Zeit über meine Arbeit begleitete. Prof. Thomas Klinkert und Prof. Martina Backes danke ich sehr für hilfreiche Gespräche und weiterführende Empfehlungen.

Des Weiteren gilt mein Dank dem gesamten Teilprojekt C 1 ›Paradoxien der Muße im Mittelalter. Paradigmen tätiger Untätigkeit in höfischer und mystischer Literatur‹, vor allem aber Prof. Burkhard Hasebrink, der mich mit dem *Tristan*-Seminar im Wintersemester 2009/10 gewissermaßen auf den Weg zur Muße ›gebracht‹ hat.

Susanne Bernhardt, Nadine Krolla und Heidi Liedke bin ich dankbar für wertvolle Hinweise und den inhaltlichen Austausch; Mark Chinca und Prof. Markus Stock danke ich für anregende Gespräche; außerdem danke ich Verena Spohn für ihre Mithilfe bezüglich Korrektur und Bibliographie.

Den Herausgeberinnen und Herausgebern der Schriftenreihe *Otium* danke ich für die Aufnahme meiner Arbeit.

Für ihre fortwährende Unterstützung, für kostbare Gespräche und all die Fragen, die mich »allmählich [...] in die Antworten hinein[leben]« ließen, danke ich zu guter Letzt von Herzen meiner Familie: meinen Eltern Waltraud und Albrecht, meinen Schwestern Sarah und Judith sowie Yannick, der den Text mit kritischem Blick las und mir auf dem Weg zum Buch eine große Hilfe war. Ihnen und unserem Sohn Levi sei dieses Buch gewidmet.

Tübingen, im Februar 2019 Rebekka Becker

Inhaltsverzeichnis

Kapitel 1

Theoretische Vorüberlegungen: Zwischen Institutionalität und Spielraum

1.1 Literarische Konzeptionen des Ausbruchs und der Außeralltäglichkeit im höfischen Roman

diu selbe stiege wîste in
in einem boumgarten hin:
der was lanc unde wît
daz er vor des noch sît
deheinen schœnern nie gesach

Iwein, 6435–6439[1]

In Texten der deutschsprachigen höfischen Großepik um 1200 lassen sich immer wieder Strukturen des Ausbruchs aus kulturellen Ordnungen und institutionellen Mechanismen beobachten, die zu Momenten des Außeralltäglichen führen und die Transgression gesellschaftlicher Grenzen betreffen: so löst sich Iwein etwa in der anzitierten ›Lektüreszene‹ aus dem streng getakteten Lauf seiner Aventiuren und tritt in die scheinbar stillgestellte Zeit eines Baumgartens, in der ein Mädchen seinen Eltern aus einem französischen Buch vorliest.[2] Ein anderes Beispiel sind Tristan und Isolde, die sich nach der Verbannung durch Marke vom Hof und dem dortigen höfischen Dasein entfernen und sich zurückziehen in die paradiesisch erscheinende Welt der Minnegrotte.[3] Diese beiden prägnanten Beispiele von Spiel- und Freiräumen, die gerade im Falle Tristans und Isoldes auf den ersten Blick abseits des adligen Ordnungssystems zu stehen scheinen, zeichnen sich durch ihre spezifische Zeitlichkeit und Räumlichkeit aus.

Die genannten literarischen Beispiele zeigen, dass Konzeptionen des Ausbruchs, die oftmals auf narratologischer Ebene parallel Ausbrüche aus dem Rahmen des strengen Handlungsverlaufs darstellen und auf den ersten Blick

---

[1] Textgrundlage: *Iwein. Eine Erzählung von Hartmann von Aue,* hg. v. Georg Friedrich Benecke und Karl Lachmann, neu bearbeitet v. Ludwig Wolff, siebente Ausgabe, Bd. 1 Text, Bd. 2 Handschriftenübersicht, Anmerkungen und Lesarten, Berlin 1968.

[2] Vgl. im *Iwein* die Verse 6425–6586, vgl. Kapitel 4.1.2. Weitere Ausführungen zum Textcorpus finden sich in Kapitel 1.6.

[3] Vgl. im *Tristan* (Textgrundlage: Gottfried von Straßburg, *Tristan,* nach dem Text von Friedrich Ranke, neu hg., ins Neuhochdeutsche übersetzt, mit einem Stellenkommentar und einem Nachwort v. Rüdiger Krohn, 3 Bde., Stuttgart 2007) die Verse 16679–17701, vgl. Kapitel 4.3.

keinerlei Bedeutung für diesen zu haben scheinen,[4] immer zeitlich begrenzt sind. Sie werden entweder von den beteiligten Figuren selbst beendet und zurück in die bestehenden Ordnungen geführt oder innerhalb der Handlung von außen (seien es Figuren oder Situationen) in ihrer Geschlossenheit aufgebrochen und wieder in das Hauptgeschehen zurückgeführt. Diese Szenen sind geprägt durch Aspekte wie Flüchtigkeit und Leichtigkeit, welche im Kontrast zu einem von Kämpfen und Aventiurefahrten beherrschten Geschehen sowie zu einem adligen Werte- und Tugendsystem stehen, welches in Prozessen der Perfektionierung der Maxime ›*arbeit umbe êre*‹ folgt. Die Unbestimmtheit bei der Einordnung solcher Szenen in den Handlungsverlauf und deren Stellenwert für das erzählte Geschehen werfen Fragen auf: Um welche Phänomene handelt es sich in derartigen literarisch inszenierten Ausbrüchen, die aus dem Erzählgang herausfallen und eine andere Weltbetrachtung eröffnen? Lassen sich diese überhaupt unter einem globalen Phänomen zusammenfassen?

Diese Fragen verdienen nicht nur deswegen Aufmerksamkeit, weil sie bislang systematisch noch kaum erschlossen sind, sondern vor allem, weil sie Aspekte einer höfischen Kultur freizulegen suchen, die abseits der institutionellen Ordnung einer adligen Gesellschaft der Repräsentation und Visualität zu verorten sind. Die vorliegende Arbeit fragt in der Untersuchung einschlägiger Passagen aus dem höfischen Roman auch nach den literarischen Inszenierungen dieser genannten Ausbrüche aus routiniertem, erwartbarem und erwartetem Verhalten. Die literarischen Konzeptionen von Außeralltäglichkeit sollen in ihrer Verschiedenheit ausgelotet und distinktive Merkmale herausgearbeitet werden, die mögliche Unterschiede zwischen den verschiedenen Darstellungen aufzeigen. Eine solche Rekonstruktion der literarischen Gestaltung und Semantisierung von Außeralltäglichkeit lässt sich nur vor der Kontrastfolie der Alltäglichkeit als einer Art festgelegten Rahmung, geprägt von Regelkonformität und Ordnungsstrukturen, durchführen. In dem Wort ›Alltag‹ steckt bereits in den einzelnen Bestandteilen sowohl der Aspekt des täglich Wiederkehrenden, Durativen als auch jener von Gewohnheit, Stetigkeit, Kontinuität und Stabilität.[5] Sicherlich ist für den höfischen

[4] Anders als in der genannten *Iwein*-Szene ist die Minnegrottenszene insofern bedeutungstragend für die Handlung, da sie die Anderwelt der *edelen herzen* materialisiert und das Minneideal durch die Grottenallegorie architektonisch darstellt. Doch auch hier erliegt das Handlungsgeschehen nur einem momentanen Stillstand. Die endgültige Trennung der Liebenden kann letztlich nicht aufgehalten werden. Vgl. dazu Kapitel 4.2.3 sowie 4.3.

[5] Vgl. zur Geschichte des Wortfeldes ›Alltag‹ Hans Peter Thurn, *Der Mensch im Alltag. Grundrisse einer Anthropologie des Alltagslebens,* Stuttgart 1980, S. 4–11. Thurn verweist darauf, dass das Phänomen zwar früh bekannt ist, doch dass sich der Begriff ›Alltag‹ selbst erst Mitte des 18. Jahrhunderts durchsetzt, vgl. S. 4. Vgl. speziell zur mittelalterlichen Alltagsgeschichte aus geschichtswissenschaftlicher Perspektive Hans-Werner Goetz, »Geschichte des mittelalterlichen Alltags. Theorie – Methoden – Bilanz der Forschung«, in: *Mensch und Objekt im Mittelalter und in der Frühen Neuzeit. Leben – Alltag – Kultur. Internationaler Kongress Krems an der Donau, 27. bis 30. September 1988,* bearbeitet v. Gerhard Jaritz, Wien 1990, S. 67–101. Vgl. zu Alltag und Alltäglichkeit auch die soziohistorische Arbeit von Henri Lefebvre, *Kritik des Alltagslebens,* 3 Bde., aus dem Französischen v. Burkhart Kroeber, hg. v. Dieter Prokop, München 1974/75 (im Origi-

Ritter[6] der Kampf auch als Alltag zu verstehen, doch selbst innerhalb dieses für den Ritter prägenden Bereiches zeigen sich Momente des Außergewöhnlichen und Überraschenden, die die *âventiure*-Fahrten mit sich bringen.[7] Typische höfische Vergnügungen, etwa die Jagd oder das Schachspiel, sind freilich wiederkehrende Elemente höfischen Daseins, doch sind sie als eine Form der kurzzeitigen Befreiung von mühevollen ritterlichen Pflichten und Sorgen zugleich eine Aufhebung des Alltäglichen. Nicht zuletzt finden die genannten Zerstreuungen meist in Zusammenhang mit Festen, die als außeralltägliche Höhepunkte aufgefasst werden können, Erwähnung.[8]

In dieser Arbeit ist ›Alltäglichkeit‹ bzw. ›Alltag‹ in einem strukturellen Sinne zu verstehen, weniger in einem inhaltlichen. Demnach ist Alltäglichkeit geprägt von zweckrationalen Überlegungen, Planbarkeit und Dauerhaftigkeit. Zusätzlich zeichnet sich das Alltägliche gegenüber Zuständen der Außeralltäglichkeit durch

---

nal: *Critique de la vie quotidienne,* Tome I: *Introduction,* Paris 1958, Tome II: *Fondements d'une sociologie de la quotidienneté,* Paris 1961, Fassung der einbändigen Erstausgabe Paris 1947). Vgl. zur Uneinheitlichkeit und Unbestimmtheit der Begriffsverwendung ›Alltag‹ in soziologischer Perspektive Norbert Elias, »Zum Begriff des Alltags«, in: *Materialien zur Soziologie des Alltags,* hg. v. Kurt Hammerich und Michael Klein, Opladen 1978, S. 22–29. Ebenfalls aus soziologischer Perspektive hat Hans-Georg Soeffner den Fokus auf den Alltag gelegt: Hans-Georg Soeffner, *Auslegung des Alltags – Der Alltag der Auslegung. Zur wissenssoziologischen Konzeption einer sozialwissenschaftlichen Hermeneutik,* unter redaktioneller Mitarbeit von Ludgera Vogt, Frankfurt a.M. 1989, bes. S. 10–50. Nach Soeffner ist mit ›Alltag‹ »weder eine historisch vorfindliche, spezifische Wirklichkeit noch eine Welt alltäglicher Gebrauchsgegenstände und Verrichtungen gemeint. [...] *Die generative Struktur dessen, was wir Alltag nennen, beruht vielmehr auf einem besonderen Typus der Erfahrung, des Handelns und des Wissens*«, S. 15. Kennzeichnend für den Alltag, verstanden als eine »Welt der Selbstverständlichkeiten«, S. 19, sind nach Soeffner u.a. Normalität, Typik, Erzeugung von Handlungs- und Deutungsmustern als Entlastung, Wiederholung erprobter und bekannter Handlungsmuster in der Interaktion sowie Erstarrung einiger dieser Muster in Handlungsritualen.

[6] Da in den untersuchten Texten stets männliche Figuren im Mittelpunkt stehen, verwende ich im Folgenden im Plural ebenso die männliche Form. Diese bezieht sich aber je nach Kontext auch auf beide Geschlechter, etwa wenn von den Teilnehmern des höfischen Festes die Rede ist. Aus Gründen der besseren Lesbarkeit wird auch bei rezeptionsästhetischen Überlegungen für beide Geschlechter im Singular wie im Plural die männliche Form verwendet.

[7] Vgl. Hans-Werner Goetz, *Leben im Mittelalter vom 7. bis zum 13. Jahrhundert,* München 1986, bes. S. 189–200. Goetz versteht in dieser alltagsgeschichtlichen Studie ›Alltag‹ allerdings als das menschliche Leben selbst, inmitten der materiellen Kultur, S. 14.

[8] Dagegen versteht Klaus Guth, »Alltag und Fest. Aspekte und Probleme gegenwärtiger Festkulturforschung«, in: *Schweizerisches Archiv für Volkskunde* 81 (1985), S. 59–78, das Fest als »integralen Bestandteil der Alltagskultur«, S. 60. Ähnlich argumentiert auch Werner Paravicini, »Alltag bei Hofe«, in: *Alltag bei Hofe. 3. Symposium der Residenzen-Kommission der Akademie der Wissenschaften in Göttingen, Ansbach 28. Februar bis 1. März 1992,* hg. v. Werner Paravicini, Sigmaringen 1995, S. 9–30, hier S. 23, wenn er von der Wiederkehr des Außergewöhnlichen – beispielsweise Schwertleiten, Taufen, Hochzeiten, Begräbnisse, aber auch religiöse oder politische Feste sowie Krieg – als sekundären Alltag bezeichnet. Damit fassen sowohl Guth als auch Paravicini immer wieder auftauchende Feste und Ereignisse einer Gesellschaft als Alltag dieser auf; die Einmaligkeit dieser Ereignisse für den Einzelnen spielt dabei eine untergeordnete Rolle.

quantitative Dominanz aus. Außeralltäglichkeit bezeichnet demnach einen zumindest zeitweisen Bruch mit jener Regelordnung, die das gemeinschaftliche Zusammenleben *alle Tage* prägt und zu seinem Funktionieren beiträgt. Dieser Bruch, so lässt sich in den höfischen Texten beobachten, ist nicht als gänzliche Trennung zu verstehen, sondern als temporärer Ausbruch, da die Bewegung immer wieder zurückgeführt wird in die bestehende Ordnung. In dem Wort ›Ausbruch‹ schwingt eine kraftvolle, explosive Bedeutungsdimension mit, die die Bewegung aus dem formgebenden wie vereinnahmenden Alltagsgeschehen, wie sie in den höfischen Texten zu beobachten ist, in ihrer Sprengkraft treffend beschreibt. Es geht um eine Bewegung, die sich dem Sog bewährter Strukturen, dem Sog von Regelhaftigkeit, Gewohnheit, Normalität bzw. Normalisierung sowie Funktionalisierung und Interpretationszwang in aller Radikalität entzieht. Ein in diesem Sinne verstandener Ausbruch stellt auch einen Zeit*bruch* dar, er schafft Momente eines scheinbaren Stillstandes, ohne der Zeit wirklich enthoben zu sein. Zugleich ist er als Unter*brechung* des gewöhnlichen Ablaufes zu verstehen. Wesentliche Komponenten von Strukturen des Ausbruchs sind Plötzlichkeit und Unerwartetheit, mit der sich die temporäre Abwendung von alltäglichen Praktiken und Geboten wie Verboten vollzieht.[9] Dies ist nicht nur physisch-materiell, quasi brachial, denkbar, sondern kann ebenso leise und, für Außenstehende unsichtbar, mental vonstatten gehen. Es geht gerade um jene Dimension des Befreienden, die der Begriff des Ausbruchs fasst – ein Ausbruch aus der ›Gefangenschaft‹ des Alltäglichen. Ein solch sprunghafter Ausbruch aus routinierten, weitgehend verinnerlichten kulturellen Verhaltens- und Wertemustern eröffnet, im Sinne eines metaphorisch verstandenen Auf*bruches* oder Durch*bruches* zu neuen Perspektiven, eine unbekannte, intensive, überraschende und möglicherweise auch übergeordnete Sichtweise. Darin mag der qualitative Unterschied zum alltäglichen Erleben liegen.

Diese neue Sicht- und Erlebnisweise, die der jeweiligen Figur in den Ausbrüchen potenziell widerfahren kann, vermag die moderne Diskussion um den Begriff ›Muße‹ gewinnbringend zu beleuchten. Die literarischen Konzeptionen des Ausbruchs, wie sie in der höfischen Großepik um 1200 zu finden sind, zeigen Analogien zu modernen Theorien von Muße, welche als ein außeralltägliches Phänomen gefasst werden kann, das, von den Strukturen und Ordnungen des Gewohnten und Gleichförmigen temporär gelöst, Möglichkeitsräume des Freien und Ungebundenen öffnet. Das Wahrnehmen von Ähnlichkeiten ist Grundlage, um Beziehungen festzustellen, ihnen nachzugehen und neue Erkenntnisse zu gewinnen. Daher widmet sich der folgende Kapitelabschnitt (1.2) ausführlich der Analogie zu modernen Konzeptionen von Muße.

Aus den genannten Beobachtungen entwickelte sich die leitende These der Arbeit, dass sich bestimmte literarische Konzeptionen des Ausbruchs und der Außeralltäglichkeit aufgrund korrespondierender struktureller Merkmale mit modernen Konzeptionen von Muße nicht nur als ›Muße‹ interpretieren, sondern

---

[9] Vgl. zu einer Poetik des Bruchs u.a. Tony Perucci, »What the Fuck is That? The Poetics of Ruptural Performance«, in: *Liminalities: A Journal of Performance Studies* 5 (2003), S. 1–16.

erst über diesen Beobachtungsbegriff in ihrer Bedeutung für die höfische Kultur fassen lassen. Angesichts dieser Überlegungen sucht die vorliegende Studie die kulturellen und diskursiven Kontexte von Konzeptionen des Ausbruchs in den Texten zu rekonstruieren und die Faszination wie Prekarität des Wechselspiels von Ausbruch und Ordnung, welches im Text selbst erst erzeugt wird, im Rückgriff auf den modernen Begriff der ›Muße‹ zu verstehen.

Es stellt sich die Frage, in welchen gesellschaftlichen Kontexten und sozialen Schichten derartige Konzeptionen im höfischen Roman überhaupt artikuliert werden und werden können. Im Mittelpunkt des Textgeschehens stehen explizit Figuren, die einer adligen Elite angehören und daher ein Leben ohne Zwang zu produktiver Arbeit führen können;[10] Zugehörige niederer Schichten spielen höchstens am Rande eine untergeordnete Rolle. Es ist daher davon auszugehen, dass Erfahrungen des Ausbruchs und der Außeralltäglichkeit, die sich mit ›Muße‹ fassen lassen, allein dieser sozialen Elite in den Texten vorbehalten sind. Die dargestellte adlige Gesellschaft weist eine spannende Ambivalenz auf, indem sie einerseits nach Vollkommenheit strebt und sich durch ein zweckbestimmtes, rationales Tun voller Agilität und Aktivität auszeichnet, andererseits aber auch von dem Wunsch nach Geselligkeit, Zeitvertreib, Unterhaltung und Rückzug geprägt zu sein scheint. Vor dieser Folie ergibt sich die Frage, inwiefern sich Ausbrüche aus den vorhandenen Verhaltens- und Wertvorstellungen mit dem Ideal der nach *êre* strebenden Ritterfigur überhaupt vereinbaren lassen und unter welchen Bedingungen solche Ausbrüche von der Gesellschaft legitimiert oder gar als Zeichen der eigenen Exklusivität überhöht werden. Entscheidend ist folglich die Frage, wie der Text einerseits mit zweckgebundenem, ritualisiertem Handeln und andererseits mit dem Austreten aus und dem Übertreten von institutionalisierten Schemata umgeht, wenn Struktur wie Störung gleichermaßen literarisches Produkt sind und Bedeutung in sich tragen.

Bei der Betrachtung der literarischen Konzeptionen des Ausbruchs zeigt sich ein Spiel zwischen ›innerhalb‹ und ›außerhalb‹, zwischen ›bekannt‹, ›gewohnt‹ und ›unbekannt‹, ›ungewohnt‹. Dies rückt die Frage nach der Bedeutung von Grenze und Überschreitung in den Vordergrund. Strukturen des Ausbruchs lassen sich zum Strukturmuster der Transgression zählen, wie sie insbesondere in dem von Gerhard Neumann und Rainer Warning herausgegebenen Sammelband *Transgressionen* verhandelt wird.[11] Demnach lassen sich Transgressionen in äußere, explizite oder expositorische und innere, implizite, performative oder auch

---

[10] Davon zu unterscheiden ist eine innere Elite, wie sie die *edelen herzen* im *Tristan* darstellen, die sich in den Texten jedoch meist mit der adligen Oberschicht überschneidet.

[11] *Transgressionen. Literatur als Ethnographie,* hg. v. Gerhard Neumann und Rainer Warning, Freiburg i.Br. 2003. Ausgangspunkt der Arbeiten zur Transgression ist der wegbereitende Aufsatz von Michel Foucault, »Vorrede zur Überschreitung«, in: ders., *Schriften in vier Bänden. Dits et Ecrits, Bd. I 1954–1969,* hg. v. Daniel Defert und François Ewald unter Mitarbeit von Jacques Lagrange, aus dem Französischen von Michael Bischoff, Hans-Dieter Gondek und Hermann Kocyba, Frankfurt a.M. 2001, S. 320–342 (im Original erscheinen: Michel Foucault, »Préface à la transgression«, in: *Critique,* Nr. 195-196: Hommage à G. Bataille, August-September 1963,

imaginäre Transgressionen trennen. Das Strukturmuster der inneren Transgression wird als Überschreitung des legalisierten oder auch ritualisierten Geschehens innerhalb einer Kultur, als Übertretung und ›Umfrisierung‹ des durch den Rahmen vorgegebenen Codes und der geltenden Regeln verstanden.[12] Ausbruch und Transgression sind daher aus meiner Sicht nicht identisch, aber sie können bisweilen ineinanderfließen und miteinander einhergehen. Ein Ausbruch hat immer auch transgressive Kraft, indem er, sei es räumlich oder metaphorisch, Grenzen infrage stellt, diese möglicherweise auch hinter sich lässt, zumindest aber ausblendet, und einen Raum bislang ungekannter Möglichkeiten eröffnet. Auf diesem neu sich öffnenden Raum liegt der Fokus dieser Arbeit, weniger auf der Überschreitung der Grenze. Sowohl Transgression als auch Ausbruch haben letztlich aber nicht ›kultursprengende‹, sondern ›kulturprägende‹ Dimension, sind also Teil der Kultur.[13] Transgression lässt sich eher als eine lineare Bewegung fassen, bei der der Fokus stets auf der Grenze selbst liegt.[14] Während sie ein »intendiertes Handeln«[15] zur Grundlage hat, zeigen sich in den höfischen Texten die sprunghaften Ausbrüche als Unterbrechungen einer Routine in einem je neu zu bestimmenden Spannungsverhältnis von Intention und Widerfahrnis.

S. 751–769). Indem Foucault Transgression als »Geste, die die Grenze betrifft«, S. 324, definiert, betont er die gegenseitige Bedingtheit von Transgression und Grenze.

[12] Gerhard Neumann/Rainer Warning, »Transgressionen. Literatur als Ethnographie«, in: *Transgressionen. Literatur als Ethnographie,* hg. v. Gerhard Neumann und Rainer Warning, Freiburg i.Br. 2003, S. 7–16, hier S. 10: »sie [sc. innere Transgressionen] gingen daran vorbei und hätten damit *Passagen*-Charakter, sie schritten darüber hinweg und wären damit *Traduktionen,* sie unterliefen diese und gewönnen die Gestalt von den Code durchquerenden *Subversionen.*«

[13] Neumann/Warning, »Transgressionen«, S. 15. Vgl. auch Alois Hahn, »Transgression und Innovation«, in: *Poetologische Umbrüche. Romanistische Studien zu Ehren von Ulrich Schulz-Buschhaus,* hg. v. Werner Helmich, Helmut Meter und Astrid Poier-Bernhard, München 2002, S. 452–465. Hahn betont im Rückgriff auf Émile Durkheim den stabilisierenden Effekt von Übertretungen auf Normen.

[14] Vgl. Foucault, »Vorrede zur Überschreitung«, S. 324f.: »Die Überschreitung ist eine Geste, die die Grenze betrifft; dort, in dieser Schmalheit der Linie, zeigt sie sich blitzartig als Übergang, vielleicht aber auch in ihrem gesamten Verlauf und sogar in ihrem Ursprung. Die Strichlinie, die sie kreuzt, könnte durchaus ihr ganzer Raum sein«, weiter heißt es dann: »Die Überschreitung treibt die Grenze bis an die Grenze ihres Seins; sie bringt sie dazu, im Moment ihres drohenden Verschwindens aufzuwachen, um sich in dem wiederzufinden, was sie ausschließt (genauer vielleicht, sich darin zum ersten Mal zu erkennen), und um ihre tatsächliche Wahrheit in der Bewegung ihres Untergangs zu erfahren. Und dennoch, woraufhin entfesselt sich die Überschreitung in dieser Bewegung reiner Gewalt, wenn nicht auf dasjenige, was sie fesselt, auf die Grenze und auf das, was sich darin eingeschlossen findet?«, S. 325.

[15] Kathrin Audehm/Hans Rudolf Velten, »Einleitung«, in: *Transgression – Hybridisierung – Differenzierung. Zur Performativität von Grenzen in Sprache, Kultur und Gesellschaft,* hg. v. Kathrin Audehm und Hans Rudolf Velten, Freiburg i.Br./Berlin/Wien 2007, S. 9–40, hier S. 27.

1.2 Analogien zu modernen Konzeptionen von Muße

Wie oben bereits angedeutet, lässt sich beobachten, dass Ausbrüche aus alltäglichen Strukturen und regelmäßig wiederkehrenden Abläufen, wie sie in der höfischen Literatur um 1200 wiederholt auftauchen, Ähnlichkeiten zu Beschreibungen des modernen Verständnisses von Muße aufweisen.[16] Auch jenseits expliziter Begrifflichkeiten oder Etikettierungen zeigen sich auffallende Analogien zwischen dem gegenwärtigen Diskurs über Muße und den beschriebenen literarischen Darstellungen. Dabei ist freilich zu bedenken, dass ein moderner Begriff wie derjenige der ›Muße‹ nicht vorbehaltlos auf mittelalterliche Texte angewendet werden kann. Der mittelhochdeutsche Terminus *muoze* lässt sich nicht einfach mit dem neuhochdeutschen Wort ›Muße‹ gleichsetzen, da im letzteren Bedeutungsdimensionen enthalten sind, die das mittelhochdeutsche Wort *muoze* nicht aufweist. In diesem Spannungsfeld bewegt sich die vorliegende Studie, deren Ziel ist aufzuzeigen, dass die im Folgenden zu explizierenden modernen Konzeptionen von Muße auf darstellender Ebene durchaus bereits in den untersuchten mittelalterlichen literarischen Inszenierungen enthalten und gestaltet sind.

Das Wort ›Muße‹ ist seit dem Althochdeutschen als *muoza* und im Mittelhochdeutschen als *muoze* belegt und geht zurück auf *müssen,* mhd. *müezen,* ahd. *muozan,* aus germanisch **mōt* (Prät.-Präs.) ›ich kann, finde die Möglichkeit‹ (KLUGE). Im Wörterbuch (LEXER, BMZ, s.v.) sind für *muoze* die Bedeutungen ›gegebene freie zeit, musse, bequemlichkeit, untätigkeit‹ belegt.[17] Ausgehend von der

[16] Die folgenden Überlegungen sind wesentlich von den Überlegungen des Sonderforschungsbereiches 1015 der Universität Freiburg zu ›Muße. Konzepte, Räume, Figuren‹ der Jahre 2013–2016 geprägt, in dessen Rahmen auch diese Arbeit steht. Um eine fächerübergreifende Aufsatzsammlung zu Muße handelt es sich bei dem im Rahmen des SFB 1015 erschienenen Band *Muße im kulturellen Wandel. Semantisierungen, Ähnlichkeiten, Umbesetzungen,* hg. v. Burkhard Hasebrink und Peter Philipp Riedl, Berlin/Boston 2014. Zu weiteren grundlegenden Arbeiten bezüglich Muße vgl. etwa den von Joseph Tewes herausgegebenen Band *Nichts Besseres zu tun. Über Muße und Müßiggang,* hg. v. Joseph Tewes, Oelde 1989. Die populärwissenschaftliche Arbeit *Muße. Vom Glück des Nichtstuns,* München 2010, 6. Auflage 2012, von Ulrich Schnabel brachte im Jahr 2010 die langsam dem Vergessen anheimfallende Kunst des Nichtstuns wieder in eine breitere öffentliche Diskussion. Auch in Bezug auf soziale wie politische Fragen wird das Thema der Muße diskutiert. Der Theologe Ansgar Kreutzer etwa untersucht in seiner Studie *Arbeit und Muße. Studien zu einer Theologie des Alltags,* Wien 2011, das ambivalente Verhältnis von Erwerbsarbeit zu Individuum und Gesellschaft. Er plädiert für eine neue Zusammenstellung von Arbeit und Muße, jenseits dichotomischer Trennung. Eine stärkere Eingliederung von Muße in den Alltag, eine »Theologie des Alltags«, könnte zu einer Humanisierung unserer Gesellschaft beitragen. ›Muße‹ versteht Kreutzer »nicht als reines Nichts-Tun [...], sondern als Bündel von Tätigkeiten, die frei von äußeren oder inneren Zwängen sind« (S. 26). Eine kurze philosophische Geschichte der Muße findet sich bei Byung-Chul Han, *Duft der Zeit. Ein philosophisches Essay zur Kunst des Verweilens,* Bielefeld 2009, S. 87–111; vgl. auch *Muße, Paragrana* 16 (2007), hg. v. Christoph Wulf und Jörg Zirfas.

[17] Das breite Bedeutungsspektrum des Wortes zeigen die Verwendungsbeispiele, die auf der Website ›Muße/*muoze* digital‹ (*www.musse-digital.uni-freiburg.de* [Zugriff: Dezember 2018]) zusammengetragen wurden. Zum Konzept der Homepage vgl. Yannick Lauppe/Henrike Manu-

Etymologie des Wortes lässt sich mit dem Verb *müezegen* eine erste Verbindung zwischen dem mittelhochdeutschen Wort *muoze* und (post)modernen Auffassungen von Muße ziehen: *müezegen* als befreien und Muße als freier Raum, als Spielraum oder auch als freie Zeit, fern ab von alltäglichen Geschäften und Bürden, weisen deutliche semantische Überschneidungen auf.[18]

Ein rein begriffliches Fassen des flüchtigen wie ambivalenten Phänomens der Muße erweist sich als schwierig, daher kann die Begriffsarbeit des semantischen Wortfeldes *muoze* und *müezekeit* sowie der Nachbarphänomene *kurzwîle, gemach, spil* nur eine Seite der Untersuchung von Muße im höfischen Roman ausmachen, die andere Seite betrifft die Analyse der narrativen Ebene, in der sich unterschiedliche Spielräume der Muße finden lassen, ohne explizit begrifflich gekennzeichnet zu sein. In den höfischen Texten finden sich teilweise mußeaffine Inszenierungen, die in Kontrast und zugleich in Korrelation zur Wortebene stehen. Andererseits ist es auch der Fall, dass die begriffliche Ebene leer bleibt und diese Leerstelle wiederum allein narrativ durch Figuren und Bilder aufgefüllt und entfaltet wird, welche Parallelen und Analogien zu einem modernen Begriff von ›Muße‹ aufweisen.

Auch moderne Konzeptionen nähern sich der Muße über Umwege, über das Ihr-Andere, über Ein- und Abgrenzungen. Die für die Arbeit leitenden modernen Theorien verstehen Muße nicht als bloße freie Zeit oder plakativ als Freizeit, sondern als Freiheit von temporalen Zwängen und Zweckbestimmungen. Es gilt allem voran, Muße von genussorientierten Vorstellungen des Konsumierens und Instrumentalisierens oder der reinen Zerstreuung zu differenzieren, wie sie von der Vergnügungsindustrie propagiert werden.[19] Anders als Freizeit, die sich nur in Abgrenzung von Arbeit bestimmen lässt, ist Muße jenseits einer Dichotomie von Arbeit und Nicht-Arbeit zu verorten.[20] Muße weist eine ambivalente Struktur auf, die zwischen Tätigkeit und Untätigkeit, zwischen Aktivität und Passivität, auf eigentümliche Weise oszilliert.[21]

---

wald, »›Muße/*mouze* digital‹. Zur dynamischen Präsentation eines Wortfeldes«, in: *ZfdA* 147 (2018), S. 274–280.

[18] Vgl. Jacob Grimm/Wilhelm Grimm, »Musze«, in: DWB 12, Sp. 2771–2773, hier Sp. 2771.

[19] Vgl. Max Horkheimer/Theodor W. Adorno, *Dialektik der Aufklärung. Philosophische Fragmente,* 16. Auflage, Frankfurt a.M. 2006, v.a. S. 128–176 (Erstveröffentlichung 1944); vgl. auch Theodor W. Adorno, »Freizeit«, in: ders., *Kulturkritik und Gesellschaft II. Eingriffe, Stichworte, Anhang,* (Gesammelte Schriften Bd. 10, 2), Frankfurt a.M. 1977, S. 645–655, vgl. auch Thorstein Veblen, »Freizeit und Elite«, in: *Soziologie der Freizeit,* hg. v. Erwin K. Scheuch und Rolf Meyersohn, Köln 1972, S. 46–55; Sebastian de Grazia, »Der Begriff der Muße«, in: *Soziologie der Freizeit,* hg. v. Erwin K. Scheuch und Rolf Meyersohn, Köln 1972, S. 56–73.

[20] Zum dialektischen Verhältnis von Arbeit und Muße vgl. Kurt Röttgers, »Muße«, in: *Sinn von Arbeit. Soziologische und wirtschaftsphilosophische Betrachtungen,* hg. v. Wieland Jäger und Kurt Röttgers, Wiesbaden 2008, S. 161–182.

[21] Martin Seel, »Aktive Passivität. Über die ästhetische Variante der Freiheit«, in: *Freiheit.* Stuttgarter Hegel-Kongress 2011, hg. v. Gunnar Hindrichs und Axel Honneth, Frankfurt a.M. 2013, S. 195–214, hier S. 195: »Kein Selbstgewinn ohne eine Verausgabung in Praktiken sei es der Arbeit, der Bildung, der Liebe, des Spiels, der Wissenschaft oder anderer Künste – ohne ein

In der Muße wird Zeit nicht außer Kraft gesetzt, aber sie tritt in ihrer Bedeutung in den Hintergrund. Muße lässt sich als Zeit- und Seinsvergessenheit und damit in gewisser Weise auch als Selbstvergessenheit[22] fassen. In der Muße unterliegen wir nicht der Herrschaft der Zeit, wie sie sich in Form von Zeitdruck und Rhythmus der gemessenen Zeit zeigt. Notwendigkeiten, Verpflichtungen und Bedürfnisse sind in der Muße fern und irrelevant. Statt diesen alltäglichen Sorgen und (Ver-)Bindungen unterworfen zu sein, befreit Muße von Fremdbestimmung und ermöglicht die Erfahrung von Freiheit und Unabhängigkeit. Günter Figal formuliert diesen Aspekt von Muße pointiert:

> Es gibt keine Absichten, und nichts, das ihnen entgegensteht, indem es ihre Realisierung erschwert oder verhindert. Entsprechend gibt es auch keine Aufmerksamkeiten, wie sie mit der Absicht einhergehen, kein Vorblick auf das, was man erreichen will, kein Achtgeben auf das, was dem Erreichen des Ziels förderlich oder abträglich sein könnte. Der Blick weitet sich; er ist nicht mehr in die Enge des Zeitkanals eingeschlossen, in dem das Verhalten sich in Vorher und Nachher einteilt, so dass es immer hinter sich zurück und immer sich voraus ist. Mit einem Mal darf alles einfach nur da sein, und alles gilt gleich viel. Alles ist auf einmal da, wie auseinandergelegt, ausgebreitet in einem ›großen Horizont‹.[23]

In diesen Bemerkungen über Muße wird neben dem Freiraum, den Muße hervorbringt, auch ihre Selbstzweckhaftigkeit betont. Sie verfolgt kein Ziel und keine Funktion außerhalb ihrer selbst, sie erstrebt nichts und fordert nichts, auch wenn sie beiläufig oder rückwirkend zu Erkenntnissen oder Resultaten führt, die offensichtlich zweck- und zielorientiert ausgerichtet sind. Pläne die Zukunft betreffend oder erfolgs- und leistungsorientiertes Streben sind ihr fremd. Dagegen ermöglicht sie ein Verweilen in der Gegenwärtigkeit[24], welches gerade in einer Zeit der zunehmenden Beschleunigung von Ereignissen, Geschehensabläufen und dem Austausch von Informationen, wie es in der modernen Gesellschaft zu beobachten ist, zu einem verloren geglaubten Gut wird.[25] Michael Theunissen spricht in

---

Sicheinlassen auf einen Gegenstand oder ein Gegenüber, durch das man erfährt, woran man mit sich ist.«

[22] Jörg Splett, »Selbstvergessenheit. Zum Thema Selbstverlust und Selbstgewinn«, in: *GuL* 48 (1975), S. 96–106.

[23] Günter Figal, »Die Räumlichkeit der Muße«, in: *Muße im kulturellen Wandel. Semantisierungen, Ähnlichkeiten, Umbesetzungen*, hg. v. Burkhard Hasebrink und Peter Philipp Riedl, Berlin/Boston 2014, S. 26–33, hier S. 28.

[24] Vgl. zu Gegenwärtigkeit Christian Kiening, »Gegenwärtigkeit. Historische Semantik und mittelalterliche Literatur«, in: *Scientia Poetica* 10 (2006), S. 19–46; vgl. zu ›Präsenzkultur‹ auch Hans Ulrich Gumbrecht, *Diesseits der Hermeneutik. Die Produktion von Präsenz*, übersetzt von Joachim Schulte, Frankfurt a.M. 2004, bes. S. 31–35; 98–110. Gumbrecht geht es in seiner kulturkritischen Studie um eine nichthermeneutische Ästhetik und damit um eine Neubestimmung des Verhältnisses von Sinneffekten und Präsenzeffekten.

[25] Der Soziologe Hartmut Rosa versteht Beschleunigung als Phänomen der modernen Zeit. Er fasst Beschleunigung definitorisch als Steigerung der Handlungs- und/oder Erlebnisepisoden pro Zeiteinheit, vgl. Hartmut Rosa, *Beschleunigung. Die Veränderung der Zeitstrukturen in der Moderne*, Frankfurt a.M. 2005, S. 198 (10. Auflage 2014); *fast forward – Essays zu Zeit und Beschleunigung. Standpunkte junger Forschung*, hg. v. Hartmut Rosa, in Kooperation

Bezug auf das Verweilen von der paradoxalen Struktur des »Nicht-Mitgehen[s] mit der Zeit« und daraus folgend des »Aufgehen[s] in der Sache«[26]:

Im Verweilen herrscht eine Spannung zwischen Gewalt und Gewaltlosigkeit. Das Aufgehen in etwas ist als verweilendes ein Eingehen auf etwas; und eingehen können wir auf etwas nur, wenn wir es nicht an uns reißen, sondern uns ihm in aller Ruhe hingeben. Der Gewaltlosigkeit des eingehenden Aufgehens steht aber die Gewalt des Nicht-Mitgehens gegenüber. Das Nicht-Mitgehen mit der Zeit ist, näher betrachtet, ein Sich-Losreißen von ihr. [...] Die Gewaltlosigkeit der Hingabe verdankt sich selbst der Gewalt, mit der wir gegen den Strom der Zeit angehen.[27]

Nach Theunissen ist das Verweilen verwandt mit dem ›Sich-Zeit-Nehmen für etwas‹, doch anders als dieses geht Verweilen mit Hingabe und Versenkung einher. Dies ist der Grund, warum im echten Verweilen keine Langeweile aufkommt und warum ihm Glück nicht nur akzidentiell innewohnt.[28] Selbstzweckhaft denkendes, anschauendes Verweilen hat wiederum kontemplative Elemente, versteht man Kontemplation als »ein Verhalten, dem es um nichts anderes geht, als in der Begegnung mit etwas zu verweilen«[29]. Mit Muße verbunden ist daher auch eine Ruhe, die aus dem Gefühl von Vollkommenheit und Erfülltheit resultiert. Beispielhaft beschreibt Adorno einen solchen Zustand der Erfüllung in dem Aphorismus 100 »Sur l'eau« in den *Minima Moralia:* »Rien faire comme une bête, auf

mit Julia Clemens und Matthias Mayer, Hamburg 2004; Hartmut Rosa, *Beschleunigung und Entfremdung, Entwurf einer kritischen Theorie spätmoderner Zeitlichkeit,* aus dem Englischen übersetzt von Robert Celikates, Berlin 2013; vgl. bereits Paul Virilio, *Der große Beschleuniger,* aus dem Französischen von Paul Maercker, Wien 2012, Paul Virilio, *Rasender Stillstand,* aus dem Französischen von Bernd Wilczek, Frankfurt a.M. 1997. Unter dem Stichwort ›rasender Stillstand‹ prognostiziert Virilio den Endzustand einer solchen Beschleunigung, wie sie sich in unserer Zeit zeigt, allen voran jener der technischen und elektronischen Möglichkeiten. Er sieht den Menschen in eine völlige Bewegungslosigkeit und Apathie verfallen, die letztendlich selbstzerstörerisch wirkt; Byung-Chul Han dagegen geht bereits einen Schritt weiter, seiner Ansicht nach ist das Zeitalter der Beschleungigung bereits durch dasjenige der Dyschronie abgelöst, vgl. Han, *Duft der Zeit,* S. 7: »Das Gefühl, das Leben beschleunige sich, ist in Wirklichkeit eine Empfindung der Zeit, die richtungslos schwirrt.«

[26] Michael Theunissen, »Freiheit von der Zeit. Ästhetisches Anschauen als Verweilen«, in: ders., *Negative Theologie der Zeit,* Frankfurt a.M. 1991, S. 285–298. Vgl. zu philosophischen Theorien der Zeit u.a. Hans-Georg Gadamer, »Über leere und erfüllte Zeit«, in: ders., *Kleine Schriften III. Idee und Sprache. Platon. Husserl. Heidegger,* Tübingen 1972, S. 221–236; Henri Bergson, *Zeit und Freiheit,* Frankfurt a.M. 1989, Henri Bergson, *Philosophie der Dauer,* Textauswahl von Gilles Deleuze, Hamburg 2013; zu Zeiterfahrung vgl. auch Peter Bieri, *Zeit und Zeiterfahrung. Exposition eines Problembereichs,* Frankfurt a.M. 1972; aus kulturwissenschaftlicher Perspektive vgl. etwa Aleida Assmann, *Ist die Zeit aus den Fugen geraten?* München 2013; in Bezug auf Zeit und Erzählen vgl. u.a. Paul Ricœur, *Zeit und Erzählung,* 3 Bde., München 1988–1991; Michail M. Bachtin, *Formen der Zeit im Roman. Untersuchungen zur historischen Poetik,* hg. v. Edward Kowalski und Michael Wegner, aus dem Russischen von Michael Dewey, Frankfurt a.M. 2003.

[27] Theunissen, »Freiheit von der Zeit«, S. 285.

[28] Vgl. Theunissen, »Freiheit von der Zeit«, S. 292f.

[29] Martin Seel, *Versuch über die Form des Glücks. Studien zur Ethik,* Frankfurt a.M. 1999, S. 166.

dem Wasser liegen und friedlich in den Himmel schauen, ›sein, sonst nichts, ohne alle weitere Bestimmung und Erfüllung‹ könnte an Stelle von Prozeß, Tun, Erfüllen treten«[30]. In der von Adorno ausgemalten Situation fehlt es an nichts, kein Wunsch, kein Bedürfnis und keine Unzufriedenheit beschweren den Moment.

In seiner Studie zu »Muße und Kult« schreibt Josef Pieper: »Die Muße ist nicht die Haltung dessen, der eingreift, sondern dessen, der sich öffnet; nicht dessen, der zupackt, sondern dessen, der losläßt, der *sich* losläßt und überlässt – fast wie ein Schlafender sich überläßt«[31]. Pieper verweist hier indirekt auf die Schwierigkeit, Muße bewusst herbeizuführen, durch bestimmte Praktiken einzuüben oder gar herzustellen.[32] Muße willentlich zu suchen ist beinahe unmöglich, sie dagegen einfach vorzufinden, vielmehr von ihr gefunden zu werden, ein kostbares, flüchtiges Gut. Auch wenn Muße gerade nicht willensbestimmt oder bewusst herzustellen ist, kann eine Haltung der Empfänglichkeit, der Wachheit und Aufmerksamkeit[33], also eine gewisse Fähigkeit, staunen zu können, doch ein mögliches Mußeerleben begünstigen: »Gerade das Schwebende, das Unscheinbare oder das Flüchtige erschließen sich allein einer tiefen, kontemplativen Aufmerksamkeit. [...] Allein die tiefe Aufmerksamkeit unterbindet die ›Unstetigkeit der Augen‹ und erzeugt die *Sammlung*«[34]. Interessant ist die Frage, inwiefern einerseits Geselligkeit und Öffentlichkeit und andererseits Einsamkeit, Rückzug und Abgeschiedenheit für ein solches Sensorium förderlich sind.

Muße zeichnet sich durch eine spezifische Zeitlichkeit und Räumlichkeit aus. Statt von sukzessive gemessenen Zeitmomenten ist Muße von einer gewissen ›Unzeitlichkeit‹ oder ›Zeitlosigkeit‹ geprägt.[35] Das Nacheinander der Zeitlichkeit

---

[30] Theodor W. Adorno, »Sur l'eau«, in: ders., *Minima Moralia. Reflexionen aus dem beschädigten Leben,* (Gesammelte Schriften, Bd. 4), Frankfurt a.M. 1980, S. 175–177.

[31] Josef Pieper, »Muße und Kult«, in: *Kulturphilosophische Schriften,* hg. v. Berthold Wald, (Werke in acht Bänden, Bd. 6), Hamburg 1999, S. 1–44, hier S. 24.

[32] Vgl. zu Praktiken und Technologien des Selbst und der Sorge um sich selbst die umfangreichen Arbeiten Michel Foucaults, die, ausgehend von der Antike, einen neuen Blick auch auf das Subjekt der Moderne werfen, etwa Michel Foucault, *Hermeneutik des Subjekts. Vorlesungen am Collège de France (1981/82),* aus dem Französischen von Ulrike Bokelmann, Frankfurt a.M. 2004; Michel Foucault, *Ästhetik der Existenz. Schriften zur Lebenskunst,* Frankfurt a.M. 2007.

[33] Vgl. weiterführend etwa Lothar van Laak, »Literarisches Wahrnehmen – ästhetisches Handeln. Zum Stellenwert der Aufmerksamkeit im Prozeß der Aisthesis«, in: *Wahrnehmen und Handeln. Perspektiven einer Literaturanthropologie,* hg. v. Wolfgang Braungart, Klaus Ridder und Friedmar Apel, Bielefeld 2004, S. 193–217; Jürgen Goldstein, »Aufmerksamkeit. Über ein Vermögen der Vernunft«, in: *Philosophisches Jahrbuch* 114 (2007), S. 22–33; Bernhard Waldenfels, *Phänomenologie der Aufmerksamkeit,* Frankfurt a.M. 2004.

[34] Vgl. Byung-Chul Han, *Müdigkeitsgesellschaft,* Berlin 2010, 8. Auflage 2013, S. 30f., verweisend auf Maurice Merleau-Ponty, *Das Auge und der Geist. Philosophische Essays,* Hamburg 1984, S. 15.

[35] Vgl. Ludwig Wittgenstein, *Tractatus logico-philosophicus,* Frankfurt a.M. 1963, S. 113; Rüdiger Safranski, *Zeit. Was sie mit uns macht und was wir aus ihr machen,* München 2015, S. 228.

wird durch eine Haltung der Gelassenheit[36] ergänzt, welche vielmehr der Struktur eines Nebeneinander, und damit einer gewissen Räumlichkeit entspricht.[37] Das Raumhafte als ein Netz von Bezügen und Verstrickungen beschreibt bereits Foucault in dem Aufsatz »Von anderen Räumen« aus dem Jahr 1967:

> Unsere Zeit ließe sich [...] als Zeitalter des Raumes begreifen. Wir leben im Zeitalter der Gleichzeitigkeit, des Aneinanderreihens, des Nahen und Fernen, des Nebeneinander und des Zerstreuten. [... verstanden] als ein Netz, dessen Stränge sich kreuzen und Punkte verbinden. [...] Der Strukturalismus [...] ist der Versuch, zwischen Elementen, die über die Zeit verteilt sein mögen, eine Reihe von Beziehungen herzustellen, die sie als ein Nebeneinander, als ein Gegenüber, als etwas ineinander Verschachteltes, kurz als Konfiguration erscheinen lassen.[38]

Die Räumlichkeit der Muße zeigt sich in Form einer Offenheit, einer bestimmten Unbestimmtheit[39], die innerhalb abgesteckter Grenzen ein Nebeneinander an Undefiniertem, Uneingelöstem und Möglichem bietet. Neben der der Muße inhärenten Räumlichkeit[40] zeigt sich die Raumaffinität von Muße konkret an besonderen Orten. Auch ein kurzer Blick auf den höfischen Roman bestätigt diese Aussage, denn im Zusammenhang mußeaffiner Inszenierungen tauchen immer wieder ähnliche Ortstypen auf, etwa Landschaften, Gärten oder Kemenaten, die offensichtlich Muße begünstigen können. Ohne dass Muße an bestimmte Räume gebunden wäre, fungieren in den literarischen Inszenierungen doch oftmals bestimmte Landschaften und Orte als »äußere Hülle«[41] sowie als Markierung mußehaften Erlebens.

Christoph Wulf und Jörg Zirfas beschreiben Muße in der *Paragrana*-Ausgabe von 2007 als »ein[en] ästhetische[n] Zustand, ohne [...] in Ästhetik auf[zugehen]«[42]. Auch wenn ästhetische Erfahrung und Mußeerleben nicht identisch sind,

---

[36] Zum Begriff der Gelassenheit vgl. Thomas Strässle, *Gelassenheit. Über eine andere Haltung zur Welt,* München 2013; vgl. auch Martin Seel, *Sich bestimmen lassen. Studien zur theoretischen und praktischen Philosophie,* Frankfurt a.M. 2002.

[37] Vgl. Markus Schroer, »›Bringing space back in‹ - Zur Relevanz des Raums als soziologischer Kategorie«, in: *Spatial Turn. Das Raumparadigma in den Kultur- und Sozialwissenschaften,* hg. v. Jörg Döring und Tristan Thielmann, Bielefeld 2008, S. 125–148, hier S. 131.

[38] Michel Foucault, »Von anderen Räumen«, in: ders., *Schriften in vier Bänden. Dits et Ecrits, Bd. IV 1980–1988,* hg. v. Daniel Defert und François Ewald, unter Mitarbeit von Jacques Lagrange, aus dem Französischen von Michael Bischoff, Ulrike Bokelmann, Horst Brühmann, Hans-Dieter Gondek, Hermann Kocyba und Jürgen Schröder, Frankfurt a.M. 2005, S. 931–942 (Originaltitel: »Des espaces autres«, Vortrag im Cercle d'études architecturales, 14. März 1967, in: *Architecture, Mouvement, Continuité,* Nr. 5, Oktober 1984, S. 46–49).

[39] Die Rede von der ›bestimmten Unbestimmtheit‹ geht zurück auf Theodor W. Adorno, *Ästhetische Theorie,* Gesammelte Schriften Bd. 7, hg. v. Gretel Adorno und Rolf Tiedemann, Frankfurt a.M. 1970, 19. Auflage 2012, S. 113; 188.

[40] Figal, »Die Räumlichkeit der Muße«, S. 26.

[41] Figal, »Die Räumlichkeit der Muße«, S. 26. Vgl. auch Günter Figal, »Muße als Forschungsgegenstand«, Vortrag auf der Sommerakademie der Studienstiftung des deutschen Volkes in La Villa 2014, abgedruckt im Online-Journal *Muße. Ein Magazin* 1 (2015), vgl. *www.musse-magazin.de* im Rahmen des SFB 1015 ›Muße‹.

[42] Christoph Wulf/Jörg Zirfas, »Die Muße. Vergessene Zusammenhänge einer idealen Lebensform«, in: *Muße, Paragrana* 16 (2007), S. 9–11, hier S. 9.

zeichnen sich doch beide Phänomene durch die ihnen eigentümliche Dimension des Räumlichen, im oben beschriebenen Verständnis, aus.[43] Eine Definition Adornos gibt weitere Aufschlüsse über strukturelle Ähnlichkeiten zwischen der Erfahrung eines Kunstwerks und derjenigen von Muße. Ihm zufolge besteht die ästhetische Erfahrung wesentlich darin, »daß man an diesem Vollzug teilhat, daß man das Kunstwerk mitvollzieht, indem man in dem Kunstwerk darin ist, daß man – wie man es ganz schlicht nennen mag – darin lebt.«[44] Die Bezeichnungen ›Vollzug‹ oder ›Leben‹ verdeutlichen, wie umfassend eine solche Erfahrung sein kann. Die intensive Erfahrung von Kunstwerken genauso wie das Erleben von Muße betreffen den ganzen Menschen und wirken sich auf sein Empfinden und Erleben aus – zumindest innerhalb einer gewissen Weile. Hier zeigt sich eine weitere Übereinstimmung, denn die ästhetische Erfahrung ist wie die Muße kein Zustand von Dauer, und kann es auch nicht sein, sondern ist stattdessen durch gewisse Rahmungen abgesteckt. Rüdiger Safranski betont in seiner 2015 erschienen Arbeit über *Zeit,* dass nur dann, wenn diese Rahmung hintergründig als Kontrast präsent bleibe, die andere Qualität der ästhetischen Erfahrung überhaupt erlebbar werde[45]:

> Es ist genau diese Rahmung, dieses Herausschneiden aus der Alltäglichkeit, was der Kunst ihren besonderen Augenblickscharakter gibt. Erst so, als ästhetische Ausnahme, kann dieser Augenblick eine magische Anziehung ausüben, man fällt für Momente aus der eigenen Zeit und wird von einer anderen Zeit berührt, bis hin zum Gefühl, in einem Bild, in einer erzählten Welt, in konfigurierten Klängen verschwinden zu wollen – als würde dort eine Art Erlösung auf uns warten. Das Kontinuum der sonstigen Zeit ist durchbrochen, es öffnet sich eine Pforte zu einer anderen Welt.[46]

Diese Beschreibung von Rahmung und Freiheit innerhalb dieser Rahmung lässt sich mit einer Formulierung Byung-Chul Hans schlagwortartig auf den Punkt bringen: »Ohne *Halt* gibt es auch keine Freiheit«[47]. Gerade Einbindungen und Einbettungen schützen vor beunruhigender Orientierungslosigkeit. Erst im Bestimmten sind wir der Unbestimmtheit gewachsen. Auch Mußemomente scheinen in der ihnen charakteristischen Begrenztheit und Loslösung von alltäglichen Routinen gerade durch das Wissen von der Alltäglichkeit ihre Bedeutung und Besonderheit zu erhalten.[48]

---

[43] Vgl. Günter Figal, *Erscheinungsdinge. Ästhetik als Phänomenologie,* Tübingen 2010, bes. S. 231–281.

[44] Theodor W. Adorno, *Ästhetik* (1958/59), Frankfurt a.M. 2009, S. 188. Vgl. Seel, »Aktive Passivität«, S. 252.

[45] Safranski, *Zeit,* S. 234.

[46] Safranski, *Zeit,* S. 235.

[47] Han, *Duft der Zeit,* S. 38.

[48] Vgl. auch Thurn, *Der Mensch im Alltag,* bes. S. 27–35; Winfried Gebhardt, *Fest, Feier und Alltag. Über die gesellschaftliche Wirklichkeit des Menschen und ihre Deutung,* Frankfurt a.M./Bern/New York u.a. 1987, bes. S. 21–34. Gebhardt arbeitet mit dem aus der Soziologie Max Webers stammenden Begriff des Charismas und seinem Gegenbegriff des Alltags, die er mit Weber als die »zwei Grundkategorien sinnhaften menschlichen Handelns, in deren konstantem Zusammenspiel sich die gesellschaftliche Wirklichkeit des Menschen gestaltet«, S. 22,

Zum Abschluss dieser theoretischen Betrachtungen zu modernen Mußekonzeptionen darf ich die wichtigsten Elemente des dieser Arbeit zugrundeliegenden Mußeverständnisses noch einmal gebündelt festhalten: Muße ist mehr als Freizeit, verstanden als Gegenpart zu Arbeit. Sie zeichnet sich durch eine ihr eigentümliche Verbindung von Tätigkeit und Untätigkeit sowie Bestimmtheit und Unbestimmtheit aus. Muße ist insofern von temporalen Zwängen befreit, als sie sich Zweckrationalität, Leistungsdenken und Nutzenorientierung radikal entzieht. Stattdessen ermöglicht sie ein Verweilen und ein Sich-selbst-Vergessen in Momenten der Erfülltheit, in der der Raum als Möglichkeitsraum an Bedeutung gewinnt. Muße kann nicht willentlich hergestellt werden, sondern vielmehr als Widerfahrnis erlebt werden. Doch eine gewisse Haltung der Offenheit und Sensibilität kann für eine potenzielle Mußeerfahrung förderlich sein.

Aus den genannten theoretischen Überlegungen lässt sich die für die folgende Arbeit erkenntnisleitende These festhalten, dass Spielräume der Muße erst aufgrund einer Basis an Regularien möglich sind, dass institutionelle Ordnungen den Halt bieten, auf dessen Grundlage Spielräume erst entstehen, die mit Alltagsroutinen und festgeschriebenen Verhaltenskodexen brechen, und dennoch immer wieder auf sie verweisen und verweisen müssen, um nicht im Nichts zu zerfallen. Damit zeigt sich Muße als ein solcher Ausbruch aus dem Alltäglichen, wie er sich auch im höfischen Roman findet. Sowohl der Spielraum der Muße wie der literarisch inszenierte Ausbruch sind zeitlich begrenzt, sie brechen mit den vorhandenen Strukturen und Ordnungen und schaffen das Erleben einer Weite und Offenheit von bislang unbekannten Möglichkeiten. In ihnen treffen scheinbare Oppositionen aufeinander: Sei es die Vagheit zwischen Bestimmtheit und Unbestimmtheit, das Ineinandergehen von Aktivität und Passivität oder das Zusammenspiel von Konzentration und Diffusion. Beide Phänomene lösen sich von der institutionellen Rahmung, sind jedoch jeweils durch sie bedingt und kehren, als ein ihnen konstitutives Moment, in sie zurück. Muße lässt sich folglich nur in einem Zwischen verorten, nicht verstanden als Entweder-Oder, sondern als Sowohl-als-auch. Sie steht in dieser Spannung von Institutionalität und Spielraum, deren Polarität sich der nächste Abschnitt widmet; wobei das Verhältnis dieser beiden Pole sowohl grundsätzlich diskutiert, als auch mit Blick auf die im höfischen Roman entworfenen Textwelten betrachtet wird.

1.3 Zur Polarität von Institutionalität und Spielraum

Institutionalität und Spielraum – Auf den ersten Blick stehen sich die beiden Begriffe konträr, wenn nicht sogar kontradiktorisch gegenüber: Während ›Institutionalität‹ Vorstellungen von Regelsystemen, Stabilität und Dauerhaftigkeit weckt,

versteht. Dabei beschreibt der Begriff des Alltags den Bereich der materiellen Bedarfsdeckung sowie des plan- und zielgerichteten Handelns, während mit ›Charisma‹ der Bereich des Ideell-Kulturellen, des affektuellen und wertrationalen Handelns gemeint ist, vgl. S. 32.

steht der Begriff ›Spielraum‹ neben dem konkret verstandenen Ort, in dem, auf die eine oder andere Weise, gespielt wird, vor allem für die metaphorische Bezeichnung eines Freiraums, in dem sich Möglichkeiten eröffnen. Spielerisch werden Regeln und Grenzen ausgereizt, ohne dabei den regelgebenden Rahmen zu verlassen, der das Spiel am Leben hält und von willkürlichen Ereignissen unterscheidet. In der Verbindung von Institutionalität und Spielraum scheinen relative Starrheit auf lebendige Ereignishaftigkeit, Dauerhaftigkeit auf Augenblicklichkeit und Alltägliches auf Außerordentliches zu stoßen. Bei genauerer Betrachtung zeigt sich jedoch, dass sich zwischen diesen beiden Polen, die die Struktur der Untersuchung widerspiegeln, ein komplexes feingliedriges Wechselspiel ereignet, in dem das eine das andere bedingt und sich doch immer wieder gegenseitig übersteigt. Die beiden Bereiche Institutionalität und Spielraum mögen in den Erzähltexten je unterschiedlich ins Gewicht fallen, doch erst über das eine lässt sich das andere vollständig greifen und umgekehrt.[49] Sie bilden eine dialektische Einheit. In den folgenden Abschnitten werden zunächst die einzelnen Pole separat betrachtet, um im Anschluss ihr Wechselspiel konkret herauszuarbeiten. Ergänzung finden die theoretischen Überlegungen durch das Einbeziehen der Erzähltexte, wodurch stets der Bezug zu der Textwelt des höfischen Romans gewahrt bleibt.

1.3.1 *Institutionalität*

Die in der mittelalterlichen Literatur gezeichnete höfische Gesellschaft orientiert sich weit stärker als moderne Gesellschaften an bestimmten Verhaltensregeln und Ritualen sozialer Integration und Kommunikation, und dies in einer noch kaum »institutionell gefestigten Welt«[50]. Über Inklusions- und Exklusionsmechanismen wird Selektion durchgeführt und eine aristokratische Elite etabliert. So heißt es in dem um 1215/16 entstandenen didaktischen Lehrgedicht *Der Welsche Gast* des Thomasin von Zerklaere:

Swer ze hove wil wol gebârn,
der sol sich deheime bewarn,
daz er nien tuo unhüfschlîchen,
wan ir sult wizzen sicherlîchen,
daz beidiu zuht und hüfscheit
koment von der gewonheit.
(653–658)

An dieser Textstelle wird deutlich, dass ritualisiertes und routiniertes Handeln nicht nur *zuht*, sondern auch das Ideal der *hövescheit* formt. »Schönheit und *zuht*

[49] Ulrich Oevermann spricht von einer »Dialektik des Überganges und der Transformation«, vgl. Ulrich Oevermann, »Krise und Muße. Struktureigenschaften ästhetischer Erfahrung aus soziologischer Sicht«, Vortrag am 19.6. 1996 in der Städel-Schule, vgl. *http://publikationen.ub.uni-frankfurt.de/files/4953/Krise-und-Musse-1996.pdf* [Zugriff: Januar 2019].

[50] Jan-Dirk Müller, *Spielregeln für den Untergang. Die Welt des Nibelungenliedes*, Tübingen 1998, S. 345.

werden zu Äquivalenten«, so Burkhard Hasebrink, sie »dienen darin als Erkennungszeichen einer adeligen Verhaltenssemantik«.[51] Gewohnheit und Wiederholung bilden soziale Praktiken und Verhaltensschemata aus.[52] Mit dem französischen Soziologen Pierre Bourdieu kann hier von ›Habitus‹[53] gesprochen werden.

---

[51] Burkhard Hasebrink, »Rache als Geste. Medea im ›Trojanerkrieg‹ Konrads von Würzburg«, in: *Literarische Leben. Rollenentwürfe in der Literatur des Hoch- und Spätmittelalters. Festschrift für Volker Mertens zum 65. Geburtstag,* hg. v. Matthias Meyer und Hans-Jochen Schiewer, Tübingen 2002, S. 209–230, hier S. 218.

[52] Vgl. zu Gewohnheit als Ursprung von Institutionalisierung auch: Peter L. Berger/Thomas Luckmann, *Die gesellschaftliche Konstruktion der Wirklichkeit. Eine Theorie der Wissenssoziologie,* mit einer Einleitung zur deutschen Ausgabe von Helmuth Plessner, übersetzt von Monika Plessner, Frankfurt a.M. 1969: »Alles menschliche Tun ist dem Gesetz der Gewöhnung unterworfen. Jede Handlung, die man häufig wiederholt, verfestigt sich zu einem Modell, welches unter Einsparung von Kraft reproduziert werden kann und dabei vom Handelnden *als* Modell aufgefaßt wird. Habitualisierung in diesem Sinne bedeutet, daß die betreffenden Handlungen auch in Zukunft ebenso und mit eben der Einsparung von Kraft ausgeführt werden kann«, S. 56, »[m]it anderen Worten: vor dem Hintergrund habitualisierten Handelns öffnet sich ein Vordergrund für Einfall und Innovation«, S. 57. Vgl. bei Gehlen das Stichwort ›Hintergrunderfüllung‹, etwa Arnold Gehlen, *Urmensch und Spätkultur. Philosophische Ergebnisse und Aussagen,* Bonn 1956, S. 23. Zu Gewohnheit in der Tradition der Philosophie des Pragmatismus Heidi Salaverría, *Spielräume des Selbst. Pragmatismus und kreatives Handeln,* Berlin 2007, bes. S. 130–165. Gewohnheiten sind einerseits Stütze, da sie die Komplexität des Lebens einschränken, indem sie Routinen ausbilden, Abläufe vorgeben und Entscheidungen abnehmen, sie können aber auch zu Verkümmerung und Lähmung führen, indem sie durch »Überanpassung an die vorgegebenen Bahnen« jede Spontaneität, Kreativität und Offenheit für das Neue unterdrücken, vgl. auf G.W.F. Hegels *Enzyklopädie der philosophischen Wissenschaften III* (Werke, Frankfurt a.M. 1970, Bd. 10), bes. §§ 409–412 zurückgehend Seel, »Aktive Passivität«, S. 211. Seel setzt deshalb die »fortdauernde Gewöhnung an die Entwöhnung«, S. 212, dagegen.

[53] Der Begriff des Habitus, wie ihn Bourdieu verwendet, geht zurück auf Erwin Panofskys Studie *Gothic Architecture and Scholasticism* (1952), die Bourdieu ins Französische übersetzte, vgl. Erwin Panofsky, *Architecture gothique et pensée scolastique,* traduction et postface de Pierre Bourdieu, Paris 1967; das Nachwort Bourdieus erschien 1970 separat auf Deutsch Pierre Bourdieu, »Der Habitus als Vermittlung zwischen Struktur in Praxis«, in ders., *Zur Soziologie der symbolischen Formen,* Frankfurt a.M. 1970, S. 125–158. Der Begriff des Habitus spielte bislang in der Forschung zum höfischen Roman nur eine untergeordnete Rolle, Ausnahmen sind etwa Gerhard Wolf, »Verborgene Kalküle. Pierre Bourdieus ›Reflexive Anthropologie‹, Erecs und Iweins Habitus und die ›Conditio humana‹ des Interpreten«, in: *Text und Kultur. Mittelalterliche Literatur 1150–1450. DFB-Symposium 2000,* hg. v. Ursula Peters, Stuttgart/Weimar 2001, S. 215–244; Silvia Schmitz, »Das Ornamentale bei Suchenwirt und seinen Zeitgenossen. Zu strukturellen Zusammenhängen zwischen Herrschaftsrepräsentation und poetischen Verfahren«, in: *Höfische Repräsentation. Das Zeremoniell und die Zeichen,* hg. v. Hedda Ragotzky und Horst Wenzel, Tübingen 1990, S. 279–302; Bent Gebert, »Poetik der Tugend. Zur Semantik und Anthropologie des Habitus in höfischer Epik«, in: *Text und Normativität im deutschen Mittelalter,* XX. Anglo-German Colloquium, hg. v. Elke Brüggen, Franz-Josef Holznagel, Sebastian Coxon und Almut Suerbaum, Berlin/New York 2012, S. 143–168, sowie der auf das Mittelalter bezogene kunsthistorische Sammelband *Habitus. Norm und Transgression in Bild und Text. Festgabe für Lieselotte E. Saurma-Jeltsch,* hg. v. Tobias Frese und Annette Hoffmann, in Zusammenarbeit mit Katharina Bull, Berlin 2011; für mystische Texte vgl. Burkhard Hasebrink, »›sich erbilden‹.

Bourdieu geht es um die Position eines Akteurs in einem »Feld«[54], das bestimmte Möglichkeiten des Handelns bietet, andere wiederum ausschließt: »Zwänge und Grenzen prägen die Handlungsdispositionen der Akteure«[55]. Durch Sozialisation, Erziehung und frühe Erfahrungen bilden sich bestimmte Handlungsdispositionen aus, die den Akteur unbewusst in seinem Handeln vorbestimmen.[56] Der Habitus ist demnach eine »im Körper inkarnierte Geschichte«[57], ein »Körper gewordenes Spiel«[58]: Er wird zu einer zweiten Natur.[59] In *Entwurf einer Theorie der Praxis* fasst Bourdieu ›Habitus‹ als ein

> System dauerhafter und versetzbarer Dispositionen [, das] alle vergangenen Erfahrungen integrierend, wie eine Handlungs-, Wahrnehmungs- und Denkmatrix funktioniert [und] [...] dank der analogischen Übertragung von Schemata, die Probleme gleicher Form zu lösen gestatte[t], und [...] dank der von jenen Resultaten selbst dialektisch geschaffenen Korrekturen der erhaltenen Resultate [es ermöglicht] [...] unendlich differenzierte Aufgaben zu erfüllen.[60]

Der Habitus zeichnet sich also durch eine gewisse Dauerhaftigkeit bei gleichzeitiger Veränderbarkeit aus, er weist eine Regelmäßigkeit auf, ohne jedoch Resultat der Einhaltung von Regeln zu sein.[61] Bereits diese kurze Beschreibung macht deutlich, dass der Habitus – darin weist er strukturelle Ähnlichkeiten zu Muße auf –, Dichotomien wie »Determiniertheit und Freiheit, Konditioniertheit und Kreativität, Bewußte[s] und Unbewußte[s] oder Individuum und Gesellschaft« übersteigt.[62] Trotz der genannten Vorprägung findet Handeln folglich nicht als Automatismus statt. Es existiert nach Bourdieu ein »gewisse[r] Spielraum des Verhaltens«; ein vollständiger Ausbruch aus diesem habituellen Verhalten ist in

---

Überlegungen zur Semantik der Habitualisierung in den ›Rede der unterscheidunge‹ Meister Eckharts«, in: *Meister Eckhart in Erfurt,* hg. v. Andreas Speer und Lydia Wegener, Berlin/New York 2005, S. 122–136. Hasebrink zeigt auf, dass sich *erbildunge* als mittelhochdeutsches Äquivalent zu *habitus* fassen lässt, S. 130.

[54] Ein soziales Feld ist, in Analogie zum physikalischen »Kraftfeld« (Pierre Bourdieu, *Praktische Vernunft. Zur Theorie des Handelns,* aus dem Französischen von Hella Beister, Paris 1998, S. 49), zu verstehen »als ein Netz oder eine Konfiguration von objektiven Relationen zwischen Positionen«, vgl. Pierre Bourdieu/Loïc J.D. Wacquant, *Reflexive Anthropologie,* aus dem Französischen von Hella Beister, Frankfurt a.M. 1996, S. 127 (im Original erschienen Paris 1992).

[55] Hans Joas/Wolfgang Knöbl, *Sozialtheorie. Zwanzig einführende Vorlesungen,* aktualisierte Ausgabe, mit einem neuen Vorwort versehen, Frankfurt a.M. 2004, S. 528.

[56] Vgl. Joas/Knöbl, *Sozialtheorie,* S. 533.

[57] Joseph Jurt, »Die Habitus-Theorie von Pierre Bourdieu«, in: *LiTheS* 3 (2010), S. 5–17, hier S. 13.

[58] Bourdieu, *Praktische Vernunft,* S. 145.

[59] Pierre Bourdieu, *Sozialer Sinn. Kritik der theoretischen Vernunft,* aus dem Französischen von Günter Seib, Frankfurt a.M. 1987, S. 105 (franz. Original: *Le sens pratique,* Paris 1980).

[60] Pierre Bourdieu, *Entwurf einer Theorie der Praxis auf der ethnologischen Grundlage der kabylischen Gesellschaft,* übersetzt von Cordula Pialoux und Bernd Schwibs, 2. Auflage, Frankfurt a.M. 2009, S. 169 (im Original erschienen unter *Esquisse d'une théorie de la pratique, précédé de trois études d'ethnologie kabyle,* Genève 1972).

[61] Vgl. Bourdieu, *Sozialer Sinn,* S. 99.

[62] Bourdieu, *Sozialer Sinn,* S. 103.

der Konzeption Bourdieus allerdings nicht möglich.[63] Bourdieu fasst Habitus als Spiel, aus dem sich letztlich der Spielraum des Handelns begründet:

> Der praktische Glaube an das Feld entsteht bei den Akteuren, indem sie teilnehmen am Spiel: Mit ihrer Teilnahme lassen sie sich auf das ein, worum es in diesem Spiel geht [...], mit ihrer Teilnahme erkennen sie aber auch das Spiel selbst an, seine Voraussetzungen, den Einsatz, die Ergebnisse, die Kriterien für ›gutes‹, ›elegantes‹ oder auch nur ›erfolgreiches‹ Spiel. [...] Teilnahme am Spiel heißt, dass man unzählige Akte der Anerkennung erbringt, dass man in das Spiel investiert, sich anstrengt alles richtig zu machen, dass man versucht dahinter zu kommen, wie es funktioniert, welche Positionen wichtig sind, welche weniger, welche expliziten und impliziten Regeln gelten, welche Regeln strikt einzuhalten, welche von wem missachtet werden dürfen und so weiter. Komplexe Spiele – und soziale Felder sind komplexe Spiele – bedürfen meist langwieriger Prozesse des Lernens.[64]

Feld und Habitus stehen in einer »Beziehung der Bedingtheit: Das Feld strukturiert den Habitus, der das Produkt der Verinnerlichung der Inkorporation der immanenten Notwendigkeit dieses Feldes ist«[65]. Soziale Felder wiederum sind Teilräume im sozialen Raum[66], welcher zu verstehen ist als eine Struktur von Unterschieden, generiert durch die »Distributionsstruktur der Machtformen oder Kapitalsorten«[67]. Der Habitus ist strukturierte Struktur wie strukturierende Struktur zugleich, er ist reproduktives wie kreatives Prinzip in einem.[68] Je nach Feld divergieren individuelle wie kollektive Praktiken, Handlungsschemata, Verhaltensweisen und deren Be- bzw. Verurteilung. In jedem Feld wird das jeweilig geltende

---

[63] Vgl. Joas/Knöbl, *Sozialtheorie,* S. 534. Vgl. Bourdieu, *Sozialer Sinn,* S. 103: »Da der Habitus eine unbegrenzte Fähigkeit ist, in völliger (kontrollierter) Freiheit Hervorbringungen – Gedanken, Wahrnehmungen, Äußerungen, Handlungen – zu erzeugen, die stets in den historischen und sozialen Grenzen seiner eigenen Erzeugung liegen, steht die konditionierte und bedingte Freiheit, die er bietet, der unvorhergesehenen Neuschöpfung ebenso fern wie der simplen mechanischen Reproduktion ursprünglicher Konditionierung«. Ausführungen zum Begriff des Habitus finden sich in Bourdieus Werk weit verstreut, vgl. neben *Sozialer Sinn,* S. 97–147 und *Entwurf einer Theorie der Praxis,* S. 139–203, v.a. Bourdieu/Wacquant, *Reflexive Anthropologie,* bes. S. 30–34; 147–212; Bourdieu, *Praktische Vernunft,* bes. S. 21; S. 145f.; Pierre Bourdieu, *Die feinen Unterschiede. Kritik der gesellschaftlichen Urteilskraft,* Frankfurt a.M. 1979, bes. S. 97–205 (im Original erschienen Paris 1979); Pierre Bourdieu, *Die verborgenen Mechanismen der Macht,* Hamburg 1992, S. 31–81. Vgl. zu Bourdieu erläuternd etwa Joseph Jurt, *Das literarische Feld. Das Konzept Pierre Bourdieus in Theorie und Praxis,* Darmstadt 1995, v.a. S. 71–107 oder Beate Krais/Gunter Gebauer, *Habitus,* Bielefeld 2002; *Pierre Bourdieus Konzeption des Habitus. Grundlagen, Zugänge, Forschungsperspektiven,* hg. v. Alexander Lenger, Christian Schneikert und Florian Schumacher, Wiesbaden 2013.

[64] Krais/Gebauer, *Habitus,* Bielefeld 2002, S. 62.

[65] Bourdieu/Wacquant, *Reflexive Anthropologie,* S. 102.

[66] Raum versteht Bourdieu hier als »Ensemble von Positionen, die distinkt und koexistent sind, einander äußerlich, bestimmt durch ihr jeweiliges Verhältnis zu allen anderen, durch ihre *wechselseitige Äußerlichkeit* und durch Relationen von Nähe und Nachbarschaft bzw. Entfernung wie auch durch Ordnungsrelationen wie über, unter und *zwischen*«, vgl. Bourdieu, *Praktische Vernunft,* S. 18f.

[67] Bourdieu, *Praktische Vernunft,* S. 49.

[68] Vgl. Bourdieu, *Die feinen Unterschiede,* S. 279, vgl. auch Bourdieu, *Sozialer Sinn,* S. 98: »Dialektik von *opus operatum* und *modus operandi*«.

normgerechte Verhalten interiorisiert.[69] Gerade für die höfische Kultur verweist Hasebrink auf die wesentliche Bedeutung einer solchen Interiorisierung, die mit Selbstdisziplinierung und Habitualisierung einhergeht: »Der Habitus folgt *einer* Regel: Alles wird begrenzt, eingeengt, gezähmt«[70]. Möglicherweise zeigt sich gerade in der Sprengung des Alltäglichen eine Form der Dehabitualisierung, durch die der Rahmen der ›Gezähmten‹ sich kurzzeitig öffnet. Muße, so die Hypothese, dehabitualisiert etablierte Verhaltensstrukturen und setzt ihr, mit transgressiver Kraft, die Möglichkeit anderer, neuer Handlungsweisen entgegen. Zieht man die höfischen Erzähltexte hinzu, durch deren Entwürfe und Ausgestaltungen die höfische Kultur des Mittelalters vorrangig zugänglich ist, wird mit dem Stichwort Dehabitualisierung auch die Frage nach dem aktiven bzw. passiven Anteil einer Muße erlebenden Figur[71] laut: bricht diese aus ihren jeweiligen vorgeschriebenen

---

[69] Vgl. auch Rainer Warning, »Formen narrativer Identitätskonstitution im höfischen Roman«, in: *Identität,* hg. v. Odo Marquard und Karlheinz Stierle, 2., unveränderte Auflage, München 1996, S. 553–589, hier S. 568. Zu Norm und Normativität vgl. auch den Sammelband *Text und Normativität im deutschen Mittelalter,* XX. Anglo-German Colloquium, hg. v. Elke Brüggen, Franz-Josef Holznagel, Sebastian Coxon und Almut Suerbaum, unter Mitarbeit von Reinhold Katers, Berlin/Boston 2012.

[70] Hasebrink, »Rache als Geste«, S. 218.

[71] Die Figur findet bislang in narratologischen Modellen nur peripher Beachtung. So findet sich etwa in der mittlerweile kanonisch gewordenen Einführung in die Erzähltheorie von Matías Martínez und Michael Scheffel keine explizite Betrachtung der Figur, vgl. Matías Martinez/Michael Scheffel, *Einführung in die Erzähltheorie,* München 1999, 7. Auflage 2007. Dabei spielt gerade für die Untersuchung von Muße die Figur insofern eine zentrale Rolle, als sie als Erlebende von Mußeerfahrungen – neben dem Rezipienten – im Fokus steht. Sie ist es, deren Sicht- und Erlebnisweise sich in Mußemomenten wandeln und weiten kann. Oftmals geschieht dies allein im Inneren der Figur und bleibt äußerlich unbemerkt. Umso wichtiger ist es daher, die Figuren in ihrem Agieren genau zu untersuchen. In Bezug auf mittelalterliche Literatur zeigen einige neuere Arbeiten das langsam wachsende Interesse an der Figur an, vgl. etwa Jörn Stückrath, »Figur und Handlung«, in: *Literaturwissenschaft. Ein Grundkurs,* hg. v. Helmut Brackert und Jörn Stückrath, Reinbek 1992, S. 40–54; Fotis Jannidis, *Figur und Person. Beitrag zu einer historischen Narratologie,* Berlin/New York 2004, fasst Figur als mentale Modelle; bei Clemens Lugowksi, *Die Form der Individualität im Roman,* mit einer Einleitung von Heinz Schlaffer, Frankfurt a.M. 1976 und Armin Schulz, *Erzähltheorie in mediävistischer Perspektive,* hg. v. Manuel Braun, Alexandra Dunkel und Jan-Dirk Müller, Berlin/Boston 2012, sind Figuren der Handlung als deren Objekte untergeordnet. Unter dem Stichwort des »Gehabtseins« (S. 61f.) stellt Lugowski dar, dass Figuren nicht psychologisch motiviert sind, sondern passiv von den Ereignissen überwältigt werden. Vgl. weiter zu Figur auch Markus Stock, »Figur: Zu einem Kernproblem historischer Narratologie«, in: *Historische Narratologie – Mediävistische Perspektiven,* hg. v. Harald Haferland und Matthias Meyer, Berlin/New York 2010, S. 187–203; Lena Zudrell, »Gawein und die historische Narratologie. Zur Rede von Figuren am Beispiel von Hartmanns von Aue *Erec* und *Iwein*«, in: *Aktuelle Tendenzen der Artusforschung,* hg. v. Brigitte Burrichter, Matthias Däumer, Cora Dietl u.a., Berlin 2013, S. 101–112. Nach Stock und Zudrell ist vor allem die Einordnung des Konzepts ›Figur‹ zwischen der Ebene der *histoire* und der des *discours* problematisch. Der Figur wird man nicht gerecht, wenn man sie nur als »statisch veranlagter Teil des Strukturgerüsts« (Zudrell, S. 107) betrachtet, da die Figur mit Handlungsmacht und »Potenzial zur Dynamisierung der Handlung« (S. 109) ausgestattet sei. Silvia Reuvekamp versucht

und festgelegten Rollen und Verhaltensweisen aktiv aus oder fällt Muße vielmehr über sie herein? Lässt sich Muße als ein Spiel zwischen »Normkonstitution und Normsubversion«[72] fassen? Eine Schemagebundenheit[73], die dem Figurenarsenal des höfischen Romans bei aller nötigen Differenzierung innewohnt, ist mit einem gewissen Erwartungshorizont bezüglich des Handelns einer Figur verbunden. Gerade im Bruch mit solchen prototypischen Verhaltensweisen – oder vorsichtiger: in Abweichung von bestimmten Interaktionsmustern – kann sich Muße zeigen.

Bourdieu diskutiert in seinen Studien auch das Verhältnis von Habitus und Institution. Der Habitus ermögliche, »Institutionen zu bewohnen *(habiter)*, sie sich praktisch anzueignen und sie damit in Funktion, am Leben, in Kraft zu halten, sie ständig dem Zustand des toten Buchstabens, der toten Sprache zu entreißen«[74]. In seiner Arbeit zu Formen der Sozialisation greift Bourdieu auf »das lateinische *instituere* als Wurzel des französischen ›institution‹ [...] [zurück], da es ›gründen, inaugurieren, einen Habitus festlegen‹ bedeute«[75]. Bourdieu schlägt daher auch vor, den Begriff der ›Initiationsriten‹ *(rites de passage)* durch den der ›Institutionalisierungsriten‹ zu ersetzen. Die Einführung in eine Gemeinschaft geschieht über die Einschärfung von Normen und Regeln. Deren Einübung und Aneignung durch Wiederholung entspricht gerade jener Inkorporierung, die Habitualisierung ausmacht.[76]

---

moderne kognitive Figurenmodelle auch für mittelalterliche Texte fruchtbar zu machen, vgl. Silvia Reuvekamp, »Hölzerne Bilder – mentale Modelle? Mittelalterliche Figuren als Gegenstand einer historischen Narratologie«, in: *Diegesis* 3.2 (2014), S. 112–130, vgl. auch ihre Habilitationsschrift *Hölzerne Bilder? Narratologie und Anthropologie mittelalterlicher und frühneuzeitlicher Figurendarstellung* [2015 abgeschlossen]; in Bezug auf Fokalisierung vgl. Gert Hübner, *Erzählform im höfischen Roman. Studien zur Fokalisierung im* Eneas, *im* Iwein *und im* Tristan, Tübingen 2003; Gert Hübner, »Fokalisierung im höfischen Roman«, in: *Wolfram-Studien* XVIII (2004), S. 127–150, zurückgehend auf Gérard Genette, *Die Erzählung,* aus dem Französischen von Andreas Knop, mit einem Nachwort hg. v. Jochen Vogt, 2. Auflage, München 1998 (im Original erschienen Paris 1972).

[72] Gebert, »Poetik der Tugend«, S. 155.

[73] Vgl. zu einer funktionalistischen Auffassung von Figur – Figuren als Aktanten, als Elemente der Tiefenstruktur eines Textes – im Strukturalismus etwa Vladimir Propp, *Morphologie des Märchens,* hg. v. Karl Eimermacher, übersetzt v. Christel Wendt, München 1972 (Originaltitel: *Morfologija skazki,* Leningrad 1928), bei Propp Primat der Funktion gegenüber der Person; Algirdas Julien Greimas, *Strukturale Semantik. Methodologische Untersuchungen,* Braunschweig 1966 (im Original erschienen Paris 1972); vgl. zusammenfassend Warning, »Formen narrativer Identitätskonstitution im höfischen Roman«, S. 553–589; vgl. auch Rainer Warning, »Heterogenität des Erzählten – Homogenität des Erzählens. Zur Konstitution des höfischen Romans bei Chrétien de Troyes«, in: *Wolfram-Studien* V (1979), S. 79–95.

[74] Bourdieu, *Sozialer Sinn,* S. 107.

[75] Peter von Moos, »Krise und Kritik der Institutionalität. Die mittelalterliche Kirche als ›Anstalt‹ und ›Himmelreich auf Erden‹«, in: *Institutionalität und Symbolisierung. Verstetigung kultureller Ordnungsmuster in Vergangenheit und Gegenwart,* hg. v. Gert Melville, im Auftrag des Sonderforschungsbereichs 537, Köln/Weimar/Wien 2001, S. 293–340, hier S. 297.

[76] Vgl. Pierre Bourdieu, »Les rites comme actes d'institution«, in: *Actes de la recherche en sciences sociales,* 43 (1982), S. 58–63, hier S. 59: »Instituer, en ce cas, c'est consacrer, c'est-a-dire

Institutionelle Prozesse und Strukturen sind, so Rahel Jaeggi, »das Rückgrat des Sozialen, sie sind das, was ihm Gestalt und Beständigkeit verleiht«[77]. Durch Verbindlichkeit und Wiederholbarkeit schaffen sie Orientierung[78] und Berechenbarkeit und übernehmen die Funktion eines Gerüstes. Eine solche »Wiederkehr des Gleichen«[79] hat die Errichtung einer dauerhaft geschützten Gesellschaft zum Ziel. Dies gelingt jedoch nur dadurch, dass das Institutionelle normativ und auf Anerkennung der Regeln und deren Befolgung angewiesen ist.[80] Sie setzen Verhal-

sanctionner et sanctifier un état de choses, un ordre étbali«. Vgl. diesen Text in Form eines Kapitels in Pierre Bourdieu, *Ce que parler veut dire. L'économie des échanges linguistiques,* Paris 1982, bes. S. 121–134, bes. S. 129, in deutscher Übersetzung: Pierre Bourdieu, *Was heißt Sprechen? Die Ökonomie des sprachlichen Tausches,* aus dem Französischen von Hella Beister, hg. v. Georg Kremnitz, Wien 1990, bes. S. 84–93, S. 84; 89. Vgl. auch Bourdieu, *Praktische Vernunft,* S. 145; Bourdieu, »Ökonomisches Kapital, kulturelles Kapital, soziales Kapital«, in: *Soziale Ungleichheiten,* hg. v. Reinhard Kreckel, Göttingen 1983, S. 183–198, hier S. 192.

[77] Rahel Jaeggi, »Was ist eine (gute) Institution?«, in: *Sozialphilosophie und Kritik,* hg. v. Rainer Forst, Martin Hartmann, Rahel Jaeggi und Martin Saar, Frankfurt a.M. 2009, S. 528–544, hier S. 528. Vgl. allgemein zu Institution Johann August Schülein, *Theorie der Institution. Eine dogmengeschichtliche und konzeptionelle Analyse,* Opladen 1987; János Bak, »Symbol – Zeichen – Institution. Versuch einer Systematisierung«, in: *Institutionen und Geschichte. Theoretische Aspekte und mittelalterliche Befunde,* hg. v. Gert Melville, Köln/Weimar/Wien 1992, S. 115–131.

[78] Vgl. zum Begriff der Orientierung grundlegend die philosophische Studie von Werner Stegmaier, *Philosophie der Orientierung,* Berlin/New York 2008: »Man sucht nicht, sondern findet zuerst. Wenn Orientierung, schlicht und alltagssprachlich gesagt, die *Leistung* ist, *sich zurechtzufinden,* so ist dieses Sich-Zurechtfinden ein Finden, ohne dass man schon etwas gesucht hätte«, S. 1. Stegmaier betont, dass Ordnungen Orientierung sowohl erleichtern als auch beschleunigen, vgl. S. 192.

[79] Vgl. auf Nietzsche zurückgehend Alfred Heuss, »Zum Problem einer geschichtlichen Anthropologie«, in: *Kulturanthropologie* (Neue Anthropologie, Bd. 4), hg. v. Hans-Georg Gadamer und Paul Vogler, München 1973, S. 150–194, hier S. 171.

[80] Vgl. Karl-Siegbert Rehberg, »Die ›Öffentlichkeit‹ der Institutionen. Grundbegriffliche Überlegungen im Rahmen der Theorie und Analyse institutioneller Mechanismen«, in: *Macht der Öffentlichkeit – Öffentlichkeit der Macht,* hg. v. Gerhard Göhler, Baden-Baden 1995, S. 181–211, hier S. 182. Vergleichbares gilt auch für das Ritual, das ebenfalls unter institutionelle Mechanismen fallen kann: »Sich in rituellen Konventionen ›richtig‹ zu bewegen, verlangt [...] die Beherrchung der jeweiligen ›rituellen Idiome‹ (Goffman) [...] [Rituale] sind so etwas wie standardisierte, vorweg erlernte und vorweg reagierende, oft kollektiv formalisierte Bewältigungsmechanismen für Bedrohliches und Unbekanntes: Orientierungsvorgaben in unsicherem Gelände«, vgl. Hans-Georg Soeffner, »Überlegungen zur Soziologie des Symbols und des Rituals«, in: *Die Kultur des Rituals. Inszenierungen, Praktiken, Symbole,* hg. v. Christoph Wulf, München 2004, S. 149–176, hier S. 166; vgl. zum Verhältnis Ritual und Institution auch Karl-Siegbert Rehberg, »Institutionelle Ordnungen zwischen Ritual und Ritualisierung«, in: *Die Kultur des Rituals. Inszenierungen, Praktiken, Symbole,* hg. v. Christoph Wulf, München 2004, S. 247–265, hier S. 247: »Rituale wären dann Institutionen im praktischen Vollzug und zugleich Bestandteil der institutionellen Selbstdarstellung, während jede Institutionalisierung von Handlungen umgekehrt auf rituelle Wiederholung und Regelhaftigkeit hin tendierte. Man kann sich einerseits keine Institution ohne Rituale vorstellen und andererseits sind Rituale eben die institutionelle Form eingespielter Handlungswiederholungen.« Vgl. dazu auch die genetische Institutionstheorie von Cornelius Castoriadis, *Gesellschaft als imaginäre Institution. Entwurf einer politischen Philosophie,*

tenscodes, die die Kommunikation regeln. Harald Haferland betont, dass Codes Interaktionsformen binden. Vor allem reziproke Interaktionsschemata entlasten, da sie nicht immer wieder neu ausgehandelt und aufgebaut werden müssen.[81] Im höfischen Roman sind derartige reziproke Interaktionsschemata inszeniert, etwa Höflichkeitsrituale im Zweikampf oder die Schonung eines gleichwertigen Gegners. Bestimmte rituelle Aktivitäten etwa bei der Begrüßung oder beim Festmahl untermauern immer wieder das hierarchische Ordnungsgefüge und begründen die jeweilige Beziehung zwischen Akteuren.[82] Gerd Althoff spricht in diesem Zusammenhang von Spielregeln, die es einzuhalten gilt und deren Nichteinhalten eine Störung der Ordnung darstellt.[83] Als Grund für die Herausbildung dieser bestimmten Verhaltensspielregeln nennt Althoff die zentrale Stellung von Ehre und Anerkennung in der höfischen Gesellschaft, die sich nur über Öffentlichkeit und

aus dem Französischen übersetzt von Horst Brühmann, Frankfurt a.M. 1990, S. 194f. (Originaltitel: *L'institution imaginaire de la société,* Paris 1975) sowie Cornelius Castoriadis, »Das Imaginäre: die Schöpfung im gesellschaftlich-geschichtlichen Bereich«, in: *Das Imaginäre im Sozialen. Zur Sozialtheorie von Cornelius Castoriadis,* hg. v. Harald Wolf, auf dem internationalen Symposium der Stanford University ›Unordnung und Ordnung‹ (14.-16. September 1981) gehaltener Vortrag, übersetzt von Harald Wolf, Göttingen 2012, S. 15–38. Castoriadis begreift alle »Gestalten, Normen, Regeln und Ordnungen als vom Menschen geschaffen«, vgl. Bernhard Waldenfels, »Der Primat der Einbildungskraft. Zur Rolle des gesellschaftlichen Imaginären bei Cornelius Castoriadis«, in: *Die Institution des Imaginären. Zur Philosophie von Cornelius Castoriadis,* hg.v. Alice Pechriggl und Karl Reitter, Wien/Berlin 1991, S. 55–80, hier S. 55. Die diesen Ordnungen zugrundeliegenden Ideen nennt Castoriadis imaginäre Bedeutungen; ›imaginär‹, »weil sie weder mit Bezügen zu ›rationalen‹ oder ›realen‹ Elementen korrespondieren noch in solchen aufgehen, und weil sie durch Schöpfung gesetzt werden« (Castoriadis, »Das Imaginäre«, S. 22). Die imaginären Bedeutungen, verstanden als gesellschaftliche Institution, strukturieren und regulieren eine Gesellschaft. Das Imaginäre benötigt die Verschränkung mit dem Symbolischen, welches die Gesellschaft ›sammelt‹ und sie benötigt ebenso das Ökonomisch-Funktionale, das es aufrecht erhält, vgl. Castoriadis, *Gesellschaft als imaginäre Institution,* S. 225, vgl. auch Jan-Dirk Müller, *Höfische Kompromisse. Acht Kapitel zur höfischen Epik,* Tübingen 2007, S. 13. Der Mensch ist sich seiner eigenen Schöpfung dieser Regeln nicht bewusst und erfährt sie stattdessen als eigenmächtig und objektiv und unterwirft sich ihnen, vgl. Inka Tappenbeck, *Phantasie und Gesellschaft. Zur soziologischen Relevanz der Einbildungskraft,* Würzburg 1999, S. 84. Sowohl Andreas Kraß, *Geschriebene Kleider. Höfische Identität als literarisches Spiel,* Tübingen/Basel 2006, S. 14, als auch Harald Haferland, *Höfische Interaktion. Interpretationen zur höfischen Epik und Didaktik um 1200,* München 1988, betonen die Bedeutung einer imaginären Konstitution für die höfische Gesellschaft, vgl. Haferland, S. 27: »Wenn es eine Gesellschaft gibt, die sich imaginär konstituiert, dann ist es die höfische. Sie gibt sich ihre Realität in der Realisierung der Interaktionsformen, die sie entworfen hat.«

[81] Haferland, *Höfische Interaktion,* S. 21.

[82] Vgl. Gerd Althoff, *Spielregeln der Politik im Mittelalter. Kommunikation in Frieden und Fehde,* Darmstadt 1997, S. 12.

[83] Vgl. auch zusammenfassend Rehberg, »Die ›Öffentlichkeit‹ der Institutionen«, S. 183: Rehberg geht von einer idealtypischen Konstruktion von Institutionen als »kulturelle Vermittlungsinstanzen zwischen Sozialstruktur und Sinnproduktion, zwischen kollektiven Ordnungen und den sie bedingten Menschen« als »Ort von »Wechselwirkungen«« aus. Sie sind »handlungsleitend und motivbildend«.

Sichtbarkeit manifestieren kann. Bezüglich einer solchen Öffentlichkeit spricht Karl-Siegbert Rehberg von »Symbolisierungsleistung des Institutionellen«[84], da dieses je ein Ordnungsprinzip behauptet und Geltungsansprüche erhebt.[85]

Das ›Institutionelle‹ schafft ein Kollektiv, das im Großen und Ganzen einheitlichen Bewegungen folgt. Es formt das Selbst- und Weltbild einer Gesellschaft und sucht dieses aufrechtzuerhalten. Das höfische Herrschafts- und Sozialgebilde funktioniert in weiten Teilen über die Ausbildung von Symbolsystemen, Lebensformen, Verhaltensstandards und Sprachregelungen.[86] Die Sprache ist dabei wichtiges Element bei der Etablierung von Regeln und Verhaltensmechanismen, wie eine Stelle im *Tristan* verdeutlicht:

sô sol ich mich bewarn dar an,
daz ich iu iemer wort gesage,
daz iuwern ôren missehage
und iuwerm herzen widerstê.
ich spriche ouch deste minner ê
von iegelîcher sache,
ê ich iu daz maere mache unlîdic unde unsenfte bî
mit rede, diu niht des hoves sî.
(7945–7954)

Augenfälliger noch als die Sprache ist das äußere Erscheinungsbild, das ebenfalls Interaktionscodes folgt. Detaillierte Beschreibungen prachtvoller Einkleidungen oder Ausrüstungen bringen Macht und Ansehen des Hofes und seiner Vertreter materialisiert zur Anschauung. Adlige Körper sind durch Schönheit und Perfektion gekennzeichnet. Im Sinne des Ideals der Kalokagathie[87] kehrt nach mittelalterlicher Auffassung das äußere Erscheinungsbild die innere Verfassung nach außen. Visuell wahrnehmbare Zeichen ermöglichen die Einordnung und Erkenntnis des

---

[84] Rehberg, »Die ›Öffentlichkeit‹ der Institutionen«, S. 182f. Vgl. auch Karl Acham, »Struktur, Funktion und Genese von Institutionen aus sozialwissenschaftlicher Sicht«, in: *Institutionen und Geschichte,* hg. v. Gert Melville, Köln u.a. 1992, S. 25–71, hier bes. S. 33; vgl. auch Karl-Siegbert Rehberg, »Institutionen als symbolische Ordnungen. Leitfragen und Grundkategorien zur Theorie und Anaylse institutioneller Mechanismen«, in: *Die Eigenart der Institutionen,* hg. v. Gerhard Göhler, Baden-Baden 2004, S. 47–84.

[85] Von Bedeutung in Bezug auf Sichtbarkeit und Demonstration ist an dieser Stelle auch die Ausprägung von Zeremoniell und Ritual, welche für die mittelalterliche Gesellschaft konstitutiv sind, vgl. Stefan Erlei, *›Höfisch‹ im Mittelhochdeutschen. Die Verwendung eines Programmworts der höfischen Kultur in den deutschsprachigen Texten vor 1300,* Frankfurt a.M. 2010, S. 23; zu Ritual und Zeremoniell vgl. u.a. Wolfgang Braungart, *Ritual und Literatur,* Tübingen 1996.

[86] Vgl. Horst Wenzel, »Repräsentation und schöner Schein am Hof und in der höfischen Literatur«, in: *Höfische Repräsentation. Das Zeremoniell und die Zeichen,* hg. v. Hedda Ragotzky und Horst Wenzel, Tübingen 1990, S. 171–208, hier S. 171.

[87] Vgl. Otfrid Ehrismann, *Ehre und Mut, Aventiure und Minne. Höfische Wortgeschichten aus dem Mittelalter,* München 1995, S. 189–194. Am Beispiel der Cundrie-Figur bringt Michael Dallapiazza, »Häßlichkeit und Individualität. Ansätze zur Überwindung der Idealität des Schönen in Wolframs von Eschenbach Parzival«, in: *DVjs* 59 (1985), S. 400–421, das Konzept der Kalokagathie ins Wanken.

Gegenübers und damit die »Orientierung im sozialen Raum«[88]. Die höfische Sphäre ist, so Hans-Jürgen Scheuer, »eine Welt stark visuell orientierter, performativer Kommunikation«[89], die sich über Sichtbarkeit und öffentliche Demonstration und Repräsentation immer wieder ihrer selbst und ihrer Exklusivität vergewissert.[90] So versteht Horst Wenzel ›Repräsentation‹ auch als ständige »Konstruktion von Gegenwärtigkeit«[91]. Unter dem Begriff der Repräsentation, für den sich mit Hasso Hofmann nur schwer ein »terminologische[r] Konsens«[92] ausmachen lässt, lässt sich die symbolische Dimension derartigen standardisierten höfischen Verhaltens festmachen.[93] Durch den Blick der Öffentlichkeit vollziehen sich performativ Rangabstufungen und Ehrzuschreibungen. Aristokratische Repräsentation erweist sich als »kollektive Sicherung des adlig-höfischen Lebens, die den erworbenen gesellschaftlichen Vorrang als ontologisch begründete Form behauptet: als die Vergegenwärtigung einer immer schon vorhandenen Ordnung«[94].

Peter Strohschneider hat im Rahmen des Dresdner Sonderforschungsbereiches ›Institutionalität und Geschichtlichkeit‹ die gerade in wenigen Stichworten skizzierte hierarchische Organisation des Hofes als »institutionelles Gefüge«[95]

---

[88] Armin Schulz, *Schwieriges Erkennen. Personenidentifizierung in der mittelhochdeutschen Epik,* Tübingen 2008, S. 7.

[89] Hans-Jürgen Scheuer, »Gegenwart und Intensität. Narrative Zeitform und implizites Realitätskonzept im *Iwein* Hartmanns von Aue«, in: *Zukunft der Literatur – Literatur der Zukunft. Gegenwartsliteratur und Literaturwissenschaft,* hg. v. Reto Sorg, Adrian Mattauer und Wolfgang Proß, München 2003, S. 123–138, hier S. 123.

[90] Vgl. in Bezug auf die Moderne Thorstein Veblen, *Theorie der feinen Leute. Eine ökonomische Untersuchung der Institutionen,* Frankfurt a.M., 2. Auflage 2011, v.a. S. 79–107 (Originaltitel: *The Theory of the Leisure Class. An Economic Study of Institutions,* New York 1899).

[91] Horst Wenzel, *Höfische Repräsentation. Symbolische Kommunikation und Literatur im Mittelalter,* Darmstadt 2005, S. 12, vgl. auch S. 13 über das Verhältnis von Repräsentation, Ritual und Zeremoniell: »Während ›Repräsentation‹ auf ›Darstellung‹ und ›Vergegenwärtigung‹ abzielt, sollen Zeremonien und Rituale als Darstellungsmodi von Repräsentation verstanden werden.«

[92] Vgl. Hasso Hofmann, *Repräsentation. Studien zu Wort- und Begriffsgeschichte von der Antike bis ins 18. Jahrhundert,* Berlin 1974, 4. Auflage 2003, S. 16. Hofmann verweist auf die Doppeldeutigkeit des Begriffes: einerseits bezeichnet er die »Darstellung politischer Einheit durch Personifizierung«, andererseits aber auch die Herstellung und die Bildung »politischer Einheit durch Verbindlichkeit erzeugendes Verhalten der Mitglieder«, vgl. Hasso Hofmann, »Der spätmittelalterliche Rechtsbegriff der Repräsentation in Reich und Kirche«, in: *Höfische Repräsentation. Das Zeremoniell und die Zeichen,* hg. v. Hedda Ragotzky und Horst Wenzel, Tübingen 1990, S. 17–42, hier S. 21.

[93] Vgl. Wenzel, *Höfische Repräsentation,* S. 11f.

[94] Wenzel, *Höfische Repräsentation,* S. 12.

[95] Peter Strohschneider, »Die Arbeit der anderen. Institutionalisierung und Geschichtlichkeit der höfischen Literatur des deutschen Mittelalters. Ein germanistisches Forschungsprojekt im Rahmen des SFB 537 ›Institutionalität und Geschichtlichkeit‹ an der Technischen Universität Dresden«, vgl. *http://resikom.adw-goettingen.gwdg.de/MRK/MRK9-1.htm* [Zugriff: Januar 2019]; vgl. zum Dresdner SFB 537 (1997–2008) auch die Informationsbroschüre »Ein neuer Sonderforschungsbereich stellt sich vor«, Dresden 1997; *Institutionalität und Symbolisierung. Verstetigung kultureller Ordnungsmuster in Vergangenheit und Gegenwart,* im Auftrag des Sonderforschungsbereichs 537, hg. v. Gert Melville, Köln/Weimar/Wien 2001; *Die Rationalität poli-*

bezeichnet.[96] Dabei versteht er ›Institutionen‹ als »relativ dauerhafte« »funktionale Sozialformationen«[97]. Institutionen beruhen auf sozialen Ordnungen sowie Normen- und Regelwissen, aus welchem sich wiederum spezifische Handlungsmuster und Rollenzuschreibungen herausbilden.[98] Ich folge Strohschneider dahingehend, dass auch ich im Rahmen dieser Arbeit das ›Institutionelle‹ nicht beschränkt auf konkrete Einrichtungen oder Organisationen sehen möchte, etwa den Staat, die Kirche oder die Ehe, wie sie gemeinhin unter Institutionen verstanden werden. Daher wähle ich im Rückgriff auf die Ausführungen Strohschneiders den Begriff der ›Institutionalität‹, der gerade nicht auf »einzelne Institutionen oder Institutionalisierungsprozesse [...], sondern [auf] institutionelle *Mechanismen*«[99] gerichtet ist. Auch ich möchte den Begriff von konkreten Realisierungen lösen, da er eine weit größere theoretische Dimension aufweist und nicht auf Konkretisierung angewiesen ist. Vielmehr verstehe ich ›Institutionalität‹ auf einer übergeordneten, strukturellen Ebene, als Moment von Festigkeit und Stabilität, das sich in einer Gemeinschaft von Interagierenden auf dem Hintergrund einer gemeinsamen kulturellen Grundlage je spontan generiert und durch welches soziales Handeln und Kommunizieren geregelt wird. Dieses Moment von Ordnung und Festigkeit entsteht durch Verinnerlichung und Weiterentwicklung kultureller Verhaltens- und Sinnmuster, die mit sozialer Interaktion nicht nur einhergehen, sondern von der Gesellschaft selbst erzeugt werden. Es geht nicht um absolute Starrheit, die jede Bewegung und Dynamik ausschließt, sondern um temporäre Verlässlichkeit und Beständigkeit, welche immer wieder, von Niveau zu Niveau, stabilisierende Momente entwirft, ohne für Weiterentwicklungen, seien sie positiv oder negativ, gesperrt zu sein.[100]

---

tischer Institutionen. Interdisziplinäre Perspektiven, hg.v. Gerhard Göhler, Kurt Lenk und Rainer Schmalz-Bruns, Wiesbaden 1990; *Die Eigenart der Institutionen. Zum Profil politischer Institutionentheorie,* hg. v. Gerhard Göhler, Baden-Baden 1994.

[96] Vgl. auch Rehberg, »Institutionen als symbolische Ordnungen«.

[97] Strohschneider, »Die Arbeit der anderen«.

[98] Strohschneider, »Die Arbeit der anderen«.

[99] Karl-Siegbert Rehberg, »Weltrepräsentanz und Verkörperung. Institutionelle Analyse und Symboltheorien – Eine Einführung in systematischer Absicht«, in: *Institutionalität und Symbolisierung. Verstetigungen kultureller Ordnungsmuster in Vergangenheit und Gegenwart,* im Auftrag des Sonderforschungsbereichs 537 hg. v. Gert Melville, Köln/Weimar/Wien 2001, S. 3–49, hier S. 4.

[100] Vgl. auch Gert Melville, »Institutionen als geschichtswissenschaftliches Thema. Eine Einleitung«, in: *Institutionen und Geschichte. Theoretische Aspekte und mittelalterliche Befunde,* hg. v. Gert Melville, Köln/Weimar/Wien 1992, S. 1–24, hier S. 4: »Daß unterschiedliche historische Sachverhalte einheitlich als ›Institution‹ oder ›Institutionalisierung‹ bezeichnet werden, gewinnt deshalb Sinn, weil damit jeweils nur eine ganz bestimmte Eigenschaft von Sachverhalten oder Abläufen angesprochen wird. Mit ›Regelmäßigkeit‹, ›Gleichförmigkeit‹, ›Bestand‹, Festigkeit‹ bzw. ›Verfestigung‹ ist diese Eigenschaft in wesentlichen Spielarten eben schon umrissen worden. Es sind Spielarten, die alle auf *eine* grundlegende Form der Geschichte verweisen: auf die Dauerhaftigkeit von sozialen Gefügen im vergänglichen Fluß der Zeit.«

Mit Stabilisierung geht jedoch auch eine bestimmte Einengung einher. So schreiben die Politikwissenschaftler Gerhard Göhler und Rudolf Speth:

> Institutionen erbringen eine Art der Strukturierung, die *Macht* ausübt. Institutionen kanalisieren menschliches Handeln, sie begrenzen die zur Verfügung stehenden Handlungsoptionen. Ihre Wirkung mag als Zwang, als Entlastung oder auch als Ausbildung der menschlichen Handlungsfähigkeit empfunden werden, auf jeden Fall geht es hierbei um Macht, denn Macht ausüben bedeutet nichts anderes, als in einem sozialen Beziehungsgeflecht für die Adressaten einen Handlungsraum zu definieren, in dem bestimmte Optionen bestehen und bestimmte nicht.[101]

Göhler und Speth nennen in diesem Abschnitt drei Wirkungsarten von Institutionen: Zwang, Entlastung und Ausbildung menschlicher Handlungsfähigkeit. Die beiden letztgenannten sind Leitbegriffe aus der einflussreichen, aber umstrittenen anthropologisch-soziologischen Institutionenlehre Arnold Gehlens. Obwohl die Person Gehlen in der Geschichte höchst fragwürdig ist, taucht bei einer Untersuchung des Begriffes ›Institution‹ immer auch die philosophische Theorie Gehlens auf, weshalb sie auch hier diskutiert werden soll. Seine Gedanken zu ›Institution‹ sind vor allem in den Hauptwerken *Der Mensch* aus dem Jahr 1940 und *Urmensch und Spätkultur* von 1956 ausgearbeitet. Gehlen versteht den Menschen als ›Mängelwesen‹, als dem Tier gegenüber organisch unterprivilegiert. Diesen Mangelzustand kann er durch seine besondere Handlungsfähigkeit jedoch wieder ausgleichen. Dabei versteht Gehlen Handeln als eine Tätigkeit, »die auf Veränderung der Natur zum Zwecke des Menschen gerichtet[...]«[102] ist, als ein »umkonstruierendes Tun«[103]. Das heißt, es geht Gehlen um eine Tätigkeit, die die soziale Welt konstituiert und formt. Kultur wird daher auch verstanden als »handelnd veränderte Natur«[104], anders gesagt: Kultur ist Prozess und Ergebnis der von sozialen Akteuren »arbeitend bewältigten, veränderten und verwerteten Naturbedingungen, einschließlich der bedingteren, entlasteten Fertigkeiten und Künste, die auf jener Basis erst möglich werden.«[105]

Unabhängig von der konservativen anthropologisch-biologischen Ausrichtung seiner Institutionenlehre kann Gehlens Aspekt der Entlastung für die Untersuchung von Institutionalität und Muße fruchtbar sein. Gehlen versteht die Weltoffenheit, welcher sich der Mensch, im Gegensatz zum Tier, auszusetzen hat, als »erhebliche Belastung«[106]. Erst durch selbstgeschaffene Ergänzungen, etwa Institutionen und stereotypisierte Gewohnheiten, kann eine Gesellschaft nach Gehlen

---

[101] Gerhard Göhler/Rudolf Speth, »Symbolische Macht. Zur institutionstheoretischen Bedeutung von Pierre Bourdieu«, in: *Institutionen und Ereignis. Über historische Praktiken und Vorstellungen gesellschaftlichen Ordnens,* hg. v. Reinhard Blänkner und Bernhard Jussen, Göttingen 1998, S. 17–48, hier S. 18.

[102] Arnold Gehlen, *Der Mensch. Seine Natur und seine Stellung in der Welt,* Berlin 1940, zitiert nach der 8. Auflage, unveränderter Nachdruck, Frankfurt a.M. 1966, S. 17.

[103] Gehlen, *Der Mensch,* S. 86.

[104] Gehlen, *Der Mensch,* S. 21.

[105] Vgl. Gehlen, *Der Mensch,* S. 39, vgl. auch Klaus Kraemer, *Die soziale Konstitution der Umwelt,* Wiesbaden 2008, S. 66.

[106] Gehlen, *Der Mensch,* S. 36.

getragen und stabilisiert werden.[107] Die Möglichkeiten werden verengt, die Unbegrenztheit von Verhaltensweisen reduziert, aber zugleich auch der Druck, allzu viele Entscheidungen treffen zu müssen.[108] Die Institution ist nach Gehlen »gesicherte[r] Handlungsrahmen«[109], der »von der chaotischen Fülle von Eindrücken und Reizen«[110] entlastet. Institutionen ordnen diese Impressionen und fügen sie in ein »System fragloser Deutungen«[111] ein. Erst aufgrund solcher »Hintergrunderfüllung«, wie Gehlen es nennt, sind Kulturleistungen möglich.

Kritisiert wurde an Gehlens Institutionenlehre immer wieder, dass seine rigide Vorstellung von Ordnung und hierarchischer Strukturierung die von ihm als solche bezeichnete »Weltoffenheit« verkümmern lasse.[112] Zwar betont Gehlen, dass »die Habitualisierung des Verhaltens selbst produktiv ist, da sie die Entlastungschance für höhere, kombinationsreiche Motivationen herstellt und diese damit geradezu ermöglicht«[113], doch zugleich kommt bei ihm »der Blick auf die Potentiale des Imaginativen, des Schöpferischen und Spielerischen«[114] zu kurz. Sein Ordnungsprinzip entwirft das Bild eines Menschen, das sich in gesellschaftlichen und kulturellen Lebensformen aus scheinbar biologischer Notwendigkeit heraus objektiviert.[115] Die Handlung, die Aktion, ist nach Gehlen das einzige Bollwerk gegen das Verfallen in irreale innere Wunsch- und Traumwelten. Jede kontemplative Ausrichtung des Menschen führt ihn fort von seiner Verpflichtung zur Tat und der Realität. Damit unterschlägt Gehlen eine entscheidende anthropologische Dimension, die gerade für Muße bestimmend ist.

Strohschneider greift das Moment der Entlastung auf, begreift es jedoch als analytisches Konzept, auch, um sich von einer ontologischen Ausrichtung wie der Gehlens abzugrenzen, und damit »affirmative, politisch-konservative Implikationen«[116] zu vermeiden: Institutionalität als »Etablierung, Stabilisierung und Verstetigung« von »Kommunikations- und Handlungszusammenhängen« entlas-

---

[107] Vgl. Gehlen, *Urmensch und Spätkultur,* S. 22.

[108] Vgl. Arnold Gehlen, *Moral und Hypermoral. Eine pluralistische Ethik,* Frankfurt a.M. 1969, 6., erweiterte Auflage, Frankfurt a.M. 2004, S. 92; vgl. auch Klaus Schreiner, »Dauer, Niedergang und Erneuerung klösterlicher Observanz im hoch- und spätmittelalterlichen Mönchtum. Krisen, Reform- und Institutionalisierungsprobleme in der Sicht und Deutung betroffener Zeitgenossen«, in: *Institutionen und Geschichte. Theoretische Aspekte und mittelalterliche Befunde,* hg. v. Gert Melville, Köln/Weimar/Wien 1992, S. 295–341, hier S. 296f.

[109] Gerhard Arlt, *Philosophische Anthropologie,* Stuttgart 2001, S. 145.

[110] Kraemer, *Die soziale Konstitution,* S. 67.

[111] Kraemer, *Die soziale Konstitution,* S. 67. Jean-François Lyotard spricht auf ähnliche Weise von Institutionen als »Filter«, die den Diskurs steuern, Tabus und Regelzwänge festlegen bzw. genauer: Spielzüge vorschreiben oder ermöglichen. Jean-François Lyotard, *Das postmoderne Wissen. Ein Bericht,* hg. v. Peter Engelmann, aus dem Französischen von Otto Pfersmann, 3., unveränderte Auflage, Wien 1994, S. 60 (Originaltitel *La condition postmoderne,* Paris 1979).

[112] Vgl. Kraemer, *Die soziale Konstitution,* S. 67.

[113] Gehlen, *Urmensch und Spätkultur,* S. 43.

[114] Arlt, *Philosophische Anthropologie,* S. 136.

[115] Arlt, *Philosophische Anthropologie,* S. 136.

[116] Strohschneider, »Institutionalität«, Fußnote 14, S. 6.

ten von Kontingenz und Komplexität, »indem sie Erwartbarkeiten, Handlungssicherheiten, Verläßlichkeiten garantieren und so Vertrauen, Kreativität, Zukunftsoffenheit usw. allererst ermöglichen«[117]. In ähnlicher Weise argumentiert auch Gert Melville: Durch Institutionen »von der Banalität und Widrigkeit des Alltags und für das Eigentliche entlastet zu werden« grenze Freiheit nicht ein, sondern schaffe sie erst.[118] Institutionelle Gefüge legen damit den Grund für Spielräume aller Art, die Räume des Freiheitlichen und Losgelösten, und damit auch solche der Muße eröffnen.

1.3.2 Spielraum

In Robert Musils *Der Mann ohne Eigenschaften* heißt es: »Wenn man gut durch geöffnete Türen kommen will, muß man die Tatsache achten, daß sie einen festen Rahmen haben«.[119] Die oben genannten Ausführungen zu Institutionalität scheinen einen solchen Rahmen zu beschreiben. Institutionalität bietet Orientierung und ist richtungsweisend für das jeweilige Handeln und Verhalten. Sie hat stabilisierende Funktion, wie sie im Bild des Rahmens metaphorisch dargestellt ist. Der Erzähler im *Mann ohne Eigenschaften* erkennt in einem derartigen Rahmen die Forderung des Wirklichkeitssinns.[120] Doch neben diesem muss es auch einen Möglichkeitssinn[121] geben:

> Wenn es aber Wirklichkeitssinn gibt, und niemand wird bezweifeln, daß er seine Daseinsberechtigung hat, dann muß es auch etwas geben, das man Möglichkeitssinn nennen kann. [...] So ließe sich der Möglichkeitssinn geradezu als die Fähigkeit definieren, alles, was ebenso gut sein könnte, zu denken, und das, was ist, nicht wichtiger zu nehmen als das, was nicht ist.[122]

---

[117] Vgl. Strohschneider, »Institutionalität«, S. 6f. Zum Begriff des Vertrauens vgl. Niklas Luhmann, *Vertrauen. Ein Mechanismus der Reduktion sozialer Komplexität*, 5. Auflage, München 2014 (Erstausgabe 1968).

[118] Vgl. Melville, »Institutionen als geschichtswissenschaftliches Thema«, S. 11.

[119] Robert Musil, *Der Mann ohne Eigenschaften*, in: *Gesammelte Werke in neun Bänden*, Bd. 1–5, hg. v. Adolf Frisé, Reinbek bei Hamburg 1978, Bd. 1–2, S. 16.

[120] Vgl. dazu auch bei Walter Benjamin, *Das Passagen-Werk*, 2. Bd., hg. v. Rolf Tiedemann, Frankfurt a.M. 1982, S. 967, [m 4,5]. Benjamin verwendet vergleichbar mit dem Bild des Rahmens dasjenige der Armatur. In dem Konvolut »m [Müssiggang]« in der reich an Materialien und Gedankensplittern, doch fragmentarisch gebliebenen Passagenarbeit aus den Jahren 1927 bis 1940 spricht Walter Benjamin von Gewohnheiten als »Armatur der Erfahrungen«. Greift man diese Aussage Benjamins aus dem Kontext seines denkerischen Schaffens heraus und wendet sie auf die Frage nach der Spannung zwischen Institutionalität und Spielraum an, so zeigt sie sich als eindrückliches Bild für die Bedeutung von Institutionalität als Sicherheit und Halt.

[121] In dem wissenschaftlichen Gespräch zwischen Peter Strohschneider, Burkhard Hasebrink und Peter Philipp Riedl bezeichnet Strohschneider mit dem Musilschen Wort ›Möglichkeitssinn‹ dasjenige, das »die Teleologie unwahrscheinlich werden lässt, also die in historischen Prozessen nicht weiter verfolgten Optionen, [der Sinn] für Alternativität«, vgl. Peter Strohschneider, »Muße und Wissenschaft. Ein Gespräch mit Burkhard Hasebrink und Peter Philipp Riedl«, in: *Muße im kulturellen Wandel. Semantisierungen, Ähnlichkeiten, Umbesetzungen*, hg. v. Burkhard Hasebrink und Peter Philipp Riedl, Berlin/Boston 2014, S. 69–88, hier S. 77f.

[122] Musil, *Der Mann ohne Eigenschaften*, S. 16.

Während der Wirklichkeitssinn »Bejahung« der Wirklichkeit ist und »Anschluß an die Wirklichkeit«[123] bedeutet, ist der Möglichkeitssinn »Ablehnung bestehender oder [...] Streben nach neuer Ordnung«[124]. Diesem Prozess des Aufweichens festgelegter Ordnungen und des Aufspürens weiterer, anderer Optionen möchte ich mit dem Begriff des Spielraums näherkommen. Das Wort ›Spielraum‹ weckt in erster Linie Assoziationen von Freiheit und Ungebundenheit innerhalb eines ungefähr abgrenzbaren Bereiches. Nach Martin Seel ist nur ein »begrenzter Spielraum [...] überhaupt ein Spielraum, der Möglichkeiten sowohl ausschließt als auch eröffnet«[125]. Trotz der inhärenten zeitlichen Beschränktheit und seiner charakteristischen Fragilität ist seine Wirkung eine ganz andere: er erweckt den Eindruck von Unendlichkeit. Der Spielraum, wie auch immer geartet, bildet eine Abweichung von der gewohnten Wirklichkeit und von gewohnten Perspektiven.[126] Er schafft »die Möglichkeit des Möglichen«[127] und entwirft sich als Potenzialität[128], in der »die Geltungskraft des Gegebenen«[129] eingeklammert oder zumindest relativiert wird. Im Spielraum befindet sich der Akteur in einer Art ›Schwellenraum‹[130], einer Art Schwebezustand. Die Freiheit besteht darin, diese Schwebehaltung auf sich wirken lassen zu können und ihr und all dem darin Gegenwärtigen zu begegnen, ohne zu Entscheidungen gedrängt zu werden oder das Vorhandene produktiv nutzen zu müssen. Die Möglichkeiten, die sich öffnen, bilden einen Raum der Ahnung und der Verheißung. Es ist ein Bereich, in dem Sicherheit

---

[123] Musil, *Der Mann ohne Eigenschaften,* S. 471.

[124] Musil, *Der Mann ohne Eigenschaften,* S. 592. Vgl. auch Jiyoung Shin, *Der ›bewußte Utopismus‹ im* Mann ohne Eigenschaften *von Robert Musil,* Würzburg 2008, S. 37.

[125] Martin Seel, »Tun und Lassen. Über die Zeit der Autonomie«, in: ders., *Paradoxien der Erfüllung. Philosophische Essays,* Frankfurt a.M. 2006, S. 70–81, hier S. 73.

[126] Gerhard Bauer, »Das fortdauernde Aufschweben der Phantasie; seine zunehmenden äußeren und inneren Hinderungsgründe«, in: *Möglichkeitssinn. Phantasie und Phantastik in der Erzählliteratur des 20. Jahrhunderts,* hg. v. Gerhard Bauer und Robert Stockhammer, Wiesbaden 2000, S. 9–20, hier S. 14.

[127] Adorno, *Ästhetische Theorie,* S. 200.

[128] Vgl. zum Begriff der Potenz eindrücklich Giorgio Agamben, *Bartleby oder die Kontingenz gefolgt von Die absolute Immanenz,* aus dem Italienischen von Maria Zinfert und Andreas Hiepko, Berlin 1998, S. 23: »Und dennoch ist gerade die Potenz das, was am schwierigsten zu denken ist. Denn wenn die Potenz immer nur die Potenz etwas zu tun oder zu sein wäre, dann könnten wir sie niemals als solche erproben, gemäß der megarischen These würde sie nur in dem Akt existieren, der sie verwirklicht. Eine Erfahrung der Potenz als solcher ist nur möglich, wenn die Potenz immer auch die Potenz des Nicht ist (etwas nicht zu machen oder nicht zu denken), wenn es sein *kann,* daß die Schreibtafel *nicht* [diese Hervorhebung von der Übersetzerin] beschrieben wird.«

[129] Alfred Schäfer/Christiane Thompson, »Spiel – eine Einleitung«, in: *Spiel,* hg. v. Alfred Schäfer und Christiane Thompson, Paderborn 2014, S. 7–33, hier S. 16.

[130] Vgl. auch Doris Bachmann-Medick, *Cultural Turns. Neuorientierungen in den Kulturwissenschaften,* Reinbek bei Hamburg 2006, S. 116; Victor Turner, *Das Ritual. Struktur und Anti-Struktur,* Frankfurt a.M. 2005 (Erstausgabe 1969).

und Ungewissheit aufeinandertreffen, also eine gewisse Vagheit herrscht.[131] Gerade ein Spielraum der Muße löst sich von Eindimensionalität und Linearität und eröffnet stattdessen einen Raum der Offenheit und Freiheit in einem Nebeneinander. Eine lineare, narrative Verkettung schreibt eine Ordnung vor und unterscheidet Sinn von Sinnlosigkeit. Im Nebeneinander wiederum sind durch derartige Vorentscheidungen noch keine Einschränkungen, aber zugleich auch keine Entlastungen, vorgenommen worden. Bei Blumenberg ist die Rede von einem »freigesetzten Zeitspielraum unbestimmter Erfüllungen«[132]. Ein solcher Spielraum verlangt keine Einordnung oder Schematisierung des Wahrgenommenen, sondern stellt eine kurzzeitige »Befreiung von den Notwendigkeiten und Begierden, den Interpretationsschablonen und Normalisierungen des täglichen Lebens«[133] dar. Er gewährt, anders zu sehen, anders zu denken und anders zu handeln.

Spielraum ist aber auch ganz basal derjenige Raum, in dem man spielt. Für das Determinans ›Spiel‹ ist eine Bedeutungsspanne, welche Unterhaltung, Kurzweile, Freude oder Vergnügen umfasst, überliefert. Im Wörterbuch der Brüder Grimm ist aber auch die Bedeutung ›Erzählung‹ oder ›Rede‹ bezeugt.[134] Damit weist das Wort ein semantisches Spektrum auf, das von der aktiven körperlichen Bewegung und den vergnüglichen Zeitvertreibs bis hin zur verbalen Kommunikation und – im Erzählen – auch einem eher kontemplativen Bereich reicht.

Ein Spiel,[135] gleich welches, spielt sich immer in einem ausgemessenen und

---

[131] Vgl. Seel, *Versuch über die Form des Glücks,* S. 60, spricht von einer Spannung zwischen einer Situation, »die nicht über sich hinausweist, aber doch unabsehbare Gestalten erzeugt«, vom Wunsch, »in den Möglichkeiten einer außergewöhnlichen Gegenwart zu sein«.

[132] Hans Blumenberg, *Lebenszeit und Weltzeit,* Frankfurt a.M. 1986, S. 291.

[133] Schäfer/Thompson, »Spiel – eine Einleitung«, S. 14.

[134] Vgl. Jacob Grimm/Wilhelm Grimm, »Spiel«, in: DWB 16, Sp. 2275–2321, hier Sp. 2319f.: »spiel, hiesz vor alters erzehlung, mähre, rede. … von dieser bedeutung scheint spiel annoch im wort kirchspiel zu seyn, der ort und die gemeine, wo man vom evangelio redet, und deszwegen zusammen kommt. Frisch 2, 300^b«. Diese Gebrauchsweise scheint nach Grimm eigentümlich zu sein, da sie nicht auf mhd. *spil,* sondern auf got. *spill,* altn. *spjall,* ags. *spell,* ahd. mhd. *spel* zurückgeht, vgl. etwa ›Beispiel‹ aus *bîspel.* Vgl. auch bei Johann Christoph Adelung, *Grammatisch-kritisches Wörterbuch der Hochdeutschen Mundart,* nach der Ausgabe letzter Hand 1793–1801, Bd. 5 von 6 (R-S), vollständige Neuausgabe, hg. v. Karl-Maria Guth, Berlin 2014, Sp. 513: Spiel als Rede, Geschichte: »eine sehr alte Bedeutung, in welcher *Spel, Spela* nicht nur schon in den ältesten Deutschen Denkmahlen, sondern auch in allen mit der Deutschen verwandten Sprachen angetroffen wird. Bey dem Notker ist *Spilenuorto,* Schwatzhaftigkeit. Ottfried und andere gebrauchen *Gotspel* häufig für Evangelium, als eine buchstäbliche Übersetzung dieses Griechischen Wortes, von *got.* gut, und *Spel,* Geschichte, Bothschaft, Erzählung. Doch in dieser Bedeutung ist es ganz veraltet, und nur noch in Beyspiel, Gegenspiel, Widerspiel üblich.« Vgl. auch mhd. *spël* (LEXER, BMZ).

[135] Vgl. in der umfang- wie facettenreichen Forschung zum Spiel etwa Hugo Rahner, *Der spielende Mensch,* Einsiedeln 1960, Eugen Fink, *Oase des Glücks. Gedanken zu einer Ontologie des Spiels,* Freiburg/München 1957; Eugen Fink, *Spiel als Weltsymbol,* Stuttgart 1960; Gerhard von Kujawa, *Ursprung und Sinn des Spiels. Eine kleine Flugschrift versehen mit Randbemerkungen eines Schildbürgers,* Köln 1949; Friedrich Schiller, *Über die ästhetische Erziehung. 15. Brief,* Sämtliche Werke, hg. v. Gerhard Fricke und Herbert G. Göpfert, Bd. V: Erzählungen, Theore-

begrenzten Spielraum ab. Auch das Spiel unterliegt gewissen Regeln. Spielraum ist, wie oben gesehen, zugleich eine Bedeutungskomponente des Wortes Muße selbst.[136] Wie im Spiel ist es auch in der Muße mehr der Möglichkeitsraum, der die Wahrnehmung bestimmt, als die abgesteckten Grenzen. Auch Holger Zaborowski legt in seiner hermeneutischen Studie *Spielräume der Freiheit* den Fokus nicht auf das Trennende und Einschränkende der Grenzen, sondern auf das Moment des Verbindens: »jede Grenze setzt in ein Verhältnis«[137]. Es geht darum, dass sich alle Teilnehmer auf diese vorhandene Situation einlassen, neugierig das Neue aufnehmen und in der Bewegung sich selbst völlig vergessen.[138] Wie nahe sich Spiel und Muße kommen, zeigt die phänomenologische Beschreibung Hans-Georg Gadamers des Spiels als eines zwecklosen in sich erfüllten Hin- und Her einer Bewegung voller Leichtigkeit, dem Drang zu Wiederholung und beständigem Sich-Erneuern.[139] Das Ludische umfasst das unbefangene Ausprobieren, das intentionslose Suchen und Wagen, aber auch und gerade das konsequenzlose Scheitern-dürfen.[140] Jede Art von Angestrengtheit ist dem Spiel fern. Im Zentrum der Gadamerschen Überlegungen steht nicht der Spieler, sondern das Spiel als unablässige Bewegung,[141] die den Spielenden mit sich reißt, »in seinen Bann

---

tische Schriften, München 1975; die philosophische Untersuchung von Jörg Neuenfeld, *Alles ist Spiel. Zur Geschichte der Auseinandersetzung mit einer Utopie der Moderne,* Würzburg 2005; Ruth Sonderegger, *Für eine Ästhetik des Spiels. Hermeneutik, Dekonstruktion und der Eigensinn der Kunst,* Frankfurt a.M. 2000; Schäfer/Christiane Thompson, »Spiel – eine Einleitung«.

[136] Vgl. Jacob Grimm/Wilhelm Grimm, »Musze«, in: DWB 12, Sp. 2771–2773, hier Sp. 2771.

[137] Holger Zaborowski, *Spielräume der Freiheit. Zur Hermeneutik des Menschseins,* 2. Auflage, Freiburg 2009, S. 149. Für Zaborowski ist das Spielen, neben anderem, Grundvollzug des Menschseins. Die Grenzen, die dem Spiel wie dem Menschsein wesentlich auferlegt sind, müssen dem Menschen heimisch werden, indem er sie als Aufgabe versteht.

[138] Vgl. Hans-Georg Gadamer, *Hermeneutik I. Wahrheit und Methode. Grundzüge einer philosophischen Hermeneutik,* Tübingen 2010 (Erstausgabe 1960), S. 108: »Die Seinsweise des Spieles läßt nicht zu, daß sich der Spielende zu dem Spiel wie zu einem Gegenstand verhält. Der Spielende weiß wohl, was Spiel ist, und daß, was er tut, ›nur ein Spiel ist‹, aber er weiß nicht, was er da ›weiß‹«. Gadamer zielt mit seiner Phänomenologie des Spiels letztlich auf eine neue Kunstbetrachtung ab, in der die Seinsweise des Kunstwerks, genauer: dessen »Seinsvorgang« (S. 156), nicht das Subjekt im Mittelpunkt steht. Ausführliche Überlegungen hierzu stellt er in *Die Aktualität des Schönen: Kunst als Spiel, Symbol und Fest,* Stuttgart 1993 (Erstausgabe 1975) an. Grundlegend zu ästhetischer Erfahrung und Spiel vgl. Sonderegger, *Für eine Ästhetik des Spiels.*

[139] Vgl. Gadamer, *Hermeneutik I.*

[140] Vgl. Gadamer, *Hermeneutik I,* S. 107: »Das Spielen hat einen eigenen Wesensbezug zum Ernsten. [...] im spielenden Verhalten [sind] alle Zweckbezüge, die das tätige und sorgende Dasein bestimmen, nicht einfach verschwunden, sondern kommen auf eigentümliche Weise zum Verschweben. Der Spielende weiß selber, daß das Spiel nur Spiel ist und in einer Welt steht, die durch den Ernst der Zwecke bestimmt wird. Aber er weiß das nicht in der Weise, daß er als Spielender diesen Bezug auf den Ernst selber noch *meinte.*« Hier kommt deutlich zum Ausdruck, dass sich Spiel und Ernst, Alltag und Muße nicht trennen lassen, sondern das eine im anderen nur zeitweise in den Hintergrund tritt.

[141] Dieser Aspekt der Bewegung ist bereits in der ursprünglichen Bedeutung des Wortes Spiel als ›Tanz‹ enthalten.

schlägt, [...] ihn ins Spiel verstrickt, im Spiele hält«[142]. Johan Huizinga spricht vom Gefesselt-werden durch das Spiel: »*Es bannt, das heißt: es bezaubert*«.[143]

Das Spiel kann – vergleichbar mit Muße – nicht durch den Akteur bestimmt werden. Dieser muss sich den Eigenschaften und Anforderungen des Spiels fügen, um den Spielcharakter nicht zu zerstören. Das Spiel und mit ihm der Spieler pendelt zwischen Aktivität und Passivität. Diese Besonderheit hat Huizinga in der Formulierung ›man spielt ein Spiel‹ festgestellt. Das Substantiv muss im Verb wiederholt werden, um die Tätigkeit angemessen beschreiben zu können: »Das bedeutet allem Anschein nach, daß die Handlung von so besonderer und selbständiger Art ist, daß sie aus den gewöhnlichen Arten von Betätigung herausfällt. Spielen ist kein Tun im gewöhnlichen Sinne.«[144]

Huizinga nimmt das Spiel nicht aus philosophisch-hermeneutischer, sondern kulturwissenschaftlicher Perspektive in den Blick. Er begreift die Sphäre des ›Spiels‹ nicht als eine vertikale Bewegung, die sich vom Bereich der Alltäglichkeit abhebt und diese übersteigt, sondern als konstituierendes Element von Kultur selbst. Ihm zufolge ist »Kultur in ihrer ursprünglichen Phase«[145] Spiel: »Sie entspringt nicht *aus* Spiel, wie eine lebende Frucht sich von ihrem Mutterleib löst, sie entfaltet sich *in* Spiel und *als* Spiel.«[146] Ausgehend von den Anfängen in der Platonischen Philosophie zeigt Huizinga auf, wie die Sprache und der Austausch von Gedanken im Laufe der Geschichte immer wieder Formen des Spiels annimmt, aber auch wie die Bereiche des Wettkampfs, der Künste, der wirtschaftlichen Produktion, des Tauschhandels oder des Staats- und Rechtslebens durch das Spiel geprägt sind. Eine solche Ausbreitung und Verallgemeinerung des Spiels birgt Gefahr in sich: »Wenn jeder beliebige Akt den Sinn des Spiels hätte, hätte das Spiel den Sinn jedes beliebigen Aktes, hätte daher keinen Sinn mehr«[147].

---

[142] Gadamer, *Hermeneutik I*, S. 112.

[143] Johan Huizinga, *Homo ludens. Vom Ursprung der Kultur im Spiel*, Reinbek bei Hamburg 2001, S. 19.

[144] Huizinga, *Homo ludens*, S. 43; vgl. zum Spiel auch Roger Caillois, *Die Spiele und die Menschen. Maske und Rausch*, Frankfurt a.M./Berlin/Wien 1982; Hans-Georg Soeffner, »Muße – Absichtsvolle Absichtslosigkeit«, in: *Muße im kulturellen Wandel. Semantisierungen, Ähnlichkeiten, Umbesetzungen*, hg. v. Burkhard Hasebrink und Peter Philipp Riedl, Berlin/Boston 2014, S. 34–53, bes. S. 48–49. Vgl. auch Michael Kolb, *Spiel als Phänomen – Das Phänomen Spiel. Studien zu phänomenologisch-anthropologischen Spieltheorien*, Sankt Augustin 1990, zu Huizinga bes. S. 175–262.

[145] Huizinga, *Homo ludens*, S. 176.

[146] Huizinga, *Homo ludens*, S. 176. Einige Jahre vor dieser Aussage äußert sich Huizinga noch vorsichtiger: »Ich behaupte nicht, dass die Kultur aus dem Spiel hervorgeht, sondern dass sie in dem Spiel wächst«, vgl. Johan Huizinga, *Das Spielelement der Kultur. Spieltheorien nach Johan Huizinga von Georges Bataille, Roger Caillois und Eric Voegelin*, hg. und mit einem Vor- sowie einem Nachwort von Knut Ebeling, Berlin 2014, S. 26 (Originaltitel: »Over de grenzen van spiel en ernst in de cultur« (1933), Rektoratsrede an der Universität von Leiden).

[147] Georges Bataille, »Spiel und Ernst«, in: Johan Huizinga, *Das Spielelement der Kultur. Spieltheorien nach Johan Huizinga von Georges Bataille, Roger Caillois und Eric Voegelin*, hg. und mit einem Vor- sowie einem Nachwort von Knut Ebeling, Berlin 2014, S. 75–111, hier S. 77.

Dennoch ist, weitgehend unabhängig von der kulturhistorischen Dimension, Huizingas Annäherung an eine Definition von Spiel im Zusammenhang dieser Arbeit weiterführend: »Die Kategorie Spiel bleibt schwebend. [...] Auf den ersten Blick scheint uns der Gegensatz Spiel-Ernst selbstredend und feststehend. Das ›Anders-Sein‹, das ›Nicht-Ernst‹ lässt sich jedoch kaum in exakten Worten umschreiben«[148], denn das Spiel umfasst in sich wiederum den Ernst, dem es »nicht untergeordnet [ist] wie ein Niederes und Beschränkteres«[149]. Vielmehr enthält es den Ernst als »abwesend[...] anwesend«[150]. Das Spiel ist »[v]on einer determiniert gedachten Welt reiner Kraftwirkungen her betrachtet, [...] im vollsten Sinn des Wortes ein *Superabundans,* etwas Überflüssiges. Erst durch das Einströmen des Geistes, der die absolute Determiniertheit aufhebt, wird das Vorhandensein des Spiels möglich, denkbar, begreiflich«[151]. Aus dieser Perspektive heraus wird das Spiel als Überschuss »eine Quelle der Hervorbringung neuer Sinnwelten jenseits der Alltagswelt«[152]. Im Spiel befindet sich der Akteur jenseits einer Ebene der Notwendigkeit, jenseits eines alles dominierenden Pragmatismus.[153]

In Auseinandersetzung mit Huizinga nennt der französische Soziologe Roger Caillois Elemente des Spiels, die auf den ersten Blick eine deutliche Nähe zu Mußephänomenen aufzeigen, doch auf den zweiten Blick die Unterschiede sichtbar werden lässt: »Im Spiel entfernt sich der Mensch vom Wirklichen. Er sucht eine freie Betätigung, die ihn nur insoweit in Beschlag nimmt, als er es von vornherein will.«[154] Gerade der letzte Punkt des bewussten Wollens und Entscheidens scheint sich vom Moment des Widerfahrens, wie es Muße eigen ist, radikal zu unterscheiden. Ein Spiel kann auf Wunsch immer wieder neu begonnen werden, der Zustand der Muße wiederum lässt sich nur schwer gezielt herbeiführen, widersprechen ihr doch in ihrem Wesenskern Aspekte wie Produktion, Zielhaftigkeit oder Wille. Caillois fährt fort: »Man hat die Gewissheit, dass die Dinge nur insoweit wichtig sind, als man es ihnen zugesteht, dass man nur in dem Maße gefährdet ist, wie man es möchte, und dass man, falls man das wünscht, jederzeit die

---

[148] Huizinga, *Das Spielelement der Kultur,* S. 23.

[149] Huizinga, *Das Spielelement der Kultur,* S. 24. Vgl. auch Zaborowski, *Spielräume der Freiheit,* zur Phänomenologie des Spiels S. 133: »Das Spiel ist nämlich nicht einfach das Andere des Ernstes, sondern etwas, das selbst den Ernst durchdringt. Nicht zuletzt sind bestimmte Spiele von einem eigenartigen Ernst bestimmt, und zeigen bestimmte ernste Situationen oder Tätigkeiten immer auch das Moment des Spielerischen – und sei es das Moment des Agonalen, des Wettkampfs oder Wettbewerbs.«

[150] Schäfer/Thompson, »Spiel – eine Einleitung«, S. 14.

[151] Huizinga, *Homo ludens,* S. 11f.

[152] Eric Voegelin, »*Homo ludens.* Eine Besprechung«, in: Johan Huizinga, *Das Spielelement der Kultur. Spieltheorien nach Johan Huizinga von Georges Bataille, Roger Caillois und Eric Voegelin,* hg. und mit einem Vor- sowie einem Nachwort von Knut Ebeling, Berlin 2014, S. 46–58, hier S. 50.

[153] Vgl. Voegelin, »*Homo ludens*«, S. 52.

[154] Roger Caillois, »Das Spiel und das Heilige«, in: Johan Huizinga, *Das Spielelement der Kultur. Spieltheorien nach Johan Huizinga von Georges Bataille, Roger Caillois und Eric Voegelin, hg. und mit einem Vor- sowie einem Nachwort von Knut Ebeling,* Berlin 2014, S. 59–74, hier S. 68.

Freiheit hat, sich zurückzuziehen. Welch ein Unterschied zum Leben!«[155] Mit der hier wie nebenbei eingeführten Unterscheidung zwischen Spiel und Leben betritt Caillois terminologisches Glatteis. Auch wenn Caillois höchstwahrscheinlich das Wort ›Leben‹ gleichbedeutend mit ›Alltag‹ verwendet, ist eine solche Trennung nicht haltbar, bilden doch sowohl das Spiel als auch die Spielräume der Muße keinen Austritt aus dem Leben, sondern aus routinierten Schemata und gehen mit einer neuen Weltsicht einher. Caillois führt uns mit dieser Aussage jedoch zu einem entscheidenden Punkt: Gerade das Wechselspiel aus Regelwerk und Freiheit bildet das Ganze des Lebens. Es geht nicht darum, sich kurzzeitig aus dem eigenen Lebenskontext auszuklinken.[156] Die Aussage Huizingas ist präziser und lässt sich auch auf Momente der Muße anwenden: »*Spiel ist nicht das ›gewöhnliche‹ oder das ›eigentliche‹ Leben*«[157], es »*steht außerhalb des Prozesses der unmittelbaren Befriedigung von Notwendigkeiten und Begierden, ja es unterbricht diesen Prozeß*«[158]. Damit ist das Spiel wie die Muße »ein Intermezzo im täglichen Leben«[159], nimmt jedoch durch seine potenzielle wie tatsächliche Wiederkehr auch einen festen Platz in diesem Täglichen ein. Die Abkopplung von Zwängen der Alltagswelt ist daher nur die eine Seite des Spiels.

Christoph Wulf wird nicht müde zu betonen, dass zwischen der »internen Ordnung von Spielen und der Ordnung der Gesellschaft, in der sie inszeniert und aufgeführt werden, ein mimetisches Verhältnis« besteht: »Die Handlungen des Spiels nehmen Elemente und Strukturen der gesellschaftlichen Ordnung auf, machen diese in der Inszenierung und Aufführung des Spiels sichtbar, verändern diese und wirken auf sie zurück«[160]. Ein Spiel lässt sich leichter fassen, ist es an konkrete Örtlichkeiten gebunden oder gar in diese wesentlich eingebunden. Huizinga nennt eine Fülle an Orten und Räumen, – bezeichnet als ›Spielplätze‹ – an denen das Spiel lokalisiert werden kann, etwa den Spieltisch, die Bühne oder den Tempel als ein jeweils »abgesondertes, umzäuntes, geheiligtes Gebiet, in dem besondere Regeln gelten«.[161] So verstanden ist Spielraum festgelegter, greifbarer Platz

---

[155] Caillois, »Das Spiel und das Heilige«, S. 68.

[156] Diese Sehnsucht eines Austretens zeigt sich etwa in Verkleidungen und Masken, durch welche sich bewusst der eigenen Identität entledigt wird, um einen Freiraum zu schaffen, in dem andere Rollen gefahrlos ausprobiert werden können. Vgl. Michail M. Bachtin, »Der Karneval und die Karnevalisierung der Literatur«, in: ders., *Literatur und Karneval. Zur Romantheorie und Lachkultur,* übers. v. Alexander Kempfe, Frankfurt a.M. 1990, S. 47–60 (Erstausgabe in Russ. 1963); Michail M. Bachtin, *Rabelais und seine Welt. Volkskultur als Gegenkultur,* übers. v. Gabriele Leupold, hg. u. mit einem Vorwort versehen v. Renate Lachmann, 5. Auflage, Frankfurt a.M. 1995 (Erstausgabe im Russ. 1965).

[157] Huizinga, *Homo ludens,* S. 16.

[158] Huizinga, *Homo ludens,* S. 17. Vgl. auch Zaborowski, *Spielräume der Freiheit,* S. 147. Das Spiel gerate, so Zaborowski, in eine Krise, werde es nur noch als Rekreation, Erfrischung oder Ablenkung vom Alltag definiert.

[159] Huizinga, *Homo ludens,* S. 17.

[160] Christoph Wulf, »Rituale. Spiel, Mimesis, Performativität«, in: *Spiel,* hg. v. Alfred Schäfer und Christiane Thompson, Paderborn 2014, S. 99–127, hier S. 99.

[161] Huizinga, *Homo ludens,* S. 17.

unterschiedlichster Spielformen. Doch (Spiel-)Raum ist weit mehr als ein konkret lokalisierbarer Ort, als ein Territorium oder ein anderes physisch-materielles Gebilde.[162] In den letzten Jahren und Jahrzehnten wurde unter dem Stichwort ›Spatial turn‹[163] mit Vehemenz eine Vielzahl an Versuchen unternommen, Raum und Räumlichkeit neu zu denken.[164] Das substantialistische, euklidische Raummodell hat einem relationalen Platz gemacht, nach welchem sich »Raum und wie immer gearteter Inhalt des Raums nicht voneinander trennen«[165] lassen. Raumkonstitution und Raumperzeption bedingen einander. Auch Mußeräume werden zu derartigen erst durch entsprechende Perspektivierung auf den Raum als solchen.

Höheres Differenzierungspotenzial bietet die Unterscheidung zwischen Raum und Ort, wie sie sich bei Michel de Certeau findet: Für de Certeau ist ein Ort »die Ordnung (egal, welcher Art), nach der Elemente in Koexistenzbeziehungen aufgeteilt werden. Damit wird also die Möglichkeit aufgeschlossen, daß sich zwei Dinge an derselben Stelle befinden. [...] Ein Ort ist also eine momentane Konstellation von festen Punkten.«[166] Demgegenüber zeichnet den Raum weder »Eindeutigkeit noch [...] Stabilität«[167] aus. Stattdessen ist er »ein Geflecht von beweglichen Elementen. Er ist gewissermaßen von der Gesamtheit der Bewegungen erfüllt, die sich in ihm entfalten. Er ist also ein Resultat von Aktivitäten, die ihm

---

[162] Vgl. Schroer, »›Bringing space back in‹«, S. 135. Vgl. auch Kirsten Wagner, »Raum und Raumwahrnehmung. Zur Vorgeschichte des ›Spatial Turn‹«, in: *Möglichkeitsräume. Zur Performativität von sensorischer Wahrnehmung,* hg. v. Christina Lechtermann, Kirsten Wagner und Horst Wenzel, Berlin 2007, S. 13–22, hier S. 14.

[163] Vgl. den Raumbegriff für die Kultur- und Sozialwissenschaften fruchtbar gemacht haben u.a. Edward W. Soja, der den Begriff erstmals in Zusammenhang der Kulturwissenschaften nennt in: *Postmoderne Geographies. The Reassertion of Space in Critical Social Theory,* London 1989; Jörg Döring/ Tristan Thielmann, »Einleitung: Was lesen wir im Raume? Der *Spatial Turn* und das geheime Wissen der Geographen«, in: *Spatial Turn. Das Raumparadigma in den Kultur- und Sozialwissenschaften,* hg. v. Jörg Döring und Tristan Thielmann, Bielefeld 2008, S. 7–45; Bachmann-Medick, *Cultural Turns;* Doris Bachmann-Medick, *Kultur als Text. Die anthropologische Wende in der Literaturwissenschaft,* Frankfurt a.M. 1996; Martina Löw, *Raumsoziologie,* Frankfurt a.M. 2001; Sigrid Weigel, »Zum ›topographical turn‹. Kartographie, Topographie und Raumkonzepte in den Kulturwissenschaften«, in: *KulturPoetik* 2 (2002), S. 151–165; Jurij M. Lotman, »Über die Semiosphäre«, in: *Zeitschrift für Semiotik* 12, 4 (1990), S. 287–305; Markus Schroer, *Räume, Orte, Grenzen. Auf dem Weg zu einer Soziologie des Raums,* Frankfurt a.M. 2006; Robert T. Tally Jr., *Spatiality,* London/New York 2013; *Raumwissenschaften,* hg. v. Stephan Günzel, Frankfurt a.M. 2009; *Raumtheorien. Grundlagentexte aus Philosophie und Kulturwissenschaften,* hg. v. Jörg Dünne und Stephan Günzel, Frankfurt a.M. 2006; vgl. auch den Überblick von Stephan Günzel, »Raumkehren«, in: *Raum. Ein interdisziplinäres Handbuch,* hg. v. Stephan Günzel unter Mitarbeit von Franziska Kümmerling, Stuttgart/Weimar 2010, S. 77–89.

[164] Vgl. Anja. K. Johannsen, *Kisten, Krypten, Labyrinthe. Raumfigurationen in der Gegenwartsliteratur: W.G. Sebald, Anne Duden, Herta Müller,* Bielefeld 2008, S. 26.

[165] Schoer, »›Bringing space back in‹«, S. 135.

[166] Michel de Certeau, *Kunst des Handelns,* aus dem Französischen übersetzt von Ronald Voullié, Berlin 1988, S. 218 (Originaltitel: *L'invention du quotidien.1 Arts de faire,* Paris 1980).

[167] de Certeau, *Kunst des Handelns,* S. 218.

eine Richtung geben, ihn verzeitlichen«[168]. Raum hat mit Bewegt-Sein zu tun, welches, buchstäblich oder metaphorisch verstanden, einhergeht mit dem Wunsch, auf besondere Weise gegenwärtig zu sein.[169] Jeder Ort wiederum kann sich in unterschiedliche Räume transformieren, kann Raum *für* etwas sein.

Bezieht man diese Aspekte auf das Kompositum des Spielraums, so lässt sich mit Ingeborg Heidemann zusammenfassend festhalten:

> Der Spielraum kann sich mit dem realen Raum decken oder nicht. Er ist umgrenzt, aber so, daß er einen Aktionsraum eröffnet. Er kann auch als ›unendlich‹ gemeint sein im Hin und Her zwischen Wahrnehmungsraum und gedachter Relation. [...] Sucht man einen Terminus, der neutral ist gegen die Unterscheidung Außen und Innen [...], so kann man vom Kriterium der Begrenzung gegen das Unendliche ausgehen: der Spielraum hat die *Dimension der Erreichbarkeit.* Er ist determiniert gegen das Unendliche, und gerade dann, wenn er das ›Unendliche‹ hereinholt in das Spiel.[170]

Pointiert ließe sich folglich vom Spielraum als einer »erreichbare[n] Unendlichkeit« oder einer »in die Endlichkeit eingeholte[n] Unendlichkeit«[171] sprechen. Doch Erreichbarkeit darf nicht missverstanden werden als Endpunkt einer Bewegung oder eines Strebens, vielmehr ist es gerade »die Möglichkeit des Erreichens«[172], die darin zum Ausdruck kommt.

1.3.3 *Wechselspiel von Institutionalität und Spielraum*

Die Überlegungen zur soziologischen Terminologie von Institutionalität und Spielraum bilden das theoretische Fundament für die Untersuchung von Muße im höfischen Roman. Deutlich wurde, wie Normen und Regeln einer Gesellschaft dienen, indem sie Stabilität und Kontinuität bieten und vor bloßer Kontingenz schützen. Kulturelle und gesellschaftliche Ordnungen, wie sie sich im Begriff ›Institutionalität‹ zusammenfassen lassen, legen Maßstäbe des angemessenen Verhaltens fest, sie lenken den Blick aber zugleich auch auf ihr Gegenteil, die Unordnung oder das Ungeordnete, die Nicht-Ordnung. Dieses Uneingelöste findet sich in dem Bedürfnis nach Frei- und Spielräumen. Festgefügte kulturelle Muster geraten durch das ihnen Andere ins Wanken und eröffnen transgressives Potenzial, das einerseits bedrohlich, andererseits anziehend wirken kann. Doppelformen wie *ze hove – deheime* oder *ze hove – ze holze,* die in den höfischen Texten immer wieder auftauchen, zeugen davon. Die Nennung des Hofes an erster Stelle zeigt seine unverrückbare Dominanz an, die Erwähnung des Gegenbereiches, etwa Haus oder Wald, verdeutlichen jedoch auch, dass das andere zwar kontrolliert, aber doch nicht völlig überwunden ist.[173] *ze hove* ist dabei Chiffre

---

[168] de Certeau, *Kunst des Handelns,* S. 218.

[169] Seel, *Versuch über die Form des Glücks,* S. 160.

[170] Ingeborg Heidemann, *Der Begriff des Spieles und das ästhetische Weltbild in der Philosophie der Gegenwart,* Berlin 1968, bes. S. 33–35.

[171] Heidemann, *Der Begriff des Spieles,* S. 35.

[172] Heidemann, *Der Begriff des Spieles,* S. 35.

[173] Vgl. Horst Wenzel, »*Ze hove* und *ze holze* – *offenlîch* und *tougen.* Zur Darstellung und Deutung des Unhöfischen in der höfischen Epik und im Nibelungenlied«, in: *Höfische Literatur.*

für das aristokratische Streben nach Perfektion, während *ze holze* das Natürlich-Kreatürliche, das scheinbar Unbezähmbare und Wilde darstellt.[174] *ze hove* wäre in der hier diskutierten Terminologie also der Bereich der Institutionalität, während *ze holze* als bildliche Umschreibung des Spielraumes, zumindest eines nicht vollständig kontrollierbaren Spielraumes, verstanden werden kann. Die höfische Gesellschaft ist immerzu darum bemüht, die im Ausdruck *ze holze* gefassten Überraschungen, Störungen und Fremdheiten zu bewältigen. Auch dafür müssen, wie im Spiel, Grenzen überschritten werden. In Form der *âventiure*[175] gelingt es dem Helden in einem Zwischenstadium von Spielerisch und Ernst dem Kontingenten eine Form zu geben und es in Schranken des Erwartbaren und Kontrollierten zu überführen.[176] Bei aller Faszination, die von Räumen des Spiels, der Freiheit und der Muße ausgeht, geht es in den Texten doch immer wieder um Strategien der Bewältigung, derartige Bereiche kontrollierbar zu machen.

Die Beispiele im höfischen Roman zeigen Momente eines Ausbalancierens der beiden Bereiche Institutionalität und Spielraum. Von Ausbruch kann nur die Rede sein als Ausbruch *von* etwas. Das bedeutet, dass Spielräume der Muße ausgehen von einer Basis an Regeln und Routinen, doch sich von diesen – wenn auch nur kurzzeitig – entfernen und entfernen müssen, um sich in ihrer ganzen Vielfalt und Potenzialität zu entfalten. Es zeigt sich ein Changieren zwischen institutioneller Ordnung und Übersteigung dieser, anders gesagt: eine Form des Hin und Her. Die beiden Pole bedingen sich gegenseitig, teilweise kann es auch zu Überlappungen kommen, doch in keinem Fall geht das eine nur im anderen auf. Wie genau eine Balance zwischen den beiden Polen Institutionalität und Spielraum auszusehen hat, darüber lassen sich keine allgemeingültigen Aussagen machen. Zu groß ist die Anzahl an »Formen einer aussichtsreichen subjektiven Welterschließung«[177]. Eine gefundene Balance jedoch ist in sich selbst wiederum Spielraum, aber verstanden als *»Wirklichkeit realisierbarer Möglichkeiten«*[178].

Am Beispiel des Festes verweist Odo Marquard auf das Problem von Einseitigkeit und der Forderung nach Absolutheit von Spielräumen wie institutionellen Ordnungen gleichermaßen. Nach Marquard gehört das Fest »zur Lebensexzentrizität des Menschen: als eine Art Aussetzung, Unterbrechung des Alltags [...] als eine Art Moratorium des Alltags:

Bisher hat man das Fest fast immer nur (notabene: mit völligem Recht) gegen den Alltag verteidigt: Der Alltag soll das Fest nicht auffressen, nicht auslöschen. Aber man muß [...] das Fest auch dadurch verteidigen, daß man den Alltag gegen das Fest verteidigt und dadurch das Fest

Hofgesellschaft. Höfische Lebensformen um 1200, Kolloquium am Zentrum für Interdisziplinäre Forschung der Universität Bielefeld (3. bis 5. November 1983), hg. v. Gert Kaiser und Jan-Dirk Müller, Düsseldorf 1986, S. 277–300, hier S. 277. Vgl. auch Horst Wenzel, *Hören und Sehen, Schrift und Bild, Kultur und Gedächtnis im Mittelalter*, München 1995, S. 194.

174 Vgl. Wenzel, »*Ze hove* und *ze holze*«, S. 279.

175 Vgl. zum Konzept der *âventiure* Kapitel 3.2.

176 Vgl. Haferland, *Höfische Interaktion*, S. 216f.

177 Seel, *Versuch über die Form des Glücks*, S. 175.

178 Seel, *Versuch über die Form des Glücks*, S. 175.

> gegen das Fest: gegen die Perversion des Festes. Denn das Fest – meine ich – hört auch dann auf, Fest zu sein, wenn es – statt neben den Alltag zu treten – an die Stelle des Alltags tritt und dadurch den Alltag auslöscht. Das Fest neben dem Alltag: das ist gut. Das Fest statt des Alltags: das ist problematisch [...]. Die eine Gefahr für das Fest ist der totale Alltag, der das Fest nicht mehr gelten läßt. Aber es gibt eben auch die andere Gefahr für das Fest: daß das Fest zum Fest ohne Alltag wird; denn auch dann – wenn für das Fest der Alltag preisgegeben wird – wird das Fest zerstört und hört auf, Fest zu sein. Alltag und Fest: beide gehen dann unter in dem, was man das totale Fest nennen könnte, im totalen Moratorium des Alltags.[179]

Diese Beschreibung des kritischen Verhältnisses von Alltag und Fest lässt sich auch auf die beiden Pole Institutionalität und Spielraum übertragen. Statt Ergänzung und Ersetzung möchte ich von Übersteigung und Ausbruch und der Gegenbewegung des Zurückziehens und Wiedereingliederns in die Alltäglichkeit und die institutionelle Ordnung sprechen, wobei Alltäglichkeit und Institutionalität nicht gleichzusetzen sind, da, wie in der Arbeit gezeigt werden soll, auch Formen institutionalisierter Außeralltäglichkeit möglich sind. Der Alltag, das Alltägliche ist jedoch primär durch institutionelle Ordnungen und Regelkorsetts geprägt, die das gemeinschaftliche Leben regulieren und stabilisieren. Doch unabhängig von der verwendeten Terminologie zeigt sich im höfischen Roman immer wieder die Prekarität von Spielräumen der Muße: sie bedeuten einerseits Gefahr der Instabilisierung für die höfische Adelswelt, andererseits zeichnen sie diese in ihrer Exklusivität und ihrem Status als Elite aus. Gerade die Literatur, so Gert Kaiser und Urban Küsters, tradiere solche Freiräume oder schaffe sie neu, »ohne jedoch den Hof als kulturelle Institution in Frage zu stellen«[180]. Genau dieses diffizile Wechselspiel, das sich zwischen den Polen Institutionalität und Spielraum ereignet, zeigt sich als Schlüssel zu literarischen Konzeptionen von Muße. In der Muße löst sich der Erlebende aus dem institutionellen Gefüge, das Stabilität und Dauerhaftigkeit suggeriert,[181] und kann sich in Räume des Freiheitlichen und Imaginären fallen lassen. Er ist stets rückgebunden an die herrschende Ordnung, die als eine Art Netz oder doppelter Boden nicht nur die Grundlage der Mußeerfahrung bietet, sondern den Erlebenden auch wieder auffängt und in die bestehenden sozialen Verhältnisse reintegriert.

1.4 Methodik und Vorgehensweise

Im höfischen Roman um 1200 finden sich, wie oben dargestellt, Szenen des Ausbruchs aus kulturellen Ordnungen, die, in einer dialektischen Bewegung von Ein-

---

[179] Odo Marquard, »Moratorium des Alltags. Eine kleine Philosophie des Festes«, in: ders., *Skepsis und Zustimmung. Philosophische Studien,* Stuttgart 1994, S. 59–69, hier S. 60f.

[180] Vgl. Gert Kaiser/Urban Küsters, »Zur gesellschaftlichen Bedeutung mittelalterlicher Literatur«, in: *Zusammenhänge, Einflüsse, Wirkungen. Kongreßakten zum ersten Symposium des Mediävistenverbandes in Tübingen 1984,* hg. v. Joerg O. Fichte, Karl Heinz Göller und Bernhard Schimellpfennig, Berlin/New York 1986, S. 27–43, hier S. 41.

[181] Vgl. Strohschneider, »Institutionalität«, S. 5.

bettung und Ausbettung, doch immer wieder in diese Ordnungen zurückführen.[182] Diese Szenen konfrontieren den Interpreten nicht nur mit der Schwierigkeit der Einordnung in den gegebenen Erzählzusammenhang, sondern auch mit der Frage nach Funktion und Bedeutsamkeit dieser Konzeptionen des Ausbruchs für die höfische Kultur, wie sie in den Texten beschrieben ist.

Die vorliegende Arbeit greift Burkhard Hasebrinks kulturwissenschaftlich orientierte Überlegungen auf und führt sie weiter. In seinem Aufsatz »Zwischen Skandalisierung und Auratisierung«[183] richtet er den Blick erstmals auf kulturelle Semantiken von Muße in Texten der höfischen Epik. Während Hasebrink bei konkreten Belegstellen ansetzt, von denen ausgehend das Bedeutungsspektrum von *muoze* und *gemach* im Spannungsfeld von Skandalisierung und Auratisierung betrachtet wird, ist Ausgangspunkt dieser Studie die Beobachtung struktureller Analogien zwischen den literarischen Ausbruchsszenen und dem modernen Begriff von ›Muße‹. Die Vielzahl konkreter Belegstellen aus dem Wortfeld *muoze*, die sich im höfischen Roman findet, greift auch diese Studie auf, sie geht jedoch darüber hinaus und zieht Szenen mit in die Betrachtung ein, die in der Darstellung Muße erkennen lassen, ohne auf Wortebene explizit markiert zu sein.

Vor dem Hintergrund dieser konzeptionellen Überlegungen hat die vorliegende Arbeit die unterschiedlichen Szenen des Ausbruchs montagehaft zusammengestellt und nach zentralen Themenkomplexen geordnet. Diese thematischen Schwerpunkte kreisen das Untersuchungsfeld ›Muße im höfischen Roman‹ zunächst über eine erste semantische Annäherung (Kapitel 2), dann über Abgrenzungs- und Gegenphänomene (Kapitel 3) ein, um vor dieser Kontrastfolie schließlich mußeaffine Konstellationen (Kapitel 4) in den ausgewählten Texten zu untersuchen. Durch die nicht der Chronologie der Texte folgende Neuzusammenstellung der Szenen wird eine neue Sichtweise ermöglicht, durch die die zentralen Elemente der Ausbruchsszenen erst sichtbar gemacht und die Zusammenhänge – gerade durch den das einzelne Erzählwerk übergreifenden Blick – erkennbar werden und Kontur erfahren. Dabei möchte die vorliegende Arbeit Muße nicht zum Hauptgegenstand der Texte erklären, sondern durch die Betrachtung der Konfigurationen von Muße in den Romanen einen zusätzlichen Aspekt in die Diskussion einbringen und dadurch zu einem besseren Gesamtverständnis der Texte beitragen. Was diese Untersuchung bieten will, ist weder eine chronologische Gesamtinterpretation der Artusromane Hartmanns und des *Tristan* Gottfrieds von Straßburg, noch eine motivgeschichtliche Abhandlung von ›Muße‹. Stattdessen untersucht die Studie anhand genauer Detailanalysen die literarische Inszenierung und ästhetische Verfasstheit sowie die Diskursivierung und Semantisierung einschlägiger Szenen des Ausbruchs auf Analogien

---

[182] Vgl. zu der Formulierung der Dialektik von Ein- und Ausbettung, allerdings im Zusammenhang von literarischen Texten und historischem Wissen, Rainer Warning, »Vorwort«, in: ders., *Die Phantasie der Realisten,* München 1999, S. 7f.

[183] Burkhard Hasebrink, »Zwischen Skandalisierung und Auratisierung. Über *gemach* und *muoze* in höfischer Epik«, in: *Muße im kulturellen Wandel. Semantisierungen, Ähnlichkeiten, Umbesetzungen,* hg. v. Burkhard Hasebrink und Peter Philipp Riedl, Berlin 2014, S. 107–130.

zu modernen Konzeptionen von Muße. Die Untersuchung geht mit der Vermutung an die höfischen Romane heran, dass es in den literarischen Konzeptionen Übereinstimmungen mit dem modernen Verständnis von Muße, wie es in Abschnitt 1.2 ausgeführt ist, gibt. Deshalb wird der Begriff der ›Muße‹ im Folgenden als heuristische Kategorie verwendet. Als solche ermöglicht sie eine nähere Beschreibung von Konzeptionen, die sich im Begriff der ›Muße‹ verdichten, ohne in ihm allein aufzugehen oder stets in Korrelation zu ihm stehen. Im Vorgriff auf die abschließenden Überlegungen wird in der Arbeit der Begriff der ›Muße‹ bereits für die mittelalterlichen Texte verwendet. Retrospektiv wird im abschließenden Fazit noch einmal überprüft, ob der Schluss von Strukturanalogien auf eine Gleichartigkeit der Phänomene gerechtfertigt ist.

Die zentrale Frage lautet: Lässt die höfische Kultur des Mittelalters, wie sie in den Texten entworfen ist, Muße zu, oder zeigen die literarischen Inszenierungen des Ausbruchs und der Außeralltäglichkeit allenfalls Berührungspunkte zu modernen Konzeptionen von Muße? Letzteres würde zumindest den marginalen Forschungsbestand zu Muße im höfischen Roman erklären. Andernfalls lassen sich im Rückgriff auf das moderne Verständnis von Muße Elemente dieser Ausbrüche herausarbeiten, die möglicherweise über eine reine Strukturanalogie hinausreichen und eine Gleichsetzung bestimmter Ausbruchsformen und ›Muße‹ legitimieren. Womöglich lassen sich Erkenntnisse gewinnen, die Muße als Teil der höfischen Kultur und in ihrer Bedeutung für die adlige Elite erkennbar machen.

Die Arbeit versteht sich in jedem Fall als Beitrag, jene literarisch inszenierten Bereiche sichtbar zu machen, die sich dem Geordneten, Regulierten und Gezähmten der höfischen Repräsentationskultur entziehen. Damit hat sie zum Ziel, das Verständnis höfischer mittelalterlicher Kultur, wie sie in den literarischen Texten beschrieben und entworfen ist, um die Perspektive auf Aspekte des Außeralltäglichen zu erweitern und ausgehend von der Frage nach Konzeptionen von Muße im höfischen Roman ein umfassenderes Bild der kulturellen Ausprägungen zu erhalten und letztlich auch einen differenzierteren Blick auf die kulturelle Leistung dieser Epoche zu werfen.

Das Phänomen der Muße scheint seit der europäischen Antike über die unterschiedlichen historischen Zeiten hinweg eine anthropologische Konstante darzustellen, die in ihren je verschiedenen Ausprägungen und Semantisierungen jedoch erst in der Einbettung in die jeweiligen kulturellen Kontexte angemessen erfasst werden kann. Da es in dieser Arbeit explizit um die Frage nach Muße im höfischen Roman sowie nach deren literarischer Inszenierung geht, verschiebt sich die Frage nach dem Verhältnis von Muße und Kultur auf jenes von Literatur und Kultur. In der germanistischen Mediävistik ist die Frage nach dem Zusammenspiel und der Interaktion zwischen Text und mittelalterlicher höfischer Kultur nicht neu.[184] Angesichts einer Epoche wie der mittelalterlichen, in welcher Litera-

[184] Vgl. Horst Wenzel, »Zum Stand der Germanistischen Mediävistik im Spannungsfeld von Textphilologie und Kulturwissenschaft«, in: *Mediävistik im 21. Jahrhundert. Stand und Perspektiven der internationalen und interdisziplinären Mittelalterforschung*, hg. v. Hans-Werner

tur, im Sinne eines erweiterten Literaturbegriffes, nie isoliert von ihren kulturellen Verflechtungen betrachtet werden kann, ist die Literaturwissenschaft gezwungen, ihren gewohnten Bereich zu vergrößern und Erkenntnisse anderer Disziplinen in ihre Betrachtung mit einzuschließen.[185] Vor allem Müller plädiert jedoch in seiner Aufsatzsammlung *Mediävistische Kulturwissenschaft* zu Recht ausdrücklich für Transdiziplinarität und Berücksichtigung der unterschiedlichen Interdependenzen anstelle einer Aufhebung der eigenen disziplinären Grenzen.[186]

Das Erkenntnisinteresse der vorliegenden literaturwissenschaftlichen Arbeit liegt innerhalb der Grenzen der literarischen Texte; sie versteht sich jedoch als dezidiert kulturwissenschaftlich ausgerichtete Untersuchung, da sie Themen aufgreift, die nicht nur im Bereich des Literarischen verhandelt werden, sondern ebenso die historische mittelalterliche Kultur prägen. In die Betrachtung einbezogen werden unter anderem sowohl Aspekte wie Regel- und Ordnungsstrukturen und deren Störung bzw. Unterbrechung, als auch Konstellationen des Kampfes und des Rittertums, Inszenierungen von Minne, Konfigurationen der Erholung sowie Praktiken und Formen der Unterhaltung und Zerstreuung einer elitären Gesellschaft. Die Studie will sich nicht anmaßen, Fragen und Problemfelder anderer Disziplinen beantworten zu können, sondern sie bedient sich vielmehr unterschiedlicher soziologischer und philosophischer Erkenntnisse sowie literaturwissenschaftlicher Methoden, die als Werkzeug der Analyse der literarischen Konzeptionen des Ausbruchs und der Außeralltäglichkeit Verwendung finden, um Muße, wie sie in den Texten konzipiert wird, in ihrer Komplexität erfassen zu können. Insofern sind die modernen Theorien und deren Terminologie kein fremdartiges, aufoktroyiertes Analysewerkzeug, sondern bieten vielmehr eine präzise Sprache, durch die die literarisch inszenierten Konstellationen erst erfasst und in ihrem Wert für die höfische Kultur erkannt werden können.

In der Arbeit wird die Herangehensweise eines ›kontrollierten Anachronismus‹ gewählt,[187] die sich der Gefahren, aber auch der Potenziale dieses Vorgehens bewusst ist. Die Annäherung an den Blick des historischen Lesers darf jenen des heutigen Lesers nicht ausschließen, ebenso wenig wie die ihm zur Verfügung stehen-

---

Goetz und Jörg Jarnut, München 2003, S. 149–160. Vgl. auch Ursula Peters, *Text und Kontext: Die Mittelalter-Philologie zwischen Gesellschaftsgeschichte und Kulturanthropologie,* Wiesbaden 2000; *Von der Sozialgeschichte zur Kulturwissenschaft. Aufsätze 1973–2000,* hg. v. Susanne Bürkle, Lorenz Deutsch und Timo Reuvekamp-Felber, Tübingen/Basel 2004.

[185] Vgl. Jan-Dirk Müller, »Kulturwissenschaft historisch. Zum Verhältnis von Ritual und Theater im späten Mittelalter«, in: ders., *Mediävistische Kulturwissenschaft. Ausgewählte Studien,* Berlin/New York 2010 S. 111–134, hier S. 111.

[186] Jan-Dirk Müller, »Überlegungen zu einer mediävistischen Kulturwissenschaft«, in: ders., *Mediävistische Kulturwissenschaft. Ausgewählte Studien,* Berlin/New York 2010, S. 1–8, hier S. 3.

[187] Der Begriff des ›kontrollierten Anachronismus‹ geht auf die Althistorikerin Nicole Loraux zurück, der dann von Peter von Moos, »Das Öffentliche und das Private im Mittelalter. Für einen kontrollierten Anachronismus«, in: *Das Öffentliche und Private in der Vormoderne,* hg. v. Gert Melville und Peter von Moos, Köln/Weimar/Wien 1998, S. 3–83, aufgegriffen wurde; vgl. auch »Einleitung«, in: *Semantik der Gelassenheit. Generierung, Etablierung, Transformation,* hg. v. Burkhard Hasebrink, Susanne Bernhardt, Imke Früh, Göttingen 2012, bes. S. 11.

den Denkfiguren ignoriert werden dürfen. Auch wenn bestimmte Phänomene in den mittelhochdeutschen Texten nicht entsprechend begrifflich ausgedrückt wurden, können sie diese durchaus prägen.[188] Gerade das Infragestellen gewohnter Wahrnehmungsmuster öffnet oftmals den Blick auf bisher Verdecktes und kann Verbindungen zwischen scheinbar Unverbundenem sichtbar machen.

Die Frage nach einer angemessenen Herangehensweise an vormoderne narrative Texte ist eine grundsätzliche. Doch der Gedanke, dass nur eine »›historisch adäquate‹ Rezeption«[189] dem Text gerecht werde, verfehlt die Texte, ganz gleich, wie weit ihr Entstehen zurückliegt. Ihr Potenzial liegt gerade darin, dass sie Fragen und Themen aufwerfen, die für den zeitgenössischen wie für den heutigen Leser Relevanz besitzen und dadurch, mit Müller gesprochen, »ihre historischen Vorgaben überschreiten«[190]. Moderne Fragestellungen und Theorien auch oder gerade auf vormoderne Texte zu beziehen, ist daher – bei aller gebotenen Vorsicht und nötigen Abwägung in jedem einzelnen Fall – vielmehr als Aufgabe zu verstehen, dieses Potenzial immer wieder neu und immer wieder anders aufzudecken.

Das Bedürfnis nach Frei- und Spielräumen ist als anthropologische Konstante zu verstehen. Auch im höfischen Roman um 1200 wird diese Universale greifbar. Es geht mir mit der Verwendung des ›Muße‹-Begriffes dabei jedoch nicht um eine voreilige Gleichsetzung, sondern um die Eröffnung einer Vergleichsebene, die Parallelen eines Problem- und Phänomenbereiches erkennbar macht, der transhistorisch scheint. Erst im Rückblick, dies sei noch einmal betont, wird sich zeigen, ob diese Parallelen auch eine Gleichsetzung der untersuchten literarischen Konzeptionen des Ausbruchs mit dem Phänomen der Muße gestatten. Der Rückgriff auf den neuhochdeutschen Begriff birgt die Gefahr einer Projektion moderner Denkschemata, welcher unter anderem dadurch entgegengewirkt wurde, dass bei den inhaltlich-konzeptionellen Überlegungen in den Textanalysen im Sinne einer methodischen Kontrolle der kulturwissenschaftlichen Fragestellung begleitend die Semantisierungen derjenigen mittelhochdeutschen Wörter untersucht wurden, die sich bei der Betrachtung von Spielräumen der Muße als besonders relevant herausstellten.[191]

In der Übersicht der Szenen des Ausbruchs in den verschiedenen Texten lässt sich ein kulturelles Interesse erkennen; zudem kann auf eine gewisse Faszination an dem Spannungsverhältnis zwischen habitualisierten Verhaltens- und Wertevorstellungen einer Gesellschaftsordnung sowie den Ausbrüchen aus diesen Konstellationen in der historisch-realen Kultur geschlossen werden. Unter ›Kul-

---

[188] Vgl. auch das Interview mit dem mediävistischen Anglizisten Andrew James Johnston, »Interpretation von zeitlich und kulturell entfernten Texten«. *https://eisodos.org/wp-content/uploads/2014/08/eisodos2014.2-2-Johnston.pdf* [Zugriff: Januar 2019].

[189] Müller, *Höfische Kompromisse,* S. 480.

[190] Müller, *Höfische Kompromisse,* S. 480.

[191] Insofern dienen auch die programmatischen Ausführungen Burkhard Hasebrinks zu Muße im höfischen Roman (vgl. Hasebrink, »Zwischen Skandalisierung und Auratisierung«), die ihren Ausgang von wortsemantischen Betrachtungen nehmen, nicht nur als Impulsgeber, sondern sind der Nährboden für meine Überlegungen.

tur‹ verstehe ich in konstruktivistisch-bedeutungsorientierter Auffassung jenen von Menschen erzeugten Komplex an Lebensformen, Denkstrukturen, Wissensordnungen, Werten, Weltanschauungen, Verhaltens- und Handlungsmustern, der das Zusammenleben einer Gesellschaft nicht nur prägt, sondern ihre Identität und ihr Selbst- und Weltverhältnis herausbildet. Dieser Komplex, der sich in Symbolsystemen materialisiert, wirkt handlungsleitend und kann dementsprechend artikuliert und tradiert werden.[192] Der Begriff vereint sowohl mentale, als auch soziale und materiale Phänomene.[193] Über die Analyse der Texte, die die materiale Seite der Kultur darstellen, lassen sich in verdichteter Form Rückschlüsse auf die mentalen Dispositionen und diskursiven Formationen der höfischen Kultur ziehen. Zugleich geht Literatur nicht allein darin auf, Ausdruck und Träger kultureller Implikationen zu sein, da sie im Modus des Spielerischen auch aktiv an der Kultur partizipiert, sie neu konfiguriert und mit konstituiert.[194] Texte sind als Vehikel der Selbstthematisierung und Selbstbeobachtung einer Kultur zugleich an der kulturellen Sinnproduktion beteiligt, sie sind Teil der jeweiligen Diskurse

---

[192] Vgl. Andreas Reckwitz, *Die Transformation der Kulturtheorien. Zur Entwicklung eines Theorieprogramms,* mit einem Nachwort zur Studienausgabe 2006: Aktuelle Tendenzen der Kulturtheorien, Göttingen 2000, bes. S. 84–90. Vgl. Ansgar Nünning/Roy Sommer, »Kulturwissenschaftliche Literaturwissenschaft: Disziplinäre Ansätze, theoretische Positionen und transdisziplinäre Perspektiven«, in: *Kulturwissenschaftliche Literaturwissenschaft. Disziplinäre Ansätze – Theoretische Positionen – Transdisziplinäre Perspektiven,* hg. v. Ansgar Nünning und Roy Sommer, unter Mitarbeit v. Stella Butter, Tübingen 2004, S. 9–29, hier S. 17f.

[193] Vgl. Roland Posner, »Kultur als Zeichensystem. Zur semiotischen Explikation kulturwissenschaftlicher Grundbegriffe«, in: *Kultur als Lebenswelt und Monument,* hg. v. Aleida Assmann und Dietrich Harth, Frankfurt a.M. 1991, S. 37–74, bes. S. 42–56. Vgl. auch Nünning/Sommer, »Kulturwissenschaftliche Literaturwissenschaft«, S. 17f.

[194] Vgl. auch Christian Kiening, »Gewalt und Heiligkeit. Mittelalterliche Literatur in anthropologischer Perspektive«, in: *Wahrnehmen und Handeln. Perspektiven einer Literaturanthropologie,* hg.v. Wolfgang Braungart, Klaus Ridder und Friedmar Apel, Bielefeld 2004, S. 19–39, hier S. 20 (ausführliche Version in ders., *Zwischen Körper und Schrift. Texte vor dem Zeitalter der Literatur,* Frankfurt a.M. 2003). Mit diesem Verständnis von Kultur schließe ich auch eine Herangehensweise aus, die Kultur als lesbaren Text deutet und dadurch Textbegriff und Zeichenordnungen völlig aufweicht. Vgl. *Kultur als Text. Die anthropologische Wende in der* Literaturwissenschaft, hg. v. Doris Bachmann-Medick, Frankfurt a.M. 1996, hier S. 10: »die Bedeutung von Kultur als Text geht über den Kunstgriff einer aufschlußreichen Metapher hinaus. Sie enthält ein Programm neuer kulturwissenschaftlicher Untersuchung und Analyse. Kultur als Text aufzufassen heißt, ein gemeinsames Feld abzustecken, das nur durch disziplinenübergreifende Fragestellungen zu bearbeiten ist: Kultur ist ein Bereich, der – ähnlich wie ein Text – zu verschiedenen Lesarten aufruft.« Eine solche Auffassung eines entgrenzten Textbegriffes lässt seine Konturen, im konkreten wie im erweiterten Sinne, verschwimmen und nivelliert die unterschiedlichen Typen von Textualität, vgl. Christian Kiening, Un*heilige Familien. Sinnmuster mittelalterlichen Erzählens,* Würzburg 2009, S. 34, sowie Jan-Dirk Müller, »Literarischer Text und kultureller Text in der Frühen Neuzeit. Am Beispiel des ›Narrenschiffs‹ von Sebastian Brant«, in: ders., *Mediävistische Kulturwissenschaft. Ausgewählte Studien,* Berlin/New York 2010, S. 27–43, hier S. 27, vgl. bereits abgedruckt in: *Zwischen den Disziplinen? Perspektiven der Frühneuzeitforschung,* hg. v. Helmut Puff und Christopher Wild, Göttingen 2003, S. 81–101).

ihrer Entstehungszeit und zugleich werden sie selbst als »Funktion diskursiver Vernetzungen«[195] begriffen.[196]

Ich folge deshalb der Auffassung Jan-Dirk Müllers, der literarische Imaginationen des Mittelalters als »Teil des Imaginären einer vergangenen Kultur« versteht, die »Aspekte einer historischen Alltagswelt«, über den Ertrag rein historischer Quellen hinweg, aufgreift und reflektiert.[197] Literarische Konzeptionen lassen sich nicht als historische Wirklichkeiten identifizieren oder im Sinne einer sozialgeschichtlichen Perspektive als explizite Referenzpunkte auf eine außertextliche Realität verstehen. Dennoch sind literarische Konzeptionen Teil der kulturellen Auffassungen, Werte und Motive – mit Müller lassen sich solche kulturellen Vorgaben als ›Kulturmuster‹[198] fassen –, der sie entspringen und in dessen Kontext sie erst angemessen zu verstehen sind.[199] Die kulturelle Dimension ist den

[195] Franziska Wenzel, *Meisterschaft im Prozess. Der Lange Ton Frauenlobs – Texte und Studien. Mit einem Beitrag zu vormoderner Textualität und Autorschaft,* Berlin 2012, S. 20.

[196] Vgl. Wilhelm Voßkamp, »Literaturwissenschaft und Kulturwissenschaften«, in: *Interpretation 2000: Positionen und Kontroversen. Festschrift zum 65. Geburtstag von Horst Steinmetz,* hg. v. Henk de Berg und Matthias Prangel, Heidelberg 1999, S. 183–199, hier S. 190.

[197] Müller, *Höfische Kompromisse,* S. 3. Müller nimmt dabei Bezug auf das Konzept des Imaginären von Cornelius Castoriadis, *Gesellschaft als imaginäre Institution. Entwurf einer politischen Philosophie,* übersetzt v. Horst Brühmann, Frankfurt a.M. 1990, der neben dem individuell Imaginären dem gesellschaftlich Imaginären zentralen Platz einräumt. Mit diesem Begriff bezeichnet er das »Gesamt der Muster und Modelle, in denen Wirklichkeit angeeignet, interpretiert und strukturiert wird«, Müller S. 9f. Es ist damit Grundlage für die Institutionalisierung von Gesellschaft, und also selbst konstituierend. Müller versteht Literatur nun als »integralen Teil des gesellschaftlich Imaginären«, S. 17. Literatur, so Müller, ist folglich »fingierende Verarbeitung«, S. 12, durch die sich Rückschlüsse auf die historische Kultur ziehen lassen, da hinter den Texten »kulturspezifische Interessen und Impulse« stehen, die über die Literatur zwar hinausreichen, in ihr aber eine besondere Produktivität vorweisen, S. 9. Vgl. auch Jan-Dirk Müller, »Imaginäre Ordnungen und literarische Imaginationen um 1200«, in: *Jahrbuch des Historischen Kollegs* 2003, S. 41–68. In diesem Kollegvortrag, der als Vorstudie der *Höfischen Kompromisse* aufgefasst werden kann, umschreibt Müller das Imaginäre des Außerliterarischen als ›gedachte Ordnungen‹.

[198] Müller, *Höfische Kompromisse,* S. 6. Müller verweist darauf, dass bislang genaue Nachweise bezüglich des wechselseitigen Abhängigkeitsverhältnisses narrativer und kultureller Muster fehlen, auch inwiefern Literatur in das Imaginäre einer historischen Kultur eingebettet sei, S. 7. Seine These geht von rekurrenten Erzählkernen in den Texten aus, bei denen es um die narrative Entfaltung eines inhaltlichen Themas geht, und über die sich historisch kulturelle Einsichten eröffnen, S. 22f.

[199] Vgl. auch Christian Kiening, der in seinen Untersuchungen ebenfalls über die Dichotomie von Text und Geschichte hinauszukommen sucht. Er verwendet hierfür auf einer mittleren Ebene »›unterhalb‹ von globalen Ordnungen des Wissens und ›oberhalb‹ von singulären Ordnungen der Texte« den Begriff der kulturellen Konfigurationen. Diese sind »weder identisch mit Kulturmustern, sofern diese als flottierende, diskursunabhängige und allgemein verfügbare Größen gedacht werden, noch mit Dispositiven, sofern damit Formationen gemeint sind, welche die Diskurse, Institutionen, Artikulationsformen und Terminologien durchdringen und kontrollieren«, vgl. Kiening, Un*heilige Familien,* bes. S. 33–36, hier S. 35. Kulturelle Konfigurationen manifestieren sich nach Kiening »in Texten, Bildern und Objekten als eben jenes Poten-

Texten wesentlich inhärent; es geht in dieser Studie folglich weder um äußerliche soziohistorische oder soziokulturelle Kontexte oder Hintergründe, noch um Text-Kontext-Dichotomien, wie sie in der mediävistischen Literaturwissenschaft immer wieder zur Diskussion stehen.[200] Literatur ist demzufolge kein Spiegel textexterner Realität, sondern schafft eigene imaginäre Entwürfe einer Wirklichkeit, die das Potenzial ästhetischer Erfahrung in sich tragen und darüber selbst wiederum kulturkonstitutive Bedeutung haben. Nicht zuletzt spielt die Performanz und Performativität der Texte dabei eine zentrale Rolle.[201] Gerade im Hinblick auf das Thema der Muße vermag Literatur über sprachliche, rhetorische und ästhetische Mittel Muße nicht nur zum Ausdruck zu bringen, sondern auch einen potenziellen Mußeraum für den externen Rezipienten zu eröffnen; zumindest ›liefert‹ sie mögliche Bedingungen, um Muße zu erfahren oder um kulturelle Praktiken hervorzurufen, die mußeverwandte Konstellationen darstellen, etwa der öffentliche Vortrag in einer geselligen Runde.[202] Daran zeigt sich, dass Literatur diskursive wie kulturelle Praktiken nicht nur kenntlich macht, sondern dass sie selbst an der Erzeugung dieser aktiv beteiligt ist.

Der Literatur bietet sich, wie kaum anderswo, ein Spielraum, Kulturmuster nach ihren eigenen Vorstellungen und in der ihr eigenen poetischen Gestalt(ung) aufzugreifen;[203] und dies bei aller Gebundenheit an Gattungsmuster und Struktur- bzw. Erzählschemata, an traditionelle Vorgaben sowie überlieferte Vorlagen. Der Raum der Literatur scheint geradezu eine Art ›weißer Fleck‹ darzustellen, in dem weitgehend frei von »pragmatischen Zwängen«[204] gerade die Abweichungen und peripheren Gebiete der alltäglichen Lebenswelt, und damit auch Spielräume der Muße, narrativ ausgetestet werden können.[205] Die Formulierung ›wei-

---

zial, mit dem diese einen ihre Eigenweltlichkeit überwölbenden Geltungsanspruch erheben«, S. 35. Die kulturellen Konfigurationen implizieren eine spezifische Narrativität, vgl. auch Christian Kiening, »Versuchte Frauen. Narrative Muster und kulturelle Konfigurationen«, in: *Text und Kontext. Fallstudien und theoretische Begründungen einer kulturwissenschaftlich angeleiteten Mediävistik,* hg. v. Jan-Dirk Müller, unter Mitarbeit von Elisabeth Müller-Luckner, München 2007, S. 77–98, hier S. 97.

[200] Vgl. u.a. Peters, *Text und Kontext;* die Diskussion wieder anfachend und den Begriff des Kontextes neu einordnend vgl. *Text und Kontext. Fallstudien und theoretische Begründungen einer kulturwissenschaftlich angeleiteten Mediävistik,* hg. v. Jan-Dirk Müller, unter Mitarbeit v. Elisabeth Müller-Luckner, München 2007.

[201] Uwe Wirth, »Der Performanzbegriff im Spannungsfeld von Illokution, Iteration und Indexikalität«, in: *Performanz. Zwischen Sprachphilosophie und Kulturwissenschaften,* hg. v. Uwe Wirth, Frankfurt a.M. 2002, S. 9–60.

[202] Solche Vortragssituationen als mögliche Spiegelungen der eigenen außertextlichen Rezeption finden sich im höfischen Roman immer wieder, vgl. etwa im *Iwein* die Verse 92–258, 6455–6457 oder im *Tristan* im Rahmen der Minnegrotte (17182–17199).Vgl. auch Kapitel 5.

[203] Vgl. Rainer Warning, »Poetische Konterdiskursivität. Zum literaturwissenschaftlichen Umgang mit Foucault«, in: ders., *Die Phantasie der Realisten,* München 1999, S. 313–345. Warning versteht Konterdiskursivität als systematische Bestimmung literarischer Texte.

[204] Müller, *Höfische Kompromisse,* S. 15.

[205] Für den Hinweis auf den Zusammenhang von Spielräumen und ›weißen Flecken‹ danke ich Annette Volfing (OFFG-Treffen, 21.-24. Mai 2014, Einsiedeln).

ßer Fleck‹ stammt ursprünglich von Peter Kern und wurde von Dennis H. Green wieder aufgenommen.[206] Green bezeichnet damit Leerstellen, die die mittelalterlichen Autoren in ihren Vorlagen ausfindig machen und erfinderisch ausgestalten, überträgt diese These dann jedoch auf eine höhere Ebene, indem er die Entstehung der Romanfiktion aus derartigen Freiräumen – ›weißen Flecken‹ – in der Geschichtsschreibung deutet. Während Green in seinen Untersuchungen zu der Erkenntnis kommt, aufgefundene Lücken und Leerräume in fiktionalen Texten wie auch in der Geschichtsschreibung habe es aus Sicht der mittelalterlichen Autoren narrativ zu schließen gegolten, liegt möglicherweise in Bezug auf Muße die Kunst gerade darin, Freiräume als Freiräume auszuhalten. Es stellt sich die Frage, ob und inwiefern die ausgewählten Texte Ausbrüche aus festgefügten Rahmungen erlauben und das Spannungsverhältnis zwischen Ausbruch und Ordnung nicht nur vorführen, sondern auch die ›Zerrissenheit‹ im Sinne des Müllerschen ›höfischen Kompromisses‹ ertragen.

Während in Kapitel 1 die theoretischen und begrifflichen Grundlagen gelegt wurden, um in die Textarbeit einzusteigen, beginnt die Untersuchung in Kapitel 2 mit den Textanalysen, die das Phänomen der Muße zwischen Aktivität und Passivität zu verorten suchen. Dieses Kapitel zum *Tristan*-Prolog fällt gewissermaßen aus dem nachfolgenden systematischen Argumentationsgang heraus, bereitet diesen jedoch vor. Der gewählte Zugang bietet unter anderem die Möglichkeit, das semantische Wortfeld um mittelhochdeutsch *muoze* zu erkunden, Widersprüche zwischen Wort- und Inhaltsebene aufzudecken, zugleich aber auch Verbindungslinien zwischen der Wortebene der Texte und den konzeptionellen theoretischen Überlegungen, die in der Einleitung diskutiert werden, zu konstatieren. Neben der terminologischen Dichte der Wortfamilie von *muoze* werden im *Tristan*-Prolog auch Erfahrungen beschrieben, die implizit eine Nähe zu modernen Konzeptionen von Muße erkennen lassen. Damit bietet der *Tristan*-Prolog nicht nur auf Wort- sondern auch auf Darstellungsebene eine geeignete Hinführung zu der detaillierten Betrachtung von Muße im höfischen Roman (Kapitel 3 und 4). Seine inhaltliche Ergänzung findet dieses Eröffnungskapitel im abschließenden Kapitel 5 zur ästhetischen Dimension der Texte, das als ›Ausklang‹ zu verstehen ist. Dieses fragt nach dem Verhältnis von Muße und Erzählen, erörtert die auffällige Spannung zwischen unterhaltenden und belehrenden Aspekten in den poetologischen Ausführungen und stellt freiere Überlegungen zu der klanglichen Wirkung von Sprache in Bezug auf Muße an. Damit rückt dieses Kapitel rezeptionsästhetische Fragen in den Mittelpunkt, die die gesamte Arbeit durchziehen, und ist als Anstoß für weitere Untersuchungen bezüglich des Verhältnisses von Präsenzeffekten in mittelalterlicher Literatur und Muße zu verstehen.

Zwischen diesen einrahmenden Kapiteln gliedert sich die Arbeit in zwei Hauptteile. Diese beziehen sich auf die beiden Pole Institutionalität und Spielraum, die

---

[206] Vgl. Dennis H. Green, »Fiktionalität und weiße Flecken in Wolframs ›Parzival‹«, in: *Wolfram-Studien* XVII (2002), S. 30–45.

sich für Ausbruchsbewegungen als grundlegend erwiesen. Der erste Teil – Kapitel 3 – mit dem Titel »(Un-)Möglichkeit institutionalisierter Formen von Muße« steht unter dem Stichwort der ›Abgrenzung‹ und betrachtet Strukturen des Ausbruchs in Gegen- und Nachbarphänomenen von Muße. Diese Kontrastfolie ist unabdingbar, um das Phänomen der Muße zu konturieren sowie den komplexen Stellenwert von Muße im höfischen Roman angemessen einzuordnen.[207] Drei thematische Bereiche stehen dabei im Vordergrund, die die literarisch inszenierte höfische Gesellschaft und damit auch die Texte selbst maßgeblich bestimmen: die ritterliche *arbeit umbe êre* (3.1), die eng damit zusammenhängende *âventiure* (3.2) sowie die höfische Vergnügungskultur (3.3). Dementsprechend werden in diesem ersten Hauptteil neben dem Gegenkonzept *arbeit,* zunächst Ausbrüche untersucht, die nur scheinbar die bestehende Ordnung außer Kraft setzen, bei genauerer Betrachtung jedoch integraler Bestandteil der Ordnung selbst sind. Die untersuchten Passagen lassen sich jedoch nicht nur in Opposition zu Mußemomenten setzen, sondern weisen bereits vereinzelt strukturelle Ähnlichkeiten zu Muße auf, die es herauszuarbeiten gilt. Offensichtliche Einschnitte innerhalb der Reihe an kämpferischen Auseinandersetzungen und *âventiure*-Erlebnissen stellen die Festlichkeiten am Hof dar. Mit dem Abschnitt zu Fest und Geselligkeit (3.3) geht es daher um Muße als Kulturphänomen. Das höfische Fest und andere Formen von Geselligkeit werden alltagssprachlich oft mit Muße assoziiert, bei genauerem Hinsehen zeigt sich jedoch, dass sie in ihrer Charakteristik deutlich von Spielräumen der Muße zu differenzieren sind. Ergänzend werden einzelne, gemeinhin als mußeaffin verstandene Aktivitäten höfischer *kurzwîle* herausgegriffen und analysiert: die Jagd, das Schachspiel und das Musizieren.

Als Gegenpol zu diesen in die gesellschaftliche Struktur eingelassenen Ausbrüchen steht im zweiten großen Teil zu ›Spielräumen der Muße‹ (Kapitel 4) die Diskussion von Freiräumen im Zentrum, die scheinbar mit den kulturellen und gesellschaftlichen Ordnungen brechen, zumindest aber eine *Unter*brechung der institutionalisierten höfischen Lebensweise darstellen. Der Verortung dieser freiheitlichen Spielräume widmet sich der zweite Hauptteil der Arbeit, der diese letztlich als Spielräume der Muße kennzeichnet. Die in diesem vierten Kapitel gewonnenen Ergebnisse, welche sich nur vor der Folie der im ersten Teil erreichten Differenzierungen erreichen lassen, stellen den eigentlichen Erkenntnisgewinn in der Frage nach Muße im höfischen Roman dar. Ich gehe der Frage nach, ob und inwieweit diese Ausbrüche Muße als außeralltägliches Phänomen diskutieren und inszenieren. Kapitel 4.1 widmet sich zunächst der Topographie von Muße und analysiert das komplexe Verhältnis von Raum und Muße sowie das Zusammenspiel von Minne und Muße an spezifischen Orten, die in den Texten wiederholt

[207] Das methodische Postulat lautet folglich, ausgehend vom Sichtbaren der höfischen Ordnung ihre auf den ersten Blick unsichtbaren, peripheren und unregelmäßigen Seiten herauszuarbeiten. Vgl. auch Peter von Moos, »Krise und Kritik der Institutionalität. Die mittelalterliche Kirche als ›Anstalt‹ und ›Himmelreich auf Erden‹«, in: ders., *Öffentliches und Privates, Gemeinsames und Eigenes. Gesammelte Studien zum Mittelalter,* Bd. III, hg. v. Gert Melville, S. 65–119, hier S. 74.

eine Rolle spielen. Diese Orte befinden sich meist außerhalb des Hofes, an geschützten Plätzen in der freien Natur. In einem nächsten Schritt wird daher der Blick auf periphere Spielräume der Muße geworfen, die nicht nur geographisch an Randgebieten des Hofes verortet sind, sondern auch inhaltlich als peripher im Sinne von unangebracht und deplatziert erscheinen. Diskutiert wird infolgedessen auch das destabilisierende und bedrohliche Ausmaß solcher peripherer Spielräume für die Gesellschaft sowie die damit zusammenhängende negative Semantisierung von Muße (4.2). Die Szenerie der Minnegrotte eröffnet eine neue Dimension des Rückzugs aus den gesellschaftlichen Zwängen (4.3). An diesem heterotopen Ort fern der höfischen Elite werden die Grenzen zwischen Institutionalität und Spielraum scheinbar überwunden.

Die vorliegende Arbeit zu Muße im höfischen Roman betrachtet durchgängig das ambivalente Spannungsverhältnis zwischen der Vervollkommnung der höfischen Lebensweise und der immanenten Destabilisierung der kulturellen Ordnung in den jeweiligen Spiel- und Freiräumen. Dieses steht damit im Zentrum der Frage nach der Möglichkeit von Mußeerfahrungen in der literarisch inszenierten höfischen Kultur.

1.5 Forschungsstand

Der folgende Abschnitt stellt den Forschungsstand zum Phänomen der Muße in der mittelalterlichen Literatur dar. Forschungsarbeiten, die auf Aspekte der höfischen Ordnung oder den Zusammenhang von Institutionalität und höfischer Kultur eingehen, werden in den entsprechenden Unterkapiteln (insbesondere Kapitel 1.3.1 sowie Kapitel 3) gesondert betrachtet.

In der mediävistischen Forschung wurde die Frage nach Muße in der höfischen Kultur und deren literarischer Inszenierung bislang nur marginal thematisiert. Vereinzelt finden sich in Untersuchungen zur höfischen Geselligkeits- und Unterhaltungskultur kurze Bemerkungen zu Muße. Doch selbst in der umfassenden kulturgeschichtlichen Darstellung Joachim Bumkes zur höfischen Kultur findet sich kein eigens der Muße gewidmeter Abschnitt.[208] Bumke nennt durchaus die zentrale Bedeutung des höfischen Festes für das Selbstverständnis der adligen Gesellschaft, dies erscheint jedoch stets vor dem funktionalen Hintergrund der Prachtausstellung und Repräsentation. Die vielfältigen Formen höfischer Geselligkeit werden ausführlich dargelegt, jedoch nicht in einen Zusammenhang mit Muße gestellt. Bisweilen finden sich in Untersuchungen zu Unterhaltung und Zeitvertreib Verweise auf Vergnügungen, die alltagssprachlich als Formen adliger Muße verstanden werden.[209] Auch Eckart Conrad Lutz versteht unter höfischer

---

[208] Joachim Bumke, *Höfische Kultur. Literatur und Gesellschaft im hohen Mittelalter*, München 1986, 12. Auflage 2008.

[209] Vgl. etwa Burkhard Krause, *Die Jagd als Lebensform und höfisches ›spil‹. Mit einer Interpretation des ›bast‹ in Gottfrieds von Straßburg Tristan*, Stuttgart 1996; zum 15. und

Muße »vor allem gesellige Muße«[210]. Beispiele wie das traditionelle Pfingstfest am Artushof, prachtvoll gestaltete Feierlichkeiten, das immer wieder auftauchende gesellige höfische Mit- und Beieinander, geprägt von Tanz, Musik, Turnieren, Spielen und Lektüre ist fester Bestandteil des höfischen Lebensstils und auf Ebene der *histoire* wiederkehrendes Erkennungsmerkmal einer aristokratischen Elite. Bezüge zwischen *kurzwîle,* Muße und Müßiggang in der höfischen Literatur des Mittelalters stellt Ludwig Völker in seiner Untersuchung zu Langeweile fest und verweist auf das Spannungsfeld von negativer Einstellung gegenüber Untätigkeit einerseits und *muoze* als Voraussetzung höfischer Lebensweise andererseits.[211]

Mit Ausnahme der Arbeit von Völker finden sich meist nur allgemein bleibende, oberflächliche Nennungen von Muße im Zusammenhang der Behandlung höfischer Kultur des Mittelalters. Auch Arbeiten zur Zeit im höfischen Roman legen den Fokus nicht auf Zeiterleben in Mußemomenten. Die kulturanthropologische Studie von Barbara Nitsche[212] etwa untersucht die Semantisierung von Zeit und deren Signifikanz, interessiert sich aber vor allem für die Bedeutung von Rechtszeit, Eile und Termindruck.

In Untersuchungen zur mittelalterlichen Literaturrezeption und -produktion finden sich differenziertere Annäherungen an Muße, etwa in dem Aufsatz *»lesen – unmüezec wesen«*[213] von Eckart Conrad Lutz, in dem dieser Überlegungen zu lesetheoretischen Implikationen anstellt. Mireille Schnyder geht in ihrer Untersuchung »Kunst der Vergegenwärtigung und gefährliche Präsenz«[214] der Frage nach, inwieweit sich die Lektüre säkularer Texte an religiösen Lesekonzepten orientiert und damit einhergehend eine spezifische Haltung des Lesers dem Text gegenüber ausbildet. In der Arbeit zu *Literaturtheorie im deutschen Mittelalter* von Walter Haug ist wiederum nur der Topos der schädlichen Muße aufgeführt, gegen

frühen 16. Jahrhundert auch Peter Strohschneider, *Ritterromantische Versepik im ausgehenden Mittelalter. Studien zu einer funktionsgeschichtlichen Textinterpretation der ›Mörin‹ Hermanns von Sachsenheim sowie zu Ulrich Fuetrers ›Persibein‹ und Maximilians I. ›Teuerdank‹,* Frankfurt a.M. u.a. 1986, S. 55; Erich Auerbach, »Der Auszug des höfischen Ritters«, in: ders., *Mimesis. Dargestellte Wirklichkeit in der abendländischen Literatur,* 9. Auflage, Tübingen/Basel 1994, S. 120–138, hier S. 127f.

210 Eckart Conrad Lutz, *Schreiben, Bildung und Gespräch. Mediale Absichten bei Baudri de Bourgueil, Gervasius von Tilbury und Ulrich von Liechtenstein,* Berlin/Boston 2013, hier S. 142f.

211 Ludwig Völker, *Langeweile. Untersuchungen zur Vorgeschichte eines literarischen Motivs,* München 1975, bes. S. 28–36; 111–116, hier S. 113.

212 Barbara Nitsche, *Die Signifikanz der Zeit im höfischen Roman. Kulturanthropologische Zugänge zur mittelalterlichen Literatur,* Frankfurt a.M. 2006. Auch Uta Störmer-Caysa, *Grundstrukturen mittelalterlicher Erzählungen. Raum und Zeit im höfischen Roman,* Berlin/New York 2007.

213 Eckart Conrad Lutz, »*lesen – unmüezec wesen.* Überlegungen zu lese- und erkenntnistheoretischen Implikationen von Gottfrieds Schreiben«, in: *Der ›Tristan‹ Gottfrieds von Straßburg. Symposion Santiago de Compostela. 5.-8. April 2000,* hg. v. Christoph Huber und Victor Millet, Tübingen 2002, S. 295–315.

214 Mireille Schnyder, »Kunst der Vergegenwärtigung und gefährliche Präsenz. Zum Verhältnis von religiösen und weltlichen Lesekonzepten«, in: *Literarische und religiöse Kommunikation in Mittelalter und Früher Neuzeit. DFG-Symposion 2006,* hg. v. Peter Strohschneider, Berlin/New York 2009, S. 427–452.

welche die Dichtung als Heilmittel zu wirken vermag.[215] Zu nennen ist außerdem Dieter Welz, der in seinem Aufsatz zu »Glück und Gesellschaft in den Artusromanen« die aus der Perspektive der höfischen Gesellschaft verkehrte Welt behandelt, die Geruhsamkeit, Müßiggang und Glückserfahrung bedeutet. Er zeigt dabei die Spannung zwischen tätigem Rittertum und individuellem Liebesidyll auf.[216]

Sollte das geringe Forschungsinteresse dem Stellenwert von Muße in der höfischen Kultur des Mittelalters entsprechen, bestärkt dies zunächst die These der amerikanischen Romanistin Virginia Krause, dass Mußeerfahrungen vor Mitte des 13. Jahrhunderts der monastischen Kultur vorbehalten waren und erst mit der Renaissance eine Bewegung stattfand, die Muße auch der höfischen Elite zusprach: »Idleness passed from religious ideals and institutions (monastic *otium*), to first one secular elite (the feudal aristocracy), and later another (a new class of officeholding ›gentlemen‹).«[217] Dieser von Krause propagierten *»translatio otii«*[218] zufolge wird Muße, ausgehend von der religiösen Kontemplationslehre, in eine höfisch-weltliche Muße transformiert, welche dann Wesensmerkmal aristokratischer Kultur und Identität in der Renaissance wird. Indem Krause in ihren recht schematischen Ausführungen den Bereich des höfischen Romans um 1200 völlig übergeht und erst mit dem *Roman de la Rose* einsetzt, erweckt sie den Eindruck, Spielräume der Muße fänden in der höfischen Kultur um 1200 keinen nennenswerten Platz und die Adelswelt sei einem derartigen Privileg weitgehend entzogen. Diese Ansicht passt zu der Beobachtung, dass es in mittelalterlichen Gesellschaften zu einer deutlichen Aufwertung von Arbeit kommt, zu welcher der Bestand an Forschungsarbeiten merklich umfangreicher ausfällt.[219] So untersucht etwa Verena Postel aus philosophisch-theologischer Sicht in ihrer mentalitätsgeschichtlichen Studie die mittelalterlichen Vorstellungen von Willensfreiheit und

---

[215] Walter Haug, *Literaturtheorie im deutschen Mittelalter. Von den Anfängen bis zum Ende des 13. Jahrhunderts,* 2. überarb. und erw. Aufl. Darmstadt 1992, bes. S. 85; 352 (Erstausgabe 1985); Walter Haug, »Gloser la lettre oder Marie de France, die Liebe und die Allegorie«, in: ders., *Die Wahrheit der Fiktion. Studien zur weltlichen und geistlichen Literatur des Mittelalters und der frühen Neuzeit,* Tübingen 2003, S. 187–204, hier S. 196.

[216] Dieter Welz, »Glück und Gesellschaft in den Artusromanen Hartmanns von Aue und im ›Tristan‹ Gottfrieds von Straßburg«, in: *Acta Germanica* 6 (1971), S. 11–40.

[217] Virginia Krause, *Idle Pursuits. Literature and Oisiveté in the French Renaissance,* Newark/London 2003, S. 86.

[218] Krause, *Idle Pursuits,* S. 86.

[219] Vgl. etwa Gisela Schneidewind, »Die Wortsippe arbeit und ihre Bedeutungskreise in den althochdeutschen Sprachdenkmälern«, in: *PBB* 81 (1959), S. 174–187; Gertrud Schwarz, *›arebeit‹ bei mittelhochdeutschen Dichtern,* Würzburg 1938; Meta Krupp, »Wortfeld ›Arbeit‹«, in: *Europäische Schlüsselwörter.* Band II: Kurzmonographien I. Wörter im geistigen und sozialen Raum, hg. vom Sprachwissenschaftlichen Colloquium (Bonn), München 1964, S. 258–286, S. 259: »*Arbeit* geht auf das germanische *arba* = Knecht zurück; es bedeutet also zuerst *Knechts-Tätigkeit,* dann *Mühsal, Bedrängnis, Not,* dann *Arbeit.* Im Althochdeutschen gab es nicht nur das lateinische *labor* wieder, das *Anstrengung* wie auch *Leiden* bedeutet, sondern auch *tribulatio, adversitas, afflictio, pressura, molestia, iniuria,* ja selbst *tempestas* und *procella.* Die Nuancen *Leiden* und *Bewegung / Unruhe* sind in all diesen Wörtern enthalten, und was eine Tätigkeit oder Bewegung zu Arbeit macht, ist eben ein körperliches oder seelisches Gefühl von *malaise*«.

Arbeitsehtik.[220] Dabei geht sie Überlegungen von Augustin über Petrus Abaelard bis hin zu Thomas von Aquin nach und betont die Verbindung von gottgefälliger Betätigung, Verdienstethik und Heilserwartung. Dass Muße jedoch durchaus bereits in der höfischen Kultur des Mittelalters um 1200 eine Rolle spielt, zeigen einige Studien zum Bereich *arbeit,* in denen sich semantische Untersuchungen zur *muoze* finden, die sich ansatzweise auch mit der (historisch-)kulturellen Dimension von Muße und Müßiggang im Mittelalter befassen. Zu nennen ist hier Dietmar Ott[221], der in seiner literaturhistorischen, kulturwissenschaftlich geprägten Studie das Phänomen von Arbeit und Tätigkeit in den deutschen Epen des Hochmittelalters zunächst semasiologisch und onomasiologisch, dann phänomenologisch beleuchtet. Ott behandelt dabei auch die Frage nach Freizeit im Mittelalter unter Berücksichtigung der Worte *gemach, ruowe* und *muoze.* Wolfgang Haubrichs nennt *muoze* als Gegenbegriff zur *arbeit umbe êre* in seiner Wortfeldanalyse von ›Arbeit‹ und ›Mühe‹ im Mittelalter.[222] Es bleibt jedoch bei einer kurzen Erwähnung, der keine weitere Ausführung folgt. Haubrichs zeigt, wie die christliche Aufwertung von Arbeit als Dienst an Gott und der eigenen Seele den Boden für die positive Beurteilung von Arbeit in der mittelalterlichen höfischen Kultur bildet, wie sie in der ritterlichen Forderung nach *arbeit umbe êre* zum Ausdruck kommt. *arbeit* wird im Kontext ritterlichen Lebens »als ritterliche, adlige Ehre und als ›Liebesmühe‹ der *minneclîchen* arbeit«[223] verstanden.

Thomas Haye geht dem Verständnis von Arbeit im Mittelalter anhand von Sprichwörtern nach. Dabei stellt er fest, dass die beiden im Zentrum seiner Untersuchung stehenden Leitbegriffe *labor* und *otium* überraschend großen Fund bieten, was er auf die semantische Breite und begriffliche Unschärfe zurückführt.[224] Arbeit lässt sich seinen Untersuchungen zu Folge als anthropologische Konstante auffassen. Einerseits arbeiten die Menschen aus der negativen Motivation heraus, dem Laster des Nichtstuns zu entgehen, andererseits ist die positive Triebkraft zu Arbeit der Lohngedanke, der sich auf unterschiedlichen Ebenen artikuliert. Haye zeigt jedoch auch, dass *labor* und *otium* in den Proverbia nicht als streng getrennte Bereiche aufzufassen sind. Die Gefahr ununterbrochener Arbeit besteht in Stumpfsinn und Wahnsinn, daher muss jede Arbeit durch Momente der Erholung strukturiert sein: »Funktional gehören beide zusammen: Nichtstun ist erlaubt, aber nur in Verbindung mit Arbeit. Die Muße muss zeitlich befristet

---

220 Verena Postel, *Arbeit und Willensfreiheit im Mittelalter,* Stuttgart 2009.

221 Dietmar Ott, *Definition, Darstellung und Bewertung von Arbeit und Tätigkeit in den deutschen Epen des Hohen Mittelalters,* Frankfurt a.M./Berlin/Bern u.a. 1993.

222 Wolfgang Haubrichs, »Das Wortfeld von ›Arbeit‹ und ›Mühe‹ im Mittelhochdeutschen«, in: *Arbeit im Mittelalter. Vorstellungen und Wirklichkeiten,* hg. v. Verena Postel, Berlin 2006, S. 91–106.

223 Verena Postel, »Einleitung«, in: *Arbeit im Mittelalter. Vorstellungen und Wirklichkeiten,* hg. v. Verena Postel, Berlin 2006, S. 7–19, hier S. 12.

224 Thomas Haye, »*labor* und *otium* im Spiegel lateinischer Sprichwörter und Gedichte des Mittelalters«, in: *Arbeit im Mittelalter. Vorstellungen und Wirklichkeiten,* hg. v. Verena Postel, Berlin 2006, S. 79–89, hier S. 80.

sein; sie ist nicht Selbstzweck, sondern hat ausschließlich die Aufgabe der Rekreation.«[225] Auch Eckart Conrad Lutz verweist auf mittelalterliche sprichwörtlich gebrauchte Aussagen, etwa von Ovid oder Martial, die den positiven Wert von Muße, nämlich ebenfalls Erholung und Steigerung geistiger Produktivität, betonen. Er zeigt aber auch, dass in den mittelalterlichen Sentenzen und Sprichwörtern Muße größtenteils pejorativ konnotiert ist, da sie verführt oder gefährdet oder als bloße Untätigkeit zu verurteilen ist.[226]

Brian Vickers[227] versucht in seiner umfangreichen Studie zu »Leisure and idleness in the Renaissance« zu zeigen, dass das Verhältnis zwischen Arbeit und Muße bis ins 18. Jahrhundert hinein äußerst ambivalent ist:

> the fear of idleness in Europe up to the eighteenth century was so strong that *otium* could only be accepted if strongly qualified as *honestum,* a leisure which yielded ›fruits‹ in works of literature, poetry, philosophy or history. The dominant ideology of work and employment was so strong that ›ease‹ could only be countenanced as an incidental phase of rest, in order for work to be resumed with renewed energy.[228]

Vor 1700 existierten zwar Feste und Ruhetage, doch diese seien stets durch den Kirchenkalender festgelegt und in Umfang und Qualität von diesem bestimmt. Kirchenväter des Mittelalters zeichnet Vickers als »moralists«[229], die »*otium* as fruitless idleness, the enemy of virtue, the source of all vices«[230] verurteilen. Vickers blendet dabei nicht nur die Literatur der höfischen Kultur aus, in welcher durchaus Freiräume, fern von Arbeit wie *arbeit,* ausgestaltet sind, sondern übergeht auch eindeutig positive theologische Auffassungen von *otium,* etwa bei Augustin oder Bernhard von Clairvaux, wie Lutz zeigen konnte.[231]

Für den europäischen Humanismus hat Linus Möllenbrink am Beispiel Ulrichs von Hutten den Fokus auf Muße im Kontext der Frage nach der richtigen Lebensform gerichtet.[232] Möllenbrink verfolgt dabei die These, dass Hutten ein eigenes Mußekonzept entwirft, das den Gegensatz von *vita activa* und *vita contemplativa* übersteigt und eine Synthese von Hofleben und Gelehrtendasein anstrebt. Selbst im größten Trubel des Hofes sei diesem Konzept Huttens zufolge Muße zu finden,

---

[225] Haye, »*labor* und *otium*«, S. 84.

[226] Vgl. Lutz, *Schreiben, Bildung und Gespräch,* S. 139f., verweisend auf *Proverbia sententiaeque Latinitatis medii aevi. Lateinische Sprichwörter und Sentenzen des Mittelalters in alphabetischer Anordnung,* ges. und hg. v. Hans Walther, Bd. 1–6.

[227] Brian Vickers, »Leisure and idleness in the Renaissance: the ambivalence of otium«, in: *Renaissance Studies* 4 (1990), Part I S. 1–37 und Part II 107–154.

[228] Vickers, »Leisure and idleness«, S. 153.

[229] Vickers, »Leisure and idleness«, S. 109.

[230] Vickers, »Leisure and idleness«, S. 109.

[231] Vgl. Lutz, *Schreiben, Bildung und Gespräch,* S. 141f.

[232] Linus Möllenbrink, »*inter negocia literas et cum literis negocia in usu habere.* Die Verbindung von *vita activa* und *vita contemplativa* in der *Epistola vitæ suæ rationem exponens* Ulrichs von Hutten«, in: *Muße und Gesellschaft* (Otium. Studien zur Theorie und Kulturgeschichte der Muße 5), hg. v. Gregor Dobler und Peter Philipp Riedl, Tübingen 2017, S. 101–136.

die gerade nicht an einen bestimmten Ort gebunden, sondern potenziell überall verfügbar sei.

Im Rückgriff auf den ersten Satz der Benediktinerregel geht Gerhard Meissburger in Texten des Hochmittelalters, ausgehend von Wolfram, der Frage nach, wie man als christlicher Ritter *zer welte solte leben.*[233] Dabei zeigt er, wie die drei Hauptpflichten des Ritters, nämlich Gott zu dienen, die Gebote der Minne zu beherrschen und den Forderungen der höfischen Kultur gerecht zu werden, *unmuoze* verlangen. *unmuoze* versteht er dabei als Synonym zu lebenslanger *arebeit.*[234] Diese Ausführungen widersprechen jeder Vorstellung einer ›leisure class‹[235], die durch ihre Herkunft und ihren sozialen Stand von jeder Form des Erwerbs und der Arbeit zur Existenzsicherung entlastet ist, um sich als Elite dem »Privileg unbeengten Lebens«[236] hinzugeben. Vor diesem Hintergrund spricht Brian Stock wenig überraschend von einem »relatively unarticulated problem of work and leisure«[237], wobei Muße als »byproduct of changing social and economic conditions«[238] gefasst wird. In einem von Aktivität und Hektik geprägten Alltag diene Muße, so Stock, höchstens als »refuge in the last remaining bastion of genuinely empty time or space, namely literary romance«[239]. Dass die Aussage Stocks zu kurz greift, zeigt der 2014 erschienene Aufsatz Burkhard Hasebrinks, welcher Muße im höfischen Roman zwischen Skandalisierung und Auratisierung verortet. Hasebrink richtet mit dieser Studie erstmals dezidiert die Aufmerksamkeit auf Konstellationen von Muße in der volkssprachigen höfischen Literatur. Er zeigt auf, wie Muße einerseits als tätige Untätigkeit und lasterhafte Bequemlichkeit verurteilt, andererseits jedoch in imaginären Gegenräumen wie der Minnegrotte im *Tristan* als höchste Erfüllung inszeniert wird.[240] Damit gelingt ihm ein differenzierter Blick auf die Ambivalenz und Prekarität von Muße in der höfischen Kul-

---

[233] Vgl. Gerhard Meissburger, »De Vita Christiana. Zum Bild des christlichen Ritters im Hochmittelalter«, in: *Der Deutschunterricht* 6 (1962), S. 21–34, vgl. auch Friedrich Maurer, *Leid. Studien zur Bedeutungs- und Problemgeschichte, besonders in den großen Epen der Staufischen Zeit,* Bern 1951, 4. Auflage 1969, hier S. 117.

[234] Meissburger, »De Vita Christiana«, S. 34.

[235] Veblen, *Theorie der feinen Leute,* bes. S. 51–78; vgl. bei Joseph Tewes, »Einleitung«, in: *Nichts Besseres zu tun – über Muße und Müßiggang,* hg. v. Joseph Tewes, Oelde 2000, S. 9–24, hier S. 10, dass Muße als Elitephänomen bereits in der Etymologie angelegt sei, vgl. das lateinische ›licet‹, ›es ist erlaubt‹, ›es steht frei‹ als Ursprung des englischen ›leisure‹ wie des französischen ›loisir‹; vgl. auch den diachronen Überblick zum Privilegcharakter der Muße Soeffner, »Muße – Absichtsvolle Absichtslosigkeit«, bes. S. 35–42.

[236] Adorno, »Freizeit«, S. 645.

[237] Brian Stock, »Activity, Contemplation, Work and Leisure between the Eleventh and the Thirteenth Centuries«, in: *Arbeit, Muße, Meditation. Betrachtungen zur Vita activa und Vita contemplativa,* hg. v. Brian Vickers, Zürich 1985, S. 87–108, hier S. 87.

[238] Brian Stock, »Activity, Contemplation, Work and Leisure«, S. 87.

[239] Brian Stock, »Activity, Contemplation, Work and Leisure«, S. 102.

[240] Hasebrink, »Zwischen Skandalisierung und Auratisierung«. Erwähnt sei an dieser Stelle auch in Bezug auf mystische Literatur der Sammelband *Semantik der Gelassenheit. Generierung, Etablierung, Transformatin,* hg. v. Burkhard Hasebrink, Susanne Bernhardt und Imke Früh, Göttingen 2012.

tur, zugleich lässt sich durch seine Betrachtungen die teleologische Säkularisierungsthese Krauses relativieren. Neben diesen Ausführungen zu höfischer Literatur verweist Hasebrink auch auf komplexe Interferenzen zur ›geistlichen‹ Literatur. In Bezug auf diese nimmt er eine ähnliche Dichotomisierung in Skandalisierung und Auratisierung von Muße an und stellt Analogien zum Konzept der Gelassenheit in der deutschen mystischen Literatur des 14. Jahrhunderts fest. Am Beispiel der gewichtigen positiv konnotierten Umschreibung tätiger Untätigkeit in der *unio* bei Heinrich Seuse als eine *mǔssigú mǔssekeit* wird die Ambivalenz von Semantiken der Muße im Mittelalter bereits im Ansatz ersichtlich.[241]

Susanne Bernhardt ist in ihrer Arbeit zur *Vita* Heinrich Seuses dieser – vor der Folie der höfischen Texte um 1200 – ungewöhnlichen Verwendung von *mǔssekeit* bei Seuse ausführlich nachgegangen.[242] Bemerkenswert ist, dass in der deutschen mystischen Literatur des 14. Jahrhunderts ebenfalls eine Metaphorik des Ausbruchhaften zu finden ist. Dort ist die Rede von ›Durchbruch‹, wenn auch freilich in anderem Verständnis, nämlich als Durchbruch der Seele in die Gottheit.[243]

[241] Vgl. Heinrich Seuse, *Deutsche Schriften*, im Auftrag der Württembergischen Kommission für Landesgeschichte, hg. v. Karl Bihlmeyer, Stuttgart 1907, Nachdruck Frankfurt a.M. 1961, S. 186, Z. 11–13.

[242] Susanne Bernhardt, *Figur im Vollzug. Narrative Strukturen im religiösen Selbstentwurf der ›Vita‹ Heinrich Seuses*, Tübingen 2016, bes. S. 173–175; 226–228 (v.a. zu Kap. 19 und 32 der *Vita*).

[243] Vgl. etwa die Ausführungen von Walter Haug, »Wendepunkte in der Geschichte«, in: *Mittelalter und frühe Neuzeit. Übergänge, Umbrüche und Neuansätze*, hg. v. Walter Haug, Tübingen 1999, S. 357–377, hier S. 357: »Es macht das Wesen mystischer Erfahrung aus, daß sie in der Berührung mit dem Transzendenten die raumzeitlichen Bedingungen der irdisch-menschlichen Existenz zurückläßt, daß sie im überzeitlichen Augenblick alle Kontinuität, jeden Geschehniszusammenhang durchbricht. Dieser Durchbruch wird verstanden als *ekstasis*, als *raptus*, als *excessus mentis*, d.h. als ein Heraustreten oder Herausgehobenwerden aus der Bedingtheit menschlichen Erkennens und Seins«; vgl. auch Burkhard Hasebrink, »*mitewürker gotes*. Zur Performativität der Umdeutung in den deutschen Schriften Meister Eckharts«, in: *Literarische und religiöse Kommunikation in Mittelalter und Früher Neuzeit. DFG-Symposion 2006*, hg. v. Peter Strohschneider, Berlin/New York 2009, S. 62–88, hier S. 64: »Was die deutschen Predigten Eckharts so unverwechselbar macht, ist ihre Fokussierung auf die *abegescheidenheit* der Seele: Die Seele findet ihre Einheit mit dem Transzendenten im Durchbruch in ihren eigenen, innersten, göttlichen Grund«; vgl. auch Alois M. Haas, *Mystik im Kontext*, München 2004, der den Begriff des Durchbruchs als »ein Lieblingswort Meister Eckharts« (S. 13) bezeichnet; in Bezug auf Heinrich Seuse und den Begriff des Durchbruchs – *durchpruch* (3,10f.) –, der als »zentrale[r] Begriff des Prologs« (S. 62) erscheint, vgl. Bernhardt, *Figur im Vollzug*, bes. S. 52; 62f.; 70–73; 217–228, hier S. 52, Fußnote 3: »Der Begriff des Durchbruchs signalisiert bereits im Prolog die Grenzen des Stufenwegs. Die literarische Form des Aufstiegs kann kontrolliert entwickeln, wie über Übungen eine Transformation des eigenwilligen Selbst angestrebt wird. Die letzte Stufe, die Vollkommenheit, ist aber nicht mehr technisch durch Übungen und Habitualisierungen zu erreichen, sondern es bedarf des Durchbruches, der gerade die Überwindung des intentionalen Handelns in den Übungen anzeigt.« Bernhardt verweist hier auf das Moment des Widerfahrens, des Nicht-Intentionalen, das den Durchbruch charakterisiert. Doch der Durchbruch geht nicht in dieser passiven Dimension auf, sondern weist, wie vor allem in Kap. 13 der *Vita* deutlich wird, eine paradoxe Struktur auf, die große Ähnlichkeit mit den Ausbrüchen in Spielräume der Muße hat: »Im Entsinken des eigenen Selbst und aller Dinge – *mit einem entsinkene im selben* –

Mit Muße in mystischer Literatur beschäftigt sich eingehend die Arbeit von Anna Keiling, die den Schwerpunkt auf Bestimmungen und Darstellungen von Muße insbesondere in den deutschsprachigen Predigten Meister Eckharts legt.[244] Dabei fasst sie Muße im Sinne eines Paradigmas der ›Muße geistiger Tätigkeit‹, die frei von äußerlichen Zielen und Zwecken, aber auch frei von konkreten Verortungen, in einer Verschränkung von Aktivität und Passivität zu verstehen ist.

Der Vermittlung der beiden Lebensformen der *vita activa* und *vita contemplativa* in der mittelalterlichen Frauenmystik widmet sich der Beitrag Burkhard Hasebrinks, der in der *Legatus divinae pietatis* Gertruds von Helfta den Begriff des ›*otium contemplationis*‹ untersucht. Er arbeitet heraus, wie die Muße der Beschauung sich in einem tätigen, heilsfördernden Wirken erfüllt.[245]

Im Kontrast zu der überschaubaren germanistischen Forschung zu Muße existieren in der romanistischen Forschung, ausgehend vom *Roman de la Rose,* einige Untersuchungen zum Konzept der *oiseveté.*[246] Im *Roman de la Rose,* dessen erster Teil 1235 von Guillaume de Lorris und dessen zweiter Teil um 1280 von Jean de Meun verfasst wurde, erscheint in der Figur der *Oiseuse* die Muße als Allegorie. Die Figur der *Oiseuse* ist an der Schwelle zweier Welten verortet, sowohl buchstäblich zwischen dem paradiesischen Garten Amors und der ›alltäglichen‹, ›realen‹ Welt, als auch metaphorisch, denn sie schwankt zwischen der Nähe zu Lasterhaftigkeit – *otiositas* als erste Tochtersünde der *acedia* – auf der einen Seite und höfischer Tugendhaftigkeit auf der anderen.[247] In seiner Arbeit *Idleness Working,*[248]

vollzieht sich der Durchbruch. Das Entsinken weist dabei die paradoxe Struktur von passivem Sinken und aktivem Loslassen auf. [...] nun, da *sin und mût* in Gott eingegangen sind, nimmt das Selbst die Dinge aus Gott heraus wahr, nicht mehr aus dem eigenen Selbst. [...] es gibt nicht viele Menschen, denen dieser Durchbruch zukommt. Erst die Einschränkung öffnet den Blick dafür, in welchem Maße hier die Rede von Auserwähltheit und Heiligkeit ist«, S. 225.

[244] Anna Keiling, *Muße in mystischer Literatur. Paradigmen geistig tätigen Lebens bei Meister Eckhart,* Tübingen 2019. Vgl. auch Burkhard Hasebrink, »Selbstüberschreitung der Religion in der Mystik. ›Höchste Armut‹ bei Meister Eckhart«, in: *PBB* 137 (2015), S. 446–460; Burkhard Hasebrink, »Die Anthropologie der Abgeschiedenheit. Urbane Ortlosigkeit bei Meister Eckhart«, in: *Meister Eckhart im Original,* hg. v. Freimut Löser und Dietmar Mieth, Stuttgart 2014, S. 139–154.

[245] Burkhard Hasebrink, »*Otium contemplationis.* Zu einer Begründungsfigur von Autorschaft im *Legatus divinae pietatis* Gertruds von Helfta«, in: *Muße und Gesellschaft* (Otium. Studien zur Theorie und Kulturgeschichte der Muße 5), Tübingen 2017, S. 291–316.

[246] Etwa Jean Batany, »Miniature, allégorie, idéologie: ›Oiseuse‹ et la mystique monacale récupérée par la ›classe de loisir‹«, in: *Études sur la Roman de la Rose de Guillaume de Lorris,* hg. v. Jean Dufournet, Genf 1984, S. 7–36; Shigemi Sasaki, »Sur le Personnage d'Oiseuse«, in: *Études de langue et littérature* 32 (1978), S. 1–24; Ksenija Fallend, »Oiseuse zwischen courtoisie, Muße und Sünde: eine umstrittene Figur aus dem Roman de la Rose«, in: *ZrP* 126/2 (2010), S. 226–236; Gregory M. Sadlek, *Idleness Working. The Discourse of Love's Labor from Ovid through Chaucer and Gower,* Washington, D.C. 2004, bes. S. 114–166; Earl Jeffrey Richards, »Reflections on Oiseuse's Mirror: Iconographic Tradition, Luxuria and the Roman de la Rose«, in: *ZrP* 98 (1982), S. 296–311.

[247] Vgl. Fallend, »Oiseuse zwischen ›courtoise‹, Muße und Sünde«, S. 234.

[248] Sadlek, *Idleness Working.*

die sich den Diskursivierungen von Liebe als Arbeit in antiken und mittelalterlichen Texten widmet, behandelt Gregory M. Sadlek auch den *Roman de la Rose*. Nach Sadlek fasst Guillaume de Lorris *otium otiosum*, »unproductive idleness«[249], als wichtiges Element aristokratischer Liebe. In dieser Lesart dominieren die spielerischen Aspekte, die für Sadlek in der Figur der *Oiseuse* verkörpert sind. Jean de Meun betone im zweiten Teil des Romans hingegen die Auslegung von Liebe als sozialer Produktivkraft. Unter anderem anhand des *Roman de la Rose* untersucht Thomas Klinkert in seiner 2016 erschienenen Studie die poetologische Verbindung von Muße und Erzählen.[250]

Ein Blick auf die Forschung zu lasterhaften Wendungen von Muße, etwa in Form des Müßiggangs, der Trägheit und Faulheit oder völliger Untätigkeit und Langeweile, eröffnet einen weit umfangreicheren Befund an Studien als es bezogen auf Muße der Fall ist.[251] Silvia Ranawake etwa betrachtet *verligen* und *gemach* im *Erec* in Zusammenhang mit *acedia*. Auch wenn Ranawake *verligen* nicht als »equivalent of *acedia/tristitia*«, sondern als »analogy with the sin of sloth«[252] deutet, legt sie doch den Fokus auf berdohliche und verwerfliche Aspekte von Muße in der mittelalterlichen Literatur. Henrike Manuwald geht aus semasiologischer Perspektive im *Welschen Gast* Konzeptualisierungen von *unmuoze, muoze* und *trâkeit* nach und zeigt Verbindungen zur *acedia*-Tradition auf.[253] Anhand zahlreicher Textbeispiele wird die Vielschichtigkeit der Semantisierung von *muoze*

---

[249] Sadlek, *Idleness Working*, S. 123f.

[250] Thomas Klinkert, *Muße und Erzählen: ein poetologischer Zusammenhang. Vom ›Roman de la Rose‹ bis zu Jorge Semprún*, Tübingen 2016.

[251] Silvia Ranawake, »Verligen und versitzen. Das Versäumnis des Helden und die Sünde der Trägheit in den Artusromanen Hartmanns von Aue«, in: *Chrétien de Troyes and the German Middle Age*, hg. v. Martin H. Jones und Roy Albert Wisbey, Cambridge 1993, S. 19–35; Silvia Ranawake, »Erec's verligen and the Sin of Sloth«, in: *Hartmann von Aue. Changing Perspectives*, hg. v. Timothy McFarland und Silvia Ranawake, Göppingen 1988, S. 93–115; Siegfried Wenzel, *The Sin of Sloth: Acedia in medieval thought and literature*, Chapel Hill 1967 (Erstausgabe 1960), auch unter Berücksichtung von ›idleness‹ als Äquivalent und Synonym im Englischen, vgl. S. 30; 35–38; 88f.; 91f. und 172–180; Stanley W. Jackson, »Acedia the Sin and Its Relationship to Sorrow and Melancholia in Medieval Times«, in: *Bulletin of the History of Medicine* 55 (1981), S. 172–185; Josef Pieper, »Über die Hoffnung (1935)«, in: *Schriften zur Philosophischen Anthropologie und Ethik: Das Menschenbild der Tugendlehre*, Werke in 10 Bde., Bd. 4, hg. v. Berthold Wald, Hamburg 2006, S. 256–295; Michael Theunissen, *Vorentwürfe von Moderne. Antike Melancholie und die Acedia des Mittelalters*, Berlin/New York 1996, bes. S. 25–38; Sadlek, *Idleness Working*, S. 167–207. Ein diachroner Überblick der Thematisierung von Langeweile in der philosophischen Tradition zeigt der Band *Langeweile. Auf der Suche nach einem unzeitgemäßen Gefühl. Ein philosophisches Lesebuch*, hg. v. Renate Breuninger und Gregor Schiemann, Frankfurt/New York 2015. Vgl. auch den Vortrag »Die gefährliche Schwester der Muße: Die Sünde der Trägheit in mittelalterlichen Texten und Bildern« von Henrike Manuwald, Freiburg im Br., 12.12.2013.

[252] Ranawake, »Erec's verligen«, S. 115.

[253] Henrike Manuwald, »*Ich hân gehôrt unde gelesen, / man sol ungerne müezec wesen.* Spuren der *acedia*-Tradition im *Welschen Gast* Thomasins von Zerklaere«, in: *800 Jahre ›Welscher Gast‹*, hg. v. Christian Schneider, Peter Schmidt und Jakub Šimek, Heidelberg 2019 [im Druck].

und *unmuoze* ersichtlich, die im Sinne der *acedia*-Tradition ethischen Kriterien folgt. Die unterschiedlichen Klassifizierungen machen deutlich, dass es keine allgemeingültigen Aussagen geben kann, sondern die Phänomene immer in ihrem Kontext betrachtet werden müssen.

Der Forschungsstand zeigt, dass eine systematische Untersuchung der Inszenierung und Diskursivierung von Muße innerhalb der deutschsprachigen höfischen Literatur um 1200 bislang nur ansatzweise erfolgte. Die vorliegende Arbeit leistet damit einen Beitrag zur Schließung dieser Lücke und hat zum Ziel, die Komplexität und Prekarität von Räumen und Figurationen von Muße an ausgewählten Werken der Großepik – diesseits und jenseits historischer Semantik – aufzuzeigen, um auf dieser Grundlage ein umfassenderes Bild der höfischen Kultur zu zeichnen.

1.6 Textcorpus

Untersucht werden ausgewählte Texte der volkssprachigen höfischen Großepik um 1200. Diese eignen sich für eine Studie zu Muße einerseits aufgrund des reichen Befundes an Belegstellen aus dem Wortfeld *muoze, müezekeit* und *unmüezekeit,* an dem unterschiedliche Semantisierungen und Umbesetzungen im jeweiligen Gebrauch und Kontext erschlossen werden können. Mit 41 Belegen dieser Art scheint der *Tristan* Gottfrieds von Straßburg geradezu prädestiniert für eine solche Betrachtung zu sein. Andererseits behandelt der höfische Roman antagonistische Dynamiken zwischen Gesellschaft und Einzelfigur, zwischen Norm und Ausbruch aus dieser Norm, und diskutiert explizit wie implizit stets das Verhältnis dieser Pole zueinander. Gerade Strukturen des Ausbruchs und der Außeralltäglichkeit lassen sich in der Textsorte des höfischen Romans in hoher Dichte und besonderer Ausgestaltung beobachten. Im Mittelpunkt stehen (Einzel-)Figuren, die, freilich in unterschiedlicher Perspektivierung, nach *perfectio* streben, zugleich jedoch auch Momente aufweisen, in denen sie mit den Vorstellungen des zielstrebigen, eifrigen und ›leistungsorientierten‹ mittelalterlichen Helden brechen.[254] Sie ziehen sich in Spielräume fern dieser Regelordnung zurück, in denen sich jene Vollkommenheit, die sie angestrengt zu erreichen suchen, überhaupt erst angemessen entfalten kann. Die Texte stellen damit unterschiedliche Lebensentwürfe zur Disposition und verhandeln Reiz wie Problematik von individuellen[255] Freiräumen für die höfische Kultur.

---

[254] Nach Walter Haug besteht die Intention des Romantypus gerade darin, diese Aporien zu erkennen und als solche anzunehmen. Vgl. Walter Haug, »Lesen oder Lieben? Erzählen in der Erzählung, vom ›Erec‹ bis zum ›Titurel‹«, in: ders., *Brechungen auf dem Weg zur Individualität. Kleine Schriften zur Literatur des Mittelalters,* Tübingen 1995, S. 153–167, hier S. 157 (zuvor in *PBB* 16 (1994), S. 302–323).

[255] Ich verwende den Terminus des Individuellen in dieser Arbeit – an dieser Stelle ebenso wie im Folgenden – in dem Sinne, dass etwas den Einzelnen betrifft, nicht das gemeinschaftliche Kollektiv und sich dementsprechend fern der Öffentlichkeit abspielt. Das ist es auch, was ›Indi-

viduum‹ wörtlich meint: ›ungeteilt‹. Es ist »dasjenige, was in sich ungeteilt *(indivisum in se)* und von allem anderen getrennt *(divisum ab alio)* ist«, vgl. Jan A. Aertsen, »Einleitung: Die Entdeckung des Individuums«, in: *Individuum und Individualität im Mittelalter,* hg. v. Jan A. Aertsen und Andreas Speer, für den Druck besorgt v. Andreas Speer, Berlin/New York 1996, S. IX-XVII, hier S. XV. Zugleich ist in meiner Verwendung auch jener Aspekt von Annette Gerok-Reiter mit gemeint, nach der ›individuell‹ ›andersartig‹, ›einzigartig‹ meint, d.h. dasjenige, was sich als Abweichung von der Norm konstituiert, vgl. Annette Gerok-Reiter, *Individualität. Studien zu einem umstrittenen Phänomen mittelhochdeutscher Epik,* Tübingen/Basel 2006, S. 298. Vgl. dazu auch Sandra Linden, »Rezension zu Gerok-Reiter, *Individualität. Studien zu einem umstrittenen Phänomen mittelhochdeutscher Epik*«, in: *LJB* 49 (2008), S. 339–344.
Der Begriff des ›Individuellen‹ ist im Kontext mittelalterlicher Literatur prekär, da das Mittelalter selbst den Terminus noch nicht kennt. In den höfischen Texte dominiert ein, um mit Haug zu sprechen, strukturorientiertes Erzählen, bei dem die Figuren nicht Charaktere sind, sondern Funktionen erfüllen: »Ein subjektiver Innenraum, Selbstreflexion und Erinnerung fehlen. Die Handlungen der Helden folgen keinem subjektiven Erfahrungs- und Entscheidungsspielraum, sondern werden vom vorgegebenen Strukturmuster aus gesetzt«, vgl. Annette Gerok-Reiter, »Auf der Suche nach der Individualität in der Literatur des Mittelalters«, in: *Individuum und Individualität im Mittelalter,* hg. v. Jan A. Aertsen und Andreas Speer, für den Druck besorgt v. Andreas Speer, Berlin/New York 1996, S. 748–765, hier S. 752. So fasst auch Peter Fuchs, »Moderne Identität – im Blick auf das europäische Mittelalter«, in: *Identität und Moderne,* hg. v. Herbert Willems und Alois Hahn, Frankfurt a.M. 1999, S. 273–297, zusammen: »Das Mittelalter konstruiert den Menschen nicht als singuläre, sondern als Allgemeinadresse, nicht spezifisch, sondern als Derivation im Rahmen einer Typologie: Bettler, Bürger, Bauer, Edelmann, Ritter und Mönch«, S. 278. Auch Horst Wenzel, »Negation und Doppelung. Poetische Experimentalformen von Individualgeschichte im ›Tristan‹ Gottfrieds von Straßburg«, in: *Wege in die Neuzeit,* hg. v. Thomas Cramer, München 1988, S. 229–269, betont, dass das Individuum im Mittelalter definiert war »durch überindividuelle, generalisierende Kategorien«, S. 231. Doch Wenzel fügt hinzu, dass die Protagonisten in den höfischen Romanen keine »Eindeutigkeit eines in sich stimmigen Typus«, S. 231, verkörpern, sondern komplex gestaltet sind. Wie der Sammelband *Individuum und Individualität im Mittelalter,* hg. v. Jan A. Aertsen und Andreas Speer, für den Druck besorgt v. Andreas Speer, Berlin/New York 1996 zeigt, ist mittlerweile kultur- und geistesgeschichtlich widerlegt, dass die zunehmende Besinnung auf das Individuum die Abkehr vom Mittelalter bedeutete. Vgl. auch *Europäische Mentalitätsgeschichte. Hauptthemen in Einzeldarstellungen,* hg. v. Peter Dinzelbacher, Stuttgart 1993, 2., durchgesehene u. ergänzte Auflage, Stuttgart 2008, bes. S. 20–43; Hans-Georg Soeffner, »›Typus und Individualität‹ oder ›Typen der Individualität‹? – Entdeckungsreisen in das Land, in dem man zuhause ist«, in: *Typus und Individualität im Mittelalter,* hg. v. Horst Wenzel, München 1983, S. 11–41. Vgl. in Bezug auf die mittelalterliche Literatur u.a. die Ansätze von Dieter Kartschoke, »Ich-Darstellung in der volkssprachigen Literatur«, in: *Entdeckung des Ich. Die Geschichte der Individualisierung vom Mittelalter bis zur Gegenwart,* hg. v. Richard van Dülmen, Köln/Weimar/Wien 2001, S. 61–78; Walter Haug, »Montage und Individualität im Nibelungenlied«, in: *Nibelungenlied und Nibelungenklage. Neue Wege der Forschung,* hg. v. Christoph Fasbender, Darmstadt 2005, S. 13–29; Matthias Meyer, »Der Weg des Individuums. Der epische Held und (s)ein Ich«, in: *Text und Kultur. Mittelalterliche Literatur 1150–1450,* hg. v. Ursula Peters, Stuttgart/Weimar 2001, S. 529–545, versteht Individualität als primär narrative Kategorie; Judith Klinger, »Möglichkeiten und Strategien der Subjekt-Reflexion im höfischen Roman. Tristan und Lancelot«, in: *Mittelalter. Neue Wege durch einen alten Kontinent,* hg. v. Jan-Dirk Müller und Horst Wenzel, Stuttgart/Leipzig 1999, S. 127–148; Anette Sosna, *Fiktionale Identität im höfischen Roman um 1200:* Erec, Iwein, Parzival, Tristan, Stuttgart 2003. Gerok-Reiter, »Auf der Suche nach der Individualität« zeigt, dass sich histori-

Die weniger verbindliche Stoffkonstellation der *matière de Bretagne,* durch die ein eigener Romantypus entstand, scheint in ihrer ›Fiktionalität‹[256], im Gegensatz

---

sche Ansätze einer Individualitätsdarstellung dort finden lassen, wo das genannte strukturorientierte Erzählen aufbricht, dies ist im klassischen arthurischen Roman der Fall. Daher fasst Gerok-Reiter (vgl. dazu ihre umfassende und überzeugende Arbeit *Individualität*) den Terminus der Individualität auch als Differenzkategorie – »Individualität als Signum für Differenz- und Differenzierungsrelationen«, S. 32. Von Bedeutung sind jene Passagen, »wo ein an kollektiven Motivationsstrukturen, normierten Handlungsmustern und festen Figurentypen orientiertes Erzählen durch eine reflektierende und transformierende Rezeption in die Diskussion gerät«, S. 44.

[256] Prominent hat Walter Haug den Fiktionalitätsbegriff mit der Gattung des Artusromans in Verbindung gebracht, vgl. u.a. Haug, *Literaturtheorie im deutschen Mittelalter,* vgl. dazu auch die Kritik von Joachim Heinzle, »Die Entdeckung der Fiktionalität. Zu Walter Haugs ›Literaturtheorie im deutschen Mittelalter‹«, in: *PBB* 112 (1990), S. 55–80 sowie Walter Haug, »Die Entdeckung der Fiktionalität«, in: ders., *Die Wahrheit der Fiktion. Studien zur weltlichen und geistlichen Literatur des Mittelalters und der frühen Neuzeit,* Tübingen 2003, S. 128–144, Walter Haug, »Mündlichkeit, Schriftlichkeit und Fiktionalität«, in: ders., *Brechungen auf dem Weg zur Individualität. Kleine Schriften zur Literatur des Mittelalters,* Tübingen 1995, S. 59–71 und Walter Haug, »Die Entdeckung der personalen Liebe und der Beginn der fiktionalen Literatur«, in: *Brechungen auf dem Weg zur Individualität. Kleine Schriften zur Literatur des Mittelalters,* Tübingen 1995, S. 233–248. Vgl. dazu auch die Rezensionen zu *Historisches und fiktionales Erzählen im Mittelalter,* hg. v. Fritz Peter Knapp und Manuela Niesner, Berlin 2002 von Hartmut Bleumer, »Rezension zu Knapp/Niesner (Hg.): *Historisches und fiktionales Erzählen im Mittelalter*«, in: *Jahrbuch für Internationale Germanistik* 35 (2003), S. 187–190 sowie von Jan-Dirk Müller, »Rezension zu Fritz Peter Knapp u. Manuela Niesner (Hg.): *Historisches und fiktionales Erzählen im Mittelalter* – Johannes Laudage (Hg.): *Von Fakten und Fiktionen*«, in: *PBB* 126 (2004), S. 109–115. In eine andere Richtung als die von Haug angeregte Debatte, die vor allem in einfachen Oppositionen denkt, zielen die Überlegungen von Sonja Glauch, »Fiktionalität im Mittelalter, revisited«, in: *Poetica* 46 (2014), S. 85–139, bes. S. 110–113. Sie vertritt die These, dass u.a. der höfische Roman nicht durch seine Fiktionalität oder Nicht-Fiktionalität bestimmt werden könne, da sein »primäres Gattungskriterium eines der Form oder der Sprechhaltung«, S. 111, sei. Glauch konstatiert insbesondere zwischen Historiographie und Epik einen fließenden Übergang zwischen nichtfiktionalen und fiktionalen Erzählformen, S. 112. »[D]as vermeintlich Fiktionale am höfischen Erzählen – d.h. das, was beim heutigen Leser den fälschlichen Eindruck der Fiktionalität erwecken kann –, sei letztlich«, so die Vermutung Glauchs, »eine Funktion des *discours,* eine Manifestation ›funktionaler‹ *fictio* bzw. Rhetorizität und eines seiner selbst bewussten Erzählers«, S. 113. Unter ›funktionaler *fictio*‹ versteht Glauch in Anlehnung an Brigitte Burrichter, *Wahrheit und Fiktion. Der Status der Fiktionalität in der Artusliteratur des 12. Jahrhunderts,* München 1996, die Praxis, »einen vorgegebenen, als historisch geglaubten Stoff dichterisch-rhetorisch zu gestalten«, S. 102. In ihrem Aufsatz relativiert Glauch auch scheinbare Fiktionssignale – etwa Phantastik, Rahmungen oder Erzähler-Autor-Differenz – als eindeutige Zeichen von Fiktionalität, vgl. S. 113–120. Nach Glauchs skaliertem oder graduiertem Fiktionalitätsverständnis sind die mittelalterlichen narrativen Entwürfe als Ergänzung und Erweiterung der realen Welt zu verstehen, in der sie auf noch so geringe Weise immer verankert sind, S. 123. Vgl. dazu auch Jan-Dirk Müller, »Literarische und andere Spiele. Zum Fiktionalitätsproblem in vormoderner Literatur«, in: *Poetica* 36 (2004), S. 281–312, bes. S. 292–295. Die oben verwendete Bezeichnung von ›Fiktionalität‹ im Zusammenhang mit Bodels Unterscheidung (*La Chanson des Saxons* um 1180) ist im Kontext des Müllerschen Momentes des Ludischen zu verstehen, Müller, »Literarische und andere Spiele«, S. 311, d.h. es gibt einen bestimmten Rahmen für eine »eigene Wahrheit des Als-ob« (S. 88). Auf einen solch

zur *matière de France* und *matière de Rome,* ein geeignetes Experimentierfeld abseits tradierter Erzähl- und Erklärungsmuster zu bieten, um Bereiche einer elitären Gesellschaft zu inszenieren und zu reflektieren, die diese in ihrer Exklusivität auszeichnen und zugleich in ihrer Ordnung unterlaufen können. Im Zentrum des höfischen Romans steht der mittelalterliche Hof, das höfische Werte- und Sozialsystem und, im Bild des Ritters, weltlich-kämpferische Tugenden. Der höfische Roman greift Aspekte und Leitthemen auf – personale Minne, Herrschaft und ritterlicher Kampf in Form der *âventiure* –, die nicht nur im Rahmen der höfischen Repräsentationskultur am Hof eine Rolle spielen, sondern auch in jenen Bereichen, die sich der Kontrolle und Führung der Gesellschaft temporär entziehen.

Unter der dieser Arbeit zugrundeliegenden Hypothese, Konstellationen der Muße im höfischen Roman aufzufinden, lässt sich vorerst festhalten, dass Ausbrüche in Spielräume der Muße ein kulturelles Phänomen darstellen, die im Kontext der mittelalterlichen Gesellschaft, wie sie in der fiktionalen Literatur entworfen ist, vor allem elitären Schichten vorbehalten sind, die von existenziellen Nöten und Pflichten befreit sind. Diese Elite stellt das Personal des höfischen Romans dar. Den Texten geht es um die literarische Selbstdarstellung und Selbstthematisierung dieser adligen Oberschicht, die über die Texte ein ritterlich-höfisches Kulturbewusstsein ausbildet.

In der vorliegenden Untersuchung werden die bekannten Vertreter des Artusromans, die Hartmannromane *Erec* und *Iwein,* sowie der *Tristan* Gottfrieds von Straßburg als Kerntexte betrachtet. Die Artusromane *Erec*[257] (um 1185) und

spielerischen Aspekt scheint Bodel unbewusst abzuzielen, wenn er betont, dass die *matière de Bretagne si vain et plaisant* (9) sei. Vgl. zur Fiktionalitätsforschung in der Mediävistik den Überblick von Timo Reuvekamp-Felber, »Zur gegenwärtigen Situation mediävistischer Fiktionalitätsforschung. Eine kritische Bestandsaufnahme«, in: *ZfdPh* 132 (2013), S. 417–444.

257 Für die Zitation findet beim *Erec* die heute maßgebliche Ausgabe von Albert Leitzmann Verwendung, die von Ludwig Wolff fortgeführt und von Kurt Gärtner besorgt wurde und die vor allem auf Hs. A zurückgeht (der einzige beinahe vollständige Textzeuge, von Hans Ried 1504–1515/16 im Auftrag Kaiser Maximilians I. nach älteren Handschriftenvorlagen geschrieben): Hartmann von Aue, *Erec,* mit einem Abdruck der neuen Wolfenbütteler und Zwettler Erec-Fragmente, hg. v. Albert Leitzmann, fortgeführt v. Ludwig Wolff, 7. Auflage besorgt v. Kurt Gärtner, Tübingen 2006 (1. Auflage 1939). Die Ausgabe der 7. Auflage übernimmt weitgehend Leitzmanns Text, bezieht sich jedoch wieder direkt auf die Überlieferung und weist auch vereinzelt eine stärkere Berücksichtigung des Wortlauts in A auf: etwa der vieldiskutierte Vers 8521, der in der 6. Auflage noch dem Vorschlag Fedor Bechs folgend zu *der saelden wec* emendiert wurde, folgt nun der Lesart der Handschrift *(der selbe wec).* Es handelt sich bei der hier für die Zitation gewählten Ausgabe um eine »durch viele Konjekturen veränderte Rückübersetzung« (Joachim Bumke, *Der ›Erec‹ Hartmanns von Aue. Eine Einführung,* Berlin/New York 2006, bes. S. 15–17, hier S. 16) des Ambraser *Erec* in die Sprachstufe des 12./13. Jahrhunderts, die sich auf weitreichende Forschungen zu und umfangreiche Kenntnis von Sprache und Stil Hartmanns stützt. Diese Ausgabe wird auch der Klassiker-Ausgabe von Manfred Günter Scholz (Hartmann von Aue, *Erec,* hg. v. Manfred Günter Scholz, übers. v. Susanne Held, Frankfurt a.M. 2004) vorgezogen, die sich in noch stärkerem Maße auf Hs. A stützt, aber editorische Entscheidungen nicht transparent macht – und zudem in den hier entscheidenden Textstellen im Wortlaut nicht von Gärtner abweicht. Vgl. dazu auch Stephan Fuchs-Jolie, »Rezension zu: Hartmann von Aue,

Iwein[258] (um 1200) bieten sich in besonderer Weise für die Untersuchung an, da hier über die Textgrenzen hinaus eine Erzählwelt geschaffen wird, in der die Problematik von *müezekeit* und *verligen* diskutiert wird. An den Hartmannschen Protagonisten wird die Spannung zwischen der Forderung nach *arbeit umbe êre* einerseits und dem Wunsch nach Unterbrechung und dem Rückzug in exklusi-

---

Erec, hg. v. Manfred Günter Scholz. Hartmann von Aue, *Gregorius/Armer Heinrich/Iwein,* hg. v. Volker Mertens (Bibliothek des Mittelalters 5 u. 6)«, in: *PBB* 129/2 (2007), S. 338–345. Verwiesen sei an dieser Stelle auf die jüngst erschienene *textgeschichtliche Ausgabe* von Andreas Hammer, Timo Reuvekamp-Felber und Victor Millet, die mit dem *Ereck* eine dringend erwartete, nur behutsam normalisierte und korrigierte Edition des Ambraser *Erec* vorlegen: Hartmann von Aue, *Ereck.* Textgeschichtliche Ausgabe mit Abdruck sämtlicher Fragmente und der Bruchstücke des mitteldeutschen ›Erek‹, hg. v. Andreas Hammer, Victor Millet, Timo Reuvekamp-Felber unter Mitarbeit von Lydia Merten, Katharina Münstermann und Hannah Rieger, Berlin/Boston 2017. Vgl. zur Neuausgabe den Aufsatz von Timo Reuvekamp-Felber, »Polyvalenzen und Kulturkritik. Zur notwendigen Neuausgabe des *Erec* Hartmanns von Aue«, in: *Ambiguität im Mittelalter. Formen zeitgenössischer Reflexion und interdisziplinärer Rezeption,* hg. v. Oliver Auge und Christine Witthöft, unter redaktioneller Mitarbeit von Steve Riedl und Susanne Koch, Berlin/Boston 2016, S. 219–239. Das Erscheinen dieser Ausgabe spiegelt die Tendenz heutiger Editionen wider, sich verstärkt auf Textversionen einzelner Handschriften zu fokussieren (›New Philology‹). Erstmals wird hier eine Fassung des *Erec*-Textes am Beginn des 16. Jahrhunderts präsentiert, die auf Rekonstruktionen im Sinne Lachmanns verzichtet und »den Text als Rezeptionszeugnis wahrzunehmen [sucht], das zeigt, wie Hartmanns Werk am Beginn des 16. Jahrhunderts verstanden (oder vielleicht auch nicht mehr verstanden) wurde« (S. XVIII). Die Treue zum Text des Schreibers Hans Ried bringt auch Namensinkohärenzen, Graphievarianten und grammatikalische Unstimmigkeiten mit sich, die in der Ausgabe bewusst nicht korrigiert wurden. So wird etwa Chrétiens *Joie de la curt,* offensichtlich fehlerhaft von Ried, unkorrigiert als *Joied Illecurt* (8983) bzw. *Loide Illecurt* (10582) belassen, vgl. hierzu die Rezension von Sonja Glauch, »Rezension zu: Hartmann von Aue, *Ereck.* Textgeschichtliche Ausgabe mit Abdruck sämtlicher Fragmente und der Bruchstücke des mitteldeutschen ›Erek‹, hg. v. Andreas Hammer, Victor Millet u. Timo Reuvekamp-Felber«, in: *PBB* 141/1 (2019), S. 112–127. Vgl. neben Glauch auch die Rezensionen zum *Ereck* von Thomas Bein in: *Editio* 31/1 (2018), S. 285–293 sowie von Stephan Müller in: *Arbitrium* 36/3 (2018), S. 302–311. Abgesehen von dieser Textstelle wurden auch die anderen für die vorliegende Arbeit im Wortlaut zentralen Textstellen überprüft, ohne dass sich jedoch für die Interpretation signifikante Änderungen zum Text mit Konjekturen feststellen ließen. Aus Gründen der besseren Lesbarkeit wird in dieser Arbeit daher der normalisierte mittelhochdeutsche Text in der oben genannten 7. Auflage der Ausgabe von Leitzmann bevorzugt.

[258] Beim *Iwein* zitiere ich die kritische siebte Ausgabe von Georg Friedrich Benecke, Karl Lachmann und Ludwig Wolff, *Iwein. Eine Erzählung von Hartmann von Aue,* hg. v. Georg Friedrich Benecke und Karl Lachmann, neu bearbeitet v. Ludwig Wolff, siebente Ausgabe, Bd. 1 Text, Bd. 2 Handschriftenübersicht, Anmerkungen und Lesarten, Berlin 1968. Diese folgt überwiegend Handschrift A, fügt jedoch die umstrittenen Verse 8121–8136 aus Handschrift B ein. Für eine Edition, die konsequent die Handschrift B zugrunde legt vgl. *Hartmann von Aue, Gregorius. Der Arme Heinrich. Iwein,* hg. und übersetzt von Volker Mertens, Frankfurt a.M. 2008 (Frankfurt a.M. 2004). Vgl. dazu auch die Rezension von Stephan Fuchs-Jolie in: *PBB* 129/2 (2007), S. 338–345. Diese Ausgabe wurde vergleichend herangezogen. Zum Verhältnis der Fassungen A und B vgl. Albrecht Hausmann, »Mittelalterliche Überlieferung als Interpretationsaufgabe. ›Laudines Kniefall‹ und das Problem des ›ganzen Textes‹«, in: *Text und Kultur. Mittelalterliche Literatur 1150–1450,* hg. v. Ursula Peters, Stuttgart/Weimar 2001, S. 72–95.

ve Freiräume andererseits besonders eindrücklich sichtbar. Der *Tristan*[259] Gottfrieds von Straßburg (um 1210) erweist sich nicht nur auf Wortebene als gewinnbringend für eine Betrachtung hinsichtlich des Themas Muße. Die Minnebeziehung zwischen Tristan und Isolde bewegt sich stets an der Grenze zwischen Norm und Normbruch. An dieser Liebe lässt sich sowohl die Sprengkraft von Mußemomenten für die Gesellschaft beobachten, als auch das Zusammenspiel von Muße und Minne, wie es auf virtuose Weise in der Minnegrotte ausgestaltet ist, in der sich Muße als tätige Untätigkeit in einem paradiesisch anmutenden Ort zeigt, der der höfischen Ordnung zeitweise enthoben scheint.

Die altfranzösischen Vorlagen der Hartmann-Romane von Chrétien de Troyes (*Erec et Enide* um 1170; *Yvain* um 1177/81) werden an jenen Stellen beispielhaft herangezogen, an denen sich Verschiebungen zeigen, die das Phänomen der Muße im Vergleich expliziter fassen lassen.[260] Sporadisch findet auch der *Roman de la Rose*[261] Eingang in die Arbeit: In der Figur der Oiseuse als Türhüterin des Gartens Amors greifen Muße, Minne und Naturraum ineinander, sie veranschaulicht allegorisch deren Zusammenspiel. Der *Roman de la Rose* ist auch insofern für die Untersuchung von Muße in den deutschsprachigen höfischen Romanen weiterführend, da die Figur der Oiseuse das ambivalente Konzept der *oisiveté* in den Blick rückt, welches veredelnde sowie lasterhafte Aspekte auf einzigartige Weise in sich vereint. Insgesamt liegt der Fokus der vorliegenden Untersuchung jedoch

---

[259] Der *Tristan* Gottfrieds von Straßburg wird zitiert nach dem Text von Friedrich Ranke, der nach wie vor als der verlässlichste gilt: Gottfried von Straßburg, *Tristan und Isold,* hg. v. Friedrich Ranke, Text, 14. Auflage, Zürich/Berlin 1969 (1930); zitiert wird in dieser Arbeit nach der Ausgabe Gottfried von Straßburg, *Tristan,* nach dem Text von Friedrich Ranke, neu hg., ins Neuhochdeutsche übersetzt, mit einem Stellenkommentar und einem Nachwort v. Rüdiger Krohn, 3 Bde., Stuttgart 2007 (1. Auflage 1980, durchgesehene Auflage 1993). Auch die im Deutschen Klassiker Verlag 2011 bzw. im Insel-Verlag 2012 erschienene (Jubiläums-)Ausgabe *Tristan und Isolde* von Walter Haug und Manfred Günter Scholz verwendet Rankes Text mit nur ungefähr 30 Abweichungen, die jedoch für die in dieser Arbeit im Wortlaut entscheidenden Textstellen keine Rolle spielen. Gegebenenfalls wird die hier verwendete Ausgabe von dem durch Ranke neu kollationierten und verbesserten kritischen Apparat von Karl Marold ergänzt: Gottfried von Straßburg, *Tristan,* Bd. 1: Text, hg. v. Karl Marold, unveränderter fünfter Abdruck nach dem dritten, mit einem auf Grund von Friedrich Rankes Kollationen verbesserten kritischen Apparat besorgt und mit einem erweiterten Nachwort versehen v. Werner Schröder, Berlin/New York 2004 (1. Auflage 1906, 3. Abdruck mit Rankes Erweiterungen und Verbesserungen und einem Nachwort v. Werner Schröder 1969). Verwiesen sei auch auf das DFG-Projekt »Neuedition des ›Tristan‹ Gottfrieds von Straßburg« von Tomas Tomasek, Münster, bei dem eine Neuausgabe mit Variantenapparat unter Berücksichtigung aller bisher bekannten Überlieferungsträger in Arbeit ist.

[260] Zitiert wird nach Chrétien de Troyes, *Erec et Enide. Erec und Enide,* altfrz./deutsch, übersetzt u. hg. v. Albert Gier, Stuttgart 1987 sowie Chréstien de Troyes, *Yvain,* übersetzt und eingeleitet v. Ilse Nolting-Hauff, München 1962.

[261] Guillaume de Lorris/Jean de Meun, *Le Roman de la Rose,* éd. par Félix Lecoy, 3 vol., Paris 1965–1970. Zitiert wird in dieser Arbeit aus der Ausgabe von Karl August Ott: Guillaume de Lorris/Jean de Meun, *Der Rosenroman,* afrz./dt., übers. u. eingel. v. Karl August Ott, 3 Bde., München 1976–1979.

auf den deutschsprachigen Texten, da die Sprache als essentielles Symbolsystem eine der wichtigsten Ausdrucksmittel kultureller Ausprägungen darstellt.

Die in den drei genannten ›Kerntexten‹ untersuchten Konstellationen von Muße stehen prototypisch für die höfische Kultur, wie sie literarisch dargestellt wird. Weitere Texte, die von der Welt des Hofes handeln oder sich an diese richten, werden punktuell hinzugezogen, um charakteristische Aspekte klarer herauszustellen oder weiterführende Betrachtungsweisen zu öffnen.

Die 1215/16 entstandene Verhaltenslehre *Der Welsche Gast*[262] des Thomasin von Zerklaere bietet an einigen Textstellen eine gewinnbringende ethisch-didaktische Perspektive. Die normativen Ausführungen zu höfischem Verhalten und Handeln sowie die Aussagen zu *muoze* und *müezekeit* sind in Anlehnung wie in Abgrenzung zu den literarischen Inszenierungen und Diskursivierungen von Muße erhellend. Die vorliegende Arbeit greift einige dieser Textstellen des *Welschen Gastes* auf, ohne aber den Fokus explizit auf die Betrachtung didaktischer Verhandlungen von Muße und Müßiggang außerhalb der narrativen Texte legen zu wollen.

Insbesondere der *Willehalm*[263] Wolframs von Eschenbach, wohl um 1220 zu datieren, weist im Bereich von *arbeit* und Kampf literarische Ausgestaltungen auf, die in den Artusromanen Hartmanns und im *Tristan* anklingen, aber nicht in vergleichbarer Deutlichkeit und Anschaulichkeit ausformuliert werden. Thematisch kommt es mit dem *Willehalm* dahingehend zu einer Erweiterung des Textcorpus, dass der Text einen Stoff aus dem Bereich der *chansons de geste,* die *Chanson d'Aliscans,* aufgreift und die Verteidigung der Christen gegen die Sarazenen behandelt. In der Inszenierung von Krieg als Extremform des Kampfes spitzt sich das Verhältnis von Rekreation und Kampf, aber auch von Kampf, Minne und Muße zu. Eine eindeutige Gattungszuordnung lässt sich im Falle des *Willehalm* nur schwer durchführen.[264] Trotz des historischen Stoffes und der hagiographischen

---

[262] Zitiert wird im Folgenden nach der Ausgabe von Heinrich Rückert, auf die auch das Heidelberger Projekt *Welscher Gast digital* (*https://wgd.materiale-textkulturen.de/illustrationen/motive.php*, Zugriff: Januar 2019) verweist, dessen Ziel eine umfassende Text-Bild-Edition ist: Thomasin von Zirclaria, *Der wälsche Gast,* hg. v. Heinrich Rückert, mit einer Einleitung und einem Register von Friedrich Neumann, photomechan. Nachdruck der Ausgabe Quedlinburg/Leipzig 1852, Berlin 1965. Die Ausgabe von Friedrich Wilhelm von Kries, Göppingen 1984–1985, nach der ›Leithandschrift G‹ nimmt dagegen eine andere Verszählung als die Rückert-Ausgabe vor. Vgl. auch Thomasin von Zerklaere, *Der Welsche Gast.* Text (Auswahl), Übersetzung, Stellenkommentar, ausgewählt, eingeleitet, übersetzt und mit Anmerkungen versehen von Eva Willms, Berlin/New York 2004.

[263] Der *Willehalm* wird zitiert nach der jüngsten Ausgabe der Altdeutschen Textbibliothek, Bd. 108, von Joachim Heinzle, die in normalisierter Form der Handschrift 857 der Stiftsbibliothek St. Gallen folgt: Wolfram von Eschenbach, *Willehalm,* nach der Handschrift 857 der Stiftsbibliothek St. Gallen, mittelhocheutscher Text, Übersetzung, Kommentar, hg. v. Joachim Heinzle, Tübingen 1994.

[264] Vgl. für einen Überblick über die Forschungsmeinungen John Greenfield, »Wolframs ›Willehalm‹ als Transgression?«, in: *Norm und Transgression in deutscher Sprache und Literatur, Kolloquium in Santiago de Compostela, 4.-7. Okt. 1995,* hg. v. Victor Millet, München 1996, S. 18–

Anklänge ist er in seinem Aufbau, seiner metrischen Gestalt und der erzählerischen Form dem höfischen Roman nahe, was auch die Behandlung im Rahmen dieser Arbeit erklärt.[265] Pointiert lässt sich mit Henrike Manuwald im Sinne eines *opus mixtum* von einem »höfische[n] Roman mit historischem Stoff und legendenhaften Zügen«[266] sprechen.

Der ungefähr zwischen 1210 und 1225 entstandene *Daniel von dem Blühenden Tal*[267] des Stricker bietet weiterführende Aspekte von *âventiure,* denn der Protagonist zeichnet sich nicht mehr vornehmlich durch ritterlichen Kampf, sondern durch Reflexion und weltliche Klugheit bei der Bewältigung von *âventiuren* aus. Damit weist die Figur des Daniel ähnliche Handlungsmuster auf, die auch im *Tristan* das Agieren des Protagonisten in weiten Zügen prägen. Außerdem diskutiert der Text am Beispiel der Verabsolutierung von Fest und *kurzwîle* die Sinnentleerung höfischer Aktivitäten. Als späterer Artusroman erweitert er in chronologischer Sicht den Textcorpus, bleibt aber inhaltlich eng mit den klassischen Artusromanen Hartmanns verbunden, auch wenn die Idealität des Artushofes selbst zu bröckeln beginnt. Eine indirekte Auseinandersetzung mit dem *Iwein,* meist in ironischem Unterton oder parodistischer Brechung, tritt augenscheinlich zutage.

Die vorliegende Arbeit konzentriert sich auf das rein im Weltlich-Gesellschaftlichen verortete Spannungsverhältnis von Institutionalität und Spielraum und schließt, zur besseren Vergleichbarkeit der Texte, daher höfische Romane, die stärker durch religiöse Motive bestimmt sind, aus. Damit wird etwa der Bereich der Gralromane und dessen prominenter Vertreter, der *Parzival* Wolframs von Eschenbach, ausgeklammert; zumal der *Parzival* trotz seines Umfangs von fast 25 000 Versen nicht mehr als acht Belegstellen aus dem Wortfeld *muoze* aufweist. Doch unabhängig von der Häufigkeit der Belegstellen bedürften die Muße-Konstellationen im *Parzival,* die nicht von der heilsgeschichtlichen Dimension der Gralssuche zu trennen sind, einer eigenen Untersuchung. Eine Ausnahme im Textcorpus bildet der *Titurel*[268] des Wolfram von Eschenbach, der exkursartig in Bezug auf die triadische Verbindung von Muße, Minne und Literatur betrachtet wird. Einerseits ist der *Titurel* in der Tat eng mit den Geschehnissen im *Parzival*

29; Henrike Manuwald, *Medialer Dialog. Die ›Große Bilderhandschrift‹ des* Willehalm *Wolframs von Eschenbach und ihre Kontexte,* Tübingen/Basel 2008, bes. S. 76–87, hier S. 77.

[265] Vgl. Annette Gerok-Reiter, »Die Hölle auf Erden. Überlegungen zum Verhältnis von Weltlichem und Geistlichem in Wolframs ›Willehalm‹«, in: *Geistliches in weltlicher und Weltliches in geistlicher Literatur des Mittelalters,* hg. v. Christoph Huber, Burghart Wachinger und Hans-Joachim Ziegeler, Tübingen 2000, S. 171–194, hier S. 171, Anm. 1.

[266] Manuwald, *Medialer Dialog,* S. 78.

[267] Der *Daniel* wird nach der zweiten Auflage der Ausgabe von Michael Resler zitiert, die unter Berücksichtigung der 1980 wiederentdeckten Handschrift b, als Leithandschrift Hs. h wählt, da diese der Sprachform des 13. Jahrhunderts am nächsten steht: Der Stricker, *Daniel von dem Blühenden Tal,* hg. v. Michael Resler, 2., neubearbeitete Auflage, Tübingen 1995.

[268] Zitiert wird nach der Ausgabe von Helmut Brackert und Stephan Fuchs-Jolie: Wolfram von Eschenbach, *Titurel,* hg., übersetzt u. mit einem Kommentar und Materialien versehen von Helmut Brackert und Stephan Fuchs-Jolie, Berlin/New York 2002.

verknüpft, indem er die dort nur angedeutete Geschichte von der Gralstochter Sigune und ihrem Geliebten Schionatulander zu einer Haupthandlung ausgestaltet, andererseits aber lässt sich vor allem das zweite Fragment, auf das sich die Untersuchung fokussiert, durchaus unabhängig vom Text des *Parzival* analysieren und für die Mußethematik fruchtbar machen.

Die drei ausgewählten Kerntexte dieser Arbeit haben die Textsorte des höfischen Romans maßgeblich geprägt. Daher sind die Ergebnisse auch exemplarisch für andere höfische Romane zu werten und öffnen eine neue Perspektive für die Betrachtung. Zugleich ist durch die Beschränkung des Textcorpus eine detaillierte Textanalyse sowie eine genaue Ausarbeitung intertextueller Bezüge möglich.

Kapitel 2

Annäherung: Muße im ›Tristan‹-Prolog des Gottfried von Straßburg

Wer sucht, findet nicht unbedingt, und
wer findet, hat nicht notwendig gesucht.
Finden passiert.
Still, stürmisch, schnell oder auch nach
Jahren, jedoch immer unvermittelt.
Finden ist Glück.

Literaturarchiv Marbach[1]

Suchen und Finden – mit diesen beiden Verben wird hier ein ambivalentes Spannungsverhältnis und ein schwer zu greifendes Wechselspiel angedeutet. Es eröffnet sich ein irgendwie gearteter Zusammenhang zwischen beiden Achsen und doch lässt sich keine einfache Kausalität zwischen Suchen und Finden festmachen. Dieses paradoxe Verhältnis schwankt zwischen der bewussten Zielgerichtetheit und dem unbedingten Gestaltungs- und Entscheidungswillen des Suchenden einerseits und dem unvermittelten Sich-Ergeben des Findens andererseits.[2] Eine derartige Unbestimmtheit und Unschärfe zeichnet die Suche nach Muße im höfischen Roman in besonderer Weise aus, dennoch soll ein erster Versuch im *Tristan*-Prolog des Gottfried von Straßburg gewagt werden. Am Anfang der Suche nach einem derart schwer zu fassenden Phänomen wie demjenigen der Muße bedeutet ›auf die Suche gehen‹ zunächst, etwas zu erreichen versuchen, das möglicherweise noch keine konkrete Bestimmung hat, dessen Ort noch vage und blass ist. Auf die Suche gehen heißt, den Ausgang der Suche noch nicht zu wissen und den Weg trotzdem zu wagen. Es heißt, mit derjenigen Offenheit auf den Text zuzugehen, der möglicherweise Finden passieren lässt.

Der *Tristan*-Prolog des Gottfried von Straßburg eignet sich durch seine spezifische Anhäufung von Worten aus dem Wortfeld des Themas Muße und Müßiggang in ausgezeichneter Weise für eine erste Annäherung an Muße im höfischen Roman. Hier taucht, noch bevor die Ereignisse des Romans über den Leser hereinbrechen, ein Reflexionsraum auf, in dem der Autor sich im begrenzten Rahmen bestimmter Konventionen auf ungewohnte Weise frei entfalten und seiner poetischen Kraft Ausdruck verleihen kann. Der Prolog bietet dem Autor-Ich die

[1] »Finden«, Jahresthema 2013 des deutschen Literaturarchivs Marbach.

[2] Für dieses ambivalente Verhältnis ist die Bezeichnung »absichtsvolle Absichtslosigkeit« Hans-Georg Soeffners passend, vgl. Soeffner, »Muße – Absichtsvolle Absichtslosigkeit«.

Möglichkeit in Verbindung mit seinen Lesern zu treten und ihnen die Intention seines Erzählens kundzutun, anstatt – wie im weiteren Verlauf der Handlung – in strengerer Weise an die Quellenvorlage gebunden zu sein.[3]

In der schier unüberschaubaren Forschung zum *Tristan,* speziell auch zum *Tristan*-Prolog,[4] ist das Thema der Muße häufig nur am Rande oder indirekt thematisiert worden. Bei Ilka Büschen[5] findet sich eine präzise Analyse und genaue Abgrenzung der Worte aus dem Umfeld *muoze,* wie sie im *Tristan*-Prolog geballt zu finden sind. Sie versteht unter *unmüezekeit* die Bezeichnung einer gemeinsamen Lebensform von Autor und Rezipient. Eckart Conrad Lutz erkennt in Gottfrieds Schreiben Ähnlichkeiten zu einer meditativen Aneignung eines Textes, wie sie in der geistlichen Lesekultur zu finden ist.[6] Diese fordert Bildung, aber auch eine gewisse Bereitschaft, sich auf den Text einzulassen und sich ihm gewissermaßen zu über-lassen.[7] Alois Wolf räumt in seinem Aufsatz »Zu Gottfrieds literarischer Technik«[8] dem Begriff der *unmüezekeit* auf Wortebene eine zentrale Stellung ein,

---

[3] Vgl. grundlegend zum Prolog im Mittelalter: Hennig Brinkmann, »Der Prolog im Mittelalter als literarische Erscheinung Bau und Aussage«, in: *WW* 14 (1964), S. 1–21 (wieder abgedruckt in: Hennig Brinkmann, *Studien zur Geschichte der deutschen Sprache und Literatur,* Bd. 2, Düsseldorf 1966, S. 79–105); Haug, *Literaturtheorie im deutschen Mittelalter.*

[4] Vgl. u.a. Brinkmann, »Der Prolog im Mittelalter als literarische Erscheinung«; Albrecht Schöne, »Zu Gottfrieds ›Tristan‹«, in: *DVjs* 29 (1955), S. 447–474; Helmut de Boor, »Der strophische Prolog zum Tristan Gottfrieds von Straßburg«, in: *PBB* 81 (1959), S. 47–60 (wieder abgedruckt in: Helmut de Boor, *Kleine Schriften,* Bd. 1, Berlin 1964, S. 173–183); Charles Stephen Jaeger, *The prologue tradition in Middle High German romance,* Berkeley 1970; Günter Eifler, »Publikumsbeeinflussung im strophischen Prolog zum Tristan Gottfrieds von Straßburg«, in: *Festschrift für Karl Bischoff zum 70. Geburtstag,* hg. v. Günter Bellmann, Günter Eifler und Wolfgang Kleiber, Köln/Wien 1975, S. 357–389; Peter K. Stein, »Formaler Schmuck und Aussage im ›strophischen‹ Prolog zu Gottfrieds von Straßburg *Tristan*«, in: *Euphorion* 69 (1975), S. 371–387; Barbara Haupt, »Zum Prolog des ›Tristan‹ Gottfrieds von Straßburg. Prolegomenon zu einer wirkungs- und rezeptionsorientierten Untersuchung mittelalterlicher volkssprachlicher Prologe«, in: *Literatur – Publikum – historischer Kontext,* hg. v. Gert Kaiser, Bern/Frankfurt am Main/Las Vegas 1977, S. 109–136; Patrizia Mazzadi, *Autorreflexionen zur Rezeption: Prolog und Exkurse in Gottfrieds ›Tristan‹,* Trieste 2000, bes. S. 29–78.

[5] Vgl. Ilka Büschen, *Sentimentalität. Überlegungen zur Theorie und Untersuchungen an mittelhochdeutschen Epen,* Stuttgart/Berlin/Köln u.a. 1974, v.a. S. 110–119, bes. S. 113f.

[6] Lutz, *»lesen – unmüezec wesen«;* vgl. weiterführend auch *Lesevorgänge. Prozesse des Erkennens in mittelalterlichen Texten, Bildern und Handschriften,* hg. v. Eckart Conrad Lutz, Martina Backes, Stefan Matter, Zürich 2010, darin v.a. Eckart Conrad Lutz, »Lesevorgänge. Vom *punctus flexus* zur Medialität. Zur Einleitung«, S. 11–33, René Wetzel, *»Dûr daz wort, in daz wort, an daz wort.* Die Engelberger Lesepredigten zwischen *lectio, meditatio, contemplatio* und Mystagogik«, S. 403–420 sowie Johanna Thali, *»Quit vult cum Deo semper esse, frequenter debet orare, frequenter et legere.* Formen und Funktionen des Lesens in der klösterlichen Frömmigkeitskultur«, S. 421–458.

[7] Vgl. Lutz, *»lesen – unmüezec wesen«,* S. 297.

[8] Alois Wolf, »Zu Gottfrieds literarischer Technik«, in: *Sprachkunst als Weltgestaltung. Festschrift für Herbert Seidler,* hg. v. Adolf Haslinger, Salzburg/München 1966, S. 384–409. Vgl. auch Alois Wolf, »Gottfrieds Dichterschau als Versuch einer Neubegründung der deutschen Literatur aus dem Geist der Mythe von Tristan und Isolde«, in: *Festschrift für Ingo Reiffenstein zum 60.*

in dem er ihn als neues Leitwort des stichischen Prologteils einführt und in Bezug auf den Trägheits-Topos interpretiert. Wolf betont die sorgfältige Auswahl des Wortes und verdeutlicht, wie sich aus ihm heraus Fäden sowohl zum Dichter, als auch zum Rezipienten spinnen lassen.

Ein erster Durchgang durch den Text soll diese von Wolf angesprochenen Variationen und Verschiebungen des Wort- und Bedeutungsbereiches *unmüezekeit* näher beleuchten. An erster zentraler Stelle heißt es, dass die Autor-Figur Gottfried sich mit dem Roman eine *unmüezekeit der werlt ze liebe* (44) vorgenommen hat: *Ich hân mir eine unmüezekeit / der werlt ze liebe vür geleit / und edelen herzen z'einer hage, den herzen, den ich herze trage, / der werlde, in die mîn herze siht.*[9] Zwei Aspekte sind in dieser Formulierung für die Suche nach Muße zentral: Da ist zunächst die Bezeichnung *unmüezekeit* selbst. In den einschlägigen Wörterbüchern (BMZ, LEXER, s.v.) ist für *unmüezecheit* neben ›beschäftigung‹ ›geschäftigkeit‹, ›arbeitsamkeit‹ und ›rege thätigkeit‹ belegt. In den verschiedenen Ausgaben variieren die Übersetzungen: Rüdiger Krohn[10] übersetzt mit ›Aufgabe‹, Walter Haug[11] spricht von ›Mühen‹. Manfred Kern[12] übersetzt *unmüezekeit* in seiner Studie zu »Welt und Unruhe im Tristanroman« mit ›Beschäftigung‹. In allen Vorschlägen schwingt der Aspekt von Tat- und Schaffenskraft, aber auch von Anstrengung und Arbeit mit. Gottfried ist einer »geistig-seelische[n] Aktivität«[13] nachgegangen. Er hat die verschiedenen Vorlagen bearbeitet, nach der richtigen Fassung gesucht und schließlich den Roman niedergeschrieben:[14]

Als der von Tristande seit,
die rihte und die wârheit
begunde ich sêre suochen
in beider hande buochen
walschen und latînen
und begunde mich des pînen,
daz ich in sîner rihte

Geburtstag, hg. v. Peter K. Stein, Andreas Weiss und Gerold Hayer, Göppingen 1988, S. 397–424, bes. S. 399–405.

[9] Vgl. im Prolog des *Iwein* Hartmanns von Aue: *daz man gerne hœren mac, / dâ kêrt er sînen vlîz an...* (26–27). Hier taucht der Begriff *vlîz* in analogem Kontext auf.

[10] Gottfried von Straßburg, *Tristan*, nach dem Text von Friedrich Ranke neu hg., ins Neuhochdeutsche übers., mit einem Stellenkommentar und einem Nachwort von Rüdiger Krohn, 3 Bde., Stuttgart 2007.

[11] Gottfried von Straßburg, *Tristan und Isold*, hg. v. Walter Haug und Manfred Günter Scholz, mit dem Text des Thomas, hg., übers. und komm. v. Walter Haug, 2 Bde., Berlin 2011.

[12] Manfred Kern, *Weltflucht. Poesie und Poetik der Vergänglichkeit in der weltlichen Dichtung des 12. bis 15. Jahrhunderts*, Berlin/New York 2009, S. 345.

[13] Lutz, *Schreiben, Bildung und Gespräch*, S. 143.

[14] »Invention is a meditational activity; the finding of ideas involves an intensely concentrated form of recollection for which the common Latin term is *cogitatio*«, vgl. Adrian Stevens, »Memory, Reading and the Renewal of Love: On the Poetics of Invention in Gottfried's *Tristan*«, in: *German Narrative Literature of the Twelfth and Thirteenth Centuries. Studies presented to Roy Wisbey on his Sixty-fifth Birthday*, hg. v. Volker Honemann, Martin H. Jones, Adrian Stevens und David Wells, Tübingen 1994, S. 319–333.

rihte dise tihte.
sus treip ich manege suoche,
unz ich an eime buoche
alle sîne jehe gelas,
wie dirre âventiure was.
(155–166)

Mit dem Adverb *sêre* (157) wird die Anstrengung, die das emphatische Suchen mit sich bringt, in seiner Intensität ausgedrückt. Hier findet sich gerade das oben genannte emsige, zielgerichtete Suchen. Es ist ein Suchen, das Eifer (*sus treip ich manege suoche,* 163) und Mühe (*begunde mich des pînen,* 160) erfordert. Zusätzlich kommt zum Ausdruck, dass es sich primär nicht um die Suche nach einer Textautorität handelt, sondern dass sich das Autor-Ich in einer neuen Form des dichterischen Selbstbewusstseins auf die Suche nach der Wahrheit im Sinne von Unmittelbarkeit macht: *ich weiz ez wârez alse den tôt / und erkenne ez bî der selben nôt* (119–120).[15] Dieser Aspekt der persönlichen Erfahrung, durch die das Autor-Ich sein Erzähltes verbürgt, entlarvt die Suche nach der rechten Lesart als eine sich nie erschöpfende. Sie kann an keinen Endpunkt gelangen, da sie nicht auf Allgemeingültigkeit zielt, sondern immer auf die subjektive Erfahrung projiziert bleibt.

In der Formulierung ›*ich han mir eine unmüezekeit der werlt ze liebe vür geleit*‹ ist außerdem die Erwähnung der ›Welt‹ von Interesse. Die Aufgabe, der sich Gottfried verschrieben hat, nämlich das *maere* von Tristan und Isolde in seiner *rihte* und *wârheit* (156) zu erzählen, ist kein Selbstzweck, sondern geschieht ganz bewusst einer Welt zuliebe.[16] Damit ist zugleich eine Verbindung auf ein Außerhalb manifestiert. Anstatt sich als Autor zurückzuziehen in eine Enklave der Inspiration bezeugt die Präsenz des Wortfeldes ›Welt‹ die ständige Rückkopplung mit dem Anderswo und dem Anderen. Gottfried folgt hier der häufig zitierten Formel des *delectare* und *prodesse.* Literatur wirkt sich auf das Leben aus, in der ständigen

[15] Vgl. Büschen, *Sentimentalität,* S. 118. Werner Schröder versteht den Tadel des *daz si niht rehte haben gelesen* (147) nur auf pragmatischer Ebene: die bisherigen Dichter des *Tristan* haben sich entweder nicht um vorhandene Quellen bemüht oder nur auf unzulässige Vorlagen zurückgegriffen, vgl. Werner Schröder, »*Die von Tristande hant gelesen.* Quellenhinweise und Quellenkritik im ›Tristan‹ Gottfrieds von Straßburg«, in: *ZfdA* 104 (1975), S. 307–338, hier S. 308. Diese rein sachliche Analyse konzentriert sich auf das Was des *lesen,* nicht auf das Wie. Aber auch die anderen Bearbeiter des *Tristan*-Stoffes haben aus bestem Gewissen einer Welt zuliebe geschrieben, vgl. die Einschätzung des Autor-Ich in den Versen 140–145, die selbstverständlich auch als Bescheidenheitsgestus verstanden werden kann: *sî sprâchen wol / und niwan ûz edelem muote / mir unde der werlt ze guote. / binamen si tâten ez in guot. / und swaz der man in guot getuot, / daz ist ouch guot und wol getân.* Die Ähnlichkeiten können dennoch nicht verdecken, dass bei Gottfried ein weiterer Aspekt hinzukommt, den Schröder übergeht, nämlich die zentrale Dimension der je eigenen Erfahrung und Erfahrbarkeit im *Tristan,* wie sie pointiert im Rahmen der Minnegrotte ausbuchstabiert wird: *ich treib ouch eteswenne / alsus getâne lebesite. / dô dûhte es mich genuoc dermite* (16 920–16922); *Diz weiz ich wol, wan ich was dâ. / ich hân ouch in der wilde...* (17100–17138).

[16] Vgl. die Verse 167–171: *waz aber mîn lesen do waere / von disem senemaere, / daz lege ich mîner willekür / allen edelen herzen vür, / daz sî dâ mite unmüezic wesen.*

Rückkopplung mit dem Außen hat sie sich zu bewähren und zu erfüllen. Die Lektüre des *Tristan,* welcher als Kunstwerk ohne Frage an jenem für die Welt Guten und Anerkennungswürdigen Teil hat, von dem zu Anfang des Prologs die Rede ist, hat gesellschaftlichen Nutzen, sie soll den Rezipienten Freude einbringen und sich auf deren Leben verändernd auswirken: *daz sî dâ mite unmüezic wesen* (171). Dieses Lesen ist ein reflektierendes, ein tätiges – ein *unmüezic* – Lesen.[17] Es tut nicht nur *inneclîche guot* (173), sondern transportiert Werte, die wiederum das eigene Leben und Handeln ethisch veredeln können und der einzige Weg sind, um in einer Gesellschaft zu *tugent* und *êre* (190) zu gelangen. Ein derartiges Lesen vermag *den triuwe gernden triuwe* und *den êre gernden êre* (223–227) zu geben:

ez liebet liebe und edelet muot,
ez staetet triuwe und tugendet leben,
ez kan wol lebene tugende geben;
[...]
liebe, triuwe, staeter muot,
êre und ander manic guot
(174–182)

Doch an welchen Leser richtet sich dieser Mehrwert? Was oder wer ist mit der *werlt* gemeint, der das Autor-Ich dieses Werk zum Nutzen und zur Freude vorlegt? Zunächst scheint mit dem Ausdruck ›*werlt*‹ die Gesellschaft in ihrer ganzen Breite angesprochen, doch dann wird der Begriff eingeschränkt, es handelt sich speziell um die Welt der *edelen herzen,* allein auf diese *ander werlt* (58) ist der Blick des Autor-Ichs gerichtet, allein ihr ist sein Herz zugetan (46–49), mit ihr will er *verderben oder genesen* (66). Diese andere Welt setzt er *aller werlde* (50) mit Radikalität entgegen: *ir leben und mînez zweient sich* (57). Bevor auf die hier propagierte Lebensweise der *edelen herzen* genauer eingegangen wird, geht es zunächst um die eigenartige Verknüpfung von *unmüezekeit* und jener *ander werlt,* die elementar für eine Teilhabe an der Gesellschaft zu sein scheint. Wer seine Zeit unnütz, *vergebene* (41), verschwendet, sich treiben lässt ohne Planung und Ziel, kann nicht *gewerldet* (44) sein. Dieser Neologismus Gottfrieds fasst das Netz an sozialen Bezügen und Beziehungen und zeigt gerade in seiner Betontheit die wechselseitige Verschränkung von Tätig-sein, Aktiv-werden in der Gesellschaft und für diese – ›Tätigkeit‹ auch verstanden als Verantwortungsbewusstsein und Gewissenhaftigkeit – sowie dem Finden von Heimat und Schutz in dieser Sozietät. Grundlage der Erfahrung sozialer Integration sind gemeinsame Werte, die sich in kulturellen Ordnungen und ›institutionellen‹ Strukturen des Miteinanderlebens und -kommunizierens bemerkbar machen. Um dieses Fundament zu stabilisieren, geht ein jeder seiner jeweiligen *unmüezekeit* nach. Interessanterweise wählt Gottfried mit dem Wort *müezekeit* und dem Präfix *un-* eine Form, die jene beschriebene Aktivität und Regsamkeit nur in der Verneinung auszudrücken vermag.

[17] Vgl. Lutz, »*lesen – unmüezic wesen*«, Lutz hat– zurückgehend auf Isidor – diese Art des Lesens als ständiges Bemühen zur Aneignung als *assiduitas legendi* bezeichnet und die enge Verbindung von *legere* und *meditari* betont, S. 299.

Die Wahrnehmung der Zeit als eine unentwegt dahinrinnende, spielt in dieser Passage über *unmüezekeit* eine entscheidende Rolle. In Vers 42 heißt es: *Trîbe ich die zît vergebene hin / sô zîtic ich ze lebene bin, / sône var ich in der werlt sus hin / niht sô gewerldet, alse ich bin.* Die Formulierung *sô zîtic ich ze lebene bin* übersetzt Krohn mit »reif sein zum Leben« und Haug umschreibt sie mit dem Ausdruck »in meinem vorgerückten Alter«. Auch wenn Gerd-Dietmar Peschel mit seiner interpretierenden Übersetzung »der ich als Lebender der Zeit unterworfen bin«[18] sich für eine Übersetzung zu weit vom Text entfernt, zeugt sein Vorschlag doch von der stets bewussten Endlichkeit des menschlichen Lebens, welche sich hinter diesen Zeilen verbirgt. Zugleich steckt in dieser Formulierung auch der Gedanke, dass die Zeit erreicht und abwarten nicht mehr nötig ist. Die Möglichkeiten stehen offen und keine Begrenzungen behindern mehr deren Erfüllung. Es gilt, die Zeit nutzbringend zu füllen.

Im Laufe des Textes zeigt sich »die umfassende hermeneutische Reichweite«[19] des Wortes *unmüezekeit* und dessen Wandlung von der Bezeichnung der Aufgabe, die Gottfried sich vorgenommen hat, hin zu derjenigen des Kunstwerkes selbst.[20] Schließlich wird auch die Beschäftigung des Lesers mit dem Tristanroman wiederum als *unmüezekeit* verstanden. Als *unmüezekeit* ist der *Tristan* zur *kurzewîle* (72) verfasst und hat die Linderung von Liebesqualen zum Ziel. Dieser Topos der Dichtung als Heilmittel gegen Müßiggang findet sich bereits in der antiken Tradition bei Seneca oder Ovid. Besonders geläufig ist dabei folgender Satz aus Senecas *Epistula* 82, (3–4): »Otium sine litteris mors est et hominis vivi sepultura«[21]. Neben diesen Quellen zieht Gottfried ganz offensichtlich auch Analogien zu Ovids *Remedia amoris*. Als wichtiges Mittel gegen Liebesschmerzen lautet dort der Rat in der Übersetzung Holzbergs folgendermaßen: »Meide das Nichtstun zuerst. [...] Anlass und Nahrung ist's für das willkommene Leid. [...] Suchst du zu

[18] Gerd Dietmar Peschel, *Prolog-Programm und Fragment-Schluß in GOTFRITs Tristanroman*, Erlangen 1976, S. 49.

[19] Kern, *Weltflucht*, S. 345.

[20] Vgl. Lutz, *Schreiben, Bildung und Gespräch*, S. 143: Gottfried von Straßburg kann in seinem Tristan-Roman »*unmüezekeit* als geistig-seelische Aktivität verstehen wie auch auf ihre Gegenstände beziehen. Das geschieht hier nun im Kontext der Konstruktion eines höfisch-elitären Kreises von Gebildeten, die (sicher nur auch) an einem literarischen Liebesdiskurs interessiert sind. Als *unmüezekeit* lässt sich also der Prozess der Auseinandersetzung mit dem Stoff und dessen Fassungen bezeichnen, aus dem Gottfrieds eigener Roman hervorgeht [...], aber auch jener Prozess, den die erneute Verarbeitung durch den Leser (und in ihm) auslöst.«

[21] L. Annaeus Seneca, *Ad Lucilium. Epistulae morales LXX-CXXIV, [CXXV] – An Lucilius. Briefe über Ethik 70–124, [125]*, übersetzt, eingeleitet u. mit Anmerkungen versehen v. Manfred Rosenbach, Darmstadt 2011, 82,3–4. Vgl. Lutz, *Schreiben, Bildung und Gespräch*, S. 141. Lutz nennt die auf Seneca zurückführende neu formulierte Sentenz ›*eines lebenden menschen tôt und ein begrebde ist müessekeit âne kunst*‹, die sich im Schachzabelbuch des Kunrat von Ammenhausen findet (Kunrat von Ammenhausen, *Das Schachzabelbuch*, nebst dem Schachbüchern des Jakob von Cessole und des Jakob Mennel, hg. v. Ferdinand Vetter, Frauenfeld 1887–1892). Die bei Kunrat von Ammenhausen verzeichnete, ins Mittelhochdeutsche übernommene Sentenz ist ein Hinweis auf die Geläufigkeit jener Formel Senecas im Mittelalter.

enden die Liebe – Tätigkeit weicht sie –, dann sei tätig, und sicher bist du. [...] Gib dem leeren Geist etwas, das fesselt, zu tun« (136–150).[22]

An diesen Themenkomplex der geistigen Tätigkeit als Ablenkung fügt sich das Zitat aus Vers 78: *dâ mite der muot z'unmuoze gât.* Es bringt das angesprochene Fesseln des Geistes als die zentrale Weisung des Abschnittes auf den Punkt. So heißt es ab Vers 77: *wan swer des iht vor ougen hât, / dâ mite der muot z'unmuoze gât, / daz entsorget sorgehaften muot, / daz ist ze herzesorgen guot. unmuoze* lässt sich in diesem Kontext als Ablenkung, Vergnügen oder Zerstreuung fassen. Krohn übersetzt mit der Umschreibung »etwas womit die Phantasie sich zu beschäftigen weiß«. Mit der Verwendung des Wortes ›Phantasie‹ gelingt es ihm, die breite Bedeutungsspanne in einem Wort zu transportieren.[23] Was der Vers deutlich zum Ausdruck bringt, ist die Aufforderung, auf die gewollte Suche nach *unmuoze* und nicht nach ›Muße‹, zu gehen. Es ist der *muot* als Kraft des Denkens, Empfindens und vor allem Wollens, welcher diesen Zustand der *unmuoze* ganz bewusst anstrebt: *daz er mit allem ruoche dem lîbe unmuoze suoche* heißt es in Vers 89f. Durch die *unmuoze* des *muotes,* so Martin Todtenhaupt, »kann die muoze des *lîbes (natura)* aufgehoben werden«[24]. Die *unmuoze* bringt den Geist zurück in geregelte Bahnen, die in der Gesellschaft akzeptiert sind, und hindert ihn daran, sich der *muoze* hinzugeben und sich treiben zu lassen. Unter dieser Perspektive wird mit den Worten *unmuoze* und *unmüezekeit* »eine essentielle und existenzielle poetische Unruhe« ausgedrückt, und diese scheint »als Gegenbegriff zur Todsünde der *acedia* konzipiert« zu sein.[25] Jener ostentativen Unruhe wird sich mit *ruoche* (89), mit äußerster Sorgfalt und Bedacht, angenommen.

Von *muoze* (84) geht Gefahr aus, da sie intensivierende Kraft hat. Trifft *muoze* auf *senede leit* (86), vergrößert sie den Schmerz nur mehr.[26] Sie lässt Liebesnot ausufern, anstatt sie zu besänftigen. Das Wort *muoze* in seiner Bedeutung als freie Zeit, Untätigkeit und Beschäftigungslosigkeit bezeichnet hier einen nicht

---

[22] P. Ovidius Naso, *Remedia amoris. Heilmittel gegen die Liebe,* lateinisch/deutsch, übersetzt und herausgegeben von Niklas Holzberg, Stuttgart 2011, 136–150. Vgl. P. Ovidi Nasonis, *Amores, medicamina faciei femineae, ars amatoria, remedia amoris,* hg. v. E. J. Kenney, Oxford 1995, 136–150: »fac monitis fugias otia prima meis. / haec ut ames faciunt; haec, ut fecere, tuentur; / haec sunt iucundi causa cibusque mali. / otia si tollas, periere Cupidinis arcus / contemptaeque iacent et sine luce faces. / quam platanus uino gaudet, quam populus unda / et quam limosa canna palustris humo, / tam Venus otia amat: qui finem quaeris amoris, / (cedit amor rebus) res age, tutus eris. / languor et inmodici sub nullo uindice somni / aleaque et multo tempora quassa mero / eripiunt omnes animo sine uulnere neruos; / adfluit incautis insidiosus Amor. / desidiam puer ille sequit solet, odit agentes: / da uacuae menti, quo teneatur, opus.«

[23] Unter dem Lemma »Phantasei«, in: DWB, Sp. 1821–1824, findet sich sowohl der Aspekt der schöpferischen Einbildungskraft, als auch die Bedeutung von in uns selbst, auch fern jeder Realität, hervorgebrachten Gedankenbildern und Vorstellungen und zuletzt auch der Aspekt von kurzweiligem Treiben oder Gaukelei.

[24] Martin Todtenhaupt, *Veritas amoris. Die ›Tristan‹-Konzeption Gottfrieds von Straßburg,* Frankfurt a.M./Bern/New York u.a. 1992, S. 60.

[25] Kern, *Weltflucht,* S. 345f.

[26] Vgl. Vers 85 *müezekeit,* der semasiologisch dieselbe Bedeutung zugesprochen werden kann.

gefüllten Raum, der den *senedaere* (98) einer Sphäre der Unbehaglichkeit, des Schmerzes und der bedrückenden Leere aussetzt. Der *müezege man* (82) ist diesem Vakuum nicht gewachsen und lässt sich von seinen Liebesqualen überwältigen.[27] Eine solche Sphäre verkörpert gerade das Gegenteil von Sicherheit, welche Ovid wünscht. Doch Gottfried geht hier kritisch über Ovid hinaus. Während dieser durch eine Auflistung an empfohlenen Tätigkeiten,[28] die am Abend zu einer erfüllten Ruhe führen, jedwede sehnsuchtsvollen Gedanken an die Geliebte zu unterdrücken empfiehlt, räumt Gottfried dem Sehnsuchtsdenken einen zentralen Platz ein und stellt sich gegen ein gewaltsames Zurückdrängen des Begehrens. Denn es ist gerade die körperliche Beschäftigung mit traurigen Liebesgeschichten, die *senfte* verspricht.[29] Es geht nicht darum, jedwedes Leid zu streichen, sondern die Vehemenz des Kummers *ze halber senfte* (75) zu bringen. Die Unterschiede zwischen Ovid und Gottfried zeigen die Vielgestaltigkeit, in der *unmuoze* jeweils erscheint. Ovid erwähnt beispielsweise Staats- und Kriegsführung, aber auch Landwirtschaft sowie edlere Arbeiten, etwa Gärtnern oder Jagen. Nach der unausweichlichen Trennung Tristans von Isolde im Laufe des Geschehens versucht auch Tristan sich durch ritterliche Taten und Kriegsunternehmen von seiner Liebesqual abzulenken (18438–18458; 18829–18932). Auch mit *kurzwîle* (18685) in Form von *turnieren, pirsen unde jagen* (18684) versucht er sich die schweren Stunden erträglicher zu gestalten. Doch nur *ein senelîchez maere* (97) ist dem *Tristan* zufolge die angemessene Art der Aktivität. Dieses Tätig-Sein des Lesens beinhaltet zugleich ein Moment des passiven Sich-Hingebens. Durch eine erfolgreiche Suche nach *unmuoze* in Form derartiger Lektüre sehnsuchtsvoller Geschichten, dessen Exempel der *Tristan* ist – *von diu swer seneder maere ger, / der envar niht verrer danne her* (123–124) –, öffnet sich für das Herz und das Gemüt ein Spielraum für Neues, für Wohlbehagen und Befreiung.

---

[27] Vgl. auch die Verse 93–96: *unde geräte ich niemer doch dar an, / daz iemer liebe gernde man / dekeine solhe unmuoze im neme, / diu reiner liebe missezeme.*

[28] Neben roheren Arbeiten wie Staats- und Kriegsführung oder Landwirtschaft werden erstaunlicherweise auch Beschäftigungen genannt, die der modernen Auffassung des Phänomens Muße sehr nahe kommen, etwa dem Murmeln des Baches oder der Musik des Hirten zu lauschen, die unterschiedlichen Jahreszeiten empfindsam wahrzunehmen, zu gärtnern oder zu jagen. Im Sinne einer Ablenkung sind zunächst die anfangs genannten Beschäftigungen wie Staatsführung oder Landwirtschaft einleuchtend, da sie Kraft und Konzentration fordern. Die weiteren mußeaffinen Tätigkeiten lenken die Aufmerksamkeit auf die jeweilige direkte Umgebung. Sie fordern das Hinsehen, das Zuhören und die beinahe meditative Fokussierung auf das Hier und Jetzt, statt die Gedanken ständig zu der bzw. dem Abwesenden schweifen zu lassen. Vgl. P. Ovidius Naso, *Remedia amoris. Heilmittel gegen die Liebe,* 151–210; P. Ovidi Nasonis, *Amores, medicamina faciei femineae,* 151–210.

[29] Der Topos des *senften* der Schwere findet sich vielerorts in der höfischen Literatur, etwa im *Straßburger Alexander* des Pfaffen Lambrecht: *Er ne wolde niwit langer ledich sitzen, / er screib von grôzen witzen, / wande des mannis mûzicheit / zô dem lîbe noh zô der sêle nit ne versteit* (29–32), vgl. Pfaffe Lambrecht, *Alexanderroman,* mittelhochdeutsch/neuhochdeutsch, hg., übers. u. komm. v. Elisabeth Lienert, Stuttgart 2007; wortwörtlich findet sich das *senften* etwa im *Armen Heinrich* Hartmanns von Aue (10–11).

Interessant ist in diesem Zusammenhang eine Fußnote Ilka Büschens, in der sie Hugo Kuhns Definition von *unmüezekeit* zitiert, wie er sie im Rahmen eines Tristan-Kollegs geäußert habe: *unmüezekeit* sei die »freie Entscheidung, die höfische Lebensart der *muoze* aufzugeben zugunsten einer freien Bindung an eine Sache«[30]. In dieser kurzen Anmerkung Kuhns wird das Spannungsverhältnis von Freiheit und Bindung angesprochen. *muoze,* hier verstanden als höfisches Kulturphänomen und Ausdruck der adligen Elite, zeigt sich als etwas Vorgeschriebenes, als Teil einer regulierten Lebensweise, die bestimmte Bindungen präferiert und diese zu zementieren versucht. *unmüezekeit* ist demnach die Möglichkeit, sich frei demjenigen hinzugeben, was das Herz begehrt und sich den kulturellen Ordnungen in gewissem Maße zu entziehen.

Mit der Verbform *müezegen* (91) findet sich in Bezug auf *muoze* eine erste und zugleich die einzige positive Konnotation: als Tätigkeit befreit und entledigt sie von Schwere und Last. Ein solcher Zeitvertreib *senfte sô die stunde* (100) und versetzt den idealen Leser erst in jenen Zustand, in dem er völlig aufgeht und seiner wahren Bestimmung gerecht wird: er wird *geherzet* (118). Hier lässt sich nun auch die Bezeichnung des *Tristan* als *kurzewîle* wiederfinden. Die *unmüezekeit,* die dem Leser mit dem *Tristan* aufgegeben ist, entpuppt sich als angenehme *kurzewîle.* Der ernsthaften, reflektierenden und intensiven Auseinandersetzung mit dem Werk geht stets ein Gefühl von Freude und Zufriedenheit einher. Durch eine solche *unmüezekeit* der Leser verfällt ein Werk wie der *Tristan* nicht in Gleichgültigkeit, sondern wird immer wieder in die Gegenwärtigkeit gehoben.[31]

Ein erster Rückblick auf das bislang Erörterte zeigt, dass die Suche nach Muße auf Wortebene ambivalente Ergebnisse erbrachte: Es lassen sich zwar insgesamt zehn Formen finden, die sich aus *muoze* entwickelt haben – etwa *unmüezekeit, unmuoze* oder *unmüezic* – doch das mittelhochdeutsche Wort *muoze* selbst fällt nur ein einziges Mal und dort in negativer Konnotation. Problematisch ist das Zusammentreffen von *senedem leide* und *muoze* oder *müezekeit. muoze* begünstigt und vermehrt Liebesnot, anstatt die Qualen zumindest halbwegs zu lindern. In der gegenteiligen Form *unmuoze,* als diejenige Unruhe und Geschäftigkeit, die gerade keine *muoze* mehr zulässt, lassen sich angemessene und unangemessene Formen unterscheiden. So stellt sich die Lektüre sehnsüchtiger Liebesgeschichten als ideale Tätigkeit heraus, welche auf Leib und Geist, wie das Verb *müezegen* zeigt, befreiend wirkt. Es stellt sich die Frage, ob Muße, auch im modernen Ver-

---

[30] Zitiert nach Büschen, *Sentimentalität,* S. 113, Fußnote 44, bzw. S. 176.

[31] Das Wort *unmüezekeit* wird im *Tristan* erst wieder im Zusammenhang mit der Ausbildung der jungen Isolde durch Tantris aufgegriffen. Dort wird mit *unmüezekeit* (8002) der entscheidende Unterrichtsinhalt und die zentrale Lehre der *morâliteit* (8004) bezeichnet. Vgl. zur Bedeutung der *morâliteit* das Kapitel 3.2 zu Bildung und Erziehung. Zentral hierfür Lutz, *»lesen – unmüezec wesen«,* bes. S. 301; Sandra Linden, »Die Amme der *edelen herzen.* Zum Konzept der *moraliteit* in Gottfrieds ›Tristan‹«, in: *Dichtung und Didaxe. Lehrhaftes Sprechen in der deutschen Literatur des Mittelalters,* hg. v. Henrike Lähnemann und Sandra Linden, Berlin/New York 2009, S. 117–133.

ständnis des Phänomens,[32] hier überhaupt greifbar ist oder ob sie nicht vielmehr gerade immerzu von Tätigkeit und Unruhe zurückgedrängt wird. Ist eine Annäherung an Muße doch nur über die Abgrenzung von Nachbar- und Gegenphänomenen möglich?

Das Verb *müezegen,* in der Bedeutung von ›befreien‹ oder ›entbinden‹, bildet einen ersten Anhaltspunkt, dass Muße, bei aller Skepsis, hier doch zwischen den Zeilen auf einer inhaltlichen Ebene aufscheint. Mehrfach empfiehlt das Autor-Ich den Liebenden die Lektüre von Liebesgeschichten, welche die Phantasie anregen und das Gemüt von Kummer befreien sollen,[33] was Gottfried mit dem Begriff *müezegen* ausdrückt. *lesen* und *müezegen* stehen hier in direkter Verbindung. Oftmals wird die Tätigkeit des Lesens als mußevolle Beschäftigung aufgefasst. Kann also nicht auch das Lesen des *Tristan* Mußemoment für den Rezipienten sein? *lesen,* so die Vermutung, bildet auf der Suche nach ›Muße‹ einen Schlüsselbegriff.

Auch Gottfried verwendet *lesen* im Zusammenhang mit Muße, wie ein kurzer Blick auf die Szenerie des amoenen Ortes der Minnegrotte beweist. In dieser entrückten, in sich erfüllten Landschaft, die alle Sinne anspricht, pendelt das Leben der Liebenden zwischen *muoze* und *unmuoze.*[34] Als anspruchsvolles produktions- und rezeptionsästhetisches Programm wird die zu Anfang genannte *unmüezekeit* des Autor-Ichs auf den Leser übertragen und in einer weiteren Projektion auf Figurenebene reflektiert. Der indirekte Wunsch des Lesers nach Entbundenheit und Freiheit durch Lektüre spiegelt sich im Text im Beispiel der lesenden Liebenden im Wunschleben der Minnegrotte. Die Struktur des Textes weist verschiedene Verschachtelungen und Spiegelungen auf, die die eigene Erfahrung immer wieder medial vor Augen stellt. Es eröffnet sich ein fein gesponnenes überzeitliches Spiel zwischen Autor, Leser und Figuren.[35] Der Wunsch nach Wiederholung, der

---

[32] Vgl. zu modernen Konzeptionen von Muße die theoretischen Vorüberlegungen in der Einleitung, Kapitel 1.

[33] Diese Überlegungen im Prolog werden gestützt durch analoge Ausführungen im Minne-Exkurs: *swaz ieman schoener maere hât / von vriuntlîchen dingen, / swaz wir mit rede vür bringen / von den, die wîlent wâren / vor manegen hundert jâren, / daz tuot uns in dem herzen wol* (12318–12325).

[34] Vgl. Hasebrink, »Zwischen Skandalisierung und Auratisierung«, S. 122. Vgl. zur Minnegrotte Kapitel 4.3.

[35] Diese enge Verbindung wiederholt sich auf sprachlicher Ebene im komplexen Initialenspiel im *Tristan*-Prolog und über diesen hinaus. Im strophischen Teil des Prologs (1–44) findet sich das Akrostichon GDIETERICHT, der stichische Teil (45–244) beginnt mit dem Majuskel I. Neben dem deutlich zu erkennenden Namen Dieterich, der möglicherweise der Gönner Gottfrieds war, steht das G wahrscheinlich für Gottfried, während T und I die Initialen der Protagonisten sind. Damit bildet sich ein Kreis von Rezipient, Produzent und Inhalt, in dem die einzelnen Elemente auch buchstäblich ineinander übergehen und sich miteinander verflechten. So strahlt die Idee des Textes »aus der innersten personalen Gemeinschaft auf alle gesellschaftlichen Bezüge bis in die Realität von Autor und Publikum hinein« aus. Vgl. Christoph Huber, *Gottfried von Straßburg, Tristan,* 3., neu bearb. und erw. Auflage, Berlin 2013, S. 39f. Vgl. zur Akrostichaforschung zum *Tristan* Bernd Schirok, »Zu den Akrosticha in Gottfrieds ›Tristan‹. Versuch einer kritischen und weiterführenden Bestandsaufnahme«, in: *ZfdA* 113 (1984), S. 188–213; außer-

sich im Spielen ausdrückt, ist ganz buchstäblich ein Wieder-holen, genauer ein Sich-Wieder-holen: es ruft den Spieler und das Spiel immer zurück auf das Jetzt, verstanden als unablässige Aktualisierung. Diese Konzentration auf den Moment beschreibt Sören Kierkegaard als »einzig glücklich«: »Sie [die Liebe der Wiederholung] hat nicht wie die der Erinnerung die Unruhe der Hoffnung, nicht die beängstigende Abenteuerlichkeit der Entdeckung, aber auch nicht die Wehmut der Erinnerung, sie hat die selige Gewißheit des Augenblicks.«[36] Nur in der Wiederholung sind wir demnach nicht im Vergangenen oder Zukünftigen verfangen und trotzdem ermöglicht sie eine eigentümliche Verknüpfung beider Seiten. Angeregt durch diesen kurzen Seitenblick auf Kierkegaards Umbesetzung des Begriffes ›Wiederholung‹ lassen sich neue Aspekte von Muße im *Tristan*-Prolog erkennen:[37] Die Wiederholung im Sinne Kierkegaards als Vergegenwärtigung und

dem Jan Hendrik Scholte, »Gottfrieds von Straßburg Initialenspiel (1942)«, in: *Gottfried von Straßburg*, hg. v. Alois Wolf, Darmstadt 1973, S. 74–96 (zuvor abgedruckt in: *PBB* 65 (1942), S. 280–302).

[36] Sören Kierkegaard, *Die Wiederholung. Ein Versuch in der Experimentalpsychologie von Constantin Constantius*, in: ders., *Die Krankheit zum Tode, Furcht und Zittern, Die Wiederholung, Der Begriff der Angst*, unter Mitwirkung von Niels Thulstrup und der Kopenhagener Kierkegaard-Gesellschaft, hg. v. Hermann Diem und Walter Rest, aus dem Dänischen von Walter Rest, Günther Jungbluth und Rosemarie Lögstrup, München, 2. Auflage 2007, S. 330 (*Die Wiederholung* ist erstmals erschienen 1843).

[37] Im *Tristan*, dies hat Susanne Köbele eindrucksvoll gezeigt, ist Wiederholung eine auf allen Ebenen »textbestimmende[...] Organisationsform« (S. 98), vgl. Susanne Köbele, »*iemer niuwe*. Wiederholung in Gottfrieds ›Tristan‹«, in: *Der ›Tristan‹ Gottfrieds von Straßburg. Symposion Santiago de Compostela, 5. bis 8. April 2000*, hg. v. Christoph Huber und Victor Millet, Tübingen 2002, S. 97–115. Vgl. auch Susanne Flecken-Büttner, *Wiederholung und Variation als poetisches Prinzip. Exemplarität, Identität und Exzeptionalität in Gottfrieds ›Tristan‹*, Berlin/New York 2011. Nicht zuletzt steht der Begriff der Wiederholung im Kontext des Prinzips der Retextualisierung, vgl. etwa Franz Josef Worstbrock, »Wiedererzählen und Übersetzen«, in: *Mittelalter und frühe Neuzeit. Übergänge, Umbrüche und Neuansätze*, 1999, S. 128–142; *Retextualisierung in der mittelalterlichen Literatur*, hg. v. Joachim Bumke und Ursula Peters, *ZfdPh* Sonderheft 124, Berlin 2005; Philipp Theisohn, *Plagiat. Eine unoriginelle Literaturgeschichte*, Stuttgart 2009, zum Mittelalter S. 98–130, zentral für den höfischen Roman bes. S. 105–122; Beate Kellner, »Autorität und Gedächtnis. Strategien der Legitimierung volkssprachlichen Erzählens im Mittelalter am Beispiel von Gottfrieds von Straßburg ›Tristan‹«, in: *Autorität der/in Sprache, Literatur, Neuen Medien. Vorträge des Bonner Germanistentages 1997*, Bd. 2, hg. v. Jürgen Fohrmann, Ingrid Kasten und Eva Neuland, Bielefeld 1999, S. 484–508; Ludger Lieb, »Wiederholung als Leistung. Beobachtungen zur Institutionalität spätmittelalterlicher Minnekommunikation (am Beispiel der Minnerede *Was Blütenfarben* bedeuten)«, in: *Wunsch – Maschine – Wiederholung*, hg. v. Klaus Müller-Wille, Detlef Roth und Jörg Wiesel, Freiburg i.Br. 2002, S. 147–165: Lieb betont, dass Wiederholung im Mittelalter nicht einfach als gegeben aufgefasst wird, sondern »*Resultat kultureller Arbeit*« (S. 147) ist; Stevens, »Memory, Reading and the Renewal of Love«; Mary J. Carruthers, *The Book of Memory. A Study of Memory in Medieval Culture*, Cambridge 1998. Insgesamt lässt sich festhalten, dass Wiederholungen in der mittelalterlichen Literatur eine zentrale Rolle spielen, etwa in Schemata wie der Brautwerbung oder in Stereotypen und Topiken, vgl. etwa Walter Haug: »Für eine Ästhetik des Widerspruchs. Neue Überlegungen zur Poetologie des höfischen Romans«, in: *Mittelalterliche Literatur und Kunst im Spannungsfeld von Hof und Kloster. Ergeb-*

Seligkeit zeigt strukturelle Ähnlichkeit zum Phänomen des Spiels und der Muße. Es offenbaren sich Aspekte wie Erfüllung, Leichtigkeit und allen voran Gegenwärtigkeit. Mit Wiederholung ist nach Kierkegaard die Erinnerung chiastisch verschränkt: die Erinnerung wiederholt und die Wiederholung erinnert. Es ist dieselbe Bewegung, jedoch in entgegengesetzter Richtung.[38] Während die Erinnerung den Hunger nicht stillt, genauer: nicht stillen kann, weil sie stets rückwärtsgewandt ist, ist die Wiederholung »das tägliche Brot, das mit Segen sättigt«[39]. In Analogie zur Eucharistie, bei der sich im Wort die christliche Botschaft immer wieder neu offenbart und der Leib in der Hostie gegenwärtig ist, wird hier Literatur zum Brot des Rezipienten, das Lesen eines Buches wird gleichgesetzt mit dem Essen eines Brotes.[40] Der Text des *Tristan* kann, so die pointierte Aussage des

nisse der Berliner Tagung, 9.-11. Oktober 1997, hg. v. Nigel F. Palmer und Hans-Jochen Schiewer, Tübingen 1999, S. 211–228. Auch Rainer Warning hat für seine Überlegungen zum ›Erzählen im Paradigma‹ den Begriff der Wiederholung stark gemacht, vgl. Rainer Warning, »Erzählen im Paradigma. Kontingenzbewältigung und Kontingenzexposition«, in: *Romanistisches Jahrbuch* 52 (2001), S. 176–209, Rainer Warning, »Die narrative Lust an der List. Norm und Transgression im ›Tristan‹«, in: *Transgressionen. Literatur als Ethnographie,* hg. v. Gerhard Neumann und Rainer Warning, Freiburg i.Br. 2003, S. 177–212. Allerdings geht die Reaktualisierung des *Tristan*-Stoffes, wie sie im Prolog beschrieben wird, über die übliche Praktik mittelalterlichen Erzählens hinaus und überträgt sie auf das jeweilige Wieder- und Neu-erfahren im jeweiligen Rezipienten.

[38] Kierkegaard, *Die Wiederholung,* S. 329: »*Wiederholung* ist ein entscheidender Ausdruck für das, was bei den Griechen ›Erinnerung‹ gewesen ist. [...] Wiederholung und Erinnerung stellen die gleiche Bewegung dar, nur in entgegengesetzter Richtung; denn woran man sich als Gewesenes erinnert, das wird in rückwärtiger Richtung wiederholt; wohingegen die eigentliche Wiederholung Erinnerung in Richtung nach vorn ist.«

[39] Kierkegaard, *Die Wiederholung,* S. 330. Vgl. im Prolog das Verständnis von Lektüre als Nahrung, vgl. auch Mt. 4,4: »Nicht vom Brot allein wird der Mensch leben, sondern von jedem Wort, das aus dem Munde Gottes hervorgeht.« Zur Gleichsetzung von Logos und Brot, vgl. Linden, »Die Amme der *edelen herzen*«, S. 128. Neben der Lektüre des *Tristan,* die das Brot der *edelen herzen* darstellt, ist die oben angeführte *morâliteit* das zweite existentiell notwendige und nährende Element für die Gruppe der *edelen herzen.* Die *morâliteit* ist ihnen als Amme gegeben (8014–8017). Vgl. Kapitel 3.2, bes. 3.2.4.

[40] Vgl. auch die Betonung von Herz und Mund in den Versen 97–100: *ein senelîchez maere / daz trîbe ein senedaere / mit herzen und mit munde / und senfte sô die stunde.* Sowohl mit dem Herzen als auch mit dem Mund sollen Liebesgeschichten aufgenommen bzw. konsumiert werden. Vgl. zur Analogie der Eucharistie Julius Schwietering, »Der Tristan Gottfrieds und die Bernhardischen Mystik«, in: ders., *Philologische Schriften,* hg. v. Friedrich Ohly und Max Wehrli, München 1969, S. 339–361; in jüngerer Zeit Susanne Köbele, »Mythos und Metapher. Die Kunst der Anspielung in Gottfrieds *Tristan*«, in: *Präsenz des Mythos. Konfigurationen einer Denkform in Mittelalter und Früher Neuzeit,* hg. v. Udo Friedrich und Bruno Quast, Berlin/New York 2004, S. 219–246; Burghart Wachinger, »Geistliche Motive und geistliche Denkformen in Gottfrieds *Tristan*«, in: *Der Tristan Gottfrieds von Straßburg. Symposion Santiago de Compostela,* 5.-8. April 2000, hg. v. Christoph Huber und Victor Millet, Tübingen 2002, S. 243–255, vertritt die These, dass geistliche Analogien im *Tristan* zwar eindeutig feststellbar sind, jedoch kein ernsthafter Anschluss an geistliche Diskurse und auch keine kritische Auseinandersetzung gesucht werden, vgl.

Prologes, jederzeit (re)aktualisiert, vielleicht passender: (re)animiert, werden.[41] Anfang und Ende überlagern sich von Beginn an. Grenzen wie die zwischen Leben und Tod verschwimmen, ohne sich aufzulösen und demonstrieren vielfältige subtile Verbindungen. Die artistische, doch unvereinbar anmutende chiastische Verquickung der vier Bereiche *lesen, leben, tôt* und *brôt* (233–240) fasst einen einzigartigen Prozess des »Enttötens«[42] in sich. Das Lesen richtet sich an das Leben und gegen den Tod, an Konstruktion und gegen Destruktion, an Kommunikation und gegen Isolation.[43] Das kulturelle Erinnern ist der einzige Schutz vor dem Vergessen.[44] Das Arbeiten gegen das Erlöschen muss als kontinuierliche Aufgabe verstanden werden. Die Spannung zwischen Suchen und Finden, wie sie am Beginn des Kapitels beschrieben wird, geht einher mit dem Willen, etwas Bestimmtes suchen zu wollen und dieses Etwas der Erinnerung anheimzugeben.[45]

Der Anfang des Prologes, in dem Gedanken zu Ethik und Ästhetik erörtert werden, bringt die Bedeutung des *memoria*-Gedankens[46] sogleich als Auftakt ins Spiel: *Gedaehte man ze guote nicht…* (1). Was die Zeit überdauern soll, wird explizit genannt; es ist das *guot,* das im strophischen Teil des Prologes (1–40)

---

v.a. S. 254. Entschieden gegen eucharistische Anklänge hat sich Eva Willms, »*Der lebenden brôt.* Zu Gottfried von Straßburg ›Tristan‹ 238 (240)«, in: *ZfdA* 123 (1994), S. 19–44, ausgesprochen.

[41] Vgl. Martin Seel, »Von Ereignissen«, in: ders., *Paradoxien der Erfüllung. Philosophische Essays,* Frankfurt a.M. 2006, S. 11–26, hier S. 24.

[42] Klotz, »Erzählen als Enttöten«, bes. S. 326; 330–333; Kiening, »Ästhetik des Liebestods«, in: *Das fremde Schöne. Dimensionen des Ästhetischen in der Literatur des Mittelalters,* hg. v. Manuel Braun und Christopher Young, Berlin/New York 2007, S. 171–194, hier S. 183.

[43] Vgl. Klotz, »Erzählen als Enttöten«, S. 326.

[44] Vgl. Jan Assmann, *Das kulturelle Gedächtnis. Schrift, Erinnerung und politische Identität in frühen Hochkulturen,* München 1992, 2., durchgesehene Auflage 1997; *Mnemosyne. Formen und Funktionen der kulturellen Erinnerung,* hg. v. Aleida Assmann und Dietrich Harth, Frankfurt a.M. 1991; *Kultur und Gedächtnis,* hg. v. Jan Assmann und Tonio Hölscher, Frankfurt a.M. 1988.

[45] Vgl. die Verse 13–16: *Ez zimet dem man ze lobene wol, / des er iedoch bedürfen sol, / und lâze ez ime gevallen wol, / die wîle ez ime gevallen sol.* Vgl. Stevens, »Memory, Reading and the Renewal of Love«, S. 319: »Medieval culture was, to an extent which has still to be fully appreciated, a memorial culture, and the literature to which it gave rise was conceived as a memorial literature.« Vgl. zum Begriff der Erinnerung in der mittelalterlichen Kultur auch Carruthers, *The Book of Memory.*

[46] Vgl. Ingrid Kasten, »Martyrium und Opfer. Der Liebestod im *Tristan*«, in: *Martyrdom in Literature. Visions of Death and Meaningful Suffering in Europe and the Middle East from Antiquity to Modernity,* hg. v. Friedericke Pannewick, Wiesbaden 2004, S. 245–257, hier S. 250: »Die Lektüre der Tristandichtung erfüllt damit eine der Lesung von Märtyrer-Legenden in der christlichen Glaubensgemeinschaft analoge Funktion. Die außerordentliche Liebe Tristans und Isoldes begründet ihr Fortleben in der kollektiven Erinnerung und hat die Funktion, die Rezipienten an dieser Liebe teilhaben zu lassen, ohne daß sie die Konsequenzen dieser Liebe in ihrer Faktizität tragen müssen. So wird eine ästhetische Erfahrung möglich, die, auch wenn das Erzählte den Rezipienten faktisch nicht widerfahren ist, doch als eine eigene, identitäts- und bewußtseinskonstituierende Wahrheit erlebt werden kann.« Vgl. auch Waltraud Fritsch-Rößler, »Multiple Memorialisierung in Gottfrieds von Straßburg ›Tristan‹«, in: *Kunst und Erinnerung. Memoriale Konzepte in der Erzählliteratur des Mittelalters,* hg. v. Ulrich Ernst und Klaus Ridder, Köln 2003, S. 159–197, zu Prolog und Literaturschau bes. S. 169–172, wichtig auch S. 193–197.

suchend um- und eingekreist wird, um diesem, so weit möglich, habhaft zu werden. Diese Kreisbewegung, die in der Idee der Eucharistiefeier angesprochen wird, greift auch in diesen Anfangsversen. Das Gute, das gesucht und gefunden wird, muss als solches Anerkennung erfahren und wiederum *in guot* (7) aufgenommen werden. ›Finden‹ bedeutet in diesem Zusammenhang ›wahrnehmen‹, ›differenziert betrachten und urteilen‹, aber auch ›gewahr-werden‹ im Sinne von ›in-Ehren-halten‹.[47] Es geht also um die Art der Rezeptionshaltung: dem Leser wird die Aufgabe überantwortet, das *guot* zu erkennen und sich ihm entsprechend anzunehmen. Gelingt ihm das, kommt das *guot* im Rezipienten selbst zur Wirkung: *und ist dem muote ein michel guot* (92). Dem Akt des *lesen* wird eine hohe Verantwortung und eine große Macht zugesprochen. Allein die Urteilskraft des Rezipienten entscheidet über *êre unde lop* (21), über *allez* und *niht* (3).

Bereits die häufige Verwendung von *lesen* – achtmal im Laufe des Prologs – zeigt die Wichtigkeit dieses Wortes an. *lesen* wird zur Schnittstelle jener oben angesprochenen Verbindungen, etwa zwischen verschiedenen Zeiten, zwischen Produktion und Rezeption oder zwischen Wiederholung und Wiederholtem. Lesen schafft – *süeze und iemer niuwe* (219) – Räume der Präsenz.[48] Derartige Gegenwärtigkeit ist es auch, die Muße ausmacht. In dem rituellen Akt vereinen sich Leser aller vergangenen und zukünftigen Zeiten. Verweilend verliert das Zeitvergehen für den Rezipienten an Bedeutung. Dem Verweilen wiederum ist das Sich-Sammeln zugehörig. Sammeln aber ist nichts Anderes als Lesen. Die Nähe zwischen Sammeln und Lesen ist bereits in den mittelhochdeutschen Wörterbüchern (BMZ, LEXER, s.v.) belegt: *lesen* kann demnach unter anderem auch ›sammeln‹, ›aufheben‹ und ›an-sich-nehmen‹ bedeuten. So sei hier auch an das Auflesen der Früchte, an die Wein- oder Ährenlese erinnert, wie auch Martin Heidegger in seiner Schrift zum *Logos* für griechisch λέγειν oder lateinisch *legere* aufzeigt. Interessanterweise übersetzt Heidegger λέγεσθαι mit »sich niederlegen in die Sammlung der Ruhe«[49]. Hier sind zwei Punkte für das Phänomen der Muße zentral: Zum einen die horizontale Haltung, die mit ›zum Liegen bringen‹ angesprochen wird, das heißt den größtmöglichen Kontakt zum Boden suchen, Ruhe einkehren lassen. Ein weiterer Punkt betrifft das Sammeln: Lektüre ist innere Sammlung, Fokussierung auf innere Bilder, welche bei aller äußerlichen Unbewegtheit innerlich geradezu vor Beweglichkeit bersten können. Lektüre ist somit potenzieller Ort von Selbstzeiterfahrung, der Entgrenzung der eigenen Welten bis hin zum

[47] Konzentriert wird dieser Punkt in der antithetischen Formulierung *pflegen* (vgl. 29–32) und *widerpflegen* (vgl. 32) zusammengeführt.

[48] Susanne Köbele spricht in Bezug auf den *Tristan* von einem Zeitparadox in der unauflöslichen Spannung zwischen geforderter »permanenter Wiederholung und unwiederholbarer Singularität«, S. 106, vgl. Köbele, *»iemer niuwe«;* vgl. zum Begriff der Süße Friedrich Ohly, »Geistige Süße bei Otfried«, in: *Typologia litterarum. Festschrift für Max Wehrli*, Zürich/Freiburg i.Br. 1969, S. 95–124 (Nachdruck in: Friedrich Ohly, *Schriften zur mittelalterlichen Bedeutungsforschung*, Darmstadt 1977, S. 93–127).

[49] Martin Heidegger, *Gesamtausgabe I. Abteilung: Veröffentlichte Schriften 1910–1976*, Bd. 7: Vorträge und Aufsätze, Frankfurt a.M. 2000, S. 214 (*Logos*, Heraklit Fragment 50, 1951).

Selbstverlust. Nach außen vermittelt das Bild eines Lesenden Untätigkeit, doch innerlich findet aktiv Sinnkonstituierung statt.

Vor diesem Hintergrund lässt sich nun ein zweiter Blick auf die Wortebene des *Tristan*-Prologs wagen. Es zeigt sich, dass sich dort doch eine reiche Fülle an Worten in Bezug auf Muße finden lässt: etwa *lâzen* (15) im Sinne von geschehen lassen, loslassen, aber auch *wîle* (15) als begrenzten Zeitraum, der dennoch einen gewissen Freiraum in sich trägt. Sinneseindrücke werden im Prolog häufig als passives Aufnehmen durch den Rezipienten beschrieben. So konzentriert sich im *betrahten* (18) der Schauende aktiv auf dasjenige Bestimmte, das seinen Blick gefangennimmt. Zugleich ist der Akt des Betrachtens auch ein Sich-Hingeben an das Betrachtete, ein Zulassen der Eindrücke, die auf ihn einströmen. Es zeigt sich darin das eigentümliche Zusammenspiel von Tätigkeit und Untätigkeit, welche Mußemomenten innewohnt. Ganz ähnlich funktionieren Verben wie *erkennen* (20), *vernemen* (8) oder *hoeren* (9) – sie verweisen alle auf die Empfängnisbereitschaft in einem Mußemoment, demjenigen, das auf einen zukommt, offen zu begegnen. Es handelt sich dabei immer um Verben, um Tunwörter, zugleich ist es jedoch mehr ein untätiges Tun oder vielmehr ein Lassen oder Geschehen-lassen.

Auch bei *sweben* (53) handelt es sich um ein Verb, das im Zusammenhang mit Muße ins Auge springt. *sweben* evoziert eine gewisse Leichtigkeit, das Gefühl von Sorglosigkeit, Gelassenheit und den Anschein von Freiheit. All jenes also, was auch Merkmale von Muße sein können. Doch dieses *sweben* wird im Text negativ konnotiert. Es bezieht sich auf die Gegenwelt der *edelen herzen*. Deren hedonistischer Lebensweise mangelt es gerade an der Fähigkeit zu Versenkung und Reflexion. Ihre Haltung ist ebenso einseitig, wie auch Muße nicht in Unterhaltung und Erholung aufgeht. Gottfried entlarve, so Büschen, am Beispiel dieser an reiner Beglückung orientierten Vielen (*ir ist sô vil* (29)) »*vröude* – ehemals Ausdruck einer gesellschaftlichen Hochstimmung – als Fluchtprinzip aus einer Realität, die die persönliche Auseinandersetzung mit der Gesamtheit ihrer Aspekte fordert«[50]. Eine derartige Konzentration auf Oberflächlichkeiten ist auch Zeugnis von Achtlosigkeit und Apathie. Diese steht gerade der zentralen Bedeutung von Lebendigkeit und Wachheit im *Tristan*-Prolog, die ebenfalls zur Muße hinführen, entgegen.

Der Aspekt des Erfüllten, Atmenden, lässt sich im Wortfeld Blühen bildlich wiederfinden: was *mit lobe geblüemet ist* (23) *blüejet* in vielerlei Art. Damit zeichnet sich die Dimension von Freiheit und Freiraum ab. Mußemomente passieren, ähnlich einem zufälligen Gang auf einem schmalen Weg, von dem man allzu leicht abkommen kann: *Hei tugent, wie smal sint dîne stege / wie kumberlîch sint dîne wege! / die dîne stege, die dîne wege, / wol ime, der sie wege unde stege!* (37). Diese Formulierung lässt sich als Bild aufgreifen, vom Kontext lösen und auf das Phänomen der Muße und dessen Flüchtigkeit übertragen, um das Prekäre, das Potenziell-Misslingende und Zerbrechliche zu veranschaulichen.

Nach dem Prolog führen die mühsamen Gänge hin zur *tugent* (37). *tugent* beschreibt einen Zustand der Vollkommenheit und Erfülltheit, welchen auch die

---

[50] Büschen, *Sentimentalität*, S. 113.

Muße auszeichnet. Für die Gruppe der *edelen herzen,* für die Gottfried exklusiv schreibt, besteht tatsächlich ein Zusammenhang zwischen Vollkommenheit und Muße. Lektüre ist in dieser Gruppe quasi das Medium der Muße, durch welche sie zu Vollkommenheit zu gelangen versucht. Dem vorangestellt kann die Bedeutung des Lesens für die *edelen herzen* gar nicht hoch genug eingeschätzt werden, da sich ihre Gemeinschaft über das Lesen selbst erst konstituiert.[51] Es zeigen sich also rückblickend deutliche Schnittmengen – zumindest für die Gruppe der *edelen herzen* – zwischen der Bedeutung der Begriffe Vollkommenheit, Muße und Lektüre. Der Grund, warum dies vor allem auf die Gemeinschaft der *edelen herzen* zutrifft, ist darin zu suchen, dass diese eine bewusste Entscheidung getroffen haben, wie sie mit den Dingen des Lebens und der Welt umgehen, die durch ihren spezifischen Habitus erkennbar wird.[52] Die Haltung der *edelen herzen* zeichnet

---

[51] Dass Lesen für diesen exklusiven Kreis jedoch nicht nur gemeinschaftsbildende Kraft besitzt, sondern auch durch die Etablierung einer solchen von Sehnsuchts- und Passionsliebe gezeichneten Gruppe wie der *edelen herzen* destabilisierend auf die soziale Umwelt wirken kann, betont Nikolaus Largier auf S. 211 in: »Liebe als Medium der Transgression. Überlegungen zu Affektgemeinschaft und Habitusformung in Gottfrieds *Tristan* (mit einer Anm. zur *Hohelied-*Mystik)«, in: *Norm und Krise von Kommunikation. Inszenierungen literarischer und sozialer Interaktion im Mittelalter. Für Peter Moos,* hg. v. Alois Hahn, Gert Melville und Werner Röcke, Berlin 2006, S. 209–224. Die Gefahren, die von einer solchen Liebe ausgehen, werden in Kapitel 4.2 und 4.3 diskutiert.

[52] Vgl. Huber, *Gottfried von Straßburg: Tristan,* Berlin 2013, S. 43, zu Ursprung und Verwendung des Begriffes *edele herzen:* »Das Kennwort der Zugehörigkeit heißt *edelez herze* (zuerst v. 47). Für diese Formel wurde von der Antike bis ins volkssprachliche Mittelalter eine lange Ahnenreihe rekonstruiert. Von der christlichen Orthodoxie über die Mystik bis zur Ketzerei hat man Zuordnungen von Gottfrieds Signalwort ausprobiert. Soziologisch leistet das Adjektiv *edel* eine Abgrenzung, es beschreibt den Anspruch einer Gruppe, ›nicht vulgär‹ zu sein. Das kann bei Gottfried aber, im Gegensatz zu anderen Belegen der Zeit, nicht mehr eindeutig ständespezifisch gelesen werden, d.h. als Abgrenzung der höfisch-aristokratischen Lebensform nach unten, wie sie noch Chrétien de Troyes für sein Publikum mit Nachdruck betreibt. Mit der abgelehnten Freudewelt wird gerade das Harmoniestreben der ständischen Ritterkultur angegriffen, das der Artusroman mit seinen gruppenintegrativen Zielen proklamiert. Gottfried bewegt sich dagegen in Richtung auf einen durch innere Qualitäten ausgezeichneten Herzensadel. Das macht die Gruppe noch kleiner, noch elitärer – oder es weitet sie aus. Insofern die Zugehörigkeit nicht von Standesgrenzen abhängt, nennt das Stichwort ein Leitbild für alle, die ihm zu folgen gewillt sind.« Deutlich wird bei diesen Aussagen Hubers, dass es sich nicht um eine quantitative Einschränkung handelt, sondern um eine qualitative, vgl. Tomas Tomasek, *Die Utopie im ›Tristan‹ Gotfrids von Straßburg,* Tübingen 1985, S. 126. Zum Begriff der *edelen herzen* vgl. auch Mazzadi, *Autorreflexionen zur Rezeption,* bes. S. 66–77; Eifler, »Publikumsbeeinflussung im strophischen Prolog«, S. 388; Hermann Kunisch, »*edelez herze – edeliu sêle.* Zum Verhältnis höfischer Dichtung zur Mystik«, in: *Mediævalia litteraria. Festschrift für Helmut de Boor zum 80. Geburtstag,* hg. v. Ursula Hennig und Herbert Kolb, München 1971, S. 413–450.
Christopher Young betont, dass es sich bei den *edelen herzen* nicht um einen Zustand, sondern um einen Prozess handelt. Der Begriff entwickle sich erst in der unmittelbaren Teilhabe des Rezipienten an der Geschichte. Vgl. hierzu Christopher Young, »Literaturtheorie bei Gottfried von Straßburg: Fiktion, Religion und Rhetorik«, in: *Wolfram-Studien* XV (1998), S. 125–210; Christopher Young, »Der Minnetrank als Literarisierungsprozeß bei Gottfried von Straßburg«, in:

sich aus durch eine bewusst gepflegte Kultur der sensiblen Wahrnehmung, der Bereitschaft zu Hingabe und Versenkung und des Zu-Lassens. Durch ihre ungewöhnliche Aufgeschlossenheit gegenüber tiefsten, scheinbar widerspruchsvollen Gefühlen und Empfindungen bietet sich den *edelen herzen* die ganze Bandbreite der Existenzfülle des Lebens. Hinsichtlich dieser aktiven Bejahung von Paradoxien scheinen sie besonders empfänglich für Mußeerfahrungen, welche sich gerade durch unvereinbar scheinende Dichotomien auszeichnet.

Das Beispiel der *edelen herzen* lässt zwei zentrale Feststellungen zu: zum einen, dass Muße für das Dasein eine Bereicherung darstellt und zum anderen, dass die innere Haltung entscheidend ist, um Muße erleben zu können. Muße zeigt sich auch im Zusammenhang der *edelen herzen* in einem schwer zu greifenden ›Zwischen‹, analog zu dem komplementären Paar ›Suchen und Finden‹ zu Beginn des Kapitels. Die Erfahrung der Muße zeichnet sich durch Innerlichkeit und Intensität aus. Dafür ist eine gewisse Bereitschaft und Disposition unabdingbar. Ohne die Offenheit und Wachheit gegenüber solch durchdringenden Empfindungen prallt jede Art potenzieller Mußeerfahrung unerfüllt ab. Trotz der exklusiven Haltung der *edelen herzen,* die von einem solchen Sensorikum geprägt ist, lässt sich Muße aber nicht einfach rational bestimmen, kontrollieren oder bewusst herstellen. Der Erfahrung wird ein ›konkreter‹ Ort, eine Art Enklave, zugewiesen: das Herz.[53] Diese Verortung stellt die Öffnung hin zu einem Raum der Imagination und der Potenzialität dar. Eine solche innerliche Welt des Herzens steht in äußerstem Kontrast zu *aller werlt,* zu jenem *iemer liebe gernde man* (94), welcher gerade die Abgründe meidet und sich an der glänzenden glatten Oberfläche festzuhalten versucht. Im Herzen wird die Geschichte der Liebenden im Akt des Lesens immer wieder erneuert, nachempfunden und zeitweise in die Gegenwärtigkeit gehoben. Das Herz ermöglicht eine exklusive Berührung, bei der »Wort und Sinn, Geschichte und Gegenwart, Text und Leben, frühere, heutige und künftige ›Leser‹ [...] Einst, Jetzt und Immer«[54] miteinander verschmelzen.[55]

Die *edelen herzen* lassen sich also im doppelten Sinne räumlich verorten: sie verweisen auf ein unsichtbares Inneres, treten zugleich jedoch äußerlich als Gemeinschaft auf, welche ein solches Herz in sich trägt, das Gegensätze wie Liebe und Leid miteinander vereint und auf sprachlicher Ebene in Form neuer Vereinigungen, wie etwa *ir liebez leid* (62), *ir leidez leben* (63), in ihrer Widersprüchlichkeit aufzulösen trachtet. Gottfrieds virtuoser Sprachverwendung gelingt es durch diese Wortverbindungen die paradoxale Struktur der *edelen herzen* auch

---

Der ›Tristan‹ Gottfrieds von Straßburg. Symposion Santiago de Compostela, 5. bis 8. April 2000, hg. v. Christoph Huber und Victor Millet, Tübingen 2002, S. 257–279. Damit wird deutlich, dass es sich nicht um eine irgendwie vorgefundene, fertige Disposition handelt, sondern dass ein *edelez herz* durch bestimmte Erfahrungen und Erlebnisse geformt wird.

[53] Vgl. Kunisch, »*edelez herze – edeliu sêle*«, S. 432f.

[54] Vgl. Kiening, »Ästhetik des Liebestods«, S. 183.

[55] Vgl. hierfür auch die Verse 12 200–12 201: *ich hân von in zwein vil gedâht / und gedenke hiute und alle tage.* Im ständigen Berührt-werden, im Erinnern und Wieder-holen hält die Geschichte von Tristan und Isolde dem Vergessen Stand.

auf sprachlicher Ebene sichtbar und hörbar zu machen. Besondere Aufmerksamkeit verdient dabei die häufige Verwendung von Oxymora im *Tristan*-Prolog.[56] Gottfried stellt diese in den Raum, ohne jedoch Gründe aufzuzeigen oder die Spannungen durch Erklärungen aufzulösen. Sie bleiben in ihrer Geheimnishaftigkeit unberührt stehen. Diese Oxymora fassen in sich nicht nur die paradoxale Struktur der *edelen herzen,* sondern treffen auch das Phänomen der Muße in seinem Kern. Es scheint, als sei das Oxymoron die Figur der Muße schlechthin: in ihr verbinden sich scheinbar widersprüchliche, sich gegenseitig ausschließende Komponenten wie Tätigkeit und Untätigkeit, Verweilen und Aufgehen, Konzentration und Diffusion, Ordnung und Unordnung, Bewegung und Ruhe, Anspannung und Entspannung.[57]

Auch wenn die Suche zunächst aussichtslos schien und auf Wortebene keinerlei Anzeichen zu finden waren, bietet der *Tristan*-Prolog für eine erste Annäherung an das Phänomen der Muße im höfischen Roman ein facettenreiches Angebot inhaltlicher, sprachlicher und lautlicher Art, welches Elemente von Muße erkennen lässt. An diese aus dem *Tristan*-Prolog gewonnenen Erkenntnisse anknüpfend soll die ›Suche‹ in den folgenden Kapiteln fortgesetzt und ausgeweitet werden. Leitend ist jedoch immer die hier deutlich gewordene Einsicht, dass sich Muße nicht durch energische, ungeduldige Suche herbeiführen lässt. Daher spielen bei der Untersuchung sowohl gesellige Feste eine Rolle, die gleich auf den ersten Blick vermeintlich Muße erkennen lassen, als auch Bereiche wie jener der ritterlichen *arbeit,* der Muße zunächst keinen Platz einzuräumen scheint. Die letzten Verse des Prologs fassen diese offene Haltung, die Phänomen wie Gegenphänomen gleichermaßen miteinschließt, pointiert zusammen und bilden den Hintergrund für die weiteren Überlegungen:

Und swer nur ger, daz man im sage
ir leben, ir tôt, ir vröude, ir clage,
der biete herze und ôren her:
er vindet alle sîne ger.
(241–244)

[56] Vgl. Wiebke Freytag, *Das Oxymoron bei Wolfram, Gottfried und andern Dichtern des Mittelalters,* München 1972, S. 155: »Gottfried zieht es vor, den scheinbaren Widerspruch sich nicht entwickeln zu lassen oder ihn in seiner spezifischen Art der Gegensatzverbindung sichtbar zu machen; er liebt das formal klare, daher inhaltlich um so geheimnisvollere, das ruhige, doch spannungsgeladene Zusammentreffen der Gegensätze [...] Es kommt ihm an auf die Wirkung der scharf umrissenen Wortfigur aus knapp nebeneinandergestellten Begriffen, die er nur selten durch Zusätze um ihre Prägnanz bringt.«

[57] Vgl. Soeffner, »Muße – Absichtsvolle Absichtslosigkeit«, S. 35, der die Ambivalenz des Phänomens Muße insgesamt am »Spiel mit sozialen, ethischen, ästhetischen und anthropologischen Paradoxien und Entgegensetzungen« ausmacht. Die Suggestivkraft dieser Ambivalenz, so Soeffner, sei stark.

Kapitel 3

Abgrenzung: Zur (Un-)Möglichkeit institutionalisierter Formen von Muße

Die Analyse des *Tristan*-Prologes hat gezeigt, dass auf Wortebene *muoze* weitgehend von *unmüezekeit* und *unmuoze* verdrängt wird. Erst ein zweiter Blick auf inhaltlicher Ebene lässt Anklänge an Muße erkennen. Erweitert man die Perspektive vom Prolog auf das Handlungsgeschehen, scheint Muße im höfischen Roman jedoch auch inhaltlich-thematisch eine Unmöglichkeit darzustellen. In weiten Teilen ist nicht nur der *Tristan,* sondern sind vor allem die Hartmannromane von Kämpfen und *âventiure*-Fahrten beherrscht, die dem Ritter in erster Linie *arbeit* und Anstrengung abverlangen. Jede Form von Muße wird durch die bewegte, beinahe hektische Aneinanderreihung von Ereignissen verhindert oder bewusst abgelehnt und moralisch missbilligt. Die herrschende Ordnung am Hof spielt dabei eine entscheidende Rolle. Einerseits entlastet und lenkt sie das Zusammenleben innerhalb der adligen Gesellschaft, bietet Orientierungspunkte und Handlungsmaximen, um so das Funktionieren der Gemeinschaft zu sichern. Andererseits verhindert sie ein unkontrolliertes Ausbrechen der Figuren aus ihren Rollen und Funktionen, die das Kollektiv dadurch aus dem Gleichgewicht bringen könnten.

Es lassen sich drei große Bereiche feststellen, die das gemeinschaftliche Gefüge prägen und die auch die Texte thematisch wie quantitativ in der Hauptsache dominieren. Die Struktur des ersten Hauptteiles bildet diese drei Bereiche ab: Zum einen ist es der Bereich der *arbeit,* der sich vor allem im Kampf äußert und eng mit dem Streben nach *êre,* nach Herrschaft, aber auch nach Minne verknüpft ist. Zum anderen findet die ritterliche *arbeit* vornehmlich auf *âventiure*-Fahrten in die mythische Anderwelt statt. Dieses Unterwegs-sein des Ritters ist als Bewährungsprobe und Bildungsweg gleichermaßen zu fassen. Bildung und Erziehung dienen vornehmlich der Vervollkommnung der Protagonisten und der Einführung in den höfischen Verhaltenskodex. Die ritterliche *arbeit* und die *âventiure* sind als Gegenphänomene von Muße zu verstehen. Da sie in den Texten derart prävalent sind, gilt es im Folgenden, sie in ihrer Bedeutung für die höfische Gesellschaft zu untersuchen, um daran anschließend über Abgrenzungen das Phänomen der Muße zu profilieren und die negativen Wertungen von Muße innerhalb der höfischen Kultur angemessen einzuordnen. Ein integraler Bestandteil der institutionellen Ordnung des Hofes ist zudem das Fest sowie unterschiedlichste Formen der *kurzwîle,* welche den dritten großen Bereich der Themen ausmachen, die den höfischen Roman bestimmen. Höfisches Fest und Tätigkeiten der *kurzwîle,* die als Phänomene eng mit Muße verwandt sind, bieten im Rahmen des herrschenden Ordnungsgefüges eine fest etablierte Form des Ausbruchs aus alltäglichen Verpflichtungen und einen Raum der Geselligkeit und der Gemeinschaft. Die folgenden Ausführungen widmen sich dezidiert dem jeweiligen Wesen von *arbeit, âventiure,* Fest, Geselligkeit und *kurzwîle* und fragen nach den jeweiligen Unterschieden und Ähnlichkeiten zu Muße.

Die Verwendung des Ausdrucks ›(Un-)Möglichkeit‹, wie er im Titel dieses ersten Hauptteiles erscheint, ist an dieser Stelle nicht im Sinne eines Entweder-Oder gemeint. Vielmehr ist er als Frage zu verstehen, ob die Auffassung der Unmöglichkeit von Muße im höfischen Roman, wie die überschaubare Forschungslage annehmen lässt, tatsächlich Möglichkeiten von institutionalisierten Formen von Muße ausschließt oder sich Fugen eröffnen, in denen sich auch innerhalb der herrschenden Ordnung Muße einzustellen vermag, pointiert gesagt: ob also in der Un-Möglichkeit auch die Möglichkeit lauert.[1]

3.1 ›arbeit‹, ›êre‹, Kampf

›*vz vͤz mvͦzze*‹ (im Sinne von ›aus, vorbei mit dir, fort mit dir, Muße!‹)[2] – dieser harsche elliptische Ausruf richtet sich offensichtlich zugleich an und gegen *muoze.* Als Imperativ formuliert wird in diesen wenigen Worten der regulative und abwertende Gestus der Äußerung deutlich. Mit der wiederholten Präposition *vz vͤz* wird eine gewisse Dringlichkeit und Absolutheit transportiert. Zu finden ist diese Forderung auf einem Spruchband in der Gothaer Handschrift Memb. I 120, die 1340 entstand.[3] Die Handschrift beinhaltet den umfangreichsten Illustrationszyklus zu dem Lehrgedicht *Der Welsche Gast* des Friauler Klerikers Thomasin von

[1] Im freien Rückgriff auf Seel, »Von Ereignissen«, S. 18f., der beschreibt, wie innerhalb von Konstellationen erschlossener und verschlossener Gelegenheiten Ereignisse unterschiedlichster Macht eingreifen, die »Unmögliches möglich und Mögliches unmöglich« werden lassen, zugleich aber spürbar machen, »dass in den bekannten Möglichkeiten Unmöglichkeiten und in den bekannten Unmöglichkeiten Möglichkeiten lauern.«

[2] Vgl. Kathryn Starkey, *A Courtier's Mirror, Cultivating Elite Identity in Thomasin von Zerclaere's* Welscher Gast, Notre Dame, Indiana 2013, S. 202. Starkey übersetzt mit »out, out Laziness«.

[3] Als Leitbild für dieses Kapitel verwende ich beispielhaft die Darstellung in der Gothaer Handschrift, das Motiv findet sich jedoch auch in anderen illustrierten Handschriften des *Welschen Gastes.* Neben der Gothaer Handschrift vgl. auch folgende Handschriften: Dresden, SLUB, Mscr.Dresd.M.67 (Sigle: D), fol. 6r.; München, Bayerische Staatsbibliothek, Cgm 571 (Sigle: U), fol. 7v; Wolfenbüttel, Herzog-August-Bibliothek, Cod.37.19 Aug. 2° (Sigle: W), fol. 105v; Berlin, Staatsbibliothek zu Berlin – Preußischer Kulturbesitz, Ms. Ham. 675 (Sigle: H), fol. 6v; Heidelberg, Universitätsbibliothek, Cod. Pal. germ. 330 (Sigle: b), fol. 8r; Heidelberg, Universitätsbibliothek, Cod. Pal. germ. 320 (Sigle: a), fol. 9r, vgl. *http://digi.ub.uni-heidelberg.de/wgd/* [Zugriff: Januar 2019] sowie den Sonderforschungsbereich 933 *Materiale Textkulturen* der Universität Heidelberg (2011–2015).

Zerklaere um 1215/16. Auf fol. 8v offenbart sich dem Leser neben einem Schriftbereich und zwei Miniaturen eine kolorierte Zeichnung am unteren rechten Bildrand, der auch der obige Ausspruch zugeordnet ist. Die Illustration zeigt zwei einander folgende berittene Figuren in der Seitenansicht, die keine Rüstung tragen. Die Beischriften oberhalb der Figuren bezeugen, dass es eine allegorische Darstellung der Phänomene *unmuoze* und *muoze* ist. Bei der linken Gestalt handelt es sich um die personifizierte *Unmuoze,* die Geschäftigkeit. Die rechte Figur ist die Verkörperung der *Muoze,* der Untätigkeit, Bequemlichkeit und freien Zeit. Die *Unmuoze* ist als hell erleuchtete Gestalt mit feinen, weichen Gesichtszügen dargestellt. Sie breitet ihre Arme aus und wendet ihr Angesicht dem Betrachter zu. Die *Muoze* dagegen ist als dunkle Figur mit härterem Ausdruck gezeichnet und im Profil dargestellt. Die *Unmuoze* treibt die dunkle Gestalt der *Muoze* in die Flucht und droht ihr mit hocherhobener Geißel. Kopf und Vorderhufe des Pferdes der *Muoze* und Teile ihres wehenden Schleiers sind außerhalb des Schriftraumes positioniert.[4] Auf dem Schriftband der *Unmuoze* ist der zu Anfang genannte Appell zu lesen: ›*vz vͤz mv̊zze*‹, während diese die Botschaft ›*Owe sol mans nvͤ an mir heben*‹ auf ihrem Schriftband trägt.[5]

Diese Beschreibung einer Zeichnung aus dem *Welschen Gast* dient als Ausgangspunkt der folgenden Überlegungen, die sich dem Bereich routinemäßigem ritterlichem Tun widmet. Dieses dominiert die Texte um 1200 in weiten Teilen und scheint Formen von Muße auszuschließen, zumindest aber entgegenzustehen. Das Bild der Geißel der *Unmuoze* zieht sich wie ein roter Faden durch die folgenden Betrachtungen: es geht gerade um jene literarischen Inszenierungen, die mußehafte Aspekte, etwa eine gewisse Untätigkeit und Unbestimmtheit, ablehnen. Nur über Gegenphänomene lässt sich die Bedeutung von Muße im höfischen Roman im Weiteren adäquat fassen. Zudem dienen mußeferne Bereiche als Kontrastfolie, vor der Phänomene von Muße erst sichtbar werden. Ausgehend von den genannten Überlegungen zu der Zeichnung in der Gothaer Handschrift wende ich mich zunächst der Semantik von *arbeit* und *êre* zu. Diese die Semantik betreffenden Ausführungen stecken gewissermaßen das Terrain ab, auf dem im Folgenden die betreffenden Szenen verstanden werden sollen (3.1.1). Gerade in Abgrenzung zu einem Verständnis von *arbeit* als unwillentlich erfahrenem Leid, ist das Ideal des ritterlichen Lebens hauptsächlich von der Maxime der *arbeit umbe êre* geprägt. Eindrücklich zeigt sich dies in der Zweikampfszene für die Schwestern vom Schwarzen Dorn aus dem *Iwein.* Hier werden das Konzept der

---

[4] Die Platzierung der Miniatur am unteren rechten Rand ist in der Gothaer Handschrift einmalig, daher lassen sich keine allgemeingültigen Aussagen über die Positionierung des Motivs treffen. Hier wird jedoch der Eindruck erweckt, die *Muoze* werde langsam aus dem Bereich des Sichtbaren gedrängt.

[5] Starkey, *A Courtier's Mirror,* S. 202, Starkey übersetzt mit »Alas, is someone now attacking me?«; vgl. Manuwald, *»Ich hân gehôrt unde gelesen«;* Horst Wenzel, »Der Dichter und der Bote. Zu den Illustrationen der Vorrede in den Bilderhandschriften des ›Welschen Gastes‹ von Thomasin von Zerclaere«, in: *Beweglichkeit der Bilder,* hg. v. Horst Wenzel und Christina Lechtermann, Köln/Weimar/Wien 2002, S. 82–103.

arbeit umbe êre und dasjenige der *verlegeniu müezekheit* prominent gegeneinander gestellt (3.1.2). Anhand des Moroldkampfes im *Tristan,* der Bezwingung der Riesen in der Cadoc-Szene des *Erec* und der Tötung Arofels im *Willehalm* werden Formen von Aggressivität und Brutalität als extreme Gestalt von *arbeit umbe êre* betrachtet (3.1.3). In den letzten Abschnitten werden insbesondere im *Willehalm* Textstellen in den Blick genommen, die trotz vorherrschendem Kampfgeschehen strukturelle Ähnlichkeit zu Muße aufzeigen (3.1.4). Auch im Zusammenhang von Krieg und Kampf zeigen sich Strukturen des Ausbruchs, die für Augenblicke Freiräume eröffnen (3.1.5). Die Figuren, die in derartige Freiräume entfliehen, werden jedoch entweder durch das hereinbrechende Kampfgeschehen oder durch andere Figuren, die die Einhaltung der Regeln überwachen, sofort wieder in die institutionelle Ordnung zurückgeführt (3.1.6).

3.1.1 Die Geißel der ›Unmuoze‹

In der Illustration stehen sich *muoze* und *unmuoze* als Gegenkonzepte gegenüber. *unmuoze* steht semantisch in Verbindung mit Aktivität und gefüllter Zeit bzw. Zeitmangel. Dagegen birgt *muoze* als freie, zu füllende Zeit, offensichtlich Gefahr in sich, auch wenn die Gründe dafür aus dem Bild noch nicht hervorgehen. Deutlich wird jedoch die Aufforderung, sich vor ihr zu hüten, sie, wenn nötig auch mit Gewalt, aus dem Blickfeld zu vertreiben. Auf der Ebene der Wortbildung wird dies anhand der negierenden Präfigierung mit *un-* angezeigt, was als eine Art Versuch gelesen werden kann, der Bedrohung Einhalt zu gebieten. Es scheint, als werde das Präfix *un-* an das Substantiv *muoze* gesetzt, um die mit ihr verbundene Untätigkeit und Unbestimmtheit zu kontrollieren und beherrschbar zu machen.[6]

[6] Vgl. Hermann Kunisch, »Spätes Mittelalter«, in: *Deutsche Wortgeschichte,* Bd. 1, hg. v. Friedrich Maurer und Friedrich Stroh, 2. neubearbeitete Auflage 2011, S. 205–268, hier S. 241. Vgl. *Mittelhochdeutsche Grammatik, Teil III, Wortbildung,* hg. v. Thomas Klein, Hans-Joachim Solms und Klaus-Peter Wegera, Tübingen 2009, S. 48f., vgl. auch S. 39: »Die Präfixe haben an der Wortbildung der Substantive auch im Mhd. nur einen vergleichsweise geringen Anteil. Mit über 63% aller Präfixbildungen und mehr als der Hälfte aller Präfixbelege stellt *un-* dabei den überwiegenden Anteil«; vgl. zur Antonymbildung durch *un-* im Nhd. auch Barbara Lenz, un-*Affigierung: unrealisierbare Argumente, unausweichliche Fragen, nicht unplausible Antworten,* Tübingen 1995, S. 33–38. Sprachgeschichtlich betrachtet taucht *un-* in der Kategorie primärer Nominalpräfixe bereits im Althochdeutschen als Negativpräfix auf, vgl. Stefan Sonderegger, *Althochdeutsche Sprache und Literatur,* 3., durchgesehene und wesentlich erweiterte Auflage, Berlin/New York 2003, S. 339, vgl. auch Eckhard Meineke/Judith Schwerdt, *Einführung in das Althochdeutsche,* Paderborn/München/Wien u.a. 2001, S. 294f.: das Präfix *un-* ist kein freies Wort, sondern setzt sich als Modifikation oder Spezifizierung im Zuge von Zusammenrückungen an ein Grundwort, daher lässt sich schließen, dass zuerst das Wort *muoze* bestand, bevor durch Präfigierung das Antonym gebildet wurde. Vgl. auch Hans Ulrich Schmid, *Einführung in die deutsche Sprachgeschichte,* 2., aktualisierte Auflage, Stuttgart 2013, S. 244. Auf S. 247 verweist Schmid auch auf die Wortneubildungen im späten 13. und frühen 14. Jahrhundert durch Vertreter einer mystischen Religiosität, etwa *unwesen.* Diese Bemerkung unterstützt zusätzlich die These, es bei dem Nomen *unmuoze* mit einer sekundären Bildung zu tun zu haben.

In diesem Fall hat das Präfix *un-* die Funktion der Negation, als Mittel zur Bildung des Antonyms. Im Vergleich zum Simplex *muoze* als Basis, an welche das Präfix tritt, lässt sich bei *unmüezekheit* nicht genau bestimmen, ob die Präfigierung oder die Suffigierung letzter Wortbildungsschritt ist, dagegen ist auch hier als Basis *müezic/müezec* festzumachen. Vergleichbares findet sich auch in der lateinischen Form von *otium* und der sich daraus entwickelten Form des *negotium* sowie im griechischen σχολή und ασχολία.[7]

Die Illustration in der Gothaer Handschrift lässt sich als Allegorie für das anzustrebende Ideal des Ritters auffassen, wie es auch auf Textebene an späterer Stelle im *Welschen Gast* erwähnt wird.[8] Wie dieses genau auszusehen hat, beschreibt Thomasin in seinen Überlegungen über den Ritterstand mit deutlichen Worten:

Swer wil rîters ambet phlegen,
der muoz mêre arbeit legen
an sîne vuor dan ezzen wol:
[...]
der mac niht rîters ambet phlegen,
der niht enwil wan samfte leben.
[...]
Dehein man sol müezec sîn:
swer müezec ist, der machet schîn,
daz muoze dicke unmuoze bringet,
swenner mit ungedanken ringet.
Wil ein rîter phlegen wol
des er von rehte phlegen sol,
sô sol er tac unde naht
arbeiten nâch sîner maht
(7785–7804)

Diesen Ausführungen folgend gebührt es einem Ritter nicht, sich einem angenehmen, bequemen Leben hinzugeben und allein die Vorzüge einer elitären Lebensweise zu genießen. Das Ritteramt wird nur ungenügend erfüllt, wird es auf die rein repräsentative Inszenierung reduziert, die den schönen Schein durch das

[7] Vgl. auch Haubrichs, »Das Wortfeld von ›Arbeit‹ und ›Mühe‹«, S. 99. Vgl. für lateinisch *otium-negotium:* Jean-Marie André, *Recherches sur l'otium romain,* Paris 1962; Jean-Marie André, *L'otium dans la vie morale et intellectuelle romaine (des origines à l'époque augustéenne),* Paris 1966. Vgl. zu σχολή und ασχολία auch Norbert Martin, »Muße«, in: HWPh, hg. v. Joachim Ritter und Karlfried Gründer, Darmstadt 1984, Bd. 6, Sp. 257–260; Jutta Krauß-Siemann, »Muße«, in: *Theologische Realenzyklopädie,* hg. v. Gerhard Müller, Berlin/New York 1994, Bd. 23, Sp. 495–497; vgl. auch Elisabeth Charlotte Welskopf, *Probleme der Musse im alten Hellas,* Berlin 1962.

[8] Im Text selbst ist eine solche Vertreibung nicht explizit genannt. Kathryn Starkey, *A Courtier's Mirror,* S. 202, ordnet die Zeichnung dem Ende des Prologes zu, das von der *bosheit* handelt. Henrike Manuwald geht aufgrund der Divergenz zwischen Text und Bild von einem Transferprozess bei der Bebilderung aus. Sie erklärt den Textbezug mit der *acedia*-Tradition, in der die Konzeptionalisierungen von *unmuoze, muoze* und *trâkheit* stehen, vgl. Manuwald, *»Ich hân gehôrt unde gelesen«.*

Zurschaustellen edler Kleidung und distanziertem Winken (7788–7790) aufrechterhält.[9] In den zitierten Versen wird ausbuchstabiert, was das oben beschriebene Bild aus der Gothaer Handschrift mimetisch zum Ausdruck bringt: *muoze* gilt es zu meiden, denn sie fördert *ungedanken* (7800), welche vom rechten Weg abzubringen vermögen. Sie ruft – im für Thomasin typisch dialektischen Denken – ihr Gegenteil, die *unmuoze* (7799), hervor, welche hier pejorativ als Unruhe und Störung stabiler und durch Kontinuität geprägter kultureller Ordnungen und Wertvorstellungen zu verstehen ist. Des *rîters ambet* zeichnet sich vor allem durch *arbeit* aus. Mit *arbeit* ist jedoch nicht der körperliche Kraftaufwand zur Produktion materieller Güter oder Nahrungsmittel gemeint; vielmehr fordert die ritterliche Lebensweise *arbeit* im Sinne von Mühe und Anstrengung im täglichen karitativen Einsatz für die Kirche, Arme und Notleidende (7805).[10] *arbeit* ist die bestimmende Lebensform des Ritters, die sich in Taten der Nächstenliebe und der Tüchtigkeit nach außen trägt.[11] Im Rückgriff auf die anfangs erwähnte Illustration lässt sich die Geißel als Symbol für die *arbeit* des Ritters begreifen, mit welcher die *muoze* in die Flucht getrieben und dem ritterlichen Verhaltenskodex Raum geschaffen wird. So steht die Peitsche nicht nur als Bild für Kraft und Strapaze, als Schlagwaffe verweist sie zugleich auf den Streiter im Gefecht und untermauert die Vorstellung des unermüdlich kämpfenden Ritters.[12]

Die Beschreibung Gaweins im *Erec* kann als eine Art ›Typologie‹ des idealen Ritters verstanden werden.[13] Hier tauchen konzentriert diejenigen Leitwörter und

---

[9] Vgl. Johan Huizinga, *Herbst des Mittelalters. Studien über Lebens- und Geistesformen des 14. und 15. Jahrhunderts in Frankreich und in den Niederlanden,* hg. v. Kurt Kösters, Stuttgart 1969, hier S. 88: Huizinga weist in seiner historischen Studie über das späte Mittelalter auf die Ambivalenz des ritterlichen Ideals hin, welches zwischen ästhetischem und ethischem gefährlich schwankt. Einerseits wird es mit Frömmigkeit und Tugend in Verbindung gebracht, andererseits zeichnet sich das Rittertum durch Schönheit und Hochmut als Elite aus.

[10] Vgl. auch Andreas Kraß, »Die Mitleidsfähigkeit des Helden. Zum Motiv der *compassio* im höfischen Roman des 12. Jahrhunderts (›Eneit‹ – ›Erec‹ – ›Iwein‹)«, in: *Wolfram-Studien* 16 (2000), S. 282–304.

[11] Vgl. im *Willehalm: swer rîterschefte wil rehte phlegen, / der sol witwen unde weisen / beschirmen von ir vreisen!* (299,16–18).

[12] Vgl. die Worte Guivreiz im *Erec: dar zuo sît ir gewâfent wol, / als ein guot ritter sol / der ze deheinen stunden / werlôs wil werden vunden / und der âventiure suochet* (4336–4340). Vgl. dagegen zu Beginn des *Erec:* ohne Waffen ist Erec *blôz als ein wîp* (103). Mit der Kampfausrüstung wird also auch Männlichkeit konstituiert.

[13] Vgl. im *Iwein: her Gâwein was der höfschste man / der rîters namen ie gewan* (3037f.); Chrétien de Troyes: *Yvain: Por mon seignor Gauvain le di; / Que de lui est tot autressi / Chevalerie anluminee, / Con li solauz la matinee / Oevre ses raus et ckarté rant / par toz les leus, ou il s'espant* (2403–2408). Vgl. auch Jürgen Haupt, *Der Truchsess Keie im Artusroman. Untersuchungen zur Gesellschaftsstruktur im höfischen Roman,* Berlin 1971, hier S. 86: Gawein »ist eine dichterische Verklärung für die Idealität und die behauptete Unüberwindlichkeit eines Rittertums, das moralische und aesthetische Werte, militante und (literarisch)-kulturelle Ambitionen miteinander vereinigt«; »[d]as Statische an der Gawein-Figur deutet die Zielrichtung für den einzelnen Ritter an: Gültigkeit, Vorbildlichkeit, Aufgehobenheit in der Gesellschaft«, S. 87; vgl. Josef Fleckenstein, »Über den engeren und den weiteren Begriff von Ritter und Rittertum (*miles* und *militia*)«,

Motive auf, die das idealtypische Ritterbild prägen: *rîch* (2732), *edel* (2732), *getriuwe* (2734), *milte âne riuwe* (2735), *stæte* (2736), *wol gezogen* (2736), in seinen Worten *unbetrogen* (2737), *starc, schœne* und *manhaft* (2738), *aller tugende kraft* (2739), *mit schœnen zühten vrô* (2740) und *gemeistert* (2741).[14] Was hier ausführlich dargelegt wird, ist der aristokratische Habitus der *hövescheit*.[15] Der »zum Kennwort der neuen Gesellschaftslehre«[16] gewordene Begriff der *hövescheit* fasst nicht nur die Tugendforderungen, sondern auch die Regeln des richtigen Umgangs.[17] Nach Barbara Haupt ist damit auch ein »angemessene[s] Sich-Einfügen

---

in: *Person und Gemeinschaft im Mittelalter. Festschrift Karl Schmid*, hg. v. Gerd Althoff, Dieter Geuenich, Otto Oexle und Joachim Wollasch, Sigmaringen 1988, S. 379–392 (wiederabgedruckt in: Josef Fleckenstein, *Vom Rittertum im Mittelalter. Perspektiven und Probleme*, Goldbach 1997, S. 13–31); vgl. Joachim Bumke, *Studien zum Ritterbegriff im 12. und 13. Jahrhundert*, 2. Auflage mit einem Anhang: Zum Stand der Ritterforschung 1976, Heidelberg 1977, vgl. S. 29: In den Artusromanen Hartmanns erfährt das Wort *ritter* eine Nobilitierung sowie eine Ästhetisierung und Moralisierung, vgl. bes. S. 88–129; vgl. Barbara Haupt, »Der höfische Ritter in der mittelhochdeutschen Literatur«, in: *Rittertum und höfische Kultur der Stauferzeit*, hg. v. Johannes Laudage und Yvonne Leiverkus, Köln 2006, S. 170–192, hier S. 172; vgl. auch *Die Ritteridee in der deutschen Literatur des Mittelalters. Eine kommentierte Anthologie*, mit einer Einleitung von Peter Somogyi und Jürgen Wolf, hg. v. Jörg Arentzen und Uwe Ruberg, 2. durchgesehene und bibliografisch ergänzte Auflage, Darmstadt 2011.

[14] Haupt, »Der höfische Ritter«, S. 181f. in Bezug auf diese hier zitierte Textstelle im *Erec*: »Ethische Werte wie *staete* (Beständigkeit), Aufrichtigkeit, Freigebigkeit, dazu die im Lehnswesen verankerte *triuwe* (Treue) gehören zum Bild des höfischen Ritters, der natürlich von Adel ist *(edel)* und über Reichtum verfügt, *conditio sine qua non* für die Ausübung der *largitas*. Wenn von Gawein gesagt wird, daß er gut zu der Gemeinschaft des Artushofes paßt, so umschreibt das den Begriff der *vuoge*, das angemessene Sich-Einfügen in die Gesellschaft, was zumeist mit ›Schicklichkeit‹ oder ›Wohlanständigkeit‹ übersetzt wird. Höfische Umgangsformen – unser neuhochdeutsches Wort ›höflich‹ geht auf *hövesch* zurück – zeichnet den adligen Ritter in besonderem Maße aus: höfliches Grüßen, diplomatisches Verhandeln, Rücksichtnahme, Diskretion und anderes mehr«.

[15] Explizit benannt ist dies zum Beispiel im *Parzival*: *er reit zin unde enpfienc se sô / daz se al gelîche sprâchen dô / daz der werde Gâwân / wære ein manlîch höfsch man* (677,21–24); *Gâwân der höfsche man* (756,22), vgl. Wolfram von Eschenbach, *Parzival*, Studienausgabe, mittelhochdeutscher Text nach der sechsten Ausgabe von Karl Lachmann, Übersetzung von Peter Knecht. Mit Einführung zum Text der Lachmannschen Ausgabe und in Probleme der ›Parzival‹-Interpretation von Bernd Schirok, 2. Auflage Berlin/New York 2003; vgl. auch Wenzel, *Höfische Repräsentation*, S. 18.

[16] Bumke, *Höfische Kultur*, S. 425.

[17] Vgl. *Der Welsche Gast*: *wan ir sult wizzen sicherlîchen / daz beidiu zuht und hüfscheit / koment von der gewonheit* (656–658). Dieses Zitat Thomasins zeigt, dass das Ideal der *hövescheit* einem andauernden Prozess unterliegt und sich erst durch Übung und Wiederholung einstellt; vgl. zum Begriff der *hövescheit*, u.a. Bumke, *Höfische Kultur*, bes. S. 416–430; vgl. auch Joachim Bumke, »Höfischer Körper – Höfische Kultur«, in: *Modernes Mittelalter. Neue Bilder einer populären Epoche*, hg. v. Joachim Heinzle, Frankfurt a.M./Leipzig 1994, S. 67–102, vgl. S. 67: Bumke verweist auf die Nähe von *hövescheit* zu *zuht* und *vuoge*; vgl. auch Peter Ganz, »›hövesch‹/›hövescheit‹ im Mittelhochdeutschen«, in: *Curialitas. Studien zu Grundfragen der höfisch-ritterlichen Kultur*, hg. v. Josef Fleckenstein, Göttingen 1990, S. 39–54, hier S. 45: »Im Mittelhochdeutschen wird das Adjektiv überhaupt bald zu einem Allerweltsbeiwort, das in den

in die Gesellschaft«[18] gemeint. Der Ausdruck *hövesch* ist keine wertneutrale Bezeichnung für »Personen, Gegenstände und Handlungsweisen«, vielmehr ist er

typisierenden Beschreibungen der erzählenden Literatur des dreizehnten Jahrhunderts die gesellschaftliche Vollkommenheit überhaupt bezeichnet. [...] *hövesch* beschreibt Aussehen, Kleidung und Benehmen, bedeutet Zugehörigkeit zur *werelt,* zur Gruppe derer, die zählen, und die sich auch gegen die Außenstehenden abschließen, die als *dörperlîch* bezeichnet oder diffamiert werden.« Vgl. allgemein *Curialitas. Studien zu Grundfragen der höfisch-ritterlichen Kultur,* hg. v. Josef Fleckenstein, Göttingen 1990; vgl. auch die Untersuchung Karlheinz Stierles am Beispiel von Chrétiens *Erec et Enide:* »Cortoisie. Die literarische Erfindung eines höfischen Ideals«, in: *Poetica* 26 (1994), S. 256–283; trotz eher einseitiger Betrachtung ist die frühe grundlegende Arbeit zu Geschichte und Bedeutungsspektrum des Wortes *höfesch* von Werner Schrader, *Studien über das Wort ›höfisch‹ in der mittelhochdeutschen Dichtung,* Würzburg 1935, zu nennen, vgl. Kritik an Schrader sowie eigene begriffs- wie sozialgeschichtliche Herangehensweise, unter Einbeziehung des mittellateinischen *curialis* und des altfranzösischen *cortois,* bei Peter Ganz, »curialis/hövesch«, in: *Höfische Literatur. Hofgesellschaft. Höfische Lebensformen um 1200. Kolloquium am Zentrum für Interdisziplinäre Forschung der Universität Bielefeld (3. bis 5. November 1983),* hg. v. Gert Kaiser und Jan-Dirk Müller, Düsseldorf 1986, S. 39–56, bes. S. 39f.; ein chronologischer Forschungsüberblick findet sich bei Peter Ganz, »Der Begriff des ›Höfischen‹ bei den Germanisten«, in: *Wolfram-Studien* IV (1977), S. 15–32; ausgehend von der *Kaiserchronik,* in der der Begriff erstmals belegt, jedoch noch negativ konnotiert ist, untersucht Jürgen Wolf den zentralen Terminus *hövesch,* vgl. Jürgen Wolf, »*hövesch.* Verwirrende Beobachtungen zur Genese der deutschen Hofkultur«, in: *Mittelhochdeutsch. Beiträge zur Überlieferung, Sprache und Literatur. Festschrift für Kurt Gärtner zum 75. Geburtstag,* hg. v. Ralf Plate und Martin Schubert, zusammen mit Michael Embach, Martin Przybilski und Michael Trauth, Berlin/Boston 2011, S. 356–374. In jüngster Zeit ist eine umfassende Studie von Stefan Erlei (*›Höfisch‹ im Mittelhochdeutschen. Die Verwendung eines Programmworts der höfischen Kultur in den deutschsprachigen Texten vor 1300,* Frankfurt a.M. 2010) erschienen, in der dieser im Rahmen der Historischen Semantik, als Teilgebiet der Linguistik, einen gebrauchs- und handlungstheoretischen Ansatz zugrunde legt, vgl. S. 12. Erlei sieht den Ausdruck *hövesch* innerhalb dreier Bezugsbereiche verortet, nämlich der Pädagogik, der Ästhetik und der Ethik, vgl. S. 16, hier S. 19: »Das Adjektiv *›hövesch‹* kann also »wohlerzogen im Sinne des Hofes«, »edel im Sinne des Hofes« und »schön im Sinne des Hofes« bedeuten«, vgl. hierfür auch die etymologische Verwandtschaft zu ›hübsch‹, ›höflich‹. Bei Erlei findet sich auch eine umfangreiche, auf Vollständigkeit zielende Belegstellensammlung aller Texte bis 1300. Einem aufzählenden und einordnenden ersten Teil folgt eine systematische Analyse, die Regeln der Verwendungsweisen und Kollokationen aufzeigt. Ziel der Arbeit ist eine umfangreiche, empirische Untersuchung des Begriffes; dem wird die Arbeit auch gerecht, verbleibt daher aber auch größtenteils im Beschreibenden. Auch C. Stephen Jaeger widmet in seiner Arbeit *Die Entstehung höfischer Kultur. Vom höfischen Bischof zum höfischen Ritter,* aus dem Amerikanischen übersetzt von Sabine Hellwig-Wagnitz, Berlin 2001, ein Kapitel der *courtoisie* im höfischen Roman (S. 316–339). Anhand einer Vielzahl an historischen und biographischen Quellen, auch vieler lateinischer, nimmt er die Entstehung und Ausbildung höfischer Werte am Ideal der curiales in den Blick. Er sieht in einem *höfschlichen* Verhalten auch »einen gewissen Freiraum, einen Spielraum für geschicktes Taktieren und dafür, den eigenen Vorteil zu suchen«, S. 322; vgl. zu Erziehung und ›Ausformung‹ des ›Höfischen‹ auch Josef Fleckenstein, »Miles und clericus am Königs- und Fürstenhof. Bemerkungen zu den Voraussetzungen, zur Entstehung und zur Trägerschaft der höfisch-ritterlichen Kultur«, in: *Curialitas. Studien zu Grundfragen der höfisch-ritterlichen Kultur, hg. v. Josef Fleckenstein, Göttingen 1990,* S. 302–325 sowie ebenda Sabine Krüger, »›Verhöflichter Krieger‹ und miles illiteraturs«, S. 326–349.

[18] Haupt, »Der höfische Ritter«, S. 181f.

ein »überaus positiver Begriff, mit dem sich eine neue soziale Gruppe von der restlichen Gesellschaft, seien es Bauern, Kleriker oder Stadtbürger, abzugrenzen sucht«.[19] Nach Josef Fleckenstein ist *hövesch* gar gleichzusetzen mit der »ritterlichen Lebensform«[20]. Neben den genannten typischen Elementen der höfischen Anstandslehre, schließt die Beschreibung des vorbildlichen Ritters Gawein mit der Formulierung *›ûf êre leit er arbeit‹* (2746) ab. Während die zuvor aufgezählten Adjektive vor allem auf Äußerlichkeiten und feines Benehmen gerichtet sind, die die Mustergültigkeit eines Ritters nach außen kehren, bringt diese letzte Formel inhaltlich Ziel und Antriebskraft seines Handelns zum Ausdruck. Es ist ein Handeln, das dem beschriebenen Begriff der *arbeit* entspricht. Nur *grôze manheit* (2747), die sich gerade durch keinerlei Scheu vor Anstrengung und Strapazen auszeichnet, bringt *guot und êre* (2751).

Erkennbar wird auch hier, dass Muße im ritterlichen Wertesystem zunächst gänzlich ausgeklammert oder auf ostentative Weise als Störfaktor und Gefahr ausgewiesen wird. Was sich im Kontext eines didaktischen Tugendkatalogs wie jenem des Thomasin von Zerklaere wenig überraschend liest, findet sich interessanterweise auch im höfischen Roman um 1200. Literarische Ausgestaltungen, so etwa die Artusromane Hartmanns von Aue, kreieren im fiktionalen Raum höfische Kultur mit und sind zugleich die einzigen uns zur Verfügung stehenden Zeugnisse, die Rückschlüsse auf eine außerliterarische höfische Kultur zulassen.[21] Lite-

---

[19] Vgl. Erlei, *›Höfisch‹ im Mittelhochdeutschen,* S. 17.

[20] Vgl. Josef Fleckenstein, »Nachwort. Ergebnisse und Probleme«, in: *Curialitas. Studien zu Grundfragen der höfisch-ritterlichen Kultur,* hg. v. Josef Fleckenstein, Göttingen 1990, S. 452–487, hier S. 453. Diese Lebensform erwachse, so Fleckenstein, aus einer neuen Verbindung »von Rittertum, Hof und höfisch-ritterlicher Kultur« (S. 453), die wiederum aus einem veränderten Austausch zwischen *milites* und *clerici* am Hof hervorgehe (vgl. auch Fleckenstein, »Miles und clericus«).

[21] Müller, *Höfische Kompromisse,* S. 10. Vgl. auch Haupt, »Der höfische Ritter«, S. 191, zurückgehend auf Bumke, *Studien zum Ritterbegriff,* S. 153: »Joachim Bumke hatte die wichtige Einsicht formuliert, ›daß man das Rittertum am besten begreift, wenn man sich seiner Ideale vergewissert‹. Die volkssprachige Literatur hat solche Ideale entworfen als Identifikationsangebote und Identifikationsanreiz für ein historisches Publikum am Hof. Auch Literatur ist Teil der historischen Realität, und sie kann lebensbedeutsam werden für ihre historischen Adressaten, ›da sie auf spezifisch poetische Weise Wissen ihrer Epoche versammelt, an überlieferte Vorstellungen anknüpft‹ oder neue ›Bilder und Muster ausprägt‹«; vgl. Gert Kaiser/Urban Küsters, »Zur gesellschaftlichen Bedeutung mittelalterlicher Literatur«, in: *Zusammenhänge, Einflüsse, Wirkungen. Kongreßakten zum ersten Symposium des Mediävistenverbandes in Tübingen 1984,* hg. v. Joerg O. Fichte, Karl Heinz Göller und Bernhard Schimmelpfennig, Berlin/New York 1986, S. 27–43, hier S. 33, ebd. S. 28: Es ist »unbestreitbar, daß gerade mittelalterliche literarische Werke nicht nur vielfältig beeinflußt werden, sondern selber beeinflussen wollen. Im Unterschied etwa zur bildenden Kunst oder Architektur sagen sie das auch ausdrücklich. [...] Die Lebensorientierung der literarischen Werke, ihr *prodesse* ist ein wichtiger Teil ihres Selbstverständnisses«, weiter S. 39: »Betrachtet man nun die Funktion der Literatur für die Herausbildung einer höfischen Kultur, so kann man sicherlich zunächst festhalten, daß die Dichtung geradezu Kulturmuster stiftet«; vgl. auch *Poesie und Gebrauchsliteratur im deutschen Mittelalter. Würzburger Colloquium 1978,* hg. v. Volker Honemann, Kurt Ruh, Bernhard Schnell und Werner Wegstein,

ratur bietet dadurch die Möglichkeit, gesellschaftlich definierte Ordnungen und Wertesysteme, die bereits vorreflexiv da sind, zu verdichten und in konzentrierter Form zu transportieren, um Regelkanons zu legitimieren und zu sichern.

Narrative Passagen, die von *arbeit* und *êre* des Ritters handeln, finden sich gehäuft in den untersuchten Texten. In je unterschiedlicher Semantisierung zeigt sich die Wichtigkeit beider Phänomene für die sich um 1200 formierende Adelsgesellschaft. Daher legen die folgenden Ausführungen, die als eine Art vertiefender Einschub verstanden werden können, den Fokus auf die Semantik von *arbeit* und *êre*. Sie bilden den Grund, auf dem eine genaue Betrachtung dieser Phänomene im höfischen Roman erst angemessen möglich ist. Die nachstehenden Überlegungen dienen somit zudem als Kontrastfolie für die Konturierung von Muße in den anschließenden Kapiteln.

Das Lehrgedicht des *Welschen Gastes* ist nur eine Möglichkeit, das Ideal der *arbeit* zu verschriftlichen und das Bild einer exklusiven aristokratischen Elite zu entwerfen. Bei Hartmann von Aue etwa werden höfische Verhaltensmodelle nicht imperativisch instruiert, sondern narrativ diskutiert. In seinen Werken zeigt sich, wie der Gedanke der *arbeit* als einzig adäquate Lebensform des Ritters und die damit verbundene ethisch-moralische Haltung manifestiert wird und zu besonderer Ausgestaltung gelangt.[22] Es lässt sich freilich nicht ohne Weiteres auf ein autorspezifisches gattungsübergreifendes Konzept schließen, doch zeigen sich über die Textgrenzen hinaus jeweils spezifisch perspektivierte Konvergenzen, die zwar kein systematisches, aber doch splitterhaftes Bild einer angemessenen ritterlichen Daseinsweise ergeben. In seinem *Büchlein,* einer Art Minnelehre in Form eines Streitgespräches zwischen Herz und Leib, in dem sich geistliche und weltliche

---

Tübingen 1979. Thomasin greift immer wieder auf literarische Figuren zurück und stellt ihr Handeln als Exempel sittlichen Verhaltens aus, vgl. [...] *dâ von si nemen / mügen bilde und guote lêre / des habent si beidiu vrum und êre* (1030–1032). Literatur und Didaktik bzw. Pädagogik greifen ineinander und stützen sich gegenseitig, vgl. etwa die Verse 1023–1080. Auch Ludgera Vogt macht deutlich: »Literarische Textwelten konstruieren [...] gesellschaftliche Realität mit«, vgl. Ludgera Vogt, »Ehre in traditionalen und modernen Gesellschaften. Eine soziologische Analyse des ›Imaginären‹ am Beispiel zweier literarischer Texte«, in: *Ehre. Archaische Momente in der Moderne,* hg. v. Ludgera Vogt und Arnold Zingerle, Frankfurt a.M. 1994, S. 291–314, hier S. 292.

[22] Vgl. Gertrud Schwarz, *›arbeit‹ bei mittelhochdeutschen Dichtern,* Würzburg 1937, bes. S. 3–28, zu Hartmann von Aue bes. S. 20–28. Schwarz zeigt auf, wie vor Hartmann *›arbeit‹* innerhalb der weltlichen Epik mehr als Symptom von Kriegszügen und Abenteuerfahrten verstanden wird, denn als eigenständige Daseinsform des Ritters. Auch in der frühen geistlichen Dichtung erfährt *›arbeit‹* eher eine negative Konnotation: das irdische Leben wird als Jammertal verstanden, dessen Mühsal sich auf ein besseres Jenseits richtet, hier S. 20; vgl. auch Gustav Ehrismann, »Die grundlagen des ritterlichen tugendsystems«, in: *ZfdA* 56 (1919), S. 137–216, hier S. 199: »Mit der ehre notwendig verbunden ist die arbeit, bei Hartmann das mittel zur herstellung der ehre. ihre specielle äusserungsform in den beiden ritterromanen ist die tapferkeit. Arbeit ist also wie ehre, ein das ganze gedicht durchdringender zug [...] im grunde ist dies ja in jeder heldendichtung ohne weiteres der fall, aber Hartmann stellt in moralisierender absicht die arbeit als ethisches princip auf, um ihre bedeutung für das sittliche leben des rittertums zu zeigen.«

Vorstellungen überschneiden,[23] betont er, dass die Minne einer Frau nur durch *arbeit* zu erlangen sei:

Dû klagest dich âne nôt ze vil.
jane ist ez niht ein kindes spil,
swer daz mit rehte erwerben sol
daz im von wîben geschihet wol.
[...]
dâ hoeret arebeit zuo
beide spâte unde vruo
und daz man vil gedenke an sî.
minne machet nieman vrî
ze grôzem gemache;
daz sint die selben sache
dâ man ir mite dienen sol,
wan sî lônet vaste wol:
(603–620)[24]

arbeit meint hier das unablässige Trachten nach ethischer Vervollkommnung durch die Ausübung der Tugenden, motiviert und angetrieben durch den Wunsch, als höchsten Lohn die Minne einer Frau zu gewinnen.[25] Die wenigen Verse zeigen, dass *arbeit* auch die Erfahrung von Leid umfasst. ›*arbeit*‹ wird ›*gemach*‹ und ›*kindes spil*‹ entgegengesetzt. Damit wird im Kontext ritterlicher Daseinsform der Bereich der *muoze,* wie zuvor bei Thomasin, um das Bedeutungsspektrum von Trägheit, Bequemlichkeit und Annehmlichkeit erweitert, und in analoger Weise semantisiert. *arbeit* hingegen lässt sich gerade als das Anstrengende, Mühevolle fassen, das der Ritter auf sich nehmen muss.

Ein Blick auf die etymologische Herkunft und die Entwicklungsgeschichte von *arbeit* zeigt eine ursprünglich gewichtige Verbindung von *arbeit* und Leiden. Der Aspekt des Leidens hat sich mit der Zeit jedoch abgeschwächt. In der Neuzeit verliert sich die Dimension des Widerfahrens, stattdessen dominiert ›Arbeit‹ als »reiner Handlungsprädikator, zur Bezeichnung für menschliches Handeln überhaupt«[26]. Diese veränderten semantischen Implikationen sind zu beachten, um das mittelhochdeutsche Verständnis von *arbeit* gerade im Unterschied zu dem neuzeitlichen Begriff der ›Arbeit‹ herauszuschälen.

Beispielhaft fasst Hartmann mit ›*arbeit*‹ die missliche Lage der 300 gefangenen Frauen im *Iwein,* die ihrer *grôz êre* (6323) beraubt wurden, da sie aufgrund

[23] Vgl. Susanne Köbele, »Der paradoxe Fall des Ich. Zur *Klage* Hartmanns von Aue«, in: anima *und* sêle. *Darstellungen und Systematisierungen von Seele im Mittelalter,* hg. v. Katharina Philipowski und Anne Prior, Berlin 2006, S. 265–283, hier S. 266: »das Minnethema [gewinnt] im 12. Jahrhundert [...] nach beiden Richtungen als Selbstdeutungsmodell des Adels wie der monastisch-klerikalen Welt eine zunehmend hohe Anziehungskraft.«

[24] Vgl. Hartmann von Aue, *Das Büchlein,* hg. v. Arno Schirokauer und Petrus W. Tax, Berlin 1979; vgl. auch die Verse 1215; 707–718.

[25] Vgl. Ehrismann, »Die grundlagen des ritterlichen tugendsystems«, S. 178: »neben, ja an stelle des alten ritterideals der tapferkeit ist ein neues getreten, die minne.«

[26] Vgl. Ott, *Definition, Darstellung und Bewertung von Arbeit und Tätigkeit,* S. 18.

einer gescheiterten Aventiure ihres Herrn als Unterpfand an zwei *unsælige risen* (6360) ausgeliefert wurden, um nun aus feinsten Materialien mit ihrer Hände Arbeit prächtige Kleider zu fertigen. Die Szene thematisiert die Dimension von *arbeit* als Leiderfahrung auf eindrucksvolle Weise und lotet nicht nur die Differenz zwischen *arbeit* als ritterliche Lebensform und *arbeit* als Leiderfahrung, welche gerade einem Adligen unangemessen ist,[27] aus, sondern auch die Differenz von *arbeit* und *werc*. Letzteres Nomen benennt das greifbare Produkt, das in diesem Kontext in mühevoller Handarbeit hergestellt wird. Die Frauen im Arbeitshaus sind ein Bild des ständischen Denkens und der hierarchischen Vorstellungen der Zeit. Die niederen Arbeiten in der Vorbereitung zum Weben und Sticken werden dem bäuerlichen Stand zugewiesen.[28] Die unteren Schichten spielen im höfischen Roman kaum eine Rolle, so auch nicht die Mühsal des Bauern, oder die Fronarbeit, die er zu leisten hat. Stattdessen diskutiert der Text handwerkliche Tätigkeit als *unwerdez leben* (6411) in einem elitären Kreis der Visualität.[29] Auch Francis G. Gentry betont in seiner Untersuchung zu Arbeit in der mittelalterlichen Gesellschaft, dass in einer Welt, »die der äußeren Erscheinung so hohen Wert beimißt und deren Angehörige sich ihres Rangs und ihrer Stellung voll bewußt sind, [...] jegliche Handarbeit erniedrigend, ja entehrend [ist].«[30]

Das Verwendungsspektrum von *arbeit* fokussiert sich hier auf den Aspekt des Leidens. Der Begriff *arbeit* wird gebraucht, um die unglückliche Lage und die existenzielle Not zu beschreiben, in die die Frauen ohne eigene Schuld geraten

[27] Vgl. auch die Bezeichnung der Frauen als *ellende* (6234). Das Wort *ellende* geht auf das lateinische Adjektiv *alius* zurück und bedeutet daher auch fremd, verbannt und hilflos, vgl. Beat Wolf, *Vademecum medievale. Glossar zur höfischen Literatur des deutschsprachigen Mittelalters*, Bern/Berlin/Bruxelles u.a. 2002, S. 22. Die Frauen sind in dieser ärmlichen Umgebung Fremdkörper. Doch nicht nur geographisch sind sie am falschen Ort, sie sind auch angesichts ihrer durch die Geburt bestimmten sozialen Rolle fehl am Platz. Armut ist im adligen Milieu mit Mitleid und Scham verbunden. Gerade bei Hartmann ist die Zweideutigkeit von *armuot* in einerseits ›besitzlos‹, andererseits ›bejammernswert‹ deutlich herausgearbeitet. Vgl. Werner Schröder, »Armout«, in: *DVjs* 34 (1960), S. 501–526, hier S. 511. Vgl. dazu die Verse 6189; 6193; 6195; 6267; 6286; 6297; 6307; 6310. Erinnert sei auch an den verarmten Grafen Koralus im *Erec*, dem all seine Güter und seine Besitztümer geraubt wurden (366–439). Doch ebenso wie bei Koralus und seiner Frau kann auch den dreihundert Frauen im Arbeitshaus die Armut und das Leid nicht die aristokratische Würde nehmen.

[28] Dieser Eindruck spiegelt sich auch in mittelalterlichen lateinischen Sprichwörtern wider, vgl. Haye, »*Labor* und *otium*«, S. 85: »Gerade die Handarbeit, durch welche sich eine bäuerliche Existenz definiert, erscheint zwar im Psalter [im Zusammenhang eines monastischen Ideals, RB] als eine Zufriedenheit schaffende Tätigkeit, dennoch gilt sie, wie man den Sprichwörtern ex negativo entnehmen kann, in vielen geistlichen Milieus als unfeine und niedere Subsistenzform.«

[29] Sieht man einmal von der Zwangssituation ab, als Gefangene an diesem Ort festgehalten zu werden, was durchaus als *unwerdez leben* bezeichnet werden kann.

[30] Francis G. Gentry, »Arbeit in der mittelalterlichen Gesellschaft. Die Entwicklung einer mittelalterlichen Theorie der Arbeit vom 11. bis zum 14. Jahrhundert«, in: *Arbeit als Thema in der deutschen Literatur vom Mittelalter bis zur Gegenwart*, hg. v. Reinhold Grimm und Jost Hermand, Königstein/Ts 1979, S. 3–28, hier S. 15.

sind (6303).[31] Das Wort *arbeit* taucht vor allem im Zusammenhang von Anstrengung und Lohn auf, so heißt es etwa: *in galt ir arbeit nicht mê / wan daz in zallen zîten wê / von hunger und von durste was* (6207–6209) oder: *man gît uns von dem pfunde / niuwan vier pfennige / der lôn ist alze ringe* (6398–6400). Der Lohngedanke, der in den Worten der Frauen besondere Präsenz erfährt, macht das Abhängigkeitsverhältnis ihrer Situation noch deutlicher. In beinahe modernem Verständnis wird hier die Sinnlosigkeit des Tuns ausgedrückt, welches für die gesamte Szene prägend ist.

Eine Episode, die sich zwischen dem Verständnis von *arbeit* als Leid und *arbeit* als ritterliche Lebensform verorten lässt, ist die Cadoc-Szene im *Erec.* Hier ist der Ritter nicht derjenige, der vom Leid befreit, sondern der selbst größte Not erleidet, da ihn zwei feinsinnig gestimmte Riesen verschleppten. Die Riesen malträtieren ihr Opfer mit Peitschen *âne erbarmen* (5408). In gesteigerter Form wiederholt sich hier an dem fremden Ritter Cadoc die Schmach, die Erec durch die Geißel des Zwerges erleidet. Auch Cadoc ist wie Erec ein Edelmann, ein *guoter kneht* (5413), der in eine Lage geraten ist, die jedem ritterlichen Verhaltenskodex widerspricht: die Riesen *brâchen vaste ritters reht* (5412). Würdelos und nackt ist der Ritter seinen Peinigern ausgesetzt, die ihn quälen und demütigen. Seine Schmerzen werden als *sô unvernomen arbeit* (5425) und als *grôze nôt* (5427) bezeichnet. Die real erleidenden, körperlichen Schmerzen Cadocs spiegeln sich in der Klage seiner Frau wider. Ihr bleibt nicht anderes, als das Leid zu erdulden, denn sie kann ihrem Mann nicht zu Hilfe kommen. Durch Autoaggressionen drückt sie ihr Empfinden aus und leidet auf diese Weise mit dem Ritter mit.[32] Die hier beschriebene Szene zeigt in komprimierter Form das Deutungsspektrum des Begriffes *arbeit* an: als Not, die man erleidet, in Form zugefügter Schmerzen, aber auch als Mühen, die man freiwillig auf sich nimmt, denn Erec zögert nicht, einzugreifen und dem Ritter zu Hilfe zu kommen. Dieses Verhalten ist Ausdruck des ritterlichen Ethos.[33]

---

[31] Ott, *Definition, Darstellung und Bewertung von Arbeit,* S. 108, betont, dass Hartmann das Wort *arbeit* hier primär für die Anstrengungen bei der Produktion und weniger für den Kummer, den die Frauen erleiden müssen, verwende. In der Tat benennen die Frauen ihre bedauernswerte Situation durch eine Vielzahl anderer Bezeichnungen: *grôzer unrât* (6228), *ungemach* (6407), *kumber* (6324), *leid* (6223), *armuot* (6286), *kumberlîchez leben* (6378) oder *riuweclîche jugent* (6379).

[32] Vgl. wenig später die Trauer Enites um den wie tot wirkenden Erec (5757–5769): *swaz in* [sc. den Frauen] *ze leide geschiht, / dâ wider tuont die guoten niht, / wan daz siz phlegent enblanden / ougen unde handen / mit trehenen und mit hantslegen, / wan sie anders nicht enmegen* (5764–5769).

[33] Die ritterlichen Taten Erecs werden an dieser Stelle nicht direkt als *arbeit* benannt, sein Wunsch, Cadoc möge als Ehrerbietung für seine Hilfe am Hof von seinen Diensten berichten (5688–5696), zeugt jedoch davon, dass er derselben Maxime, wie sie in der Beschreibung Gaweins genannt wird, folgt: *ûf êre leit er arbeit* (2746).

Die Ferne von ritterlichem Ethos und *gemach* wird in Hartmanns religiös gefärbter Erzählung *Gregorius*[34] thematisiert. Inbrünstig fasst Gregorius das ritterliche Leben in Worte, so wie es sich vor seinem inneren Auge in bunten Bildern abspielt (1530–1731). Mit Nachdruck macht er deutlich, dass es sich für einen Ritter nicht geziemt, *gemach vür êre* (1677) einzutauschen oder sich gar *durch gemach zu verligen* (1683).[35] Eine solche Gegenüberstellung von *gemach* und *êre* findet sich in den mittelalterlichen Texten häufig.[36] Formen von Bequemlichkeit und Behaglichkeit scheinen mit *êre* nicht vereinbar zu sein. Stattdessen setzt ein Ritter all sein Streben und Ringen ein, *umbe guot* (1686) zu gewinnen. Im *Gregorius* ist die Anstrengung auf ein besonderes Gut gerichtet, welches in der Figur der Frau *Saelde* (1697) personifiziert wird. Wie im Klagebüchlein wird auch in diesem Zusammenhang von *minne* (1710) gesprochen, doch ist es nicht die Huld einer Frau, sondern die Wohlgeneigtheit dieser Allegorie, die sich der Ritter *mit rehter arbeit, mit sinne und mit manheit* (1715f.) zu verdienen sucht. Die Nennung der *saelde* zeigt die Ambivalenz des gewünschten Zieles an: Zum Einen gilt es, all sein Streben angespannt darauf zu richten, *êre* und *guot* durch Anstrengung und Leistung zu erkämpfen, zum Anderen ›geschieht‹ dem Ritter *êre*, sie ist eine Gabe Gottes, er schenkt *saelde und êre* (4855).[37] Analog heißt es im *Erec: ist daz mich got sô gêret, / daz er mîn heil mêret, / daz mir dar an gelinget* (138–140). Hier begegnen wir derselben ambivalenten Spannung, wie sie sich zwischen dem Begriffspaar Suchen und Finden in der Betrachtung des *Tristan*-Prolog ausmachen ließ.[38] Auch der Bereich der *êre* befindet sich in einer Grenzzone zwischen Aktivität und Passivität, zwischen Tätigkeit und Widerfahrnis.[39]

---

[34] Hartmann von Aue, *Gregorius. Der Arme Heinrich. Iwein,* hg. und übersetzt von Volker Mertens, Frankfurt a.M. 2008 (Frankfurt a.M. 2004).

[35] Die in der Forschung mehrheitlich vorherrschende Meinung geht von einer zeitlichen Abfolge der Werke Hartmanns aus, welche den *Erec* vor dem *Gregorius* verortet, vgl. Christoph Cormeau/Wilhelm Störmer, *Hartmann von Aue. Epoche – Werk – Wirkung,* München 1985, 2., neubearb. Auflage, München 1993, S. 26–32: »Die Reihung der Erzähltexte in der Abfolge ›Erec‹ – ›Gregorius‹ – ›Armer Heinrich‹ – ›Iwein‹ wurde in der Forschung früh vorgeschlagen und gilt heute als bewiesen. Sie läßt sich mit philologischen Mitteln des Vergleichens sichern« (S. 26); vgl. etwa auch Roman Polsakiewicz, »Zur Chronologie der epischen Werke Hartmanns von Aue«, in: *Euphorion* 71 (1977), S. 82–91; Peter Wapnewski, *Hartmann von Aue,* Stuttgart 1979, S. 16f.; vgl. zur Schwierigkeit der chronologischen Einordnung zudem das Nachwort zu »Autor und Werk« von Volker Mertens, sowohl in: Hartmann von Aue, *Gregorius. Der Arme Heinrich. Iwein,* dort S. 773–775, als auch in: Hartmann von Aue, *Erec,* dort S. 569–576, insbesondere S. 571f. bzw. 773f. Angesichts dieser Chronologie lässt sich die Verbform *verlît* in Vers 1683 als Verweis auf die Verfehlung Erecs lesen. Zur *verligen*-Szene vgl. Kapitel 4.2.1.

[36] Etwa im *Iwein: ze gemache ân êre stuont sîn sin* (76); vgl. BMZ, MWB s.v. *gemach* (stm); eine Belegstellensammlung findet sich in den Anmerkungen bei Konrad Fleck, *Flore und Blanscheflur. Eine Erzählung von Konrad Fleck,* hg. v. Emil Sommer, Quedlinburg/Leipzig 1846, S. 269.

[37] Vgl. im *Iwein: dô ime diu êre was geschehen* (752); *wære mir diu êre geschehen* (789); *daz got unser herre / im sælde unde êre bære* (4854f.).

[38] Vgl. Kapitel 2.

[39] Vgl. auch den Anfang des Prologs im *Iwein: Swer an rehte güete / wendet sîn gemüete, / dem volget sælde und êre* (1–3). Zum Zusammenhang von *saelde* und *êre,* vgl. auch: Thomas

Das mittelhochdeutsche Substantiv *êre*[40] bezeichnet ein ehrwürdiges Verhalten oder einen der Anerkennung würdigen Zustand, aktivisch fasst es zudem den Akt der Ehrerbietung und Ehrbezeugung.[41] Dies bestätigt sich auch mit Blick auf die Belegstellen, die in den Wörterbüchern (BMZ, LEXER, MWB, s.v.) verzeichnet sind: Neben der aktivischen Seite der Ehrzuschreibung steht die Verehrtheit, das Ansehen, die Anerkennung, die Würde, die Geltung oder der Ruhm; *êre* wird aber auch in der Bedeutung als Tugend oder ehrhaftes Benehmen verwendet.[42] Dabei ist festzuhalten, dass der Begriff *êre* in der literarischen Verwendung um 1200 immer in einem äußeren Sinn gebraucht wird.[43] In der Bedeutungsgeschichte von *êre* zu Ehre kommt es dann allmählich zu einer »Ausweitung vom Äußeren zum Inneren, vo[m] Konkreteren zum Abstrakteren«[44], die eine ethisch-moralische Dimension miteinbezieht. *êre* wird zum »Generalthema« des Mittelalters, welche sich als »Wert [...] auf eine normgebende Gesellschaft« richtet und die »gesicherte, unangefochtene Einbeziehung des einzelnen Ritters in die aristokratische Gemeinschaft« beschreibt.[45] Barbara Haupt fasst die dynamische Gegenbewegung

---

Cramer, »*Saelde* und *êre* in Hartmanns *Iwein*«, in: *Euphorion* 60 (1966), S. 30–47, hier S. 33: »Saelde und êre, was immer diese Begriffe heißen mögen, stehen [...] zueinander im Verhältnis von Voraussetzung und Erfolg, Disposition und Verwirklichung, Verheißung und Erfüllung.«

[40] Das ahd. *êra* bezeichnet einen Status der Exklusivität, der aus dem Alltäglichen herausgehoben ist, und sich insbesondere auf religiöse, aber auch bereits auf weltliche Kontexte bezieht. Vgl. die Zusammenfassung des semantischen Spektrums von *êra* bei Stephanie Seidl, »Eine kleine Geschichte der *êre*. Thesen zur historischen Semantik von Ehre und zu ihrer Narrativierung in höfischen und legendarischen Texten des hohen Mittelalters«, in: *Höfische Textualität. Festschrift für Peter Strohschneider,* hg. v. Beate Kellner, Ludger Lieb und Stephan Müller, unter Mitarbeit v. Jan Hon und Pia Selmayr, Heidelberg 2015, S. 45–63, bes. S. 48–52, hier S. 52. Die höfische Literatur stellt dann die Bedeutung von Rang, Ansehen und Geltung in den Vordergrund und »generiert spezifische narrative Muster, die diese adelige Geltungssicherung erzählbar machen«, S. 62.

[41] Vgl. Wolf, *Vademecum medievale,* S. 23; vgl. bereits Ehrismann, *Ehre und Mut,* bes. S. 65–70. Vgl. für einen anthropologisch perspektivierten historischen Überblick Martin Dinges, »Die Ehre als Thema der historischen Anthropologie. Bemerkungen zur Wissenschaftsgeschichte und zur Konzeptualisierung«, in: *Verletzte Ehre. Ehrkonflikte in Gesellschaften des Mittelalters und der Frühen Neuzeit,* hg. v. Klaus Schreiner und Gerd Schwerhoff, Köln/Weimar/Wien 1995, S. 29–62. Vgl. in jüngerer Zeit Seidl, »Eine kleine Geschichte der *êre*«.

[42] Vgl. auch Friedrich Zunkel, »Ehre, Reputation«, in: *Geschichtliche Grundbegriffe. Historisches Lexikon zur politisch-sozialen Sprache in Deutschland,* hg. v. Otto Brunner, Werner Conze, Reinhart Koselleck, Bd. 2 E-G, Stuttgart 1975, S. 1–64. Eine ähnlich breite Bedeutungsspanne weist das Wort bereits im Althochdeutschen auf: *ēra* als Ehre, Ansehen, Glanz, Vorzug, Auszeichnung, Ehrerweisung, Zierde oder Würde, vgl. AWB III, 346–352 sowie EWA II, 1110f.

[43] Vgl. Friedrich Maurer, »Tugend und Ehre«, in: *WW,* Sammelband II, Düsseldorf 1962, S. 55–63, hier S. 59.

[44] Vgl. Maurer, »Tugend und Ehre«, S. 58. Das moderne Wort ›Ehre‹ hat ebenfalls noch zwei Bedeutungen: einerseits die »äußere Ehre«, die »dargebracht, zuerkannt« und »angegriffen« werden kann, andererseits bezeichnet das Abstraktum auch die »innere Ehre«, d.h. »Haltung« und »Gesinnung«, S. 58. Wo, wie beispielsweise im *Tristan,* mehr die ehrenhafte Gesinnung gemeint ist, wird meist das Abstraktum *triuwe* verwendet, vgl. Maurer, *Leid,* bes. S. 249–252.

[45] Haupt, *Der Truchsess Keie,* S. 79; vgl. auch Maurer, *Leid,* S. 10–12.

von *êre* lapidar zusammen: »*êre* meint Anerkennung durch die Gesellschaft des Artushofes, umgekehrt trägt die *êre* des Helden zur Steigerung des Ansehens des Artushofes selbst bei.«[46]

Die auf das Mittelalter und die Frühe Neuzeit fokussierten geschichtswissenschaftlich perspektivierten Ausführungen Klaus Schreiners und Gerd Schwerhoffs zu früheren Formen des Ehrbegriffs, nämlich dem althochdeutschen Begriff *èra* und der lateinischen Wiedergabe *honus,* zeigen, dass in beiden Fällen soziale Verbindungen und Bezüge eine zentrale Rolle spielen. Es werden »Kriterien standesspezifischer Ehransprüche und Ehrzuweisung verknüpft, die in unterschiedlichen Formen der Repräsentation, der Ehrerbietung und des Respekts ihren Ausdruck fanden«[47]. Sandra Linden bezeichnet im Zusammenhang der Minnegrottenszene im *Tristan êre* als »das anerkannte Beheimatet-Sein in einer Gemeinschaft«[48], womit auch sie auf die Abhängigkeit von sozialer Zugehörigkeit und Anerkennung verweist.[49]

Diese Überlegungen decken sich mit Untersuchungen der Bedeutungsentwicklung des Wortes in Bezug auf die Moderne. Die soziologischen Untersuchungen Georg Simmels, die sich eigentlich auf die Gesellschaft Anfang des 20. Jahrhunderts beziehen, erweisen sich auch für das mittelalterliche Verständnis von *êre* als weiterführend. In seinen Überlegungen zu Formen der Vergesellschaftung zählt Ehre, neben Recht und Sittlichkeit, zu den Mitteln sozialer Selbsterhaltung. Die Gesellschaft errichtet sich durch die von ihr aufgestellten Gebote der Ehre, die durch »teils innerlich subjektive[...], teils soziale[...] und äußerlich fühlbare[...]

---

[46] Haupt, »Der höfische Ritter«, S. 176.

[47] Klaus Schreiner/Gerd Schwerhoff, »Verletzte Ehre. Überlegungen zu einem Forschungskonzept«, in: *Verletzte Ehre. Ehrkonflikte in Gesellschaften des Mittelalters und der Frühen Neuzeit,* hg. v. Klaus Schreiner und Gerd Schwerhoff, Köln/Weimar/Wien 1995, S. 1–28, hier S. 5.

[48] Linden, »Die Amme der *edelen herzen*«, S. 122.

[49] Im *Tristan* Gottfrieds von Straßburg werden zudem rein äußerliche Ehrzuweisungen – die *samblanze* (16 323) – von wahrhaftigen unterschieden, vgl. auch: Klaus Morsch, schœne daz ist hœne. *Studien zum Tristan Gottfrieds von Straßburg,* Erlangen 1984. Wer wie Melot und Marjodo aus Neid und Missgunst dem an den Markehof zurückgekehrten Tristan nur *êre ûzerhalp des herzen* (16 317) entgegenbringt, schadet sich selbst. Wo nur dem äußeren Schein nach, doch ohne innerliche Überzeugung, *êre* verteilt wird, handle es sich, so der Erzähler, um *êre âne êre,* denn derjenige, der nur täuschend *êre* erweist, ist nicht ehrhaft, der jedoch, dem *êre,* wenn auch nur äußerlich erwiesen wird, ist es sehr wohl. *nein unde jâ sint beidiu dâ* (16 326) – diese vieldeutige Formel, die eine sich durch das gesamte Werk des *Tristan* ziehende Ambivalenz pointiert auf den Punkt bringt, zeigt, wie schwer Scheinhaftigkeit, verstanden als inszeniertes ›Als-Ob‹, und Wahrhaftigkeit institutioneller Werte und ihrer Deutungen oftmals zu unterscheiden sind, vgl. Kathleen J. Meyer, »The ambiguity of honor in Gottfried's Tristan: lines 17694–17769«, in: *Neophilologus* 70 (1986) S. 406–415. Das Verhalten Melots und Marjodos verhüllt zwar die Wahrheit, entspricht jedoch »dem öffentlichen Konsens über das Gültige«, vgl. Wenzel, *Höfische Repräsentation,* S. 57, vgl. auch Horst Wenzel, »*Jâ unde nein sint beidiu dâ.* Zu konfligierenden Ehrvorstellungen am Hof und in der höfischen Dichtung«, in: *Verletzte Ehre. Ehrkonflikte in Gesellschaften des Mittelalters und der Frühen Neuzeit,* hg. v. Klaus Schreiner und Gerd Schwerhoff, Köln/Weimar/Wien 1995, S. 339–360, zum *Tristan* S. 358–360; vgl. auch Maurer, *Leid,* bes. S. 255–258.

Konsequenzen gegen Verletzung« gesichert werden, »eine eigenartige Garantieform für das richtige Verhalten ihrer Mitglieder auf denjenigen praktischen Gebieten, die das Recht nicht ergreifen kann und für die die nur gewissensmässigen Garantien der Moral zu unzuverlässig sind«[50]. Im Falle der Ehre diagnostiziert Simmel eine einzigartige Verquickung von Einzel- und Sozialinteresse. Die Forderung des gesellschaftlichen Kreises sei in den »Lebensgrund seines Elementes« eingesickert, jedes Teil erhalte die Form des Ganzen, indem ein jeder »auf sich halte« und sich die Grenzen zwischen sozialer Pflicht und individuellem Heil verflüssigen.[51]

In seinen Interpretationen zu Interaktion in der höfischen Epik und Didaktik versteht Harald Haferland Ehre »am ehesten [als] ein Medium«, andererseits kann sie auch, vergleichbar mit den Überlegungen Ludgera Vogts, »als Ressource eingebracht und akkumuliert werden«[52]. Als Medium bietet Ehre eine Bemessungsgrundlage oder eine Art Code für eine Transferaktion.[53] Horst Wenzel fasst Ehre in seiner Untersuchung höfischer Kommunikations- und Repräsentationsformen als »soziale[s] Entgelt«, sozusagen als eine Art Honorar. Er versteht Ehre als »Ergebnis aristokratischer Repräsentation«, durch die das gesellschaftlich hohe Ansehen – zumindest für eine gewisse Zeitspanne – öffentlich zementiert wird.[54] In allen genannten Deutungsversuchen steht die Dimension des Tausches im Vordergrund, welche auch für die Betrachtung der Szenen aus dem *Erec* und *Iwein* zentral ist. Im Folgenden verwende ich im Rückgriff auf die Ausführungen Ludgera Vogts allerdings die Bezeichnung des symbolischen Kapitals der Ehre, die auf eine Unterscheidung Bourdieus zurückgeht.[55] In diesem Terminus kommen nicht nur die unterschiedlichen Aspekte von Medium, Entgelt und Ressource gebündelt zum Ausdruck, sondern auch das interaktive Moment des Austausches sowie der immaterielle Tauschwert.

Im Zusammenhang tätiger Perfektionierung erweist sich das Phänomen der *êre,* über welche der Ritter sich definiert und als Mitglied der Gesellschaft auszeichnet, als wesentliches Movens in der Vermeidung von *muoze* durch *unmuoze.* Ehrzuschreibungen sind Momentaufnahmen, die immer wieder neu verhandelt und austariert werden müssen. Sie lassen sich nicht festhalten oder dauerhaft verfügbar machen, sondern sind auf ständige Bestätigung und Rechtfertigung ange-

---

[50] Georg Simmel, *Soziologie. Untersuchungen über die Formen der Vergesellschaftung,* Berlin 2013, S. 418.

[51] Simmel, *Soziologie,* S. 419.

[52] Haferland, *Höfische Interaktion,* S. 23; Vogt, »Ehre«, S. 303.

[53] Haferland, *Höfische Interaktion,* S. 23.

[54] Wenzel, *Höfische Repräsentation,* S. 32.

[55] Vgl. Vogt, »Ehre«, vgl. darauf zurückgreifend u.a. Hasebrink, »Zwischen Skandalisierung und Auratisierung«, Friedrich, »Die symbolische Ordnung«. Den Begriff des symbolischen Kapitals hat Bourdieu in Auseinandersetzung mit der kabylischen Gesellschaft entwickelt, deren Ökonomie auf Ehre basiert (vgl. Bourdieu, *Entwurf einer Theorie der Praxis*). Neben weiteren Ausdifferenzierungen lässt sich bei Bourdieu die grundlegende Differenzierung zwischen ökonomischem, kulturellem und symbolischem Kapital finden.

wiesen. So verweist Burkhard Hasebrink mit Recht auf die Fragilität von Höfisierung in einer »symbolische[n] Welt von *êre* und *unêre*«, die auf »die Einlösung durch Kampf und Gewalt angewiesen« bleibt.[56] Ehre bzw. *êre* ist ein kostbares begrenztes Gut. Folgt man den wirtschaftssoziologischen Ausführungen Ludgera Vogts, so ist Ehre deshalb durch Knappheit gezeichnet, »weil sie über bestimmte Mechanismen (Zweikampf, Gabentausch) bewirtschaftet wird«[57]. Für das Kapital *êre* gilt in besonderem Maße, dass es immer von der äußeren Welt und deren Urteile abhängig ist: *êre* ist immer angewiesen auf Augenzeugenschaft, auf Kommunikation und Verbreitung. *êre*, die im Stillen, im Unsichtbaren, erworben wird, ist nichtig.[58] Bourdieu spricht von einem Kredit, der von der Gesellschaft denjenigen gewährt wird, die ihr materielle und symbolische Sicherheiten zu gewähren vermögen.[59] In dieser ›Gewährung‹ durch die Sozietät liegt die Bedeutung der Zurschaustellung begründet. Es gilt, den Regeln und Anforderungen, die die Gesellschaft an den Ritter stellt, gerecht zu werden und sich ihnen zu beugen. ›Rittersein‹ unterliegt damit einer persistenten Demonstration sittlichen Handelns. Der Ritter muss sich kontinuierlich »durch die Darstellung dessen ausweisen, was er ist oder zu sein beansprucht«[60]. Diese Darstellung muss sinnlich greifbar sein, um Wahrhaftigkeit zu beweisen.[61] Mit den Worten Bourdieus gesprochen: »Das Ehrgefühl ist das Fundament einer Moral, in der der Einzelne sich immer unter dem Blick der anderen begreift, wo der Einzelne die anderen braucht, um zu existieren, weil das Bild, das er sich von sich selbst macht, ununterscheidbar ist, von dem Bild von sich, das ihm von den anderen zurückgeworfen wird.«[62] Die Gesellschaft fungiert als Spiegel; sie ist an der Konstruktion des eigenen ›Bildes‹ und damit der Vorstellungen und Überzeugungen, nach denen ein jeder handelt, maßgeblich beteiligt. Mit ähnlichen Worten argumentiert auch Haferland, wenn er vom Selbstbild spricht, das mit dem Bild, welches die höfische Gesellschaft entwirft, deckungsgleich zu sein hat.[63] *êre* geht einher mit Achtbarkeit, was gerade die Labilität dieses Phänomens ausmacht.

---

[56] Hasebrink, »Rache als Geste«, S. 214. Vgl. auch Werner Röcke, »Provokation und Ritual«, S. 349: »Jeder Ehrkonflikt [...] birgt die Gefahr der Gewalt. Denn die Ehre ist ja das schlechthin Verletzliche.«

[57] Vogt, »Ehre«, S. 293.

[58] Vgl. auch Haiko Wandhoff, »Iweins guter Name. Zur medialen Konstruktion von adliger Ehre und Identität in den Artusromanen Hartmanns von Aue«, in: *Mittelalter. Neue Wege durch einen alten Kontinent,* hg. v. Jan-Dirk Müller und Horst Wenzel, Stuttgart/Leipzig 1999, S. 111–126: Wandhoff nimmt die audiovisuellen Kommunikationskanäle in den Blick, über die ehr- und identitätsrelevante Daten übertragen werden. Der Held sichert sich über seinen Körper und dessen sichtbare Tätigkeiten sowie über seinen guten Ruf höfische Anerkennung und Ehrzuschreibung, zugleich ist seine Ehre jedoch auch über diese beiden Kanäle angreifbar.

[59] Bourdieu, *Entwurf einer Theorie der Praxis,* S. 27f.

[60] Wenzel, *Höfische Repräsentation,* S. 11.

[61] Vgl. Wenzel, *Höfische Repräsentation,* S. 11.

[62] Bourdieu, *Entwurf einer Theorie der Praxis,* S. 27f.

[63] Haferland, *Höfische Interaktion,* S. 28f.

Insbesondere verletzte *êre* treibt den Geschädigten zu Handlungen fernab von *muoze,* die den Zustand der *êre* schnellstmöglich wieder herstellen sollen. Bei Angriffen auf die eigene *êre* können nur sofortige Gegenmaßnahmen diese rehabilitieren. Haferland betont, dass bereits »die kleinste, versteckteste Beleidigung ein Stachel [ist] und so bedrohlich wie die massivste Provokation. Die Reaktion muß erfolgen und sie muß effektiv sein«[64]. Haferland spricht hier ein schnelles Wechselspiel von Provokation und Reaktion, von Herausforderung und Erwiderung an. Beispielhaft sei die Szene der Ehrverletzung durch den Peitschenschlag des Zwerges im *Erec* erwähnt, in der dieses Spiel von Kränkung und Replik narrativ ausgestaltet ist.[65] Der Zwerg duzt Erec nicht nur auf unhöflich hochmütige Weise und schlägt ihn mit der Peitsche; die größte Schmach für Erec ist die Tatsache, dass diese Züchtigung vor den Augen der Königin geschieht.[66] Für Erec ist es ein *leidern tac* (104), der ihm große *unêre* (107) einbringt. Die Häufung von Begriffen aus diesem Bereich der *unêre* – etwa *schame* (110), *schande* (115), *leit* (111) oder *lasterlîchen* (120) – zeigt in wenigen Versen die Schwere der Demütigung an. Erecs Scham drückt sich auch körperlich sichtbar aus, sein Gesicht färbt sich rot und er trägt ein *mâl* (1034) davon, eine Art Markierung oder Stigmatisierung.[67] Ihn treibt der Wunsch, sich dem Blick der Königin und ihrer Gefolgschaft zu entziehen. Seine Handlung und sein Antrieb, den Zwerg zu verfolgen, werden als normkonform beschrieben: *er tete als dem dâ leit geschiht: / der vlîzet dicke sich dar zuo / wie erz mit vuoge widertuo* (167–169). Die Welt des Hofes ist in ein Ungleichgewicht geraten. Es gilt, die Ordnung, die der Peitschenschlag des Zwerges ins Wanken gebracht hat, wiederherzustellen.[68]

Ebenso wie Ehrgewinn auf den öffentlichen Raum angewiesen ist, ist es im Gegenzug auch die Rekonstruktion verletzter oder angegriffener *êre.* Wie die Ehrverletzung »als öffentlich vollzogene, sichtbare, hörbare und fühlbare Beschädigung von Statusqualität«[69] verlangt die Wiederherstellung von *êre* eine mindes-

[64] Haferland, *Höfische Interaktion,* S. 28f.

[65] Vgl. etwa Irmgard Gephart, *Das Unbehagen des Helden: Schuld und Scham in Hartmanns von Aue ›Erec‹,* Frankfurt a.M. 2005.

[66] Vgl. Haiko Wandhoff, »*âventiure* als Nachricht für Augen und Ohren. Zu Hartmanns von Aue ›Erec‹ und ›Iwein‹«, in: *ZfdPh* 113 (1994), S. 1–22, hier S. 3.

[67] Dorothea Klein, »Geschlecht und Gewalt. Zur Konstitution von Männlichkeit im ›Erec‹ Hartmanns von Aue«, in: *Literarische Leben. Rollenentwürfe in der Literatur des Hoch- und Spätmittelalters. Festschrift für Volker Mertens zum 65. Geburtstag,* hg. v. Matthias Meyer und Hans-Jochen Schiewer, Tübingen 2002, S. 433–463, hier S. 437, versteht die Striemen im Gesicht auch symbolhaft, da die Ehrverletzung einem Gesichtsverlust gleichkomme, vgl. *daz ich bin sus zebrochen / under mînen ougen* [...], *daz enwil ich niht vertragen* (1039–1045).

[68] Klein, »Geschlecht und Gewalt«, S. 436f. betont, dass die Heide als Ort, an dem die Demütigung und Erniedrigung eines ständisch Höheren durch das *getwerc* stattfindet, außerhalb der höfisch-zivilisierten Welt sei, und damit den Raum der Gefahr und Bedrohung darstelle.

[69] Wenzel, »*Jâ unde nein sint beidiu dâ*«, hier S. 353; vgl. auch Burkhardt Krause, »Scham und Selbstverhältnis in mittelalterlicher Literatur«, in: *Das Andere Wahrnehmen. August Nitschke zum 65. Geburtstag gewidmet,* hg. v. Martin Kintzinger, Wolfgang Stürner und Johannes Zahlten, Köln/Weimar/Wien 1991, S. 191–212, bes. S. 204–210.

tens ebensolche Sichtbarkeit und Hörbarkeit. Der Akt der Rache als persönliche Vergeltung der zugefügten Schande reicht nicht aus. Erst durch die öffentliche Bekanntmachung und Verbreitung der Vergeltung ist die eigene *êre* wiederhergestellt. So verlangt Erec ungeduldig – mit *ungemach* (1079) – die Abreise Îdêrs an den Artushof. Dort soll dieser vor der Königin und dem gesamten Hof Buße tun, für dasjenige, was er ihr angetan hat. Zugleich fungiert Îdêrs als Bote, der den Sieg Erecs »inkorporiert [...] über die Distanz von Zeit und Raum transportiert« und »die Überlegenheit des jungen Ritters am Hof des Königs öffentlich zur Schau« stellt.[70] Sein Körper und seine Rüstung tragen für die Hofgesellschaft deutlich sichtbare Spuren seiner Niederlage (1180–1193), die zugleich Beweise von Erecs *êrstiu ritterschaft* (1266) sind. Das Fenster, von welchem die Königin und ihre Gefolgschaft den herannahenden Ritter Îdêrs beobachten, stellt eine Art Trennung dar zwischen der behüteten, sicheren Artuswelt hier und dem Fremden, Gefährlichen – zeichenhaft dargestellt durch die blutige Rüstung – dort. Zugleich fungiert das Fenster als Rahmen für das Bild des Dreiergespannes Ritter-Freundin-Zwerg, das nun wieder von Seiten des Hofes durch die wiederhergestellte Ordnung ›gerahmt‹ und kontrolliert werden kann. Auf diesen Ausschnitt des Triumphes über die Erniedrigung wird mit dem Blick durch das Fenster demonstrativ der Fokus gelegt. Mit der Kunde über Erecs wiederhergestellter *êre* und durch die ausführlich beschriebene Reuehandlung Îdêrs ist Erecs Demütigung auch vor der Königin getilgt und des *hoves êre* (1192) gar noch gesteigert.[71]

Die Dringlichkeit, mit der Erec die Schmach vergelten möchte, zeigt beispielhaft die existenzielle Bedeutung von *êre* in einer höfischen Sozietät. Ein Ritter *âne êre* ist dem Spott der Gesellschaft ausgeliefert. Die Gesellschaft registriert unerbittlich Übertritte und Regelbrüche und dokumentiert Ehrverlust wie -gewinn. Im permanenten Ringen um Selbstdeutung und Selbstentwurf wird ehrenhaftes wie unehrenhaftes Handeln überwacht, kommentiert, gegebenenfalls korrigiert oder sichtbar gemacht. Verfolgt wird eine öffentlichkeitswirksame Repräsentation und Selbstinszenierung, die ›Scheitern‹ nur als Übergang zu integrieren vermag, um das eigene Ordnungsgefüge aufrechtzuerhalten. Doch die Gesellschaft macht, so Haferland, »nicht nur die Grenzen der Person erfahrbar, sie öffnet der Person vielmehr über diese Grenzen hinaus neue Räume, Räume der Imagination. Die höfische Person entwirft sich in diese Räume hinein, in die sie die Öffentlichkeit mit ihrem Urteil lockt und treibt«[72]. Das Phänomen der *êre,* das zentrale Strukturen der mittelalterlichen Gesellschaft, wie sie in den höfischen Romanen um 1200 dargestellt wird, prägt, ist damit auch Impuls und Triebkraft für neue Handlungs(spiel-)räume. In anderen Worten: »Für die Ehre liegen Möglich-

---

[70] Wenzel, *»Jâ unde nein sint beidiu dâ«,* S. 354. Vgl. zur Bedeutung von Visualität und Akustik auch Wandhoff, *»âventiure«* , bes. S. 7–11.

[71] Dass Erec seine *êre* erneut in Gefahr bringt, wird in Kapitel 4.2.1 behandelt. Am Ende jedoch steht der *êren krône* (9891) *sîner arbeit ze lône* (9890). Vgl. auch den Ehrennamen *Êrec der wunderære* (10 045), den Erec am Ende für seine Taten erhält.

[72] Haferland, *Höfische Interaktion,* S. 89.

keit und Wirklichkeit ununterscheidbar beieinander.«[73] Dies alles überwölbt stets die Aufforderung zum Handeln, wodurch die kämpferische Potenz des Ritters als Kernelement des Ritterbegriffes ausgewiesen wird.

Im Zusammenhang von latenter wie demonstrativer Handlungsaufforderung darf die werkübergreifende ›Gegenfigur‹ Gaweins, der Truchsess Keie, nicht übersehen werden, denn alle »Keie-Aktion ist, zumindest verdeckt, auf [... das] Thema der *êre* bezogen«[74]. Mit der Betrachtung Keies sind die semantischen Überlegungen zu *arbeit* und *êre* vorerst abgeschlossen und der Blick richtet sich wieder auf die Figurenebene. Als »Provokateur par excellence, [...] scharfzüngige[r] Spötter und ebenso streitsüchtige[r] wie geschwätzige[r] Angeber«[75] zählt Keie zur festen Riege des französischen wie deutschen Figurenarsenals des Artusromans.[76] Allen Ausprägungen und Erscheinungen der Keie-Figur ist der umfassenden Studie Jürgen Wolfs zufolge »die notorische Aggressivität bei gleichzeitiger Unzulänglichkeit im Sinne höfischer Gesinnung«[77] gemeinsam.

Seine Rolle ist zwiespältig,[78] einerseits versucht er, die Gemeinschaft der Ritter auf einem Niveau zu (er-)halten und diejenigen, die sich aus dieser herausheben und profilieren wollen, wieder einzugliedern, doch zugleich degradiert er sich dadurch selbst zum Außenseiter.[79] Der Spötter wird selbst zum Verspotteten. Spott

[73] Haferland, *Höfische Interaktion,* S. 92.

[74] Haupt, *Der Truchsess Keie,* S. 38. Vgl. im *Welschen Gast: hân ich Gâweins hulde wol, / von reht mîn Key spotten sol* (78f.); vgl. auch die Verse 1059–1074.

[75] Werner Röcke, »Provokation und Ritual. Das Spiel mit der Gewalt und die soziale Funktion des Seneschall Keie im arthurischen Roman«, in: *Der Fehltritt. Vergehen und Versehen in der Vormoderne,* hg. v. Peter von Moos, Köln/Weimar/Wien 2001, S. 343–361, hier S. 344. Röcke geht der Frage nach, inwieweit Keies Verhalten als notwendig in der gesellschaftlichen arthurischen Gesellschaft verankert ist und sein muss und inwieweit dadurch Konfliktpotenzial eingedämmt und reglementiert werden kann (vgl. S. 345). Anders als Haupt, der durch die Überwindung der Figur des Keie die gesellschaftspädagogische Dimension des Artusromans bestärkt sieht (vgl. Haupt, S. 11), legt Röcke bei der Untersuchung der Artusromane *Erec* und *Iwein* den Fokus auf die Bewältigung von Rivalität durch das Gelächter über die Figur Keie. Keie schwäche den Aspekt der Rivalität ab, da sich mit ihm Gewaltbereitschaft ins Lächerliche verkehre (vgl. S. 346). In meinen Überlegungen soll nicht die These Röckes auf ihre Gültigkeit hin untersucht werden, vielmehr steht Keie als Initiator von Handlung im Mittelpunkt des Interesses.

[76] Vgl. Linda Gowans, *Cei and the Arthurian Legend,* Cambridge 1988.

[77] Haupt, *Der Truchsess Keie,* S. 11.

[78] Diese Zwiespältigkeit bezieht sich auch auf Keies ›viergeteilten‹ Charakter, wie er im *Erec* eindrucksvoll beschrieben wird: *sîn herze was gevieret: / eteswenne gezieret / mit vil grôzen triuwen / und daz in begunde riuwen / allez daz er unz her ie / ze unrehte begie, / alsô daz er vor valsche was / lûter sam ein spiegelglas / und daz er sich huote / mit werken und mit muote / daz er immer missetæte. / des was er unstæte, / wan dar nâch kam im der tac / daz er deheiner triuwen phlac. / sone wolde in niht genüegen, / swaz er valsches gevüegen / mit allem vlîze kunde / mit werken und mit munde. / daz riet elliu sîn ger. / dar zuo sô was er / küene an etelîchem tage, / dar nâch ein werltzage. / diz wâren zwêne twerhe site: / dâ swachete er sich mite, / daz er den liuten allen / muoste missevallen / und niemen ze guote was erkant. / von sînem valsche er was genant / Keiîn der quâtspreche* (4636–4664).

[79] Vgl. Haupt, *Der Truchsess Keie,* S. 80f.

ist ein Angriff auf die *êre,* dem auch Keie zu entgehen versucht.[80] Sein Handeln widerspricht immer wieder den höfischen Wertvorstellungen und führt zu Irritationen, doch durch das Gelächter, das sein Verhalten auslöst, werden seine Entgleisungen entschärft und auch seine Kritik verharmlost. Sein Verhalten zeichnet eine gewisse Spannung aus zwischen der Suche nach Gewalt und Tätigkeit einerseits sowie einer demonstrativen Faulheit andererseits, einhergehend mit einer Absonderung von der Gesellschaft. Bei der Entführung der Königin Ginover im *Iwein* etwa verbreitet er hochtönend, er erlasse den anderen all ihre *arbeit* (4663) und werde es mit jenem fremden Ritter aufnehmen, welcher die Königin mit sich nahm. Kurz darauf muss er bereits *ze sînen unêren* (4667) eine Niederlage einstecken. Analog zu der Stelle im *Erec* (4730–4733) fliegt er schmählich aus dem Sattel (4671–4674) und verfängt sich mit seinem Helm in einem Baum: dort *leit er hangende nôt. / er wart doch leider ledec sît: / doch hienc er dâ unz an die zît / daz er vor in allen leit / laster unde arbeit* (4678–4682).

Die Bezeichnung *zuhtlôse* (90), wie sie im *Iwein* zu finden ist, stellt ein weiteres Moment der Figur Keies dar. Dies steht zeichenhaft für die Seite der ausgestellten Trägheit, wie sie in der Eingangsszene im *Iwein* zutage tritt, in der Kalogrenant von seiner gescheiterten Brunnenaventiure erzählt.[81] Als Einziger geht Keie nicht dem geselligen Treiben des Festes nach, sondern legt sich ostentativ mitten im Saal schlafen (74f.). Sein ganzes Interesse gelte, so der Text, nur *gemache ân êre* (76). Mit der Hinzufügung *ân êre* wird sein Handeln sofort abgewertet. Auch wenn seine ›Tätigkeit‹, oder besser Nicht-Tätigkeit, sich durch dieselbe Selbstzweckhaftigkeit auszeichnet, wie jene der anderen Festteilnehmer, stellt sein Schlaf offensichtlich eine Provokation dar.[82] Die Nähe zu einem reinen Nichtstun, wie sie der Schlaf darstellt, scheint selbst im Rahmen eines von *arbeit* fernen Bereiches wie jenem des Festes nicht angebracht zu sein. Auch hier herrscht Geschäftigkeit, allerdings in anderer, ungezwungen heiterer Form.[83] Auffällig an der Beschreibung Keies ist die häufige Verwendung von Nomen wie *gewonheit* (109; 148; 204) oder *site* (137; 234), welche auf eine »charakterliche Disposition«[84], eine Art Habitus, verweisen. Die Strafrede der Königin (137–158) zeigt deutlich an, dass es sich bei Keies Verhalten um ein wiederholtes handelt, das den Anwesenden durchaus bekannt und durch seine Erwartbarkeit in seiner Gefährlichkeit eingeschränkt ist.

---

[80] Vgl. im *Erec* die Verse 4738–4743.

[81] Berndt Volkmann, »*Costumiers est de dire mal.* Überlegungen zur Funktion des Streites und zur Rolle Keies in der Pfingstfestszene in Hartmanns Iwein«, in: bickelwort *und* wildliu mære. *Festschrift für Eberhard Nellmann zum 65. Geburtstag,* hg. v. Dorothee Lindemann, Berndt Volkmann, Klaus-Peter Wegera, Göppingen 1995, S. 95–108.

[82] Anders sieht es bereits beim Königspaar aus, das sich in seine Kemenate zurückzieht (77–85). Dessen Verhalten wird sehr wohl toleriert und entschuldigt.

[83] Vgl. zum Fest Kapitel 3.3.

[84] Volkmann, »*Costumiers est de dire mal*«, S. 102.

Paradoxerweise zwingt Keie durch seinen Spott und seine überheblichen Worte sein Gegenüber zu handeln, er treibt also geradewegs in die Tätigkeit.[85] So lässt sich Iwein etwa aus Angst vor Keies Schmährede auf die Verfolgung Askalons ein, da er ohne Nachweis seines Sieges all seine *arbeit* (1067) umsonst verwandt hat.[86] Keie bringt durch sein auffälliges Verhalten jede harmonische Ausgeglichenheit am Hof in ein Ungleichgewicht, das wiederum Aktionen und Reaktionen fordert.[87] Seine Normbrüche nehmen damit eine ähnliche Funktion ein wie die Geißel aus der Zeichnung des *Welschen Gastes.* Sie sind selbst noch in Form des müßigen Schlafes Warnung vor *muoze* und Antrieb zu *unmuoze.*

3.1.2 ›arbeit umbe êre‹ als Lebensform[88] des Ritters

Die folgende Autorsentenz im *Iwein* fasst das zu Anfang des Kapitels beschriebene Bild, in der die *Unmuoze* die *Muoze* verscheucht, gewissermaßen in Worte.[89] Mitten im Spannungsfeld zwischen *muoze* und *unmuoze* verortet, heißt es dort:

[85] Haupt, *Der Truchsess Keie,* S. 81; vgl. auch S. 84: Das Amt des Truchsessen ist Symbol für »die notwendig dauernde, weil immanente Kritik am ›Helden‹«. Vgl. auch im *Iwein,* wie die Anwesenheit Keies am Artushof durch die Bedeutung seines Amtes gerechtfertigt wird: *enheten sîn zunge niht verwohrt, / son gewan der hof nie tiurern helt. / daz mugent ir kiesen, ob ir welt, / bî sînem ampte des er pflac: / sîn hete anders niht einen tac / geruochet der künec Artûs / ze truhsæzen in sînem hûs* (2568–2574).

[86] Vgl. auch im *Iwein* die Verse 1519–1533, in welchen dieselben Gedanken noch einmal aufgeworfen werden. Durch die wiederholte Nennung wird deutlich, wie sehr Keies Worte und sein möglicher Spott Iwein in seinem Denken und Handeln beeinflussen und beschäftigen, zugleich zeigt sich auch die Macht Keies.

[87] Vgl. Matthias Däumer, »Truchsess Keie – Vom Mythos eines Lästermauls«, in: *Artusroman und Mythos,* hg. v. Friedrich Wolfzettel, Cora Dietl und Matthias Däumer, Berlin 2011, S. 69–108: »Keu/Keie ist dabei als immerwährender Kritiker und schlechter Rezipient gezeichnet, ganz im Stile der üblen Zuhörer, die viele mittelalterliche Dichter in ihren Prologen als Negativbeispiele anführen. Durch sein störendes Eingreifen in die Erzählung bedroht Keu/Keie einerseits deren Ordnung (und in Übertragung bedroht der Kritiker den Romanvortrag); andererseits aber festigt Keie die Ordnung wieder dadurch, dass er als Spötter zum Schweigen gebracht und als humoristische Figur verlacht werden kann. Dabei ist das Verlachen [...] ein Lachen, in dem Artushof und Publikum ›verschaltet‹ werden«, S. 105f. Däumer untersucht die Figur des Keie als »heterogenes Produkt verschiedener Kulturkreise«, S. 69, und zeigt dabei unter anderem auf, dass bereits bei allen möglichen mythischen Vorbildern Keies in der »Ambivalenz zwischen Bos- und Lachhaftigkeit der karnevalistische Grundgedanke der befreienden und in letzter Konsequenz elementar festigenden Wirkung des Verlachens bestehender Ordnung zugrunde« liegt, S. 106.

[88] ›Lebensform‹ verstehe ich mit Rahel Jaeggi, S. 77, als »Bündel von sozialen Praktiken«, als »Ensemble von Praktiken« und als »Ordnungen sozialen Verhaltens«, während unter ›Praktiken‹ wiederum »gewohnheitsmäßige, regelgeleitete, sozial bedeutsame Komplexe ineinandergeifender Handlungen« verstanden werden, »die ermöglichenden Charakter haben und mit denen Zwecke verfolgt werden«, S. 102f., vgl. Rahel Jaeggi, *Kritik von Lebensformen,* Berlin 2014.

[89] Vgl. *Handbuch der Sentenzen und Sprichwörter im höfischen Roman des 12. und 13. Jahrhunderts,* hg. v. Manfred Eikelmann und Tomas Tomasek, Bd. 1: Einleitung und Artusromane bis 1230, bearbeitet von Manfred Eikelmann und Silvia Reuvekamp, unter Mitarbeit von Agata Mazurek, Rebekka Nöcker, Arne Schumacher und Sandra Theiß, Berlin/Boston 2012, S. 112.

verlegeniu müezekheit
ist gote und der werlte leit:
dâne lât sich ouch nieman an
niuwan ein verlegen man.
(7171–7174)

Hier ist nicht, wie in der Beischrift, von *muoze* die Rede, sondern von der negativeren Form der *müezekheit,* also der Untätigkeit oder Müßigkeit.[90] Thomas Cramer übersetzt die Formulierung *verlegeniu müezekheit* mit »müßiggängerischer Faulheit«[91], auch bei Volker Mertens sowie Rüdiger Krohn findet sich der Aspekt des Faulen: »faule Bequemlichkeit«[92] oder »faules Nichtstun«[93]. Max Wehrli bringt zusätzlich das Laster der *acedia* ins Spiel, wenn er mit »träger Müßiggang«[94] übersetzt. Allen Übersetzungsbeispielen ist die pejorative Wertung gemein, die sich vor allem aus dem Attribut *verlegeniu* ergibt: das Wort *müezekheit* wird dadurch demonstrativ in Verbindung gebracht mit Aspekten wie Schwerfälligkeit, Passivität, Nichtstun oder Nachlässigkeit. Der Text lässt durch das hinzugefügte Adjektiv keinen Zweifel an der Negativität des Phänomens. Wie das Zitat zeigt, findet sich die Ablehnung der *müezekheit* im Jenseitigen wie auch im Weltlichen wieder: *verlegeniu müezekheit ist gote und der werlte leit.* Durch diese einstimmige Missbilligung wird quasi ein Bogen zwischen den Ansprüchen des Himmlischen und des Irdischen gespannt. Nur ein *verlegen man,* nur ein fauler Mensch, würde sich dieser sündhaften Laune überhaupt hingeben.[95]

Das Zitat bringt die moralische Abwertung von Untätigkeit in Form von *verlegeniu müezekheit* prägnant zum Ausdruck und bildet das Terrain für die folgenden Überlegungen. Die Sentenz verweist indirekt auf die sowohl warnenden als auch belehrenden Worte Gaweins nach der Hochzeit Iweins mit Laudine. Hier wie dort ist die Erwähnung des Verliegens als intertextuelle Referenz auf den *Erec* zu verstehen:

[90] Hasebrink, »Zwischen Skandalisierung und Auratisierung«, S. 110, Fußnote 16, deutet die volkssprachige Übersetzung der Benediktinerregel, bei der *müezecheit* dazu dient, *otiositas* zu übersetzen, als ein Indiz für die usuelle Verwendung von *müezecheit* in negativer Konnotation.

[91] Hartmann von Aue, *Iwein,* Text der siebenten Ausg. v. G.F. Benecke und Karl Lachmann, hg. v. Ludwig Wolff, Übersetzung und Nachwort v. Thomas Cramer, 4., überarb. Auflage, Berlin/New York 2001.

[92] Hartmann von Aue, *Gregorius. Armer Heinrich. Iwein,* hg., übersetzt und kommentiert v. Volker Mertens Frankfurt a.M. 2008 (Frankfurt a.M. 2004).

[93] Hartmann von Aue, *Iwein,* hg. v. Rüdiger Krohn und Mireille Schnyder, übersetzt v. Rüdiger Krohn, Stuttgart 2012.

[94] Hartmann von Aue, *Iwein,* hg. und übersetzt v. Max Wehrli, Zürich 2004.

[95] Vgl. auch Kapitel 4.2. Vgl. auch in Wirnt von Grafenberg, *Wigalois,* Text, Übersetzung, Stellenkommentar, übersetzt v. Ulrich Seelbach und Sabine Seelbach, 2. Auflage, Berlin/Boston 2014. Im Zusammenhang des Kampfes mit dem Roten Ritter kommt es zu Betrachtungen über *gemach* und *êre: im was dâ heime unmaere / sich ze verligen einen tac, / wan mit gemache niemen mac / grôze êre erwerben. / von rehte sol er verderben / der dâ heime sich verlît / und sich vlîzet zaller zît / daz sînem lîbe sanfte sî, / wan boese gemacht ist êren vrî. / swer sich an êren will erholn, / der muoz benamen kumber doln / und underwîlen arbeit* (2871–2882).

er [sc. Gawein] *sprach ›ezn ist niht wunder*
umb einen sæligen man
der dar nâch gewerben kan
und dem vrümekheit ist beschert
ob im vil êren widervert.
[...]
nû ist iuwer arbeit
sæleclîchen an geleit:
iu hât erworben iuwer hant
ein schœne wîp unde ein lant.
sît iu nû wol geschehen sî,
so bewaret daz dâ bî
daz iuch iht gehœne
iuwers wîbes schœne.
geselle, behüetet daz enzît
daz ir iht in ir schulden sît
die des werdent gezigen
daz sî sich durch ir wîp verligen.
kêrt ez niht allez an gemach;
als dem hern Êrecke geschach,
der sich ouch alsô manegen tac
durch vrouwen Ênîten verlac
wan daz er sichs erholte
sît als ein riter solte,
sô wære vervarn sîn êre.
[...]
Ir hât des iuch genüegen sol:
dar under lêr ich iuch wol
iuwer êre bewarn.
ir sult mit uns von hinnen varn:
wir suln turnieren als ê.
mir tuot anders iemer wê
daz ich iuwer künde hân,
sol iuwer rîterschaft zergân.
(2770–2806)[96]

In der Sorge Gaweins werden die oben verhandelten Gedanken noch einmal komprimiert zur Darstellung gebracht. Durch seine Anstrengungen – seine *arbeit* – und seinen Einsatz in der Brunnenaventiure hat Iwein als Lohn Frau und Land – *schœne wîp unde ein lant* (2782) – erhalten. Diese Ehrerbietung steht ihm, so Gawein, mit Recht zu, denn Tüchtigkeit und eifriges Trachten fordern auch angemessene Reverenz. Doch Gaweins Warnung richtet sich nicht auf das Vergangene. Ihm geht es um die Bewahrung dessen, was Iwein bereits erlangt hat. Doch dies gelingt seiner Auffassung nach gerade nicht dadurch, sich auf dem Erreichten auszuruhen, also *gemach* (2791) zu suchen, oder sich gar aus dem gesellschaftlichen in das häusliche Leben zurückzuziehen. Vielmehr gilt es, seinen ritterlichen Aufgaben, wie oben in der Textstelle aus dem *Welschen Gast* ausformuliert, auch wei-

[96] Vgl. auch Kapitel 4.2.

terhin gerecht zu werden. Andernfalls drohen gesellschaftliche Entehrung und Verachtung, wie sie auch Erec widerfahren sind. Statt eine gemächlichere, genügsamere Haltung einzunehmen, fordert Gawein, stellvertretend für die höfische Gemeinschaft, Tätigkeit und Aktion: *ir sult mit uns von hinnen varn* (2802).[97]

Hier möchte ich ansetzen und ausgehend von dieser Äußerung arthurischen Verhaltensmodellen und höfischen Idealen nachgehen, die die Distanzierung zu Formen von Muße aufzeigen und Versuche darstellen, die von ihr ausgehende Gefährdung in Schach zu halten. Um im obigen Bild zu bleiben, soll der Fokus auf Konzeptionen liegen, die *muoze* wie Muße in die Flucht schlagen.

Um eine derartige Konzeption handelt es sich bei dem ritterlichen Ideal der *arbeit umbe êre,* dem mühevollen Bestreben nach gesellschaftlicher Anerkennung. Ausgehend von dieser Formel möchte ich die Untersuchung jener Gefilde fernab von Muße beginnen, die den höfischen Roman prägen. Die Ideologie der *arbeit umbe êre* schließt ein eigenartiges Ökonomisierungsdenken ein, das in seiner Zweck- und Zielgerichtetheit Erscheinungsformen von Muße nicht nur radikal entgegensteht, sondern zugleich auch jedem kaufmännischen Denken widerspricht. Als eindrückliches Beispiel eignet sich hier der Zweikampf zwischen Gawein und Iwein. An dieser Szene lässt sich zeigen, dass sich das Konzept der *arbeit umbe êre* geradezu als Gegenkonzept zur moralisch abgewerteten Muße, zur *verlegeniu müezekheit,* begreifen lässt.[98]

Iwein und Gawein, die eigentlich befreundet sind, stehen sich im Zweikampf für die Schwestern vom Schwarzen Dorn, durch ihre Rüstung gegenseitig unerkannt, gegenüber. Beide halten ihre Identität geheim: Iwein muss diesen Kampf erstmalig ohne seinen Löwen bestreiten und Gawein lässt verkünden, er könne aufgrund *ander unmüezekheit* (6889) dem Kampf nicht beiwohnen. Auffällig ist die Ausgeglichenheit des Kampfes: Zwei ebenbürtige Ritter treten gegeneinander an, die sich in Gestalt und Haltung in nichts nachstehen. Bereits seit Jugendtagen erproben sich die Freunde intensiv im Kämpfen. Hartmann benutzt hierfür das Wort *unmuoze* (6994), das an dieser Stelle mit ›Beschäftigung‹ übersetzt werden kann. Vollkommenheit wird durch *unmuoze* in Form täglicher disziplinierter übung zu erreichen versucht. Es findet sich eine vom allgemeinen Verständnis abweichende Definition von Zeitvertreib[99]: seine Tage zu vertreiben bedeutet, sich

[97] Vgl. Hartmann von Aue, *Gregorius. Der Arme Heinrich. Iwein,* hg. und übersetzt von Volker Mertens, Kommentar zu den Versen 2770–2912, S. 1011f.: »Erec wird als warnendes Beispiel genannt, aber das Mittel gegen das *verligen,* nämlich Ritterspiele auszutragen, unterschlägt das eigentliche Ziel von Erecs zweitem Abenteuerweg: die auf dem richtigen Einsatz von Kampfeskraft beruhende Herrschaft. Gawein verkürzt also den Roman im Dienst seines Ziels, Iwein als Waffenbruder zu behalten.« Inwiefern sich Gaweins Rat an Iwein, sich in Aventiuren zu stürzen, als fatal erweist, wird in Kapitel 4.2.2 untersucht.

[98] Zum Zusammenhang von *arbeit* und *êre* vgl. etwa pointiert im *Erec: mir enwas êre / niht ze teile getân, / daz ich sus verlorn hân / das schœniste wîp durch gemach, /* […] */ swer sîne sache / wendet gar ze gemache, / als ich hînaht hân getân, / dem sol êre abe gân / unde schande sîn bereit. / wer gewan ie vrumen âne arbeit?* (4087–4101)

[99] Vgl. im *Iwein: Wer gerne lebe nâch êren, / der sol vil starke kêren / alle sine sinne / nâch etelîchem gewinne, / dâ mit er sich wol bejage / und ouch vertrîbe die tage. / alsô heten sî ge-*

auf Gewinn zu fokussieren, ein Ziel, im Falle des Ritters das Erlangen von Anerkennung, vor Augen zu haben und dieses mit aller notwendigen Kraftanstrengung zu erreichen suchen. Es bedeutet gerade nicht, seine Tage unnütz vorbeiziehen zu lassen und sich der *müezekheit* (7183) hinzugeben. Durch *unmuoze* vermag selbst ein *zagehafter man* (6999) im Kampf kühne Taten zu vollbringen. Motorische Abläufe werden durch regelmäßige Wiederholungen gefestigt. Dadurch wird ein Arsenal an Handlungsmöglichkeiten gespeichert, welches dem Kämpfer im entscheidenden Moment zur Verfügung steht und auf dessen Grundlage meisterhafte *rîterschaft* (7004) möglich ist. Ausdauer und Zielgerichtetheit werden höher geschätzt als Spontaneität und Wagemut (7001f.). Auf Wortebene wird diese Einschätzung durch die ostentative Verwendung von Worten wie *gewonheit* (6998), *pflegen* (7002), *rîterschaft* (7004) und *schuole* (7005) unterstützt. Ein zunächst eifrig bemühtes Einstudieren eines von außen kommenden Wertekanons soll mit der Zeit verinnerlicht und zu eigen gemacht werden. Durch Replik formt sich aus dem Wunsch unbewusst eine innere Haltung, ein Habitus, der sich wiederum im Handeln nach außen trägt und offenbart.[100] Hasebrink weist daraufhin, dass die mittelhochdeutsche Literatur mit Ausnahme von *gewonheit* kein Äquivalent für *habitus* kenne. Mit Thomasin von Zerclaere lässt sich jedoch im Begriff der *staetekeit* eine Art Surrogat festmachen.[101] *staete* fasst das Moment von Widerstandsfähigkeit, Beharrlichkeit und schneller Regeneration, welches intuitivem und unbesonnenem Agieren, so die Empfehlung im *Iwein*, vorzuziehen ist. Die durch einen solchen Prozess der Habitualisierung gewonnene Perfektion – *kunst unde kraft* (7003) –, bietet dem Helden die Möglichkeit, aus seiner Gruppenzugehörigkeit in gewisser Weise auszubrechen und aus der Masse hervorzustechen.[102] Die Kunstfertigkeit, die sich beide Gegner erworben haben, zeigt sich in der beinahe ästhetischen Beschreibung des Kampfes: keiner der Anwesenden im Publikum hat je zuvor einen *schœner tjost* (7150) gesehen.

Das Haushalten mit der Zeit spiegelt sich im Drängen der Ritter wider, den Kampf nicht unnötig hinauszuzögern, denn sowohl *staete* als auch *muot* sind zum Gefecht bereit (6981): die Pferde galoppieren aufeinander zu, die Lanzen werden auf den Gegner gerichtet und jeder versucht, mit *manlîcher kraft* (7101) den anderen aus dem Sattel zu stürzen. Mit welcher Gewalt und Härte die Kämpfenden agieren, medialisieren die in tausende Stücke zersplitterten Lanzen. Dennoch

tân: / ir leben was niht verlân / an deheine müezekheit (7175–7183), vgl. Hasebrink, »Zwischen Skandalisierung und Auratisierung«, S. 112. Vgl. Coralie Rippl, »Geld und *âventiure*. Narrative Aspekte der Zeit-Raum-Erfahrung bei Heinrich Kaufringer«, in: *PBB* 134 (2012), S. 540–569, hier S. 557, nach der dem Terminus *zît vertrîben* im Mittelhochdeutschen durchaus bereits die Bedeutung von Zeitvertreib, Muße und Müßiggang anhaften kann. Rippl stellt, mit Verweis auf *zîtvertrîp* (LEXER, s.v.), eine Verschiebung in Richtung »einer Wahrnehmung von privater Zeit oder ›Freizeit‹«, S. 557, fest.

[100] Vgl. auch Gebert, »Poetik der Tugend«.

[101] Vgl. Hasebrink, *»sich erbilden«*, S. 129; vgl. im *Welschen Gast* u.a. die Verse. 1815–1820.

[102] Generell zum Zusammenspiel von Held und Gemeinschaft Klaus von See, »Held und Kollektiv«, in: *ZfdA* 122 (1993), S. 1–35.

zeichnet das Vorgehen der beiden sich nicht durch *dörperheit* (7121) aus, sondern durch flinkes Kämpfen zu Fuß und Fairness (7139–7142).[103] Einerseits tritt ein Arbeit-Nutzen-Denken zutage, etwa in Formulierungen wie ›*waz touc mir mîn arbeit? / unz er den schilt vor im treit, / sô ist er ein sicher man*‹ (7135–7137). Andererseits betreiben die beiden Kämpfenden ein ungewöhnliches Tauschgeschäft, das jeglichem ökonomischen Denken von Berechnung und Sparsamkeit zuwider läuft. Verschwenderisch, *âne bürgen und âne pfant* (7145), teilen sie Schläge aus, die jedoch sogleich um ein Vielfaches zurückgezahlt werden. Geborgtes muss *mé und ê dan man sî bat* (7170) vergolten werden, um nicht bitter dafür büßen zu müssen. In den wenigen Versen 7145–7170 findet sich eine Anhäufung von Wortformen der Lexeme *borgen, gelten, vergelten* und *schelten,* die immer wieder neu angeordnet und aufeinander bezogen werden. Hartmann spielt begrifflich und klanglich mit dem schnellen Hin und Her des Schlagabtausches und spiegelt dieses in der Anordnung und Wiederholung der Wörter aus diesem Themenfeld wider. Er schafft ein strukturelles Muster, welches die Dynamik der ausgeteilten Schläge in Bild und Klang aufnimmt. Während im *Yvain* Chrétiens die beiden Kämpfenden immer wieder Wortfetzen der Umstehenden wahrnehmen, bei den Gesprächen mithören und über die Ebenbürtigkeit ihres Gegners reflektieren, tauchen bei Hartmann Iwein und Gawein als *karge wehselære* (7190) völlig in den Kampf ein.[104] Die immersive Bewegung geht mit einem bestimmten Zeitgefühl von Endlosigkeit einher, welches sich im ununterbrochenen Schlagabtausch widerspiegelt. Diesen Aspekt der Zeitlichkeit beobachten auch Manuel Braun und Cornela Herberichs in ihren Analysen zu Gewalt im Mittelalter: Gewalt trägt das Potenzial in sich, einen eigenen Typus von Zeitlichkeit zu formen, der »unmittelbare Gegenwärtigkeit und völlige Situationalität« schaffen kann.[105]

Der Zirkel von Geben, Nehmen und Erwidern wird auf zynische Weise aufgebrochen, denn Gabe und Gegengabe sind nicht mehr von gleichem Wert, sondern übertreffen sich gegenseitig.[106] Die bewusste Überbietung zeigt nach Bourdieu an,

---

[103] Vgl. Haferland, *Höfische Interaktion,* S. 31: »Fairness bedeutet hier, sich nicht außerhalb des von den Wettkampfregeln definierten Bewegungsspielraums Vorteile zu verschaffen, bzw. sich den Regeln gemäß zu verhalten. Die Regeln aber definieren einen Rahmen gleicher Ausgangsbedingungen, gleicher Chancen. Soweit erscheint der Wettkampf als kooperative Praxis. Die Lage des anderen ist bedacht, Verallgemeinerung ist im Spiel. Das Interaktionswissen zwingt zu der Einsicht, daß Ehre nur sein kann, wo gleiche Chancen sind.«

[104] Vgl. im *Yvain* die Verse 6150–6228.

[105] Manuel Braun/Cornelia Herberichs, »Gewalt im Mittelalter: Überlegungen zu ihrer Erforschung«, in: *Gewalt im Mittelalter. Realitäten – Imaginationen,* hg. v. Manuel Braun und Cornelia Herberichs, München 2005, S. 7–37, hier S. 30.

[106] Vgl. zu den Phänomenen des Tauschens und der Gabe die strukturalistischen Theorien von Claude Lévi-Strauss, *Strukturale Anthropologie,* Frankfurt a.M. 1971 (französische Erstausgabe 1964); Claude Lévi-Strauss, »Einleitung in das Werk von Marcel Mauss«, in: Marcel Mauss, *Soziologie und Anthropologie 1,* Frankfurt a.M. 1989, S. 7–41 (französische Erstveröffentlichung 1950); vgl. auch den kulturtheoretischen Ansatz von Marcel Mauss, *Die Gabe. Form und Funktion des Austausches in archaischen Gesellschaften,* Frankfurt a.M. 1990 (französische Erstausgabe 1924), sowie die philosophische Perspektive von Paul Ricœur, *Wege der Anerkennung. Erkennen,*

»daß man bereit ist, das Spiel nach der Regel ›Herausforderung als Erwiderung der Herausforderung‹, die beide immer wieder erneuert werden, zu spielen«[107]. Übertreffen und Überbieten bilden die »Tiefenstruktur des agonalen Schemas«[108]. So weist das Geben und Erwidern jeweils eine irritierende Freigebigkeit auf. Udo Friedrich sieht die höfische Tugend der *milte,* der Freigebigkeit, in diesem »Prinzip der Verschwendung« ironisch verkehrt, indem sie auf den Kampf angewendet wird.[109] Beide Parteien verausgaben sich völlig. Die Steigerung von der Semantik des Borgens hin zu derjenigen des Scheltens durch den Tod oder der Öffentlichkeit – letzteres wird in einem Atemzug genannt – demonstriert die Ernsthaftigkeit des Kampfes und den Wert, der auf dem Spiel steht. Die öffentliche Demütigung käme einem sozialen Tod gleich. Ihrer öffentlichen Logik nach funktionieren Verletzungen der *êre* nicht »als schleichender Abbau von Vermögen, sondern als drohender plötzlicher Verlust«[110]. Nur wer seine Mühen auf die Akkumulation von *lobe* (7160) und *êren* (7175) richtet und *gewinne bejaget* (7178f.), findet Wohlwollen in der Gesellschaft. Es ist ein Gegeneinander von Inklusions- und Exklusionsmechanismen. Daher entleihen beide Ritter ihre ›Gaben‹ *ûz voller hant* (7165). Diese Art von ›Gaben‹ sind kein Ausdruck von »Erfahrungen befriedeter Anerkennung«[111], sondern sie irritieren, demütigen und verletzen buchstäblich.[112] Jede

---

Wiedererkennen, Anerkanntsein, aus dem Französischen von Ulrike Bokelmann und Barbara Heber-Schärer, Frankfurt a.M. 2006, hier S. 285; Frank Hillebrandt, *Praktiken des Tauschens. Zur Soziologie symbolischer Formen der Reziprozität,* Wiesbaden 2009.

[107] Bourdieu, *Entwurf einer Theorie der Praxis,* S. 29f.; Bourdieu begreift »Gabentransaktionen als komplexe soziale Praktiken, die durch instrumentelle Handlungen und Strategien, vor allem aber durch die Wirksamkeit symbolischer Macht bestimmt werden«, vgl. Marion Oswald, *Gabe und Gewalt. Studien zur Logik und Poetik der Gabe in der frühhöfischen Erzählliteratur,* Göttingen 2004, S. 30.

[108] Haferland, *Höfische Interaktion,* S. 34.

[109] Vgl. Udo Friedrich, »Die symbolische Ordnung des Zweikampfes im Mittelalter«, in: *Gewalt im Mittelalter. Realitäten – Imaginationen,* hg. v. Manuel Braun und Cornelia Herberichs, München 2005, S. 123–158, hier S. 129f. Vgl auch Mireille Schnyder, Kommentar zu den Versen 7143–7227 im *Iwein,* S. 607.

[110] Schreiner/Schwerhoff, »Verletzte Ehre«, S. 11. Vgl. etwa die oben genannte Demütigung Erecs durch den Peitschenschlag des Zwerges.

[111] Ricœur, *Wege der Anerkennung,* S. 273.

[112] Zur Analogie von Schenken und Herausfordern vgl. Bourdieu, *Entwurf einer Theorie der Praxis,* S. 15f., zur Dialektik von Herausforderung und Erwiderung der Herausforderung am Beispiel der kabylischen Gesellschaft: »Damit es zu einer Herausforderung kommt, muß der, der sie ausspricht, seinen Gegner für würdig erachten, sich herausfordern zu lassen, d.h. fähig zu sein, die Herausforderung anzunehmen – kurz, er muß ihn als einen an Ehre ebenbürtigen Partner anerkennen. Jemanden herausfordern heißt, ihm seine Eigenschaft als Mann zuerkennen, und darin besteht die Vorbedingung eines jeden Austauschs und der Ehrenherausforderung, insofern sie das erste Moment eines Austauschs darstellt; das heißt weiterhin, ihm die Würde des Ehrenmannes zuerkennen, da ja die Herausforderung ihrer Natur nach eine Erwiderung fordert und sich also an einen Mann wendet, der das Spiel der Ehre zu spielen und gut zu spielen weiß; das setzt zunächst einmal voraus, daß er die Spielregeln kennt, und des weiteren, daß er die nötigen Tugenden besitzt, um sie respektieren zu können.« Vgl. auch S. 22: »Die Herausfor-

unerwiderte ›Gabe‹ bedeutet Schmach und Schande. Je ›großzügiger‹ der Gegner beim Austeilen ist, desto eher verliert der andere Ruhm und Leben. Doch der Gegenangriff ermöglicht auch die eigene Wertsteigerung. Die ›Gabe‹ wird also auf paradoxe Weise tatsächlich als Gabe anerkannt: Als *übergelt* bietet jeder Vergeltungsschlag die Möglichkeit, den eigenen Ruhm zu vermehren und *werltlîchen lôn* (6951) zu erlangen.[113] Die ritterlichen Anstrengungen werden in das symbolische Kapital der *êre* transformiert.[114] In der Metaphorik von Kapital und Zinsen wird diese Transformation – konzentriert in der Formel *arbeit umbe êre* (7214) – veranschaulicht. Haubrichs nennt diese für das höfische System zentrale Wortfügung als Gegenkonzept zu *otium, muoze* und *müezekheit. arbeit umbe êre* steht folglich in engem Zusammenhang mit verneinten Formen von *muoze,* also *unmuoze* oder *unmüezkheit,* mit welchen das ritterliche *strîten* und *rîten,* so Haubrichs, in neutraler Weise als Tätigkeit oder Beschäftigung verstanden werden kann.[115] In Bezug auf das ritterliche Leben stellt sich *arbeit* als einzig adäquate Lebensform heraus.[116] Das Konzept der höfischen Ideologie der *arbeit umbe êre* verhandelt Vervollkommnung als Transfer körperlicher Anstrengung in einen symbolischen Wert, nämlich denjenigen der *êre.* Die Formulierung *arbeit umbe êre* drückt die Hoffnung aus: je höher die Leistung, desto größer der Lohn.[117] Wie bei realem, materialem Kapital, etwa Geld, geht es auch hier darum, diese Art des ideellen Kapitals anzuhäufen und zu vermehren. Der Zweikampf zwischen Gawein und Iwein ist paradigmatisch für ein solches Kampfspiel von *êre* für *arbeit,* in dem sich die Kämpfenden gegenseitig antreiben. Doch die Gaben bringen Unheil und das ›Spiel‹ kann kein unendliches sein, sondern muss, wird es nicht unterbrochen, im Tod eines der Streiter enden.

Die Metaphorik von Gläubiger und Schuldner tritt auch in anderen höfischen Romanen auf. Das häufige Vorkommen verdichtet den Eindruck einer ritterlichen

---

derung im eigentlichen Sinne und ebenso die Beleidigung haben die gleiche Voraussetzung wie das Schenken, nämlich die gewählte Entscheidung, ein bestimmtes Spiel nach gewissen Regeln zu spielen. Das Geschenk ist eine Herausforderung, die demjenigen, an den es gerichtet ist, Ehre macht, sein Ehrgefühl [...] dabei aber auf die Probe stellt.«

[113] Vgl. Hasebrink, »Zwischen Skandalisierung und Auratisierung«, bes. S. 109–112.

[114] Vgl. Friedrich, »Die symbolische Ordnung«, S. 128f., vgl. Vogt, »Ehre«. Neben der Arbeit Ludgera Vogts lässt sich auch an Überlegungen Burkhard Hasebrinks anknüpfen, der, ebenfalls im Rückgriff auf den Begriff des symbolischen Kapitals bei Bourdieu, ritterliches Verhalten, wie es in den höfischen Romanen um 1200 dargestellt ist, als ökonomisch geprägte Handlungsweisen deutet, vgl. Hasebrink, »Zwischen Skandalisierung und Auratisierung«; vgl. auch Haferland, *Höfische Interaktion,* S. 132–136.

[115] Haubrichs, »Das Wortfeld von ›Arbeit‹ und ›Mühe‹«, S. 99.

[116] Vgl. Schwarz, *›arebeit‹ bei mittelhochdeutschen Dichtern,* S. 20.

[117] Dabei kennt die mittelalterliche Gesellschaft noch keinen Leistungsbegriff im modernen Sinne, vgl. hierfür in den mittelhochdeutschen Wörterbüchern die Bedeutungen für das Lemma *leisten:* leisten, vollziehen, im Sinne von einen Kampf oder einen Dienst leisten, ein Gebot ausführen oder befolgen, seine Pflicht tun oder ein Versprechen erfüllen. Vgl. zum Leistungsbegriff Bernward Joerges, »Leistung«, in: HWPh 5 (1980), Sp. 215–220. Indirekt zeigt sich etwa im *Erec* in Vers 2815 doch ein Leistung-Lohn-Denken: *sus verdiente Erec sîn loben.*

Wertevorstellung, nach der ein ökonomisch geprägtes Handeln angestrebt wird. Der *Willehalm* beispielsweise weist ein weites sprachliches Feld aus dem Bereich der kaufmännischen Sphäre auf, wobei in diesem Zusammenhang der Fokus auf der Verwendung von Handelsmetaphorik im Kontext des kriegerischen Schlachtfeldes liegt, welches zum »Gebiet des Warenaustausches, zum Börsenplatz«[118] mutiert.[119] So heißt es etwa in der zweiten Schlacht auf Alischanz: *hurta, wie die getouften / borgeten und verkouften / manegen wehsel ane tumbrel! / estlîches wâge was sô snel, / daz si in sancte nider unz in den tôt. / ze bêder site si dolten nôt, / Sarrazîne und ouch die kristen* (373,21–27). Die Kaufmannswaage zum Messen und Handeln wird zur Waage des Todes. Gerade noch selbst todbringende ›Kaufleute‹, landen die Kämpfer selbst auf der Waage und werden zu Gütern versachlicht, die der Tod mit sich reißt.[120]

Bereits in Hartmanns *Erec*, anders als in der französischen Vorlage, findet sich eine »vielgliedrig durchgeführte, dicht in die gesamte Darstellung verflochtene Finanz- und Würfelspielmetaphorik«[121], die das Bild von Zins und Kapital auf den Einsatz im Würfelspiel ausweitet und modifiziert.[122] Es handelt sich um den Zweikampf gegen den Ritter Îdêrs um den Sperberpreis; der erste einer Reihe von Kämpfen, die Erec fortan zu bewältigen hat:

er machete in des schiltes bar
und hiu in im von der hant gar:
des im vil lützel der vertruoc
der slac engegen slage sluoc.
sît daz er im entlêch sîn guot,
daz galt er als jener tuot
der dâ mêre entnemen wil.
si beide spilten ein spil,
daz lîhte den man beroubet,

[118] Christian Kiening, *Reflexion – Narration. Wege zum ›Willehalm‹ Wolframs von Eschenbach,* Tübingen 1991, S. 126.

[119] Immer wieder ist im *Willehalm* die Rede von Blutzoll, vgl. die Verse 43, 10; 76,8; 113,26; 444,6; 449,16f., welches errichtet werden muss, oder von Unterpfand, vgl. die Verse 16,24; 37,20f.

[120] In diesem Zusammenhang sekundär, doch für den Texthintergrund von Bedeutung: Kiening, *Narration – Reflexion,* S. 130, macht auf die religiöse Dimension dieser Handelsmetaphorik im *Willehalm* aufmerksam: »die Münze, mit der allein die Helden auf dem Schlachtfeld zahlen, ist das Leben, der Tod zugleich Verzinsung dieses Lebens durch den Gewinn eines neuen. Es winkt der *solt* des ewigen Lebens, erkauft wird im Tode *endelose ere,* erworben werden konkret bildhaft *stuol ze himel.*«

[121] Uwe Ruberg, »Bildkoordinationen im ›Erec‹ Hartmanns von Aue«, in: *Gedenkschrift für William Foerste,* hg. v. Dietrich Hofmann, unter Mitarbeit von Willy Sanders, Köln/Wien 1970, S. 477–501, hier S. 484.

[122] Vgl. Chrestien de Troyes, *Lancelot,* übersetzt und eingeleitet von Helga Jauss-Meyer, München 1974: *Et quant il ſont chëu a terre / Li uns vet l'autre a pié requerre; / Et ſ'il de mort ſ'antranväiſſent, / Ja por voir ne ſ'antranväiſſent / As eſpees plus crüelmant . / Plus ſe fierent menüemant / Que cil qui met deniers an mine, / Qui de joer onques ne fine / A totes failles deus et deus; / Mes mout eſtoit autre ciſt jeus, / Que il n'i avoit nule faille, / Mes cos et mout fiere bataille, / Mout feleneſſe et mout crüel* (2711–2723).

der vünfzehen ûf daz houbet.
[...]
mit grimme si verbunden
einer ellenlanger wunden
möhte er vil wol sîn bekomen
daz phantreht solde hân genomen.
dâ wart vil manec gebot geleit
und dem ein widergelt geseit.
ir ietweder woldez lâzen:
wan dem wære verwâzen
beidiu sîn êre und ouch daz leben.
dar nâch sô wart daz spil gegeben
(860–881)

In der Vergegenwärtigung dieser Szene fällt auf, wie der Kampf, trotz aller Ernsthaftigkeit und Härte, als Spiel begriffen wird.[123] Doch dieses Spiel ist von grausamer Art: *lîp und êre* (843) gilt es, zu verteidigen. Die Gebote und der Einsatz sind hoch in diesem Spiel. Anders als im *Iwein* wird die Metaphorik des Spiels nicht ausgedeutet, sondern Bild- und Sachebene gehen subtil ineinander über: so fallen etwa die Würfel *ûf daz houbet* (869).[124]

Trotz aller Risiken und Gefahren bleibt die Bezeichnung ›Spiel‹ vorherrschend. Der Zweikampf ist ein Spiel, ein Kampfspiel zwar, doch folgt auch dieses festen Regeln innerhalb eines klar abgesteckten Rahmens. Die hier verwendete Semantik des Wortes *spil* steht zunächst jedoch derjenigen im Zusammenhang mit Muße schroff gegenüber.[125] Bei aller Bereitschaft und Kampfgier, die oftmals vor einem Gefecht beschrieben wird, handelt es sich doch um mehr als um ein spielerisches, ziel- und zweckloses Kräftemessen. Die im Zusammenhang des Kampfes zwischen Erec und Îdêrs zu findende Formulierung ›*ir ietweder woldez lâzen*‹ (878) zeigt, wenn auch nur in einem kurzen Nebensatz verortet, den Wunsch an, diese Art des Spiels zu beenden. Der Infinitiv *lâzen* ist zu verstehen als ›die Dinge sein lassen‹, ›die Sache auf sich beruhen lassen‹. Dass dieser Äußerung nur wenig Bedeutung zugeordnet wird, zeigt die sofortige Einschränkung: *wan dem wære verwâzen / beidiu sîn êre und ouch daz leben* (879f.). Es wird ein äußerer wie innerer Zwang beschrieben – für Ansehen, *êre* und Leben zu kämpfen –, der die Ritter hindert, aufzuhören und sich zurückzuziehen. Beinahe ernüchternd wirkt in diesem Zusammenhang der dann folgende Satz ›*dar nâch sô wart daz spil gegeben*‹ (881). Meint *spil* in diesem Kontext eine den Akteuren aufgezwungene

[123] Bei Hartmann fehlt bei der Beschreibung des Kampfes jene Drastik, die sich bei Chrétien findet. Gerade die Dimension des Höflichen und Höfischen wird in diesem idealisierten Kampf konsequent aufrechterhalten. Vgl. Chrétien, *Erec et Enide/Erec und Enide,* die Verse 863–894; 929–1000.

[124] Vgl. Ruberg, »Bildkoordinationen«, S. 486. Vgl. auch im *Erec* die Verse 4268–4276: Die Erec bis zu dieser Textstelle begegneten Gefahren werden als *kindes spil* (4270), als *ein ringiu arbeit* (4269) bezeichnet, angesichts dessen, was ihm noch bevorsteht. Festzuhalten ist auch hier die Verbindung von *spil* und *arbeit.*

[125] Vgl. die theoretischen Vorüberlegungen zu Spiel und Spielraum in Kapitel 1.3.

Unterhaltungsdarbietung oder ein gesellschaftliches Ritual, welches die Einhaltung bestimmter Spielregeln fordert? Hier scheinen sich die verschiedenen Verwendungsweisen von *spil* auffallend nahe zu kommen: Einerseits beschreibt das Wort das Turnier, das Waffen- und Kampfspiel, andererseits beinhaltet es eine große Nähe zu Formen der Muße als Moment der Unterhaltung und des Vergnügens (vgl. BMZ, LEXER, s.v.). Immerhin spielt sich in den Gassen als auch mitten auf der Wiese um die silberne Sperberstange herum ein vergnügliches Treiben ab, wie es sich alle Jahre auf der Burg Tulmein beim Fest um den Sperberpreis wiederholt: *die gazzen wâren spils vol, / als ez ze hôchzîten sol* (248f.).

Doch für die Auszuführenden verhindert diese Art des Spiels gerade jeden Spielraum potenzieller Muße. Treffender ist vielmehr die Bezeichnung *nîtspil.* In diesem Determinativkompositum ist ›*spil*‹ zwar noch vorhanden, wird aber durch das hinzukommende ›*nît*‹ in seiner Semantik verzerrt: es ist ein Spiel des Hasses, der Feindseligkeit und des Kampfes.[126]

Auch im *Daniel* taucht das Wort *spil* auf: *man gewinnet vil selten / diu verlornen spil. / ez engalt dâ lützel noch vil / wan beide lîp und êre. / er engalt ez alsô sêre / swer die zwei verspilte* (3476–3481). Es wird sogar ein Hin und Her beschrieben (*dies hin und jene her* (3485)), doch diese dynamische Bewegung hat das alleinige Ziel, den Gegnern Wunden zuzufügen. Neben dem paradoxen Spielcharakter tritt auch der handwerkliche Aspekt des Kämpfens in Erscheinung: Der Kämpfer ähnelt einem Schreiber, der mit seinem Griffel tödliche Zeichen malt, welche nicht mehr abzuschaben sind (3543–3552), und Daniels Attacken mit seinem Schwert kommen einem schrecklichen Schmieden gleich (3626–3640), bei welchem kein Helm unter seinem Schlag mehr ganz bleibt. Dieses Bild des Schmieds geht beinahe nahtlos über in den Vergleich mit dem Jäger, der den Hasen auf den Busch klopft, damit dieser, wie die Seelen der getöteten Männer, entflieht. Die Schläge Daniels werden bildlich zu einem Todestrank: *daz tranc was sîn wâfen, / der twalm was der tôt, / der slâf daz was diu grôze nôt / diu in dâ ze ligenne twanc* (3660–3663). Mit diesen Worten löst der Erzähler das Bild auf, um sogleich den nächsten Vergleich anzufügen: Daniel *zimberte wol âne snuor* (3690).[127] Bei derar-

[126] Vgl. Grubmüller, »Historische Semantik und Diskursgeschichte«, S. 60f.: »Da dem *nît* die Bedeutungskomponente ›Missgunst‹ noch weithin fehlt, meint er wie *zorn* in aller Regel den kämpferischen Eifer, ›Kampfgrimm‹«, S. 60.
Vgl. auch im Daniel: *sît der künic Artûs / sô schedlîche in quam ze hûs, / daz sie in dannoch funden dâ, / daz sie doch rehte westen wâ / sie ir leit solden anden. / dô wart er bestanden / mit einem herten nîtspile.* (5455–5461). Im *Straßburger Alexander* des Pfaffen Lambrecht wird *nîtspil* (842; 3775; 3935) als Synonym zum Kampf verwendet und als Gegenpol zu Vergnügen (*ze froweden* (3935)) angeführt.

[127] Vgl. auch die Verse 5076–5078: *er* [sc. Gawein] *kunde einen solichen segen, / swer den segen dâ zim erwarp, / der viel nider unde starp;* vgl. im *Nibelungenlied,* nach der Ausgabe von Karl Bartsch, hg. v. Helmut de Boor, 22., revidierte und von Roswitha Wisniewski ergänzte Auflage, Wiesbaden 1988 den Vergleich des Kämpfens mit dem Spielen auf der Fiedel: *Volkêr der vil snelle von dem tische spranc, / sîn videlboge im lûte an sîner hende erklanc. / dô videlte ungefuoge Güntheres spileman* (Str. 1966, 1–3); vgl. im *Willehalm* ebenfalls das Bild vom Töten als Zimmern (396,11); vgl. Manuel Braun, »Mitlachen oder verlachen? Zum Verhältnis von Komik und Ge-

tigen Handwerksmetaphern, die das Prinzip von Produktivität verkehren, bleibt durch die rasch aufeinanderfolgende Aufzählung und das kurios wirkende, bunte Spektrum an Vergleichen doch eine Art Spielcharakter bestehen.

Der Kampf mit Mabonagrin schließlich ist in Erecs Augen gar ein *wunschspil,* in dem er *lützel wider vil mit einem wurfe wâgen mac* (8530f.). In der letzten Aventiure erkennt Erec das Ziel all seines Suchens.[128] Aus diesem Grund fasst er den Kampf mit dem Herrn des Baumgartens als *genædeclîchiu dinc* (8537). Die Metaphorik von Wurf und Einsatz wird wieder aufgenommen, doch der Kampf wird in neuer ungewöhnlicher Weise ausgestaltet. Dass die Bildersprache des Krieges auf die Liebe angewandt wird, ist ein häufig anzutreffendes Phänomen.[129] Doch Hartmann verkehrt diesen Usus und beschreibt mit der Sprache der Liebe das Kampfgeschehen zwischen Mabonagrin und Erec. Es ist von *herzeminne* (9106) die Rede, von den Küssen der Speere und von *minnekrefte* (9114). Doch dieser Vergleich ist zynisch, denn *diu minne stuont ze wette, / sweder nider gelæge, / dem wart der tôt wæge* (9109–9111). Die ›Zärtlichkeiten‹ haben zerstörerische, tödliche Kraft. Dies zeigt sich stellvertretend an der Natur, die sich durch den intensiven Kampf der beiden Gegner verändert: Das Lebendige verschwindet, Blumen und Gras werden rücksichtslos niedergetrampelt und die Umgebung gleicht nur mehr der *winterzît* (9166). Alles Grün vergeht, stattdessen dominiert die Farbe Rot, wie prominent bei der Beschreibung des Gegners vor dem Kampf.[130] Sowohl Pferd, Schild, Waffenrock als auch die Rüstung des *michel vâlant* (9197) sind von leuchtend roter Farbe. Doch mischen sich die Assoziationen von Leidenschaft und Liebe deutlich mit Aspekten wie Zorn und Bedrohung. Das Rot signalisiert Aggression und Gefahr. Es erscheint vor allem als Farbe von Blut und Feuer – *starc rôt, zundervar* (9016), wie auch die Erklärung des Erzählers hervorhebt: *ich wæne, sîn herze bluote / swenne er niht ze vehtenne vant: / sô mordic was sîn hant* (9021–9023). Der Kampf ist so hitzig, dass heiße, feurige Funken sprühen (9149) und Feuerflammen auflohen (9206). Das Bild des Feuers, das eben noch auf rein

walt in der Heldenepik«, in: *Gewalt im Mittelalter. Realitäten – Imaginationen,* hg. v. Manuel Braun und Cornelia Herberichs, München 2005, S. 381–410, bes. S. 387–391, hier S. 386. Braun untersucht die Bildbereiche unter dem Aspekt der Komik, die er in der Bisoziation zweier unterschiedlicher Vorstellungsbereiche versteht. Vgl. auch Ingrid Hahn, »Das Ethos der ›kraft‹: Zur Bedeutung der Massenschlachten in Strickers ›Daniel von dem Blühenden Tal‹«, in: *DVjs* 59 (1985), S. 173–194.

[128] Und wieder begegnet die Ambivalenz des Suchens und Findens (vgl. Kapitel 2): die Suche nach dem eigenen Weg treibt Erec in das Ungewisse: *ich weste wol, der selbe wec / gienge in der werlde eteswâ, / rehte enweste ich aber wâ, / wan daz ich in suochende reit / in grôzer ungewisheit, / unz daz ich in nû vunden hân* (8521–8526). Er sieht sich von Gott an diesen Ort geführt, an dem er in Mabonagrin eine Art Spiegelbild seines alten Ichs erkennt und dieses zugunsten eines den ritterlichen Werten und Pflichten verschriebenen neuen Ichs besiegt. Vgl. Kapitel 4.1.5.

[129] Elisabeth Lienert, »Begehren und Gewalt. Aspekte einer Sprache der Liebe in Wolframs *Parzival*«, in: *Wahrnehmung im ›Parzival‹ Wolframs von Eschenbach. Actas do Colóquio Internacional 15 e 16 de Novembro de 2002,* hg. v. John Greenfield, Porto 2004, S. 193–210; Erika Kohler, *Liebeskrieg. Zur Bildersprache der höfischen Dichtung des Mittelalters,* Stuttgart/Berlin 1935.

[130] Wenige Verse später wird er als *der rôte man* (9068) bezeichnet.

symbolisch-metaphorischer Ebene verharrte, wird nun konkretisiert und dinglich fassbar. In Hartmanns Kampfbeschreibung werden nicht nur binäre Bereiche aufgerufen und auf scheinbar widersinnige Art miteinander verknüpft, auch Bild- und Sachebene verflechten sich. Doch ist die Beschreibung des Kampfes als Austausch von Zärtlichkeiten von weitreichenderer Art als es der erste Blick vermuten lässt. Erkennt man in Mabonagrin eine Zuspitzung derjenigen Lebensweise des *verligens,* der sich Erec zu Beginn des Romanes unbedacht hingibt, so lässt sich der Kampf im Kontext der Baumgartenszene als ein Ausbalancieren von Liebe und ritterlicher *arbeit* deuten.[131]

Festzuhalten ist, dass in dieser *arbeit* in Form einer Art ›Liebeskampf‹ ein ähnlich verkehrtes Bild aufgeworfen wird, wie im Zweikampf Gawein gegen Iwein. Hier wie dort sind die geteilten ›Gaben‹ nicht durch Zuneigung, sondern durch Feindschaft geprägt. Wie schnell sich Hass jedoch in einem Kampf gleichrangiger Gegner in Freundschaft wandeln kann, zeigt die Erkennungsszene Gaweins und Iweins. Ohne die Nennung ihrer Namen sind sie Getäuschte, und nur auf dieser Ebene der Täuschung und Verschleierung ist die Metaphorik von *minne unde haz* (7017), in einem Gefäß vereint, zu verstehen (7044–7058). Der unerbittliche Kampf verändert sich hin zu einem *vriuntlîchen strît* (7592), bei welchem eifrig – mit *zorn âne haz* (7642) – diskutiert wird, wer sich wem unterwerfe und dem anderen dadurch größere Anerkennung erweisen dürfe.

In dieser veränderten Auffassung der einstigen Gegner deutet sich ein komplexes Spannungsverhältnis zwischen gezügelter Aggressionsausübung und freundschaftlichem Beisammensein an.[132] Hinsichtlich dieser Ambivalenz stellt die von Hasebrink vertretene These, den Kampf unter ebenbürtigen Kämpfern als »Vollzugsform von Freundschaft«[133] zu verstehen, eine interessante Perspektive dar.[134] Seiner Meinung nach ist die Gleichrangigkeit der Gegner Bedingung und Basis

[131] Vgl. Kapitel 4.2.1. Zuvor dominierte das Begehren und die Liebe, nun beherrscht der Kampf das Geschehen. Es geht um ein Gleichgewicht zwischen beiden Extremen. Vgl. auch Klein, »Geschlecht und Gewalt«, S. 435: In Bezug auf die Sozialisation und Identitätskonstitution des männlichen Helden im höfischen Roman hält sie zwei Elemente für entscheidend: Liebe und Gewalt. Die Hervorhebung dieser zwei Komponenten deckt sich mit der im ›Liebeskampf‹ sich vereinenden Bereiche. Klein führt aus: »diese [sc. Elemente] sind freilich nicht gleichgeordnet. Die Männlichkeit des Helden konstituiert sich vielmehr primär über das diskursive Feld der Gewalt [...]. Die Liebe erhält dabei die Funktion eines Korrektivs« – und nicht umgekehrt. Dennoch geht es Hartmann, so Klein, um einen Mittelweg: »er votiert für ein Männlichkeitskonzept, zu dessen zentralen Elementen der verantwortungsvolle, ethisch fundierte Umgang mit der Gewalt genauso gehört wie der harmonische Ausgleich von Sexualität und Kriegertum, von Liebe und Ehe«, S. 463.

[132] Vgl. im *Erec* hierfür den Ausdruck *gesellschaft* (9397).

[133] Vgl. Burkhard Hasebrink, »Erecs Wunde. Zur Performativität der Freundschaft im Höfischen Roman«, in: *Oxford German Studies* 38 (2009), S. 1–12, hier S. 1. Hasebrink nimmt den Aufsatz von Nicola Kaminski, »Männerliebe contra weibliche Autorschaft? Geteilte Spiele im *Iwein* Hartmanns von Aue«, in: *Oxford German Studies* 30 (2001), S. 26–52, zum Anlass seines Aufsatzes, der das Moment des Homoerotischen zwischen Iwein und Gawein untersucht.

[134] Vgl. zum Kampf mit dem Freund bereits Wolfgang Harms, *Der Kampf mit dem Freund oder Verwandten in der deutschen Literatur bis um 1300,* München 1963. Harms sieht die Funk-

ihrer Freundschaft. So gelingt es ihm, im Gegensatz zu Dorothea Klein[135] oder Udo Friedrich[136], die Zweikämpfe, in denen Reziprozität vorherrscht, zu integrieren und nicht nur diejenigen Auseinandersetzungen funktional zu verorten, die dem typischen Gebot der Asymmetrie, also der Unter- bzw. Überlegenheit eines Gegners gehorchen. Auch im Kontext dieses Kapitelabschnittes zu *arbeit umbe êre* als Lebensform des Ritters lassen sich die ›freundschaftlichen‹ Kämpfe funktional verorten, denn gerade die Gleichrangigkeit beider Gegner ist Antrieb zu Aktivität und fordert die Kämpfenden auf besondere Weise heraus, ihre Stärken zu zeigen und ihre Ebenbürtigkeit auszudrücken.

In den Guivreiz-Kämpfen im *Erec* wird zunächst noch am Prinzip der Asymmetrie festgehalten, wenn der irische König Guivreiz *le pitîz* (4478), wie sein sprechender Name vermuten lässt, als ein *vil kurzer man* (4282), gar einem *getwerge* (4284) gleich, beschrieben wird.[137] Doch der physische Nachteil wird durch ein *herze* [...] *volleclîche manhaft* (4289f.) ausgeglichen. Die Verschiebung des Epitheton *manheit* in das »Innere der Tugend«, auf die »Ebene der Habitualisierung«, schafft eine neue Art der Männlichkeit, die sich nicht mehr über Äußerlichkeiten oder physische Überlegenheit versteht.[138] Die Gegner stehen sich in nichts nach – *ietweder nie gewan / zageheit dehein teil* (4383f.). Der lang gehegte Wunsch, den Kampf mit einem Gegner gleichen Ranges aufnehmen zu können, scheint sich endlich zu erfüllen: *ir ietweder wart gewert / volleclîchen an der stat / des er lange got bat, / daz er im sande einen man / dâ er sich versuochte an* (4399–4403).[139] Nach einem unerbittlichen Kampf mit Speeren und Schwertern, in dem Erec jene Wunde zugefügt wird, die später im zweiten Kampf gegen Guivreiz Grund für ein umgekehrtes Kräfteverhältnis ist, gelingt es ihm schließlich, Guivreiz in die Knie zu zwingen.

Mit dem Wissen über des anderen Namen und Herkunft verwandelt sich auch hier der kämpferische Hass in Freundschaft (4491), die einhergeht mit Bedau-

tion von Verwandten- und Freundeskampfszenen im Erkennungsprozess, dem Anagnorismos, begründet. Das Wissen sowie das Selbstverständnis der Beteiligen werde gewandelt und erweitert. Es gehe um die Aufnahme in eine passende Gemeinschaft, S. 222. Vgl. auch die programmatische Studie Harald Haferlands zu *Höfischer Interaktion,* v.a. S. 121–206, bes. S. 121–138.

135 Klein, »Geschlecht und Gewalt«. Klein sieht in den Kämpfen Erecs gegen König Guivreiz »kein anderes Motiv als das sportliche Kräftemessen, das dazu beitragen soll, die Position des Einzelnen in der innerständischen Rangordnung zu ermitteln«, die Kämpfe fänden »ohne rechten oder rechtlichen Grund« statt, S. 457.

136 Friedrich, »Die ›symbolische Ordnung‹«.

137 Vgl. zu den Guivreiz-Kämpfen im *Erec* auch Haferland, *Höfische Interaktion,* S. 128–131.

138 Hasebrink, »Erecs Wunde«, S. 4.

139 Vgl. im *Iwein: vil harte clagebære, / ob es niht rât wære / ir einer enwurde dâ erslagen: / den müese man wol iemer clagen; / wand sî nie gesâhen, / des sî alle jâhen, / zwêne rîter gestalt / sô gar in Wunsches gewalt / an dem lîbe und an den siten* (6909–6917); *nû was ez doch ein starkez dinc / ze sehenne ein vehten / von zwein sô guoten knehten: / wanz entuot dem biderben man niht wol, / der des andern tôt sehen sol, / daz doch dem einem wæge was, / ob joch der ander genas.* (6932–6938); [...] *daz diu werlt nie gewan / zwêne strîtiger man / nâch werltlîchem lône* (6949–6951); *ezn wart nie glîcher kampf gesehen* (7272).

ern über die einander zugefügten Verletzungen (*ungemach,* 4480).[140] Das freundschaftliche Verhältnis wird durch körperlichen Kontakt angezeigt: Sie nehmen einander an den Händen (4494), setzen sich ins Gras und genießen die Gegenwart des anderen (4495). Die durch einen Gegner adliger Abstammung zugefügte Niederlage erweist sich nicht als schamhaft, sondern vermehrt auch die *êre* des Verlierers (4526f.). Die Freude über die edle Herkunft Erecs hält Guivreiz nicht mehr auf dem Boden, sondern verführt ihn zu einem Freudensprung (4544f.). Dankbar bietet er sich ihm als Vasall an. Dennoch lässt sich die Vasallität Guivreiz' nicht ständehierarchisch über geburtsständische Kriterien rechtfertigen,[141] sondern bezieht sich zunächst nur auf Erecs *manheit* (4452), unabhängig von Herkunft oder Namen (4442–4459). Die edle Abkunft mildert zusätzlich die Schmach der Niederlage.

Die *triuwe* zwischen zwei Freunden wird als stärkste Verbindung angesehen (4559–4561). Xenja von Ertzdorff fasst diese Bindung als »höfische Freundschaft«[142]. Eine solche Art der ritterlichen Gemeinschaft erwachse, so von Ertzdorff, »aus der ständisch bestimmten Kampfgemeinschaft, die zu gegenseitigem Rat und Beistand verpflichtet und deren Glieder, wenn auch durch Alter, Herkunft und Tapferkeit verschieden, als *compaignon/gesellen* in gleicher Achtung und Ehrerbietung einander begegnen«[143]. Von Ertzdorff verortet höfische Freundschaft also im Rahmen der idealisierten Welt der Tafelrunde. Hasebrink geht einen Schritt weiter und sieht bereits in der Kampfsituation zweier, sich gegenseitig unerkannt gegenüberstehender Freunde den Grund einer solchen Freundschaft: »Der Kampf ist kein Einwand gegen die Freundschaft, nicht ihre Gefährdung, sondern ihre erste und vielleicht priviligierte Vollzugsform.«[144] Die *manheit* des jeweiligen Gegners vermag die eigene *manheit* in vollem Umfang herauszustellen. Die Gleichrangigkeit der Gegner hat einen ähnlichen Effekt wie die Geißel der *Unmuoze* in der Zeichnung der Gothaer Handschrift. Auch sie ist Aufforderung, seine Fähigkeiten aktiv unter Beweis zu stellen und fortwährend nach kämpferischen Höchstleistungen zu streben. Die gewonnene *êre* im Sieg über einen ebenso starken Gegner wiegt höher als jene gegen einen schwachen. Während die Geißel drohend wirkt, ist die kongeniale Stärke des Gegners geradezu anziehend.[145] Um das Gleichgewicht der beiden Kämpfenden literarisch

---

[140] Vgl. Sidney Painter, *French Chivalry. Chivalric Ideas and Practices in Mediaeval France,* London 1977, S. 45: »The twelfth century saw courtesy on battle fields«, vgl. Haferland, *Höfische Interaktion,* S. 128.

[141] Vgl. Gert Kaiser, *Textauslegung und gesellschaftliche Selbstdeutung. Aspekte einer sozialgeschichtlichen Interpretation von Hartmanns Artusepen,* Frankfurt a.M. 1973, S. 103f.; vgl. Haupt, »Der höfische Ritter«, S. 184f.

[142] Vgl. Xenja von Ertzdorff, »Höfische Freundschaft«, in: *Der Deutschunterricht* 14 (1962), S. 35–51.

[143] von Ertzdorff, »Höfische Freundschaft«, S. 37.

[144] Hasebrink, »Erecs Wunde«, S. 6.

[145] Hasebrink, »Erecs Wunde«, S. 6, spricht auch vom latenten Begehren der *manheit* des Anderen; vgl. zu Freundschaft und Intimität auch Andreas Kraß, »Freundschaft als Passion. Zur

auszugestalten, ist der zweite Kampf gegen Guivreiz, verstanden als Spiegelkampf, von Nöten.[146] Sieg und Niederlage bleiben ausgewogen und die Logik der Reziprozität kann über die zeitliche Verschiebung der beiden Kämpfe narrativ in Einklang gebracht werden mit der konventionellen Auffassung von Asymmetrie und Rivalität und gleichwohl als »Artikulation von Anerkennung«[147] fungieren.

3.1.3 Rohe Gewalt als Extremform der ›arbeit umbe êre‹

Agonale Kämpfe treten im höfischen Roman in großer Anzahl auf. Oftmals reiht sich eine Fehde an die nächste. In weiten Zügen wird das Geschehen in den Romanen von Kampfhandlungen und anderen gewaltsamen Auseinandersetzungen dominiert. Das zahlreiche Auftreten dieser Kampfszenen darf jedoch nicht als leere Wiederholung missverstanden werden. Vielmehr bezeugen die vielfachen Kampfinszenierungen im höfischen Roman, welche Bedeutung sie für die Konstruktion und Formung adliger Identität spielen: Im Kampf werden soziale Ordnungen ausgehandelt, Macht legitimiert und Rechtskonflikte geregelt. Der Kampf dient der Klärung hierarchischer Gefüge, entscheidet über soziales Ansehen und hat letztendlich sinnkonstituierende Funktion.[148] Durch seine institutionelle Rahmung bietet er einen kontrollierten Raum, um sich im Wettkampf gegen den Konkurrenten zu behaupten, fungiert jedoch trotz oder gerade aufgrund der Demonstration von Rivalität als gemeinsamer Erfahrungsraum einer Sozietät, die dadurch unter anderem ihre eigene Wesenseinheit und Stabilität generiert. Doch die oben beschriebenen Beispiele von Zweikämpfen, in denen die eigene *êre* zwischen zwei ebenbürtigen Gegnern verteidigt oder vermehrt wird, stellt nur eine

Codierung von Intimität in mittelalterlichen Erzählungen«, in: *Freundschaft. Motive und Bedeutungen,* hg. v. Sibylle Appuhn-Radtke und Esther P. Wipfler, München 2006, S. 97–116. Kraß geht es in seiner Untersuchung von Freundschaft als Code der Intimität um eine »skizzenhafte Typologie der Freundschaft«, S. 97, in der Literatur um 1200, ausgehend von Luhmanns Studie *Liebe als Passion. Zur Codierung von Intimität,* Frankfurt a.M. 1996, C. Stephen Jaegers Studie *Ennobling Love. In Search of a Lost Sensibility,* Philadelphia 1999 und Xenia von Ertzdorffs Aufsatz »Höfische Freundschaft«, 1962.

[146] Vgl. Hasebrink, »Erecs Wunde«, S. 9.

[147] Haferland, *Höfische Interaktion,* S. 122.

[148] Der Ritter kämpft nicht nur um *êre,* sondern zeigt Erbarmen, Mitleid und Barmherzigkeit für die Nöte seiner Mitmenschen. Im Kontrast zur geistlichen Mitleidsethik folgt die höfische einer ›Standesklausel‹. Das Mitleid des Ritters gilt Gleichrangigen und Ebenbürtigen, Zugehörige der außerhöfischen Welt werden ohne Erbarmen bekämpft. Vgl. u.a. Meissburger, »De Vita Christiana«; Kraß, »Die Mitleidfähigkeit des Helden« zeigt in seinem Aufsatz zum Motiv der *compassio* im höfischen Roman des 12. Jahrhunderts im Rückgriff auf zeitgenössische theologische Mitleidskonzepte, wie Kampfbereitschaft und Mitleidsfähigkeit sich nicht ausschließen, sondern wie letzteres gerade als Rechtfertigung und Verklärung für ersteres verwendet wird. Kraß nimmt dabei die programmatische Aufsatzsammlung Julius Schwieterings, »Mystik und höfische Dichtung im Hochmittelalter«, in: Julius Schwietering, *Philologische Schriften,* München 1969, S. 328–419, zum Ausgangspunkt seiner Überlegungen. Vgl. auch die Studie zur symbolischen Ordnung und Ökonomie des Zweikampfes von Friedrich, »Die ›symbolische Ordnung‹, bes. S. 127.

Art der Kampfhandlung dar, die gerade eine gezügelte, domestizierte Gewaltausübung ist. Auf der anderen Seite präsentieren die literarischen Werke auch Gewaltpraktiken, die von Eskalation und Entgrenzung geprägt sind. Dem Rezipienten bieten sich in einer Vielzahl an höfischen Dichtungen »trostlose Tableaus verstümmelter, zerfetzter, zertretener Leiber«[149]. In solchen von roher Gewalt geprägten Ausschreitungen werden die ritterlich-höfischen Spielregeln übergangen oder sind teilweise gar vollständig abwesend. Spielt sich die kriegerische Auseinandersetzung zwischen ungleichen Gegnern ab, vor allem zwischen höfischem Ritter und wilden, unbändigen oder gar unmenschlichen Wesen, nimmt die Gewaltausübung häufig Züge ungebremster Aggressivität und Brutalität an.

Die folgenden Reflexionen suchen keine Vollständigkeit, sondern richten sich auf einzelne signifikante Szenen, an denen anhand solcher ausartender Kämpfe die Grenzen adliger Verhaltensnormen im Zweikampf ausgelotet werden.[150] Die Beispiele wurden ausgewählt, da an ihnen die Gestik der Aggression in einer Radikalität zum Ausdruck kommt, die mit dem gewöhnlichen Maße des institutionalisierten Wettkampfes deutlich bricht und dadurch das oben diskutierte höfische Verhaltensideal infragestellt. Dabei geht es um die Frage, bis zu welchem Grad der Bruch mit dem höfischen Kodex möglich ist, um dennoch als gefeierter Sieger aus dem Streit hervorzugehen und inwieweit selbst der archaischen Gewaltausübung stabilitätssichernde, befriedende Funktion zugeschrieben werden kann. Es wird sich zeigen, dass auch bei den grausamsten Gewaltausbrüchen das Streben nach *êre* dominiert, und dies, obwohl die ungezügelte und oftmals affektgeleitete Segmentierung des Gegners, wie sie häufig in den höfischen Dichtungen zu finden ist, in deutlichem Kontrast zu der oben beschriebenen kontrollierten Gewaltpraxis im Namen der Barmherzigkeit und Mildtätigkeit steht. Doch der Wunsch nach *êre* bindet Gewalt nicht nur, er entfesselt zugleich, da die herausragende Tat in jedem Fall Gegenstand höchster Wertschätzung ist. Diese Wertschätzung wiederum ist Motor und Ansporn allen ritterlichen Handelns. Gerade bei den martialischsten Ausbrüchen scheint es, als benötige die adlige Gemeinschaft, die in ihrem Streben nach *êre* auf Einheit und Harmonie ausgerichtet ist, die Atomarisierung und Auslöschung des Un- und Außerhöfischen als Komplement, um sich seiner selbst als unversehrtes Ganzes zu versichern.

In der oben bereits genannten Szene, in der der Ritter Cadoc von Riesen malträtiert wird, lässt sich der Übergang von einer vornehmen Verhaltensweise des Ritters hin zu aggressiven Kampfpraktiken anschaulich nachvollziehen. Zunächst versucht Erec noch auf höfische Weise die Riesen über ein Gespräch von den Geißelungen ihres Opfers abzubringen. Die Unzivilisiertheit der Riesen wird nicht nur durch den Gebrauch von Keulen angezeigt, sondern auch auf sprachlicher Ebene durch das Duzen Erecs markiert. Der Versuch, die Riesen mittels Sprache zu besänftigen, muss deshalb misslingen. Vielmehr verwandeln sich Erecs Worte in Grausamkeiten gegen den armen Ritter und werden zu Waffen, die sich sei-

149 Vgl. Krause, »Imaginierte Gewalt«, S. 206f.

150 Friedrich, »Die ›symbolische Ordnung‹«, S. 134.

ner Kontrolle entziehen; sie werden ihm buchstäblich aus dem Mund gerissen und schlagen in Gewalt um.[151] Hier zeigt sich in verdinglichter Form, was Mireille Schnyder für den höfischen Roman insgesamt konstatiert: Gewalt erscheint als Gewalt der Sprache.[152]

Von Zorn erfüllt greift Erec, der noch immer als *der hövesche* (5517) bezeichnet wird, die Riesen nun mit seinen Waffen an; zu groß ist das Mitgefühl, das er für den leidenden Ritter empfindet (5430f.), und zu groß ist auch die Provokation durch die Riesen. Der Kampf wird zu einem regelrechten Attackieren des Riesenleibes: Erec sticht ein Auge aus, köpft das Ungeheuer und kann sich selbst vor der barbarischen Waffe der Riesen nur durch Flinkheit und Wendigkeit retten. Durch den heilsgeschichtlichen Vergleich ›David gegen Goliath‹ ist die moralische Wertung des Kampfes vonseiten des Erzählers eindeutig und wird zusätzlich zu einem Kampf des Guten gegen das Teuflische stilisiert.[153] Wie sehr der Kampf auch für Erec eine Belastung darstellt, zeigen die offenen Wunden nach dem Gefecht (5716–5736). Völlig ermattet und kraftlos schafft er es nur noch mit *grôzer arbeit* (5724) zurück zu Enite, die auf dem Weg auf ihn gewartet hat. Der Kampf mit den monströsen Wesen geht für den Protagonisten an die Grenzen seiner körperlichen Leistungsfähigkeit.

Ein weiteres eindringliches Beispiel von Verstümmelung des Gegners ist der Kampf Tristans gegen den irischen Herzog Morold bei Gottfried von Straßburg. Im *Tristan* werden im Vergleich zu den Hartmann-Romanen die ritterlichen Elemente deutlich geschwächt und infrage gestellt. Höfische Zweikämpfe werden durch schreckenerregende, hinterhältige Kämpfe um Leben und Tod ersetzt, die sowohl das zeitgenössische Ritterideal als auch die Figur des Tristan selbst zweifelhaft schillern lassen.[154] Morold kommt einmal im Jahr nach Cornwall, um den

[151] Vgl. Mireille Schnyder, »Erzählte Gewalt und die Gewalt des Erzählens. Gewalt im deutschen höfischen Roman«, in: *Gewalt im Mittelalter. Realitäten – Imaginationen*, hg. v. Manuel Braun und Cornelia Herberichs, München 2005, S. 365–379, hier S. 366.

[152] Schnyder, »Erzählte Gewalt«, S. 365.

[153] Kraß, »Die Mitleidfähigkeit des Helden«, S. 292–295, verweist auf Anklänge an die Konstellation der marianischen Compassio-Vorstellung und zeigt Analogien zum Gattungsmuster der Toten- und Marienklage auf.

[154] Vgl. Tomasek, *Die Utopie*, S. 80; Reiner Dietz, *Der ›Tristan‹ Gottfrieds von Straßburg. Probleme der Forschung [1902–1970]*, Göppingen 1974, S. 80; Karina Kellermann, *»und vunden vür ihr herren da einen zestucketen man.* Körper, Kampf und Kunstwerk im ›Tristan‹«, in: *Der ›Tristan‹ Gottfrieds von Straßburg. Symposion Santiago de Compostela. 5.-8. April 2000*, hg. v. Christoph Huber und Victor Millet, Tübingen 2002, S. 131–152, bes. S. 131. Beispiele für derartige Kämpfe sind, neben dem Kampf gegen Morold, etwa die Tötung Morgans, der Kampf gegen den Drachen oder den Riesen. Vgl. auch Karina Kellermann, »Entstellt, verstümmelt, gezeichnet – Wenn höfische Körper aus der Form geraten«, in: *Die Formel und das Unverwechselbare. Interdisziplinäre Beiträge zu Topik, Rhetorik und Individualität*, Frankfurt a.M. 1999, S. 39–58; Ann Marie Rasmussen, »Emotions, Gender, and Lordship in Medieval Literature: Clovi's Grief, Tristan's Anger, and Kriemhild's Restless Corpse«, in: *Codierungen von Emotionen im Mittelalter/Emotions and Sensibilities in the Middle Ages*, hg. v. C. Stephen Jaeger und Ingrid Kasten, Berlin/New York 2003, S. 174–189.

Zins, der ohne Rechtsgrundlage Jahr um Jahr willkürlich ins Unermessliche zu steigen droht, für seinen König *Gurmûn Gemuotheit* (5882) einzutreiben. Als Tribut fordert er die tüchtigsten Knaben der Edelleute als Knechte und Leibeigene. Allein durch Krieg oder Zweikampf ließe sich diese Schmach beseitigen. Doch Cornwall zeigt sich Tristan als Bild des Jammers (6018), denn keiner der Landbarone ist in der Lage, für seine Kinder gegen Morold, ein *von muote und ouch von craft ze ernestlîcher ritterschaft ein lange her bewaeret man* (6175–6177), anzutreten und ihm Widerstand zu leisten. Ohne Erfolg appelliert Tristan an den Anstand und die Lauterkeit der Männer, doch zumindest einen Versuch zu wagen, dieser Schande ein Ende zu bereiten. Schließlich erklärt Tristan sich selbst bereit, stellvertretend für das Kollektiv *in gotes namen* (6152) für Recht und Gerechtigkeit zu kämpfen. Das Recht, das bisher *verkêret* (6297) wurde, soll *wîder kêren* (6296). Nur wer erbötig sein Leben für dasjenige der Kinder herzugeben bereit ist, handele, so Tristan, gottgefällig und richte sein Leben *nâch gote und nâch den êren* (6112). Anina Barandun ist der Meinung, Tristan verfolge an dieser Stelle kein anderes Ziel als dasjenige der Wiederherstellung des Rechts und der Ordnung in einer Art Gottesurteil.[155] Auf den ersten Blick scheint tatsächlich Tristans Mitleid mit den verzweifelt betenden Männern der einzige Auslöser für seine Bereitschaft zum Zweikampf zu sein. Doch ein zweiter Blick offenbart einen weiteren Aspekt, den die Inszenierung und raffinierte Komposition von Tristans Appell deutlich machen: Bereits vor seiner Entscheidung stimmt Tristan vor den Baronen eine Lobrede auf denjenigen an, der den Mut aufbringt, gegen Morold zu kämpfen. Nur ein Mann, der über Moral, Gerechtigkeitssinn und eine idealistische Einstellung verfüge (6099–6102), werde entweder *dort gotes lôn* (6102) oder *hier êre* (6102) erhalten. Die jeweils vorangestellten Lokaladverbien haben deiktische Funktion und verweisen auf die beiden Zielpunkte aller ritterlichen Kampftaten. Auch in dieser Situation erweist sich wieder einmal Tristans taktisches Geschick. Er formt sprachlich diejenigen Epitheta, die ihm zugeschrieben werden sollen und inszeniert sich derart noch vor jeder Tat als Heros.

Der Kampf findet auf einer Insel im Meer statt, nahe genug, um den Zuschauern die neugierigen Blicke zu gewähren, aber entfernt genug, um sie von äußeren Eingriffen in den Kampf abzuhalten, bis dieser entschieden ist. Damit wird auch die räumliche Sphäre des Kampfes klar abgesteckt und in ein Äußeres verlegt, das nicht mehr gänzlich im Raum des Höfischen liegt. Nur mit Hilfe eines Bootes ist die Insel zu erreichen, und nur ein einziges Boot wird den Sieger wieder zurück in die Gesellschaft befördern.

Die Betonung der Kraft und Unbesiegbarkeit Morolds entwirft eine Asymmetrie der Gegner, die auch hier einem Kampf Davids gegen Goliath gleichkommt (6215–6220).[156] Unterstützt wird dieser Eindruck durch die Schwarz-Weiß-Male-

---

[155] Vgl. Anina Barandun, *Die Tristan-Trigonometrie des Gottfried von Straßburg. Zwei Liebende und ein Dritter,* Tübingen 2009, hier S. 61.

[156] Vgl. dazu Jan-Dirk Müller, »Gotteskrieger Tristan?«, in: *Literarische Säkularisierung im Mittelalter,* hg. v. Susanne Köbele und Bruno Quast, Berlin 2014, S. 39–63.

rei in der Charakterzeichnung. Tristan wird als Lichtgestalt stilisiert,[157] Morold hingegen als *vâlander man* (6213), den der *tiuvel vüeret* (6852). Den Zweikampf, der dadurch ebenfalls zu einem Kampf zwischen Gott und Teufel, zwischen Gut und Böse, schematisiert wird, erweitert der Erzähler allegorisch zu einem Gefecht zweier ganzer Scharen (6873).[158] Auf der Seite Morolds kämpft eine Streitmacht der Stärke von vier Männern, während dieser auf der anderen Seite »ein ganzes Bündel an Institutionen [entgegentritt]: eine Trinität aus Gott, Recht und Vasallität«[159]. Hinzu kommt Tristans *williger muot* (6887). Die Opposition von kämpferischer Rohheit und moralischer Überlegenheit stellt die kriegerische Auseinandersetzung zwischen Tristan und Morold auf die Ebene eines Gottesurteils.

Die Schwerthiebe bringen Tristan in große Bedrängnis. Trotz seiner aufwendigen Rüstung gelingt es Morold, ihm die entscheidende und schicksalsbestimmende Wunde am Oberschenkel durch sein vergiftetes Schwert zuzufügen – jene Wunde, die Tristan nach Irland führen wird, da nur Morolds Schwester Isolde sie heilen kann. Auch hier fällt die drastische Sprache auf, mit der beschrieben wird, wie Fleisch und Knochen aus dem Panzer hervorquellen oder wie das Blut über die Insel strömt (6927–6930). Tristan gelingt es, Morold vom Pferd zu stürzen, ihm die rechte Hand abzuschlagen (7047) und einen solchen Hieb auf den Kopf zu versetzen, dass ein Stück seines Schwertes in der Schädeldecke Morolds stecken bleibt, welches ihn später in Irland verraten und in große Gefahr bringen wird. Morold taumelt tödlich verwundet zu Boden, doch Tristans Worte zeugen allein von einem triumphalen Gestus:

wie dô, wie dô?
[...]
mich dunket, dû sîst sêre wunt.
ich waene, dîn dinc übele stê.
[...]
der rehte und der gewaere got
und gotes waerlîch gebot
die habent dîn unreht wol bedâht
und reht an mir ze rehte bedâht
[...]
disiu hôhvart diu ist gelegen!
(7065–7080)

[157] Vgl. Henning Hermann, *Identität und Personalität in Gottfrieds von Straßburg Tristan. Studien zur sozial- und kulturgeschichtlichen Entwicklung des Helden,* Hamburg 2006, S. 169. Vgl. zur Lichtmetaphorik in Bezug auf Tristan die Verse 6543; 6588; 6608; 6611–6613; 6625; 6633.

[158] Vgl. eine ähnliche Argumentation im *Iwein* vor dem Kampf mit dem Truchsessen und seinen Brüdern um das Leben Lunetes: *waz von diu, sint iuwer drî? / wænet ir daz ich eine sî? / got gestuont der wârheit ie: / mit ten beiden bin ich hie* (5273–5276); der Kampf ändert sich dann zu einem Kampf zwei gegen zwei, auf der einen Seite kämpfen die beiden Brüder, auf der anderen Iwein und der Löwe. Der Gedanke an Schonung spielt keine Rolle, an den Männern wird diejenige Strafe vollzogen, die sie unrechtmäßig Lunete angedacht hatten: Sie werden auf dem Scheiterhaufen verbrannt (5429–5437).

[159] Friedrich, »Die ›symbolische Ordnung‹«, S. 156.

Ohne zu zögern oder seinem Gegner auch nur die geringste Möglichkeit einzuräumen, sich zu ergeben, tötet Tristan Morold, indem er ihm kurzerhand den Kopf abschlägt (7085).[160] Mit kalter Ironie spricht Tristan von dem fragmentierten Leib Morolds als *zinsreht* (7115), das seine Gefolgschaft zusammensammeln und als *jaemerlîchen prîsant* (7145) zurück nach Irland bringen wird. Die *êre* des Gegners wird zertrümmert, indem stellvertretend die Person durch die Segmentierung zur Sache degradiert wird.[161] Die einzelnen Körperteile sind nur mehr »Insignien einer überwundenen Macht«[162]. Wie der zerteilte Körper Morolds aufgelesen und wieder zu einem Ganzen gefügt wird, liegt auch die Welt des Kampfes, so Karina Kellermann, »nur vorübergehend in Stücken, die Zerstückelung ist eine Phase in einem Prozeß von Ganzheit und Zerlegung und neuerlicher Ganzheit, und dieser Prozeß verläuft nicht willkürlich, sondern regelhaft.«[163] Gegen die These Kellermanns bleibt meines Erachtens die höfische Gesellschaft auch in ihrer alten neu erworbenen Ganzheit brüchig, so wie Morolds Leib in der Wiederzusammensetzung doch ein zerstückelter bleibt. Sichtbar wird dies an Tristans Wunde, die einen derartigen Gestank verbreitet, dass der Sieger am Hof zum Außenseiter wird (7279–7281). Wohl konnte Tristan das Volk von den Tributforderungen des irischen Königs befreien, doch der Kampf ist Anfangspunkt der sich daraus entwickelnden tragischen Geschichte um die Triade Tristan, Isolde und Marke. Neid, Heimlichkeiten und Täuschung zermürben im weiteren Verlauf den Hof und stellen seine innere Stabilität auf eine harte Probe.[164]

Im Kampf gegen Morold oszilliert Tristan zwischen heroischer Männlichkeit und höfisch-ritterlicher Idealität.[165] Die Grausamkeit, mit welcher Tristan agiert, zeigt einen Kämpfer, der nicht glorifiziert werden darf. Haug betont, dass im Kontrast zum klassischen Artusroman Hässlichkeit und Gemeinheit zu Möglichkeiten

[160] Vgl. später das Urteil des Riesen Urgan: *›jâ‹ sprach der rise ›hêr Tristan, / ir waenet haben bestanden / Môrolden von Îrlanden, / mit dem ir iuwer vehte / mit grôzem unrehte / umbe niht zesamene truoget / und in durch hôhvart sluoget* [...]‹ (15 996–16 002).

[161] Kellermann, »Körper, Kampf und Kunstwerk«, S. 143.

[162] Schnyder, »Erzählte Gewalt und die Gewalt des Erzählens«, hier S. 371.

[163] Kellermann, »Körper, Kampf und Kunstwerk«, S. 150.

[164] Vgl. im *Tristan: Künec unde hof die waren do / ze sinem willen gereit, / biz sich diu veige unmüezekeit, / der verwazene nit, / der selten iemer gelit, / under in begunde üeben* (8316–21). Die außergewöhnlichen Fähigkeiten Tristans werden nicht nur bewundernd aufgenommen, sondern auch als Gefahr angesehen, vgl. die Bezeichnung *zouberære* (8331; 8336), mit welcher das Unfassbare und Unverständliche etikettiert werden soll.

[165] Im *Tristan* kommen höfische und heldenepische Elemente zusammen, vgl. Melanie Uttenreuther, *Die (Un)ordnung der Geschlechter. Zur Interdependenz von Passion, Gender und Genre in Gottfrieds von Straßburg Tristan*, Bamberg 2009, S. 117; vgl. Jan-Dirk Müller, *Das Nibelungenlied*, Berlin 2002, S. 72. Müller spricht von einer »Doppelcharakteristik des Helden als Heros und höfischer Ritter«. Vgl. dagegen Annette Gerok-Reiter, *Individualität. Studien zu einem umstrittenen Phänomen mittelhochdeutscher Epik*, Tübingen 2006, die die These vertritt, »dass die Fähigkeiten des Wunderkindes Tristan ganz und gar höfisch überformt sind«, S. 156.

des Helden selbst werden.[166] Gerade angesichts einer Welt, in der Tristan sich nur durch Raffinesse und List behaupten kann, wird eine solche Haltung unumgänglich. Bei aller Bescheidenheit, mit der Tristan sein Schicksal und dasjenige der Knaben in Gottes Hände legt, beruft er sich doch weit mehr auf Geschicklichkeit und Kalkül. Der heimtückische Totschlag und die bewusste Demontage des Gegners zeigen Aspekte von Brutalität, von Kälte und Ungezähmtheit, die den zu weiten Teilen durch Kontrolliertheit und Strukturiertheit geprägten Kämpfen im traditionellen Artusroman entgegenstehen und diese übersteigen.[167]

Ähnlich radikal wie Tristan Morold tötet, erschlägt auch Willehalm Arofel. So heißt es im Text: *von dem ors er wart gevalt* (79,12). Die Gründe für Willehalms Tat werden genannt: Er möchte sich für den Tod an Vivianz rächen und für all die anderen, die durch das Heer Terramers den Tod gefunden haben. Zugleich hofft er, *daz sîn jâmers bürde / ein teil gesenftet waere* (79,30–80,1). Anders als im *Tristan* wird der Perser Arofel vom Erzähler nicht zur Teufelsgestalt stilisiert, sondern als hervorragender Ritter hohen Ansehens (78,3–18) beschrieben, der keine Gefahr scheut und sich tapfer in das Kampfgetümmel stürzt. Dennoch kennt Willehalm keine Gnade, obwohl Arofel um sein Leben fleht:

er bôt ze geben sicherheit,
der ê genendeclîchen streit,
und dâ zuo hordes ungezalt.
von dem ors er wart gevalt.
der marcrâve erbeizet ouch dô,
des gevelles was er vrô.
Arofel âne schande
bôt drîzec helfande
ze Alexandrîe in der habe,
und daz man goldes naeme drabe,
swaz si mit arbeite
trüegen, und guot geleite

[166] Walter Haug, »Aventiure in Gottfrieds von Straßburg ›Tristan‹«, in: *Festschrift für Hans Eggers zum 65. Geburtstag*, hg. v. Herbert Backes (PBB 94. Sonderheft), Tübingen 1972, S. 88–125, hier S. 112, (wiederabgedruckt in: Walter Haug, *Strukturen als Schlüssel zur Welt*, Tübingen 1989, S. 557–582).

[167] In Strickers *Daniel* kommt das Moment der *list*, das sich bereits im Tristan zeigt, zu neuer Geltung. Das Kämpfen nimmt parodistische Züge an. Der überlegene Gegner lässt sich in keinem Fall mehr im Vertrauen auf »göttliche Providenz« besiegen, vgl. Friedrich, »Die ›symbolische Ordnung‹«, S. 158. Erst Zufall und List führen Daniel letztlich zu seinen Siegen über die unverletzbar scheinenden Gegner, die technischen Apparaten gleich, künstlich hergestellt, von monströsem Aussehen mit übernatürlichen Kräften aufwarten. Nach Friedrich zeigt sich hier die Ablösung des religiösen Diskurses durch einen Technikdiskurs, S. 158. Die Gegner werden nicht mehr allein durch das klassische Schwert besiegt, sondern mit alltäglichen Gegenständen wie Spiegel oder Netz. Seien es die bauchlosen Ungeheuer, die Riesen oder die kahlköpfigen Siechen, alle Gegner Daniels lassen sich nach Regina Pingel der *civitas diaboli* zuordnen, vgl. Regina Pingel, *Ritterliche Werte zwischen Tradition und Transformation. Zur veränderten Konzeption von Artusheld und Artushof in Strickers* Daniel von dem Blühenden Tal, Frankfurt a.M. 1994, S. 104. Vgl. Kapitel 3.2.2.

al dem horde unz in Pâris
[...]
Arofel sprach › [...]
ist in minem rîche aldâ
iht, des dû gerst vür mînen tôt,
daz nim und lâz mich leben mit nôt!‹
war umbe sold i'z lange sagen?
Arofel wart aldâ erslagen.
(79,9–81,12)

Selbst der Erzähler gibt zu bedenken, dass es nicht viele Worte für Willehalms Tat gebe: *war umbe sold i'z lange sagen? / Arofel wart aldâ erslagen* (81,11f.). Willehalm legt sich daraufhin die Rüstung des Getöteten an und besteigt auch dessen Pferd. Er nimmt bis hin zur Sprache die heidnische Weise an und schlüpft gewissermaßen in die Rolle des Toten. Grenzen der Fremdheit werden überschritten und diese mit dem Eigenen vermischt. Das sichtbare Äußere passt nicht mehr mit der inneren Gestalt zusammen. Arofels Pferd und sein Schwert werden paradoxerweise zu *bürgen vür sîn* [sc. Willehalms] *leben* (85,27), als er *von hant ze hant als einen bal* (85,23) geworfen und von allen Seiten bedrängt wird.[168] Obwohl Willehalm affektiv und erbarmungslos handelt, lassen sich doch Gründe für sein Agieren im Text finden:

swaz ich zimierde phlige,
die erwarp mîn hant mit eime sige
an dem künige von Persîâ.
der bôt mir vür sîn sterben dâ
drîzec helfande,
die man geladen bekante
mit dem golde von Koukesas.
al anders mir ze muote was:
sînes sterbens mich baz luste,
want ich's morgens kuste
Vîvîanzen dicke alsô tôt
(203,19–29).[169]

Diese Rechtfertigungsbekundungen veranlassen Bumke dazu, Willehalms Zorn nicht als »Ausdruck von Unbeherrschtheit oder eine[r] Sünde im christlichen Sinn« zu verstehen, sondern als »eine Reaktion auf vorausgegangene Unrechtshandlungen«[170]. Willehalm empfindet später den Verlust des Schildes, den er Arofel nach dessen Tod entwendet hatte, als Rache der Minne für seine Grausamkeit

[168] Die Tötung Arofels und die Aneignung seiner Kleidung und seines Pferdes haben für das weitere Geschehen nur kurzfristig funktionalen Charakter, später ist die fremde Hülle Grund dafür, dass Gyburc ihren eigenen Mann nicht erkennt (89,9–92,14).

[169] Vgl. auch im *Willehalm: do der marcrave siniu wort / vernam, daz er so grozen hort / vür sin verschert leben bot, / er dahte an Vivianzes tot, / wie der gerochen würde, / unz daz sin jamers bürde /* [E]*in teil gesenftet wære* (79,25–80,1).

[170] Joachim Bumke, *Wolfram von Eschenbach,* 8., völlig neubearbeitete Auflage, Stuttgart/Weimar 2004, S. 285.

gegenüber dem um sein Leben flehenden Arofel (204,25–30).[171] Dennoch lässt die ›Sprachlosigkeit‹ des Erzählers und die kurzerhand durchgeführte Tötung den Eindruck zu, dass Willehalm mit seiner Tat den ritterlichen Verhaltenskodex auf unrühmliche Art übergeht. Nicht zuletzt die Enthauptung, die Willehalm noch nach dessen Tod an Arofel vollzieht, stellt jede barmherzige Ritterlichkeit infrage. Die Formulierung ›*al anders mir ze muote was*‹ (203,26) relativiert zudem den Anschein, Willehalm agiere impulsiv. Schröder spricht gar von einer »Hinrichtung«; die Tat sei weder Notwehr, noch Affekthandlung, sondern »kaltblütig und mit Vorsatz ausgeführt«.[172]

Tristans wie Willehalms brutales Verhalten lenkt die Frage auf das Gebot der Schonung, das vor allem zwischen ständisch Ebenbürtigen praktiziert wird.[173]

---

[171] Die Meinungen zu der Szene zwischen Willehalm und Arofel sind in der Forschung zweigeteilt. Einerseits wird Willehalms Tat als Bruch mit ritterlichen Normen gedeutet, etwa Werner Schröder, »Die Hinrichtung Arofels«, in: *Wolfram-Studien* II (1974), S. 219–240; Karl Bertau, *Über Literaturgeschichte. Literarischer Kunstcharakter und Geschichte in der höfischen Epik um 1200,* München 1983, S. 89; Kurt Ruh, *Höfische Epik des deutschen Mittelalters,* Teil 2, Berlin 1980, S. 169; Stephan Fuchs, *Hybride Helden. Gwigalois und Willehalm. Beiträge zum Heldenbild und zur Poetik des Romans im frühen 13. Jahrhundert,* Heidelberg 1997, S. 301f.; andererseits wird die Tötung Arofels als notwendige Rache am Tod seines Neffen Vivianz verstanden, so etwa Joachim Bumke, *Wolframs Willehalm. Studien zur Epenstruktur und zum Heiligkeitsbegriff der ausgehenden Blütezeit,* Heidelberg 1959, S. 61f.; Bumke, *Wolfram von Eschenbach,* S. 285; Carl Lofmark, *Rennewart in Wolframs ›Willehalm‹. A study of Wolfram von Eschenbach and his sources,* Cambridge 1972, S. 155: »The killing of Arofel is not a sin, but the fulfilment of a duty«; John T. Greenfield, »Vivien und Vivianz«, in: *Wolfram-Studien* XI (1989), S. 47–64, bes. S. 61.

[172] Schröder, »Die Hinrichtung Arofels«, S. 222. Willehalm handle »dem von Gyburg gepredigten christlichen Ethos des Erbarmens mit allen vom Weibe Geborenen diametral entgegen[...]«, S. 239f. Mit Verweis auf *Parzival* (171,27–30) sieht Schröder die »ungeschriebenen Gesetze[...] ritterlicher Kampfesweise« (S. 222) durch Willehalm verletzt.

[173] Eine Ausnahme bildet Erecs Kampf mit Mabonagrin. Dieser möchte nur von einem gleichbürtigen, adligen Gegner begnadigt werden, andererseits zieht er den Tod vor: *jâ mac mir disiu schande / von selhem manne sîn geschehen / dem nimmer siges wirt gejehen / und daz ich mich ê tœten lân / hâtz ein unadels man getân, / sô enwolde ich durch niemen leben. / hât aber ez mir got gegeben, / daz irs wert von gebürte sît, / sô geruochet lâzen den strît, / wan sô tuon ich iu sicherheit / daz ich gerne bin bereit / allem iuwerm gebote* (9345–9356); *mich bedunket des vil verre / daz mir daz minner werre, / ob ich mit êren sterbe / dan an êren verderbe* (9362–9365). Nach Christoph Huber, »Ritterideologie und Gegnertötung. Überlegungen zu den ›Erec‹-Romanen Chrétiens und Hartmanns und zum ›Prosa-Lancelot‹«, in: *Spannungen und Konflikte menschlichen Zusammenlebens in der deutschen Literatur des Mittelalters. Bristoler Colloquium 1993,* hg. v. Kurt Gärtner, Ingrid Kasten und Frank Shaw, Tübingen 1996, S. 59–73, hier S. 64, kann Mabonagrin »das von Giuvreiz beschworene Kriterium des Tugendadels des überlegenen Siegers nicht akzeptieren und zeigt sich so auf einem niedereren Niveau idealhöfischer Etikette. Seine Weigerung macht den prinzipiell geburtsständisch exklusiven Charakter des Schonungszeremoniells noch einmal deutlich.« Vgl. auch Gyburcs Schonungsgebot im Fürstenrat (306,1–310,30), dort bleibt sie noch ohne Unterstützung, vgl. jedoch die Worte des Erzählers am Schluss (450,15f.), die Gyburcs Rede bestärken und ein moralisch eindeutiges Urteil ziehen; vgl. dazu auch Huber, »Ritterideologie und Gegnertötung«: »Gyburcs großer Schonungsappell im ›Willehalm‹, *schônet der gotes handgetât* (306,28), wird in seiner exzeptionellen, auf den Menschen gerich-

Christoph Huber sieht im Schonungsgebot einen schwachen Versuch, »der Dezimierung und Selbstauslöschung«[174] der ritterlichen Gesellschaft entgegenzuwirken.[175] Dabei scheint für Huber der idealisierende Charakter des Sicherheit-Gebens und -Nehmens[176] in den Erzähltexten wenig Bedeutung zuzukommen.[177] Die Schonung des Besiegten ist keineswegs verbindlich, wie die Beispiele zeigen, auch wenn das Gebot zu Gnade in das Arsenal ritterlicher Höflichkeitsrituale einzuordnen ist. Vor allem der Umgang mit Außer- und Unhöfischem, das sich als schreckenerregend, hässlich oder verwildert zeigt, kennt keine Nachsicht. Dieses wird zum Feindbild stilisiert, dessen Vernichtung unumgänglich ist. Die außerhöfischen Wesen fungieren als »poetische Chiffren für Menschen, die Unrecht und Gewalt ausüben«[178]. Im Kampf gegen derartige Gestalten besiegt der höfische Ritter all jenes, »was für den höfisch-kultivierten Mann eine permanente Gefährdung darstellt, von außen wie von innen: Ungeschlachtheit und Grobheit, Grausamkeit und sadistische Lust an der Qual des Opfers, Ignoranz und Überheblichkeit«[179]. Von Zorn getrieben, vernichtet der Ritter das ihm Andere, das Fremde. Burkhardt Krause verweist auf die Etymologie von Zorn, wonach das Wort auf die Wurzel *der- = ›spalten‹ zurückgeht. Damit liegt dem Wort selbst schon der Hinweis auf jene physische Zerstückelung zugrunde, welche in den Beispielen literarisch ausgestaltet wird und wodurch der Affekt materialisiert zutage tritt.[180]

---

teten und insofern humanistisch-theologischen Intention erkennbar. Gyburc bricht am Ende ihrer Rede zusammen, ihr Wort bleibt im Getümmel der entfesselten Kriegsmaschinerie ohne Gehör«, S. 72f.

[174] Huber, »Ritterideologie und Gegnertötung«, hier S. 65.

[175] Vgl. auch Bumke, *Wolfram von Eschenbach,* S. 185: »Was den ritterlichen Kampf so problematisch macht, ist vor allem die Tötungsgefahr. [...] Die ritterliche Gesellschaft versucht, der Tötungsgefahr durch ritualisierte Unterwerfungsformen *(sicherheit nemen)* entgegenzusteuern.«

[176] Vgl. etwa Margrit Désilles-Busch, *›Doner un don‹ – ›Sicherheit nemen‹. Zwei typische Elemente der Erzählstruktur des höfischen Romans,* Pau 1970.

[177] Vgl. Huber, »Ritterideologie und Gegnertötung«, S. 65.

[178] Ingrid Kasten, »Bachtin und der höfische Romane«, in: bickelwort *und* wildiu mære. *Festschrift für Eberhard Nellmann zum 65. Geburtstag,* hg. v. Dorothee Lindemann, Berndt Volkmann und Klaus-Peter Wegera, Göppingen 1995, S. 51–70, hier S. 61, Anmerkung 27.

[179] Klein, »Geschlecht und Gewalt«, S. 456. Vgl. auch Tristans Kampf mit dem Riesen Urgan *li vlûs* (16009), der weniger ein Gefecht, sondern mehr ein gegenseitiges Attackieren und langsames Verstümmeln darstellt. Am Ende gelingt es Tristan, den Riesen von der Brücke hinabzustoßen. An der Felswand zerbirst sein Körper in tausend Stücke. Was Tristan im Kampf begonnen hat, nämlich die allmähliche Zerteilung des Riesenleibes, wird im Sturz von der Brücke gewissermaßen vollendet, vgl. die Verse 15963–16174. Vergleichbare Bilder der Fragmentierung von Riesenleibern finden sich auch im *Daniel,* etwa in den Versen 2765–2875; vgl. Kerstin Schmitt, »Kontrollverlust und Fragmentierung. Männlichkeit und Monster in Strickers ›Daniel von dem Blühenden Tal‹«, in: *Aventiuren des Geschlechts. Modelle von Männlichkeit in der Literatur des 13. Jahrhunderts,* hg. v. Martin Baisch, Hendrikje Haufe, Michael Mecklenburg, Matthias Meyer und Andrea Sieber, Göttingen 2003, S. 51–76, hier S. 59: »Das Moment der Fragmentierung ist ein signifikantes Kennzeichen aller Kämpfe gegen monströse Wesen im ›Daniel‹«.

[180] Vgl. Krause, »Imaginierte Gewalt«, S. 219, Anmerkung 81.

Die gewaltsamen Auseinandersetzungen legitimieren sich nicht nur über die Aufrechterhaltung der Ordnung des Hofes gegenüber Angriffen, sondern auch über sozial konstruierte Männlichkeitsvorstellungen. Die latente Willfährigkeit zu Aggression zeigt sich als Element des ritterlichen Habitus.[181] Dabei ist zu beachten, dass die »Reaktionen, die wir Affekten zuschreiben würden, [...] Funktionen der Handlungskonstellationen [sind], innerhalb derer sich die Figuren bewegen«[182]. Die Figuren agieren aus bestimmten »Konstellationen und Ordnungen«[183] heraus, in denen sie stehen und denen sie eingefügt sind. Auch die permanente Gewaltbereitschaft des Helden, die, wie an den Beispielen ersichtlich, auch Tendenzen der Maßlosigkeit aufweist, steht, so Klaus Ridder, nicht im Widerspruch zu einer kollektiven Werteordnung: »Die ungewöhnlichen Taten des Heros, der sich punktuell durchaus über den Willen der Gemeinschaft hinwegsetzen kann, gewinnen Sinn und Vorbildcharakter vor allem durch den Bezug auf das Normsystem einer Kriegergemeinschaft.«[184] Alle genannten Beispiele zeigen, wie sich im Gefecht performativ ritterliche Eigenschaften herausbilden. Beispielhaft sei hier Tristan genannt, einst *an muote und an der crefte* (6179), ist er nun der *zouberære* (8331; 8336). Männlichkeit im Kampf fördert und fordert das Zusammenspiel von Moral, Willenskraft, Können und Kalkül.[185] Doch der *Tristan* zeigt auch, wie die Exzeptionalität eines Einzelnen die Gemeinschaft in Unruhe versetzen kann: *Künec unde hof die waren do / ze sinem willen gereit, / biz sich diu veige unmüezekeit, / der verwazene nit, / der selten iemer gelit, / under in begunde üeben* (8316–8321). Die Leistung des einen wird nicht mehr als Verdienst an der Gemeinschaft wahrgenommen, sondern als Bedrohung und Beunruhigung, welche die gesetzten Hierarchien ins Wanken bringt.

Die beschriebene Brutalität zeigt sich besonders eindrücklich auch in denjenigen höfischen Romanen, in denen, anders als in den Hartmannschen Romanen, Kriege durchaus eine Rolle spielen. Während Chrétien den Krieg als »zur Profession des Ritters«[186] gehörend auf äußerst realistische Weise in seine Werke integriert, vermeidet Hartmann allzu schreckenerregende Bilder. Hartmann drängt nach Horst Brunner »den Gedanken an Krieg und Tod so weit wie mög-

---

[181] Vgl. Klein, »Geschlecht und Gewalt«; Ursula Liebertz-Grün, »Das trauernde Geschlecht. Kriegerische Männlichkeit und Weiblichkeit im *Willehalm* Wolframs von Eschenbach«, in: *GRM* 46 (1996), S. 383–405.

[182] Vgl. Müller, *Spielregeln für den Untergang*, S. 204.

[183] Müller, *Spielregeln*, S. 204.

[184] Klaus Ridder, »Kampfzorn. Affektivität und Gewalt in mittelalterlicher Epik«, in: *Wahrnehmen und Handeln. Perspektiven einer Literaturanthropologie*, hg. v. Wolfgang Braungart, Klaus Ridder und Friedmar Apel, Bielefeld 2004, S. 41–55, hier S. 42.

[185] Vgl. Klein, »Geschlecht und Gewalt«, S. 456; vgl. auch Schnyder, »Erzählte Gewalt und die Gewalt des Erzählens«, S. 368, die hierin eine Deutung ins Heilsgeschichtliche sieht.

[186] Horst Brunner, »Das Bild des Krieges bei Chrestien de Troyes und bei Hartmann von Aue«, in: *Spannungen und Konflikte menschlichen Zusammenlebens in der deutschen Literatur des Mittelalters*, Bristoler Colloquium 1993, hg. v. Kurt Gärtner, Ingrid Kasten und Frank Shaw, Tübingen 1996, S. 113–122, hier S. 122.

lich zurück, er paßt nicht in sein ideales Bild glanzvollen Rittertums«[187]. Meist wird das Kriegsgeschehen allerdings auch anhand einzelner Kämpfe beschrieben, die analog zu den oben dargestellten Beispielen fungieren. Peter K. Stein versteht sogar bei Gottfried Kampf und Ritterschaft als »Kriegshandwerk, aus einer bestimmten politisch nachvollziehbaren Situation sich ergebende, stark praxis- und nicht ethosbezogenen Verteidigung«[188]. Allein der Unterschied liegt nun darin, dass Kriegsszenen kollektive Gewalt darstellen, in welcher der Tod auf drastische Weise inszeniert wird. Die Gewalt nimmt dort nicht nur zerstörerische, sondern ausrottende Dimensionen an.[189] Eindrücklich ist dabei oftmals die verwendete Kriegsmetaphorik. So etwa im *Willehalm,* in der sich unterschiedliche Bildebenen vermischen und Bereiche aufgerufen werden, die im Angesicht des Todes jede Harmlosigkeit, Naturhaftigkeit oder Lieblichkeit verlieren und nur mehr als »Zeichen einer aus den Fugen geratenen Welt«[190] fungieren.[191] Im *Daniel von dem Blühenden Tal* zeigt sich eine semantische Umbesetzung von *kurzwîle.* Im Kontext der Schlachten wird ein neues finsteres Verständnis von *kurzwîle* aufgeführt: *âne schimpf und âne spot, / âne fröude und âne lachen / begunde man dâ machen / die kurzewîle âne zuht* (5546–5549). Die Zeit zu vertreiben ist hier wortwörtlich zu verstehen als ein Kürzen von Lebenszeit. Die pejorative Dimension von *kurzwîle* wird durch die Bemerkung *âne zuht* transportiert.[192] Im Unterschied zum *Willehalm* findet sich im *Daniel* jedoch kein Versuch der Rechtfertigung oder des Bedauerns über die Anzahl der Toten, vielmehr sind die Schlachtschilderungen

---

[187] Brunner, »Das Bild des Krieges«, hier S. 122.

[188] Peter K. Stein, »Tristans Schwertleite«, in: *DVjs* 51 (1977), S. 300–350, hier S. 340.

[189] Vgl. etwa im *Willehalm* die erste Schlacht auf Alischanz, in der alle Getreuen Willehalms erschlagen werden. Vgl. auch die auffallend häufige Verwendung des Wortes *mort,* etwa Vers 10,18–29: *dâ wart sölhiu rîterschaft getân, / sol man ir geben rehtez wort, / diu mac vür wâr wol heizen mort. / swâ man sluoc od stach, / swaz ich ê dâ von gesprach, / daz wart nâher wol gelendet, / denne mit dem tôde gendet: / diz engiltet niht wan sterben / und an vreuden verderben. / man nam dâ wênic sicherheit, / swer den andern überstreit, / den man doch tiure het erlôst. / diz was ze bêder sîte ir trôst: / niht wan manlîchiu wer.*

[190] Bumke, *Wolfram von Eschenbach,* S. 366; vgl. für den *Willehalm* auch Liebertz-Grün, »Das trauernde Geschlecht« sowie Kiening, *Reflexion-Narration,* S. 117–151, bes. ab S. 130; vgl. auch Manuwald, *Medialer Dialog,* S. 150–154.

[191] Vgl. im *Tristan: wan ze urliuge und ze ritterschaft / hoeret verlust unde gewin: hie mite sô gânt urliuge hin; / verliesen unde gewinnen* (366).

[192] Vergleichbares lässt sich auch an folgender Formulierung im *Daniel* festmachen: *er* [sc. Gawein] *kunde einen solichen segen, / swer den segen dâ zim erwarp, / der viel nider unde starp: / ez wâren slege alsô starc / die durch bein und durch marc / swinde fuoren als ein wint. / er stilte dâ diu kint, / daz sie niemer wurden lût.* (5076–5082). Segnen und Stillen werden als euphemistische Umschreibungen für das Niederstechen und Töten verwendet. Es handelt sich um zwei Bereiche, die in ihrem innersten Kern, nämlich als Schutz, Behütetheit und Sorge, verkehrt werden und nun eine tödliche Gefahr darstellen.

»Demonstration von *›kraft,* [sic]‹ die der *›zorn‹* antreibt«[193]. Es entsteht ein radikales Gegenbild von Muße:

dâ was nît unde haz,
dâ was nôt und arbeit,
dâ was unfröude unde leit,
dâ was unmâze und vîentschaft,
unruowe unde grôziu kraft,
ungemach, grimme unde zorn.
dâ wart manic dinc verlorn
daz niemer wart funden.
(5602–5609)

Der Bereich des Kampfes und der Gewalt ist prägend für die höfischen Romane um 1200. Burkhardt Krause fasst treffend zusammen: »Kämpfen ist Handlung wie Haltung, Tat und Idee, Realität und Ideologie zugleich.«[194] Ordnung und Unordnung, Zivilisiertheit und Wildheit, Recht und Unrecht stehen sich hier gegenüber. Die literarischen Inszenierungen zeigen jedoch auch, wie die Konturen unscharf werden und eine klare Trennung zwischen den genannten Dichotomien zeitweise unmöglich erscheint. Letztlich legitimiert der höfische Roman, trotz mancher Zweideutigkeit, auf zweierlei Weise auch jene Gewalt, deren Ausformungen die Regeln höfischen Anstands übersteigen: zum einen ist auch sie entscheidendes Vehikel zur Erlangung von *êre,* zum anderen dient sie als Instrumentarium, um Unrecht wieder in Recht zu verwandeln, Schwächere und Schutzbedürftige zu unterstützen oder außerhöfische Gefahren abzuwenden.[195] Selbst Attacken wie diejenige Tristans gegen Morold lassen sich durch entsprechende Hinweise auf Tyrannei oder Hochmut des Gegners rechtfertigen und integrieren.[196]

Der Raum des Kampfes ist ein Raum der Labilität, der Verunsicherung und Unruhe. Es ist zugleich ein Raum der Zerstörung und Zerstückelung. Die kreisförmige Struktur von Dekonstruktion, Konstruktion und Dekonstruktion scheint keinerlei Momente von Muße aufkommen zu lassen. Dennoch zeigen sich einzelne Szenen, wiederkehrende Episoden und Motive innerhalb dieses Feldes an Streitereien und Gefechten, die strukturelle Anklänge an Muße vermuten lassen. Diese Parallelen sollen zum Abschluss des Kapitels in den Blick genommen werden.

---

[193] Hahn, »Das Ethos der ›kraft‹«, hier S. 185; vgl. etwa im *Daniel* die Verse 3426–3430; 5300–5304; 5218–5223; 5398f. Zuletzt findet sich jedoch mit Daniels List, den eigenen Leuten die Ohren zu verstopfen, um dem Getöse der Tierstatue nicht zu erliegen und dadurch den Feinden die Waffen abnehmen und diese zu Boden zwingen zu können, ein Versuch, dem Sterben ein Ende zu setzen (5720–5786). Dem Lärm des Krieges und dem Geschrei des Tieres folgt sodann Stille, die das Ende des Kampfes verkündet.

[194] Krause, »Imaginierte Gewalt«, hier S. 202.

[195] Vgl. Braun/Herberichs, »Gewalt im Mittelalter«, S. 32.

[196] Braun/Herberichs, »Gewalt im Mittelalter«, S. 32.

3.1.4 *Formen der Regeneration*

Der Gewinn von *êre* ist nicht nur vom Sieg abhängig, sondern beinhaltet auch die Einhaltung von Regeln während und nach dem Kampf, sieht man von den eben betrachteten Szenen, die von Aggressivität und Brutalität geleitet sind, einmal ab. Die völlige Hingabe und Verausgabung der Streiter fordert ihren Tribut in Form von Erschöpfung, Mattigkeit und Entkräftung. Die Ästhetik des adligen Kampfes kann nur gewahrt werden, wenn der Kampf unterbrochen wird, sollten die Körperkräfte nachlassen und das Gefecht droht, zu einer Farce zu werden.[197] Ein solch kraftloses Kämpfen wäre *sunder prîs und âne ruom* (901), wie es im *Erec* heißt.[198]

Sind es nicht die Kräfte, die nachlassen und eine Unterbrechung erforderlich machen, so ist es die Dunkelheit der Nacht, die eine Zäsur erzwingt. Wie ambivalent das Verhältnis des Ritters zu den verschiedenen Tages- und Nachtzeiten ist, verdeutlicht das Gespräch zwischen Gawein und Iwein im Zusammenhang des oben erwähnten Erbstreites. Als leidenschaftlicher Kämpfer bevorzugt der Ritter den hellen Tag, *sô der tac üebet / manheit unde wâfen* (7388f.). Die Möglichkeit, kämpfen zu können, lässt den Tag erstrahlen, er wird als *vrœlich unde clâr* (7385) beschrieben. Dieses Bild verwundert angesichts der kräftezehrenden Anstrengungen, die ein Kampf von den Streitern fordert. Doch Leichtigkeit und Helle sind Epitheta, die dem Tag aus der Perspektive eines siegreichen Ritters zugesprochen werden. Der Tag bringt ihm *êre* und Lob ein, während er in der Nacht notgedrungen ruhen muss und sein Ansehen nicht steigern kann. Die Nacht verhüllt, sie macht unsichtbar, ganz gleich, um wen es sich handelt, ganz gleich, welche Taten vollbracht werden. Die Nacht vermag das Geschehen gewissermaßen anzuhalten, sie lässt das Sprechen verstummen, durch welches *êre* erst erzeugt wird. Für den nach *êre* strebenden Ritter ist die Nacht daher *trüebe unde swâr* (7386), da sie zu Untätigkeit verurteilt. Anders verhält es sich, gerät der Ritter im Kampf in große Bedrängnis, die sein Ansehen schmälern oder gar gefährden könnten. Dann erfährt die Nacht eine Aufwertung, sie wird als *liebiu naht* (7409) angerufen, die vor der Schmach des Tages die einzige Rettung darstellt und flehentlich erwartet wird. Sie ermöglicht nicht nur Ruhezeiten, sondern vermag die Demütigungen des Tages in ihr dunkles Gewand einzuschlagen.[199]

Die Ruhepausen, die die Ästhetik des Kampfes sichern, sind weit davon entfernt, Momente der Muße zu sein. Sie ermöglichen gerade in umgekehrter Weise kein tätiges Untätigsein, sondern ein untätiges Tätigsein. Sie sind, wenn nicht

---

[197] Vgl. Übersetzung Cramer (7245); Friedrich, »Die ›symbolische Ordnung‹«, S. 132. Im *Iwein* ist es überdies das Gebot des Königs selbst, eine Auszeit zu nehmen und sich vom Geschäft des Kampfes zurückzuziehen (7723–7725), wenn die Sache, für die gekämpft wird, nicht mehr ethisch vertretbar ist, wie im Falle der beiden Schwestern vom Schwarzen Dorn.

[198] Auch Friedrich betont, wie wichtig Disziplinierung »durch das Publikum oder eine verinnerlichte soziale Kontrolle (Ehre)« sei, da diese den Zweikampf »in technischer, ethischer und ästhetischer Hinsicht« reguliere, vgl. Friedrich, »Die ›symbolische Ordnung‹«, S. 132.

[199] Vgl. auch im *Willehalm* nach dem Sieg in der zweiten Schlacht auf Alischanz: *da was ir naht und ir tac / ungelich an der arbeit* (448,14f.).

selbst Kampf, so ein ›Zwischen-den-Kämpfen‹ und bleiben damit stets auf das Kampfgeschehen bezogen. Es ist ›Kurzweile‹ in seiner buchstäblichen Bedeutung, als kurze Zeitspanne der Regeneration. Wie leicht eine derartige Pause auch mit *zageheit* (906) in Verbindung gebracht werden kann, demonstriert die vorsichtige Formulierung Îdêrs im *Erec: obz iuwer muot niht vervât vür zageheit* (906). Der Aspekt der Feigheit scheint jedoch angesichts eines kraftlosen Kämpfens irrelevant zu sein.[200]

sô ist mîn rât, daz wir [...] *eine wîle ruowen gân* (909), so lautet im *Erec* der Vorschlag Îdêrs, als beide nur noch mit letzter Kraft auf dem Kampfplatz stehen.[201] Der Körper rastet für einen Augenblick und entzieht sich gewissermaßen dem Zwang zur Bewegung, doch ist dieses Innehalten kein Rückzug aus dem Kampfgeschehen, sondern Teil der Kampfinszenierung. An der Peripherie des Schauplatzes öffnet sich ein von beiden Kämpfenden gestatteter, gewaltfreier Raum. Die Ritter nehmen eine andere Körperhaltung ein. Das Sitzen strahlt im Gegensatz zum schnellen Kampf eine gewisse Bewegungslosigkeit und Ruhe aus. In dieser Sphäre und dieser Spanne des Ausruhens werden Schmerzen gelindert und der Körper kann wieder neue Kraft schöpfen. Zeichen des Übergangs in diese Ruhephase ist das Absetzen der Helme, das Entwaffnen.[202] Im *Erec* heißt es: *ze ruowe sâzen si dô: / ir houbet si enbunden* (911f.). Das Verb ›*enbinden*‹ drückt das befreiende, entlastende Moment aus. Mit der Rüstung wird eine bestimmte Tätigkeit, nämlich die des Kämpfens, verbunden. Eine veränderte Oberfläche, ein verändertes Gewand also, verändert auch die Handlungsweise.

Und doch lässt sich in all diesen Beschreibungen, so nahe die Ruhepausen auch mit dem Kampfgeschehen verbunden sind, ansatzweise eine gewisse Nähe zu Formen von Muße festmachen, die sich in einer gemeinsamen Müdigkeit manifestiert, die die beiden Gegner, die auf dem Kampfplatz gegeneinander antreten, nun vereint. Peter Handke spricht in seinem *Versuch über die Müdigkeit* von »Wir-Müdigkeiten«[203]. Müdigkeiten, so Handke, sind nicht zu planen, können nicht Ziel sein, aber treffen zugleich auch »nie grundlos ein[...], sondern immer nach einer Beschwernis, im Übergang, in einer Überwindung«[204]. Und auch wenn im Kontext einer Kampfsituation verklärende Bilder einer sich nach gemeinschaftlich verrichteter Arbeit ausprägenden Eintracht fehl am Platz sind, so kristallisiert

---

[200] Anders ist dies im Fall des ersten Guivreiz-Kampfes. Dort heißt es: *er ist verzaget, / sît er sîne arbeit klaget* (4366f.).

[201] Vgl. im *Erec: ir slege wîplîchen sigen: / sô garwe wâren si erwigen / daz dâ von niht schade geschach* (894–896); *wir velschen beide ritters muot / dâ mit und wir ie mitten tuon: / ez ist sunder prîs und âne ruom. / unser blœdez vehten / gezimt niht guoten knehten. / unsere slege gânt niht manlîchen, / wir vehten lasterlîchen* (899–905).

[202] Dass sie die Helme absetzen, stellt eine Erleichterung, eine Befreiung von der Schwere, Enge und Hitze dieser Kampfkleidung dar. Es bedeutet aber auch, dass das Ruhen einen anderen Raum innehat als das Kämpfen, was durch das Ablegen der Kleidung – in extremem Maße dann in der Wahnsinns-Episode im *Iwein* (vgl. Kapitel 4.2.2), deutlich gemacht wird.

[203] Peter Handke, *Versuch über die Müdigkeit,* Frankfurt a.M. 1989, 1. Auflage 2012, S. 26.

[204] Handke, *Versuch über die Müdigkeit,* S. 70.

sich mit dem Terminus der »Wir-Müdigkeit« doch etwas heraus, das das Kampfgeschehen kurzzeitig beiseite rücken lässt und eine Gegensätzlichkeit aufmacht: zwischen Gegnern, die sich gegenseitig nach dem Leben trachten, schafft die Pause Gleichheit.

Was in der Zeit der Ruhe geschieht, wird im Text nicht erwähnt, im Gegenteil. Dass die Ruhepause beinahe übergangen wird, veranschaulicht der Text auch sprachlich: Nur zwei kurze Verse (911f.) widmet Hartmann dem Ausruhen. Dieses wird weder ausformuliert noch detailliert beschrieben, sondern durch die Hektik der Sätze geradezu sprachlich vernichtet. Bevor Ruhe aufkommen kann, auch und gerade beim Rezipienten, spricht Hartmann bereits vom Fortlauf des Kampfes: *und als si des emphunden, / daz si geruowet hâten, / zesamene si dô trâten und griffen an ir altez spil* (913–916). Es handelt sich also um eine Müdigkeit und Ruhe, die dann ebenso schlagartig, wie sie begonnen wurde, wieder übergeht in die Fortsetzung des Kampfes.

Im Bezug auf Rekreation sind auch die zahlreichen Zwischeneinkehren der Ritter am Artushof oder an Höfen von Freunden zu bedenken, die zwar eine längere Zeitspanne der Erholung bedeuten, jedoch auf analoge Weise zu den kurzen Pausen während des Kampfes zu verstehen sind. Beispielhaft sei hier an die Einkehr Erecs auf Guivreiz' Burg Penefrec erinnert. Auch hier werden Wunden geheilt und neue Energie geschöpft. Im Kontext der Einkehr ist der Begriff des *gemaches* (7117; 7120) von zentraler Bedeutung. Damit ist eine deutliche Verbindung zum *gemach* im Zusammenhang mit Erecs verwerflichem *verligen* in Karnant gezogen. Das Jagdschloss Penefrec, inmitten eines Sees gelegen, erweist sich als geradezu paradiesischer Ort höfischer Vergnügungen, allen voran der Jagd.[205] Dem Gast fehlt es an nichts: Edle Speisen sind üppig vorhanden, Erec lagert auf feinstem Bettzeug und seine Wunden werden liebevoll gepflegt. Diese spezielle Behandlung des Gastes wird als Lohn für seine *vrümekeit* (7202) verstanden. Doch mit Rückkehr seiner Kräfte hält es Erec nicht länger an diesem angenehmen Ort: *swie guot gemach dâ wære, / im was dâ vil swære* (7240f.). Diese Art des *gemaches* geht für Erec einher mit *swære;* sie wird ihm immer mehr zur Last. Ihn befällt regelrecht Ungeduld, die ihn, wie von fremder Macht geführt, von der Burg forttreibt, hinaus zu jenen kämpferischen Tätigkeiten, die einem Ritter gebühren. Die Distanz gegenüber dem behaglichen Aufenthalt auf Penefrec erklärt der Erzähler durch einen Vergleich: Für Erec entspricht der genüssliche Ort mehr einer Unterkunft im Wald, *âne allen gemach* (7247), die weder Sturm noch Regen standhält.[206] Wahres *gemach* ist für ihn gleichzusetzen mit *ritterschaft* (7253f.). Diese semantische Umdeutung von *gemach* zum Kennzeichen ritterlicher Tätigkeit hat grundlegende Konsequenzen: Erfüllung, und damit *slâf* und *maz* (7259) – also Ruhe und Nahrung auf einer metaphorischen Ebene – findet der Ritter letztendlich nur in seiner ihm bestimmten Lebensform, der ritterlichen *arbeit.*

[205] Vgl. dazu ausführlich Kapitel 3.3, bes. 3.3.3.

[206] Vgl. *ich envar nâch gemache niht: / swaz ouch mir des geschiht, / dar ûf ahte ich niht vil, / wan ich dar nâch niht werben wil* (4576–4579).

Als eine besondere Art der Ruhepause ist die Einkehr bei der Geliebten zu nennen. Besonders eindrucksvoll wird dies im *Willehalm* Wolframs von Eschenbach ausgeführt. In einem von Kriegsschlachten und Belagerungen geprägten Geschehen wie dem des *Willehalm* – »the main scene of the action[:] the battlefield«[207] – erscheinen die intimen Liebesbegegnungen zwischen Willehalm und Gyburc auf den ersten Blick als Gegenbilder.[208] Möglicherweise bieten sie einen Raum der Ruhe, der Momente des Vergessens und der Muße zulässt.

Doch dass dieser Eindruck täuscht und sich hier keine mußevolle Zweisamkeit entfalten kann, zeigt in eindrücklicher Sprache bereits die Szene, in der Willehalm nach der ersten Schlacht auf Alischanz nach Orange zurückkehrt. Nach den großen Verlusten, die er auf dem Schlachtfeld zu beklagen hat, und den Strapazen und Zweikämpfen auf der Flucht, drückt er seine Sehnsucht in einfachen Worten aus: *süeziu Gîburc, lâ mich în / und gip mir trôst, den dû wol kanst: / nâch schaden dû mich vreuden manst. / ich hân mich doch ze vil gesent* (90,2–5). Angesprochen wird in diesen Worten eine mögliche Verkehrung von Trauer und Unglück *(schaden)* in Freude. Zugleich verweist diese Dichotomie auch auf die bereits im Prolog genannten, miteinander unumstößlich verschränkt zu scheinenden Achsen von *minne und ander klage* (4,36).

Von zentraler Bedeutung im Kontext der Liebesbegegnungen zwischen Willehalm und Gyburc ist der Begriff des Trostes. Willehalms Sehnsucht nach der Geliebten verfolgt in gewisser Weise also einen Zweck, er hofft, neue Zuversicht und innere Festigkeit zu gewinnen. Doch ist dieser Wunsch nicht einseitig, sondern beruht auf Gegenseitigkeit: *nû geben beide ein ander trôst / wir sîn doch trûrens unerlôst* (92,29). Die Verwendung des Personalpronomens *wir* steht in deutlichem Kontrast zu der Klage Willehalms um seinen Neffen Vivianz. Dort, in weiter Ferne von Gyburc, ist es zunächst allein *sein* Herz, das diesen Kummer ertragen muss. Er überschreibt sich dem personifizierten Jammer als dessen Gefolgsmann. Die direkte Anrede des Jammers wird gesteigert durch die Anrufung der Erde, die ihn verschlingen soll, um ihm endlich *ruowe* vor diesem Leid zu gewähren, bis hin zur inständigen Bitte an den Tod, er möge ihn nicht verschonen (60,21–17). Willehalms Klagen beziehen sich bis zu diesem Punkt nur auf sich selbst. Doch der Erzähler verweist bereits auf die vergleichbare Trauer, die die Nachricht über den Tod Vivianz's bei Gyburc auslösen wird (60,9–14), bevor Willehalm selbst die *staeter sorgen* (62,24) Gyburcs ins Spiel bringt.

Die *vreude erzenîe* (60,23) könnte bereits ein Hinweis auf Gyburc sein, deren Nähe als therapeutische Arznei zu wirken vermag. Es ist jedoch nicht der Gedanke an die Geliebte, sondern erst die tatsächliche körperliche Nähe, die, vergleichbar mit Tristan und Isolde, den Kummer – zumindest kurzzeitig – aufheben kann. Da Willehalm in Orange Gyburc über das große Leid, das ihm und seinem Heer

[207] Marion E. Gibbs, *Wîplîchez wîbes reht. A study of the Women Characters in the Works of Wolfram von Eschenbach,* Duquesne University 1972, S. 60.

[208] Vgl. Tobias Bulang/Beate Kellner, »Wolframs *Willehalm:* Poetische Verfahren als Reflexion des Heidenkriegs«, in: *Literarische und religiöse Kommunikation in Mittelalter und Früher Neuzeit, DFG-Symposion 2006,* hg. v. Peter Strohschneider, Berlin/New York 2009, S. 124–160.

widerfahren ist, berichten kann, scheint sich die Last und die Trauer zu verteilen, denn beide benötigen gleichermaßen des andern Trost (92,29). Jene Kraft und Stärke, die Willehalm durch seine Erfahrungen auf dem Schlachtfeld verloren glaubt, scheinen nun in Gyburcs emphatischer Rede zum Ausdruck zu kommen. Wie Gyburc an späterer Stelle (226,26–227,17) in Erwartung eines Sturmangriffes auf Orange, streitbar in Rüstung und mit hocherhobenem Schwert, bereit ist, Widerstand zu leisten, drückt sich hier in ihren Worten Entschlossenheit aus. Da wie dort wird sie als *manlîch* (95,3), *ninder als ein wîp* (226,30) charakterisiert, *als ob si manlîchen lîp / und mannes herze trüege* (95,4–5).

Das Feindesheer eilt heran und umringt Orange von allen Seiten, so dass es wirkt, als seien die Fahnen all der Reiterscharen bunte Bänder in den Bäumen des Spessarts: *Oransch wart umbelegen, / als ob ein wochen langer regen / niht wan rîter güzze nider* (99,1–3). Ohne Gegenwehr aus der Burg kommt es jedoch zu einer Art Stillstand des Kampfgeschehens – *dô daz her gar verschehete* (97,6). Diese kurze Unterbrechung wirkt wie eine Atempause, die ein Zur-Ruhe-kommen ermöglicht: *gestillet was diu nôt* (99,14). Die Burg wird für die Zeit der Waffenruhe zu einem Rückzugsort mitten unter den Feinden.[209] Doch zugleich verwandelt sich durch die Umzingelung das Innere der Burg in ein Gefängnis, aus dem ein Entkommen unmöglich erscheint. Momente der Sicherheit und Momente des Angriffs liegen nah beieinander.

Unbeachtet dessen führt Gyburc Willehalm, *den strîtes müeden man* (99,10), weiter hinein in die Kemenate im Inneren der Burg. Die gerade noch heldenmütig wirkende Gyburc wechselt ihre Rolle und tritt nun als zärtliche, heilkundige Ehefrau auf, die sich liebevoll um die Wunden ihres Geliebten kümmert. Es ist die Umwelt und es sind die Gegebenheiten, die diese Transformationskünste von ihr verlangen.[210] Christian Kiening verweist zudem auf die religiösen Bezüge der Liebe Gyburcs. Er sieht in ihr »Züge der Heilsbringerin«[211]. Die verschiedenen Rollen, die Gyburc einnimmt, gehen fließend ineinander über. Die Pflege der Wunden wandelt sich in Sorge über das erlebte Leid ihres Geliebten, um dann in intimen Umarmungen aufzugehen, die Willehalm jeden Schmerz vergessen las-

[209] Kiening, *Reflexion – Narration,* S. 172, spricht von einer »Oase des Heils inmitten von Unheil und Bedrohung«.

[210] Vgl. Gibbs, *Wîplîchez wîbes reht,* S. 62: »Her appearances are few, yet they are vital to the work and leave a profound impression on it. The spirit with which she urges reconciliation prevade the work und exalt Gyburc herself as a woman in whom courage and the readiness to fight for a great cause mingle with love and compassion«; »as soon as Willehalm returns, Gyburc changes her masculine, warlike attire, to resume her true place as Willehalm's consort«; vgl. auch S. 67: »Gyburc suffers as the direct result of love, and, like them, she finds the strength to endure suffering because she sees it as the inevitable companion of love.« Vgl. auch Petra Kellermann-Haaf, *Frau und Politik im Mittelalter. Untersuchungen zur politischen Rolle der Frau in den höfischen Romanen des 12., 13. und 14. Jahrhunderts,* Göppingen 1986; vgl. zur Diversität der Rollen auch Stephan Fuchs, *Hybride Helden. Gwigalois und Willehalm. Beiträge zum Heldenbild und zur Poetik des Romans im frühen 13. Jahrhundert,* Heidelberg 1997, bes. S. 308–321.

[211] Kiening, *Reflexion – Narration,* S. 172.

sen (100,18–19).[212] Doch dieses entrückte Vergessen bleibt ein eingeschränktes, denn der Erzähler fügt ein ›*ich waene*‹ (100,18) hinzu und stellt damit zugleich infrage, inwieweit die Pein tatsächlich verdrängt werden kann. Dass die innige körperliche Liebe eine nur palliative Wirkung haben kann und die kriegerische Umgebung nur scheinbar aus dem Gedächtnis verweist, zeigt die metaphorische Sprache, mit der die Liebesbegegnung Gyburcs und Willehalms beschrieben wird. Mit der Minneszene wird ein konträres Tableau zur Situation des Kampfes aufgemacht, doch dieses bleibt immer ex negativo mit dem Kriegsgeschehen verbunden. So heißt es etwa, die Umarmung sei *âne nît* (100,1) und *ân allen haz* (100,9). Jeder Anklang von Zärtlichkeit wird sofort durch die Nennung des Gegenteils relativiert. Es gab *niht ze lange streit* (100,6), heißt es weiter, wobei sich das Wort *strît* (LEXER, BMZ, s.v.) sowohl auf Widerstand durch Worte, als auch durch Waffen beziehen kann und stets in dieser Ambivalenz verharrt. Auch die häufige Verwendung des Lexemverbandes von ›*grifen*‹ erinnert an das Vokabular kriegerischer Auseinandersetzungen. Zwei Mal wird auch das Wort *schimpf* (100,2; 100,15) verwendet, welches einerseits die Semantik von Spiel und Scherz aufweist, andererseits jedoch auch das ritterliche Kampfspiel bezeichnet und den Aspekt von Verhöhnung und Schmach ausdrücken kann. Den Satz ›*mit Terramêres kinde / wart lîhte ein schimpfen dâ bezalt*‹ (100,14–15) übersetzt Dieter Kartschoke interessanterweise mit ›da wurde gegen Terramers Kind ein süßer Krieg gewonnen‹. Damit wird der Eindruck, den der gesamte Absatz transportiert, noch einmal pointiert zusammengefasst: Das Kriegsgeschehen kann nicht ausgeblendet werden, sondern schleicht sich in das Innere der Burg bis hinein in die intime Zweiheit der Liebenden. Das deiktische *dort ûz* (100,17) ist letzter Ausdruck einer kaum mehr aufrecht zu erhaltenden Distanz zwischen draußen und drinnen, zwischen Kriegsraum außerhalb des Gebäudes und Schutzraum innerhalb der Mauern. Das Kriegsgeschehen bleibt präsent – »es rückt ferner, nur außer Speerwurfweite (280,11), nicht aus dem Horizont. Es bleibt gegenwärtig als Aufgabe narrativer Bewältigung und im Sinne eines radikalen Wahrheitsanspruchs«[213].

Nach der Liebesvereinigung scheint die Trauer Willehalms auf Gyburc übergegangen zu sein. Während er an ihrer Brust schläft, nimmt sie in Gedanken *sîne arbeit* (100,21) auf und formt sie zu einem Gebet. Der Schmerz ist jedoch in Worten nicht mehr zu fassen (101,22–26) und die Liebe kann nur mehr ein Versuch des Trostes und der Beruhigung sein. Die Träne Gyburcs, die über ihre Brust auf die Wange Willehalms fließt und bildlich zu seiner Träne wird, zeigt, wie das Paar in der Liebe wie in der Trauer vereint ist (102,21–24) und wie beide, Trauer und Liebe, angesichts einer solchen Situation des Krieges nicht mehr zu trennen sind. Durch die Träne erwacht auch Willehalm wieder: Die Ruhezeit ist vorbei. Eile und Aufbruchsstimmung prägen nun das Geschehen (103,22–27). Das Anlegen der Rüstung medialisiert in einem letzten Schritt die Rückkehr in die Rolle des Kämpfers.

[212] Vgl. im *Willehalm: wie vriundin vriundes unsemftekeit semftet* (299,25f.).

[213] Kiening, *Reflexion – Narration,* S. 172.

Gyburc warnt Willehalm vor den *klâren Franzoisinne* (104,15), welche *nâch dienste bieten minne* (104,16) und bittet ihn flehentlich, an die Treue zu ihr zu gedenken. Willehalm verspricht, den Schmerz in der Zeit der Abwesenheit aufrechtzuerhalten und auf jede Annehmlichkeit zu verzichten, um sich stets ihrer Not bewusst zu sein und mit ihr zu leiden als Akt der *compassio.*[214] Damit zielt Willehalm in die entgegengesetzte Richtung Tristans, der mit dem Hündchen Petitcreiu den Schmerz betäuben, wenn nicht gar auslöschen möchte.[215]

Die zweite Liebesbegegnung zwischen Gyburc und Willehalm, verortet während des Festmahls auf Orange, zeigt deutliche Bezüge zu der oben beschriebenen. Im Rahmen der festlichen Bewirtung herrscht jedoch bereits vor dem Rückzug in die Zweisamkeit eine Zeit der Ausgelassenheit und des Genusses, in der auch Willehalm die Phase des Verzichts beendet (269,19) und der *kurzwîle* (281,17) nachgeht. Willehalm gibt seinem Heer den Befehl, sich der guten Pflege hinzugeben und auszuruhen, wie auch er selbst Ruhe in der *gesellekeit* (279,3) mit Gyburc sucht. Bei dieser Liebesbegegnung liegt die Betonung auf der Vergeltung ihrer Trauer und ihres Verlustes durch die Liebe, die sie einander schenken. So steht die Verbform *gelten* im Vordergrund, bis hin zu der Neuschöpfung Wolframs: *sô geltic si lâgen* (279,12). Mit dem Adjektiv *geltic* versucht Wolfram die »Einzigartigkeit des Vorgangs auszudrücken«[216]. Die Umarmungen und Berührungen werden als Entschädigungen verstanden. Auch die zeitliche Verortung dieser Szenen fügt sich in dieses Gedankenschema von Vergeltung und Ausgleich: während die erste Liebesszene nach der verhängnisvollen ersten Schlacht auf Alischanz stattfindet, ist diese zweite Begegnung vor der zweiten Schlacht eingefügt, die ganz im Namen von Rache und Abrechnung steht.[217]

---

[214] Vgl. Kraß, »Die Mitleidfähigkeit des Helden«; Bumke, *Wolfram von Eschenbach,* S. 287. Vgl. in diesem Zusammenhang auch die Verwendung des Wortes *arbeit* im Sinne von Entbehrung: *die newessen niht, durh waz er leit / von zadel sölhe arbeit. / Gîburc des sicherheit enpfienc, / dô si zer porten mit im gienc* (176,17–20); *ir minne gebôt und riet, / daz sîn gelübde ân allen kranc / gein ir stuont und âne wanc. / durh daz er mîden wolde, / swaz man truoc oder tragen solde / vür in, daz wilde und daz zam, / gepigmentet klâret alsam, / den met, den wîn, daz môraz: / durh der neheinez er vergaz / sîner gelübde. swer im ie küssen bôt, / sô dâht er an des kusses nôt, / der ze Oransche was beliben, / und wie er von dem was vertriben* (176,28–177,10). Deutlich wird, wie Willehalm jeder Versuchung, wie grell sie auch ausgestaltet wird, widersteht.

[215] Vgl. Kapitel 3.3.3 zu Musik.

[216] Dieter Kartschoke, Kommentar zur Ausgabe von Wolframs Willehalm, Text nach der 6. Ausgabe von Karl Lachmann, Berlin 1968, S. 267–312 (vgl. Wolfram von Eschenbach, *Willehalm,* Urtext und Übersetzung, nach der 6. Textausgabe von Karl Lachmann, Übersetzung und Anmerkungen von Dieter Kartschoke, Berlin 1968); Joachim Heinzle, Kommentar zur Willehalm-Ausgabe, nach der Handschrift 857 der Stiftsbibliothek St. Gallen, Frankfurt a.M. 1991 (vgl. Wolfram von Eschenbach, *Willehalm,* nach der Handschrift 857 der Stiftsbibliothek St. Gallen, mittelhochdeutscher Text, Übersetzung und Kommentar, mit Miniaturen aus der Wolfenbütteler Handschrift und einem Aufsatz von Peter und Dorothea Diemer, hg. v. Joachim Heinzle, Frankfurt a.M. 1991); vgl. auch John Greenfield/Lydia Miklautsch, *Der ›Willehalm‹ Wolframs von Eschenbach. Eine Einführung,* Berlin/New York 1998, S. 127.

[217] Nach Kiening, *Reflexion – Narration,* S. 127f., zeigt sich hier deutlich, dass nicht nur der Krieg, sondern auch die Liebe zum Bildempfänger in der Handelsmetaphorik wird.

Die physische Nähe zu Gyburc spendet Trost und Hilfe (280,7). Traurigkeit vermischt sich mit Fröhlichkeit (280,8–9) und eine gewisse Sorglosigkeit stellt sich ein. Doch anders als Bumke, der in der Umarmung der Eheleute den Schmerz aufgewogen sieht, scheint meines Erachtens auch in diesem zweiten Liebestreffen die Sprache des Krieges die Liebesvereinigung zu dominieren.[218] Das Beisammensein lindert zwar das Leid, doch eine Aufhebung der Schmerzen ist durch die ständige Präsenz des Kriegsgeschehens nicht gegeben. Diese These wird in den anschließenden Ausführungen des Erzählers bestärkt, in denen exkurshaft Freude und Trauer als die beiden prägenden Seiten des Lebens thematisiert werden (280,13–281,16).[219] Diese beiden Momente bedingen sich gegenseitig, es sind *die zwêne gesellecl̂iche site* (281,9), deren enge Verflochtenheit für Mann (*manlîch arbeit* (281,7)) wie Frau (*wâre wîpheit* (281,10)) gleichermaßen gelten. Sie gehören zueinander wie Diele und Decke und die vier Wände eines Raumes (281,12–14), führt der Erzähler aus, denn Zeiten des Leides bieten erst die Grundlage, um Zeiten des Glückes wertzuschätzen.

Wie eng diese Momente miteinander verflochten sind, zeigt sich im *Willehalm* programmatisch: Nicht nur ist die Liebe zu Gyburc Initiator für die Auseinandersetzungen auf dem Schlachtfeld, sondern es wird auch immer wieder betont, dass der Kampf im Dienste der Minne, als eine Art Minnerittertum, geführt wird.[220] Doch anders als im *Tristan*, in dem durch die chiastische Verbindung von *liep* und *leit* eine »Ästhetisierung des Schmerzes als innerweltliche Notwendigkeit«[221] postuliert wird, bleiben im *Willehalm* Jammer und Trauer allgegenwärtig: *diz maere bî vreuden selten ist* (280,21). So ist denn auch in der narrativen Ausgestaltung des *Willehalm* das Verhältnis der beiden Seiten von Trauer und Freude nicht ausgeglichen, sondern wird von der Übermacht des Leides beherrscht.

Wenn man so will, lassen sich die letzten Verse des zweiten Buches als eine Art Ergebnis der Liebesbegegnungen auffassen, womit eine funktionale Verortung der Szenen einhergeht: *unverzagt er* [sc. Willehalm] *marcte und ersach / eine strâze, die er rekande, / gein der Franzoiser lande* (105,28–105,30). Die Liebesvereinigung erweckt in Willehalm neuen Mut, sie gibt ihm Zuversicht und Antrieb und bietet beiden Liebenden Trost. Eine solche Ehekonzeption, so Bumke, sei »in der höfischen Epik ohne Parallele«[222]. Die Zusammenkunft mit Gyburc folgt nicht

[218] Bumke, *Wolfram von Eschenbach*, S. 301. Vgl. dagegen aber Kiening, *Reflexion – Narration*, S. 128: »Nichts ist vergessen, nicht einfach neue Freude eingekehrt, sondern das überwältigende Leid im Augenblick der Minne durchbrochen […]. Die Metapher bringt auf den Begriff, daß Wiedergutmachung zwar möglich ist, aber keine Aufhebung des *trurens* bedingt.«

[219] Vgl. auch: *nâch senfte hoeret ungemach. / wer möht ouch haben den gewin, / als ich von dir berâten bin / an hôher minne teile, / sîn leben waere dar umbe veile / und allez, daz er ie gewan?* (95,10–95,15).

[220] Vgl. Bumke, *Wolframs ›Willehalm‹*, S. 172: Minne meint »nicht eine Beziehung zu einem anderen Menschen […], sondern eine feste Größe, ein Absolutum, eine Macht, die selbständig neben die *gote* tritt und das Handeln der in ihrem Dienste stehenden Ritter bestimmt.«

[221] Kiening, *Reflexion – Narration*, S. 173.

[222] Bumke, *Wolfram von Eschenbach*, S. 301.

dem Prinzip reiner Selbstzwecklichkeit und kann damit auch nicht als Mußeerfahrung bezeichnet werden. Sie versucht das Geschehene erträglich zu machen und zu kompensieren, schafft es jedoch nicht, sich substantiell von dem Vergangenen zu lösen und zu befreien.

3.1.5 *Aufgehen im Kampf*

Im Zusammenhang mit Muße ist immer wieder von der Möglichkeit die Rede, in völliger Versenkung und Absorption in einer Tätigkeit aufzugehen.[223] Eine solche Versunkenheit findet sich interessanterweise auch im Kontext ritterlichen Kampfgeschehens. Auch wenn bezüglich eines möglichen Zusammenhangs von mußeähnlichen immersiven Erfahrungen[224] und kämpferischen Taten Vorsicht geboten ist, lohnt sich dennoch ein Blick auf diejenigen Phänomene, die den kämpfenden Ritter in seinem Handeln und Denken vollkommen in Beschlag nehmen. Ansatzweise tritt dieses Moment bereits im oben beschriebenen Kampf zwischen Gawein und Iwein auf. Die Umgebung verschwimmt in der Wahrnehmung und die Aufmerksamkeit richtet sich völlig auf die gegenwärtig ausgeführte Handlung. Eine Nähe zu rauschhaften Erfahrungen und dem Verlust von Selbstkontrolle findet sich in einer weiteren Formulierung im *Iwein,* in der es im Kontext des Kampfes mit Askalon, dem Herrn der Quelle, heißt: *her Iwein jaget in âne zuht* (1056).[225] Der Ausdruck *âne zuht* wirft in der Forschung immer wieder Fragen auf: ist mit dem Wort *zuht* der Verlust höfischer »Selbstzügelung«[226] gemeint oder reitet Iwein, »ohne zu zügeln«[227]? Interessant ist im Zusammenhang mit der Fra-

---

[223] Vgl. etwa bei Josef Pieper den Begriff der Versenkung: »Muße und Kult«. Vgl. in diesem Zusammenhang den aus der Psychologie stammenden Begriff des Flow. Als Begründer der psychologischen Flow-Theorie gilt Mihaly Csikszentmihalyi, vgl. u.a. Mihaly Csikszentmihalyi, *Flow. Das Geheimnis des Glücks,* aus dem Amerikanischen übersetzt von Annette Charpentier, Stuttgart 1992, 14. Auflage 2008 (Originalausgabe 1990); Mihaly Csikszentmihalyi, *Das Flow-Erlebnis. Jenseits von Angst und Langeweile: Im Tun aufgehen,* in deutscher Sprache hg. und mit einer Einf. versehen von Hans Aebli, aus dem Amerikanische übers. v. Urs Aeschbacher, Stuttgart 1985, 8. Auflage 2000 (Originalausgabe 1975). Vgl. zur Nähe zwischen Muße und Flow etwa Ulrich Schnabel, *Muße,* S. 226–232, hier S. 229: »Die Bedingungen für Flow sind übrigens eben jene, die auch die Basis für gelungene Mußestunden bilden: Der ›Tätigkeitsrausch‹ stellt sich am ehesten dann ein, wenn ablenkende Störelemente beseitigt sind (wir also Herren über unsere Zeit sind), wenn man sich ganz auf sein Tun konzentriert und dieses seinen Wert in sich selbst trägt«; aus psychologischer Sicht Marc Wittmann, *Wenn die Zeit stehen bleibt. Kleine Psychologie der Grenzerfahrung,* München 2015.

[224] Vgl. zu Immersion ausführlich das Kapitel 3.3.3, der Abschnitt zu Musik.

[225] Es mutet ironisch an, wenn im selben Moment, in dem Iwein sich nach vorne beugt, um seinem Gegner die entscheidende todbringende Wunde zuzufügen, sein eigenes Leben gerade durch jene Bewegung gerettet wird. Vgl. den völligen Verlust der Selbstkontrolle in der Wahnsinns-Episode in Kapitel 4.2.2.

[226] Christoph Cormeau/Wilhelm Störmer, *Hartmann von Aue. Epoche – Werk – Wirkung,* München 1985, S. 204.

[227] Stellenkommentar von Volker Mertens zu Vers 1056, vgl. Hartmann von Aue, *Gregorius. Der Arme Heinrich. Iwein,* hg. und übersetzt v. Volker Mertens, Frankfurt a.M. 2008 (Frankfurt a.M. 2004), S. 994.

ge nach Muße im höfischen Roman, inwieweit das Fehlen von *zuht* gerade in mußeaffine Bereiche vordringt. *zuht* ist in den Wörterbüchern (BMZ, LEXER, s.v.) als Wohlerzogenheit, Sittlichkeit und Selbstbeherrschung vermerkt. Es wird jedoch auch die Bedeutung von Erziehung und Züchtigung genannt, wodurch die semantische Nähe zu *ziehen* deutlich wird. Das Wort *zuht* zeigt einen klar geregelten Bereich an, in dem der höfische Akteur geformt und wortwörtlich ›zurechtgezogen‹ wird.[228] *âne zuht* lässt sich demnach zunächst als ein Frei-sein von derlei Erziehungsmaßnahmen sehen. Andererseits ist zu beachten, dass Iwein unter einem bestimmten Erwartungsdruck handelt, denn er benötigt einen Beweis für seinen Sieg über Askalon, um dem Spott Keies, wie oben beschrieben, zu entgehen.

Ähnlich außer Kontrolle handelt auch Erec in der Oringles-Episode. Als er die verzweifelten Rufe seiner Frau hört und bereits am Klang ihrer Stimme deren Not erkennt, springt er, noch ohne jegliche Gründe zu kennen, aus seiner Ohnmacht auf, greift sich ein Schwert, das an der Wand hängt, und stürzt wutentbrannt in die Menge der Anwesenden. Der Totgeglaubte ändert schlagartig seinen körperlichen Zustand: von der Horizontalen, leblos wirkend, zeigt er nun in der Vertikalen Energie und Kraft: *er hâte zornes genuoc* (6620).[229] Dass jede Regel und Verhaltensklausel übergangen wird, verdeutlicht der folgende Satz: *dâne warte eht niemen deheiner zuht* (6625). Derartige Szenen, so Bent Gebert in seiner Untersuchung zum Begriff der *zuht,* lassen höfische Tugendkonzepte »als reflexive[n] Kern [...] moralischer Vollkommenheit« prekär werden, da sie »ihre Akteure durch Gewalthandeln [bestätigen], das sich oft genug implizit geleitet statt reflexiv instruiert erweist: Erec agiert förmlich im Rausch«.[230]

Was Gebert hier anspricht, lässt sich zugespitzt auch als Ausbruch aus ritualisierten und geordneten Verhaltensnormen verstehen. In beiden Szenen, im *Iwein* wie im *Erec,* wird ein Moment von Selbstvergessenheit und Außer-sich-Sein erkennbar. Beide Figuren zeigen sich als vollkommen gegenwärtig in der jeweiligen

[228] Vgl. auch Ehrismann, *Ehre und Mut,* S. 248–153.

[229] Vgl. zum Zorn u.a. Grubmüller, »Historische Semantik und Diskursgeschichte«, vgl. S. 54: »Der zornige Held ist der kopflose, aber auch der erfolgreiche und der gerechte Held«; Thorsten W. D. Martini, *Facetten literarischer Zorndarstellungen. Analysen ausgewählter Texte der mittelalterlichen Epik des 12. und 13. Jahrhunderts unter Berücksichtigung der Gattungsfrage,* Heidelberg 2009; vgl. auch Müller, *Spielregeln für den Untergang,* S. 204: »*Zorn* und als seine Folge blindwütiges Rasen kennzeichnet den Heros seit dem homerischen Aias. Deshalb kann *zorn* zum einen der Habitus eines bestimmten Helden sein«, Zorn ist aber auch dasjenige, »was jedem Heros angemessen ist [...], denn *zorn* ist nicht Ursache, sondern Erscheinungsform des feindseligen Zustandes, der in den Krieg mündet«, S. 204f.; Klaus Ridder, »Kampfzorn«, S. 50: »Affekt- und Gewaltverhalten ist sinnvoll nur im Kontext von Konfliktkonstellationen und -strukturen zu analysieren. Dies bedeutet, daß unter dem Begriff ›Affekt‹ nicht ausschließlich eine subjektive innere Befindlichkeit, sondern auch eine Form des Weltbezugs, des sinnvollen Verhaltens in der Welt zu fassen ist.« Vgl. James R. Averill, *Anger and Aggression. An Essay on Emotion,* New York 1982, S. 73–101; *Affekte. Philosophische Beiträge zur Theorie der Emotionen,* hg. v. Stefan Hübsch, Heidelberg 1999.

[230] Vgl. Gebert, »Poetik der Tugend«, S. 144.

Handlung.[231] Besonders eindringlich zeigt sich das Moment des Aufgehens in einer Tätigkeit auch an der Figur des Rennewart im *Willehalm*,[232] jedoch in ambivalenter Weise. Martin Przybilski hat in seinem Aufsatz mit dem richtungsweisenden Titel »Die Selbstvergessenheit des Kriegers« die Rennewart-Figur Wolframs hauptsächlich unter dem Blickpunkt des Motivkomplexes ›Vergessen, Vergessenwerden und Verlorengehen‹ untersucht.[233] Anders als Przybilski möchte ich das Moment der Selbstvergessenheit im Verhalten Rennewarts weniger im Zusammenhang seiner »gewaltsame[n] verwandtschaftliche[n], topographische[n] und soziale[n] Dislozierung«[234] betrachten, sondern im Kontext der Muße-Thematik untersuchen. Es stellt sich die Frage, inwieweit eine Tätigkeit wie das Kämpfen überhaupt ein mußeähnliches Erleben darstellt und damit eine beglückende und erfüllende Erfahrung ermöglichen kann.

Der erste Auftritt Rennewarts findet im Rahmen einer idyllischen Szenerie statt. Willehalm betrachtet eines Abends zusammen mit dem König, verortet zwischen Palast und Linde, die mit stumpfen Waffen kämpfenden Edelknaben. Geht es nicht um Fragen der Gerechtigkeit, können kämpferische Auseinandersetzungen, dies zeigt diese Szene einmal mehr, zur Freude des Hofes stattfinden. *niht bezzer kurzewîle* (187,5) könnte dieses Schauspiel für den König sein. Krieg und blutige Schlachten, die das sonstige Geschehen des *Willehalm* dominieren, sind für kurze Zeit aus dem Gedächtnis verbannt.

---

[231] Vgl. auch Walter Haug, »Von der Idealität des arthurischen Festes zur apokalpytischen Orgie in Wittenwilers *Ring*«, in: *Das Fest*, hg. v. Walter Haug und Rainer Warning, München 1989, S. 157–179, hier S. 160, in Bezug auf die Terminversäumnis von Yvain: Er »verfällt dem Kampf als einem Tun, das auf seine Weise Selbstvergessenheit bedeutet«; vgl. im *Daniel* die rasende Kampfgier im Zusammenhang der ersten Schlacht, wie sie nicht nur auf einzelne Kämpfer, sondern auf ein Kollektiv bezogen wird: *vil manegen man dâ toben sach / der doch vil rehte sinnic was* (3434f.); *sie begunden vaste grâzen, / dies hin und jene her, / von der ritterlîchen ger / die sie zesamen hâten* (3484–3487).

[232] Damit steht Rennewart in Kontrast zu Daniel in *Daniel von dem blühenden Tal*, der als stets Reflektierender auftritt. Vgl. allgemein zu Rennewart: Fritz Peter Knapp, *Rennewart. Studien zu Gehalt und Gestalt des ›Willehalm‹ Wolframs von Eschenbach*, Wien 1970; Lofmark, *Rennewart in Wolframs ›Willehalm‹*; Andrea Kielpinski, *Der Heide Rennewart als Heilswerkzeug Gottes. Die laientheologischen Implikationen im ›Willehalm‹ Wolframs von Eschenbach*, Berlin 1990; Greenfield/Miklautsch, *Der ›Willehalm‹ Wolframs von Eschenbach*, S. 204–210; Walter Haug, »Parzivals ›zwîvel‹ und Willehalms ›zorn‹ - Zu Wolframs Wandel vom höfischen Roman zur Chanson de geste«, in: *Wolfram-Studien* III (1975), S. 217–231.

[233] Martin Przybilski, »Die Selbstvergessenheit des Kriegers. Rennewart in Wolframs ›Willehalm‹«, in: *Kunst und Erinnerung. Memoriale Konzepte in der Erzählliteratur des Mittelalters*, hg. v. Ulrich Ernst und Klaus Ridder, Köln 2003, S. 201–222. Przybilski versteht unter dem Begriff der Selbstvergessenheit im Zusammenhang mit Rennewart das Auslöschen der verwandtschaftlichen Herkunft und das Kappen vergangener genealogischer Verbindungen. Neben dem Verdrängen der eigenen Abstammung geht das Selbstvergessen auch mit einer Transformation der eigenen Werte einher. ›Selbstvergessen‹ sieht Przybilski in enger Nähe zu ›Verschweigen‹; worüber nicht gesprochen wird, scheint nach einer gewissen Dauer nicht existiert zu haben, vgl. S. 215.

[234] Przybilski, »Die Selbstvergessenheit des Kriegers«, S. 205.

Das Auftreten Rennewarts und seine äußere Erscheinung scheinen dieses friedvolle Bild beinahe zu sprengen. Seine kraftvolle Statur, welche seine edle Herkunft erahnen lässt, stehen im Kontrast zu seinem ärmlichen Gewand und seiner Aufgabe, als *küchenvar* (189,1) die Wasserzuber zu schleppen. Weil er sich nicht taufen lassen möchte, muss er die niederen Küchendienste verrichten, doch seine Scham darüber ist groß: *eteswenne ich in den werken bin, / daz mir diu schame nimt den sin, / want ich leb in lekerîe. / sol iemer wert amîe / mînen lîp umbevâhen, / daz mac ir wol versmâhen, / wan ich bin wirden nicht gewent, / unt hân mich doch dar nâch gesent.* (193,23–30). Seine Tätigkeit in der Küche bezeichnet Rennewart als *werken,* doch dieses Arbeiten ist für ihn kein würdevolles. Dieter Kartschoke übersetzt *want ich leb in lekerîe* sehr frei und vage mit »denn ich lebe fern jeder ritterlichen Bewährung«[235]. Diese vom Wortlaut gelöste Übersetzung fügt sich in das im Laufe des Romans entstehende Bild eines kampfwütigen Rennewart.[236] Sie passt auch zu Rennewarts Neugier auf *rîterlîche arebeit* (287,24). Kartschoke versteht mit seiner Übersetzung ›Maßlosigkeit‹, hier als *lekerîe,* als eine Eigenschaft, die dem ritterlichen Kämpfer nicht gebührt.[237] Unmäßigkeit und Ausschweifung sind jedoch Charakterzüge, die sich bei Rennewart auch dann noch zeigen, als er, von den Küchenarbeiten befreit, in die Dienste Willehalms tritt.[238] Maßlos im Sinne von außergewöhnlich sind seine Schönheit und seine exorbitanten Kräfte, maßlos im Sinne von unstillbar ist auch seine Gier nach Essen und Trinken sowie seine Gier nach Kampf und Ruhm.[239] Dieser Hang zu Maßlosigkeit scheint zumindest am Beispiel der Rennewart-Figur Bedingung zu sein, um sich vollkommen in einer Tätigkeit verlieren zu können.

Über Rennewart heißt es im Text, er sei seit der Versammlung der Truppen in Munleun allen anderen vorausgeeilt *als im sîn manheit riet* (270,15). Stets ist er auf den Beinen, ruhelos eilt er von einem Ort zum anderen und führt selbst in den kampffreien Zeiten *schimpflîchen strît* (281,27) mit den Knappen, die ihn schalkhaft ärgern. Schon früh treibt ihn das Interesse zu sehen, was *rîterlîche arebeit* (287,24) ausmacht. Als Beobachter nutzt er jede Gelegenheit, bei Turnieren und Wettkämpfen die höfischen Verhaltensweisen der Ritter zu studieren, bis er von dort mit Stöcken als Fremdling fortgetrieben wird.

[235] Vgl. Wolfram von Eschenbach, *Willehalm,* 3., durchgesehene Auflage, Text der Ausgabe von Werner Schröder, Übersetzung, Vorwort und Register von Dieter Kartschoke, Berlin/New York 2003.

[236] Wörtlich verweist das Wort *lekerie* auf Völlerei, denn die Küche bietet allerlei Leckereien für Rennewart. Später zeigt sich eine gewisse Maßlosigkeit Rennewarts bezüglich des Essens und Trinkens auch beim Festmahl in Orange (275,1–5): *doch lert in ungewonheit, / daz starke trinken überstreit / sine kiusche zuht und leret in zorn, / den edelen hohen wol geborn* (276,11–14); vgl. auch Otto Unger, »Bemerkungen zu einer neuen ›Willehalm‹-Übersetzung«, in: *Wolfram-Studien* XII (1992), S. 194–198, hier S. 196f.

[237] Vgl. Manuwald, *»Ich hân gehôrt unde gelesen«.*

[238] Ein weiterer wichtiger Antrieb, Willehalm im Kampf zu unterstützen, ist der innige Wunsch, Rache an seinen Verwandten zu nehmen, von denen er sich verlassen und verraten fühlt (285,1–22; 288,3–29), dieser Aspekt spielt hier jedoch keine weitere Rolle.

[239] Vgl. im *Willehalm* die Verse 270,19–271,26.

Anschaulich wird das Moment der Selbstvergessenheit bei der Figur Rennewart an seiner Waffe. Auf eigenen Wunsch hin lässt er sich nur mit einer schweren, vierkantigen, mit Eisen beschlagenen Stange aus Hainbuchenholz ausrüsten und lehnt jede weitere ritterliche Ausstaffierung ab.[240] Damit verfestigt sich ein Bild, das Rennewart als archaischen, teilweise unbeholfenen Kämpfer zeichnet. Diese *tumpheit* (271,24) transportiert etwas Kindliches, Unerfahrenes. Seine Handlungen sind durch eine gewisse Unbefangenheit geprägt, die ein Aufgehen in einer Handlung bestärken können.[241] Bei all seinen Tätigkeiten ist ihm seine Stange nicht nur buchstäblich ein *lindez wanküsselîn* (282,16), sondern auch metaphorisch, denn er weiß die wuchtige Waffe behände und mühelos zu benutzen. Als es in den Kampf geht, vergisst Rennewart dreimal seine Stange. Beim ersten Mal verschläft er und lässt sie in der Küche zurück, wo die Köche sie forträumen und Rennewart sie suchen muss. Beim zweiten Mal ist er so in das Kriegsgeschehen vertieft und in den Anblick der zum Kampf bereiten Ritter, dass er erneut seine Stange vergisst. Als er den Klang der Trompeten vernimmt, springt er ohne zu zögern vom Essen auf und verliert sich im Anblick der kostbaren ritterlichen Ausrüstungen: *vil manec geflôriertiu schar / Rennewarten dar zuo brâhte, / daz er gar überdâhte, / ob er ie stangen herre wart* (315,6–9). Die visuellen und akustischen Reize nehmen Rennewart gefangen und ziehen ihn buchstäblich an. Er kann sich nicht mehr auf seinem Platz halten, sondern wird von den Bildern des Kampfgeschehens, die sich vor ihm entwickeln, magnetisch angezogen. Die Formulierung der *jugende muot si ruorte* (315,4) verweist auf die euphorische Begeisterung Rennewarts. Er vergisst alles um sich herum, selbst seine eigene Waffe, die ihn erst zu einem Mitglied jener Truppe macht, die er so staunend betrachtet. Nur mit der Stange gelingt es ihm, aus der Beobachterposition, die er auch in früheren Jahren einnahm, herauszutreten und sich in das Geschehen einzufügen. Diese Integration ist zunächst noch stockend, da die Stange dem ritterlichen Schwert entgegensteht, doch im weiteren Verlauf wird er von Gyburc mit Rüstung und Schwert ausgerüstet, wodurch das allzu Fremde und Wilde seiner Erscheinung zumindest oberflächlich verschwindet.

Beim dritten Mal ist nicht das Gebanntsein der Grund des Vergessens, sondern weil Rennewart nun mitten im Kampf aufgeht. Sein Wunsch ist es, überall zugleich gegenwärtig zu sein. Dieses vollkommene Eintauchen in das Kriegsgeschehen versetzt ihn in einen »Zustand völligen Einsseins mit dem Krieg«[242]. Krause sieht in der kämpfenden Tätigkeit den Helden »ganz bei sich selbst (mit sich identisch), ganz und gar Leib in vollkommener Ausschöpfung seiner Kräfte«, jenseits von Körperkontrolle und Verhaltensregeln, wie sie der Hof festlegt und fordert.[243]

---

[240] Zu nennen ist hier etwa Rennewarts zorniges Verhalten, nachdem ihm Haare, Bart und Gewand in der Küche versengt wurden (198,18–28; 285,30–286,30) oder die Ermordung des Küchenmeisters, als Rennewart seine Stange nicht mehr finden kann (201,27–202,1). Seine Ausraster bezeichnet der Erzähler euphemistisch mit dem Oxymoron *ungevüege zarte* (277,10).

[241] Dies ist vergleichbar einem Kinde, das im Spiel aufgeht.

[242] Przybilksi, »Die Selbstvergessenheit des Kriegers«, S. 214.

[243] Krause, »Imaginierte Gewalt«, S. 202, Anm. 1.

Rennewart überkommt große Scham aufgrund seiner Vergesslichkeit. Seine Stange wieder zu bekommen, entspricht *schamender arbeit* (315,14). Am Beispiel des *vederspil* (317,6) erkennt er, dass er sich selbst am Kämpfen hindert. Wie der Falke, der, darf er nicht fliegen, still und scheu wird, verliert auch Rennewart ohne Waffe seine kämpferische Präsenz, weil er, beinahe unsichtbar, im Treiben des Kampfes verschwindet. Da die kämpferische Präsenz die einzige ist, die einen Ritter tatsächlich ausmacht, sieht Przybilski hier ein entscheidendes Moment von Selbstvergessenheit: »Indem Rennewart seine Waffen vergißt, vergißt er letzten Endes sich selbst: Der Krieger wird zum Krieger durch die Waffen«[244]. Doch ähnlich seiner Waffe, die aus der Kohle herausgezogen wird, ist auch Rennewart nach diesem dreimaligen Vergessen ›gehärtet‹ und bereit, aktiv in den Kampf einzutreten.[245] Nach dem Eintreiben der fliehenden Franzosen am Pitit Punt, wie unten beschrieben, wird Rennewart zum Führer einer Heeresabteilung graduiert. In der zweiten Schlacht auf Alischanz wird er zum entscheidenden Kämpfer des Gefechts. Henrike Manuwald verweist darauf, dass Rennewarts leidenschaftliches Kämpfen an seiner Stange sichtbar wird, nicht an ihm selbst.[246] So ist die Stange bereits vor dem Eintritt in die zweite Schlacht durch den Angriff auf die fliehenden Franzosen blutig (329,24), sie zeigt deutliche Abnutzungsspuren, ist *von'me drume unz an die hant* stark zerschunden (423,20–23) und zerbricht schließlich in zwei Hälften (429,22–30). Seine Stange prasselt auf Helme und Köpfe nieder, mit ihr tötet Rennewart ohne zu überlegen Pferd und Reiter, die sich ihm in den Weg stellen.[247] Lakonisch bemerkt der Erzähler: *er moht dâ kiesen wunder, / swer'z müezic was ze schouwen* (423,6f.). *müezic* steht hier in deutlichem Kontrast zu jener Geschäftigkeit und Unruhe, die auf dem Schlachtfeld vonstatten geht.[248] Nachdem Rennewarts Stange zersprungen ist, geht er mit bloßen Fäusten auf die Feinde los. Es benötigt erst der Aufforderung, sein Schwert zu ziehen, dass Rennewart sich auch seiner ritterlichen Waffe besinnt.[249] Dem Rausch des Kampfes völlig hingegeben, trifft Rennewart mit seinem Schwert, ohne es zu wissen, auch seine Brüder Canliun und Tedalun tödlich (442,19f.; 444,22–27).[250] Dass Rennewart in jenem Moment, in welchem er mit der ritterlichen Waffe des Schwertes geschickt umzugehen vermag und dem Ideal höfischer Vollkommenheit am

---

[244] Przybilksi, »Die Selbstvergessenheit des Kriegers«, S. 215.

[245] Vgl. Ingrid Kasten, »Rennewarts Stange«, in: *ZfdPh* 96 (1977), S. 394–410, hier S. 403.

[246] Vgl. Manuwald, *Medialer Dialog*, S. 135.

[247] Vgl. im *Willehalm* die Verse 365,21–29; 388,14–29; 413,22–4149,1.

[248] Auch die wenig später aufgeführte Bemerkung, dass Rennewart *rouwete* (423,15), hat nicht dieselbe Bedeutungsdimension wie *müezic* an dieser Stelle. Während Rennewart, schweißgebadet, einen kurzen Moment innehält, um durchzuatmen, wäre der Müßige derjenige, der sich aus sicherer Distanz dem ›Spektakel‹ hingäbe. Vgl. auch Vers 441,27 in Bezug auf das Kriegsgeschehen: *dâ was diu ruowe strenge.* Ebenso wird *trâcheit* (446,18) negativ bewertet, denn trotz großer Verluste vermag derjenige, welcher sich auf die Suche nach noch lebenden Verwandten und Freunden macht, mehr zu finden, als jener, der sich aus Trägheit zurückzieht (446,16–18).

[249] Vgl. Rennewarts Einschätzung: *diu starke stange mîn / was mir ein teil ze swaere. / dû bist lîht und doch strîtbaere* (430,30–431,2).

[250] Vgl. Przybilski, »Die Selbstvergessenheit des Kriegers«, hier S. 219.

nächsten kommt, zugleich durch den Brudermord große Schuld auf sich lädt, bezeichnet Ingrid Kasten als tiefe Ironie.[251]

In Bezug auf die Beobachtungen der Figur Rennewarts lässt sich in freier Anlehnung an Martin Seel von einem ›Paradoxon der Erfüllung‹ sprechen.[252] Rennewart geht im Kampfgeschehen völlig auf, er verliert sich in den Bildern, prachtvollen Ausrüstungen, Geräuschen und Klängen[253], die der Krieg produziert. Erfüllung in einer todbringenden Tätigkeit zu finden, muss paradox anmuten. Die Frage ist, inwiefern Muße oder der Muße strukturell verwandte Phänomene sich über ihren Inhalt bestimmen, oder sich nicht vielmehr in einer Haltung zeigen, einer Haltung, die sich eventuell auch bei Rennewart festmachen lässt. Muße lässt sich nicht als bloße Hülle begreifen, die es dann unterschiedlich zu füllen gilt, sei es beispielsweise durch Musizieren oder Jagen, Lektüre oder Meditation. Vielmehr geht es um eine Haltung im Modus der Muße, die unabhängig von bestimmten Tätigkeiten und Beschäftigungen ist. Dennoch scheint sich in der Figur des Rennewart mehr ein Überhang des Rauschhaften, Tranceartigen festzumachen. Möchte man von einer Nähe zu Muße sprechen, scheint diese meines Erachtens eher in Form eines Müssens gegenwärtig zu sein;[254] ein Müssen, das einem wahnhaften Nicht-anders-können gleichkommt, nicht jedoch als Mußeerfahrung bezeichnet werden kann. Mag das Kämpfen für Rennewart auch noch so erfüllend sein, so kann eine brutale Handlungsweise, die das Töten zum Ziel hat, doch nicht mit dem Begriff der ›Muße‹ bezeichnet werden.

Um ein ›Paradoxon der Erfüllung‹ handelt es sich bei der Rennewart-Figur zudem auf einer weiteren Ebene, denn Rennewart ist derart absorbiert, dass er kein Gegengewicht und keinen Gegenwert mehr findet, die seine Kampfeslust aufzufangen vermögen. Die Fokussierung auf den Kampf kommt einer Verengung gleich.[255] Zugespitzt lässt sich mit Przybilski von einer »Haltung des *la guerre pour la guerre*«[256] sprechen. Eine derartige Einseitigkeit wird zur Gefahr. Indem Rennewart sich in das Kriegsgeschehen, in das Töten und Morden verliert,[257] verliert er zugleich sich selbst. Mit dem Ende des Kampfes ist auch Rennewart von der Bildfläche verschwunden. Laut- und spurlos entwischt er aus dem Geschehen, oder anders gesagt: löst sich im Kampfgetümmel gewissermaßen auf.[258] Elemen-

[251] Vgl. Kasten, »Rennewarts Stange«, S. 408.

[252] Vgl. Martin Seel, *Paradoxien der Erfüllung. Philosophische Essays*, Frankfurt a.M. 2006.

[253] Vgl. etwa im *Willehalm: dâ wart geworfen und geslagen, / als ir mich ê hôrtet sagen, / tûsent rotumbes / sleht (ir neheiniu krumbes) / und aht hundert pusînen snar / man hôrte dâ mit krache gar. / von dem biben und von dem schallen / möhte daz tiefe mer erwallen* (400,15–22).

[254] Das Wort ›Muße‹ ist verwandt mit dem neuhochdeutschen Wort ›müssen‹ und geht zurück auf althochdeutsch *muozan* und mittelhochdeutsch *müezen*, das auch ›können‹ oder ›dürfen‹ bedeutet, vgl. auch KLUGE.

[255] Vgl. Przybilski, »Die Selbstvergessenheit des Kriegers«, hier S. 221f.

[256] Przybilski, »Die Selbstvergessenheit des Kriegers«, hier S. 211.

[257] Zu nennen ist hier auch der Verwandtenhass, der Rennewart in seinem Handeln bestimmt.

[258] Nur Willehalm selbst vermisst am Ende Rennewart und trauert um ihn (452,15–454,14). An dieser Stelle wäre eine Betrachtung der Fortsetzung Ulrichs von Türheim, welche wohl um

te wie Selbstvergessenheit und Versunkenheit, die auch für Mußeerfahrungen relevant sein können, werden an der Figur des Rennewart zu einer existenziellen Bedrohung der Figur selbst, fern jeglicher immersiven Erfahrung von Muße.

3.1.6 Imaginäre Fluchten

Um die Botschaft der Zeichnung aus dem *Welschen Gast* zu Beginn des Kapitels noch einmal aufzurufen, sei abschließend eine weitere Szene aus dem *Willehalm* herangezogen, die den spannungsgeladenen Diskurs höfischer Wertvorstellungen zwischen *arbeit* und Muße sowie *muoze,* wie sie in den Texten explizit wie implizit zum Ausdruck kommt, in aller Drastik zum Thema macht und eindeutige Urteile fällt. Verhandelt wird die Unvereinbarkeit vom Wunsch nach Bequemlichkeit einerseits und von Kampfesgier andererseits am Beispiel der landfremden französischen Heeresmacht, die zur Unterstützung herangeritten ist (301,20–30). Durch die Verlagerung der Bequemlichkeits-Thematik auf die französischen *geste* (301,21) wird das Verurteilungswürdige aus den eigenen Reihen ausgeschlossen und auf das nächst ›Fremde‹ übertragen.[259] Nur auf diese Weise kann der Tendenz zu Verweichlichung und Schwachheit, wie sie die Franzosen verkörpern, innerhalb der eigenen Folgschaft Einhalt geboten werden.

Die fremden Reichsfürsten begnügen sich mit der Befreiung von Orange, da sie von den langen Märschen und aufreibenden Kämpfen erschöpft sind (302,18–30). Sie ziehen den Rückzug vor. Auch die mahnenden Reden leiten nur eine kurzzeitige Gemütswendung ein (303,1–304,30). Bereits beim Anblick der riesigen Kriegsmacht Terramers werden die Versprechungen der Franzosen, die sie wenig zuvor noch im Fürstenrat in Orange leisteten, nichtig. Die Reichsfürsten stellen einer offensiv angriffsbereiten Haltung ein Konzept gegenüber, das die höfischen Freuden und Annehmlichkeiten starkmacht.[260] Sie erklären, dass ihnen Ruhm und

---

1260/70 entstanden ist, interessant, welche hier allerdings nur erwähnt werden kann. Mit der *conversio* Rennewarts und seinem Eintritt in ein Kloster treten andere Lebensentwürfe neben die höfischen Logiken. Nachzugehen wäre der Frage nach dem ambivalenten Zusammenhang von einem Kriegerleben, das von Aktivität und Aggression geprägt ist, und einem zurückgezogenen, kontemplativen Klosterleben. Weiter wäre zu untersuchen, inwiefern diese beiden Bereiche in der Figur des Rennewart in ein Spannungsverhältnis zueinander treten. In Bezug auf ein eremitisches, einfaches Leben im Kloster und dessen möglichem Mußepotenzial gelte es auch, Willehalms Moniage und seinen Alltag in St. Julian miteinzubeziehen. Vgl. Ulrich von Türheim, *Rennewart,* aus der Berliner und Heidelberger Handschrift, hg. v. Alfred Hübner, Berlin 1938; zur *Willehalm*-Fortsetzung Ulrichs u.a. Peter Strohschneider, *Alternatives Erzählen. Interpretationen zu* Tristan- *und* Willehalm-*Fortsetzungen als Untersuchungen zur Geschichte und Theorie des höfischen Romans,* München 1991, bes. S. 198–272.

[259] Vgl. Bernhard Waldenfels, *Grundmotive einer Phänomenologie des Fremden,* Frankfurt a.M. 2006; Bernhard Waldenfels, *Topographie des Fremden. Studien zur Phänomenologie des Fremden 1,* Frankfurt a.M. 1997.

[260] Vgl. bereits die Gegenüberstellung der ankommenden Franzosen, die *loitschierten* (234,1; vgl. auch 237,3) und unbekümmert ihren Gewohnheiten nachgehen: *Franzoiser tâten nâch ir siten: / eteslîche banken wâren geriten / durh kurzewîle mit vederspil; / sô gâhten derhalp knappen*

Anerkennung auch durch heimische Turniere zukommen werde. Bildreich werden ihre Wunschträume ausgemalt: Sie treibt nicht nur die Sehnsucht nach ihren Frauen zurück, sondern als Ausgleich zu all dem erlittenen *grôzen ungemache* (323,20) auch das Verlangen nach Behaglichkeit (*gemach* (324,3)), nach einer weichen Lagerstätte und geheizten Kemenaten. Der Wunsch nach körperlicher Entlastung und Reinigung wird auch durch die Nennung der *vintûse* (323,23) veranschaulicht, durch welche dem Körper Blut entzogen wird, um den Kreislauf zu unterstützen.[261] Die Franzosen träumen von Geselligkeit in der Taverne und müßigen Stunden an paradiesisch beschriebenen Orten, an denen frisches Quellwasser fließt und sie sich im Schatten der Bäume auf dem weichen grünen Gras ausruhen können. In Gedanken ist es nicht mehr der Lärm des Krieges oder die Schlachtrufe der Heere, sondern das Klingen der Weingläser und das Sprudeln des Weines, der aus dem Fass läuft, was in ihren Ohren ertönt. An nichts solle es ihnen ermangeln, wenn sie sich an den Köstlichkeiten und dem unbegrenzt fließenden Wein laben und dem angenehmen Leben frönen: *sus suln wir'z leben heien* (326,22). Dies bedeutet etwa so viel wie ›es sich gütlich tun‹, ›das Leben hegen und pflegen‹.[262] Das süße Leben *dort* (326,28) entspreche, so die Erläuterungen der Reichsfürsten, ihrem gewohnten Umfeld, während die *hitze bî disem muore* (326,26) für sie *gar ze ellende* (326,27), fremd und ungebührlich, sei. Das Bedürfnis, all die *arbeit* (323,24) zu vergessen, und nicht länger leichte Zielscheibe – *sine wolten niemens terkîs / dâ sîn deheine wîle* (321,20f.) – für die heidnischen Pfeile zu sein (321,20–23), lässt sie jede Warnung vor Schande und Ehrverlust überhören. Die Angriffslust und Kriegsversessenheit des Markgrafen deuten sie als verkehrte Form von *kurzewîle* (327,7). Ihnen entgeht der Ernst und die Verzweiflung Willehalms und sie sehen keinen Anlass für sein kriegerisches Handeln: *der marcgrâve vaehte umbe den wint* (327,2).

Willehalm überlässt den Anwesenden zwar die Entscheidung, sich entweder der beinahe unbezwingbaren Macht der Heiden entgegenzustellen oder lieber den Fluchtweg anzustreben, doch diese freiheitlich orientierten Worte sind bloßer Schein und fern jeder Toleranz.[263] Abwertend nennt er die fliehenden Franzosen *hârslihtaere* (322,21), wörtlich also ›Haarglätter‹, ›Stutzer‹ (Kartschoke) oder ›Scheitelzieher‹ (Heinzle), die auf die angebliche Effemination der Franzosen verweisen soll.[264] Das Verhalten der Franzosen wird als Zeichen für Unmännlich-

---

vil / ûz dem her durh den woldan (236,1–236,5), während Gyburc ängstlich in jeder Staubwolke die heranreitenden Feinde befürchtet.

[261] Vgl. Kommentar zu Vers 323,23, S. 1032, in: Wolfram von Eschenbach, *Willehalm,* hg. v. Joachim Heinzle, Frankfurt a.M. 2009.

[262] Das Verb *heien* kann aber auch ›wachsen, gedeihen‹ (LEXER, s.v.) ausdrücken, was in noch deutlicherem Kontrast zu dem tödlichen Gemetzel auf dem Schlachtfeld steht.

[263] Vgl. die drohenden Worte Willehalms: *noch hiute sulen wir lernen, / wie diu gotes zeswe uns lônes giht* (322,16f.).

[264] Vgl. Bumke, *Wolfram von Eschenbach,* S. 340: »Der verweichlichte Höfling als Kontrastfigur zum Kreuzritter war ein Topos der lateinischen Hofkritik und der Kreuzzugsliteratur. Bei Wolfram gewinnt dieser Topos seine besondere Färbung dadurch, daß als Attribute der Ver-

keit angesehen, welches von den Frauen zu Hause mit Abfälligkeit beäugt werde (322,22–24). Nach Kiening macht Wolfram aus den in der Quelle, der *Bataille d'Aliscans,* höchstens ängstlich dargestellten Franzosen »einen verweichlichten und dekadenten Haufen«[265]. Der Rückzug der Franzosen wird dementsprechend begleitet von Vorwürfen der Feigheit und Unrühmlichkeit und der Entehrung ihrer Fürstenwürde (302,5–9). Das zeigt sich auch an der Verwendung von Worten wie *schame* (321,12), *geschant* (321,4) oder *schemlîch* (321,25).[266]

Die harschen Urteile über die Sehnsüchte der französischen Reichsfürsten diskreditieren in ihrem Wert auch einige der oben diskutierten Beispiele ritterlicher *arbeit,* etwa das Turnierreiten. Die ritualisierten Zweikämpfe der Artusromane werden in ein vernichtendes Licht gerückt, indem sie vielmehr einem »unverbindliche[n] Spiel gegenüber dem Ernstkampf des Heidenkrieges«[267] gleichen. Was andernorts als »Errungenschaften der höfischen Sachkultur« aufgefasst wird, wird in diesem Kontext, so urteilt Bumke, »zum Attribut einer verantwortungslosen Gesinnung, die sich im Streben nach Genuß und Bequemlichkeit erschöpft«[268]. Auch Kiening sieht in diesen Szenen ein »Prinzip des Daseinsgenusses« vorgeführt, das »unangemessen wirken muß, angesichts des Ernstes und der religiösen Dimension der bevorstehenden Schlacht«[269]. Diese Bewertung stützt sich auf die textinterne Beurteilung des christlichen Heeres in Gestalt des Markgrafen und Rennewarts. Die Strafe der Franzosen ist dementsprechend hart, denn in der Gebirgsenge von Pitit Punt holt Rennewart die Fliehenden ein, erschlägt ohne zu zögern fünfundvierzig von ihnen und treibt die Überlebenden gewaltsam zur Umkehr unter seiner Führung.[270]

---

weichlichung zahlreiche Einzelheiten genannt werden, die sonst in der höfischen Literatur als spezifische Errungenschaften der höfisch-ritterlichen Adelskultur begegnen.«

[265] Christian Kiening, »Umgang mit dem Fremden. Die Erfahrung des ›französischen‹ in Wolframs ›Willehalm‹«, in: *Wolfram-Studien* XI (1989), S. 65–85, hier S. 79. Vgl. *La versione franco-italiana della »Bataille d'Aliscans,* hg. v. Günter Holtus, Tübingen 1985; *Les chansons de geste du cycle de Guillaume d'Orange,* hg. v. Jean Frappier, 2 Bde., Paris 1955–1967.

[266] Auch der Erzähler stellt sich in die Reihe der Urteilenden. In der Retrospektive seien die Franzosen beschämt über ihre Zagheit: *si müet noch sêre, swâ man's giht, / die werden Franzeise, / diu vlühteclîche reise. / in tet daz wider komen baz. / ich hete ouch ê der vlühte haz* (330,22–26); vgl. auch das harsche Urteil Bernarts nach dem Sieg in der zweiten Schlacht auf Alischanz als Willehalm über die großen Verluste weint: *dû bist niht Heimrîches sun, / wiltû nâch wîbes siten tuon. / grôz schade bedarf genendekeit. / über al diz her wirt ze breit / der jâmer durh dich einen, / wiltû hie selbe weinen / reht als ein kint nâch der brust. / süeze vinden, manege sûre vlust: / niht anders erbes muge wir hân* (457,3–11).

[267] Bumke, *Wolfram von Eschenbach,* S. 308.

[268] Bumke, *Wolfram von Eschenbach,* S. 308.

[269] Kiening, »Umgang mit dem Fremden«, S. 79.

[270] Rennewart wird Anführer der zurückgetriebenen Franzosen, wodurch er erstmals entscheidende Funktion im Heer erhält. Wie die Franzosen wird auch er in das Heer eingegliedert, vgl. 329,28–331,22. Die Franzosen empfinden Reue und sehen Rennewarts Gemetzel als Gottesstrafe an (324,30–325,22). Die biblischen Vergleiche ab Vers 332,14 lassen mit Kiening gar eine »heilsgeschichtliche Reintegration der Franzosen« zu, vgl. Kiening, »Umgang mit dem Frem-

Dass es sich möglicherweise in den detailliert ausgeführten Träumen der Franzosen mehr um eine auf Angst begründete Flucht in die innere Imagination handelt, wird in der Forschung, soweit mir bekannt, bislang nicht in Betracht gezogen. Dabei wird der Aspekt der Unsicherheit und Panik durchaus im Text transportiert, wenn auch an vielen Stellen auf verdeckte Weise: So bahnen sich etwa *zwîvel* (319,24) ihren Weg; Todesangst wird in der metaphorischen Sprache von Köcher und Pfeilen freilich relativiert und entdramatisiert, bleibt aber dennoch präsent; und auch Rennewarts wirbelnde Stange führt mehr eine erzwungene Rückkehr herbei, als dass die Geflohenen aufgrund von Bedauern und Reumütigkeit umkehren. Die eine mußeaffine Situation aufrufenden Bilder in der Fantasie der Franzosen zeigen eine erinnernde, aber zugleich die Zukunft ausmalende Vergegenwärtigung, die das Leid der direkten Umgebung auszublenden versucht und dem Grauen des Krieges die Potenzialität eines friedlichen Lebens entgegenstellt. Eine solche Auffassung drückt der Text jedoch an keiner Stelle explizit aus, und kann es auch nicht, um die Vorstellung des abgehärteten, tatkräftigen Ritters aufrechtzuerhalten und vor der Kontrastfolie der verweichlichten Franzosen noch zu profilieren. Was in der Zeichnung des *Welschen Gastes* die Geißel ist, ist hier die Stange Rennewarts: jede Form von aufkommender *muoze* wie Muße, und sei sie auch nur in Gestalt eines imaginativen Wunschtraumes präsent, wird schonungslos und brutal niedergezwungen.

3.1.7 *Resümee: Paradigmen der Vertreibung und Ablehnung von Muße*

Auf Basis der betrachteten Szenen lässt sich vorläufig zusammenfassen, dass das Ideal des adligen Ritters mit *muoze* wie Muße unvereinbar scheint. Die Zeichnung aus der Gothaer Handschrift veranschaulicht dies pointiert im Bild der mit der Geißel schwingenden *Unmuoze,* die die *Muoze* zu vertreiben sucht. In den Texten werden von den Figuren auf unterschiedliche Weise größte Anstrengungen aufgebracht, um den Fängen eines bequemen wie angenehmen Lebens, das dem aristokratischen Habitus der *hövescheit* vehement zu widersprechen scheint, zu entkommen. Das Kapitel betrachtete jene literarisch inszenierten Entwürfe, in denen – vergleichbar der *Unmuoze* mit ihrer Peitsche – zu Aktivität und Anstrengung aufgerufen wird, um die herrschende kulturelle Ordnung der höfischen Gesellschaft aufrechtzuerhalten und zu festigen. An diesen Szenen lässt sich eindrücklich beobachten, dass sowohl die werkübergreifende Figur des Gawein als Typologie des idealen Ritters, als auch die provokante Gegenfigur Keie in je unterschiedlicher Variation als eine Art Geißel der *Unmuoze* fungieren.

Der Ritter folgt der Maxime der *arbeit umbe êre,* in der Tat und Antrieb gleichermaßen zum Ausdruck kommen. Das symbolische Kapital der *êre* ist jedoch ein flüchtiges Gut, das immer wieder neu auf Bestätigung und Sicherung durch öffentliche Anerkennung angewiesen ist. Letztlich ist auch dieses damit ständig

den«, S. 82. Die wutentbrannte Tötung der Franzosen durch Rennewart wird an keiner Stelle verurteilt, sondern im Gegenteil durchweg als lobenswert anerkannt.

Anreiz wie Aufforderung zu Formen ritterlicher Aktivität – auch in der Extremform grausamer Gewalt. Selbst die literarische Konzeption des Kampfes zwischen ebenbürtigen Freunden, die unerkannt gegeneinander antreten und sich in ihrer Gleichrangigkeit gegenseitig anstacheln, dient im Kontext der *arbeit umbe êre* nachgerade als Vehikel tätiger Perfektionierung. Nicht nur Zeitvertreib und *kurzwîle* erfahren in den betrachteten Stellen eine radikale semantische Umbesetzung und werden als täglich disziplinierte Einübung in Vollkommenheit verstanden, sondern auch die Rhetorik und Metaphorik von ›Spiel‹ wird auf den Kampf, jenseits mußeaffiner Kontexte, angewendet. Die Gesellschaft kontrolliert all diese Abläufe wachen Auges und fordert die Stabilisierung der institutionellen Ordnung durch Gewinn oder Wiederherstellung von (verletzter) *êre*. Neben der kontrollierten Seite ist für den Ritter der Erwerb von *êre* auch mit der Möglichkeit des institutionalisierten Auszugs aus der sicheren wie gewohnten Artuswelt in Bereiche des Unbekannten verbunden. Diese Form des Ausbruchs ist ein gesellschaftlich geforderter und geförderter. Den Ähnlichkeiten zwischen der *âventiure*-Fahrt des Ritters und Mußeerfahrungen geht das folgende Kapitel gesondert nach.

Der Ruf der *Unmuoze ›vz vͤz mv̊zze‹* ist in den Texten implizit in weiten Teilen hörbar. Trotzdem ließen sich selbst in jenen Bereichen, die die Gegenphänomene Kampf, *arbeit* und Arbeit thematisieren, strukturelle Elemente von Muße feststellen. Eine Ruhepause oder Zwischeneinkehr etwa, die als untätiges Tätigsein in die Kampfinszenierung selbst eingebunden ist, schafft nicht nur die Möglichkeit zu Regeneration, sondern auch einen Augenblick der Gleichheit zwischen kämpfenden Konkurrenten. Doch derartige Unterbrechungen eines kräftezehrenden Kampfgeschehens vermögen dieses niemals gänzlich hinter sich zu lassen. Selbst in der Sprache der Intimität zweier Liebenden, wie im *Willehalm*, werden im übertragenen Sinne Bilder des Kampfes aufgerufen, die der Moment gerade zu verdrängen sucht. Auch die Figur des Rennewart, deren selbstvergessenes Versinken in das Kampfgeschehen auf den ersten Blick Aspekte von Muße aufruft, ist in seinem Handeln treffender im Bereich des Ekstatisch-Rauschhaften zu verorten, da die direkte Nähe von Tötung und Muße unvereinbar ist. Die Bereiche *arbeit*, *êre* und Kampf, wie sie in den höfischen Texten beschrieben werden, dies hat die Betrachtung der entsprechenden Passagen in diesem Kapitel gezeigt, schließen Muße folglich aus. Die ritterliche Lebensform wird in den untersuchten Szenen gerade dadurch definiert, dass sie Muße moralisch verurteilt und sich in der Abgrenzung von ihr profiliert. Höchstens in Fluchten in die Imagination scheint Muße als mentaler Ausbruch im ritterlichen Dasein Platz zu finden, doch selbst dort wird sie in aller Härte von den gesellschaftlichen Forderungen nach *unmuoze* ›verscheucht‹.

3.2 ›âventiure‹, Unterwegs-sein, Bildung

nû sich wie ich gewâfnet bin:
ich heize ein riter und hân den sin
daz ich suochende rîte
einen man der mit mir strîte,
der gewâfnet sî als ich.
daz prîset in, und sleht er mich:
gesige aber ich im an,
sô hât man mich vür einen man,
und wirde werde dann ich sî.
sî dir nû nâhen ode bî
kunt umbe selhe wâge iht,
des verswîc mich niht,
unde wîse mich dar,
wand ich nâch anders nihte envar.
(529–542)

Die hier an den Anfang des Kapitels gestellten Worte scheinen auf den ersten Blick das ritterliche Postulat der *arbeit umbe êre* zu definieren.[271] Es handelt sich jedoch um die berühmte Bestimmung des Terminus *âventiure*[272], wie sie im *Iwein* zu finden ist. Demnach bedeutet *âventiure,* zufällig auf einen gleichbewaffneten Gegner zu treffen und sich im Kampf mit diesem zu erproben und bestenfalls zu bewähren, um *êre* zu erlangen. Der angestrebte Zuwachs an *êre* scheint sich jedoch, folgt man diesen Ausführungen, in egoistischer Weise allein auf den einzelnen Kämpfer zu beziehen und nicht für das Kollektiv der Artusrunde zu gelten. Doch auch

[271] Zum Zusammenhang von *arbeit* und *âventiure* vgl. Hedwig Gross, *Hartmanns Büchlein, dargestellt in seiner psychologischen, ethischen und theologischen Bezogenheit auf das Gesamtwerk des Dichters,* Würzburg 1936. Der *chevalier errant* folgt der Lebensweise der *arbeit umbe êre,* die sich allen voran in der *âventiure* vollzieht. Daher fallen, so Gross, die Worte *arbeit* und *âventiure* für den Ritter in etwa in eins zusammen, »›aventiure‹ ist die Konkretisierung der ritterlichen ›arbeit‹«, S. 32. Im ritterlichen Umfeld zeigen die beiden Bereiche *arbeit* und *âventiure* deutliche Parallelen. Hartmann verwendet sie teilweise sogar beinahe synonym, vgl. Haubrichs, »Das Wortfeld von ›Arbeit‹ und ›Mühe‹«, S. 105.

[272] Vgl. zu den verschiedenen Verwendungsweisen von *âventiure* im Sinne der Familienähnlichkeit Wittgensteins die Darstellung bei Klaus-Peter Wegera, »›*mich enhabe diu âventiure betrogen*‹. Ein Beitrag zur Wort- und Begriffsgeschichte von *âventiure* im Mittelhochdeutschen«, in: *Das Wort. Seine strukturelle und kulturelle Dimension. Festschrift für Oskar Reichmann zum 65. Geburtstag,* hg. v. Vilmos Ágel, Andreas Gardt, Ulrike Haß-Zumkehr und Thorsten Roelcke, Tübingen 2002, S. 229–244, hier S. 234. Vgl. auch Erich Köhler, *Ideal und Wirklichkeit in der höfischen Epik. Studien zur Form der frühen Artus- und Graldichtung,* Tübingen 1956, 2., ergänzte Auflagege 1970, v.a. das Kapitel »Aventure. Reintegration und Wesenssuche«, S. 66–88. Zu *âventiure* verstanden als poetologische Leitvokabel vgl. die Aufsätze von Franz Lebsanft, Volker Mertens, Hartmut Bleumer, Mireille Schnyder und Peter Strohschneider in dem Sammelband *Im Wortfeld des Textes. Worthistorische Beiträge zu den Beziehungen von Rede und Schrift im Mittelalter,* hg. v. Gerd Dicke, Manfred Eikelmann und Burkhard Hasebrink, Berlin/New York 2006; Dennis Howard Green, »The concept *âventiure* in *Parzival*«, in: *Approaches to Wolfram von Eschenbach. Five Essays,* Bern/Frankfurt a.M./ Las Vegas 1978, bes. S. 83–161.

wenn die hier genannte Definition das polyseme Phänomen der *âventiure* in keiner Weise in seiner ganzen Breite fasst, zeigt die Textstelle doch, dass es sich um einen zentralen Begriff des ritterlichen Werte- und Tugendsystems handelt, welcher auch eine poetologische Leitvokabel darstellt.[273] Die naiv erscheinende Frage des wilden Mannes ›*âventiure? waz ist daz?*‹ (527) wird durch die unzureichende, da vereinfachende Antwort Kalogrenants zu einer »dauerhaften Frage des Textes«[274], die den Artusroman selbst zum Thema macht. Auch in Bezug auf das Thema der Muße ist diese Frage so interessant wie ambivalent. Scheint sich *âventiure* zunächst als reines Handlungsmoment darzustellen, das »die Erprobung durch das Abenteuer [als] [...] eigentliche[n] Sinn der ritterlichen Idealexistenz«[275] versteht, ist Hartmann der erste Autor, der *âventiure* »in der speziell höfischen Semantik ausbaut«[276] und sich im Spektrum zwischen ›ritterlichem Zweikampf‹ sowie ›Erzählung‹ und ›Quelle‹ bewegt. Dieses changierende semantische Feld von *âventiure* erweckt den Eindruck einer komplexen Verbindung von Rastlosigkeit, Unruhe und Dynamik einerseits sowie Reflexion, Konzentration und Ruhe andererseits. Das *Ereignis* der *âventiure* wird in der Erzählung zur *Aneignung* des Erlebten. Die Potenzialität von Muße scheint sich folglich, so die hier verfolgte These, in einer spezifischen Verschiebungsbewegung zu manifestieren. In einer Art Kreislauf wirkt die erzählte *âventiure* als Anreiz zum Aus- und Aufbruch des Ritters, um letzten Endes wiederum in einer Erzählung zu münden, die in einer kurzweiligen Situation, sei es in der Zurückgezogenheit der Kemenate oder in der Öffentlichkeit des Festes, dargeboten wird und die Möglichkeit zu Erfahrungen von Muße in sich trägt. Diese Bewegung ist auf sich selbst zurückgewendet. In einem potenziell unendlichen Fluss scheint sie in sich aufzugehen.

Das vorliegende Kapitel widmet sich explizit dieser Kreisbewegung der *âventiure* von Ereignis, Handlung und Erzählung in ihrem Verhältnis zu Muße. Der Bezug zu Muße zeigt sich dabei nicht nur in der Rückführung der *âventiure* an den Artushof, an dem die Vortragssituation einen potenziellen Mußeraum eröffnet, sondern auch außerhalb des Hofes in der *âventiure*-Handlung selbst. Obwohl

---

[273] Vgl. Dietmar Peil, »*âventiure, was ist daz?* Überlegungen zur âventiure-Definition des Kalogrenant«, in: *Deutsch-französisches Germanistentreffen Berlin, 30.9. bis 4.10.1987, Dokumentation der Tagungsbeiträge,* Bonn 1988, S. 55–77. Peil zeigt, dass allein Kalogrenants Kampf mit Askalon dieser Definition Genüge trägt, alle weiteren beschriebenen Kämpfe variieren in Motivation, Hergang und Ausgang. Peil schließt damit, Kalogrenants Definition als Kennzeichen unerfahrenen Rowdytums abzuwiegeln, S. 73. Die Definition des Kalogrenant muss m.E. als vereinfachte, reduzierte Skizzierung des *âventiure*-Begriffes in ihrem Kontext gesehen werden, die bewusst ironische Züge trägt.

[274] Hartmut Bleumer, »Im Feld der *âventiure.* Zum begrifflichen Wert der Feldmetapher am Beispiel einer poetischen Leitvokabel«, in: *Im Wortfeld des Textes. Worthistorische Beiträge zu den Beziehungen von Rede und Schrift im Mittelalter,* hg. v. Gerd Dicke, Manfred Eikelmann und Burkhard Hasebrink, Berlin/New York 2006, S. 347–367, hier S. 357.

[275] Auerbach, *Mimesis,* S. 131.

[276] Vgl. Wegera, »›mich *enhabe diu âventiure betrogen*‹«, S. 231. Im *Erec* finden sich für ›âventiure‹ 22, im *Iwein* 10 Belege. Die grundlegende Zweipoligkeit des Wortes ist bekannt seit Jacob Grimm, *Frau Aventiure klopft an Beneckes thür. III. Aug. MDCCCXLII,* Berlin 1842.

diese auf den ersten Blick als Teil ritterlicher *arbeit* den Gegenphänomenen von Muße zuzurechnen ist, weist die *âventiure* Aspekte auf, welche auch Mußeerfahrungen bestimmen können. In erster Linie ist hier das Moment des kurzzeitigen Ausbrechens aus dem Einflussbereich der höfischen Gesellschaft zu nennen sowie das Vexierspiel von Aktivität und Passivität. Aber auch Komponenten wie Kontingenz, Plötzlichkeit oder Ereignishaftigkeit tauchen sowohl beim Phänomen der Muße, als auch bei jenem der *âventiure* auf. Zugleich unterscheidet sich *âventiure* als ritterliche Bewährung aber auch radikal von mußehaftem Erleben, da sie von Schnelligkeit, Gewalt und Anstrengung geprägt ist. Im Gegensatz zu Muße, welche gerade nicht willentlich hergestellt und bewusst aufgesucht werden kann – wobei dieses Aufsuchen nicht gegen ein prinzipielles Suchen spricht – bietet die *âventiure*-Fahrt dem Ritter eine fest institutionalisierte Möglichkeit, bewusst aus alltäglichen Strukturen auszubrechen. Die *âventiure* unterliegt folglich in gewissem Maße den Interventionen des Ritters.[277] Ihr veränderndes Potenzial ist nicht nur als Gabe oder Geschenk verfügbar, sondern befindet sich – bei aller nötigen Differenzierung – auch im Handlungsradius des einzelnen Ritters.

Auch wenn das ritterliche Dasein, wie es in den Texten beschrieben wird, größtenteils von Kampf und Wettstreit geprägt ist, sind die *âventiure*-Fahrten insofern Ausnahmesituationen, da sie den Ritter zusätzlich in Kontakt mit außergewöhnlichen, überraschenden und ungewohnten Situationen bringen, in denen andere Regeln herrschen, als jene innerhalb der Grenzen des Hofes. Mit Hilfe der täglich eingeübten Kampftechniken und habitualisierten Verhaltensweisen sind die Ritter allerdings in der Lage, sich in den außeralltäglichen Situationen zu behaupten.

Das Kapitel bewegt sich in der im Titel aufgeworfenen Dreieckskonstellation von *âventiure,* Unterwegs-sein und Bildung und fragt nach deren Wechselbeziehungen. Dabei beginnt das Kapitel mit dem Aspekt der *âventiure* als Bewährung des Ritters, um am Ende die Rückführung der *âventiure* an den Hof in Form einer Erzählung zu betrachten. Das Kapitel nimmt damit selbst die Kreisbewegung der *âventiure* in seiner Struktur auf und bildet diese nach. Der erste Abschnitt widmet sich der Frage nach dem Wesen von *âventiure* zwischen Ereignis, Aufmerksamkeit und Reaktion (3.2.1). Die diesem folgende exkurshafte Darstellung des *Daniel* bietet mit dem Moment des Reflexiven eine weitere Dimension von *âventiure,* die in den Hartmannromanen in dieser Weise nicht thematisiert wird (3.2.2). Anhand des *Erec* und des *Iwein* werden die spezifischen zeitlichen Konstellationen und die konkreten Orte von *âventiure* betrachtet. Dadurch wird ersichtlich, inwiefern die *âventiure* tatsächlich als Teil der ritterlichen *arbeit* ein Weg der Bewährungen und Entbehrungen darstellt. Es zeigt sich, dass die *âventiure*-Fahrt zugleich als Bildungs- und Erkenntnisprozess fungiert (3.2.3). Dagegen findet sich im *Tristan* anstelle der *âventiuren* in den Artusromanen ein komplexes Bildungsprogramm, das der Protagonist bereits in frühen Jahren am Hof durchläuft. Angesichts der unterschiedlichen Varianten der Ausbildung steht mit der provozierenden Frage

[277] Einschränkungen ergeben sich durch die bereits diskutierte Ambivalenz von Suchen und Finden, die auch auf das Phänomen der *âventiure* zutrifft, vgl. Kapitelabschnitt 3.2.1.

›Erziehung zu Muße?‹ der Zusammenhang von Bildung und Muße im Zentrum des vorletzten Abschnittes (3.2.4). Abschließend rückt die Bedeutung von *âventiure* als Erzählung in den Fokus (3.2.5). Damit schließt sich vorläufig die Kreisbewegung aus *âventiure*-Handeln und *âventiure*-Erzählen.

Georg Simmel hat in seiner philosophischen Psychologie eine ähnliche Kreisbewegung für das Abenteuer herausgearbeitet. Trotz unterschiedlicher Perspektivierung lassen sich die folgenden Beschreibungen auch auf die mittelalterliche *âventiure* übertragen:

> Mit eben dieser Bewegung [des Herausfallens aus dem Zusammenhang des Lebens, fällt das Abenteuer, RB] wieder in ihn hinein, ein Fremdkörper in unserer Existenz, der dennoch mit dem Zentrum irgendwie verbunden ist. Das Außerhalb ist, wenn auch auf einem großen und ungewohnten Umweg, eine Form des Innerhalb.[278]

Das Zentrum, zu dem die Verbindung auch in der *âventiure* nicht abbricht, ist im Falle der Hartmannschen Romane der Artushof. Von ihm geht die Bewegung aus und in ihn kehrt sie zurück. Die vom Artushof gesteckten Rahmungen lösen sich in der *âventiure* nicht auf, werden aber, wie auch das Verhältnis zwischen einzelnem *âventiure*-Ritter und gesellschaftlichem Kollektiv, neu verhandelt. Die Freiräume, die die *âventiure*-Fahrt eröffnet, sind einerseits ›Fremdkörper‹ mit experimentellem Potenzial, zugleich sind sie stets auf die konkrete Rahmung des Artushofes zurückgeworfen und in seine Bestimmung eingelassen. Vergleichbares, wenn auch radikaler in der Durchführung, lässt sich an Muße feststellen. Auch sie ist trotz ihrer gesellschaftlichen Sprengkraft, in der Ausdrucksweise Simmels, als Außerhalb in einem Innerhalb zu begreifen. Anders als die *âventiure* ist sie jedoch nicht Teil der institutionellen Ordnung, sondern löst sich von ihr und öffnet Alternativen des Denkens und Handelns, die sich auch gegen die herrschende Ordnung selbst richten können, zumindest aber in Widerspruch zu dieser stehen.

Vorläufig lässt sich vor dieser Folie die These festhalten, dass *âventiure* nur oberflächlich betrachtet der Muße diametral entgegengesetzt ist. Auf komplexe Weise vereint sie in sich sowohl Gegensätzliches als auch Gleichartiges von Muße, sie stellt sowohl ihre Kehrseite als auch das Potenzial zu Muße dar. Folglich ist die Rede von *âventiure* eine Rede »an der Grenze von Möglichem und Unmöglichem, von Ordentlichem und Außer-ordentlichem«[279]. Dieser Grenze gilt es im Folgenden genauer nachzuspüren. Ausgangspunkt und Fluchtpunkt des gesamten Kapitels bildet dabei die Brunnenaventiure Kalogrenants, da in ihr Erleben und Erzählen auf spezifische Weise ineinander laufen.

---

[278] Georg Simmel, »Das Abenteuer«, in: ders., *Philosophische Kultur. Gesammelte Essais von Georg Simmel,* Leipzig 1911, 2., um einige Zusätze vermehrte Auflage, Leipzig 1919, S. 7–24, S. 8.

[279] Bernhard Waldenfels, »Spielräume des Möglichen und Überschüsse des Unmöglichen«, in: *Unmöglichkeiten,* hg. v. Ingolf U. Dalferth, Philipp Stoellger und Andreas Hunziker, Tübingen 2009, S. 3–20, hier S. 20.

3.2.1 ›âventiure‹ als Bewährung: zwischen Ereignis, Aufmerksamkeit und Reaktion

Kalogrenant erzählt im Rahmen des arthurischen Pfingstfestes im *Iwein* von seinem Ausritt auf der Suche nach *âventiure* im Wald zu Breziljân.[280] Sein Weg durch unwegsames Gelände führt ihn auf eine Lichtung mitten in der Wildnis, wo er auf einen Waldmenschen trifft, der kaum von den wilden Tieren, die ihn umringen, zu unterscheiden ist. Der Verweis auf die Wildnis zeigt an, dass die ritterliche Bewährungsprobe ihren eigenen Ort außerhalb des Hofes, in einer Anderwelt,[281] hat.[282] Dabei handelt es sich um einen »befremdliche[n] Bereich [...], eine zugleich wunderbare und bedrohliche Welt, in der das Unwahrscheinliche keiner Begründung bedarf«[283]. Sie befindet sich jenseits höfischer Formen der Interaktion und Kommunikation. Weder der Burgherr noch der wilde Mann im Wald können mit dem Terminus *âventiure* etwas anfangen.[284] Ihre Unkenntnis verweist auf den Beginn einer Welt, in welcher andere Werte als jene der höfischen Ord-

[280] Vgl. Marianne Stauffer, *Der Wald. Zur Darstellung und Deutung der Natur im Mittelalter,* Zürich 1958, bes. S. 45–53 zum Wald von Broceliande; vgl. auch Christian Schmid-Cadalbert, »Der wilde Wald. Zur Darstellung und Funktion eines Raumes in der mittelhochdeutschen Literatur«, in: *Gotes und der werlde hulde. Literatur in Mittelalter und Neuzeit. Festschrift für Heinz Rupp zum 70. Geburtstag,* hg. v. Rüdiger Schnell, Bern/Stuttgart 1989, S. 24–47. Schmid-Cadalbert begreift den wilden Wald als Raumschwelle. Vgl. weiter Jacques LeGoff, »Lévi-Strauss in Brocéliande: Skizze zur Analyse eines höfischen Romans«, in: ders., *Phantasie und Realität des Mittelalters,* Stuttgart 1990, S. 171–200.

[281] Vgl. zur Anderwelt Claude Lecouteux, »Zur anderen Welt«, in: *Diesseits- und Jenseitsreisen im Mittelalter. Voyages dans l'ici-bas et dans l'au-delà au moyen âge,* hg. v. Wolf-Dieter Lange, Bonn 1992, S. 79–89; Howard Rollin Patch, »Some Elements in Mediæval Descriptions of the Otherworld«, in: *PMLA* 33 (1918), S. 601–643; Uta Störmer-Caysa, *Grundstrukturen mittelalterlicher Erzählungen. Raum und Zeit im höfischen Roman,* Berlin/New York 2007, bes. S. 202–214; Vgl. zum Mythosbegriff Bent Gebert, »Beobachtungsparadoxien mediävistischer Mythosforschung«, in: *Poetica* 43 (2012), S. 19–62; Udo Friedrich und Bruno Quast, »Mediävistische Mythosforschung«, in: *Präsenz des Mythos. Konfigurationen einer Denkform in Mittelalter und Früher Neuzeit,* hg. v. Udo Friedrich und Bruno Quast, Berlin/New York 2004, S. IX-XXXVII, hier S. XXX, verstehen einen solch anderen, mythischen Ort auch, anders als in der Definition Foucaults (vgl. Kapitel 4.3), als Heterotopie.

[282] Vgl. Franz Lebsanft, »Die Bedeutung von altfranzösisch *aventure.* Ein Beitrag zu Theorie und Methodologie der mediävistischen Wort- und Begriffsgeschichte«, in: *Im Wortfeld des Textes. Worthistorische Beiträge zu den Beziehungen von Rede und Schrift im Mittelalter,* hg. v. Gerd Dicke, Manfred Eikelmann und Burkhard Hasebrink, Berlin/New York 2006, S. 311–337, hier S. 327.

[283] Bumke, *Der ›Erec‹,* S. 23. Zum Aspekt des Fremden vgl. Helmut Brall, »Imaginationen des Fremden. Zu Formen und Dynamik kultureller Identitätsfindung in der höfischen Dichtung«, in: *An den Grenzen höfischer Kultur. Anfechtungen der Lebensordnung in der deutschen Erzähldichtung des hohen Mittelalters,* München 1991, S. 115–165, bes. S. 129–138.

[284] Im *Yvain* Chrétiens kennt der Burgherr das Phänomen der *âventiure* sehr wohl, da vor Kalogrenant schon einige Ritter mit demselben Wunsch Aufenthalt bei ihm suchten: *Aprés soper itant me dist / Li vavassors, qu'il ne savoit / Le terme, puis que il avoit / Herbergié chevalier errant, /Qui avanture alast querant, / S' an avoit il maint herbergié* (256–261).

nung geltend gemacht werden. Sie ist Zeichen der Inkommensurabilität von Weltanschauungen und Selbstverständnissen. Kalogrenant ist mit den Werten, die er verkörpert und denen er nachstrebt, ebenso ein Fremdling wie der Waldmensch es umgekehrt für ihn ist. Mit den Worten Friedrich Ohlys trifft »der Suchende den, der nichts von Suche weiß«.[285] Im Konnex von Suchen und Finden zeigt sich eine dezidiert elitäre Komponente von *âventiure:* »*Âventiure* suchen können viele, *âventiure* finden nur diejenigen, die richtig fragen und mit dem Herzen wahrnehmen.«[286] Die Kollokation von Suchen und Finden der *âventiure* ist erstmals bei Chrétien überliefert. Hartmann übernimmt sie in seinen Übertragungen.[287] Diese Kollokation ermöglicht es, die Vorstellung von Zufall als »außerhalb des menschlichen Willens liegend[...]«[288] umzudeuten und als »gesuchte und gewählte Bewährungsprobe in die Intentionen des Handelnden«[289] hineinzunehmen.[290]

Der Definition Kalogrenants zufolge bezeichnet ›*âventiure*‹ die zielgerichtete Suche nach streitbaren Gegnern, an denen der Ritter sich messen und das symbolische Kapital der *êre* vermehren kann. Zurecht unterscheidet Dietmar Peil diese Zielstrebigkeit von planvollem Handeln, denn auch wenn das Ziel klar bestimmt ist, ist der Weg dorthin offen.[291] Dazu fügt sich, dass der Waldschrat in den Worten Kalogrenants ein absichtsvolles, doch diffuses Streben nach *ungemache* (545) erkennt. Er setzt *âventiure* mit *ungemach* und also mit *arbeit* gleich.[292] Jede Form von Bequemlichkeit und Annehmlichkeit – *sanfte leben* (546) – meidet der Ritter, der vielmehr die Herausforderung und das Risiko – *wâge* (539) – sucht. Der Ritter ist der Agile, derjenige, der aufbricht in die ungewisse Zukunft, anstatt sich müßig im sicheren Hier und Jetzt niederzulassen. Damit steht *âventiure,* so Gertrud Schwarz, als Begriff für die *vita activa* des Ritters.[293] Teilnehmend agiert er in der Welt und in der Gemeinschaft, setzt sich für andere Menschen ein, ist stets voller Aktivität und Rastlosigkeit und folgt der Ideologie der *arbeit umbe êre.* Während Friedrich Ohly in seiner Untersuchung von einer Stringenz zwischen Suchen und

[285] Friedrich Ohly, »Die Suche in Dichtungen des Mittelalters«, in: *ZfdA* 94 (1994), S. 171–184, hier S. 171. Im *Yvain* Chrétiens dagegen sucht der Ritter, was er nicht finden kann: »*Je suis, ce voiz, uns chevaliers, / Qui quier ce, que trover ne puis; / Assez ai quis et rien ne truis.*« (358f.).

[286] Mireille Schnyder, »Sieben Thesen zum Begriff der *âventiure*«, in: *Im Wortfeld des Textes. Worthistorische Beiträge zu den Beziehungen von Rede und Schrift im Mittelalter,* hg. v. Gerd Dicke, Manfred Eikelmann und Burkhard Hasebrink, Berlin/New York 2006, S. 369–375, hier S. 372.

[287] Lebsanft, »Die Bedeutung von altfranzösisch *aventure*«, S. 329.

[288] Lebsanft, »Die Bedeutung von altfranzösisch *aventure*«, S. 329.

[289] Lebsanft, »Die Bedeutung von altfranzösisch *aventure*«, S. 329.

[290] Walter Haug, »O Fortuna. Eine historisch-semantische Skizze zur Einführung«, in: *Fortuna,* hg. v. Walter Haug und Burghart Wachinger, Tübingen 1995, S. 1–22, hier S. 14. Haug verweist auf den Widerspruch, dass jener Zufall, der den Helden ereilt, vom Dichter bewusst gestaltet und eingeplant ist.

[291] Vgl. Peil, »*âventiure, was ist daz?*«, S. 58.

[292] Gross, *Hartmanns Büchlein,* S. 33.

[293] Vgl. Schwarz, ›*arebeit*‹, S. 20.

Finden ausgeht,[294] ist meines Erachtens die Kampfbegegnung letztlich nicht Ergebnis einer konsequenten Suche durch den Ritter, sondern im Zwischen von Suchen und Gefundenwerden zu verorten, denn auch die *âventiure* selbst »fängt, zwingt [und] jagt«[295]. Sie ist »provoziertes Risiko, Spiel mit der Kontingenz«[296]. Das Phänomen der *âventiure* vereinigt in sich das aktive Moment des Hinausschreitens in die Welt, des Tätig-werdens und das Moment des Widerfahrens, des Passierens. Bent Gebert erkennt darin eine Nähe zum Begriff der Habitualisierung. Im Phänomen der *âventiure* laufe Intentionalität und nicht-intentionale Strukturbildung zusammen, wie es auch bei Habitusformen der Fall sei. Sie ermögliche eine Profilierung der Figuren, die zwischen diesen Bereichen liegt.[297] Der Ritter setzt sich einerseits ganz bewusst und willentlich der *âventiure* aus, andererseits bestimmt jedoch der Zufall, wohin der Weg ihn führt. Diese semantische Doppelung lässt sich auch an der Etymologie des Wortes erkennen: altfranzösisch *avanture* geht einerseits auf das mittellateinische *aventura* und das lateinische *advenire* im Sinne von ›ankommen‹ oder ›herbeikommen‹ zurück, andererseits auf *evenire, eventus* als ›sich ereignen‹.[298] So bezeichnet *âventiure,* gerade in der semantischen Nähe zu *evenire,*[299] das Zufallende, das kontingente Ereignis, das Unvorhersehbare, also die Gefahren, die dem Ritter auf seiner Reise begegnen.[300] Erst mit dem arthurischen Roman tritt die Dimension des Ereignishaften hinzu. Der Einzelne löst sich aus dem Kollektiv und begegnet seinem Schicksal: »›Zufall‹ als Ereignis, das ›zu-stößt‹, wird aus einem dem Einzelnen willkürlich Entgegentretenden, aus dem – im guten oder schlechten Sinne verlaufenden – Be-

[294] Vgl. Ohly, »Die Suche«, S. 171: »Die Suche führt zum Finden, und der Fund heißt Ehre.«

[295] Mireille Schnyder, »*Âventiure? waz ist daz?* Zum Begriff des Abenteuers in der deutschen Literatur des Mittelalters«, in: *Euphorion* 96 (2002), S. 257–272, S. 266, Fußnote 13. Vgl. bei Stauffer, *Der Wald,* S. 39: die *âventiure,* die »auf den Menschen zukommt und von ihm Besitz ergreift«.

[296] Haferland, *Höfische Interaktion,* S. 217.

[297] Gebert, »Poetik der Tugend«, S. 163.

[298] Vgl. Elena Eberwein, *Zur Deutung mittelalterlicher Existenz (nach einigen altromanischen Dichtungen),* Bonn/Köln 1933. Vgl. Köhler, *Ideal und Wirklichkeit,* S. 67: »Das Ausgefülltsein der Existenz, die zwar gefahrvolle, aber ihrer konkreten politischen und sozialen Aufgaben in einer selbstverständlichen Weise gewisse und in ihnen aufgehende ritterliche Lebensweise, der kollektive Heroismus, den die Chansons de geste zeigen, vermögen Schicksal auch noch als ein ›zufälliges‹ zu ertragen, dessen Unbegreiflichkeit noch keine Sinnstörung bedeutet.« Vgl. auch Haug, »O Fortuna«, S. 12.

[299] Vgl. *Der neue Georges. Ausführliches lateinisch-deutsches* Handwörterbuch, Bd. 1, Darmstadt 2013: spätlateinisch *adventurum,* d.h. das Passierende, das Bevorstehende (vgl. Advent; A. Walde, J.B. Hofmann, *Lateinisches etymologisches Wörterbuch,* 2 Bde. und Registerband, Heidelberg ^{5}1982.)

[300] Vgl. Eberwein, *Zur Deutung mittelalterlicher Existenz,* S. 43. Lebsanft, »Die Bedeutung von altfranzösisch *aventure*« warnt davor, »für die Kollokation *une aventure avenir (a ac.)* aus den übertragenen Bedeutungen von lat. ĒVĒNIO / ĒVĒNTUS ›Ausgang; Zufall; Begebenheit, Ereignis‹ bzw. christlichem ADVENIO / ADVENTUS ›Erscheinung Gottes (Epiphanie)‹ eine christlich aufgeladenen Bedeutung ›etw. erscheinen‹ (im Sinne der Epiphanie), ›etw. jdm. zufallen‹ anzusetzen«, S. 316.

troffenwerden als – wiederum im guten Sinne als Bestätigendes und Belohnendes, im schlechten als Strafe Erscheinendes – positiv umgedeutet.«[301] Diese Umdeutung geht einher mit einem neuen Selbstverständnis des ritterlichen Tuns sowie einer »eigentümliche[n] Gelassenheit des Aventiureritters«[302] gegenüber der paradoxal anmutenden Verbindung von Suchen und Finden, die für die *âventiure* konstitutiv ist.

Während Muße selbst als Ereignis zu verstehen ist,[303] treffen in der *âventiure* Auszug und Ereignis aufeinander. Da der Aspekt des Ereignishaften beiden Phänomenen zukommt, gilt es diese Bezeichnung zunächst zu klären: In der Erzähltheorie meint Ereignis »die kleinste, elementare Einheit der Handlung«[304], welche in ihrer Einzelheit in sich beschlossen ist. Wie ein Ereignis auf ein anderes folgt und dadurch ein Geschehen bildet, reihen sich auch die *âventiuren* eines Ritters sukzessive aneinander. Wolf Schmid begreift das Ereignis mit Goethe als eine »ereignete[...] unerhörte[...] Begebenheit« oder mit Lotman als »bedeutsame[...] Abweichung von der Norm«.[305] Übertragen auf die in dieser Arbeit verwendete Terminologie, stellt das Ereignis eine Art Ausbruch aus alltäglichen Bahnen und normativen Ordnungen dar, das sich – möglicherweise erst in der Retrospektive – als Störung oder Zäsur darstellt. Nach Schmid ist das Ereignis eine Zustandsveränderung, die sowohl Realität als auch Resultativität voraussetzt.[306] Das Ereignis stellt sich gegen das allgemein Erwartete.[307] Als besonderes Ereignis weist die *âventiure* eine paradoxale Konfiguration von Erwartetem und Unerwartetem auf; es handelt sich gewissermaßen um das Erwarten des Unerwarteten. Meines Erachtens lässt sich sogar eine Verkehrung des Unerwarteten zum allgemein Erwarteten erkennen.[308] In der *âventiure* wird ausdrücklich all jenen Formationen

[301] Köhler, *Ideal und Wirklichkeit,* S. 67.

[302] Gebert, »Poetik der Tugend«, S. 163.

[303] Hasebrink, »Zwischen Skandalisierung und Auratisierung«, S. 115–117, fasst Muße als Ereignen.

[304] Martinez/Scheffel, *Einführung in die Erzähltheorie,* S. 108.

[305] Wolf Schmid, *Elemente der Narratologie,* 2., verbesserte Auflage, Berlin/New York 2008, S. 11; vgl. Jurij M. Lotman, *Die Struktur des künstlerischen Textes,* Frankfurt a. M. 1973, S. 350; Jurij M. Lotman, *Die Struktur literarischer Texte,* übers. v. Rolf-Dietrich Keil, München 1972, 4., unveränderte Auflage 1993, S. 332f.; Johann Peter Eckermann, *Gespräche mit Goethe in den letzten Jahren seines Lebens,* hg. v. Heinz Schlaffer, München 1986, S. 203 (Gesprächsäußerung vom 29. Januar 1872 in Bezug auf die Novelle).

[306] Schmid, *Elemente der Narratologie,* S. 12f.

[307] Schmid nennt fünf Merkmale, die eine Zustandsveränderung als Ereignis bestimmen. Neben Relevanz, Konsekutivität, Irreversibilität und Non-Iterativität auch die hier indirekt angesprochene Imprädiktabilität, vgl. Schmid, *Elemente der Narratologie,* S. 14–18.

[308] Vgl. auch Bachtin, *Formen der Zeit im Roman,* S. 85: In den Ritterromanen wird das Plötzliche unerwarteter Ereignisse »gleichsam zu etwas Normalem, zu etwas, das alles determiniert und beinahe gewöhnlich ist. Die ganze Welt wird wunderbar, und das Wunderbare wird selbst zu etwas Gewohntem (ohne deshalb aufzuhören, wunderbar zu sein). Das, was seit eh und je als überraschend galt, ist nun nichts Unerwartetes mehr. Man erwartet das Unerwartete, und man erwartet nur dieses.«

und Figurationen des Wunderbaren, Bizarren und Grotesken, wie sie sich der höfischen Ordnung entziehen, geharrt. Daran fügt sich die Auffassung Derridas, der das Ereignis als das Noch-kommende versteht.[309] Andererseits bezeichnet Ereignis auch ein ›In-Erscheinung-treten‹.[310] Diese Bedeutungsnuance betont weniger »die Unzerlegbarkeit als [...] [vielmehr] die Unmittelbarkeit dessen [...], was sich im Ereignis zeigt«[311] und zugleich jedem Zugriff entzieht. Das Ereignis zeigt sich als Spiel zwischen Erscheinen und Verflüchtigen, zwischen Aufmerksamkeit und Widerfahrnis, was ein weiterer Blick auf die Erzählung der Brunnenaventiure Kalogrenants verdeutlicht und verdichtet.

Die intradiegetische Erzählung Kalogrenants dringt an Iweins Ohr und weckt seine Aufmerksamkeit. Bernhard Waldenfels fasst dies als Auffallen. Das Auffallen wiederum kommt einem Widerfahrnis gleich. In der Terminologie Waldenfels' entspricht dies auch den Bezeichnungen Pathos oder Affektion:[312]

> Erfahrung, in der Überraschendes und Neuartiges auftritt, setzt nicht ein mit dem intentional gerichteten und geregelten Akt eines Subjekts, das sein Augenmerk oder sein Gehör auf ein bestimmtes Objekt richtet, sie entspringt vielmehr einem Ereignis des Sichtbar- und Hörbarwerdens. Etwas macht sich bemerkbar [...] etwas fällt *mir* auf – *ich* merke auf [...].[313].

Zunächst ist Iwein noch passiver Zuhörer, doch dann verwandelt sich die Erzählung über die gescheiterte Brunnenaventiure, dessen Protagonist wie Erzähler Kalogrenant ist, schlagartig in eine Geschichte, die sich von Kalogrenant ablöst und nun Iwein aktiv angeht und herausfordert.[314] Das Ereignis der Erzählung wird Handlungsmotor, oder, in den Worten Strohschneiders, »*stimulans actionis* für den Auszug des Protagonisten [...] in die Welt der *âventiure*«[315]. Die Erzählung wirkt sich direkt auf die Wirklichkeit aus und weist eine das Geschehen und die Handlung verändernde Kraft auf.[316] Waldenfels spricht von Response oder Erwiderung als Gegenpart des Auffallens, das nur vor der Folie des Gewohnten, als Abweichung und Unterbrechung, seinen Ereignischarakter gewinnt.[317] Im obigen

---

[309] Vgl. Jacques Derrida, *Eine gewisse unmögliche Möglichkeit, vom Ereignis zu sprechen*, übersetzt von Susanne Lüdemann, Berlin 2003 (französische Erstausgabe 1997).

[310] Vgl. Dieter Mersch, »Ereignis und Respons. Elemente einer Theorie des Performativen«, in: *Performativität und Praxis*, hg. v. Jens Kertscher, München 2003, S. 69–94, hier S. 71. Vgl. auch Dieter Mersch, *Ereignis und Aura. Untersuchungen zu einer Ästhetik des Performativen*, Frankfurt a.M. 2002.

[311] Vgl. Hasebrink, »Zwischen Skandalisierung und Auratisierung«, S. 115f.

[312] Bernhard Waldenfels, *Sinne und Künste im Wechselspiel. Modi ästhetischer Erfahrung*, Frankfurt a.M. 2010, S. 110.

[313] Waldenfels, *Sinne und Künste*, S. 110. Vgl. auch Waldenfels, »Spielräume des Möglichen«, S. 3–20.

[314] Vgl. unten: die *âventiure* löst sich von jedwedem Protagonisten, um in der Welt der Sprache weiter zu existieren. Schnyder spricht von der »vom Körper losgelöste[n] Potenz des Wortes« als »Träger des Abenteuers«, vgl. Schnyder, »Sieben Thesen zum Begriff der *âventiure*«, S. 374.

[315] Peter Strohschneider, *Höfische Textgeschichten. Über Selbstentwürfe vormoderner Literatur*, Heidelberg 2014, S. 235.

[316] Strohschneider, *Höfische Textgeschichten*, S. 238.

[317] Waldenfels, *Sinne und Künste*, S. 111, S. 378.

Zitat wird dies durch die Verwendung des Personalpronomens im Dativ – ›*mir* fällt etwas auf‹ – sowie in der nominativen Funktion in der Formulierung ›ich merke auf‹ deutlich.

Widerfahrnisse sind Unruhestifter par excellence. Als plötzliche Ereignisse zerreißen sie bestehende Sinngewebe, als langsam wirkende Änderungsprozesse zerfasern sie diese Gewebe. Gleichzeitig schaffen sie sich ihren eigenen Raum und ihre eigene Zeit, indem sie bestehende Raum- und Zeitordnungen destabilisieren und neue Raum- und Zeitfelder konstituieren.[318]

Folgt man der Einteilung de Certeaus, der durch Narrative erschaffene Räume als Nicht-Orte versteht, so findet durch die Übertragung der *âventiure* von Kalogrenant auf Iwein eine konkrete Verortung statt – freilich immer nur, soweit die Perspektive innerhalb des Textes verbleibt.[319] Genauer betrachtet handelt es sich um eine Transformation in entgegengesetzter Richtung zu jener, die de Certeau beschreibt. Ist es bei de Certeau der Spaziergänger, der durch die Straßen flaniert und bei dem durch bestimmte Orte Erinnerungen wachgerufen werden, die einer »Gegenwart von Abwesendem«[320] gleichkommen, so ist es im *Iwein* die Anwesenheit von Vergangenheit. Was Kalogrenant mit Worten zu beschreiben versucht, wird durch die Nachfolge Iweins in seiner Existenz bestätigt und in seiner Stofflichkeit erneut greifbar.[321] Zwischen diese Szenen ist noch eine weitere Ebene geschaltet, in der sich Iwein gedanklich den Weg Kalogrenants vorstellt und in der Verwendung des Futurs das zukünftige Geschehen Station für Station ausmalt und den Weg mental durchläuft (923–944). Diese iterative Bewegung in der Narration lässt sich mit Coralie Rippl durchaus als »Zeiterfahrung der Entschleunigung«[322] begreifen. Sie dehnt den Zeitraum zwischen der Erweckung von Aufmerksamkeit und dem Übergang zum Tätigsein. In der Retardation wandelt sich die »erinnernde Perspektive der Erzählung« in die »vorausschauende Perspektive der Verheißung«.[323] Die Erzählung transformiert sich, wie oben angesprochen, zum Ereignis, zu etwas, das ›vor-Augen-steht‹, sich buchstäblich dem Zuhörenden ›eräugt‹.

Vergangenheit und Gegenwart überlagern sich, indem sich in vergleichbarer Weise wiederholt, was zehn Jahre zuvor Kalogrenant zugestoßen ist. Die zeitliche

---

318 Waldenfels, *Sinne und Künste,* S. 369.

319 Vgl. Matthias Däumer/Annette Gerok-Reiter/Friedemann Kreuder, »Einleitung: Das Konzept des Unorts«, in: *Unorte. Spielarten einer verlorenen Verortung. Kulturwissenschaftliche Perspektiven,* hg. v. Matthias Däumer, Annette Gerok-Reiter und Friedemann Kreuder, Bielefeld 2010, S. 9–27, hier S. 12f.

320 de Certeau, *Kunst des Handelns,* S. 205.

321 Vgl. Wegera, »›*mich enhabe diu âventiure betrogen*‹«. Wegera nennt als semantischen Kern von *âventiure* die Nähe zu *adventus* und *epiphaneia,* er legt daher den Schwerpunkt auf das Sichtbar-werden; vgl. auch Peter Strohschneider, »*âventiure*-Erzählen und *âventiure*-Handeln. Eine Modellskizze«, in: *Im Wortfeld des Textes. Worthistorische Beiträge zu den Bezeichnungen von Rede und Schrift im Mittelalter,* hg. v. Gerd Dicke, Manfred Eikelmann, Burkhard Hasebrink, Berlin/New York 2006, S. 377–383, hier S. 377f.

322 Rippl, »Geld und *âventiure*«, S. 550.

323 Wandhoff, »*Âventiure*«, S. 15.

Distanz scheint dabei keine Rolle zu spielen, denn es haben offensichtlich keinerlei Veränderungen stattgefunden. Die von Kalogrenant genannten Stationen tauchen bei Iwein wie Standbilder wieder auf, die sich durch sein Erscheinen mit Leben füllen. Iwein generiert den Raum der *âventiure* performativ, er kreiert ihn handelnd und wahrnehmend nach der Erzählung Kalogrenants. Welche Bedeutung der Aspekt der Handlung für die Raumkonstitution spielt, zeigt sich auch in den Worten des Waldschrats: *zewâre unde kumestû dar / und tuostû im sîn reht gar, tuostû dan die widerkêre / âne grôze din unêre, sô bistû wol ein vrum man* (555–559). Erst das angemessene Verhalten formt denjenigen Raum der *âventiure,* wie er in der Definition Kalogrenants erläutert wird, als einen Raum der Ehrsuche und des Ehrgewinns.

Aus dem »*Worauf* eines Getroffen- oder Affiziertseins« wird ein »*Worauf* eines Antwortens«.[324] Es scheint, als verliere die *âventiure* Iweins in der repetitiven Nachfolge den Charakter des Unvorhergesehenen und Überraschenden, ist Iwein doch über das Zu-Geschehende detailliert im Bilde. Doch das Neue muss gerade den Charakter der Neuheit verlieren, um in seinem Schrecken eingedämmt und in Ordnungen des Bekannten überführt werden zu können:

> Bliebe das Neue das Neue, [...] dann bliebe die Zeit stehen und das Neue überwältigte den, der ihm entgegenstünde. [...] Als überwältigender Schrecken generierte es dann ewige Gegenwart und unaufhörliche Faszination. Es verbreitete namenloses Entsetzen oder ewige Seligkeit – beides liegt jenseits aller Fassbarkeit. In diesem Sinne ist das Neue das, was aus der Zukunft als das Absolute, das möglicherweise Unfassbare, in die Gegenwart hineinkommt, es ist der Absolutismus des Faktischen, dem man sich nicht entziehen kann, der Absolutismus der Realität. [...] Die Leistung des Gegenwärtig-Machens besteht darin, das Neue nach Benennung, Erzählung, Begriff und Struktur zu domestizieren und es damit in seiner Ereignishaftigkeit zum Vergehen zu zwingen.[325]

Eine solche »Arbeit am Ereignis«[326], wie Schmidt-Biggemann in Anlehnung an Blumenberg formuliert, macht Zeitlichkeit fassbar.

Waldenfels betont in seinen Ausführungen zur Aufmerksamkeit, dass dem Pathos stets »Züge des Widrigen, Unerwünschten und auch des Verletzenden« inhärent sind, wie es etwa in Wendungen wie »Ins-Auge-springen« oder »Hervorstechen« angezeigt wird.[327] Gerade in der *âventiure* dominieren derartige Momente. Die Begegnung mit Anderen und Anderem evoziert Unruhe und Irritation.[328] Unruhe überfällt auch Iwein, als er von der Schmach Kalogrenants hört,

---

[324] Waldenfels, *Sinne und Künste,* S. 113.

[325] Wilhelm Schmidt-Biggemann, *Apokalypse und Philologie. Wissensgeschichten und Weltentwürfe der Frühen Neuzeit,* hg. v. Anja Hallacker und Boris Bayer, Göttingen 2007, S. 362f.

[326] Schmidt-Biggemann, *Apokalypse und Philologie,* S. 363.

[327] Waldenfels, *Sinne und Künste,* S. 110.

[328] Vgl. Dieter Mersch, »Die Frage der Alterität. Chiasmus, Differenz und die Wendung des Bezugs«, in: *Hermeneutik der Religion,* hg. v. Ingolf U. Dalferth und Philipp Stoellger, Tübingen 2007, S. 35–57, hier S. 35. Vgl. auch Dieter Mersch, »Vom Anderen reden. Das Paradox der Alterität«, in: *Ethnozentrismus. Möglichkeiten und Grenzen des interkulturellen Dialogs,* hg. v. Manfred Brocker und Heino Heinrich Nau, Darmstadt 1997, S. 27–45.

denn er zögert nicht, aufzubrechen und diese zu rächen. Strohschneider versteht den unmittelbaren Übergang von der *âventiure*-Narration Kalogrenants in die *âventiure*-Handlung Iweins tatsächlich allein aus Gründen der Genealogie und der Rache motiviert.[329] Doch nicht nur als Verwandter hat Iwein die Aufgabe, Kalogrenant zu rächen und seine Schmach zu vergelten, auch seine Neugier treibt ihn an: *ich wil ouch varn den brunnen / und waz wunders dâ sî* (808f.).[330] Die Neugierde bringt Unruhe ins Spiel, sie beendet das Gesellige und Genießende der Erzählrunde im Rahmen des arthurischen Pfingstfestes und entpuppt sich als Movens zur Suche nach *âventiure.* In der Segmentierung des Wortes Neugier in seine einzelnen Wortteile zeigt sich das Determinatum Gier als die Gier nach Neuem, doch in Bezug auf Iwein bezeichnet ›Neugier‹ vielmehr Iweins intensiven Wunsch, das Geheimnis des Brunnenreiches selbst in Erfahrung zu bringen.[331] Seine Neugier beendet die ruhende Erzählrunde und führt zu einer Akzeleration des Geschehens.

Iwein schleicht sich heimlich vom Artushof davon, um Artus und seiner Gefolgschaft an der Quelle zuvorzukommen. Seine voreilige Handlung verweist auf das prekäre und ambivalente Verhältnis zwischen Einzelnem und Gesellschaft, wie es im Auszug des Ritters immer wieder neu verhandelt werden muss. Der Einzelne spaltet sich vom Kollektiv ab, und muss dies auch, um sich einerseits diesem durch entsprechende Taten würdig zu erweisen, und um andererseits die *êre* der Gruppe durch den eigenen Ehrgewinn zu vergrößern.[332] Jürgen Haupt beschreibt diese Bewegung als ein Kreisen um den Artushof: »Unruhe und Harmonie, Vereinzelung und Integration sind einander bedingende Phasen, beruhend auf der Antinomie stets erneut erhobener Forderungen des Individuums *und* der Gesellschaft.«[333] Der Ritter begibt sich bewusst in ein Außerhalb jener vertrauten Artuswelt, deren Werte ihm in seinem Handeln in weiten Zügen ›einverleibt‹ sind.

---

[329] Strohschneider, *Höfische Textgeschichten,* S. 236. Auch Schnyder, *»Âventiure? waz ist daz?«*, S. 259, ist der Meinung, Iwein suche nicht nach *âventiure,* sondern ihm gehe es allein um die Rache an seinem Verwandten. Erst im Nachhinein, in der Nacherzählung Hartmanns, wird sie nach Schnyder zur *âventiure.*

[330] Vgl. Kern, *Weltflucht,* S. 394. Neben dem Aspekt der Neugier ist es der Wunsch, seine *rîterschaft* (913) unter Beweis zu stellen und seine *êre* zu steigern, der Iwein antreibt. Vgl. auch Ulrich Hoffmann, *Arbeit an der Literatur. Zur Mythizität der Artusromane Hartmanns von Aue,* Berlin 2012, S. 243.

[331] Vgl. Hans-Martin Gauger, »Geheimnis und Neugier – in der Sprache«, in: *Schleier und Schwelle,* Bd. 3: Geheimnis und Neugier, München 1999, hg v. Aleida Assmann und Jan Assmann, S. 13–28, hier S. 19.

[332] Die Problematik und Prekarität, die der Auszug des Einzelnen für die Erhaltung des Gemeinwohls bedeuten kann, findet im *Daniel* in einer kurzen Nebenbemerkung Erwähnung: Artus schreibt in all seine Länder Briefe mit der Bitte um Unterstützung im Kampf gegen König Matur. In dieser Situation erscheinen ihm die Aventiurefahrten seiner besten Ritter als Unglücksfall: *doch dûhte in daz ein unheil: / sîner gesellen was ein teil / nâch âventiure geriten, / der hæte er gerne gebiten / oder nâch in gesant. / dô wâren si gewant / mangen unkunden wec, / Lanzelet und Erec / unde noch der genuoc, / die ir muot nâch êren truoc* (978–986).

[333] Haupt, *Der Truchsess Keie,* S. 83.

Das Austreten aus dieser Ordnung und das Hinausziehen in fremde Welten ermöglichen ihm eine gewisse Gestaltbarkeit der Welt sowie seiner selbst. Schnyder spricht auch von der Fähigkeit, »die Ereignisse der Welt auf sein eigenes Geschick hinzuordnen und die eigene Existenz in ein Sinngefüge hineinzudenken«[334]. Der Auszug des Ritters ist Möglichkeit zur zeitweisen Widerständigkeit, die letztlich doch wiederum die Festigkeit und Beständigkeit der Artuswelt profiliert.

Mit der Erzählung Kalogrenants über seine schmachvolle Niederlage steht auch in siebenjähriger zeitlicher Distanz seine *êre* auf dem Spiel. Nicht umsonst endet seine Erzählung mit den Worten *Ich hân einem tôren glîch getân, / diu mære der ich laster hân, / daz ich diu niht kan verdagen: ichn woldes ouch ê nie gesagen* (795–798). Durch seine Erzählung tritt die Schande an eine Öffentlichkeit heran, welche wiederum aufgerufen ist, diese Schmach zu rächen und die Ordnung wiederherzustellen.[335] Mehr noch als seine eigene *êre* steht mit Kalogrenants Scheitern an seiner eigenen Definition also auch das zum ritterlichen Habitus gewordene Suchen nach *êre* durch *âventiure* infrage. Die Unterbrechung der Geselligkeit des Festes ist daher eine logische wie unerlässliche Folge. Kalogrenants unrühmliche *âventiure*-Fahrt fordert eine schnelle und effektive Reaktion.

Dieser erste Blick auf die Brunnenaventiure verdeutlichte, wie eine *âventiure*-Erzählung im Rahmen des Hofes die Aufmerksamkeit des Ritters auf sich zieht. Es geht dabei vorrangig darum, dass der Ritter das passiv Gehörte zum Ausgangspunkt der eigenen Aktivität umwandelt und sich zu einer Antwort auf das Vernommene berufen fühlt. Zumindest für diesen Ritter kippt die Atmosphäre der Geselligkeit und der möglichen Mußeerfahrung in einen Moment der Unruhe um. Sprachlich vermittelte Bilder der Imagination werden somit textintern in konkrete Handlungsräume überführt. In diesen Räumen wird der Ritter von gefährlichen Ereignissen überrascht, denen er sich nach seiner ihm eigenen Weise, nämlich durch *arbeit umbe êre,* zu erwehren versucht.

3.2.2 Exkurs: ›âventiure‹ zwischen Reflexion und Abwägung im ›Daniel‹

Die folgende exkurshafte Erweiterung der zu untersuchenden Kerntexte dieser Arbeit auf den *Daniel von dem blühenden Tal* öffnet die Perspektive auf ein Element von *âventiure,* das sich in diesem Ausmaß und dieser Deutlichkeit in den klassischen Artusromanen nicht zeigt. Es handelt sich um das Element des Reflektierens und Abwägens, bevor der Ritter zur Tat schreitet. Dieses Moment hat die Funktion einer kurzzeitigen Unterbrechung des Geschehens und eröffnet einen Spielraum des Nachdenkens, der möglicherweise eine strukturelle Nähe zu Spielräumen der Muße aufzeigt. In der Betrachtung der unterschiedlichen Aufgaben, die Daniel im Laufe des Romans zu bewältigen hat, zeigt sich wiederholt sein kluges Verhalten und sein kontrolliertes Abwägen verschiedener Möglichkeiten. Eine Dehnung zwischen Reiz und Reaktion deutet auf eine bestimmte Zeitstruktur hin, die sich von dem eiligen Tempo der *âventiuren* im *Iwein* dahingehend

[334] Schnyder, »Sieben Thesen zum Begriff der *âventiure*«, S. 372.
[335] Vgl. auch Wandhoff, »*Âventiure*«, S. 14.

unterscheidet, dass sie bei aller Hast einen momenthaften Freiraum schafft – und dies gewissermaßen mitten in der ritterlichen Aktion.

In dem späten Artusroman des Stricker verliert die *âventiure* die Bedeutung von Bewährung und Erprobung des Ritters. Der Protagonist zeichnet sich mit seinem ersten Auftreten bereits als vollkommener Ritter aus, dessen Entwicklung, anders als die Hartmannschen Helden, bereits abgeschlossen ist.[336] Haug spricht von »krisenlose[r] Perfektion«[337] der ›nachklassischen‹ Protagonisten. Programmatisch zeigt sich im *Daniel* eine Hinwendung zur Reflexion anstelle von Aktion. Während Erec oder Iwein anfänglich mangelhaftes Verhalten durch vorbildliches Handeln in den *âventiuren* zu kompensieren suchen, ist es im *Daniel* der Artushof selbst, der sich bewähren muss und auf die erlösenden Taten des Artusritters angewiesen ist.[338] Der Artushof verliert seine in sich ruhende Statik und Idealität und muss selbst auf *âventiure* ziehen.[339] Die veränderten Grundvoraussetzungen ermöglichen dem späten Artusroman auch eine Freiheit von tradierten Mustern und Regeln, welche Raum für Spielerisches und Experimentelles bietet.

In weiten Teilen, dies wurde in der Forschung bereits früh bemerkt,[340] greift der Stricker Elemente des *Iwein* auf, um diese jedoch ironisch zu überziehen und ins

---

[336] Vgl. zur sittlichen Vollkommenheit der ›nachklassischen‹ Artusromane v.a. Walter Haug, »Paradigmatische Poesie. Der spätere deutsche Artusroman auf dem Weg zu einer ›nachklassischen‹ Ästhetik«, in: *DVjs* 54 (1980), S. 204–231; Walter Haug, »Das Fantastische in der späteren deutschen Artusliteratur«, in: *Spätmittelalterliche Artusliteratur. Ein Symposion der neusprachlichen Philologen auf der Generalversammlung der Görres-Gesellschaft,* Bonn, 25.-29. September 1982, hg. v. Karl Heinz Göller, Paderborn/München/Wien u.a. 1984, S. 133–149; Walter Haug, »Moral, Dämonie und Spiel. Der Übergang zum nachklassischen Artusroman«, in: ders., *Literaturtheorie im deutschen Mittelalter. Von den Anfängen bis zum Ende des 13. Jahrhunderts. Eine Einführung,* Darmstadt 1985, S. 250–278; Walter Haug, »Wandlungen des Fiktionalitätsbewußtseins vom hohen zum späten Mittelalter«, in: *Entzauberung der Welt. Deutsche Literatur 1200–1500,* hg. v. James F. Poag und Thomas C. Fox, Tübingen 1989, S. 1–17; Walter Haug, »Über die Schwierigkeiten des Erzählens in ›nachklassicher‹ Zeit«, in: *Positionen des Romans im späten* Mittelalter, hg. v. Walter Haug und Burghart Wachinger, Tübingen 1991, S. 338–365; Christoph Cormeau, »Zur Gattungsentwicklung des Artusromans nach Wolframs *Parzival*«, in: *Spätmittelalterliche Artusliteratur. Ein Symposion der neusprachlichen Philologen auf der Generalversammlung der Görres-Gesellschaft, Bonn, 25.-29. September 1982,* hg. v. Karl Heinz Göller, Paderborn/München/Wien u.a 1984, S. 119–131; zur veränderten *âventiure-* Funktion vgl. auch Regina Pingel, *Ritterliche Werte zwischen Tradition und Transformation. Zur veränderten Konzeption von Artusheld und Artushof in Strickers* Daniel von dem Blühenden Tal, Frankfurt a.M. 1994, bes. S. 112–120.

[337] Haug, »Paradigmatische Poesie«, S. 204. Vgl. auch Haug, *Literaturtheorie,* bes. S. 259–287.

[338] Vgl. Pingel, *Ritterliche Werte,* S. 118f. Vgl. auch Almudena Otero Villena, *Zeitauffassung und Figurenidentität im ›Daniel von dem Blühenden Tal‹ und ›Gauriel von Muntabel‹,* Göttingen 2007, bes. S. 58f.

[339] Haug, »Paradigmatische Poesie«, S. 219. Vgl. auch Guido Schneider, er nam den spiegel in die hant, als in sîn wîsheit lêrte. *Zum Einfluß klerikaler Hofkritiken und Herrschaftslehren auf den Wandel höfischer Epik in groß- und kleinepischen Dichtungen des Stricker,* Essen 1994.

[340] Vgl. zum *Iwein* als wichtigste Vorlage des *Daniel:* Peter Kern, »Rezeption und Genese des Artusromans. Überlegungen zu Strickers ›Daniel von dem blühenden Tal‹«, in: *ZfdPh* 93 (1974), Sonderheft, S. 18–42; Villena, *Zeitauffassung und Figurenidentität,* bes. S. 64–72; vgl. auch Doro-

Komisch-Absurde zu transformieren. So erinnert das Grasland König Maturs an das Brunnenreich Askalons, ist zugleich jedoch auch eine Zuspitzung und Pervertierung der Idealität des Artushofes selbst. Auch im Grasland finden sich topische Elemente, etwa die Linde oder das Wasser, welche an einen *locus amoenus* erinnern (738–756). Die Natürlichkeit wird durch die komplexe Mechanik des goldenen Tierstandbildes, ähnlich der Becken im *Iwein*, gebrochen. In analoger Weise vermischt sich in der Artifizialität und Starrheit der Statue eine, wenn auch wiederum künstlich hergestellte, kreatürliche Lautlichkeit in Form des ohrenbetäubenden Getöses, das erklingt, sobald dem Tier das Banner aus dem Maul gezogen wird (752–755). Auch im weiteren Fortgang zeigen sich deutliche Ähnlichkeiten im Aufbau der beiden Texte *Iwein* und *Daniel*, etwa die Erzählung als Auslöser des Geschehens. Im *Daniel* ist es die Erzählung des automatenhaften Zwillingsriesen, die in ihm den Antrieb weckt, sich vor Ablauf der durch König Artus festgesetzten Zeit heimlich auf den Weg zu dem staunenswerten Land König Maturs zu machen. Mangelnde Geduld und Unbehagen scheinen Daniel keine Ruhe mehr zu lassen: *nû hâte er ein gesellen / den sîn baldez ellen / sô sêre der verte twanc / daz in diu woche dûhte ze lanc / und im daz twelen niht wol geviel* (991–995). Die negative Konnotation von *twelen* drückt zugleich eine Unfähigkeit aus, zu verweilen und ungestümem, voreiligem Handeln entgegenwirken zu wollen. Selbst die Nachtruhen stellen für Daniel unfreiwillige, den Lichtverhältnissen geschuldete Unterbrechungen dar. Deutlich zeigt sich dies an der Betonung des Müssens: *des muose er schaffen sîn gemach* (1020).[341] Auffällig ist die Häufung an Worten wie *vlîze* (1044), *gâhen* (1044) oder *ungemach* (1045), die die Eile und Hast Daniels ausdrücken und dadurch Zeit in dezidiert pejorativer Weise als unaufhaltsam vorbeiziehend darstellen. Erstmals taucht hier eine Beschreibung auf, in der Daniel überlegt, abwägt und über *êre* und Zaghaftigkeit nachdenkt.[342] Beschreibungen dieser Art erweisen sich im Verlauf des Geschehens als charakteristisch für Daniel. In dem kurzen Zwischenraum, der Erkennen und Handeln auseinanderzieht, ist eine Beschreibung des ritterlichen Tuns eingeschaltet, welche an die obige Definition Kalogrenants erinnert: *ezn ist ze nihte guot / daz ich erschricke als ein wîp. / ich wil gerner mînen lîp / frümeclîche komen abe / denn ich in mit schanden iemer habe:* [...] *ich würde gerner gesehen / an dem schaden und in êren ê ich hinnen welle kêren / sunder strît und âne schaden / darzuo mit schanden dâ beladen. / ich valle oder ich wil in vellen* (1076–2097). Diese Erläuterung, die wiederum nur das eine oder das andere, nur Ehrgewinn oder Niederlage, gelten lässt, erfährt durch die Begegnung mit der Frau von dem *Trüeben Berge* eine Erweite-

thea Müller, ›*Daniel von dem blühenden Tal*‹ *und* ›*Garel vom blühenden Tal*‹ *Die Artusromane des Stricker und des Pleier unter gattungsgeschichtlichen Aspekten,* Göttingen 1981.

[341] Mhd. *müezen* ist an dieser Stelle mit nhd. müssen zu übersetzen.

[342] Vgl. eine systematische Anordnung der Monologe Daniels bei Volker Honemann, »Daniel monologisiert, der Riese berichtet, drei Damen erzählen: Aspekte der Figurenrede im ›Daniel von dem Blühenden Tal‹ des Strickers«, in: *Erzählungen in Erzählungen. Phänomene der Narration in Mittelalter und Früher Neuzeit,* hg. v. Harald Haferland und Michael Mecklenburg, München 1996, S. 221–232.

rung in ethisch-moralischer wie sozialer Hinsicht (1144–1174). Es bedarf eines äußeren Dritten, um die auf die eigene *êre* zugespitzte Perspektive des Ritters für die jeweilige Umgebung zu öffnen. Die missliche Lage der Frau bringt Daniel in Bedrängnis, treibt es ihn doch innerlich zum Kampf mit dem Riesen am Eingang der Höhle: *ich hân unmuoze vil genomen* (1197).[343] Erneut zeigt sich in dem folgenden Gedankenzitat Daniels (1354–1384) eine Haltung des Abwägens und Reflektierens. Die Inquitformel *er dâhte in sînem muote* (1353) bringt die Intensität und Innerlichkeit seiner Überlegungen zum Ausdruck. Der emphatische Ausruf ›*wære ich dâ heime noch!*‹ (1367), der durch die Interjektion *owê!* (1367) eingeleitet wird, drückt ein Moment von Bedauern, Gram und Zaudern aus. Doch derartige Gedanken werden sofort als nichtig abgetan (1370). Ein Ritter, der derartige Herausforderungen meidet, und sich stattdessen einem auf Bequemlichkeit und Annehmlichkeit ausgerichteten Dasein hingibt, setzt seinen Ruf und seine Männlichkeit leichtfertig aufs Spiel: *swie lange ich stille læge / und mînes gemaches pflæge, / sô kunde niht von mir geschehen / daz man mir möhte gejehen / deheiner frümekeite* (1371–1375). Auch wenn letztlich das eigene Wohl zurückgestellt wird, scheint im Hintergrund ein nutzenorientiertes Denken auf: *waz ob ich gearbeite / ze disen zîten sô wol / daz ez mich iemer helfen sol!* (1376–1378). Nichtsdestotrotz verlagert sich das *ungemach* (1171) der Frau auf Daniel (1407). Durch seine körperliche Zuneigung und Nähe gelingt es ihm, *ungemach* in *gemach* (1186) zu verwandeln. Daniels Einsatz für die notleidende Frau bringt zur Anschauung, was der Text sentenzhaft zuspitzt: ›*dem man ist dicke diu wîsheit / ze mangen dingen harte guot, / daz er mit sterke niht entuot*‹ (1504–1506).

Die oben genannte Nachdenklichkeit Daniels stellt »etwaige[n] reflexhafte[n], ›automatisierte[n]‹ Handlungsweisen« ein Konzept entgegen, das die Hast und Betriebsamkeit eines Iwein unterbricht und stattdessen Reflexionsräume eröffnet. Die Bewegung des zur Tat hingerissenen Iwein wird in der Figur des Daniel sozusagen unterbrochen. Blindem Aktionismus setzt das von Listen geprägte Handeln Daniels eine neue Form *âventiure*-haften Tätigseins entgegen. Gebert stellt eine mögliche Verschiebung des praktischen Sinns von *âventiure* fest, die die Suche nach einer »wie immer gearteten Entwicklung« durch »Effekte[...] der Wiederholung [ersetzt], die sowohl Handlungsschemata einüben als auch spezifische Spielräume von Reflexivität freisetzen«.[344] Im *Daniel* zeigen sich ebensolche Spielräume der Reflexivität. Zwischen Wahrnehmung und Tat wird eine Art »energisch[e] Inaktivität«[345] eingeschoben. Hans Blumenberg hat Nachdenklichkeit und Zögern Funktionstüchtigkeit und ökonomischem Leistungsdenken entgegengesetzt:

---

[343] Vgl. auch im *Daniel* die Verse 1844–1847: *ich hân an grôze arbeit / gekêret und genendet. / daz hân ich niht volendet, / dâ muoz ich hin kêren. unmuoze* und *arbeit* verwendet Daniel in diesem Zusammenhang also gleichbedeutend. Vgl. auch die Verse 2312–2315: *ich muoz einer verte nâch jagen / der ich verre nâch gevolget hân. / daz ich die sô lange hân verlân, / daz ist mir ungemach.*

[344] Gebert, »Poetik der Tugend«, S. 159f.

[345] Joseph Vogl, *Über das Zaudern*, Zürich/Berlin 2007, Neuauflage 2014, S. 29.

»Aus dem Zögern als momentaner Ratlosigkeit, als bloßer Ausnutzung eines Aufschubs, kann Zuständlichkeit werden, die einen anderen Lebenswert als den der Abwägung von Optionen hat.«[346] Während in Denkprozessen auf raschem Wege ein Problem und dessen Lösung verhandelt werden sollen, stellt Nachdenklichkeit, negativ bewertet einen »unziemlich müßige[n] Zeitverbrauch«, positiv gesehen »ein Erleben von Freiheit, zumal von Freiheit der Abschweifung« dar.[347] Es stellt sich die Frage, ob die Überlegungen Daniels, die sich narrativ als Gedankenzitate oder Monologe zeigen, eine Zäsur oder Pause darstellen, die als »fabulierende[s] Spiel«[348] einem Freiraum der Muße strukturell ähnlich sind, ohne deckungsgleich zu sein.

Przybilski spricht in Bezug auf die Monologe Daniels von »Möglichkeitsräumen«[349], in denen der Protagonist »das Für und Wider alternativer Handlungsmöglichkeiten«[350] abwägt. Das Standhalten gegenüber Handlungsalternativen, das Sich-in-Unbestimmtheiten-Aufhalten »potentialisiert die Aktion, führt in eine Zone der Unbestimmtheit zwischen Ja und Nein«[351]. Wenn *âventiure*, wie oben diskutiert, durch etwas Ereignishaftes bestimmt ist, so lässt sich Daniels Besonnenheit als »Ereignisrückstand im Ereignis«[352] verstehen.

Am Beispiel des scharfsinnigen Dialogs mit dem Zwerg Jurân (1513–1620) zeigt sich, wie die Reflexionsräume Daniels nicht nur zu Möglichkeitsräumen werden, die ihm Aufschub und Spielraum einräumen. Sie sind vielmehr selbst Waffen, durch die Daniel seine Gegner zu schwächen vermag. Allein durch seinen gekonnt spielerischen Umgang mit Sprache gelingt es Daniel, seinen Gegner zu Taten anzustiften, die dessen Chancen schmälern.[353] So legt der Zwerg Jurân bereitwillig sein Schwert ab (1606–1609), das ihm den Sieg sicherte.[354] Durch

[346] Hans Blumenberg, »Nachdenklichkeit«, in: *Jahrbuch der Deutschen Akademie für Sprache und Dichtung* (1980), S. 57–61, hier S. 58. Vgl. zu Blumenberg auch Oliver Müller, *Selbst, Welt und Technik. Eine anthropologische, geistesgeschichtliche und ethische Untersuchung,* Berlin/New York 2014, S. 281. Vgl. auch den Vortrag von Oliver Müller im Rahmen der Ringvorlesung des SFB ›Muße‹ im Wintersemester 2014/2015, Freiburg i.Br., 11.12.2014: »Anthropologie und Theorie bei Hans Blumenberg«.

[347] Blumenberg, »Nachdenklichkeit«, S. 58.

[348] Haug, »Paradigmatische Poesie«, S. 220.

[349] Przybilski, »Möglichkeitsräume«, S. 123. Przybilski charakterisiert ›Möglichkeitsräume‹ im Rückgriff auf Donald Woods Winnicotts Spieltheorie (Donald Woods Winnicott, *Playing and Reality,* London 1971) und gegenwartsbezogene sozialwissenschaftliche Arbeiten (etwa Matthias Middell, »Der *Spatial Turn* und das Interesse an der Globalisierung in der Geschichtswissenschaft«, in: *Spatial Turn. Das Raumparadigma in den Kultur- und Sozialwissenschaften,* hg. v. Jörg Döring und Tristan Thielmann, Bielefeld 2008, S. 103–123) als etwas Spielerisch-Diskursives, verbunden mit einer inhärenten Eigengesetzlichkeit.

[350] Przybilski, »Möglichkeitsräume«, S. 126.

[351] Vogl, *Über das Zaudern,* S. 73.

[352] Vogl, *Über das Zaudern,* S. 51.

[353] Vgl. zur Bedeutung von Sprechen und Sprache im *Daniel* Honemann, »Daniel monologisiert«.

[354] Der Text selbst bringt noch eine weitere Erklärung: In Analogie zu der biblischen Figur des Salomon erliegt auch Jurân der Kraft der *frô Minne,* welche *wîsheit und die sinne* zu verwirren

seine Klugheit bringt Daniel das Schwert in seine Gewalt, um mit diesem wiederum seine nächste *âventiure* zu bestehen. In der Forschung werden Daniels versierte Kampfmethoden, die eine neue Dimension der arthurischen Fehde darstellen, hinsichtlich des Schlagwortes der *list* betrachtet.[355] Der Aspekt der List wird in einem Exkurs am Ende des Textes ausdrücklich verhandelt. Dort heißt es: *Swer iht guoter liste kan, / den solde wîp unde man / gerne êren dester baz. / ein man tuot miz listen daz / daz tûsent niht entæten, / swie grôze kraft sie hæten* (7487–7492).[356] Die Herangehensweisen der Hartmannschen Protagonisten, nämlich Männlichkeit und Kampfeskraft, reichen angesichts der Herausforderungen hier nicht mehr aus. Kerstin Schmitt spricht daher auch von der Demonstration der »Fragilität adlig-ritterlicher Männlichkeit«.[357] Wer sich dagegen auf kluges Handeln versteht, der ist *from und êre* (7507). Klugheit ist ein leichtes Rüstzeug, um gegen Angriffe aller Art gewappnet zu sein – *wisheit* [...] *ist ein lîhtiu bürde* (7519), die sich *sanfte* (7521) tragen lässt. Daniel lässt sich nicht von Mitleid und Mitgefühl leiten, sondern bewahrt stets die nötige Distanz »zugunsten vernünftiger Handlungsentscheidungen«[358]. Allein mit Hilfe seines Scharfsinn gelingt es Daniel, das Gorgonenhaupt der Bauchlosen auszutricksen, indem er sich ihm nur

---

und rationales Handeln einzuschränken vermag (1586–1599). Mit Verlust des Schwertes – *durch des swertes minne* (1716) – verliert Jurân letztlich völlig die Kontrolle über seine Sinne. Vgl. auch im *Erec* den Grafen, der von der Minne zu Boshaftigkeit angestachelt wird, sich in den Fesseln der Minne verstrickt und dem Wunsch nachgibt, Enite zu rauben (3684–3721).

[355] Vgl. Pingel, *Ritterliche Werte,* bes. S. 121–160; Ingeborg Henderson/Wolfgang Moellecken, »Die Bedeutung der *liste* im ›Daniel‹ des Strickers«, in: *ABäG* 4 (1973), S. 187–201; Hedda Ragotzky, »Das Handlungsmodell der *list* und die Thematisierung der Bedeutung von *guot.* Zum Problem einer sozialgeschichtlich orientierten Interpretation von Strickers ›Daniel von dem blühenden Tal‹ und dem ›Pfaffen Amis‹«, in: *Literatur – Publikum – historischer Kontext,* hg. v. Gert Kaiser, Bern/Frankfurt a.M. 1977, S. 183–203; Schneider, *Zum Einfluß klerikaler Hofkritiken;* Christoph Huber, »*Ars et prudentia.* Zum ›list‹-Exkurs im ›Daniel‹ des Strickers«, in: Ars *und* Scientia *im Mittelalter und in der Frühen Neuzeit. Ergebnisse interdisziplinärer Forschung, Georg Wieland zum 65. Geburtstag,* hg. v. Cora Dietl und Dörte Helschinger, Tübingen/Basel 2002, S. 155–172.

[356] Vgl. zum *list*-Exkurs bereits Gustav Rosenhagen, *Untersuchungen über ›Daniel vom Blühenden Tal‹ vom Stricker,* Kiel 1890; Helmut de Boor, »Der Daniel des Stricker und der Garel des Pleier«, in: *PBB* 79 (1957), S. 67–84; Huber, »*Ars et prudentia*«; Ingrid Hahn, »Das Ethos der *kraft.* Zur Bedeutung der Massenschlachten in Strickers *Daniel von dem Blühenden Tal*«, in: *DVjs* 59 (2) (1985), S. 173–194. Hahn sieht im *Daniel* ebenfalls, wie die ältere Forschung bereits früh herausarbeitete, die beiden Konzepte der *list* und der *kraft* gegenübergestellt, wobei *wisheit* und *list* höherwertig eingestuft werden als die körperliche Anstrengung. Hahn erkennt darin Kritik am traditionsgebundenen Konzept affektiven Handelns, das sich im klassischen Artusromans findet, S. 180. In der Ersetzung von Affekt durch Intellekt konstatiert Hahn auch eine Eliminierung der *minne,* S. 178. In den Massenschlachten, in denen gerade Brutalität und Waffenkraft dominiert, führt der Dichter, so die These Hahns, das Konzept der *kraft* demonstrativ ad absurdum, S. 185. Vgl. auch Markus Wennerhold, *Späte mittelhochdeutsche Artusromane. ›Lanzelet‹, ›Wigalois‹, ›Daniel von dem Blühenden Tal‹, ›Diu Crône‹. Bilanz der Forschung 1960–2000,* Würzburg 2005, bes. S. 162–167.

[357] Schmitt, »Kontrollverlust und Fragmentierung«, S. 54.

[358] Hahn, »Ethos der *kraft*«, S. 183.

mittelbar durch einen Spiegel nähert und seinen Blick über einen Umweg lenkt. Die Tötungswaffe der Bauchlosen wendet sich gegen diese selbst und wird zum Werkzeug ihres eigenen Todes.[359] Mit Blick auf die Szene, in der Iwein auf den Riesen Harpin wartet, zeigen sich deutliche Unterschiede in der Herangehensweise der Figuren. Als Iwein in ein Dilemma (4869–4913) gerät, beginnt er indes zu reflektieren, muss aber keine Entscheidung darüber treffen, was zu tun sei, weil diese ihm von außen abgenommen wird. Mit dem Erscheinen Harpins wird er regelrecht von den Geschehnissen überrollt. Darin zeigt sich »sein totales Angewiesensein auf die Gunst des Geschicks«[360].

Seine Flexibilität und Anpassung beweist Daniel auch in der Konfrontation mit dem Kahlköpfigen, der jede Woche nach einem Blutbad verlangt (4413–4417).[361] Analog zu Odysseus, der sich mit Wachs der Anziehungskraft des Sirenengesangs entzieht, verstopft sich auch Daniel die Ohren (4576f.). Um nicht aufzufallen oder der Zauberkraft des Siechen zu erliegen, passt Daniel seine Bewegungen, Gebärden und Gesten jenen der gefangenen Toren an (4759–474769): *dô lief enmitten under in / Daniel vom Blüenden Tal. / mit listen er sich vaste hal, / doch etet erz mit sorgen* (4776–4779). Unter dieser Maskerade gelingt es Daniel abermals dem unmenschlich Grausamen ein Ende zu setzen.

Die ungebundene, weder auf Lösung noch auf Zweck ausgerichtete Nachdenklichkeit, die Blumenberg beschreibt, hat mit der Auffassung von *list,* wie sie im programmatischen Exkurs am Ende des *Daniel* diskutiert wird, nicht mehr viel gemein. Gerade in der Prekarität der Entführung König Artus'[362] werden Daniels intellektuelle Fähigkeiten als »berechnende[s] zweckrationale[s] Handeln zur leitenden Norm«[363]. Huber konstatiert eine »Verschiebung und Neufundierung« des *list*-Konzepts im *Daniel:* Zunächst hat das *list*-Verhalten den Anschein von

---

[359] Daniel kommt der Gedanke, mit dem errungenen Haupt von nun an unbesiegbar zu sein (2167–2178). Doch sogleich beginnt er in einer Art Zwiegespräch – *wider sich selber er sprach* (2166) – zu reflektieren. Zweifel und Fragen werden laut. Er wägt ab, inwiefern der Besitz des letalen Kopfes nicht seine eigenen Kräfte infragestellt: *man jæhe, ich wære ein tîfel / und trüege ez durch den zwîfel / ich getörste nieman bestân, / und begunden mich für ein zagen hân* (2187–2190). Am Ende seiner Überlegungen steht die Vernichtung der Wunderwaffe.

[360] Hedda Ragotzky, *Gattungserneuerung und Laienunterweisung in Texten des Strickers,* Tübingen 1981, S. 65. Vgl. auch Rüdiger Schnell, »Abaelards Gesinnungsethik und die Rechtsthematik in Hartmanns *Iwein*«, in: *DVjs* 65 (1991), S. 15–69. Schnell vertritt die These, Iwein zeige im ersten Handlungszyklus einen Aktionismus und eine Impulsivität, die im zweiten Handlungszyklus durch Reflexionsvermögen und Nachdenklichkeit ersetzt werde, S. 33–36. In der Tat ist eine Weiterentwicklung Iweins zu beobachten, die dem ungestümen Verhalten zu Anfang entgegensteht. Dennoch bleiben – mit Ausnahme des inneren Monologes nach Erwachen aus dem Wahnsinn – die Überlegungen recht kurz und erreichen in keinem Fall ein derartiges Ausmaß wie es im *Daniel* der Fall ist.

[361] Matthias Meyer, *Die Verfügbarkeit der Fiktion. Interpretationen und poetologische Untersuchungen zum Artusroman und zur aventiurehaften Dietrichsepik des 13. Jahrhunderts,* Heidelberg 1994, fasst dagegen das *list*-Verhalten Daniels als wiederholte Hilflosigkeit und Zeichen von Verzweiflung, vgl. bes. S. 59.

[362] Vgl. Kapitel 3.3, bes. 3.3.2.

[363] Huber, *»Ars et prudentia«,* S. 161.

»Schlauheit und Trickreichtum«, durch den Gebrauch der Vernunft (*versunnen* (7512); *witze* (7513)) nimmt es indessen ethische Züge an. Das Vermögen erhält die Bezeichnung *fuoge* (4739; 6950; 7533), »deren Bedeutung zwischen Geschick und Anstand anzusiedeln ist«[364]. Abstrakte Vernünftigkeit wird dadurch, so Huber, in das höfische Paradigma eingeordnet.

Was Joseph Vogl für das Zaudern bemerkt, lässt sich auch auf das Abwägen und Zögern Daniels übertragen: auch dieses liegt »[i]m Unterschied zu verwandten Spielarten wie Unentschlossenheit, Trägheit, Ratlosigkeit, Willensschwäche oder bloßem Nichtstun [...] fernab stabiler oder labiler Gleichgewichtszustände, es hat vielmehr einen meta-stabilen Charakter und lässt gegenstrebige Impulse immer von Neuem einander initiieren, entfesseln und hemmen zugleich«[365]. Es bleibt festzuhalten, dass Daniels Überlegungen zwar einen Einschnitt zwischen Pathos und Response bedeuten; Ansporn all seiner Bedachtsamkeit, dies darf nicht vergessen werden, ist jedoch stets die existenzielle Frage, *ob er mit deheinen listen / sîn leben kunde gefristen* (1511f.). Anders als der wesenhaft Nachdenkliche oder Zögernde, ist Daniel in seinem Handeln intentionsgeleitet.[366] Bei seinen Taten handelt es sich jeweils um *ein nütze list* (7500), die für die jeweilige Situation *gefüege* (7522) ist.

Das Eigentliche der Klugheit, so Josef Pieper, ist ihre »Bezogenheit auf den Bereich der ›Mittel und Wege‹«[367]. Daniels Agieren ist demgemäß kein ausweichendes, aufschiebendes oder gar obstruierendes. Zu jeder Zeit ist Daniel in das Geschehen involviert. Im Unterschied zum Vorgehen der Hartmannschen Protagonisten ist sein Tun von vorrangig geistiger Tätigkeit dominiert. Doch er ist, wie Hedda Ragotzky festhält, den Hartmannschen Artusrittern keineswegs intellektuell überlegen, sondern er vermag die »Gebote des höfischen Verhaltens situationsspezifisch zu interpretieren und sie dadurch für eine ständig notwendige realitätsgerechte Fixierung ihres Sinns offenzuhalten«[368].

Die eingeschobenen Monologe bedeuten zwar eine Entschleunigung des Geschehens, dennoch wird die Figur des Daniel in weiten Zügen in einer von Unruhe und Hast geprägten Haltung skizziert.[369] Stets erwartet ihn eine andere, grö-

---

[364] Huber, *»Ars et prudentia«*, S. 168.

[365] Vogl, *Über das Zaudern*, S. 29. Dagegen Martin Heidegger, »Gelassenheit (30. Oktober 1955)«, in: ders., *Gelassenheit. Heideggers Meßkircher Rede von 1955*, zum 125. Geburtstag von Martin Heidegger, mit Interpretationen von Alfred Denker und Holger Zaborowski, Freiburg i.Br./München 2014, S. 9–26, bes. S. 22f. über Gelassenheit als einem gleichzeitigen Ja- und Nein-Sagen.

[366] Vgl. *ist er rehte gemuot, / beidiu êre unde guot / erwirbet im diu fuoge, / darzuo friunde genuoge.* (7531–7534). Dadurch unterscheidet sich sein Tun auch von jener Art der *acedia*, die sich als »unbestimmte Unruhe des Geistes mit der Verfolgung verschiedenster, beliebiger Dinge ohne Ziel, ohne Bestand, ohne ernsthaften Sinn und Zweck [als] ein fieberhafter Müßiggang« äußert, vgl. Vogl, *Über das Zaudern*, S. 134.

[367] Vgl. Josef Pieper, *Das Viergespann. Klugheit – Gerechtigkeit – Tapferkeit – Maß*, München 1964, S. 24.

[368] Ragotzky, »Das Handlungsmodell der *list*«, S. 193.

[369] Nitsche, *Die Signifikanz der Zeit*, S. 149–173.

ßere Aufgabe. Sei es der Kampf mit dem Riesenbruder oder die Suche nach dem verlorenen Grafen, unaufhörlich drängen ihn weitere Dienste zum Aufbruch und hindern ihn daran, im Moment zu verweilen und etwa die Freude über den Sieg in der ersten Schlacht mit dem Heer zu feiern (3893–3936). Anders als im *Iwein* wird die Getriebenheit jedoch nicht auf den Rezipienten übertragen. Nach Kern kopiert der Stricker die Hartmannsche Technik, jedoch »ohne daß die dort erreichte Wirkung – Spannungssteigerung – erzielt würde. Denn das notwendig zur Erregung der Spannung zugehörige Moment der Zeitnot fehlt hier.«[370]

Angesichts der Getriebenheit wundert es doch, dass in der Szenerie mit dem sonderbaren Zelt ein konträres Bild entworfen wird. In einer interessanten Wendung des Textes ist es gerade die Eile, durch die Daniel und sein Gefährte vom Weg abkommen und über Umwege zu einem lieblichen Ort gelangen (2376–2380). Mitten auf dem Rasen, auf dem eine Linde wächst und eine Quelle entspringt, ist ein Zelt aufgeschlagen. Im Inneren des Zeltes befindet sich allerlei Speise auf einer Tafel angerichtet. Inschriften und Gemälde schmücken die Zeltwände, die eigene Geschichten in sich bergen und zu der geheimnisvollen Anziehungskraft des Zeltes beitragen. Zweimal täglich wird ein reiches Angebot an Köstlichkeiten vorbeigebracht, sodass es keinem Besucher an Nahrung mangelt. Das Zelt bietet zudem Schutz vor Wind und Wetter, auch wenn es im Vergleich zu einer häuslichen Unterkunft provisorischen Charakter hat. Ein Provisorium stellt auch der Aufenthalt Daniels dar. Es handelt sich um eine mehr oder weniger zur Untätigkeit verdammte, erzwungene Ruhepause. Nachdem er seinen Gefährten in den Untiefen des Berges verlor und Felsen und Wasserfluten jeden Zutritt in den Berg verhindern, ist er genötigt, zum Zeltplatz zurückzukehren: *nû muose er wider rîten / dâ er die linden gesach* (2544f.). Wiederholt betont der Erzähler, dass sich Daniel keineswegs dem Genuss hingibt, wenn er sich an den Speisen im Zelt bedient. Vielmehr ist sein Körper derart geschwächt und ausgehungert, dass die Nahrung allein Mittel zur Rekreation ist. Der Zustand Daniels ist ein Zustand des Zwischen und der Ungewissheit. Es ist ein Zustand des Wartens, der Daniels Aktivität und Regsamkeit ausbremst. Doch die Zügelung empfindet Daniel nicht als Gewinn, sondern als Qual. Worte wie *unmuote* (2566) und *leide* (2567, 2583) bezeugen seine Aversion gegen die aufoktroyierte Passivität. Der einem *locus amoenus* ähnelnde Zeltplatz wird an keiner Stelle zu einem Mußeort für Daniel. Vielmehr bildet er einem Vakuum gleich eine ungewollte Zäsur in der Episodenkette. Ausreichend Raum bietet der Ort dagegen für Reflexion, für das *wider unde füre* (2688) dessen, was zu tun sei. In den indirekt zitierten Überlegungen häufen sich konjunktivische Verbformen, etwa *wære* (2691) oder *hæte* (2694), die freilich der gewählten Figurenrede geschuldet sind, doch zugleich Daniels Wunsch nach einem Anderswo sprachlich intensivieren.

Im darauffolgenden direkten Gedankenzitat wird die Absage an das ungewollte Verweilen unmittelbar transportiert: *ich endarf niht lenger bîten* (2711). Daniel muss sich aus der angespannten Lage des Nichtstuns und Nichtstun-könnens be-

[370] Kern, »Rezeption und Genese«, S. 33.

freien. An dieser Stelle ist das Verweilen aufgrund seiner Nutzlosigkeit und Sündhaftigkeit rein negativ konnotiert: *mîn ligen ist hie dehin fromen. / belîbe ich lenger umb ein hâr, / sô weiz ich wol für wâr, / ich versûme mich dort und hie!* (2732–2735). Dass Momente des Innehaltens nur dann als positiv konnotiert werden, wenn sie gewinnbringend und zweckhaft sind, verdeutlicht noch einmal, dass der im *Daniel* eingeschaltene Hiatus zwischen Antrieb und Handlung von zweckfreien und sich selbst genügenden Spielräumen der Muße grundsätzlich zu unterscheiden sind.

3.2.3 ›âventiure‹ als Anderwelt: Verlust und Wiedergewinn der höfischen Strukturen

Ebenso wie Muße verfügt auch die *âventiure* über eine spezifische Raumzeitkonstellation. Unter dem Stichwort ›Chronotopos‹ hat Michail Bachtin den eigenen Rhythmus der *âventiure*-Zeit und die gleichzeitig zunehmende Bedeutsamkeit des Raumes richtungsweisend untersucht. Die *âventiure* führt den Ritter immer wieder in Anderwelten, die eine spezielle Topographie aufweisen. Diese Orte tragen bisweilen idyllische Züge, die sich auf den ersten Blick geradezu als Einladung zu Muße verstehen lassen. Von den Figuren werden die unbekannten Räume allerdings als höchst prekär aufgefasst und meist als bedrohlich wahrgenommen, zumindest aber stets mit wachsamem Auge betreten.

Das Unterwegs-sein und Überschreiten von Grenzen ist einerseits ein räumlicher Prozess, andererseits spielt auch Zeit dabei eine bedeutende Rolle. Über die Dauer der *âventiure*-Fahrt hinweg sammelt der Ritter Erfahrungen und bewältigt Gefahren, die ihn in seiner Identität prägen und als ein Anderer an den Hof zurückkommen lassen. Daher lässt sich die *âventiure*-Fahrt auch als Initiationsritus des Ritters verstehen. Über den Umweg der Anderwelt nähert sich der Ritter der höfischen Ordnung an und fügt sich in sie ein. Mertens spricht passenderweise von der »Dialektik von übergreifender Ordnung einerseits und dem spezifischen Erfahrungsweg eines Einzelnen andererseits«[371]. In dem der unerfahrene Ritter über das Fremde siegt, eignet er sich die geltenden höfischen Regeln und Werte an und bejaht sie ausdrücklich.

Der folgende Kapitelabschnitt untersucht die zentralen *âventiure*-Szenen aus dem *Erec* und *Iwein* nicht nur im Hinblick auf die jeweiligen raumzeitlichen Konstellationen von *âventiure* im Unterschied zu jenen von Muße, sondern auch bezüglich der Art des Ausbruchs im Vergleich zu jener in Freiräume der Muße. Zugleich rückt die Bedeutung der *âventiure*-Fahrt für die Entwicklung des einzelnen Ritters in den Fokus. Ebenso wie Ausbrüche in Spielräume der Muße die erlebende Figur verändern können, scheint auch der Ausbruch in die *âventiure* den Ritter, freilich auf andere Weise, zu verwandeln. Quantitativ nehmen die *âventiure*-Szenen in den hier untersuchten höfischen Romanen, insbesondere in den Hartmannromanen, den größten Raum ein. Sie sind in diesem Sinne jenen flüchtigen

---

[371] Volker Mertens, *Der deutsche Artusroman*, Stuttgart 1998, S. 14.

und kurzen Passagen von Spielräumen der Muße, die im zweiten Hauptteil detailliert betrachtet werden, entgegengestellt. Aufgrund der Dominanz dieser Szenen lässt sich schließen, dass das Phänomen der *âventiure* für die höfische Kultur, insbesondere für die ritterliche Lebensform, wie sie in den Texten dargestellt wird, bedeutungstragend und bestimmend ist. Daher haben die folgenden Ausführungen auch die Funktion, mit dem Phänomen der *âventiure* einen zentralen Gegenbereich von Muße in den literarischen Texten zu skizzieren, vor dessen Folie Muße im Kontext höfischer Kultur erst adäquat erfasst werden kann.

Der Hof benötigt, wie im Kapitel zu *arbeit* und *êre* bereits ausgeführt, das Andere, um sich seiner selbst zu vergewissern. Dafür muss der einzelne Kämpfer aus dem festen Gefüge des Artushofes ausbrechen, um in einer spezifischen Form der Ortlosigkeit – bis hin zur Bodenlosigkeit, wie sie in der Wahnsinns-Episode im *Iwein* zum Ausdruck kommt[372] – dem Fremden zu begegnen. Der *âventiure*-Ritter verkörpert eine Art Grenzgängertum, denn er überschreitet Markierungen. Die Grenze verdeutlicht, dass jede ihrer Seiten letztlich ex negativo auf die jeweilige Kehrseite bezogen ist und dadurch bei aller Trennung auch eine Verbindung herrscht.[373] Dirk Hohnsträter betont, dass »Grenzen [...] an das Verschwiegene oder Wegerklärte [erinnern], [dass sie] das Komplement wach[halten] [und] [...] Ergänzungen, Korrekturen und wechselseitige Erhellung möglich [machen]«[374]. Sich kurzzeitig Ungewissheit und Unsicherheit auszusetzen und dadurch dem Wertesystem des Hofes enthoben zu sein, verfolgt in seinem Kern lebensdienlichen Zwecken. Durch jenen Umweg soll Orientierung und Stabilität des höfischen Gemeinwesens generiert werden. In der Entfremdungsbewegung steckt zugleich ein Nach-Hause-kommen, ein Bewohnbarmachen des Eigenen. *âventiuren* stellen wortwörtlich eine Kultur der Umwege dar, welche sich auch räumlich zeigt. Sie zeigen eine Präferenz der Unruhe, des Unterwegs-seins und In-Bewegung-seins. Das Unterwegs-sein ist aber nicht nur essentieller Teil des *âventiure*-Erlebens, es stellt in entscheidender Weise die Lebensform des Ritters da. Der Ritter ist »auf eine programmatische Weise landlos und heimatlos«.[375]

âventiuren sind von einer spezifischen Raumpoetik geprägt, zugleich fordern sie Raum, um sich überhaupt ereignen zu können. Eine spezielle Rolle spielt daher die Weg- und Richtungssymbolik der Texte. Uta Störmer-Caysa zeigt in ihrer Studie über Grundstrukturen mittelalterlichen Erzählens, dass der Weg sich erst durch die Bewegung der Figuren ergibt. In einer spezifischen Subjekt-Objekt-Entgegensetzung tritt der Weg durch seine Begehung in Erscheinung, wird daraufhin jedoch zu einem Weg, der den Ritter an verschiedene Orte der *âventiure* zu tragen vermag.[376] Oftmals entsteht daher auch der Eindruck, dass der Weg die Fi-

---

372 Vgl. Kapitel 4.2.2.

373 Dirk Hohnsträter, »Im Zwischenraum. Ein Lob des Grenzgängers«, in: *Über Grenzen. Limitation und Transgression in Literatur und Ästhetik,* hg. v. Claudia Benthien und Irmela Marei Krüger-Fürhoff, Stuttgart/Weimar 1999, S. 231–244, hier S. 240.

374 Hohnsträter, »Im Zwischenraum«, S. 240.

375 Störmer-Caysa, *Grundstrukturen,* S. 65.

376 Störmer-Caysa, *Grundstrukturen,* S. 65.

gur führt.[377] Neben konkreten Räumlichkeiten spielt für die *âventiure*-Erfahrung auch Zeit eine bedeutsame Rolle. Bachtin hat den »untrennbaren Zusammenhang von Zeit und Raum«[378] betont. Die gattungsspezifischen Raum-Zeit-Verbindungen bezeichnet er als Chronotopos:

> Im künstlerisch-literarischen Chronotopos verschmelzen räumliche und zeitliche Merkmale zu einem sinnvollen und konkreten Ganzen. Die Zeit verdichtet sich hierbei, sie zieht sich zusammen und wird auf künstlerische Weise sichtbar; der Raum gewinnt Intensität, er wird in die Bewegung der Zeit, des Subjekts, der Geschichte hineingezogen. Die Merkmale der Zeit offenbaren sich im Raum, und der Raum wird von der Zeit mit Sinn erfüllt und dimensioniert.[379]

Der eigentümliche Chronotopos des Ritterromans beschreibt »eine wunderbare Welt, in der die Zeit des Abenteuers herrscht«[380]. Bachtin versteht die spezifische Aventiurezeit als eine Zeit, die zwar vergeht, doch deren Auswirkungen »nicht allgültig und nicht allmächtig«[381] sind. In den Texten wird der Eindruck erweckt, dass die Zeit dem Protagonisten nichts anhaben könne:

> Solange der Ritter in der Aventiure ist, richtet sich die Zeit nach ihm, und ihm kann von ihr nichts geschehen. Das Abenteuer hat zwar eine eigene Zeitrechnung, aber er macht sie sich zu eigen, wenn er es besteht. [...] Seine Tat mißt im Inneren der Aventiureepisode und für ihn die Zeit, solange das Abenteuer dauert, und es dauert, bis er es besteht.[382]

In diesen Ausführungen wird deutlich, dass der Ritter während seiner *âventiure* ganz in diese eintaucht und, vergleichbar mit dem Zustand der Muße, einem ei-

---

[377] Vgl. dazu Ernst Trachsler, *Der Weg im mittelhochdeutschen Artusroman,* Bonn 1979, bes. S. 112–136.

[378] Bachtin, *Formen der Zeit,* S. 7. Nitsche, *Die Signifikanz der Zeit,* S. 46, Fußnote 27, verweist mit Tanja Dembski, *Paradigmen der Romantheorie zu Beginn des 20. Jahrhunderts. Lukács, Bachtin und Rilke,* Würzburg 2000, auf die Problematik der Universalität des Chronotopos-Begriffes, führt jedoch auch an, dass das Bachtinsche Konzept durch den Versuch der Historisierung der Narratologie als Analysemodell neben das Konzept des doppelten Kursus treten könne, um neue Perspketiven zu eröffnen. Hans Ulrich Gumbrecht, »Zeit des Raums und Raum der Epiphanie«, in: *Temporalität und Form. Autoren-Kolloquium mit Karl Heinz Bohrer,* hg. v. Wolfgang Lange, Jürgen Paul Schwindt und Karin Westerwelle, Heidelberg 2004, S. 11–20, hier S. 11, urteilt kritisch: »die latent paradoxale, aber sonst wohl eher unergiebige Metapher des ›Zeitraums‹«. Die Paradoxie in den Ausführungen Bachtins zum Chronotopos besteht darin, dass die Abenteuerzeit für die Abenteuerwelt insgesamt gilt und dadurch ihre Eigenheit verliert. Uta Störmer-Caysa, »Wer ist der Herr der Zeit? Über die Ungewißheit von Übereinkunft in Gottfrieds Tristan«, in: *Poetica* 33 (2001), S. 51–68, denkt Abenteuerzeit und lineare Figurenzeit zusammen, S. 68; Scheuer, »Gegenwart und Intensität« wiederum geht von einem Verschwinden der *âventiure* aus. Er liest den *Iwein* als Selbst-Dekonstruktion des Chronotopos, S. 129.

[379] Bachtin, *Formen der Zeit,* S. 8

[380] Bachtin, *Formen der Zeit,* S. 87. Vgl. auch Rippl, »Geld und *âventiure*«, S. 553: die der *âventiure* eigene Zeit ist eine »quasi unbegrenzte[...] oder von der objektiven Zeit und objektiven Umständen nicht beeinträchtigte[...] Eigenzeit«.

[381] Störmer-Caysa, *Grundstrukturen,* S. 81.

[382] Störmer-Caysa, *Grundstrukturen,* S. 83. Dazu gehört auch die Tatsache, dass »[d]ie Geschichte einer Bedrohung, die in Aventiurezeit erzählt wird, [...] mit einer rechtzeitigen Rettung endet«, S. 125.

genen Rhythmus und Maß von Zeit folgt.[383] Es handelt sich um ein Austreten aus gewöhnlichen Zeitstrukturen. Solche Verstöße gegen die Zeitordnung werden im Text durch Zeitraffung bzw. Zeitdehnung oder durch Sprünge dargestellt.[384]

Die einzelnen Räume wiederum sind durch verschiedene »Übergangszonen«[385] miteinander verbunden. Doch nicht nur die Zonen zwischen den beschriebenen Landschaften, sondern gerade der Raum der *âventiure* in seiner Gänze befindet sich in einem Grenzbereich.[386] Die Demarkationslinie verläuft zwischen dem Festgelegten und Ordnenden einerseits und der kontinuierlichen Entwicklung und Variation andererseits.

Betrachtet man im Folgenden die Brunnenaventiure, wie sie sich aus den verschiedenen Perspektiven in unterschiedlichster Gestalt zeigt, so werden interessante Verschiebungen zwischen den Wiederholungen sichtbar.[387] In der Erzählung des wilden Mannes befindet sich die Quelle als ausgezeichneter Ort der *âventiure* in der Nähe einer Kapelle. Auf den ersten Blick weist die beschriebene Örtlichkeit nichts Bedrohliches auf, sondern zeigt vielmehr typische Eigenschaften eines *locus amoenus*.[388] Damit steht sie in deutlichem Kontrast zu der wilden und ursprünglichen Umgebung, in der der Waldmensch lebt. Die Quelle, deren Wasser kühl und erfrischend ist, ist ein in sich abgeschlossener Raum, beschützt von marmornen Tieren. Selbst vor dem Eindringen natürlicher Vorgänge, etwa der Jahreszeiten, ist dieser durch eine immergrüne Linde geschützt. An diesem Ort verbinden sich »Jahreszeitenwechsel *und* zyklische[...] Enthobenheit«[389] in einem. Die Skizzierung des Raumes verweist auf das Potenzial eines Mußeraumes: der Schatten der Linde und das frische Wasser der Quelle laden ein, sich niederzulassen

---

[383] Selbst die Terminzwänge, unter denen Iwein steht, treten im Moment der einzelnen ›*âventiure*-Tat‹ in den Hintergrund und werden nur zuvor oder danach thematisiert.

[384] Vgl. Störmer-Caysa, »Wer ist der Herr der Zeit?«, S. 66.

[385] Udo Friedrich, *Menschentier und Tiermensch. Diskurse der Grenzziehung und Grenzüberschreitung im Mittelalter*, Göttingen 2008, S. 360.

[386] Vgl. auch den Waldmenschen, der, an der Schwelle zur Anderwelt, ebenfalls in seiner Gestalt in einem Zwischen zu verorten ist: er changiert zwischen Mensch und Tier.

[387] Zu mythischen Strukturen und keltischen Quellen der Brunnenaventiure vgl. Dagmar Ó Riain-Raedel, *Untersuchungen zur mythischen Struktur der mittelhochdeutschen Artusepen. Ulrich von Zatzikoven, ›Lanzelet‹ – Hartmann von Aue, ›Erec‹ und ›Iwein‹*, Berlin 1978, bes. S. 104–176. Vgl. zum Aspekt der Wiederholung auch Siegfried Grosse, »Die Erzählperspektive der gestaffelten Wiederholung. Kalogrenants *âventiure* in Hartmanns ›Iwein‹«, in: *Gotes und der werlde huld. Literatur in Mittelalter und Neuzeit. Festschrift für Heinz Rupp zum 70. Geburtstag*, hg. v. Rüdiger Schnell, Bern/Stuttgart 1989, S. 82–96. Vgl. auch Susanne Koch, *Wilde und verweigerte Bilder. Untersuchungen zur literarischen Medialität der Figur um 1200*, Göttingen 2014, bes. S. 122–126.

[388] Sowohl die Quelle als auch die Linde gehören zum topischen Inventar eines *locus amoenus*. Bei Chrétien ist diese Analogie durch die Wahl einer Fichte statt einer Linde eingeschränkt, vgl. die Verse 410–423.

[389] Bruno Quast, »*Daz ander paradîse.* Mythos und Norm in den Artusromanen Hartmanns von Aue«, in: *Text und Normativität im deutschen Mittelalter. XX. Anglo-German Colloquium*, hg. v. Elke Brüggen, Franz-Josef Holznagel, Sebastian Coxon und Almut Suerbaum, unter Mitarbeit v. Reinhold Katers, Berlin/Boston 2012, S. 65–77, hier S. 71.

und sich den Sinneswahrnehmungen hinzugeben. Der Baum selbst wird nicht als natürliches Gebilde gesehen, sondern fungiert vielmehr als eine Art Gebäude, wie die Verwendung des Substantivs *dach* (574) oder die Adjektive *breit, hôch* und *dic* (575) nahelegen.[390] Die Künstlichkeit und Übernatürlichkeit des Baumes zeigt sich auch darin, dass er das ganze Jahr über im Laub steht und der Vergänglichkeit alles Natürlichen zu trotzen scheint. Selbst die Tiere, im Umkreis des wilden Mannes gerade noch ungezähmt kämpfend und ringend, sind nun aus Marmor gehauen und auf einem Sockel thronend. Zurecht spricht Mireille Schnyder vom Charakter eines Als-ob, welches derartige Räume prägt.[391] Das Becken aus Gold, die silberne Kette und, wie Kalogrenant später ergänzt (623–628), der mit Edelsteinen verzierte Stein scheinen Spiegel des Höfischen inmitten des Waldes darzustellen. Die Fremdartigkeit des Ortes stellt zugleich seine Besonderheit aus.

Der metadiegetischen Beschreibung der Szenerie durch den wilden Mann, die vor allem das Sichtbare nennt, folgt die intradiegetische Erzählung Kalogrenants, bei der neben den visuellen Wahrnehmungen auch die akustischen Erwähnung finden. Die ersten Eindrücke scheinen die Vorstellung eines paradiesischen Ortes zu bestätigen. Selbst ein *tôtriuwesære* (610) fände beim Anblick dieses schönen Ortes zu Fröhlichkeit zurück. Die Linde ist übersät von Vögeln, deren Gesang und dessen Widerhall aus verschiedensten Richtungen zu den Sinnen dringen und diese verwirren: *wie dâ sanc sange galt!* (620). Doch anstatt die Herrlichkeit der Umgebung zu genießen, fordern *manheit,* aber auch, und hierin äußert sich erste vorsichtige Kritik, *unwîser muot* (635), den Stein zu begießen und dem Unbekannten mutig zu begegnen.[392] Jählings verwandelt sich die Natur in ein brausendes Unwetter.[393] Nicht nur der Gesang der Vögel verstummt und der Tag verdunkelt sich, auch die Linde verschwindet aus dem Blickfeld. Die paradiesisch

---

390 Vgl. auch Andrea Glaser, *Der Held und sein Raum. Die Konstruktion der erzählten Welt im mittelhochdeutschen Artusroman des 12. und 13. Jahrhunderts,* Frankfurt a.M. 2004, S. 199.

391 Mireille Schnyder, »›Daz ander paradîse‹. Künstliche Paradiese in der Literatur des Mittelalters«, in: *Paradies. Topografien der Sehnsucht,* hg. v. Claudia Benthien und Manuela Gerlof, Köln/Weimar/Wien 2010, S. 63–75, hier S. 73.

392 Bei Chrétien weiß Kalogrenant durch die Erzählung des Waldmenschen bereits, was ihm widerfahren wird, dadurch wird das Moment des Unerwarteten in seiner Bedeutung für die *âventiure* eingeschränkt. Volker Mertens vertritt in seinem Stellenkommentar zum *Iwein* die These, dass Hartmann den Ritter damit vor einer möglichen Anklage des Landfriedensbruchs schützen wolle, S. 987, Stellenkommentar zu den Versen 596–597.

393 Was Schnyder, »›Daz ander paradîse‹« für die Dietrichsepik am Beispiel des *Laurin* feststellt, lässt sich problemlos auf den *Iwein* übertragen: »Ist der Ort in der direkten Sinneswahrnehmung ein Paradies, ist er prospektiv in der späteren Erzählung Ort der *âventiure,* Ort eines unvorhergesehenen Ereignisses und einer Bewährung. [...] Damit wird die direkte Sinneswahrnehmung, über die das Paradies entsteht, problematisch, und das scheinbare Paradies wird, als unerhörte und damit erzählenswerte Begebenheit, zum Anlass eines höfischen Erzählens«, S. 70f. »Alle diese Orte haben keine Jetzt-Zeit. Sie sind im Narrativ immer in die Vergangenheit verlegt und schon zerstört, wenn sie erzählt werden. Ja, erst ihre Zerstörung ermöglicht ihre Erzählung und damit ihre Präsenz in der Imagination. Insofern sind diese ›anderen Paradiese‹ immer die Konkretisierungen einer unvorstellbaren Zeit- und Ortlosigkeit des Paradieses in den narrativen Ordnungen der Welt. Damit handelt es sich in jedem Fall um artifizielle Paradiese

wirkende Szenerie scheint sich geradezu apokalyptisch aufzulösen, zumindest jedoch ist sie den Möglichkeiten Kalogrenants nicht mehr zugänglich. Geäst und Getier werden von Wind und Wetter mitgerissen und zerstört. Hervorzuheben ist die Bedeutung des Wassers, welche sich im Laufe des Geschehens radikal wandelt: zunächst erscheint es als erquickendes Quellwasser, dann als unscheinbar wirkende Tropfen, die auf das Becken gegossen werden, um daraufhin als verheerender Regenguss Pflanzen und Tiere des Waldes zu vertreiben oder gar zu töten. Nach Glaser löst Kalogrenant durch das Begießen des Steines die Aktivität des Raumes aus, welche im gleichen Zuge den Ritter zu Passivität zwingt und im Kontrast zu jenen *âventiuren* steht, die gerade die Wagemutigkeit und Tatkraft des Ritters fordern.[394]

Ebenso schlagartig – *in kurzer wîle* (670) – wie die Verwüstung durch die Störung Kalogrenants entbrennt, endet das Unwetter auch wieder und die idyllische Szenerie kehrt zurück. Erneut stellt sich Harmonie ein, die Vögel kehren zurück und ersetzen mit ihrem Gefieder das Laub der Linde. Die Angst Kalogrenants ist vergessen. Er empfindet *vreude ân ungemach* und das Gefühl von Unendlichkeit. Beinahe ist es, als sei nichts geschehen. Doch die Idylle ist und muss eine andere sein, denn sie kann nicht hinter das Passierte zurück. So ist im Text auch die Rede vom *ander paradîse* (687).[395] Diese Formulierung verweist nicht nur auf die verlorene Unmittelbarkeit des Erlebens, die Kalogrenant zu übergehen sucht (684f.), sie zeigt auch wie trügerisch dieser Ort bei all seiner Schönheit ist. Irritationen und Störungen führen zum Zusammenbruch. Das zweite Paradies, verstanden als ein uneigentliches,[396] ist, ebenso wie vor dem Unwetter, ein Platz der Unsicherheit. Mit dem herannahenden Ritter, dem Herrn des Brunnenreiches, folgt sofort die nächste Bedrohung, derer sich Kalogrenant stellen, jedoch eine bittere Niederlage einstecken muss: *der prîs was sîn, und mîn diu schame* (756).[397] In der Erzählung Kalogrenants tauchen immer wieder Selbstvorwürfe auf, etwa wenn er sich als *einem tôren glîch* (795) und als zu *niugerne* (769) bezeichnet oder sich der *unzuht* (768) bezichtigt. Die Definition von *âventiure,* wie sie am Anfang des Kapitels zitiert ist, scheint nur auf denjenigen zuzutreffen, der sich der Gefahr überlegen fühlt und sicher sein kann, als Sieger aus einem Kampf hervorzugehen. Das Motiv der Neugierde, das wichtiges Movens des Ritters ist, in die Welt

---

der Sprachkünste«, S. 74. Hartmann entwirft also ganz bewusst einen Raum des Wunderbaren, um diesen dann der Zerstörung anheim zu geben, als Anfang einer *âventiure* als Erzählung.

[394] Glaser, *Der Held und sein Raum,* S. 207.

[395] Mertens deutet dies entweder im Unterschied zum himmlischen Paradies oder als das neue im Gegensatz zum biblischen, vgl. S. 987, Stellenkommentar zu Vers 687. Ich verstehe die Formulierung im weitesten Sinne nach Heinrich von Kleist als Wissen von der ›Makelhaftigkeit‹ des Ortes, vor das man nicht mehr einfach zurückkommt; es bedarf auch hier im übertragenen Sinne einer Reise um die Welt, um vielleicht von hinten wieder in das Paradies zu gelangen. Vgl. auch in der Brandigan-Szene im *Erec* (9542), dazu ausführlich 4.1.5.

[396] Vgl. Schnyder, »›Daz ander paradîse‹«, S. 63.

[397] Die Missachtung und Übergehung durch Askalon nach dessen Sieg stellt für Kalogrenant die größte Schmach dar (749–756).

hinauszuziehen, wird in der Verwendung des Adjektivs *niugerne* als vorwitzig abgewertet.

Während Kalogrenant das Unwetter als Widerfahrnis betrachtet, spricht der Quellenritter Askalon Kalogrenant selbst als Subjekt der Zerstörung an (712–719). Die Uneindeutigkeit von Auslöser und entstehenden Konsequenzen, von Aktion und Reaktion, ist wiederum Bild für die Oszillation zwischen Suchen und Finden. Der Ritter begibt sich auf den Weg, trifft Entscheidungen, erwartet das Unerwartete, beschwört es herbei und wird dennoch immer wieder davon überrascht. Aus der Perspektive Askalons hat Kalogrenant Rechtsbruch begangen, worauf er ihm die Fehde ankündigt (720–730). Kalogrenant selbst jedoch versteht den Guss auf das goldene Becken als »institutionalisierte Tapferkeitsprobe außerhalb der Rechtsnormen«[398]. Die Heterogenität in der Wahrnehmung der Figuren betreffen auch den Raum.[399] Während Kalogrenant die ehemalige Idylle wiedererkennt, zeigt sich Askalon der Wald als Bild der Zerstörung. Der liebliche Ort entpuppt sich als politischer Herrschaftsraum, welcher nicht Heterotop einer Anderwelt, sondern konkurrierender Raum zur Welt des Artushofs ist, an dem sich der Âventiureritter letztlich als Herrscher zu beweisen hat.[400]

In einem dritten Durchlauf[401] erreicht auch Iwein die Quellenidylle, nimmt diese aber nur beiläufig wahr. Die ausführliche Beschreibung der Brunnenszenerie und ihrer Wirkung auf den Ritter ist einer knapp gehaltenen Aufzählung gewichen, in der die Requisiten allein durch Kommata getrennt sind (989–991). Die Herrlichkeit der Umgebung spielt für Iweins Erfahrung der Brunnenaventiure keine Rolle mehr. Die Lieblichkeit der Natur oder des Vogelgesanges scheint er nicht wahrzunehmen, stattdessen gilt all seine Aufmerksamkeit allein dem Becken, als Kern der *âventiure,* und der möglicherweise daraus erwachsenden *êre.* Er verliert keine Zeit, sich den Sinneseindrücken hinzugeben, sondern begießt den Stein ohne Zögern.[402] Auch das Unwetter selbst wird nur in wenigen Worten skizziert, vom Kampf zwischen Askalon und Iwein sowie der Verfolgungsjagd wird jedoch umfangreich und detailliert berichtet.[403] Zieht man erneut die Aventiure-

[398] Mertens, Stellenkommentar zu den Versen 712–720, S. 988.

[399] Vgl. Quast, *»Daz ander paradîse«,* S. 71.

[400] Vgl. Quast, *»Daz ander paradîse«,* S. 72.

[401] Die imaginäre Ausmalung Iweins wird hierbei nicht miteinbezogen, da es sich lediglich im Kopf der Figur abspielt und nicht auf der Geschehensebene des Textes. Auch im *Daniel* finden sich diese Stationen: zunächst hört Daniel die Erzählung über das Herrschaftsreich König Maturs, dann folgt eine imaginäre Vision, die das zukünftige Geschehen beschreibt, um letztlich zu der unmittelbaren Erfahrung des Protagonisten zu gelangen.

[402] Vgl. Koch, *Wilde und verweigerte Bilder,* S. 125: »Der Vorteil dieser Abbreviationen im Vergleich zu erneuten *descriptiones* liegt in der Möglichkeit, den Erzähler sofort mit der Erzählung fortfahren zu lassen und dadurch das Tempo der Handlung zu erhöhen, indem die Erzählzeit gegenüber der erzählten Zeit beschleunigt wird.«

[403] Zu beachten sind die einschränkenden Worte des Erzählers: *Ich machte des strîtes harte vil / mit worten, wan daz ich enwil, / als ich iu bescheide. / sî waren dâ beide, / unde ouch nieman bî in mê / der mir der rede gestê* (1029–1034). Der Erzähler bedauert, dass er keinen Zeugen anführen kann, der von der Tapferkeit der beiden angemessen berichten könnte. Das Fehlen

definition Kalogrenants heran, so liegt der Fokus nicht mehr auf der Suche, sondern auf dem *strîte* (532).[404] Bei der Ankunft des arthurischen Heeres, bei der nun Iwein die Funktion des Quellenritters als Herr des Brunnenreiches übernimmt, ist die liebliche Gegend völlig ausgeklammert. Allein das Becken findet noch Erwähnung, der Fokus liegt nur mehr auf dem Wunsch, die Schande zu rächen und die Ordnung wieder herzustellen. In der Gesamtheit der Brunnenreichszenen zeigt sich eine zunehmende Verschiebung hin zu einem Blick, der rein auf den Akt der *âventiure* gerichtetet ist und dem es nur mehr um die Herausforderung und den Ehrgewinn geht.

Anfangspunkt und Schauplatz der *âventiure* ist, wie im *Iwein* gesehen, oftmals der dichte, unwegsame wilde Wald.[405] Er verkörpert »die Welt des Wunderbaren, ist Schauplatz des irrationalen Geschehens und Wohnort jenseitiger Zaubergestalten«, zugleich ist er »die räumliche Gestaltung einer ganzen Vorstellungswelt«.[406] Bemerkenswerterweise spricht Chrétien in *Erec et Enide* vom *forest avantureuse* (65). Auch Erec und Enite führt der Weg nach ihrem heimlichen Aufbruch von Karnant hinein in das Dickicht des Waldes: *nû wîste si der wec / in einen kreftigen walt* (3113f.). Von Erec heißt es, dass er *nâch âventiure wâne* (3111).[407] Das Aufkommen der Nacht betont zusätzlich das Bedrohliche des Waldes.[408] Alle Kämpfe mit den Räubern finden inmitten des düsteren Waldes statt. Dunkelheit

eines Zeugen lässt später auch Iwein nachdenklich werden, denn ohne Beweis für seine Taten ist er leicht Hohn und Spott ausgesetzt (1062–1071; 1519–1533; 1723–1737). Zugleich ist diese Textstelle ein indirekter Verweis auf den arthurischen Brauch, von seinem eigenen ehrenvollen Handeln nicht prahlerisch zu erzählen: *ir einer wart dâ erslagen: / dern mohte niht dâ von gesagen: / der aber den sige dâ gewan, / der was ein sô hövesch man, / er hete ungerne geseit / sô vil von sîner manheit / dâ von ich wol gemâzen mehe / die mâze ir stiche und ihr slege* (1037–1044), vgl. u.a. Haiko Wandhoff, »*Künec, vernemt von mir!* Zur Problematik des ehrenhaften Erzählens von der eigenen Person im Artusroman«, in: *Situationen des Erzählens. Aspekte narrativer Praxis im Mittelalter,* hg. v. Ludger Lieb und Stephan Müller, Berlin/New York 2002, S. 123–142.

[404] Auerbach, *Mimesis,* S. 132, verweist auf die verschiedenen Grade des Auserwählt-seins, wonach erst Yvain bzw. Iwein zum Sieg über Askalon fähig sind. »Damit rückt die Reihe der Abenteuer in den Rang einer schicksalsbestimmten, stufenweisen Bewährung eines Auserwähltseins; sie wird auf diese Weise zur Grundlage einer Lehre von persönlicher Vollendung durch eine vom Schicksal aufgegebene Entwicklung, einer Lehre«, S. 132.

[405] Vgl. grundlegend Ernst Robert Curtius, *Europäische Literatur und lateinisches Mittelalter,* 11. Auflage, Tübingen/Basel 1993 (1. Auflage 1948); vgl. auch Rainer Gruenter, »Das wunnecliche tal«, in: *Euphorion* 55 (1961), S. 341–404: »die *wilde* und die ritterliche *âventiure* sind motivische Korrelate«, S. 373.

[406] Stauffer, *Der Wald,* S. 15.

[407] Die *âventiure*-Definition im *Iwein* scheint sich im Erscheinen Erecs zu bestätigen. Noch bevor Erec im Kampf seine Ehre beweisen kann, bemerkt der Zwerg Guivreiz, dass seine schöne Begleitung Enite und gute Ausrüstung Zeichen desjenigen seien, der *âventiure suochet* (4340). Der Vagheit der Suche setzt Guivreiz mit dem Satz *der vindet ir hie teil* (4341) und dem deiktischen Adverb *hie* eine Bestimmtheit entgegen, welche die *âventiure* aus dem Modus des Nochkommenden in die Gegenwärtigkeit katapultiert.

[408] Zur Bedeutung der Nacht als herausragender Aktionsraum des zweiten Handlungszyklus im *Erec* vgl. Nitsche, *Die Signifikanz der Zeit,* S. 44.

und Finsternis spielen im *Erec* vielerorts eine entscheidende Rolle, nicht umsonst spricht Nitsche von der »*Signifikanz der Nacht*«[409] und Schnyder bezeichnet den *Erec* als eine »eigentliche Nachtgeschichte«[410]. Ist die Nacht gewöhnlich dem Schlaf, der Ruhe und Erholung zugeteilt, wird diese Einordnung nun auf den Kopf gestellt. Erec hat in Karnant den Tag zur Nacht gemacht, nun verkehrt er die Nacht zum Tag und wird zum nächtlichen Kämpfer.[411] Die Nacht verschleiert, sie macht unkenntlich und birgt Gefahr in sich. Die neben der unpassenden Rüstung auch der Dunkelheit geschuldete schlechte Sicht Erecs rückt den Fokus auf das Zusammenspiel des Paares angesichts der Gefahren, auch wenn dieses Zusammenspiel den strengen Verboten Erecs widerspricht. Enites präzises sensorisches Vermögen und Erecs Kampffähigkeiten sind aufeinander angewiesen. Kuhn spricht daher auch von der *âventiure* als einer »Probe auf [die] Minnegemeinschaft«[412] Erecs und Enites. Erst nach Bestehen der doppelten, in sich gesteigerten Gefahr durch die Räuber verlässt das Paar den Wald (3472f.). Mit dem Auszug aus dem Wald bricht zeitgleich der Tag an (3474). Erec und Enite werden sich ihrer Erschöpfung und Müdigkeit bewusst, aber auch die Spuren der nächtlichen Kämpfe werden im Tageslicht sichtbar (3510–3514). Bereits Kuhn betont, dass bis zur unfreiwilligen Zwischeneinkehr am Artushof (5037–5269) die *âventiure* von »*ungemach* durch *arbeit*«[413] geprägt ist: »Verzicht auf Begleitung, Verzicht auf höfische Bequemlichkeit und Repräsentation, Verzicht darauf, länger als eine Nacht an jedem Ort zu verweilen; [...] Verzicht auf Gemeinschaft.«[414] Die erlittene Mühsal macht sie *unhovebære* (3636).

[409] Nitsche, *Die Signifikanz der Zeit,* S. 45.

[410] Mireille Schnyder, *Topographie des Schweigens. Untersuchungen zum deutschen höfischen Roman um 1200,* Göttingen 2003, S. 236. Vgl. auch Mireille Schnyder, »Räume der Kontingenz«, in: *Kein Zufall. Konzeptionen von Kontingenz in der mittelalterlichen Literatur,* hg. v. Cornelia Herberichs und Susanne Reichlin, Göttingen 2010, S. 174–185.

[411] Schnyder, *Topographie des Schweigens,* S. 233f. Vgl. auch Haiko Wandhoff, »Gefährliche Blicke und rettende Stimmen. Eine audiovisuelle Choreographie von Minne und Ehe in Hartmanns ›Erec‹«, in: *›Aufführung‹ und ›Schrift‹ in Mittelalter und Früher Neuzeit,* hg. v. Jan-Dirk Müller, Stuttgart/Weimar 1996, S. 170–189. Dagegen vertritt Störmer-Caysa, *Grundstrukturen,* S. 108f., die Meinung, dass die Kämpfe bei Nacht Zeichen dafür sind, dass Erec seinen Fehler aus Karnant fortsetzt, indem er den Tag zur handlungslosen Zeit bestimmt. Die Handlungen bei Nacht seien in sich verkehrt und unrühmlich, da sie entgegen dem Gewohnten und Üblichen stehen. Schnyder sieht nicht nur im *verligen* eine Maßlosigkeit Erecs, sondern ebenfalls in der Sühne, vgl. S. 233, Fußnote 35. Der Text stützt diese These, vgl. die Verse 7012–7019 im *Erec: sît daz ich tumber man / ie von tumpheit muot gewan / sô grôzer unmâze, daz ich vremder strâze / eine wolde walten / unde vor behalten / sô manegem guoten knehte, / dô tâtet ir mir rehte.* Vgl. auch die religiös gefärbte Deutung von Petrus W. Tax, »Studien zum Symbolischen in Hartmanns *Erec.* Erecs ritterliche Erhöhung«, in: *WW,* S. 277–288, bes. S. 278f.

[412] Hugo Kuhn, »Erec«, in: ders., *Dichtung und Welt im Mittelalter,* Stuttgart 1959, S. 133–150, hier S. 149 (erstmalig erschienen 1948).

[413] Kuhn, »Erec«, S. 142.

[414] Kuhn, »Erec«, S. 142. Vgl. im Text die Verse 4977f.: *ich hân z disen zîten / mich gemaches bewegen gar.* All diese Beobachtungen der extremen körperlichen und seelischen Anstrengungen widersprechen jenem Bild, das Erec bei seinem Aufbruch von Karnant aufrechtzuerhalten

Die Wildnis der Fremde geht im Hindurchgehen der Figuren auf deren Äußeres über. Das Höfische wird von der Gegenwelt während des Zeitraums der *âventiure* gewissermaßen zurückgedrängt. An Erec und Enite zeigt sich, dass die Anderwelt nicht nur kämpferisch zu bewältigen ist, sondern dass sich die Figuren, wie Haug formuliert, sich ihr »ausliefern, sie sich bis zu einem gewissen Grad anverwandeln [müssen]«[415], um ihrer und schließlich ihrer selbst habhaft zu werden. Eine solche Aufnahme des Anderen führt im *Iwein* zum Wahnsinn,[416] Erec dagegen erliegt dem Fremden gleich einem Toten (5738).

An Erec wie an Iwein demonstriert der Text, wie der Wald zur »Stätte der Initiation«[417] wird.[418] Der Wald als Raum des *âventiure*-Weges hat symbolische Bedeutung, denn die Wegstruktur ist nicht nur eine äußere, deren Stationen auf einer imaginären Karte verortet werden können. Es handelt sich zugleich um eine Wegbegehung des Inneren. Über die *âventiure*-Fahrten formt der Protagonist, in Orientierung an vorgegebene Ordnungsmuster, seine Identität und strebt Perfektion an, im gleichen Zuge ist er es, der von den *âventiuren* geformt wird. Ruh spricht von der »hohen Schule des Leidens«[419]. Der höfische Roman hat die Bewegung oftmals in einer doppelten Wegstruktur gestaltet, wie es erstmalig von Hugo Kuhn

---

suchte: *er jach er wolde rîten / ûz kurzwîlen* (3061f.). Dabei treibt ihn allein der Wunsch, die Schande des *gemaches* zu tilgen.

[415] Walter Haug, »Lesen oder Lieben? Erzählen in der Erzählung: vom ›Erec‹ bis zum ›Titurel‹«, in: ders., *Brechungen auf dem Weg zur Individualität. Kleine Schriften zur Literatur des Mittelalters,* Tübingen 1995, S. 153–167, hier S. 155. Vgl. Armin Schulz, »*in dem wilden wald.* Außerhöfische Sonderräume, Liminalität und mythisierendes Erzählen in den Tristan-Dichtungen Eilhart – Béroul – Gottfried«, in: *DVjs* 77 (2003), S. 515–547, bes. S. 517, Schulz verweist darauf, dass der Bereich des Archaischen im Vergleich zu mythischen Konstellationen stark reduziert wird. Das Sich-Einlassen ist kein Sich-Einverleiben mehr, etwa in Form magischen Kontaktes mit Körperflüssigkeiten oder Körperteilen.

[416] Vgl. Kapitel 4.2.2.

[417] Stauffer, *Der Wald,* S. 37.

[418] Vgl. auch die Anfangsszene im *Erec,* als alle sich der Jagd auf den Weißen Hirsch anschließen, nur Erec hält sich abseits. Im Wald, beim Spazierritt mit der Königin, wird »der ahnungslose junge Held von der ›aventure‹ buchstäblich überfallen« (Stauffer, *Der Wald,* S. 38). Coralie Rippl, »Geld und *âventiure*«, S. 548, ist der Meinung, Erecs »Spazierritt« sei eine Tarnung für den Beginn der *âventiure*-Fahrt. Vgl. auch Kurt Ruh, *Höfische Epik des deutschen Mittelalters. Erster Teil: Von den Anfängen bis zu Hartmann von Aue,* Berlin 1977, S. 20: »Die Hirschjagd ist m.a.W. stimulans actionis: sie führt den Helden auf der Hofburg Artus' hinaus auf die Straße der Aventiure.«
Interessant ist m.E. auch der Ort des Spazierrittes, die *heide* (7), die durch ihre Unberührtheit durchaus Eindrücke wie Freiheit und Sorglosigkeit transportiert. Diese Ansicht wird auch durch einen Seitenblick auf die Reise Erecs und Enites von Tulmein zurück an den Artushof gestärkt. Mitten in der *heide* (1485) wechseln die beiden erste liebevolle Blicke: *triuwe und stæte so besaz* (1497). Die Heide kann also Ort erwachender Minne sein. Anders dagegen Voß, *Die Artusepik Hartmanns von Aue,* S. 6, nach dem die Heide als »Raum am Rande der bewohnten, also gesellschaftlich geordneten Welt Einbruchszone unberechenbarer Begebnisse, der Aventiure« ist.

[419] Ruh, *Höfische Epik I,* S. 92.

herausgestellt wurde.[420] Die Linien eines solchen ›doppelten Kursus‹ lassen sich gleich einer Choreographie der Identitätsbildung und der Suche nach sittlicher Vollkommenheit nachzeichnen.[421]

Leicht lässt sich hinter dem *âventiure*-Phänomen ein Übergangs- oder Initationsritus erkennen, wie ihn Arnold van Gennep beschrieben und Victor Turner aufgegriffen hat.[422] Van Gennep konnte zeigen, dass Übergangsriten über drei Phasen verfügen. In der ersten wird der Initiand von einer sozialen Gruppe und aus seiner bisherigen Rolle losgelöst »in ein Intervall sozialer Zeitlosigkeit und in einen abgesonderten Raum, um bestimmte Auflagen zu erfüllen und Aufga-

---

[420] Kuhn, »Erec«; Hans Fromm, »Doppelweg«, in: *Werk-Typ-Situation. Studien zu Bedingungen in der älteren deutschen Literatur,* Festschrift für Hugo Kuhn, Stuttgart 1969, S. 64–79; Walter Haug, »Die Symbolstruktur des höfischen Epos und ihre Auflösung bei Wolfram von Eschenbach«, in: *DVjs* 45 (1971), S. 668–705 (wieder abgedruckt in: ders., *Strukturen als Schlüssel zur Welt. Kleine Schriften zur Erzählliteratur des Mittelalters,* Tübingen 1989, S. 483–512); Friedrich Wolfzettel, »Doppelweg und Biographie«, in: *Erzählstrukturen der Artusliteratur. Forschungsgeschichte und neue Ansätze,* hg. v. Friedrich Wolfzettel und Peter Ihring, Tübingen 1999, S. 119–141; Cormeau/Störmer, *Hartmann von Aue,* bes. S. 175; Hugo Kuhn, »Tristan, Nibelungenlied, Artusstruktur«, in: ders., *Liebe und* Gesellschaft, hg. v. Wolfgang Walliczek, Stuttgart 1980, S. 12–35; Christoph Cormeau, »Artusroman und Märchen. Zur Beschreibung und Genese der Struktur des höfischen Romans«, in: *Wolfram-Studien* V (1979), S. 63–78; Ilse Nolting-Hauff, »Märchen und Märchenroman. Zur Beziehung zwischen einfacher Form und narrativer Großform in der Literatur«, in: *Poetica* 6 (1974), S. 129–178; provokant kritisch Elisabeth Schmid, »Weg mit dem Doppelweg. Wider eine Selbstverständlichkeit der germanistischen Artusforschung«, in: *Erzählstrukturen der Artusliteratur. Forschungsgeschichte und neue Ansätze,* hg. v. Friedrich Wolfzettel und Peter Ihring, Tübingen 1999, S. 69–85; Ralf Simon, *Einführung in die strukturalistische Poetik des mittelalterlichen Romans. Analysen zu deutschen Romanen der matière de Bretagne,* Würzburg 1990, bes. S. 1–46. Haug, »Paradigmatische Poesie«, S. 212: »die Krise bedeutet [...] den Weg zur Idealität durch ihre Negation hindurch, also ein Nacheinander von Gewinn, Verlust und Wiedergewinn als Stationen eines gestuften Doppelkreises.« Vgl. auch auf Warning zurückgehend Fuchs, *Hybride Helden,* S. 38: »[Warning hat gezeigt,] daß der höfische Roman zwar prinzipiell als potentiell unbegrenzt perpetuierbare Zirkularität von Bedrohung, Sieg und Wiederherstellung begriffen werden kann, aber gerade die Wiederholung der Zyklen sinnstiftend nur insofern wird, als das Handeln des Helden selbst thematisch wird. Der Held als ›Träger eines Normenkonfliktes‹ kann nicht bloß als Aktant, Ausführender einer Wertübertragung gesehen werden, da ein spezifischer Sinn der Wiederholung nicht in bloßer zyklischer Verdoppelung eines Schemas, sondern in steigernder, bewußt und bedeutungsreich bezogener *Reprise* konstituiert wird. Das Handeln des Helden muß, auch wenn es funktional begriffen wird, axiologisch besetzt sein, sonst ist allein schon die Struktur der *aventiuren*-Folge nicht in den Blick zu bekommen.«

[421] Dass sich eine solche Identitätsbildung auch auf den Rezipienten bezieht, hat Haug, »O Fortuna«, S. 14, festgestellt: »Der Aventüren-Roman zielt [...] auf einen Bewußtseinsprozeß. Er verlangt, daß man den fiktionalen Weg durch die Welt der Aventüren als Erfahrungsweg nachvollzieht, damit man am Ende begreift, daß eine Ordnung nur dadurch lebendig sein kann, daß man sie immer wieder aus dem Chaos heraus neu schafft.«

[422] Arnold van Gennep, *Übergangsriten (Les rites de passage),* aus d. Franz. v. Klaus Schomburg u. Sylvia M. Schomburg-Scherff, mit einem Nachw. v. Sylvia Schomburg-Scherff, Frankfurt a.M./New York 1986 (Originalausgabe *Les rites de passage,* Paris 1981), bes. S. 22.

ben zu lösen«[423]. Die mittlere Phase ist einem Durchgang durch ungewohnte und dem vergangenen wie dem künftigen Zustand unterschiedene Räume gewidmet.[424] Die letzte Phase gehört der Reintegration in die gesellschaftlichen Strukturen. Kehrt die Figur zurück in die Sozietät, ist sie nicht mehr dieselbe wie zuvor. Der Prozess des Übergangs ermöglicht die Auseinandersetzung mit den geltenden Normen. In der Rückkehr entscheidet sich der Initiand für oder gegen sie. Es war bereits die Rede von der Bourdieuschen Ersetzung von ›Initationsriten‹ *(rites de passage)* durch ›Institutionalisierungsriten‹. *instituere* und *institutio* sind nach Bourdieu zusammen zu denken, um zur »Idee eines ursprünglichen Konstituierungs-, Gründungs-, ja Erfindungsaktes zu kommen, der durch Erziehung zu bleibenden Dispositionen, Gewohnheiten [und] Gebräuchen«[425] gelangt. In den Artusromanen zeigt sich im Durchgang durch die *âventiure* die Überschneidung von Initiation und Institutionalisierung im Sinne einer Aneignung der herrschenden Normen und Verhaltensmustern in beispielhafter Weise. Der ›Initiationsritus‹ findet meist nach der Zwischeneinkehr des Artusritters am Artushof statt. In der Folge beginnt eine *âventiure*-Fahrt, die die Kampffähigkeiten des Ritters unter Beweis stellt, welche nun zum Schutz der Gesellschaft eingesetzt werden. Die Definition Kalogrenants, wie zu Beginn des Kapitels angeführt, bleibt insofern mangelhaft, da sie Taten des Mitleids und der Barmherzigkeit ausschließt, indem sie den Fokus allein auf persönlichen Ehrgewinn legt.

Umkehrpunkt im *Erec* bildet die Begegnung mit dem von Riesen gegeißelten Ritter Cadoc. Während Erec im ersten Durchlauf auf die audiovisuellen Nachrichten Enites angewiesen ist, verfügt er im zweiten Gang wieder in vollen Umfang über seine Sinneswahrnehmungen,[426] die es ihm ermöglichen, die von weitem hörbaren Klagen einer fremden Frau wahrzunehmen. Er folgt ihrer Stimme aus »einer eigentümlichen Mischung von ›curiositas‹ und ›misericordia‹«[427] heraus in den Wald hinein. Erec entscheidet sich also nicht für einen Weg, sondern wird vielmehr von ihm geführt bzw. gezogen.[428] Einerseits ist Erec nach wie vor von dem Wunsch angetrieben, *âventiure* zu finden (5291), doch seine richtungs- und ziellosen Bewegungen sind noch immer auf akustische wie visuelle ›Wegweiser‹ angewiesen. Die Hilferufe der Frau scheinen eine Orientierung zu bieten, nicht nur im Dickicht des Waldes, sondern auf einer symbolischen Ebene auch in seinem Inneren (5312–5316). Es ist der Anblick der von Jammer erfüllten Frau, die Erec zu tätigem Mitleid führt:[429]

---

[423] Haferland, *Höfische Interaktion,* S. 218.

[424] Turner, *Das Ritual,* S. 94.

[425] Bourdieu, *Was heißt Sprechen?,* S. 89.

[426] Vgl. Wandhoff, »Gefährliche Blicke und rettende Stimmen«.

[427] Schnyder, *Topographie des Schweigens,* S. 323.

[428] Harms, *Der Kampf mit dem Freund,* S. 124: »Wenn der Weg zeigt und trägt, erhält er bereits Anzeichen einer Personifikation; er ist eine Macht, die auf den Menschen wirkt.«

[429] Vgl. Kraß, »Die Mitleidfähigkeit des Helden«. Kraß geht von dem Paradigmenwechsel vom moraltheologischen Konzept der Misericordia hin zu einer mystisch geprägten Neubestimmung von Mitleid als *compassio* aus, um daraufhin Formen der Mitleidfähigkeit im höfischen

als diz Êrec ersach,
nû bewegete des ritters smerze
sô sêre sîn herze,
daz er bî im ê wære erslagen,
ê er in'z hæte vertragen.
und daz ez an sîner varwe schein.
(5429–5434)

In dem Epitheton *tugenthaft* (5338) kommt Erecs Veränderung pointiert zum Ausdruck. Doch auch Enite hat eine Veränderung und Entwicklung durchlebt. Als Erecs Wunde, die er von Guizvreiz empfangen hat, aufplatzt und er ohnmächtig zu Boden sinkt, stürzt Enite schreiend auf ihn. Ihre Emotionalität ist Ausdruck ihrer Treue gegenüber dem Ehemann, ihre Schreie, die auf ihrem Höhepunkt Erec aus dem Scheintod reißen, demonstrieren ihre Metamorphose zu einer sich ethisch tadellos verhaltenden, stimmmächtigen Ehefrau und Herrscherin.[430] Beide erreichen als Minnegemeinschaft eine höhere Ebene gesellschaftlicher und sozialer Achtung und Verpflichtetheit.

Aufgrund dieser Entwicklung verwandelt sich der nächtliche Wald der Gefahren für Erec und Enite in eine »Ruhe- und Genesungsstätte«[431]. Nach dem zweiten Kampf mit Guivreiz werden sie zu einer Lichtung – einem *wisevlecken* (7036) – geführt. Erstmals erlaubt sich Erec auszuruhen. Die *kumberlîche*[...] *arbeit* (7048) wird vergessen. In behaglicher Runde werden am Feuer die erlebten Gefahren erzählt (7049–7054).[432] Mit Beginn der Schlafenszeit zeigt der Wald topische Momente eines *locus amoenus.* Verstärkt wird dieser Eindruck durch die Vereinigung des Liebespaares. Die Trennung von Tisch und Bett wird aufgehoben und das *ungeselleĉliche*[...] *leben* (6797) hat ein Ende. Erec erkennt, dass sein Verhalten gegenüber Enite unangebracht war (6770–6801). Die abweisende Haltung wird durch Zärtlichkeiten und Liebkosungen ersetzt (6792–6799), während die Nacht ihre intime Begegnung schützt: *was touc daz lange vrâgen, / wan daz si doch lâgen? / diu naht ein süezez ende nam* (7110–7112). Der gesamte Roman ist eine Suche nach dem rechten Weg, wie sie symbol- und zeichenhaft in der *âventiure* zum Ausdruck kommt. Erst am Ende – im Moment des Findens – gewinnt Erec die Sicherheit darüber, was er gesucht hat:[433]

Roman nachzugehen. Eine inhaltliche wie formale Beschreibung hochmittelalterlicher Formen von *compassio* und deren Verbreitung findet sich bei Katharina Mertens Fleury, *Leiden lesen. Bedeutungen von* compassio *um 1200 und die Poetik des Mit-Leidens im ›Parzival‹ Wolframs von Eschenbach,* Berlin/New York 2006, bes. S. 6–47.

[430] Vgl. Britta Bussmann, »*Dô sprach diu edel künegîn...* Sprache, Identität und Rang in Hartmanns ›Erec‹«, in: *ZfdA* 134 (2005), S. 1–29, bes. S. 25.

[431] Nitsche, *Die Signifikanz der Zeit,* S. 64.

[432] Bereits hier zeigt sich, wie die erlebte *âventiure* in einer Erzählung gebannt wird. Dieser Aspekt wird in 3.2.5 ausführlich besprochen.

[433] Eine geballte Verwendung des Wortes *âventiure* zeigt sich am Ende des *Erec* in der Brandigan-Szene. Dort wird das Wort achtmal verwendet (7962; 7975; 7999; 8384; 8398; 8414; 8481; 9898). Dadurch wird die Bedeutsamkeit der Auseinandersetzung für die Entwicklung und das Selbstverständnis Erecs betont.

ich weste wol, der selbe wec
gienge ich in der werlde eteswâ,
rehte entweste ich aber wâ,
wan daz ich in suochende reit
in grôzer ungewisheit,
unz daz ich in nû vunden hân.
(8521–8526)

Im *Erec* zeigt sich am Beispiel des Waldes in eindrücklicher Weise die Bedeutung von Raum und Räumlichkeit für die *âventiure.* Die vorgefundenen Orte können je unterschiedlich erscheinen und dadurch sowohl Raum des Kampfes als auch Raum der Liebesvereinigung sein. Als Orte des Leidens schließen sie Muße aus, können aber nach siegreichen Kämpfen zu Räumen der Ruhe und Intimität werden, die wiederum eine Nähe zu Mußeräumen aufweisen, ohne mit ihnen identisch sein zu müssen. Im *Iwein* nun nimmt Zeit eine gewichtige Rolle ein. Daher eignet sich dieser Roman besonders für eine Ausarbeitung der spezifischen zeitlichen Strukturen und Zeitmodelle von *âventiure.* Die Zeiterfahrung, die im Text konstruiert wird, ist eine problematische.[434] Die Suche nach *âventiure* verkehrt sich im *Iwein,* denn der Protagonist wird im Laufe des Geschehens regelrecht von *âventiuren* überhäuft. Diese Verschiebung verläuft über verschiedene Etappen, die im Folgenden genauer betrachtet werden.

Während Iwein in der Folge der Erzählung Kalogrenants stets in Eile beschrieben wird,[435] scheint die Zeit für ihn bei den Turnierfahrten mit Gawein keine Rolle zu spielen, sie scheint geradezu zu verfliegen: *im gie diz zît mit vreuden hin* (3051). Der Eindruck wird auch durch die große Divergenz zwischen Erzählzeit und erzählter Zeit unterstützt.[436] In Analogie zu Erecs *verligen* ist hier die Rede von *versitzen* (3056). In der Tat scheint Iwein Gaweins Rat zu folgen: *swâ sî turnierens pflâgen, / des sî niht verlâgen* (3043f.). Doch das Wort *versitzen* insistiert auch eine gewisse Nutzlosigkeit seines Tuns angesichts seiner Verantwortung und Verpflichtung als Landesherr und Ehemann. Silvia Ranawake deutet das *versitzen* analog zum *verligen* im Rekurs auf Berthold von Regensburg als Ausdruck der Trägheitssünde. *versitzen* spiele nicht nur auf Rechtsbruch und religiöse Verfehlung an, sondern ebenso auf Vergesslichkeit und Nichteinhaltung der Zeit, welche zu den Tochtersünden der *acedia* zählen.[437]

---

[434] Zum Verhältnis von *âventiure* und Zeit vgl. u.a. Nitsche, *Die Signifikanz der Zeit;* Störmer-Caysa, »Wer ist der Herr der Zeit?«, bes. S. 59–61; Volker Mertens, *Laudine. Soziale Problematik im ›Iwein‹ Hartmanns von Aue,* Berlin 1978; Hiltrud Katharina Knoll, *Studien zur realen und außerrealen Welt im deutschen Artusroman (›Erec‹, ›Iwein‹, ›Lanzelet‹, ›Wigalois‹),* Bonn 1966, S. 14–44, vgl. bereits Cornelia Grisebach, *Zeitbegriff und Zeitgestaltung in den Romanen Chrétiens de Troyes und Hartmanns von Aue,* Freiburg 1956. Allgemein zur Zeit im höfischen Roman Störmer-Caysa, *Grundstrukturen.*

[435] Vgl. die häufige Nennung von *gâhen* (958; 1073) bzw. *ze gâch* (827), *vil schiere* (964; 989) oder auch *zehant* (966).

[436] Nitsche, *Die Signifikanz der Zeit,* S. 95.

[437] Vgl. auch Ranawake, »*verligen* und *versitzen*«, S. 23. Ranawake warnt vor einer Verharmlosung des Fehlverhaltens von Erec und Iwein, S. 26f. Dennoch geht es ihr nicht darum, das

Unbestreitbar scheint Iwein während der Turnierfahrt nicht nur die Jahresfrist zu versäumen, sondern auch Laudine und das Brunnenreich zu vergessen. Die Turnierfahrt mit Gawein bietet »eine Versuchung zum Trägesein«[438], auch wenn diese der ursprünglichen Motivation zum ritterlichen Auszug gänzlich widerspricht. Statt Ökonomisierung zeigt sich ein »verschwenderischer Umgang mit Zeit«[439] in einer Situation der Zerstreuung. Die Bedeutungslosigkeit der Zeit zeigt sich auch darin, dass der gegenwärtige Moment das Verstreichen der Zeit vergessen lässt. Dass die gemeinsame Turnierfahrt die beiden Ritter *mit vreuden* (3060), ja sie sich *mit vrœlîchem schalle* (3072) in geselliger Runde aufhalten, verdeutlicht aber zugleich, dass Iwein

> keineswegs den Zeitgeber verloren [hat], sondern er hat ihn gewechselt; er lebt nach einem Festkalender, dessen Zeitgeber Artus oder – direkter – Gawan ist. [...] Im *Iwein* geht es nicht schlechthin um Fristen, sondern gleichzeitig um den Triumph des Abwesenden über das Anwesende, des Erinnerten über das Gegenwärtige.[440]

Die Gegenwartsfixierung wird erst von der aufkommenden Sehnsucht nach Laudine auf vergangene Zeiten hin aufgebrochen, um dann durch Lunetes öffentliche Schmährede endgültig zerstört zu werden.[441] Lunete wirft ihm *untriuwe* (3122) und *ungemach* (3122) im Sinne von Leid oder Unheil vor. Er habe sich achtlos und gleichgültig gegenüber Laudine und deren Schutzbedürftigkeit als Frau, aber auch gegenüber ihrer selbst, als seiner Helferin, verhalten.[442] Die Anklagepunkte Lunetes decken sich mit den Verfehlungen des *otiosus,* die Siegfried Wenzel in seiner Arbeit über die Sünde der *acedia* aufzählt: etwa Undankbarkeit gegenüber Gaben und Geschenken, Vergesslichkeit und Unachtsamkeit gegenüber Armen und Hilfsbedürftigen, Versäumnis der dienstlichen Pflichten sowie Schwierigkeiten bei der Regelung und Einhaltung von Aufgaben, aber bemerkenswerterweise auch die Vernachlässigung der Ehe.[443] Lunete fordert den Ring zurück und kündigt damit in Laudines Namen Ehe und Landesherrschaft auf. Als Folge verfällt

---

verligen und *versitzen* mit *acedia* gleichzusetzen, denn diese gehöre in den religiösen Bereich, während Erecs und Iweins *missetuon* weltliche, soziale und persönliche Verpflichtungen betreffen, vgl. Ranawake S. 28f. Vgl. auch George Hardin Brown, »Yvain's Sin of Neglect«, in: *Symposium* 27 (1973), S. 309–321. Vgl. im *Straßburger Alexander* Vers 1177 *versitzen* in der Bedeutung von Untätigkeit. Vgl. auch Kapitel 4.2, bes. 4.2.1.

[438] Ranawake, »*verligen* und *versitzen*«, S. 33.

[439] Rippl, »Geld und *âventiure*«, S. 556.

[440] Störmer-Caysa, »Wer ist der Herr der Zeit?«, S. 60.

[441] Vgl. Kern, *Weltflucht,* S. 394: Iwein »verschrieb sich der *âventiure,* dem Prinzip des Ungebunden-Zufälligen und wurde dafür folgerichtig von jener Instanz bestraft, die die Bindung schlechthin repräsentiert, nämlich von der Minne«. Zur rechtlichen Relevanz von Iweins versäumter Jahresfrist vgl. Nitsche, *Die Signifikanz der Zeit,* S. 79–89.

[442] Vgl. die zweifache Nennung von *dehein ahte* (8081; 8088) in der Rede Laudines am Schluss des Romans.

[443] Wenzel, *The Sin of Sloth,* S. 84–88. Vgl. Ranawake, »*verligen* und *versitzen*«, S. 23. Am Ende räumt Iwein ein, dass er falsch gehandelt habe. Er bezeichnet sich selbst als *sündigen man* (8105), der bereut und Buße tut (8102–8113). Ranawake, S. 29, sieht hier eine Parallele zur büßenden Sünde, aber keine Gleichsetzung.

Iwein in den Wahnsinn und verliert die Kontrolle über sich selbst, aber ebenso über Zeit und Raum.[444]

Die neuen Kleider, die Iwein von der Dame von Nârisôn nach ›Erwachen‹ aus dem Wahnsinn erhält, markieren den Übergang in den zweiten Handlungszyklus. Visuell zeigt sich das neue ritterliche Dasein in der Begleitung eines Löwen, den er vor einem Drachen rettet.[445] Dies ist die erste in einer Reihe von weiteren Taten, die Iwein aus dem Gedanken der Hilfeleistung heraus vollbringt (3847). Der Löwe verkörpert zudem Werte und Tugenden, etwa bedingungslose Treue und Hilfsbereitschaft, die für den weiteren Weg Iweins eine zentrale Rolle spielen: *der lewe wachet unde lief / umb sîn ors unde umb in. / er hete die tugent und den sin / daz er sîn huote zaller zît* (3912–3915).[446] Die Verstoßung durch Laudine hat ihn nicht nur seines Verstandes, sondern auch seiner Identität beraubt. Bis sein Verhältnis zu Laudine geklärt ist, wird sein Name durch die Bezeichnung ›*der rîter mittem lewen*‹ (5510) ersetzt, denn er muss sich seinen Namen und damit einhergehend seine Identität als Ritter, Ehemann und Herrscher über das Brunnenreich erst wieder erkämpfen.

Erstmals erhält Iwein im Kampf gegen den Grafen Aliers die Gelegenheit, *êre* anzusammeln. Durch die Verfolgung des Grafen wirkt die Szene wie eine Wiederholung des Kampfes gegen Askalon, doch dieses Mal reitet Iwein nicht *âne zuht* (1056), sondern ergreift den Gegner und nimmt ihn gefangen. Gemeinsam mit seinem neuen Gefährten, dem Löwen, begibt er sich erneut auf *âventiure* (3918). Im Text wird die Nähe zwischen *arbeit* (3917) und *âventiure* (3918) bereits räumlich angezeigt, nur ein einziger Vers trennt die beiden Worte. Die *geschiht* (3923), also der Zufall, führt ihn zu der Quelle im Brunnenreich. Es bedarf nur weniger Stichworte, etwa Linde und Stein, um auch dem Rezipienten die Szenerie wieder in Erinnerung zu rufen. Der Ort erweist sich als erinnerungs-aufgeladen. Der Rückblick auf das vergangene *grôz heil und michel ungemach* (3029) lässt Iwein ohnmächtig zusammenbrechen. Die kurze Reminiszenz auf den Selbstverlust in der Wahnsinnsepisode ermöglicht Iwein in einem Monolog das Vergangene zu reflektieren: *Er ist noch baz ein sælec man / der nie dehein êre gewan / dan der êre gewinnet / und sich sô niht versinnet / daz er sî behalten künne* (3969–3973). Die Bewegung von Gewinn und Verlust an *êre,* verbunden mit sozialem Auf- und Abstieg, ist Iwein zufolge schmerzlicher und unerträglicher als jenes Leben, das nie über Ehrkapital verfügte (3982–3984).

Relativiert wird Iweins eigenes Leid durch die Notlage Lunetes in nächster Nähe. Die *juncvrouwe* (4013) ist in der Kapelle neben der Quelle wegen Verrats an der Königin und ihrem Land gefangen gesetzt (4011–4209) und hört Iweins Klagen. Nachdem der Löwenritter von der erbärmlichen Situation Lunetes in Kenntnis gesetzt wurde, erklärt er sich bereit, für Lunete, deren *ungemach* er selbst

[444] Der Wahnsinns-Episode selbst widmet sich ausführlich das Kapitel 4.2.2.

[445] Vgl. Koch, *Wilde und verweigerte Bilder,* S. 193.

[446] Vgl. dagegen Schulz, »*in dem wilden wald*«, S. 517, der den Löwen als externes Attribut deutet, das, als mythisches Relikt, »die Potenz unkontrollierter Gewalt« darstellt.

durch sein Terminversäumnis verschuldet hat, in den Kampf zu treten. Die Kämpfe, denen sich Iwein nun verschreibt, sind im Dienst Notleidender: *daz begund im an sîn herze gân* (4509). Auch wenn immer wieder neue Aufgaben an Iwein herangetragen werden, kommt es zu keinen Terminkollisionen[447] mehr. Die Quelle im Brunnenreich bleibt in den folgenden Szenen »Fluchtpunkt, auf den alles zusteuert [und] nach dem sich alles ausrichtet«[448]. Nach den ruhmreich bestandenen *âventiuren* begibt sich Iwein ein letztes Mal zu der Quelle und löst ein verheerendes Unwetter aus. Dieses scheint auch Ausdruck seiner Verzweiflung zu sein, denn alle Siege haben ihm doch die Minne Laudines nicht zurückgebracht. Das paradiesische Moment des Ortes scheint sich aufgelöst zu haben, stattdessen ist die Rede vom *bœste stat / dar ûf ie hûs wart gesat* (7819). Der Ort der Brunnenaventiure muss – als »funktionsloses Relikt«[449] – in diesem Ausmaß zerstört werden, damit Iwein geläutert daraus hervorgehen kann. Mit dem Wort *ôstertac* (8120) scheint eine symbolische Auferstehung Iweins angedeutet zu werden. Was dieser folgt ist eine wie auch immer ausgestaltete *manege süeze zît* (8147).

Iwein wie Erec verwandeln sich im Laufe der *âventiure*-Fahrten zum »Antityp des trägen Sünders«[450], die im Dienst Schwacher und Bedrängter agieren.[451] Statt *âventiure* zu suchen, tritt diese mehr oder weniger von außen an den Ritter heran, indem die Notleidenden Hilfe und Unterstützung erbeten.[452] Die Szenerie des zweiten Handlungszyklus zeigt eine Dynamisierung des Geschehens, die ganz im Zeichen von un-*müezekheit* (7183) steht: Eine *âventiure* folgt der anderen, Termine, denen Iwein nachzugehen verspricht, häufen sich und liegen so nahe beieinander, dass der Eindruck erweckt wird, sie überschneiden sich. Dennoch gelingt es Iwein, seine Zeit richtig einzuteilen und seinen Verpflichtungen pünktlich nachzukommen: *nu entwelten sî niht langer dâ: / wan in was diu kampfzît alsô nâ / daz in der tage zuo ir vart / deweder gebrast noch über wart, / und kâmen ze rehten zîten* (6877–6881). Die zeitliche Bewegung scheint die Gegenwart

[447] Nitsche, *Die Signifikanz der Zeit,* S. 99, resümiert, dass Iwein »rechtsgebundene Fristen souverän einzuhalten« gelernt hat und somit »Kompetenzen im Umgang mit der Zeit« erwirbt.

[448] Hoffmann, *Arbeit an der Literatur,* S. 259.

[449] Scheuer, »Gegenwart und Intensität«, S. 138.

[450] Ranawake, »*verligen* und *versitzen*«, S. 29.

[451] Während ›*âventiure*‹ in der vorliegenden Arbeit als Bewährung, Bildungsprozess und Identitätsbildung verstanden wird, spricht sich Ranawake, »*verligen* und *versitzen*«, S. 33f., gegen ein Interpretationsmodell aus, das einen Reife- und Lernprozess postuliert. Sie versteht Versuchung als von außen an die Figur herantretend im Gegensatz zu Unerfahrenheit und Erkenntnisdefiziten, die in der Figur begründet liegen: »Menschliche Verfehlung ist nicht Folge individueller sittlicher Unreife, sondern Symptom der menschlichen Schwäche, die jederzeit manifest werden kann«, S. 34. Rudolf Voß, *Die Artusepik Hartmanns von Aue. Untersuchungen zum Wirklichkeitsbegriff und zur Ästhetik eines literarischen Genres im Kräftefeld von soziokulturellen Normen und christlicher Anthropologie,* Köln/Wien 1983, S. 132, ist der Meinung, dass sich die Ichbezüglichkeit der Helden auch auf den zweiten Handlungszyklus ausweitet. Es geht stets um Ehrgewinn und damit um die eigene Reputation, »ein altruistisches Postulat hat in dieser Argumentation keinen Platz«, so Voß.

[452] Vgl. Schnell, »Abaelards Gesinnungsethik«, S. 36f.

in einer Art Schieflage gerade noch zu streifen, der Fokus liegt aber stets auf dem noch kommenden Zukünftigen, in anderen Worten: auf der *âventiure.*

Mit Blick auf die Verwendung des Wortes *âventiure* im *Iwein* fällt auf, dass nach der Brunnenaventiure in Bezug auf den Protagonisten nur noch ein letztes Mal, nämlich im Zusammenhang seines Auszugs mit dem Löwen, von *âventiure* die Rede ist (3918).[453] Was sich in der Erzählung Kalogrenants bereits andeutet, nämlich dass sich seine Aventiuredefinition schon bei seinem eigenen Tun als gefährlich erweist, bestätigt sich, wenn auch mit Verzögerung, in der Nachfolge Iweins. Allein das Mehr an Kraft und Geschick, das sich im Kampf mit Askalon zeigt, befähigt Iwein, die *âventiure* für sich zu entscheiden. Das Unglück folgt erst mit Verspätung. Der Rat Gaweins, auf Turnierfahrten zu ziehen, erweist sich als fatal und führt Iwein letztlich in den Wahnsinn.[454] Nach Bleumer wird der in der Definition Kalogrenants enthaltene Begriff der *âventiure* im Verlauf des Textes gewissermaßen durchgestrichen.[455] Iwein scheint nach der Wahnsinnsepisode folglich kein Aventiureritter im oben genannten Sinne mehr zu sein.[456] Für Bleumer stellt diese Entwicklung den notwendigen Schlüssel zur Interpretation des Werkes dar: »Die Bedeutung von *âventiure* muss in Frage stehen, damit der Sinn ritterlichen Handelns neu konstituiert werden kann.«[457] *âventiure,* so das überzeugende Fazit Bleumers, ist damit »dezidiert unbegrifflich[, sie] entzieht sich jeder Definition und macht so die dynamische Offenheit der Interpretationsbewegung spürbar«[458]. Die Definition von *âventiure* durch Kalogrenant, die zu Anfang des Kapitels zitiert wird, kann daher nur eine defizitäre sein, da jeder Versuch einer Bestimmung der Offenheit und Unbestimmtheit des Phänomens entgegensteht.

Zusammenfassend lässt sich festhalten, dass die *âventiure*-Fahrten im höfischen Roman zentraler Raum der ritterlichen *arbeit umbe êre* sind. Als beschwerlicher Weg, der mit Mühsal, Leid und Anstrengung verbunden ist, bringt die *âventiure* den Ritter nicht nur geographisch an und über Grenzen des Hofes hinaus. Der junge Kämpfer befindet sich selbst in einem Grenzbereich zwischen egoistischem Streben nach *êre* und Verantwortungsgefühl für die Gemeinschaft. Über die *unmüezekheit*[459] der *âventiure* durchläuft der Ritter einen Reife- und Bildungsprozess. Er wird in die höfische Ordnung eingeführt und als vollwertiges, würdiges Mitglied in die adlige Gesellschaft aufgenommen, weil er sich jene tätigen Perfektionierungsprozesse angeeignet hat, über die sich die höfische Sozietät definiert.

[453] Welch kritische Perspektive der Text in Bezug auf *âventiure* einnimmt, zeigt die letzte Nennung des Wortes im Rahmen der 300 gefangenen Jungfrauen. Deren Herr ritt einst aus, um *âventiure* zu suchen. Doch sein Streben wird lediglich auf jugendlichen Leichtsinn und Ungestümheit zurückgeführt, welche nicht nur sein eigenes Unglück, sondern auch dasjenige der Frauen besiegelt (6325–6333).

[454] Vgl. Kapitel 4.2.2.

[455] Bleumer, »Im Feld der *âventiure*«, S. 357.

[456] Bleumer, »Im Feld der *âventiure*«, S. 356.

[457] Bleumer, »Im Feld der *âventiure*«, S. 358.

[458] Bleumer, »Im Feld der *âventiure*«, S. 366f.

[459] Vgl. den einzigen Beleg von *unmüezekheit* in den Hartmannromanen im *Iwein* (6889).

Zugleich dienen die kämpferischen Aktivitäten in der Anderwelt, die jegliche Bedrohungen von außen abzuwenden versuchen, der Zementierung der institutionellen Regelwerke und der Festigung des sozialen Gefüges am Hof.

3.2.4 Bildung statt ›âventiure‹: Erziehung zu Muße?

Abgesehen von dem Drachenkampf im Rahmen der Brautwerbung (8925–9092) unterscheiden sich im *Tristan* die kämpferischen Auseinandersetzungen des Protagonisten deutlich von den Artus-*âventiuren,* wie sie im vorigen Kapitelabschnitt thematisiert werden. Der Protagonist begibt sich nicht bewusst auf *âventiure*-Fahrt, um dort Gegner zu suchen, mit denen er kämpfen und dadurch seine *êre* steigern kann. Im *Tristan* finden Kämpfe zudem nicht in einer Anderwelt statt, sondern sind in eine »›realere‹ Umgebung« eingebettet, »d.h. es handelt sich nicht um mehr oder weniger märchenhafte, ›politisch‹ eher irrelevante Notsituationen […], sondern um ein grundsätzlich anderes Verhältnis zur Realität«[460]. Stein spricht von einer Sprengung der Etikette des Aventiure-Kampfes im *Tristan.*[461] Ein ›Überrest‹ an semantischer Übereinstimmung mit dem Hartmannschen *âventiure*-Begriff zeigt sich am Beispiel des Truchsessen.[462] Dieser möchte zwar gerne die junge Isolde für sich gewinnen, doch scheut er den Kampf mit dem Drachen. Die Suche nach *âventiure* wird an seiner Figur geradezu ins Lächerliche gezogen. Er behauptet allenfalls noch, *nâch âventiure* (8959) auszureiten. Was bei Kalogrenant, Erec und Iwein handlungsleitend ist, wird zur formelhaften Hülse ohne Inhalt verzerrt. Der Truchsess entzieht sich auf erbärmliche Weise jeder Anstrengung und Mühe. In einer parodistischen Maskerade inszeniert er sich stattdessen vor dem getöteten, und damit harmlosen Drachen als Sieger: *hie ist âventiure vunden. / ich bin ze guoten stunden / und ze heile komen her!* (9156–9159). In der Figur des Truchsessen wird der Aspekt des Suchens eingeklammert und die *âventiure* auf den Fund verkürzt.

---

[460] Stein, »Tristans Schwertleite«, S. 339.

[461] Stein, »Tristans Schwertleite«, S. 340. Vgl. auch Kern, *Weltflucht,* S. 391: »Ritterlicher Kampf in geregelten Formen, als von der Etikette gesteuerter Zweikampf in märchenhafter Unwirklichkeit, eine Kette solcher Kämpfe, als Aventiuren von einer über allem Geschehen stehenden, Positives wollenden Ordnungsmacht gelenkt, als Stationen eines inneren Läuterungs- und Bewährungsweges individuell einen Helden auf ein bestimmtes Ziel hin führend, als bedeutungstragende Dichtungsstruktur die Notwendigkeit einer Integration des Individuums in die Gesellschaft aussagend; Minne als nur in der Gesellschaft und nur für diese zu verwirklichendes Phänomen, der *ritterschefte* untergeordnet, ja dieser als eine Motivation – weil andere nicht mehr greifbar sind – dienend: das sind Punkte, an denen grundsätzliche Unterschiede sowohl zum Tristanstoff als auch zu den dichterischen Gestaltungen des Thomas und Gottfrieds vom Artusroman her sichtbar werden können.«

[462] Vgl. außerdem König Marke, der in der Minnegrottenszene, vor der Entdeckung des Liebespaares, in den Wald zur Jagd reitet – *mé durch sîne triure / dan durch kein âventiure* (17285f.). Ähnlichkeiten zu einem *âventiure*-Ritter zeigen auch die Worte Tristans bei seiner Ankunft in Irland: *die wîle ich morgen ûze sî / (wan ich wil rîten hie bî / ûf âventiure vil vruo, / mir gelinge sône tuo)* […] (8711–8714).

Tristans kämpferische Auseinandersetzungen weisen eine Brutalität und Zweckgerichtetheit auf, die den *âventiure*-Rittern bei Hartmann unbekannt sind.[463] Die *âventiure* ist nicht mehr Ausdruck des Dienstes an Minne und Gesellschaft. Tristans Kämpfe sind vielmehr immer auch eine Inszenierung des eigenen Selbst. Anders als Erec und Iwein verfolgt Tristan keinen Bewährungsweg.[464] Die kriegerischen Begegnungen führen weder zum Gewinn von Frau und Land, noch dienen sie einer inneren Entwicklung des Protagonisten.[465] Damit, so Stein, ist die *âventiure* bei Gottfried »ihrer Funktion als strukturbildendes Element beraubt«[466]. Dies hat Folgen für den Erzählduktus. Der »kunstvolle Bau eines Doppelwegschemas«[467], dessen Anliegen die Abbildung einer Ordnung ist, wird zugunsten einer Folge von Ereignissen ersetzt, die teilweise auf virtuose Weise durch Wiederholungen, Verweise und Variationen miteinander verstrickt und verwoben sind, teilweise jedoch auch separat stehen, keine Verknüpfung zu anderen Erzähleinheiten aufweisen und dadurch auch keinem übergeordneten Verlauf folgen.[468] Eine Wiederherstellung der Ordnung scheint im *Tristan* geradezu unmöglich zu werden. Das Verhältnis zwischen dem einzelnen Liebenden und der Sozietät wird prekär. Die Gemeinschaft bietet weder Rückhalt noch die Möglichkeit zur Einkehr, sie wird vielmehr selbst zum Gegenspieler, dem sich Tristan über lange Zeit auf artistische Weise zu erwehren vermag.

In seinem wegweisenden Aufsatz hat Walter Haug gezeigt, dass es bei Gottfried zu einer semantischen Neuakzentuierung von *âventiure* kommt.[469] Das Wort tritt

---

[463] Vgl. Kapitel 3.1, bes. 3.1.1 und 3.1.2.

[464] Warning, »Die narrative Lust an der List«, S. 193, stellt eine Veränderung der Orientiertheit der *âventiure* fest: »Sie wendet sich nicht mehr gegen Bedrohungen aus dem Außenraum, sondern gegen Gefährdungen aus dem Innenraum, aus dem Raum der höfischen Kultur selbst.«

[465] Vgl. allgemein zur Andersartigkeit des *Tristan* gegenüber den Artusromanen Walter Haug, »Der ›Tristan‹ – eine interarthurische Lektüre«, in: *Artusroman und Intertextualität. (Beiträge der Deutschen Sektionstagung der Internationalen Artusgesellschaft vom 16. bis 19. November 1989 an der Johann Wolfgang Goethe-Universität Frankfurt a.M.)*, hg. v. Friedrich Wolfzettel, Giessen 1990, S. 57–72: »Das arthurische Strukturmuster ist [...] im ›Tristan‹ intertextuell, d.h. im Sinne eines impliziten Dialogs mit dem ihm verpflichteten Typus präsent. Man bringt das arthurische Muster zum Bewußtsein, um es zugleich zu demontieren«, S. 64.

[466] Stein, »Tristans Schwertleite«, S. 344.

[467] Vgl. Stein, »Tristans Schwertleite«, S. 345.

[468] Vgl. Jan-Dirk Müller, »Zeit im ›Tristan‹«, in: *Der* Tristan *Gottfrieds von Straßburg. Symposion Santiago de Compostela, 5. bis 8. April 2000*, Tübingen 2002, S. 379–397, hier S. 379. Vgl. zu diesem Erzählen im Zeichen der Episodizität die von Rainer Warning geprägte Formulierung des ›Erzählens im Paradigma‹, vgl. Warning, »Die narrative Lust an der List«; Warning, »Erzählen im Paradigma«.

[469] Vgl. Walter Haug, »*âventiure* in Gottfrieds von Strassburg Tristan«, in: *Festschrift für Hans Eggers zum 65. Geburtstag*, hg. v. Herbert Backes, Tübingen 1972, S. 88–125. Franz Josef Worstbrock, »Der Zufall und das Ziel. Über die Handlungsstruktur in Gottfrieds ›Tristan‹«, in: *Fortuna*, hg. v. Walter Haug und Burghart Wachinger, Tübingen 1995, S. 34–51, nimmt die Anregungen Haugs auf, erweitert jedoch seinen Untersuchungsgegenstand dahingehend, dass er Zufälle als integralen Bestandteil der Handlung fasst und diese vom Leitwort der *âventiure* löst. Vgl. auch Walter Haug, »Eros und Fortuna. Der höfische Roman als Spiel von Liebe und Zu-

größtenteils in der Bedeutung von ›Zufall‹ oder ›zufällig‹ auf.[470] Haug betont, dass durch die häufige Formulierung *›von âventiure‹* die Ursachen, Gründe und genauen Umstände eines Ereignisses im »Unbestimmt-Ungewisse[n]«[471] bleiben.

> Der Zufall, *von aventiure,* bezeichnet den unfaßbaren Ansatz alles Geschehens; aber, und dies ist entscheidend, nicht einfach als das Irgendwie-Zufällige, sondern als das Irrationale im Sinne einer autonomen Macht mit einer ganz bestimmten Tendenz.[472]

Die Suche wird bei Gottfried nicht nur eingeklammert, sondern regelrecht durchgestrichen und durch den Zufall ersetzt. Während die Artusritter etwas erwarten und selbst von etwas erwartet werden, werden die Hauptfiguren im *Tristan* heimgesucht.[473] Es lassen sich aber auch in abgemilderter Form Szenen des Zufalls festmachen, die im Zeichen von »Finden oder Entdecken«[474] stehen, etwa der Fund der Minnegrotte. Die genannte autonome Macht des Zufalls zeigt sich in seiner vollen Größe im Minnetrank, der Isolde und Tristan für immer aneinander bindet.[475] Während der Hartmannsche *âventiure*-Weg letztlich in die Ordnung der Minne zurückführt, verliert sich der *Tristan* in ihrer Unverfügbarkeit und Nicht-Integrierbarkeit. Der Zufall unterläuft jede Ordnung und treibt die Figuren in die Ausweglosigkeit.[476]

Die Aventiurefahrten der Artusromane zeichnen sich durch Mobilität und Unrast aus, durch die sich der Ritter den Raum erobert.[477] Auch Tristan begibt sich immer wieder auf Reisen. Ihn treibt es stets aufs Neue in das Unbekannte und Un-heimliche.[478] Mit Ausnahme der Entführung durch die norwegischen Kaufleute ist jeder seiner Aufbrüche aus einem bestimmten Zweck heraus und auf ein Ziel hin ausgerichtet.[479] Wie der Artusritter zieht auch Tristan immer wieder aus,

---

fall«, in: *Fortuna,* hg. v. Walter Haug und Burghart Wachinger, Tübingen 1995, S. 52–75, bes. S. 66–68. Neben dem Wort *âventiure* treten in vergleichbarer Verwendung die Worte *geschiht* und *ungelücke* auf. Vgl. auch Flecken-Büttner, *Wiederholung und Variation,* S. 140.

[470] Vgl. zum Zufall im Feld seiner historischen Begrifflichkeit Störmer-Caysa, *Grundstrukturen,* S. 149–157.

[471] Haug, *»âventiure«,* S. 100.

[472] Haug, *»âventiure«,* S. 118.

[473] Vgl. Haferland, *Höfische Interaktion,* S. 333, Fußnote 56. Vgl. auch Müller, »Zeit im ›Tristan‹«, S. 381.

[474] Flecken-Büttner, *Wiederholung,* S. 142.

[475] Vgl. auch Haug, »O Fortuna«, S. 14, Fußnote 47.

[476] Müller, »Zeit im ›Tristan‹«, S. 381.

[477] Vgl. u.a. Tomas Tomasek, »Auf der Durchreise durch (das arthurische) Utopia«, in: *Raum*erfahrung – *Raum*erfindung. *Erzählte Elten des Mittelalters zwischen Orient und Okzident,* hg. v. Laetita Rimpau und Peter Ihring, Berlin 2005, S. 99–107, hier S. 99.

[478] Wenzel, »Negation und Doppelung«, S. 242, betont, dass Tristan im selben Moment, in dem er Ländergrenzen überschreitet, auch Statusgrenzen übertritt.

[479] Zur ersten Fahrt nach Irland zwingt ihn die Verletzung durch Morold. Nur die irische Königin Isolde verfügt über die nötigen Fähigkeiten, seine Wunde zu heilen und ihn vor dem Tod zu retten. Seine zweite Fahrt ist der Brautwerbung im Auftrag König Markes geschuldet. Eine weitere Seefahrt bringt ihn in das Land seines Vaters, nach Parmenien. Allein die letzte Seefahrt

um das gewohnte Umfeld zu verlassen.[480] Doch während der Artusritter stets in Bezug zum Artushof als Fluchtpunkt steht, zeichnet sich Tristan durch eine gewisse Heimatlosigkeit und Fremdheit aus, die an keiner Stelle des Textes vollständig aufgehoben wird. Die Ausfahrten der Ritter in den Artusromanen sind nicht nur mühevoller Raum der Kämpfe, sondern dienen der Identitätsstiftung, der Bildung und Konfiguration des höfischen Selbst. Hingegen wird Bildung im *Tristan* dezidiert durch den Unterricht gelehrter Männer erreicht. Die ritterliche Komponente der höfischen Ausbildung wird zugunsten »der ästhetischen Bildung und ihren ethischen Implikationen«[481] in den Hintergrund gedrängt.

Im *Tristan* steht allen voran die Erziehung der exklusiven Gemeinschaft der *edelen herzen* im Fokus des Interesses. Eine solche soziale Elitisierung spiegelt sich allerdings auch in den anderen hier untersuchten Romanen wider. Allein Figuren, die der höfischen Elite angehören, erhalten Zugang zu Bildung, gleich wie diese im Detail geartet ist. Gelehrtheit ist somit soziales Distinktionsmerkmal. In den Texten zeigt sich, dass sich diese auserwählten Figuren mit jenen decken, denen potenzielle Mußeräume zugänglich sind oder die, allgemeiner gesprochen, überhaupt über die Möglichkeit des Ausbruchs aus Alltäglichkeit und Gewohnheit verfügen. Es drängt sich die Frage auf, inwiefern Bildung und Mußeerleben zusammenhängen, ob jene nicht das Fundament für dieses schafft. Immerhin heißt Muße im Griechischen σχολή und im Lateinischen *schola,* woraus wortgeschichtlich das deutsche Substantiv Schule hervorgeht. σχολή hat demgemäß unter anderem die Bedeutung von ›Ort der Muße‹ (KLUGE, GEORGES). Josef Pieper fasst pointiert zusammen: »Der Name also, mit dem wir die Stätten der Bildung, und gar die der Ausbildung benennen, bedeutet Muße.«[482]

Bereits bei der Betrachtung der *edelen herzen* im *Tristan*-Prolog zeigte sich ein spezifischer Habitus,[483] der die Gruppe der Liebenden als Auserwählte kennzeichnete. Die Frage ist, ob und inwiefern Bildung einen Prozess der Habitualisierung darstellt, welcher auf den Grund von Mußeerleben zielt. Bei dem Versuch einer Antwort auf diese Frage, ist jedoch zu beachten, dass Muße gerade nicht zwingend aus Übung und Erziehung folgt und Endpunkt eines durchlaufenen Ensembles an Übungen darstellt. Stets umweht sie ein Moment der Unverfügbarkeit. Regulierung, Herstellbarkeit und Gewohnheit widersprechen Muße in ihrem Kern, daher können Bildung und Erziehung lediglich auf eine Habitualisierung zielen, die einen Zustand der Wachheit, der Gefasstheit und der Empfänglichkeit für Muße fördert.

(zu Isolde Weißhand) scheint im buchstäblichen wie übertragenen Sinne von Richtungslosigkeit geprägt zu sein.

[480] Vgl. Ingrid Hahn, *Raum und Landschaft in Gottfrieds Tristan. Ein Beitrag zur Werkdeutung,* München 1963, S. 95.

[481] Dietmar Mieth, *Dichtung, Glaube, und Moral. Studien zur Begründung einer narrativen Ethik mit einer Interpretation zum Tristanroman Gottfrieds von Strassburg,* Mainz 1976, S. 155.

[482] Josef Pieper, »Muße und Kult«, in: *Kulturphilosophische Schriften,* hg. v. Berthold Wald, Bd. 6 der Werke in acht Bde., Hamburg 1999, S. 1–44, hier S. 3.

[483] Vgl. Kapitel 2.

Tristan ist eine Figur des Exzeptionellen. Der Ausbildungsweg, durch den Tristan seine umfassenden Kenntnisse und Fertigkeiten erwirbt, wird umfassend beschrieben und bietet einen reichen Einblick in vermittelte Werte und Wissensbereiche, die den Zusammenhang von Bildung und Muße, wie er in den Texten dargestellt wird, zu erhellen vermögen. Es fällt auf, dass das erläuterte Bildungskonzept in großen Teilen dem traditionellen Denken verpflichtet ist, das »Wissen, Ethos und praktische Lebenskunst mit der Schönheit des Körpers, der Gebärde und des Wortes zusammenbringt«[484]. Auch wenn die Beschreibung des Erziehungsprogrammes im *Tristan* in dieser Arbeit nicht als real-historische Projektion verstanden wird, zeigt sich doch, dass sich die Ausbildung an zeitgenössischen ritterlich-höfischen Idealitätsvorstellungen orientiert und im institutionellen Akt der Schwertleite kulminiert (4547–4620; 4929–5068).[485] Im Vordergrund steht bei diesem Erziehungsprogramm jedoch nicht das Ziel der Ritterschaft in Form von Kampffähigkeit, sondern die äußerliche wie innerliche Sublimierung des Ritters »als Menschen, als fühlendes Wesen, als Denker und Künstler«[486].

Ein Blick auf das anspruchsvolle und »weitgespannte Bildungsprogramm«[487], welches Tristan durch seine Zieheltern Rual li Foitenant und Floraete ermöglicht wird, zeigt zunächst, dass die höfische Bildung nicht nur für den Zögling eine Anstrengung darstellt, sondern ebenso für seine Förderer.[488] Bei seiner Ankunft am Markehof kann der Jägermeister denn auch kaum glauben, dass Tristan der Sohn eines Kaufmanns sei, denn *wie haete ein koufman iemer / in sîner unmüezekeit / sô grôze muoze an in geleit? / solt er die muoze mit im hân, / der sich unmuoze sol begân?* (3284–3288). Die Formung und Modellierung des höfischen Körpers hinsichtlich intellektueller wie physischer Fähigkeiten fordert Zeit und Mühe. Dies wird hier durch die Verwendung des Wortes *muoze* angedeutet. Ein Kaufmann

[484] Klaus Ridder, »Gelehrtheit und Häßlichkeit im höfischen Roman«, in: *Körperinszenierungen in mittelalterlicher Literatur. Kolloquium am Zentrum für interdisziplinäre Forschung an der Universität Bielefeld (18. bis 20. März 1999)*, hg. v. Klaus Ridder und Otto Langer, Berlin 2002, S. 75–95, hier S. 79.

[485] Die Bereiche decken sich mit jenen, die Bumke unter dem Titel »Adlige Erziehung« in seiner Beschreibung der höfischen Kultur anführt, vgl. Bumke, *Höfische Kultur,* S. 433–438. Vgl. auch bei Jaeger, *Die Entstehung höfischer Kultur,* bes. S. 284–315, das Konzept der *elegantia morum,* der *schoenen site:* »die elegante und urbane Erziehung ist [...] das äußere Zeichen innerer Tugend; die guten Sitten des äußeren Menschen reflektieren eine innere Harmonie«, S. 182. Vgl. auch Uttenreuther, *Die (Un)ordnung der Geschlechter,* S. 88.

[486] William T. H. Jackson, »Der Künstler Tristan in Gottfrieds Dichtung«, aus dem Englischen übersetzt von Alois Wolf, in: *Gottfried von Straßburg,* hg. v. Alois Wolf, Darmstadt 1973, S. 280–304 (im Original: »Tristan the artist in Gottfried's poem«, in: *PMLA* 77 (1962), S. 364–372).

[487] Bertau, *Über Literaturgeschichte,* bes. S. 136–139, hier S. 136. Vgl. auch Ruh, *Höfische Epik II,* bes. S. 225–230.

[488] Vgl. zu Tristans Erziehung und Bildung u.a. Otto Langer, »Der ›Künstlerroman‹ Gottfrieds – Protest bürgerlicher ›Empfindsamkeit‹ gegen höfisches ›Tugendsystem‹?«, in: *Euphorion* 68 (1974), S. 1–14; C. Stephen Jaeger, *Medieval Humanism in Gottfried von Strassburg's ›Tristan und Isolde‹,* Heidelberg 1977; Gottfried Weber, *Gottfrieds von Straßburg Tristan und die Krise des hochmittelalterlichen Weltbildes um 1200,* Bd. 1, Stuttgart 1953, bes. S. 47–52.

könnte, so die Auffassung des Jägers, angesichts seiner von Rastlosigkeit geprägten Tätigkeiten diesen Anforderungen kaum gerecht werden.

Seine Kindheit verbringt das Waisenkind Tristan unter der Obhut und liebevollen Pflege durch Floraete.[489] Mit sieben Jahren wird er diesem Schutzkreis entrissen und an einen weisen Mann übergeben, der ihn in den *artes liberales,* in Fremdsprachen, im Literaturstudium und in Buchgelehrsamkeit sowie weiteren wissenschaftlichen Studien unterweist (2056–2067).[490] Frühe Erziehung und Lehre spielen eine wichtige Rolle, wie im *Welschen Gast* verdeutlicht wird:

swer an unzuht sîn jugent wendet,
der hât sîn alter gar geschendet.
swer alter wil mit êren leben,
der sol nâch êren junger streben.
(161–164)

dâ von sô gib ich mîne ræte
daz man sîn jugent wol bestæte
an hüfscheit und an guoten dingen;
uns mac dar an niht misselingen.
(181–184)

Mit Eifer und Leidenschaft stürzt Tristan sich *in sô kurzer zît* (2091) auf Bücher und übt sich über Stunden hinweg geduldig in unterschiedlichsten Arten des Saitenspiels. Doch nicht nur den musischen Künsten gilt seine Aufmerksamkeit, er widmet sich mit ebensolcher Ausdauer dem Umgang mit Schild und Schwert, dem Reiten und anderen körperlichen Betätigungen (2104–2116).[491] Wie an Tristan beispielhaft ersichtlich, definiert sich die adlige Elite durch tätige Perfektionierung. Zugleich lernt sie sich in der höfischen Geselligkeitskultur mühelos, gar spielerisch, zu bewegen und Gesellschaftsformen vergnüglichen Beisammenseins in tätiger Untätigkeit nachzukommen.[492] So wird auch Tristan in die Gepflogenheiten der höfischen Gesellschaft eingeführt, indem er *aller hande hovespil* (2121), das Pirschen und das Jagen (2118) erlernt. Es zeigt sich eine spannende Ambivalenz zwischen eifrigem Bemühen um *perfectio* und dem Ziel, sich anhand dieser mit einer Leichtigkeit in den Kreisen des Hofes zu bewegen.[493]

---

[489] Vgl. zu Kindheitstopoi, die vielmehr Heldentopoi sind Annette Gerok-Reiter, »Kindheitstopoi in Gottfrieds *Tristan.* Anspielungen, Überlagerungen, Subversionen«, in: *Alterstopoi. Das Wissen von den Lebensaltern in Literatur, Kunst und Theologie,* hg. v. Dorothee Elm, Thorsten Fitzon, Kathrin Liess und Sandra Linden, Berlin/New York 2009, S. 113–136.

[490] Vgl. Wilhehalm beherrscht ebenfalls unterschiedlichste Fremdsprachen, die er in arabischer Gefangenschaft lernte. Die Gefangenschaft bot ihm dafür die nötige »Muße«, vgl. Kiening, *Reflexion - Narration,* S. 120.

[491] Die ritterliche Ausbildung spielt zwar eine Rolle, hat aber weit weniger Gewicht als die musische. Dies zeigt sich auch an der epischen Funktion seiner künstlerischen Fähigkeiten, vgl. Marija Javor Briški, »Die Bildung in Gottfrieds *Tristan:* Bemerkungen zu ihrer epischen und symbolischen Funktion«, in: *Acta Neophilologica* 29 (1996), S. 13–25.

[492] Vgl. Kapitel 3.3.

[493] In den höfischen Kreisen wird Tristan als Vorbild betrachtet: *dâ begunde sich manc herze senen / nâch Tristandes vuoge. / dâ wolten genuoge / vil gerne sîn gewesen als er* (3704–3707).

Im Text ist von *emezekeit* (2098) und *vlîz* (2089) die Rede, im Sinne von Stetigkeit oder Dauerhaftigkeit. In der asyndetischen Folge der zwei Dikola *hiute diz, morgen daz, / hiure wol, ze jâre baz* (2101f.) wird die Intensität der Beschäftigung Tristans mit den Gegenständen noch einmal betont. Er stürzt sich geradewegs in die Studien. *wol nâch sîner craft* (2116) gilt all seine Konzentration der Perfektionierung der unterschiedlichen Tätigkeits- und Wissensbereiche. In allem übertreffen seine Fähigkeiten weit das Gewöhnliche. Die Häufung von Adjektiven wie *behendeclîche* (2105), *vreche* (2108), *tugentlîche* (2142) oder *saeleclîcher* (2125), aber auch »hyperbolische Überbietungsfiguren«, etwa *ezn gelernete* [...] *nie kein man sô wol sô er* (2118f.), verweisen auf seine Exzeptionalität.[494] Ludger Lieb sieht in der Entwicklung der außergewöhnlichen Fähigkeiten Tristans »charismatisches Potenzial«[495].

Mit vierzehn Jahren beginnt die letzte Phase der Ausbildung unter den wachen Augen Ruals, in der Tristan *liute unde lant* (2135) im eigenen Reich kennenlernt. Die höfische Erziehung vermag die angeborenen Begabungen Tristans optimal zu fördern und auszubilden.[496] Der Bildungsweg äußert sich als Weg adliger Vervollkommnung, Bildung selbst wiederum ist Ausdruck von Exorbitanz und Auserwähltheit.

Bei allen Superlativen, die Tristan zugeschrieben werden, werden doch auch kritische Zwischentöne des Erzählers hinsichtlich Bildung und Perfektionsstreben laut. Explizit spricht der Erzähler die negativen Seiten des Studiums an:

daz was sîn êrstiu kêre
ûz sîner vrîheite.
dô trat er in daz geleite
betwungenlîcher sorgen,
die ime dâ vor verborgen
und vor behalten wâren.
in den ûf blüenden jâren,
dô al sîn wunne solte enstân,
dô er mit vröuden solte gân
in sînes lebens begin,

[494] Vgl. auch zur Verwendung des Begriffes ›Exzeptionalität‹ Flecken-Büttner, *Wiederholung*, S. 54. Vgl. auch Susanne Flecken-Büttner, »Exzeptionalität. Zu Narration, Deskription und Reflexion im *Tristan* Gottfrieds von Straßburg«, in: *Text und Normativität im deutschen Mittelalter. XX. Anglo-German Colloquium*, hg. v. Elke Brüggen, Franz-Josef Holznagel, Sebastian Coxon und Almut Suerbaum, unter Mitarbeit v. Reinhold Katers, Berlin/Boston 2012, S. 105–141, hier S. 106: »Exzeptionalität bedeutet, Gruppierungen anzugehören, denen Dignität zukommt, und innerhalb dieser Gruppierungen eine herausgehobene Position und die entsprechende Anerkennung zu erlangen, und sie entsteht in Spannung dazu in der Gemeinschaft mit dem ebenbürtigen Anderen auf der Grundlage unmittelbaren Einverständnisses.«

[495] Ludger Lieb, »Erzähltes Charisma – Charisma des Erzählers. Zum ›Tristan‹ Gottfrieds von Straßburg«, in: *Institution und Charisma. Festschrift für Gert Melville zum 65. Geburtstag*, hg. v. Franz J. Felten, Annette Kehnel und Stefan Weinfurter, Köln/Weimar/Wien 2009, S. 559–570, hier S. 562.

[496] Beate Ackermann-Arlt, *Das Pferd und seine epische Funktion im mittelhochdeutschen ›Prosa-Lancelet‹*, Berlin/New York 1990, S. 288, Fußnote 13.

dô was sîn beste leben hin.
dô er mit vröuden blüen began,
dô viel der sorgen rîfe in an,
der maneger jugent schaden tuot,
und darte im sîner vröuden bluot.
in sîner êrsten vrîheit
wart al sîn vrîheit hin geleit.
der buoche lêre und ir getwanc
was sîner sorgen anevanc.
(2068–2086)

Bildung, so der Text, stellt die Kehrseite der Freiheit dar. In der Verwendung einer auffälligen Wachstumsmetaphorik wird die Zeit der Kindheit durch das Aufblühen einer Pflanze veranschaulicht. Sie ist mit *wunne* (2075) und *vröude* (2076) verbunden. Die ursprüngliche paradiesische Unmittelbarkeit und Unbekümmertheit des Erlebens wird von den Sorgen und dem Kummer überschattet, den die bislang verborgenen Erkenntnisse mit sich bringen.[497] Um in der naturalen Metaphorik des Textes zu bleiben, wird das Aufblühen der Jugend durch den Raureif der Sorge gewissermaßen festgefroren.[498] Zugleich fordert das Erziehungsprogramm einen streng geregelten Tagesablauf, der Übung und Wiederholung gewidmet ist. Die Betonung von Übung (4423) findet sich auch im *Welschen Gast.* Dort heißt es pointiert: *daz beidiu zuht und hüfscheit / koment von der gewonheit* (657f.). Das Substantiv *zuht* bildet das mittelhochdeutsche Äquivalent zu dem modernen Wort ›Erziehung‹.[499] Das zugrundeliegende Verb *ziehen* verweist etymologisch auf zügeln und zäumen, welche auf Freiheitsbeschneidung hindeutet. Tristan bekommt die Einschränkung seines Bewegungsradius deutlich zu spüren. Er ist eingebunden in herrschaftliche, administrative wie repräsentative Verpflichtungen des höfischen Lebens.

In Tristan vereinen sich Normentsprechung wie Überbietung und Sprengung alles Normhaften.[500] Annette Gerok-Reiter bringt dies überzeugend auf den Punkt:

Tristans Einzigartigkeit beruht nicht darauf, dass Tristan über ungewöhnliche Fähigkeiten verfügt, sondern darauf, dass er traditionell anerkannte Fähigkeiten in einer ungewöhnlichen Wei-

---

[497] Vgl. auch Rüdiger Schnell, »Kritische Überlegungen zur Zivilisationstheorie von Norbert Elias«, in: *Zivilisationsprozesse. Zu Erziehungsschriften in der Vormoderne,* hg. v. Rüdiger Schnell, Köln 2004, S. 21–83, bes. S. 70.

[498] Dagegen verweist Platon, »Nomoi«, in: *Werke in acht Bänden,* griechisch/deutsch, Bd. 8, hg. v. Gunther Eigler, übers. v. Friedrich Schleiermacher 4. Auflage Darmstadt 2005, 798b-798e auf den zentralen Zusammenhang zwischen παιδιά und παιδεία, zwischen dem Spiel und der Erziehung bzw. Bildung zum vollkommenen Menschen, zwischen der Fundierung der παιδεία in der παιδιά. Vgl. Voegelin, »*Homo ludens.* Eine Besprechung«, S. 48.

[499] Vgl. Beate Baier, *Die Bildung der Helden. Erziehung und Ausbildung in mittelhochdeutschen Antikenromanen und ihren Vorlagen,* Trier 2006, S. 18.

[500] Vgl einerseits die Formulierung *reht und nach ritterlichem site* (2111) und andererseits das Wort *wunder* (2099).

se beherrscht. D.h. Tristan verlässt durch seine einzigartigen Fähigkeiten nicht die Normen der höfischen Gesellschaft, sondern repräsentiert diese Normen in vollendeter Ausprägung.[501]

Das Studium ist demnach kein Ausbruch aus den konventionellen Grenzen des Hofes, sondern fügt sich in besonderem Maße in diese. Zugleich betont Müller, dass Tristan bei aller Perfektion dennoch nie vollständig in die höfische Gesellschaft integriert ist.[502]

vriheit (2069; 2083f.) steht komplementär zu *getwanc* (2085). Die dreimalige Nennung von *vriheit* scheint den Zustand bei aller Aussichtslosigkeit dieses Unterfangens festhalten zu wollen. Der hier beschriebene Verlust scheint dem oben genannten Ineinanderspiel von Bildung und Muße im Begriff der σχολή zu widersprechen. Freiräume der Kindheit, die durch die ihnen inhärente Unbeschwertheit und Sorglosigkeit Muße nahezukommen vermögen, scheinen durch den Einfluss von Bildung zerstört zu werden.[503] Der Erziehungsprozess lehrt Tristan typische mußeaffine Tätigkeiten, etwa das Lesen oder Musizieren.[504] Doch in einer geradezu paradoxalen Wendung wird ein wesentliches Moment von Muße, nämlich das Erleben von Unmittelbarkeit, verloren, ja geradezu ›verlernt‹.

Das von Gottfried neu geprägte Oxymoron *arbeitsaelic* (2130) drückt die beiden einander widerstrebenden Seiten der Ausbildung Tristans in konzentrierter

---

[501] Gerok-Reiter, *Individualität,* S. 155.

[502] Müller, *Höfische Kompromisse,* S. 258.

[503] Interessant wäre an dieser Stelle auch eine Betrachtung der Kindheit Parzivals, der es ja gerade im Kontrast zu Tristan an jeglicher ritterlichen Ausbildung ermangelt und, so könnte man meinen, einen von äußeren Einflüssen geschützten Raum des unmittelbaren, weil unwissenden Erlebens ermögliche; einen Bereich also, der, in den Worten aus dem *Tristan,* der freien Entfaltung, dem Blühen, Raum gebe. Das Verhalten Parzivals wie seiner Mutter schließt freilich aus, die Einsamkeit von Soltane als Mußeort und die kindliche Unbekümmertheit ähnlich einer Mußeerfahrung zu begreifen, zu dominant zeigt sich das von Annehmlichkeiten wie Gefahren höfischer Lebensweise abgekappte Leben tatsächlich nur im Zeichen von Vorenthaltung und Zensur. Durch den Gesang der Vögel wird die Grenze in andere Gesetzesbereiche mit dem erstmaligen Verweis auf Gott überschritten. Der Versuch einer erzwungenen Utopie muss konsequenterweise scheitern. Vgl. zu Parzivals Kindheit etwa: Walter J. Schröder, *Die Soltane-Erzählung in Wolframs Parzival. Studien zur Darstellung und Bedeutung der Lebensstufen Parzivals,* Heidelberg 1962, mit einem Schwerpunkt auf der Welt- und Gotteslehre Herzeloydes; Alois M. Haas, *Parzivals tumpheit bei Wolfram von Eschenbach,* Berlin 1964, bes. S. 56–71; Anja Russ, *Kindheit und Adoleszenz in den deutschen Parzival- und Lancelot-Romanen. Hohes und spätes* Mittelalter, Stuttgart 2000, bes. S. 40–48; Joachim Bumke, *Die Blutstropfen im Schnee. Über Wahrnehmung und Erkenntnis im ›Parzival‹ Wolframs von Eschenbach,* Tübingen 2001, bes. S. 77–90; Schnyder, *Topographie des Schweigens,* S. 310–312.

[504] Vgl. Josef Pieper, »Kunst – Kontemplation – Fest (1973)«, in: ders., *Miszellen,* Register und Gesamtbibliographie, CD-ROM zum Gesamtwerk, hg. v. Berthold Wald, Werke in acht Bänden, Bd. 8,2, Hamburg 2008, S. 495–507, hier S. 495: Pieper verweist in Bezug auf die musischen Künste auf das wortwörtliche Verständnis von *artes liberales* im Gegensatz zu den *artes serviles,* als »ausdrücklich *nicht-nutzende* Tätigkeitsformen des Menschen«. Vgl. ähnlich in Josef Pieper, »Über das Phänomen des Festes (1963)«, in: ders., *Religionsphilosophische Schriften,* hg. v. Berthold Wald, Werke in acht Bänden, Bd. 7, Hamburg 2000, S. 579–612, hier S. 582.

Form aus.[505] Die vorausgehenden Verse stellen *saelde* (2128) und *werndem schaden* (2129) gegenüber, welche in dem Wort *arbeitsaelic* ineinander zu fließen scheinen. In den verbreiteten Wörterbüchern (LEXER, BMZ, MWB s.v.) ist für *arbeitsaelec* etwa die Deutung ›durch od. bei mühsal beglückt‹ bzw. ›von Leid beglückt‹ belegt. Trotz der Isoliertheit des Neologismus geht Jaeger in seiner Untersuchung zu ›Arbeitsælikeit‹ nicht von einer einfachen Lesart im Sinne von ›mühselig‹ oder ›unglückselig‹ aus, sondern stellt das Wort in den Kontext des antithetischen Prinzips der Freude-Leid-Thematik, wie sie bereits im Prolog des *Tristan* anklingt.[506] Der elitäre Zugang zu Bildung fordert auch die Bereitschaft zu Schwermut. Zu Recht spricht Jaeger von einer »elitäre[n] Auffassung des geistigen Leidens«[507]. Interessanterweise folgt das Gefühl des Freiheitsverlustes auf die Einführung in die Buchgelehrsamkeit. Der enge Konnex von Literatur, Liebe und Trauer zieht sich gleich einem roten Faden durch den gesamten Roman. *arbeitsaelic*, so resümiert Flecken-Büttner, wird für Tristan zur »Signatur seiner Existenz«[508].

Auf den ersten Blick scheinen sich Tristans Jugendjahre radikal von der ungestümen Adoleszenz seines Vaters zu unterscheiden, auch wenn dieser, *der jâre* [noch] *ein kint* (246) bereits Herrscher über Parmenien ist. Die genealogische Vorgeschichte beginnt mit einer detaillierten Charakterzeichnung des jungen Riwalin. Seine Vorzüge, die jenen Tristans gleichen, folgen einem höfischen Tugendkatalog. Besonders seine schöne Gestalt, seine Tapferkeit und Zuverlässigkeit und seine herausragende *ritterschefte* (257) werden betont. Doch die idealistische Stilisierung erfährt einen Bruch:

an ime brast al der tugende niht,
der hêrre haben solte,
wan daz er ze verre wolte
in sînes herzen luften sweben
und niwan nâch sînem willen leben.
(260–264)

Die anzitierten wechselnden Meerwinde und der Wunsch, in der Luft zu schweben, betonen das Element des Zufalls und der Haltlosigkeit und verweisen bereits subtil auf die charakterliche Schwäche Riwalins, nämlich seinen *übermuot* und seine mangelnde Voraussicht. Diese Eigenschaften werden jedoch vom Erzähler sofort abgemildert und die Figur des Riwalin geradezu in Schutz genom-

[505] Zu Hintergründen, Deutungen und Übersetzungsmöglichkeiten des Wortes *arbeitsaelic* vgl. C. Stephen Jaeger, »Melancholie und Studium. Zum Begriff ›Arbeitsælikeit‹, seinen Vorläufern und seinem Weiterleben in Medizin und Literatur«, in: *Literatur, Artes und Philosophie*, hg. v. Walter Haug und Burghart Wachinger, Tübingen 1992, S. 117–140. Jaeger zeigt Verbindungen zu philosophischen und medizinischen Melancholiekonzepten auf. Vgl. dazu auch Gisela Hollandt, *Die Hauptgestalten in Gottfrieds Tristan*, Berlin 1966, S. 81, Fußnote 10; Freytag, »Das Oxymoron«.

[506] Vgl. Jaeger, »Melancholie und Studium«, S. 130f.

[507] Jaeger, »Melancholie und Studium«, S. 138.

[508] Flecken-Büttner, *Wiederholung*, S. 58.

men. Nicht Bosheit (*archeite* (291)) bildet den Boden für seine Überheblichkeit. Es handelt sich vielmehr um eine allgemeine Schwäche junger Menschen, die in einer Kompromisslosigkeit und heiteren Bedenkenlosigkeit ihren Weg gehen und *in der lebenden süeze sweben* (310) wollen.[509] Riwalin verkörpert ein kontingentes Lebenskonzept, er überlässt sich dem Fluss der Handlungen und lebt mit Sorglosigkeit in den Tag hinein, wie es die iterative Formulierung *wan lebete und lebete und lebete êt dar* (304) zum Ausdruck bringt. Eine derart *spilndiu kintheit* (298) bleibt Tristan verwehrt. Das vorsichtige Aufblühen wird sofort durch ein breit angelegtes aristokratisches Studium unterbunden, während in Riwalins Herz *jugentlîcher hêrren tugent* (296) blühen darf (300). Doch der *werltwunne* (314) setzt Riwalin durch seine eigene Hybris ein Ende. Der Text prophezeit bereits zu Beginn des Romans, dass *ûfgêndiu jugent und vollez guot* (267), werden sie nicht in geregelte Bahnen gelenkt, zu *übermuot* (268) führen. Trotz der augenscheinlichen Sympathie des Erzählers wird die Einstellung *übel mit übele gelten, / craft erzeigen wider craft* (272f.) kritisiert, denn *swer keinen schaden vertragen kan, / dâ wahsent dicke schaden an. / und ist ein veiclîcher site, / hie vâhet man den bern mite* (281–284). An dieser Stelle vergleicht der Erzähler Riwalins übermütiges Verhalten anschaulich mit einem Bären, der sich gegen den ›Bärenhammer‹ wehrt. Es handelt sich dabei um eine mittelalterliche Praxis bei der Bärenjagd. Über einem Honigloch wird ein Knüppel aufgehängt, den der Bär, will er an den Honig gelangen, zur Seite schieben muss. Immer wieder fällt der ›Bärenhammer‹ auf ihn zurück, bis er von den Schlägen betäubt ist und zu Boden sinkt.[510] Diese grausame Beschreibung weist auf die verheerenden Folgen des treibenden Prinzips des *übermuot* voraus, das alle Lebensschicksale des Romans bestimmt.[511] Die bereits in der Vorgeschichte ausgelöste Dynamisierung von Trauer, Tod und Schmerz reicht über die Zeugung und Geburt Tristans hinaus und bestimmt seinen Weg.[512]

---

[509] Riwalin befindet sich noch in einem Vorstadium eines *edelen herzen,* vgl. Kapitel 2. Noch entzieht er sich dem Aspekt des Leidens.

[510] Rüdiger Krohn (vgl. Stellenkommentar zu Vers 284, Tristan Bd. 3, Stuttgart 2008, S. 39) verweist auf diese Technik, die auch in vielen europäischen Quellen belegt ist, so etwa bei Vincentius Bellovacensis (um 1240). Ausführlicher dazu: Friedrich Ranke, »Etwas vom Bärenfang im Mittelalter. Zu Gottfrieds Tristan V. 284«, in: *ZfdPh* 70 (1949), S. 225–233 (wiederabgedruckt in Friedrich Ranke, *Kleinere Schriften,* hg. v. Heinz Rupp und Eduard Studer, Bern/München 1971, S. 115–121).

[511] Vgl. Christoph Huber, *Gottfried von Straßburg. Tristan,* 2., verbesserte Auflage, Berlin 2001, S. 47.

[512] Auf Handlungsebene beginnt Riwalin ohne ersichtlichen äußeren Grund einen unrechtmäßigen Feldzug gegen seinen Lehnsherrn Morgan. Nach dieser ersten Handlung verstrickt er sich analog zur Bärenfallenmetapher immer weiter in die Folgen des Geschehens, während sein Gegner Morgan allein die »Funktion des Bärenhammers« (Haug, »*Aventiure* in Gottfrieds von Straßburg ›Tristan‹«, S. 95) übernimmt. Metaphorisch steht er für das ständige Zurückschlagen des Knüppels vor dem Honigloch. Riwalin wird nicht nur nach außen zum »Ordnungszerstörer« (Johan Nowé, »Riwalin und Blanscheflur. Analyse und Interpretation der Vorgeschichte von Gottfrieds *Tristan* als formaler und thematischer Vorwegname der Gesamtdichtung«, in: *Leuvense bijdragen* 71 (1982), S. 265–330, S. 272), sondern zerstört letztendlich auch sich selbst.

Erst nach einer aufreibenden Zeit fragwürdiger Kämpfe läuft Riwalins Entwicklung in eine ähnliche Richtung wie diejenige Tristans. Zwar wird *banekîe* (412) als Motivation für seine folgenden Unternehmungen genannt, doch Ziel seiner ›Bildungsreise‹ ist höfische Vervollkommnung am Hof Markes: *aldâ dâhte er belîben, / ein jâr mit ime vertrîben / und von im werden tugenthaft / und lernen niuwan ritterschaft / und ebenen sîne site baz* (455–459). Die Verwendung des Verbes *vertrîben* (456) ist ebenso wie diejenige des Substantives *banekîe* (412) verwirrend, denn es geht nicht um Belustigung oder vergnüglichen Zeitvertreib, wie in den einschlägigen Wörterbüchern für dieses Lemma angeführt, sondern um Verfeinerung der *hövescheit.* Ansporn ist der Wunsch, über die eigenen Landesgrenzen hinaus *êre* zu erlangen (463). Riwalin löst sich aus seiner gewohnten Umgebung und bricht gewissermaßen aus der Verantwortung aus. Land und Leute überlässt er der Aufsicht seines Marschalls Rual und entzieht sich zeitweilig den feudalen Anforderungen.

Analog zu seinem Vater erreicht auch Tristan den Hof König Markes. Während Riwalin zielgerichtet nach Cornwall zieht, wird Tristan zufällig an die Küste ›gespült‹. Tristans herausragende Fähigkeiten sind einerseits Spiel- und Werkzeug, die ihm Handlungsspielräume eröffnen und ihn aus Gefahren befreien, andererseits können sie ihm ebenso zum Verhängnis werden. So weckt seine Außergewöhnlichkeit das Interesse der räuberischen Kaufleute, die sich durch die Entführung des Wunderkindes großen Gewinn erhoffen (2296–2303). Am Markehof wird Tristan aufgrund seiner exorbitanten Fähigkeiten zum Jägermeister und Spielmann ernannt. Seine Spielweisen wecken die Zuneigung König Markes. Dieser wird von den virtuosen Klängen derart verzaubert, dass er Tristan in höchster Wertschätzung zu seinem *geselle*[n] (3739) macht. Das Wort *geselle* impliziert soziale Nähe und Ebenbürtigkeit.[513] Als Markes Gefährte beschäftigt sich Tristan fortan mit höfischen Vergnügungen, etwa dem Spiel, prächtiger Kleidung, Turnier und Jagd (3732–3741). Der Tagesablauf ist in verschiedene Phasen tätiger Untätigkeit eingeteilt. Der Morgen ist der Jagd gewidmet, während der Abend musischen Künsten gehört (3727–3730).

Die harte Ausbildung ermöglicht Tristan den Zugang zu derjenigen Welt, von der er abstammt und der er zugehörig ist.[514] Er ist an einen Punkt gelangt, an dem

---

Es ist bezeichnend, dass selbst der Erzähler den Angriff auf Morgan nicht erklären kann, er folgt allein der überlieferten *âventiure* (344). Ursachen, Auslöser, Inhalt der Auseinandersetzung oder Fragen der Schuld werden nicht thematisiert. Die Unstimmigkeit der unterschiedlichen normativen Konzepte, die sich in Riwalin vereinen, wird nicht aufgelöst. Tristan zeichnet sich ebenfalls durch einen ambigen Charakter aus, zum einen durch Exorbitanz, zum anderen durch seinen ausgeprägten Hang zu List, Lüge und Betrug.

[513] Vgl. Caroline Emmelius, *Gesellige Ordnung. Literarische Konzeptionen von geselliger Kommunikation in Mittelalter und Früher Neuzeit,* Berlin/New York 2010, S. 1f.

[514] Vgl. bereits vor Kenntnis der Verwandtschaftsverhältnisse seine Zugehörigkeit am Hof (3486–3504). Auch Gerok-Reiter, *Individualität,* S. 155, betont, dass seine Einzigartigkeit Tristan nicht daran hindert, sich in die Gemeinschaft einzufügen.

er das Epitheton des *ellenden*[515] ablegen kann und nicht mehr der Hilfe von Förderern und Lehrern bedarf: *wan dû maht dîner sache / sus hin wol selbe nemen war* (4394f.). Tristan hat auf körperlicher wie geistiger Ebene *ritterlîchiu werdekeit* (4411) erreicht.[516] Er hat *müezige* (4414) Jugend in *werltlîche êren* (4416) verkehrt. In der »Institutionalisierung ritterlich-höfischer Idealität«[517] und der damit einhergehenden »Profilierung des Helden«[518] im Akt der Schwertleite wird ein Zeichen gesetzt, das Tristans Rang und Namen nun auch für die Öffentlichkeit sichtbar macht.[519] Eine solche *Instituierung* bedeutet immer auch eine *Konstituierung* festgeschriebener Regeln, ein Festschreiben des Unterschieds also.[520] Bourdieu spricht von der symbolischen Macht von Einsetzungsriten dieser Art, von »ihrer Macht, über die Vorstellung von der Wirklichkeit die Wirklichkeit selbst zu beeinflussen«.[521] Dem Initiand wird öffentlich eine Identität zugesprochen und zugleich im Sinne eines Imperatives auferlegt.[522]

Medialisiert wird dies bei Tristan durch die Insignien des Rittertums – *swert unde sporn* (5021) und *schilte* (4942). Die Ausrüstung mit Waffen ist allerdings nur zweitrangig. Von größerer Bedeutung sind die Gewänder und Schmuckstücke Tristans, die als Allegorien ritterlicher Tugenden dargestellt werden: *hôher muot* (4567) und *vollez guot* (4568) werden von *bescheidenheit* (4569) zugeschnitten und vom *höfschen sin* (4570) eingefasst.[523] Die oberflächliche Betrachtung des äußeren Erscheinungsbildes wird durch die Allegorisierung auf eine ethisch-moralische Ebene gehoben. Das semiotische Spiel von außen und innen zeigt, dass Tristan auf den ersten Blick einem gewöhnlichen höfischen *jungelinc* (3920) ähnelt, sich jedoch durch seine innere ›Bekleidung‹ radikal unterscheidet.

Der öffentlichen Legitimation durch die Ritterweihe gehen Überlegungen voran, die gerade für das Thema der Muße und des Müßiggangs von Interesse sind. Es scheint, als betrachte Tristan in der Retrospektive den Freiheitsverlust, den Bildung und Ausbildung mit sich brachten, in einem anderen Licht. Die behütete Kindheit bei der Stiefmutter wird im Nachhinein als nutzlose Zeit betrachtet. In geradezu (post)moderner Perspektive gilt es, die Anfangsjahre nicht zu vergeuden und bereits die frühkindliche Phase ökonomischen Denk- und Handlungsmustern unterzuordnen. Das kindliche, unbekümmerte Spiel wird in negativer Konnotierung mit den Lexemen *senfte* (4427) und *gemach* (4432) gleichgesetzt. Dies erinnert an die Sentenz über die *verlegeniu müezekheit* im *Iwein:*

---

[515] Vgl. die Verse 2483; 2487; 2843; 2862; 2921; 3254; 3381; 3742; 3923.

[516] Vgl. auch im *Tristan* die Verse 4440–4443.

[517] Uttenreuther, *Die (Un)ordnung der Geschlechter,* S. 104.

[518] Müller, *Höfische Kompromisse,* S. 148.

[519] Vgl. zur Schwertleite u.a. Peter K. Stein, »Tristans Schwertleite. Zur Einschätzung ritterlich-höfischer Dichtung durch Gottfried von Straßburg«, in: *DVjs* 51 (1977), S. 300–350; Hans Fromm, »Tristans Schwertleite«, in: *DVjs* 41 (1967), S. 333–350.

[520] Bourdieu, *Was heißt Sprechen?,* S. 84–93, bes. S. 86.

[521] Bourdieu, *Was heißt Sprechen?,* S. 86.

[522] Bourdieu, *Was heißt Sprechen?,* S. 88.

[523] Vgl. Jackson, »Der Künstler Tristan in Gottfrieds Dichtung«, S. 281.

senfte und ritterlîcher prîs
diu missehellent alle wîs
und mugen vil übele samet wesen.
ouch hân ich selbe wol gelesen,
daz êre wil des lîbes nôt.
gemach daz ist der êren tôt,
dâ man's ze lange und ouch ze vil
in der kintheite pflegen wil.
(4427–4434)

Im Rahmen der Ausbildung Isoldes durch Tristan – in der Maskerade des Spielmanns Tantris – findet sich eine Art Gegenkonzept zu der als beschwerlich empfundenen Ausbildung des jungen Tristan, die ihm alle Leichtigkeit zu rauben scheint. Es handelt sich dabei um eine spezifische Form der *unmüezekeit* namens *morâliteit,* welche geradezu eine vergnügliche Beschäftigung darstellt. Im Gegensatz zur *müezekheit* im *Iwein* gefällt diese Aufgabe *der werlde und* [...] *gote* (8011). Das mit einem Gottfriedschen Neologismus bezeichnete Konzept der *morâliteit* bildet das Kernelement des Unterrichts.[524] Mit vergleichbarem Eifer, mit welchem sich Tristan in jungen Jahren in seine eigene Ausbildung stürzte, widmet er nun seine Zeit der Lehre Isoldes (7965). Da sie bereits über *schoene vuoge* und *höfscheit* (7981) verfügt und auch in verschiedenen Fremdsprachen bewandert ist, lernt sie schnell und begierig (7976f.), um ihre bereits erworbenen Kenntnisse zu vervollkommnen. Ein neues Fach – eine *unmüezekeit* (8003) – stellt die *morâliteit* (8004) dar, eine *kunst,* die *schoene site* (8005) lehrt. Nach dem Prolog begegnet das Wort *unmüezekeit* hier erneut an prominenter Stelle. Eine genauere Betrachtung der Szene wird zeigen, dass mit dem Wort *unmüezekeit* Verbindungslinien über den gesamten Text gespannt sind.[525]

Bei der Lehre der *morâliteit* handelt es sich nicht um ein mühevolles Bücherstudium, sondern um ein *süezes lesen* (8008). Ethische wie ästhetische Werte scheinen die Inhalte der *morâliteit* auszumachen, welche jedoch an keiner Stelle explizit genannt werden.[526] Vielmehr umgibt das Wort etwas Geheimnisvolles,

[524] Zum Begriff der *morâliteit* sowie zu verschiedenen Übersetzungsbeispielen vgl. Linden, »Die Amme der *edelen herzen*«, S. 123. Kurt Ruh, *Höfische Epik II,* S. 227, verweist auf den interessanten Aspekt, dass »[d]ie erste Beziehung der Liebenden [...] auf der Ebene der Bildung, im Verhältnis Lehrer-Schüler« erfolgt. Die Beschreibung der *morâliteit* findet er allerdings »eher enttäuschend«, S. 228. Die Lehre ginge nicht »über das übliche höfische Weltverständnis hinaus, es sei denn in der Einschränkung auf die *edelen herzen*«, S. 228.

[525] Vgl. dazu Lutz, *Schreiben, Bildung und Gespräch,* bes. S. 142–144.

[526] Vgl. Mieth, *Dichtung, Glaube, und Moral,* S. 155–164. Vgl. aus historischer Perspektive Jaeger, *Die Entstehung höfischer Kultur,* S. 197f.: Gottfried verwende bei der Beschreibung der *morâliteit* »Wendungen und Idealvorstellungen [...], die im zwölften Jahrhundert in der Ethik in Unterricht wie Praxis geläufig waren. Wir können die Hauptbegriffe der Passage ohne weiteres in ihre lateinischen Termini übersetzen [...]: *moraliteit* = *moralitas* [i. S. von moralischer Unterweisung], *schoene site* = *elegenatia morum;* ›Nahrung‹ = *nutritura; wol gesite* = *bene morigerauts.* Für *schoene unde reine gemuot* schließlich vergleiche man *compositio interioris hominis*«. Jaeger geht davon aus, dass Gottfried dieses Programm nicht erfunden hat und dieses daher als »klarste

ja Numinoses.[527] Fügen sich in Tristans Ausbildung *arbeit* und *saelic* aneinander, ist Isoldes Beschäftigung *saelic unde reine* (8009). *morâliteit* wird als angenehme Tätigkeit beschrieben, die schnell zu Isoldes Lieblingsbeschäftigung wird (8020f.):[528]

hier banekete s'ir sinne
und ir gedanke dicke mite.
hie von sô wart si wol gesite,
schône unde reine gemuot,
ir gebaerde süeze unde guot.
(8022–8026)

Die Formulierung ›*hier banekete s'ir sinne*‹ veranschaulicht die Leichtigkeit des Tuns und verweist auf die Nähe von Arbeit und Genuss in der *morâliteit.* Sandra Linden betont, dass die Deiktika *hier* (8022) und *hie von* (8024) einzig auf das Unterrichtsfach der *morâliteit* verweisen.[529] Aus ihr allein schöpft Isolde diejenigen Fertigkeiten und Erkenntnisse, welche ihr Wissen (*lêre* (8029)), ihr Benehmen und ihr Verhalten (*gebâre* (8029)) positiv beeinflussen. Mit diesem ›Rüstzeug‹ kann Isolde auch anderen Annehmlichkeit schenken: *und allez daz ir was bekannt / höfschlîcher liste und schoener site, / dâ kürzeste s'ime die stunde mite / und mit im manegem an der stete* (8042–8045). In einer doppelten Wendung erfreut Isolde durch ihr Singen, Lesen und Schreiben zugleich die Gäste am Hof als auch sich selbst: *swaz ir aller vröude was, / daz was ir banekîe* (8056f.). Ihre innere *saelekeite* (8031) kehrt sich in ihrer glanzvollen Erscheinung nach außen und wird zur *saeligen ougenweide (*8050) für das Publikum.

Die Wirkung der *morâliteit* auf Zögling wie Zuschauende gleichermaßen geht mit der gesellschaftlichen Akzeptanz der Lehre einher. Die Inhalte fügen sich in weltliche wie göttliche Vorstellungen. Daher wundert es nicht, dass der Text dazu aufruft, die Jugendzeit der Sittenlehre zu widmen (8006f.). Die Lehre der *morâliteit* scheint auf den ersten Blick geschlechtsspezifisch zu sein, denn der Imperativ richtet sich ausschließlich an junge adlige Frauen, auch wenn Tristan als Lehrer über die Inhalte verfügt.[530] Durch Nennung der *edelen herzen* erweitert sich der Wirkungsgrad der *morâliteit.* Der elitären Minnegemeinschaft ist die *morâliteit*

---

und ausführlichste Darstellung eines Programms höfischer ethischer Erziehung« (S. 298) im 12. und 13. Jahrhundert zu deuten sei. Vgl. auch Urban Küsters, »Liebe zum Hof. Vorstellungen und Erscheinungsformen einer ›höfischen‹ Lebensordnung in Gottfrieds *Tristan*«, in: *Höfische Literatur, Hofgesellschaft, höfische Lebensformen um 1200,* hg. v. Gert Kaiser und Jan-Dirk Müller, Düsseldorf 1986, S. 141–176, bes. S. 157–163.

[527] Vgl. Linden, »Die Amme der *edelen herzen*«, S. 119.

[528] Vgl. Linden, »Die Amme der *edelen herzen*«, S. 124.

[529] Linden, »Die Amme der *edelen herzen*«, S. 119.

[530] Linden, »Die Amme der *edelen herzen*«, S. 122. Dass Tristan der Lehrer der *morâliteit* ist und diese später auf die *edelen herzen* übertragen wird, ändert jedoch nichts an der expliziten Betonung des Erzählers, die *morâliteit* sei frauenspezifisch, vgl. Mieth, *Dichtung, Glaube und Moral,* S. 163: »Man wird davon ausgehen müssen, daß hier zwar ein allgemeiner Anspruch, eine allgemeine Verbindlichkeit vorgestellt ist, daß aber dieser in besonderer Weise sich auf die

als Amme gegeben (8015). Der Text setzt *morâliteit* nicht mit der Nährmutter gleich, sondern verharrt in einer uneindeutigen Distanz.[531] Betont wird allerdings die existenzielle Bedeutung der *morâliteit*. In ihr finden die *edelen herzen* nicht nur geistige Nahrung, sondern auch Lebenskraft. Das Verb *suochen* (8017) verdeutlicht eine gewisse Aktivität, die vom Lehrling selbst gefordert wird. Allein derjenige, der sich der *morâliteit unmüezic* (8007) widmet, wird *guot* und *êre* (8018), ethische und ästhetische Anerkennung, erwerben.

Das Verhältnis von Ethik und Ästhetik diskutiert bereits der Prolog in programmatischer Weise. Um das Gute vom Schlechten unterscheiden zu können, bedarf es eines hohen Urteilsvermögens (1–32). Am Anfang des Romans wird diese qualitative Unterscheidung explizit auf die Kunst bezogen. Die Verantwortung ist groß, denn nur wenn das Gute erkannt wird, kann es in der Welt wachsen (21–24). Sowohl im Prolog als auch im Zusammenhang mit der Sittenlehre taucht die Formulierung ›*unmüezic wesen*‹ 171; 8007) auf. Analog zu der Lektüre des *Tristan*-Romans, die dem Rezipienten als *unmüezekeit* – präziser: zur *unmuoze* (90; 95) – anheimgegeben ist, scheint auch die Unterweisung in der *morâliteit* eine Haltung zu fördern, die Freude und Leid ineinander zu denken bereit ist.[532] Tristans und Isoldes Ausbildung scheinen das Fundament zu bilden, um der höchsten Form der Liebe fähig zu werden.[533] *morâliteit* speist die *edelen herzen* wie Muttermilch und zieht sie zu jenem Zustand heran, in dem ihnen die Worte des Romans zum Brot des Lebens werden können.[534]

3.2.5 *Erzählung als Fluchtpunkt der ›âventiure‹*

Die Betrachtung der unterschiedlichen Ausbildungswege in den Artusromanen und im *Tristan* entfernte sich mit dem Gottfriedschen Roman vom Phänomen der *âventiure* als Handeln, da hier Bildung und Erziehung als intensives Studium durch angesehene Lehrer und nicht vorrangig in der Auseinandersetzung mit dem Anderen und Fremden außerhalb des Hofes stattfindet. In den Hartmannromanen ist dagegen der Reifeprozess eng mit der *âventiure* verbunden. Dabei spielt nicht nur der Auszug in die Anderwelt, sondern auch die Rückkehr der *âventiure* als Erzählung an den Hof eine entscheidende Rolle. Auf diesen zweiten Aspekt zielt dieser letzte Kapitelabschnitt, der damit die sprachliche Präsentation des Erlebten und die eher kontemplativ ausgerichtete Seite von *âventiure* in den Fokus rückt. Dazu werfe ich noch einmal einen Blick auf die zu Anfang des Kapitels genannte Szene, in der Kalogrenant zum Pfingstfest des König Artus' seine weit

Frauen bezieht [...] [dies] hängt wohl mit der Wertschätzung der Frau in der höfischen Bildung zusammen.«

531 Linden, »Die Amme der *edelen herzen*«, S. 127.

532 Vgl. auch Mieth, *Dichtung, Glaube und* Moral, S. 156. Mieth spricht von einem »Basiselement[...] für die Minnehandlung«. Erneut taucht der Komplex von *unmuoze, lesen* und der Gruppe der *edelen herzen* in der Minnegrottenepisode auf, vgl. Kapitel 4.3, bes. 4.3.4.

533 Vgl. Jackson, »Der Künstler Tristan«, S. 303.

534 Vgl. auch Linden, »Die Amme der *edelen herzen*«, S. 128f., S. 130.

zurückliegende *âventiure* vom Brunnenreich erzählt. Im Zentrum der Überlegungen stand die sprunghafte Bewegung von der erzählten *âventiure* zum *âventiure*-Handeln. Die Bewegung von erzähltem Ereignis und Erzählen als Ereignis gleicht jedoch mehr einer Kreisbewegung als einem Sprung.[535] Die Zentripetalkraft richtet sich dabei stets auf das Erzählen als Mittelpunkt der Bewegung, welches sich auf verschiedenen narrativen Ebenen abspielt. Wie die Zentripetalkraft dem Prinzip von Actio und Reactio folgt, folgt *âventiure*-Handeln auf *âventiure*-Erzählen oder umgekehrt. Anders ausgedrückt: Narration generiert einerseits Aktion,[536] Aktion schafft aber auch wiederum Material für neue Narration.[537] Der Anfang der Bewegung ist nicht festzumachen, er spielt aber auch keine Rolle. Die Bewegung gleicht keinem *perpetuum mobile,* das, einmal angestoßen, ununterbrochen in der Bewegung bleibt. Genau betrachtet muss *âventiure* vielmehr ständig in Bewegung gehalten werden, sie muss gewissermaßen ›genährt‹ werden.

Auf Textebene findet sich diese Essensmetaphorik im Fastengelübde des König Artus'. Auch der *Daniel* erzählt von dieser *costume:*[538]

Dô der künic Artûs gesach
daz im diu werlt des lobes jach,
des fröute er sich sêre
und gelobte dur ir êre,
er wolde vasten alle tage,
unz er von sehene ald von sage
vernæme ein niuwez mære
dâvon ze sagene wære.
(75–82)

Das Fasten bis zum Eintreffen *niuwer mære* ist eine Form der Institutionalisierung von *âventiure.*[539] Begründet wird diese Sitte mit der Angst vor Untätigkeit, welche

---

[535] Volker Mertens, »Frau *Âventiure* klopft an die Tür…«, in: *Im Wortfeld des Textes. Worthistorische Beiträge zu den Bezeichnungen von Rede und Schrift im Mittelalter,* hg. v. Gerd Dicke, Burkhard Hasebrink und Manfred Eikelmann, Berlin/New York 2006, S. 339–346, hier S. 340. Mertens These ist die, »dass mit Hartmann die Grundbedeutung von *âventiure* als ›Ereignis‹ sowohl auf der unmittelbaren Ebene der Handlung wie auf der poetologischen Ebene entfaltet wird, also ›erzähltes Ereignis‹ und ›Erzählen als Ereignis‹ bedeutet«.

[536] Strohschneider, *Höfische Textgeschichten,* S. 238.

[537] Findet sich das Wort *âventiure* in dieser semantischen Spanne vor allem in den Artusromanen, so zeigt sich doch auch im *Tristan,* wie Erzählungen die Handlung antreiben, sie in unterschiedliche Richtungen bewegen und das Geschehen voranbringen. Zentral sind dabei die von Tristan erfundenen Geschichten bezüglich seiner Herkunft und seiner Vergangenheit, etwa vor den Pilgern oder der Jagdgesellschaft am Markehof (2692–2721; 3092–3123). Sie eröffnen Tristan immer wieder neue Möglichkeiten und retten ihn aus scheinbar aussichtslosen Situationen.

[538] Vgl. zu anderen Textstellen der arthurischen *costume* den Sammelband *Situationen des Erzählens. Aspekte narrativer Praxis im Mittelalter,* hg. v. Ludger Lieb und Stephan Müller, Berlin/New York 2002, insbes. Wandhoff, »Zur Problematik des ehrenhaften Erzählens«, S. 130f. Kartschoke, »Erzählen im Alltag«, S. 32, verweist darauf, dass die Gewohnheit von König Artus ein Erzählritual darstellt, »das nie auserzählt wird, weil es nur als ethische Behauptung und […] nicht als aktueller Vollzug von Interesse ist.«

[539] Vgl. Strohschneider, »*âventiure*-Erzählen und *âventiure*-Handeln«, S. 380.

im Verb *verligen* (86) nicht nur auf den *Erec* verweist, sondern die gesamte Problematik von Ehrverlust und Ehrgewinn in einem Wort bündelt.[540] Das Fastengelübde dient der Vergemeinschaftung durch einen künstlich herbeigeführten Mangel. Der Brauch zeigt eindrücklich, so Strohschneider, wie »[i]deale Vergemeinschaftung in der Komensalität [sic] [...] Erzählkommunikation voraus[setzt]«[541] und dadurch erst Sozietät konstituiert wird.[542]

Dic *âvcntiurc* mündet stets in einer Erzählung. Erst in diesem Akt der Mitteilung, aber auch der Erinnerung und Konservierung, findet die *âventiure* zu einem Ende, pointiert gesagt: »Es gibt keine *âventiure,* die nicht erzählt ist.«[543]

> Ganz gleich, ob die *aventure* als Begebenheit/Ereignis, Zufall, Los/Schicksal, Gefahr, gefährliches Unternehmen/Heldentat oder ritterliche Bewährungsprobe verstanden wird, sie ist [...] immer erzählenswert. Um als außergewöhnlich erkannt und gedeutet zu werden, muss die *aventure* erzählt, bedacht und kommentiert werden.[544]

Die hier zitierten Ausführungen von Lebsanft beziehen sich zwar auf das altfranzösische Wort *aventure,* sie zeigen jedoch die Anfänge einer allmählichen Verschiebung von *âventiure* als Ereignis, das erzählenswert ist, hin zur Erzählung dieses erzählenswerten Ereignisses.[545] In Hartmanns *Erec* findet sich, wie bereits oben erwähnt, erstmals diese »Bedeutungsverzweigung«[546]. Nach Schnyder löst

---

[540] Vgl. zur Fragilität von *êre* Kapitel 3.1.

[541] Strohschneider, »*âventiure*-Erzählen und *âventiure*-Handeln«, S. 378.

[542] Vgl. dagegen: mitten im Kampfgeschehen auf dem Schlachtfeld ist für den König Artus nicht der rechte Moment, um von den Erlebnissen Daniels zu hören: *nâch dem gruoze / wart im niht diu muoze / daz er die mære hæte vernomen* (5027–5029). Am Ende des *Daniels* kommt es bei dem großen Fest zu einer kuriosen Begebenheit. Artus wird von dem Riesenvater mitten aus der Festgemeinschaft gerissen und auf eine Felskante gesetzt, wo er elendig verhungern soll (7095–7101). Indem der König selbst Gegenstand der *âventiure* wird und den Hungertod sterben soll, wird sein Fasten »invertiert, pervertiert und subvertiert« (S. 378). Seine Rückkehr gleicht einem zum »Körper gewordene[n] *niuwe*[n] *mære*«, vgl. Strohschneider, »*âventiure*-Erzählen und *âventiure*-Handeln«, S. 378.

[543] Schnyder, »Sieben Thesen zum Begriff der *âventiure*«, S. 370.

[544] Lebsanft, »Die Bedeutung von altfranzösisch *aventure*«, S. 330.

[545] Ehrismann, *Ehre und Mut,* S. 25, vgl. bes. S. 24–27. Vgl. auch jüngst Christine Stridde, »Das Spiel um die *âventiure.* Ein Versuch zu Pennincs und Pieter Vostaerts *Roman van Walewein*«, in: *Höfische Textualität. Festschrift für Peter Strohschneider,* hg. v. Beate Kellner, Ludger Lieb und Stephan Müller, unter Mitarbeit v. Jan Hon und Pia Selmayr, Heidelberg 2015, S. 65–93. Stridde verweist auf das auf Chrétien zurückgehende Abhängigkeitsverhältnis von *aventure* (Erzählung), *aventure* (Ereignis) und *conte* (Erzählung des Romanerzählers) und betont zurecht, dass Erzählstoff und Erzählung zwar ununterschieden sind, aber erst die *conte* es ist, die die *aventure* in Form bringt und zur Unterhaltung und Belehrung dient, S. 66f. Zum Begriff der *conjointure* bei Chrétien, vgl. Kapitel 5.

[546] Mertens, »Frau Âventiure klopft an die Tür...«, S. 339. Vgl. auch Walter Haug, »*Der aventiure meine*«, in: *Würzburger Prosastudien II. Untersuchungen zur Literatur und Sprache des Mittelalters. Kurt Ruh zum 60. Geburtstag,* hg. v. Peter Kersting, München 1975, S. 93–111, bes. S. 108. Bei Wolfram steht *âventiure* dann auch für die Erzählung selbst. Sie wird in Buch IX gar zur Allegorie der *frou âventiure* (433,7). *âventiure* erscheint bei Wolfram als personifizierte Inspiration des Dichters, welche klopft und sein Herz bewohnen möchte (433,2). Vgl. dazu auch Friedrich

Hartmann damit eine »unerhörte Erzählreflexion« aus, die sie passenderweise als »eigentliche ›Poetik des Geschicks‹« bezeichnet.[547] Dietmar Peil dagegen hält die semantische Dimension von *âventiure* als Erzählung für »irrelevant«. Er geht von einer Aufspaltung in einen »arturischen Zentralbegriff« und einzelne Nebenbedeutungen aus.[548] Eine solch einseitige Reduzierung ignoriert einen wesentlichen Aspekt von *âventiure*. Erst in der Zweipoligkeit von Tätigkeit und Untätigkeit, genauer von tätiger Tätigkeit in Form der *arbeit umbe êre* und tätiger Untätigkeit in Form des Erzählens wird das Phänomen der *âventiure* in seiner Komplexität angemessen erfasst. Ihr Sinn realisiert sich erst im Zusammenspiel von Handeln und Erzählen.

Dass dem Waldschrat, dem Kalogrenant auf der Lichtung begegnet, der Begriff der *âventiure* fremd ist, wird nun ebenso deutlich: In einer Welt wie der seinen, in der »Wort und Tat noch nicht getrennt sind, gibt es kein Erzählen im Sinne eines Repräsentierens, gibt es keinen Ruhm, gibt es keine Erinnerung als Konstitution eines Individuums, sondern nur den gegenwärtigen Moment.«[549] Die Verkürzung von *âventiure* auf *ungemach* (545) schließt die kontemplative Seite der *âventiure* aus. In der Antwort des wilden Mannes ›*wil dû den lîp wâgen, / sone darftû niht mê vrâgen*‹ (551f.) äußert sich eine Priorität des Erlebens vor dem Erfragen, d.h. vor der retrospektiven Sinnkonstitution durch Sprache.

Während *âventiure*-Fahrten von Beschleunigung und Rastlosigkeit geprägt sind, bildet *âventiure* als Erzählung das Gegenbild, denn Erzählen braucht Zeit und kann das Geschehen entschleunigen. Ebenso wie das Abenteuer nach Bachtin einer eigenen Abenteuerzeit folgt, folgt die Erzählung nach Schmidt-Biggemann einer Ereigniszeit, deren Instrument die Phantasie ist.[550] Mit Blumenberg spricht er von der ›Arbeit am Ereignis‹:

> Das Ereignis, das erzählend verwaltet wurde, wird durch diese Arbeit zur Vergangenheit. Dadurch ändert es seine Funktion: Das erzählte Ereignis wird zur Erfahrung, an die ich mich erinnere. Die Erinnerung ist zugleich die Erfahrung, mit der ich das unaufhaltsam Kommende, die zukünftige Realität, erwarte«[551]

Schmidt-Biggemann unterscheidet Ereignis und Erzählung dadurch, dass Ereignisse sich der Erzählung entziehen, doch die Erzählung über Sprache und Begrifflichkeiten – im »Prozess der Namensgebung« – die größte Nähe zur Einmaligkeit des Ereignisses aufweist.[552] Die Schwierigkeit des Erzählens besteht allerdings dar-

Ohly, »Cor amantis non angustum. Vom Wohnen im Herzen«, in: *Gedenkschrift für William Foerste*, hg. v. Dietrich Hofmann, unter Mitarbeit von Willy Sanders, Köln/Wien 1970, S. 454–476, bes. S. 471f.

[547] Vgl. auch Schnyder, »*Âventiure? waz ist daz?*«, S. 262f.

[548] Vgl. auch Schnyder, »*Âventiure? waz ist daz?*«, S. 260, Fußnote 6.

[549] Schnyder, *Topographie des Schweigens*, S. 305f.

[550] Schmidt-Biggemann, *Apokalypse und Philologie*, S. 364.

[551] Schmidt-Biggemann, *Apokalypse und Philologie*, S. 363.

[552] Schmidt-Biggemann, *Apokalypse und Philologie*, S. 364.

in, dass der Artusritter nicht seine eigenen Ruhmestaten preisen darf.[553] Die Regeln des Königs, wie sie explizit im *Daniel* angeführt sind, fordern, dass jeder über seine Schmach berichtet, nicht jedoch über den eigenen Erfolg (109–116). *sagen* (115) und *verdagen* (116) trennt ein schmaler, doch heikler Grat. Ein legitimer, weil ›verschwiegener Bericht‹ stellt der geschundene Schild dar, denn zu jeder *âventiure*-Fahrt erhält der Ritter einen neuen Schild, dessen Kratzer und Beulen der getanen *arbeit* Zeichen genug sein sollen. Dennoch ist es für die arthurische Gemeinschaft wesentlich, dass die durchlaufenen *âventiuren* an die Öffentlichkeit gelangen. Insbesondere Erfahrungen des Scheiterns müssen ausgesprochen werden, da allein dadurch die Möglichkeit gegeben ist, Rache zu üben und den Ehrverlust, der auch das Kollektiv des Artushofes in seinem Kern betrifft, wiederherzustellen. Beispielhaft zeigt sich dies an der Nachfolge Iweins, wodurch auch die Erzählung Kalogrenants ihren Sinn erhält.[554]

Problematisch wird es, wenn eine *âventiure* nicht erzählt wird, weil die Sprache versagt oder das Geschehen nicht mehr mit Worten einzufangen ist. Dann bleibt die Beunruhigung des Fremden und Rätselhaften bedrohlich präsent und der Artushof erliegt einer Art Stillstand, oder mit Haug gesprochen einer Art »Erstarrung«[555]. Der Artushof »zehrt«[556] von erfolgreich bestandenen *âventiuren,* sie bilden gewissermaßen seine Nahrung.[557] Fehlt die Sprache, wird die *âventiure* zur existenziellen Frage.

Die Essensmetaphorik, die durch das Fastengelübde des Königs aufgerufen wird, kann auch auf das *âventiure*-Erzählen übertragen werden. Durch die Erzählung wird das Fremde in die höfische Werteordnung überführt. Im Kauen und Wiederkäuen des Erfahrenen wird das Andere buchstäblich angeeignet und konsumiert. Das Andere wird aufgenommen, um in der Kreisbewegung wieder den Ausgang beim Eigenen zu nehmen.

---

[553] Vgl. u.a. Haiko Wandhoff, »*Könec, vernemt von mir!*«. Vgl. am Ende des *Daniel* beim Raub des Königs die Problematik des Verbotes: zunächst fordert der Riesenvater zu einem Kräftemessen auf. Alle bieten sich bereitwillig an, doch keiner möchte dem anderen dabei zusehen: *ir deheiner wolde sehen / einen andern dar gân, / und muosen ez alle lân* (7140–7142). Als der Riesenvater daraufhin den Besten zum Kampf auffordert, schweigen die Ritter, da sich eine Antwort nicht geziemt. Vgl. Schmitt, »Kontrollverlust und Fragmentierung«, S. 72f.: »Mit dem Riesenvater ist der Hof so einer ganz unerwarteten Bedrohung ausgesetzt: Sein Verhalten kehrt die Reglements der Artusgesellschaft, die auf den Erwerb von *êre* ausgerichtet sind, in ihr Gegenteil um [...] und macht sie lächerlich.«

[554] Vgl. dagegen die Eingangsszene im *Erec.* Dort sind es die verschwiegene, d.h. nicht ausgesprochene *âventiure* und der darauffolgende Peitschenschlag des Zwerges, die das Handeln auslösen. Das bedeutet, dass die erzählte *âventiure* auch in der Potenzialität und Possibilität, fern von Aktualität, Handlungsmovens sein kann. Vgl. auch Wandhoff, »Zur Problematik des ehrenhaften Erzählens«, S. 127f.; Uwe Ruberg, *Beredtes Schweigen. Schweigemotive in erzählender und lehrhafter deutscher Literatur des Mittelalters,* München 1987, S. 174–203; Schnyder, *Topographie des Schweigens,* S. 190.

[555] Haug, »O Fortuna«, S. 15.

[556] Scheuer, »Bildintensität«, S. 28.

[557] Przybilski, »Möglichkeitsräume«, S. 121, Fußnote 14.

Die Erzählung versucht das Fremde der antagonistisch ausgerichteten Anderwelt zu zähmen, sie giert danach, das Heterogene und Unverständliche in Sinnzusammenhänge zu überführen, um sich auch noch den letzten Rest dessen anzueignen, was im Kampf selbst nicht zu fassen ist. Mersch spricht von der Geste des Verstehens, welche das Un-heimliche in das Heimelige zu überführen sucht.[558] Eine solche Behaglichkeit lässt sich in mußeaffinen Situationen der Geselligkeit und des vergnüglichen Beisammenseins vorfinden. Mit dem Ende der Erzählung muss dieses allerdings wieder in aktives Handeln umschlagen.

Allein für den textexternen Rezipienten ist die sprachlich vermittelte *âventiure* nicht Aufruf, auf das Vernommene zu reagieren, tätig zu werden und dem Fremden das Bedrohliche zu nehmen. Ihm ist vielmehr ein ›bloßes‹ Gewahrwerden und Berührtwerden des Erzählten erlaubt.[559] Hier scheint es, um noch einmal die Terminologie Waldenfels' aufzurufen, dass sich die Aktivität der Response auch durch eine Passivität eintauschen lässt. Dann ist das Auffallen und Aufmerken mehr ein »Sich-anblicken-Lassen«[560] denn ein zur Antwort und Reaktion gezwungenes Angesprochen-sein.

3.2.6 Resümee: Muße im Kontext von ›âventiure‹-Handeln und ›âventiure‹-Erzählen

Das Phänomen der *âventiure* als zentraler Begriff des ritterlichen Tugendsystems interessierte im Zusammenhang mit Muße auf unterschiedlichen Ebenen. Auf struktureller Ebene lassen sich Ähnlichkeiten zwischen *âventiure,* wie sie in den Artusromanen dargestellt ist, und Muße festmachen: Bei beiden Phänomenen handelt es sich um einen Ausbruch einzelner Figuren aus dem höfischen Ordnungsgefüge, der diesen widerfährt und sie – in jeweils unterschiedlicher Weise – in außergewöhnliche Räume zu führen vermag. Auf inhaltlicher Ebene ist das Phänomen der *âventiure* jedoch den konträren Bereichen von Muße zuzuordnen. Es ist Teil der *ârbeit* des Ritters, erfordert dementsprechend Einsatz und Anstrengung und ist stets zweck- und intentionsgeleitet. Allem voran strebt der Ritter in der *âventiure* nach *êre,* aber auch der Gewinn von Herrschaft und Minne zu einer Frau dient als Antrieb, auszuziehen und in der *âventiure* tätig zu werden. Zugleich hat die *âventiure*-Fahrt auch eine soziale Funktion, da die Ritter im Kampf gegen das bedrohliche Fremde die höfischen Grenzen sichern und dazu beitragen, das exklusive höfische Dasein zu erhalten. Das *âventiure*-Handeln ist beherrscht von Unruhe, von sich überschlagenden Aktionen und einem beständigen Unterwegs-sein des Ritters. Diese Praxis der Unrast und der Mobilität ist es, die die ritterliche Lebensform überwiegend bestimmt. *âventiure* ist als Form ritterlicher Bewährungsprobe mit Bourdieu als ›Institutionalisierungsritus‹ des

[558] Mersch, »Die Frage der Alterität«, S. 40.

[559] Vgl. auch Kapitel 5.

[560] Mersch, »Die Frage der Alterität«, S. 54.

einzelnen Kämpfers zu verstehen,[561] der dadurch in die Gemeinschaft und das dort herrschende Regelwerk eingeführt wird.

In eine Erzählung transformiert wird die *âventiure* wiederum zurück an den Artushof geführt. Dort kann sie beispielsweise im Rahmen eines geselligen Beisammenseins beim Fest vorgetragen werden, in der die mühe- und leidvollen Aspekte in einer unterhaltsamen wie anregenden Atmosphäre münden. In diesen Momenten kann der Einzelne am Hof von der Erzählung derart in Bann gezogen werden und in Inhalt und Sprache versinken, dass sich für ihn auch mußevolle Freiräumen einstellen können. Das Mußepotenzial der *âventiure* manifestiert sich demnach in der Verschiebungsbewegung des *âventiure*-Handelns in das *âventiure*-Erzählen. Das Ereignis der *âventiure*-Handlung in einem Außerhalb des Hofes ist es nicht nur wert, erzählt zu werden, sondern bedarf ausdrücklich der sprachlichen Vermittlung. Durch Sprache und gegebenenfalls aussagekräftige materielle Objekte wird das Erfahrene kommuniziert, in bekannte Strukturen des Hofes überführt und dadurch kontrollierbar. Die *âventiure*-Erzählungen dürfen immer nur vom Scheitern des Ritters handeln, nicht von dessen ruhmreichen Siegen und Triumphen. Folglich weisen diese *âventiuren* eine prinzipielle Offenheit auf, die wiederum als Herausforderung und Ansporn zur endgültigen Bezwingung der Gefahren fungiert. Dieser Kreislauf von *âventiure*-Handeln und *âventiure*-Erzählen, in dem aktive wie kontemplative Elemente von *âventiure* ineinander spielen, festigt die höfische Ordnung und schützt die Grenzen des Hofes vor Gefahren und Bedrohungen von außen, indem er primär dazu dient, den Ritter ständig zu neuen Taten anzutreiben. Sowohl in der Form des Handelns als auch in jener des Erzählens ist die *âventiure* somit als ›institutionalisierter Ausbruch‹ zu verstehen, der von der adligen Gesellschaft nicht nur akzeptiert, sondern explizit gefordert und gefördert wird.[562]

Die *âventiure*-Fahrt führt die Ritter an geheimnisvolle Orte in der Natur, etwa den Wald oder das idyllische Quellenreich Laudines. Diese potenziellen Mußeräume verkehren sich in der *âventiure* jedoch in Schreckensorte und werden kaum in ihrer Schönheit wahrgenommen. Im Gegenteil führt der Kämpfer geradezu den Zusammenbruch der friedvoll anmutenden Stimmung herbei. Jede Form von Unbeweglichkeit oder Starrheit wird in der *âventiure* als gefährlich wahrgenommen und muss von Bewegung und Aktivität abgelöst werden. Deshalb können auch Daniels gedankliche Abwägungen, die eine Pause in der dichten Kette von Reiz und Reaktion darstellen, nur insofern Teil der *âventiure* sein, als sie allein dem Zweck des Sieges dienen. Momente des Wartens und Verweilens werden dementsprechend als quälend empfunden. Selbst die Nacht als Zeit des Schlafes und der Erholung wird, wie im *Erec* ersichtlich, noch zum Kampf genutzt. Die Ritter verzichten bewusst auf jegliche Annehmlichkeit, um durch tätige Perfektionierung *êre* und gesellschaftliche Anerkennung zu erlangen.

---

[561] Vgl. Einleitung, Kapitel 1, bes. 1.3.1.

[562] Vgl. Simmel, »Das Abenteuer«, S. 8f.

Im Kontrast zu den *âventiure*-Fahrten der Protagonisten in den Hartmannromanen, die zugleich einen Bildungs- und Erfahrungsweg darstellen, findet sich im *Tristan* ein Erziehungsprogramm, das insbesondere im intensiven Bücherstudium sowie im Erlernen und Einüben aristokratischer Aktivitäten besteht. Tristan und Isolde werden in geselligen Ausdrucksformen des Hofes geschult, durch die ihnen eine mühelose Integration in das höfische Leben gelingt. So erhalten Tristan und Isolde erst durch den Unterricht vollständigen Zugang zu jener sozialen Elite, denen in den Texten des höfischen Romans das Privileg zukommt, in Spielräumen der Muße zu verweilen. Im Zusammenhang mit Muße erscheint Bildung allerdings als schillernd. Einerseits fördert sie unterschiedliche Kompetenzen mußeaffiner Tätigkeiten, etwa das Vermögen zu lesen oder zu musizieren, andererseits raubt sie dem Zögling jene kindliche Fähigkeit zu staunen und unmittelbar zu erleben, die für Mußeerfahrungen von zentraler Bedeutung ist. Obwohl der Unterricht teilweise als beschwerlich und freiheitsraubend empfunden wird, erscheint den Figuren in Folge der Inklusion in die höfische Gesellschaft gerade die freiheitliche kindliche Unbeschwertheit im Nachhinein in negativem Licht. Sie wird als *müezige,* nutzlose, Zeit abgewertet. Eine auffällig positive Bewertung von Unterricht findet sich in der Lehre der *môraliteit,* in die Isolde von Tristan mit eben jener Hingabe eingeführt wird, mit der die Königstochter wiederum dem neuen Fach nachgeht. Auf Wortebene wird diese in ihren Details vage bleibende Lehre als *unmüezekeit* bezeichnet, auf Darstellungsebene zeigt sie sich jedoch als ein *süezes lesen* und damit als eine vergnügliche wie erfüllende Beschäftigung mit denjenigen Geboten, die Gott und der Welt gefallen. Hierin wird ersichtlich, dass der Unterricht selbst in mußeähnliche Erfahrungen umschwingen kann, ebenso wie durch die Ausbildung eine Einübung in bestimmte künstlerische Fähigkeiten gefördert wird, durch die Muße geschehen oder gar evoziert werden kann. Nicht zuletzt im *âventiure*-Erzählen treten solche Fähigkeiten zutage, die Momente der Selbstvergessenheit und des Innehaltens zu erzeugen vermögen, die einer Erfahrung von Muße zugrunde liegen können. Bildung und Mußeerleben hängen folglich nur mittelbar miteinander zusammen, eine direkte Erziehung zu Muße ist in sich widersprüchlich, da diese nicht einem Programm folgend willentlich herbeigeführt werden kann.

3.3 Fest, Geselligkeit, ›kurzwîle‹

Geradezu beiläufig weist Michael Maurer in seinen *Prolegomena zu einer Theorie des Festes* darauf hin, dass das Fest als Nicht-Alltag verstanden werde und sich »als Ruhe, Muße, Spiel«[563] verwirkliche. Maurer führt diese These nicht weiter aus, sondern scheint sie als selbstverständlich zu betrachten. Auch Josef Pieper fasst Muße bedenkenlos als »eine Haltung des Feierns«[564]. In der Tat ruft das Fest Assoziationen auf, die mit Muße in Verbindung stehen, denn auch das Fest lässt sich als temporärer Ausbruch aus vorhandenen Strukturen fassen. In den folgenden Überlegungen möchte ich die eruptive Dimension des Festes in den höfischen Texten genauer betrachten, um das höfische Fest gerade im Kontrast zu Spielräumen der Muße in seiner Charakteristik zu präzisieren und zu differenzieren. Die scheinbar widerspruchslose Auffassung, Fest und Muße seien in eins zu denken, soll auf ihre Stichhaltigkeit untersucht werden.

Allzu leicht lassen sich die verschiedenen Festaktivitäten – etwa das Musizieren, das Tanzen, Spielen und Erzählen – als ›höfische Muße‹ bezeichnen, tragen sie doch mußeaffine Züge. Eine Gleichsetzung übergeht jedoch die Komplexität des Mußephänomens und reduziert es auf Unterhaltung und Zerstreuung im festlichen Rahmen des Artushofes.[565] Auf gegenständlicher Ebene möchte ich die beispielhaft genannten potenziellen Mußetätigkeiten daher mit demjenigen Wort bezeichnen, das auch die mittelalterliche Dichtung dafür verwendet: *kurzwîle.* Ursprünglich geht das Wort auf den Ausdruck *kurze zît* zurück, wie er etwa auch noch in Vers 17264 im *Tristan* vorkommt, und steht semantisch im Gegensatz zu *lange weil.*[566] Das Wort gehört in den Zusammenhang mit mittelhochdeutschen Wendungen wie ›*die zît kürzen*‹, ›*die stunde kürzen*‹, ›*die zît vertrîben*‹. Im Kontrast zu dem Ausdruck der *langen wîle* ist das Wort *kurzwîle,* das *»längst oder von je her«*[567] als *ein* Wort vorkommt, im Mittelhochdeutschen höchst geläufig. Im *Vocabularius incipiens teutonicum ante latinum* um 1500 wird das Wort *kurzwîle* mit lat. *solatium, recreatio* erklärt, was dem mittelhochdeutschen *trôst* ent-

[563] Michael Maurer, »Prolegomena zu einer Theorie des Festes«, in: *Das Fest. Beiträge zu seiner Theorie und Systematik,* hg. v. Michael Maurer, Köln/Weimar/Wien 2004, S. 19–54, hier S. 23.

[564] Vgl. Josef Pieper, »Muße und menschliche Existenz (1959)«, in: ders., *Miszellen,* Register und Gesamtbibliographie, CD-ROM zum Gesamtwerk, hg. v. Berthold Wald, Werke in acht Bänden, Bd. 8,2, Hamburg 2008, S. 453–458, hier S. 455f.

[565] Vgl. etwa Schmid, »Weg mit dem Doppelweg«, S. 77, die wie selbstverständlich behauptet, ein Aufenthalt am Hof bedeute »Geselligkeit und Muße«.

[566] Krohn übersetzt entsprechend auch mit neuhochdeutsch ›Kurzweil‹. Vgl. auch Grimm, DWB, Bd. 11, Sp. 2856–2861, hier Sp. 2856: »kurzweil *ist der gegensatz zu* langweile, *was die* lange weile *oder zeit zu einer* kurzen *macht*«. Das Wort *langweil, langewile* oder auch *lange Weile* ist jedoch erst Ende des 15., Anfang des 16. Jahrhunderts regelmäßig belegt. Es entwickelt sich jedoch nicht, wie auf den ersten Blick denkbar, in Analogiebildung zu *kurz(e)wîle,* sondern höchstwahrscheinlich im Rahmen bestimmter Syntagmen, vgl. Völker, *Langeweile,* S. 33f.

[567] Grimm, DWB, Bd. 11, Sp. 2856.

spricht.[568] In den mittelhochdeutschen literarischen Texten sind vor allem aber Belege bekannt, bei denen das Wort im Sinne von Unterhaltung, Zeitvertreib oder Zeitkürzung verwendet wird (BMZ, LEXER, s.v.).[569] Das Wort wird demnach recht schnell nicht mehr in seiner rein temporalen Bestimmung, sondern hauptsächlich metaphorisch verwendet.[570] Es handelt sich folglich um eine kurze Weile, eine begrenzte Zeitspanne, deren Erleben dicht ist, da es Zerstreuung, Leichtigkeit, Vergnügen und angenehmen Zeitvertreib bedeutet. Ablenkung und Amüsement sind Ziel und Zweck dieser Tätigkeiten, anders als Muße, deren Ziel und Zweck allein in ihr selbst liegt.[571] Dennoch lässt sich in den Texten beobachten, wie *kurzwîle* in Mußeerleben umschlagen kann, wie sich am Ende des Kapitels in der exemplarischen Betrachtung literarischer Inszenierungen einzelner Formen von *kurzwîle* zeigt (3.3.3). Diese nicht allein an Feste gebundenen Tätigkeiten höfischen Zeitvertreibs werden am Beispiel der Jagd, des Schachspiels und der Musik betrachtet, wobei sich zeigt, dass die Jagd die Grenzen höfischer *kurzwîle* nur selten übersteigt, während Musik weit häufiger Freiräume von Muße zu öffnen vermag. Daher bildet der Abschnitt zu Musik auch eine geeignete Überleitung vom ersten Hauptteil, der institutionalisierten Freiräumen gewidmet ist, zu freieren Spielräumen der Muße, die im zweiten Hauptteil im Fokus stehen.

Das Fest wird häufig in Verbindung mit Geselligkeit gebracht.[572] Joachim Bumke spricht in Bezug auf die unterschiedlichen Festaktivitäten von »höfischer Geselligkeit« oder »höfischer Unterhaltung«[573], Hans-Werner Eroms nennt die Tätigkeiten der *kurzwîle* auch »höfische Freuden«[574]. Letzteres lässt sich als Verweis

[568] Vgl. Grimm. DWB, Bd. 11, Sp. 2859; *Vocabularius incipiens teutonicum ante latinum,* dt.-lat. Hagenau: Heinrich Gran, 1495, S. 151, vgl. auch das Digitalisat der Ausgabe von 1495 der Universitäts- und Landesbibliothek Darmstadt *http://tudigit.ulb.tu-darmstadt.de/show/inc-ii-42/0151* [Zugriff: Januar 2019].

[569] Teilweise wird das Wort im 12. Jahrhundert auch auf Kampf und Schlacht bezogen, vgl. zu den Umdeutungen von *kurzwîle* auch das Kapitel 3.1, bes. 3.1.2. Im 17. und 18. Jahrhundert wird das Wort *kurzwîle* zunehmend von romanischstämmigen Wörtern wie *divertissement* oder *amusement* ersetzt, vgl. Grimm, DWB, Bd. 11, Sp. 2861.

[570] Vgl. auch Völker, *Langeweile,* S. 22.

[571] Dass Formen höfischer *kurzwîle* durch Disziplin und Anstrengung erlernte Fähigkeiten sind und dass deren Einübung fester Teil des höfischen Erziehungsprogramms sind, zeigte sich bereits in Kapitel 3.2, bes. 3.2.4, am Beispiel des *Tristan.* Vgl. dazu auch, historisch perspektiviert, den Artikel von Thomas Zotz, »Unterhaltung/Zeitvertreib«, in: *Höfe und Residenzen im spätmittelalterlichen Reich. Bilder und Begriffe,* hg. v. Werner Paravicini, bearb. v. Jan Hirschbiegel und Jörg Wettlaufer, Residenzenforschung 15 II, Teilbd. 1: Begriffe, Ostfildern 2005, S. 195–198.

[572] Vgl. Emmelius, *Gesellige Ordnung,* S. 10, die gemeinsame Kriterien von Fest und Geselligkeit nennt: »der Abstand zum alltäglichen Leben, die Begrenzung in Zeit und Raum, die freiwillige Akzeptanz bestimmter Regeln, der Selbstzweck der Freude«.

[573] Bumke, *Höfische Kultur,* S. 301.

[574] Hans-Werner Eroms, *›vreude‹ bei Hartmann von Aue,* München 1969, S. 57. Vgl. auch Rosemarie Marquardt, *Das höfische Fest im Spiegel der mittelhochdeutschen Dichtung (1140–1240),* Göttingen 1985, S. 191–218, die unter dem Untertitel ›Unterhaltung der Festteilnehmer‹ die Stichworte Buhurt, Musik, Tanz und andere Vergnügungen aufzählt, etwa sportlich-spielerische Wettkämpfe oder gesellige Gespräche. Diese bezeichnet sie mit Fechter auch als »höfische

auf die höfische *vreude* fassen, welche das »Signum des Festes«[575] ist. Im Mittelhochdeutschen wird ›Fest‹ mit dem Wort *hôchzît* bzw. *hôchgezît* bezeichnet. Als hohe und damit auch besondere oder wertvolle Zeit wird das Fest vom Alltäglichen abgegrenzt. Es ist von Freude und Hochgefühl geprägt und auf »Partizipation, Kommunikation und Interaktion«[576] gerichtet. Das Fest bedarf der Anderen, denn erst in Gemeinschaft kann ein Fest gefeiert werden. Es handelt sich also um einen geselligen Akt »sozialer Sinnfülle«[577]. Die Nominalbildung ›Geselligkeit‹ geht auf das mhd. Wort *geselle* zurück (vgl. KLUGE) und steht nach Caroline Emmelius für soziale Nähe und soziale Gleichrangigkeit.[578] Auch in den folgenden Ausführungen wird es darum gehen, inwiefern sich im höfischen Fest eine Auflösung hierarchischer Strukturen zugunsten einer sozialen Gleichrangigkeit beobachten lässt. Es wird sich zeigen, dass Geselligkeit Ausdruck und Handlungsform des Festes ist. Dass eine solch temporäre Aufhebung der Hierarchien nur eine scheinbare ist und die institutionelle Ordnung selbst nicht betrifft, zeigt sich an den verschiedenen Festszenen in den ausgewählten Romanen, die im folgenden Abschnitt unter dem Titel ›Die Ordnung des Außerordentlichen‹ betrachtet werden (3.3.1). Eine derartige Außerordentlichkeit und Außergewöhnlichkeit kann aber nur in einem räumlich und vor allem zeitlich begrenzten Rahmen stattfinden, andernfalls droht das Fest seinen außeralltäglichen Charakter zu verlieren und in seinem Wesen zerstört zu werden (3.3.2).

3.3.1 *Die Ordnung des Außerordentlichen*

Das Kapitel zu Fest, Geselligkeit und *kurzwîle* eröffne ich mit einem Blick mitten hinein in das Festtreiben der Hochzeits- und Krönungsfeierlichkeiten von Eneas und Lavinia im Eneasroman des Heinrich von Veldeke, da diese Festbeschreibung für die deutsche Dichtung stilprägend ist:

Dô si dô gesâzen
und frôlîche gâzen
vil wol nâch ir willen,
dô was kleine stille,
der schal was alsô grôz,
daz ez die bôsen bedrôz.
dâ was spil unde sank,
buhurt unde gedrank,
phîfen unde springen,
videlen unde singen,

Freuden«, S. 217; vgl. Werner Fechter, *Lateinische Dichtkunst und deutsches Mittelalter. Forschungen über Ausdrucksmittel, poetische Technik und Stil mhd. Dichtung*, Berlin 1964, S. 83f.

[575] Haupt, »Der höfische Ritter«, S. 177.

[576] Waltraud Fritsch-Rößler, »Erlöst vom Paradies. Die Anti-Utopie eines Ortes guten Lebens in Hartmanns von Aue *Erec*«, in: *Orte des guten Lebens. Entwürfe humaner Lebensräume*, Jürgen Landwehr zum 65. Geburtstag, hg. v. Hans-Peter Ecker, Würzburg 2007, S. 205–223, hier S. 209.

[577] Kiening, »Ästhetik des Liebestods«, S. 192.

[578] Emmelius, *Gesellige Ordnung*, S. 1f.

orgeln unde seitspil,
maneger slahte froude vil.
(13153–13164)

In einem großen Rundumschlag tauchen in den zitierten Versen wesentliche Elemente eines höfischen Festes auf, wie sie in unterschiedlicher Ausprägung und Darstellung in den hier untersuchten Texten immer wieder zu finden sind. Besonders auffällig ist die Lautstärke und klangliche Erfülltheit des Festes: *dô was kleine stille* (13156). Die höfische Freude äußert sich bei Veldeke allem voran akustisch. Gesang, Saitenspiel und Tanz erfüllen den Raum und schaffen eine Atmosphäre der Gemeinschaft und Verbundenheit. Doch neben derart bewegten, von Klang erfüllten Momenten, wie sie im Eneasroman beschrieben sind, lassen sich in anderen Werken auch kontemplative Festmomente finden, etwa am Anfang des *Iwein.*

Ich beginne also dort, wo das Kapitel zuvor endete: bei der Erzählung Kalogrenants in der Eingangsszene des *Iwein.* Der Blick ist nun ein anderer, er richtet sich nicht mehr auf die inhaltlichen Geschehnisse der Brunnenaventiure, sondern fokussiert die äußere Rahmung und Situierung der Erzählung. Der *âventiure*-Bericht findet im Rahmen des *nâch rîcher gewonheit* (34) stattfindenden Pfingstfestes am Artushof statt. Kalogrenant schart eine kleine Gruppe interessierter Zuhörer um sich, um ihnen das *mære von grôzer sîner swære / und von deheiner sîner vrümekheit* (93–95) zu verkünden. Die Erzählszene zeigt eine »Vortragssituation höfischen Erzählens«[579], in der Erzählen, so Christian Kiening, »eingebettet [ist] in Aspekte wie Gemeinschaftlichkeit, Vollzugshaftigkeit, Situationalität, audio-visuelle, körperbezogene Kommunikationspraktiken, Inszenierungen und Ritualisierungen«[580]. Innerhalb dieser Institutionalität eröffnen sich Freiräume, die auch ein Erzählen vom Scheitern ermöglichen, obwohl dies im Kontext eines Festes problematisch ist, in dem es üblicherweise um die *rede von grôzer manheit* (72) geht.[581] Die inhaltliche Abgrenzung der Erzählung Kalogrenants

---

[579] Franziska Wenzel, »Keie und Kalogrenant. Zur kommunikativen Logik höfischen Erzählens in Hartmanns *Iwein*«, in: *Literarische Kommunikation und soziale Interaktion. Studien zur Institutionalität mittelalterlicher Literatur,* hg. v. Beate Kellner, Ludger Lieb und Peter Strohschneider, Frankfurt a. M. 2001, S. 89–109, hier S. 95.

[580] Christian Kiening, »Einleitung«, in: *Literarische Performativität. Lektüren vormoderner Texte,* hg. v. Cornelia Herberichs und Christian Kiening, Zürich 2008, S. 9–22, hier S. 16. Vgl. auch Ludger Lieb/Stephan Müller, »Situationen literarischen Erzählens. Systematische Skizzen am Beispiel von ›Kaiserchronik‹ und Konrad Flecks ›Flore und Blanscheflur‹«, in: *Wolfram-Studien* XVIII (2004), S. 33–57, die bei dieser Anfangsszene im *Iwein* von einem Übergang geselligen Erzählens in romanhaftes literarisches Erzählen sprechen, S. 54. Romanhaftes Erzählen, so Lieb und Müller, muss das etablierte gesellige Erzählen untereinander und reihum ›ausbeuten‹, um das romanhafte Erzählen und seine höheren Ansprüche durchsetzen zu können, S. 55.

[581] Die Gruppe zieht sich zurück und das Erzählen, darauf hat Ludger Lieb verwiesen, scheint gerade in der Zeit nach dem Essen in einen »Zwischenraum [verlegt zu werden], der weniger von zeremonieller Ordnung und symbolischer Funktion determiniert« ist, vgl. Ludger Lieb/Stephan Müller, »Einleitung«, in: *Situationen des Erzählens. Aspekte narrativer Praxis,* hg. v. Ludger Lieb und Stephan Müller, Berlin/New York 2002, S. 1–18, hier S. 13. Vgl. auch Ludger

wird auch räumlich deutlich. Erzähler und Zuhörer rücken vom Zentrum des festlichen Treibens ab und ziehen sich zurück *ûzerhalp bî der want* (91). Keie hat es sich etwas abseits liegend bequem gemacht, um von dort dem *mære* zu lauschen.[582] Seine nachlässig ruhende Position ist durch das ihm zugeschriebene Attribut *zuhtlôse* (90) selbst im Kontext des ausgelassenen Beisammenseins des Festes negativ konnotiert. Seine Haltung ist Ausdruck von Trägheit, denn *ze gemache ân êre stuont sîn sin* (76).

In der Erzählung Kalogrenants wird, so zumindest die Suggestion des Textes, die Ebene der Rezeption des Romanes selbst gespiegelt. Es ist eine Art *mise en abyme,* in der wortwörtlich eine unendliche, bodenlose Bewegung geschaffen wird. Auch wenn die autodiegetische Erzählung Kalogrenants nicht als poetische Kommunikation missverstanden werden darf, zeigt sich hier doch eine »Reflexion über den pragmatischen Ort und den Prozeß der Institutionalisierung der höfischen Literatur«[583]. Dieser Ort zeichnet sich durch seine bunte Vielfalt an Vergnügungen und geselligem Beieinander aus. Dieter Kartschoke betont die Außerordentlichkeit und Außeralltäglichkeit der Erzählung, die seines Erachtens dem Hinzutreten der Königin geschuldet sei.[584] In der Tat verändert die Anwesenheit der Königin auch die Erzählsituation und bringt sie in eine Öffentlichkeit, die der überschaubaren Rittergruppierung fehlt. Doch die Außeralltäglichkeit der Szene erwächst vor allem aus der Tatsache, dass die Erzählrunde innerhalb des höfischen Festes verortet ist, welches wesenhaft aus den Routinen und Gewohnheiten des Alltags ausbricht.[585] Gerade die Gegensätzlichkeit des Festes zum Alltäglichen tritt in allen Definitionen des Festes, seien sie im Detail auch noch so unterschiedlich, zutage. Die »vom Alltag unterschiedene[...] Sonderzeit«[586] eines Festes, innerhalb eines Sonderraumes, ist für das Erzählen essentiell. Es stellt folglich nicht nur selbst einen Ausbruch aus dem Alltag dar, sondern eröffnet auch für den Rezipienten die Möglichkeit des imaginierten wie imaginären Ausbruchs, in dem

Lieb, »Essen und Erzählen. Zum Verhältnis zweier höfischer Interaktionsformen«, in: *Situationen des Erzählens. Aspekte narrativer Praxis,* hg. v. Ludger Lieb und Stephan Müller, Berlin/New York 2002, S. 41–67. Dagegen darf im *Daniel von dem Blühenden Tal* nicht von den eigenen Erfolgen, sondern nur von den eigenen Niederlagen berichtet werden, vgl. die Verse 109–124, vgl. auch 3.2, bes. 3.2.5.

582 Im Kontrast zu dem schlafenden Keie wird Gawein beschrieben, wie er sich mit den Waffen beschäftigt (73), sich also auch in der Ausgelassenheit eines Festes nicht von seiner ritterlichen Haltung und Aufgabe löst.

583 Lieb, »Essen und Erzählen«, S. 64.

584 Dieter Kartschoke, »Erzählen im Alltag – Erzählen als Ritual – Erzählen als Literatur«, in: *Situationen des Erzählens. Aspekte narrativer Praxis,* hg. v. Ludger Lieb und Stephan Müller, Berlin/New York 2002, S. 21–39, hier S. 32.

585 Zu beachten ist die unterschiedliche Auffassung von ›Alltag‹. Während diese Arbeit ›Alltag‹ im Sinne von Gewohnheit und Regelhaftigkeit versteht (vgl. die theoretischen Vorüberlegungen in Kapitel 1), bezeichnet ›Alltag‹ bei Kartschoke, »Erzählen im Alltag«, S. 25: »alle Formen des unmittelbaren, d.h. scheinbar ungeregelten, spontan praktizierten Lebensvollzugs [...] [also] die Indifferenz allen Gewohnheiten, Regeln, Geboten, Vorschriften und Normen«.

586 Rippl, »Geld und *âventiure*«, S. 559.

dieser sich durch Bilder der Phantasie von der Umgebung zu lösen und für die Dauer der Erzählung höchstens deren Umrisse wahrzunehmen vermag. In diesem Falle bedeutet Außeralltäglichkeit nicht nur, dass etwas ungewöhnlich oder besonders ist, sondern dass es wörtlich *außer*-halb der Alltäglichkeit stattfindet, wenn auch nur in der Imagination.

Das Fest bedarf nach Lars Deile dreier Elemente: der Bedeutungshaftigkeit des Anlasses, der Besonderheit der äußeren Form und der Gemeinschaft.[587] Diese drei Bestandteile sind nicht unabhängig voneinander in einem Nebeneinander angeordnet zu denken, sondern vielmehr als untereinander verbunden. Folgt man den philosophisch-anthropologischen Überlegungen Otto Friedrich Bollnows so ist die festliche Gestimmtheit von Leichtigkeit, Gelöstheit und einer Art freiem Schweben geprägt.[588] Diese Stimmung lässt sich auch am Artushof im *Iwein* erkennen. Ein wahres *wunschleben* (44) bietet sich den Gästen am Artushof. Dabei ist die Erzählung des Kalogrenant eine Möglichkeit unter anderen, sich auf dem Fest zu beschäftigen.[589] Während einige seiner Geschichte lauschen wollen, lustwandeln andere oder folgen den spielerischen Wettkämpfen:

dô man des pfingestages enbeiz,
männeclîch im die vreude nam
der in dô aller beste gezam.
dise sprâchen wider diu wîp.
dise banecten den lîp.
dise tanzten, dies sungen,
dise liefen, dies sprungen,
dise hôrten seitspil,
dise schuzzen zuo dem zil,
dise redten von seneder arbeit,
dise von grôzer manheit.
(62–72)

Beispielhaft zeigt sich hier ein reiches Unterhaltungsangebot an höfischer Geselligkeit.[590] Es ist auffällig, was für eine Breite an Tätigkeiten aufgezählt wird: *den lîp baneken, loufen, springen, tanzen* bezeichnen körperliche Aktivitäten, die Formulierungen *sprechen wider diu wîp, reden von seneder arbeit* und *grôzer manheit* beschreiben die verbale Interaktion, aber auch musische, künstlerische Beschäfti-

[587] Lars Deile, »Feste – eine Definition«, in: *Das Fest. Beiträge zu seiner Theorie und Systematik,* hg. v. Michael Maurer, Köln/Weimar/Wien 2004, S. 1–17, hier S. 9.

[588] Otto Friedrich Bollnow, *Neue Geborgenheit. Das Problem einer Überwindung des Existentialismus,* 3. überarbeitete Auflage, Stuttgart/Berlin/Köln u.a 1972 (1. Auflage 1955), zur Anthropologie des Festes bes. S. 205–247, hier S. 231.

[589] Vgl. Walter Haug, »Mittelhochdeutsche Klassik zwischen Norm und Normverstoß«, in: *Norm und Transgression in deutscher Sprache und Literatur,* Kolloquium in Santiago de Compostela, 4.-7. Oktober 1995, hg. v. Victor Millet, München 1996, S. 1–17, hier S. 16f.: »Es gehört zum höfischen Fest, daß man Aventüregeschichten erzählt. Man holt mit diesem Erzählen also die Dissonanzen der Aventürenwelt in die Harmonie des Festes herein.«

[590] Vgl. zur höfischen Unterhaltung bei Festen auch Bumke, *Höfische Kultur,* bes. S. 301–313.

gungen wie *seitspil hœren* und *singen* werden genannt.[591] Es ist ein Bild des leichtfüßigen Hin und Hers, eines Sich-treiben-Lassens und Nachgehens dessen, was einen anspricht und erfreut: *männeclîch im die vreude nam / der in dô aller beste gezam* (63–64).

Die Beobachtungen lassen den Eindruck zu, dass das höfische Fest einem Spielraum gleicht: einerseits im ganz wörtlichen Sinne, in dem es, wie wir bei der Beschreibung des arthurischen Pfingstfestes erkennen können, Gelegenheiten zum Spiel eröffnet, sei es in Form des Tanzens und Jagens oder in unterschiedlichsten unbeschwerten Wettkämpfen. Andererseits folgt das Fest einer Bewegung ohne Bewegungsziel, es ist im Sinne der Außeralltäglichkeit und der Ferne von herrschaftlichen Hierarchien und Ordnungssystemen Spielraum. ›Fest‹ und ›Spiel‹ erweisen sich als zwei eng miteinander verbundene Begriffe. Huizinga beschreibt diese Nähe in seiner kulturanthropologischen Studie *Homo ludens:*

> Die Ausschaltung des gewöhnlichen Lebens, der überwiegend, wenn auch nicht notwendig fröhliche Ton der Handlung [...], die zeitliche und räumliche Begrenztheit, das Zusammengehen von strenger Bestimmtheit und echter Freiheit, das sind die hauptsächlichsten gemeinsamen Züge von Spiel und Fest.[592]

Dem höfischen Fest gelingt es, die Grenzen des Alltags kurzzeitig zu sprengen und durch ein mannigfaltiges Angebot an Farben, Klängen, Speisen und einer »Fülle des Spielerischen«[593] eine kollektive höfische *vreude* zu stiften.[594] Barbara Haupt spricht in ihrer umfangreichen Arbeit zum Fest in der Dichtung von einem »zwanglose[n] Nebeneinander«[595] und der »Illusion eines nahezu herrschafts- und repräsentationsfreien Raumes«[596]. Institutionelle wie hierarchische Ordnungen werden während des Festes temporär aufgehoben oder gar auf den Kopf gestellt. Dies zeigt sich etwa in der Beflissenheit des Königspaares, die Wünsche seiner Gäste bestmöglich zu erfüllen (59–61).[597] Durch gemeinschaftliche Aktivi-

---

[591] Vgl. Emmelius, *Gesellige Ordnung*, S. 29. Barbara Haupt, *Das Fest in der Dichtung. Untersuchungen zur historischen Semantik eines literarischen Motivs in der mittelhochdeutschen Epik*, Düsseldorf 1989, S. 174, sieht *arbeit* als *senediu arbeit* als Teil der *vreuden* höfischer Geselligkeit.

[592] Huizinga, *Homo ludens*, S. 31.

[593] Haug, »Von der Idealität des arthurischen Festes«, S. 157.

[594] Vgl. Horst Wenzel, *Hören und Sehen. Schrift und Bild. Kultur und Gedächtnis im Mittelalter*, München 1995, S. 180.

[595] Haupt, *Das Fest in der Dichtung*, S. 176.

[596] Haupt, *Das Fest in der Dichtung*, S. 175.

[597] Explizit spricht Artus die Gleichrangigkeit im Rahmen des Festes auch aus, als er zu der Gruppe um Kalogrenant hinzutritt: *sî sprungen ûf: daz was im leit / und zurnde durch gesellekheit: / wander was in weizgot verre / baz geselle dan herre. / er saz zuo in dâ nider* (880–889). Das Verhalten der Ritter veranschaulicht jedoch auch, dass die Auflösung der hierarchischen Ordnung selbst während des Festes nur eine illusorisch-idealistische ist. Emmelius, *Gesellige Ordnung*, S. 47, betont, dass hier zwei Wahrnehmungsmuster, nämlich die des Königs und die seiner Ritter, die ihn stets primär als *herre* wahrnehmen, aufeinandertreffen: »Gleichrangigkeit ist eben nicht von vornherein gegeben, sondern muss in der geselligen ebenso wie in der arthurischen Ordnung allererst hergestellt werden: Dazu gehört die Bewusstmachung der gegebenen Differenzen *(sî sprungen ûf)* und die dann folgende symbolische Nivellierung sozialer Diffe-

täten und kulturelle Handlungen, dies wird insbesondere im *Iwein* auf eindrückliche Weise deutlich, wird Sozietät geformt und gefördert.[598] Das höfische Fest zeigt sich innerhalb einer komplexen wie ebenso faszinierenden Spannung von Institutionalität und Spielraum. Es erlaubt innerhalb eines zeitlich wie räumlich kontrollierten Rahmens das Eindringen des Unkontrollierbaren. In einer paradoxalen Umschreibung könnte man von einem ›institutionalisierten Ausbruch‹ oder einer ›institutionalisierten Außeralltäglichkeit‹ sprechen. Zur Disposition stünde, inwieweit der gegenseitige Bezug von Institutionalität und Spielraum im Fest nicht das eine oder das andere kompromittiert oder gar auflöst.[599]

Der Name der letzten *âventiure* aus dem *Erec* drückt pointiert den Sinn des Festes aus, denn dieser liegt in der *joie de la curt,* der Freude des Hofes, begründet. Mit dem Bestehen dieser *âventiure* ist die Möglichkeit zur kollektiven Freude, wie sie im Fest zugespitzt zum Ausdruck kommt, wiederhergestellt. Walter Haug sieht in dieser spezifischen Freude alle Dichotomien auf spielerische Weise ausgeglichen: »Inneres und Äußeres, Ethos und Form, Individuelles und Gesellschaftliches, Weltliches und Göttliches«[600]. Wenn die Rede von einem Ausgleich oder einer Balance von Gegensätzen ist, heißt das zugleich, dass dem Fest ein diametrales Moment wesentlich ist. Analog zu der Bewegung der *âventiure,* die vom Hof wegführen muss, um – in anderer, domestizierter Form – wieder in den Hof einmünden zu können, stellt Haug fest, dass die Idealität des arthurischen Festes in Räumen außerhalb des Hofes reaktualisiert werden muss. Das Fest ist daher weder Anfangs- noch Endpunkt, sondern allenfalls Durchgangspunkt, und muss dies auch sein, um in seiner Sonderstellung als institutionalisierte Form eines temporären Ausbruchs bestehen zu können:

> die höfische Idealität kann sich allein in Grenzsituationen darstellen, nämlich als der Augenblick, aus dem die Gegenbewegung fließt, und als der Augenblick, zu dem sie am Ende zurückkehrt. Dieser Augenblicksstatus des arthurischen Festes gibt ihm den Charakter eines gewissermaßen utopisch-visionären Fluchtpunktes.[601]

Der Augenblicksstatus hängt mit der spezifischen Zeiterfahrung innerhalb des Festes zusammen. Das Fest folgt seiner eigenen Zeit, es scheint, als trete es aus

renz«. Wenzel, »Keie und Kalogrenant«, S. 95, spricht passenderweise von einem paradoxen Spiel der »Gleichrangigkeit der Ungleichrangigen«.

[598] Vgl. Haupt, *Das Fest in der Dichtung,* S. 179. Haupt sieht deutliche Unterschiede zwischen einer ehe durch Interaktion geprägten Schaffung von Gemeinschaft im *Iwein* einerseits und einer durch Präsentation von Prunk hergestellten, weitaus elitärer wirkenden Gemeinschaft etwa im *Erec* andererseits.

[599] Vgl. die abschließenden Ausführungen am Ende dieses Kapitelbschnittes 3.3.1.

[600] Haug, »Von der Idealität des arthurischen Festes«, S. 312. Interessanterweise führt Haug als Gegenbegriff zu *joie* den Begriff der *âventiure* an, S. 313. Er spitzt dies sogar zu, indem er den Scheintod Erecs und den Wahnsinn im *Iwein* als eigentliche Gegenbegriffe festsetzt, S. 315: »das Ausgeliefertsein des Menschen an Körperlichkeit, Triebhaftigkeit, Vergänglichkeit« steht in Kontrast zur höfischen Festivität. Damit bringt er indirekt zum Ausdruck, dass das Fest bei aller freiheitlichen Dimension doch von Kontrolliertheit und Zucht geprägt ist.

[601] Haug, »Von der Idealität des arthurischen Festes«, S. 314; vgl. auch S. 317.

dem unaufhörlichen Fortschreiten der Zeit aus, ohne die Zeitstruktur an sich tatsächlich zu verlassen. Der Eindruck des Verrinnens von Zeit wird durch eine Erfülltheit des Augenblicks ersetzt.[602] Das Fest ruht in der Gegenwart.[603] Dies steht jedoch nicht im Widerspruch dazu, dass Erinnerungen an vergangene Zeiten oder Ausmalungen der Zukunft im höfischen Fest ihren etablierten Ort haben. Die Gleichzeitigkeit allen Geschehens wird vielmehr synonym mit Zeitlosigkeit.[604]

Allerdings bringt Musik ein Zeitmaß und eine zeitliche Taktung in das Fest, zum Beispiel als kreisende, rhythmisierende Struktur, wie sie sich beim Tanz auch physisch ausdrückt. Übergeordnet folgt auch das Fest einem wiederkehrenden Rhythmus und taktet damit die Zeit in größerem Maßstab, in dem es, wie das arthurische Pfingstfest, ein jährliches Ritual darstellt.[605] Indem das Fest »soziale Ordnung perpetuiert und soziale Zeit erneuert«[606] hat es ritualhaften Charakter.[607] Dem Ritualhaften steht auf scheinbar widersinnige Weise die Tatsache entgegen, dass jedes Pfingstfest aus der Reihe der vorangegangenen und zukünftigen herausgehoben und in seiner Einmaligkeit dargestellt wird. Im *Iwein* heißt es exemplarisch: *ein alsô schœne hôchzît / daz er vordes noch sît / deheine schœner nie gewan* (35–37). Mit Franziska Wenzel lässt sich von einer »regelmäßigen Wiederkehr des Singulären«[608] sprechen. Das Sich-Wiederholende schließt das Besondere nicht aus. In seiner Abgrenzung vom Alltag hebt das Fest die von mühevoll verpflichtender Tätigkeit geprägte Zeit gewissermaßen auf und erlöst die Festteilnehmer – jährlich aufs Neue – von ihrer Eingebundenheit in die Strukturen des Alltags.

Das Fest ist nur, indem es gefeiert wird. [...] Dabeisein ist mehr als bloße Mitanwesenheit mit etwas anderem, das zugleich da ist. Dabeisein heißt Teilhabe. [...] Man darf an den Begriff der sakralen Kommunion erinnern, wie sie dem ursprünglich griechischen Begriff der Theoria zugrunde liegt. Theoros heißt bekanntlich der Teilnehmer an einer Festgesandtschaft. Teilnehmer an einer Festgesandtschaft haben keine andere Qualifikation und Funktion als dabei zu sein. [...] Dabeisein hat [...] den Charakter des Außersichseins. [...] In Wahrheit ist Außersichsein die positive Möglichkeit, ganz bei etwas dabei zu sein. Solches Dabeisein hat den Charakter der Selbstvergessenheit. Es macht das Wesen des Zuschauers aus, einem Anblick selbstvergessen hingegeben zu sein. Selbstvergessenheit ist hier alles andere als ein privativer Zustand. Sie entspringt aus der vollen Zuwendung zur Sache, die der Zuschauer als seine eigene positive Leistung aufbringt.[609]

---

[602] Helmut Kuhn, *Das Sein und das Gute,* München 1962, S. 402.

[603] Vgl. Bollnow, *Neue Geborgenheit,* S. 242.

[604] Gadamer, *Wahrheit und Methode,* S. 126.

[605] Bollnow, *Neue Geborgenheit,* S. 243.

[606] Haferland, *Höfische Interaktion,* S. 78.

[607] Wenzel, *Höfische Repräsentation,* S. 13, unterscheidet zwischen Repräsentation als Darstellung und Vergegenwärtigung einerseits und Zeremonien und Ritualen als Darstellungsmodi von Repräsentation andererseits. Vgl. auch Christoph Wulf/Jörg Zirfas, »Die performative Bildung von Gemeinschaften. Zur Hervorbringung des Sozialen in Ritualen und Ritualisierungen«, in: *Paragrana* 10 (2001), S. 93–116, bes. 97–101.

[608] Wenzel, »Keie und Kalogrenant«, S. 90.

[609] Gadamer, *Wahrheit und Methode,* S. 129–131.

Anhand dieses Zitates Hans-Georg Gadamers lassen sich wichtige Aspekte auch bezüglich Ausbruch und Außeralltäglichkeit festhalten: zum einen ist das Dabeisein ein Außersichsein, wodurch gerade die Losgelöstheit von (Ver-)Ordnungen im Alltäglichen angezeigt wird. Das Außersichsein ist wiederum eine Bewegung des Ausbruchs, ein Katapultieren und Katapultiert-werden in ein Außerhalb desjenigen Rahmens, den es gewohnheitsmäßig einzuhalten gilt. Auch hier spielen sowohl aktive als auch passive Momente eine Rolle. Der Festteilnehmer begibt sich aktiv in die festlich-ausgelassene Festumgebung und wird dennoch von all den Farben, Gerüchen und Klängen gewissermaßen angezogen. Zum anderen ist das Dabeisein als Außersichsein ein Ganz-bei-etwas-anderem-sein, ein Teilhaben und Eintauchen in die Festgesellschaft. Zugespitzt fasst Gadamer eine solche umfassende Festteilnahme als theoretischen Akt auf. In Selbstvergessenheit bietet die Festgemeinschaft die Möglichkeit, sich in ihr zu versenken und sich im Anblick der Menschen und Vergnügungen zu verlieren. Es wird deutlich, dass das Fest anderer Festteilnehmer bedarf und sich wesentlich als Ereignis kollektiver Gemeinschaft und Geselligkeit definiert, als Gelegenheit, sich auszutauschen und Konversation zu führen. Ein Merkmal des geselligen Beisammenseins ist der leichte und rasche Wechsel des Gegenstandes. Georg Simmel begründet dies folgendermaßen: »da der Gegenstand hier nur Mittel ist, kommt ihm die ganze Austauschbarkeit und Zufälligkeit zu, die überhaupt den Mitteln gegenüber dem feststehenden Zweck eignet«[610]. Der Wunsch nach Zerstreuung und Ablenkung verlangt »die Befriedigtheit [des] Moments – allenfalls noch mit einem Nachklang von ihr«[611].

In ihrer an der Schnittstelle von literaturwissenschaftlichen und soziologischen Fragen angesiedelten Arbeit zu geselliger Kommunikation in Mittelalter und Früher Neuzeit hat Caroline Emmelius den Prozess geselliger Formierung als Institutionalisierungsprozess und daraus resultierend Geselligkeit als eine auf Zeitlichkeit hin angelegte Form von Institution im Sinne »verstetigter sozialer und kommunikativer Strukturen«[612] gedeutet.[613] Ihre Ausführungen sind auch für das Verhältnis von Geselligkeit und Muße im Kontext der hier betrachteten institutionalisierten Formen von Muße gewinnbringend, weshalb ich sie an dieser Stelle, freilich im Hinblick auf die hierfür zentralen Aspekte stark verkürzt, darlegen möchte. Paritätische soziale Relationen sind nach Emmelius grundlegend für Geselligkeit. Gleichzeitig, und dies widerspricht dieser Gleichrangigkeit, ist eine hierarchisch praktizierte ordnungsgebende Struktur vonnöten, um Stabilität sicherzustellen.[614] Im Falle der Erzählung Kalogrenants am Artushof geht Emmelius von einer Vortragssituation aus, in der »die horizontale Sozialordnung [...] durch den kommunikativen Modus der geselligen Runde gewährleistet [ist], der diese mit einer

[610] Georg Simmel, »Soziologie der Geselligkeit«, in ders., *Soziologische Ästhetik*, hg. v. Klaus Lichtblau, Wiesbaden 2009, S. 163–175, hier S. 171.

[611] Simmel, »Soziologie der Geselligkeit«, hier S. 165.

[612] Emmelius, *Gesellige Ordnung*, S. 20.

[613] Emmelius, *Gesellige Ordnung*, S. 9.

[614] Die paradoxe Konstellation von Egalität und Hierarchie tritt bereits in Emmelius' Titel *Gesellige Ordnung* zutage, in dem die beiden Bereiche konzentriert aufeinandertreffen.

sekundären hierarchischen Ordnung versieht«, zusätzlich kann erstere durch eine weitere vertikale soziale Ordnung stabilisiert werden. Daraus leitet Emmelius ab, dass der Artushof der »paradigmatisch gesellige Ort«[615] bzw. »die gesellige[...] Institution par excellence«[616] sei.[617] In ihrer Analyse der Eingangsszene des *Iwein* unterscheidet Emmelius verschiedene Konzeptionen von Geselligkeit. Die entstratifizierende Geselligkeit der Festaktivitäten grenzt sie von der homosozialen wie gleichrangigen Erzählrunde um Kalogrenant ab, die in ihrer Terminologie einer ›natürlichen‹ Geselligkeit entspricht.[618] Die Gruppe bildet sich innerhalb der gesetzten Geselligkeit des Pfingstfestes mehr oder weniger zufällig. Die Gruppe ist jedoch geprägt von Dynamiken und Formationsprozessen. Mit dem Hinzutreten Ginovers ist nach Emmelius die horizontal ausgerichtete Geselligkeit durch die vertikale Dimension, die Ginover als Königin mit sich bringt, gestört. Die ›natürliche‹ Geselligkeit weiche einer ›positiven‹, also einer zeitweilig gleichrangigen, vereinbarten Geselligkeit unter Personen ungleichen Standes; wobei ich bereits an dieser Stelle ergänzen möchte, dass meines Erachtens diese Gleichrangigkeit nur eine illusorische ist, auch dann, wenn es sich um eine zeitlich begrenzte Gleichstellung handelt.[619] Es lässt sich zunächst festhalten, dass Geselligkeit in unterschiedlichen Konstellationen auftaucht, die keineswegs fest, sondern ständig Veränderungs- und Verschiebungsprozessen unterworfen sind. Beispielhaft zeigt sich dies am Erscheinen Ginovers. In zurückhaltender Geste versucht sie, sich unbemerkt der lauschenden Gruppe um Kalogrenant anzuschließen. Im Text heißt es: *unz si in kam vil nâhen bî / und viel enmitten under sî* (103f.). Trotz scheinbarer Aufhebung der Hierarchien in der Zeit des Festes, bricht das Gefüge um Kalogrenant aus der sicheren, weil intimen Räumlichkeit heraus und fällt in das grelle Licht der Öffentlichkeit des Hofes, die Ginover als Königin und Repräsentantin, ob willentlich oder nicht, verkörpert.

Zuvor hat sich Ginover vom Fest temporär verabschiedet. Sie nimmt sich zusammen mit ihrem Gemahl königliche Privilegien heraus und zieht sich nach dem Festessen mit ihm in die Privatsphäre ihrer Kemenate zurück – *mê durch geselleschaft geleit / dan durch deheine trâkheit* (83f.), wie es im Text bündig, doch mit verschmitztem Unterton heißt.[620] Auch wenn diese angedeutete Verführungs-

[615] Emmelius, *Gesellige Ordnung*, S. 49.

[616] Emmelius, *Gesellige Ordnung*, S. 94.

[617] Die Betonung der kommunikativen Ordnung verweist auf das vorangehende Kapitel über *âventiure*. *âventiuren* als erzählenswerte Ereignisse sind die Grundbedingungen höfischer Geselligkeit, vgl. dazu auch Emmelius, *Gesellige Ordnung*, S. 83: »Das Ausbleiben der Erzählung leistet [...] dem sozialen Zerfall der Gesellschaft Vorschub.«

[618] Emmelius, *Gesellige Ordnung*, bes. S. 33–49, vgl. zur Unterscheidung zwischen ›natürlicher‹ und ›positiver‹ Geselligkeit S. 32.

[619] Auf S. 70 spricht Emmelius, *Gesellige Ordnung*, dann auch von »fingierter Parität«. Nach Emmelius liegt die hierarchische Ordnungsstruktur (oder auch ›Institution‹), die die Stabilität sichern kann, in der kommunikativen Ordnung von übergeordnetem Sprecher und untergeordnetem Zuhörer, S. 50.

[620] Im *Yvain* Chrétiens dagegen sorgt das Verhalten des Königs für Verwunderung. Der Rückzug aus der geselligen Festgemeinschaft wird überrascht und verdrießlich beobachtet und kom-

szene ganz offensichtlich nicht den Etiketten des Hoffestes entspricht,[621] wird das königliche Verhalten, anders als der demonstrative Schlaf Keies, an keiner Stelle gerügt. Ihr Verhalten erscheint vielmehr als spielerisches Ausnutzen ihrer Vorrechtsstellung innerhalb des Festes. Explizit wird *trâkheit* (84) als Motiv ausgeschlossen, um kritische Stimmen und moralische Vorwürfe von Anfang an zu unterbinden.[622] Eine mußeaffine Inszenierung des Königspaares, wie hier in wenigen Worten skizziert, ist allerdings schon zu weit institutionalisiert, als dass ihr Verhalten als Ausbruch gedeutet werden kann. Der Rückzug in die Kemenate impliziert zwar eine Bewegung aus der kollektiven, inkludierenden Festgesellschaft heraus in eine elitäre wie exklusive Zweisamkeit. Das Wort *geselleschaft* (83) aber – Worte wie *minne* oder Vergleichbares werden dezidiert nicht verwendet – bindet ihr Handeln wiederum zurück in die Geselligkeitsformen des Festes. Geweckt wird die Königin erst durch die Worte Kalogrenants, die durch die Wand in die Kemenate des Königspaares dringen: *dô erwachte diu künegin / unde hôrte sîn sagen hin in* (98f.). Die Erzählung hat Sogwirkung auf Ginover. Die Neugier lässt sie ihren Platz an der Seite des Königs zugunsten der Worte Kalogrenants verlassen. Ebenso wie die Königin ist auch die Gruppe der Zuhörer derart in den Beginn der Erzählung vertieft, dass sie das Erscheinen Ginovers zunächst nicht bemerken. Erst durch die Unterbrechung Kalogrenants, der aufspringt, um die Königin gebührend zu begrüßen, wird die Aufmerksamkeit von der Erzählung auf die äußeren Umstände des Erzählens und die sozialen Konstellationen der Rezipientengruppe gelenkt. Das Hochschnellen und Verbeugen Kalogrenants ist von Aktivität geprägt und steht in deutlichem Kontrast zu der gemütlich ruhenden, in einer gewissen Passivität lauschenden Gruppierung. Der Ausdruck ›Passivität‹ ist insofern mit Vorsicht zu verwenden, da auch das Hören einer Geschichte zwischen Aktivität und Passivität schwankt, also bei aller äußerlichen Untätigkeit tätige Konzentration fordert. Statt Versenkung und Sammlung folgt jedoch eine Unterbrechung durch Streitereien und spöttisch provozierende Einwürfe. Solche Störungen vermindern den Wert des Gesagten. So heißt es ab Vers 249: *wan si verliesent beide ir arbeit, / der dâ hœret und der dâ seit* (249–258).

Entgegen dem indirekt angedeuteten Wunsch der Königin, der Erzählung in nächster Nähe horchen zu können, wird dies zunächst aufgeschoben und stattdessen ein Streitgespräch über korrektes höfisches Verhalten im Spannungsfeld von Kollektiv und einzelnem Artusritter eingeschoben. Nitsche konstatiert in der ständigen Verschiebung zu Recht eine Tendenz zur Verlangsamung oder Verzögerung

---

mentiert. Es scheint sich um ein ungewöhnliches, einmaliges Verhalten zu handeln: *Mes cel jor mout s'esmerveillierent / Del roi, qui d'antre aus se leva, / S'i ot de tes, cui mout greva / Et qui mout grant parole an firent / Por ce, que onques mes nel virent / A si grant feste an chanbre antrer / Por dormir ne por reposer* (42–48). Vgl. Ricarda Bauschke, »Der Artushof als Provokation. Überlegungen zum Konzept der ›Symbolstruktur‹«, in: *Ironie, Polemik und Provokation*, hg. v. Cora Dietl, Christoph Schanze und Friedrich Wolfzettel, Berlin/Boston 2014, S. 225–238, bes. S. 233f.

[621] Vgl. auch Schulz, *Erzähltheorie*, S. 262.

[622] Das königliche Verhalten scheint Assoziationen zu Trägheit und Müßiggang durchaus aufzurufen, sonst wäre eine solche Bemerkung des Erzählers nicht nötig.

des Geschehens.[623] Erst durch die strenge Rede der Königin kann Kalogrenant seine Geschichte fortführen und wieder an die gesellige Atmosphäre von zuvor anknüpfen. Die Erzählung des Kalogrenant wird im Laufe der Handlung dasjenige, was Georg Simmel unter einer »feinste[n] gesellig erzählte[n] Geschichte«[624] versteht, in der der Erzählende in seiner Person unsichtbar wird und völlig in den Hintergrund tritt, denn das Geschehen löst sich ganz ab von der Vortragssituation und entwickelt sich zu einer eigenständigen Handlung, deren Zentrum, wie im vorangehenden Kapitel erörtert, die Figur des Iwein bildet.[625]

Vorläufig lässt sich festhalten, dass die Vortragssituation Kalogrenants im Kontext des höfischen Festes vor allem durch ein geselliges Miteinander in einer unterhaltsamen Umgebung im Rahmen höfischer Kultur gekennzeichnet ist. Es zeigt sich ein Hin und Her der Aufmerksamkeiten und der Bewegungen, ein ständiges Alternieren von einer Vergnügung zur anderen und ein buntes Interagieren zwischen der Festgesellschaft. Möglicherweise lässt sich in diesem Zusammenhang von ›geselliger Muße‹ sprechen. Immerhin schreibt Eckart Conrad Lutz in seiner Untersuchung der *Otia imperialia* des Gervasius von Tilbury: »Höfische Muße ist gesellige Muße allemal«[626]. Diese Aussage muss jedoch differenziert betrachtet werden. Meint ›höfische Muße‹ zerstreuende Beschäftigungen und Vergnügungen, etwa das Jagen oder Tanzen, so finden diese in der Tat in Geselligkeit und Gemeinschaft statt. Die höfische Elite scheint das Bedürfnis nach Gemeinschaft zu haben, um sich in ihr die Zeit zu vertreiben und sich, wie Gadamer ausführt, in Selbstvergessenheit zu verlieren. Vergesellschaftung und Geselligkeit sind nach Simmel mit einem Gefühl der Befriedigung verknüpft, »daß die Einsamkeit des Individuums in ein Zusammen, eine Vereinigung mit anderen aufgehoben ist«[627]. Simmel spricht von einem »*Geselligkeitstrieb*«[628], dem auf diese Weise Genüge geleistet wird. Allein, ist Mußeerleben nicht eher eine Erfahrung des Einzelnen? Blumenberg hat pointiert dargelegt, dass Dialogstrategien nicht der Nachdenklichkeit überlassen, da sie das Ausscheren aus dem Funktionsverbund nicht gestatten.[629] Fasst man Dialogstrategien als jenes Element der Kommunikation und Interaktion, durch welche das Zusammensein in ›institutionalisierter Außeralltäglichkeit‹ doch einer strengen Kontrolle und Zensur unterliegt, so wird in dieser Übertragungsbewegung Nachdenklichkeit zum Synonym jener

[623] Nitsche, *Die Signifikanz der Zeit,* S. 90, Fußnote 49.

[624] Simmel, »Soziologie der Geselligkeit«, S. 172.

[625] Indem zum Schluss auch Artus hinzutritt, der über Ginover – höchstwahrscheinlich in verkürzter Ausführung – die Geschichte Kalogrenants vernimmt, wird die Erzählung inhaltlich wie formal zur Angelegenheit des gesamten Hofes.

[626] Eckart Conrad Lutz, »Anschauung der Welt und vergnügliche Bildung. Die ›Otia imperialia‹ des Gervasius von Tilbury für Kaiser Otto IV.«, in: *Innenräume in der Literatur des deutschen Mittelalters. XIX. Anglo-German Colloquium Oxford 2005,* hg. v. Burkhard Hasebrink, Hans-Jochen Schiewer, Almut Suerbaum und Annette Volfing, Tübingen 2008, S. 383–408, hier S. 383, vgl. auch ders., *Schreiben, Bildung und Gespräch,* S. 142f.

[627] Simmel, »Soziologie der Geselligkeit«, S. 164.

[628] Simmel, »Soziologie der Geselligkeit«, S. 163.

[629] Vgl. Blumenberg, »Nachdenklichkeit«.

Ungezwungenheit und Freiheit, die, wie Muße, tatsächlich jeder Zweckgebundenheit und Nutzenorientierung entgegensteht. Geselligkeit hat viele Momente von Muße und doch scheint Muße kein Massenerlebnis zu sein. Mit Blumenberg ließe sich also schlussfolgern, dass das Fest insofern nicht der Muße überlässt, da die festliche Umrahmung nicht automatisch Muße erzeugt. Das schließt nicht aus, dass in geselligen Momenten nicht auch der Einzelne Muße empfinden kann und Geselligkeit das Potenzial in sich trägt, in Muße umzuschlagen. Die Konturen zwischen geselligem Fest und Mußeerfahrungen sind nicht scharf und eindeutig gezeichnet. Möglicherweise sind das Fest und die Geselligkeit eine Art Schwellenphänomen, in welchem die Situation kippen und Fugen für Muße entstehen können. In solchen Mußemomenten verabschiedet sich der Festteilnehmer gewissermaßen vom Fest, er wendet sich mit seinem Bewusstsein vom Festtreiben ab. Was um ihn herum geschieht, rückt in den Hintergrund; wo und wer er ist, wird zweitrangig. Physisch ist der Festteilnehmer freilich noch beim Fest anwesend und auch für die anderen Gäste ist sein temporäres Ausscheiden womöglich nicht erkennbar, denn es handelt sich bei diesem Austreten und Ausbrechen um einen inneren Prozess. Fest und Geselligkeit bieten also einen Begegnungsrahmen, in dem es zu Inseln der Muße kommen kann, in denen Tätigkeiten, Gespräche und einzelne Vorkommnisse über das Banale hinausgehen – dann handelt es sich vielleicht tatsächlich auch um gesellige Mußemomente. In der Gesamtheit und in der Betrachtung von außen ist dieses Mußeerleben meines Erachtens in der Festszene im *Iwein* so nicht erkennbar oder zumindest an keiner Stelle ausformuliert.

Doch gilt es, eine weitere Festszenerie zu betrachten, um diese ersten Gedanken zu Muße und Fest zu überprüfen und gegebenenfalls zu erweitern und zu präzisieren. Besonders eignet sich hierfür die umfangreiche Beschreibung des Hochzeitsfestes von Erec und Enite am Artushof. An dieser Festdarstellung lassen sich typische Elemente des Festes, etwa der Einzug der Gäste, das üppige Mahl oder das anschließende Turnier erkennen. Auch der Anlass des Festes, nämlich die Vermählung, reiht sich in das verbreitete Bild dessen, was üblicherweise in die Dichtung Einlass fand:

> Feste, die der Dichtung darstellenswert werden, sind nicht Jubiläen, die auf eine Lebensleistung zurückblicken, sondern Schwertleiten und Hochzeiten, Initiation und Abschluß des Wegs der jünglingshaften Bewährung; das Hochzeitsfest wird ›politisch‹ zum Gründungsfest, bei dem sich die Gegenwart für die Zukunft konsolidiert.[630]

Die Hochzeitsfeier Erecs und Enites findet in der Pfingstwoche am Artushof statt.[631] Die zeitliche Festsetzung und Überschneidung mit dem traditionellen

---

[630] Wolfgang Mohr, »Mittelalterliche Feste und ihre Dichtung«, in: *Festschrift für Klaus Ziegler*, hg. v. Eckehard Catholy und Winfried Hellmann, Tübingen 1968, S. 37–60, hier S. 39.

[631] Die Beschreibungen orientieren sich stark am Hochzeitsfest von Eneas und Lavinia im Eneasroman Heinrich von Veldekes (12759–13220). Es handelt sich wohl um die erste derart große deutschsprachige Festdarstellung in der höfischen Dichtung überhaupt, vgl. Joachim Bumke, *Der ›Erec‹ Hartmanns von Aue. Eine Einführung*, Berlin/New York 2006, S. 31; Horst Wenzel, *Hören und Sehen, Schrift und Bild. Kultur und Gedächtnis im Mittelalter*, München 1995,

Pfingstfest des Königs verleiht dem Hochzeitsfest eine besondere Größe. Es werden schriftliche Einladungen – *brieve und wortzeichen* (1895) – verschickt, sodass Gäste aus dem ganzen Land zu der Hochzeit anreisen (1902–2028; 2073–2113). Das Fest ist damit Demonstration und Zurschaustellung der arthurischen Macht weit über den bekannten und gewohnten Umkreis hinaus.[632] Es ist zugleich Zeugnis eines friedvollen wie zwangfreien Beieinander.[633] Nur in Zeiten des Friedens ist ein solches Zusammentreffen in Freiheit, Unbekümmertheit und Freude überhaupt möglich.[634] Das Hochzeitspaar selbst rückt bei der Beschreibung des Festes eher in den Hintergrund,[635] nicht zuletzt, weil jenes Fest, dessen sie sich in den folgenden *âventiure*-Fahrten durch *arbeit* erst verdient machen, am Schluss des Romans steht. Im Fokus steht der Aspekt des Festes als kollektives Ereignis, das allen Festteilnehmern gleichermaßen gilt. Daher überrascht es nicht, dass die ankommenden hochrangigen Gäste einzeln aufgezählt werden.[636] Hierdurch wird das Fest auch zu einem »Politikum, denn der Artushof tritt in Erscheinung als ein Herrschaftszentrum von überaus starker Anziehungskraft und unermeßlicher Reichweite«[637]. Nach Wenzel dient das Fest allem voran der Ansammlung des symbolischen Kapitals der Ehre.[638] Die Anhäufung von Ehre wird nicht nur durch die Nennung der vornehmen Gäste – *ez wâren rîche geste* (1906) – und deren opulenter Ausstattung, sondern auch durch die Mildtätigkeit und Großzügigkeit des Königs (2173–2194) sowie die ostentative Zurschaustellung von Prunk und Überfluss erreicht. Die reich beschenkten Spielleute tragen die Kunde von dem

---

S. 188f. Vgl. Haupt, *Das Fest in der Dichtung*, S. 142, betont, dass hier Minne zum alleinigen Anlass der ausgiebigen Festivitäten wird. Sie verweist ebenfalls auf Veldeke, der stilbildend für den deutschsprachigen Bereich die Minne in die Festöffentlichkeit gebracht hat. Im *Erec* spielen folglich »machtpolitische[...] Ereignis[se], gewaltsame Landnahme und blutiger Sieg«, S. 143f., keine Rolle mehr, um ein Fest zu rechtfertigen.

[632] Vgl. etwa den *herre Maheloas* von der idyllisch wirkenden Glasinsel (1919–1927) oder *Gimoers* von der Insel *Avalôn* (1930–1934). Sie sind zeichenhaft für den großen Einflussbereich des Königs, der die Grenzen des Gewöhnlichen übersteigt.

[633] Vgl. auch Haupt, *Das Fest in der Dichtung*, S. 145f.

[634] Wie ein Fest zu Kriegszeiten aussieht, zeigt sich im *Willehalm* nicht nur beim Hoftag in Munleun (126,8–185,19), sondern auch beim Fest von Orange (244,4–277,14), das inmitten der verwüsteten, noch brennenden Stadt stattfindet und von Trauer und Leid überschattet wird. Jede Form der *kurzwile* (268,10) vermag nur oberflächlich den Schmerz zu stillen. Gyburcs Worte sind dabei selbstredend: ›*swenne ir gebietet, / min munt sich lachens nietet; / wirt aber hie schimpf von mir getan, / so muoz doch daz herze jamer han.*‹(268,13–16). Haupt, *Das Fest in der Dichtung*, S. 245f. macht dennoch das Argument stark, *weinen unde lachen* (258,19) stehe bei diesem Fest dicht beieinander.

[635] Sogar die Trauung selbst wird in einem kurzen Satz abgehandelt: *zesamene gap si dô / eines bischoves hant / von Cantwarje ûz Engellant* (2123–2125).

[636] Vgl. dagegen die Hochzeitsfeier von Iwein und Laudine, die deutlich bescheidener und zurückhaltender beschrieben wird. An einigen Stellen wirken die lakonischen Ausführungen geradezu ironisch: *waz sol der rede mêre? / wan ez was michel vuoge. / dâ wâren pfaffen genuoge: / die tâten in die ê zehant / sî gâben im vrouwen unde lant* (*Iwein*, 2416–2420).

[637] Haupt, *Das Fest in der Dichtung*, S. 145.

[638] Wenzel, *Hören und Sehen*, S. 188.

prachtvollen Fest hinaus in die Welt (2200–2202) und verbreiten auf diese Weise den Ruhm des Königs.

Plastisch veranschaulicht wird die *hovesvreude* eines Festes auch an den Räumlichkeiten, in denen die Feierlichkeiten stattfinden. Die Natur spielt dabei eine entscheidende Rolle, denn die Freude des Hofes ist »Freude an und in der Natur, die blühende Landschaft Teil und Ausdruck höfischer Festlichkeit, weil sich der Hof in der Natur entfaltet,[...] sich [...] in sie einfügt«[639]. Auf den ersten Blick scheint es erstaunlich, dass die Natur als Symbol des Wilden und Ungezähmten im Rahmen des Festes, das gerade Ausdruck höfischer Kultur ist, Platz findet. Doch Blumen und Bäume werden selbstverständlich bei der Ausschmückung des Festes mit einbezogen, nicht zuletzt deswegen, weil die Natur in ihrer ästhetischen Vollkommenheit eine geeignete Kulisse darstellt, in der sich die höfische Gesellschaft selbst wahrnehmen kann.[640] Als Spiegelbild lässt die Natur die Lieblichkeit und Euphorie des Festes mittelbar sichtbar werden. Die Wichtigkeit der Natur zeigt sich eindrücklich auch am Maifest König Markes im *Tristan*. Die Gäste nutzen die Lieblichkeit der sie umgebenden Flora und binden sie in ihre Vergnügungen ein:

Dâ haete diu gesselleschaft
vrô unde sêre vröudehaft
gehütet ûf daz grüene gras,
alse iegelîches wille was.
dâ nâch alse iegelîches ger
ze vröuden stuont, dâ nâch lag er:
die rîchen lâgen rîche,
die höfschen hovelîche;
dies lâgen under sîden dâ,
jene under bluomen anderswâ;
diu linde was genuoger dach;
genuoge man gehütet sach
mit loupgrüenen estern.
(587–599)

Die zitierten Verse transportieren eine Leichtigkeit und Ungebundenheit, die auch im Vergleich zu dem Treiben beim Pfingstfest im *Iwein* eine neue Dimension offenbart.[641] Die Natur wird im *Tristan* nicht nur als Kulisse zum Dekor degradiert, sondern auch als eigene Festteilnehmerin wahrgenommen.[642] Durch Perso-

[639] Wenzel, *Hören und Sehen*, S. 404.

[640] Wenzel, *Hören und Sehen*, S. 403.

[641] Auffällig sind die unterschiedlichen Weisen des Liegens als einer ruhenden, statischen Haltung. Ein jeder macht es sich in der amönen Landschaft bequem. Die Zugehörigkeit und Gemeinschaft, wie sie sich etymologisch im Wort *geselleschaft* als derjenigen Gemeinschaft, die in einem Saal schläft, findet, zeigt sich hier buchstäblich, vgl. Emmelius, *Gesellige Ordnung*, S. 1. Bereits Rainer Gruenter, »Das wunnecliche tal«, hat auf den Gemächercharakter der Natur hingewiesen, wie er in Formulierungen wie *gehütet* (589; 598) oder *dach* (597) zum Ausdruck kommt.

[642] Vgl. Haferland, *Höfische Interaktion*, S. 78.

nifikation wird die Tier- und Pflanzenwelt regelrecht domestiziert, kultiviert und in den Kanon höfischen Festverhaltens eingegliedert. So wird etwa beschrieben, wie *die liehten bluomen* (562) und *diu süeze boumbluot* (569) lachen oder *des meien vriunt, der grüene wase* (564) ein buntes ›Blumenkleid‹ trägt.[643]

diu senfte süeze sumerzît
diu haete ir süeze unmüezekeit
mit süezem vlîze an sî geleit.
(546–547)

Diese wenigen zitierten Verse sind in Bezug auf die Mußethematik von besonderem Interesse. Der anthropomorphisierten *sumerzît* wird, an die Formulierung *ich han mir eine unmüezekeit / der werlt ze liebe für geleit* (45f.) aus dem Prolog erinnernd, eine Aufgabe, eine *unmüezekeit,* zugeschrieben, bei der sie mit Eifer und Emsigkeit – mit *vlîze,* wie es im Text heißt – die Aue in eine lieblich-schwelgerische Szenerie verwandelt. Es handelt sich auch hier, wie bei Isoldes Unterricht in der Lehre der *morâliteit,* um eine *süeze unmüezekeit,* also eine angenehme Beschäftigung, die leicht von der Hand geht, weil ihr Inhalt ebenso leicht wie lieblich ist.[644] Das Adjektiv *süeze* wird in jeder Zeile einem anderen Substantiv als Epitheton beigestellt. Im Zusammenhang mit *unmüezekeit* und *vlîze* ruft es den jeweils konträren Bereich auf und nimmt den Worten den Aspekt von Anstrengung, Mühe und Schwere. *süeze* scheint nicht nur eine Eigenschaft von *sumerzît* zu sein, sondern sie scheint auch all ihre Tätigkeiten zu prägen. Wie das Adjektiv *süeze* selbst verschiedene Sinnswahrnehmungen beschreibt, bezieht auch die von der *sumerzît* gestaltete Aue, die an Pracht und Sinnlichkeit alles Bisherige überbietet, alle Sinne mit ein.[645] Die Auenlandschaft ist voller *bluomen, gras, loup unde bluot* (551), an der sich die Gäste ergötzen und die *senften, linden winde* (558) genießen können.

Trotz der Fülle an Sinnesreizen und dem Überangebot an Speisen und Getränken wird jedoch insbesondere im *Erec* das Maßhalten der Gäste betont. Jedes aufkeimende entgrenzende oder zügellose Gebaren wird sofort eingedämmt und durch tugendhaftes Verhalten ersetzt. Das Fest ist folglich auch Demonstration von Selbstbeherrschung und Zivilisierung. Es wundert daher nicht, dass Hart-

[643] Vgl. Wenzel, *Hören und Sehen,* S. 404.

[644] Vgl. auch Andreas Kraß, »Der fragmentierte Körper. Politik und Poetik im *Tristan* Gottfrieds von Straßburg«, in: *Fragmentarität als Problem der Kultur- und Textwissenschaften,* hg. v. Kay Malcher, Stephan Müller, Katharina Philipowski und Antje Sablotny, München 2013, S. 117–131, der diese Verse als »Analogie zum Akt des Dichtens«, S. 124, versteht.

[645] So zeigt sich als optischer Reiz etwa die Maienlandschaft in ihrer Schönheit oder das Treiben der höfischen Gesellschaft (Tanz, Kämpfe, Turniere, Damen und Ritter von anmutiger Gestalt); akustisch ist der Vogelgesang und der Wind in den Bäumen zu nennen; olfaktorisch dagegen der Duft von Blumen, Gräsern, Blüten; einen haptischen Reiz bilden Sonnenschein und Schatten, aber auch der Wind und kostbare Stoffe, etwa Seide; gustatorisch bietet das reichhaltige Speisenangebot Sinnesvergnügen.

mann die Hochzeitsnacht, die bei Chrétien breit beschrieben wird,[646] in seiner Adaption streicht. Nach Bodensohn zeigt sich hierbei zweierlei, zum einen widerspricht die erotische Intimität höfischer *zuht,* zum anderen setzt Hartmann, wie bereits erwähnt, den Schwerpunkt auf die kollektive Festfreude und nicht das individuelle Erleben außerhalb der Öffentlichkeit.[647] Hartmann spart nicht nur die körperliche Vereinigung der Liebenden aus, sondern verleiht auch dem Fest selbst eine anmutigere und sittsamere Stimmung. Angesichts der umfangreichen Darstellung der Gäste geht die Beschreibung des konkreten Festaktes beinahe unter. Lediglich die typischen Tätigkeiten wie musizieren, spielen, singen und plaudern werden aufgezählt, welchen nach Lust und Laune nachgegangen werden kann (2146f.). Bei Chrétien wirkt die Festdarstellung weit ausgelassener, nicht nur aufgrund der verschiedenen Geräusche und Klänge, die ausführlich geschildert werden, auch die Bewegungen und Gebärden der Festteilnehmer wirken freudiger und energischer. Der Blick des Erzählers springt förmlich von einem Gast zum nächsten und jeder scheint einer anderen Tätigkeit nachzugehen:

li uns sifle, li autres chante,
cil flaüte, cil chaleme,
cil gigue, li autres vïele
(1990–1992)

Neben dieser heiteren Fröhlichkeit irritiert sowohl bei Hartmann als auch bei Chrétien eine Bemerkung, die den Anschein von Anstrengung erweckt. In *Erec et Enide* heißt es: *trestuit de joie fere tancent. / Riens n'est qui joie puisse fere / ne cuer d'ome a leesce trere, / qui as noces ne fust le jor* (1994–1997). Bei Hartmann taucht Ähnliches auf: *dâ was aller künste kraft, / von allen ambeten meisterschaft* (2156f.). Die zitierten Verse scheinen der Idee des sorglosen und unbekümmerten Zusammenseins unter Gleichrangigen Aspekte wie Mühe, Konkurrenz und Leistungsanspruch entgegenzustellen. In der Tat sind »[*v*]*reude, hôher muot, gemach* und *kurzwîle* [...] nicht nur objektive oder zentrale Werte, sondern auch handelnd umzusetzende Pflichten«[648]. Sie verlangen Einsatz und *arbeit,* um ein Fest in voller Prachtentfaltung zum Nutzen und zur Freude aller abzuhalten. Die Anwesenheit bei Hof fordert eine gewisse Haltung, denn wer sich nicht der *vreude* anheimgeben will oder kann, hat dort auch nichts verloren.[649] Im *Erec* heißt es dazu pointiert: *swer ze hove wesen sol / dem zimet vreude wol / und daz er im sîn reht tuo* (5056–5058).[650] Damit zeigt das Fest auch dezidiert mußefeindliche

[646] Vgl. in *Erec et Enide* die Verse 2015–2054. Bei Chrétien zeichnet sich eine Bewegung ab, die vom *granz la joie* (2015) der Gäste hineinführt in *la chanbre et el lit* (2018) der intimen Begegnung.

[647] Heinz Bodensohn, *Die Festschilderungen in der mittelhochdeutschen Dichtung,* Münster 1936, S. 17f.

[648] Fritsch-Rößler, »Erlöst vom Paradies«, S. 208.

[649] Dann ist, wie im *Erec,* die Figur wortwörtlich *unhovebære* (5064). Vgl. Fritsch-Rößler, »Erlöst vom Paradies«, S. 208.

[650] Diese Freude kann trotz oder weil sie – zumindest aus moderner Sicht – inszeniert wirkt, Trauer und Sorge für kurze Zeit vergessen machen, vgl. beispielhaft etwa im *Erec* den Vers 2145.

Züge, denn der Teilnehmer steht unter ständiger Beobachtung und muss sich auf vorteilhafte Weise präsentieren. Das Fest in der höfischen Literatur um 1200 widerspricht damit scheinbar den Ausführungen Piepers, der Fest und Muße streng von Mühe trennt:

Gegen die Überwertung der Mühe. – Muße ist eine Haltung des Feierns. Und Feiern bedeutet das Gegenteil von Mühe. Wer der Mühelosigkeit grundsätzlich mißtraut, ist ja gleichermaßen unfähig zur Muße wie auch zum Feiern eines Festes.[651]

Im literarisch dargestellten höfischen Fest ist die *vreude* »geforderter Habitus des[jenigen] höfischen Menschen, der sich in der Öffentlichkeit, in der Geselligkeit des Hofes«[652] bewegt. Sie ist zudem »objektiver Wert, [und] nicht Ausdruck einer subjektiven Gefühlslage«[653]. Es geht um eine »ethisierte und ästhetisierte Freude«[654] innerhalb eines kultivierten Rahmens. Dergestalt, dass *vreude* Bedingung des Feierns ist, kann diese durchaus auch mit Mühe in Verbindung stehen. Für das höfische Fest sind Piepers Formulierungen aus diesem Grund dahingehend zu modifizieren, dass zwar *vreude* sehr wohl als Haltung des Feierns verstanden werden kann, nicht aber Muße. Diese kann weder Bedingung noch Haltung sein, sondern höchstens eine Form des Geschenks, das unbeabsichtigt und unerwartet aus dem geselligen Beisammensein und der kurzweiligen Tätigkeiten des Festes heraus erwächst.

Den meisten Festen, die im höfischen Roman beschrieben werden, ist ein exkludierendes Moment inne. Dies betrifft nicht nur die Haltung der *vreude,* sondern auch substanziell-stoffliche Werte. Fest, Geselligkeit und *kurzwîle* scheinen nur unter bestimmten privilegierten – materiellen wie intellektuellen – Bedingungen möglich zu sein. Wer an den Besitztümern und am Reichtum keinen Anteil hat, kann auch nicht in den Kreis der freudigen Gemeinschaft dringen, weil ihm *vreude* in der Armut mehr oder weniger verwehrt bleibt.[655] Doch kein Reichtum,

---

[651] Vgl. Pieper, »Muße und menschliche Existenz (1959)«, S. 455f.

[652] Eroms, *›vreude‹* , S. 55f.

[653] Eroms, *›vreude‹*, S. 56.

[654] Fritsch-Rößler, »Erlöst vom Paradies«, S. 209.

[655] Vgl. im *Erec* die Figur des alten Koralus, vgl. die Verse 1334–1399. Nur dank der Unterstützung des Herzogs Imain ist es Koralus schließlich möglich, ein Fest zu Ehren Erecs auszurichten. Dagegen scheint das Sperber-Fest desselben Herzogs eine Ausnahme darzustellen, denn dieses ist dezidiert kein elitäres Fest, sondern ein Fest für alle: *diz muoste jærlîche sîn / ze vreuden sîner lantdiet. / von der rede er niemen schiet, / niuwan daz gelîche / arme unde rîche, / alte unde junge / durch schœne handelunge / ze sîner vreude kœmen, / swenne si'z vernæmen* (191–199). Die stofflichen Reichtümer gehen einher mit ideellen Werten: Wer reich und schön ist, ist zugleich gut, vgl. etwa im *Iwein:* Dort ist die Rede von *sô manec guot ritter* (42), der Einlass zum Fest erhält, andererseits gilt dort *ein bœser man / in vil swachem werde* (38f.). Auch Haupt verweist auf die ethische Qualität, die die Gäste auszeichnet. Diese wird ausgedrückt durch das Adjektiv *guot,* vgl. Haupt, *Das Fest in der Dichtung,* S. 177. Vgl. zu der Überlagerung von äußeren und inneren Werten u.a. auch Thomas Cramer, »›Pulchritudo et bonitas.‹ Faste, pouvoir et étique dans la littérature allemande vers l'an 1200«, in: Cours princières et châteaux. Pouvoir et culture du Ixe au XIIIe siècle en France du Nord, en Angleterre et en Allemagne. *Actes du Colloque de Soissons (28–30 Septembre 1987),* Greifswald 1993, hg. v. Danielle Buschinger, S. 81–94. Vgl. zum

welcher zudem größtenteils auf Ausbeutung und zu Lasten des einfachen Volkes beruht, kann Muße herstellen. Reichtum und Überfluss schaffen lediglich eine Illusion von Freiheit und Außerordentlichkeit, der sich der Adel des Hofes in üppig inszenierten Festen von Zeit zu Zeit nur allzu gerne hingibt.

Neben dem eigentlichen Festtreiben am Hof gehört als Teil oder Nachklang der Feierlichkeiten oftmals auch ein Turnier. Doch bei aller Freude ist auch das Turnier mit Mühe verbunden und dies keineswegs in negativer Weise. Das Turnier ist »ein sportliches Ereignis und dient dem Kräftemessen«[656]. Da das Turnier spielhafte Einübung des Ernstfalles ist, verlangt es »Regulierung und Dämpfung der aggressiven Kräfte«[657]. Nach Bumke erscheint das Wort *turnei* in der Bedeutung einer »gesonderte[n] Veranstaltung nach eigenen Regeln«[658] erstmals in Hartmanns *Erec* (2236–2238; 2459). Die große Turnierbeschreibung infolge der Hochzeit ist in Umfang und Darstellung in der deutschen Dichtung neuartig. Wenn auch weder zeitlich noch räumlich direkt mit der Hochzeitsfeier verbunden, so ist das Abhalten des Turniers im *Erec* doch als eine Fortführung der Feierlichkeiten zu verstehen (2229–2238). Eine genaue Betrachtung dieser Szene ist deshalb weiterführend, weil hier das Außeralltägliche über das Fest hinausreicht und das Turnier, weil es Ernst und Spiel vereint, der Schwelle zum Alltag des kämpfenden Ritters sehr nahe kommen kann.

Die Vorbereitungen sind aufwendig und die Wahl der Ausrüstung wird ausführlich im Text dargelegt, nicht zuletzt weil es sich um das erste Turnier Erecs handelt und er noch nicht über eine angemessene Ausstattung an Waffen und Kleidung verfügt. Er ist daher auf die großzügige Unterstützung König Artus' angewiesen. Auffällig ist die Zurückhaltung Erecs im Vorfeld des Turniers. Er entzieht sich

---

Kalokagathie-Ideal auch Karina Kellermann, »Entstellt, verstümmelt, gezeichnet – Wenn höfische Körper aus der Form geraten«, in: *Die Formel und das Unverwechselbare. Interdisziplinäre Beiträge zu Topik, Rhetorik und Individualität,* hg. v. Iris Denneler, Frankfurt a.M./Berlin/Bern u.a. 1999, S. 39–58.

[656] Jan-Dirk Müller, »Symbolische Kommunikation zwischen Liturgie, Spiel und Fest«, in: *Alles nur symbolisch? Bilanz und Perspektiven der Erforschung symbolischer Kommunikation,* hg. v. Barbara Stollberg-Rilinger, Tim Neu und Christina Brauner, Köln/Weimar/Wien 2013, S. 331–355, S. 346. Müller arbeitet mit dem Begriff des Spieles im Sinne einer Inszenierung, einer Form von Theatralität vor Beginn des institutionalisierten Theaters (sei es das Geistliche Spiel oder das weltlich verankerte Turnier oder Festspiel), die mit der Alltagswelt unterschiedlich stark bricht, dennoch immer auf sie referiert.

[657] Rüdiger Schnell, »Unterwerfung und Herrschaft. Zum Liebesdiskurs im Hochmittelalter«, in: *Modernes Mittelalter. Neue Bilder einer populären Epoche,* hg. v. Joachim Heinzle, Frankfurt a.M./Leipzig 1994, S. 103–133, hier S. 127f.

[658] Vgl. den Überblick bei Bumke, *Höfische Kultur,* bes. S. 342–379, hier S. 347. Lange Zeit wurde *turnei* mit *strît* im Sinne eines Ernstkampfes gleichgesetzt, S. 359f. Vgl. auch Ulrich Mölk, »Philologische Aspekte des Turniers«, in: *Das ritterliche Turnier im Mittelalter. Beiträge zu einer vergleichenden Formen- und Verhaltensgeschichte des Rittertums,* hg. v. Josef Fleckenstein, Göttingen 1985, S. 163–174; William Henry Jackson, »Das Turnier in der deutschen Dichtung des Mittelalters«, in: *Das ritterliche Turnier im Mittelalter. Beiträge zu einer vergleichenden Formen- und Verhaltensgeschichte des Rittertums,* hg. v. Josef Fleckenstein, Göttingen 1985, S. 257–295.

dem bunten Treiben und der *gesselleschaft* (2392). Stattdessen verhält er sich geradezu asketisch (2378–2385). Dies steht im Kontrast zu den *gewonlîche*[n] *vreuden* (2405) der anderen Ritter *als man ze turneien phlac* (2406). Das Prozedere vor dem Turnier hat rituellen Charakter, wie sich etwa an der gründlichen Reinigung der Rüstung oder am Kirchgang zeigt. Das Turnier ist allem voran eine Darstellung der Größe und Tapferkeit Erecs. Aus dieser Perspektive müssen ebenso die Tjoste als auch die Vesperie verstanden werden. Sie sind ein Ausprobieren und ein Klären der Fronten, die Erec bereits vor dem ersten Turniertag als *baz tuonde man* (2480) deklarieren. Mit *grôzer unmuoze* (2465) wirft sich Erec in die Kämpfe und stürzt bis zur völligen Erschöpfung in das Kampfgetümmel (2625–2633) – *er was ie der êrste dar / und der jungeste dan* (2471f.). Erec gönnt sich keinerlei Ruhemoment, im Gegenteil, er ist ständig in Bewegung, in Aktion, wie auch der Satz *man sach in dort unde hie* (2468) bezeugt: es zeigt sich ein Hin- und Hereilen, ein Hasten und Suchen nach immer neuen Möglichkeiten zum Kampf. Im Laufe des Turniers nimmt Erecs Verhalten aber auch kühne, unbesonnene oder gar törichte Züge an, etwa wenn er ohne Rüstung in den Kampf zieht (2505).[659] Dennoch wird sein ehrgeiziges Handeln den anderen Rittern als Spiegel vorgehalten: *wes liget ir hie? / wer bejagete noch ie / mit slâfe dehein êre?* (2526–2528). Das spielerische Moment des Turniers scheint hier völlig verloren. Vielmehr steht das Streben nach *êre* im Vordergrund.[660] Teilweise erhält das Turnier sogar Züge eines »gefährliche[n] militärische[n] Unternehmen[s]«[661]. Das Turnier wie die lediglich bei Chrétien ausgestaltete Liebesnacht des Hochzeitspaares sind Elemente, die das institutionell geregelte und geordnete höfische Fest in gewisser Weise sprengen. Die Auswirkungen sind nicht sofort spürbar, doch zeigen sie als Nach-

[659] Die Zwiespältigkeit dieser Szene steht in Kontrast zu der Lobrede auf Erec (2811–2825). In der Beschreibung Enites, die in Angst und Sorge um ihren Mann ist, wenn er schutzlos sein Leben aufs Spiel setzt, wird eine leise Kritik deutlich (2826–2851). Artus dagegen ist der Meinung, Erec habe sich bei diesem Turnier einen unzerstörbaren ehrenvollen Ruf erkämpft (2534f.). Wie falsch seine Diagnose ist, zeigen wenig später die Konsequenzen des *verligens*. Eine bezeichnende Rolle spielt der Helm Erecs. In der kurzen Ruhepause (2633) nimmt Erec den Helm ab, um sich abzukühlen. Doch *sîn ruowe werte unlanc* (2637), denn er sieht die Seinen auf dem Kampfplatz, die zunehmend in Bedrängnis geraten. *alsô gâch* (2649) springt Erec auf das Pferd, um ihnen zu Hilfe zu kommen und den Sieg zu erlangen. Dabei handelt er derart hitzig und eilig, dass er ohne Helm in den Kampf zurückgeht. Der Helm ist Symbol eines fließenden Übergangs zwischen den Bereichen des Kampfes und der Ruhe. Er gelangt als Teil der Rüstung in den Raum der Erholung, während der ungeschützte Held mit bloßem Haupt, Zeichen der Ruhepause, in den Kampfraum zurückkehrt. Die Grenzen der einzelnen Bereiche verlieren in Bezug auf Erec ihre scharfen Konturen. Dies zeigt sich auch an dem Ungleichgewicht von Kampf- und Ruhezeiten, was sich mit der *verligen*-Szene radikal wandeln wird. Die Tatsache, dass Erec ohne Helm kämpft, bringt ihm letztlich zusätzliche Bewunderung ein.

[660] Für Erec spielt materieller Gewinn gerade keine Rolle bei diesem Turnier (2619–2622).

[661] Jackson, »Das Turnier in der deutschen Dichtung des Mittelalters«, S. 261. Bodensohn, *Die Festschilderungen in der mittelhochdeutschen Dichtung*, zählt Turniere dezidiert nicht zum Fest hinzu, da »bei ihnen das Kämpferische, nicht das Gesellschaftliche den eigentlichen Kern ausmacht«, S. 2.

wehen umso drastischer ihre destruktive Kraft.[662] Kampfspiel wie Beilager sind nach Haug der Gegenwelt der höfisch festlichen Idealität zugehörig und können daher nur bis zu einem bestimmten Grad integriert werden, um die Stabilität des Artushofes nicht zu gefährden.[663]

Die Hochzeit Erecs und Enites findet ihr Spiegelbild in der Krönungsfeier Erecs am Ende des Romans, in der das Fest eine neue Akzentuierung erfährt. Gerade in Kontrast zu der Hochzeitsfeier steht nun das Königspaar im Vordergrund, während das festliche Treiben nur in wenigen Strichen, beinahe formelhaft, skizziert wird.[664] Die Fokussierung auf die Protagonisten geht einher mit der Tatsache, dass diese sich das Fest durch ihre Anstrengungen und Mühen geradezu erarbeitet haben. Die *übele zîte* (10109) der *âventiure-Fahrt* verkehrt sich in *gemache* (10113), *êren* (10113) und *wünne mannecvalt* (10114). Das Fest findet eine Berechtigung, wie sie beim Hochzeitsfest, abgesehen von dem siegreichen Kampf über Iders, noch kaum gegeben ist. Auffällig ist die christliche Prägung des Festes. Erecs Handeln ist ein gottverpflichtetes Handeln. Seine Haltung ist bestimmt von Bescheidenheit und Dankbarkeit, so wie auch das Fest »wesentlich ein Dankesfest«[665] ist. Statt Demonstration edler Kleidung, kostbarer Materialien oder wertvoller Gegenstände werden tugendhafte Eigenschaften repräsentativ ausgestellt: *vrümekeit* (10094), *êre* (10103) oder *wîsheit* (10085). Glänzende Äußerlichkeiten stehen nicht mehr zeichenhaft für die innere Vollkommenheit, sondern diese selbst wird unmittelbar dargeboten. Zu Recht warnt Haupt daher auch vor einer eudaimonistischen Auffassung des *Erec* angesichts der Dominanz des höfischen Festes. Vielmehr komme hier »eine poetische Wunschvorstellung« zum Ausdruck, »die den Grund ihrer Erfüllung nur außerhalb ihrer selbst finden kann«.[666] Im Mittelpunkt steht auch bei der Krönungsfeier die *vreude* des Volkes: *ze vreuden sînem lande / gebôt er ein hôchzît, / daz vordes noch sît / in dem selben lande nie / dehein sô wünneclîche ergie / und von herren alsô grôz* (10055–10060). Doch diese herrscht nicht mehr nur momenthaft während der Dauer des Festes, sondern verlagert sich dauerhaft auf Erec und Enite als königliche Träger der *vreude* selbst, die ihrem Volk verpflichtet sind (10116–10118). Damit löst sich die höfische *vreude*

---

[662] Vgl. Kapitel 4.2.

[663] Haug, »Die Idealität des arthurischen Festes«, S. 314.

[664] Es werden typische Überbietungsfloskeln aufgezählt (10057; 10069f.), die Namen der Gäste behauptet der Erzähler nicht zu kennen (10060–10063) und der Akt der Krönung selbst wird an keiner Stelle direkt erzählt. All dies steht in Kontrast zu den Schilderungen in *Erec et Enide*. Chrétien gestaltet die Vorbereitungen und den Ablauf der Krönungszeremonie detailliert aus, auch die Räumlichkeiten, das Inventar, die Gäste und ihre Ausstattung werden ausführlich beschrieben (6490–6880). Bei Hartmann kehrt das Königspaar zurück in das eigene Land, in dem die Krise begann, bei Chrétien dagegen wird das Krönungsfest zur Weihnachtszeit in die Stadt Nantes (6525f.) verlagert. Prunk, Glanz und Freude des Festes richten sich also allein auf den neu errungenen Stand Erecs und Enites. Eine religiöse Umdeutung des Festes findet sich in *Erec et Enide* nicht.

[665] Haupt, *Das Fest in der Dichtung*, S. 166.

[666] Haupt, *Das Fest in der Dichtung*, S. 167.

von der Notwendigkeit der Bindung an das Fest und kann vom außeralltäglichen Geschehen in die alltägliche Normalität überführt werden.

Um auf die oben aufgeworfene Überlegung zurückzukommen, in welchem Verhältnis Institutionalität und Spielraum im Fest zueinander stehen, so zeigt sich bei allem Freiraum und aller Außeralltäglichkeit, die das Fest an Farben, Tätigkeiten, Spielen und Gesprächen bietet, doch eine feste Verankerung im institutionellen Ordnungsgefüge des Hofes. So spricht Winfried Gebhardt auch vom Fest als der »Institutionalisierung des emotionalen/affektuellen [Handelns]«[667]. Das beobachtete gezügelte Verhalten der Festteilnehmer, etwa im *Erec,* ist Zeugnis einer Unterwerfung unter vorgegebene Verhaltens- und Normierungscodes. Das höfische Fest ist ein Fest der Gezähmten.[668] Selbst Geselligkeitsformen wie Tanz, Jagd oder Turnier betrachtet Rüdiger Schnell unter »dem Aspekt der Domestizierung«[669]. Mäßigung und Zügelung vor festlich glanzvoller Kulisse dienen der Abgrenzung zu bäuerlichem Verhalten und der Demonstration überlegener Selbstbeherrschung.[670] Selbst das Maifest im *Tristan* erweist sich bei genauerem Hinsehen ebenso wie die Feste in den Hartmannromanen als Raum von Herrschaftsgebaren, Machtdemonstration und Repräsentation, bei der selbst die Natur noch den Regeln des Festes unterworfen wird – als Spiegelfläche einer elitären Festgesellschaft, die sich ihrer eigenen herausragenden Stellung immer wieder neu versichern muss.[671]

Bereits oben wurde Barbara Haupt zitiert, die das Fest als »Illusion eines nahezu herrschafts- und repräsentationsfreien Raumes«[672] versteht. Lag zuvor der Fokus auf der Verflachung oder gar Einebnung hierarchischer Strukturen, so ist nun die Betonung der ›Illusion‹ zentral, denn das Fest als Ausnahmezustand setzt nur scheinbar das Herrschaftssystem außer Kraft. Im Kern dient es gerade dessen Stabilität und Manifestation in Form repräsentativen Prunks, oder, wie am Beispiel der Krönungsfeier Erecs, in Form eines vorbildlich tugendhaften Protagonisten.[673] Mit Haferland ließe sich die Spannung zwischen dem Eindruck

[667] Gebhardt, *Fest, Feier und Alltag,* S. 50.

[668] Vgl. auch in Kapitel 1; Hasebrink, »Rache als Geste«, S. 218.

[669] Schnell, »Unterwerfung und Herrschaft«, S. 128.

[670] Vgl. Schnell, »Unterwerfung und Herrschaft«, S. 130. Vgl. zu Repräsentation Horst Wenzel, »Repräsentation«, in: *Reallexikon der deutschen Literaturwissenschaft,* Neubearbeitung des Reallexikons der deutschen Literaturgeschichte, hg. v. Jan-Dirk Müller u.a., Berlin/New York 2003, Bd. 3, S. 269–271; Horst Wenzel, *Höfische Repräsentation. Symbolische Kommunikation und Literatur im Mittelalter,* Darmstadt 2005. Auf S. 12 definiert Wenzel Repräsentation als wiederkehrende »Konstruktion von Gegenwärtigkeit«.

[671] Im Text heißt es zudem, Marke habe mit *gebote sô mit bete* (526) das Fest anberaumt und die Gäste gewissermaßen herbeizitiert.

[672] Haupt, *Das Fest in der Dichtung,* S. 175.

[673] Vgl. auch Michael Bojcov, »Festliche Anlässe und Festformen«, in: *Höfe und Residenzen im spätmittelalterlichen Reich. Bilder und Begriffe,* hg. v. Werner Paravicini, bearb. v. Jan Hirschbiegel und Jörg Wettlaufer, Residenzenforschung 15 II, Teilbd. 1: Begriffe, Ostfildern 2005, S. 483–487.

der Herrschafts- und Repräsentationsfreiheit und der gegensätzlichen Bewegung der Stabilisierung dieser Strukturen dadurch auflösen, dass repräsentative Bewegungsformen bereits derart internalisiert und habitualisiert sind, dass, ganz im Sinne der Feststellungen Foucaults für die moderne Disziplinargesellschaft,[674] unmerklich die »öffentliche Kontrolle des Verhaltens [...] zur Selbstkontrolle«[675] geworden ist. Aufgrund dieser Transformationsbewegung wird eine Freiheit empfunden, die in diesem Grad nicht vorhanden ist, weil sie weder von gesellschaftlichen noch von politischen Ordnungen abgelöst, sondern gerade darin integriert und institutionalisiert ist. Doch diese Diskrepanz irritiert nur aus moderner Perspektive. Das höfische Fest selbst spielt nach anderen Regeln. Diese stiften erst die für die Gemeinschaft grundlegende sinnerfüllte Ordnung, in der »alle Wertvorstellungen und Handlungsformen des höfischen Adels fundiert sind«[676]. Dadurch verbürgt das höfische Fest Sicherheit und bietet Entlastung. Es ist ein insulärer Raum, der gerade durch seine Regelhaftigkeit und Ritualisierung befreiend wirken kann.[677]

Josef Pieper hat in ganz anderem Zusammenhang aus kulturphilosophischer Perspektive den Blick auf die Bedeutung des Festes in der Moderne geworfen und dabei eine interessante Bemerkung zum Zusammenhang von Fest und Alltäglichkeit geäußert:

> Ein Fest feiern heißt, die Zustimmung zur Welt im Ganzen auf unalltägliche Weise zum Ausdruck zu bringen. Wer die Wirklichkeit nicht im Grunde für ›gut‹ und ›in Ordnung‹ hält, kann kein Fest feiern, so wenig wie er ›Muße wirken‹ kann.[678]

---

[674] Vgl. Michel Foucault, *Überwachen und Strafen. Die Geburt des Gefängnisses,* aus dem Französischen übersetzt von Walter Seitter, Frankfurt a.M. 1976, 1. Aufl. 1994 (Originalausgabe: *Surveiller et punir. La naissance de la prison,* Paris 1975), bes. S. 173–250.

[675] Haferland, *Höfische Interaktion,* S. 79.

[676] Wenzel, *Hören und Sehen, Schrift und Bild,* S. 181.

[677] Vgl. beispielhaft im *Tristan* die Szene des glanzvollen Einzugs der beiden Isolden am irischen Hof im Zusammenhang der Verhandlung über den betrügerischen Truchsessen. Da wird die Schönheit der Frauen mit »Muße und [...] Wohlgefallen« aufgenommen, vgl. Barbara Haupt, »Der schöne Körper in der höfischen Epik«, in: *Körperinszenierungen in mittelalterlicher Literatur. Kolloquium am Zentrum für interdisziplinäre Forschung der Universität Bielefeld (18.-20-. März 1999),* hg. v. Klaus Ridder und Otto Langer, Berlin 2002, S. 47–73, hier S. 57. Doch die Tätigkeit der Frauen selbst, deren Äußeres derart erquickt, wird als *süeze unmuoze* (11011) bezeichnet. Der Einzug ist von ritualisierten Pflichten bestimmt, sie befolgen *wol gezogen* (11019) ihre Aufgaben der Begrüßung und Verneigung. Die Rollen sind dabei nach Alter und Rang klar verteilt: *ir eine gruozte, diu ander neic, / diu muoter sprach, diu tohter sweic* (11018). Trotz der institutionalisierten Handlungen und Verhaltensweisen ist die *unmuoze* (11020) ihnen jedoch angenehm. Sie werden als *vrô und aller sorgen vrî* (10988) beschrieben.

[678] Pieper, »Muße und menschliche Existenz (1959)«, S. 457. Piepers Überlegungen gipfeln in der Aussage, dass die »äußerste Form der Zustimmung zur Welt im Ganzen [...] das Gotteslob, die Preisung des Schöpfers, der Kultus«, S. 457, sei. Dies liegt in seiner Überzeugung begründet, sowohl Feier als auch Muße sei kultischen Ursprungs. Vgl. auch ders., »Kunst – Kontemplation – Fest«, S. 495–507, bes. S. 502. Vgl. zur religionsgeschichtlichen Dimension des Festes auch Karl Kerényi, »Vom Wesen des Festes. Antike Religion und ethnologische Religionsforschung«, in: *Paideuma* 1 (1938/40), S. 59–74.

Diese Feststellung lässt sich, zumindest bezüglich des Festes, auch auf die mittelalterliche Gesellschaft beziehen, wie sie in den höfischen Romanen zum Ausdruck kommt. Diese Arbeit will zeigen, dass Spielräume der Muße zwar erst auf der Grundlage der bestehenden Ordnungen überhaupt möglich sind, diese sich aber, und dies im Kontrast zu Pieper, sehr wohl gegen bestehende Ordnungen wenden können. Daher ist zwischen Fest und Muße genau zu differenzieren. Das höfische Fest ist in seiner regelhaften Regellosigkeit in Piepers Sinne Ausdruck von Bejahung der vorhandenen Strukturen. Das Fest ist in einem ambivalenten Zwischen zu verorten, denn einerseits ist es Ausbruch aus routinierten Alltags- und Arbeitsabläufen, andererseits dient es bei allem Freiraum, den es ermöglicht, doch »Nutzende[m] und Nützliche[m]«[679], welches sich wiederum in der fiktiven ›Alltagswirklichkeit‹ veräußert. Die Ordnung der alltäglichen Ebene wird in den Texten an keiner Stelle kritisiert. Das Pfingstfest als Inbegriff höfischer Festlichkeit hat offensichtlich keinerlei subversive Dimension. Es lenkt den Blick im Gegenteil »auf ein Gesellschaftsbild von hohem Niveau und Anspruch«[680], das sich im Rahmen des ethisch wie ästhetisch Gewünschten und Gesollten bewegt. Das Fest scheint die Möglichkeit der Ausübung höfischer Umgangsformen und Unterhaltungen zuallererst zu bieten. Zum Wesen des höfischen Festes gehört demzufolge die Selbstdarstellung und Selbstausweisung der höfischen Ordnung, weil das Fest selbst Teil dieser Ordnung ist.[681]

3.3.2 *Veralltäglichung des Festes*

Die Verführung ist groß, das Fest aus seiner punktuellen Aktualität hinüberzuführen in einen Dauerzustand, wie es im *Daniel* im Land Clûse in seiner ganzen Radikalität erzählt wird. Im Reich König Maturs ist jeder Tag ein Fest: *sîn kurzwîle ist manicvalt: / dâ ist alle tage hôchzît* (638f.). Auffallend ist die Exotik des Landes. Es steht das ganze Jahr über in frischem Grün (528) und ist bewohnt von allerlei wunderbarem Getier. Elefanten, die auf ihren Rücken ganze Paläste aus Marmor transportieren (585–634),[682] tauchen ebenso auf wie wundersame Vö-

[679] Josef Pieper, »Was ist ein Fest?«, in: ders., *Miszellen,* Register und Gesamtbibliographie, CD-ROM zum Gesamtwerk, hg. v. Berthold Wald, Werke in acht Bänden, Bd. 8,2, Hamburg 2008, S. 521–531, hier S. 523.

[680] Haupt, *Das Fest in der Dichtung,* S. 144.

[681] Vgl. Haferland, *Höfische Interaktion,* S. 79, der deutlich zeigt, inwiefern Selbstdarstellung und Fest miteinander zusammenhängen, da das eine das andere jeweils bedingt. Zugleich wird in dem folgenden Zitat Haferlands ersichtlich, dass das Fest Teil der Ordnung ist, da die Teilnehmer erpicht darauf sind, diese Ordnung performativ herzustellen und ihr gerecht zu werden: »die Gäste verhalten sich nicht nur zivilisiert. Sie setzen dekorative Kontraste in ihren Bewegungen, in der Wahl ihrer Gesprächsthemen und ihrer Gesprächspartner. Sie sind keineswegs bemüht, nur nicht unter eine Schwelle der *zuht* abzusinken. Vielmehr arbeiten sie unwillkürlich gemeinsam am Dekor der *schoenen site.*«

[682] Die aufwendige Verzierung der Häuser, die auf die Elefanten gebaut werden, zeigt auch an, dass die höfisch vergnügliche Lebensweise stets mit dem Reich Maturs verbunden ist, gewissermaßen mit ihm ›reist‹: *sie legent daran wunder, / von golde dar under / manegen list wæhe. /*

gel, die Babiane genannt werden. Diese besitzen ein Gefieder, das wie ein Spiegel funktioniert. Sie schützen die Frauen Clûses, die von besonderem Reiz sind, vor der Sonne. Des Nachts spenden sie gleich einer brennenden Kerze Licht. Ihr Gesang versüßt die Stunden. In dem Land zu Clûse *mac man fröude schouwen, / dâ wirt tanzen unde singen / und an vil mangen dingen / ein wunneclîchez hôchzît. / man gît fröude widerstrît. / dâ vindet ieclîch man / swelher kurzwîl er kan* (684–690). Auf den ersten Blick scheint dieses ununterbrochen währende Fest einen dauerhaften Zustand des Glücks und der Zerstreuung zu bieten. Das Fest wird aus seiner Sonderposition herausgenommen und einer Veralltäglichung unterzogen. Um noch einmal Odo Marquard zu zitieren, sei an seine Aussage über das »Moratorium des Alltags«[683] erinnert, durch das der Alltag wie das Fest gleichermaßen aufgelöst werden. Die folgende Betrachtung des *Daniel* bringt zugespitzt zum Ausdruck, dass Ausbrüche und Formen der Außeralltäglichkeit notwendigerweise an einen Gegenpart der Routine und des Alltags gebunden sein müssen, um in ihrer Besonderheit erfahren werden zu können. In diesem Sinne kann für Momente der Muße dasselbe gelten, was sich am Beispiel des auf Dauer gestellten Festes im *Daniel* in diesem Abschnitt zeigt.

Rüdiger Bubner hat für die Moderne eine vergleichbare Ästhetisierung der Lebenswelt festgestellt, wie sie in Clûse versucht wird. Die von Bubner diagnostizierte Problematik der Moderne lässt sich auf die Situation im *Daniel* übertragen: »Paradox an der Ästhetisierung der Lebenswelt ist [...] die *logische Unmöglichkeit*, die Aufhebung eines Gegensatzes zu betreiben, ohne die gegensätzlichen Seiten festzuhalten.«[684] Mit Verlust oder Tilgung der einen Seite wird auch die Besonderheit der anderen aufgehoben. Nach Bubner handelt es sich dann um ein definitionsloses Zwischenstadium, das geprägt ist von Übersättigung.[685] Die Ungewöhnlichkeit verliert, wird sie zur Gewohnheit, – ebenso wie die Außeralltäglichkeit in ihrer Veralltäglichung – den Reiz des Ausnahmezustandes. Die Bewegung des vertikalen Ausbruchs wird eingedämmt zu einer horizontalen, vor sich hin plätschernden Bewegung. Im *Daniel* zeigen sich negative Anzeichen einer solchen Verabsolutierung des Festes etwa in den Geboten des Herrschers, die imperativisch das Fest aufrechterhalten. Im Text wird dies an der mehrfachen Verwendung des Verbs *müezen* (650; 665) deutlich, das an diesen Stellen tatsächlich auch ›müssen‹ bzw. ›notwendigerweise tun‹ bedeutet. Jeden Tag sollen Scharen gegeneinander antreten, die kämpfen und sich für den weltlichen Lohn in Turnieren verausgaben. Die Frauen sind derweil verpflichtet, am Rand zu sitzen und dem Treiben der Ritter zuzuschauen. Die Anwesenheit der Frauen spornt die Ritter zusätzlich

---

ezn wart nie werc sô spæhe / von voglen und von tieren, / strîten und turnieren, / tanzen und schouwen, / höveschen zuo den frouwen: / daz ist daran ergraben, / getiutet mit den buochstaben (623–632).

[683] Marquard, »Moratorium des Alltags«, S. 61.

[684] Rüdiger Bubner, »Ästhetisierung der Lebenswelt«, in: *Das Fest. 14. Kolloquium, Bad Homburg, vom 28. September bis 3. Oktober 1987*, hg. v. Walter Haug und Rainer Warning, München 1989, S. 651–662, hier S. 659.

[685] Bubner, »Ästhetisierung der Lebenswelt«, S. 660.

an (665–671). Der sich täglich wiederholende Festablauf ist streng und rigide kontrolliert: *daz rîten und daz hovespil / ist dâ drî stunt an dem tage [...] / unz der âbent ane gât* (700–704). Dem Ritterspiel folgt eine Zeit der *kurzwîle* (677) ohne Waffen: *von den orsen wirt in gâch, / schiere entwâfent sie sich* (678f.). Die Rüstung wird eilig gegen Hofkleidung ausgetauscht, um verschiedenen höfischen Vergnügungen nachzugehen (681–690). Der Phase der freieren Beschäftigung folgt wieder eine Phase des Kampfes. Jeder neue Tag folgt *in dem selben schalle* (709). Bei diesen Beschreibungen ist auffällig, wie Mühe, Fleiß und Vergnügen miteinander vereint sind. Der *muot* (703) der Festteilnehmer und Bewohner zu Clûse ist ganz auf höfische Freuden hin ausgerichtet. Es spielt also eine gewisse Anstrengung hinein, die das Aufrechterhalten der Festfreude erst garantiert. Die ständige Betonung der vorherrschenden Freude, des Vergnügens und der Kurzweiligkeit wirkt beinahe schon ermüdend.[686] Die Wiederholung des immer wieder gleichen Tagesablaufes erweckt den Eindruck des Zwanges und der Langeweile. Hedda Ragotzky stellt eine gewisse Sterilität fest: »Bei dieser monströsen Parade höfischer *zuht* hat sich musterhaftes Regelverhalten verselbständigt.«[687] Auch die Spiele und Tänze, denen jeder nach eigenem Wohlgefallen nachzugehen hat, sind zu einer täglichen Verpflichtung geworden und haben ihren freiheitlichen Charakter verloren. Insbesondere die Erwähnung der Jungfrauen, die auf Geheiß des Königs im Alter von acht Jahren an den Hof gebracht werden müssen, bringen einen negativen Beigeschmack in die Inszenierung des Festspektakels. Es braucht immer wieder Nachschub an jungen Mädchen, um dieses *wünneclîche leben* (724) fortzuführen.

Ragotzky hat das Land Clûse mit der *Joie-de-la-curt*-Episode im *Erec* verglichen: Auch das Land Clûse ist hermetisch abgeriegelt. Ein großes Gebirge umringt das Reich von allen Seiten, sodass der Zugang äußerst erschwert ist: *ez ist nieman erkant / daz iht lebendez dar über müge / wan ein vogel der dâ flüge* (512–514). Wie das Liebespaar im Garten zu Brandigan sind auch die Festteilnehmer in Clûse auf ähnliche Weise einer Nachjustierung der Situation oder gar Erlösung bedürftig.[688] Daniels Fest am Ende des Romans stellt eine solche Form der Befreiung und Wiederherstellung des Rechts dar.[689] Anlässlich seiner Hochzeit mit der Königin Danise und der Übertragung von Königreich und Krone, im Text in nur wenigen Sätzen abgehandelt (6334–6338), möchte Daniel ein großes Fest feiern:

ich welle hôchzît hân,
sît ez mir nâch fröuden ist ergân,
daz ich bin worden herre hie.

[686] Vgl. etwa die Verse 636; 638;672f.; 677; 682; 684; 687; 690; 702; 709.

[687] Ragotzky, *Gattungserneuerung und Laienunterweisung*, S. 62.

[688] Vgl. Ragotzky, *Gattungserneuerung*, S. 62. Vgl. zum Garten von Brandigan Kapitel 4.1.5.

[689] Vgl. Wolfgang Schmidt, *Untersuchungen zu Aufbauformen und Erzählstil im ›Daniel von dem blühenden Tal‹ des Stricker*, Göppingen 1979, S. 126: »Die auffälligste Eigenart der Festdarstellung im ›Daniel‹, des achten Erzählabschnitts, ist die Tatsache, daß sich die Entfaltung dieses Motivs über rd. 2100 Verse erstreckt und damit ein Viertel der gesamten Dichtung ausmacht.« Das Fest ist folglich eigenständig konzipiert, und mehr »als nur die Schlußphase der vorausgehenden Handlung«, S. 128.

nû wil ich fröuwen alle die
die ich zesamene bringen kan,
ez sî wîp oder man.
[...]
daz ir mir ze liebe worden sît
und mich hie ze herren hât erkorn,
daz hât ir allez sament verlorn
irn helfet mir fürbaz darzuo
daz ich vollen wol getuo.
[...]
dô der künic Matûr dis landes pflac,
dô hâte er hôchgezît allen tac.
von diu sint sie hôchgezît wol gewon.
kêren wir nû den muot dâvon,
wand ir alle hie sament sît,
daz nû unser hôchgezît
sô lobelîche niht ergât
sô man biz her gewonet hât,
sô hân wirs iemer schande.
ouch enwirde ich in disem lande
niemer geêret noch gelopt.
(6351–6379)

Zunächst ist das Fest Daniels Ausdruck seiner Freude, die er mit allen Anwesenden teilen möchte. Neben diesem gemeinschaftlichen Aspekt geht es Daniel jedoch auch um eine Überbietung Maturs. Sein Fest soll in Quantität und Qualität das tägliche Fest Maturs übersteigen und der gewohnten Festivität des Reiches eine ungewohnte Dimension hinzufügen. Zugleich steht das Fest unter einem gewissen Gelingensdruck, denn der Erfolg des Festes bedeutet für Daniel herrschaftliche Legitimation: *und lât iu alle vevohlen sîn / daz ez iu alsô ergê / daz ez an unsern êren gestê* (6414–6416). Lobreden über das Fest sind stellvertretend Lobreden über Daniel.[690] Damit wird das Fest wiederum einer Funktionalität unterworfen, die bei allen Vergnügungen nicht zu vergessen ist.

Der zeitliche Beginn des Festes nimmt Bezug auf die zu Anfang des *Daniel* zitierten Worte König Artus': *Ez enzimt mir niht wol / daz ich dise pfingsten sol / âne hôchzît belîben:* [...] */ ez was ie mîn gewonheit* (927–932). Dass das Fest Daniels nun an einem Pfingstsonntag beginnt, ist ein weiteres Zeichen dafür, dass das höfische Leben König Artus' über dasjenige Maturs gesiegt hat.[691] Das Fest ist Kompensation der erlittenen *arbeit* auf dem Schlachtfeld und zugleich Zeichen

[690] Vgl. auch die Verse 6605–6617, in denen Daniel sich als König inszeniert: *dô Daniel ûf daz ros gesaz, / dô zeigte er sîner frouwen daz / und andern die dâ wâren / daz er wol kunde gebâren / als ein rehter künic sol. / ezn tet dâ nieman alsô wol, / des begunden sie im alle jehen. / dô liez er sîne kunst sehen / in sô manger ahte, / unz er daz gemachte / daz im diu küniginne gap den prîs / und sprach, ir hæte in alle wîs / got vergolten ir wirt.*

[691] Vgl. auch die Verse 8090–8097: *des sol man gnâde sagen / gote und ouch ime danc / daz sô schône gelanc / dem künige Artûse, / daz er dâ ze Clûse / die selben hôchgezît begie / die er ze Britanîe ie / dâvor begangen hâte.*

der Genugtuung, denn die jährliche arthurische Gewohnheit kann trotz äußerer Bedrohung ungehindert fortgesetzt werden. Das Gegnerische wird in die eigenen Reihen eingefügt und Land und Boden des fremden Reiches den Regeln des Artushofes unterworfen, indem das typische Artusfest gerade auf jenem Terrain abgehalten wird. Diese Unterwerfung spielt sich auf einer vollkommen anderen Ebene ab als jene auf dem Schlachtfeld. Auf subtile Weise werden im Rahmen gemeinschaftlicher Hoffreude die eigenen Ordnungssysteme dem ehemals Gegnerischen aufoktroyiert. Beispielhaft dafür ist die Kleidung nach Landessitte, das Abhalten der Messe oder die Auswahl an Speisen und Getränken, die nun in den fremden Raum eingeführt werden (6515–6517; 6535–6539). Auch die Einführung der höfischen Spiele ist Mittel, sich des neuen Landes und seiner Bewohner zu bemächtigen. Auf interessante Weise vermischen sich traditionelle arthurische Elemente mit jenen des exotischen Landes Clûse.

Neben *kurzewîlen, / als hövesche ritter solden* (6556f.) bietet der Anblick der Jungfrauen geradezu ein Fest der Sinne. Ihre Kleidung ist aus verschiedensten Materialien und Stoffen genäht. Sie schillert und glänzt in unterschiedlichsten Farben. Über den Häuptern der jungen Frauen schweben die Babiane und bieten ihnen Schatten vor der gleisenden Sonne. Die *ruowenes zît* (6631) gilt der vorsichtigen Annäherung der arthurischen Ritter und maturischen Jungfrauen im Minnespiel. Es kommt zu einer »Versöhnung der Welten«, in der »die Artuswelt in die Maturwelt« eingeht.[692] Die endgültige Verschmelzung der beiden vormals gegnerischen Reiche wird durch die Massenhochzeit vollführt, die auf ambivalente Weise Elemente der Wiedergutmachung wie des Zwanges in sich trägt.[693] Der Vorschlag der Massenhochzeit ist also, wie alles Handeln Daniels, äußerst pragmatisch und vernunftgesteuert. Sie dient letztlich (macht-)politischen Zwecken, ist jedoch auch Grundlage für die festlich-hochgestimmte Atmosphäre am Hof. Dem Aspekt der Rationalität steht die ausgelassene Stimmung auf dem Fest entgegen:

swâ ê was fröude in getân,
diu wart nû gar ûz verlân.
dô wære grimme getobet,
wan daz er hâte gelobet,
swaz sie des tages tæten,
daz si des kein laster hæten.
dâvon begiengen sie dâ
daz vil selten anderswâ
sîr oder ê geschach:
diu frouwe zuo dem ritter sprach,

[692] Hartmut Bleumer, »Im Netz des Strickers. Immersion und Narration im *Daniel von dem Blühenden Tal*«, in: *Wie gebannt. Ästhetische Verfahren der affektiven Bindung von Aufmerksamkeit*, hg. v. Martin Baisch, Andreas Degen und Jana Lüdtke, Freiburg i.Br. 2013, S. 183–214, hier S. 201. Vgl. auch den Namen der beiden Herrscher: *Artur* findet sich in *Matur* wieder.

[693] Wer sich von den Frauen Daniels ›Güte‹ widersetzt, verliert auch seine Huld und wird aus dem Reich verstoßen, wer seinem Angebot folgt, dem will Daniel es *mit guote und mit lîbe* (6734) vergelten (6693–6744).

ob er noch ze stæte
deheine frouwen hæte.
sprach er danne: »nein ich«,
»herre, welt ir mich?«
sprach diu frouwe zehant.
(6745–6756)

Regeln des Anstandes werden aufgeweicht oder verkehrt, wenn etwa die Frau es ist, die den Mann ohne großes Liebesgeplänkel keck und ohne Scheu anspricht.[694] Die Einmaligkeit und Einzigartigkeit des Festtages wird immer wieder betont, was bewusst der Wiederholbarkeit des maturschen Festes entgegensteht. Das Fest ist der Beginn eines wahrhaft *fröuderîchen leben* (6772). Daniels *hôchgezît* (8412) währt insgesamt vier Wochen, doch die Beschreibung erweckt vielmehr den Eindruck eines einzigen Tages, der von derart besonderer Fülle und Erfüllung geprägt ist, als dauerte er ein ganzes Jahr an (8412–8417). Das Verschwimmen der zeitlichen Rahmung verleiht dem Fest eine eigentümliche »Zeitlosigkeit« und lässt es als »einen höfischen *Zustand*« erscheinen.[695]

Die Freude des Hofes ist dezidiert eine andere, als die sich täglich wiederholende Freude zu Zeiten König Maturs. Deutlich zeigt sich dies am Auftritt der personifizierten *Vröude:*

dô wart Vröude gewert
ir willen in mange wîs.
si hâte daz lop und den prîs,
si truoc dâ die krône,
si hâte sie alle schône
brâht in ir gehôrsame.
dô wart ir tugentlîcher name
ze vollem werde geêret.
si wâren an sie gekêret
alle gelîche.
si was dô sô rîche
daz si niht wolde leben baz
und in ir hôhen wirde saz.
(6872–6884)

Die Allegorie der *Vröude* wird als mächtige Königin gezeichnet, die die Geneigtheit aller Anwesenden auf sich zu vereinen vermag. Doch ihre scheinbare Stärke und Stabilität wird in dem Moment vehement erschüttert als ihr Gegenpart, die *Unvröude* unerwartet auftaucht und sie vom Thron stürzt. Detailliert und ausdrucksstark beschreibt der Text, wie die *Vröude* ihrer Würde beraubt wird (6885–6899). Das ewige Fest König Maturs versuchte, seinen Gegenpart völlig auszuklammern. Hier jedoch taucht das scheinbar überwundene Gegenstück auf grelle Weise auf und verdeutlicht die Fragilität des Festes als Ausbruch aus alltäglichen

[694] Diese direkte Art der Liebesgespräche steht in Kontrast zu der zeichenhaften Sprache der Liebenden im *Tristan.*

[695] Schmidt, *Untersuchungen zu Aufbauformen und Erzählstil,* S. 130.

Strukturen. Inmitten des festlichen Trubels erscheint die Gestalt des Riesenvaters, jener *meister,* der die beiden Riesen erschaffen hat.[696] Mit einem Stock bewaffnet verschafft sich der *vil wunderlîch man* (6905) einen freien Handlungsraum direkt vor dem König Artus. Die Anwesenden erwarten ein vergnügliches Spektakel und rücken bereitwillig zur Seite. Vor den Augen aller packt der Riesenvater König Artus wie ein Strohbündel unter den Arm und entführt ihn schnellen Schrittes, so dass ihn keiner einzuholen vermag. Er setzt den König auf einem hohen Felsen ab, an dem keiner der tapferen Ritter ihn mehr erreichen kann. Hahn konstatiert eine aufeinander abgestimmte gegenläufige Bewegung metaphorischer und wörtlicher Raumbeziehungen: »Die Freude ist von ihrem Thron in die Tiefe gestürzt, Artus aber gerade in die Höhe versetzt. Die Rückführung der Freude aus der Tiefe in die Höhe ist gebunden an Artus' Rückführung aus der Höhe in die Tiefe.«[697] Mit dem Raub des Königs ist dem feiernden Volk die *krône der fröuden* (6979) und *aller tugende ein spiegelglas* (6980) gewaltsam genommen. Die Metaphorik von Sturz und Erhöhung zeigt die Flüchtigkeit und Vergänglichkeit höfischer Freude wie höfischer Macht an.

Der Riesenvater lässt sich allein durch das listhafte Verhalten Daniels bezwingen. Mit dem Netz der Sandinôse nötigt er den Geschwinden zur Bewegungslosigkeit. Durch die Macht der Sprache kann Daniel den Riesenvater zum Umdenken bewegen und ihn von seinem Hass und seinen Racheplänen abbringen.[698] Letztendlich kann Artus durch ein Tauschgeschäft befreit werden. Mit seiner Errettung empfindet der König eine gesteigerte Freude: *ich was iu fröuden ein gast. / ich bin nû gefröuwet sô / daz ich wil iemer wesen frô* (7866–7868). Gerade angesichts der erlebten Zerbrechlichkeit wird die höfische *Vröude* nun mit neuem Bewusstsein gefeiert: *die Fröude sie enpfiengen / aber baz denne dâ vor / unde sazten sie enbor / in ir hôhen wirdekeit* (7898–7901).

Die Tatsache, dass Daniel zusätzlich die Königin aus Britannien zu sich holt, bedeutet sowohl Vollständigkeit der Festteilnehmer, als auch eine neue Dimension höfischer Öffentlichkeit. Diese Steigerung des Höfischen findet Ausdruck in einer dezidiert adlig-elitären *kurzwîle:* es wird französisch gelesen, desgleichen werden Heldensagen erzählt, Brettspiele und Geschicklichkeitsspiele finden statt, daneben liegen Armbrust, Bogen und Pfeil zum Zeitvertreib bereit. Es wird ausgelassen getanzt und lieblich musiziert. Die Musik spielt eine besondere Rolle, nicht

---

[696] Vgl. den Forschungsbericht zur Riesenvaterepisode in Wennerhold, *Späte mittelhochdeutsche Artusromane,* S. 158–160.

[697] Hahn, »Das Ethos der *kraft*«, S. 184f., Fußnote 39.

[698] In einer ironischen Wende am Ende des Romans belohnt Artus den Riesenvater sogar: *ichn enlône dir des niht / daz dû mich den berc ûf trüege, / daz dûhte mich ungefüege / und hâte es grôze ungehabe. / daz dû mich trüege herabe, / des wil ich gerne lônen dir* (8348–8353). Artus überlässt ihm ein Land, das ihm bereits König Matur belehnte. Dieses Land macht den Eindruck eines besonderen Rückzugsortes, denn keiner kann hinein oder hinaus, bis auf den Riesenvater selbst. Wonach ihm bezüglich *kurzwîle* und Spiel der Sinn steht, das hat er dort für sich gehortet (8355–8384). Inwiefern dieses Land zeitweise auch einen Raum der Muße darstellt, lässt sich aus dem Text nicht erschließen.

nur weil die Musikdarbietungen ausführlich geschildert werden,[699] sondern weil mit Einsetzen der Musik eine neue Phase des Festes eingeleitet wird. Waren die *âventiuren* Daniels in weiten Teilen durch das Spiel von Sichtbarkeit und Unsichtbarkeit geprägt, wird der Aspekt der Visualität nun durch Klanglichkeit in den Hintergrund gerückt: *dô huop sich ein geschelle, / gîgen unde swegelen, / in allen den regelen / die guote sint gesetzet. / sô beliben sie ungeletzet / daz ieman sô schône lebe / des herze in den fröuden swebe / als in ze Clûse geschach* (8110–8117). Eine solch höfische Prachtentfaltung ruft auch Frau *Vröude* wieder hervor. Daniels Fest mündet schließlich trotz – oder gerade wegen – der Gefahr durch den Riesenvater in einem Fest der Ausgelassenheit, der Sorglosigkeit und des Aufgehobenseins in unterschiedlich intimen, gemeinschaftlichen Gruppierungen. Das Fest ist also, bedenkt man die Massenhochzeit, nicht nur im übertragenen Sinne, sondern wortwörtlich gemeinschaftsbildend. Wenn es am Ende des Romans heißt, Daniel habe in seinem Reich Clûse viel Freude erlebt – *alle tage mit hôchgezît* (8461), so muss dies auf einer metaphorischen Ebene verstanden werden.[700] Nicht der Brauch des König Maturs wird fortgesetzt, sondern durch besondere festliche Höhepunkte wird eine umfassende Freude geschaffen, die auch über das Fest hinaus Bestand hat und ein stabiles Zusammenleben in der Gemeinschaft fördert.[701]

Das Fest und mehr noch die Muße sind Phänomene, die sich durch ihren Seltenheitswert und ihre temporäre Begrenztheit auszeichnen. Die totale Aufhebung des gewöhnlichen Geschehens scheint nur auf den ersten Blick wünschenswert, denn die Nivellierung jeglicher Differenzen zwischen Alltäglichem und Außeralltäglichem hat die Zerstörung der einen wie der anderen Seite zur Folge. Momente der Außeralltäglichkeit wie etwa das höfische Fest, aber auch freiere Spielräume der Muße, die nicht, wie die *hochzît* im *Daniel* an die institutionelle Ordnung gebunden sind und ihren Zweck im sozialen Gefüge zu erfüllen haben, erhalten gerade durch ihre Flüchtigkeit und Zerbrechlichkeit ihren Wert. Wird sich aber ohne Wehmut angesichts ihrer Vergänglichkeit auf diese Momente eingelassen, kann für den Erlebenden selbst – in paradoxer Wendung – der Eindruck von Ewigkeit entstehen.[702]

---

[699] Eindrücklich ist die Vielzahl an kunstfertigen Spielleuten, die der Text nennt, vgl. die Verse 8141–8167. Das Musizieren der Spielleute ist einerseits da, um Sorgen zu vertreiben und durch den süßen Klang eine liebliche Stimmung zu erzeugen, andererseits, das zeigt sich an dieser Stelle sehr deutlich, sind die Musikdarbietungen Dienstleistungen, die den Spielleuten gut entlohnt werden. Pointiert drückt diese Tatsache der Reim *dôn – lôn* (8161f.) aus. Die Spielleute geben *guot umbe êre* (2167), wie es im *Erec* heißt.

[700] Vgl. auch die Verse 8220–8228, die die Einmaligkeit und Unüberbietbarkeit des Krönungsfestes betonen.

[701] Mit dem eher ungewöhnlichen Auftritt eines weiteren Ritters zum Ende des Romans, nämlich Beladigant, wird das Geschehen scheinbar zurück an den Anfang geworfen, nun aber mit neu verteilten Rollen. Beladigant scheint die Nachfolgerfigur Daniels zu sein (8008–8056; 8103–8109). Damit wird ein Kreislauf des Erzählens angedeutet, vgl. Kapitel 3.2.

[702] Vgl. auch Hasebrink, »Zwischen Skandalisierung und Auratisierung«, S. 128.

3.3.3 *Formen der ›kurzwîle‹*

Es ist die *kurzwîle* oder *muoze,* die die Situation des Fests ausmacht. Es gibt keine Handlungszwänge, keine Zwecke, die die Situation auf eine andere Situation beziehen würden. Jeder ist damit beschäftigt, sich darzustellen.[703]

In Haferlands Überlegungen zum höfischen Fest tauchen die beiden zentralen Worte der folgenden Ausführungen in nächster Nähe zueinander auf: *kurzwîle* und *muoze.* Haferland verwendet die Konjunktion ›oder‹, die jedoch nicht exklusive Funktion hat, sondern an dieser Stelle höchstwahrscheinlich Deckungsgleichheit ausdrücken soll. Wie zu Beginn des Kapitels erläutert, schließe ich in der hier verwendeten Terminologie Deckungsgleichheit oder auch Sublimierung des einen Phänomens unter das andere aus; vielmehr scheinen sich Alternativen zu öffnen, deren Verhältnis jedoch nicht starr, sondern dynamisch ist. Im folgenden Kapitelabschnitt betrachte ich Formen der *kurzwîle,* die *nicht* an das höfische Fest gebunden sind. Sie sind vielmehr integraler Bestandteil des höfischen Lebens und erfüllen ihren Nutzen darin, der adligen Gesellschaft auch abseits prunkvoll gestalteter Feierlichkeiten Unterhaltung und Zerstreuung zu bieten. Diese Tätigkeiten kürzen dem Hof auf angenehme Weise die Zeit und stellen eine Unterbrechung von alltäglicher Gleichförmigkeit und Monotonie dar. Anhand von Szenen der Jagd, des Schachspiels und der Musik möchte ich die oben genannte Dynamisierung von *kurzwîle* und Muße wie *muoze* genauer betrachten und auf Verschiebungen und Verschränkungen eingehen. Die Szenen sind so gewählt und in der Betrachtung aufeinander aufgebaut, dass eine Steigerung hin zu Ansätzen von Spielräumen der Muße, sozusagen Inseln mußehaften Erlebens, erkennbar wird. Dennoch handelt es sich auch bei diesen Ausbrüchen – wie die Zuordnung des *kurzwîle*-Abschnittes innerhalb der Struktur der Arbeit deutlich macht – um ›institutionalisierte Ausbrüche‹, da die Tätigkeiten der *kurzwîle* primär zweckgerichtet ausgeführt werden und Teil der institutionellen Ordnung des Hofes sind.

Jagd und Bast – Muße auf Kosten der Kreatur?

du maht nâch dînes herzen kür
hie birsen, beizen unde jagen,
trinken, ezzen, kleider tragen
und dar zuo rîten schoeniu pfert.
allez, des dîn herze gert,
daz vindestu nâch wunsche alhie
(1992–1997)

›nu sage mir‹, sprach diu frouwe hêr
›wie du morgen wellest leben.
waz kurzewîle sol ich geben.
dir, getriuwer degen balt?
weder wilt du in den walt
den hirz erjagen und daz swîn,
oder bî dem wazzer sîn

[703] Haferland, *Höfische Interaktion,* S. 78.

durch beizen mit dem vederspil? [...] ‹
(2542–2549)[704]

Die hier an den Beginn gestellten Textstellen aus Konrads von Würzburg *Partonopier* nennen zunächst das *birsen, beizen unde jagen* als eine vergnügliche Beschäftigung unter anderen. Erst im Laufe des Textes richtet sich der Fokus speziell auf die Jagd. Der Text entwirft auf einmalige Weise eine »Utopie der höfischen Jagd«[705], in der das Jagen und Auf-der-Pirsch-Sein zumindest auf den ersten Blick als wonnevolle, idealtypische Lebensform erscheint. Auch im *Tristan* heißt es, der Protagonist habe seine *müezegen* (13101) Tage mit *vederspil* (13100), *birsen unde jagen* (13102) zugebracht, wodurch eine erste wörtliche Bezugnahme von *muoze* und *jagen* auf Textebene festzuhalten ist. Die Jagd wird dezidiert als *kurzwîle* (2544) aufgefasst und damit jeder Zweckrationalität und Wirtschaftlichkeit enthoben. Im Rahmen der Minnegrotte[706] im *Tristan* wird eine solche Freiheit von jeglicher Nutzenorientierung ins Absolute gesteigert. Der Jagd bedürfen die Liebenden nicht als Mittel zum Nahrungserwerb, da sie sich allein von *muot unde minne* (16820) ernähren. Die Jagd wird als reines Vergnügen aufgefasst:

si riten under stunden,
sô si des geluste,
mit dem armbruste
prisen in die wilde
nâch vogelen und nâch wilde
unde ouch z'eteslîchen tagen
nâch dem rôten wilde jagen
mit Hiudane ir hunde,
[...]
mit dem vertriben si manegen tac,
niht durch dekeinen den bejac,
der an solhen dingen lît,
niuwan durch die kurzen zît,
die man hie mite haben sol.
si üebeten, daz weiz ich wol,
den bracken unde daz armbrust
mê durch ir herzen gelust
und durch ir banekîe
danne durch manegerîe.
(17244–17270)

[704] Konrad von Würzburg, *Konrads von Würzburg Partonopier und Meliur,* aus dem Nachlasse v. Franz Pfeiffer, ed. u. hg. v. Karl Bartsch, mit einem Nachwort v. Rainer Gruenter, in Verbindung mit Bruno Jöhnk, Raimund Kemper und Hans-Christian Wunderlich, Berlin 1970 (photomechanischer Nachdruck des *Partonopier und Meliur* nach der im Verlag Wilhelm Braumüller, Wien 1871, erschienen Ausgabe). Vgl auch die folgenden Verse bis 2589.

[705] Helmut Brackert, »›*deist rehtiu jegerîe*‹. Höfische Jagddarstellungen in der deutschen Epik des Hochmittelalters«, in: *Jagd und höfische Kultur im Mittelalter,* hg. v. Werner Rösener, Göttingen 1997, S. 365–406, hier S. 389. Vgl. auch Marcelle Thiébaux, *The Stag of Love. The Chase in Medieval Literature,* London 1974.

[706] Vgl. ausführlich Kapitel 4.3.

Mit Blick auf die höfische Lebensform erweist sich die Jagd als zentraler Ausdruck adligen Divertissements. Aus dem *Tristan*-Zitat lässt sich schließen, dass die Jagd Zeitvertreib – *mit dem vertriben si manegen tac* (17261) – und *banekîe* (17269), also Vergnügen und Erlustigung ganz nach *ir herzen geluste* (17268) ist. Nach Burkhardt Krause gehört die Jagd »[n]eben dem Turnier [...] zu den favorisierten kurzweiligen und doch zugleich so ereignisreichen wie gefährlichen Unternehmungen adeliger Spielkultur«[707]. Krause geht gar soweit, die Jagd selbst als ritterlich-adlige Lebensform zu charakterisieren.[708] Immer wieder lassen sich Textstellen finden, die die Jagd als königliche *kurzwîle* ausweisen. Rosemary Morris fasst Jagen daher als eines von »Arthur's peacetime activities«[709]. Nach Morris ist Jagen gar »the sport of kings *par excellence*«[710]. Inwieweit das Jagen gerade dem königlichen Zeitvertreib zuzuordnen ist, zeigt eine Szene im *Erec* auf eindrückliche Weise. Auf dem Weg zur Hochzeit am Artushof wird inmitten der Aufzählung der königlichen Gäste die unten zitierte Szene höfischer *kurzwîle* geschaltet. Der lange Weg bis zum Artushof wird durch die lange rhythmisierte, beinahe meditative Reihung der edlen Gäste auch für den Rezipienten spürbar, wenn auch auf deutlich angenehmere Weise als für die Reisenden im Text selbst. Die von dieser Aufzählung umrahmte Jagdszene bietet sowohl textintern als auch textextern eine willkommene Abwechslung. Der Dehnung des Erzählens durch die Auflistung der Gäste wird eine buchstäblich kurzweilige Jagdszenerie entgegengesetzt, die *kurzwîle* nicht nur erzählt, sondern transportiert. Trotz der Länge zitiere ich den Abschnitt der Habichtbeiz hier in vollem Umfang, da in dieser Beschreibung das Hochgefühl und Vergnügen bei der Jagd exemplarisch ausgestaltet ist.[711] Die Szene zeigt ein »heiteres und frisches Genrebild«[712] der Jagd als »ästhetisches Beispiel aristokratischen Lebensgefühls«[713]:

dô disiu schar reit
ze Britanje in daz lant,

---

[707] Burkhardt Krause, *Die Jagd als Lebensform und höfisches ›spil‹. Mit einer Interpretation des ›bast‹ in Gottfrieds von Straßburg* Tristan, Stuttgart 1996, S. 13.

[708] Krause, *Die Jagd als Lebensform,* S. 14.

[709] Rosemary Morris, *The Character of King Arthur in Medieval Literature,* Cambridge 1982, bes. S. 70–93, hier S. 70f.

[710] Morris, *The Character of King Arthur,* S. 71. Zotz, »Unterhaltung/Zeitvertreib«, S. 195, verweist auf die Grundbedeutung von ›Sport‹ (altfrz. ›desporter‹) als ›aus den gewöhnlichen, ernsten Dingen heraustreten‹, ›sich forttragen lassen‹. Dagegen betont Brackert, »›*deist rehtiu jegerîe*‹. Höfische Jagddarstellungen in der deutschen Epik des Hochmittelalters«, S. 386, dass die Bezeichnung ›Sport‹ unangemessen sei, da die Jagd mehr beinhalte als reine Unterhaltung. Vgl. die Bedeutung des Waidwerks für König Artus beispielhaft an der Jagd auf den Weißen Hirsch im *Erec* (1104–1106).

[711] Vgl. zur Beizjagd mit dem Habicht Reiner Weick, *Der Habicht in der deutschen Dichtung des 12. bis 16. Jahrhunderts,* Göppingen 1993, bes. S. 233–241; vgl. auch Gertrud Jaron Lewis, *Das Tier und seine dichterische Funktion in* Erec, Iwein, Parzival *und* Tristan, Bern/Frankfurt a.M. 1974, bes. S. 32–40.

[712] Haupt, *Das Fest in der Dichtung,* S. 147.

[713] Haupt, *Das Fest in der Dichtung,* S. 147.

ir iegelîchem ûf der hant
ein schœner habech saz,
sehs mûze oder baz.
dô was guot kurzwîle
des weges drî mîle.
si vunden guote beize dâ:
beide bach unde lâ
lâgen antvogele vol.
swaz ein habech vâhen sol,
des vunden si dâ vil.
man gesach ouch nie vederspil
sô manegen schœnen vluc getuon.
den antvogel und daz huon,
den reiger und den vâsân
sâhen si vor in ûf stân,
den kranech an dem gevilde
und die gans wilde.
ouch vuorten ir knappen
des tages von den trappen
ir satel wol behangen,
wan dâ was gar gevangen,
swaz ir wart gestoubet.
vil garwe beroubet
wart daz gevilde
[an vogelen und an wilde:]
swâ der hase erschrecket wart,
daz was sîn jungeste vart.
dô si nâch der beize riten
unde vriuntlîchen striten,
under in was ein bescheiden haz:
ir iegelîch wolde daz dâ baz
sîn habech gevlogen hæte,
als man ouch noch tæte.
(2029–2063)

Die Jagd findet auf dem *gevilde* (2054) statt, fernab des Hofes inmitten der Natur. Es werden Bäche und Seen beschrieben, in denen in Hülle und Fülle Jagdgetier vorzufinden ist. Dementsprechend stattlich fällt die Beute der Jäger aus: *wan dâ was gar gevangen / swaz in wart gestoubet* (2051f.).[714] Es wird zwar explizit ein höfisches Vergnügen ausgeführt, doch die Beizjagd endet im *vriuntlîchen strite* (2059), wer den besten Habicht besäße. Es zeigt sich also bei allem zweckbefreiten Amüsement doch auch ein antagonistisches Moment. Dieses kameradschaftliche Gezänke ist jedoch essentieller Teil der Jagd, durch das die Erheiterung auch über die direkte Beschäftigung hinaus im Dialog fortgeführt wird.

[714] Ruberg, »Bildkoordinationen im ›Erec‹«, S. 498, vertritt die These, Hartmann tadele hier eine übertriebene Habichtbeize. Dieser These kann ich nicht zustimmen, da der Erzähler (nicht Hartmann) an keiner Stelle explizite Kritik äußert. M.E. sollen die Formulierungen über das durch die Jagd scheinbar ganz entleerte Gebiet nur die reichhaltige Jagdbeute veranschaulichen.

Eine weitere Textstelle im *Erec* legt das Augenmerk auf die Jagd, nämlich Erecs und Enites Aufenthalt auf Guivreizs Jagdschloss Penefrec (7112–7236).[715] Diese Szene ist für das Thema der Muße auf zweierlei Weise von Interesse. Einerseits fällt die Szene aus dem Handlungsverlauf heraus und ist auch für den Fortgang des Geschehens ohne sichtbare Funktion. Andererseits zeigt sich hier räumlich in buchstäblicher wie metaphorischer Perspektive ein Rückzug und zugleich eine Einkehr, welche den Ritter aus seinen Verpflichtungen temporär herausnimmt, durch welche ihm in der idyllischen Kulisse des Jagdschlösschens Rast und Erholung gewährt wird. Lutz Fenske spricht ausdrücklich von der Gelegenheit »sich zeitweilig von der lärmenden Geschäftigkeit des Hoflebens zurückzuziehen, sich der Muße hinzugeben und Ruhe nach Strapazen zu finden«[716]. Der Text stützt eine solche Einschätzung. Es ist die Rede von *bezzerm gemache* (7117) und *ze vollem gemache* (7120), aber auch von *genieze* (7176). Eine solche Nähe zu mußehaftem Erleben wird durch die Flüchtigkeit und scheinbare Funktionslosigkeit der Szene untermauert.

Bumke stellt die Überlegung an, den *gemach* aufgrund seines örtlichen Bezuges zur Schilderung der Jagdanlage in der Jagd selbst zu sehen.[717] In der Tat nimmt die Beschreibung des Jagdschlosses und seiner Jagdmöglichkeiten breiten Raum ein und steht in direktem Bezug zu *aller guoten sache*[n] (7121), die sich dem Gast bieten. Der Erzähler berichtet ausführlich von der Umgebung und der landschaftlichen Kulisse des Schlosses und entwickelt vor den Augen des Rezipienten anschaulich die Szenerie. Doch der Text hört nicht bei imaginären Bildern auf. In direkter imperativischer Ansprache wird der textinterne Rezipient selbst zum Jagen mit der vorhandenen Ausrüstung und den dafür ausgebildeten Hunden in der explizit zur Jagd hergerichteten Gegend aufgefordert: *nû jage selbe swaz dû wilt* (7182).[718] Beispielhaft wird an dem textinternen Rezipienten die Freiheit und Zwanglosigkeit des Jagens um Penefrec herum vorgeführt. Dass sich diese *kurzwî-*

[715] Zum Jagdschloss historisch gesehen vgl. Heiko Lass, »Jagdschlösser«, in: *Höfe und Residenzen im spätmittelalterlichen Reich. Bilder und Begriffe,* hg. v. Werner Paravicini, bearb. v. Jan Hirschbiegel und Jörg Wettlaufer, Residenzenforschung 15 II, Teilbd. 1: Begriffe, Ostfildern 2005, S. 336–342.

[716] Lutz Fenske, »Jagd und Jäger im früheren Mittelalter. Aspekte ihres Verhältnisses«, in: *Jagd und höfische Kultur im Mittelalter,* hg. v. Werner Rösener, Göttingen 1997, S. 29–93, hier S. 44f. Vgl. auch Sigrid Schwenk, »Die Jagd im Spiegel mittelalterlicher Literatur und Jagdbücher«, in: *Jagd und höfische Kultur im Mittelalter,* hg. v. Werner Rösener, Göttingen 1997, S. 407–464, hier S. 416: die Jagd kann auch »Entspannung, Muße, Zeitvertreib, Entkommen aus dem höfischen Zeremoniell« bieten.

[717] Bumke, *Der ›Erec‹,* S. 58. *gemach* ließe sich auch auf die Pflege Erecs durch die beiden Schwestern des Zwergenkönigs beziehen: *sô wart er dâ vil schône / gewirdet und gehalten* (7203f.). Formulierungen wie *ruowe* (7196) oder *getriuwe*[...] *huote* (7221) stärken einerseits diese These, andererseits überwiegt in der Beschreibung der Pflege doch der medizinische, besorgte Aspekt. Von *gemach* ist in den Textstellen zur Krankenpflege keine Rede mehr.

[718] Vgl. bereits Vers 7145, in dem der textinterne wie -externe Rezipient in einem retardierenden, spannungserzeugenden Gestus durch eine Frage direkt in das Geschehen einbezogen wird. Auf ähnliche Weise fungiert auch Vers 7179.

le gerade nicht auf den Protagonisten bezieht, wird erst an späterer Stelle deutlich. Erec wird, wie übrigens auch keine andere Figur, weder bei der konkreten Jagd beschrieben, noch scheint er sich an den Annehmlichkeiten des Schlosses und dessen üppiger und feudaler Ausstattung zu erfreuen. Er empfindet entschieden keine *kurzwîle,* sondern der Aufenthalt kommt ihm geradezu lange vor: *die vierzehen naht, daz ist wâr, / dûhten in als manec jâr* (7260f.). Ihn drängt es zum Aufbruch, denn die auf Penefrec herrschende Ruhe erzeugt in ihm auf kontroverse Weise Ruhelosigkeit und Getriebensein. Das offensichtlich als Mußeraum konzipierte und dergestalt erzählerisch transportierte Jagdschloss Penefrec kann allenfalls kurzweilige Beschäftigungsmöglichkeiten bieten, das Mußeerleben selbst jedoch kann nicht durch räumlich scheinbar bestens geeignete Bedingungen erzwungen werden. Erst im Zusammenspiel von Raum und Figur ist das Entstehen von Muße möglich.

Penefrec liegt in der Mitte eines Sees. Etwa zwei Meilen rund um den See herum befindet sich ein von einer Mauer abgegrenzter Wald. Das Jagdrevier selbst – *daz beste* [...] / *dâ von uns ie wart gesaget* (7130f.) – ist wiederum in drei gleichgroße Teile untergliedert, in denen verschiedene Wildarten gehalten werden. Wer hier auf Jagd reitet, braucht nicht lange nach Beute zu suchen, denn er findet sie im Übermaß (7149–7154). Ernüchterung oder Frustration wird von vornherein entgegengewirkt, um ungestört der *kurzwîle guot* (7187) zu frönen.

Auch wenn der Jagdvorgang selbst erstaunlicherweise nicht beschrieben wird, so wird doch der beobachtende Blick der Zuschauenden angeführt. Von der Burg herab bietet sich die beste Sicht auf das Jagdtreiben. Dem betrachtenden Blick wird ähnliche Unmittelbarkeit zugesprochen als jenem des aktiv am Geschehen beteiligten Jägers selbst (7158–7162). Diese Gleichwertigkeit von Aktivität und Passivität, von Tätigkeit und Untätigkeit weckt Assoziationen zu Formen von Muße. Doch der Blick auf das in die Enge getriebene Tier ist ambivalent. In der Geschütztheit und Behaglichkeit des Schlosses wird darauf gewartet, dass das aufgescheuchte Tier an das Ufer des Sees getrieben wird, um dort an prominenter Stelle vor den schaulustigen Blicken des Hofes getötet zu werden (7167–7173). Die Tiere befinden sich nicht mehr in der freien Wildbahn, in der ihnen die Möglichkeit des Entkommens immerhin noch gegeben ist. Es handelt sich vielmehr um eine ausgelieferte Schöpfungswelt. Die »dauerhafte Wildeinhegung«[719] hat pragmatische wie hedonistische Gründe, denn sie verringert den Aufwand des Waidwerks und bietet Gelegenheit zu »beständiger Jagd«[720]. Angesichts dieser Betrachtungen erhält das Spielerische der Jagd eine zynische, gar kreaturverachtende Dimension, auch wenn diese im Text an keiner Stelle Erwähnung findet und auch in keine Abwägung in den untersuchten höfischen Romanen Eingang verdient zu haben scheint.[721] Es entsteht der Eindruck, hier findet *kurzwîle,* womöglich auch Muße

[719] Fenske, »Jagd und Jäger im frühen Mittelalter«, S. 87.

[720] Fenske, »Jagd und Jäger im frühen Mittelalter«, S. 87.

[721] Fenske, »Jagd und Jäger im frühen Mittelalter«, S. 89, spricht im Zusammenhang karolingischer Brühle, also tierparkähnlicher Gehege, von einer Jagdform, die einem »rohe[n], tier-

oder zumindest mußeähnliches Erleben auf Kosten der Kreatur statt. Daraus ableitend stellt sich die grundsätzliche Frage, ob Jagd als Demonstration von Macht über Leben und Tod mit dem Wort ›Muße‹ bezeichnet werden kann.

In theoretischen Schriften der Zeit um 1200 tauchen immer wieder kritische Stimmen gegenüber der Jagd auf; sie richten sich allerdings weniger auf das Beutetier, sondern vielmehr auf Maß und Intensität der Jagdausübung selbst.[722] Es handelt sich oftmals um eine Kritik am Hof und an dessen Ritualen und Bräuchen. Einschlägig finden sich derart antihöfische Äußerungen bei Johannes von Salisbury (ca. 1115–1180) im *Policraticus* I,4. Dort warnt Johannes von Salisbury eindrücklich vor dem Exzess bei der Jagd, da diese allein »Symbol für das haltlose Treiben der weltlichen Hofgesellschaft«[723] sei. Mit Vehemenz verurteilt er den »maßlosen Hang zum Vergnügen«[724], der sich seines Erachtens gerade in ausschweifenden Jagdausritten beispielhaft zeige. Interessanterweise wird also eine Tätigkeit, die das Überleben sicherstellen und für ausreichend Nahrung sorgen soll,[725] durch Übertragung in den Bereich höfischen Zeitvertreibs in Misskredit

---

schinderische[n] Schauspiel« gleiche. Jagdtätigkeiten, die auf abgegrenztem Terrain stattfinden, bezeichnet Fenske einschränkend als »jagdähnliche Aktivitäten«, S. 89, die in deutlichem Kontrast zur heutigen Jagdauffassung stehen. Vgl. auch Werner Rösener, »Wildpark«, in: *Höfe und Residenzen im spätmittelalterlichen Reich. Bilder und Begriffe,* hg. v. Werner Paravicini, bearb. v. Jan Hirschbiegel und Jörg Wettlaufer, Residenzenforschung 15 II, Teilbd. 1: Begriffe, Ostfildern 2005, S. 333–336.

[722] Zu nennen wäre hier etwa neben Johannes von Salisbury Radulfus Niger, Poggio Bracciolini, Mattheus Bossus oder Jakob Wimpfeling, vgl. Thomas Szabó, »Die Kritik der Jagd. Von der Antike zum Mittelalter«, in: *Jagd und höfische Kultur im Mittelalter,* hg. v. Werner Rösener, Göttingen 1997, S. 167–229. Vgl. zur Hofkritik auch Claus Uhlig, *Hofkritik im England des Mittelalters und der Renaissance. Studien zu einem Gemeinplatz der europäischen Moralisitik,* Berlin/New York 1973, zu Johannes von Salisbury bes. S. 27–54, darin explizit zur Jagd S. 41f. Im literarischen Bereich finden sich etwa im *Roman de la Rose* kritische Ausführungen zur Jagd, vgl. die Verse 20105–20180. Vgl. dazu den Aufsatz von Monika Schausten, »›dâ hovet ir iuch selben mite‹. Höfische Jagdkunst im Spiegel klerikaler Kritik am Beispiel des *Tristan* Gottfrieds von Straßburg«, in: *LiLi* 161 (2011), S. 139–163.

[723] Bumke, *Höfische Kultur,* S. 583.

[724] Vgl. Johannes von Salisbury, *Ioannis Saresberiensis Episcopi Carnotensis Policratici sive De nvgis cvrialivm et vestigiis philosophorvm libri VIII,* recognovit et prolegomenis, apparatv critico, commentario, indicibvs instrvxit Clemens C. I. Webb, Bd. 1, London/Oxford 1909: »immoderato uolutatis incursu«, S. 31, Übersetzung nach Bumke, *Höfische Kultur,* S. 583. Besonders kritisch sieht Johannes von Salisbury die soziale Dimension der Jagd und damit zusammenhängend die negativen Konsequenzen für die Bauern, denen Land entwendet wird. Er bezieht die Kritik der Maßlosigkeit jedoch nicht allein auf die Jagd, sondern erwähnt etwa auch den Überfluss an Speisen und Getränken, Musik und Spielen: »epulis, potationibus, conuiuiis, modulationibus et ludis«, S. 33, vgl. auch S. 38. Vgl. zur Kritik an der Jagd von Johannes von Salisbury auch Krause, *Die Jagd als Lebensform,* S. 98–102.

[725] Dies ist etwa im *Iwein* der Fall, als der Protagonist, vom Wahnsinn befallen, splitterfasernackt in den Wald rennt, um dort auf animalische Weise vorübergehend sein Dasein zu fristen. Hier ist die Jagd weit davon entfernt, höfische *kurzwîle* zu sein, denn sie hat existenzielle Bedeutung. Antrieb zum Jagen und Töten sind instinkthafte Triebe, die das Überleben in der Wildnis

gezogen.[726] Wird die Jagd ihrer Nutzenorientierung und Zweckhaftigkeit zu einem großen Teil beraubt, verliert sie, zumindest nach Auffassung Johannes' von Salisbury, ihre Berechtigung.

Trotz dieser relativ zeitgleichen antihöfischen Schriften im nicht-literarischen Bereich wird die Beizjagd im *Erec* an keiner Stelle negativ konnotiert. Haupt vermutet, dass die Jagd im Kontext der höfischen Literatur um 1200 zum einen »grundsätzlich und von vornherein als kunstvolle höfische *zuht*«[727] verstanden wird, zum anderen bietet die Jagd analog zum Turnier die Möglichkeit zum agonalen Wettkampf auf einer Zwischenstufe von Ernst und Spiel, als »Schnittpunkt von aggressivem Kampf, sportlicher Kriegsübung, gesellschaftlicher *vröude* und *hôhem muot* im kollektiv veranstalteten Spiel«[728]. Als »Inbegriff höfischer Zucht«[729] wird die Jagd stellenweise sogar explizit instrumentalisiert und als »remède à l'oisiveté«[730] gegen Müßiggang und Muße angeführt. Auch Brackert be-

sichern, vgl. die Verse 3261–3282. Der Nahrungsaspekt wird explizit durch Bezeichnungen wie *wiltpræte* (3335), *spîse* (3346) oder *hunger* (3267) ausgesprochen.

726 Vgl. aus historischer Perspektive auch Szabó, »Die Kritik der Jagd«; Werner Rösener, »Jagd und Tiere«, in: *Höfe und Residenzen im spätmittelalterlichen Reich. Bilder und Begriffe,* hg. v. Werner Paravicini, bearb. v. Jan Hirschbiegel und Jörg Wettlaufer, Residenzenforschung 15 II, Teilbd. 1: Begriffe, Ostfildern 2005, S. 326–332. Vgl. im heutigen Jagdbetrieb die sogenannten Hobby- oder Freizeitjäger. Hier ist nicht nur die Bezeichnung interessant, die, gerade im Hinblick auf die Mußethematik, Freizeit in ein fragwürdiges Licht stellt, sondern auch die Kombination aus Hobby und Jäger ist zwiespältig, frönen die Hobbyjäger doch einem »fragwürdige[n] sportive[n] Plaisir«, vgl. Burkhardt Krause, *Die Jagd als Lebensform und höfisches ›spil‹. Mit einer Interpretation des ›bast‹ in Gottfrieds von Straßburg* Tristan, Stuttgart 1996, hier S. 6.

727 Haupt, *Das Fest in der Dichtung,* S. 147.

728 Krause, *Die Jagd als Lebensform,* S. 14. Bei einer solchen Einteilung von Ernst und Spiel darf die jeweilige Perspektive nicht vergessen werden; für das gejagte Tier ist die Situation immer Ernst und niemals Spiel. Vgl. auch Haupt, *Das Fest in der Dichtung,* S. 147f. Vgl. auch Jan-Dirk Müller, »Symbolische Kommunikation zwischen Liturgie, Spiel und Fest«, in: *Alles nur symbolisch? Bilanz und Perspektiven der Erforschung symbolischer Kommunikation,* hg. v. Barbara Stollberg-Rilinger, Tim Neu und Christina Brauner, Köln/Weimar/Wien 2013, S. 331–355, der auf die »zahlreiche(n) Zwischenstufen zwischen sportlicher Übung und Schau-Spiel«, S. 347, verweist. Zu Beginn des *Erec* zeigt sich die ambivalente Stellung des Jagdausrittes an der Schwelle von ehrgeizigem Spiel und gewalttätiger Konkurrenz am Beispiel des Waidwerks auf den Weißen Hirsch. Der vom König ausgerufene Schönheitspreis könne, so Armin Schulz, »Die Ambivalenzen des Höfischen und der Beginn arthurischen Erzählens«, in: *Scientia Poetica* 13 (2009), S. 1–20, Unfrieden unter den Rittern säen. Es bedarf der Einführung einer Frau von außen, nämlich Enites, um möglichem Konkurrenzgebaren innerhalb des festlichen Rahmens, das auch zu agonaler Gewalt führen könnte, entgegenzuwirken. Dadurch kann Artus Enites Schönheit und zugleich Erecs Sieg über Ider mit einem Kuss besiegeln, »ohne dabei die Damen an seinem Hof *untereinander* zurücksetzen zu müssen«, S. 14. Damit liegt, so Schulz, bereits im Fest selbst »als Sinnbild und Urszene des Höfischen«, S. 9, der Keim für Unordnung.

729 Johannes Fried, »Kaiser Friedrich II. als Jäger«, in: *Jagd und höfische Kultur im Mittelalter,* hg. v. Werner Rösener, Göttingen 1997, S. 149–166, hier S. 151.

730 Baudouin van den Abeele, *La Fauconnerie dans les lettres françaises du XIIe au XIVe Siècle,* Leuven 1990, S. 53, vgl. auch S. 52: »la volerie est avec la vénerie une activité de loisirs et de détente par excellence.« Weitere Beispiele für die Jagd als Mittel gegen Müßiggang nennt Szabó,

tont, dass die Jagd nicht als reines Vergnügen in Ausnahmesituationen zu verstehen sei, sondern als *gewonheit* die tägliche Bewährungsform des Adligen darstelle, in der er »aktiv und lustvoll auszuleben vermöge[...], was [...] Zeichen [seiner] Vornehmheit«[731], und damit, so ist zu ergänzen, seiner Überlegenheit, sei.[732] Damit ist der Jagd auch ein erzieherisch-didaktisches Moment inhärent:

> Gerade das Jagdtypologische verweist [...] darauf, daß wir es [...] mit einem zeremoniellen Phänomen zu tun haben, dessen gestische und überpersonelle Ordnungsformen, dessen oft nur implizit erscheinende Wertmaßstäbe sowie dessen ausdifferenzierte Rangunterschiede ein exklusives Statushandeln symbolisieren, das sich nicht nur im Luxus von Qualität und Quantität erfüllt, sondern zugleich auch immer die eigene Besonderheit als ethische Verpflichtung erfährt und in der wieder und wieder erneuerten Praxis für sich selbst, vor sich selbst und vor ausgegrenzten Gruppen bestätigt.[733]

Die Jagd ist zentrales Element des adligen Selbstverständnisses. Als im institutionellen Gefüge des Hofes fest verankerte und regelmäßig wiederkehrende Tätigkeit übt sie gemeinschaftsfördernde Funktion aus. [734] Der gemeinsame Jagdaufenthalt des Königs und seines ritterlichen Gefolges fördert Kommunikation, Interaktion und Integration – freilich nur innerhalb dieses elitären Rahmens.[735]

»Die Kritik der Jagd« auf S. 212–216. Vgl. auch Zotz, »Unterhaltung/Zeitvertreib«, S. 195, der historische Zeugnisse nennt, in denen Formen der *kurzwîle* auch als ›Handlungen‹ oder ›Arbeit‹ beschrieben werden.

[731] Brackert, »›*deist rehtiu jegerîe*‹. Höfische Jagddarstellungen in der deutschen Epik des Hochmittelalters«, hier S. 386.

[732] Im *Tristan* Gottfrieds von Straßburg findet sich eine Jagdszene, die die Jagd nicht mehr als gewöhnliche *kurzwîle* aufzeigt: König Marke reitet nach der Verbannung Isoldes und Tristans in trauriger und trauernder Verfassung auf die Jagd. Damit ist Antrieb zur Jagd nicht (nur) der Wunsch nach Vergnügen, wie es explizit im Text heißt, sondern höchstens der Wunsch nach Linderung der Trauer und nach einer Form der Zerstreuung, die abzugrenzen ist von reinem Vergnügen: *sus gereit er in den selben tagen / in disen selben walt jagen / und mê durch sîne triure / dan durch kein âventiure* (17283–17286). Auch Rainer Gruenter, »Der *vremede hirz*«, in: *ZfdA* 86 (1955/1956), S. 231–237, betont, dass die Jagd an dieser Stelle »kein höfischer Routinevorgang« (S. 235) mehr sei. Nach Gruenter wird die Jagd hier allegorisch aufgeladen. Das Jagdgefolge trifft auf einen *vremeden hirz* (17293), den die Jäger *ze strîte* (17300) jagen. Dass sie das besondere Tier, das sich symbolisch als die geliebte Isolde, Tristan oder auch die beiden Liebenden Tristan und Isolde auffassen lässt, verlieren, ärgert Marke selbst am meisten (17309). Die Jagd verstärkt also seine Traurigkeit und Verstimmtheit mehr, als dass sie diese stillt. Vgl. auch Tomas Tomasek, *Die Utopie im ›Tristan‹ Gotfrids von Straßburg*, Tübingen 1985, S. 75: »Die Institution der Jagd erhält bei Gotfrid eine die Markewelt kritisch beleuchtende Funktion, zugleich aber wird das Motiv auch konstruktiv weitergeführt: Während der König das ihm gesellschaftlich zustehende Jagdprivileg nicht mit innerem Leben und Vollendung auszufüllen vermag, kennzeichnet das anthropozentrisch strukturierte, entfeudalisierte Minne-Jagd-Motiv bei Tristan den Kontext einer erfüllten menschlichen Beziehung.«

[733] Brackert, »›*deist rehtiu jegerîe*‹. Höfische Jagddarstellungen in der deutschen Epik des Hochmittelalters«, hier S. 386f.

[734] Haupt, *Das Fest in der Dichtung*, S. 150, spricht von »gemeinschaftliche[m] kulturelle[m] Handeln«.

[735] Vgl. Krause, *Die Jagd als Lebensform*, S. 49: »Die Jagd wird [...] zur exklusiven Passion, zu einer Aktivität, die gewissermaßen die Herrschaftslogik des ›pouvoir symbolique‹ (Pierre

Die besondere Wertschätzung, die der Jagd in den höfischen Romanen zukommt, zeigt sich auf anschauliche Weise in der Hirschbastszene im *Tristan.*[736] Dort liegt der Fokus der Schilderung nicht mehr nur auf der Jagdhandlung selbst, sondern auch auf dem Protagonisten, der das erbeutete Tier auf kunstvolle Weise entbästet.[737] Somit dient die Jagd auch der Selbstdarstellung.[738] Sie nobilitiert den Jäger – oder genauer – den Künstler des fachgerechten Waidwerks:[739] *dâ hovet ir iuch selben mite* (3054). Damit verliert die Jagd den Eindruck roher oder brutaler Gewalt, wie sie bei den Jägern König Markes bis zum Eintreffen Tristans noch vorzufinden ist. Die Kunst des Entbästens wertet zugleich das erlegte Tier auf, denn es geht nicht mehr um praktische Handhabung durch Zerkleinerung, sondern um kunstvolle Anordnung des Tierkörpers. Als Tristan das Treiben des Markeschen Jagdgefolges sieht, ist er dementsprechend empört über dessen Umgang mit dem erlegten Tier (2792–2796). Der Anblick, der sich ihm bietet, entspricht in keinster Weise der ihm als *lantsite* (2828) bekannten Kunst des Zerlegens, einer »voll entwickelten ›ars venandi‹ nach französischem Vorbild«[740]. Auf eine rohe, derbe Art teilen die Jäger den Hirsch wie ein *swîn* (2791), welches hier in Kontrast zum edlen Hirsch steht, in vier Teile (2799–2806). Die Vorgehensweise der Jäger ist pragmatisch und ignoriert die Anatomie des Tieres. Tristans Umgang mit dem Tier zeigt sich dagegen als Kunst: *deist der bast / und alse ist disiu kunst getan* (2922f.). Der junge Tristan seziert den Hirsch in seine einzelnen Glieder und rekonstruiert den Körper auf neue Weise. Dieser neu zusammengesetzte Körper ist mehr als die Mimesis der vorherigen Einheit des lebendigen Hirschleibes. Er ist ein Produkt aus den Händen Tristans; ein neu geformter, neu geschaffener Körper und ein

Bourdieu) als eines der letzten funktionierenden Machtinstrumente und Distinktionsmittel des Adels [...] freisetzt.«

[736] Die Szene ist kennzeichnend für den gesamten Tristanroman, denn sie ist kunstvoller Höhepunkt eines sich über den gesamten Text spannenden Netzes an Motiven und Metaphern der Jagd. Bereits auf dem Schiff der Norweger sind die Jagdvögel von besonderem Interesse (2166–2178; 2203–2209); später erscheint Tristan im Traum des Truchsessen Marjodos als wilder Eber (13511–13536); die illegitim-legitime Beziehung zwischen Isolde und Tristan steht im Ganzen unter dem Zeichen von ständigem Gejagtwerden und Jagen sowie der Jagdmetaphorik in ihrer Liebessprache; aus Angst vor Verrat beauftragt Isolde zwei Jäger mit ihren Jagdhunden, um Brangäne zu töten (12723–12871). Dagegen Herbert Kolb, »Ars venandi im ›Tristan‹«, in: *Medium aevum deutsch. Beiträge zur deutschen Literatur des hohen und späten Mittelalters, Festschrift für Kurt Ruh zum 65. Geburtstag,* hg. v. Dietrich Huschenbett, Klaus Matzel, Georg Steer und Norbert Wagner, Tübingen 1979, S. 175–197, hier S. 195, nach dem die Jagdszene für das weitere Geschehen folgen- und bedeutungslos sei.

[737] Es ist zu beachten, dass Tristan selbst das Tier nicht selbst jagt und tötet, sondern sich um das bereits erlegte Tier kümmert.

[738] Die Jagd wird im *Tristan* aber auch auf gewöhnliche Weise als eine Form der *kurzwîle* unter anderen aufgeführt, mit dem die *müezegen tage* (13101) zugebracht werden, vgl. 13097–13103; 13254f.; 18683–18685.

[739] Vgl. auch Brackert, »›*deist rehtiu jegerîe*‹. Höfische Jagddarstellungen in der deutschen Epik des Hochmittelalters«, hier S. 378f.; Schausten, »›dâ hovet ir iuch selben mite‹«.

[740] Hans Jürgen Scheuer, »Die Signifikanz des Rituals. Zwei ›Tristan‹-Studien«, in: *PBB* 121 (1999), S. 406–439, hier S. 433.

Kunstwerk, nicht zuletzt dadurch, weil der Leib trotz allem ganz offensichtlich in seiner Einheit zerstört und das Tier tot ist.[741]

Durch die detaillierte Beschreibung des Hirschbast vollzieht sich die Zerlegung des edlen Tieres in imaginären Bildern auch vor dem Rezipienten. Der Bast kommt damit einer ästhetischen Erfahrung nahe und trägt gar mußeaffine Züge. Mehrere Schritte zeichnen das Zeremoniell aus, denn der *prîsant,* bei der die einzelnen Partien und Teile des Hirsches in der symbolischen Ordnung *alse der hirz geschaffen sî* (3174) zum Hofe getragen werden, gehen der *bast,* die *furkie* sowie die *curie* voraus. Beim Bast selbst wird der Hirsch aus der Decke geschlagen, sodann in seine einzelnen Glieder aufgespalten und enthäutet, bevor in das Innere des Hirsches vorgedrungen wird (2872–2920). Sorgsam werden daraufhin bei der Furkie, die nach der Furke, einem *zwisele* (2940), benannt ist, die inneren Organe an die Oberfläche gebracht. Bei der Curie wiederum wird das Herz *criuzewîs* (978) in vier Teile aufgespalten, das zusammen mit Milz, Lunge und Pansen als Belohnung der Hunde dient. Die Zerlegung des Hirsches nach Parmenischer Landessitte zeigt sich als »ein hochelaboriertes System von Regeln, die den Vorgang sowohl in seiner zeitlichen als auch räumlichen Abfolge gliedern«[742]. Es ist ein streng ritualisierter Akt, der bewusst eine gewisse Ästhetik zu erfüllen sucht. Scheuer führt aus, dass der entscheidende Unterschied sich gerade aus »dem performativen, durch kunstgemäße[s] Handeln [...] erzeugten Kontinuum des *prîsanten*«[743] ergibt. Tristan setzt folglich »auf die Substitution und Supplementierung des ordo naturalis des lebendigen Hirsches durch den ordo artificialis«[744]. Diese An-Ordnung der einzelnen Körperteile kommt einer Art Inszenierung im Raum nahe. Tristans Tätigkeiten zeigen sich bei diesem Vorgang als routinierte, verinnerlichte Bewegungen, die eine gewisse Anmut ausstrahlen und von denen keine unnötig oder unnütz für den Vorgang ist.[745] Seine Darbietung lässt sich modern perspektiviert nicht nur als kulturelle Praxis, sondern auch als künstlerische Performance[746] verstehen, in der jede Geste bewusst gesetzt ist und im Verlauf der

---

[741] Vgl. zu Teil und Ganzem auch Kraß, »Der fragmentierte Körper«, bes. S. 124–130.

[742] Krause, *Die Jagd als Lebensform,* S. 138.

[743] Scheuer, »Die Signifikanz des Rituals«, S. 434.

[744] Scheuer, »Die Signifikanz des Rituals«, S. 434.

[745] Dass Tristan ein frisch erlegtes Tier zerlegt und enthäutet, wird im Verlauf der Schilderung zunehmend in den Hintergrund gedrängt, etwa dadurch, dass es sich scheinbar um eine saubere, reine Angelegenheit handelt, denn Blut oder ähnliches findet keine Erwähnung. Vgl. auch Uttenreuther, *Die (Un)ordnung der Geschlechter,* S. 94: »das tote Tier erscheint als lebend«; vgl. zur Beschönigung des Seziervorgangs auch Elisabeth Schmid, »Natur und Kultur in der Jagdszene von Gottfrieds ›Tristan‹«, in: *Der ›Tristan‹ Gottfrieds von Straßburg. Symposion Santiago de Compostela, 5. bis 8. April 2000,* hg. v. Christoph Huber und Victor Millet, Tübingen 2002, S. 153–166, bes. S. 163.

[746] Vgl. zur Performance-Kunst, welche sich in den 1920er Jahren aus dem Dadaismus und Surrealismus entwickelt hat: *Performance. Positionen zur zeitgenössischen szenischen Kunst,* hg. v. Gabriele Klein und Wolfgang Sting, Bielefeld 2005, S. 10: Performances »stellen Gemeinschaften des Augenblicks her [...]. Performances intensivieren die Face-to-Face-Kommunikation und provozieren damit ein anderes Verhältnis von Akteur und Zuschauer; nicht die Akteure allein,

»komplizierte[n] Partitur«[747] eine bestimmte Funktion erfüllt. ›Performance‹ ist in diesem Zusammenhang als Handlungsweise bzw. als Technik zu verstehen.[748] Die Grenzen zwischen Material und Künstler, zwischen Produkt und Produzent verschwinden immer wieder auf eigenartige Weise, sodass der Körper des edlen Hirsches und der Körper Tristans ineinander überzugehen scheinen.[749]

Ein wesentliches Moment von Aktionskunst ist die Dimension des Ephemeren. Es handelt sich um ein auf diese Weise einmaliges, unwiederholbares, körperbezogenes Ereignis. Diese Einmaligkeit ist auch im Falle des Hirschbast zu erkennen, auch wenn der Text von einer Wiederholung des Bast erzählt. Diese Wiederholung (3459–4385) ist allerdings nur mehr ein leises Echo dessen, was sich einige Verse zuvor abspielt. Selbst der Erzähler, der eine Kopie der Beschreibung vermeiden möchte, kürzt die Schilderung auf folgende, wenig aussagekräftige Formulierung zusammen: *rehte alse ich iu ê seite / von jenem hirze, rehte alsô / enbaste er aber disen dô* (3470–3472). Dieser Nachklang dient allein dazu, die Fertigkeiten Tristans vor dem König, und damit stellvertretend vor der gesamten Öffentlichkeit des Hofes, zu demonstrieren. Die Hirschzerlegung entbehrt beim zweiten Mal jenes Überraschenden und Bestaunenswürdigen, das sie beim ersten Mal bei den Zuschauern hervorruft: *sî begunden alle zuo z'im gân / und sîner dinge nemen war* (2860f.).[750] Der erste Bast des Hirsches ist für die anwesenden Jäger eine unbekannte und fremde Erfahrung. Sie pochen darauf, die von Tristan erwähnten Bräuche *mit ougen ane* (2968) zu sehen. Die Beobachtung des Entbästens und der Bewunderung hervorrufende Anblick des jungen Knaben sowie die Erzählungen über seine Herkunft und Geschichte sind den Jägern eine *kurzwîle* (3144). Sie sind von der Gestalt Tristans vollkommen eingenommen: *ir kurzwîle diu was dô / niwan mit disem kinde* (3144f.). Erstaunen, Bewunderung und Erschütterung vermischen sich angesichts des Jungen, dessen Äußeres, dessen Sprache und Handlungen den Jägern fremd und ungeläufig sind.[751] Tristans ze-

---

sondern die Zuschauer sind es, die die Performance als solche legitimieren und über das Gelingen oder Scheitern der Performance entscheiden.« Selbstverständlich ist eine solche Betrachtung eines mittelalterlichen Jagdrituals mit einer erst im 20. Jahrhundert entstandenen Kunstform mit Vorsicht anzugehen. Mir geht es jedoch keineswegs um eine Gleichsetzung, sondern um eine strukturelle Nähe. Die Analogien, die sich zwischen Tristans Zeremoniell und moderner Aktionskunst aufzeigen lassen, erweitern den Blick auf die Szene und zeigen Dimensionen auf, die meines Wissens in der Forschung bislang so keine Beachtung fanden.

[747] Krause, *Die Jagd als Lebensform,* S. 153.

[748] Elisabeth Jappe, *Performance, Ritual, Prozeß. Handbuch der Aktionskunst in Europa,* München/New York 1993, S. 9.

[749] Vgl. etwa die ausführliche Beschreibung von Tristans Gestalt, seiner Kleidung und seiner Bewegung (2843–2859). Vgl. zum Jäger als Künstler auch: Ernst S. Dick, »Tristan the Hunter. Toward a Metanarrative Reading of Gottfried' Stag Ritual«, in: *Fide et amore. A Festschrift for Hugo Bekker on his sixty-fifth,* hg. v. William McDonald und Winder McConnell, Göppingen 1990, S. 41–69.

[750] Vgl. auch die Verse 2996f.

[751] Vgl. auch C. Stephen Jaeger, »Wunder und Staunen bei Wolfram und Gottfried«, in: *Inszenierungen von Subjektivität in der Literatur des Mittelalters,* hg. v. Martin Baisch, Jutta Eming,

remoniellartige Handlung sprengt ihr gewöhnliches Vorgehen in mannigfacher Weise.

Die Darbietung Tristans spricht unterschiedliche sinnliche Kanäle an. Nicht nur die Augen der Jäger ergötzen sich am Anblick, auch akustische Reize werden ausgesandt, denn die Dekonstruktion und erneute Zusammensetzung des Hirsches auf Handlungsebene spiegelt sich auch auf sprachlicher Ebene wider.[752] Es fällt die souveräne Verwendung von Fachbegriffen oder Neologismen und die präzise Bezeichnung jedes einzelnen Handlungsschrittes durch Tristan auf.[753] Das analytische Benennen-können ist gleichbedeutend mit Verfügungsgewalt. Folglich handelt es sich auch im Fall des Bast, wie auch beim höfischen Fest beobachtet, um eine Machtdemonstration. Damit unterscheidet sich die Vorführung Tristans bei aller Artifizialität doch von reiner Kunst, die zweckbefreit ihren Wert in sich selbst trägt. In der Vorführung der *rehtiu jegerîe* (3184) beweist Tristan vor aller Augen nicht nur seine umfangreiche höfische Erziehung und Ausbildung, sondern erhält mit dem aufgebahrten Körper des Hirsches auch selbst Zugang zum Hof. Ihm wird eben jene Bewunderung entgegengebracht, die er eigentlich der Jagdgesellschaft verspricht: *bringet iuwern prîsant / ze hove nâch hovelîchem site. / dâ hovet ir iuch selben mite* (3052–3054).[754] Die Jagdkunst bietet Tristan die Möglichkeit, sich zu beweisen (3438f.) und sich in der höfischen Gesellschaft am Markehof zu etablieren. Zugleich wird durch das Zeremoniell des Entbästens der

Hendrikje Haufe und Andrea Sieber, Königstein/Taunus 2005, S. 122–139, bes. S. 126f. Jaeger konstatiert, dass Staunen und Wunder bei Gottfried – bei aller Fülle an Requisiten des Wunderbaren – »auf das Wunder des Menschen, entweder auf seine körperliche Schönheit oder auf seine Talente, die ins Übernatürliche reichen oder zu reichen scheinen«, S. 128, beschränkt bleibt: »Das Wunderbare ist bei Gottfried Teil eines um 1200 veralteten Weltbildes, in dem der Mensch das eigentliche Wunder bedeutete, spezifischer: der künstlerisch begabte Mensch, der Mensch, der ein Kunstwerk darstellt oder von seiner Hand ein Kunstwerk erschafft«, S. 135.

[752] Vgl. Nicola Kaminski, »Zeichenmacht: Gottfrieds *Tristan*«, in: *Oxford German Studies* 37 (2008), S. 3–26, hier S. 14. Wie bereits angedeutet wird das Wort ›Furkie‹ von Tristan etymologisch gedeutet. Es stammt demnach von dem Wort ›Furke‹ ab, vgl. die Verse 2953–2958, und sei ein Synonym zu ›Zweig‹. Diese Bemerkung ist daher wichtig, weil gerade das Fachwort den Versierten auszeichnet. ›Curie‹ dagegen leitet Tristan von dem Wort *cuire* ab, welches nach Krohn, Stellenkommentar zu Vers 3023, S. 71 nur bei Gottfried als französischer Ausdruck verwendet wird. Es entspricht eigentlich dem mittelhochdeutschen *hût,* was so viel wie Fell, Decke des Rotwildes bedeutet. Als Bast wiederum wird die Haut des Wildes bezeichnet. Dabei fällt auf, dass einzig hier keine etymologische Herleitung Platz findet. Vgl. auch Schmid, »Natur und Kultur«, die auf den euphemistischen Aspekt einer solchen Jagdsprache verweist. In der abendländischen Tradition werde nämlich »durch eine Vielzahl rituell einzuhaltender Regeln de[r] krude[...] Akt des Tötens zum Verschwinden«, S. 160, gebracht.

[753] Vgl. Kurt Lindner, »Zur Sprache der Jäger«, in: *ZfdPh* 85 (1966), S. 407–431, der den mhd. jagdlichen Sprachgebrauch untersucht, bes. zur Hirschbastszene S. 415f.

[754] Tristan wird freundlich und zuvorkommend am Markehof aufgenommen, erhält eine hervorragende Ausrüstung, Pferd und Horn, er wird zu Markes Jagdmeister gekürt und später sogar zu seinem *gesellen* (3725), außerdem erfreut er sich äußerster Beliebtheit am Hofe, nicht zuletzt aufgrund seiner vielseitigen Begabungen, mit denen er alle unterhält (3384–3407).

Markehof selbst auf ein »bisher unbekanntes Niveau des Höfischen«[755] gehoben und die höfischen Sitten und Praxen performativ einer Verfeinerung unterzogen. Nach Scheuer entsteht in diesem Vorgang ein »neue[r] höfische[r] Kollektivkörper«. Dieser Kollektivkörper, in dem das Wilde in das Höfisch-Geordnete transformiert wird, materialisiert sich im angeordneten Leib des Hirsches und führt die »Hofgesellschaft Cornwalls [...] zu einer noch nicht gesehenen zeremoniellen Einheit zusammen«[756].

Dass die Inszenierung von Macht zu Realität wird, zeigt sich bei Tristans Aufforderung an die Jäger, ihm das Hornspiel nachzutun. Der Jägermeister antwortet Tristan geradezu unterwürfig: *hürne unde tuo / rehte als dir gevalle. / des volge wir dir alle* (3199f.).[757] Durch den Klang der Hörner erfüllt die sich in der Bastszene herauskristallisierende Ästhetik der Jagd auch akustisch den Raum: *diu burc diu wart gedoenes vol* (3222). Der Hörnerklang verbindet die über das Revier verteilte Jägergesandtschaft untereinander und erfreut ihr Gemüt: *dô wart grôz horngeschelle / in maneger slahte dône. / si hürneten sô schône, / daz ez Marken sanfte tete / und mit im manegem an der stete* (3454–3458). Eine solche Jagdästhetik ist allerdings von dem tatsächlichen Jagdtreiben zu trennen und spielt sich bezüglich der Jagd in ›Nebenhandlungen‹ ab, die im Text selbst jedoch zu ›Haupthandlungen‹ modifiziert und erhoben werden. Während die eher akzidentiellen ›Performances‹ der Jagd als ästhetische Erfahrung erlebt werden können und Mußepotenzial in sich tragen, in der Gestaltung letztlich aber doch zweckgerichtet sind, kann der Akt des Fangens und Erlegens selbst zwar als elementarer Bestandteil höfischer *kurzwîle* erfasst, doch in keiner Weise in Zusammenhang mit Muße gebracht werden. Wie bereits an Rennewart und seiner ›Kampfbesessenheit‹ deutlich wurde,[758] kann ein Vorgang, der bewusst zum Leid und auf Kosten anderer ausgeführt wird, nicht mit ›Muße‹ tituliert werden. Im freien Rückgriff auf das dieser Arbeit vorangestellte Zitat Robert Musils lässt sich festhalten, dass sich das Zugleich von Mußeerleben und Töten radikal ausschließen.

Schachspiel – Konzentrierte Selbstvergessenheit im Spiel

Die vorangehenden Betrachtungen zeigen, dass das Turnier wie die Jagd simulierte Kampf- bzw. Kriegsgeschehen darstellen, die im geschützten Rahmen höfischen Vergnügens Agonalität durchspielen und einüben. Auch das Schachspiel greift die Metaphorik des Kriegsgeschehens auf. Eindrucksvoll zeigt sich die Nähe von Krieg und Schach im *Parzival,* in dem das Schachspiel jede Dimension höfischer Geselligkeit verliert und selbst zu Waffen umfunktioniert wird (408,20–409,4). Unabhängig von dieser exzeptionellen Verwendung des Schachbrettes und seiner Figuren stellt das Schachspiel nicht nur gegenständlich ein Schlachtfeld dar, das auf dem Spielbrett entsteht, sondern auch zwischen den beiden Spie-

[755] Scheuer, »Die Signifikanz des Rituals«, S. 432.

[756] Scheuer, »Die Signifikanz des Rituals«, S. 436.

[757] Vgl. auch die bereitwillige Aufstellung der Jäger *zwêne und zwêne* (3172) beim Einzug an den Markehof.

[758] Vgl. Kapitel 3.1, bes. 3.1.5.

lern oder Gegnern findet ein mentaler Kampf statt.[759] In diesem Punkt ähneln sich Jagd und Schachspiel: sie fordern höchste Konzentration, die bis hin zu Selbstvergessenheit führen kann.[760] Doch neben dem antagonistischen Aspekt des Schachspieles handelt es sich doch in der Hauptsache um ein vorrangig aristokratisches *Spiel*, das sich jeglicher äußerer Zweck- und Nutzenorientierung entzieht und innerhalb bestimmter Regeln und Bräuche allein den Zweck der Zerstreuung verfolgt und Zeitvertreib verspricht. Stefan Flesch spricht von Schach als wesentlichem Element »zur Lösung des mittelalterlichen Freizeitproblems«[761]. Auch wenn das Wort ›Freizeitproblem‹[762] mit Vorsicht betrachtet werden muss,

---

[759] Vgl. zum Schachspiel im Mittelalter, auch bezüglich unterschiedlicher Interpretationsebenen (etwa didaktisch, allegorisch oder politisch) u.a. Harold J. R. Murray, *A History of Chess*, originally published by Oxford University Press in 1913, New York 2012, v.a. S. 417–755, bes. 736–755; Melanie Urban, *Kulturkontakt im Zeichen der Minne. Die* Arabel *Ulrichs von dem Türlin*, Frankfurt a.M. 2007, bes. S. 157–165; Volker Honemann, »Das Schachspiel in der deutschen Literatur des Mittelalters. Zur Funktion des Schachmotivs und der Schachmetaphorik«, in: *Zeichen – Rituale – Werte. Internationales Kolloquium des Sonderforschungsbreichs 496 an der Westfälischen Wilhelms-Universität Münster*, hg. v. Gerd Althoff, unter Mitarbeit von Christiane Witthöft, Münster 2004, S. 363–383; Albrecht Classen, »Chess in Medieval German Literature: A Mirror of Social-Historical and Cultural, Religious, Ethical, and Moral Conditions«, in: *Chess in the Middle Ages and Early Modern Age. A Fundamental Thought Paradigm of the Premodern World*, hg. v. Daniel E. O'Sullivan, Berlin/Boston 2012, S. 17–44; vgl. den historischen Überblick über mittelalterliche Zeugnisse des Schachspiels in Antje Kluge-Pinsker, *Schach und Trictrac. Zeugnisse mittelalterlicher Spielfreude in salischer Zeit*, Sigmaringen 1991, bes. S. 14. Vgl. zur breiten semantischen Spanne des Schachspiels etwa Sabine Griese, *Salomon und Markolf. Ein literarischer Komplex im Mittelalter und in der frühen Neuzeit. Studien zu Überlieferung und Interpretation*, Tübingen 1999: »Schach war ein Spiel der Vornehmeren, es galt gleichsam als Vorrecht und Kennzeichen der Edleren. [...] Gerne werden Liebende beim Schachspiel dargestellt [...]. Daneben existieren jedoch die Ausdeutungen des Spiels als Abbild und Lehre des Krieges, als Bild der mittelalterlichen Ständewelt und als Bild des Lebens und der Welt im allgemeinen; die Welt als ein Schach, das Gott spielt«, S. 116; Thomas Zotz, »Spiele«, in: *Höfe und Residenzen im spätmittelalterlichen Reich. Bilder und Begriffe*, hg. v. Werner Paravicini, bearb. v. Jan Hirschbiegel und Jörg Wettlaufer, Residenzenforschung 15 II, Teilbd. 1: Begriffe, Ostfildern 2005, S. 207–210, bes. S. 208.

[760] Vgl. Franziska Wessel, *Probleme der Metaphorik und die Minnemetaphorik in Gottfrieds von Straßburg ›Tristan und Isolde‹*, München 1984, S. 309.

[761] Stefan Flesch, »›Elle me dit eschec et mat‹. Geschlechtergrenzen und Geschlechterbeziehungen im Kontext des hoch- und spätmittelalterlichen Schachspiels«, in: *Grenzen erkennen – Begrenzungen überwinden. Festschrift für Reinhard Schneider zur Vollendung seines 65. Lebensjahrs*, hg. v. Wolfgang Haubrichs, Kurt-Ulrich Jäschke und Michael Oberweis, Sigmaringen 1999, S. 123–143, S. 126.

[762] Vgl. zu ›Freizeit‹ v.a. Wolfgang Nahrstedt, *Die Entstehung der Freizeit. Dargestellt am Beispiel Hamburgs. Ein Beitrag zur Strukturgeschichte und zur strukturgeschichtlichen Grundlegung der Freizeitpädagogik*, Göttingen 1968, bes. S. 26–60 Das Wort ›Freizeit‹ ist, so Nahrstedt, erst im 19. Jahrhundert erstmals belegt; spätmittelhochdeutsche Vorformen sind ›frey zeit‹ und ›freye zeyt‹, etwa ab 1350 belegt, die Zeiten gesteigerter Freiheit bezeichnen, vgl. S. 31: »Seit dem 13. Jh. ist [...] auf der Grundlage des mittelalterlichen Immunitätsdenkens die Verbindung von ›frei‹ und ›Zeit‹ zur Bezeichnung von Zeitabschnitten mit erhöhten Freiheitsmöglichkeiten im Gebrauch.« Erst im Zusammenhang mit dem Humanismus wird ›frey zeyt‹ mit *otium* in Verbin-

zeigt diese Aussage Fleschs doch, dass das Schachspielen zentrale gesellige Funktion hat und essentieller Part höfischer Lebensweise ist.

Im *Tristan* taucht das Schachspiel allerdings zunächst im Rahmen der ökonomisch geprägten Handels- und Kaufmannswelt auf. Doch nicht nur Kaufmannswelt und gebildeter Adel, sondern auch Jagd und Schachspiel treffen in dieser ersten Schachszene auf eigenartige Weise aufeinander. Zunächst lockt das *schoene vederspil* (2167; 2203–2211) den jungen Tristan auf das Kaufmannsschiff, das nahe des väterlichen Schlosses angelegt hat. *von âventiure* (2219) gleitet Tristans Blick auf ein aus Elfenbein gefertigtes Schachspiel, dessen schöne Machart und kunstvolle Verzierung ihn in seinen Bann ziehen. *vlîzeclîche* (2229) betrachtet der Protagonist das Schachspiel und fragt die Kaufmänner nach einer Partie. Die folgende Schachpartie wird zur Demonstration seiner bereits in jungen Jahren vollkommenen Bildung und *höfscheit.* Sein Können und sein Talent, aber auch sein äußeres Erscheinungsbild sowie seine gewandte Ausdrucksweise und seine Fremdsprachenkenntnisse rufen bei den Kaufleuten Verwunderung und Erstaunen hervor. Ihrem kaufmännischen Denken treu, erhoffen sie sich Nutzen und Ansehen durch den jungen Höfling und planen bereits seine Entführung. Wie auch bei dem Hirschbast verbindet Tristan sein Tun, in diesem Falle sein Spiel,

---

dung gebracht, S. 32. Im 18. Jahrhundert wird ›Muße‹ und ›freie Zeit‹ sogar identisch gesetzt, in dem letzteres zur Erläuterung ersterer in den Wörterbüchern erscheint. Entscheidende Bedeutung für die Verwendung des Begriffes im modernen Sinne wird der Bewegung der Aufklärung zugesprochen, vor allem durch Jean-Jacques Rousseau, aber es existieren auch Deutungen, die den größten Einfluss in der Entwicklung des Begriffes in der Industrialisierung des 19. Jahrhunderts sehen. Mit der Entstehung von ›Freizeit‹ im 20. Jahrhundert werden die beiden Begriffe ›Muße‹ und ›Freizeit‹ insofern unterschieden, als ›Muße‹ nun »zum Begriff einer gesteigerten Freizeit« wird, als »›positive[r]‹ Teil der ›Freizeit‹, [als] ›kulturell sinnvoll genutzte Freizeit‹«, S. 41f. Vgl. aus geschichtlicher Perspektive auch Knut Schulz, »Feiertage – Muße und Müßiggang – Freizeit in der Welt des Bürgertums. Etappen der geschichtlichen Entwicklung vom Hochmittelalter bis zum 18. Jahrhundert«, in: *Il tempo libero, economia e società (Loisirs, Leisure, Tiempo Libre, Freizeit), Secc. XIII-XVIII, atti dessa ventiseiesima settima di studi, 18.-23. aprile 1994,* hg. v. Simonetta Cavaciocchi, Florenz 1995, S. 641–665, zum Mittelalter bes. S. 648–656; Peter Burke spricht aufgrund untersuchter unterschiedlicher Traktatabhandlungen von einer »invention of leisure« in der Frühen Neuzeit, S. 144, vgl. Peter Burke, »The Invention of Leisure in Early Modern Europe«, in: *Past & Present* 146 (1995), S. 136–150, vgl. S. 137f.: »It is indeed difficult to accept the idea of a continuous history of leisure, going back to the Middle Ages or indeed to the classical world of games and circuses. This is not of course to deny that late medieval and early modern Europeans engaged in many pursuits which we would describe as leisure or even as sporting activities – jousting, hunting, tennis, card-playing, travel, joking and so on. It is not to deny that Europe in this period was dominated by what Thorstein Veblen was to call a ›leisure class‹, or that workers often chose to exercise what economists now describe as a ›leisure preference‹. The point is simply that these concepts were not available in the period under study, and more generally that hunting, gambling and the like were not regarded at the time as part of a larger category or package called ›leisure‹.« Vgl. zu Burke die Kritik von Joan-Lluis Marfany, »Debate. The Invention of Leisure in Early Modern Europe«, in: *Past & Present* 156 (1997), S. 174–191 sowie die darauffolgende Antwort von Peter Burke, »Reply. The Invention of Leisure in Early Modern Europe«, in: *Past & Present* 156 (1997), S. 192–197.

auf sprachlicher Ebene mit der Verwendung von Fachvokabular: *der höfsche hovebaere / lie sîniu hovemaere / und vremediu zabelwortelîn / under wîlen vliegen în. / diu sprach er wol und kunde ir vil, / dâ mite sô zierte er in sîn spil* (2287–2292). Doch die akustische Begleitung beschränkt sich nicht allein auf Sprache. Tristan inszeniert sich regelrecht vor den Kaufleuten, indem er auch seine musischen Fähigkeiten zur Schau stellt. Er bietet seine Exzeptionalität förmlich an und zeigt auf beinahe aufdringliche Weise die Vielfalt seiner Künste – *alsolher cûrtôsîe / treip er vil und sô vil an* (2296f.). Noch kann Tristan seine Wirkung nicht recht einschätzen und seine Fähigkeiten zu seinem eigenen Vorteil einsetzen. Alois Wolf konstatiert mit Recht eine »unerwartete Ästhetisierung, ja Nobilitierung der nüchternen Kaufmannswelt«[763]. Doch im Gegensatz zu der These Wolfs gehe ich nicht von einer verändernden Kraft von Tristans Kunst auf die Umgebung aus, denn das Staunen der Kaufleute unterliegt doch ihrem gewohnten ökonomisch-pragmatischen Denken, das in der Entführungsszene gar gewaltsame Züge annimmt. Es ließe sich einwenden, dass Tristans zur Schau gestellte Künste ein solches kriminelles Potenzial in den Kaufleuten erst hervorrufen, dass sie den jungen Künstler nicht nur betrachten und anhören, sondern überdies zu Geld machen wollen. In diesem Falle ließe sich tatsächlich von verändernder Kraft sprechen. Doch scheint es vielmehr so, als gehe gerade von der Umgebung verändernde Kraft auf Tristan aus, immerhin entfacht das Schachspiel auf dem Kaufmannsschiff sein Interesse und inspiriert ihn zu Gesang und Spiel. Der Jüngling verliert sich darin derart, dass er nicht bemerkt, wie das Schiff langsam ins Meer hinaus sticht:

wan jene [Tristan und Kurvenal] *die wâten verdâht*
an ir spil sô sêre,
daz sî dô nihtes mêre
niwan ir spiles gedâhten.
Sô daz Tristan daz spil gewan,
und er sich umbe sehen began,
dô sach er wol, wie'z was gevarn.
(2315–2321)

Das Spiel fesselt Tristan und lässt ihn seine Umgebung vollständig vergessen. Mit voller Hingabe ist er in die einzelnen Spielzüge versunken, bis er endgültig den Sieg erreicht hat. Zeitliche oder räumliche Veränderungen außerhalb des Spiels scheint er nicht mehr wahrzunehmen. Alles Treiben auf dem Schiff, stattfindende Gespräche und Bewegungen werden von Tristan ausgeblendet und all seine Aufmerksamkeit auf den klar abgesteckten Umweltausschnitt des Spieles zentriert. Erst mit dem Abschluss des Spieles taucht das Umfeld und die eigene Situation wieder in sein Blickfeld. Im Spiel unterliegt jede Bewegung, jeder Spielzug noch der Kontrolle Tristans, die dramatischen Vorgänge außerhalb des Feldes entziehen sich seiner Macht. Spiel und Musik haben ihn aus den real-alltäglichen Gegebenheiten für die Dauer der Partie in imaginäre Welten fortgetragen und den

[763] Alois Wolf, *Gottfried von Straßburg und die Mythe von Tristan und Isolde,* Darmstadt 1989, S. 130f.

widrigen Umständen auf dem Kaufmannsschiff gewissermaßen entzogen. Dass Tristan Kummer und Leid überkommen, als er sich seiner aussichtslosen Lage bewusst wird, und auch das *veige schâchzabelspil* (2592) im Nachhinein verwünscht, ändert nichts an der mußehaften Erfahrung von Leichtigkeit, Faszination und Selbstenthobenheit im Moment des Spiels selbst, auch wenn diese durch die folgenden tragischen Ereignisse beinahe verdeckt wird.

Nur am Rande sei hinsichtlich der Thematik von Schachspiel und Gefangennahme erwähnt, dass auch in der *Arabel* Ulrichs von dem Türlin im Kontext der achtjährigen Haft des Markgrafen im Orient drei Schachpartien zwischen Arabel und Willehalm beschrieben werden.[764] Der Raum des Schachspiels, der mit Melanie Urban als ›Minneraum‹ aufzufassen ist, steht dabei in seiner scheinbaren Zeitlosigkeit (A. 101,9) in Kontrast zu der deutlich spürbaren Zeitlichkeit, die der Gefangene eingeschlossen im Kerker empfindet.[765] Den Leiden und Entbehrungen des Gefängnisses steht gar *kvrzwil* (A. 100,7) im Palast entgegen, welche Willehalm durch das gemeinsame Schachspiel, die Anwesenheit der schönen Arabel und die doppeldeutige, von Minneanspielungen sowie teils religiösen Schachallegorien durchdrungene Kommunikation zu empfinden vermag.[766] Umso größer erscheint hernach der Kummer, den Willehalm zurück im Kerker erleidet (A. 101,15–19). Die Schachpartien bieten Arabel und Willehalm einen räumlich wie zeitlich klar abgetrennten Freiraum des unbekümmerten Beisammenseins, der jedoch einer klar strukturierten Abfolge von Bewegungsabläufen und Tätigkeiten, so das gemeinsame Speisen und Schachspielen, gehorcht. Durch den Wechsel in die französische Sprache (A. 108,9; A. 109,26), der jedoch auf Erzählebene nicht eingelöst wird, entsteht eine weitere Abgrenzung und Isolierung von der Umgebung.[767]

Das Schachbrett selbst nimmt auch im *Tristan* schützende, exkludierende Funktion ein und eröffnet den Liebenden Tristan und Isolde einen Rückzugsraum der Intimität. Bei einem heimlichen Stelldichein stellt Brangäne ein Schachbrett vor das Licht, um die Liebesbegegnung Tristans und Isoldes vor fremden Blicken zu schützen (13506; 13589). Freilich wird das Schachbrett selbst damit seiner eigentlichen Bestimmung höfischer *kurzwîle* beraubt und zweckentfremdet.[768]

[764] Das Schachbrett findet noch einmal auf der Überfahrt nach Frankreich Erwähnung (A. 137,24f.). Eine Schachpartie selbst wird dort aber nicht beschrieben, das Schachspiel fungiert höchstens noch als leise Erinnerung an vergangene Zeiten, vgl. Urban, *Kulturkontakt im Zeichen der Minne,* bes. S. 187–189.

[765] Urban, *Kulturkontakt im Zeichen der Minne,* S. 148.

[766] Nur in einem Nebensatz ist auch von *ander kvrzwil* die Rede (A. 115,13).

[767] Im Laufe der verschiedenen Schachpartien entfernt sich der Fokus zunehmend vom Schachspielen selbst auf die ersehnte Begegnung mit der Geliebten bzw. dem Geliebten bis hin zu Überlegungen der Flucht.

[768] Der Ebertraum Marjodos, der zeitgleich zum Stelldichein der Liebenden stattfindet, greift die Kriegs- und Jagdmetaphorik, die dem Schachspiel inhärent ist, jedoch wieder auf. In diesem Traum erscheint dem Truchsess Tristan als wutentbrannter Eber, der das Bett des König Markes besudelt (13511–13536), vgl. Wessel, *Probleme der Metaphorik,* S. 238–246.
Vgl. zur engen Verzahnung von Schachspiel und Minne auch die Illustration der Handschrift

Auf indirekte Weise wird den Liebenden über das Schachbrett indessen eine Möglichkeit zum Ausbruch aus den Fängen gesellschaftlicher wie moralischer Verpflichtungen und Verordnungen sowie allgemein der *huote* gegeben, um sich in Selbstvergessenheit und Versunkenheit ihrer illegitimen Liebe hinzugeben.

Das Schachspiel, sei es direkt oder indirekt, kann offenbar sowohl als Form von *kurzwîle* für einen Moment reine Zerstreuung und Ablenkung bieten (wie etwa in der *Arabel*), es kann aber auch einen Zustand »konzentrierte[r] Selbstvergessenheit«[769] evozieren. Das Geschehen auf dem Spielbrett und die einzelnen Spielzüge vermögen den Spieler, wie an dem jungen Tristan beispielhaft gesehen, derart in ihren Bann zu ziehen, dass er die Umgebung ausblendet und völlig in die ›Welt‹ des Spiels eintaucht und darin aufgeht. Selbstvergessenheit und Zeitvergessenheit, aber auch das immersive Aufgehen in einer Tätigkeit und das Sich-darauf-Einlassen haben sich als wesentliche Merkmale von Muße gezeigt.[770] Es scheint, als widerfahre Tristan durch das Schachspiel auf dem Kaufmannsschiff ein Mußemoment – und dies, obwohl im Spiel selbst sehr wohl ein Ziel verfolgt wird und Spielzüge durchdacht und überprüft werden müssen. Was sich im Zusammenhang des logischen wie anspruchsvollen Spieles adliger Eliten im *Tristan* andeutet, findet sich in vergleichbarem Maße in der Wirkung von Musik. Der Schachspieler wie der Musiker und Rezipient bewegen sich im mathematisch strukturierten Regelwerk des Spiels oder der Musik und doch sind in einem Falle der Schachspieler, im anderen der Musiker und Rezipient in der Lage, sich innere Spielräume der Imagination, womöglich der Muße zu erschaffen.

Musik – Eintauchen in Spielräume der Muße

Klang [ist] ein außeralltäglicher Begriff. Mit ihm verbindet sich eine handlungsentlastende Bezugnahme zur Welt, die man im Zustand der Muße einlösen kann. Die Erfahrung eines Klangs setzt die Einnahme eines Zustands der Muße voraus, umgekehrt vermag die Suggestivität des Klangs die Einnahme eines mußischen Zustands zu provozieren. Wie auch immer man den Begriff ›Klang‹ verstehen möchte, er ist ein Phänomen, das einen außeralltäglichen Zustand in uns voraussetzt oder provoziert.[771]

Paris, Bibliothèque nationale, Cod. fr. 112, fol. 239, die Tristan und Isolde beim Minnetrank auf dem Schiff zeigt, versammelt um ein Schachbrett; vgl. etwa bei Flesch: »Geschlechtergrenzen und Geschlechterbeziehungen«, Abb. 11; vgl. auch die Schachpartie zwischen Isolde und Marke bei Heinrich von Freiberg, *Tristan und Isolde,* Fortsetzung des Tristan-Romans Gottfrieds von Straßburg, Originaltext nach der Florenzer Handschrift ms. B.R.226 von Danielle Buschinger, Versübersetzung von Wolfgang Spiewok, Greifswald 1993, 4144–4189. Hier wird auf metaphorischer Ebene mit der Schachterminologie sowie den Schachfiguren gespielt.

[769] Wessel, *Probleme der Metaphorik,* S. 309.

[770] Vgl. Kapitel 1 Einleitung, bes. 1.2.

[771] Michael Becker, *Krise und Klang. Eine wissenschaftliche Betrachtung zur krisenhaften Freisetzung und klangvollen Bindung ästhetischer Potentiale,* Norderstedt 2012, S. 59f. Zu beachten ist, wenn auch in unserem Zusammenhang nicht weiter von Belang, dass Becker den Begriff des Klanges nicht ausschließlich auf musikalische Ereignisse bezieht. Er begreift ihn vielmehr »näher zu den neutralen Begriffen der Wirkung und Suggestivität als zu irgendeinem geschmacksbasierten Begriff«, S. 59. Nach Becker ist der Begriff ›Klang‹ in allen Kunstformen wiederzufinden, als »Ausdruck des Zugleich einer ästhetisierten Krisenprovokation und Krisenlösung«,

In diesen Zeilen eröffnet Michael Becker einen wechselseitigen Zusammenhang von Muße und Klang, welcher Muße als Grundbedingung für die Erfahrung von Klang deklariert und zugleich Klang als Auslöser von Muße ausweist. Inwieweit diese dialektische Verbindung auch im höfischen Roman anzutreffen ist, möchte ich in diesem Abschnitt anhand einiger beispielhafter Ausschnitte aus dem *Tristan* untersuchen.

Musik und Musizieren tauchen im höfischen Roman vornehmlich als standardisierte Form adliger *kurzwîle* auf.[772] Oftmals werden im Rahmen von Fest- und Turnierbeschreibungen Musikdarbietungen allenfalls als formelhafte Aneinanderreihung in Nebensätzen erwähnt, wodurch jedoch auch zum Ausdruck kommt, dass Musik eine essentielle Rolle bei diesen Darbietungen spielt.[773] Musik ist im höfischen Roman meist anlassbezogen, sei es im Zusammenhang mit anderen Formen der *kurzwîle,* etwa der Jagd, oder um geladene Gäste auf einem Fest zu erfreuen.[774] Werden Musikdarbietungen ausführlicher beschrieben, zeigen sich deutliche Unterschiede in der Erfahrung und Bewertung von Musik – je nach Perspektivierung der Figuren. Was im Dienste der *kurzwîle* etwa auf Festen und Feierlichkeiten musikalisch dargeboten wird, kann bei einem Zuhörer wiederum zu Mußeerfahrungen führen, wie umgekehrt ein in Muße gespieltes Stück allein als höfischer Zeitvertreib aufgefasst werden kann, wie es eindrücklich in der Isolde-Weißhand-Episode beschrieben ist. Der Bereich der Musik scheint eine besondere Nähe zwischen *kurzwîle* und Muße aufzuzeigen, da beide Phänomene auf eindrückliche Weise parallel laufen können. Daher bietet das Thema der Musik einen beinahe fließenden Übergang zu jenem zweiten Hauptteil dieser Arbeit, der sich den freieren Spielräumen der Muße widmet. Die betrachteten musikalischen Aufführungen finden entweder im Rahmen der Unterhaltung und Zerstreuung am Hof statt und sind fest in dessen Ordnungsgefüge eingebettet, oder sie dienen außerhalb des Artushofes der Erreichung eigener Ziele und sind

---

S. 60. Abzugrenzen ist die Musik von den anderen Künsten allerdings durch ihre immaterielle Abstraktheit, die die Phantasie auf einzigartige Weise anregt, S. 61.

[772] Vgl. auch aus historischer Sicht Christian Berger, »Musik[er]«, in: *Höfe und Residenzen im spätmittelalterlichen Reich. Bilder und Begriffe,* hg. v. Werner Paravicini, bearb. v. Jan Hirschbiegel und Jörg Wettlaufer, Residenzenforschung 15 II, Teilbd. 1: Begriffe, Ostfildern 2005, S. 198–202; Valeska Koal, »Tanzen, Musizieren«, in: *Höfe und Residenzen im spätmittelalterlichen Reich. Bilder und Begriffe,* hg. v. Werner Paravicini, bearb. v. Jan Hirschbiegel und Jörg Wettlaufer, Residenzenforschung 15 II, Teilbd. 1: Begriffe, Ostfildern 2005, S. 202–205.

[773] In Erinnerung gerufen sei an dieser Stelle beispielhaft noch einmal der Abschnitt aus dem Eneasroman zu Beginn dieses Kapitels: *Dô si dô gesâzen / und frôlîche gâzen / vil wol nâch ir willen, / dô was kleine stille, / der schal was alsô grôz, / daz ez die bôsen bedrôz. / dâ was spil unde sank, / buhurt unde gedrank, / phîfen unde springen, / videlen unde singen, / orgeln unde seitspil, / maneger slahte froude vil* (13153–13164). Vgl. auch Kerstin Bartels, *Musik in deutschen Texten des Mittelalters,* Frankfurt a.M./Berlin/Bern u.a. 1997, bes. S. 196–346, vgl. hier S. 259–272.

[774] Es darf nicht vergessen werden, dass Spielleute von diesen Darbietungen ihr Leben bestreiten, wie es pointiert in der Formel *guot umbe êre,* vgl. etwa im *Erec* den Vers 2167, zum Ausdruck kommt. Musik steht damit auch im Zusammenhang existenzieller Fragen.

damit ebenso ein Mittel zum Zweck.[775] In Teilen, dies zeigen die Szenen, kann sich Musik von dieser Zweckrationalität jedoch lösen und gewissermaßen ›institutionalisierte Freiräume‹ eröffnen, in denen einzelne Figuren mental in Bereiche der Imagination und Phantasie auszubrechen vermögen.

Bereits die erste im Folgenden zitierte Textstelle scheint die mit Muße in Zusammenhang stehende Bewegung des Austretens aus alltäglichen Verbindungen und des Sich-Einlassens in den Moment zu veranschaulichen.[776] Am Phänomen des Eintauchens in Klanglichkeit und Musik, welche im *Tristan* eine exponierte Stellung einnimmt, zeigt sich eine besondere Art der ›Verrückt-heit‹:

do begunde er suoze doenen
und harpfen sô ze prîse
in britûnischer wîse,
daz maneger dâ stuont unde saz,
der sîn selbes namen vergaz.
dâ begunden herze und ôren
tumben unde tôren
und ûz ir rehte wanken.
dâ wurden gedanken
in maneger wîse vür brâht.
(3588–3597)

Das Musizieren des neuen Spielmanns Tristan versetzt die Rezipienten am Markehof in einen verträumten Zustand versetzt, der sie alle Koordinaten ihres Lebens und momentanen Daseins für die Dauer der Musik vergessen lässt: sie vergessen sogar ihre Namen. Die Menschen verlieren jede Individualität und Abgegrenztheit von dem sie Umgebenden und verschmelzen zu einem harmonischen Ganzen. Die Welt um sie herum verschwimmt und stattdessen eröffnet sich im Geist eine lebendige Vielfalt an Gedanken und Vorstellungen. Was in scheinbarer Ordnung verlief, gerät aus den Fugen: *ûz ir rehte wanken* heißt es in Vers 3595. Neugierig eilen die Zuhörer herbei und richten ihre ganze Aufmerksamkeit auf dieses Ereignis, das sie buchstäblich ›aufmerken‹ lässt.[777] Sie verfallen in ein verzücktes, entrückendes Staunen. Es lässt sich also eine Art ›Phasenübergang‹ beobachten: Die Aufmerksamkeit des Horchens und Aufhorchens, welche sich gezielt und willentlich auf diesen neuen, fremdartigen Klang der Musik Tristans richtet, entglei-

[775] Bartels, *Musik in deutschen Texten des Mittelalters,* behandelt diesen letzten Aspekt unter der Überschrift »Musikalische ›List‹«, S. 337–343.

[776] Auch wenn Musik immer wieder mit Muße in Verbindung gebracht wird, kann sie selbstverständlich auch ganz im Dienste gegensätzlicher Phänomene, etwa dem Kriegsgeschehen stehen, so im *Willehalm.*

[777] Vgl. Mireille Schnyder, »Überlegungen zu einer Poetik des Staunens im Mittelalter«, in: *Wie gebannt. Ästhetische Verfahren der affektiven Bindung von Aufmerksamkeit,* Freiburg i.Br./Berlin/Wien 2013, S. 95–114, hier S. 97.
Interessant ist im Folgenden, dass dem gebannten Staunen das ausführliche Fachsimpeln über Tristans herausragende Fähigkeiten folgt (3634–3645). Erst in der Retrospektive vermögen die Anwesenden ihre körperlichen und seelischen Erfahrungen in Worte zu fassen. Das individuelle Erleben wird in gesellige Gespräche überführt.

tet mit der Zeit scheinbar und verliert seine bewusste Fixierung.[778] Die Zuhörer, die sich dem Klang zunächst bewusst zuwendeten, überlassen sich ihm nun.

Diese detaillierte Beschreibung einer ästhetischen Erfahrung als ein Eintauchen in den Klang der Musik möchte ich mit dem Begriff der Immersion zu greifen versuchen. Das lateinische Wort *immersio* beschreibt das Versinken in eine Flüssigkeit, etwa auch das Eintauchen in Wasser bei der Taufe.[779] Es handelt sich also um eine vertikale Bewegung.[780] Der flüssige Aggregatzustand weckt Assoziationen von Ständig-in-Bewegung-Sein, Fluidität und Dynamik im Kontrast zu architektonischer Starrheit.[781] Ähnlich einem Sprung ins Wasser, bei dem Wassermoleküle den Körper umschließen und hydrostatischer Druck auf den Körper ausgeübt wird, findet im Eintauchen in eine klangliche Erfahrung ein Wechsel in eine neue Umgebung statt, der sich auf den ganzen Körper auswirkt – wenn auch meist nur auf metaphorischer Ebene. Es lässt sich beobachten, dass im *Tristan* immersive Erfahrungen auffällig oft in Szenen narrativ entfaltet werden, die am oder auf dem Wasser spielen. Die derart gestalteten Umgebungen spiegeln das Eintauchen in Klanglichkeit in seiner Abstraktheit bildlich wider. So verläuft etwa in der Gandin-Szene (13275–13422), in der Tristan Isolde durch sein Musizieren zurückgewinnt, das Moment des Eintauchens in die Musik parallel mit dem steten Ansteigen der Flut. Das Harfenspiel Tristans tröstet die zutiefst traurige Isolde, die sich in Gedanken an den Geliebten verliert, nicht ahnend, dass dieser selbst vor ihr und für sie musiziert. Diese Versenkung in die Musik erleichtert ihre jämmerliche Lage und bietet ihr eine Art virtuelle Ersatzwelt. Je näher und stärker die Flut kommt, desto entrückter ist Isolde in Gedanken.[782] Die Distanz zwischen

---

[778] Vgl. Walter Seitter, »Aufmerksamkeitskorrelate auf der Ebene der Erscheinungen«, in: *Aufmerksamkeiten. Archäologie der literarischen Kommunikation VII,* hg. v. Aleida Assmann und Jan Assmann, München 2001, S. 171–182; vgl. Martin Baisch, Andreas Degen, Jana Lüdtke, »Vorbemerkungen«, in: *Wie gebannt. Ästhetische Verfahren der affektiven Bindung von Aufmerksamkeit,* Freiburg i.Br./Berlin/Wien 2013, S. 7–18, hier S. 11: »Ästhetisches Erleben geht in der Regel von einer willentlichen Aufmerksamkeitszuwendung auf die Töne einer Musik, die Formen einer Plastik oder die Schriftzeichen eines Buches aus. Im Verlauf der Verarbeitung bzw. imaginationsstimulierenden Decodierung der Zeichen kann sich die immanente Motivationsstruktur ändern. Das Lustempfinden, das mit der positiven emotionalen Valenz von situationsentkoppelten Spannungs- und Erregungseffekten verbunden ist, kann soweit steigen, dass dem Subjekt die Kontrolle über die Aufmerksamkeitszuwendung scheinbar entgleitet.«

[779] Vgl. Robin Curtis/Christiane Voss, »Theorien ästhetischer Immersion«, in: *montage AV* 17/2/2008, S. 11–17.

[780] Diese vertikale Bewegung ist eine Variation derjenigen Bewegung, wie sie in theoretischer Sicht dieser Arbeit zugrunde liegt, vgl. die theoretischen Vorüberlegungen in der Einleitung, Kapitel 1: der vertikalen Bewegung des Ausbruchs aus einer institutionellen Basis. Ist diese, wie zu Beginn dieser Arbeit beschrieben, eigentlich als eine Aufwärtsbewegung gedacht, als eine metaphorisch sich nach oben strebende, über das alltägliche Ganze sich emporhebende Bewegung, taucht sie hier als Bild einer Abwärtsbewegung auf, die zudem Assoziationen zu einem Übergang in ein anderes Element aufruft.

[781] Vgl. Waldenfels, *Phänomenologie der Aufmerksamkeit,* S. 73–79.

[782] Doch auch Gandin lässt sich von dem Harfenspiel fesseln. Ihm gefällt die positive Wirkung der Musik auf Isolde: *vil vlîzeclîchen ôre* bot er der Musik und *sach ouch wol, daz Îsôt / sêre*

den Liebenden wird spielerisch überwunden, denn die Töne tragen Isolde in der Phantasie dorthin, wohin sie sich sehnlichst wünscht.

›Immersion‹ beschreibt ein »kalkuliertes Spiel mit dem Auflösen von Distanz«, welches kühler, distanzierter Interpretation »emphatische[s] körperliche[s] Erleben[...]« entgegensetzt.[783] Ästhetische Erfahrungen zeichnen sich als immersive Erfahrungen besonders dadurch aus, dass der Aspekt der Reflexion in den Hintergrund tritt und sinnliche, intensive Hingabe und Teilhabe im Vordergrund stehen.[784] Diese Überlegungen knüpfen an Ausführungen Hartmut Bleumers an, der den vor allem auf moderne Medien gerichteten und im Kontext intensiver Spielerfahrungen am Computer oder anderer virtueller Umgebungen diskutierten Begriff der Immersion in jüngeren Arbeiten auf die Mediävistik angewendet und deutliche Verbindungen zur mediävistischen Präsenzdebatte aufgezeigt hat.

Immersion darf – trotz des bemühten Bildes – nicht primär visuell gedacht werden, sondern muss vor allem als Raumerfahrung verstanden werden. Daher ist mit Bleumer ›Immersion‹ »ganz wesentlich ein Klangphänomen«[785], da Raumwahrnehmung in einer klanglichen Textur begründet liegt. »Wo sind wir, wenn wir Musik hören?«, fragt Peter Sloterdijk in seinen philosophischen Erkundigungen des Ästhetischen. Doch es lässt sich keine konkrete Ortsangabe machen, denn Immersion auf einer musikalischen Ebene schwankt immer zwischen einem Hier und Dort: einem Auf-die-Welt-zu-gehen und einem Sie-entfliehen, also, um im Bild zu bleiben: einem Eintauchen und einem Auftauchen. Das Immersive des Klanglichen lässt sich nicht über lineare Abläufe und euklidische Räume definieren, sondern, mit Bleumer, als »eine spezifische Möglichkeit ästhetischer Erfahrung«, »die eine intensive Verbindung von Konstituierung, Semantisierung und Wahrnehmung erzählter oder dargestellter Räume ermöglicht«.[786]

Dass Klanglichkeit und Wasser auch auf ganz dinghafter Ebene auffallend große Nähe aufweisen, zeigen bereits die Erläuterungen des Boethius zum Gesetz der Hörbarkeit. Bemerkenswert ist, dass er das Phänomen des Hörens gerade mit jener Bildersprache des Eintauchens beschreibt:

XIIII. Quis modus sit audiendi.
Nunc quis modus audiendi sit, disseramus. Tale enim quiddam fieri consuevit in vocibus, quale cum [in] paludibus vel quietis aquis iactum eminus mergitur saxum. Prius enim in parvissimum orbem undam colligit, deinde maioribus orbibus undarum globos spargit, atque eo usque dum

---

an die harpfen was verdâht (13 361–13 363). Die Strömung ist während der Musikdarbietung derart stark geworden, dass der Zugang zum Schiff erschwert wird.

[783] Laura Bieger, »Ästhetik der Immersion: Wenn Räume wollen. Immersives Erleben als Raumerleben«, in: *Raum und Gefühl. Der Spatial Turn und die neue Emotionsforschung*, hg. v. Gertrud Lehnert, Bielefeld 2011, S. 75–95, hier S. 75.

[784] Vgl. Hartmut Bleumer, »Immersion im Mittelalter: Zur Einführung«, in: *Immersion im Mittelalter*, in: *LiLi* 167 (2012), S. 5–15, hier S. 11.

[785] Bleumer, »Immersion im Mittelalter«, S. 11.

[786] Bleumer, »Immersion im Mittelalter«, S. 12.

defatigatus motus ab eliciendis fluctibus conquiescat. Semperque posterior et maior undula pulsu debiliore diffunditur.[787]

Denn in Bezug auf die Stimmen findet fast dasselbe statt, wie wenn ein aus der Ferne geworfener Stein in Sümpfen oder andern ruhigen Gewässern untersinkt. Zuerst sammelt er die Welle zu einem ganz kleinen Kreise, dann aber zerstreut er die Wellenmassen in grössere Kreise und zwar so, bis die unruhige Bewegung von der Hervorlockung der Wogen ablässt und sich nach und nach beruhigt, in dem sich die Wellchen in immer weiteren und grösseren Umkreisen verlaufen.[788]

Vergleichbar mit Schallwellen tragen Wasserwellen beim Eintauchen eines Körpers eine Information an die Umgebung weiter, die sich langsam ausbreitet. Wie ein erklingender Ton, der die Luft anstößt und in Bewegung versetzt, bleibt auch der aus der Ferne ins Wasser geworfene Stein nicht unbemerkbar. Dem Hören eigentümlich ist, dass es nur »Im-Klang-Sein[...]« kennt; kein Hörer, so Sloterdijk, »kann glauben, am Rand des Hörbaren zu stehen. Das Ohr kennt kein Gegenüber«, nur ein ›Inmitten‹ – inmitten »des akustischen Geschehens«.[789]

Aus den vielfältigen Klangphänomen, wie sie etwa auch der Klang dichterischer Sprache auf Rezipientenebene darstellt, möchte ich in den folgenden Überlegungen den Fokus schlaglichtartig auf einige konkrete Musikdarbietungen im Tristan richten. Ein wesentliches Merkmal ist dabei das Spiel des ständigen Rollenwechsels von Rezipient zu Ausführendem. Wer gerade noch von Klängen gefesselt wurde, fesselt im nächsten Moment selbst mit seiner Musik. Von besonderem Interesse sind hierbei Fragen nach dem Verhältnis von Visualität und Akustik, der Bedeutung von Bewegung und dem Moment der Selbstvergessenheit, wie es oben bereits am Anblick der schönen Enite oder beim Schachspiel auf dem Kaufmannsschiff aufgetaucht ist.

Wird die Metapher des Eintauchens konkreter gefasst, stößt man auf die Szene, in der Tristan hilflos und verwundet in einer Barke auf dem wilden Meer vor Irland treibt. Einsam, *beleip al eine dâ* (7503), von Wasser umgeben, bewegt sich sein *schiffelîn* (7508) im Gleichklang der Wellen. Nur seine Harfe und seine Stimme sind ihm noch geblieben. Als die Bewohner von Dublin sich dem führerlosen Boot nähern, hören sie von dort den süßen Klang einer Harfe und eine singende Stimme, ohne zu wissen oder zu sehen, wer derart lieblich musiziert. Vergleichbar mit den Wellen des Wassers, die sich kreisförmig vom Boot wegbewegen, breitet sich auch der Klang der Musik aus, gerade so wie es Boethius beschreibt. Im Bild des auf dem Wasser schwimmenden Bootes werden die immateriellen, unnahbaren Bewegungen des Klanges in übertragener Weise greifbar. Von der kleinen Barke aus verteilen sich die Töne und umfassen die ganze Umgebung. Was das

---

[787] An. M. T. Severini Boethii, *De institutione musica,* a cura di Giovanni Marzi, Rom 1990, S. 112.

[788] Anicius Manlius Severinus Boetius, *Fünf Bücher über die Musik,* aus der lateinischen in die deutsche Sprache übertragen und mit besonderer Berücksichtigung der griechischen Harmonik, sachlich erklärt von Oscar Paul, Hildesheim/New York 1973, Nachdruck der Ausgabe Leipzig 1872, S. 18 (XIV. Wie die Art und Weise des Hörens ist).

[789] Peter Sloterdijk, *Der ästhetische Imperativ. Schriften zur Kunst,* Berlin 2014, S. 52.

Sehen noch auf Abstand zu halten vermag, kann als Hörbares nicht mehr – oder nur durch bewusstes Verschließen der Ohren – abgewiesen werden. Klänge sind übergriffig und einnehmend. Während das Sehen seine Selektionstätigkeit gezielt ausrichten kann, ist das Hören wesentlich zerstreut. Wie gebannt lauschen die Boten der Musik und rühren sich nicht mehr von der Stelle. Der Klang wirkt nicht nur auf die Ohren, sondern rückt buchstäblich auf den Leib.

Wie Bleumer betont, wird auch hier das reflexive Moment nach hinten verschoben, während die Hingebung an das ästhetische Erlebnis in der immersiven Erfahrung überwiegt. So vermögen die Abgesandten erst in der Reflexion ihre Erfahrung auch in Worte zu fassen. Überall in der Stadt berichten später die Boten von ihrem besonderen Erlebnis, das ihnen *widervaren* (7636) ist: von einem Gesang den Himmelschören gleich, der alle Vorstellungsgabe übersteige. Die Verwendung von Worten wie *widervaren, âventiure* und *wunder* verweisen auf den entscheidenden Faktor des Pathischen bei einem immersiven Erlebnis. Die Musik überrascht die Boten unvorbereitet und reißt sie mit sich, ohne dass sie darüber verfügen könnten. Sie verharren in einem passiven, rezeptiven Zustand.[790] Dem Widerfahrnis ist meist auch ein Moment des Unsicheren, Angstbesetzten inhärent. Diese Ambivalenz zeigt sich auch in dieser Szene: einerseits fasziniert und beschwingt die Musik, andererseits bleiben ihr Ursprung und Grund in der Schwebe. Mit Gebrauch des Wortes *wunder* wird noch einmal die religiöse Dimension betont, wie sie auch ursprünglich im Begriff der Immersion als Akt der Taufe enthalten ist. So wird etwa die Lieblichkeit der Musik als geradezu engelsgleich beschrieben (*himelkoeren* (7646)). Der süße Klang der Musik ist freilich trügerisch, denn keiner der Zuhörer ahnt, dass der fremde Spielmann der Mörder Morolds ist. Indem Tristan mit Tönen zu täuschen vermag, gelingt es ihm, Distanz und Fremde zu überwinden und sich unerkannt nach Irland einzuschleichen.

Die Szenerie ist nur von kurzer Dauer, denn Tristan spielt zwar *mit handen und mit munde* (7552), doch er ist aufgrund seiner schweren Verletzung nicht mit dem ganzen Herzen dabei. *âne herze und âne muot* (7536) verharrt Musik jedoch auf einer oberflächlichen Ebene. Die Barke mitten auf dem Meer wird zu einer Art liminalem Klangraum an der Schwelle zum Tod. Nur mit letzter Kraft bringt Tristan seine Harfe zum Erklingen.[791]

Nach seiner Bergung durch die Boten eilen alle Einwohner der Stadt näher, um das wundersame Spiel des Todkranken zu vernehmen. Angesichts seiner Errettung gelingt es Tristan nun wieder mit voller Überzeugung zu musizieren.[792] Doch anders als auf dem offenen Meer und obwohl er aus tiefstem Herzen spielt,

---

[790] Vgl. William Layher, »Hörbarkeit im Mittelalter. Ein auditiver Überblick«, in: *der âventiuren dôn. Klang, Hören und Hörgemeinschaften in der deutschen Literatur des Mittelalters,* hg. v. Ingrid Bennewitz und William Layher, Wiesbaden 2013, S. 9–29, hier S. 17.

[791] Die Harfe wird Beweissymbol für seine vorgetäuschten Herkunftsberichte und seine falsche Identität, ein *art spilman* (7591) zu sein.

[792] *sus bâten s'in, er harpfete in. / und er kêrte allen sînen sin / an ir gebot und an ir bete / wan er'z von allem herzen tete* (7665–7668). Tristan ist getrieben von dem Wunsch, den Menschen zu gefallen und sich bei ihnen beliebt zu machen.

weckt die Musik keinerlei rauschhaften, ekstatischen Zustand, sondern ruft Mitleid und Erbarmen hervor. Offensichtlich reichen ›das Herz‹ und die Entschlossenheit Tristans nicht aus, um den Anblick seines siechen Körpers vergessen zu machen. Dieser Verlust an Anziehungskraft, wenn äußeres Erscheinungsbild und akustischer Reiz auseinanderdriften, zeigt sich auch in seinem Spiel vor der Königin Isolde und ihrer Tochter: seine Musik zieht die Zuhörer an, doch der üble Geruch seiner Wunde treibt sie sogleich wieder fort.

Aus der Barke heraus zeichnet sich Tristans Musik durch eine gewisse Ortlosigkeit und Offenheit aus. Die Töne verbreiten sich und nehmen die Umwelt ein, ohne wirklich lokalisierbar zu sein. Vielmehr sind sie, wie die Barke auf dem Wasser, in ständiger Bewegung, ungreifbar und scheinbar körperlos. Erhält die Musik jedoch einen konkreten Ort, nämlich den von Gift befallenen schwächlichen Körper Tristans, dessen Boot nun unbeweglich am Landeplatz festgebunden ist, verliert die Musik – wie das am Landeplatz festgebundene Boot – in ihrer Bewegung an Leichtigkeit und wird von den dominanten visuellen und olfaktorischen Reizen zurückgedrängt.

Mit dem Unterricht Isoldes durch den Spielmann Tantris verändert sich die Perspektive. Im Fokus der Musikdarbietungen steht nun Isolde, die durch ihr Musizieren die Menschen in ihren Bann zieht. Doch nicht nur für die Zuhörer ist ihr Auftritt eine Freude, vor allem beglückt es sie selbst: *daz was ir banekîe* (8057).[793] Enthusiastisch berichtet der Erzähler von Isoldes vielseitigem Können:

si videlte ir stampenîe,
leiche und sô vremediu notelîn,
diu iemer vremeder kunden sîn
[...]
ir lîren unde ir harpfenspil
sluoc sî ze beiden wenden
mit harmblanken henden
ze lobelîchem prîse
in Lût noch in Thamîse
gesluogen vruowen hende nie
seiten süezer danne hie
la dûze Îsôt, la bêle.
si sang ir pasturêle,
ir rotruwange und ir rundate,
schanzûne, refloit und folate
wol unde wol und alze wol.
wan von ir wart manc herze vol
mit senelîcher trahte.
(8058–8077)

Analog zu der Schilderung des Musikers Tristan am Markehof wird auch hier die außerordentliche Virtuosität Isoldes beschworen. Auch hier werden die zar-

[793] Ihre Fähigkeiten beschränken sich nicht nur auf das Beherrschen der Instrumente und Lieder, sie weiß auch selbst zu komponieren und zu dichten. Sie verfügt also nicht nur über praktische musikalische Fähigkeiten, sondern ist ebenso im theoretischen Wissen geschult.

ten Hände und das sanfte Saitenspiel hervorgehoben. Noch vor ihrer Einnahme des Minnetranks, das zeigen diese Parallelführungen, kommt es zwischen Tristan und Isolde zu einer ersten metaphorischen Vereinigung im Raum der Musik. Die dreifache Wiederholung des *wol unde wol und alze wol* wirkt wie eine Bewegung, die die Tanzweisen auf Wortebene wieder aufnimmt und die Rezipienten mit sich reißt. Zusätzlich greift der Erzähler durch die Verwendung französischer Äußerungen – wie *la dûze Îsôt, la bêle* (8071) – die Fremdheit und Exotik der Liedweisen auf Textebene auf. Ihren Höhepunkt erreicht dieses musikalische Zusammenspiel in der Szenerie der Minnegrotte.[794] Dort musizieren die Liebenden nicht mehr getrennt, sondern im und als ›Ein-klang‹. Ihre Liebe wird transformiert in Klanglichkeit, wie auch der *locus amoenus* selbst sich hauptsächlich als Hörwelt zeigt (17139–17181; 17200–17222).

Isoldes musikalische Künste rütteln bei den Zuhörern allerlei Gedanken wach, so dass sie die Kontrolle über ihr Denken und Fühlen zu verlieren scheinen.[795] Isoldes betörender Gesang fesselt.[796] Er treibt das Publikum in *sene und senede nôt* (8131). Selbst jenes Herz, das sich vor Liebeskummer gefeit fühlt, sieht sich dieser Macht wehrlos gegenüber. Wie gefährlich diese Verführung ist, zeigt der Vergleich Isoldes mit einer Sirene des Helicon. Wie ein Magnetstein, der die auf dem Wasser orientierungslos umhertreibenden Schiffe anzieht und an den Felsen zerschellen lässt, lockt Isoldes Singen die Herzen – in der metaphorischen Sprache des *kiel âne anker* (8095) – in zerstörerische Liebessehnsucht.[797] Das Wasser als unsicherer, schwankender Grund ist ein Bild für die Musik, die festgefügte Ordnungen erschüttert. Brachte Tristan in der am Anfang zitierten Szene seine Zuhörer dazu, dass ihre Gedanken ins Wanken gerieten,[798] so treibt nun Isolde die ihren in die völlige Orientierungslosigkeit. Neben eines vertikalen Auf und Abs (8100) tritt hier die horizontale Bewegung des Hin und Her (8101).

Isoldes bestrickender Gesang ist von zweierlei Weise: einerseits ist es der öffentlich vernehmbare Klang ihrer Stimme, der über Schallwellen zu den Ohren der Rezipienten gelangt, andererseits ist ihre Musik von ganz anderer Art; ihre Schönheit zeigt sich als ein zweiter, heimlicher Gesang. Mit dem Neologismus

[794] Vgl. ausführlich zur Minnegrotte Kapitel 4.3.

[795] Jackson, »Der Künstler Tristan in Gottfrieds Dichtung«, S. 295. Die Leserschaft des *Tristan* wird in diese Überlegung mit einbezogen: sie wisse sehr gut, was geschehe, böte sich ihr ein solch wundersames Spiel.

[796] Müller, *Höfische Kompromisse*, S. 437, sieht Isolde hier zum »Objekt höfischer *minne*« werdend.

[797] Vgl. die Verse 4862–4879; dazu Andreas Kraß, »Poetik der Stimme. Der Gesang der Sirenen in Homers *Odyssee*, im *Tristan* Gottfrieds von Straßburg und im *Buch der Natur* Konrads von Megenburg«, in: *der âventiuren dôn. Klang, Hören und Hörgemeinschaften in der deutschen Literatur des Mittelalters*, hg. v. Ingrid Bennewitz und William Layher, Wiesbaden 2013, S. 31–43.

[798] Auch beim Leich Tristans vor Isolde mit den weißen Händen taucht die Schiffsmetaphorik wieder auf. Tristans Herz wird mit einem Schiff verglichen, das ankerlos auf den Fluten treibt, da es halt- und orientierungslos zwischen der fernen und der nahen Isolde hin- und hergerissen ist (19354–19356; 19245).

muotgedoene (8124)[799] werden Gemüt, Ohr und Auge in einer synästhetischen Erfahrung zusammengefasst.[800] Isoldes Wohlgestalt wird in Klang transformiert. Es handelt sich um einen stillen Klang, der selbst nicht verlautbar ist, jedoch ihre Schönheit hörbar macht. Während bei Tristans von der Krankheit gezeichnetem Äußeren die Musik an Wirkmächtigkeit einbüßt, wird hier eine entgegengesetzte Bewegung beschrieben: das zauberhafte Erscheinungsbild Isoldes wird in ebensolche zauberhafte Musik verwandelt. Visualität und Akustik gehen ineinander, die Grenzen verschieben sich und werden uneindeutig. Schönheit wird zu Klang, doch dieser Klang bleibt paradoxerweise äußerlich stumm.

Ganz ähnliche Momente von Schönheit, Zauber und der ›Ortsgebundenheit‹ von Klang zeigen sich auch in Zusammenhang mit dem Hündchen Petitcreiu. Petitcreiu, das Hündchen aus dem Feenreich Avalon, ist ebenso feenhaft in seinem Erscheinungsbild wie in seiner Herkunft. Wie sein Name, der vielmehr ein Nicht-Name ist, ist auch sein Aussehen unbestimmt und schillernd. Sein Fell changiert in einer Mannigfaltigkeit an Farben, sodass eine eindeutige Zuordnung unmöglich ist. Um seinen Hals hat das Hündchen ein goldenes Kettchen gebunden, an dem eine Schelle[801] hängt. Diese vermag mit ihrem Klang Kummer und Leid all derjenigen, die sie vernehmen, augenblicklich in Glück und Sorglosigkeit zu verwandeln. Klanglichkeit wird in dieser Szene also palliative Wirkung zugeschrieben. Während die von Menschen erzeugte Musik eintauchen und versinken lässt und damit den Rezipienten über den Klang in eine neue Umgebung trägt, hat der Schellenton einen befreienden Effekt. Im Text heißt es, der Klang zerstöre – *zerstôrte* (15858) – das Leid. Auch hier zeigt Klang wieder eine gewisse Übergriffigkeit, denn es werden Wirkungen erzielt, denen sich der Hörer kaum entziehen kann. Allzu leicht lässt sich auch Tristan von der synästhetischen Zauberwirkung des Hündchens in einen Taumel des Vergessens hineinziehen. *sô süeze was der schellen clanc* (15856), dass der *trûraere* (15850) Tristan sogar seine ihm im Namen eingeschriebene Identität, das Attribut der Traurigkeit, für die Dauer des Klanges verliert.[802] Damit lässt sich auch in dieser Szene das Moment der Selbst-

[799] Vgl. Krohn, Stellenkommentar, S. 146: »*muotgedoene* ist eine Wortbildung, die nur bei Gottfried erscheint. Gemeint ist wohl ein Gesang, der den *minnen muot* (8103) besonders lieblich anspricht.«

[800] Vgl. William Layher, »sô süeze waz der schellen klanc«, in: *PBB* 133/2 (2011), S. 235–264: »In the novel the term *muotgedoene* is contrasted with *seitgedoene* (v. 3569) and *vogelgedoene* (v. 573, 16755), words that define *gedoene* according to how it is produced: by stringed instruments or by birdsong. *Muot,* in contrast, has no acoustic counterpart; it cannot express itself except through speech, gesture, or another signifying act by the emoting body«, S. 255.

[801] Vgl. Louise Gnaedinger, *Musik und Minne im ›Tristan‹ Gotfrids von Straßburg,* Düsseldorf 1967, S. 72: »Ja, vielleicht darf man, in mittelalterlichem Sinn, die Schelle des Wunderhündchens sogar als Musikinstrument betrachten«; Riedel dagegen versteht den Klang der Schelle nicht als Musik im engeren Sinne, vgl. Herbert Riedel, *Die Darstellung von Musik und Musikerlebnis in der erzählenden deutschen Dichtung,* Bonn 1959, S. 190f.

[802] Vgl. auch Silke Philipowski, »Mittelbare und unmittelbare Gegenwärtigkeit oder: Erinnern und Vergessen in der Petitcriu-Episode des ›Tristan‹ Gottfrieds von Straßburg«, in: *PBB* 120 (1998), S. 29–35.

vergessenheit und des ›Selbstverlustes‹ beobachten. Die Vergangenheit wird, so lange das Glöckchen *sich rüeren began* (15849), gewissermaßen ausgeblendet und durch absolute Präsenz und Unmittelbarkeit ersetzt. Tristan verliert sich nicht nur im Klang des Glöckchens, sondern zugleich im Anblick dieses fremden faszinierenden Äußeren des Hündchens. Das bunte Spiel der Farben und die Weichheit des Fells sprechen ihn optisch und haptisch an. Es genügt Tristan nicht, den Klang zu hören und das Farbenspiel zu betrachten, sondern er sucht das Haptische, welches ihm dieses Wunder erklärbar machen könnte. Noch scheint Tristan nicht um die spezielle Bedeutung des Klanges zu wissen, denn er ist vom Anblick des Hündchens weit mehr beeindruckt denn von dem Glöckchen selbst. Beschrieben wird nur die unterschiedliche Erfahrung zwischen Präsenz und Absenz Petitcreius. Wird das Hündchen fortgetragen, kehrt automatisch auch die Trauer Tristans zurück. Dass das Hündchen ohne die Schelle und andersherum die Schelle ohne das Hündchen seine Wirkung gänzlich verliert, zeigt sich bei Isolde, der Tristan das Hündchen als Geschenk zukommen lässt. Ohne zu zögern ist er bereit, die angenehme, einnehmende Kraft des Hündchens *z'ir vröuden* (16278) für sie aufzugeben. Doch Isolde vernimmt nur ein einziges Mal den süßen Ton des Glöckchens, bevor sie dieses, entsetzt von der tröstenden Wirkung, von der Kette reißt. Fortan verharrt sie im Anblick des verstummten Hündchens, durch das sie das Vergessen der Sehnsucht überwindet und ihr Leid gerade bestärkt. Mit der Trennung von Hündchen und Glöckchen verliert der Schellenton seine ganze Zauberkraft. Der Klang wird banal, er löst keinerlei Regungen mehr aus, so oft auch sein Schellen zu hören ist. Wie das Hündchen, das unbeweglich und bedürfnislos in sich scheint, wird der Klang des Glöckchens, getrennt von Petitcreiu, ein lebloser.[803] Isolde taucht gerade nicht in die balsamische Wirkung des Klanges ein. Stattdessen hält sie die Distanz mit aller Macht aufrecht, sie wendet letztendlich zerstörerische Gewalt an, und muss dies auch, um dem Einnehmenden des Glöckchens zu entkommen. Anders als für Tristan hat der Klang für Isolde nichts Verführerisches, sondern vielmehr etwas Gefährliches, das ihre Trauer und ihre Sehnsucht zu vernichten droht, was sie wiederum mit aller rationalen und reflexiven Kraft – konträr zur immersiven Erfahrung – zu vermeiden sucht. Zuvor ›Instrument‹ des Vergessens, wird Petitcreiu nun verkehrt zum stillen Auslöser eines endlosen »Erinnerungs- und Reflexionsproze[sses]«[804].

In der letzten hier betrachteten Szene, die von Tristans Leich in der Isolde-Weißhand-Episode handelt, zeigt sich, wie sich das Außer-Fassung-Setzen durch Musik auch auf die musizierende Figur selbst überträgt und diese jede Orientierung und Kontrolle über ihr Spiel verliert.[805] Die Musik reißt Rezipient wie Produzent – seien sie auch identisch – für eine kurze Zeitspanne aus ihrem Umfeld

[803] Petitcreiu benötigt keinerlei leibliche Nahrung, es zeigt keine Reaktion und lässt auch kein Geräusch verlauten.

[804] Philipowski, »Mittelbare und unmittelbare Gegenwärtigkeit«, S. 30.

[805] Becker, *Krise und Klang*, S. 8, spricht in Anlehnung an die ästhetiktheoretische Konzeption von Krise bei Ulrich Oevermann von Außer-Fassung-Setzen als objektivem Wert der Krise. Demnach lässt sich Krise in unserem Zusammenhang als Abkehr von Normalität und Gewohn-

heraus. Im Falle des Tristan-Leiches erweist sich diese Art des Ausbruchs als unwiderruflich, als destruktiv und in letzter Konsequenz als tödlich.

In der Begegnung mit Isolde Weißhand verliert Tristan jede nötige Distanz zu seiner Musik und vermag zwischen Anwesenheit und Abwesenheit nicht mehr zu differenzieren. Er projiziert seine Sehnsüchte nach der geliebten, doch abwesenden Isolde auf die anwesende und verfängt sich zunehmend in ein riskantes Spiel der Klänge, allen voran in jenen Klang des Namens *Îsôt*. Angeregt durch seine höfische Erziehung, versucht Tristan am Hof von Arundel der in Liebesqualen verfangenen Isolde Weißhand auf unterschiedliche Art und Weise *kurzwîle* (19190) zu verschaffen:[806] *er seite ir schoeniu maere, / er sang ir, er schreib unde er las. / und swaz ir kurzewîle was, / dâ zuo was er gedanchaft. / er leiste ir geselleschaft, / er kürzete ir die stunde / etswenne mit dem munde / und underwîlen mit der hant* (19188–19195). Seine Musik, wie auch die anderen Weisen der Unterhaltung, verfolgen anfänglich den Zweck, Isolde Weißhand Aufheiterung und Linderung zu verschaffen. Diese Dimension des Amüsements kann Tristan für sich selbst jedoch nicht aufrechterhalten. Sein sonst wohlkalkuliertes Handeln wendet sich plötzlich gegen ihn selbst.[807] Die Musik, die von der Klanglichkeit des Namens Isoldes im Refrain lebt, wirkt auf Tristan, wenn auch gänzlich ungewollt, betörend – *wie wunderlîche ist mir geschehen* (19017) –, »weil sie zweckfrei, also genuin künstlerisch im modernen Sinne, ausgeübt wird«[808]. Aus Dank dem geliebten Namen gegenüber und in tiefer Sehnsucht zu der geliebten Isolde in der Ferne verfasst Tristan den Refrain *»Îsôt ma drûe, Îsôt m'amie, / en vûs ma mort,*

---

heit fassen und entspricht damit der hier verwendeten Terminologie von Ausbruch und Außeralltäglichkeit.

[806] Auch an späterer Stelle erkennt Tristan nicht, dass seine *höfscheit* ihn immer stärker in Schuld an Isolde Weißhand verstrickt (19397). Er wendet erneut dieselben Mittel höfischer Unterhaltung und Geselligkeit an (19334–19339), ohne wahrzunehmen, dass seine Fürsorge die Liebe zu ihm in Isolde Weißhand nur noch stärker wachsen lässt.

[807] Vgl. Horst Wenzel, »Schwert, Saitenspiel und Feder«, in: *Literarisches Leben. Rollenentwürfe in der Literatur des Hoch- und Spätmittelalters. Festschrift für Volker Mertens zum 65. Geburtstag,* hg. v. Matthias Meyer und Hans-Jochen Schiewer, Tübingen 2002, S. 853–870, hier S. 868: Singen und Saitenspiel haben für Tristan immer wieder »eine pragmatische, gewalthafte Komponente«, die Musik ist »eine mögliche Waffe im ritterlichen Agon«, vgl. etwa die Rückführung der Königin Isolde aus den Fängen Gandins (13275–13422).

[808] Peter K. Stein, »Die Musik in Gotfrids von Straßburg *Tristan* – ihre Bedeutung im epischen Gefüge. Vorstudie zu einem Verständnishorizont des Textes«, in: *Sprache – Text – Geschichte,* hg. v. Peter K. Stein, gemeinsam mit Renate Hausner, Gerold Hayer, Franz V. Spechtler und Andreas Weiss, Göppingen 1980, S. 569–694, hier S. 620. Auf die Gesellschaft in Arundel freilich wirkt die Musik ebenso wenig unterhaltend, sondern vielmehr wirklichkeitsbezogen. Der Hof ist in Bezug auf eine Verbindung zwischen Tristan und ihrer Isolde soweit sensibilisiert, dass er den Inhalt des Liedes über das musikalische Vergnügen stellt. Allein in der Tatsache, dass Tristan nur seine eigene Bedeutungsintention bedenkt, ist auch von einer gewissen Schuldhaftigkeit Tristans zu sprechen, vgl. Ulrike Draesner, »Zeichen – Körper – Gesang. Das Lied in der Isolde-Weißhand-Episode des *Tristan* Gotfrits von Straßburg«, in: *Wechselspiele. Kommunikationsformen und Gattungsinterferenzen mittelhochdeutscher Lyrik,* hg. v. Michael Schilling und Peter Strohschneider, Heidelberg 1996, S. 77–101, hier S. 92.

en vûs ma vie!« (19213f.)[809], in dessen Zeilen er sich und seine Umgebung vollkommen vergisst:

> die Musik beherrscht ihn nun vollends, er merkt gar nicht mehr, daß er gänzlich Gefangener ihrer Wirkung – und deren einziger Gefangener – ist. Sein eigenes Musizieren, der Inhalt seines Gesanges und schließlich der bekannte Refrain entreißen den Weltgewandten völlig, wenn nur temporär, so doch entscheidend, der Welt: Er singt das alles einfach so, ›wande er daz so gerne sanc‹ (19219), selbst- und weltvergessen, nicht mehr publikumsbezogen, keine Wirkung kalkulierend.[810]

Tristan verkennt die Ambiguität des Namens *Îsôt.* Klang und Bedeutung sind von zu starkem Reiz, als dass er sich dem noch zu entziehen vermag.[811] Der Neologismus *g'îsôtet* (19006) bündelt die Selbstverzauberung Tristans in einem einzigen Wort. Die klangliche Schönheit des Namens verwirrt ihn zutiefst: *wie bin ich / von disem namen verirret! / er irret und wirret / die wârheit und daz lougen / mîner sînne und mîner ougen. / mir lachet unde spilt Îsôt / in mînen ôren alle vrist / und enweiz iedoch, wâ Îsôt ist* (19000–19002). Der Wohlkang des Namens raubt ihm nicht nur die Fähigkeit zu Rationalität, sondern führt zu Selbstvergessenheit und Selbstentfremdung. Im Text heißt es, *daz er sîn selbes gar vergaz* (19273).[812] In der Ortlosigkeit des Klanges ist eine analytische Ausdifferenzierung und Nuancierung des Namens nicht mehr möglich. Was sich gedanklich noch trennen lässt, wird in der Musik zum Ein-klang.

Musik und Klang schaffen eine Gegenwärtigkeit, die Tristan als Hörenden wie Musizierenden leibhaftig ergreift und in ihren Bann zieht. Diese Gegenwärtigkeit ist jedoch keine reine Gegenwart, in der sich Tristan dem Augenblick hinzugeben vermag. Auf beunruhigende Weise vermischen sich Vergangenheit, Gegenwart und Zukunft miteinander. Die Entzifferung und Lesbarkeit der einzelnen Zeitformen ist Tristan an diesem Punkt nicht mehr möglich. Diese Erfahrung von Unbestimmtheit der übereinander und ineinander geschichteten Zeiten, Orte und Personen ist keine befreiende, sondern eine zutiefst verstörende. In Anlehnung an Michael Becker[813] erfüllt Klang hier seine tröstende und beruhigende Wirkung

---

[809] Vgl. auch Vers 19409f.

[810] Stein, »Die Musik in Gotfrids von Straßburg *Tristan*«, S. 620.

[811] Vgl. auch Martin Baisch, »Medien der Faszination im höfischen Roman«, in: *Wie gebannt. Ästhetische Verfahren der affektiven Bindung von Aufmerksamkeit,* hg. v. Martin Baisch, Andreas Degen und Jana Lüdtke, Freiburg i.Br./Berlin/Wien 2013, S. 213–234, hier S. 228.

[812] Vgl. dieselbe Formulierung im *Iwein* vor der sogenannten Wahnsinnsepisode, wodurch die Szene im *Tristan* eine eigentümliche Sprengkraft erhält: *in begreif ein selch riuwe / daz er sîn selbes vergaz / und allez swîgende saz* (3090–3092), vgl. dazu Kapitel 4.2.2. Vgl. zum *Tristan* Claudia Konetzke, »*triuwe* und *melancholia.* Ein neuer Annäherungsversuch an die Isolde-Weißhand-Episode des *Tristan* Gottfrieds von Straßburg«, in: *Körperinszenierungen in mittelalterlicher Literatur. Kolloquium am Zentrum für interdisziplinäre Forschung der Universität Bielefeld (18. bis 20. März 1999),* Berlin 2002, S. 117–138. Konetzke unternimmt in ihrer Arbeit den Versuch, Tristan in der Isolde-Weißhand-Episode vom Vorwurf des Treuebruchs freizusprechen. Ihre Feststellung von Analogien zur Symptomatik der *Melancolia* aus Perspektive medizinisch-psychologischer Vorstellungsmuster des Hochmittelalters ist überzeugend.

[813] Vgl. das Zitat von Michael Becker am Anfang dieses Kapitelabschnittes zu Musik.

höchstens noch am Rande;[814] vor allem offenbart er aber sein krisenerzeugendes Potenzial.[815]

Die Krise, die Tristan im ästhetischen Erleben übermannt, übersteigt jede vermeintlich harmlose, da nicht substanzielle Krisenerfahrung des Ästhetischen. Sie wird für ihn zu einer existenziellen Krise. Das ästhetische Moment, das in der Musik gesucht wird, unterliegt nicht mehr der Kontrolle des Produzenten, sondern bemächtigt sich seiner. Der Klang hat trotz seiner Flüchtigkeit eine solch eindringliche, ja gewaltsame Kraft, dass sich Tristan ihm nicht mehr zu entziehen vermag. So kann und muss die Krise letztlich in der eigenen Selbstvernichtung enden, wie sie bei Gottfried anklingt und in den Fortsetzungen, insbesondere bei Heinrich von Freiberg, ausbuchstabiert wird. In der Isolde-Weißhand-Episode wird deutlich, dass Musik ihre Dimension der *kurzwîle* und des Zeitvertreibs im Rahmen höfischer Geselligkeit im *Tristan* verloren hat. Trotz seines lebenslänglichen Bestrebens, andere Menschen mit seinen musischen Fähigkeiten zu verführen und für sich zu gewinnen, kommt Tristan an einen Punkt, an dem ihn sein »Künstlertum«[816] gerade von der Gesellschaft fortführt und in die Einsamkeit der Verwirrung und schließlich des Todes drängt.[817] Sein Wunsch nach *vröude unde vrôlîchez leben* (19548) widerspricht der von Liebe und Leid geprägten Haltung der *edelen herzen* und muss daher buchstäblich u-topisch bleiben.

Während die »Augenwelt«, wie die Beispiele zeigten, eine »Distanzwelt« ist,[818] zeigt sich Klang als sowohl eindringlich als auch aufdringlich. Visualität, und da-

[814] Vgl. hierzu auch den Wunsch Markes, Tristan solle ihm vorspielen, wenn er (Tristan) nicht schlafen könne: *diz tuoste wol mir unde dir* (3655). Musik ist in Markes Verständnis zweckgebunden, sie bedeutet Zerstreuung, Trost und Erholung. Vgl auch Jean-Marc Pastré, »Aspekte der Wahrnehmung in Gottfrieds *Tristan und Isolde*«, in: *Sammlung – Deutung – Wertung. Ergebnisse, Probleme, Tendenzen und Perspektiven philologischer Arbeit. Mélanges de littérature médievale et de linguistique allemande offerts à Wolfgang Spiewok. À l'occassion de son soixantième anniversaire par ses collègues et amis*, hg. v. Danielle Buschinger, Stuttgart 1988, S. 281–289, hier S. 283. Nur am Rande kann hier auf die ungeheure Wertschätzung und Gunstbezeugung Tristans durch den König hingewiesen werden, die durch die Erlaubnis, ihn zu wecken und in die Nähe des intimen Schlafbereiches zu kommen, ausgedrückt wird, vgl. Uttenreuther, *Die (Un)Ordnung der Geschlechter*, S. 101f.

[815] Becker, *Krise und Klang*, S. 55–57.

[816] Wolfgang Mohr, »›Tristan und Isold‹ als Künstlerroman«, in: *Gottfried von Straßburg*, hg. v. Alois Wolf, Darmstadt 1973, S. 248–279, hier S. 256 (erstmals in: *Euphorion* 53 (1959), S. 153–174).

[817] Vgl. auch Stein, »Die Musik in Gotfrids von Straßburg *Tristan*«, S. 622. Am Ende des Romanfragments zeigt sich Tristan nicht nur verwirrt, sondern verfangen in Hirngespinsten. In wahnhaftem Zustand wirft er Isolde vor, sie sehne sich nicht gleichermaßen nach ihm wie er sich nach ihr sehne (19501), er beschuldigt sie gar des vergnüglichen Lebens mit ihrem Gemahl Marke (19484–19495). Es zeigt sich eindrucksvoll, wie Tristan, indem er hin- und hergerissen ist zwischen Beschuldigungen und Verständnis gegenüber Isolde, jeden Bezug zur Realität verliert. Trotz der harten Worte Tristans finden sich Formulierungen, etwa *süeziu küniginne* (19502) oder *vrouwe, an der mîn leben lît* (19531), die die unveränderte Liebe zu Isolde bezeugen.

[818] Sloterdijk, *Der ästhetische Imperativ*, S. 52.

mit Ortszuschreibungen, und Akustik, spielen sie ineinander, vermögen die magische Wirkmächtigkeit von Musik noch zu steigern. Treten Anblick und Gehörtes auseinander, verliert der Klang an Anziehungskraft oder vermag die Sinne auf unberechenbare Art zu verwirren. Im Eintauchen in Klang wird der Zuhörer in eine Welt hineinkatapultiert, die er nicht mehr nur von der Peripherie aus beobachtet, sondern derer er teilhaftig wird – ob er will oder nicht. Doch unabhängig von Qualität der Musik und Virtuosität des Spielenden, ist die Haltung des Zuhörenden entscheidend, ob und inwieweit er bereit ist, sich von der Musik ›forttragen‹ zu lassen und in Räume der Imagination und damit auch in potenzielle Spielräume der Muße einzutauchen. Voraussetzung ist ein Sich-hinein-ziehen-Lassen und damit auch ein Sich-Einlassen auf dasjenige, was sich akustisch entfaltet und ausbreitet.[819] Damit einher geht das Aushalten einer zeitweisen Selbstvergessenheit, die einerseits befreiend, andererseits bedrohlich wirken kann. Die alltägliche Welt wird abgestreift und eine neue Sichtweise eröffnet. Im Eintauchen verflüssigen sich die Grenzen zwischen Realität und Traum, zwischen Möglichem und Unmöglichem, und ein schwebend-leichter Zustand der Offenheit und Unbestimmtheit stellt sich ein, der als Muße bezeichnet werden kann:

dâ begunden herze und ôren
tumben unde tôren
und ûz ir rehte wanken.
dâ wurden gedanken
in maneger wîse vür brâht.
(3593–3597)

In diesem Kapitelabschnitt hat sich gezeigt, dass Musik als Form der *kurzwîle* ein integraler Bestandteil des höfischen Zeitvertreibs darstellt und zu Unterhaltungszwecken der adligen Gesellschaft dient, sei es am Markehof oder am Hof in Irland. Teilweise wird Musik im *Tristan* auch ganz bewusst für strategische Zwecke nutzbar gemacht, etwa wenn der Protagonist versucht, die Bewohner Irlands durch sein Spiel auf trügerische Weise zu verzaubern, um Zugang zur Königin zu erhalten, die ihn als einzige zu heilen und damit sein Leben zu retten vermag. Im Rahmen dieser unterschiedlich funktionalisierten Musik kann Klanglichkeit einzelne Zuhörer von der konkreten Vortragssituation lösen und in einer immersiven Bewegung in mentale Spielräume der Muße tragen. Dieses metaphorische Eintauchen der Figuren geht in den untersuchten Textstellen oft einher mit Szenen, die auch auf narrativer Ebene die Bereiche von Wasser und Meer aufrufen und dadurch die bildliche Abstraktheit auf Gegenstandsebene konkretisieren. Im Gegensatz zu Musik sind im Allgemeinen andere potenzielle Mußemomente nicht so leicht herstellbar, denn Musik erfüllt den Raum und setzt die Anwesenden den Klängen aus. Während mit Musik gezielter nach Muße ›gesucht‹ werden kann, bricht sie sonst eher zufällig herein. Da wie dort ist das Sich-darauf-Einlassen ein selektiver Vorgang.

[819] Vgl. Seel, *Sich bestimmen lassen*, bes. S. 270–278.

3.3.4 Resümee: Institutionalisierte Außeralltäglichkeit und Inseln der Muße

Es lässt sich bilanzieren, dass das höfische Fest, wie es in den Texten ausgestaltet wird, als ›institutionalisierter Ausbruch‹ zu verstehen ist, bei dem für die Dauer der außeralltäglichen Feierlichkeiten Hierarchien und geltendes Ordnungsgefüge scheinbar suspendiert sind, im eigentlichen Sinne aber gerade diese sozialen Strukturen und Wertvorstellungen stabilisiert und gar gestärkt werden. Das höfische Fest dient vornehmlich der Selbstdarstellung und dem Ausdruck des Selbstverständnisses der adligen Elite. Dabei wird sogar die Natur als Dekor zu repräsentativen Zwecken genutzt und in die Inszenierung von Prunk und Macht integriert. Das höfische Fest offenbart ein buntes Treiben und ein geselliges Miteinander unter den Festgästen, die verschiedensten Aktivitäten aristokratischen Vergnügens nachgehen. Zugleich fordert die Gesellschaft jedoch von den Geladenen ein gezähmtes und gezügeltes Verhalten. Dazu gehört auch, dass Bedingung und Voraussetzung für die Teilnahme an den Feierlichkeiten die Haltung der *vreude* ist. Diesen Richtlinien eines angemessenen Verhaltens ist durchaus eine befreiende Komponente inhärent, denn sie erleichtern das Agieren und Kommunizieren unter den Anwesenden, verdeutlichen aber auch, inwiefern beim Fest der Einzelne der Kontrolle der Gemeinschaft unterliegt.

Einerseits regelmäßig wiederkehrend und damit fester Bestandteil höfischer Kultur, andererseits immer wieder neu in seiner Singularität, lässt sich das Fest zwischen der Alltäglichkeit einer Gesellschaft insgesamt und der Außeralltäglichkeit des je einzeln erlebten, konkreten Ereignisses verorten. Verliert es jedoch seinen Sonderstatus und wird in einen Dauerzustand überführt, geht das Wesen des Festes unabdingbar verloren. Die negativen Konsequenzen einer Veralltäglichung des Festes zeigten sich im *Daniel* am Beispiel des Landes Clûse in aller Deutlichkeit. Die angenehmen und befreienden Aspekte verkehren sich in ihr Gegenteil, wenn das Fest den Charakter des Einmaligen verliert. Erst auf der Basis einer täglichen, gewissermaßen institutionalisierten Routine kann das Außergewöhnliche überhaupt als solches hervortreten. Das Immergleiche und Erzwungene des Festes führt zu einer Einebnung des Außeralltäglichen ins Alltägliche.

Angesichts der Funktionalisierung und Zweckgerichtetheit sowie seiner festen Einbettung in das institutionelle Gefüge lässt sich das höfische Fest nicht unter dem Begriff der Muße subsumieren. Zwar bietet es durchaus die Möglichkeit zu Mußeerfahrungen, etwa durch die vielfältige Stimulation der verschiedenen Sinne oder durch das reiche Angebot an potenziell mußeaffinen Tätigkeiten wie tanzen, spielen oder musizieren, ist deshalb aber nicht mit Muße gleichzusetzen. Während das Fest einen Ausbruch darstellt, der wesentlich in die höfische Ordnung integriert ist und als Garant für deren Bestehen und Gelingen fungiert, sind Spielräume der Muße in einem Außerhalb der institutionellen Strukturen, fern jeglicher Nutzenorientierung, zu verorten. Das höfische Fest ist daher vielmehr als Raum der Geselligkeit und der Gemeinschaft zu verstehen, durch die der Zusammenhalt gefestigt und Hierarchien gestärkt werden. Dementsprechend sind die mit dem Fest verbundenen Formen der *kurzwîle* ebenfalls von Muße zu unterscheiden, da sie vornehmlich der Unterhaltung und dem Vergnügen dienen und damit, anders als Muße, ihren Zweck außerhalb ihrer selbst haben. Dennoch können Tätigkeiten, die in den Bereich höfischer *kurzwîle* fallen und integraler Bestandteil höfischen Lebens sind, mußehaftes Erleben auslösen und einzelne Figuren in mentale Freiräume führen. Diese Verschränkungen von *kurzwîle* und Muße lassen sich bei den in den Texten genannten Aktivitäten unterschiedlich stark beobachten. In der in dieser Arbeit bewusst gewählten Abfolge der Szenen von Jagd, Schachspiel und Musik lässt sich eine zunehmende Verschiebung in Richtung Muße nachzeichnen.

Auch wenn die Jagd in den narrativen Texten – besonders eindrücklich im *Erec* – als typisch höfisches Vergnügen erscheint, hat sich in diesem Kapitel vor dem Hintergrund zeitgenössischer theoretischer Schriften, die an der Jagdlust des Adels mit Vehemenz Kritik üben, die Ambivalenz des Jagens im Kontext von Muße gezeigt. Als Geste der Macht und Überlegenheit über die Kreatur lässt sich die Jagd als *kurzwîle* des Hofes fassen, nicht jedoch mit dem Begriff der Muße fassen. Im Rahmen des Hirschbast im *Tristan* wurde die ästhetische Komponente der Jagd ersichtlich, die sich allerdings weniger auf den Part des Tötens, sondern vielmehr auf die Zerlegung und Würdigung des erbeuteten Tieres bezieht. Der Vorgang der Bast ähnelt, so die These, einer ›künstlerischen Performance‹, die ästhetische Erfahrungen anregen kann, welche wiederum – wenn auch auf diesen geringen Teil des Jagdgeschehens begrenzt – eine Nähe zu Muße aufweisen.

Schachspiel und Musik gehören ebenfalls zum gängigen aristokratischen Zeitvertreib der gebildeten adligen Elite. Diese Aktivitäten fordern jeweils Konzentration und ein gewisses Maß an Hingabe in der Ausführung. Dies kann dazu führen, dass sich einzelne Figuren derart in der Tätigkeit verlieren, dass sie die Umgebung vollkommen ausblenden. Die Textanalyse lässt den Eindruck zu, dass Musik derartige Momente des Eintauchens und Vergessens in gesteigerter Weise evozieren kann. Klänge dringen unmittelbar an das Ohr und vermögen den Zuhörer wie den Musiker in ihren Bann zu ziehen und in eine andere Welt fortzutragen. Diese mentale Ausbruchsbewegung lässt sich mit dem Begriff der Immersion präzise fassen. Zusätzlich zu der vertikalen Bewegung des Ausbruchs beinhaltet dieser Begriff den Wechsel in eine andere, in diesem Falle quasi musikalische Umgebung. Das Eintauchen, etwa in Wasser, umspült den gesamten Körper, katapultiert ihn in einen anderen Zustand und schafft eine veränderte Wahrnehmung. Dass in denjenigen Szenen, in denen einzelnen Figuren immersive Mußeerfahrungen widerfahren, häufig Wasser eine konkrete Rolle spielt, legitimiert die Verwendung des Begriffes zusätzlich. Die Umgebung dient dabei als Projektionsfläche für das innere Erleben.

Das höfische Fest sowie die unterschiedlichen Formen der *kurzwîle,* dies lässt sich abschließend festhalten, stellen Ausbrüche aus alltäglichen Verpflichtungen dar. Sie sind jedoch ein von der höfischen Gesellschaft bewusst inszeniertes und stets kontrollierbares Ereignis des Außeralltäglichen, das an keiner Stelle das Ordnungsgefüge des Hofes infragestellt. Dennoch bietet sich auch innerhalb der institutionellen Ordnung die Möglichkeit für Spielräume der Muße. Diejenigen Figuren, denen solche Mußemomente widerfahren, lösen sich dabei geistig, nicht aber räumlich vom Hof. Sie bleiben, anders als die Figuren, die in jene freieren Spielräume der Muße ausbrechen, die im zweiten Hauptteil dieser Arbeit im Fokus stehen, zumindest äußerlich in die Gesellschaft eingefügt. Da diese Ausbrüche in Mußeräume von außen meist unbemerkt sind und sich die Figuren der Kontrolle des Kollektivs scheinbar nicht entziehen, nimmt die höfische Sozietät diese Formen der ›institutionalisierten Muße‹ nicht als Gefahren wahr. Inwiefern diese Erfahrungen einzelne Figuren jedoch tatsächlich bewegen und verändern, ist von außen nicht festzustellen. Auch mögliche daraus erwachsende Konsequenzen, welche die höfische Gesellschaft, wie sie in den Texten dargestellt wird, selbst infragestellen könnten, lassen sich weder textintern, noch textextern erahnen oder gar kalkulieren.

3.4 Zwischenfazit: Zur (Un-)Möglichkeit institutionalisierter Formen von Muße

Die in den Romanen inszenierte höfische Gesellschaft orientiert sich an bestimmten Regelsystemen und Ordnungsgefügen, die das Zusammenleben stärken und die Kommunikation und Interaktion untereinander erleichtern. Aufgrund dieser Regelwerke bilden sich bei den Akteuren schon früh bestimmte Verhaltens- und Handlungsdispositionen aus, durch die sich die einzelnen Figuren in die Gesellschaft einfügen. Die ritterliche Ausbildung und die Bewährungsfahrten in die mythische Anderwelt dienen gerade dieser Einbettung der Figur in die höfische Gemeinschaft und sind im Bourdieuschen Sinne als Institutionalisierungsriten aufzufassen.[820] Eine andere Form des Institutionalisierungsritus stellt das umfangreiche Bildungsprogramm am Hof dar, das, wie sich im *Tristan* zeigt, durch gelehrte Männer durchgeführt wird. In beiden Erziehungsweisen gilt es, die jungen Protagonisten in die höfische Lebensweise einzuführen und mit dem Verhaltenskodex bekannt zu machen oder vielmehr ihnen diesen anzueignen.

Für die ritterliche Lebensweise ist die Maxime der *arbeit umbe êre* leitend. Diese fordert von den Rittern Anstrengungsbereitschaft im Kampf gegen äußere Bedrohungen und Einsatz für Notleidende innerhalb der eigenen Sozietät. Die ritterliche Aktivität sichert somit das exklusive höfische Dasein. Motivation und Auslöser für das ständige Tätigsein der Ritter ist *êre* und Anerkennung in der höfischen Gesellschaft, welche als höchste Werte betrachtet werden. Dieses symbolische Kapital hält die Dynamik des Hofes aufrecht, durch welche sich dieser wiederum selbst erhält. Angesichts eines solchen ständigen Unterwegs- und In-Bewegung-seins haben Untätigkeit oder gar müßiges Sich-treiben-Lassen in dieser Ordnung scheinbar keinen Platz. Derartige Formen des Verweilens und des Ausklinkens aus bewährten Schemata und routinierten Abläufen werden vielmehr als nutzlose und skandalöse Faulheit verurteilt und entschieden abgelehnt. Passagen der

---

[820] Vgl. Einleitung Kapitel 1, bes. 1.3.1.

arbeit, der *âventiure* und des Kampfes, welche als Gegenphänomene von Muße aufzufassen sind, sind in der Textsorte des höfischen Romans derart dominierend, dass der Eindruck entsteht, ein Ausbruch in Spielräume der Muße sei für die einzelne Figur in der höfischen Kultur, wie sie in den Texten entworfen ist, geradezu unmöglich.

Die *âventiure*-Fahrt stellt zwar durchaus eine Form des Ausbruchs vom Hof dar, und weist in einigen Zügen strukturelle Ähnlichkeiten zu Muße auf, zugleich ist sie jedoch Teil des Perfektionierungsstrebens der Ritter und damit integraler Bestandteil der höfischen Ordnung. Als solche dient die *âventiure* letztlich immer der Stabilisierung des Hofes und der Kontrolle des bedrohlichen Fremden an und außerhalb der Grenzen der adligen Gemeinschaft – auch dann noch, wenn sie als Form der Erzählung zumindest vorläufig in einer geselligen Runde am Hof mündet. Auch Momente der Ruhe zwischen Kämpfen, in denen eine Entschleunigung des Geschehens zu beobachten ist, dienen höchstens der Regeneration und sind derart fest an das ritterliche Agieren gebunden, dass sich die Figuren in diesen Unterbrechungen allenfalls räumlich, in keinem Falle aber mental von dem Kampfgeschehen lösen.

Eine fest institutionalisierte Form des Ausbruchs bietet das höfische Fest, das eine Loslösung von den Pflichten und Sorgen des täglichen Lebens darstellt und der adligen Gesellschaft einen Freiraum der Ausgelassenheit und der Vergnügtheit bietet. Die Festteilnehmer können unterschiedlichsten Formen der *kurzwîle* nachgehen, sich amüsieren und die Zeit auf angenehme Weise verkürzen. Auf den ersten Blick werden in dieser ›Sonderzeit‹ die hierarchischen Strukturen und vorgeschriebenen Verhaltensweisen unterwandert und die bestehende Ordnung außer Kraft gesetzt, bei genauerer Betrachtung zeigt sich jedoch, dass das Fest der Demonstration von Macht und Überlegenheit dient und daher lediglich als inszenierte Außeralltäglichkeit aufzufassen ist. Als Raum der Geselligkeit stärkt das Fest die höfische Gemeinschaft und ermöglicht ihr, sich ihrer Besonderheit zu vergewissern und diese ostentativ auszustellen. Das Fest ist ebenso wie Geselligkeit und *kurzwîle* zwar als Nachbarphänomen von Muße zu verstehen, aber nicht mit dieser gleichzusetzen. Muße ist ein Widerfahrnis, das eine individuelle Erfahrung darstellt, die durchaus mehreren Figuren zugleich geschehen kann, doch ein gemeinschaftliches Mußeerleben im engeren Sinne ausschließt. Die heitere Festatmosphäre kann somit für einzelne Figuren Inseln der Muße eröffnen, lässt sich deshalb aber nicht einem großen Sammelbegriff ›höfische Muße‹ unterordnen. Das beschwingte Beisammensein ist anders als Muße nicht selbstzweckhaft, sondern dient der Unterhaltung sowie der Sicherung und Zementierung der herrschenden Strukturen und Mechanismen innerhalb der höfischen Gesellschaft. Es öffnet eine immer wiederkehrende Ausnahmesituation innerhalb der von *âventiure* und *arbeit* geprägten Geschehnisse, verfolgt jedoch letztlich dieselben Ziele.

Diese feinen Schattierungen zwischen Fest und Muße scheinen den Schluss nahezulegen, dass Muße, wie auch der schmale Forschungsstand suggeriert, im höfischen Roman nicht vorzufinden und damit die Einklammerung des Präfix ›Un-‹ im Titel dieses ersten Hauptteils unnötig ist. Doch auch wenn innerhalb der bestehenden Ordnung am Hof ein vollständiger Ausbruch nicht möglich ist, lassen sich doch gewisse Freiräume und von den Regelzwängen entbindende Momente der Muße selbst im Rahmen des institutionellen Gefüges feststellen. Insbesondere Formen der *kurzwîle,* die das tägliche Leben am Hof bestimmen und auch unabhängig von Festlichkeiten ausgeübt werden, schaffen Augenblicke der Selbstvergessenheit, die die Figuren über den reinen Unterhaltungszweck hinaus berühren und sie mental in Spielräume der Muße führen können. Dann verlieren sich die Figuren in einer bestimmten Aktivität, lauschen hingebungsvoll einem Klang oder versinken in ein Geschehen, das sich vor ihren Augen abspielt, sodass sie die Umgebung nicht mehr wahrnehmen und der ursprünglich angedachte Zweck und die erwünschten Konsequenzen der Tätigkeit nichtig werden. Diese temporären Inseln der Muße entziehen sich meist der höfischen Gesellschaft, da sie sich unbemerkt einstellen, oftmals schnell wieder verflüchtigen und die Figur allenfalls im Inneren aufwühlen. Von außen bleibt die herrschende Ordnung unangetastet und damit auch ungefährdet. Diese Spielräume der Muße verdeutlichen, wie innerhalb der Unmöglichkeiten – im Wort selbst wie auf Handlungsebene – Möglichkeiten lauern, die vordergründig negiert wurden.

Kapitel 4

Verortung: Spielräume der Muße im höfischen Roman

Der erste Hauptteil zu der Frage nach institutionalisierten Formen von Muße führte vor Augen, dass der höfische Roman um 1200 hauptsächlich von Kampfepisoden und tätigen Perfektionierungsprozessen geprägt ist. Doch trotz der Verurteilung jeglicher Untätigkeit oder einem freien Verweilen in der Zeit lassen sich in den Texten Strukturen des Ausbruchs aus diesen festgefügten Mechanismen beobachten. In den betrachteten Szenen zu Formen der *kurzwîle* lösten sich die narrativ ausgestalteten Räume ansatzweise aus ihrer institutionellen Verankerung. Die Klangwelt der Musik etwa bot im Rahmen dieser Arbeit erste Spiel-Räume, im buchstäblichen wie im metaphorischen Sinne, welche nicht nur das Potenzial zu Muße, sondern auch Mußeerfahrungen selbst erkennen ließen.

Der zweite Hauptteil nun fokussiert sich auf jene Spielräume, die sich tatsächlich für eine begrenzte Zeit räumlich wie inhaltlich vom Hof lösen und sich in der Abgeschiedenheit, frei von den Forderungen der Gemeinschaft, einstellen und entfalten. Das Stichwort ›Verortung‹ gibt dabei das Programm an: Es geht zunächst um eine Topographie von Muße im höfischen Roman. Im Fokus stehen dabei diejenigen Orte, in denen sich bevorzugt Mußeerfahrungen beobachten lassen. Anhand der Raumregie und der Ausgestaltung des jeweiligen Ortes lassen sich Rückschlüsse auf das Empfinden und Erleben der Figuren ziehen. Spielräume der Muße scheinen sich vor allem an Orten in der freien Natur einzustellen, sei es in der Wildnis des Waldes oder im kultivierten Garten, der an den Hof angeschlossen ist. Auffällig ist, dass Spielräume der Muße meist an Randgebieten des Hofes stattfinden. Ein Rückzug aus der Öffentlichkeit der höfischen Gesellschaft stellt zugleich eine Bewegung ins Private dar, oftmals gar in einen intimen Raum zweier Minnenden. Erst in einem Abseits der höfischen Gesellschaft kann sich die Liebe offenbaren und entfalten. Die Ansiedlung von Spielräumen der Muße und der Minne an der Peripherie des Hofes meint im übertragenen Sinne auch ein Abgetrenntsein von dessen Zentrum und strengen Verhaltensrichtlinien.[1] Die Spielräume der Muße sind flüchtig und in sich fragil. In manchen Fällen gehen die entsprechenden Passagen, vom Rezipienten beinahe ungesehen, fast unter in den sich überstürzenden Geschehnissen auf Handlungsebene. In anderen Fällen stellen sogar nur wenige Verse, die einen Mußeraum in Andeutungen umreißen, bereits eine so deutliche Provokation dar, dass der Spielraum der Muße auch für

[1] Räume der Muße und der Minne scheinen sich in den Texten zu überlagern, ohne deckungsgleich zu sein. Vgl. zum Spannungsverhältnis der beiden Phänomene ausführlich 4.1.1.

den Rezipienten in seiner Prekarität erfahrbar wird. Indem die peripheren Orte über das Agieren der Figuren zu Räumen der Muße werden, entstehen heterotope Räume. Diese stehen im Widerspruch, zumindest aber in einem Spannungsverhältnis zu den sie umgebenden Orten. Die Minnegrotte im *Tristan,* deren Analyse am Ende dieses zweiten Hauptteiles steht, ist als ein solch heterotoper Ort in ihrer Absolutsetzung der Lebensweise zweier Liebenden paradigmatisch zu untersuchen. Im Rekurs auf den öffentlichen Raum des Hofes und dessen institutioneller Ordnung stellen heterotope Spielräume der Muße in besonderem Maße herrschende Strukturen und Formationen infrage und öffnen alternative Möglichkeiten des Seins.

4.1 Topographie der Muße

Bestimmte literarische Raumordnungen oder Raumelemente rufen tradierte, topische Verbindungen und Muster auf. Gerade der Topos des *locus amoenus* spielt für Muße eine wichtige Rolle, und dies nicht nur, weil er »de[n] mittelalterlichen Ort der Ausklammerung diskursiver Vorentscheidungen« darstellt.[2] Der Topos des *locus amoenus* geht zurück auf die antike Bukolik, namentlich Theokrits Idyllen[3] und Vergils Eklogen[4], die in der Ruhe und Zurückgezogenheit des Ländlichen eine Befreiung von den städtisch-politischen Wirren sehen. Die Rückzugsorte bilden einen Gegenpol zu der institutionell eingebetteten Ordnung des Stadtlebens und seinen unterschiedlichen Forderungen an die Bürger, von denen sie sich lösen und beispielhafte Spielräume der Muße eröffnen.[5]

[2] Lieb/Müller, »Situationen literarischen Erzählens«, S. 51. Vgl. zum *locus amoenus* u.a. Dagmar Thoss, *Studien zum locus amoenus im Mittelalter,* Wien 1972; Paola Schulze-Belli, »From the Garden of Eden to the ›locus amoenus‹ of Medieval Visionaries«, in: *Fauna and Flora in the Middle Ages. Studies of the Medieval Environment and its Impact on the Human Mind, papers delivered at the International Medieval Congress, Leeds, in 2000, 2001 and 2002,* Frankfurt a.M. u.a. 2007, S. 209–224 (auf Deutsch: »Garten Eden«, in: *Burgen, Länder, Orte,* hg. v. Ulrich Müller und Werner Wunderlich, unter Mitarbeit von Margarete Springeth, Konstanz 2008, S. 245–257); Anja Grebe, »In the Paradise of Love: Medieval Love Gardens – Topography and Iconography«, in: *Fauna and Flora in the Middle Ages. Studies of the Medieval Environment and its Impact on the Human Mind,* papers delivered at the International Medieval Congress, Leeds, in 2000, 2001 and 2002, Frankfurt a.M. u.a. 2007, S. 225–248, bes. S. 227f.; Karin Lichtblau, »Locus amoenus. Der ›liebliche Ort‹ – ein Topos in der Literatur des Mittelalters«, in: *Burgen, Länder, Orte,* hg. v. Ulrich Müller und Werner Wunderlich, unter Mitarbeit von Margarete Springeth, Konstanz 2008, S. 497–510.

[3] Vgl. Theokrit, *Gedichte,* griechisch-deutsch, hg. v. Friedrich Paul Fritz, Tübingen 1970; *Theokritos, Bion und Moschos,* deutsch im Versmaße der Urschrift v. Eduard Mörike und Friedrich Notter, Stuttgart 1855.

[4] Publius Vergili Maronis, *Opera,* hg. v. Roger Aubrey Baskerville Mynors, Oxford 1969, wiederabgedruckt 1980.

[5] Vgl. dazu Gesine Mierke/Christoph Schanze, »Im Schatten des Baumes. Zur Semantisierung des Schattens im höfischen Roman«, in: *LiLi* 180 (2015), S. 12–44. In Bezug auf Vergil,

Früh bildet sich ein typisches Arsenal an Naturgegenständen aus, das zur »Vorstellung eines bukolischen Ideallandes, Arkadiens«[6], gehört. Bereits durch Anzitieren bestimmter Merkmale oder Elemente ist es so möglich, einen Ort als Lustort zu charakterisieren. Beinahe katalogartig heißt es bei Ernst Robert Curtius, der den Horizont antiker Poesie und Rhetorik für die mittelalterlichen Naturschilderungen einschlägig untersucht hat:

> Sein Minimum an Ausstattung besteht aus einem Baum (oder mehreren Bäumen), einer Wiese und einem Quell oder Bach. Hinzutreten können Vogelgesang und Blumen. Die reichste Ausführung fügt noch Windhauch hinzu.[7]

Curtius hat gezeigt, wie der *locus amoenus* im Mittelalter einer Dialektisierung und Intellektualisierung unterzogen wird.[8] Als Ort kann er Raum für Muße sein, aber auch, wie etwa bei der Brunnenaventiure im *Iwein,* in ihr Gegenbild, das Gebrochene, Unvollständige und Mangelhafte umschlagen. Aufgrund der Tatsache, dass der *locus amoenus* die Dimension des Idealen, Utopischen, Gegenweltlichen in sich trägt, ist er auf dialektische Weise immer auch schon auf das Scheitern und Misslingen bezogen. Die mittelalterlichen Autoren arbeiten mit dieser ambivalenten Stellung, indem sie das Schema aufrufen, um es gegebenenfalls in einem nächsten Schritt zu dekonstruieren und so den Lesererwartungen zuwiderzulaufen.[9] Abgesehen von dem Spiel mit Erwartungen lässt sich in den höfischen Texten beobachten, wie im Versuch der Inszenierung höfischer Vollkommenheit eine sich ständig überbietende ästhetische wie aisthetische Fülle beschrieben wird. Beispielhaft sei hier an das Maifest König Markes im *Tristan* erinnert, das in der synästhetischen Dichte und Klanglichkeit der Naturschilderungen beinahe »hypnotische[...] Wirkung«[10] erzielt.

Prinzipiell lassen sich in den höfischen Texten Außenräume, etwa Gärten, weite Flure oder die Heide, von Innenräumen, wie der Kemenate oder dem Zelt, unterscheiden. Während die Außenräume eine gewisse Offenheit und Weite erwarten

Isidor von Sevilla und Hrabanus Maurus vgl. S. 20: »Generell ist der *locus amoenus* [...] nicht primär ein Liebesort, sondern ein Ort der Ruhe und der Muße, der aufgrund seiner Schönheit zum Verweilen einlädt. [...] Der *locus amoenus* ist ein schöner und angenehmer Ort, an dem man sich von der Mühsal des Alltags erholen kann. Sein Vergnügungspotential beruht darin, dass man dort frei von Arbeit, und zwar insbesondere von landwirtschaftlicher Arbeit ist.«

[6] Walter Haug, »Schreckensorte und künstliche Paradiese. Zur mittelalterlichen Vorgeschichte der Landschaftsdarstellung«, in: ders., *Positivierung von Negativität. Letzte kleine Schriften,* hg. v. Ulrich Barton, Tübingen 2008, S. 56–73, hier S. 62.

[7] Curtius, *Europäische Literatur,* S. 202.

[8] Curtius, *Europäische Literatur,* S. 199.

[9] Vgl. etwa die 16. Âventiure *Wie Sîfrit erslagen wart* im *Nibelungenlied.* Dazu vgl. u.a. Dorothea Klein, »Amoene Orte. Zum produktiven Umgang mit einem Topos in mittelhochdeutscher Dichtung«, in: *Projektion – Reflexion – Ferne. Räumliche Vorstellungen und Denkfiguren im Mittelalter. Hartmut Kugler zum 65. Geburtstag,* hg. v. Sonja Glauch u.a., Berlin/Boston 2011, S. 61–83; Christoph Fasbender, »Siegfrieds Wald-Tod. Versuch über die Semantik von Räumen im Nibelungenlied«, in: *Außen und Innen. Räume und ihre Symbolik im Mittelalter,* hg. v. Nikolaus Staubach und Vera Johanterwage, Frankfurt a.M. 2007, S. 13–24.

[10] Klein, »Amoene Orte«, S. 69.

lassen, tendieren die Innenräume als Orte des Schutzes und der Unsichtbarkeit dazu, »fixiert zu sein: nicht immer betretbar, nicht einmal immer erreichbar, [...] nicht immer topographisch festlegbar«[11]. Parallel zu der Aufteilung in Außen- und Innenräume zeigt sich eine Einteilung in unterschiedliche Sphären des Privaten sowie des Öffentlichen, des Rückzugs wie der Repräsentation. Doch auch hier kann es zu Überblendungen und Brechungen kommen. Beispielhaft für einen Außenraum sei der höfische Baumgarten erwähnt, der durch Mauern und Pflanzen umgeben ebenfalls eine Art Innenraum darstellen kann. Generell lässt sich beobachten, dass sich Spielräume der Muße eher abseits von Öffentlichkeitsräumen entfalten. An den Peripherien des gesellschaftlichen Lebens vermag sich Muße, so lässt sich aus den Texten schließen, ungestörter und freier einzustellen.

Insbesondere die Natur trägt in der untersuchten mittelalterlichen Epik Mußepotenzial in sich. Es scheint, als ermögliche die Natur trotz ihrer Bewegungen, wie sie sich etwa im Klangspiel der Vögel oder im Plätschern des Wassers zeigen, eine gewisse Ruhe. An der Natur wird eine gewisse Ungerührtheit gegenüber den Geschehnissen deutlich, da ihre Abläufe auf kein Ergebnis, kein höheres Ziel ausgerichtet sind. In allem Natürlichen herrscht ein Moment, das sich der Kontrolle und den Regeln und Normen einer Gesellschaft entzieht, auch wenn es in einem künstlich angelegten Garten auch noch so sehr einer bestimmten Ordnung unterliegt.[12] Die Natur bietet also einen Raum, in dem man sich einfacher den Ver-

---

[11] Markus Stock, »Das Zelt als Zeichen und Handlungsraum in der hochhöfischen deutschen Epik. Mit einer Studie zu Isenharts Zelt in Wolframs ›Parzival‹«, in: *Innenräume in der Literatur des deutschen Mittelalters,* XIX. Anglo-German Colloquium Oxford 2005, hg. v. Burkhard Hasebrink, Hans-Jochen Schiewer, Almut Suerbaum und Annette Volfing, Tübingen 2008, S. 67–85, hier S. 72.

[12] Vgl. zum Moment des Unkontrollierten in der Natur das Konzept der *wildekeit,* das Wilde im Sinne des Nicht-Zivilisatorischen, des Kontingenten, des Sich-Entziehenden. Die nichtkultivierte Natur wird als Gegenwelt zum Hof entworfen, die sich den Regeln und Anforderungen des Hofes entzieht und daher in den Aventiurefahrten des Artusritters bekämpft und ›einverleibt‹ werden muss. Zugleich kann der Wald, als paradigmatischer Ort der Wilde, Zufluchts- und Schutzraum für diejenigen bieten, die sich der höfischen Welt verweigern oder ihr zeitweise fliehen. Vgl. dazu u.a. Theodor Nolte, »*Wilde und zam.* Wildnis und Wildheit in der deutschen Literatur des Hochmittelalters«, in: *Methodisch reflektiertes Interpretieren. Festschrift für Hartmut Laufhütter zum 60. Geburtstag,* hg. von Hans-Peter Ecker. Passau 1997, S. 39–60; Bruno Quast, »Das Höfische und das Wilde. Zur Repräsentation kultureller Differenz in Hartmanns Iwein«, in: *Literarische Kommunikation und soziale Interaktion. Studien zur Institutionalität mittelalterlicher Literatur,* hg. v. Beate Kellner, Ludger Lieb und Peter Strohschneider, Frankfurt a.M. 2001, S. 111–128; Mireille Schnyder, »Der Wald in der höfischen Literatur: Raum des Mythos und des Erzählens«, in: *Das Mittelalter 13* (2008), S. 122–135; Schulz, »*in dem wilden wald«;* Klaus Hufeland, »Das Motiv der Wildheit in mittelhochdeutscher Dichtung«, in: *ZfdPh* 95 (1976), S. 1–19; zur komplexen Kategorie der *wildekeit* vgl. die Tagung der Wolfram von Eschenbach-Gesellschaft e.V. vom 18.-21. September 2016 in Zürich, die dem Thema »*wildekeit.* Spielräume literarischer *obscuritas* im Mittelalter« gewidmet ist.
Neben diesem Aspekt des Unverfügbaren und Unkontrollierten, das der Mensch bisweilen gegenüber der Natur erfährt, zeigt sich dem mittelalterlichen Denken um 1200 nach in der Natur vor allem die göttliche Ordnung; die Natur fungiert als Wille Gottes, vgl. Christoph Kahn,

strickungen des Alltags, den Verpflichtungen und Forderungen entziehen kann.[13] Zu nennen ist hier wiederum der Garten und in besonderer Weise der Baumgarten, der auf spezifische Weise in die höfische Lebensweise integriert ist und sich doch von ihr entfernt.[14] Das Wort ›Garten‹ geht zurück auf den indogermanischen Wortstamm **g h ortó,* was so viel bedeutet wie Umzäunung oder Gehege (KLUGE).[15] Auch das Wort ›Paradies‹ bedeutet in seinem altpersischen Ursprung Umwallung oder Ummauerung. In der mittelalterlichen Literatur taucht der Garten immer wieder als Lustgarten einer privilegierten höfischen Elite auf. Bumke charakterisiert den *boumgarten* auch als »Ort privater Geselligkeit«[16]. Weltliche Geschäfte und alltägliche Verpflichtungen scheinen aus dieser Sphäre geradezu verbannt zu sein. Indem er Rückzug und Vergnügen gewidmet ist, hat diese Art des Gartens jeden unmittelbaren Nutzwert verloren. Geschützt und nach außen abgeschottet, doch in unmittelbarer Nähe zur Burg, dient er allein dem kultivierten Zeitvertreib des höfischen Adels.[17] Der Garten bietet einen Ort »sinnenfroher Muße und Entspannung«[18]:

> le jardin a été construit d'éléments non transformés de la nature: l'artifice y règne dans la seule proportion harmonique des unités qui le composent. Contracté dans l'enceinte qui le cerne, le jardin *signifie* l'espace universel, transmué en œuvre humaine, pour le seul plaisir de celui qui y séjourne. Il n'y admet que la tente, le pavillon sous la treille: luxe d'un jour, d'une saison, attestant son caractère éphémère. [...] Pour l'essentiell, il est fait de plantes et d'eau courante. Les unes exaltent les symbolismes latents de l'arbre et de la fleur; l'autre signifie, avec évidence, l'éternité. L'arbre attire les oiseaux ou se froisse sous la brise; la fontaine, le ruisseau murmurent et enchantent l'oreille. Il régne une paix à nulle autre comparable, un total repos.[19]

In dieser Beschreibung Paul Zumthors fallen zentrale Aspekte, die sowohl den Garten als auch das Phänomen der Muße betreffen: die Abgeschlossenheit (l'en-

---

»Zeichen – Ordnung – Gesetz: Zum Naturverständnis in der mittelalterlichen Philosophie«, in: *Natur im Mittelalter. Konzeptionen – Erfahrungen – Wirkungen. Akten des 9. Symposiums des Mediävistenverbandes, Marburg, 14.-17. März 2001,* hg. v. Peter Dilg, Berlin 2003, S. 33–49.

[13] Zur Unterscheidung von Natur und Landschaft vgl. Haug, »Schreckensorte und künstliche Paradiese«.

[14] Vgl. auch Müller, *Höfische Kompromisse,* S. 298: »Er [sc. der Baumgarten] ist Teil des Hofs und doch abgeschlossen, nicht mehr nur Außenraum, noch nicht ganz Innenraum und entsprechend widersprüchlich konnotiert.«

[15] Vgl. griechisch ›chórtos‹ und lateinisch ›hortus‹, vgl. auch *Hinter Mauern ein Paradies. Der mittelalterliche Garten,* Texte und Bilder, hg. v. Peter Cornelius Mayer-Tasch und Bernd Mayerhofer, Frankfurt a.M. 1998, hier S. 11.

[16] Bumke, *Höfische Kultur,* S. 149. Vgl. zum Baumgarten als höfischem Lustgarten auch *Hinter Mauern ein Paradies,* bes. S. 45–54; Dieter Hennebo, *Gärten des Mittelalters,* München/Zürich 1987, bes. S. 79–116, S. 125–130.

[17] Vgl. Rüdiger Krohn, »*ein boumgart umb daz hûs lac.* Höfische Natur als Schonraum der Liebe in der deutschen Literatur des Mittelalters«, in: *Burgen, Länder, Orte,* hg. v. Ulrich Müller und Werner Wunderlich, unter Mitarbeit von Margarete Springeth, Konstanz 2008, S. 91–108, bes. S. 95–97.

[18] *Hinter Mauern ein Paradies,* S. 59.

[19] Paul Zumthor, *La mesure du monde. Représentation de l'espace au moyen âge,* Paris 1993, S. 107.

ceinte), das Verweilen (séjourner), der ephemere Charakter (caractère éphémère), das Gefühl von Ewigkeit, Friede, Ruhe und Erholung (éternité, paix, repos). An diesen Ähnlichkeiten wird ersichtlich, warum der Garten geradezu paradigmatisch einen Ort der Muße darstellen kann. Der Garten ist für Foucault ein realer Ort, der »in Verbindung und dennoch im Widerspruch zu allen anderen Orten«[20] steht. Als eine solche Heterotopie gehört der Garten »zum institutionellen Bereich der Gesellschaft«, stellt zugleich jedoch eine Art Gegenort dar, der den institutionellen Bereich »in Frage [...]stellt und ins Gegenteil verkehrt«.[21] Nach Foucault ist der Garten gar das älteste Beispiel einer Heterotopie:

> Wir sollten nicht vergessen, dass der Garten, diese erstaunliche, jahrtausendealte Schöpfung, im Orient sehr tiefe Bedeutungen besaß, die einander gleichsam überlagerten. Der traditionelle Garten der Perser war ein heiliger Raum, dessen viergeteiltes Rechteck für die vier Teile der Welt stand, wobei sich im Zentrum ein Raum befand, der noch heiliger war als die anderen und den Nabel der Welt darstellte (dort stand die Brunnenschale mit dem Wasserspeier). Und die ganze Vegetation des Gartens verteilte sich auf diesen Raum, der gleichsam einen Mikrokosmos bildete. [...] Der Garten ist die kleinste Parzelle der Welt und zugleich ist er die ganze Welt.[22]

Die im Titel des Kapitels formulierte Absicht, eine Topographie der Muße am hier ausgewählten Textcorpus zu erstellen, hat keine unverrückbare Positionsbestimmung von Muße zum Ziel, sondern eine Annäherung an Muße über den Raum. Das Interesse dieses Kapitels liegt daher einerseits auf konkreten im Text beschriebenen Orten, an denen sich Muße bevorzugt einstellt, andererseits aber auch auf den unterschiedlichen Räumen, die sich an einem Ort entfalten können; so etwa ein Spielraum der Muße. Diese unterschiedlichen Räume werden erst durch das Handeln der interagierenden Figuren konstituiert.[23] Prominent vertritt Michel de Certeau ein solch performatives Raumverständnis: »Räume sind nicht gegeben, sie werden gemacht«[24]. Rekurrierend auf Maurice Merleau-Ponty spricht er explizit von »Praktiken im Raum«,

> die dem ›geometrischen‹ oder ›geographischen‹ Raum der panoptischen oder theoretischen, visuellen Konstruktionen fremd sind. Diese Art, mit dem Raum umzugehen, verweist auf eine spezifische Form von *Tätigkeit* (von ›Handlungsweisen‹), auf ›eine andere Räumlichkeit‹ (eine ›anthropologische‹, poetische und mythische Erfahrung des Raumes).[25]

---

[20] Foucault, »Von anderen Räumen«, S. 935.

[21] Foucault, »Von anderen Räumen«, S. 935. Vgl. zum Begriff der Heterotopie ausführlich das Kapitel 4.3.

[22] Foucault, »Von anderen Räumen«, S. 938f.

[23] Anders dagegen die Perspektive, die Thomas Poser in seiner jüngst erschienenen Arbeit *Raum in Bewegung. Mythische Logik und räumliche Ordnung im ›Erec‹ und im ›Lanzelet‹*, Tübingen 2018, einnimmt. Poser stellt die Bewegung des Raumes als solchem ins Zentrum seiner Analysen und verfolgt die These, dass räumliche Strukturen durch die literarische Arbeit mit mythischen Erzähllogiken dynamisiert werden.

[24] Marian Füssel, »Tote Orte und gelebte Räume. Zur Raumtheorie von Michel de Certeau S.J.«, in: *Historical Social Research* 38 (2013), S. 22–39.

[25] de Certeau, *Kunst des Handelns*, S. 182. Inwiefern der Ritter im mittelalterlichen Roman den Raum durch seine Bewegung entfaltet, hat Störmer-Caysa, *Grundstrukturen mittelalterli-*

Auf diese Weise kann ein Ort durch die Figuren und deren Handlungen, also habituell, eben auch zu einem Raum der Muße generiert werden. ›Topographie‹ meint somit überdies die Beschreibung der »Vielfalt der Raumerfahrung«[26].

In seiner Arbeit über *Höfische Kompromisse* hat Jan-Dirk Müller gezeigt, dass Gemütsbewegungen in der mittelalterlichen Literatur des 12. Jahrhunderts als körperliche Vorgänge und Reaktionen versprachlicht werden. Sie lassen sich jedoch nicht, oder nur unter Vorbehalt, als Symptome innerer Gemütsbewegungen auffassen: »Der Körper ›spricht‹ nicht und ›drückt‹ nicht ›aus‹, sondern die Reaktionen des Körpers ›begleiten‹, was selbst nicht (nur) körperhaft ist.«[27] Da auch Muße ein inneres Phänomen darstellt, ist zu erwarten, dass auch sie auf diese Weise mit körperlichen Äußerungen verbunden ist, etwa in Form einer selbstvergessenen, der Umgebung gegenüber unaufmerksamen Versunkenheit, der Hingabe an eine Tätigkeit oder einen Gedanken.

Mein Vorgehen sucht zu zeigen, dass das Innenleben nicht nur körperlich, sondern auch räumlich versprachlicht wird, indem die Umgebung einer Figur Projektionsfläche ihrer inneren Befindlichkeiten darstellt. Dieser Gedanke ist nicht neu, bereits Rainer Gruenter hat 1961 die Frage aufgeworfen, ob »epische[...] Schauplätze mittelalterlicher Dichtung in einem typischen Verhältnis zu bestimmten Vorgängen und bestimmten Personen«[28] stehen. Auch Marianne Stauffer verweist darauf, dass Natur bzw. Landschaft nicht nur als »gegebene Realität«, sondern als »Projektion menschlicher Seinsweise« verstanden werden muss.[29] In jüngerer Zeit hat Uta Störmer-Caysa auf die unterschiedlichen Forschungsansichten zum Zusammenhang von Raumkonstellationen und menschlichen Befindlichkeiten hingewiesen.[30] Aus narratologischer Perspektive diskutiert Shlomith Rimmon-Kenan unterschiedliche Charakterisierungsmöglichkeiten einer Figur, darunter auch die indirekte Charakterisierung (indirect presentation).[31] Zu den

---

cher Erzählungen untersucht, vgl. S. 238: »Raum und Landschaft sind im mittelalterlichen Roman nicht ontologisch früher als der Held, nicht schon als vorhanden gedacht, ehe der Protagonist überhaupt auftaucht, sondern gleichrangig mit ihm und mit seiner Bewegung verwandlungsfähig.«

[26] Bernhard Waldenfels, »Topographie der Lebenswelt«, in: *Topologie. Zur Raumbeschreibung in den Kultur- und Medienwissenschaften,* hg. v. Stephan Günzel, Bielefeld 2007, S. 69–84, hier S. 76.

[27] Müller, *Höfische Kompromisse,* S. 340.

[28] Gruenter, »Das *wunnecliche tal*«, S. 383.

[29] Vgl. Stauffer, *Der Wald,* S. 67f. Vgl. auch in der Einleitung der Herausgeber des Sammelbandes *Innenräume in der Literatur des deutschen Mittelalters,* hg. v. Burkhard Hasebrink, Hans-Jochen Schiewer, Almut Suerbaum und Annette Volfing, Tübingen 2008, S. XI-XXI, hier S. XI die Auffassung, dass über Innenräume »abstrakte symbolische Größen und Prozesse semantisierbar [werden] – [dass] ›Innenräume‹ [...] somit in einer Kultur der Sichtbarkeit und Präsenz Vorstellungen über psychische, kosmologische oder textuelle Ordnungen« reflektieren.

[30] Störmer-Caysa, *Grundstrukturen mittelalterlicher Erzählungen,* bes. S. 34–42.

[31] Shlomith Rimmon-Kenan, *Narrative Fiction. Contemporary Poetics,* London/New York 1983, bes. S. 59–70, hier S. 59. Vgl. für die folgenden Ausführungen die Seiten 63–70. Vgl. dagegen Hübner, *Erzählform im höfischen Roman,* bes. S. 46–55, der die narratologische Analyse

Möglichkeiten indirekter Charakterisierung zählt er neben Handlungen (action), Sprechweisen (speech) und äußerer Erscheinung (external appearance) auch die Umgebung (environment). Rimmon-Kenan weist auf metonymische Verhältnisse zwischen dem Empfinden einer Figur und seiner physischen wie sozialen Umgebung hin. In Bezug auf Landschaften spricht er von Analogien zwischen Umgebung und Charaktereigenschaften oder variierenden Stimmungen einer Figur: »The analogy established by the text between a certain landscape and a character-trait may be either ›straight‹ (based on similarity) or ›inverse‹ (emphasizing contrast).«[32] Nun lässt sich Muße weder als Stimmung noch als Charaktereigenschaft deuten, doch lassen sich die Ausführungen Rimmon-Kenans dahingehend weiterführen, dass unterschiedliche Raumumgebungen auch bestimmte Empfindungen und Erfahrungen der Figuren widerspiegeln. Bereits Paul Zumthor hat überzeugend dargelegt, dass in der mittelalterlichen Literatur Raum immer »espace personnalisé«[33] sei, dass also zwischen Raum und Figur ein Abhängigkeitsverhältnis besteht. Die für die höfische Literatur spezifisch semantisierten Raumkonzepte, etwa Artushof und Wildnis bzw. Wald, aber auch bestimmte Raumeinteilungen, etwa in Kategorien wie außen und innen, privat und öffentlich, zentral und peripher, sind nur beispielhaft dafür, dass »Figur und Raum [...] symbolisch aufeinander bezogen und beziehbar [sind], weil sie im Text in einer synchronen Zuordnung existieren.«[34]

Der Raum darf nicht zur Kulisse reduziert werden, vielmehr ist er Ausdrucksebene innerer Prozesse oder mentaler Zustände und kann sowohl ein Spiegelbild für die Gemütsregungen einer Figur darstellen, als auch diesem diametral entgegengesetzt sein. Durch Brechungen in der Übereinstimmung erfahren bestimmte Gemütsbewegungen wiederum besondere Aufmerksamkeit. Es gilt daher zu beachten, dass das Verhältnis von Raum und psychischen Prozessen längst keinem Automatismus folgt. Aus einem narrativ skizzierten *locus amoenus* muss nicht zwangsläufig eine Mußeerfahrung erwachsen wie vice versa eine Mußeerfahrung nicht an bestimmte Raumbegebenheiten gebunden ist. Auf diesem Hintergrund zeichnet sich die Wichtigkeit einer ausführlichen und differenzierten Explikation derjenigen literarischen Räume und Orte ab, in bzw. an denen sich Mußemomente einstellen.

Dem komplexen Verhältnis von Raum und Muße widmen sich die folgenden Ausführungen in mehreren Schritten: zunächst zeigt die einleitende Szene des altfranzösischen *Roman de la Rose* über die Allegorie der Gärtnerin Oiseuse das

---

frei von jeglicher ›psychologisierender‹ Interpretation versteht. Mentale Zustände sind nach Hübner dementsprechend nicht von äußeren Zeichen abzuleiten, sondern allein aus demjenigen, was der Text selbst als Figureninnenwelt präsentiert und im »›richtigen Leben‹ allein der Introspektion zugänglich wäre«, S. 46.

[32] Rimmon-Kenan, *Narrative Fiction,* S. 69f.

[33] Zumthor, *La Mesure du monde,* u.a. S. 35.

[34] Fasbender, »Siegfrieds Wald-Tod«, hier S. 13; vgl. auch Elisabeth Lienert, »Raumstrukturen im ›Nibelungenlied‹«, in: *4. Pöchlarner Heldenliedgespräch. Heldendichtung in Österreich – Österreich in der Heldendichtung,* hg. v. Klaus Zatloukal, Wien 1997, S. 103–122, hier S. 110.

zarte Zusammenspiel von Muße und Minne an einem *locus amoenus* (4.1.1). Im *Iwein* kommt zu dem natürlichen Raum des Baumgartens nicht nur die Mußeerfahrung an sich, sondern auch die mußeaffine Tätigkeit des Lesens hinzu, die wiederum meist inmitten eines abgegrenzten *locus amoenus* fern des Hofes stattfindet (4.1.2). Dass Lektüreszenen vornehmlich in einem Außerhalb beschrieben werden, zeugt nach Ludger Lieb und Stephan Müller von einer Spannung zwischen Präsenz des Hoflebens und Vergegenwärtigung fremder Welten bei der Lektüre. Andererseits werden die Leseszenen oftmals an einem besonderen Ort inszeniert, was für den Anspruch des Erzählers spricht, dass »Erzählen eines eigenen Raumes bedürfe«, der frei von Interessen, Vorgaben, Zwängen und Ansprüchen ist (ohne mittelalterliche Literatur in diesem Zusammenhang als zweckfrei konstituieren zu wollen).[35] Die Trias aus Muße, Minne und Lesen wird in der exkurshaften Darstellung des zweiten *Titurel*-Fragments noch einmal zugespitzt (4.1.3), um in dem daran anschließenden Abschnitt über metaphorische Räume der Liebe auf eine abstrakte Ebene gehoben zu werden (4.1.4). In der abschließenden Betrachtung der *Joie-de-la-curt*-Episode im *Erec* zeigt sich, wie bereits im *Titurel* angedeutet, dass der Wunsch nach Dauerhaftigkeit eines Spielraumes der Muße gerade zu dessen Zerstörung führt (4.1.5).

4.1.1 *Der Garten der Oiseuse als Raum der Muße und der Minne im ›Roman de la Rose‹*

Der Blick des Rezipienten wird auf einen großen, weitläufigen Garten gelenkt, der von einer mit Zinnen bewehrten und mit Bildern verzierten Mauer ringsherum umschlossen ist. Auf den Gemälden sind negative Gefühle, etwa Hass oder Neid, aber auch die rücksichtslos verrinnende Zeit, das Alter und der Tod allegorisch dargestellt. Die Mauer vereint nicht nur die Antlitze unterschiedlicher Laster, sondern riegelt den Garten auch hermetisch gegen ungebetene Gäste und lästige Eindringlinge ab. Nur an einer einzigen, beinahe unbemerkten Stelle findet sich eine schmale Pforte, durch die man, wird der Zugang gewährt, in das Innere des Gartens treten kann. Die Mauer weckt Sehnsüchte und Begehrlichkeiten und »stimuliert die Phantasie der Ausgeschlossenen«[36] bezüglich des Garteninneren. Dort flattern und singen die unterschiedlichsten Vögel in den Bäumen und verzaubern alle Anwesenden im Garten mit ihrem engelsgleichen Gesang, ihrer *douce melodie* (667).[37] Der Garten ist derart großflächig, dass es dem Besucher erscheint, als sei er unbegrenzt. Immer wieder finden sich verschachtelte abgelegene Orte, die als Rückzug dienen und an denen man sich im Schatten der Bäume ausruhen kann.[38] Wer sich im Garten aufhält, wird von Fröhlichkeit und Glück ergriffen. Höfische Werte werden allegorisch aufgeladen und personifiziert. So

---

[35] Lieb/Müller, »Situationen literarischen Erzählens«, hier S. 49f., S. 51.

[36] *Hinter Mauern ein Paradies,* S. 10.

[37] Der zauberhafte Vogelgesang reicht über die Mauern des Gartens hinaus und lockt den träumenden Amant auf seinem Spaziergang durch die Mailandschaft regelrecht an.

[38] Vgl. zum Schatten Mierke/Schanze, »Im Schatten des Baumes«, bes. S. 18–22.

bewohnen Leece, Cortoisie oder Douz Regarz den Garten und feiern ausgelassen miteinander – *cortoise et bien enseignie* (630). Es wird auf so leichte und verzaubernde Art gesungen, getanzt und gespielt, dass der Besucher sich verweilend im Anblick der geselligen Gemeinschaft verliert (777f.). Allein die Außenseite der Mauer trübt dieses Bild, auch wenn sie im Text nur wie nebenbei Erwähnung findet und nach Überschreitung der Pforte vergessen scheint.[39] Dennoch wird der Anschein erweckt, sie stelle eine Warnung dahingehend dar, dass das unbeschwerte Treiben im Inneren durchaus auch in Sündhaftes umzuschlagen droht, wird es im Übermaß ausgeführt. Tugenden und Sünden stehen insofern nicht nur räumlich in nächster Nähe, in der irritierend-schillernden Figur der Oiseuse scheinen sie, wie sich im Folgenden zeigt, sogar aufeinanderzutreffen.

Wer diese Fülle an Sinneswahrnehmungen, Empfindungen und Werten, wie sie im ersten Teil des *Roman de la Rose* von Guillaume de Lorris verfasst wurde,[40] erfahren möchte, muss von der Hüterin des Gartens namens Oiseuse Zugang erhalten. Sie steht an der Pforte und öffnet dem Klopfenden die Türe. Der Eintretende muss sich also stets vor der ›Müßigen‹ bewähren und ihr gerecht werden, um den Garten besichtigen zu können. Was aber bedeutet das genau?

Um eine Antwort auf diese entscheidende Frage zu erhalten, betrachte ich zunächst die Figur der Oiseuse, die in der mittelalterlichen Literatur eine äußerst umstrittene wie ambivalente Figur darstellt.[41] Auf der Schwelle zum hermetisch abgeriegelten Garten stellt sie eine Verbindung zu den eindringlich mahnenden Lasterbildern an der Außenwand der Mauer dar. Ihre Schönheit und Anmut wiederum stehen in Kontrast zu den Schreckensgemälden. Ausführlich beschreibt der Ich-Erzähler die Vollkommenheit und Ebenmäßigkeit ihrer Gestalt und ihres Antlitzes: *Onques nule pucele n'ot / Plus cointe ne plus desguisie* (552f.). Ihr edles Äußeres lässt darauf schließen, dass sie kaum arbeitet, sondern sich dem Kämmen, Schmücken und Verzieren ihres Körpers als einzigem Tagewerk hingibt: *Mout avoit bon tens e bon mai, / Qu'el n'avoit soussi ne esmai / De nule rien, fors selement / De soi atorner noblement* (571–674). Oiseuse geht Tätigkeiten der Selbstformung und Selbstgestaltung nach, die jedoch, so konstatiert Gregory M. Sadlek, durch »complete freedom from productive activity of any kind«[42] charakterisiert sind. Erich Köhler fasst Oiseuse, die Müßige, daher auch als »Allegorie

[39] Vgl. Ulrich Ernst, »Virtuelle Gärten in der mittelalterlichen Literatur. Anschauungsmodelle und symbolische Projektionen«, in: *Imaginäre Räume. Sektion B des internationalen Kongresses ›Virtuelle Räume. Raumwahrnehmung und Raumvorstellung im Mittelalter‹, Krems an der Donau, 24. bis 26. März 2003*, hg. v. Elisabeth Varva, Wien 2007, S. 155–190. Ernst versteht die Schreckensbilder auf der Außenseite der Mauer zum einen derart, dass die Laster aus dem Inneren ausgeschlossen sind, zum anderen verteidigten sie in »apotropäischer Bildhaftigkeit« den Garten vor ungebetenen Gästen, S. 182.

[40] Der erste Teil des Rosenromans wurde um 1235 von Guillaume de Lorris geschrieben, der zweite stammt von Jean de Meun, um 1280. Vgl. zu Muße im *Roman de la Rose* Klinkert, *Muße und Erzählen*, bes. S. 19–39.

[41] Vgl. zur Figur der Oiseuse u.a. Sasaki, »Sur le Personnage d'Oiseuse«.

[42] Sadlek, *Idleness Working*, S. 122.

der Freude am Schönen, am Sich-Schmücken, der Personifikation der paradiesischen Lebenslust im Lande ewigen Frühlings und harmonischer Geselligkeit im Geiste sündefreier Liebe«[43] auf. Die Figur selbst beschreibt sich im Text als reiche und mächtige Frau, die das Privileg genießt, den ganzen Tag allein ihrer Freude und ihrem Vergnügen nachzugehen (586f.). Dies äußert sich etwa in ihrer engen Freundschaft zu Deduit, dem Besitzer des Gartens, dessen Nähe und Gunst ihr sicher sind.

Oiseuse werden typische Attribute beigestellt: auf ihrem goldbestickten Hut trägt sie einen Kranz aus frischen Rosen, ihre Hände sind in weiße Handschuhe gesteckt, die Zeichen ihrer Nicht-Arbeit sind, und in einer Hand trägt sie einen Spiegel (555–563).[44] Für Virginia Krause stellt Oiseuse symbolhaft das aristokratische Lebensmodell dar, wobei der Spiegel als »the symbol of this autotelic existence, the cultiviation of self coinciding with the effacement of an external object«[45] funktioniert. Als reflektierende Fläche generiert der Spiegel einen eigenen virtuellen Raum, in den sich die Figur selbst ›hineinprojizieren‹ kann und sich zugleich im konkreten Garten wie in dem im Spiegel entstehenden irrealen Raum aufhält. Dass der Spiegel gerade zwischen Nicht-Ort und utopischem Ort schwankt, hat Foucault eindrücklich gezeigt.[46]

Die Spiegelmetaphorik tritt erneut im Zusammenhang des Narzissbrunnens auf. Auf dem Grund der Quelle befinden sich zwei Kristallsteine, die im Sonnenlicht den gesamten Garten mit all seinen geheimnisvollen oder verborgenen Ecken widerzuspiegeln vermögen (1537–1552). Der Spiegel ist also nicht nur Symbol für Eitelkeit, Selbstliebe und Wollust, sondern auch für Erkenntnis und Klugheit. Damit verbinden sich in diesem Objekt der Oiseuse Laster und Tugend auf eigenartige Weise, wie auch die Figur der Oiseuse selbst zwischen *otiositas* und *otium* schwankt.[47] Im *Dictionnaire de l'ancienne langue française et de tous ses dialects du IX au XV siècle* ist für *oiseuse* sowohl oisiveté, paresse als auch lâcheté verzeichnet.[48] Diese Bedeutungsspanne zeigt sich auch in den unterschiedlichen Interpretationen im Laufe der Zeit. So wird Oiseuse ausgehend von *otiositas* als Tochtersünde der *acedia* nicht nur in die Nähe von Faulheit, Nutzlosigkeit und Trägheit gestellt oder mit Vergänglichkeit assoziiert, sondern auch als

[43] Erich Köhler, »Lea, Matelda und Oiseuse. Zu Dante, *Divina Commedia, Purgatorio,* 27. bis 31. Gesang«, in: *ZrP* 78 (1962), S. 464–469, hier S. 467.

[44] Vgl. in *Die Pilgerfahrt des träumenden Mönchs,* aus der Berleburger Handschrift, hg. v. Aloys Bömer, Berlin 1915 (Übersetzung von Guillaume de Digulleville *Pèlerinage de la vie humaine,* ca. 1330–1332) die Beschreibung der Allegorie des Müßiggangs *(Můssikeit): Frauwe Tragheit, die du her nach / Sehen wirst, und auch wirt dir zu ir gach. / Ire dochter bin ich und genant / Můssikeit die weiche bekant. / Ich han lieber myn hentschoe an zu dun, / Mich zu strelen und hubsch an zu dun, / Mich in eyme spiegel zu besehen / Dan daz ich ander arbeit wolle plegen.* (6817–6824).

[45] Krause, *Idle Pursuits*, S. 37.

[46] Vgl. Foucault, »Von anderen Räumen«, S. 935.

[47] Vgl. Fallend, »Oiseuse zwischen *courtoisie*, Muße und Sünde«, S. 234.

[48] *Dictionnaire de l'ancienne langue française et de tous ses dialects du IX au XV siècle,* hg. v. Frédéric Godefroy, Paris 1881–1902.

Personifikation von *luxuria*[49] aufgefasst.[50] Trotz ihrer äußerlichen Nähe zu *luxuria* versteht Herbert Kolb Oiseuse als »eine Verkörperung nicht mehr geistlich, sondern höfisch-weltlich gesehenen kontemplativen Lebens«[51]. Oiseuse sei Sinnbild der Muße des ritterlichen Weltlebens,[52] die von den »Außenbezirken der *vita activa* einer säkularen Gesellschaft« in das Innere eines abgeriegelten Bereiches der *vita contemplativa* führe. Ihre Aufgabe erfülle sich darin, von außen nach innen zu geleiten, also den Übergang zu ermöglichen. Im »Reich des Höfisch-Kontemplativen« selbst trete sie zurück.[53] Ksenija Fallend verortet die Figur der Oiseuse zwischen *acedia* und *otium*, wobei letzteres vom Autor Guillaume gegen den theologischen Diskurs der Zeit offensichtlich bevorzugt und in den Zusammenhang mit Liebe und höfischer Kunst gebracht werde.[54]

Um Oiseuse in ihrer Funktion präziser zu fassen, bedarf es zunächst eines Blickes auf ihre Umgebung, den Garten des Deduit, an den sie als »Schlüsselverwahrerin und Türöffnerin«[55] eng gebunden ist, ohne in dieser oberflächlichen Aufgabe allein aufzugehen.

Li vergiers par compasseüre
Fu toz de droite carreüre,
S'ot autant de lonc con de large.
[...]
De divers arbres i ot tant
Que mout en seroie encombrez
Ainz que les eüsse nombrez
Mais li arbre, ce sachiez, furent

[49] Vgl. zur Deutung der Oiseuse als *luxuria* oder Venus u.a. John V. Fleming, »Further Reflections in Oiseuse's Mirror«, in: *ZrP* 100 (1984), S. 26–40; Charles Dahlberg, »Love and the ›Roman de la Rose‹«, in: *Speculum* 44 (1969), S. 568–584.

[50] Vgl. auch Gregory M. Sadlek, »*Otium, Negotium,* and the Fear of *Acedia* in the Writings of England's Late Medieval Ricardian Poets«, in: *Idleness, Indolence and Leisure in English Literature,* hg. v. Monika Fludernik und Miriam Nandi, Basingstoke 2014, S. 17–39, bes. S. 21–24.; Wenzel, *The Sin of Sloth.*

[51] Herbert Kolb, »*Oiseuse.* Die Dame mit dem Spiegel«, in: *GRM* 15 (1965), S. 139–149, hier S. 146.

[52] Vgl. hierfür auch die Nennung der Tugenden, die Oiseuse als Folgschaft mit sich führt: *Dame Oiseuse, la jardiniere, / I vint o la plus grant baniere; / Noblece de cueur e Richece, / Franchise, Pitiez e Largece, / Hardemenz, Eneur, Courteisie, / Deloz, Simplece e Compaignie, / Seürtez, Deduiz e Leece, / Jolietez, Beautez, Jennece, / Humilitez e Pacience, / Bien Celers, Contrainte Astenance, / Qui Faus Semblant o li ameine; / Senz li i venist ele a peine* (10449–10460); [FRAU MÜSSIGKEIT, die Gärtnerin, / kam mit der größten Heerschar; / HERZENSADEL und REICHTUM, / FREIMUT, MITLEID und FREIGEBIGKEIT, / KÜHNHEIT, EHRE, HÖFLICHKEIT, / FREUDE, EINFACHHEIT und GESELLSCHAFT /, VERLÄSSLICHKEIT, VERGNÜGEN und FRÖHLICHKEIT, / HEITERKEIT, SCHÖNHEIT, JUGEND, / DEMUT und GEDULD, / VERSCHWIEGENHEIT, ERZWUNGENE ABSTINENZ, / die den FALSCHEN SCHEIN mit sich führt; / ohne ihn wäre sie kaum gekommen; Übersetzung Karl August Ott].

[53] Vgl. Kolb, »Die Dame mit dem Spiegel«, S. 149.

[54] Fallend, »Oiseuse zwischen *courtoisie,* Muße und Sünde«, S. 232.

[55] Kolb, »Die Dame mit dem Spiegel«, S. 140.

Si loing a loing de l'autre assis
Plus de cinc toises ou de sis;
Mais li rain furent lonc et haut,
E, por le leu garder de chaut,
Furent si espès par deseure
Que li solauz en nes une eure
Ne pooit a terre descendre,
Ne faire mal a l'erbe tendre.
(1323–1325; 1362–1374)

Der Garten hatte durch regelmäßige Abgrenzung / genau die Form eines Vierecks / und war so lang wie breit. [...] Es gab dort nämlich so viele verschiedene Bäume, / daß ich große Mühe hätte, / sie alle aufzuzählen. / Doch wisset, die Bäume waren voneinander / so weit entfernt, wie sie sein mußten: / der eine war vom andern / mehr als fünf oder sechs Klafter entfernt. / Aber die Äste waren lang und hoch / und waren oben, um den Ort vor Hitze zu schützen, / so dicht, daß die Sonne / zu keiner Stunde / zum Boden gelangen / und dem zarten Gras schaden konnte.[56]

Die hier aufgeführte Beschreibung des Gartens zeigt deutlich, wie der durch die Mauer nach außen hin klar abgegrenzte Raum im Inneren einer regelmäßigen, geometrischen Komposition entspricht. Dort wachsen die unterschiedlichsten Bäume, die in prächtigem Grün stehen und reichlich Früchte tragen. Explizit werden auch südländische und orientalische Baumarten genannt, die eine gewisse Exotik transportieren. Wie auch die unterschiedlichen Gewürzkräuter erfüllen die Bäume und Pflanzen die Luft mit ihrem Wohlgeruch.[57] Neben der Fülle an Pflanzen ist der Garten von allerlei Tieren, Insekten und Vögeln bewohnt. Deduit, der Besitzer des Gartens, hat Bäche und Kanäle anlegen lassen, in deren frischem Wasser sich der Besucher erquicken und dem lieblichen Geräusch des Wasserplätscherns lauschen kann (1387–1390). Den sinnlichen Eindrücken des hier beschriebenen *locus amoenus* kann sich der Besucher ganz hingeben. Von dem Anblick, den Düften, dem Gehörten und Gefühlten geleitet, wird der Garten zum Gegenstand einer alle Sinne betreffenden kontemplativen Erfahrung für den Besucher.

Der Garten der Oiseuse ist geographisch nicht lokalisierbar, denn es handelt sich um einen imaginären Raum in einer allegorisch aufgeladenen Traumwelt, die keinen gegebenen Koordinaten folgt. Dennoch erlaubt die detaillierte Beschreibung seiner Ausstattung und Gegebenheiten dem Rezipienten eine imaginäre Ortsbegehung, denn sie generiert eine mentale Bildlichkeit. Dieser Konkretisierung kann eine atmosphärische Spezifizierung entgegenstehen, die auch im Falle des Gartens im *Roman de la Rose* einer »klaren Orientiertheit des Raumes«[58] entgegenwirkt. Die Traumwelt ist eine Als-ob-Welt, die anderen Gesetzen gehorcht

---

[56] Übersetzung von Karl August Ott.

[57] Vgl. auch Nikola Schwerdfeger, »Zu den Sinneswahrnehmungen und ihrer Funktion im ersten Teil des *Roman de la Rose*«, in: *ZrP* 127 (2011), S. 315–327.

[58] Wolfram Nitsch, »2. Topographien: Zur Ausgestaltung literarischer Räume«, in: *Handbuch Literatur & Raum*, hg. v. Jörg Dünne und Andreas Mahler, Berlin/Boston 2015, S. 30–40, hier S. 33.

und mit dem Erwarteten und Gewohnten immer wieder bricht. Dies liegt auch an der mehrfachen Verschachtelung des Raumes. So findet sich in dem weitläufigen Garten der Narzissbrunnen etwa in einen Marmorstein eingelassen, der unter einer Kiefer liegt (1432–1438). In dessen Wasserspiegel wiederum erblickt der Besucher einen von Hecken umgebenen Rosengarten, der den großen Garten der Oiseuse noch einmal zu spiegeln scheint (1615–1654).

Da Oiseuse Wächterin des Gartens ist, wird der Garten selbst zu einer Sphäre der Müßigkeit oder auch der Muße. Nur wer ihren Auswahlkriterien entspricht, darf in das Innere des Gartens eintreten. Die durchweg positiv bewertete Sphäre ist geheimnisvoll und verführerisch. Der Ort erscheint als *parevis terrestre* (636), als irdisches oder auch zweites Paradies.[59] Damit verkörpert er eine Wunschwelt, in der Arbeit, Leid und Sorgen ausgegrenzt werden. Die Bezeichnung als Paradies drückt eine Vollkommenheit und Bedürfnislosigkeit in sich aus. Der paradiesische Garten ist ein Garten der Liebe, an dem *des jeus d'Amors* (2069) stattfinden:

Les queroles ja remanoient,
Car tuit li plusor s'en aloient
O lor amies ombreier
Soz ces arbres, por doneier.
Deus! Com menoient bone vie!
Fos est qui n'a de tel envie.
Qui autel vie avoir porroit
De meillor bien se soferroit,
Qu'il n'est nus graindres parevis
D'avoir amie a son devis.
(1291–1300)

Der Tanz hörte schon auf, / denn die meisten gingen / mit ihren Freundinnen davon, um unter den Bäumen / im Schatten zu liegen und der Liebe zu pflegen. Gott! hatten die ein schönes Leben! / Töricht ist, wer ein solches nicht haben wollte. / Wer ein solches Leben haben könnte, / der würde gern auf andere Güter verzichten, / denn es gibt kein schöneres Paradies, / als eine Freundin nach seinem Wunsch zu haben.

Das Gras gleicht einem weichen Federbett, das immerwährend grün und blühend ist (1394–1402). Dort können sich die Liebenden einander hingeben. Auch Amant, aus dessen Sicht der *Roman de la Rose* verfasst ist, wird von Amors Pfeilen getroffen und vom Rosenduft affiziert. Hat Oiseuse dem Besucher Zugang zu dem blühenden Garten gewährt, ihn in das Innere geführt und mit der Gesellschaft des Gartens bekannt gemacht (1251f.), so scheint nun Amor zu übernehmen und den Protagonisten verbal in die Gebote und Geheimnisse der Liebe einzuweihen. Oiseuse dagegen verschwindet von der Bildfläche der Erzählung, sie findet nur noch vereinzelt Erwähnung. So etwa im harschen Urteil von Raison, die von ihrem Turm herab den Überblick über den Garten hat:

[59] Vgl. auch Shigemi Sasaki, »Le jardin et son ›estre‹ dans ›Le Roman de la rose‹ et dans ›Le Dit dou lyon‹«, in: *Cahiers de l'Association internationale des études françaises* 34 (1982), S. 25–37.

Biaus amis [sc. Amant], *folie e enfance*
T'ont mis en poine e en esmai;
Mar veïs le bel tens de mai
Qui fist ton cuer trop esgaier;
Mar t'alas onques ombreier
Ou vergier don Oiseuse porte
La clef don el t'ovri la porte;
Fos est qui s'acointe d'Oiseuse:
S'accointance est trop perilleuse.
El t'a traï e deceü;
Amors ne t'eüst ja veü
S'Oiseuse ne t'eüst conduit
Ou bel vergier qui est Deduit.
(2998–3010)

Lieber Freund, Torheit und Jugend / haben Dich in Schmerz und Sorge gebracht; / zu Deinem Unglück sahst Du die schöne Maienzeit, / die Dein Herz allzu fröhlich machte; / zu Deinem Unglück suchtest Du den Schatten / in dem Garten auf, dessen Schlüssel die MÜSSIGKEIT / trägt, mit dem sie Dir das Tor aufschloß; / töricht ist, wer sich der MÜSSIGKEIT verbindet: / Ihre Bekanntschaft ist zu gefährlich. / Sie hat Dich verraten und getäuscht; / AMOR hätte dich niemals erblickt, / hätte MÜSSIGKEIT Dich nicht in den schönen / Garten geführt, der dem VERGNÜGEN gehört.[60]

Raison verbindet Oiseuse unmissverständlich mit einer spezifischen Zeitlichkeit und Räumlichkeit, nämlich der süßen Maienzeit und dem lieblichen und üppig blühenden Garten. Die Gärtnerin scheint den Besucher dazu zu verführen, sich den angenehmen Sinnesreizen des idyllischen Gartens hinzugeben und für die Pfeile Amors empfänglich zu sein. Erst durch die Nähe der Oiseuse scheint Amor den Besucher überhaupt wahrzunehmen. Aus Verstandessicht ist diese Sensorik und Sensibilität, die Oiseuse in dem Besucher zu erreichen vermag, leichtsinnig und töricht. Mit Oiseuse als Türhüterin verliert die Vernunft an Kontrolle und Macht, stattdessen gibt sich der Besucher, von Oiseuse eingeführt und inspiriert, der Wonne des Gartens hin. Oiseuse scheint eine Haltung zu fordern, die mit dem Einlass in den Garten auf den Besucher überzugehen scheint. Übertritt der Gast die Schwelle des Gartens, befindet er sich im Reich der ›Muße‹ oder der ›Müßigkeit‹. In der Hingabe an die unterschiedlichen Eindrücke, insbesondere auch an die Liebe, die in dem Garten erwachen kann, zeigt sich, dass das Eintauchen in Muße stets mit einem gewissen Risiko verbunden ist. Auch Amant beschimpft Oiseuse im Nachhinein, da sie seinem Wunsch gefolgt sei und ihn in den schönen Garten eintreten ließ, wo er zu lieben lernte und nun mit dem Lieben all das damit verbundene Leid erkennt (4133–4146). Die Verbindung von Liebe und Leid weckt Assoziationen zu den *edelen herzen* im *Tristan,* doch weder Tristan und Isolde, noch Amant bereuen – *Repentir! Las! Je que feraie?* (4155). Aller Kummer kann doch nicht über die Wohltaten hinwegsehen, welche Oiseuse ihm gnädig – *gracieuse* (4172) – erweist und durch die er Einblick in jene Vollkommenheit idealer Liebe erhält, die Liebe und Leid chiastisch miteinander verschränkt.

[60] Vgl. auch im zweiten Teil des *Roman de la Rose* von Jean de Meun die Verse 4133–4146.

Der *Roman de la Rose* verquickt Raum und Muße auf einzigartige Weise, indem er die allegorische Figur der Oiseuse als Türwärterin eines zauberhaften wie lieblichen Gartens einführt.[61] Muße scheint auf paradoxe Weise sowohl Voraussetzung als auch Ziel des Aufenthaltes im Garten zu sein und zugleich Bedingung für die Einsicht in die Geheimnisse der Minne. Spielräume der Muße und Spielräume der Minne sind nicht deckungsgleich, doch zwischen ihnen ereignet sich ein besonderes Zusammenspiel. Es bedarf der Muße, um Minne in ihrer Intensität zu erfahren und sich ihr vollkommen hinzugeben, ohne von den Sorgen und Pflichten des Alltags belastet zu sein. Als Ziel allen (ritterlichen) Strebens bricht Minne im Moment ihrer Realisierung paradoxerweise gerade mit jenen Forderungen und Verpflichtungen, die die Gesellschaft zu ihrem Erreichen verlangt. Muße und Minne sind jeweils Phänomene, die sich erst fern der geltenden Regeln und fern der alltäglichen Routine in heterotopen, oder, wie im Falle des *Roman de la Rose,* auch imaginären Räumen vollkommen entfalten. Ebenso wie Muße Grundlage für die Erfahrung vollkommenen Minneerlebens ist oder zumindest mit diesem einher zu gehen scheint, schafft Minne eine Empfänglichkeit für Muße. Beispielhaft sei hier an die *edelen herzen* im *Tristan* erinnert, die durch ihre Fähigkeit zu lieben, eine Haltung entwickeln, die Mußemomente erst geschehen lässt.

Die enge Verbindung von Muße, Minne und Naturraum, wie sie am Anfang des *Roman de la Rose* zum Ausdruck kommt, zeigt sich auch in den folgenden Textbeispielen. Ein geradezu paradigmatisches Bild eines Spielraums der Muße entwirft der *Iwein* in der Baumgartenszene, mit der ich im nächsten Abschnitt fortfahre.

4.1.2 *Die Lektüreszene im Baumgarten als Moment sinnlicher Gegenwärtigkeit im ›Iwein‹*

Bei genauer Betrachtung der Baumgartenszene im *Iwein* scheint es, als böte sich hier ein Freiraum, durch den, trotz all der das sonstige Geschehen prägenden Dynamik der Kämpfe, beinahe unbeachtet ein Bild des Verweilens, ein Spielraum der Muße, dargestellt ist. Es handelt sich um eine Szene, die für den Handlungsverlauf eigentlich nicht von Bedeutung ist. Die Szenerie zeigt sich dem Rezipienten, offenbart ihre Flüchtigkeit und geht fast unter in dem sonstigen geschäftigen Treiben, welches den Roman prägt. Sie passt nicht nur von ihrer Art nicht in das Geschehen, sondern ist auch räumlich entrückt in den höfischen Baumgarten, dessen Zugang nur schwer zu finden ist.

[61] In dem oben bereits genannten, durch den *Roman de la Rose* inspirierten allegorischen Text *Die Pilgerfahrt des träumenden Mönchs,* nach dem um 1330–1332 verfassten *Pèlerinage de la vie humaine* von Guillaume de Digulleville, taucht in der Allegorie der *Můssikeit* in Gestalt einer Magd an einer Wegscheide eine Art pejoratives Gegenmodell zu *Oiseuse* auf. In der *Pilgerfahrt des träumenden Mönchs* steht die Magd der *Arbeit* bzw. *Unmůssikeit* gegenüber. Vgl. dazu die Verse 6466–6866. Vgl. auch Katharina Mertens Fleury, *Zeigen und Bezeichnen. Zugänge zu allegorischem Erzählen im Mittelalter,* Würzburg 2014, bes. S. 281–325.

Iwein gelangt auf seiner zweiten Aventiurefahrt auf der Suche nach einer Unterkunft für die Nacht auf die Burg zum Schlimmen Abenteuer, wo er einen prächtigen, doch menschenleeren Palast vorfindet.

Sus begunder suochende gân
und sach ein schœne palas stân:
dar ûf gienc er schouwen
mit sîner juncvrouwen,
und envant dar ûffe wîp noch man.
nu volget er einem wanke dan,
der in einen wec leite
über des palas breite:
wan dô het erz ersuochet gar.
nû nam er einer stiege war:
diu selbe stiege wîst in
in einen boumgarten hin:
(6425–6436)

Bereits bei diesen ersten beschreibenden Versen fallen Verben wie *suochende, sach, schouwen, envant* oder *volget* auf, die vielmehr ein Wahrnehmen, ein Sich-treiben-Lassen und passives Hingeben an den sich schlängelnden Weg und die enge Stiege ausdrücken, als ein aktives Inbesitznehmen des Ortes, welches die Aventiurefahrten bestimmt. Schon hier deutet sich eine Öffnung des Handlungsspielraums an, welcher einem zielorientierten Tätigsein und einem filternden Einordnen des Wahrgenommen, etwa nach Kategorien des Nutzens, entgegensteht. Iwein nimmt vielmehr dasjenige auf, was sich vor ihm entfaltet, er lässt sich vom Verlauf des Weges leiten und von all dem überraschen, was ihm auf diesem Weg begegnet. So ist es tatsächlich die Treppe, die ihm den Weg weist und ihn in die Abgeschiedenheit des Baumgartens führt, in den er tritt, nicht ahnend, welche Weite und Pracht sich ihm beim Eintritt bietet. Eine solche kontemplative Betrachtung, so Martin Seel, »begreift nichts, sie nimmt alles, wie es gerade ist. In dieses Gerade-so-sein ist sie vertieft, nur dies nimmt sie auf. Nicht weiteres, nichts – Allgemeines«[62].

Die idyllische Szenerie, die sich Iwein eröffnet, weist eine spezifische Räumlichkeit auf. Einerseits werden bekannte Topoi aufgerufen, etwa in minimalen Versatzstücken der Topos des *locus amoenus,* andererseits bleibt die Konkretheit des Baumgartens in der Schwebe und lässt damit Freiraum, diesen zu bestimmen. Diesem ersten »atmosphärischen Totaleindruck«[63], wie Gernot Böhme es in seinen *Vorlesungen über Ästhetik als allgemeine Wahrnehmungslehre* beschreibt, folgt nach und nach die Entdeckung der einzelnen Elemente, die diesen Ort ausmachen: Farben, Geräusche, Formen und Gestalten treten in ihrer Mannigfaltigkeit in den Fokus der Aufmerksamkeit. Der anfänglichen Unbestimmtheit, überwältigt vom Ausmaß des Baumgartens, folgt das *»Spüren von Anwesenheit«*[64]. Iwein

---

[62] Martin Seel, *Eine Ästhetik der Natur,* Frankfurt a.M. 1991, S. 39.

[63] Gernot Böhme, *Aisthetik. Vorlesungen über Ästhetik als allgemeine Wahrnehmungslehre,* München 2001, S. 87.

[64] Böhme, *Aisthetik,* S. 45.

bietet sich das Bild eines von den Burgmauern geschützten, amoenen und friedlichen Ortes, an den sich ein altes Paar mit seiner Tochter zurückgezogen hat und dort der Lektüre des Mädchens lauscht.[65] Die Perspektive wechselt von Iwein auf den Erzähler über, welcher die Szene nun in Form eines distanzierten Überblicks skizziert: Der betagte Mann ruht auf einem Bett. Seine Körperhaltung und sein Alter strahlen Ruhe und Anmut aus. Trotz des hohen Alters des Paares ist dieser Szene nichts Gebrechliches oder Vergängliches inhärent, sondern vielmehr wird die Lieblichkeit und Lebendigkeit dieses Ortes betont. Der süße Duft der Blumen und das frische Gras sprechen alle Sinne an. Der Erzähler führt den Rezipienten in seiner Schilderung an diese Lagerstätte innerhalb des Baumgartens heran, er nimmt sich dabei jedoch zurück, zeigt doch seine vorsichtige Beschreibung der alten Frau eine gewisse Distanz zu der kleinen Gruppe: *und wæne wol, sî was sîn wîp, / ein vrouwe diu dâ vor im saz* (6450f.). Dadurch bleiben die Figuren in gewisser Weise unnahbar, sie umgibt im Sinne Walter Benjamins eine spezielle Aura, ein Oszillieren zwischen Fremdheit und Anziehung. Dieser Eindruck verstärkt sich dadurch, dass der Rezipient trotz der Nähe, in die ihn die Erzählung hineinkatapultiert, doch nur Betrachter dieser Szenerie bleibt und ihrer nicht habhaft werden kann. Es bleibt eine »einmalige Erscheinung einer Ferne, so nah sie sein mag«[66].

Das Zentrum der Szene – das zeigt die ausführliche Beschreibung – liegt eindeutig auf dem Mädchen, die ihren Eltern aus einem französischen Buch vorliest:[67]

[65] Vgl. in Konrad Flecks Minneroman ›Flore und Blanschflur‹ (um 1220), vgl. *Flore und Blanscheflur. Eine Erzählung von Konrad Fleck,* hg. v. Emil Sommer, Quedlinburg/Leipzig 1846, die Verse 147–272. Vgl. zu dieser Leseszene Lieb/Müller, »Situationen literarischen Erzählens«, bes. S. 46–56. Hier findet sich eine ähnliche Leseszene in einem Baumgarten *der sumerwünne güete* (165), womit nicht nur ein spezifischer Ort des Lesens, sondern auch eine bestimmte stabile und verlässliche Zeitordnung der Lektüre betont wird, S. 52. Die Vortragsszene stellt den vorgelagerten Rahmen für die eigentliche Erzählung dar. Lieb und Müller weisen daraufhin, dass die Seidentücher, die zwischen den Bäumen gespannt sind, eine Art Schutzraum für die den Worten lauschende Gruppe darstellen und »das Phantasma symbolisier[en], daß das Erzählen sich diesen *eigenen* Raum auch zu schaffen vermöge. Das Erzählen behauptet in der Imagination seinen Eigenraum und somit seine Geltung in der höfischen Kultur«, S. 49. Hier klingen nach Lieb und Müller Züge eines Anspruchs von Institutionalität literarischen Erzählens in der höfischen Welt an, ohne dass dies tatsächlich realisiert werde, vgl. S. 49, Fußnote 41.

[66] Walter Benjamin, »Das Kunstwerk im Zeitalter seiner technischen Reproduzierbarkeit (zweite Fassung, 1936)«, in: ders., *Gesammelte Schriften,* Bd. I.2 Abhandlungen, Werkausgabe Bd. 2, hg. v. Rolf Tiedemann und Hermann Schweppenhäuser, Frankfurt a.M. 1980, S. 47–469, hier S. 479.

[67] Zum Vorlesen im Mittelalter vgl. auch Dennis Howard Green, »Vorlesen, Lesen«, in: *Höfe und Residenzen im spätmittelalterlichen Reich. Bilder und Begriffe,* hg. v. Werner Paravicini, bearb. v. Jan Hirschbiegel und Jörg Wettlaufer, Residenzenforschung 15 II, Teilbd. 1: Begriffe, Ostfildern 2005, S. 210–212; Dennis Howard Green, *Medieval Listening and Reading. The primary reception of German literature 800–1300,* Cambridge 1994.

und vor in beiden saz ein maget,
diu vil wol, ist mir gesaget,
wälhisch lesen kunde:
diu kurzte in die stunde.
ouch mohte sî ein lachen
vil lîhte an in gemachen:
ez dûhte sî guot swaz sî las,
wand sî ir beider tohter was.
ez ist reht daz man sî krœne,
diu zuht unde schœne,
hôhe geburt unde jugent,
rîcheit unde kiusche tugent,
güete und wîse rede hât.
diz was an ir, und gar der rât
des der wunsch an wîbe gert.
ir lesen was eht dâ vil wert.
(6455–6470)

Sowohl Mireille Schnyder[68] als auch Manfred Kern[69] haben in ihren Untersuchungen zu Lesekonzepten im religiösen und weltlichen Kontext bzw. Literaturerlebnissen im höfischen Roman festgestellt, dass an die Stelle des gelesenen Textes hier die Figur des Mädchens in den Vordergrund tritt. Sie zieht nicht nur den wohlwollenden Blick ihrer Eltern auf sich *wand sî ir beider tohter was* (6462). Es ist vor allem ihre Tugendhaftigkeit und höfische Vollkommenheit, die sich auf die Wirkung ihres Lesens überträgt. Mit den Worten *schœne* (6464) und *jugent* (6465) werden physische Attribute angesprochen, die gerade nach außen sichtbar werden lassen, was das Innere ausmacht. Begriffe wie *zuht* (6464) und *kiusche tugent* (6466) beschreiben die innere Reinheit, welche sich in der Tätigkeit des Lesens widerspiegelt. Zusätzlich ist der Hinweis, dass sie ein französisches Buch liest, Indiz für ihre höfische Bildung. Sie besitzt all jene Tugenden und Eigenschaften, *des der wunsch an wîbe gert* (6469).[70] So erhält der Text nach Mireille Schnyder erst über die Lesende seine Qualität. Aus der Beschreibung des Mädchens folgt der Wert ihres Tuns: *ir lesen was eht dâ vil wert* (6470). Die Vorleserin verleiht dem Geschriebenen eine Lebendigkeit und Körperlichkeit, die den Text selbst in die Präsenz emporhebt und alle Sinne der Rezipienten anspricht. Während in der hier untersuchten Szene die Lektüre im Körper selbst wirksam und sichtbar wird, ist nach Michel de Certeau die Lektüre der heutigen Zeit zu einer »Gebärde des Auges«[71] geschrumpft. Dieser Distanzierung und Ablösung des Textes vom Kör-

[68] Schnyder, »Kunst der Vergegenwärtigung und gefährliche Präsenz«, S. 442.

[69] Manfred Kern, »Iwein liest ›Laudine‹. Literaturerlebnisse und die ›Schule der Rezeption‹ im höfischen Roman«, in: *Literarische Leben. Rollenentwürfe in der Literatur des Hoch- und Spätmittelalters. Festschrift für Volker Mertens zum 65. Geburtstag,* hg. v. Matthias Meyer und Hans-Jochen Schiewer, Tübingen 2002, S. 385–414, hier S. 395.

[70] Ähnlich wie die Anfangsszene des *Iwein* um die Erzählung Kalogrenants lässt sich auch diese Szene als innertextliche Spiegelung des lebensweltlichen Rezeptionsprozesses selbst deuten, vgl. dazu Warning, »Formen narrativer Identitätskonstitution«, bes. S. 584–586.

[71] de Certeau, *Kunst des Handelns,* S. 309.

per steht im mittelalterlichen Rezeptionsvorgang, wie es anhand der Vorleserin hier sichtbar wird, die Einswerdung von Text und Gestalt entgegen.

Die Tätigkeit des Lesens wird als Zeitvertreib beschrieben: *diu kurzte in die stunde* heißt es in Vers 6458. Diese Formulierung zeigt eine Nähe zum Begriff der *kurzwîle* auf, welcher, wie im vorangegangenen Kapitel erläutert, sowohl Vergnügen und Unterhaltung, als auch scheinbare Zeitverkürzung bedeutet. Während ersteres in Verbindung mit Ausgelassenheit, Spielerei und höfischer *vreude* steht, bringt der zweite Bedeutungsaspekt den Wunsch nach »Überwindung des Zeitlichen«[72] im Sinne einer Intensivierung des Augenblicks ins Spiel. Der Wunsch nach Aufhebung der Zeit kommt auch in der Ausgestaltung der Szene zum Tragen. Sie erinnert beinahe an ein Gemälde. Dorothea Klein etwa spricht von einem »Genrebild«[73]. Dieser Eindruck entsteht zum einen durch eine gewisse Statik und Dauer, welche diese Szene und sein Personal ausmachen. Räumlich ist die kleine Gruppe zudem durch die Beschaffenheit des Gartens kreishaft in sich geschlossen; auch zeitlich lässt sich weder Anfang noch Ende des Beisammenseins erkennen. Zum anderen ist mit der Baumgartenszene auch eine Art Stillstand im Verlauf der Handlung verbunden. Gerade in ihrer Polarität zum Getriebensein und der Eile des Ritters auf seiner Aventiurefahrt erhält die Szene in ihrer Andersartigkeit Gewicht. Die Handlung ruht scheinbar, der Blick des Erzählers verweilt auf der kleinen Familie und auch der Rezipient erfährt die Möglichkeit des Innehaltens. Ein Bild transportiert in besonderem Maße den Anschein von Gegenwärtigkeit und einer »Ewigkeit in der Zeit«[74].

Die Vortragsszene um Kalogrenant zu Beginn des *Iwein* mündet übergangslos in die Handlung des Romans,[75] diese Szene im Baumgarten wiederum löst sich mit der Entdeckung Iweins durch die Familie auf. Die Lektüre endet, die Figuren springen auf und eilen dem Gast entgegen. Mit der Berührung Iweins durch das Mädchen verschwindet die Unnahbarkeit der Szene. Iwein wird also durch körperlichen Kontakt in die Gruppe eingegliedert. Er wird herzlich empfangen, die Rüstung wird ihm abgenommen und damit auch symbolisch seine ritterliche Rolle (6471–6489). Dasjenige, was ihn außerhalb des Baumgartens prägt, wird wie eine zweite Hülle abgestreift. Darin zeigt sich, dass der Sonderraum ›Baumgarten‹ auch für Iwein als Spielraum neue Möglichkeiten öffnet.[76]

Das Mädchen führt ihn an den schönsten Platz im Garten (6490–6493). Trotz dieser Entrückung in der Dämmerung der warmen Abendstunden drängt die äu-

---

[72] Schnyder, »Kunst der Vergegenwärtigung und gefährliche Präsenz«, S. 444.

[73] Klein, »Amoene Orte«, S. 72.

[74] Michael Theunissen, »Zeit des Lebens«, in: ders., *Negative Theologie der Zeit,* Frankfurt a.M. 1991, S. 299–320, S. 312.

[75] Vgl. Kapitel 3.2, bes. 3.2.1 und 3.2.3.

[76] Es wiederholt sich dieselbe Szenerie, die Kalogrenant bei seinem ersten Aufenthalt auf seiner Aventiurefahrt widerfährt: Auch ihm wird die Rüstung von einem schönen Mädchen abgenommen, er erhält neue Kleidung, und wird an den schönsten Platz geführt: *an ein daz schœnste gras / daz diu werlt ie gewan* (334f.). Bei Iwein heißt es: *an ein daz schœneste gras / daz sî in dem boumgarten vant, / dar vuorte sî in bî der hant / un sâzen zuo ein ander* (6490–6493).

ßere Realität zunehmend wieder in das Geschehen. Es werden ganz pragmatische Gespräche über Kosten, Geschäfte und Hausrat geführt (6522–6541). Die Zeitlichkeit, die im Eindruck des Bildhaften scheinbar stillstand, sickert in Gesprächen über Sorgen und Wünsche der Alten und Jungen, den jeweiligen Jahreszeiten zugeordnet, wieder ein. Auch diese Szene wird letztendlich vom Handlungsverlauf mitgerissen und kann nur kurzzeitig die Geschwindigkeit der Erzählung bremsen und einen Moment der Versenkung ermöglichen. Es bleibt im wortwörtlichen Sinne der Eindruck einer Aura, eines Lufthauches. Doch gewinnen, so Christian Kiening, »die Momente unmittelbar sinnlicher Gegenwärtigkeit ihre Intensität gerade aus der Flüchtigkeit, mit der sie einhergehen«[77].

Während das Eintreten in den Baumgarten, also der Übergang in diesen Spielraum, beim Hinweg wie nebenbei, lautlos und fast unbemerkt vonstatten ging, wird der Rückgang und das Hinaustreten umso greller sichtbar und letztlich für Iwein existenziell bedrohlich. Mit dem Anbrechen des Tages erfährt er, dass er die freundliche Bewirtung und Gastfreundlichkeit teuer bezahlen und in den Kampf mit zwei Riesen treten muss. In Chrétiens *Yvain* werden sehr viel früher (5407) Zweifel deutlich, die das Moment der Täuschung ins Spiel bringen. Eine derartige Brüchigkeit in der Vollkommenheit der Szene taucht im *Iwein* erst gegen deren Ende auf. Vor allem aber in der Retrospektive fällt ein dunkler Schatten über die scheinbar so amöne Szenerie. Iwein ist mehr Spielball der Edelleute denn willkommener Gast. Ihm ist kein freiwilliges Fortkommen mehr möglich, der spielerische Raum der Möglichkeiten entpuppt sich als Raum des Zwanges und des Festgehalten-werdens. Das vordem Unbeschwerte, Luftige und Sorglose entlarvt sich im Nachhinein als Vexier- und Verführungsspiel. Mit aller Macht bricht die instabile und »ostentativ beschädigte [...] Welt«[78] herein.

Dennoch zeigt sich die Lektüreszene im Baumgarten als fast perfekte Beschreibung dessen, was Muße umfasst. Zugleich ist sie ein eindrückliches Beispiel dafür, wie Muße beschrieben werden kann, ohne dass der Begriff auf der Textoberfläche erscheint. Gerade das Moment des Versinkens und Sich-selbst-Vergessens findet sich im Baumgarten eindrücklich wieder. Dort ist die kleine Familie ganz in ihren Mikrokosmos versunken und bemerkt den Fremden erst nach einer Weile. Aber auch Iwein ist mit dem Eintritt in diese andere Welt, die der Baumgarten darstellt, ganz bei sich und hat jede Hast abgelegt. Was den Figuren in dieser Szene möglich wird, ist ein bloßes Wahrnehmen, welches keinerlei Deutung und Einordnung fordert. Der Soziologe Ulrich Oevermann hat dies folgendermaßen beschrieben:

> in dieser bloßen Wahrnehmung also lassen wir ein gegenüberstehendes Anderes, eine Welt ganz auf uns wirken, nehmen wir sie neugierig ganz in uns auf, schmiegen wir uns dem anderen ganz an, öffnen wir uns für Neues, für bis dahin Undenkbares, Unvorstellbares, selbst dann, wenn es sich um ganz vertraute Gegenstände handelt.[79]

---

[77] Christian Kiening, »Mediale Gegenwärtigkeit. Paradigmen – Semantiken – Effekte«, in: *Mediale Gegenwärtigkeit,* hg. v. Christian Kiening, Zürich 2007, S. 9–70, hier S. 14.

[78] Kern, *Weltflucht,* S. 394.

[79] Oevermann, »Krise und Muße«.

Diese Beschreibung bringt den Begriff des Spielraumes wieder in den Fokus: Nichts anderes fasst dieser doch, als einen derartigen Raum neuer, bis dahin unbekannter Möglichkeiten, der sich ohne aktives Zutun eröffnet.

Oevermann verdeutlicht in seinem Vortrag zu »Struktureigenschaften ästhetischer Erfahrung« auch den Zusammenhang von Muße und Krise. Muße bedeutet immer ein Herausfallen aus routinierten Vorgängen und alltäglichen Abläufen, sie lässt sich nicht einfach in den Gang der Dinge einordnen, trägt in sich umstürzendes, irritierendes Potenzial und fordert stets eine Umstellung der Orientierung.[80] In einem Roman wie dem *Iwein,* der von Aventiurefahrten, Termindruck und Zeitnot handelt, stellt die Lektüreszene tatsächlich in ihrer Ruhe und Abgeschiedenheit vom Geschehen eine Irritation dar. Interessanterweise führt diese Krise im Sinne von Fremdheit und Außeralltäglichkeit wiederum in eine lebensbedrohliche Krise ganz anderer Art.

Angesichts von Sentenzen wie *verlegeniu müezekheit / ist gote und der werlte leit* (7171), die sich, so die Beobachtungen in den vorangegangenen Kapiteln, als programmatisch für die Hartmannschen Romane erwies, widerspricht dieser Spielraum der Muße eigentlich dem gesamten Konzept des Romans. Gerade deshalb stellt das Geschehen im Baumgarten eine solche Besonderheit dar. Es wurde bereits angedeutet, dass diese knappe Episode keinerlei Einfluss auf den Handlungsverlauf hat. Dass hier also narrativ ein Moment geschaffen wird, der keinerlei Zweck und Funktion für das weitere Geschehen verfolgt, stützt auf struktureller Ebene den Eindruck, es hier tatsächlich mit einem Spielraum der Muße zu tun zu haben. Die dichterisch geschaffene Welt wird hier auf andere Weise erlebt, in einer Weise der Gelöstheit und Offenheit. Muße wird als ein Herausfallen aus der Zeit beschrieben, als ein Geschenk, das einem in gewisser Weise zufällt, auch wenn der Rückfall in die Normalität desillusionierend, erschreckend oder brutal sein kann. Dass sich im Nachhinein diese Szene quasi als Falle für Iwein entpuppt, zeigt gerade wie zerbrechlich Mußemomente sind. Die Entrückung vom Alltag ist nur eine zeitweise. Die radikale Rückkehr sagt jedoch nichts darüber aus, was für eine persönliche Bereicherung der Mußemoment mit sich bringt, inwiefern er das Bewusstsein schärft und eine andere Herangehensweise an die Wirklichkeit ermöglicht.

4.1.3 Exkurs: Lesen als Wildern auf der Waldlichtung im ›Titurel‹ Wolframs von Eschenbach

Die um 1220 entstandenen *Titurel*-Fragmente Wolframs von Eschenbach sind sowohl sprachlich als auch inhaltlich ein »Vorstoß in Unerfahrenes«[81] innerhalb der mittelalterlichen Literatur. Sie sind geradezu »ein Unicum, ja ein Curiosum«[82]. Als Vorstoß ins Unerfahrene dürfen auch die folgenden Darlegungen aufgefasst

[80] Vgl. Seel, »Von Ereignissen«, S. 14f., Fußnote 35.

[81] Walter Haug, »Einleitung«, in: ders., *Die Wahrheit der Fiktion. Studien zur weltlichen und geistlichen Literatur des Mittelalters und der frühen Neuzeit,* Tübingen 2003, S. 3–15, hier S. 7.

[82] Max Wehrli, *Wolframs ›Titurel‹,* Opladen 1974.

werden. Der *Titurel* bedürfte in seiner Komplexität und Hybridität einer ausführlichen Betrachtung; im Kontext dieser Arbeit richtet sich daher mein Fokus nur ausschnitthaft auf einige interessante Anordnungen und Konfigurationen, die die thematische Verknüpfung von Lesen, Lieben und Muße aufwerfen. Auch wenn der *Titurel*[83] in großen Teilen im Horizont der traurigen Ereignisse im *Parzival* gelesen und interpretiert wird, nicht zuletzt aufgrund einer Vielzahl an direkten und indirekten textinternen Verweisen, möchte ich hier dennoch versuchen, das geheimnisvolle Werk Wolframs – ich beschränke mich bei der Untersuchung auf das zweite Fragment – weitgehend unabhängig von intertextuellen Verweisen im Hinblick auf die Mußethematik zu betrachten.[84] Ein nur vorläufiger, exkurshafter Blick muss an dieser Stelle genügen, um eine Ahnung davon zu bekommen, wie im *Titurel* Mußemotive, wie sie im *Tristan* oder *Iwein* auftauchen, in neuer Konstellation behandelt werden. Das zweite Fragment ruft wiederum vergleichbar einem Genrebild nicht nur ähnliche räumliche Elemente auf, sondern zeichnet sich ebenso wie zuvor die Baumgartenszene im *Iwein* durch scheinbare Inaktivität und Ereignislosigkeit aus. Es handelt sich um eine Szene, die »episch bis zum Stillstand zusammengezogen ist und zugleich in Bewegung explodiert«[85].

Angesichts einer solchen Rätselhaftigkeit, Unbestimmtheit und spezifischen Offenheit des Textes eignet sich der *Titurel*, neben der neuartigen lyrischen Sprache in Strophenform, in besonderer Weise für eine Betrachtung auf Muße hin. Doch auch inhaltlich weckt insbesondere das zweite Fragment des *Titurel* Assoziationen zu Muße, der es sich in Bezug auf Aspekte wie Räumlichkeit und Zeitlichkeit, Muße und Minne bzw. Minnedienst sowie Muße und Lesen nachzugehen lohnt. Das in dieser Episode im Zentrum stehende Brackenseil wird auch in den vorliegenden Ausführungen auf abstrakte Weise zum Dreh- und Angelpunkt einer Veranschaulichung von Muße innerhalb eines Spielraumes derselben.

---

[83] Einen Forschungsüberblick liefert Elke Krotz, »Der Leser an der Leine. Zu Wolframs ›Titurel‹«, in: helle döne schöne. *Versammelte Arbeiten zur älteren und neueren deutschen Literatur. Festschrift für Wolfgang Walliczek*, hg. v. Horst Brunner, Claudia Händl, Ernst Hellgardt und Monika Schulz, Göppingen 1999, S. 167–200.

[84] Vgl. paradigmatisch in der Einführung von Stephan Fuchs-Jolie in der hier verwendeten Ausgabe, S. 3–24, hier S. 6: »Da also das Erzählen im ›Titurel‹ immer ein Erzählen unter gleichsam unendlichen Voraussetzungen, Vorbedingungen, unendlichem Vorwissen ist, beginnt jeder Weg zu Wolframs ›Titurel‹ bei den *Sigune-Szenen des ›Parzivals‹*.« Zum Verhältnis von *Titurel* und *Parzival* vgl. Sonja Glauch, *An der Schwelle zur Literatur. Elemente einer Poetik des höfischen* Erzählens, Heidelberg 2009, bes. S. 205–216. Vgl. auch Helmut Brackert, »Sinnspuren. Die Brackenseilinschrift im Wolframs von Eschenbach ›Titurel‹«, in: *Erzählungen in Erzählungen. Phänomene der Narration in Mittelalter und Früher Neuzeit*, hg. v. Harald Haferland und Michael Mecklenburg, München 1996, S. 155–175, hier S. 156, Fußnote 6, der die Überzeugung vertritt, »daß ein undifferenziertes Hin- und Herinterpretieren nur zu Fehldeutungen führen kann«, vgl. ähnlich auch Ernst S. Dick, »Minne im Widerspruch. Modellrevision und Fiktionalisierung in Wolframs ›Titurel‹«, in: ›Der Buchstab tödt – der Geist macht lebendig‹. *Festschrift zum 60. Geburtstag von Hans-Gert Roloff von Freunden, Schülern und Kollegen*, Bd. 1, hg. v. James Hardin und Jörg Jungmayr, Bern u.a. 1992, S. 399–420, bes. S. 400.

[85] Glauch, *An der Schwelle*, S. 260.

Das zweite Fragment beginnt nicht mit einer erklärenden Hinführung, vielmehr wird der Rezipient mitten in das Geschehen hineinkatapultiert: *Sus lâgen si unlange...* (137,1) heißt es zu Beginn. Bereits dieser erste Satz beschreibt eine Haltung des Liegens und eröffnet eine Atmosphäre der Ruhe und Gelassenheit. Zugleich wirft der Satz mehr Fragen auf, als dass er beantwortet. Weder das Subjekt wird genau benannt, noch die Art und Weise des Liegens. Auch die zeitliche Angabe ›*unlange*‹ bleibt in der Bestimmung schwebend, denn es werden keine Referenzen oder Relationen angeführt, die eine Einordnung ermöglichten. Die gesamte Szenerie scheint von einer Zeitenthobenheit geprägt zu sein, deren Anfang und Ende, Vorher und Nachher verschwimmt. Der Eindruck des Diffusen und Nebulösen zieht sich durch den gesamten Abschnitt und spiegelt sich auch in einer gebrochenen, teils sprunghaften und inkonsistenten, teils nur andeutenden Erzählweise wider, in der sich unterschiedliche Ebenen bis zur Unkenntlichkeit überlagern.

Der Text skizziert eine idyllisch liebliche Waldszenerie, auf dem ein Zelt aufgeschlagen ist. Der Ort selbst bleibt für den Rezipienten vage, nur wenige Versatzstücke werden schrittweise aufgerufen, die die Phantasie anzuregen vermögen und das Bild eines potenziellen Spielraumes der Muße erzeugen. Ernst Dick spricht ganz selbstverständlich von der »Muße des Waldlebens«[86], diese Aussage gilt es jedoch erst nachzuweisen.

Anders als der Baumgarten im *Iwein* hat dieser Rückzugsort keinen direkten geographischen Bezug mehr zu Burg und Hof. Der Ort ist vielmehr in der Wildnis des Waldes angesiedelt und damit explizit in der Gegenwelt des Höfischen. Das Liebespaar Sigune und Schionatulander hat sich auf diese Lichtung zurückgezogen, um sich in der Nähe des jeweils anderen aufhalten zu können, ohne bereits tatsächlich ein Paar zu sein, denn es handelt sich (noch) um eine nicht realisierte Liebe zwischen ihnen. Mit dem Zelt, das nur am Rande Erwähnung findet, ist ein höfisches Element inmitten der ansonsten naturbelassenen Wildnis benannt. Markus Stock konstatiert die Besonderheit dieses Eigenraumes, da er, anders als etwa eine Kemenate bei Hofe, den Eindruck einer gewissen Vorläufigkeit und Verletztlichkeit aufruft: »Höfische Kultur und höfische Liebe sind hier das der wilden Natur zeitweilig und engräumig Abgewonnene, der kleine Innenraum im offenen, gefährlichen Raum des Waldes.«[87] Obwohl die Liebe zwischen Sigune und Schionatulander, anders als die illegtime Liebe Tristans und Isoldes, eine von der Gesellschaft gebilligte ist (107,1–111,4; 128,1–135,4; 136,4), ist sie doch eine *magetlîche minne* (37,4), eine *lautterliche mynne* (53,2), die die Waldlichtung selbst zu einem zunächst unschuldigen, reinen Ort macht, doch zugleich immer schon eine gewisse Prekarität mit sich führt.

Während Sigune sich zusammen mit ihren Hoffräulein nahe dem Zelt ausruht, kühlt Schionatulander seine Beine in einem *lûter snellen bache* (164,3) und vertreibt sich die Zeit mit geruhsamem Angeln. Das Angeln ist eine geduldig war-

[86] Dick, »Minne im Widerspruch«, S. 411.

[87] Stock, »Das Zelt«, S. 75f.

tende, im Moment verweilende, geradezu meditative Tätigkeit. Schionatulander scheint darin geübt zu sein, sich ganz auf die Bewegungen des Wassers zu konzentrieren und duldsam auszuharren, denn er fängt mit einer *vederangel* (159,1) fleißig große und kleine Fische (164,1f.). Bei aller übergeordneten Zweckrationalität, die dem Fischen, wie dem Jagen, inhärent ist, wird das Fischen hier als heiterer Zeitvertreib illustriert. Mußeaffine Züge, etwa das Verweilen und der ruhende Blick auf das Gewässer treffen auf Handeln, das zielorientiert das Fangen der Fische anstrebt. Im Gegensatz zur hohen Wertschätzung des Jagens von Wild und Vögeln, wie oben im *Erec* oder *Tristan* beschrieben, ist das Fischen und Angeln jedoch eine wenig geachtete Jagdart: »Angling as sport seems not to have been in favour with gentlemen.«[88] Gerade diese Unstimmigkeit mit dem Höfischen zeichnet die Lichtung zusätzlich als Raum der Freiheit und der Entfaltung aus. Schionatulander »seems to be engaged on a delightful truancy with Sigune«[89], stellt Hatto fest. Die Liebenden gewähren sich in der Ferne vom Hof eine Lebensweise nach eigenen Vorstellungen und entziehen sich zeitweise der geforderten Konformität mit der adligen Gemeinschaft.

Mitten in diese versonnen beschauliche Idylle, die nach eigenen Regeln funktioniert, jagt ein den ganzen Wald mit seinem Gebell füllender Bracke heran, der blutrünstig der Spur eines verwundeten Tieres folgt. Die Stille wird vom *krache* (138,1) unterbrochen, wobei neben dieser negativen Bewertung auch von einer *hellen süezen stimme* (137,2) die Rede ist. Es scheint, als sei der Klang des Hundegebells ebenso ambivalent wie der Hund selbst. Noch bevor er visuell wahrgenommen wird, weckt er die Aufmerksamkeit Schiontalunders. Dieser ist derart fasziniert, dass er der lautstarken Tierstimme folgt und es ihm schließlich auch gelingt, den Bracken für Sigune zu fangen.

Auffällig ist die lange Leine, die der Hund mit sich führt, denn sie ist nicht nur aus bunter Seide hergestellt, sondern zusätzlich mit unterschiedlichen Edelsteinen kostbar verziert (142,3; 144,2–4; 148,1–3). Die schillernden Steine und Stoffe transportieren den Eindruck des Wunderbaren und Ungewöhnlichen, das die Leine so verlockend und faszinierend macht. Detailreich beschreibt der Erzähler in einem dehnend-verlangsamenden Erzählgestus das ungewöhnliche Seil, ganz so »als ob er sich einen Moment entlasten, [...] [bei den Beschreibungen der Oberflächen, RB] eine Zeitlang Zuflucht suchen wollte«[90].

Etwas versteckt findet sich auf dem Brackenseil eine aus Edelsteinen bestehende Schrift, die eine *âventiure* (146,3) erzählt.[91] Dort ist zu lesen, dass es sich um eine Botschaft handelt, die eine Frau namens Clauditte über den Bracken an ih-

---

[88] Arthur T. Hatto, »Wolfram von Eschenbach and the Chase«, in: *Et Multum et multa. Beiträge zur Literatur, Geschichte und Kultur der Jagd. Festgabe für Kurt Lindner zum 27. November 1971*, hg. v. Sigird Schwenk, Gunnar Tilander und Carl Arnold Willemsen, Berlin/New York 1971, S. 101–112, hier S. 109.

[89] Hatto, »Wolfram von Eschenbach and the Chase«, S. 109.

[90] Brackert, »Sinnspuren«, S. 158.

[91] Vgl. auch Ursula Liebertz-Grün, »Erkenntnistheorie im Literalisierungsprozeß. Allegorien des *lesens* im Wolframs Metaerzählung *Gardeviaz*«, in: *GRM* 51 (2001), S. 385–395.

ren Geliebten senden wollte. Die Erzählung handelt von der Schwester Claudittes, Florie, die, ohne die letzte Minneerfüllung zu erfahren, ihren Geliebten im Zweikampf verliert und daraufhin selbst aus Trauer stirbt. Wortwörtlich erfährt der Rezipient nur, dass der Name des Hundes Gardeviâz lautet, was so viel bedeutet wie ›*Hüete der verte!*‹ (148,4). Den Hundenamen aufgreifend wird eine Moralsentenz genannt, die jedem anempfiehlt, auf den rechten Weg zu achten (149,1–4). Wer diesem Rat folgt, dem wird weltlicher und himmlischer Lohn zuteil werden. Dieses einem Rezept rechten Lebens anmutende Angebot ist durchaus reizvoll. Zugleich wird es von den Geschehnissen des Textes selbst ironisch gebrochen, denn der Bracke, der sich als »besonders geschätzter Spür- oder Leithund«[92] eignet, lässt sich von der Blutspur des Wildes von seiner eigentlichen Aufgabe ablenken. Er ist dem Fürsten, an den die Nachricht gerichtet ist, entwichen und seinen artgerechten Trieben gefolgt, das Wild im Dickicht des Waldes, fern ab der höfischen Sphäre, zu jagen (141,1f.).

Der Text ist auf diese Weise zu Sigune gelangt, die sich begierig in eine Botschaft vertieft, die offensichtlich nicht ihr gilt. Sie verliert sich buchstäblich in einem Woanders und wildert, um die Formulierung de Certeaus aufzunehmen, in Gebieten, die ihr eigentlich nicht offen stehen. De Certeau hat angesichts der Dynamik zwischen Leser und Text vom Leser als einem »Produzent[en] von Gärten« gesprochen. Der Leser schafft durch den Akt des Lesens innerhalb eines bestimmten Rahmens eine Lebendigkeit und Leuchtkraft, die sich außerhalb des ›Gartens‹ der Lektüre nicht findet. Als ein solcher ›Gärtner‹ hat er

> keinen festen Boden unter den Füßen und schwankt an einem Nicht-Ort, zwischen dem, was er erfindet und dem, was ihn verändert. Mal hat er wie ein Jäger im Wald das Geschriebene vor Augen, kommt vom Weg ab, lacht und landet einen ›Coup‹ oder er macht als guter Spieler mal einen schlechten Zug. Mal verliert er die fiktiven Sicherheiten der Realität: seine Seitensprünge schließen ihn von den Sicherheiten aus, die das Ich im gesellschaftlichen Rahmen festhalten. [...] die Leser [sind] Reisende; sie bewegen sich auf dem Gelände des Anderen, wildern wie Nomaden in Gebieten, die sie nicht beschrieben haben [...] Die Schrift sammelt an, lagert ein, widersteht der Zeit durch die Schaffung eines Ortes [...] Die Lektüre ist gegen den Verschleiß durch die Zeit nicht gewappnet (man vergißt sich selber und man vergißt), sie bewahrt das Erworbene nicht oder bloß schlecht und jeder Ort, an dem sie vorbeikommt, ist eine Wiederholung des verlorenen Paradieses.[93]

Ich greife diese Ausführungen de Certeaus auf, denn sie arbeiten mit Bildern, die im *Titurel* in ähnlicher Weise auf Handlungsebene auftauchen, sei es die Jagdmetaphorik, das Spielerische fern gesellschaftlicher Rahmungen oder das Wildern in fremden Gebieten. Auch im *Titurel* zeigt sich, wie die Raumbeschaffenheit zur Projektion wird. In diesem Fall spiegelt sie in gewisser Weise den Akt des Lesens selbst wider, denn wie der Lesende einen Nicht-Ort betritt, hält sich Sigune nicht nur lesend, sondern auch textintern an einem Nicht-Ort auf, der geographisch nicht festgelegt ist. Die Lichtung im Wald schwankt zwischen Wildnis und Hof,

[92] Sara Stebbins, *Studien zur Tradition und Rezeption der Bildlichkeit in der ›Eneide‹ Heinrichs von Veldeke,* Frankfurt a.M./Bern 1977, S. 175, zu Bracken und Brackenseil bes. S. 175–179.

[93] de Certeau, *Kunst des Handelns,* S. 306f.

wie das Zelt und die Hofdamen verdeutlichen. Um die Stelle herum ist das Gelände unwegsam, es wächst dichtes Gebüsch voller spitzer Dornen. Auf der Lichtung selbst jedoch eröffnet sich eine Art *locus amoenus,* der zwar nicht die typischen Elemente der rhetorischen Topik aufzeigt, doch in Anlehnung an diese und in seiner eindeutigen Funktion, ein, zumindest auf den ersten Blick friedlicher und vollkommener Ort der Liebe und der Intimität zu sein scheint, auch als solcher bestimmt werden kann.[94]

Sich selbst und ihre Umgebung vergessend ist Sigune in die Lektüre des Brackenseiles vertieft. Im Kontrast zu dem Mädchen im Baumgarten in Hartmanns *Iwein* liest Sigune still für sich. Ihre Tätigkeit ist, wie oben bereits angedeutet, eine inwendige, die äußerlich auf eine »Gebärde des Auges«[95] reduziert ist. Dadurch grenze sie sich, so Brackert, »aus der Gemeinsamkeit eines Kommunikationszusammenhanges aus, der der gegenseitigem [sic] Mündlichkeit bedarf, um in ihr das gemeinsame Normsystem immer wieder zu bestätigen«[96]. In der Tat führt eine stärker der Innerlichkeit zugewandte Bewegung aus dem gesellschaftlich abgesteckten Terrain heraus und eröffnet der Figur Freiräume, die ihr in der ständigen Anforderung der Gemeinschaft nach Mitteilung und Offenlegung verwehrt bleiben. Doch zugleich schließt sich Sigune dadurch, wie de Certeau formuliert, aus Sicherheiten aus, die der gesellschaftliche Rahmen bereithält. Am Beispiel der lesenden Sigune auf der Waldlichtung lässt sich bereits erahnen, was in der *verligen*-Szene im *Erec* ausbuchstabiert wird: Ein Spielraum der Muße, in dem sich die Figuren von den kontrollierenden Zügeln der höfischen Gesellschaft zu lösen beginnen, kann dieser selbst sowie ihren Werten, etwa der höfischen Minne, gefährlich werden, indem sie infragestellen, was als unhinterfragbar gilt.

Ohne an dieser Stelle genauer auf den Inhalt der Brackenseil-Erzählung eingehen zu wollen oder zu können, denn auch an dieser Stelle verbleibt der Text in Andeutungen, sei erwähnt, dass sich auch hier, ähnlich wie im *Iwein,* in einer Art doppelten mise en abyme eine Erzählung in der Erzählung wiederfindet, die, so viel weiß zumindest der *Parzival*-Kenner, nicht aber die lesende Sigune selbst, Konstruktionen und Motive des diegetischen Liebespaares intradiegetisch aufnimmt. Es geht dem Text also explizit um Wiederholung, um Auffächerung des Erzählten auf unterschiedlichen narratologischen Ebenen und Perspektiven »im Sinne einer Gleichzeitigkeit des Ungleichzeitigen«[97]. Neben der angedeuteten Erzählung fallen auch die häufigen, hermetisch anmutenden Erzählerkommentare auf, die den idyllischen Eindruck der Szenerie trüben und auf eine latente Gefahr

---

[94] Vgl. Gruenter, »Das *wunnecliche tal*«, S. 379, spricht von der »erotischen Trias Lustort – Baum – Bett« bzw. S. 370: »die höfisch-erotische Trias Lustort – Baum, Zelt, Gemach, Turm usw. – Bett«.

[95] de Certeau, *Kunst des Handelns,* S. 309.

[96] Brackert, »Sinnspuren«, S. 170. Brackert lässt auch eine weitere Deutung zu, nämlich das isolierte Lesen als »radikale Autonomisierung der Literatur« im Sinne einer »Auflösung des alten Sinnverbandes von Leben und Literatur«, S. 173.

[97] Stefan Seeber, »Wolframs ›Titurel‹ und der Mythos der Minne«, in: *PBB* 132 (2010), S. 43–61, hier S. 57.

hinweisen.[98] Die Andeutungen ziehen sich durch den gesamten Text und ergeben für den Rezipienten erst nach und nach einen sinnhaften Zusammenhang. Auch dies macht die Rätselhaftigkeit des Textes aus. Zu bedenken ist allerdings, dass die subtilen Verweise auf eine Bedrohung nur für den textexternen Rezipienten präsent sind, für die sich der lieblichen Waldlichtung hingebenden Liebenden bleibt der Moment ein Moment der Sorglosigkeit und Unbeschwertheit.

Dass die Botschaft ihrem genauen Wortlaut nach im Unklaren bleibt, drückt auch die besondere Stellung Sigunes als Lesende aus. Allein sie vermag sich in den Worten und Buchstaben zu versinken und Einblick in die Geheimnisse der Nachricht zu erhalten. Doch hier ist Vorsicht geboten, denn auch wenn Sigune als textinterne Leserin den Anfang der Geschichte erfährt, so kann sie das dort Erzählte, anders als der textexterne Rezipient, nicht hinreichend einordnen und deuten. Die Bezüge zwischen dem Leid, von welchem die Brackenseilerzählung handelt, und ihrem eigenen, das der Erzähler immer wieder zukunftsweisend anmahnt, bleiben ihr logischerweise verwehrt.

Um ungestört an der Leine weiterzulesen, löst Sigune den Strick von der Zeltstange, an dem der Bracke festgebunden ist. Beim Versuch, den unruhig gewordenen Hund festzuhalten, schürft sich Sigune die zarten Hände an dem edelsteinbesetzten Seil auf (161,2): *innerhalp ir hende, als si wæren berîfet, / grâ als eines tiostiurs hant, dem der schaft von der gegenhurte slîfet, / der zushet über blôzez vel gerüeret* (167,1–3). Auch Schionatulander, von dem aufgeregten Bellen des Hundes in seiner Tätigkeit aufgeschreckt und dem Hund nacheilend, kommt nur mit von Stacheln und Dornen zerschundenen und zerkratzten Beinen zurück zu Sigune. Seine Verwundungen seien schlimmer als jene des gejagten Wildes, heißt es im Text (166,3). Eine eindeutige Zuordnung von Subjekt und Objekt, von Jagendem und Gejagtem scheint nicht mehr möglich.[99] In dem Moment, in dem es dem Bracken gelingt zu entkommen, werden nicht nur beide Protagonisten aus ihren mußeaffinen Tätigkeiten gerissen, in die sie sich schweigend versanken, sondern es zeigen sich auch deutliche körperliche Spuren einer Verletzung. Die Wunden sind Zeichen eines Mangels. Interessanterweise heißt es zuvor von Schionatulander, dass er den Mangel fange (159,2). Das Bildfeld des Fangens und Jagens löst sich von der konkreten Situation des Fischens und wird auf eine metaphorische Ebene gehoben. Der Raum der Erfüllung und der Vollkommenheit, als der sich die Waldlichtung zu Beginn zeigt, verkehrt sich in sein Gegenteil, und dies durch aktive Beteiligung der Protagonisten.

---

[98] Vgl. auch Walter Haug, »Erzählen vom Tod her. Sprachkrise, gebrochene Handlung und zerfallende Welt in Wolframs ›Titurel‹«, in: *Wolfram-Studien* VI (1980), S. 8–24; Ulrich Wyss, »Selbstkritik des Erzählers. Ein Versuch über Wolframs Titurelfragment«, in: *ZfdA* 103 (1974), S. 249–289; Elisabeth Schmid, »*Dâ stuont âventiur geschriben an der strangen.* Zum Verhältnis von Erzählung und Allegorie in der Brackenseilepisode von Wolframs und Albrechts ›Titurel‹«, in: *ZfdA* 117 (1988), S. 70–97.

[99] Vgl. auch Christian Kiening/Susanne Köbele, »Wilde Minne. Metapher und Erzählwelt in Wolframs ›Titurel‹«, in: *PBB* 120 (1998), S. 234–265, hier S. 252.

Der Erzähler hätte, so erfährt der Rezipient aus einer ironischen Anmerkung, die kostspielige Leine dem Hund vorgezogen, doch ist diese nicht als Objekt in Besitz zu nehmen, sondern ebenso »Element einer Lebenswelt«[100], verkörpert an dem demonstrativ seiner Natur nach handelnden Hund. Sigune fordert weder die kostbare Leine zurück, noch den wilden Hund. Sie verlangt allein nach der Inschrift, die jedoch medial an die Leine gebunden ist. Ihr »Textbegehren«[101] ist derart dominant, dass sie bereit ist, alles dafür aufzugeben. Brackert spricht treffend von einer »gewaltige[n] Aufbruchsemphase«[102]. In dieser absoluten Entsagung an alle Besitztümer und höfischen Werte, einschließlich der Minne zu Schionatulander (170,1–171,4), tritt eine drängende Frage in den Vordergrund, nämlich diejenige nach dem Zusammenhang von Lesen und Lieben; oder radikalisiert gefragt, nach dem Zusammenhang von Muße und Minne. Wie de Certeau in seinen Ausführungen über das Lesen anspricht, verändert die Lektüre Sigune. Die anfängliche Vorrangstellung der Minne wird zugunsten der Mußeerfahrung durch die Lektüre in den Hintergrund gedrängt. Erst das Lesen als ein Sich-Sammeln im Raum der Muße scheint für sie die Grundlage für Minne zu bieten.[103]

Die Ausführungen Kienings und Köbeles bezüglich Schionatulanders Suche nach dem Seil lassen sich ebenso auf die Suche nach Muße übertragen:

> Er wird etwas jagen, das nicht im materiellen Sinne zu gewinnen und schon gar nicht als Gut zu behalten ist. Und beide werden jenen Weg verfehlen, der *der werlde gunst* und überirdische *saelde* zu vereinen versprach, indem sie sich auf einen anderen einlassen, der nur auf Haben der Geschichte zielt, nicht auf ein Sein oder Werden im Sinne der Botschaft.[104]

Ohne in Allegorisierungen hinübergleiten zu wollen und damit den Verlockungen klarer Deutungen zu erliegen, lässt sich meines Erachtens das Brackenseil zugespitzt als Chiffre für Muße betrachten. Dabei will ich jedoch nicht behaupten, dass das Seil allein in einer solchen Bedeutung widerspruchslos aufgeht.[105] Vielmehr scheint es sich als Bild zu eignen, Elemente der Muße und ihrer Fragilität aufzuspüren und zu veranschaulichen. Folge ich mit diesem Blick einstweilen dem Geschehen im *Titurel*, so bildet das Festbinden des Seiles gewissermaßen den ersten Schritt in Richtung Zerstörung und Aufhebung des Glücks. In der Begierde nach Besitztum wird die Sicht auf den wahren Reichtum versperrt, der sich in einer spezifischen Haltung der Gelassenheit, des Empfangens oder möglicherweise auch in einem veränderten Blickwinkel zu zeigen vermag. Der Spielraum der Muße bleibt ein flüchtiges Gut, das sich auf Dauer jeglichem Versuch des Verfügbarmachens entzieht.

---

[100] Kiening/Köbele, »Wilde Minne«, S. 258.

[101] Brackert, »Sinnspuren«, S. 161.

[102] Brackert, »Sinnspuren«, S. 172.

[103] Vgl. auch im *Tristan*-Prolog, dazu Kapitel 2.

[104] Kiening/Köbele, »Wilde Minne«, S. 260.

[105] Vgl. Walter Haug, »Lesen oder Lieben? Erzählen in der Erzählung, vom ›Erec‹ bis zum ›Titurel‹«, in: *PBB* 116 (1994), S. 302–323, hier S. 314f.

In dem Bedürfnis Sigunes, das Ende der Geschichte lesen zu können, koste es, was es wolle, wird eine Unfähigkeit zu Muße sichtbar. Der Leser wie der Mußeerfahrende ist höchstens »Erwecker und Empfänger«[106], niemals jedoch Besitzer von Muße. Der Wunsch, Eindeutigkeiten, Resultate und Gewissheiten zu erhalten, anstatt sich der Offenheit eines Spielraumes der Muße auszusetzen und diese als Freiheit zu erfahren, wird jedoch vom Text selbst unterlaufen, der sich, wie das Brackenseil, jeder endgültigen Sinnkonstitution entzieht und die Prekarität von Muße, freilich ohne diese Intension zu verfolgen, performativ demonstriert: »Die Gleich-Gültigkeit des Möglichen ist auf sämtlichen Ebenen das Substrat des Textes: Erzählen wird zum Entwerfen, angesichts dessen sich jeder Versuch der Totalisierung und Vereindeutigung als Unstimmigkeit, Unangemessenheit und Vergeblichkeit erweist.«[107] Erzähllinien sind nicht immer logisch nachvollziehbar und gleiten oftmals undurchsichtig ineinander. Auch Sätze werden problemlosem Verständnis nicht untergeordnet, denn die Sprache folgt keinem einfachen Pragmatismus.

In dem Moment, in dem Sigune mit dem Verlust des Brackenseiles auch der Spielraum der Muße entgleitet, verfällt sie wieder in höfische Muster und fordert von Schionatulander die ritterliche Bewährungsprobe.[108] In dieser Hinsicht lässt sich tatsächlich mit Brackert von der »Unmöglichkeit des Ausbruchs aus den Mustern und aus der Sprache der höfischen Kultur«[109] sprechen. Der Aspekt des Unmöglichen bezieht sich meines Erachtens jedoch nicht auf die Möglichkeit des Ausbruchs überhaupt, sondern auf die Möglichkeit eines *dauerhaften* Ausbruchs. Es kann sich auch bei der Waldszenerie allenfalls um einen »Ort[...] des Durchgangs«[110] handeln, ebenso wie es einer Rückführung Sigunes und Schionatulanders in die gesellschaftlichen Sicherheiten bedürfte.

In dem Wunsch, ihren Rückzugsort aufrechtzuerhalten, schickt Sigune ihren Geliebten unwissentlich zurück in jene Dynamik des Hofes, die in der *âventiure* des Ritters zum Ausdruck kommt. Dem institutionell verankerten Modell des Minnedienstes in Form ritterlichen Kampfes sind sowohl Sigune als auch Schionatulander »unreflektiert und vorbehaltlos«[111] verpflichtet: *minne twinget rîter under helme* (50,4). Gerade im Versuch Sigunes und Schionatulanders, den Mustern des Hofes zu entkommen, werden diese durch ihr Handeln stabilisiert. Dabei verkennen beide, dass der Hof die Begegnung mit dem Unheimlichen, dem Gefährlichen und Tödlichen immer wieder aufs Neue einfordert. Dieses Postu-

---

106 de Certeau, *Kunst des Handelns,* S. 307.

107 Fuchs-Jolie, Einleitung zu der hier verwendeten Ausgabe, S. 24. Vgl. auch Hartmut Bleumer, »*Titurel.* Figurationen der Zeit zwischen Narrativik und Lyrik«, in: *Poetica* 43 (2011), S. 227–265, hier S. 260: »Es geht Sigune [...] in ihrer Lektüre um eine sinnstiftende, narrative Erfahrung, die letztlich ausbleibt.«

108 Vgl. Brackert, »Sinnspuren«, S. 172.

109 Fuchs-Jolie, Einleitung zu der hier verwendeten Ausgabe, S. 19; vgl. auch Brackert, »Sinnspuren«, S. 173.

110 Glauch, *An der Schwelle,* S. 259.

111 Dick, »Minne im Widerspruch«, S. 407.

lat widerspricht einem fortwährenden Rückzug in die Einsamkeit und Ruhe der Waldlichtung auf radikale Weise.

Die Minne zwischen den beiden wird eine unrealisierte bleiben, die im Zustand des Noch-nicht gewissermaßen erstarrt. Mit dem Auszug Schionatulanders aus dem Freiraum der Lichtung ist ihrer Liebe ein Ende gesetzt, bevor sie richtig begonnen hat. Die Waldlichtung erscheint angesichts der Auflösung der Szenerie in den Worten de Certeaus in der Tat als ›verlorenes Paradies‹, dessen Wiederholung allein im Erzählen bzw. Lesen möglich ist. Hier tritt ein Relationsgefüge zwischen Lesen, Lieben und Muße zutage, in welchem das eine das andere zu bedingen scheint und aufeinander verweist. Diese Trias in ihrer genauen Konstellation zu untersuchen, böte spannendes Material. Vorläufig scheint es so, als vermöge allein der (textexterne) Leser als ›Produzent des Gartens‹ den Raum der Präsenz, der Entgrenzung und Selbstvergessenheit durch sein Lesen für kurze Zeit wieder zu erschaffen:[112]

> Die Lektüre ist gegen den Verschleiß durch die Zeit nicht gewappnet (man vergißt sich selber und man vergißt), sie bewahrt das Erworbene nicht oder bloß schlecht und jeder Ort, an dem sie vorbeikommt, ist eine Wiederholung des verlorenen Paradieses.[113]

Das zweite *Titurel*-Fragment zeigt anschaulich, dass es allenfalls *eine wîle* (137,4) ist, für die das alltägliche Geschehen aufgehalten werden kann und in der ein Spielraum der Muße spürbar wird. Doch fern dieser zeitlichen Auffassung lässt sich an der Einganssentenz ›*Sus lâgen si unlange*‹ noch eine denkbar andere Bedeutung auffinden. Der fragmentarische Satz ist, wie das Werk insgesamt, mehr konjunktivische Andeutung, leise Ahnung dessen, was sich ermöglichen könnte. Gerade in dieser unendlichen Annäherungsbewegung, die zu keinem endgültigen Ziel führt, liegt der Reiz dieses Wolframschen Fragments.

4.1.4 Metaphorische Räume der Liebe als Rückzugsräume jenseits der Pole von Institutionalität und Spielraum

Im *Titurel* wie im *Iwein* zeigte sich eine enge Verbindung von Spielräumen der Muße und Lektüre. Die natürlichen Rückzugsorte bieten eine ansprechende Kulisse für das Lesen, für das Sich-Versenken in andere Geschichten. Lektüre bedeutet immer Entschlüsselung und Entzifferung von Zeichen, um aus den einzelnen Buchstaben Informationen zu erhalten und die Botschaft richtig interpretieren zu können. Im Bereich der Liebe findet Lesen als Dekodierung auf einer metaphorischen Ebene zwischen den Liebenden selbst statt. In Gesten und Gebärden werden Mitteilungen gemacht, die außenstehenden Figuren weitestgehend unsichtbar bleiben, für die Beteiligten der Minnegemeinschaft jedoch sehnsuchtsvoll erwarteten ›Lesestoff‹ bieten. Für den außertextlichen Rezipienten wiederum bieten sich Einblicke »in das Spannungsverhältnis repräsentativer Oberflächen

---

[112] Vgl. auch Kapitel 2 und Kapitel 5.

[113] de Certeau, *Kunst des Handelns*, S. 306f.

und nichtöffentlicher Innenräume«[114], auf eine Vergegenwärtigung dessen, »was nicht anwesend, was nicht gegenwärtig ist«[115]. Am Beginn der Minne zwischen Erec und Enite beispielsweise werden zunächst mitten in der weitläufigen Heide, die einen Zwischenraum zwischen Regelkonformität und freiem Spielraum zu sein scheint, innige Blicke ausgetauscht (1484–1491). Während dieses gegenseitige Wahrnehmen für einen potenziellen Dritten noch unverkennbar wäre, entzöge sich ihm, was sich, wie der Rezipient erfährt, im Inneren der Figuren entwickelt: *ir herze wart der minne vol* (1492); statt *nît* (1495) und *haz* (1495) sind sie von *triuwe und stæte* (1497) erfüllt. Das Herz selbst wird ihnen zu einem solchen Zwischenraum, wie ihn die Heide darstellt: äußerlich folgen Erec und Enite den Gepflogenheiten der Gesellschaft, innerlich entfaltet sich ein freier Spielraum der Verbundenheit.[116]

Innerhalb geographischer Rückzugsorte von Liebenden, wie etwa die Heide bei Erec und Enite, entstehen zusätzlich metaphorische Räume der Liebe, die sich von konkreten Ortsangaben lösen und auf abstrakter Ebene inmitten des gesellschaftlichen Lebens doch von diesem zeitweise abkoppeln.[117] Oftmals zeigt sich eine Art ›Verdoppelung‹ eines konkreten *locus amoenus* in einen metaphorischen Raum der Liebe, da die Lieblichkeit der Umgebung Gefühle der Liebe zu erwecken scheint. Außen- und Innenwelt sind dann kongruent und spiegeln sich sozusagen wechselseitig. Aber auch gerade dann, wenn der konkrete Aufenthaltsort

[114] Horst Wenzel, »Augenzeugenschaft und episches Erzählen. Visualisierungsstrategien im Nibelungenlied«, in: *6. Pöchlarner Heldenliedgespräch. 800 Jahre Nibelungenlied. Rückblick – Einblick – Ausblick,* hg. v. Klaus Zatloukal, Wien 2001, S. 215–234, hier S. 215.

[115] Wenzel, »Augenzeugenschaft«, S. 215.

[116] Vgl. dagegen im *Erec* den Auftritt Enites vor der versammelten Artusrunde (1840–1886). Hier wird die wechselseitige Faszination und Anziehungskraft der beiden beschrieben. Die Minne verursacht Erec und Enite *grôz*[...] *ungemach* (1860), was der Habichtvergleich bildlich veranschaulicht (1851–1886). *ungemach* schwankt in seiner Bedeutung hier zwischen quälendem Warten und freudiger Erwartung. Die Öffentlichkeit, in Form der höfischen Gesellschaft, verhindert an dieser Stelle ein *vil vriuntlîchez spil* (1856) zwischen den Liebenden.

[117] Vgl. auch Ort sowie Art und Weise der Verhandlung von Minne in den Minnereden sowie ihre beinahe topischen Spaziergangseinleitungen, durch die eine gewisse Distanz zur Alltagswelt geschaffen und ein »Aufbruch ins Unbekannte« markiert wird, vgl. dazu u.a. Ingeborg Glier, *Artes amandi. Untersuchung zu Geschichte, Überlieferung und Typologie der deutschen Minnereden,* München 1971, bes. S. 397–399, hier S. 399; Walter Blank, *Die deutsche Minneallegorie. Gestaltung und Funktion einer spätmittelalterlichen Dichtungsform,* Stuttgart 1970, bes. S. 146–150; Jacob Klingner/Ludger Lieb, »Flucht aus der Burg. Überlegungen zur Spannung zwischen institutionellem Raum und kommunikativer Offenheit in den Minnereden«, in: *Die Burg im Minnesang und als Allegorie im deutschen Mittelalter,* hg. v. Ricarda Bauschke, Frankfurt a.M. 2006, S. 139–160; Ludger Lieb/Peter Strohschneider, »Die Grenzen der Minnekommunikation. Interpretationsskizzen über Zugangsregulierungen und Verschwiegenheitsgebote im Diskurs spätmittelalterlicher Minnereden«, in: *Das Öffentliche und Private in der Vormoderne,* hg. v. Gert Melville und Peter von Moos, Köln/Weimar/Wien 1998, S. 275–305. Vgl. auch Natureingänge der Minnelyrik, vgl. etwa Barbara von Wulffen, *Der Natureingang in Minnesang und frühem Volkslied,* München 1963.

als Treffpunkt zweier Liebenden prekär wird, bleibt die Möglichkeit eines imaginären *›locus amoenus‹* bestehen.

Gert Hübner spricht in seinen Studien zur Fokalisierung vor der Folie der Minnegrotte im *Tristan* von »Innenweltgrotten«[118] bzw. »Seelengrotten«[119]. In den im folgenden untersuchten Szenen zeigt sich eine solch räumliche Metaphorik, die das Innenleben der Figuren nicht nur in den konkreten landschaftlichen Räumen der Außenwelt widerspiegelt, sondern selbst zum Raum wird.[120] Als besondere Spielräume der Muße unterscheiden sich diese Innenweltgrotten unter anderem darin von geographisch verorteten, konkreten Spielräumen, da sie unsichtbare und weitestgehend verschlossene Fluchtpunkte darstellen, die von einer gewissen Jederzeitlichkeit geprägt und in einem Bereich des Transzendenten anzusiedeln sind. Dieser spezifisch metaphorischen Topographie von Minne und Muße möchte ich im Folgenden beispielhaft an drei zentralen Szenen des *Tristan* nachgehen: der nächtlichen Baumgartenszene, der Minnetrankepisode und der Maifestszene am Markehof.

Ich beginne mit der ersten Baumgartenszene im *Tristan,* in der sich Spielraum und Lesen miteinander vermischen, denn der Baumgarten ist nicht mehr nur Kulisse des Lesens, sondern wird selbst zu einem »lesbaren Raum«[121]. Tristan schnitzt die Initialen der Liebenden auf Späne des dort wachsenden Ölbaumes und schickt diese auf dem Wasser zu Isolde (14421–14437). In der innertextlich angedeuteten Wiederholung des Akrochstichons durch die Buchstaben T und I, wird die »Grenze zwischen Erzählakt und Erzählinhalt« durchlässig.[122] Tristan wird selbst zum Autor eines Textes.

Der Baumgarten nahe der Kemenate Isoldes soll zum Schutzraum für die illegitime Liebesbegegnung werden. Nach der Einnahme des Minnetranks auf dem Schiff und der Ankunft am Hof von Cornwall sind Tristan und Isolde in ihrem Handeln eingeschränkt, denn sie werden mit Argusaugen von der höfi-

---

[118] Hübner, *Erzählform im höfischen Roman,* S. 332.

[119] Hübner, *Erzählform im höfischen Roman,* u.a. S. 331. Vgl. auch Mertens Fleury, *Zeigen und Bezeichnen,* S. 272, die im *Roman de la Rose* das Eindringen in den *hortus conclusus* auch als Betreten eines Seelenraumes versteht. Sie begründet dies durch die Tatsache, dass im Inneren des Gartens Affekte wie Freude und Liebe herrschen. Der Besucher des Gartens zeige sich demnach als versunken in das eigene Innere. In der These von Mertens Fleury vermischen sich also konkreter Spielraum und metaphorischer Spielraum eindrücklich miteinander.

[120] Vgl. dazu am Beispiel Minnerede Margreth Edigi, »›Innenräume‹ des Liebesdiskurses. Spiegelungen des Innen am Beispiel der Gartenmotivik in Minnereden«, in: *Innenräume in der Literatur des deutschen Mittelalters. XIX. Anglo-German Colloquium Oxford 2005,* hg. v. Burkhard Hasebrink, Hans-Jochen Schiewer, Almut Suerbaum und Annette Volfing, Tübingen 2008, S. 147–156.

[121] Ernst, »Virtuelle Gärten in der mittelalterlichen Literatur«, S. 188.

[122] Haiko Wandhoff, »Imaginäre Kopfreisen in die Wunderwelt der *âventiure,* oder: Wenn das Sehen zur Allegorie des Lesens wird. Neue Überlegungen zu Hartmanns *Erec* und *Iwein*«, in: *Sehen und Sichtbarkeit in der Literatur des deutschen Mittelalters,* XXI. Anglo-German Colloquium London 2009, hg. v. Ricarda Bauschke, Sebastian Coxon und Martin H. Jones, Berlin 2011, S. 141–159, hier S. 143.

schen Gemeinschaft überwacht und verfolgt. Die Verschleierung des illegitim-legitimen Minneverhältnisses und das Ermöglichen eines heimlichen Beisammenseins steht somit im Vordergrund all ihres Bemühens: »Für das Verhalten gegenüber der Welt der Äußerlichkeit bedeutet die Regression in den subjektiven Hedonismus [...] ein Aufgeben der agierenden Handlungsbestimmung und ein Zurückweichen in das Rollenverhalten des Reagierens.«[123]

Auch in der Baumgartenszene im *Tristan* werden, analog zu den vorangestellten Textstellen im *Iwein* oder im *Roman de la Rose,* typische Elemente eines *locus amoenus* aufgerufen, etwa der bereits erwähnte Ölbaum oder die in dessen Schatten entspringende Quelle. Das Wasser wird dabei zum Vehikel der Kommunikation, denn es überbrückt mit Hilfe der Späne die Distanz zwischen den Liebenden. Das Holz wird Isolde zum Material ihrer Lektüre. Sie liest die Buchstaben T und I, die jeweils an einem Ende eines Spanes eingeritzt sind, metonymisch als ›Tristan‹ und ›Isolde‹ (14674). Sie liest also mehr als sie sieht: Ihr Lesen ist »nicht bloß ein sinnlicher, sondern auch ein imaginativer, intellektiver Akt [...], der die enkodierten Zeichen auf ihre Bedeutung hin zu interpretieren und zu entziffern vermag«[124].

Sehnsuchtsvoll erwünschter Schutzraum bleibt der Baumgarten gerade einmal acht Tage lang, bevor er angesichts des argwöhnischen Neiders Melot zum Ort der Gefahr und der potenziellen Aufdeckung der verbotenen Gemeinschaft wird. Im Zuge dieser Bedrohung werden die topischen Versatzstücke des *locus amoenus* in ihrer Funktion geradezu ins Gegenteil verkehrt; der liebliche Ort wird zum Hinterhalt (14636), zum *jâmergarten* (14662) und die Krone des Ölbaums, die der Umarmung der Liebenden ein Dach bieten könnte, wird zum Aufenthaltsort der Späher Marke und Melot, die Tristan und Isolde zu überführen suchen.

In der Dunkelheit der Nacht, die sich bei den vorherigen Treffen immer wie ein Schutzkleid über die Liebenden legte, schleicht sich Tristan zum Baumgarten und erwartet seine Geliebte, doch der helle Mondschein an diesem Abend macht nicht nur Tristan selbst sichtbar, sondern auch die Schatten der im Ölbaum Versteckten. Durch die eiserne *huote* (14416) wird der geschützte Raum der Minne brüchig, unaufhaltsam sickert der Einfluss der Gesellschaft in die konkreten wie metaphorischen Räume der Liebe.[125] Doch es zeugt von deren einzigartiger Vertrautheit und Unität, dass die Kommunikation der beiden Liebenden Tristan und Isolde allein über gestische und mimische Zeichen funktioniert. Isolde bemerkt an Tristans ungewöhnlichem, distanziertem Verhalten sofort, dass der Ort an diesem Abend nicht der gewohnte Raum der Minne und potenziellen Mußeerfah-

[123] Wolfgang Jupé, *Die ›List‹ im Tristanroman Gottfrieds von Straßburg. Intellektualität und Liebe oder die Suche nach dem Wesen der individuellen Existenz,* Heidelberg 1976, hier S. 105f.

[124] Urban Küsters, »Späne, Kreuze, Initialen. Schriftzeichen als Beglaubigungsmittel in mittelalterlichen Tristan-Dichtungen«, in: *Literatur im Informationszeitalter,* hg. v. Dirk Matejovski und Friedrich Kittler, Frankfurt/New York 1996, S. 70–101, hier S. 88.

[125] Vgl. zur *huote*-Thematik auch die Verse 17817–18114. Dort wird die *huote* u.a. als *vîndin der minne* (17849) und als *bercswaere bürde* (17844) beschrieben.

rungen ist. Artistisch kommunizieren die beiden auf zwei »Verstehensebenen«[126], deren Inhalt absolut diametral ist. Je nach Wissensstand der anwesenden Figuren sprechen die Liebenden die Wahrheit und sprechen sie doch nicht.[127] Angesichts derartiger Täuschungen, Verdrehungen und Doppelungen ist ihnen immer wieder ein Aufschub gewährt und es öffnen sich Handlungsspielräume, in denen sie einem *wunschleben* (15043) in Zweisamkeit nachzugehen vermögen.

Der Baumgarten im *Tristan* ist ein Ort des Übergangs, der sowohl Schutz als auch Gefahr bedeutet. Ebenso hat das Schiff, auf dem die beiden Liebenden den Minnetrank zu sich nehmen, den Charakter eines Zwischenraumes, in dem die Geschehnisse stets in ein Zuvor und ein Danach eingespannt sind.[128] Der Zwischenraum ist demnach »kein Ort des Bleibens, sondern immer nur ein Raum des Unterwegsseins«[129]. In der zweiten hier zu betrachtenden Szene der Minnetrankeinnahme zeigt sich dies buchstäblich, denn der Kurzschluss zwischen Tristan und Isolde findet auf der Überfahrt von Irland nach Cornwall statt.

Auf dem Schiff ist den mitreisenden Damen ein zusätzlicher Rückzugsraum eingerichtet worden, der einen Zufluchtsort inmitten der anderen anwesenden Passagiere darstellt: *ein kielkemenâte / nâch heinlîcher sache / gegeben zuo z'ir gemache* (11538–11540). Ab und an betritt auch Tristan diesen Raum, um nach der weinenden Isolde zu sehen, die sich zurück in ihre Heimat sehnt. Da einige von der Reise auf dem Wasser in körperliche Bedrängnis geraten, wird eine Ruhepause – *eine ruowe* (11656) – eingelegt. Das Schiff wirft an einem Hafen den Anker aus und kommt zu einem temporären Stillstand. Dieser Moment des Verweilens wird für Tristan und Isolde zu einem radikalen Umkehrpunkt. Die zunächst äußere Bewegungslosigkeit des Schiffes konkurriert mit dem inneren Aufruhr der Protagonisten, der sich dann in der plötzlich *tobenden wilden sê* (11695) widerspiegelt. Während die anderen Passagiere *durch banekîe* (11659) von Bord gehen und am Ufer spazieren, entsteht für Tristan und Isolde auf dem Schiff ein privater Rückzugsort, der sich von der *kielkemenâte* der Frauen darin unterscheidet, dass es sich um einen Raum gerade unter Ausschluss der Anderen handelt, fern der

[126] Huber, *Gottfried von Straßburg*, Berlin 2013, S. 103.

[127] Obwohl die Liebenden nicht nur eine Wahrheit vortäuschen, sondern objektiv die Wahrheit sprechen, ist es insbesondere Marke durch seinen begrenzten Wissensstand nur möglich, seine subjektive Wahrheit herauszulesen. Der Radius, in dem er die Zeichen deuten und wiedergeben kann, beruht auf der Täuschung der untergeschobenen Braut in der Hochzeitsnacht, hinter welche er nicht zurückkommen kann. Auf diesem Betrug baut seine subjektive Realität auf, die nichts weiter als eine »Scheinrealität« (vgl. Gerd Dicke, »Das belauschte Stelldichein«, in: *Der ›Tristan‹ Gottfrieds von Straßburg. Symposion Santiago de Compostela, 5. bis 8. April 2000*, hg. v. Christoph Huber und Victor Millet, Tübingen 2002, S. 199–220, hier S. 219) darstellt. Der Eintritt in die Zeichensphäre der Liebenden bleibt ihm weiter verwehrt. So kann er die Liebesbeteuerungen Isoldes, an Tristan gerichtet, nur auf sich selbst beziehen.

[128] Vgl. Müller, *Höfische Kompromisse*, S. 301.

[129] Claudia Brinker-von der Heyde, »Zwischenräume: Zur Konstruktion und Funktion des handlungslosen Raums«, in: *Virtuelle Räume. Raumwahrnehmung und Raumvorstellung im Mittelalter. Akten des 10. Symposiums des Mediävistenverbandes, Krems, 24.-26. März 2003*, hg. v. Elisabeth Varva, Berlin 2005, S. 203–214, hier S. 203.

kontrollierend-wachenden Augen: »Die Dramaturgie des Textes weist auf die mit dem Minnetrank vollzogene Trennung zwischen einer Außenwelt, in die Tristan und Isolde eingebunden sind, und einer Innenwelt, in der sich die Liebenden zugleich von dieser Außenwelt separieren.«[130] In den Worten Tristans kommt diese Abkehr von den gesellschaftlich-institutionellen Richtwerten der Außenwelt zum Ausdruck: *ich bin ûzer wege komen / sô starke und alsô sêre: / in erhol mich niemer mêre* (12020–12022). Tristan verwendet eine räumliche Metaphorik, die indirekt einen ›ordentlichen‹ Hauptweg und von diesem unterschiedene Nebenwege beschreibt.

Im Glauben, es handele sich um Wein, trinken Brautwerber und zukünftige Königin unwissentlich von dem Minnetrank, den die Königinmutter Isolde für ihre Tochter und deren künftigen Gatten hergestellt hat (11429–11442). Die optische wie gustatorische Nähe zu Wein lässt aufhorchen und erinnert assoziativ an die religiös konnotierte Metapher des Brotes der Lebenden, als welches im *Tristan*-Prolog die Lektüre den *edelen herzen* gilt. Wird das Brot in der Eucharistiefeier zum Leib Christi, zum Brot des Lebens, so wird der Wein analog zum Blut des Lebens. Beide Male wird eine Gegenwärtigkeit heraufbeschworen, in der Präsenz und Erinnerung auf eigentümliche Weise ineinander treten.[131]

Ursprünglich dazu gedacht, »Eheliebe und Passionsliebe«[132] zu vereinbaren, also gewissermaßen Gesellschaftsnähe und -ferne, Öffentlichkeit und Privatheit zu vereinen, stellt der Trank einen von Anfang an zum Scheitern verurteilten Versuch dar, in Einklang zu bringen, was sich gerade ausschließt. Die Minne wird als *werlde unmuoze* (11710) eingeführt, die jede Ordnung aus den Angeln hebt: *und al die werlt verkêret* (11889). Mit Blick auf den Prolog wird mit der Verwendung des Wortes *unmuoze* eine ständige Unruhe und Aktivität ausgedrückt, wie sie auch für die Lektüre der *edelen herzen* und, jener Lektüre gewissermaßen vorgelagert, auch für die *morâliteit* gilt. Als Brot des Lebens soll das Lesen von Tristan und Isolde dem Rezipienten *unmuoze* (78) schaffen, wie zuvor die Lehre der *morâliteit* eine *unmüezekeit* (8020) für den Lehrling darstellt. Auch in der Trankszene bedeutet die Minne als *werlde unmuoze* aus der Perspektive der Liebenden eine besondere Lebendigkeit und Wachheit und steht »im positiven Kontrast zu der indifferenten, unbeteiligten Trägheit der gemeinen Welt«[133]. Die innere Aufruhr lässt weder *ruowe* (11895) noch *gemach* (11895) zu. Zu diesem Zeitpunkt sind es nicht die Ovidschen Liebesgeschichten wie in der Minnegrotte, sondern die eigenen gemeinsamen biographischen Ereignisse, die sich Tristan und Isolde in Erinnerung rufen und in denen sie ›lesen‹ (11935–11957).[134]

---

[130] Kern, *Weltflucht,* S. 351.

[131] Vgl. Hans Ulrich Gumbrecht, »Präsenz-Spuren. Über Gebärden in der Mythographie und die Zeitresistenz des Mythos«, in: *Präsenz des Mythos, Konfigurationen einer Denkform in Mittelalter und Früher Neuzeit,* hg. v. Udo Friedrich und Bruno Quast, Berlin/New York 2004, S. 1–15, hier S. 15.

[132] Largier, »Liebe als Medium der Transgression«, S. 214.

[133] Kern, *Weltflucht,* S. 352. Vgl. zur Minnegrotte Kapitel 4.3.

[134] Vgl. auch Kern, *Weltflucht,* S. 352.

Der Text beschreibt eine langsame körperliche wie seelische Annäherung, die auf der schlagartigen Änderung aller inneren und äußeren Umstände beruht, die das Trinken aus dem Gefäß auslöst. Von diesem Augenblick an, sind sie

[...] *ein und einvalt,*
die zwei und zwîvalt wâren ê.
si zwei enwâren dô niemê
widerwertic under in.
Îsôte haz der was dô hin.
diu süenaerinne Minne
diu haete ir beider sinne
von hazze gereinet,
mit liebe alsô vereinet,
daz ietweder dem andern was
durchlûter alse ein spiegelglas.
si haeten beide ein herze.
(11716–11727)

Die hier beschriebene Plötzlichkeit der Minne steht in Kontrast zum »traditionellen Minne-Affekt, der sich über die äußeren Sinne, insbesondere die Augen vollzieht, die das Bild des jeweils anderen ins eigene Herz transportiert – und so noch in der wechselseitigen Ver-Einigung die Differenz, die Abwesenheit des anderen markieren«[135]. Der magische Trank schließt die getrennten Herzen zu einem einzigen Herz zusammen, durch das Liebe und Leid von beiden gleichermaßen geteilt werden. Diese Vereinigung der Herzen steht im Gegensatz zu Beschreibungen des Herzenstauschs etwa im *Erec* (2360–2367) oder *Iwein* (2990–3024; 5456f.) als Spiel zwischen dem *herze* als Körperorgan und dem *herze* als innerer Instanz des Ichs.[136]

[135] Haiko Wandhoff, »In der Klause des Herzens. Allegorische Konzepte des inneren Menschen in mittelalterlichen Architekturbeschreibungen«, in: anima *und* sêle. *Darstellungen und Systematisierungen von Seele im Mittelalter,* hg. v. Katharina Philipowski und Anne Prior, Berlin 2006, S. 145–163, hier S. 159.

[136] Vgl. Müller, *Höfische Kompromisse,* S. 355. Bei Chrétiens *Erec et Enide* handelt es sich mehr um einen Herzensraub, der bereits auf dem Ritt zum Artushof vollzogen wird: *Molt estoiebt d'igal corage / et molt avenoient ansanble; / li uns a l'autre son cuer anble* (1492–1494). Vgl. dazu Bruno Quast, »*Getriuwe wandelunge.* Ehe und Minne in Hartmanns ›Erec‹«, in: *ZfdA* 122 (1993), S. 162–180, hier S. 170, nach dem die Verschiebung des Herzenstauschs nach hinten bei Hartmann Beleg für das »eheliche Gegenseitigkeitsethos [ist], dem in einem höfischen Umfeld die Integration ritterlicher Bewährung notwendig obliegt«. Im *Yvain* Chrétiens dagegen ist, anders als bei Hartmann, nur von einer einseitigen Trennung von Herz und Leib bei Yvain die Rede (2639–2657). Vgl. zur Herzenstauschmetaphorik u.a. Sandra Linden, »Körperkonzepte jenseits der Rationalität. Die Herzenstauschmetaphorik im *Iwein* Hartmanns von Aue«, in: *Körperkonzepte im arthurischen Roman,* hg. v. Friedrich Wolfzettel, Tübingen 2007, S. 247–267, bes. S. 254–263; Katharina Philipowski, *Die Gestalt des Unsichtbaren. Narrative Konzeptionen des Inneren in der höfischen Erzählliteratur,* Berlin/Boston 2013, bes. S. 138–143; Wessel, *Probleme der Metaphorik,* bes. S. 499–503.
Im *Tristan* findet sich im Abschiedsgespräch zwischen Tristan und Isolde eine weitere topische Vertauschung. Hier ist es nicht das Herz, sondern der Leib, den der jeweils Andere während

Ausgelöst durch das Wort *lameir*, das als zeichenhaftes Rätsel interpretatorische (Lese-)Fähigkeiten fordert, entsteht zwischen Tristan und Isolde in stiller, heimlicher Kommunikation der Blicke, Berührungen und Küsse ein Spielraum der Nähe und der Sehnsucht (12044–12049). Raum wird konstituiert über die Interaktion der Figuren – als Blick- und Tasträume.[137] Die Kemenate auf dem Schiff stellt einen passenden Ort für die Liebenden dar, an dem sie sich ungestört ihrer Liebe hingeben können; doch auch in Cornwall, mitten in der höfischen Gesellschaft, finden sie lange Zeit Gelegenheit, um sich in ihre Liebe zu flüchten und auf angenehme Weise die Zeit zu vertreiben: *si begunden dicke in dem tage / ir ougen understricken / mit inneclîchen blicken / in der menege und under liuten* [...] *daz triben sî naht unde tac* (12976–12984). Wenig später heißt es erneut im Text: *sus triben sî zwei under in / die stunde liеplîche hin / wîlent sus und wîlent sô* (13017–13019). Diese Zeilen drücken eine gewisse Leichtigkeit aus; noch erscheint den Liebenden das Leben unbeschwert und frei in den Momenten, in denen sie sich von all dem tragen lassen, was der Tag bzw. die Nacht ihnen ermöglicht.

Trotz des Charakters der Zwangliebe, die der Minnetrank mit sich bringt, bekennt sich Tristan kurz darauf freiwillig zu dieser Liebe und diesem Tod (12495–12502). Brangäne berichtet den beiden Liebenden von der Zauberkraft des Trankes und betont, dass er ihrer beider Leben kosten würde (12487–12493). In einer überraschenden Formulierung verwandelt Tristan in einem Akt der absoluten Bejahung das ihm durch den Trank eingeflößte Schicksal durch seinen freien Willen bewusst in *sein* Schicksal.[138] Es ist letztlich auch ein Versuch, wieder die Kontrolle über das Geschehen zu erhalten und Verantwortung für das eigene Tun zu übernehmen. Der Zwang des Liebeselexiers wird derart in einen Akt der Freiheit überführt. Damit einher geht der nunmehr bewusste Verstoß der Liebenden gegen gesellschaftliche Normen und institutionelle Verpflichtungen sowie die Einwilligung in ein zukünftiges Leben, das von Listen und Betrug, Si-

der Abwesenheit bewahren soll. So spricht Isolde: *ir sît mir verre oder bî, / so ensol doch in dem herzen mîn / niht lebenes noch niht lebendes sîn / wan Tristan, mîn lîp und mîn leben. / hêrre, ich hân iu nu lange ergeben / beidiu leben unde lîp* (18294–18299). Etwas später heißt es: *swelch enden landes ir gevart, / daz ir iuch, mînen lîp, bewart. / wan swenne ich des verweiset bin, / sô bin ich, iuwer lîp, dâ hin. / mir, iuwerm lîbe, dem wil ich / durch iuwern willen, niht durch mich, / vlîz unde schoene huote geben. / wan iuwer lip und iuwer leben, / daz weiz ich wol, daz lît an mir. / ein lîp, ein leben daz sîn wir* (18335–18344).

[137] Vgl. Christina Lechtermann, »Körper-Räume. Die Choreographie höfischer Körper als Mittel der Raumgestaltung«, in: *Virtuelle Räume. Raumwahrnehmung und Raumvorstellung im Mittelalter. Akten des 10. Symposiums des Mediävistenverbandes, Krems, 24.-26. März 2003*, hg. v. Elisabeth Varva, Berlin 2005, S. 173–188, bes. S. 183f.

[138] Vgl. zu Bejahung in der Liebe Roland Barthes, *Fragmente einer Sprache der Liebe*, übersetzt von Hans-Horst Henschen, 16. Aufl. 2014 (franz. Originalausgabe Paris 1977), S. 55f.: »Die Welt stellt jede Unternehmung vor eine Alternative: vor die Alternative von Erfolg oder Mißlingen, von Sieg oder Niederlage. Ich berufe mich auf eine andere Logik: ich bin zugleich und auf widersprüchliche Weise glücklich und unglücklich [...] was mich, heimlich und eigensinnig, mit Leben erfüllt, ist keineswegs taktischer Art: ich akzeptiere und bejahe jenseits von ›richtig‹ und ›falsch‹, von ›erfolgreich‹ und ›mißlungen‹; ich bin jeder Finalität entzogen«.

mulation und Dissimulation gekennzeichnet ist, um die illegitime Liebe vor der Außenwelt zu verbergen. Dennoch ruft die Erzählung der passionierten Trankminne nicht einfach Gegensatzpaare auf und stellt die Binnenwelt der Liebenden gegen die Außenwelt des Hofes, die Liebe gegen Institutionen. Vielmehr handelt es sich, wie Susanne Köbele gezeigt hat, um ein komplexes Erzählen »vom Paradox eines notwendig institutionstranszendenten Kerns von Institution, vom Paradox eines notwendig Zeichen-(Zeit-)transzendenten Kerns von Zeichenhaftigkeit (Zeitlichkeit)«[139]. Eingelassen in die bestehende Ordnung entsteht eine weitere Ordnung, die ohne es zu wollen und trotz ihrer idealen Züge wie »Gleichzeitigkeit, Gegenseitigkeit, Aufrichtigkeit und Intensität«[140] die erste langsam zu zersetzen droht.

Nicht magische Zauberkraft, sondern geradezu habituelles Erwachsen der Liebe lässt sich bei den Tristaneltern Riwalin und Blanscheflur beobachten. Bei der Entstehung ihrer Liebe zeigt sich eindrucksvoll, wie sich innerhalb des amönen Ortes der Maienlandschaft ein weiterer metaphorischer Raum entfaltet, der sich inmitten der öffentlichen Festgesellschaft, in der »Gleichzeitigkeit von Öffentlichkeit und Heimlichkeit«[141], doch als intimer Raum des Rückzugs ausmacht:

daz enzunte ouch sîne sinne,
daz sî sâ wider voren
und nâmen Blanscheflu̇oren
und vuorten sî mit in zehant
in Riwalînes herzen lant
und crônden sî dar inne
im z'einer küniginne.
jâ Blancheflûr und Riwalîn,
der künec, diu süeze künigîn,
die teilten wol gelîche
ir herzen künicrîche:
daz ir wart Riwalîne,
dâ wider wart ir daz sîne;
und wiste iedoch dewederz niht
umbe des ander geschiht.
si haeten sich wol under in zwein
einmüeteclîche und rehte in ein
mit ir gedanken undernomen.
(806–823)

Das Herz selbst wird zum Ort des Rückzugs abstrahiert. Die Minne zwischen den beiden intensiviert sich über doppeldeutige Sprache, über Blicke, Gesten und Ge-

---

[139] Köbele, »*iemer niuwe*«, S. 112, Fußnote 33.

[140] Flecken-Büttner, »Exzeptionalität«, S. 117f.

[141] Wenzel, *Hören und Sehen, Schrift und Bild*, S. 412. Vgl. auch Jan-Dirk Müller, »The Light of Courtly Society. Blanscheflur and Riwalin«, in: *Visuality and Materiality in the Story of Tristan and Isolde*, hg. v. Jutta Eming, Ann Marie Rasmussen und Kathryn Starkey, Notre Dame/Indiana 2012, S. 19–40.

bärden.[142] In metaphorischer Rede bezeichnet Blanscheflur ihr Herz als *vriunt* (767), welcher durch die Erscheinung Riwalins in *ungemach* (769) gefallen ist. Analog zu der *werlde unmuoze* versetzt auch hier die aufkeimende Liebe die Figur in Aufruhr und Unruhe. Ist diese mehrschichtige Sprache noch auf Entschlüsselung (792–802) angewiesen, transportiert im Folgenden die Zwiesprache der Blicke und Gesten eine solche Unmittelbarkeit zwischen den Minnenden, dass sie keiner sprachlichen Codierung von Signifikat und Signifikant mehr bedarf. Die Blicke und Gebärden sind vielmehr als Berührungen aus der Ferne zu verstehen. Die Lautlosigkeit der Sprache ist von besonderer Intimität, da sie für die Außenstehenden unbemerkt bleibt. Die Liebenden selbst jedoch sind »›durchsichtig‹ füreinander«[143].

In der Episode des Maienfestes zeigt sich eine deutliche Vorrangstellung des Optisch-Visuellen. Auffällig ist die häufige Verwendung von Worten wie *sehen, schouwen* oder *ouge*. Horst Wenzel hat in einem Aufsatz zum Spannungsfeld von *wilde und zam* gezeigt, dass die Bewegungen der Augen geschlechtsspezifischen Zwängen unterliegen, da auch das Sehen kollektiven Regeln zu gehorchen hat.[144] Beispielhaft heißt es im *Welschen Gast: ein vrouwe sol niht vast an sehen / einn vrömeden man, daz stât wol* (400f.).[145] Entzieht sich nun im Besonderen Blanscheflur als Frau dieser Disziplinierung, eröffnet sich tastend ein Freiraum der Empfindung und Erfahrung, der die höfische Kommunikation subtil unterläuft: *sî begunde im ouge und ouge geben / und sach in, swâ sî'n mohte sehen. / swenne ez diu vuoge lie geschehen, / sô gruozte sî'n vil tougen / mit inneclîchen ougen* (1084–1088).

Vor der Folie der mittelalterlichen Auffassung, nach der die Augen als Fenster der Seele zu verstehen sind, zeigt sich auch in Bezug auf die wechselseitigen Blicke eine räumliche Metaphorik.[146] Zudem wird die Metapher vom Königreich des Herzens eingeführt, durch welche die Innenwelt Blanscheflurs verräumlicht dargestellt und in übertragener Weise betretbar wird (728). Das dreidimensionale Organ Herz wird durch höfische Bildelemente erfasst, wodurch eine gewisse

---

[142] Vgl. zur Definition von Geste in der höfischen Epik um 1200 Silke Philipowksi, »Körper-Räume und räumliche Körper. Gesten in der höfischen Epik um 1200«, in: *Gestik. Figuren des Körpers in Text und Bild*, hg. v. Margreth Egidi, Oliver Schneider, Matthias Schöning u.a., Tübingen 2000, S. 53–69, hier S. 54f.: »Unter ›Geste‹ werden all jene Äußerungsformen des Körpers subsumiert, die eine spezifische ›Signifikanz‹ haben, also Informationen über den Zustand der Figur übermitteln, unabhängig davon, ob diese Äußerungen bewusst oder unbewusst vollzogen werden«, vgl. zu Gebärde Dietmar Peil, *Die Gebärde bei Chrétien, Hartmann und Wolfram*, München 1975, bes. S. 160–179.

[143] Rüdiger Schnell, *Suche nach Wahrheit. Gottfrieds ›Tristan und Isold‹ als erkenntniskritischer Roman*, Tübingen 1992, S. 199.

[144] Horst Wenzel, »Wilde Blicke. Zur unhöfischen Wahrnehmung von Körpern und Schriften«, in: *L'Homme. Zeitschrift für Feministische Geschichtswissenschaft* 8 (1997), S. 257–271, bes. 262–265.

[145] Vgl. auch die Verse 459–462 im *Welschen Gast*.

[146] Vgl. Horst Wenzel, *Spiegelungen. Zur Kultur der Visualität im Mittelalter*, Berlin 2009, S. 43; vgl. auch Wenzel, »Augenzeugenschaft«, S. 228.

Erhabenheit ausgedrückt wird.[147] Auch Riwalin führt Blanscheflur in sein *herzen lant* (810), um sie dort zu seiner Königin zu krönen. In dieser Gegenseitigkeit der Zuneigung teilen sie sich *ir herzen künicrîche* (816):

daz ir wart Riwalîne,
dâ wider wart ir daz sîne
[...]
si haeten sich wol under in zwein
einmüeteclîche und rehte in ein
mit ir gedanken undernomen.
(817–823)

Dem offenen Raum des Maienfestes, an dem sich metaphorische Begegnungsstätten für die Liebenden ereignen, steht die Geschlossenheit des Krankenzimmers entgegen, in der die illegitime voreheliche Vereinigung stattfindet.[148] In der Trankszene zwischen Tristan und Isolde ist die Rede von der Minne als Ärztin, die ihre Patienten in der körperlichen Liebe zu heilen vermag (12161–12170); bei Riwalin ist diese Metaphorik Realität. Der todkranke Ritter wird von Blanscheflur aufgesucht, die sich im Gewand einer Bettlerin als Ärztin ausgibt, um Einlass zum Krankenlager zu erhalten (1199–1330). In der dort stattfindenden heimlichen Liebesbegegnung finden sie gegenseitig Heilung und Trost. Die darauffolgenden intimen Treffen bedeuten Riwalin und Blanscheflur *werltwunne* (1369), *sanfte und alsô wol* (1370), die sie nicht einmal gegen das Himmelreich eintauschen würden. Derartige Glücksmomente sind jedoch nur von kurzer Dauer, denn auch Riwalin und Blanscheflur werden von der Feudalrealität erbarmungslos eingeholt und aufgrund ritterlicher Verpflichtungen, in denen Riwalin tödlich verwundet wird, für immer voneinander getrennt.[149]

Der Eintritt in den Minneraum ist zugleich ein »Abkommen vom sicheren Weg der gewohnten Wertungs- und Handlungsmaßstäbe«[150]. Die Loslösung von vorgegebenen Handlungsschritten und Wertvorstellungen ist verbunden mit Momenten der *beworrenheit* (875) und des *zwîvel* (885). Doch neben diesen Unsicherheiten und Ängsten bietet der Minneraum vor allem eine »beispiellose Glückserfahrung«[151]. Aspekte wie die räumliche und zeitliche Begrenzung, die Exklusivität und die Prekarität des Minneraumes stehen in deutlicher Analogie zu

---

[147] Wessel, *Probleme der Metaphorik,* S. 88, Fußnote 354.

[148] Müller, *Höfische Kompromisse,* S. 296, vgl. auch S. 408–410; vgl. auch Alois Wolf, »Die Klagen der Blanscheflur. Zur Fehde zwischen Wolfram von Eschenbach und Gottfried von Straßburg«, in: *Gottfried von Straßburg,* hg. v. Alois Wolf, Darmstadt 1973, S. 392–413, bes. S. 406f. (zuvor abgedruckt in: *ZfdPh* 85 (1966), S. 66–82); vgl. auch Urban Küsters, »Die Liebe und der zweite Blick. Wahrnehmungshaltungen in höfischen Liebesbegegnungen«, in: *Personenbeziehungen in der mittelalterlichen Literatur,* hg. v. Helmut Brall, Barbara Haupt und Urban Küsters, Düsseldorf 1994, S. 271–320, bes. S. 286–298.

[149] Vgl. Wolf, *Gottfried von Straßburg und die Mythe von Tristan und Isolde,* S. 122.

[150] Wessel, *Probleme der Metaphorik,* S. 419.

[151] Flecken-Büttner, »Exzeptionalität«, S. 118.

jenen eines Spielraums der Muße. In beiden Fällen, in der Minne wie in der Muße, verändert sich die Sicht auf die Welt und das eigene Selbst. Der Text spricht von *ander leben* (937) oder gar vom *niuwe leben* (938), das eine radikale Verwandlung und Veränderung des Denkens und Gebarens mit sich bringt: *ez hât mich gâr verkêret / an muote und an dem lîbe* (994f.).

In Kontrast zu konkreten Spielräumen der Minne und der Muße, die sich von der Welt und ihren Anforderungen auch geographisch abkoppeln, bietet der Seelenraum im Falle der höfischen Liebe die – zumindest temporäre – Möglichkeit, Außen und Innen, Welt und Rückzug, Öffentlichkeit und Privatheit miteinander zu vereinen. Als »innerliche[r] Besitz«[152] ist er Schutz- wie Freiraum, ohne in sichtbaren Widerspruch zu gesellschaftlichen Regeln zu treten. Der private Minneraum ist jedoch nur insofern verbindendes Element als er als kurzzeitiger Ausbruch aus den gesellschaftlichen Normen schlussendlich in höfische Eheliebe mündet und dadurch sozial-stabilisierende Wirkung hat. Ist die Liebesverbindung für die Öffentlichkeit grundsätzlich ›lesbar‹, sind auch Rückzüge in die Privatheit – sei es nun die konkrete Kemenate von Artus und Ginover am Anfang des *Iwein* (77–85) oder auf abstrakter Ebene das Herz des Geliebten – von der Öffentlichkeit geduldet, da sie diese nicht in ihrem Kern angreifen. Im *Tristan* jedoch entsteht zwischen Tristan und Isolde durch den Minnetrank eine heimliche Passionsliebe, die sich der Öffentlichkeit nicht mitteilt, sondern geradezu transgressive Kräfte entwickelt. Sie wird dadurch letztlich zu einer Gefahr für die Hofgesellschaft und muss scheitern:

> Passionsliebe als endloses Wiederlesen der unerschöpflichen Wiederholung der eigenen Liebesgeschichte […] ist […] Vervollkommnung des auch der Eheliebe inhärenten und darin vorausgesetzten Affektes, doch ist sie, gerade als dessen Vervollkommnung, auch das Prinzip ihrer Zerstörung. Sie überführt den Affekt nicht auf eine Ebene der Produktion idealer Öffentlichkeit und sozialer Transparenz, sondern sie projiziert ihn in eine Echokammer semantischer Amplifikation, die immer nur trickreiche Negation von Öffentlichkeit sein kann.[153]

Allein in der erinnernden Lektüre des außertextlichen Rezipienten wie des innertextlichen Erzählers ist ein Weiterleben der Liebe zwischen Tristan und Isolde möglich:

ich hân von in zwein vil gedâht
und gedenke hiute und alle tage.
swenne ich liebe und senede clage
vür mîniu ougen breite
und ir gelegenheite
in mînem herzen ahte,
sô wahsent mîne trahte
und muot, mîn hergeselle,
als er in diu wolken welle.
(12200–12208)

[152] Kuhn, »Erec«, S. 145.
[153] Vgl. Largier, »Liebe als Medium der Transgression«, S. 213.

Der hier angedeutete Zusammenhang von Leben und Lesen als Erinnern und Gedenken *(gedâht, gedenke, ahte)* ist als indirekter Brückenschlag zum Prolog aufzufassen.[154] Dieses Lesen meint nun nicht mehr das Entschlüsseln von Zeichen zwischen Liebenden, sondern Lesen als Fähigkeit der Entzifferung von Schrifträumen. In dieser Entzifferung und Deutung der Erzählung von Tristan und Isolde »geschieht ein Wunder: die Verwandlung von etwas Fremdem und Totem in schlechthinniges Zugleichsein und Vertrautsein«[155]. Aus den erstarrten Schrifträumen, die von den vergangenen Minneräumen der Figuren erzählen, werden imaginäre Räume des Rezipienten, die Gegenwärtigkeit generieren und sich in der Hingabe und Offenheit möglicherweise wiederum zu Spielräumen der Muße, nun für den Rezipienten selbst, verwandeln und diesen aus den Alltagsstrukturen emporzuheben vermögen: *so wahsent mine trahte / und muot* [...] */ als er in diu wolken welle* (12206–12208).[156] Das Lesen und Wiederlesen der *senemaere* stellt somit die einzige Möglichkeit dar, den Konflikt zwischen Öffentlichkeit und Privatheit, gemeiner Welt und »tristanische[r] Anderwelt«[157] für die Zeit der Lektüre aufzuheben und einer Vollkommenheit nahezukommen.

4.1.5 *Der Zaubergarten als ›ander paradîse‹ in der ›Joie-de-la-curt‹-Episode im ›Erec‹*

An keiner anderen Stelle zeigt sich die ursprüngliche Bedeutungsdimension von Garten und Paradies als Umzäunung oder Gehege so signifikant wie in der Brandigan-Episode im *Erec*. Der Baumgarten im *Erec*, der als *ander paradîse* (9542) bezeichnet wird, ist nicht nur hermetisch abgeriegelt, sondern zugleich Ort einer von der Außenwelt radikal abgeschotteten Lebensform. Was in der Baumgartenszene im *Iwein* oder in der Szenerie der Waldlichtung im *Titurel* als alternative Lebensweise anzitiert wird, wird im *Erec* auf radikale Weise zu Ende gedacht. In die Extreme gesteigert zeigt sich, wie sich diese nonkonforme Daseinsform letztlich gegen sich selbst wendet und zerstörerische Züge annimmt. Der Versuch, jegliche äußeren Einflüsse auszuklammern, lässt das soziale Gefüge aus den Fugen geraten. Die Verweigerung aktiver Teilhabe und Teilnahme an der Umgebung und an der Gemeinschaft birgt deshalb auch Gefahr in sich, da sie das Gleichgewicht zwischen Einzelnem und Kollektiv auf fatale Weise stört.

Der Wundergarten im *Erec* befindet sich geographisch nahe einer auf einem Felsplateau errichteten Burg, die von einem rauschenden Fluss gegen Gefahren

[154] Vgl. zum *Tristan*-Prolog ausführlich das Kapitel 2. Auffallend ist auch die in der gesamten Minnetrankepisode zu beobachtende Wiederholung von Worten und Formulierungen aus dem Prolog, vgl. dazu Young, »Der Minnetrank als Literarisierungsprozeß«, bes. S. 272; S. 276f.; Walter Haug, »Erzählung und Reflexion in Gottfrieds ›Tristan‹«, in: *Der ›Tristan‹ Gottfrieds von Straßburg. Symposion Santiago de Compostela, 5. bis 8. April 2000*, hg. v. Christoph Huber und Victor Millet, Tübingen 2002, S. 281–294, bes. S. 288f.

[155] Gadamer, *Wahrheit und Methode*, S. 156.

[156] Vgl. zur ästhetischen Dimension der Texte auch Kapitel 5.

[157] Kern, *Weltflucht*, S. 354.

und Eindringlinge geschützt ist. Gerade in Kontrast zu der Bezeichnung des Gartens als Paradies fällt die Schlucht um die Burg herum auf, an deren steilen Wänden der Fluss in die Tiefen stürzt. Der Anblick dieses Abgrundes erinnert an die Hölle (7881). Noch vor der Beschreibung des Baumgartens – *dehein schœner wart gesehen* (7892) – werden somit Assoziationen des Gegenteiligen, Erschreckenden wie Gebrochenen wachgerufen. Auch die Tatsache, dass Guivreiz, der mit Erec und Enite zum Artushof unterwegs ist, vom Weg abgekommen und nur durch ein Missgeschick *zuo der winstern hant* (7906) abgebogen und auf die Burg zugeritten ist, verweist subtil auf eine drohende Gefahr.[158] Waltraud Fritsch-Rößler spricht bezeichnenderweise auch von »eine[r] Episode von aposteriorischem Erkenntnisschock«[159].

Seit zwölf Jahren (8416) ist der Garten unzugänglich (8469), doch diese prekäre Zugänglichkeit wird nicht durch gewöhnliche Umgrenzungen, etwa eine Mauer oder einen Zaun, erwirkt. Der Garten steht vielmehr frei, denn nichts Greifbares – *iht daz man begrîfen mac* (8707) – umgibt ihn. Diese Ungreifbarkeit schließt auch die Bedeutung des Un*be*greiflichen mit ein, denn eine Aura des Geheimnisvollen und Mythischen umgibt den Garten. So ist die idyllische Landschaft von einer Wolke, die einst durch *list* (8749) hergestellt wurde, umschlossen, durch die nichts von außen nach innen oder in umgekehrter Weise von innen nach außen zu dringen vermag (8751). Die konkreten Lokaldeiktika zur geographischen Lage des Gartens erhalten durch die wolkenartige Umzäunung ein Gegengewicht des Imaginären, gar Surrealen. Dies lässt sich auch bei der Beschreibung des Inneren feststellen. Die Raumvorstellung bleibt durchweg vage.

Zusätzlich zu der Wolke umringt ein Kreis aus Eichenstangen den Platz. Auf den Stangenspitzen sind als Mahnung weit sichtbar die Köpfe derjenigen aufgespießt, die der Herr des Gartens im Kampf besiegte (8769f.). Eine einzige Stange

---

[158] Vgl. Hinrich Siefken, »*Der sælden strâze.* Zum Motiv der Zwei Wege bei Hartmann von Aue«, in: *Euphorion* 61 (1967), S. 1–21, bes. S. 16f., der hier das Zwei Wege-Motiv erkennt, jedoch in einer verkehrten Welt, denn der klassisch-biblische ins Unglück und Verderben führende linke Weg (vgl. etwa Mt. 7,13f.) erweist sich an dieser Stelle als der *sælden wec* Erecs. Vgl. im *Erec* auch die Verse 7811–7817. Dazu Ernst Trachsler, *Der Weg im mittelhochdeutschen* Artusroman, Bonn 1979, bes. S. 209–217, der gegen Siefken argumentiert, wenn er die vertauschten Wegattribute als Hinweis darauf versteht, dass die christliche Wegmetaphorik für den Artusritter an dieser Stelle noch nicht verbindlich sei, dass das Abenteuerhafte als etwas Unerwartetes, Unplanbares im Gegensatz zur christlichen Norm stehe. Vgl. zum Wegmotiv die umfangreiche Belegstellensammlung bei Lambertus Okken, *Kommentar zur Artusepik Hartmanns von Aue. Im Anhang: Die Heilkunde und Der Ouroboros* v. Bernhard Dietrich Haage, Amsterdam/Atlanta 1993, bes. S. 196–218.
Die Lesart von Albert Leitzmann (Albert Leitzmann, *Erec von Hartmann von* Aue, Halle 1939 (Nachdruck mit einem Vorwort v. W. Steinberg Halle 1960), Tübingen 21957, 3. Aufl. besorgt v. Ludwig Wolff 1963, 41967, 51972, 1.-5. Aufl.) und die Anmerkung von Wilhelm Wackernagel (in: *Erec. Eine Erzählung von Hartmann von* Aue, hg. v. Moritz Haupt, Leipzig 1839, 21871 Nachdruck Hildesheim/New York 1979, V.9b) lautet dagegen für Vers 7906: *gezeiget zuo der vinstern want,* wobei sich das Nomen auf die Felswand beziehen könnte.

[159] Fritsch-Rößler, »Erlöst vom Paradies«, S. 210.

ist noch frei für den nächsten Wagemutigen, der sich zum Kampf bereiterklärt. An dieser hängt ein Horn, das der potenzielle Sieger über den Herrn des Gartens zur Verkündigung seines Sieges blasen soll. Während also die Wolke den Garten in eine Sphäre des Unbestimmten, Ungreifbaren und Wunderbaren rückt, zieht der Kranz aus enthaupteten Köpfen den Betrachter zurück in eine brutale und makabre Welt.

Wie im Garten der Oiseuse existiert auch hier nur ein einziger Durchgang, eine Pforte (8484), zu der *ein engez phat* (8713) *an einer vil verholnen stat* (8712) führt. Die genaue Beschaffenheit und Materialität der Pforte findet keine Erwähnung. Möglicherweise ist sie, wie die Zauberwolke, die den Garten umgrenzt, in ihrer Stofflichkeit nicht zu greifen. So öffnet sie sich denn auch nicht durch Klopfen oder Drücken, sondern *bî dem êrsten worte* (8485).[160] Hat man diese Stelle gefunden, oder wird wie im Falle Erecs vom Burgherrn geleitet, gelangt man ohne Schwierigkeiten in das Innere des Gartens. Doch ist der Gast erst einmal eingetreten, schließt sich wie von magischer Kraft gesteuert das Tor hinter ihm wieder zu; ein Entkommen ist nicht mehr möglich (8489). Im Garteninneren findet der Besucher zunächst *swes in gezam* (8717). Der Eindruck einer latenten Bedrohung, des Gefangenseins und des Ausgeliefertseins wird durch die Schönheit des Gartens in den Hintergrund gerückt, gar verharmlost. Erec lässt sich auf das unbekannte Terrain ein, er öffnet sich für das, was ihm auf seinem Weg begegnet.[161]

Ausführlich wird der zauberhafte Garten beschrieben, in dem »[d]ie lineare Zeit [...] in der Gleichzeitigkeit aufgehoben«[162] ist. Der Beschreibung mangelt es jedoch an konkreten geographischen Angaben oder genauen räumlichen Relationen. Es bleiben »freischwebende, unsortierte Versatzstücke«, denen es nicht um Plastizität und Positionierung geht, sondern um die Vorführung eines »Ort[es] seiner Bedeutung nach«[163]. Der Besucher ist einer Fülle an Erscheinungen ausgesetzt und mitten in diese hineinkatapultiert, ohne eine genaue Ortung und Ordnung ausmachen zu können: Es wachsen dort Bäume, die zugleich Blüten wie Früchte tragen; Blumen bedecken lückenlos den Boden und leuchten in bunten Farben. Nicht nur der Duft der Blumen, auch der Vogelgesang wird als *süeze* (8729; 8724) beschrieben. Das Adjektiv *süeze* bezeichnet in sich bereits eine synästhetische Wahrnehmung. Zugleich ist es Ausdruck von Formvollendetheit und Wohlgestimmtheit dieses besonderen Ortes. Bei Eintritt in den Garten ist es kaum möglich, den lieblichen Sinneseindrücken zu entkommen, denn die Luft ist durchströmt vom Duft der Blumen und der Wohlklang des Vogelgesanges dauert *ze aller zît* (8733) an. Immer wieder taucht das Epitethon *wünneclîch* (8718; 8722)

---

[160] Vgl. auch Glaser, *Der Held und sein Raum*, S. 59f.

[161] Bereits beim Anblick der klagenden Stadtbevölkerung fällt auf, wie sich Erec in seiner Unbeschwertheit, Furchtlosigkeit und Entschlossenheit als Gegenbild darstellt: *er was eht herzen sorgen vrî* (8154).

[162] Schnyder, »›Daz ander paradîse‹«, S. 63–75, hier S. 64; vgl. auch Haug, »Schreckensorte und künstliche Paradiese«.

[163] Gertrud Höhler, »Der Kampf im Garten. Studien zur Brandigan-Episode in Hartmanns *Erec*«, in: *Euphorion* 68 (1974), S. 371–419, hier S. 378.

auf, wodurch das Staunenswerte des Gartens ausgedrückt werden soll. Daran fügt sich, dass der Baumgarten im *Erec* insofern ein Ort des Vergessens (8738) ist, als er negative Affekte und Emotionen, etwa Leid und Trauer, verdrängt: *swer mit herzeleide / wære bevangen, / kæme er dar in gegangen, / er müeste ir dâ vergezzen* (8735–8738).

Wie bereits an der doppelten Umzäunung deutlich wird, ist der Baumgarten von zwiespältiger Natur.[164] Von außen wirkt er wie ein Ort des Schreckens und des Verderbens, im Inneren herrscht Überfluss, Erfülltheit und Idylle. Je nach Perspektive und je nach Zeitpunkt schillert er also auf eigenartige Weise zwischen Paradies und Hölle. Die Kopräsenz von *Er*wünschtem und *Ver*wünschtem ist nach Andreas Mauz die zentrale Signatur eines ›verwunschenen Ortes‹, als welcher der Wundergarten im *Erec* aufgefasst werden kann.[165] In seinem Aufsatz zu Bibliotheken bestimmt Magnus Wieland einen verwunschenen Ort als einen Ort, »der von einer höheren energetischen Sphäre durchdrungen ist, an den sich Ängste, Wünsche oder Erinnerungen binden, an dem Gegenwärtiges und Vergangenes, Fiktives und Reales, Sinnliches und Übersinnliches auf intrikate Weise kopräsent sind.«[166] Es handelt sich also um einen geradezu janusköpfigen Spielraum, welcher vergleichbar mit der Zauberwolke, die ihn umgibt, schwer zu greifen und kaum eindeutig zu bestimmen ist. Dieser doppelten, ja geradezu hybriden Semantisierung des Raumes möchte ich genauer nachgehen, um das Spannungsfeld zwischen Innen und Außen, Paradies und Hölle abzustecken.

Analog zum Rosengarten im *Roman de la Rose* findet sich auch im Inneren des Wundergartens eine Art zweiter verschachtelter Raum. Die Beschreibung dieses zweiten Raumes erfolgt in der internen Fokalisierung Erecs: Mitten auf der blühenden Wiese sieht Erec ein Zelt stehen; *rîch unde wol getân, / beide hôch und wît, / zweier slahte samît, / von strichen swarz unde wîz* (8903–8906). Es nimmt also nicht nur in der Breite Raum ein, sondern ragt auch in die Vertikale. Die senkrechte Ausrichtung wird durch den goldenen Adler auf der Spitze des Zeltes zusätzlich betont. Gertrud Höhler deutet den Adler als Herrscherattribut, aber auch als Zeichen von *superbia*. So sieht sie die Aneignung des Gartens als Ausdruck von Hochmut und Vermessenheit.[167] Mit dieser kritischen Deutung übergeht sie jedoch jegliche positiven Aspekte des Zaubergartens und ihrer Bewohner und nimmt stattdessen auf undifferenzierte Weise die Perspektive der Stadtbevölkerung ein. Vermeidet man solche Spekulationen, lässt sich allein die Beobachtung festhalten, dass innerhalb der Natürlichkeit des Gartens das Zelt Ausdruck

---

[164] Vgl. Müller, *Höfische Kompromisse*, S. 298.

[165] Andreas Mauz, »Verwunschene Orte. Zur Einführung in Thematik und Band«, in: *Verwunschene Orte. Raumfiktionen zwischen Paradies und Hölle*, hg. v. Andreas Mauz und Ulrich Weber, Göttingen 2014, S. 9–34, hier S. 12.

[166] Magnus Wieland, »Bücherspektren: die Bibliothek als ›verwunschener‹ Ort«, in: *Verwunschene Orte. Raumfiktionen zwischen Paradies und Hölle*, hg. v. Andreas Mauz und Ulrich Weber, Göttingen 2014, S. 203–228, hier S. 205.

[167] Vgl. Höhler, »Der Kampf im Garten«, S. 408f.

höfischer Künstlichkeit darzustellen scheint, denn es werden Assoziationen von Prunk, Reichtum und Wohlleben geweckt.

Auf den Zeltbahnen, die aus kostbaren Stoffen gefertigt sind und in bunten Farben leuchten, finden sich sorgfältig gemalte Szenen von Tieren und Menschen, die täuschend echt wirken (8907–8914). Als wirklichkeitsnahe Illusion eröffnen sie dem Betrachter weitere Räume der Imagination und führen die Verschachtelung der Räume auf metadiegetischer Ebene im Bereich des Bildlichen fort. Dazu fügt sich auch, dass die Bilder auf dem Zelt an Paradiesschilderungen erinnern. Gedanken an Entzeitlichung, Ewigkeit oder Sorglosigkeit werden geweckt.[168] Dagegen argumentiert Brall, dass die Täuschung Ausdruck einer »Welt von preziöser Starre [sei], in der nur noch Bilder von Menschen einen Gemeinschaftsbezug vorgaukeln, in der die Vögel nur noch so aussehen, als könnten sie fliegen«[169]. Möglicherweise lassen sich die Bilder tatsächlich als Zeichen von Unbeweglichkeit deuten, meines Erachtens zeigt sich an dem Gegenstand ›Zelt‹ einschließlich der bemalten Zeltbahnen jedoch vielmehr jenes Aufeinandertreffen zweier Perspektiven, wie es für den gesamten Garten charakteristisch ist. Das Zelt selbst ist nicht Haus, nicht Garten, sondern verbindet in sich Aspekte des Schutzes und Aspekte eines Provisoriums. Analog dazu vermögen die Paradiesmotive auf den Zeltbahnen den Betrachter sowohl zu ergötzen, als auch durch ihre Starrheit zurückstoßen. Diese Zweipoligkeit setzt sich auch im Zeltinneren fort.

Im Inneren des Zeltes sitzt auf einem Bett eine wunderschöne Frau. Auch hier treffen Anziehung und Abstoßung aufeinander, denn ihre Schönheit lockt den Besucher an, ihre Unbeweglichkeit und die Tatsache, dass sie sich wie abwehrend in einen Mantel gehüllt hat (8951–8953), schaffen Distanz. Nicht nur ihre Kleidung ist aus edlen Stoffen gefertigt und aufwendig verziert, auch das Bett selbst ist aus kostbarem Material gebaut. Bei Chrétien findet sich kein Zelt; stattdessen ruht die Herrin des Gartens in sinnlicher Pose auf einem silbernen Bett in der Mitte der Wiese im Schatten einer Sykomore (5828–5836). Dies erweckt den Eindruck, die Figur sei direkt in den lieblichen Garten integriert, auch wenn das kunstvolle Bett, wie auch das Hartmannsche Zelt, eine höfische Lebensweise andeutet und im Kontrast zu der Natur steht.

Das Zelt bei Hartmann ist sozusagen ein Schutzraum innerhalb eines größeren Schutzraumes, das dem Liebespaar des Gartens eine zusätzliche Rückzugsmöglichkeit und Raum für Intimität bietet. Unverkennbar nimmt es die Funktion eines Minnezeltes ein.[170] Der transportable Wohnort, der von außen in den Garten gebracht worden sein muss, zeugt von einem Zwischenaufenthalt. Das Zelt ist Zeichen eines nomadenhaften Lebens, bei dem die Einkehr in den Garten nur eine temporäre sein kann. Nur kurzzeitig kann das Liebespaar den Platz für sich

[168] Walter Haug, »*Joie de la curt*«, in: *Blütezeit. Festschrift für L. Peter Johnson zum 70. Geburtstag*, hg. v. Mark Chinca, Joachim Heinzle und Christopher Young, Tübingen 2000, S. 271–290, hier S. 277.

[169] Brall, »Imaginationen des Fremden«, S. 146.

[170] Vgl. Stock, »Das Zelt«.

einnehmen und sich wohnlich darin einrichten.[171] Das Zelt als solches lässt sich, losgelöst vom Kontext, gewissermaßen symbolhaft für Muße auffassen, denn es ist ebenso temporär wie fragil in seinem Bau und bietet, zwischen Offenheit und Geschlossenheit sich bewegend, dennoch Geborgenheit und Wohlergehen innerhalb seiner Wände.

Während bei Chrétien die Frau schweigt und Erec weder grüßt, noch auf andere Weise Kontakt zu ihm aufnimmt, sondern einer Statue gleich allein ihre Reize zur Schau stellt, warnt sie bei Hartmann den Protagonisten vor dem nahen Tod (8971–8989). Doch auch hier ist ihr die Kommunikation mit dem Fremden missliebig und ihr Handeln allein der *gewonheit* (8972) geschuldet. Von geradezu aggressiver Aktivität ist dagegen der Herr des Baumgartens gezeichnet. Mabonagrin stürzt in bedrohlich wirkender feuerroter Rüstung zornentbrannt heran. Wie ein Fremdkörper taucht der Riesenhafte in der lieblichen Gartenlandschaft auf; sein gesamtes Äußeres ist auf Kampf ausgerichtet, nicht umsonst wird er als *mordic* (9023) und als *vâlant* (9270) bezeichnet. Mit seinem Erscheinen verkehrt er auch die kontemplative Atmosphäre des Gartens in eine Atmosphäre des Aufruhrs und der drohenden Gewalt. Der Garten wird schlagartig zum Schauplatz des schonungslosen Kampfes zwischen Erec und dem roten Ritter, bei welchem sich die Natur verändert und alles Lebendige, Blühende und Frühlingshafte langsam verschwindet: *unz daz si gar vertrâten / beide bluomen unde gras, / daz dâ niht grüeners was / dan umbe mitte winterzît* (9163–9166).

Mit Erecs Sieg über den Herrn des Gartens wendet sich erneut die Situation. In einem freundschaftlichen Gespräch berichtet Mabonagrin von seiner Zeit im Inneren des Gartens. Ursprung der besonderen Lebensweise ist der einstige Wunsch der Freundin, in einer exklusiven Liebesgemeinschaft in diesem Garten zu leben. Der Wunsch erwächst jedoch aus einer Angst heraus und damit einhergehend einer Verwünschung anderer Frauen, denn sie hofft, in der radikalen Ausgrenzung von *andern wîben* (9555) Mabonagrin konkurrenzlos für sich allein beanspruchen zu können. In der dualen Beziehung zu ihm sieht sie ihre ganze Erfüllung:

[...] *›wol mir daz ich lebe*
alsô wünneclîcher gebe
der mich got hât gewert.
allez des mîn herze gert,
daz hân ich umbevangen.
ez ist mir wol ergangen.
ouch wil ich mich vermezzen,
wir haben hie besezzen
daz ander paradîse.
die selben stat ich prîse
vür alle boumgarten.
als ir selbe muget warten,
hiest inne michel wünne
von aller vogele künne

[171] Vgl. zum Zelt auch Höhler, »Der Kampf im Garten«, S. 403–413.

und von missevarwer bluot:
hie wære daz wesen inne guot.‹
(9534–9549)

Die Begegnung mit Mabonagrin, die sich, so erfährt der Rezipient aus der Erzählung des roten Ritters, als eine Art Brautraub entpuppt (9462–9480), bei dem sich die *vriundinne* nur allzu bereitwillig entführen lässt, kommt der Herrin des Zaubergartens einem Geschenk gleich. Im Moment der Umarmung im Baumgarten erlebt sie sich selbst als vollkommen und glücklich: *allez des mîn herze gert, / daz hân ich umbevangen. / ez ist mir wol ergangen* (9537–9541). Es scheint, als assoziiere sie dieses Wohlgefühl unmittelbar mit dem Baumgarten, als bedinge für sie das eine das andere und sei untrennbar aneinander geknüpft. Nur in der Verbindung sei die Erfülltheit zu bewahren. So lässt sich auch erklären, warum sie die Bezeichnung des *ander paradîse* wählt. Aus ihrer Perspektive ist der Baumgarten ein freier Spielraum ihrer Liebe, in welchem sie sich von den Regeln und Ordnungen der Gesellschaft lösen und potenziellen Momenten der Muße hingeben können. Auch wenn sich der verwunschene Ort im Nachhinein als täuschendes, gar falsches Paradies zeigt, trägt er für die Geliebte selbst bis zum Schluss »explizit utopische Züge«[172]. Unverkennbar ist dies an der Trauer und dem Schmerz, den sie empfindet, als sie aufgrund von Erecs Sieg gezwungen ist, den Garten zu verlassen: sie erleidet *herzensêre* (9692) *daz si niht mêre / in dem boumgarten solde sîn* (9693f.).

Zu beachten ist in diesem Zusammenhang das Auftreten und Agieren oder besser Nicht-Agieren der Frau während ihres Aufenthaltes im Garten – soweit der Text in dieser Richtung Einblick gewährt. Während Mabonagrin unstet auf der Suche nach Angreifern im Garten umherzieht, verharrt die Frau in ruhender Haltung sitzend im Zelt: *die vrouwe diu nû hie saz* (8937), heißt es im Text. Die Adverbien *nû* und *hie* drücken die Fokussierung der Frau auf das Hier und Jetzt auch sprachlich aus. Ihr Anblick fordert eine Verlangsamung des Geschehens wie des Sehens. Erecs Blick schweift nicht umher, sondern ruht für einen Moment auf der Frau. Ihre starre Haltung erweckt ebenfalls den Eindruck von Unbeweglichkeit. Es wirkt beinahe, als sei die Szenerie, in deren Mitte sie sich aufhält, eingefroren. Doch lässt sich nicht eher festhalten, dass der Garten nicht nur als Spielraum der Muße auserwählt, sondern auch in weiten Zügen als solcher von ihr erlebt wird? Es gibt nichts zu tun, die Frau kann sich der Ruhe hingeben und im Augenblick verweilen. Symptomatisch ist jedoch die Tatsache, dass sie sich allein im Zelt aufhält. Die Umarmung, die zu Beginn der isolierten Lebensweise noch ihre Freude und ihre Zusammengehörigkeit ausdrückte – *von vreuden si mich umbevie* (9533) – hat sich gelöst. Die Zweisamkeit scheint parallel zu dem Versuch, den Zustand im Garten auf Dauer zu stellen, an Wirkkraft zu verlieren.

[172] Haug, *»Joie de la curt«*, S. 287. Bei Chrétien dagegen wird im Gespräch der Freundin mit Enide deutlich, dass auch ihr die Zeit im Garten lang wurde (6231–6237). Die Entscheidung, sich in den Baumgarten in Zweisamkeit zurückzuziehen, sei ihrem jungen und unerfahrenen Alter geschuldet.

Ihrem Geliebten hat die namenlose Freundin, die durch ihre Anonymität einen Typus abzubilden scheint, das Versprechen abgenommen, sich in der Isolation des Baumgartens ihrer intimen Zweierbeziehung hinzugeben.[173] Aus Liebe hat Mabonagrin diesem Leben seine *triuwe* (9461) versprochen, welche nur durch äußere Einflüsse, in diesem Fall der Sieg eines fremden Ritters über den Herrn des Baumgartens, aufgehoben werden kann. Die Gründe Mabonagrins sind ambivalent, in ihnen vermischen sich Freiwilligkeit und Unfreiwilligkeit, Zwang und Freiheit auf paradoxe Weise miteinander. Einerseits ist Mabonagrin dieser Art des asozialen Lebens abgeneigt, andererseits hat er selbst den Entschluss gefasst, einen solch gesellschaftsfernen Lebensstil einzugehen (9445–9450). Der Wille der Frau wird zu seinem Willen, denn: *swaz si wil daz wil ouch ich, / und swaz ich wil des wert si mich* (9508f.). Die Willenseinheit wird von Mabonagrin als vollkommene *geselleschaft* (9510) zwischen Frau und Mann definiert. Die Übereinstimmung zwischen den Liebenden ist ihm *bestez heil* (9522) und *rehte*[...] *vreude* (9524). Eine solche symbiotische Verbindung der Liebenden bis hinein in die intimsten Wünsche findet sich bei Chrétien nicht. Dort entspricht das Leben im Baumgarten nicht dem Willen Mabonagrins, vielmehr wurde er durch eine List von seiner Freundin zum Aufenthalt gezwungen, woraus allein unedle Werte wie Wortbrüchigkeit und Treulosigkeit geführt hätten (6032–6065). Während bei Chrétien von Gefangennahme – *tenir an prison* (6047) – die Rede ist, heißt es bei Hartmann weit vorsichtiger formuliert *bande* (9585).

Der Ort ist als »Exklave[...] der Lust«[174] ausgewählt, der sich durch die Lebensweise der Liebenden zu einem Schutzraum ihrer Zuneigung konstituiert. Nur dort sind sie vor den überwachenden, kontrollierenden und zähmenden Blicken der Gesellschaft sicher. Doch im gleichen Maße wie sich der Ort der Öffentlichkeit und Gesellschaft zu entziehen versucht, wird er Objekt ihrer Begierde. Für die Stabilität und Wohlgeordnetheit der Gemeinschaft stellt er eine fortwährende Provokation dar, weil sich das Liebespaar ihrer Leistungsethik entzieht und ein Gegenmodell etabliert.[175] Angesichts dieses bedrohend-beunruhigenden Aspektes lässt sich der Lustgarten auch im Sinne Foucaults als Heterotopie auffassen, da er als Gegenort das Gesetzte ins Wanken bringt.[176] In einer paradoxen Konstellation soll er die Hofgesellschaft ausgrenzen, wird zugleich jedoch »Ziel von deren Anstrengungen«[177] und Bewährungsprobe, wie nicht zuletzt die auf den

---

[173] Es ist in der Tat interessant, dass die Freundin Mabonagrins an keiner Stelle im Text einen Namen erhält. Sie verbleibt in der Anonymität und ist damit gewissermaßen ersetzbar. Es scheint also weniger um eine bestimmte Identität zu gehen, als vielmehr um eine gewisse Lebensweise und damit einhergehend um bestimmte (weibliche?) Erwartungen und Empfindungen.

[174] Schnyder, »›Daz ander paradîse‹«, S. 64.

[175] Vgl. auch Ursula Liebertz-Grün, »Kampf, Herrschaft, Liebe. Chrétiens und Hartmanns Erec- und Iweinromane als Modelle gelungener Sozialisation im 12. Jahrhundert«, in: *The graph of sex and the German text: gendered culture in early modern Germany 1500–1700,* hg. v. Lynne Tatlock, Amsterdam/Atlanta 1994, S. 297–328, hier S. 309.

[176] Vgl. zum Begriff der Heterotopie Kapitel 4.3.

[177] Vgl. auch Müller, *Höfische Kompromisse,* S. 299.

Stangen aufgespießten Köpfe und die trauernden Witwen bezeugen.[178] Der Rückzug Einzelner kann von der höfischen Gesellschaft nicht geduldet werden. Um den Sonderraum auch gegen die Widrigkeiten des Hofes aufrechtzuerhalten, ist Mabonagrin also gezwungen, Eindringlinge zu töten. Nur auf Kosten anderer ist der Garten der Zweisamkeit möglich, da er als antisozialer Raum die Freude des Hofes, die *Joie de la curt* (8002), wie der Name der letzten *âventiure* verdeutlicht, tilgt. Anders ausgedrückt: der Eintritt in den paradiesischen Garten fordert einen hohen Preis, sowohl außerhalb als auch innerhalb seiner Grenzen. Es ist jedoch zu präzisieren, dass die Aggression nicht von dem Liebespaar selbst, sondern von der ihnen feindlich gestimmten Gesellschaft ausgeht.[179] Entscheidend ist, dass die Erfülltheit Einzelner mit der Trauer und Betrübtheit des Kollektivs einhergeht. Der Rückzug der beiden Liebenden erzeugt – auf beiden Seiten – ein Handeln und Denken in Kategorien, Trennungen und Grenzen. Möglicherweise ist diese Tatsache metaphorisch als dasjenige zu verstehen, das die Umarmung des Liebespaares, verstanden als Symbol ihrer Gemeinschaft, auseinanderreißt. Aus der Innenperspektive kann die Lebensweise solange als intakt und vollkommen aufgefasst werden, bis sie durch äußere Einflüsse, Meinungen, Anforderungen und Kompromisse in ihrer Auffassung getrübt wird.

Gert Kaiser sieht im Falle Mabonagrins und seiner *vriundîn* einen Sonderfall des umherziehenden ritterlichen Liebespaares.[180] Es handelt sich deshalb um einen Sonderfall, da es um den Versuch geht, eine nur temporär stattfindende Lebensform auf Dauer zu stellen, oder anders gesagt: dem Ephemeren etwas Verstetigendes aufzuoktroyieren. In der Statik des Baumgartenlebens verliert das Motiv des vagierenden Paares seine zentrale Charakteristik des Unterwegsseins, wodurch der Zustand der buchstäblich exklusiven Zweisamkeit an Legitimität verliert. Zugleich verfehlt und zerstört der Versuch, die Muße festzuhalten, ihr Wesen im Kern. Doch diese Liebe, darauf hat Haug dezidiert hingewiesen, findet nur in der Idylle des Gartens und nur über die gewaltsame Ausgrenzung der Anderen, ihren ihr möglichen und nötigen Spielraum.[181] Diese Deutung des Dilemmas zwischen kollektiver *vreude* und dem Ideal passionierter Liebe wehrt Wolf-

---

[178] Vgl. die Beschreibung der trauernden Frauen im Palas (8221–8255). Vgl. dazu auch Brall, »Imaginationen des Fremden«, S. 144: »Die Gemeinschaft der traurigen Frauen, deren Gatten von Mabonagrin erschlagen worden sind, wird von Hartmann ganz nach dem Vorbild monastischer Lebensformen imaginiert. Die Separation der Frauen vom weltlichen Lebensbereich, das Spiel der Farben in ihrem *palas*, die Uniformität ihrer Kleidung und die Gleichheit ihrer seelischen Verfassung, ihrer Zurückhaltung beim Empfang von Gästen, all diese Details rufen Assoziationen an geistliche Kommunitäten und weibliches Religiosentum wach.«

[179] Vgl. auch Welz, »Glück und Gesellschaft«, S. 22.

[180] Gert Kaiser, »Liebe außerhalb der Gesellschaft. Zu einer Lebensform der höfischen Liebe«, in: *Liebe als Literatur. Aufsätze zur erotischen Dichtung in Deutschland*, hg. v. Rüdiger Krohn, München 1983, S. 79–97, hier S. 87.

[181] Haug, »*Joie de la curt*«, S. 287.

gang Haubrichs zu Unrecht als »zu modern dialektisch gedacht«[182] ab. Er verkennt, dass hier übergeordnete, institutionell eingelassene Forderungen und Erwartungen auf das Verlangen nach individuellen Freiräumen stoßen. Dieser Widerspruch kann kurzzeitig aufgehoben werden und in Spielräume der Muße übergehen, doch dauerhaft ist der Zusammenprall nicht aufzuhalten.

In einem weiteren Sinne sind die Bewohner des Baumgartens ein Sonderfall des reisenden Paares, denn die Eingeschlossenheit verhindert die Suche des Ritters nach *âventiure*, wie sie für den Ritter konstitutiv ist. Erst die *arbeit umbe êre* macht Mabonagrin aber für die Gemeinschaft sichtbar. Im Zustand der Unbeweglichkeit, den die Lebensweise im Garten in dieser Hinsicht einfordert, ist er *lebende* [...] *begraben* (9599). Auch seine zahlreichen Siege, dessen Beweise die aufgepfählten Häupter sind, bringen ihm nicht die Ehre der *âventiure* ein. Vor der Folie dieser Überlegungen lässt sich auch die Aussage Mabonagrins verstehen: *hiute ist mînes kumbers zil: / nû var ich ûz und swar ich wil* (9588f.). Mit dem Sieg Erecs kann Mabonagrin in die »Welt der Tat«[183] zurückkehren. Der entzeitlichten und ruhenden Welt des Gartens, raumsemantisch dargestellt durch die unterschiedlichen, ineinander verschachtelten Innen- und Privaträume, steht die Welt der Geschäftigkeit und Aktivität entgegen, die vor aller Augen stattfindet.

In diesem Zusammenhang wird die Frage Erecs zur zentralen Frage: *saget, wie vertribet ir die zît, / iu enwære mê der liute bî?* (9415f.). Für Erec ist eine solch einseitige Lebensweise aus freien Stücken nicht mehr denkbar. Daher fragt er auch nach einem Befehl, welcher Mabonagrin zu diesem Leben gezwungen habe, oder einem himmlischen Lohn, der ihm als Entschädigung für seine Ausgrenzung aus der sozialen Gemeinschaft ausstehe:

wan ein dinc ist mir unerkant:
sô lange ir hinne gewesen sît,
saget, wie vertribet ir die zît,
iu enwære mê der liute bî?
swie wünneclîch eht hinne sî
und swie deheiner slahte guot
sô sêre ringe den muot
sô dâ liep bî liebe lît,
als ir und iuwer wîp sît,
sô sol man wærlîchen
den wîben doch entwîchen
ze etelîcher stunde.
ich hân ez ûz ir munde
heimlîchen vernomen
daz hin varn und wider komen
âne ir haz mac geschehen.

[182] Wolfgang Haubrichs, »Die Narration der Normen oder die Beschreibung des Ungeschriebenen. Das Beispiel ›Erec‹«, in: *Frühmittelalterliche Studien* 41 (2008), S. 415–433, hier S. 429, Fußnote 44.

[183] Horst Brunner, *Die poetische Insel. Inseln und Inselvorstellungen in der deutschen Literatur*, Stuttgart 1967, S. 49.

swie sis niht offenlîche jehen,
si wellent daz man in niuwe sî
und niht ze allen zîten bî.
ouch zæme disiu vrouwe baz,
diu disiu jâr hinne saz,
under anderen wîben.
wie ir mohtet belîben
ein alsô wætlîcher man,
wie mich des niht verwundern kan!
wan bî den liuten ist sô guot.
(9413–9438)

Seine Zeit im Garten hat Mabonagrin bis zum Sieg Erecs mit *baneken unde warten / ob er iht ze tuone vunde* (9001f.) verbracht. Dabei ist auffällig, dass er in voller Rüstung in der lieblichen Landschaft des Gartens umherreitet und folglich stets zum Kampf bereit ist. Er scheint geradewegs auf der Suche nach einem Gegner zu sein, gegen den er sein Gartenreich und damit einhergehend seine Lebensweise verteidigen kann. Dieses hier in wenigen Worten skizzierte Bild lässt die Vermutung zu, dass es sich um eine Art Ersatztätigkeit für die fehlende *âventiure* handelt, um den Versuch, Geschehen zu erzeugen, in einem Raum, in dem an sich nichts mehr geschehen will. An der Figur des roten Ritters zeigt sich eine interessante Bewegung: Die anfängliche Mußeerfahrung der Liebenden scheint bei Mabonagrin angesichts eines derart stagnierenden, einförmigen und tätigkeitsbeschnittenen Zustandes, in der sich die Interaktion allein auf den Partner richtet, in Formen von Melancholie und Überdruss sowie – in temporalem Verständnis – auch in Langeweile umzuschlagen.[184] Für Mabonagrin scheint die Zeitstruktur wieder in den scheinbar zeitlosen Raum eingebrochen zu sein. So erweckt das Umherreiten im Garten den Eindruck von Ungeduld und Erwartung angesichts eines monotonen wie ereignislosen Tagesablaufes. Indem sie auf blutige Weise geradezu zwanghaft aufrechterhalten werden muss, wird die Freiheit der Muße zu einer Belastung. Im gleichen Zuge wie Mabonagrin die Gegner tötet, die seine Existenz beenden wollen, tötet er unwissend auch den Spielraum der Muße, der sich ihm offenbarte.

Deutlich zeigt sich, dass der Wunsch, von den gesellschaftlichen Zwängen und Bändigungen des Alltags und der Realität innerhalb des Gartens erlöst zu sein, neue Zwänge zur Folge hat. Der liebliche Ort wird zu einem Korsett, zu einem »pervertierte[n] Paradies«, in dem unmenschlich gekämpft und gemordert wird. Erec führt die sich mehr oder weniger freiwillig der Isolation hingegebenen Liebenden zurück in die institutionell eingelassene *vreude* des Hofes, welche erst in der Aufhebung der ersteren wieder in vollem Umfange erwachsen kann. Mit dem Sieg über Mabonagrin hat Erec nicht nur sein *wunschspil* (8530) erfolgreich be-

[184] Vgl. Alfred Bellebaum, *Langeweile, Überdruß und Lebenssinn. Eine geistesgeschichtliche und kultursoziologische Untersuchung*, Opladen 1990, bes. S. 39–51; 82; Völker, *Langeweile;* vgl. weiterführend auch Wolf Lepenies, *Melancholie und Gesellschaft*, Frankfurt a.M. 1969, 2. Aufl. 1981. Vgl. auch das folgende Kapitel 4.2.

stritten, sondern zugleich sein früheres Spiegelbild zu Zeiten Karnants geschlagen.[185] Er ist nun nicht nur *aller ritter êre* (9674), sondern auch Erec der *wunderære* (9308; 10045). Für ihn ist diese *âventiure* nicht nur Ziel dessen, was er zu finden hoffte, ohne zu wissen, wo er suchen soll, sie ist zudem »Glück, Lösung, Erlösung [und] Gnade«[186]:

ich weste wol, der selbe wec
gienge in der werlde eteswâ,
rehte enweste ich aber wâ,
wan daz ich in suochende reit
in grôzer ungewisheit,
unz daz ich in nû vunden hân.
(8521–8526)

Das Leben in Zweisamkeit ist *wünneclîch* (9417), bestätigt Erec seinem Gegner: *swie wünneclîch eht hinne sî / und swie deheiner slahte guot / sô sêre ringe den muot / sô dâ liep bî liebe lît, / als ir und iuwer wîp sît, / sô sol man wærlîchen / den wîben doch entwîchen / ze etelîcher stunde* (9417–9424). Das Adjektiv *wünneclîch* ist Ausdruck des Herrlichen und Lustvollen, doch es klingt auch etwas Surreales, Nichtgreifbares, beinahe Utopisches mit. Zudem wird durch die mehrfache Verwendung des Adverbs *hinne* (9414; 9417; 9433; 9442) die Enge und Eingeschränktheit der Lebensweise im Baumgarten auf beinahe penetrante Weise von Erec betont. Seine Ratschläge an Mabonagrin betreffen denn auch *daz hin varn und wider komen* (9427) und gipfeln in der Maxime ›*wan bî den liuten ist sô guot*‹ (9438). Aus der Perspektive der Leistungsethik des Rittertums wird die exkludierende Liebe im Baumgarten »als gefährliche[r] Hedonismus«[187] diffamiert.

Die *vreude* des Hofes wird durch einen akustischen Reiz, den Klang des Horns, eingeleitet. Der Hornklang erklingt *über al* (9628), er dringt durch und über die Grenzen des Gartens hinaus und löst diese performativ auf.[188] Dem Signalton des Horns folgt weitere Musik und Gesang, wozu das Volk nun von Neuem durch die Wiederherstellung der höfischen *vreude* animiert und motiviert ist. Die Musik wiederum leitet ein vierwöchiges höfisches Fest zu Ehren Erecs ein: *mit vreuden wirt zebrochen / die swære gewonheit* (9773f.). Was sich als Grundstimmung über Jahre hinweg über das Volk gelegt hat, wird nun durch die höfischen Fei-

[185] Zusammen mit dem Sperberkampf zu Beginn des Romans bildet die *Joie de la curt*-Episode eine gewisse Rahmung. Letztere ist »Spiegelung und Steigerung« der ersten *âventiure*, vgl. dazu Ellen Strittmatter, *Poetik des Phantasmas. Eine imaginationstheoretische Lektüre der Werke Hartmanns von Aue*, Heidelberg 2013, bes. S. 215–220, hier S. 215.

[186] Haug, »*Joie de la curt*«, S. 275.

[187] Michael Necke, *Hierarchie und Liebe.* zuht-*Rituale in der mittelhochdeutschen Heldenepik, im höfischen Roman und in der Märendichtung*, Regensburg 2002, S. 24.

[188] Vgl. auch Ernst, »Virtuelle Gärten in der mittelalterlichen Literatur«, hier S. 177: »Das raumübergreifende akustische Signal indiziert, dass sich hinter der gesellschaftlichen Abkapselung ein Kommunikationsproblem verbirgt«.

erlichkeiten geradezu ›hinfortgespült‹.[189] Aus dem verwunschenen Ort wird ein langsam verschwindender Ort. Der verwunschene Ort, der in sich sowohl Ort des Wunsches wie der Verwünschung ist, gerät auf lange Sicht in ein Ungleichgewicht zugunsten derjenigen, die ihn verwünschen und letztlich auch in seiner Existenz aufheben (wollen). Diese Entwicklung widerspricht jedoch ganz und gar nicht einem Spielraum der Muße. Im Gegenteil ist der ephemere Charakter Kernelement eines solchen. Dass sich ein Spielraum der Muße ebenso als Schauplatz gegenteiliger Ereignisse zeigt, vermindert die eine Position, die den Ort als Raum der Muße wahrnimmt, keineswegs. Sie bestärkt vielmehr den Eindruck, dass Muße eine singuläre Erfahrung ist, die für einen Moment auch geteilt werden kann. Im Versuch, diesen geteilten Moment aufzuhalten und gewissermaßen ›einzufrieren‹, geht die Bewegung, das Widerständige und Dynamische, das lebendig hält und Entwicklung zulässt, verloren. Der räumliche Rückzug und die Reduktion auf die Zweisamkeit bedeutet Verlust der Reibung am Gegensätzlichen, am Anderen und als Folge Verlust des Handlungs- und Interaktionsinstrumentariums, wodurch die paradiesische Idylle letztlich in ihr Gegenteil kippt.

Anders als die Baumgartenszene im *Iwein* nimmt die umfangreich beschriebene Szene der *Joie-de-la-curt*-Episode für das Geschehen sehr wohl Funktion ein. In ihrer im Strukturschema außerordentlichen Stellung außerhalb des zweiten Zyklus, scheint sie Zielpunkt einer über den gesamten Roman ausgedehnten Steigerung zu sein, die Assoziationen zu der *verligen*-Szene zu Beginn wachruft, ohne diese einfach zu kopieren.[190] Nichtsdestotrotz ist der Wundergarten, vergleichbar mit dem Garten der Oiseuse, bei aller narrativen Sinnhaftigkeit und Nutzenorientierung, das Reich Amors und damit das Reich des Unvorhersehbaren. Auch in der Brandigan-Szene im *Erec* hat sich gezeigt, dass, um ein weiteres Mal eine Formulierung Seels aufzugreifen, »in den bekannten Möglichkeiten Unmöglichkeiten und in den bekannten Unmöglichkeiten Möglichkeiten lauern«[191]. Im Text selbst hat dieses Reich des Unvorhersehbaren und Möglichen in seiner Absolutsetzung des Eros keine Berechtigung, da es gegen die Gemeinschaft als solche, ganz gleich ob bewusst oder unbewusst, angeht und zu deren Werten in Konkurrenz steht. Die Szene ist somit exemplarisch für die »Unversöhnbarkeit zwischen der arthurischen Utopie und der absoluten Forderung des Du«[192], wie Haug eindrücklich formuliert. Es ist nur konsequent, wenn sowohl der Kampf

[189] Für die trauernden Witwen sucht Erec nach einer geeigneten Lösung am Artushof, fern ab der einst so leidvollen Umgebung. Auch die letzten unglücklichen Frauen sollen in die Hofesfreude eingeschlossen sein. Wie bereits im vorangegangenen Kapitel deutlich wurde, ist dies auch mit einer gewissen Forderung an die Frauen selbst verbunden, eingeleitet durch den Wechsel des Ortes und der Kleidung: *si wurden überwunden, / diu vil riuwigen wîp, / daz si ir muot und ir lîp / ze vreuden verkêrten / und den künec dar an êrten, / daz er in die wât nam, / diu in ze vreuden niht gezam, / und kleite si mit selher wât / sô si ze vreuden beste stât, / von sîden und von golde* (9953–9962).

[190] Vgl. Kuhn, »Erec«, bes. S. 144–149.

[191] Seel, »Von Ereignissen«, S. 14.

[192] Haug, »Lesen oder Lieben?«, S. 155f.

zwischen Erec und Mabonagrin als Liebeskampf beschrieben wird,[193] als auch die Umarmung Enites und der Freundin (9726f.), die sich als verwandtschaftliche Umarmung entpuppt, die Umarmung der Liebenden gewissermaßen ersetzt, zumindest aber ausweitet.

4.1.6 Resümee: Die triadische Verknüpfung von Muße, Minne und Naturraum

Die exemplarische Analyse der konkreten Verortung von Spielräumen der Muße führt zu der Erkenntnis, dass Muße in den untersuchten Romanen besonders deutlich über die Raumregie erkennbar wird. In den mittelalterlichen Texten, wie in den einführenden Worten dieses Kapitels dargelegt, stehen Raum und Erleben der Figuren in einem wechselseitigen Bezug. In den hier untersuchten Textstellen lassen sich Figuren und Raum sehr oft in Einklang bringen – Tätigkeiten und Bewegungen fügen sich harmonisch in den Raum. Ohne diese Beobachtung verallgemeinern zu wollen, wurde in den betrachteten Textausschnitten deutlich, dass sich über die literarisch gestalteten Orte zumindest momenthaft Rückschlüsse auf das Empfinden der Figuren ziehen lassen. Insbesondere der Naturraum spielt eine entscheidende Rolle in der literarischen Inszenierung von Muße im höfischen Roman. Die Natur vermag in ihren vielfältigen Erscheinungen, Klängen und Düften alle Sinne anzusprechen und dadurch die Figuren für ein Mußeerleben zu sensibilisieren. In Verbindung mit Spielräumen der Muße treten gehäuft topische Elemente eines *locus amoenus* auf, die in wenigen Andeutungen eine Rahmung der Szenerie skizzieren und beim Rezipienten bestimmte Erwartungen hervorrufen. Die liebliche Natur bietet Raum für eine Minnebegegnung und ermöglicht selbst noch in der domestizierten Gestalt des Gartens eine besondere Freiheitserfahrung und Losgelöstheit von den Zwängen der höfischen Gesellschaft. Der meist von Mauern umgebene Garten grenzt die Ge- und Verbote der herrschenden Ordnung nicht nur metaphorisch aus, sondern öffnet auch konkret einen geschützten Freiraum und die Möglichkeit des Rückzugs für die ansonsten streng in das institutionalisierte Gefüge eingebettete einzelne Figur.

Die Beschreibung des Gartens der Oiseuse im *Roman de la Rose* bot ein ideales Bild eines Spielraums der Muße. In der Allegorie der Oiseuse wird die enge Verknüpfung von Muße und Minne, die in allen hier untersuchten Szenen direkt oder indirekt Ausdruck findet, prägnant ersichtlich. Die sinnliche Figur der Müßigkeit vereint in ihrem äußeren Erscheinungsbild sowie in ihrer Funktion als Türsteherin von Amors Garten beide Phänomene in sich. Spielräume der Muße und der Minne sind nicht identisch, sie bedingen und durchdringen einander aber, teilweise bis zur Ununterscheidbarkeit. Wahre Minne braucht einen Schutzraum, um sich zu entfalten, weshalb sie versucht, sich dem Radius des kontrollierenden Blickes der Gesellschaft ab und an zu entziehen. Jene Figuren, die von Minne entfacht werden, scheinen über eine besondere Offenheit, Wachheit und Sensibilität zu verfügen, die sie auch für Muße empfänglich macht. Umgekehrt stellt Muße einen Freiraum fern von zweckrationalen und pragmatischen Überlegungen dar,

[193] Vgl. dazu Kapitel 3.1, bes. 3.1.1.

der in Momenten des Verweilens und Versinkens das Gegenüber erst als Geliebten wahrzunehmen ermöglicht, das Erleben intensiviert und dadurch Minne entstehen und sich entfalten lässt. Dieser wechselseitige Bezug von Muße und Minne bildet mit dem Raum der Natur eine triadische Struktur. Der Naturraum ist nicht nur Projektionsfläche der Mußeerfahrung und Raum von Mußeerleben, sondern dient auch als Rückzugsort der Liebenden und als Spiegel ihrer Gestimmtheit. Minne als höchstes Ziel ritterlicher Anstrengungen erreicht ihre Erfülltheit in in der Natur verorteten Spielräumen der Muße, die jedoch zugleich die ritterliche Tätigkeit zum Stillstand bringt. Im Moment erlebter Vollkommenheit entziehen sich die Ritter damit gerade jenen gesellschaftsstabilisierenden Anforderungen und Pflichten, die Voraussetzung dieser Erfülltheit sind. Dieser Zustand ist dadurch aus sich selbst heraus stets prekär und unhaltbar.

Die beschriebenen Orte, die erst durch die in ihnen handelnden Figuren zu Spielräumen der Muße werden, sind größtenteils schwer zu erreichen, oftmals von Grenzen oder Mauern umringt und bedürfen unterschiedlichen Geschicks, um Einlass zu erhalten. Die Schwierigkeit des Zugangs lässt sich als Zeichen für die Außergewöhnlichkeit der Erfahrung im Inneren der überwundenen Grenzen deuten. Die Begrenztheit der Mußeräume zeigt sich aber nicht nur räumlich, sondern auch zeitlich. Alle betrachteten Szenen zeichnen sich durch Flüchtigkeit und Fragilität aus. Jeder Versuch, der Auflösung des Spielraums entgegenzuwirken, ist zum Scheitern verurteilt und lässt ihn augenblicklich in sich zusammenbrechen. Dies hat sich nicht nur im *Titurel* am Beispiel Sigunes gezeigt, sondern in extremer Ausgestaltung an der Freundin Mabonagrins im *Erec*. Ist der Spielraum im Begriff sich aufzulösen, greifen sofort wieder die geltenden Regeln und habitualisierten Handlungsweisen der gesellschaftlichen Ordnung, ganz so, als sei nichts geschehen.

Bei den metaphorischen Räumen der Liebe allerdings, die teilweise in architektonischen Bildern beschrieben werden, handelt es sich um besondere Spielräume der Muße, in denen die Liebe als *werlde unmuoze* alle geltenden Regeln und Normen aus den Angeln hebt. Diese Seelenräume scheinen die Dichotomie von Institutionalität und Spielraum zu überwinden, da sie für die Gesellschaft unsichtbar sind, insbesondere dann, wenn sie ohnedies in die ordnungsstabilisierende Form der Ehe münden.

In die triadische Verknüpfung von Muße, Minne und Naturraum, die in den betrachteten Szenen unverkennbar ist, reiht sich die Tätigkeit des Lesens insofern ein, als Lesen in den Textbeispielen Zustände der Muße in besonderem Maße evozieren kann. Im *Titurel* versinkt Sigune in das stille Lesen des Brackenseils, im *Iwein* wird wiederum ein Mädchen beschrieben, das in der Idylle des Baumgartens ihren Eltern vorliest, die vom Anblick der Vorleserin gebannt sind. Nach de Certeau ist das Lesen eine Art des Gärtnerns und Wilderns. Der Leser oder Zuhörer dringt in unbekannte, möglicherweise auch verbotene, immer aber heterotope Bereiche vor, er lässt sich auf sie ein, lässt sich aber auch irritieren, denn die Sicherheiten der gesellschaftlichen Ordnung sind in diesen Räumen, die auch Freiräume der Muße sein können, nur mehr in der Negation präsent.

Spielräume der Muße, wie sie in den Texten in unterschiedlicher Weise konstruiert werden, entwerfen Seinsweisen, die mit der institutionalisierten höfischen Lebensform brechen und der Figur, oftmals als Einheit zweier Liebenden, neue Sichtweisen eröffnen. Darin liegt die Attraktivität ebenso wie die Problematik dieser Räume. Während die amönen Zufluchtsorte für Liebende Exklusivität, Erfüllung und vollkommenes Glück bedeuten können, rauben die Minnenden andererseits der Gesellschaft in ihrer Absolutsetzung des Minne- und Mußeraumes jegliche kollektive *vreude*. Im *Iwein* oder *Titurel* werden Spielräume der Muße als Möglichkeit einer alternativen Lebensweise höchstens vorsichtig angedeutet, im *Erec* dagegen wird eine solche von der Gemeinschaft abgekapselte Daseinsform in Extremform ausbuchstabiert. Der Zaubergarten der *Joie-de-la-curt*-Episode ist ein äußerst ambivalenter Ort, der je nach Perspektivierung und je nach Zeitpunkt, Paradies wie Hölle darstellen kann.

In der Gesamtheit betrachtet zeigt sich, dass der Wunsch nach individuellen Freiräumen mit den Anforderungen der adligen Gesellschaft nach Mitteilung und sichtbarer Aktivität des Einzelnen unvereinbar ist. Allenfalls als temporärer Ausbruch ist dieses Verlangen in die höfische Kultur integrierbar. Die sich der herrschenden Ordnung entziehenden Figuren müssen immer wieder in diese zurückgeführt werden, und sei es auch mit Gewalt. Doch obgleich oder gerade aufgrund ihrer Flüchtigkeit ermöglichen die Ausbrüche in Spielräume der Muße Freiräume des Denkens, Sprechens und Handelns.

4.2 Periphere Spielräume der Muße

Die vorangegangene Topographie zeigte, dass Spielräume der Muße weniger im Zentrum des Hofes verortet sind, sondern sich vielmehr an Randgebieten der Gesellschaft, vorzugsweise in der freien Natur, einstellen. Diese räumliche Verschiebung und damit einhergehende Entrückung vom Hof verdeutlicht die Ambivalenz von Mußeräumen, die einerseits der erlebenden Figur Erfüllung bieten, andererseits die Stabilität der Gesellschaft ins Wanken bringen. In diesem Kapitel nun rücken gerade jene peripheren Spielräume der Muße in den Blick, die in besonders deutlicher Ausgestaltung eine Gefahr für die Gemeinschaft und die herrschende Ordnung darstellen.

Bei der Betrachtung der peripheren Spielräume ist das Epitheton ›peripher‹ sowohl in einem geographisch-topographischen, als auch in einem inhaltlich-semantischen Sinne zu verstehen. In geographischer Hinsicht meint es jene privateren Bereiche des Rückzugs und der Verborgenheit fernab des öffentlichen Sichtfeldes, die in Grenzbereichen des Hofes oder auch innerhalb von diesem, jedoch abseits seines Zentrums lokalisiert sind. Die Kemenate ist ein Beispiel für einen solchen Ort am Hof, der in seiner Entlegenheit Raum für Intimität und Abgeschiedenheit bietet. Diese Orte sind entsprechend einer in Oppositionen fassbaren Raumsemantik des höfischen Romans funktionalisiert und mit Wertungen verbunden: es sind Räume des Privaten, des Ungezähmten und hier auch des Unzivilisierten.[194] Inhaltlich-semantisch steht die Peripherie für Unregelmäßigkeiten, Abweichungen und Tabubrüche. Verhaltensweisen oder mentale Zustände, die auf diese Weise peripher sind, werden von der höfischen Gesellschaft, wie sie in den Texten dargestellt wird, ethisch verurteilt und abgelehnt.

Nach heutiger Sicht wäre in der Peripherie als Übergangsbereich die Zuordnung zu Muße oder Müßiggang schwierig und unterläge fallweise perspektivischer, subjektiver Interpretation. Eine Szenerie des Ausbruchs und der Außeralltäglichkeit kann, je nach mentalem Zustand der Wahrnehmenden, zugleich als Muße und als Müßiggang semantisierbar sein. Die in den Texten dargestellte mittelalterliche Gesellschaft nimmt jedoch in diesem Bereich keine Unschärfe wahr. Ohne die Konzepte von Muße und Müßiggang im modernen Sinne zu kennen, unterscheidet sie eindeutig und klassifiziert in positiv oder negativ. Diese präzise Unterscheidung zwischen Muße und Müßiggang findet sich bereits im Lateinischen zwischen *otium* als Muße und *otiositas* als sündhaftem Müßiggang. In den hier untersuchten mittelalterlichen Texten allerdings unterscheiden sich trotz der sprachlich klaren Kategorisierung bisweilen Außen- und Innenperspektive, divergiert die Meinung der beobachtenden Öffentlichkeit von jener der ›betroffenen‹ Interagierenden, differieren narrative Ausgestaltung und erzählerische Bewertung. Auf diese Divergenzen zielen die folgenden Ausführungen.

In den in diesem Kapitel betrachteten Szenen wird Muße als Störung empfunden, sie erscheint unangebracht und prekär. Zumindest aus der Außenperspektive der textinternen Öffentlichkeit handelt es sich um verfehlte Verhaltensweisen der Figuren, die sich der gesellschaftlichen Einbettung entziehen, die höfischen Werte infrage stellen oder sogar unterlaufen. In solchen Mußeerfahrungen bewegen sich die Figuren vom Zentrum des Hofes – räumlich und inhaltlich – weg und lassen sich auf periphere Freiräume ein, die jedoch nicht parallel existieren können und dürfen, weil sie den Hof in seiner Struktur angreifen. Beispielhaft sind hier die *verligen*-Szene im *Erec* (4.2.1) sowie die *Tristan*-Szene des Beilagers im Baumgarten (4.2.3), die ich im Folgenden genauer betrachten werde. Hier scheint dem Phänomen der Muße jede positive Konnotation abgesprochen zu werden. Es scheint in derivative Modi, in gering geschätzte Bereiche des hedonistischen Müßiggangs, der Trägheit und der körperlichen Sinnesfreuden zu verfallen. Die Kemenate wie der Garten werden zu Orten erotischer Transgression, die angesichts der unmittelbaren Nähe zu Burg und Hof Räume latenter Gefahr für die erlebende Figur wie für die ausgeschlossene Gesellschaft darstellen und von besonderer Fragilität sind.

Silvia Ranawake betont, dass das Fehlverhalten der Hartmannschen Protagonisten, sowohl das *verligen* im *Erec* als auch das *versitzen* im *Iwein,* nicht als Fahrlässigkeit verharmlost werden dürfe, da die Nähe zu Tochtersünden der Trägheit

---

[194] Vgl. zur Raumsemantik in mittelalterlichen literarischen Texten u.a. Störmer-Caysa, *Grundstrukturen;* Schulz, *Erzähltheorie,* bes. S. 292–321; zu Semantisierungen der Raumstruktur vgl. die Erzähltheorie von Lotman, *Die Struktur literarischer Texte,* bes. S. 311–329.

offensichtlich sei und in ihrem Gefährdungspotenzial betrachtet werden müsse.[195] Ranawake stellt folglich die Parallelen zu *acedia*-Motiven heraus und legt damit den Fokus auf die gefährliche Seite von *gemach* und *müezekheit.* Gegenüber dieser Perspektive unterscheidet sich Hasebrinks Herangehensweise an die *Erec*-Passage insofern, als er die Bezüge zu *acedia* durchaus bejaht, aber die Szene darin thematisch nicht zufriedenstellend erfasst sieht. Nach Hasebrink wird in der Textstelle vielmehr die Spannung zwischen dem Privileg der Minne und dem Monopol auf Gewalt, durch die die höfische Kultur geprägt ist, sowie die Angst vor ihrer Destabilisierung thematisiert.[196] Diese Überlegungen Hasebrinks greife ich in den folgenden Ausführungen, die in den Szenen dem schmalen Grat zwischen Muße, Müßiggang und der Sünde der Trägheit, der *acedia,* nachgehen, auf. Mein Vorgehen sucht somit den Grenzlinien zwischen Formen der Muße und lasterhaftem Verhalten nachzuspüren und diese sichtbar zu machen. Es geht vornehmlich darum, inwiefern sich die Art und Weise des Sprechens von Muße vor dem Hintergrund von *acedia* verändert und welche semantischen Umbesetzungen damit einhergehen. Damit setzt sich meine Herangehensweise auch von Ranawakes ab, der es letztlich um eine Einordnung von Schuld geht.[197]

Neben den für die höfische Gesellschaft bedrohlichen Mußephänomenen interessieren mich in diesem Kapitel Randphänomene, die augenscheinlich Elemente von Muße aufrufen, sich buchstäblich um diese ›herumdrehen‹[198], um sie dann jedoch in einer radikalen Verkehrung zu pervertieren. Diese Dynamik findet sich eindrücklich in der Wahnsinnsepisode im *Iwein.* Hier wird das Moment der Losgelöstheit von alltäglichen Verpflichtungen und das Sich-Verlieren in Selbstvergessenheit so weit zugespitzt, dass es (selbst-)zerstörerische Kräfte entwickelt (4.2.2).

Das Licht der Sonne spielt in allen drei zu betrachtenden Szenen eine bedeutende Rolle.[199] In seiner Semantik schwankt es sinnbildlich zwischen erhellendem Erkenntnisgewinn im *Iwein,* hitzigem Begehren und grellem Eindringen der gesellschaftlichen Werturteile im *Tristan* und im *Erec.* Gerade der Mittag wird zu

---

[195] Ranawake, »*verligen* und *versitzen*«, S. 26f.

[196] Hasebrink, »Zwischen Skandalisierung und Auratisierung«, S. 114.

[197] Aufgrund der Assoziationen zu *acedia* verfolgt Ranawake die These, dass die Verfehlungen Erecs und Iweins auf eine im Menschen verankerte und immer präsente Schwäche zurückzuführen seien, die sich in bestimmten Situationen als Versuchung zum Trägesein offenbare. Damit versucht Ranawake, die Deutung eines Reife- und Erkenntnisprozesses des Ritters durch die Verfehlungen zu widerlegen. Vgl. dagegen die vorliegende Arbeit, die die Auffassung starkmacht, dass ein Erkenntnisprozess des Ritters insofern einsetzt, da dieser am Ende in der Lage ist, die eigenen Forderungen und die Forderungen der Gesellschaft in ein Gleichgewicht zu bringen.

[198] Das Wort ›Peripherie‹ ist entlehnt aus griechisch *periphéreia* bzw. *periphérein* und bedeutet ursprünglich ›Kreislinie‹ ›sich im Kreis bewegen, herumdrehen, herumtragen‹ bevor es die Bedeutung ›Randgebiet, Randzone‹ annimmt (KLUGE).

[199] Vgl. auch in der sogenannten Blumenmädchenepisode im *Straßburger Alexander* des Pfaffen Lambrecht die lebensbedrohliche Gefahr, die für die Jungfrauen von der Sonne ausgeht (5287–5290).

jenem Zeitpunkt, an dem Zeitlosigkeit, Erfüllung und Vollkommenheit unvermittelt auf Unordnung, Tabubruch und Sündhaftigkeit prallen, an dem sich, um in der Terminologie des Kapitels zu bleiben, die peripheren Spielräume der Muße also in besonderer Weise offenbaren und regelrecht ans Tageslicht kommen.

4.2.1 Die Kemenate in Karnant – Erecs ›verligen‹

In der Architektur höfischer Bauten ist die Kemenate jener private Raum an den Peripherien der Repräsentation. Dies ist nicht gleichbedeutend damit, dass die herrschaftlichen Schlaf- und Rückzugsräume nicht ebenso von stattlichem Ansehen und damit auch einstweilen Ort der Repräsentation sein können. Beispielhaft sei hier an die Kemenate der Gräfin von Beaumont im *Mauritius von Craûn* (1096–1165)[200] erinnert oder auch an das Schlafgemach der Candacis im *Straßburger Alexander* (5435–5548). Es zeigt sich aber, dass die Kemenate eine Zwischenstellung einnimmt, denn sie kann in ihrer Ausstattung einerseits Symbol für Herrschaft und Bildung sein, andererseits ist sie als Ort der Minne ein Ort der Abgeschiedenheit.[201] Als ein solcher fungiert auch die Kemenate des neuvermählten Paares Erec und Enite. Dabei fehlt im *Erec* eine Beschreibung der architektonischen Struktur oder des Interieurs im Stile des *Straßburger Alexanders* völlig, stattdessen steht das Agieren der Figuren im Vordergrund. Die Kemenate ist nurmehr symbolhaft für das Private, Intime und Zurückgezogene, das sich von der von der Gesellschaft ausdrücklich geforderten Transparenz abhebt. Die Kemenate im *Erec* lässt sich folglich als »Rückzugs-, Schutz-, Absenzraum sozusagen im Rücken der höfischen Repräsentation«[202] fassen. Deutlich zeigt sich bereits hier, dass verschiedene Ebenen des Peripheren ineinander laufen und bei der Betrachtung der Szene zu berücksichtigen sind. Die Kemenate als Grenzbereich wird zum Raum für peripheres Verhalten an der Grenze zwischen exklusiver Muße und skandalisiertem Müßiggang.

An diesen Ort zieht sich das Ehepaar nach der Hochzeit zurück, um in der Zweisamkeit einem gemächlichen Leben nachzugehen, in dessen Mittelpunkt die Liebe steht: *Êrec was biderbe unde guot, / ritterlîche stuont sîn muot, / ê er wîp genæme / und hin heim kæme: / nû sô er heim komen ist, / dô kêrte er allen sînen list / an vrouwen Ênîten minne* (2924–2930). In diesen zitierten Zeilen wird eine dichotomische Spannung zwischen einem Vorher und Nachher deutlich, deren

[200] *Mauritius von Craûn,* hg. v. Heimo Reinitzer, Tübingen 2000.

[201] Vgl. auch Barbara Haupt, »Die Kemenate der hochmittelalterlichen Burg im Spiegel der zeitgenössischen (volkssprachigen) Literatur«, in: *Burg und Schloß als Lebensorte in Mittelalter und Renaissance,* hg. v. Wilhelm G. Busse, Düsseldorf 1995, S. 129–145, hier S. 135.

[202] Peter Strohschneider, »Kemenate. Geheimnisse höfischer Frauenräume bei Ulrich von dem Türlin und Konrad von Würzburg«, in: *Das Frauenzimmer. Die Frau bei Hofe in Spätmittelalter und früher Neuzeit. 6. Symposium der Residenzen-Kommission der Akademie der Wissenschaften in Göttingen,* veranstaltet in Zusammenarbeit mit dem Deutschen Historischen Institut Paris, dem Sonderforschungsbereich 537 der Technischen Universität Dresden und dem Landesamt für Archäologie des Freistaates Sachsen, Dresden, 26. bis 29. September 1998, hg. v. Jan Hirschbiegel und Werner Paravicini, Stuttgart 2000, S. 29–45, hier S. 33.

Wendepunkt die Hochzeit darstellt. Erecs Bemühung besteht nun allein darin, sein Leben auf *gemach* (2933) auszurichten. *gemach* bildet das zentrale Wort des Tableaus und ist semantisch der ritterlichen *arbeit* entgegengestellt.[203] Deutlich zeigt sich dies an der Beschreibung des typischen Tagesablaufes des Liebespaares: Der Morgen gilt der intimen Liebe, bevor sich das Paar *vil müezeclîche* (2941), also gemächlich und träge, auf den Weg zur Messe begibt.[204] Auch hier zeigt ihre Körperhaltung und ihre Gestik, dass sie sich im Grunde gedanklich nicht vom Bett lösen, denn sie halten sich an den Händen. Ironisch bezeichnet der Erzähler den Kirchgang als Erecs *meistiu arbeit* (2946). Das Wort *arbeit* verliert in diesem Kontext vollständig die Bedeutung ritterlicher Anstrengung und wird in zynischer Brechung gerade auf den Gegenbereich angewendet. Nach dem Essen können Erec und Enite es kaum erwarten, bis zum Abend wieder in den Schutzraum ihrer Kemenate zu fliehen – *mit sînem wîbe er dô vlôch / ze bette von den liuten* (2949f.). Ausdrücklich wird hier ein Ort, nämlich das Bett, in Kontrast zur Öffentlichkeit des Kollektivs gestellt.[205]

Die tägliche Routine des Liebespaares ist ganz müßigem Zeitvertreib verpflichtet, fokussiert auf die leiblichen Genüsse und Bedürfnisse.[206] Der iterativen Beschreibung des täglichen Protokolls mangelt es an genauen Zeitangaben. Der Rezipient verliert das Gefühl für die erzählte Zeit. So transportiert der Text auch sprachlich jenen Zustand des Müßigen, der sich die Zeit vertreibt, in den Tag hineinlebt, sich treiben lässt und den eigenen Wünschen ungeachtet aller anderen Forderungen nachgeht. Alles Tun ist auf Bequemlichkeit, Gemächlichkeit und

---

[203] Vgl. auch Antonín Hrubý, »Moralphilosophie und Moraltheologie in Hartmanns *Erec*«, in: *The Epic in Medieval Society. Aesthetic and Moral Values,* hg. v. Harald Scholler, Tübingen 1977, S. 193–213, hier S. 197: »Der Begriff *gemach,* der bekanntlich in der Karnant-Katastrophe des *Erec* eine zentrale Rolle spielt, ist der polare Gegensatz von *arbeit,* die wiederum die Mutter so mancher anderer, durch Anstrengung, Übung und Beharrlichkeit erworbener Tugend ist.« Vgl. auch Sabine Seelbach, *Labiler Wegweiser. Studien zur Kontingenzsemantik in der erzählenden Literatur des Hochmittelalters,* Heidelberg 2010, bes. S. 163f. Vgl. auch Hasebrink, »Zwischen Skandalisierung und Auratisierung«, S. 113f.; 119; Manuwald, *»Ich hân gehôrt unde gelesen«.* Im Verlauf des *Erec* kommt es allerdings zu einer semantischen Umdeutung von *gemach,* in der das Wort jegliche Assoziationen zu Trägheit und Müßiggang verliert, vgl. dazu die folgenden Ausführungen dieses Kapitelabschnittes.

[204] Albert Leitzmann konjiziert hier in seiner Ausgabe (vgl. Leitzmann, *Erec von Hartmann von Aue,* 1.-5. Auflage sowie den Apparat zu Vers 2941 in: Hartmann von Aue, *Erec,* S. 86) zu *vil unmüezeclîche* (2941). Dies macht allerdings inhaltlich keinen Sinn, denn es handelt sich gerade nicht um ein Aufschrecken, welches das Läuten zur Messe hervorruft, sondern eher um eine Störung ihres Liebesspiels. Vgl. dazu auch Hasebrink, »Zwischen Skandalisierung und Auratisierung«, S. 113, Fußnote 27, der diese Deutung Leitzmanns mit dem Adverb ›sinnigerweise‹ kommentiert.

[205] Vgl. auch Karin Lerchner, *Lectulus floridus. Zur Bedeutung des Bettes in Literatur und Handschriftenillustration des Mittelalters,* Köln/Weimar/Wien 1993, S. 424: »Das Ausleben der *libido* in der Ehe verfehlt die Ehe als *remedium concupiscentiae.* Das *verligen* im Ehebett bedeutet also die in jedem Fall sündhafte *libido* in der Ehe, so daß es zum *locus voluptatis* wird.«

[206] Im Text selbst wird die Lebensweise häufig allein aus der Sicht Erecs beschrieben: *alsô vertreip er den tac* (2936). Das Verfehlen bezieht sich eindeutig auf den männlichen Protagonisten.

Wohlbehagen ausgerichtet. Mit der Bezeichnung *gemach* wird dieser Hang zu Ruhe und Annehmlichkeit ausgedrückt, zugleich schwingen in dem Wort auch Assoziationen mit, die Phänomene wie Müßiggang, mangelnde Bereitschaft zu Anstrengung und Pflichterfüllung als auch Hingabe an sexuelle Ausschweifungen beinhalten.[207] Es lässt sich vorerst festhalten, dass Minne und *gemach* offensichtlich eng miteinander verknüpft sind, ohne dass das eine im anderen aufgeht.

Die Nähe zwischen Minne und *gemach* zeigt sich auch in der Formulierung des *sich verligens,* mit dem Hartmann das Chrétiensche *recreantise* (2551) ins Mittelhochdeutsche übersetzt. Mit *recreantise* wird der altfranzösische Held vor allem der Feigheit, der Schwachheit und des Zurückweichens, insbesondere bei ritterlichen Bewährungen, beschuldigt, während im Hartmannschen *Erec* mit den Worten *verligen* und *gemach* der Fokus auf Untätigkeit in einem umfassenden Sinne gelegt wird.[208]

Immer wieder heißt es von Erec, er habe seine Gewohnheiten radikal geändert (2934). Es ist auffällig, wie oft dieser Gedanke der Wandlung oder Umkehrung in unterschiedlichsten Formulierungen direkt wie indirekt auftaucht. Es scheint beinahe, als fände eine ›Dehabitualisierung‹ durch Muße statt. Der Erzähler lässt keinen Zweifel daran, dass er die neu gewonnene Lebensweise Erecs verurteilt: *sîn site er wandeln began. / als er nie würde der man* (2934f.). Neben dem Genderaspekt von Muße bzw. Müßiggang, den Hasebrink hier feststellt,[209] bedeutet die Entfernung von all jenem, was einen ritterlichen Mann auszeichnet, vor allem Verlust von Öffentlichkeit und damit einhergehend Verlust der Möglichkeit zum Ehrerwerb. Indem Erec Turniere meidet und auch sonst jegliche herrschaftlichen Aufgaben und repräsentativen Verpflichtungen übergeht, ist ihm nicht nur zusätzlicher Ehrgewinn verwehrt, sondern, weit gravierender, auch seine bereits erkämpfte *êre* steht auf dem Spiel.[210] Wird die gewonnene *êre* vernachlässigt, verwandelt sie sich in ihr Gegenteil, in Schande (2985f.).

Êrec wente sînen lîp
grôzes gemaches durch sîn wîp.
die minnete er sô sêre
daz er aller êre
durch si einen verphlac,
unz daz er sich sô gar verlac
daz niemen dehein ahte
ûf in gehaben mahte.
(2966–2973)

---

[207] Vgl. LEXER, BMZ, MWB, s.v. Vgl. auch Ranawake, »*verligen* und *versitzen*«, S. 21.

[208] Vgl. *Altfranzösisches Wörterbuch,* Adolf Toblers nachgelassene Materialien, bearbeitet und hg. v. Erhard Lommatzsch, 8. Bd. Q-R, Wiesbaden 1971, Sp. 496f.; vgl. auch Ranawake, »Erec's *verligen*«, S. 99.

[209] Hasebrink, »Zwischen Skandalisierung und Auratisierung«, S. 113; vgl. auch Klein, »Geschlecht und Gewalt«, bes. S. 450–452.

[210] Vgl. dagegen kurz zuvor die lobenden Worte des Königs die kämpferische Leistung Erecs beim Turnier betreffend: *ich wil im immer guotes jehen: / ich hân an im ersehen / alsô manlîch getât / des er immer êre hât* (2532–2535).

In der Kritik steht Erecs Trägheit, die sich an seiner »leisurely daily routine«[211] veräußert und seine Person und seine Bestimmung existenziell betrifft, ja *verdirbet* (2998): »He fails as a king as well as a knight, as a Christian as well as a husband«[212]. Das ritterliche Dasein, das haben die vorangegangenen Kapitel deutlich gezeigt, ist ein Dasein der Tat, nicht der Ruhe. Diese Tatsache ruft auch die mahnenden Worte aus dem *Iwein* in Erinnerung: *verlegene müezekheit / ist gote und der werlte leit: / dâne lât sich ouch nieman an / niuwan ein verlegen man* (7171–7174).[213] Das Problem, das Hartmann intertextuell spannt, ist dasjenige der *müezekheit,* die es zu überwinden gilt. Die das Religiöse wie das Weltliche umfassende Verachtung gegenüber müßiggängerischer Faulheit und Trägheit, die in der Sentenz zum Ausdruck kommt, lässt keinerlei interpretatorischen Freiraum. Die Außenperspektive auf das müßige Treiben Erecs ist eindeutig negativ konnotiert. Dass Untätigkeit und Trägheit für einen Ritter schmachvoll sind, bestätigt auch ein Seitenblick auf die didaktischen Ausführungen im *Welschen Gast,* die deutlich machen, dass Schlafen und Ausruhen dem Rittersein entgegen gerichtet sind:

gedenket, rîtr, an iuwern orden!
zwiu sît ir ze rîter worden?
durch slâfen? Weizgot ir ensît.
dâ von, daz ein man gerne lît,
sol er dar umbe rîter wesen?
ichn hânz gehœret noch gelesen.
(7769–7774)[214]

An einer weiteren Textstelle bei Thomasin wird *verligen* mit *trâkheit* eng geführt. Dies wird wiederum in engem Konnex zu *muoze* bzw. *müezic* genannt, wodurch das *müezic*-Sein eine deutliche Abwertung erfährt.[215]

Swer sich an trâkheit verlât,
wizzet daz der vil müe hât:
er ist mit allem dem gemuot
daz er in der werlde tuot.
swer aver nicht træge ist,
der tuot ez allez zaller vrist
rinclîchen unde wol,
als ein biderbe man sol.
swelich man ze træge ist,
der ist müezic zaller vrist.
swer zaller vrist müezic lît,
der ist unnütze zaller zît.

---

[211] Ranawake, »Erec's *verligen*«, S. 97.

[212] Ranawake, »Erec's *verligen*«, S. 99.

[213] Vgl. Kapitel 3.1, bes. 3.1.2.

[214] Vgl. auch im *Erec* die tadelnden Worte von König Artus an seine träge Gefolgschaft, die in der Frühe noch schläft, anstatt Turniere zu bestreiten: *die er ligende noch vant, / die begunde er strâfen / und beruofen umbe ir slâfen. / er sprach: wes liget ir hie? / wer bejagete noch ie / mit slâfe dehein êre?* (2523–2528).

[215] Vgl. auch Manuwald, »*Ich hân gehôrt unde gelesen*«.

swer unnütze ist, der ist gar
überic, daz geloubt vür wâr.
so ist er ze nihte anders guot
niwan daz man in ûf die gluot
ze helle, dâ er brinne, tuo:
dâ wermet sich der tiuvel zuo.
(7233–7250)

müezic-Sein wird nach dem *Welschen Gast,* wie auch im *Iwein,* nicht nur im weltlichen Bereich verurteilt, sondern umso härter aus religiöser Sicht kritisiert. Wer sich der *trâkheit* und damit unnützem Nichtstun hingibt, gehört in die Hölle. Besonders gefährlich erscheint die *trâkheit* dadurch, dass sie keinen temporären Zustand beschreibt, sondern weit mehr »eine Disposition [darstellt], die alles, was man tut, als *müe* (›quälende Anstrengung‹) erscheinen lässt«[216].

Nun taucht das Wort *trâkheit* bei Hartmann an keiner Stelle auf, doch in der Formulierung des *sich-verligens,* die indirekt auch in den Versen des *Welschen Gast* mitzuschwingen scheint,[217] kommt nicht nur pointiert die Schlaffheit und Antriebslosigkeit zu ritterlicher Tat zum Ausdruck, sondern nach Ranawake zeigen sich darin auch die seelischen Auswirkungen, die auf das Laster der *acedia* bzw. *tristitia* hindeuten.[218]

Kernbestandteil des ursprünglich griechischen Wortes ἀκήδεια ist κηδος, Sorge. *acedia* bedeutet somit zunächst Sorglosigkeit *(incuria)* im Sinne von Gleichgültigkeit. Für die Bedeutungsgeschichte des Wortes ist der Psalm 118,28 (119) zentral, in dem in der griechischen Übersetzung der Septuaginta auch das Wort *acedia* auftaucht: σταξεν ἡ ψυχή μου ἀπὸ ἀκηδίας βεβαίωσόν με ἐν τοῖς λόγοις σου. In der Vulgata wird dies wiederum mit *taedium* übersetzt, was so viel bedeutet wie Unlust, Ekel oder Verdruß.

Neben Evagrios Pontikos (ca. 46–399) gilt in der Spätantike Johannes Cassianus (ca. 360–435) als wichtigster Vertreter einer systematischen Beschreibung von *acedia.* In einem differenzierten Lasterschema in der um 425 verfassten *De institutis coenobiorum et de octo principalium vitiorum remediis* ordnet Cassian jedem Hauptlaster mehrere untergeordnete Laster zu. Der *acedia* werden Müßiggang *(otiositas),* Verschlafenheit *(somnolentia),* Frechheit *(impirtunitas),* Unrast *(inquietudo),* Umherschweifen *(pervagatio),* Unstetigkeit des Geistes und des Körpers *(instabilitas mentis et corporis),* Geschwätzigkeit *(verbositas)* und Neugier *(curiositas)* beigeordnet.[219] Die Ausführungen verschiedener Lasterkataloge haben sich über die Zeit immer wieder qualitativ und quantitativ verändert. Mit Hugo von St. Victor und Petrus Lombardus gehört die *acedia* als *acedia sive tristitia*

[216] Manuwald, *»Ich hân gehôrt unde gelesen«.*

[217] Vgl. die häufige Verwendung des Verbs *ligen* (7233; 7243; 7769; 7772).

[218] Vgl. Ranawake, »*verligen* und *versitzen*«; Ranawake, »Erec's *verligen*«.

[219] Vgl. zum komplexen Bedeutungswandel von *acedia* auch Werner Post, *Acedia – Das Laster der Trägheit. Zur Geschichte der siebten Todsünde,* Freiburg/Basel/Wien 2011, zu Johannes Cassianus bes. S. 26–32, hier S. 27.

jedoch seit dem 12. Jahrhundert fest zu einem Sieben-Lasterschema.[220] Bei aller Vielfalt in der Gestaltung der Lasterkataloge fällt die Nähe von *acedia* und *otiositas* auf, die seit Cassian in unterschiedlichsten Ausprägungen besteht. In der Zeit zwischen 1200 und 1450 wird *acedia* oft sogar synonym mit *otiositas* verwendet.[221] Daraus lässt sich schließen, dass Formen der Muße in weiten Teilen aus dem Bereich des Geduldeten ausgegrenzt und vielerorts nur noch in Zusammenhang mit Sünde thematisiert werden.

Gerade Verschlafenheit und Trägheit beziehen sich im Frühmittelalter nicht mehr nur auf geistliche Vertreter, insbesondere die mönchischen Anachoreten, sondern greifen auf das weltliche Leben aus. Im Zuge dieser zunehmenden Säkularisierung stehen insbesondere die Nachlässigkeit religiöser und weltlicher Pflichten, der Mangel an ethischen Werken sowie bisweilen auch geläufige menschliche Schwächen im Fokus der Kritik.[222] Hier zeichnet sich eine Zweiteilung in der Auffassung von *acedia* ab, in der neben die religiöse Deutung eine praktisch-populäre tritt. Diese »figuriert wieder meist unter Faulheit, Unlust, Nachlässigkeit oder Trägheit und gilt als Sünde des Fleisches, im Unterschied zur subtileren spirituellen Sünde.«[223] Siegfried Wenzel, der umfassend wie wegweisend der Sünde der *acedia* in der mittelalterlichen Kultur und Literatur nachgegangen ist, beschreibt den Acediösen aus weltlich-populärer Perspektive unter anderem mit folgenden Charakteristika:

> The slothful person is unwilling to go to church. When the bell for matins rings, he decides to stay in bed till later, while a fiend called ›Terlyncel‹ persuades him that going to mass alone is enough. Sometimes the slothful will not go to church althogether because the weather is either too hot or too cold. If they go at all, they are frequently late.[...] The sermon bores them stiff, they think it lasts a hundred years, and they would rather hear the dinner bell than the preaching friar. If the service is drawn out, they become greatly irritated. Otherwise, the slothful often fall asleep in church. [...] Needless to say, however undevout and negligent a slothful man may be about his religious obligations, he does not lack zeal when it comes to deeds of ›ydelnesse‹. Here he is eager and never gets bored. [...] The sin also hinders men from fulfilling their professional duties well.[224]

Auch wenn es in der vorliegenden Studie nicht – so wenig wie in den Texten selbst – um eine Gleichsetzung zwischen Erecs Lebensstil und der Sünde der *acedia* geht, da diese doch hauptsächlich religiöse Verfehlungen betrifft, zeigen die Ausführungen doch offenkundig Ähnlichkeiten zu Erecs Verhalten. Auch der junge Ritter vernachlässigt seine gesellschaftlichen und königlichen Aufgaben, steht erst gegen Mittag auf, geht dem Messgang nur widerwillig nach und scheint auch während der Messe selbst gedanklich abzuschweifen.[225] Sein ganzes Sinnen ist auf die

---

[220] Wenzel, *The Sin of Sloth,* S. 29.

[221] Vgl. Wenzel, *The Sin of Sloth,* S. 93, spricht von *acedia* bzw. sloth und idleness.

[222] Vgl. Post, *Acedia – Das Laster der Trägheit,* S. 40, S. 67f.

[223] Vgl. Post, *Acedia – Das Laster der Trägheit,* S. 67, vgl. ebd. in Fußnote 1 den Verweis auf die oftmals in altenglischen Texten vorzufindende Ersetzung von *acedia* mit ›sloth‹.

[224] Wenzel, *The Sin of Sloth,* S. 84–86.

[225] Vgl. Wenzel, *The Sin of Sloth,* S. 84.

körperliche Nähe zu Enite gerichtet. Dabei spart der Erzähler hinsichtlich der Liebesbegegnung ganz bewusst jegliche Details aus; regt in dieser Reduktion jedoch zugleich die Phantasie des Rezipienten an. Während Hartmann allein das Wort *triuten* (2938; 2951) verwendet, welches semantisch ebenso weit gefasst ist wie *gemach* oder *sich verligen,* wird bei Chrétien die Szene eingehender gestaltet (2434–2442): *en li a mise s'antendue, / en acoler et an beisier* (2436f.). Die wenigen Ausführungen zu Erecs Liebesleben sind Zeichen dafür, dass es Hartmann nicht um ein falsch verstandenes maßloses oder gar zügelloses Lieben geht.[226] Die Liebe zu Enite ist, so Ranawake, höchstens Auslöser, nicht jedoch das eigentliche Verfehlen. In diesem Zusammenhang ist auch Bumkes Frage zu einfach gestellt:

> Das *verligen* in Karnant ist eine Katastrophe, nicht nur für Erec und Enite, sondern für den ganzen Hof in Karnant. Wie soll man das verstehen? Ist es so schlimm, wenn Neuvermählte Flitterwochen machen und ein paar Wochen nur für sich leben? [...] Solche Fragen soll man wohl nicht stellen; man bekommt keine Antworten.[227]

Das Verfehlen Erecs liegt, ähnlich wie im Baumgarten zu Brandigan, in einer Absolutsetzung eines Spielraums der Muße, der in der Außenperspektive ostentativ als müßiggängerische Untätigkeit abgewiesen wird. Aus Sicht der Gesellschaft stellt die Lebensweise Erecs eine verkehrte Welt dar, die die herrschenden Normen und Werte derart infrage stellt, dass sie den Hof zum Erlahmen bringt und ihm alle Freude raubt (2977f.; 2989). Sie verursacht in ihrer Andersartigkeit eine solche Verunsicherung unter der Gefolgschaft, dass diese sich nur noch empört abwenden kann (2979–2983). Nach Dieter Welz ist der Wunsch nach Verewigung des »individuellen Glücks [...] *a priori* gesellschaftsindifferent, wenn nicht gar gesellschaftsfeindlich«, worin letztlich die ressentimentgeladene Diffamierung durch die Institution begründet liegt.[228]

Auch wenn für das Paar das selbstgenügsame, geruhsame Wohlleben in diesem Spielraum der Muße und der Minne, in welchen sie sich buchstäblich wie metaphorisch zurückgezogen haben, Erfüllung bietet, liegt das Problem darin, dass die Verbindung zur institutionellen Ordnung weitestgehend aufgehoben ist. Der Ausbruch der Liebenden aus dem sozialen Gefüge ist nicht mehr mit jener die Gesellschaft zusammenhaltenden Basis an Regeln und Werten verbunden, welche Ausbrüche gewährt, erwünscht, aber, und darin liegt eine gewisse Paradoxie, auch einschränkt. Um sich ihrer elitären Stellung bewusst zu werden und diese auch zu demonstrieren, bildet der temporäre Rückzug in die intime Minnegemeinschaft ein zentrales Element höfischer Lebensweise, kollidiert diese jedoch mit ritterlichen wie herrschaftlichen Verpflichtungen, die stets vor dem Hinter-

---

[226] Vgl. auch Ranawake, »Erec's *verligen*«, S. 96f. Dagegen argumentieren etwa Wolf, *Gottfried von Straßburg und die Mythe,* bes. S. 230–236, oder, in der Formulierung drastischer, Werner Schröder, *Text und Interpretation V. Über die Liebe der Getrennten im ›Tristan‹ Gottfrieds von* Straßburg, Stuttgart 1993, S. 52, die in dieser Szene sexuelle Zügellosigkeit, vor allem bei Isolde, feststellen und die Szene in engem Verhältnis zum biblischen Sündenfall deuten.

[227] Bumke, *Der ›Erec‹*, S. 36f.

[228] Welz, »Glück und Gesellschaft«, S. 12.

grund der Formel von der *arbeit umbe êre* kommuniziert werden, ist *gemach* in direkter Nähe zu *verlegeniu müezekheit* zu verstehen und damit als moralisches Versagen skandalisiert.[229]

Das Nichtstun, das insbesondere Erec auf der Folie jenes Verständnisses von Tun und Handeln der höfischen Gesellschaft vorgeworfen wird, stellt reine Provokation dar. Das Passive, das sich in einer verweigerten Teilnahme am öffentlichen feudalen Geschehen und der Ablehnung der sittlichen wie kriegerischen Vervollkommnung veräußert, ist zugleich eine Abwendung vom herrschenden Normenhorizont. Ein vollständiges Ausklinken ist nicht geduldet, einzig in der exklusiven Abgeschiedenheit einer utopisch anmutenden Idylle fern ab des Hofes, wie etwa der Minnegrotte, scheint zumindest die Möglichkeit der Realisierung einer anderen Haltung und einer anderen Lebensweise auf.

Dazu eignet sich ein genauerer Blick auf jene Verse, die höchste Erfüllung und tiefsten Fall zugleich betreffen. Wird zunächst der Tagesablauf als übliche, sich immer wieder neu abspielende Szenerie beschrieben, wird nun eine dieser wiederkehrenden Szenen in den Fokus gestellt. Für einen kurzen Augenblick wird die Idylle des selbstgenügsamen wie beglückenden Lebens gezeigt, zugleich jedoch in ihrer Prekarität und Flüchtigkeit vorgeführt:[230]

nû kam ez alsô nâch ir site
daz er umbe einen mitten tac
an ir arme gelac.
nû gezam des wol der sunnen schîn
daz er ir dienest muoste sîn:
wan er den gelieben zwein
durch ein vensterglas schein
und hete die kemenâten
liehtes wol berâten,
daz si sich mohten undersehen.
(3013–3022)

Wie sich in den folgenden Abschnitten bestätigen wird, ist der *mitten tac* eine besonders aufgeladene Zeit, denn es ist eine Zeit der Wende und der Umkehr.[231] Erec schläft in den Armen Enites, während die Sonne durch das Fenster in den Innenraum scheint, die Gesichter der Liebenden wärmt und das Paar in auratisches Licht taucht.[232] Durch die kleine Rahmung des Fensters dringt mit dem Licht sym-

---

229 Vgl. Hasebrink, »Zwischen Skandalisierung und Auratisierung«, S. 114f.

230 Vgl. auch Welz, »Glück und Gesellschaft«, S. 14: »Um einsichtig zu machen, daß im *Verligen* eine wirkliche Versuchung gegeben ist, muß der Erzähler zwangsläufig den Reiz dieser Verlockung wenigstens andeuten. [...] Die Argumente des anderen Zustands jenseits des Leistungsprinzips werden auf das erzählerisch unumgängliche Minimum beschränkt.«

231 Bei Chrétien findet diese Szene nicht am Mittag, sondern am Morgen statt: *Tant li fu la chose celee / qu'il avint une matinee, / la ou il jurent an un lit, / qu'il orent eü maint delit* (2469–2472). Dass die Sonne aber auch als *acedia*-Motiv fungieren kann, zeigen die folgenden Ausführungen dieses Kapitels.

232 Vgl. die Verse 3016f.: *nû gezam des wol der sunnen schîn / daz er ir dienest muoste sîn.* Vgl. auch Christoph Schanze, »Schatten und Nebel. Die dunkle Seite des Artusromans«, in: *Aktuelle*

bolhaft auch die Außenwelt und damit der Alltag und die kritischen Stimmen des Volkes in die innige Privatheit, in der gedöst, geschlafen und sich der Liebe hingegeben wird. Enites Seufzer führt dazu, dass Erec von den Beschimpfungen und Flüchen seiner Gefolgsleute erfährt. Das Licht als Licht der Erkenntnis bezieht sich auch auf das Liebespaar selbst, wenn es heißt, dass sie einander anschauen konnten: *daz si sich mohten undersehen* (3022). Dieses Anschauen ist als Gewahrwerden zu verstehen. Das Sich-Vergessen und Sich-Verlieren in der Zweisamkeit wird durch das langsame Einsickern der höfischen Welt unwiderruflich gestört. Die Unmittelbarkeit im Erleben weicht der Distanz des rationalen Erkennens, so wie sich im gleichen Zuge die Einheitlichkeit und Ungeteiltheit der Liebenden in Differenz und Entfremdung verwandelt.[233] Sie werden sich nacheinander ihrer Situation bewusst und erkennen die Unvereinbarkeit ihres Rückzugs mit den gesellschaftlichen (An-)Forderungen. Dieses metaphorische Erwachen wird parallel geführt mit dem buchstäblichen Erwachen aus dem Mittagsschlaf.

Die Erkenntnis verläuft über verschiedene Stufen der Verlautbarkeit. Zunächst dringen die Schmähungen an Enites Ohr, bevor sie, im Glauben Erec schlafe, angesichts der schweren Situation sorgenvoll seufzt. Dieser erste noch kaum zu definierende Laut ist das Ende des unbekümmerten Freiraumes der Muße wie der Minne. Ähnlich der Kemenate, die in einem Zwischen von Öffentlichkeit und Privatheit verortet ist, ist auch das kaum hörbare Selbstgespräch Enites, das auf ihr Seufzen folgt, in einem Zwischen einzuordnen. Der Monolog Enites stellt unbewusst den Versuch dar, über Sprache wieder eine erste Verbindung zwischen Spielraum und institutioneller Ordnung herzustellen.[234] Die Grenzen zwischen privat und öffentlich werden allmählich durchlässiger, denn das Paar wird sich des Sicht- und Zeigefelds der höfischen Gesellschaft, in welchem es sich unablässig bewegt, auch dann, wenn es sich ihm zu entziehen versucht, wieder schmerzlich bewusst.

Das Heraustreten und Abwenden des Liebespaares aus der gesellschaftlichen Ordnung bedeutet nicht nur Irritation, sondern auch Destabilisierung und Verunsicherung. Die Gesellschaft muss daher zu neuer Gewissheit geführt werden. Dennoch wirkt Erecs Reaktion auf die schimpfliche Rede bei Hofe überstürzt. Gerade noch friedlich schlafend in den Armen seiner Geliebten, wird Erec im Tonfall

---

Tendenzen der Artusforschung, hg. v. Brigitte Burrichter, Matthias Däumer, Cora Dietl, Christoph Schanze und Friedrich Wolfzettel, Berlin/Boston 2013, S. 187–207, bes. S. 191–194.

[233] Dagegen deutet Timothy R. Jackson, »Zwischen Innenraum und Außenraum. Das Motiv des Fensters in der Literatur des deutschen Mittelalters«, in: *Innenräume in der Literatur des deutschen Mittelalters. XIX. Anglo-German Colloquium Oxford 2005*, hg. v. Burkhard Hasebrink, Hans-Jochen Schiewer, Almut Suerbaum und Annette Volfing, Tübingen 2008, S. 45–65, hier S. 48, das Licht als Möglichkeit des Einander-Anschauens als Zeichen für die »gegenseitige Vernarrtheit der Liebenden, das Vermeiden dessen, was draußen liegt, das Verbleiben im Häuslichen, jene Beschäftigung mit sich selbst, die den Hof und die Ehe sofort in die Krise versetzen wird.« M.E. ist Jackson hier deutlich zu widersprechen, da es in der Szene nicht mehr um Vernarrtheit geht, sondern gerade um jenen Grenzbereich zwischen Privatheit und Öffentlichkeit, der die Auflösung der Zweisamkeit zur Folge hat. Das Licht stellt dabei wieder eine erste Verbindung zwischen innen und außen her.

[234] Vgl. auch Müller, *Höfische Kompromisse*, S. 294.

nun hart. Auf Enites Worte antwortet er lakonisch: ›*der ist genuoc getân*‹ (3052).[235] Die geruhsame Szenerie bricht augenblicklich in sich zusammen. Im Befehlston fordert Erec Enite auf, das Bett zu verlassen. Auf die in der gesamten *verligen*-Episode dominant horizontale Orientierung folgt ruckartig eine gegensätzliche Bewegung der vertikalen Gerichtetheit. Dies geht einher mit Hektik und Unrast, denn die Szenerie verlagert sich eilig vom Innenraum der Kemenate nach außen in den Hof. Von dort nimmt die Aventiurefahrt des Paares, getarnt als *kurzwîle* (3062), ihren Ausgang. Die Häufung an Adjektiven wie *verholne* (3064), *verstolne* (3065), das Sprechen in Metaphern und nicht zuletzt die unter der Kleidung verborgene Rüstung zeugen von den zwei unterschiedlichen Bereichen eines passiven und eines aktiven Lebens, an deren ›Wegscheide‹ Erec nun steht.

Erec und Enite übernehmen das institutionell durchdrungene Denken, dem sie auch vor der *verligen*-Episode verpflichtet waren, wieder ohne zu zögern. Doch erst ein Impuls von außen löst diese veränderte Sichtweise aus. Im Gegensatz zu Mabonagrin wird das Leben in Untätigkeit und Annehmlichkeit für Erec keineswegs langwierig oder öde. Aus eigenem Antrieb jedenfalls hätte er die müßige Daseinsweise augenscheinlich nicht aufgegeben. Das gemächliche Leben in der Zurückgezogenheit ist jedoch nur so lange möglich, als es ein gesellschaftsferner Raum bleibt. Mit dem Eindringen der höfischen Wertvorstellungen ziehen sich Erec und Enite augenblicklich in diesen Bereich zurück:

> Er [sc. Erec] macht sich ein Gewissen aus dem Geschehenen, d.h. er verinnerlicht das Gebot der völlig unbezweifelt hingenommenen gesellschaftlichen Autorität, die hier noch als eine ›echte und geglaubte Objektivierung des Ethischen‹ auftritt, und handelt nun entsprechend. Erec unterwirft sich, schärfer formuliert, bedingungslos dem Leistungsprinzip und zieht ›spontan‹ auf Sühne-*aventiure*.[236]

Der Ausbruch und die Außeralltäglichkeit, die der Spielraum der Muße ihnen bot, wird in der Retrospektive mit Schuld, Scham und Sühne verbunden. Nur auf dieser Folie lässt sich die Aventiurefahrt des Paares verstehen, die von Unrast, Geschäftigkeit und Tatendrang geprägt ist und demonstrativ jegliche Form von *gemach*, sei es auch nur im Sinne einfacher »Annehmlichkeiten des Hoflebens«[237], aus dem Weg geht. Wie sich bereits in der betrachteten Szene auf Penefrec gezeigt hat, wandelt sich im Laufe der Aventiurefahrt Erecs Verständnis von *gemach* radikal.[238] *gemach* wird semantisch mit *ungemach* identisch und dadurch positiv umbesetzt.[239] In dieser Verkehrung wird für Erec letztlich die Ritterschaft selbst

---

[235] Die Klassiker-Ausgabe von Manfred Günter Scholz folgt an dieser Stelle der Hs. A: *der rede ist genuoc getân* (3052).

[236] Welz, »Glück und Gesellschaft«, S. 15.

[237] Bumke, *Der ›Erec‹*, S. 98.

[238] Vgl. Kapitel 3.3, bes. 3.3.3.

[239] Vgl. dagegen Peter Czerwinski, *Der Glanz der Abstraktion. Frühe Formen von Reflexivität im Mittelalter. Exempel einer Geschichte der Wahrnehmung I*, Frankfurt/New York 1989, S. 425, Fußnote 302. Eine Umdeutung von *gemach* findet sich auch im *Welschen Gast*, vgl. die Verse 7223–7228. In dieser Textstelle wird angeführt, wie eine vorbildhafte innere Haltung zu einem Leben in *gemache* führe. Vgl. dazu Manuwald, *»Ich hân gehôrt unde gelesen«*. Ebenso

zur einzig wahren Annehmlichkeit: *daz kam von dem muote / daz im dehein werltsache / was vor dem gemache / dâ er ritterschaft vant / und dâ er mit sîner hant / die sêre muoste urborn* (7251–7256). War zuvor von der Gefahr der ›Dehabitualisierung‹ durch Muße die Rede, scheint hier, zugespitzt formuliert, eine Art ›Rehabitualisierung‹ ritterlicher Verhaltensgewohnheiten zu erfolgen. Die Maxime der *arbeit umbe êre* ist soweit inkorporiert, dass die größte ritterliche Anstrengung zur höchsten Annehmlichkeit werden kann.

In den mittelalterlichen theoretischen Schriften über die Laster wird immer wieder *fortitudo* als Heilmittel und Gegenpol zu *acedia* angeführt.[240] In der im vorangegangenen Kapitel betrachteten *Joie-de-la-curt*-âventiure Erecs tritt eine solche Tapferkeit, die sich auch angesichts der aussichtslosen Situation im Zaubergarten nicht vor Anstrengung und Gefahr scheut, deutlich zum Vorschein. Fröhlich und unverzagt begegnet er dem traurig wirkenden Volk, das seinen Tod bereits vorhersieht: *er was eht herzen sorgen vrî* (8154). Im Sieg über Mabonagrin, dessen Lebensweise als eine Art verzerrtes Spiegelbild seines eigenen Lebens in Karnant zu verstehen ist, wirft Erec endgültig die erfahrene Schmach ab. Er hat sich wortwörtlich von der Peripherie zurück in das Zentrum der Gesellschaft gekämpft. Auf geographischer Ebene ist er wieder im Raum des Öffentlichen und Sichtbaren angelangt, und auch auf inhaltlicher oder mentaler Ebene handelt er nach den Prinzipien der höfischen Gesellschaft. In dem Verb *erwenden* (3005) wird bereits die veränderte Blickrichtung angedeutet, die letztlich in eine der Gesellschaft zugewandte Bewegung über die *âventiure* führt.

Hugo Kuhn hat die Spannung zwischen den Forderungen der Sozietät und dem Rückzug in die Minnegemeinschaft pointiert zusammengefasst:

> Wer sich in dem Dasein, das ihm geschenkt ist, genießend abschließt, […] der neutralisiert es, der macht seine Kräfte unwirksam; wer aber durch freiwillige Preisgabe, wer durch Buße lernt, es von oben zu empfangen, der erst kann auch seine irdischen Kräfte recht benutzen: als Aufgabe und Dienst zur Ehre in der Welt wie zum Lohn bei Gott. Die höhere Macht, der man sich unterwirft, ist […] die Aventiure.[241]

In den letzten Versen im *Erec* wird in überhöhender Art und Weise zum Ausdruck gebracht, wie das Verfehlen des *verligen* zugunsten eines Lebens – *gote und der werlte* (*Iwein*, 7172) zur Freude – endgültig bezwungen ist und Spielraum wie Institutionalität gleichermaßen zu ihrem Recht kommen:[242]

---

wie *gemach* wird auch *senfte leben,* das eigentlich vornehmlich im Kontext eines bequemen, der *trâkheit* entspringenden Lebens verwendet wird, umgedeutet und in negativer wie positiver Qualität verhandelt. Beispielhaft zeigt sich dies auch in den Versen 7119–7121; 7197–7201 oder 7223–7228 des *Welschen Gastes.*

[240] Wenzel, *The Sin of Sloth,* S. 89; 173f.

[241] Kuhn, »Erec«, S. 150.

[242] Vgl. auch bei Hahn, *Raum und Landschaft,* S. 129f.: »Im Artusroman […] ist zwar die glückliche Liebe, d.h. die Ehe, Ziel und Thema der Minnehandlung, doch erhält die Liebe auch hier ihren höheren Wert nur dadurch, daß sie in das ethische Bewährungssystem von *dienest* und *lon* eingespannt wird.«

der künec selbe nû huoter
ir [sc. Enites] *willen swâ er mohte,*
und doch als im tohte,
niht sam er ê phlac,
dô er sich durch si verlac,
wan er nâch êren lebete
und sô, daz im got gebete
mit veterlîchem lône
nâch der werlde krône,
im und sînem wîbe,
mit dem êwigen lîbe.
(10119–10129)

4.2.2 *Der Wald – Iweins Wahnsinn*

Im *Iwein* Hartmanns von Aue bildet die Flucht des vor der Artusrunde beschämten Protagonisten nach der versäumten Jahresfrist eine außergewöhnliche Form des Ausbruchs. Der Rückzug in den Wald bedeutet nicht nur eine örtliche Verschiebung an die Peripherien des Hofes, sondern geht einher mit dem Verlust des Verstandes, der Sprache, der Erinnerung, der eigenen Identität sowie jeglicher höfischer Verhaltensregeln. In diesem vermeintlichen Freiraum höfischen Einflusses agiert ein Aktant, der sich in einer regressiven Bewegung in Selbstvergessenheit und Wahnsinn verliert. Es zeigen sich interessante Verschiebungen eines potenziellen Mußeraumes, der durch den Aktanten selbst, so die These, in seiner Entfaltung verhindert und letztlich konterkariert wird. Der Frei- oder Spielraum bleibt ein vermeintlich freier. Letztlich dient er den Zwecken des Hofes, die das ›Andere‹ stellvertretend in der wahnsinnigen Figur des Iwein zu domestizieren sucht.

Nach der Hochzeit mit Laudine nimmt Gawein Iwein beiseite, um ihm wohlwollende, doch warnende Worte mitzugeben. Dabei nimmt er interessanterweise direkten Bezug auf Erec und seine Verfehlung des *verligens:*

geselle, behüetet daz enzît
daz ir iht in ir schulden sît
die des werdent gezigen
daz sî sich durch ir wîp verligen.
kêrt ez niht allez an gemach;
als dem hern Êrecke geschach,
der sich ouch alsô manegen tac
durch vrouwen Ênîten verlac.
[...]
der minnete ze sêre.
(2787–2798)

In diesen intertextuellen Bezügen ist *gemach* insofern negativ konnotiert, da nicht alles Tun auf Bequemlichkeit ausgerichtet sein darf. Mit der Anrede *geselle* wird deutlich, dass Gaweins Rat in bester Absicht geschieht. Er fürchtet, Iwein könne denselben Ehrverlust erfahren, den Erec durch den Rückzug in die intime Zweisamkeit mit seiner Frau gewissermaßen provozierte.[243] Angesichts dessen ruft er Iwein auf, sich in das Tätig- und Tüchtig-sein des ritterlichen Lebens zu stürzen und mit ihm auf Turniere zu reiten (2802f.). Dieser Rat ist fatal, denn er verfehlt das ritterliche Ideal auf ähnliche Weise, auf welche es Erec vor seinem zweiten Aventiureweg verpasst. Indem Gawein *rîterschaft* (2306) auf Ritterspiele reduziert, raubt er ihr jene Elemente der Nächstenliebe, der Hilfe für Notleidende und Schwache, die das ritterliche Ethos auszeichnen.[244] Gaweins Rat ist, ganz gleich wie er die ritterliche Tat letztlich definiert, zudem deshalb fatal, weil er ebenfalls eine einseitige Lebensweise, nun eben in entgegengesetzter Richtung zu Erecs *verligen*, propagiert.[245] So fasst der Text pointiert zusammen: *Her Gâwein sîn geselle / der wart sîn ungevelle* (3030).

Gawein scheint offensichtlich die Botschaft des *Erec* missverstanden zu haben. In ironischer Weise spiegelt Hartmann mit der Figur des Gawein einen Rezipienten seines vorherigen Werkes in die Geschichte um Iwein hinein, um auf subtile Weise auf eine falsche, weil auf einfache Lehrsätze verkürzte Lesart des *Erec* hinzuweisen.[246] Es geht gerade nicht darum, die ritterliche Tat gegen die Hingabe an die Liebe einzutauschen, sondern die Schwierigkeit der Vereinbarung von Spielraum und Institutionalität, Ausbruch und Alltag in seiner Komplexität zu begreifen.

Trotz dieser vorgeblichen Fehleinschätzung folge ich zunächst der Argumentation Gaweins, da diese interessante Aspekte und Wertungen gegenüber dem Rückzug in die Häuslichkeit eines sicheren und unaufgeregten Lebens aufzeigt und damit eine alternative, möglicherweise mußeaffine Lebensweise zum ritterlichen Dasein beschreibt. Seine Ausführungen lösen sich dabei sowohl von der konkreten Situation Erecs als auch Iweins. Sie verfehlen die Angelegenheiten des Adressaten völlig und rücken stattdessen die allgemeine Spannung zwischen Haushaltsführung und gesellschaftlichen Forderungen in den Fokus.

Überspitzt zeichnet Gawein das Bild eines Hausherrn, der sich mit Beginn der Ehe aus den öffentlichen Pflichten in den Privatraum zurückzieht – *er giht er sül dem hûse leben* (2812) – und sich der Bewirtschaftung seiner Besitztümer widmet.[247] Die wirtschaftlichen Sorgen rauben ihm die Freude an Vergnügungen.

---

[243] *verlegenheit* (2870) und *unwirde* (2870) werden entsprechend in einem Atemzug genannt.

[244] Diese Beobachtung wird auch dadurch gestützt, dass wenig später Lunete Iwein vorwirft, nicht zu wissen, was ritterliche Pflichterfüllung sei: *si* [sc. Laudine] *ist zu edel und ze rîch / daz ir sî kebsen soldet, / ob ir erkennen woldet / waz rîters triuwe wære. / nû ist iu triuwe unmære* (3170–3174). Lunete vertritt eine völlig andere Auffassung von Rittertum als dies bei Gawein der Fall ist.

[245] Vgl. auch Nitsche, *Die Signifikanz der Zeit*, S. 94, die Elemente wie Langsamkeit und Müßiggang erst durch Gaweins Rede aufgerufen sieht. Bis zum Zeitpunkt der Ansprache habe, so Nitsche, Iwein »wahrlich nicht den Eindruck hinterlassen, Bequemlichkeit könnte zu seinem ›Problem‹ werden«.

[246] Vgl. zu der Auffassung einer falschen *Erec*-Interpretation auch Haug, »Lesen oder Lieben?«, S. 319; Kern, *Weltflucht*, S. 391, Fußnote 4.

[247] Vgl. zu Gaweins Rat auch Silvia Ranawake, »Zu Form und Funktion der Ironie bei Hartmann von Aue«, in: *Wolfram-Studien* VII (1982), S. 75–116, bes. S. 100–102.

Zudem vernachlässigt er sein äußeres Erscheinungsbild. In seiner Gestalt und seinem Auftreten verliert er den Glanz des Ritters und verkommt geradezu: *er treit den lîp swâre, / mit strûbendem hâre, / barschenkel unde barvuoz* (2819–2821). Anderen gegenüber verliert sich der Hausherr in Klagen und Gejammer über die Schwierigkeiten und Widrigkeiten, einen Haushalt zu führen. Diese Anstrengungen sind es, die ihn nach eigener Aussage daran hindern, den Forderungen der Gesellschaft nachzukommen: *ich wære wol enbrosten / der werlt an andern dingen, möht ich dem hûse geringen* (2842–2844). In dieser Behauptung treffen zwei Welten aufeinander, die jeweils eigene Ansprüche stellen: einerseits die Welt der gesellschaftlichen Verpflichtungen, die sich in ritterlichen Aufgaben veräußert und die Welt des Ehrerwerbs darstellt, andererseits die Welt des Hauses und der wirtschaftlichen Notwendigkeiten, die das Überleben sichert. Bei aller Richtigkeit der Aussage, dass der Haushalt Energieaufwand und Kosten verursache, pocht Gawein doch darauf, immer wieder den ritterlichen *muot* (2908) zu beweisen, dessen Verlust kein *guot* (2907) und keine *huobe* (2883) aufzuwiegen vermögen.

Der private Raum ist demnach explizit auch ein privativer Raum, ein der Möglichkeit zu *êre* beraubter Raum.[248] Haferland hat dezidiert daraufhin gewiesen, dass in der epischen Welt, trotz gegenteiliger Äußerungen, etwa Gaweins, nicht erst die *wirtschaft* die *rîterschaft* ermögliche, denn erstere werde durch die *êre* der letzteren ohnehin vergessen, wie sich eindrücklich an Iwein zeigt.[249] In der hierarchischen Stufung nimmt also *rîterschaft* zweifelsohne die zentrale Stellung ein. In Gaweins Beschreibung ist zwar eine Form des Rückzugs ins Private dargestellt, diese ist jedoch von *arbeit* geprägt. Die Verkleinerung des Handlungsradius im Falle des Hausherrn entspricht nicht der räumlichen Einschränkung auf die Kemenate wie es bei Erec und Enite der Fall ist. Noch weit weniger lassen sich die alltäglichen Arbeiten, die das Überleben des Einzelnen garantieren, mit jener schimpflichen Untätigkeit Erecs in Karnant vergleichen.

Dennoch bedeutet die Bewegung in das Private eine Destabilisierung der Dynamik des Hofes, welcher den Austritt und Ausbruch aus den sicheren Bereichen fordert, um sich immer wieder seiner Macht und Überlegenheit zu versichern. Auch Iwein lässt sich von den Ausführungen Gaweins verlocken und zieht mit ihm für ein Jahr auf Turnier. Doch er versäumt die Terminfrist, die ihm Laudine gesetzt hat, und wird vor den Augen der ritterlichen Artusrunde im Auftrag seiner Ehefrau von Lunete des Verrats beschuldigt (3116–3118). Sein Vergehen ist das Vergessen und Versitzen: *daz er der jârzal vergaz / und sîn gelübede versaz* (3055f.). Vor allem letzteres lässt bereits an dieser Stelle eine Nähe zu Trägheit aufscheinen, denn Vergesslichkeit und Nichteinhaltung von Terminen können als Tochtersünden der *acedia* aufgefasst werden und gehören namentlich in den Bereich der *otiositas.*[250] Der *homo otiosus* zeigt sich unter anderem undankbar für die

[248] Vgl. zum Raum des Öffentlichen und Privaten auch Hannah Arendt, *Vita activa oder Vom tätigen Leben,* (amerikanische Originalausgabe: *The Human Condition,* Chicago 1958), 15. Auflage, München 2015, bes. S. 33–89.

[249] Vgl. Haferland, *Höfische Interaktion,* S. 91f.

[250] Vgl. Ranawake, »*verligen* und *versitzen*«, S. 23.

ihm entgegengebrachten Gaben und Zugeständnisse, im Falle Iweins also die von Laudine genehmigte Jahresfrist, zudem vernachlässigt er seine familiären Aufgaben und sorgt nicht ausreichend für seinen Haushalt und seine Besitztümer, was letztlich zum Verschwinden der Liebe zwischen den Ehepartnern führen kann.[251]

Ausgelöst durch dieses *smælîche ungemach* (3207) verliert Iwein beinahe abrupt den Verstand. Der einzige Wunsch, den er innerlich noch zu äußern vermag, ist der nach Abgeschiedenheit und Einsamkeit (3216–3220). Schweigend entfernt sich Iwein von der Gemeinschaft und läuft, sich der Kleider entledigend, in den Wald. In einem Anfall von *zorn* (3233) und *tobesuht* (3233) *daz im in daz hirne schôz* (3232) verkehrt sich sein Inneres wie Äußeres.[252] Nicht nur sein Verhalten, sondern auch seine Nacktheit sind Zeichen von Rohheit, die sich wiederum radikal von den höfischen Formen und Ausdrucksweisen unterscheidet. Das Ablegen der Kleidung ist Zeichen für das Heraustreten aus dem ritterlichen Leben, zugleich bedeutet das Nackt-sein eine »radikale Vereinzelung, den Verlust gesellschaftlicher Eingebundenheit und scheint so schlechthin unvereinbar mit mittelalterlichem Denken überhaupt und arthurischem Denken im Besonderen«[253]. Die Wildnis des Waldes und die Unwegsamkeit der Natur spiegeln diesen regressiven anti-höfischen Zustand wider. Im Chrétien ist anschaulich von *sauvage terre* (2785) die Rede.

Iwein verfällt auf eine niedere, tierähnliche Stufe der Aphasie. Mit Verlust der Stimme verliert Iwein die spezifisch menschliche Kommunikationsweise. Seine Interaktion beschränkt sich auf ein non-verbales Tauschverhältnis mit einem Einsiedler. Dessen indirekt vermittelte Eindrücke bleiben die einzigen Beschreibungen Iweins; weitere Einblicke in das Innenleben des Protagonisten bleiben dem Rezipienten bewusst verwehrt, denn das in dieser Gestalt sich zeigende ›Andere‹ kann nur als vernunftlos und leer gedacht werden. In diesem Zusammenhang ist bemerkenswert, dass Iwein mit dem Moment des heimlichen Fortstehlens aus der arthurischen Gesellschaft nicht mehr mit seinem Namen benannt, sondern als *unwîse* (3345) oder *tôr* (3260) bezeichnet wird.[254] Dadurch wird die Figur jeder Form von Identität und Individualität beraubt und auf ihr ungewöhnliches, krankhaft erscheinendes Verhalten reduziert.[255] Die Bezeichnung *tôr* wertet im gleichen Zuge ab und scheint keinen Spielraum für andere Deutungen mehr zulassen zu wollen. Es zeigt sich die wohltuende Eigenschaft von Begrifflichkeiten, die das Unbekannte einzuordnen und ihm sein Ungreifbarsein zu nehmen ver-

[251] Wenzel, *The Sin of Sloth,* S. 86f. Vgl. in Bezug auf den altfranzösischen *Yvain* auch George Hardin Brown, »Yvain's Sin of Neglect«, in: *Symposium* 27 (1973), S. 309–321.

[252] Vgl. die Verse 3254–3256: *doch meistert vrou Minne / daz im ein krankez wîp / verkêrte sinne unde lîp.*

[253] Friedrich Wolfzettel, »Der defiziente arthurische Körper: Nacktheit als Gattungs-Paradigma«, in: *Körperkonzepte im arthurischen Roman,* hg. v. Friedrich Wolfzettel, Tübingen 2007, S. 201–230, hier S. 224.

[254] Vgl. auch die Verse 3268; 3294; 3295; 3309; 3320; 3321; 3346.

[255] Vgl. wörtlich die Bezeichnung *siecheite* (3607) bzw. Iweins Aussage nach Erwachen aus dem Wahnsinn: *dâ hân ich mich hie vunden / des lîbes ungesunden* (3627f.).

mögen. Ein solch begrifflicher ›Stempel‹ entlastet, da er weitere Reflexionen für sinnlos ablehnt, zugleich jedoch vereinfacht er, indem er die Offenheit der Wahrnehmung von vornherein einzuschränken versucht.

Versuche ich mich zunächst von der Einordnung im Text selbst zu lösen, zeigt sich im Zustand Iweins eine enorme Freiheit, die durch das Ablegen der Kleidung, aber auch der fehlenden rationalen Überlegtheit angezeigt wird. Das Dasein in dieser Verfassung scheint ganz auf sich selbst fokussiert, es bedarf keiner Leistung oder keines Zweckes, um zu sein. Auch hadert diese Existenzweise nicht mit der ihr gegebenen Situation, dem Wo oder Wie. Bei all dieser Selbstgenügsamkeit verharrt der Protagonist jedoch keineswegs in Untätigkeit oder gar Trägheit. Es handelt sich um einige wenige Handlungen, die in ständig wiederkehrender Abfolge ablaufen: das Suchen und Aneignen von Waffen, das Jagen und das Tauschen.[256] Zurückgeworfen auf das rein Physische, auf eine Form der beglückenden Bewusstlosigkeit hört Iwein an erster Stelle auf die existenziellen Forderungen und Bedürfnisse seines Körpers. Der Tagesablauf ist diesem Überlebenswillen untergeordnet und der Körper erscheint als einziger Zeitgeber.[257] Gerade im Vergleich zu anderen Textstellen sind die Zeitangaben äußerst vage.[258] Es entsteht beinahe der Eindruck von Zeitlosigkeit, da die Szene von Wiederholung und Gewohnheit (*nu erzeicte der tôre zehant / daz der tôre und diu kint / vil lîhte ze wenenne sint* (3320–3322)) geprägt ist. Doch im Gegensatz zu der friedvollen Idylle des Eremiten hier oder des Waldmenschen in der Brunnenâventiure evoziert die Nacktheit Iweins keinen paradiesischen Zustand.[259] Alternativlos erscheint jene Deutung, die in Iwein das Animalische sieht. Die Amnesie und die soziale Abkapselung führen in einen wahnhaften Zustand. In Vers 3321 wird der Tor mit einem Kind verglichen, doch anders als dieses zeigt der Protagonist nicht die Leichtigkeit des Unbefangenen, auch weist er keine Neugierde an seiner Umgebung auf und bleibt für die Natur um ihn herum weitgehend unempfänglich.

Zusammenfassend lässt sich vorerst festhalten, dass sich im Text selbst keine positive Deutung dieses Ausbruchs findet. Die Potenziale und Freiheiten eines solchen Zustandes scheinen nicht beachtet zu werden. Dabei stellt der Ausbruch in den Wald eine Erfahrung dar, die zwischen Selbstbezug und Selbstverlust schwankt, was sich auch im Erleben von Muße ereignet. Typische Elemente von Muße werden punktuell aufgerufen, etwa das Spielraumhafte, die Abgeschieden-

---

[256] An dieser Stelle wird der Jagdtätigkeit allein aus existenziellen Gründen nachgegangen, während in denjenigen Szenen, die in Kapitel 3.3, bes. 3.3.3 betrachtet werden, Jagd als Vergnügung behandelt wird.

[257] Vgl. auch Störmer-Caysa, *Grundstrukturen,* S. 95.

[258] Vgl. Nitsche, *Die Signifikanz der Zeit,* S. 96.

[259] Das zurückgezogene, einfache Leben der Einsiedler scheint einen Weg der Versöhnung zwischen Kultur und Natur, Hof und Wildheit erahnen zu lassen, vgl. auch Dirk Matejovski, *Das Motiv des Wahnsinns in der mittelalterlichen Dichtung,* Frankfurt a.M. 1996, S. 135. Vgl. auch Wolfgang Mohr, »Iweins Wahnsinn. Die Aventüre und ihr ›Sinn‹«, in: *ZfdA* 100 (1971), S. 73–94. Mohr stellt im Blick auf den *Yvain* Chrétiens fest, dass die Wildnis durchaus »idyllische Züge annehmen oder sogar sakral-utopische Orte beherbergen« kann, S. 76.

heit des topischen Mußeortes Wald, der Eindruck von zeitlichem Stillstand, die Selbstvergessenheit oder die Freiheit von Zweckhaftigkeit und Deutungszwang; diese werden jedoch, auch auf humoristisch-burleske Weise, derart entstellt, dass geradezu ein Anti-Muße-Raum entsteht. Iwein scheint keine Erfülltheit in dem Sich-selbst-Vergessen zu finden und auch die Freiheit des wilden Waldes, die höfische Codes unterläuft, scheint in der Sorge um das existenzielle Überleben nicht als Entgrenzung, sondern als Einengung erfahren zu werden. Auch der immergleiche Tagesablauf wirkt auf den Rezipienten geradezu grotesk. Das Tierhafte und Instinktgeleitete nivelliert das explizit Menschliche des Rationalen, Reflexiven und Kommunikativen. Statt einer Indifferenzerfahrung von Selbst und Welt, einer Erfahrung eines völligen Aufgehens in der Natur also, scheint Iwein sowohl sein eigenes Selbst, als auch den Kontakt zur Welt völlig verloren zu haben. Der Zustand des Wahnsinns ist eine absolute Erfahrung der Differenz.

Bei aller offensichtlichen Unterschiedlichkeit zu Muße möchte ich doch den Aspekt der Selbstvergessenheit herausgreifen, um daran den Abweichungen zu Muße genauer nachzugehen. In der hier behandelten *Iwein*-Episode lässt sich meines Erachtens Selbstvergessenheit auf zwei verschiedenen Stufen beobachten. Zum einen verliert Iwein im Wald seine Identität und vergisst seine Herkunft. Zum anderen ist neben dieser radikalen Selbstvergessenheit im Text selbst wortwörtlich von ›*sich selbes vergaz*‹ die Rede, als Iwein, noch vor dem Eintreffen Lunetes, in eine nicht sofort einzuordnende Traurigkeit und Schwermütigkeit verfällt, die durch die Sehnsucht nach der entfernten Geliebten ausgelöst wird:[260]

in begreif ein selch riuwe
daz er sîn selbes vergaz
und allez swîgende saz.
er überhôrte und übersach
swaz man dâ tete unde sprach,
als er ein tôre wære.
(3090–3095)

Iwein verliert nicht nur den Kontakt zu seiner Umgebung und nimmt nicht mehr wahr, was um ihn herum geschieht, sondern er verliert sich selbst in den schwermütigen Gedanken und Grübeleien. Bereits hier beginnt er zu schweigen und wird bis zum Erwachen aus dem Wahnsinn auch kein weiteres Wort mehr verlieren.[261] Dieses Anfangsstadium von Aphasie trennt ihn bereits von der Öffentlichkeit und ihrem *vrœlîchen schalle* (3072). Mit dem Schweigen verweigert er in einem ersten Schritt die Teilnahme am gesellschaftlichen Treiben und zieht sich in die eigene Innerlichkeit zurück, die einen Raum der Abgeschiedenheit darstellt, sich Erinnerungen und Sehnsüchten hingebend. Die Beschreibungen lassen sich

[260] Vgl. als Iwein von der Liebe zu Laudine erfasst wird: *dâ was ir hâr und ir lîch / sô gar dem wunsche gelîch / daz im ir minne / verkêrten die sinne, / daz er sîn selbes gar vergaz* (1333–1337).

[261] Ein möglicher Vorverweis auf das Verstummen, das einem sozialen Tod gleichkommt, findet sich in den Versen 2256–2259: *her Îwein, wie sît ir sô verzaget? / lebet ir ode habt ir munt? / ir sprâchet doch in kurzer stunt: / wenne wurdent ir ein stumbe?*

als Vorahnung, etwa durch die konjunktivische Beschreibung *als er ein tôre wære* (3095), als auch als Vorstufe dessen fassen, was sich in einem nächsten Schritt körperlich abzeichnet. Die sich hier zeigende Form von Selbstvergessenheit und des Sich-Verlierens in die eigenen Gedanken ist eine nachdenkliche Selbstvergessenheit, die jedoch nicht mit Kontemplation verwechselt werden darf. Anstatt dass Iwein in sich versunken Beschaulichkeit und Ruhe findet, ist sein Herz von Schmerz und Kummer gebeutelt und er selbst in böser Vorahnung dessen, was mit der Ankunft Lunetes bittere Realität wird (3096–3103).

Sein Verhalten zeigt auch eine gewisse Schwermütigkeit[262] und zeigt Tendenzen geistiger Trägheit und mangelndem Handlungs- und Wirkungswillen: *von herzeleide geschach im daz / daz erz verdulte und versaz / daz sîz* [sc. den Ring Laudines] *im ab der hant gewan* (3197–3199). Das Wort *versitzen* drückt jene Tatenlosigkeit aus, die Iwein geradezu handlungsohnmächtig macht. Anstatt etwas zu verändern, Reue zu zeigen oder sich gegen Lunetes Anschuldigungen zur Wehr zu setzen, zieht Iwein die Flucht aus jeglicher sozialen Einbettung vor.

Die ausgeführten Textbeobachtungen entsprechen bis zu diesem Punkt jener Bestimmung von *acedia* wie sie sich bei Jean Starobinski findet, wodurch die Muße-Thematik doch wieder – gewissermaßen über den Umweg der Sünde – in den Fokus rückt, da *otiositas* als Tochtersünde von *acedia* aufzufassen ist:

> Acedia ist eine Schwere, eine Benommenheit, ein Brachliegen der Entschlußkraft, ein völliges Unvermögen, sich aufzuraffen, eine endgültige Verzweiflung am eigenen Seelenheil. Gewisse Kirchenväter beschreiben sie als eine Traurigkeit, die zu Stummheit führt, als eine geistig-seelische ›aphonia‹, gleichbedeutend mit Erlöschen der Seelenstimme. [...] Das Innere verschließt sich immer mehr in unzugängliches Schweigen und weigert sich, ja wird unfähig, sich nach außen überhaupt noch mitzuteilen.[263]

Bei aller Übereinstimmung in der Beschreibung darf nicht vergessen werden, dass *acedia* eindeutig dem religiösen Bereich zuzuordnen ist: »In any case, the evidence so far examined shows that in the popular image the sin of sloth remained sloth in God's service«[264]. Auch wenn sich Iwein am Ende des Romans als *sündigen man* (8105) bezeichnet, der *buoze* (8108) tut, wird er doch an keiner Stelle mit *trâkheit* oder *acedia* in Verbindung gebracht. Die Verfehlungen Erecs und Iweins betreffen nicht das Religiöse, Göttliche, sondern allen voran das Gesellschaftlich-

[262] Interessanterweise bezeichnet Heinrich Seuse volkssprachig mit *swermuetikeit* das »Amalgam von Akedie und Melancholie«, vgl. zugleich weiterführend zur Bedeutung von Schwermütigkeit und der Nähe zu Trägheit in der Mystik Alois Haas, »Schwermütigkeit. Ein Wort der deutschen Mystik«, in: *Verborum amor. Studien zur Geschichte und Kunst der deutschen Sprache. Festschrift für Stefan Sonderegger zum 65. Geburtstag,* hg. v. Harald Burger, Alois M. Haas und Peter von Matt, Berlin/New York 1992, S. 273–296, hier S. 296.

[263] Jean Starobinski, *Geschichte der Melancholiebehandlung von den Anfängen bis 1900,* Basel 1960, S. 34. Er fährt fort: »Wenn er [sc. der Mensch] nun zu diesem Zustand ja sagt, wenn seine Seele sich darin gefällt, wenn diese vom Körper vielleicht auferlegte Dumpfheit von Seiten der entarteten Willenskraft Zustimmung erfährt, so handelt es sich um eine Todsünde«, S. 34.

[264] Wenzel, *The Sin of Sloth,* S. 96.

Soziale und Sittliche. Iweins Zustand ist somit weniger dem Sündhaften zuzurechnen, sondern lässt sich vielmehr in die Nähe eines Ausbruchs manischer Melancholie im mittelalterlichen Verständnis einordnen.[265] *acedia* und Melancholie zeigen Ähnlichkeiten, unterscheiden sich jedoch auch wesentlich voneinander. Der Melancholie fehlt es an typischen Merkmalen des theologischen Lasters, etwa »Mangel an Frömmigkeit, Langeweile beim Ausüben religiöser Handlungen und Vernachlässigung religiöser Pflichten«[266].

Der altfranzösische Text drückt die Nähe von Iweins Zustand zu Melancholie explizit aus. Dort ist die Rede von *la rage et la melancolie* (3005),[267] denen Iwein verfallen sei.[268] Auch wenn das Wort ›Melancholie‹ bei Hartmann nicht vorkommt, sprechen die beschriebenen Verhaltensmuster dafür, auch im deutschen *Iwein* von Analogien zu Symptomen der Melancholie zu sprechen. Bereits in der

---

[265] In dieser Arbeit geht es um die historische Auffassung von Melancholie; zur Verbindung von Muße und Melancholie aus moderner Perspektive vgl. Jörg Zirfas, »Muße und Melancholie«, in: *Paragrana* 16 (2007), S. 146–157. Insbesondere Wenzel, *The Sin of Sloth,* warnt davor, *acedia* als Vorläufer des neuzeitlichen Melancholiebegriffes zu deuten: »The survival of medieval *acedia* in Renaissance melancholy is, of course, a hypothetical development which cannot be demonstrated to have happened in the same way as a plant grows or a chemical change takes place. The two terms are related only partially; they share some of the symptoms by which they are characterized, such as unreasonable sadness, dejection, a sad face, and so on. But although in medieval texts the melancoly humor was occasionally considered a natural cause for *acedia,* I know of no text which equates the two verbally«, S. 186. Vgl. ebenso Jackson, »Acedia the Sin«, S. 172f.: »Some modern authors have viewed acedia as little more than a medieval term for what we would call depressive states or as synonym for melancolia in its own time. Others have thought of it as merely a term for sloth or laziness. These are clearly misleading simplifications.«

[266] Christoph Flüeler, »Acedia und Melancholie im Spätmittelalter«, in: *Freiburger Zeitschrift für Philosophie und Theologie* 34 (1987), S. 379–398, hier S. 388f.

[267] Im *Dictionnaire de l'ancienne langue française et de tous ses dialects du IX au XV siècle,* hg. v. Frédéric Godefroy, Paris 1881–1902, ist für *melancholie* die Bedeutung *bile noire* vermerkt, daneben werden als Bedeutungsdimensionen *mauvaise disposition, mauvais traitement; taquinerie, agacerie* sowie *imagination, idee, rèverie* genannt.

[268] Bei Hartmann ist dagegen an einer vorherigen Stelle von *tobesucht* (3233) die Rede. Hartmann folgt in der Beschreibung der Einsalbung keiner wörtlichen Übernahme Chrétiens. Insbesondere Matejovski, *Das Motiv des Wahnsinns,* bes. S. 120–155, hier S. 125f., lehnt eine genuin medizinische Deutung ab, da sich die Szene mit Recht nicht in Vorgaben einer modernen Psychiatrie fügen lässt, wie es etwa Wolfram Schmitt, »Der ›Wahnsinn‹ in der Literatur des Mittelalters am Beispiel des ›Iwein‹ Hartmanns von Aue«, in: *Psychologie in der Mediävistik. Gesammelte Beiträge des Steinheimer Symposions,* hg. v. Jürgen Kühnel, Hans-Dieter Mück, Ursula Müller und Ulrich Müller, Göppingen 1985, S. 197–214, und Burkhardt Krause, »Zur Psychologie von Kommunikation und Interaktion. Zu Iweins ›Wahnsinn‹«, in: *Psychologie in der Mediävistik. Gesammelte Beiträge des Steinheimer Symposions,* hg. v. Jürgen Kühnel, Hans-Dieter Mück, Ursula Müller und Ulrich Müller, Göppingen 1985, S. 215–242, versuchen. Vgl. auch Heinz-Günter Schmitz, »Iweins *zorn* und *tobesuht.* Psychologie und Physiologie in mittelhochdeutscher Literatur«, in: *Sandbjerg 85. Dem Andenken von Heinrich Bach gewidmet,* hg. v. Friedhelm Debus und Ernst Dittmer, Neumünster 1986, S. 87–112; Michael Graf, *Liebe – Zorn – Trauer – Adel. Die Pathologie in Hartmann von Aues ›Iwein‹. Eine Interpretation auf medizinhistorischer Basis,* Bern u.a. 1989.

gerade betrachteten Anfangsszene vor der Flucht in den Wald entspricht Iwein in der Haltung trauernder Introspektion dem Melancholietypus.[269]

Medizinhistorisch ist der Terminus der Melancholie erstmals im Corpus Hippocraticum bezeugt.[270] Nach der späteren humoralen Temperamentenlehre ist der Melancholiker definiert durch ein Ungleichgewicht der Körpersäfte auf Grund eines Überschusses an schwarzer Galle.[271] Dieser kalte und trockene Körpersaft steigt vornehmlich ins Gehirn und verwirrt dort den Verstand.[272] Die Melancholie trägt unter den Humores die meisten pathologischen Züge und oszilliert schon früh zwischen psychosomatischer Erkrankung und Disposition.[273]

Ungeachtet des vielseitigen Auftretens lassen sich doch bestimmte typische Symptome herausarbeiten:

> Das Krankheitsbild des Melancholikers steht nunmehr fest: er ist aufgetrieben, dunkelhäutig, von allerlei Begierden geplagt, niedergeschlagen [...], furchtsam, menschenscheu, meist grundlos traurig, gelegentlich aber unvermittelt heiter sowie verfolgt von vielfältigen Indiosynkrasien, Wahn- und Zwangvorstellungen.[274]

---

[269] Vgl. Horst Wenzel, »Melancholie und Inspiration. Walther von der Vogelweide L. 8,4f. Zur Entwicklung des europäischen Dichterbildes«, in: *Walther von der Vogelweide. Beiträge zu Leben und Werk,* hg. v. Hans-Dieter Mück, Stuttgart 1989, S. 133–153, bes. S. 136–141.

[270] *Œuvres complètes d'Hippocrate,* traduction nouvelle avec le texte grec en regard, hg. v. Émile Littré, 10 Bde., Paris 1839–1861.

[271] Vgl. die Schwarzfärbung Iweins: *Sus twelte der unwîse / ze walde mit der spîse, / unz daz der edele tôre / wart gelîch einem môre / an allem sînem lîbe* (3345–3349). Vgl. Raymond Klibansky/Erwin Panofsky/Fritz Saxl, *Saturn und Melancholie. Studien zur Geschichte der Naturphilosophie und Medizin, der Religion und der Kunst,* übersetzt v. Christa Buschendorf, Frankfurt a.M. 1990, bes. S. 39–54; 136–199.

[272] In Bezug auf die Ausführungen von Constantinus Africanus vgl. Heinrich Schipperges, »Melancolia als ein mittelalterlicher Sammelbegriff für Wahnvorstellungen«, in: *Studium generale* 20 (1967), S. 723–736, hier S. 728.

[273] Vgl. Klibansky/Panofsky/Saxl, *Saturn und Melancholie,* S. 53–55: »Im Gegensatz zu allen andern bestand bei der als ›Melancholie‹ bezeichneten Krankheit der überwiegende Teil der Symptome in seelischen Veränderungen, von Furcht, Menschenscheu und Niedergeschlagenheit bis zu den schrecklichsten Formen des wirklichen Wahnsinns. [...] Die Verdüsterung des Bewußtseins, Schwermut, Angst und Wahnvorstellungen und schließlich die furchtbare Lykanthrophie, die die von ihr Befallenen als heulende und beißende Wölfe durch die Nacht trieb, all das wurde der Wirkung des unheimlichen Stoffes zugeschrieben, der schon durch seinen Namen (μέλας = schwarz) mit allen bösen und nächtlichen Vorstellungen verknüpft war.« Es gilt, zwei Hauptrichtungen zu unterscheiden. Neben der medizinisch-pathologischen Deutung des Überschusses an schwarzer Galle und den vielfältigen Symptomen wie »Trübsinn, Menschenscheu, Ängstlichkeit, Tiefsinnigkeit und Grübelei [...] Schläfrigkeit, Trägheit, Faulheit [...] Unsauberkeit und schlechte[r] Geruch« (vgl. Völker, *Langeweile,* S. 129), wird Melancholie auch als Temperament aufgefasst, das Zeichen »des Genialen, d[er] Schwermut des nach dem Absoluten strebenden Geistes« (vgl. Völker, *Langeweile,* S. 129) ist. Vgl. dazu das Problem XXX, I: Aristoteles, *Problemata physica,* übers. v. Hellmut Flashar, Darmstadt 1962; Aristotelis quae feruntur problemata physica, ed. Charles-Émile Ruelle/Hermann Knoellinger/Joseph Klek, Leipzig 1922. Vgl. ausführlich Klibansky/Panofsky/Saxl, *Saturn und Melancholie,* S. 55–92. Vgl. auch Schipperges, »Melancolia als ein mittelalterlicher Sammelbegriff«, S. 724f.

[274] Klibansky/Panofsky/Saxl, *Saturn und Melancholie,* S. 103f.

Trotz der Analogien zum Zustand der Melancholie will der Text kein Krankheitsbild zeichnen. Auch mir geht es in dieser Arbeit nicht darum, derartige Andeutungen auszuarbeiten und mit zeitgenössischen oder modernen psychologischen Erkenntnissen zu vergleichen; dies wurde, wie gezeigt, bereits an anderer Stelle unternommen. Es geht vielmehr darum, die Randphänomene von Muße aufzuspüren und außeralltägliche Phänomene auf ihr Mußepotenzial hin zu betrachten. Die Nähe zu negativen Bereichen, die über die Sünde der *acedia* auch eng mit Muße in Verbindung stehen, zeigt anhand der Wahnsinnsepisode im *Iwein* den schmalen Grat zwischen positiv erfahrener Muße und negativ bewerteter Trägheit oder Traurigkeit.

Der Ausbruch Iweins ist derart radikal und extrem, dass eine eigenständige Rückkehr in das gesellschaftliche Gefüge nicht mehr möglich ist. Mitten am Tag findet die Dame von Narison zusammen mit ihren beiden Zofen den schlafenden Iwein an der *lantstrâze* (3366) liegen. Sowohl zeitlich als auch räumlich findet die Szene an einem Übergang statt. Der Mittag ist, wie bereits angedeutet, jener Wendepunkt, an dem die Sonne an ihrem höchsten Punkt steht. Das Licht der Mittagssonne steht auch hier symbolisch für die erhellende Erkenntnis und das wiedergewonnene Bewusstsein. Die Landstraße wiederum scheint eine Demarkationslinie zwischen Wald und Hof zu bilden. Dieser Ort scheint sich dadurch im Besonderen als Freiraum für »nicht lizensierte Gedankenexperimente«[275] auszuzeichnen.

Die Damen erkennen schnell, dass es sich um den vortrefflichen Ritter Iwein handelt, der nur aufgrund von Verstandesverlust in eine solch erbärmliche Lage gelangen konnte. Auslöser des Erkennens ist eine Narbe an Iweins Körper, eine Spur seines früheren ritterlichen Lebens also (3378–3382), welches auch der Ausbruch des Wahnsinns und die Flucht in den Wald bei aller physischen Veränderung nicht tilgen konnte. Mit einer kostbaren Feensalbe wird Iwein großzügig von Kopf bis Fuß bestrichen (3475–3477), obwohl der Auftrag an die Zofe lautet, allein das Haupt einzureiben, in dem die *hirnsühte* (3427) lokalisiert sind. Die Szene des nackt schlafenden Iweins, der in der Mittagshitze von der Jungfrau mit Hingabe eingecremt wird, erhält eine deutlich erotische Komponente, die dem Wilden und Erschreckenden, das im Wald noch von Iwein ausgeht, entgegensteht.[276]

Die Einbalsamierung leitet Iweins Heilung ein.[277] Die Veränderung wird bereits durch die Körperhaltung angezeigt, denn der Protagonist richtet sich senkrecht auf und begutachtet sich selbst. Sowohl der aufrechte Gang als auch die Selbstwahrnehmung sind typisch menschliche Fähigkeiten, die eine erste Abkehr

---

275 Matejovski, *Das Motiv des Wahnsinns*, S. 144.

276 Vgl. auch Schnyder, *Topographie des Schweigens*, S. 280f.

277 Max Wehrli, »Iweins Erwachen«, in: *Hartmann von Aue*, hg. v. Hugo Kuhn und Christoph Cormeau, Darmstadt 1973, S. 491–510 (zuvor abgedruckt in *Geschichte, Deutung, Kritik. Literaturwissenschaftliche Beiträge, dargebracht zum 65. Geburtstag Werner Kohlschmidts*, hg. v. Maria Bindschedler und Paul Zinsli, Bern 1969, S. 64–78), erkennt hier in heilsgeschichtlicher Perspektive Analogien zu den drei Marien der Osterszene, S. 493.

vom Zustand des Tierischen im Wald andeuten. Zugleich findet Iwein auch seine Sprache wieder. In einem in drei Abschnitte aufgeteilten inneren Monolog, angezeigt durch die Inquietformel ›*wider sich selben er dô sprach*‹ (3508), wird in der Unmittelbarkeit der direkten Rede der ersten Person Präsens der Erkenntnisprozess nachgezeichnet. Die Erinnerung an das Vergangene, an seine Lebensform vor dem Ausbruch des Wahnsinns, wird zunächst als Traum interpretiert.[278] Dadurch bleiben die geäußerten Gedanken in einer Art Schutzraum, in dem sich vorsichtig an die eigene Identität angenähert und die Art der Zugehörigkeit zur Gesellschaft abgewogen werden kann. In seinem Bewusstsein fehlt die Zeit des Wahnsinns, so dass Iwein nicht weiß, wie er in diesem jämmerlich-schwachen Zustand an diesen Ort geraten ist. Obwohl sein Äußeres ihn dem bäuerlichen Stand zuzuordnen scheint, entsteht in ihm langsam ein Wissen um seine ritterliche Zugehörigkeit:

zewâre doch versihe ich mich,
swie rûch ich ein gebûre sî,
und wær ich rîterschefte bî,
wær ich gewâfnet unde geriten,
ich kunde nâch rîterlîchen siten
alsô wol gebâren
als die ie rîter wâren.
(3556–3562)

Zwischen Innerem und Äußerem, *herze* (3575) und *lîbe* (3575), herrscht ein Ungleichgewicht. Als eine »im Körper inkarnierte Geschichte«[279] kommt in diesen Worten der ritterliche Habitus zum Vorschein. Matejovski greift in gewisser Weise die Beschreibung der Bourdieuschen Habitusdefinition auf und spricht von einem »eingepflanzte[n] Begehren [des Ritters], Herrscher zu sein«, was ihn vom »bukolischen Waldmenschen und von einem richtigen Bauern gleichermaßen« unterscheidet.[280] Die bereitgelegte ritterliche Kleidung vollführt jenen Schritt, der innere Art und äußere Gestalt zueinanderführt: *als er bedahte die swarzen lîch, / dô wart er einem rîter glîch* (3595f.). Auf die *arbeit* (3643) des Wilden folgt die Fürsorge am Hof der Dame von Narison. Das Wort *gemach* (3648) ist hier eindeutig positiv konnotiert, denn als wiedergewonnene Form von Bequemlichkeit und Sauberkeit steht es in Kontrast zu der Verwahrlosung und Not im Wald und hebt das Leben auf einen dem Adel angemessenen Luxus.

Es bedarf des konkreten Ortes, um in Iwein die vollständige Erinnerung an sein früheres Leben zu wecken. Nachdem Iwein wieder als Ritter von der Burg der Dame von Narison aufgebrochen ist, gelangt er an den Brunnen im Zauberreich Laudines, an dem sein Unglück seinen Lauf nahm. Beinahe verliert er dort erneut den Verstand und fällt angesichts seines großen Verlustes, der ihm nun bewusst wird, in Ohnmacht (3930–3943). Zum ersten Mal ist er sich seiner Identität sicher und stellt sich, nachdem er das Bewusstsein wiedererlangt hat, der in der Kapelle

[278] Interessanterweise bezeichnet sich nun Iwein selbst als *tôr* (3555), weil er sich seinen angeblichen Träumen hingibt.

[279] Jurt, »Die Habitus-Theorie«, S. 13. Vgl. auch Einleitung Kapitel 1, bes. 1.3.1.

[280] Matejovski, *Das Motiv des Wahnsinns*, S. 142.

neben dem Brunnen gefangenen Lunete mit Namen vor: *ich binz Îwein der arme* (4213).[281] Die ungewisse Frage ›*bistûz Îwein, ode wer?*‹ (3509), die Iwein direkt nach Erwachen aus dem Wahnsinn in den Raum gestellt hat, wird damit bejaht.

Klaus Speckenbach ist der Meinung, Iwein gehe »aus dieser Krankheit weder geläutert noch erlöst oder auf eine höhere Daseinsstufe gehoben hervor«[282]. Ich gebe Speckenbach insofern Recht, als eine Veränderung Iweins nicht schlagartig sichtbar wird. Dennoch geht Iwein als ein anderer aus diesem Wahnsinnsausbruch heraus. In diesem Punkt liegt auch der eminente Zusammenhang zu Muße insofern, dass auch der Wahnsinn eine Art Ausbruch aus den gesellschaftlichen Normen bedeutet, eine Horizonterweiterung bietet und eine Neujustierung der eigenen Haltung zu der institutionellen Ordnung ermöglicht. Es geht um eine innere Distanzierung, die die »Setzung neuer Maßstäbe von innen heraus«[283] erlaubt. Dass eine solche Veränderung stattgefunden hat, zeigt sich an der – wenn auch erst langsam hervorbrechenden – Sensibilität Iweins für schwache und notleidende Menschen, die sich in seinen folgenden Taten und Handlungen zeigt. Im Text selbst ist der Wahnsinn als eine Art symbolischer Tod nicht mehr als eine Durchgangsstation. Die Szenerie ist nicht zweckfrei, sondern hat die Funktion, den Protagonisten dem Gegenbereich des Hofes auszuliefern, in dem dieser das ›Andere‹ quasi inkorporiert. Für den Protagonisten wiederum bietet das Erwachen aus dem Zustand des Wahnsinns – und darin ist es unterschieden von einer Erfahrung von Muße – eine Art Nullpunkt, das heißt die Möglichkeit zu einem radikalen Neuanfang. Symbolisiert wird dieses neue Leben durch den Löwen, der Iwein fortan begleitet.[284]

---

[281] In seine folgende Selbstanklage mischen sich Verzweiflung und Selbstmordgedanken.

[282] Klaus Speckenbach, »*Rîter – geselle – herre.* Überlegungen zu Iweins Identität«, in: *Erkennen und Erinnern in Kunst und Literatur. Kolloquium Reisensburg, 4.-7. Januar 1996,* in Verbindung mit Wolfgang Frühwald hg. v. Dietmar Peil, Michael Schilling und Peter Strohschneider, Tübingen 1998, S. 115–146, hier S. 126.

[283] Walter Blank, »Der Melancholikertypus in mittelalterlichen Texten«, in: *Mittelalterliche Menschenbilder,* hg. v. Martina Neumeyer, Regensburg 2000, S. 119–145, S. 135.

[284] Interessanterweise bringt Uta Störmer-Caysa, *Gewissen und Buch. Über den Weg eines Begriffes in die deutsche Literatur des Mittelalters,* Berlin/New York 1998, hier S. 36, den Löwen mit dem Begriff des *habitus* aus der scholastischen Ethik in Verbindung: »Die gute Tat macht den Täter zum Guten geneigt, die böse Tat biegt ihn zum Bösen: Die handelnde Person liegt ihren Taten zugrunde, aber sie wirken auch auf sie zurück, sie unterliegt ihrer Prägung. Diese Prägung wird das Subjekt durch einfachen Entschluß nicht los, sie fördert einen Typ von Handlungen, und insofern unterliegt das Subjekt ihr und der aus ihr entspringenden Handlung. [...] Das Subjekt erwirbt sich Eigenschaften, indem es auf charakteristische Weise handelt, es gibt also – durch die Ausrichtung seiner Seele, den habitus, im Bild durch die ständige Begleitung des Löwen – selbst die Richtung vor, in der es eine Prägung zulassen will.«

4.2.3 *Das Minnebett im Baumgarten – Tristans Abschied*

Die heimliche, ehebrecherische Liebe flüchtet sich im Allgemeinen in die Dunkelheit und das Verborgene.[285] In der zweiten Baumgartenszene treffen sich die Liebenden Tristan und Isolde jedoch *an einem mitten tage* (18126). Die Sonne steht in ihrem Zenit und scheint heiß und grell auf die Begegnung der Liebenden. Es handelt sich gerade nicht mehr um einen kleinen Lichtstrahl, wie er unaufdringlich auf das Bett in der Minnegrotte fällt (17576f. und mit der ›Sonne‹ Isolde gemeinsam um die Wette strahlt (17582f.), dann jedoch sofort wieder mit Gras und Blumen schützend abgeschirmt wird (1768–17615). Im Baumgarten ist es kein Spiel mehr zwischen Gestirn und Schönheit der Frau, sondern Isolde leidet regelrecht unter dem fiebrigen Licht der Sonne. Aus dem immerwährenden Frühling in der Minnegrotte scheint ein glühend-heißer Sommer geworden zu sein, der immer schon in seiner Überfülle, der Entfaltung und des Erblühens sein Gegenteil mit sich trägt und bereits auf das Umkippen in das Karge, Erstarrte und Stillgelegte des Winters verweist.

Die Hitze der Sonne wird metaphorisch umgedeutet: *zweier hande sunnen schîn / der gleste der künigîn / in ir herze und in ir sinne: / diu sunne und diu minne. / der senede muot, diu heize zît / diu muoten sî inwiderstrît* (18129–18134). In Bezug auf Isolde sind es Verlangen und Sehnsucht nach dem Geliebten, die sich mit der gleißenden Sonne vermischen. Auch hier zeigen sich Analogien zu dem Bild der schlafenden Isolde in der Grotte, das deutlich erotisch konnotiert ist, wenn sie als *erhitzet* (17563) beschrieben wird: *ir munt der viurete unde bran / rehte alse ein glüejender kol* (17568f.).

Die Verbindung von Mittagszeit und sexuellen Lüsten und Phantasien findet sich bereits in der antiken Mittagsvorstellung, in der *acedia* als Mittagsdämon aufgefasst wird.[286] Der Gedanke geht zurück auf Psalm 90,6 (91,6 im hebräischen Psalter) der Septuaginta, in dem die Rede vom Mittagsdämon ist; in der Vulgata mit *daemonium meridianum* übersetzt.[287] Der in der ägyptischen Wüste lebende

---

[285] Vgl. Alfred Ebenbauer, »*In Flagranti.* Zur literarischen Darstellung ent-deckter Ehebrüche«, in: *Blütezeit. Festschrift für L. Peter Johnson zum 70. Geburtstag,* hg. v. Mark Chinca, Joachim Heinzle und Christopher Young, Tübingen 2000, S. 245–269, hier S. 247. Vgl. zu Raumaspekten auch Sebastian Baier, »Heimliche Bettgeschichten. Intime Räume in Gottfrieds *Tristan*«, in: *Virtuelle Räume. Raumwahrnehmung und Raumvorstellung im Mittelalter. Akten des 10. Symposiums des Mediävistenverbandes, Krems, 24.-26. März 2003,* hg. v. Elisabeth Varva, Berlin 2005, S. 189–202, bes. S. 200f.

[286] Vgl. Roger Caillois, »Les démons de midi. (Suite et fin)«, in: *Revue de l'histoire des religions* 115 (1937), S. 143–186, bes. S. 170–172; vgl. auch Schnyder, *Topographie des Schweigens,* bes. S. 254–263, hier S. 256. Vgl. auch Reinhard Kuhn, *The Demon of Noontide. Ennui in Western Literature,* Princeton, New Jersey 1976, bes. S. 39–64; Bellebaum, *Langeweile,* bes. S. 25–31; Jürgen Daiber, *Der Mittagsdämon. Zur literarischen Phänomenologie der Krise der Lebensmitte,* Paderborn 2006, bes. S. 42–55.

[287] Vgl. den Text nach der Septuaginta im Psalterium Gallicanum: »scuto circumdabit te veritas eius / non timebis a timore nocturno / a sagitta volante in die / a negotio perambulante in tenebris / ab incursu et daemonio meridiano.«

Mönch Evagrios Pontikos setzt, wie später auch Johannes Cassianus[288], den Mittagsdämon im 4. Jahrhundert n. Chr. erstmals mit der Sünde der *acedia* gleich.[289] Er beschreibt die Mittagszeit insbesondere in Bezug auf das Mönchstum als eine Zeit der existenziellen Unrast, des Überdrusses und der unerträglichen Länge.[290] Daneben existieren auch Auffassungen, die den Mittag mit erotischen Verlockungen und libidinösen Ausschweifungen in Verbindung bringen.[291] Vor diesem Hintergrund bezeichnet Gottfried Weber die Baumgartenszene im *Tristan* als »Mittagsteufelepisode«[292].

---

[288] Vgl. Johannes Cassianus, Inst. X. 1 (CSEL 17,173,20–174,6); Jean Cassien, *Institutions Cénobitiques,* hg. v. Jean-Claude Guy, Paris 1965 (SC 109), Liber decimvs de spiritv acediae, 382–425. Cassianus verbindet insbesondere in Bezug auf das Eremitentum *acedia* mit *tristitia.* Vgl. auch im Vergleich mit Evagrios Günter Bader, *Melancholie und Metapher. Eine Skizze,* Tübingen 1990, S. 16f.: »Der Akzent hat sich verkehrt: War bei Evagrios die Acedie Inbegriff dämonischer Versuchungen, und damit Versuchung überhaupt konzentriert in sie als *den* Brennpunkt eremitischer Erfahrung, so wird bei Cassianus einem koinobitischen Publikum acedia zugänglich gemacht als eremitische Unterart von allgemeiner, sonst schon bekannter Traurigkeit. Der evagrische Superlativ entfällt daher. Ebenso entfällt die ihn antreibende Motorik des Sonnenstandes, von dem nur die Nennung der Uhrzeit bleibt. Die Mittagsglut ist mit Rücksicht auf den neuen Ort zur Fieberhitze geworden [...] Jetzt ist acedia eine Art Krankheit, die der Heilung, des Arztes, der Medikamente bedarf. [...] Unter den remedia acediae rückt die Arbeit auffallend in den Vordergrund. [...] Die Acedie [...], die durch Arbeit kuriert werden kann, muß Müßiggang (otium) gewesen sein. Diese Verschiebung in Richtung Müßiggang und Ergotherapie ist wohl die nachhaltigste Verwestlichung, die der Acedie widerfuhr.« Cassians Achtlasterschema wird zugunsten des Lasterseptenars Gregors des Großen (ca. 540–604) im Folgenden verdrängt, das jedoch auf *acedia* als Laster verzichtet. Hauptsächlich durch Hugo von St. Victor und Petrus Lombardus wurde dann die gregorische *tristitia* durch *acedia* ersetzt, vgl. dazu auch Flüeler, »Acedia und Melancholie«, S. 381.

[289] Vgl. Évagre le Pontique, *Traité pratique ou le moine,* tome II, traduction, commentaire et tables pae Antoine Guillaumont et Claire Guillaumont, Paris 1971, Kapitel 12, S. 520–527. Vgl. weiterführend Dietrich Grau, *Das Mittagsgespenst (daemonium meridianum). Untersuchungen über seine Herkunft, Verbreitung und seine Erforschung in der europäischen Volkskunde,* Bonn 1966, bes. S. 8–28. Vgl. bei Cassianus Inst. X ›De spiritu acediae‹, Inst. X,1 (CSEL 17,173,20–174,6): »Sextum nobis certanem est, quod Graeci ἀχηδίαν uocant, quam nos taedium siue anxietatem cordis possumus nuncupare. adfinis haec tristitiae ac solitariis magis experta et in heremo commorantibus infestior hostis ac frequens, maxime circa horam sextam monachum inquietans, ut quaedam febris ingruens tempore praestituto ardentissimos aestus accessionum suarum solitis ac statutis horis animae inferens aegrotanti. denique nonnulli senum hunc esse pronuntiant meridianum daemonem, qui in psalmo nonagensimo nuncupatur.«

[290] Vgl. dagegen in der Regula Benedicti (CSEL 75), die *acedia* nur mehr als Müßiggang kennt (»Otiositas inimica est animae« (48,1)), wie in Kapitel 48 ›De opera manuum cotidiano‹ die Zeit des Mittags als Ruhezeit beschrieben wird: »post Sextam autem surgentes a mensa pausent in lecta sua cum omni silentio, aut fore qui voulerit legere sibi sic legat, ut alum non inquictet« (48,5).

[291] So etwa der griechische Theologe Euthymius Zigabenius (12. Jahrhundert), vgl. Grau, *Das Mittagsgespenst,* S. 25f.

[292] Weber, *Gottfrieds von Straßburg Tristan,* S. 279.

Nach langem Suchen findet Isolde im Baumgarten eine Gelegenheit, im kühlen Schatten[293] ein Bett für ihre intime Begegnung herzurichten.[294] Der Baumgarten bietet die nötige Einsamkeit (18144) und ist durch seine Umfriedung sowohl inkludierend als auch exkludierend. Er schafft Raum für die Verbindung und den Austausch der Liebenden und schützt zugleich vor den neugierigen und übel wollenden Blicken der Hofgesellschaft. In der höfischen Literatur wird der Baumgarten immer wieder mit »delikater Sündigkeit und mangelnder Legitimität«[295] assoziiert. Auch im *Tristan* funktioniert Isolde den Baumgarten zu einem »bukolischen Lustort«[296] um. Der verschlossene Garten, dessen Türen zusätzlich verriegelt werden, bietet mit dem Schatten der Bäume eine Art doppelten Schutz. Dass dies letztlich scheitern muss, zeigt sich bereits an der Ausstaffierung des Platzes, denn Isolde lässt den Ort nach höfischen Vorstellungen mit opulenten purpurfarbenen Laken und kostbaren Stoffen herrichten.[297] Innen- und Außenraum lassen sich nicht mehr klar voneinander unterscheiden, da der natürliche Raum des Gartens zu einer »üppig möblierte[n] Kemenate«[298] des Hofes umgewandelt wird. Dadurch entsteht der Eindruck eines hilflosen Versuches, dem Illegitimen »den Anschein der Legitimität«[299] zu verleihen.

Während es in der ersten Baumgartenszene Tristan ist, der Isolde durch die eingeritzten Späne herbeiruft, ist es nun umgekehrt. Isolde lässt Tristan eine Botschaft schicken, die ihn auffordert, in den Baumgarten zu kommen. Dort findet er sie allein in ein Hemd gekleidet und auf dem Bett liegend vor.[300] Die Initiative der erotischen Begegnung geht von Isolde aus, womit sie in Analogie zu Eva tritt, die ebenfalls diejenige ist, die Adam verführt.[301] Explizit heißt es im Text: *nu tete er* [sc. Tristan] *rehte als Âdam tete. / daz obez, daz ime sîn êve bôt, / daz nam er*

---

[293] Vgl. zum Schatten im *Tristan* René Wetzel, »Erkennen und Verkennen. Schattenwurf und Spiegelbild in mittelalterlichen Tristandichtungen und -bildzeugnissen«, in: *LiLi* 180 (2015), S. 45–66, zu der zweiten Baumgartenszene vgl. S. 48f.

[294] Vgl. zu biblischen Quellen des Liebesbettes, etwa der *lectulus floridus* des Hohenliedes (1,16) oder in Proverbia 7,16f., ausführlich Lerchner, *Lectulus floridus.*

[295] Krohn, »Höfische Natur als Schonraum«, S. 98. Vgl. etwa auch im *Engelhard* Konrads von Würzburg, hg. v. Ingo Reiffenstein, 3., neubeabeitete Auflage der Ausgabe von Paul Gereke, Tübingen 1982, die nach dem *Tristan* gestaltete Baumgartenszene (2920–3265).

[296] Krohn, »Höfische Natur als Schonraum«, S. 100.

[297] Vgl. auch Lerchner, *Lectulus floridus,* S. 432f., sieht in der Farbe des Bettzeuges einen indirekten Verweis auf die Mehlstreuepisode, in der das Rot ebenfalls auf ein schuldhaftes Verhalten der Liebenden verweise.

[298] Krohn, »Höfische Natur als Schonraum«, S. 103.

[299] Krohn, »Höfische Natur als Schonraum«, S. 103.

[300] Vgl. die Verwendung ähnlicher Bilder in der Rede Brangänes vor den Jägern, die sie im Namen Isoldes töten sollen: *dô wir dô kâmen ûf den sê / her wider lant ûf unser vart, / sô heiz ir von der sunnen wart, / daz sî vil selten in den tagen / an ir iht kunde vertragen / niwan ir hemede al eine, / daz wîze, daz reine* (12812–12818).

[301] Vgl. zu theologischen Allusionen und der Verhandlung des Sündenfalls auch Henrike Lähnemann, »Tristan und der Sündenfall. Ein Theologumenon auf höfischen Abwegen«, in: *Der ›Tristan‹ Gottfrieds von Straßburg. Symposion Santiago de Compostela, 5. bis 8. April 2000,* hg. v. Christoph Huber und Victor Millet, Tübingen 2002, S. 221–241.

und az mit ir den tôt (18162–18164). Mit dieser Anspielung auf den biblischen Sündenfall rückt die Baumgartenszene, wie bereits das belauschte Stelldichein, in den Bereich des Verbotenen und Prekären. Gerade weil die Sexualität an die Institution der Ehe gebunden ist, übersteigt das heimliche Interagieren der Liebenden die Grenzen des Anstands und der gesellschaftlichen Norm. Doch es ist »nicht der Übertreter der Norm, sondern die Norm selbst«[302], die diese Übertretung in ein negatives Licht stellt.

Trotz des bewussten Aufsuchens eines potenziellen Mußeortes wie des Baumgartens und trotz des absichtsvollen Bereitens und Herstellens einer mußeversprechenden Kulisse, hier das Minnebett in der schattigen Natur des Baumgartens, wird der Raum erst durch die Aktanten selbst performativ zu einem Spielraum der Muße. Die Freude aneinander und das Beisammensein ist Tristan und Isolde wahrhaft ein *spil* (17827,17828; 17831).[303] Sie scheinen im Baumgarten, der doch, anders als die entfernte, topographisch schwer zu ortende Minnegrotte, direkt an den Hof anschließt, die nahe Anwesenheit der Hofgesellschaft sowie die latente Gefahr des Entdecktwerdens in ihrem Liebesspiel völlig zu vergessen. Ihre sinnliche Lust, die keine andere Intention kennt, als sich selbst, weckt die utopische Ahnung von Erfüllung und Seligkeit.[304] Der intime Moment ihrer Begegnung braucht nichts außerhalb, bedarf keiner Zugabe oder Wegnahme, sondern ist in sich vollkommen. Es handelt sich folglich um einen narrativen Entwurf, der mit der Begrifflichkeit moderner Konzeptionen Muße genannt werden muss.

In der Hingabe und Selbstvergessenheit der Liebenden weckt die Baumgartenszene Assoziationen zu Nietzsches Beschreibung der vollkommenen Stunde des Mittags unter einem knorrigen Baum, der von Weinreben umschlungen ist.[305] Neben dem *Zarathustra* greift Nietzsche auch in *Menschliches, Allzumenschliches* den Mittag als Mittag des Lebens wieder auf:

> [...] [die] Seele überfällt [...] eine seltsame Ruhesucht, die Monden und Jahre lang dauern kann. Es wird still um ihn, die Stimmen klingen fern und ferner; die Sonne scheint steil auf ihn herab. Auf einer verborgenen Waldwiese sieht er den grossen Pan schlafend; alle Dinge der Natur sind mit ihm eingeschlafen, einen Ausdruck von Ewigkeit im Gesichte – so dünkt es ihm. Er will Nichts, er sorgt sich um Nichts, sein Herz steht still, nur sein Auge lebt, – es ist ein Tod mit wachen Augen. Vieles sieht da der Mensch, was er nie sah, und soweit er sieht, ist Alles in ein Lichtnetz eingesponnen und gleichsam darin begraben. Er fühlt sich glücklich dabei, aber es

---

[302] Mieth, *Dichtung, Glaube und Moral,* S. 168.

[303] Vgl. jedoch früher im Text die warnenden Worte des Erzählers bezüglich eines *spils,* dem es an der rechten Zeit und der passenden Gelegenheit ermangelt: *gespilen unde gesellen / die ensulen niemêr gewellen, / daz in diu state widerseit, / oder si wellent al ir leit. / sô man enmac, der danne wil, / daz ist ein harte unwaege spil. / sô man wol müge, sô welle: / daz ist guot spilgevelle, / dane lît niht herzeleides an* (16431–16439).

[304] Vgl. Walter Haug, »Gottfrieds von Straßburg ›Tristan‹. Sexueller Sündenfall oder erotische Utopie«, in: ders., *Strukturen als Schlüssel zur Welt. Kleine Schriften zur Erzählliteratur des Mittelalters,* Tübingen 1989, S. 600–611, hier S. 604.

[305] Vgl. Friedrich Nietzsche, »Also sprach Zarathustra I-IV«, in: *Sämtliche Werke, Kritische Studienausgabe in 15 Bänden,* Bd. 4, hg. v. Giorgio Colli und Mazzino Montinari, 2., durchgesehene Auflage München/Berlin/New York 1988, bes. S. 342–345.

ist ein schweres, schweres Glück. – Da endlich erhebt sich der Wind in den Bäumen, Mittag ist vorbei, das Leben reisst ihn wieder an sich.[306]

Nicht nur räumlich handelt es sich um einen Zwischenraum, sondern auch zeitlich um einen Übergangsmoment als der sich der Mittag, als Wendepunkt des Tages, ausmacht. Und doch scheint die Zeit an diesem Scheitelpunkt stillzustehen angesichts der erlebten Fülle und Erfüllung. Auch der *Tristan*-Text versucht den Moment festzuhalten, indem er die Liebesvereinigung Tristans und Isoldes einer Plastik gleich inszeniert. Für einen kontemplativen Augenblick lang entzieht sich die Welt der Liebenden »der Zeitlichkeit und der Sphäre der gemeinen Welt«[307]:

wîp unde neven die vander
mit armen zuo z'ein ander
gevlohten nâhe und ange,
ir wange an sînem wange,
ir munt an sînem munde.
[...]
ir arme und ir hende,
ir ahsel unde ir brustbein
diu wâren alsô nâhe in ein
getwungen unde geslozzen:
und waere ein werc gegozzen
von êre oder von golde,
ezn dorfte noch ensolde
niemer baz gevüeget sîn.
Tristan und diu künigîn
die sliefen harte suoze
ine weiz nâch waz unmuoze.
(18195–18214)

Die hier aufgerufene Nähe zu einem lebenden skulpturalen Kunstwerk verschiebt den Eindruck einer Begegnung sinnlichen Vergnügens zugunsten eines Bildes *lûterlîcher minne* (18272) in den Hintergrund. Gestützt wird dies durch die dezente Auslassung des Liebesaktes in der Beschreibung: *ine weiz nâch waz unmuoze* (18214). Die Liebesszene wird geradezu ästhetisiert. Die vage Bezeichnung *unmuoze* erinnert an die ebenso verschwiegene Bezeichnung der *arebeit* (17561) in der Minnegrottenszene.[308] Auch wenn dort in einer nachgelieferten Erklärung die *arbeit* mit dem morgendlichen Spaziergang auf der taubesetzten Wiese gleichgesetzt wird, ist diese doch ironisch aufzufassen und es ist Ebenbauer Recht zu

[306] Friedrich Nietzsche, »Menschliches, Allzumenschliches: I und II«, in: *Sämtliche Werke. Kritische Studienausgabe in 15 Bänden*, Bd. 2, hg. v. Giorgio Colli und Mazzino Montinari, 2., durchgesehene Auflage, München/Berlin/New York 1988, S. 690.

[307] Kern, *Weltflucht*, S. 359.

[308] Vgl. zur Minnegrotte Kapitel 4.3. Vgl. auch die Verschwiegenheit des Erzählers trotz vielsagender Andeutungen in der Gandinszene: *Tristan und Îsôt kêrten hin. / ob s'under wegen under in / iender ze vröuden kaemen, / ruowe in den bluomen naemen, / daz wil ich âne waenen lân. / ich sol waenen unde wân / mînenthalben legen nider* (13431–13437).

geben, wenn er die mittägliche *unmuoze* und die morgendliche *arbeit* identisch setzt.[309]

Gegenüber diesem leichtfüßigen Spielraum der Muße, der doch zugleich ein Raum der *unmuoze* ist, steht der kritische *huote*-Exkurs, welcher der Baumgartenszene vorangestellt ist. Ausgangspunkt ist die strenge Bewachung der Liebenden nach ihrer Rückkehr aus der Minnegrotte, die ihnen die Möglichkeiten eines Spielraumes der Minne und der Muße radikal einschränkt. Die *huote* ist eine Form der Institutionalität, durch die der Hof versucht, bis in die intimsten Bereiche hinein die Kontrolle zu bewahren und die gesellschaftlichen Normen und erwarteten Verhaltensweisen durchzusetzen.

In seinen reflektierenden Ausführungen über die *huote* löst sich der Erzähler von der konkreten Situation Tristans und Isoldes und abstrahiert seine Überlegungen.[310] Die Grundaussage des Erzählers lautet, dass jede *huote* gegenüber einer Frau sinnlos sei, da sie das Leben als »einen Zustand pervertierter Uneigentlichkeit«[311] brandmarke. Während die Bewachung bei einer schlechten Frau nichts nütze, bedürfe eine gute noch viel weniger der Kontrolle, da sie über sich selbst zu wachen vermag.[312] Von ihrer Wesensart der biblischen Eva gleich handeln viele Frauen gerade aufgrund der Provokation durch das Gebot wider dieses (17931–17952). Allein eine Frau, die sich gegen ihre *art* (17971) stellt und sich durch ein keusches Leben als Frau verleugnet, kann der Verlockung widerstehen, das Verbot zu brechen. Einer Frau, die sich ihrem weiblichen Naturell nicht verweigert, bietet sich die Möglichkeit, Körper und *êre* in Einklang zu bringen, in

---

[309] Ebenbauer, »*In Flagranti*«, S. 268. Vgl. auch Krohn, »Höfische Natur als Schonraum«, S. 172, der von einer »delikate[n] Verzögerung« spricht, mit der das Glühen auf Isoldes Wangen erklärt wird.

[310] Aus der umfangreichen Forschungsliteratur zum *huote*-Exkurs seien nur einige wenige beispielhaft genannt: Tomasek, *Die Utopie*, bes. S. 180–211; Haug, »Erzählung und Reflexion«, bes. S. 290–294. Anders als Tomasek sieht Haug die Baumgartenszene nicht als eine Art ›Rückfall‹ aus einem wiederhergestellten Paradies, sondern als »besonders markante[n] Umbruch im Wechselspiel zwischen Glück und Qual, zwischen Beseligung und tödlichem Zufall, jener Ambivalenz, die unausweichlich ist für eine wahrhaftige Liebe unter den Bedingungen der Conditio humana«, S. 292, steht; Rüdiger Schnell, *Suche nach Wahrheit*, bes. S. 38–48; Mazzadi, *Autorreflexionen zur Rezeption*, bes. S. 119–128; Janet Wharton, »*Daz lebende paradis?* A Consideration of the Love of Tristan und Isot in the Light of the huote-Discourse«, in: *Gottfried von Straßburg and the Medieval Tristan Legend. Papers from an Anglo-North American Symposium*, hg. v. Adrian Stevens, Rox Albert Wisbey, Cambridge 1990, S. 143–154; Bernd Schirok, »Handlung und Exkurse in Gottfrieds ›Tristan‹. Textebenen als Interpretationsproblem«, in: *Texttyp, Sprechergruppe, Kommunikationsbereich. Studien zur deutschen Sprache in Geschichte und Gegenwart. Festschrift für Hugo Steger zum 65.* Geburtstag, hg. v. Heinrich Löffler, Karlheinz Jakob und Bernhard Kelle, Berlin/New York 1994, S. 33–51; Annette Volfing, »Gottfried's *huote*-Excursus (*Tristan* 17817–18114)«, in: *Medium Aevum* 67 (1998), S. 85–103; Linden, »Wie die Ratio das Irrationale gebiert«, bes. S. 105–110.

[311] Tomasek, *Die Utopie*, bes. S. 180–211, hier S. 182.

[312] Vgl. auch im *Iwein*: *ein wîp die man hât erkant / in alsô stætem muote, / diun bedarf niht mêre huote / niuwan ir selber êren* (2890–2893).

dem sie nach dem rechten *mâze* (18010) lebt und sich als *reines wîp* (17987) gerade nicht der *boesen geteloese* (18040) hingibt. Die ideale Seinsweise einer liebenden Frau stellt jene des *saelic wîp* (18017) dar, denn sie richtet sich nicht gegen die Ansprüche und Forderungen der Welt, sondern danach, *der werlde zuo gevalle* (18053), auch oder gerade dann, wenn sie *ir lîp unde ir sinne, / ir meine unde ir minne* (18061f.) ganz einem Mann schenkt. In dieser höchsten Existenzweise löst sich die Frau von ihrer Bindung an die Urmutter Eva und den Sündenfall und setzt dem »verschlossenen *paradisus voluptatis*«[313] das *lebende paradîs* (18966) entgegen, welches sich dem Mann eröffnet. Dieses ist jedoch an keinen realen Ort gebunden, sondern findet sich im metaphorischen Raum des Herzens wieder: *in sînem herzen begraben* (18067) heißt es im Text, wodurch nicht nur eine Tiefe, sondern auch eine gewisse Unerreichbarkeit für Außenstehende deutlich wird. In dieser Geschütztheit besteht keine Gefahr vor Dornen und Stacheln, die metaphorisch für die kontrollierenden Eingriffe und Anfechtungen der Öffentlichkeit stehen:

in disem paradîse
dâ enspringet an dem rîse,
engruonet noch enwahset niht,
wan daz daz ouge gerne siht.
ez ist gar in blüete
von wîplîcher güete.
da enist niht obezes inne
wan triuwe unde minne,
êre unde wertlîcher prîs.
Ahî, ein sô getân pardîs,
daz alsô vröudebaere
und sô gemeiet waere,
dâ möhte ein saeliger man
sînes herzen saelde vinden an
und sîner ougen wunne sehen.
(18079–18093)

Die Beschreibung dieses anderen Paradieses im Inneren der Figur weckt Assoziationen zum Wunschleben in der Minnegrotte, das sich jenseits des sozialen Gefüges ungehindert entfalten kann. Wenn auch als Garten gestaltet wachsen im Herzensinneren jedoch keine essbaren Früchte, sondern *triuwe, minne, êre* und *werltlîcher prîs* (18086f.) hängen in übertragener Weise an den Ästen und auch die Blüten stellen den Wert der *wîplîchen güete* (18084) dar. Im metaphorischen Raum der Liebe kann dieses Paradies, auch wenn es an Konkretheit und Sinnesfülle verliert, immer wieder aufgesucht und in der Erinnerung nachempfunden werden.[314]

[313] Tomasek, *Utopie*, S. 197.

[314] Vgl. zu Analogien in der Gottfriedschen Sprache zur christlichen Liebeslyrik: Friedrich Wilhelm Wodtke, »Die Allegorie des ›inneren Paradieses‹ bei Bernhard von Clairvaux, Honorius Augustodunensis, Gottfried von Straßburg und in der deutschen Mystik«, in: *Festschrift Josef*

Angesichts der unumgänglichen Trennung bietet auch für Tristan und Isolde die Flucht in das *ein herze* (18331), zu dem sie durch den Minnetrank zusammengeschlossen sind, die einzige Möglichkeit des Zusammenbleibens (*lât mich ûz iuwerm herzen niht!* (18275)).[315] Nur dort können sie auch weiterhin in *gesellekeit* (18324) *liep unde leit* (18323) teilen. Das innere *paradîs* als Ort eines unbegrenzten Sich-ineinander-Versenkens von Tristan und Isolde ist nicht an den Reflexionen des idealen Liebeskonzeptes im *huote*-Exkurs zu messen, denn es vermag gerade nicht, in Einklang mit der Gesellschaft zu treten und dadurch die Leidkomponente zu tilgen.[316] Will man unbedingt eine Entsprechung finden, so ist Isolde in ihrem Tun am ehesten mit jenem *reinen wîbe* (17987) zu vergleichen, das sowohl *liebe* als auch *leide* (18004) in sich vereint. Diese Vergleiche sind jedoch nicht weiter zielführend; ich folge daher Haug, der betont, dass sich Exkurs und Geschichte, Reflexion und Erzählung »auf zwei völlig verschiedenen Ebenen«[317] bewegen und nicht in Konkurrenz zueinander stehen.

In der hier betrachtenden Szene im Baumgarten jedenfalls bricht Isolde gerade mit jeder Katalogisierung und handelt entgegen all den aufgeführten Frauentypen. Verzweifelt versucht sie in einer »Art Gegenbewegung [zu] alle[n] rationalen Erwägungen«[318], die der Exkurs diskutiert, ihrer Sehnsucht und Begierde nachzugeben. Die außergewöhnliche Liebe zwischen Tristan und Isolde lässt sich nicht in die gesellschaftlichen Vorstellungen integrieren. Die *huote,* die die Liebenden zähmen soll, provoziert gerade das Gegenteil. Doch die Idealität der Minnegrotte lässt sich nicht einfach wiederholen. Im Versuch, das Moment des Leides aufzuheben, wie es an anderer Stelle bereits Tristan durch das Hündchen Petitcreiu wagte,[319] zerbricht eine Ordnung, die nur den äußeren Schein verlangt und allein auf Kompromiss und Selbstleugnung basiert. In Analogie zu Tristans Unterfangen mit dem Wunderglöckchen muss auch Isoldes Versuch scheitern, denn auch er untergräbt die der Tristanminne inhärente chiastische Verbindung von Liebe und Leid. Bereits im Prolog heißt es an prominenter Stelle: *liep unde leit diu wâren ie / an minnen ungescheiden. / man muoz mit disen beiden / êre unde lop erwerben / oder âne sî verderben* (206–210).

Das *lebende paradîs,* von dem im Exkurs die Rede ist, löst sich von der konkreten Situation der Protagonisten und wird zum Auftrag an die Rezipienten, zum Fixpunkt allen Suchens und Bemühens – *der suohte, alse er solde* (18111) –, in

---

Quint anläßlich seines 65. Geburtstags überreicht, hg. v. Hugo Moser, Rudolf Schützeichel und Karl Stackmann, Bonn 1964, S. 277–290, zum *Tristan* bes. S. 282–287.

315 Vgl. auch Kapitel 4.1.4 zu metaphorischen Räumen der Liebe.

316 Vgl. Müller, *Höfische Kompromisse,* S. 440.

317 Haug, »Erzählung und Reflexion«, S. 292. Der Zusammenhang von Exkurs und Handlungsgeschehen wird in der Forschung fortwährend kontrovers diskutiert, und ist für jeden Exkurs wiederum neu zu verhandeln. Vgl. dazu zusammenfassend etwa Schnell, *Suche nach Wahrheit,* S. 13–17; Schirok, »Handlung und Exkurse in Gottfrieds *Tristan*«; vgl. auch Linden, »Wie die Ratio das Irrationale gebiert«, bes. S. 95f.

318 Linden, »Wie die Ratio das Irrationale gebiert«, S. 109.

319 Vgl. Kapitel 3.3, bes. 3.3.3 zu Musik.

dem die dialektischen Bewegungen zugunsten einer Versöhnung aufgehoben sein können: *an den man ez gar vünde, / daz man gesuochen künde* (18113f.) Vom Suchen und Finden, welches die Grenzen des Textes selbst übersteigt, ist bereits im Zusammenhang der Prologbetrachtung die Rede.[320] Die Absolutheit der Tristan-Minne ist nicht Vorbild, sondern erzählt zu Ende, »was sich über die literarische Erfahrung als offene Möglichkeit«[321], geradezu als Spielraum bietet, um in seiner Radikalität[322] den Blick auf die Welt und das eigene Selbst zu hinterfragen oder gar zu verwandeln, in jedem Falle jedoch zur eigenen Suche auffordert.

Das Ende ihres Beisammenseins trifft die ruhenden Liebenden unvermittelt. Marke erhält durch eine Unachtsamkeit Brangänes Zutritt zum Garten und entdeckt Tristan und Isolde in der Liebesumarmung, in einer Situation also, die keine Zweifel mehr gelten lässt. Der Schlaf und die friedliche Ruhe, die über dem Liebespaar liegt, wird durch den erregten Weckruf Tristans gestört: *Îsôt, wachet, armez wîp! / wachet, herzekünigîn! / ich waene, wir verrâten sîn* (18254–18256). Tristan selbst scheint ihren Schlaf für die Entdeckung verantwortlich zu machen: *diz slâfen gât uns an den lîp* (18253). In der Unzeit des Mittags sind sie in Erschöpfung und Ermattung eingeschlafen, was retrospektiv Zeichen für die Sorglosigkeit, die Unbeschwertheit und das Wohlgefühl im Moment ihrer Zusammenkunft ist.

Für Marke, der, stets getrieben von dem Wunsch nach Erkenntnis und Sicherheit – *vil harte unmüezeclîche* (18183) ist sein Suchen und Fragen –, die nach außen hin glatte Oberfläche ihrer Dreiecksbeziehung nicht ruhen lassen kann, zeigt sich, dass *ein waenen* besser ist *danne ein wizzen* (18227). Mit der Gewissheit, die Marke in der Helle der Sonne widerfährt, zeigt sich die Mittagsstunde in ihrem ganzen Spektrum als Zeit des »Ungeordneten und Irrationalen [...] [, als] Zeit der Versuchung, [...] Zeit des Todes [...] [und als] Zeit der [...] Klarsicht«[323]. Einerseits vermag die Mittagsstunde als »Enklave moralischer Liberalität im restriktiven Umfeld gesellschaftlicher Normen«[324] kurzzeitig Freiraum zu bieten, andererseits ist sie voller Gefahr, denn die Helle des Mittags deckt unerbittlich alles Verborgene auf und bedeutet das Ende von Geheimnissen und intimen Begegnungen. Für Tristan und Isolde ist die Mittagsstunde, in der sie größte Freude erleben, zugleich der Beginn des *lebenden tôt* (18468).[325] Mit Haug zeichnet sich hier eine »Paradoxie in radikalster Zuspitzung« ab, in der Vollkommenheit und Erlösung durch die Liebe unmittelbar mit Sündenfall, Schuld und Tod ineinander gehen.[326]

---

[320] Vgl. Kapitel 2.

[321] Haug, »Erzählung und Reflexion«, S. 294.

[322] Immerhin gelingt es den Liebenden selbst die höchste moralische Instanz, das Gottesurteil, zu überlisten, vgl. die Verse 15550–15750.

[323] Schnyder, *Topographie des Schweigens*, S. 285.

[324] Krohn, »Höfische Natur als Schonraum«, S. 106.

[325] Bemerkenswerterweise verwendet der Text dieselbe Formulierung auch für Marke: *des er ie was gevlizzen / ze komene von der zwîvelnôt, / dar an was dô sîn lebender tôt* (18228–18230). Gottfrieds *Tristan* ist Fragment geblieben und liefert daher keine Lösung für die Orientierungslosigkeit und Selbstvergessenheit seiner Protagonisten.

[326] Haug, »Sexueller Sündenfall oder erotische Utopie«, S. 605.

Die räumliche Trennung der beiden, beginnend mit dem leichten Zurückweichen Isoldes noch im Baumgarten (*Si trat ein lützel hin der sich* (18286)) kommt einem Selbstverlust gleich.[327] Hilflos und verzweifelt fragt Isolde in die Leere hinein: *wâ mag ich mich nu vinden? / wâ mac ih mich nu suochen, wâ?* (18532f.). Wenig später findet sich in den Worten Tristans eine Entsprechung: *man suoche dâ, sô bin ich hie. / man suoche hie, sô bin ich dâ. / wie vindet man mich oder wâ? / wâ man mich vinde? dâ ich bin* (19516–19519). Mit *unmüezekeit* (19528) ist selbst der ziellos Umherziehende zu finden.

Es handelt sich in der Baumgartenszene nicht um eine Vertreibung aus dem wiedergewonnenen Paradies, denn Tristan ergreift selbstständig die Flucht. Vielmehr zeigt sich eine Verschiebung des real-räumlichen paradiesähnlichen Spielraumes in das Innere der Figur. Dieses ist in seiner Ungegenständlichkeit und Ungreifbarkeit jedoch ein schwer zu findender Ort. Allzu leicht verliert man die Orientierung oder kommt vom Wege ab. Deutlich zeigt sich diese Verwirrtheit in der Begegnung Tristans mit Isolde Weißhand, bei der er sich in der Ambiguität des Namens *Îsôt* hoffnungslos verliert.[328] *verre minne* und *nâhe minne* überlagern sich und die Konturen des Hier und Dort, der anwesenden und der abwesenden Isolde sind nur noch mit größter Anstrengung zu unterscheiden. Die zeitweilige Unsicherheit kommt jedoch keiner Relativierung der Liebe Isoldes und Tristans gleich, sondern führt letztlich trotz räumlicher Distanz zu einer Vertiefung und Intensivierung der Liebe zu der fernen Isolde.

In der Baumgartenszene zeigt sich ein deplatziertes Minnebegehren, das den rechten Ort und die rechte Zeit verfehlt. In der Zeit des Mittagsdämons ist es Isolde, die Tristan aktiv verführt, in der dieser sich jedoch ebenso leicht der Verlockung durch die Geliebte hingibt, ohne Gedanken an die daraus erwachsene Gefahr zu verschwenden. Es ist zu einfach gedacht, verwirft und verurteilt man das *gespenstige gelangen* (17838) Tristans und Isoldes als rein körperliche Sinnlichkeit.[329] Die gegenseitige Anziehung der Liebenden, der sie mit dem Minnetrank gewissermaßen zwanghaft verfallen sind, ist durch die strenge Bewachung Markes und die Kontrolle bis hinein in die zeichenhafte Kommunikation von Blicken und Gesten, die sie sich zuzuwerfen wünschen (17712–17721), so groß, dass sie jedes taktische Vorgehen und wohlüberlegte Handeln vergessen. Es ist Hugo Bekker daher vehement zu widersprechen, wenn er die These stark macht, Isolde habe die Öffentlichkeit und das Entdecktwerden zielsicher angestrebt:

> Isolde might as well have prepared the bed along the public road, as though urging Mark to come and see, to take cognizance of what he does not want to see. Isolde thus turns Mark's everlasting

---

[327] Dieser gipfelt in der Selbstvergessenheit Tristans beim Musizieren, vgl. Kapitel 3.3.3.

[328] Vgl. dazu auch Kapitel 3.3.3 im Abschnitt zu Musik.

[329] Diese findet sich gerade an der Figur Markes, dessen Verbindung zu Isolde in *herzelôser blintheit* (17739) allein auf körperlicher Ebene stattfindet: *ze vröuden haete er aber dô /an sînem wîbe Îsolde, / swaz sô sîn herze wolde, / niht z'ēren, wan ze lîbe. / ern haete an sînem wîbe / noch minne noch meine* (17724–17729). Vgl. auch Ingrid Hahn, »*Daz lebende paradis*«, in: *ZfdA* 92 (1963), S. 184–195, S. 193.

suspicions into certainty, and deprives him of any chance to look the other way. She thus forces the solution, the only one possible.[330]

Die Szene im Baumgarten ist nur in wenigen Versen verfasst. Die Ereignisse scheinen sich geradezu zu überstürzen, um diesen letzten Freiraum der Minne und der Muße zu ermöglichen, bevor die Öffentlichkeit den Raum des Privaten und Intimen betritt und im gleichen Zuge für immer zerstört. Die Szene zeugt damit nicht nur inhaltlich, sondern auch quantitativ von ihrer Flüchtigkeit. Der Moment selbst ist, wie oben betrachtet, eingelassen in kritische Reflexionen über die *huote*, die Sorgen und Ängste Brangänes und den enthüllenden Blick Markes. Doch trotz dieser Hinweise auf eine drohende Gefahr ist der Moment der Liebenden im Baumgarten in seiner Zartheit – selbst noch aus der demaskierenden Perspektive Markes – der Zeitlichkeit temporär enthoben. Die Umarmung der Liebenden ist in der Beschreibung zu einer Plastik geronnen, wodurch kein voyeuristischer oder richtender Blick, sondern vielmehr ein ästhetischer aufgerufen wird. Zum Kunstwerk erstarrt werden die Grenzen von Leben und Tod erneut überschritten. Die Weinrebe und der Rosenstock, wie in der Fortsetzung Heinrichs von Freiberg ausgeführt, bilden in gewisser Weise die Umarmung im Baumgarten nach: Marke pflanzt die beiden Sträucher jeweils auf die Gräber Tristans und Isoldes, woraufhin sich Weinrebe und Rosenstock miteinander verflechten und die Unauflösbarkeit dieser Liebe, die erst im Tod wieder zusammengeführt wird, symbolisieren. In jedem neuen Leseakt, dies führt zurück zum Prolog,[331] kann diese Liebe jedoch aktualisiert und wiederbelebt werden.

4.2.4 *Resümee: Im Licht der Mittagssonne. Muße als Störung und Gefährdung institutioneller Ordnung*

Die hier untersuchten Textstellen lassen sich unter der Beobachtung zusammenfassen, dass Spielräume der Muße in zweifacher Hinsicht als ›peripher‹ bezeichnet werden können: sie ergeben sich als solche in den topographischen Grenzbereichen des Hofes und das Verhalten der jeweiligen Figuren weicht von den gesellschaftlichen Normen ab. In diesen peripheren Spielräumen kommt eine Daseinsweise zum Ausdruck, die der institutionellen Ordnung und den von ihr geforderten Verhaltensweisen den Rücken kehrt. Darin liegt für die Protagonisten der Reiz dieser Rückzugsorte in das Private. Gerade das Moment des Verborgenen und Entrückten stellt für das auf Repräsentation und Sichtbarkeit begründete gesellschaftliche Gefüge jedoch eine bedrohliche Gefährdung dar. Die Figuren brechen mit ihren sozialen Verpflichtungen, vernachlässigen ihre Aufgaben für die Gemeinschaft und beschränken sich auf eine vom Kollektiv getrennte Lebensform. Muße zeigt sich hier als Prozess der Dehabitualisierung der Figur.

---

[330] Hugo Bekker, *Gottfried von Strassburg's* Tristan: *Journey through the Realm of Eros*, Columbia, South Carolina 1987, S. 269.

[331] Vgl. Kapitel 2.

Es wundert daher nicht, dass das Urteil der Gesellschaft bezüglich derartiger peripherer Freiräume abwertend ausfällt. Mit dem Stichwort *gemach* wird im *Erec* das skandalträchtige müßige Verhalten, das hier auch in Verbindung mit sexuellen Ausschweifungen steht, getadelt und indirekt in die Nähe der spirituellen Gefahr der *acedia* gerückt. Dies steht in eklatantem Widerspruch zu den Glückserfahrungen der einzelnen Figuren, für die das Vergessen alles Umgebenden fest verbunden ist mit der höchsten Erfüllung der Minne in Momenten der Muße. Die divergierenden Urteile zwischen Außen- und Innenperspektive demonstrieren, wie unscharf die Grenze zwischen positiv erlebter Muße und negativ konnotiertem Müßiggang, oder gar Trägheit, im höfischen Roman verläuft.

Die Wahnsinnsepisode im *Iwein* stellt insofern einen Ausbruch besonderer Art dar, da hier höfische Handlungsmaximen nicht nur infragegestellt werden, sondern ein vollständiger Verlust der höfischen Identität stattfindet. In dem Moment, in dem der Protagonist den Forderungen der ritterlichen Lebensweise in gesteigertem Maße gerecht werden will, nimmt er nur eine Seite ritterlicher Verpflichtungen wahr, während er herrschaftliche, eheliche und soziale Aufgaben vergisst. Die intertextuellen Bezüge zum *Erec* zeigen an, wie im dringenden Wunsch, die moralische Untat des *verligens zu* vermeiden, die Figur ebenso wie jene, die sich tatsächlich *verligt,* in die Nähe eines Zustandes der *otiositas* geraten kann, welcher der Tochtersünde der *acedia* nahe kommt. Die Schwermütigkeit und Tatenlosigkeit, die den Protagonisten angesichts seines Terminversäumnisses überfallen, werden in den mittelalterlichen theoretischen Schriften als Symptome von Melancholie genannt, die eng mit dem Laster der Trägheit bzw. eines nach falschen Maßstäben ausgerichteten Handelns verwandt ist. *acedia, otiositas* und Melancholie stehen in Zusammenhang mit Muße und sind als eine Art Randphänomen von dieser aufzufassen. Diese ›Umgebung‹ von Muße symbolisiert, wie leicht das Phänomen in eine Gefahr für die erlebende Figur ebenso wie für ihr Umfeld umschlagen kann.

Neben diesen peripheren Bereichen von Muße zeigt sich im *Iwein* zudem, welche Rolle das Handeln der Figuren für potenzielle Mußeerfahrungen spielt. Auch wenn Iwein durch den Wahnsinn in einen Zustand unmittelbaren Erlebens katapultiert wird und sich in den Wald fernab gesellschaftlicher Zwänge zurückzieht, unterscheidet sich diese Seinsweise doch grundsätzlich von einer freiheitlichen und mußehaften Erfüllung, wie sie etwa Sigune und Schionatulander auf der Waldlichtung erfahren.[332] Ebenso wie ein Ort erst über das Agieren der Figuren zu einem Mußeraum wird, kann ein potenzieller Mußeraum wie der Wald über die agierende Figur geradezu in einen Anti-Muße-Raum verkehrt werden.

In allen hier betrachteten Szenen taucht das Licht der Mittagssonne auf, es variiert jedoch in seiner Bedeutung: Ist es im *Tristan* einmal Spiegelbild der sexuellen Begierde Isoldes, ein anderes Mal Motiv der Trägheit selbst, erscheint es im *Erec* und *Iwein* als Moment der Erkenntnis, das eine Rückbesinnung auf vormalige Regeln und Handlungsweisen in Gang setzt. Wie bereits in den vorhergehenden

---

[332] Vgl. Kapitel 4.1.3.

Kapiteln ersichtlich, löst sich ein Spielraum der Muße häufig durch äußere Einwirkungen auf. Fast sprunghaft ordnen sich die Figuren dann dem herrschenden Verhaltenscodex wieder unter, und kehren von der Peripherie ins Zentrum des Hofes zurück – so etwa bei Erec und Enite über den Umweg der *âventiure*-Fahrt. Der Mittag ist dabei als Zeit des Umbruchs zu verstehen. An der semantischen Umbesetzung des Wortes *gemach* im *Erec* wird dieser Wandel auch auf sprachlicher Ebene ersichtlich. Vordem Bezeichnung der Untätigkeit und Bequemlichkeit wird die Wortbedeutung im Laufe des Romans geradezu in ihr Gegenteil verkehrt und als Terminus für die ritterliche Anstrengung gebraucht. In diesem *gemach* findet Erec nun seinen inneren wie äußeren Frieden und sein wahres Wohlergehen (MWB s.v.). Erec und Enite gelingt es schließlich, die Einseitigkeit und Isoliertheit ihrer Lebensweise in die Form der gesellschaftlich akzeptierten Ehe zu überführen und ein Gleichgewicht zwischen ihren Wünschen als Einzelne und den Forderungen des Kollektivs herzustellen.

Im *Tristan* hingegen wendet sich der Protagonist nach seiner Entdeckung im Baumgarten vollständig vom Bereich des Hofes ab und entflieht den Konsequenzen des temporären Ausbruchs aus der Gesellschaft; nicht ahnend, dass die Flucht nicht nur die endgültige Trennung von Isolde, sondern zugleich seinen Tod bedeutet. Auch die intime Szene auf dem Minnelager findet zur Mittagsstunde statt. Dadurch rückt die Episode in den Bereich des gefährlichen Müßiggangs und der skandalösen Trägheit, die gerade im Licht der Mittagssonne in Verbindung mit unzüchtigen sexuellen Begierden steht. Während im *Erec* das Verhalten der Liebenden aus Sicht der Gesellschaft wie des Erzählers eindeutig moralisch verurteilt wird, scheint im *Tristan* jedoch in der Beschreibung des Liebespaares als lebendige Skulptur die Schönheit und Gegenwärtigkeit des Momentes höher geschätzt zu werden als das Bedürfnis, das ungehörige Beisammensein des Paares harscher Kritik und Missbilligung zu unterziehen.

In beiden Fällen zeigt sich beispielhaft, wie im höfischen Roman Mußeräume geographisch-topographisch wie inhaltlich-semantisch an den Rand der Gesellschaft gedrängt werden und als solch periphere Spielräume der Muße zwischen Vorstellungen des Sündhaften und des Vollkommenen oszillieren. Die Erfülltheit des Einzelnen in abgeschiedenen Räumen der Muße ist mit dem Funktionieren des gesellschaftlichen Gefüges unvereinbar. Daher erscheint Muße auch oder gerade an Grenzbereichen, die sich der Sichtbarkeit der Gesellschaft entziehen, als deplatziert. Erst in der vollständigen Loslösung vom Hof kann, wie im nächsten Kapitel am Beispiel der Minnegrotte im *Tristan* ersichtlich wird, Muße einen wirklichen Platz erhalten, der nicht abgelehnt, sondern emphatisch bejaht wird. Entfernt sich der Einzelne von der institutionellen Ordnung an die Randbereiche des Hofes, gerät die gesamte Gesellschaft und deren Werte und Handlungsmaximen in Gefahr. Andererseits ist indes erst im Rückzug des Einzelnen aus diesem Komplex eine freiheitliche Erfahrung von Muße möglich.

4.3 Heterotope Spielräume der Muße am Beispiel ›Tristan‹

Die getriuwe massenîe,
Tristan und sîn amiê
sie haeten in der wilde
ze walde und ze gevilde
ir muoze und ir unmuoze
besetzet harte suoze.
(17139–17144)

Ein erster Blick auf diese Verse aus dem *Tristan* lässt vermuten, dass im Ausbruch der Protagonisten Tristan und Isolde in das poetisch hochkomplexe Phantasma der Minnegrotte die Aufhebung der stets präsenten und das Geschehen weitgehend dominierenden Spannung zwischen den Polen Institutionalität und Spielraum nicht nur temporär gelingt. *muoze* und *unmuoze* werden in einem Satz miteinander verknüpft, durch das Verb *besetzen* im Sinne von ›bestimmen‹, ›einrichten‹ (LEXER, BMZ, MWB) sowie durch das Adverb *suoze.* Sie sind jeweils, zumindest aber in der Verbindung, eindeutig positiv konnotiert und in einen ästhetischen Zusammenhang gestellt. Auch auf inhaltlicher Ebene scheint diese Spannung relativiert zu werden, denn im räumlichen wie mentalen Ausbruch in den Mußeraum der Minnegrotte verbinden sich die Vollendung höfischer Lebensweise und die gleichzeitige Negierung der herrschenden institutionellen Ordnung auf paradoxe Weise. Dies ließe zunächst eine Auslagerung des Kapitels aus dem Komplex der Spielräume sinnvoll erscheinen, da das Gegensätzliche zugunsten eines freien und in sich erfüllten Raumes der Muße offensichtlich überwunden wird. In dem exklusiven wie transgressiven Raum der Minnegrotte scheinen sich die Dichotomien in der Vollkommenheit des idealen Ortes aufzulösen und die Entfaltung einer neuen Daseinsform in einem konkret realisierten Spielraum der Muße zu ermöglichen – jenseits pejorativer Verurteilung und Missbilligung durch die Gesellschaft. Gerade darin könnte eine Schwierigkeit liegen, denn Muße profiliert sich in der Abgrenzung, in der Unterschiedenheit und Andersartigkeit von all dem, was sie umgibt. Ein Spielraum der Muße fordert, um wahrhaft Spielraum zu sein, die übergeordnete Bindung an bestimmte Regeln und Ordnungen, denen er sich temporär entzieht, auf die er jedoch stets direkt oder indirekt verweist.

Entgegen dem ersten Eindruck findet auch in der Minnegrotte kein gänzlicher Bruch mit der Gesellschaft statt, denn selbst dieser ›andere Ort‹ ist in ein Relationsgefüge eingelassen.[333] Die Minnegrotte lässt sich anhand der Beschreibung jener Orte genauer in den Blick nehmen, die nach Foucault derart »in Beziehung mit allen anderen Orten […] stehen, […] dass sie alle Beziehungen, die durch sie bezeichnet, in ihnen gespiegelt und über sie der Reflexion zugänglich gemacht werden, suspendieren, neutralisieren oder in ihr Gegenteil verkehren«[334]. Fou-

[333] Die höfische Ordnung wird sogar – wenn auch in veränderter Form – in die allegorische Deutung hineingeholt.

[334] Foucault, »Von anderen Räumen«, S. 934f. Vgl. auch Rainer Warning, *Heterotopien als Räume ästhetischer Erfahrung,* München/Paderborn 2009.

cault unterscheidet innerhalb dieser äußeren Räume *(l'espace du dehors)* Utopien[335] als irreale Räume von Heterotopien, die »gleichsam Gegenorte«[336] *(contre-emplacements)* darstellen. Es handelt sich bei den Heterotopien um Orte, die das Ordnungssystem einer Gesellschaft gar nicht oder nur ansatzweise übernehmen und nach eigenen Regeln funktionieren, und dies, obwohl sie grundsätzlich zum realen, institutionellen Bereich einer Gesellschaft gehören. Heterotopien sind gewissermaßen verwirklichte Utopien, die die realen Orte einer Kultur »zugleich repräsentier[en], in Frage stell[en] und ins Gegenteil verkehr[en]«[337].

Eine Verbindungslinie von Muße und Heterotopie wurde bereits an anderer Stelle gezogen. So hat etwa Kerstin Fest das Theater als Heterotopie und zugleich als Ort der Muße am Beispiel des englischen Metadramas des 18. Jahrhundert untersucht.[338] Nicht nur das Theater, sondern auch der Kleingarten weist im Sinne Foucaults heterotopisches Potenzial auf und bietet als Ort der ›Eigenzeit‹ die Möglichkeit zu Mußeerfahrungen. Dieser Zusammenhang wurde u.a. von Birgit Schäfer-Biermann in einer empirisch ausgerichteten sozialwissenschaftlichen Studie untersucht, in der damit einhergehend das Verhältnis von Arbeit und Freizeit neu diskutiert wird.[339] Zwischen Rousseaus *Rêveries*[340], insbesondere des ›Fünften Spaziergangs‹ auf der Petersinsel des Bieler Sees, und der Gottfriedschen

---

[335] Vgl. Foucault, »Des espaces autres«, S. 755: »Les utopies, ce sont les emplacements sans lieu réel. Ce sont les emplacements qui entretiennent avec l'espace réel de la société un rapport général d'analogie directe ou inversée. C'est la société elle-même perfectionnée ou c'est l'envers de la société, mais, de toute façon, ces utopies sont des espaces qui sont fondamentalement essentiellement irréels.« Vgl. in deutscher Übersetzung Foucault, »Von anderen Räumen«, S. 935: »Utopien sind Orte ohne realen Ort. Es sind Orte, die in einem allgemeinen, direkten oder entgegengesetzten Analogieverhältnis zum realen Raum der Gesellschaft stehen. Sie sind entweder das vervollkommnete Bild oder das Gegenbild der Gesellschaft, aber in jedem Fall sind Utopien ihrem Wesen nach zutiefst irreale Räume.«

[336] Foucault, »Von anderen Räumen«, S. 935. Der Begriff der Heterotopie in seiner allgemeinen semantischen Verwendung als ›Andere Räume‹ geht zurück auf einen Radiovortrag Foucaults auf France-Culture »Les Hétérotopies« - »Die Heterotopien« aus dem Jahr 1966 (Radio France), in dem Foucault erstmals das Konzept erwähnte. Im folgenden Jahr hielt er einen erweiterten und umgeschriebenen Vortrag mit dem Titel »Des espaces autres« vor einem Architektenkongress (dem Cercle d'etudes architecturales). Dieser Text wurde erstmals 1984 publiziert und damit erst Jahre später einer breiteren Öffentlichkeit zugänglich gemacht. Foucault unterscheidet in seinem Aufsatz nicht zwischen ›Raum‹ und ›Ort‹, sondern verwendet die Worte *lieu, espace* und *emplacement* weitgehend synonym.

[337] Foucault, »Von anderen Räumen«, S. 935.

[338] Kerstin Fest, »›Bless me, papa, what a strange place this is‹. Muße und Professionalität im englischen Metadrama des 18. Jahrhunderts«, in: *Muße im kulturellen Wandel. Semantisierungen, Ähnlichkeiten, Umbesetzungen,* hg. v. Burkhard Hasebrink und Peter Philipp Riedl, Berlin/Boston 2014, S. 152–166.

[339] Birgit Schäfer-Biermann/Aische Westermann/Marlen Vahle u.a., *Foucaults Heterotopien als Forschungsinstrument. Eine Anwendung am Beispiel Kleingarten,* Wiesbaden 2016, bes. S. 189–199.

[340] Jean-Jacques Rousseau, *Die Träumereien eines einsamen Spaziergängers,* übers. v. Ulrich Bossier, Stuttgart 2003.

Minnegrotte lassen sich bezüglich des Themas Muße motivische Parallelen erkennen, die einer eigenen Analyse bedürften. Simon Bunke hat den Versuch unternommen, die Kahnfahrt bei Rousseau als Moment des Sich-treiben-Lassens im Sinne eines heterotopen Raumes zu deuten, wobei er implizit auch einen Konnex von Heterotopie und Mußeraum annimmt.[341] Speziell in Bezug auf die Minnegrotte im *Tristan* hat Burkhard Hasebrink Muße als Heterotopie betitelt.[342]

In dieser Arbeit geht es mir nicht darum, die Minnegrotte mit dem Konzept Foucaults gleichzusetzen, dies würde meines Erachtens die eher kulturanthropologisch-soziologisch ausgerichteten Ausführungen Foucaults sprengen und das Phänomen der Minnegrotte in seiner inhaltlichen wie ästhetischen Komplexität und Vielschichtigkeit verfehlen. Jedoch lassen sich typische Strukturen und Charakteristika von Heterotopien, wie Foucault sie definiert, als Elemente eines Freiraumes fassen, die auch an der Szenerie der Minnegrotte zu beobachten sind. Das Konzept der Heterotopie ermöglicht es, die Andersartigkeit und Ambivalenz dieses Ortes, der der höfischen Welt einerseits radikal entgegengesetzt ist, andererseits die höfische Daseinsweise integriert, ja geradezu vervollkommnet, als paradigmatischen Spielraum der Muße zu fassen.[343] Heterotopische Elemente der Minnegrotte sind etwa die geographische Unbestimmbarkeit, der zeitliche Bruch (im Sinne einer Heterochronie), der sich auf paradoxe Weise in einer scheinbaren Zeitenthobenheit und zugleich in einer konstitutiven Ephemerität äußert, aber auch die Abwendung von der herrschenden Norm sowie das komplexe System aus Ein- und Ausgrenzung, Öffnung und Schließung. Gerade in Bezug auf letzteren Punkt hat Burkhard Hasebrink die Minnegrottenepisode betrachtet. Er versteht die Minnegrotte nicht als geographisch lokalisierbare Heterotopie, sondern greift dahingehend auf das Foucaultsche Konzept zurück, dass er mit ›Heterotopie‹ die »Umdeutung eines Raumes zum ›Freiraum‹ durch paradoxe Praktiken von Ein- und Ausgrenzung, Be- und Entgrenzung«[344] zum Ausdruck bringt. Ich beziehe das Konzept der Heterotopie zudem auf die im Text entworfene Topographie der Minnegrotte als heterotopen Freiraum. Weiterhin gilt es im Hinblick auf Muße jedoch, das Heterotopische im Sinne Hasebrinks von der konkreten Verräumlichung zu lösen und als alternative Lebensform, die sich über ihren jeweiligen Ort

[341] Simon Bunke, »Kahnfahrten als Heterotopien der Wahrhaftigkeit. Überlegungen zu Rousseau und Goethe«, in: *Rousseaus Welten,* hg. v. Simon Bunke, Katerina Mihaylova und Antonio Roselli, Würzburg 2014, S. 45–58.

[342] Hasebrink, »Zwischen Skandalisierung und Auratisierung«, bes. S. 121–128.

[343] Die Minnegrotte lässt sich in der Terminologie Foucaults dahingehend differenzieren, dass sie eine Nähe zu Abweichungsheterotopien *(hétérotopies de déviation)* aufweist, da die Liebenden Tristan und Isolde sich an diesem Ort jeglichem Leistungs- und Zweckdenken entgegensetzen. Scheinbare Untätigkeit, so lässt sich mit Foucault auch auf das Mittelalter übertragen, gilt als Abweichung, vgl. Foucault, »Von anderen Räumen«, S. 937. Vgl. zur paradoxen Struktur der Minnegrotte als ein »Dazwischen« auch Müller, *Höfische Kompromisse,* S. 302; vgl. auch Müller, »The Light of Courtly Society«, S. 34; Müller, »Zeit im ›Tristan‹«, S. 392f.

[344] Hasebrink, »Zwischen Skandalisierung und Auratisierung«, S. 128, Fußnote 66.

veräußert, zu begreifen. Muße öffnet imaginäre Gegenräume, die einen heterotopen Charakter aufweisen.

Die Szenerie der Minnegrotte spielt sich nicht an den Rändern, der Peripherie, ab, wie dies in den Textstellen im vorigen Kapitel festzustellen ist, sondern übersteigt sowohl die Grenzen der höfischen Welt, als auch diejenigen des außerhöfischen Waldes. Hasebrink stellt eine »mehrfache Transgression« fest, da hier eine Übersteigung auf räumlicher, narrativer und semiotischer Ebene stattfindet.[345] Über diese Transgressionsbewegung wird ein exklusiver Raum der Muße geschaffen, wie er auf diese Weise in der höfischen Literatur einzigartig ist. Hier scheint der Blick des Erzählers und in indirekter Weise auch jener der Gesellschaft ein gutmütiger, affirmativer zu sein. Der idyllische Spielraum der Muße wird im Text nicht nur geduldet, sondern geradezu zum Ideal stilisiert, weil er das höfische Sein krönt.[346] Paradoxerweise findet dieses höfische Ideal jedoch außerhalb des Hofes statt und muss es auch, um die Figuren nicht in vergleichbare Dissonanzen mit der Gesellschaft geraten zu lassen, wie es bei den Protagonisten in den Hartmann-Romanen der Fall ist. Auch wenn die Liebesgrotte, wie die Wahnsinnsepisode im *Iwein,*[347] inmitten der Wildnis verortet ist, ist sie doch nicht mehr als dichotomisches Einheitsgefüge von Hof und Anderwelt zu verstehen. Es geht nicht darum, die eine Welt der anderen gefügig zu machen, sie einzuverleiben, sondern sich von ihr abzusondern und zu befreien. Erst in der radikalen Entfernung vom Hof ist den Liebenden der Eintritt in die entrückte Idylle der Minnegrotte möglich, in deren Architektonik die Idealität der Liebe in allegorischer Ausdeutung veranschaulicht ist.

Die *ander werlt* (58) der *edelen herzen,* wie sie im Prolog dargelegt wird,[348] findet in der Minnegrottenepisode ihre Konkretion: die Liebenden *haeten daz si*

---

[345] Hasebrink, »Zwischen Skandalisierung und Auratisierung«, S. 121: »Ein poetischer *locus amoenus* inmitten der Wildnis, der nicht Gegenwelt darstellt, weil er der Welt des Hofes als ein Anderes gegenübergestellt ist, sondern weil er die räumliche Differenz von Hof und Wildnis, die soziale Differenz von Inklusion und Exklusion, die narrative Differenz vom paradigmatischen und syntagmatischen Erzählen und die semiotische Differenz von Bezeichnendem und Bezeichnetem insgesamt übersteigt.«

[346] Vgl. auch Welz, »Glück und Gesellschaft«, S. 36, der betont, dass Formen der Muße im höfischen Roman nicht nur ethisch verurteilt werden: »Es gibt im *Tristan* eine positive Darstellung des *Verliegens.*«

[347] Vgl. Kapitel 4.2.2.

[348] Vgl. Ludger Lieb, »Seeing Love in the World of Lovers. Late Medieval Love Literature as a Fulfillment of Gottfried's *Tristan*«, in: *Visuality and Materiality in the Story of Tristan and Isolde,* hg. v. Jutta Eming, Ann Marie Rasmussen und Kathryn Starkey, Notre Dame/Indiana 2012, S. 83–104, hier S. 92, der explizit davor warnt, die Formulierung *ander werlt* im Sinne von »otherworld of utopia, or the other world of fiction«, aber auch im Sinne einer »heterotopia« zu verstehen: »It is also not a heterotopia. *Ander werlt* is not just an otherworld, but a *second world,* a duplication of the first one. It is a second world firmly rooted in the first, and – most important – it is just as real as the first world: it is a *mundus alter et idem* (a world different and the same). [...] To be able to see this second world of lovers the usual way of seeing must undergo a process of transformation, which is expressed in the text by the metaphor of the heart being able to look into this second world. Thus the world of *Minne* is visible only for one who is able to see with

solten, / und wâren dâ si wolten (16907f.). Statt der heimlichen Zusammenkünfte in der Verborgenheit oder im Schutz der Nacht, eröffnet sich den Liebenden im hellen Licht und der Wärme der Sonne ein freier, unbeobachteter Spielraum.[349] Mit der Beschreibung des Minnegrottenlebens fällt der Roman scheinbar aus jeglicher Zeitlichkeit heraus und kommt zu einem vorläufigen Ruhen, bevor, zurück am Hof, die Geschehnisse in aller Hast und Getriebenheit über die Liebenden hereinbrechen und, wie oben bereits betrachtet, zur endgültigen Trennung führen. Das Aufgeriebensein in der Spannung von Heimlichkeit und Öffentlichkeit, von List und Täuschung, scheint in der Minnegrotte vollständig nachgelassen zu haben.

Nach Mireille Schnyder zeugt dieser Spielraum von einer anderen »Realitätsdichte«; es handelt sich um einen Ort, »an dem sich die Liebenden nicht nur im Waldesdickicht vor dem Hof von Marke verstecken, sondern sich auch in einem Zeichensystem verorten, das die Historie in den Mythos und das Weltliche ins Religiöse überhöht«[350]. Die vorliegende Arbeit wählt gegenüber dieser auffälligen Zeichenhaftigkeit der Szenerie einen anderen Fokus. Sie versucht einen Blick auf das Geschehen jenseits von Semiotik zu werfen, da sich Muße als Ausdruck von Unvermitteltheit und Eigentlichkeit zeigt. Ich folge hierbei Hasebrink, der in seinem Aufsatz zu Muße im höfischen Roman überzeugend zeigt, dass die Szenerie nicht, wie lange Zeit in der Forschung dominant,[351] durch die Decodierung spirituellen Sinns in ihrem Kern erfasst wird. Vielmehr tritt der Zeichenhaftigkeit ein Moment sinnlicher Unmittelbarkeit entgegen, der die Auslegung zugunsten eines präsentischen Erlebens hinter sich lässt.[352] Diesen Formen und Modi der Gegenwärtigkeit gilt es im Text nachzuspüren.

Die an den Anfang gestellten Verse aus dem *Tristan* werfen nicht nur Fragen bezüglich des Verhältnisses von *muoze* und *unmuoze* auf, sie zeigen auch, wie in einem Spielraum der Muße eindeutige Zuordnungen und regelhafte Einordnungen schwierig werden. Es öffnet sich stattdessen ein Raum der Möglichkeiten, welcher

---

his heart.« Dabei geht es nach Lieb nicht um Imagination, denn »[t]he crucial difference, then, is not a different status of reality but rather another way of seeing«, S. 92f.

[349] Vgl. Horst Wenzel, »Öffentlichkeit und Heimlichkeit in Gottfrieds ›Tristan‹«, in: *ZfdPh* 107 (1988), S. 335–361, betont, dass in der Minnegrotte als Ort der absoluten Liebe »die Zwiegesichtigkeit von Heimlichkeit und Öffentlichkeit« überwunden wird, S. 356.

[350] Schnyder, »Der Wald in der höfischen Literatur«, S. 126f.

[351] Vgl. u.a. Friedrich Ranke, »Die Allegorie der Minnegrotte in Gottfrieds Tristan«, in: *Gottfried von Straßburg*, hg. v. Alois Wolf, Darmstadt 1973, S. 1–24 (zuvor erschienen in: Schriften der Königsberger gelehrten Gesellschaft, Geisteswissenschaftliche Klasse, 2. Jahrg., H. 2, Berlin 1925, S. 21–39, auch abgedruckt in Friedrich Ranke, *Kleinere Schriften*, Bern 1971); Herbert Kolb, »*Der Minnen hus*. Zur Allegorie der Minnegrotte in Gottfrieds Tristan«, in: *Gottfried von Straßburg*, hg. v. Alois Wolf, Darmstadt 1973, S. 305–333 (zuvor erschienen in: *Euphorion* 56 (1962), S. 229–247); Volker Mertens, »Klosterkirche und Minnegrotte«, in: *Mittelalterliche Literatur und Kunst im Spannungsfeld von Hof und Kloster. Ergebnisse der Berliner Tagung, 9.-11-Oktober 1997*, hg. v. Nigel F. Palmer und Hans-Jochen Schiewer, Tübingen 1999, S. 1–16; Wandhoff, »In der Klause des Herzens«.

[352] Hasebrink, »Skandalisierung und Auratisierung«, S. 122.

begrifflich wie narrativ ausschert und neue Dimensionen des Freiheitlichen und des Spiels offenbart. Die Paarformel von der *muoze* und der *unmuoze* bringt damit die Spannung von Tätigkeit und Untätigkeit, von Aktivität und Passivität, auf den Punkt und wird sich als roter Faden durch das Kapitel ziehen. Den Anfang nimmt das Kapitel bei der Topographie der Minnegrottenlandschaft sowie der Analyse der dialogischen Interaktion zwischen den Protagonisten und der lieblichen Umgebung. Dabei liegt der Fokus auf dem unmittelbaren und präsentischen Ergriffensein der Liebenden (4.3.1). Daran anschließend wird die Minnegrotte als geradezu idealer Spielraum der Muße in ihren utopischen und heterotopischen Elementen betrachtet. Dadurch wird eindrücklich ersichtlich, dass die Spannung zwischen Grottenleben und institutioneller Ordnung des Hofes noch in der Abgeschiedenheit des Waldes zum Vorschein tritt (4.3.2). Der Einbruch der Gesellschaft, der in 4.3.3 im Fokus der Betrachtung steht, führt zum unwiderruflichen Zusammenbruch des Spielraums der Muße. Abschließend behandelt das Kapitel, entgegen dem linearen Erzählverlauf der Szene, die vornehmlich künstlerischen Tätigkeiten der Liebenden während ihres Aufenthaltes bei der Minnegrotte. Die Ausübung wie die Rezeption von Kunst(werken) ermöglichen ein sinnliches Genießen, das sich als aktive Passivität und damit als ein Zusammenspiel von *muoze* und *unmuoze* zeigt (4.3.4). Die Nähe zwischen ästhetischer Erfahrung und Muße, die in den Tätigkeiten der Protagonisten zum Ausdruck kommt, ebnet den Übergang zum folgenden und abschließenden Kapitel 5, das die in den Texten explizit aufgerufenen Rezeptionskategorien analysiert und einen Blick auf die potenzielle Mußeerfahrung des außertextlichen Rezipienten wirft.

4.3.1 Zwischen ›muoze‹ und ›unmuoze‹: Das Tableau der Minnegrotte

Ihren Anfang nimmt die Episode der Minnegrotte in der von Marke bestimmten Verbannung der Liebenden vom Hof. Diese markiert einen radikalen Übergang zwischen zwei Bereichen, nämlich jenem der gesellschaftlichen Ordnung und jenem der Freiheit und Erfülltheit. Durch die Trennung versucht der König sich selbst aus der qualvollen Position des störenden Dritten zu befreien, zugleich bietet sein Entschluss Tristan und Isolde die Möglichkeit eines unbewachten und vor allem angstfreien Raumes, in dem sie in inniger Zweisamkeit zusammen sein können. Die Entrückung in eine solch exklusive Gemeinschaft ist eine unerwartete Gabe, die den Liebenden gewissermaßen geschenkt wird.[353]

Die folgenden Ausführungen fügen sich in eine umfangreiche Reihe an Untersuchungen zur Topographie der Minnegrotte.[354] Dieser Durchgang nun lenkt den

[353] Huber, *Gottfried von Straßburg*, Berlin 2013, S. 113f., hingegen sieht in Markes Verhalten weder Handeln aus Einsicht noch aus generöser Resignation, sondern aus reiner Verblendung: »Die Glücksstunde wird ohne Grund, ja gegen alle Wahrscheinlichkeit verfügt und ist so labil, daß sie wieder umschlagen kann und muß.«

[354] Beispielhaft seien an dieser Stelle nur wenige genannt, etwa Wilhelmine Kurtze, *Die Natur in Gottfrieds von Strassburg ›Tristan und Isolde‹*, Greifswald 1921; Gruenter, »Das *wunnecliche tal*«; Rainer Gruenter, »Zum Problem der Landschaftsdarstellung im höfischen Versroman«,

Blick allerdings explizit auf die Grottenlandschaft als potenziellem Mußeraum.[355] Die folgende genaue Darstellung der Grottenlandschaft hat die Funktion, die Besonderheit und Andersartigkeit dieses Ortes zu erfassen, um daran anschließend seine heterotopen Elemente herauszuarbeiten. Gut versteckt und *über walt und über heide* (16681) beinahe unerreichbar ist die Grotte umringt von Wüstenei und Ödland: *dar enwas dekein gelegenheit / an wegen noch stîgen hin geleit* (16765f.). Die Felsbrocken, die die Szenerie der Minnegrotte umgeben, sind Zeichen dafür, dass es sich um den Eintritt in eine andere Welt handelt. Sie fungieren als Grenze und bieten Schutz vor der Außenwelt. Der Zufall führte Tristan einst bei der Jagd an diesen Ort, an welchen er nun mit seiner Geliebten zurückkehrt. Tristan sucht diesen Ort also nun bewusst auf; er weiß, dass das Ziel der mühevollen Reise über die felsige unwegsame Natur ein Zufluchtsort besonderer Art ist. Es handelt sich um ein *hol* (16684), das in heidnischer Zeit von Riesen in den Berg geschlagen wurde. Die Höhle entstammt somit einem feenhaften, weit zurückliegenden Zeitalter und dient seit jeher als Ort der Liebe, der sie geweiht ist. Der altfranzösisch zitierte Name *La fossiure a la gent amant* (16700) bezeugt dies, welcher dann, jedes Missverständnis offenbar vermeiden wollend, explizit ins Mittelhochdeutsche übersetzt wird: *daz kiut: der minnenden hol* (16701). Allein für die beiden Liebenden ist das *ungeverte* (16767) überbrückbar, denn wie die Höhle ist auch die sublime Liebe, wie sie Tristan und Isolde verbindet, nicht einfach offen auffindbar, das heißt als alltägliche, gewöhnliche Erfahrung zu verstehen. Vielmehr gehört die Tristanminne, die sich durch die chiastische Verbindung von Liebe und Leid auszeichnet, in den Bereich der Verborgenheit und Heimlichkeit, fernab der Gesellschaft und verlangt Anstrengungen, um ihrer gerecht zu werden (17075f.).

In der Minnegrotte selbst treffen Artifizialität und Natürlichkeit kunstvoll aufeinander. Eingelassen in die schroffe Felswand mitten in der Wildnis entpuppt sich die Höhle im Inneren als architektonisches Kunstwerk. Die Glattheit der schneeweißen Wände taucht in der Ebenmäßigkeit des grünen Marmorbodens wieder auf. Wiederum in der Mitte dieses mit kostbaren Edelsteinen verzierten Raumes befindet sich ein kristallenes Bett, an dessen Gestell die eingravierten Buchstaben erneut Kunde davon geben, dass das Lager der *gottinne Minne* (16723) geweiht ist. Der Erzähler schildert die Minnegrotte in zwei Durchgängen. Der Beschreibung der sichtbaren architektonischen Bauelemente der Grotte folgt eine allegorische Auslegung der verschiedenen Materialien, Formen und Komponenten. Ein solches Vorgehen ist in der deutschen höfischen Literatur bis dahin beispiellos.[356]

---

in: *Euphorion* 56 (1962), S. 248–278 (wieder abgedruckt in *Landschaft und Raum in der Erzählkunst,* hg. v. Alexander Ritter, Darmstadt 1975, S. 293–335); Hahn, *Raum und Landschaft;* Jan-Dirk Müller, »Die Zeit im ›Tristan‹«, in: *Der ›Tristan‹ Gottfrieds von Straßburg. Symposion Santiago de Compostela 5. bis 8. April 2000,* hg. v. Christoph Huber und Victor Millet, Tübingen 2002. S. 379–397.

[355] Vgl. bereits Hasebrink, der dieselbe Perspektive einnimmt: »Zwischen Skandalisierung und Auratisierung«, bes. S. 121–128.

[356] Vgl. Huber, *Gottfried von Straßburg,* Berlin 2013, S. 119.

Am Eingang der in den Berg geschlagenen Grotte wachsen drei dichtbelaubte Linden, umringt von einem schattenspendenden Hain. Auf der Ebene entspringt eine Quelle, *ein fonteine* (16738), mit frischem kühlem Wasser, welche wiederum von drei Linden umgrenzt ist: *dâ stuonden ouch drî linden obe, / schoene und ze lobelîchem lobe, / die schirmeten den brunnen / vor regene und vor sunnen* (16741–16744). Bereits hier zeigt sich, dass die Szenerie einer Art Oase gleicht, die die typische Ausstaffierung einer arkadischen Lustort-Kulisse[357] aufweist und als idyllischer *locus amoenus* stilisiert wird. Doch Elemente wie Linde oder Quelle scheinen nicht auszureichen, denn der Text beschreibt die Landschaft in ihrer ganzen Fülle und Strahlkraft: *liehte bluomen, grüene gras, / mit den diu pleine erliuhtet was, / diu criegeten vil suoze in ein* (16745–16747).[358] Die Pflanzen scheinen geradezu im Wettstreit miteinander zu leuchten (16748f.).

Der Erzähler begnügt sich nicht mit dem Anzitieren topischer Elemente, sondern versucht, in seinen Beschreibungen die besondere Atmosphäre des Ortes sprachlich und narrativ zu transportieren. Er greift Details auf, die die Lebendigkeit und Ausdrucksweise des Ortes auch für den Rezipienten erfahrbar machen. So werden die sanften Bewegungen der Blätter in den Bäumen genannt (17175) oder das Spiel der Sonnenstrahlen, die zwischen dem Blätterlaub hindurch scheinen und auf der Ebene vor der Grotte ein changierendes Bild von Licht und Schatten kreieren. Im Inneren der Grotte wiederholt sich dieses irisierende Lichtspiel, wenn durch die kleinen Fenster in der Decke die Sonnenstrahlen eindringen: *diu lûhten dâ unde hie* (16727). Es wird ein paradiesischer Raum beschrieben, der alle Sinne anspricht. Ist das Lichtspiel noch weitgehend auf optische Reize beschränkt, sprechen das Säuseln des Windes, die Kühle der Quelle und das leise, geradezu meditative Rauschen des fließenden Wassers nicht nur akustische, sondern auch haptische Sinnesreize an: *ouge und ôre haeten dâ / weide unde wunne beide, / daz ouge sîne weide, / daz ôre sîne wunne* (16754–16757). Es ist diese Fülle an wahrnehmbaren sinnlichen Aspekten der Natur und ihr synästhetisches Zusammenspiel, in welches die Figuren – so die Vermutung, die der Text nahelegt –, aber auch die Rezipienten eintauchen können.[359]

Die Erscheinungen der Natur und die Modifikationen des Raumes durch das Spiel von Licht und Schatten sind Beispiele dafür, wie Vorgänge der Bewegung und Zustände der Ruhe in der Szenerie der Minnegrotte fließend ineinander übergehen: »Bewegung und Ruhe sind hier Formen des gleichen idealen Behagens, in welchem eins das andere dialektisch erzeugt.«[360] Im Text selbst wird diese Verquickung von Aktivität und Passivität in der zu Beginn des Kapitels zitierten Formel von der *muoze* und der *unmuoze* (17143) wiedergegeben, die sich zunächst konkret auf die klar strukturierten Tageszeiten des Liebespaares bezieht:

---

[357] Vgl. dazu auch Gruenter, »Das *wunnecliche tal*«.

[358] Vgl. auch die Verse 17096–17098: *swaz sô daz ôre hoeren wil / und swaz dem ougen lieben sol, / des alles ist diu wilde vol.*

[359] Vgl. Martin Seel, *Ästhetik des Erscheinens*, München/Wien 2003, S. 53.

[360] Gruenter, »Das *wunnecliche tal*«, hier S. 349.

Die getriuwe massenîe,
Tristan und sîn amiê
sie haeten in der wilde
ze walde und ze gevilde
ir muoze und ir unmuoze
besetzet harte suoze.
(17139–17144)

Das Substantivpaar der diametral entgegengesetzten Phänomene *muoze* und *unmuoze* wird durch die Konjunktion *und* (17143) verbunden. Was sich in den vorangegangenen Kapiteln als absolut unvereinbar zeigte, scheint hier auf eigenartige Weise ineinander überzugehen. Ausgedrückt wird in dieser Formel kein Entweder-Oder, sondern ein Sowohl-als-auch. Die Grenzen zwischen Untätigkeit und Tätigkeit werden aufgeweicht; das eine lässt sich nicht mehr strikt vom anderen trennen. Auch wenn sich einerseits in Bezug auf den strengen Tagesrhythmus Tristans und Isoldes noch klare Zuschreibungen zum einen oder anderen Bereich feststellen lassen, scheinen andererseits die Trennlinien zwischen Aktivität und Passivität fließend. Es scheint ein Zwischenzustand beschrieben zu werden, der sich als tätige Untätigkeit nicht nur auf den Tagesablauf der Liebenden bezieht, sondern, dies hat Hasebrink in seinem Aufsatz zu Skandalisierung und Auratisierung von Muße in der höfischen Epik schlüssig gezeigt, leitmotivisch für die gesamte Minnegrottenszene ist.[361] Hasebrink macht gerade jenen Punkt der speziellen Oszillation zwischen *muoze* und *unmuoze* stark. Um die Durchdringung der beiden Phänomene zu verdeutlichen, spricht er auch von *unmuoze* im Modus der *muoze*.[362] Auf Wortebene lässt sich diese Deutung der Durchdringung explizit zeigen: *un-muoze*. Wie bereits in Kapitel 3.1.1 thematisiert, scheint das Wort *muoze* in sprachgeschichtlicher Perspektive eine Vorrangstellung einzunehmen, bevor sich durch Präfigierung die negativierte Form der *unmuoze* bildete. Diese Feststellung lässt sich nun auch auf Handlungsebene auf die mit diesen Worten beschriebenen Phänomene übertragen: es findet ein Tun statt, doch dieses ist nicht als Aktionismus aufzufassen, sondern trägt vielmehr Züge eines Lassens.[363] Findet sich im Prolog (89f.) noch die explizite Aufforderung zur Suche nach *unmuoze*, die von der Gefährlichkeit der *muoze* abzuwenden vermag, erhält hier das Phänomen der *muoze* eine scheinbar gleichberechtigte, wenn nicht gar herausragende Stellung. In der Verbindung mit dem Wort *unmuoze* meint *muoze* gerade kein untätiges oder gar müßiggängerisches Verharren, sondern ist von Beweglichkeit und Vitalität geprägt.

Nur am Rande sei erwähnt, dass sich im *Roman de la Rose* in Bezug auf das Phänomen der Liebe eine vergleichbare Formulierung findet, in der Mühe und

[361] Vgl. Hasebrink, »Zwischen Skandalisierung und Auratisierung«, S. 122f.

[362] Vgl. den Vortrag von Burkhard Hasebrink, »*Tristan*-Lektüre: die Minnegrotte als Freiraum der Muße bei Gottfried von Straßburg?« am 18.7.2013 im Rahmen des SFB 1015 ›Muße‹ in Freiburg i.Br.

[363] Hasebrink, »Zwischen Skandalisierung und Auratisierung«, S. 122.

Anstrengung auf Muße und Ruhe treffen: *repos travaillanz* (4326). Gregory Sadlek schreibt über die Liebe im ersten Teil des Rosenromans: »While love [...] is in one sense a disease inflicted on a passive victim, only members of the leisured classes are susceptible. In addition, once caught, love becomes, paradoxically, a labor and a quest«[364]. Sadlek bezeichnet diese Arbeit im Namen der Liebe in der Übersetzung der auf Alan of Lille zurückgehenden Formulierung Jean de Meuns *repos travaillanz* (4326) als »idleness working«[365], die sich in Form typischer aristokratischer Vergnügungen veräußere.[366] Diese Formulierung, losgelöst von der Verwendung im *Roman de la Rose,* scheint mir auch gut auf das im *Tristan* beschriebene Dasein in der Minnegrotte zu passen.

An der Minnegrotte, dies soll in den folgenden Ausführungen gezeigt werden, wird auf spezifische Weise deutlich, inwiefern die Komponente der *muoze* ein intensiviertes Erleben ermöglicht. Ist sie in den Formulierungen des Prologs noch in der Bedeutung unbehaglicher Leere zu verstehen, geht von der Offenheit, welche den Modus der *muoze* kennzeichnet, nun besondere Anziehungskraft aus. Der Möglichkeitsraum der Minnegrotte ist auch daher ein faszinierender Raum, da er nicht von Sicherheitsmaßnahmen, Normen und Regularien eingeschränkt ist. Gerade darin liegt möglicherweise sein heterotopes Potenzial.

Bevor ich genauer auf die tägliche Routine des Liebespaares eingehe, in der die dichotomischen Phänomene der *muoze* und *unmuoze* explizit behandelt werden, werfe ich zunächst einen Blick auf das Spannungsfeld von Aktivität und Passivität auf der Ebene der beschriebenen sinnlichen Wahrnehmung. Auch hier treffen bei den Protagonisten zwei unterschiedliche Blickweisen aufeinander, die zwischen Tätigkeit und Untätigkeit oszillieren. Zum einen ist es die kontemplative Einstellung, in der die Fülle und das Spiel der Erscheinungen frei von jeglicher Zielgerichtetheit oder dem Streben nach Deutungen wahrgenommen werden.[367] Die Liebenden geben sich ganz der Natur der Minnegrotte hin und verlieren sich bereitwillig in der friedvollen Ruhe der Grottenlandschaft, die gleichwohl keiner Statik gleichkommt, sondern jederzeitige Veränderungen und Bewegungen der Szene mit einschließt, ähnlich wie die Kontemplation in den Überlegungen Seels:

> [D]ie Kontemplation [ist] der Versuch, alles am Gegenstand wichtig zu nehmen, auch und gleichermaßen das, was eine theoretische oder pragmatische Beziehung zum Gegenstand als unwichtig ansehen würde. [...] Kontemplation ist relevanzlose, in diesem Sinne rücksichtslose Betrachtung; nur deswegen kann sie auf alles ihr Erscheinende Rücksicht nehmen. Rücksichtslos wiederum kann sie nur sein, wenn sie sich in das, was sich ihr bietet, von einer zufälligen Position aus vertieft.[368]

[364] Sadlek, *Idleness Working,* S. 118.

[365] Sadlek, *Idleness Working,* S. 125.

[366] Sadlek, *Idleness Working,* S. 121. Huber, *Gottfried von Straßburg,* Berlin 2013, S. 116, spricht entsprechend davon, dass Tristan und Isolde sich gerade so vergnügen, »wie es in der *höfischen Freizeitkultur* Usus ist«.

[367] Vgl. Seel, *Eine Ästhetik der Natur,* S. 39.

[368] Seel, *Eine Ästhetik der Natur,* S. 39.

Auf ihren selbstgenügsamen Spaziergängen auf der morgendlichen Aue sind Tristan und Isolde empfänglich für die unterschiedlichsten Sinneseindrücke ohne hierarchische Abstufungen vorzunehmen. Sie wenden sich all jenem zu, das ihre Aufmerksamkeit, jedweder Absicht oder Funktion entzogen, auf sich zieht und in dessen Betrachtung sie sich relevanz- wie rücksichtslos im Sinne Seels verlieren. Die Tätigkeit des Spazierengehens (17147–17172) eignet sich hierfür in besonderer Weise, denn sie ist jenseits jeglicher Finalität oder Intentionalität einzuordnen. Vielmehr ereignet sie sich in einem »Frei-Raum« und einer »Frei-Zeit«;[369] sie stellt ein gemächliches (Durch-)Schreiten innerhalb eines klar abgesteckten Rahmens dar, das von keiner Hast geprägt ist und bei der sich den Begebenheiten und Erscheinungen ungestört hingegeben werden kann. Dem Spazierengehen, dem *baneken,* ist das *ruowen* (17162) beigeordnet. Wie das vergnügliche Umhergehen ist auch das Ruhen um seiner selbst willen: *da gesazen si durch ruowen ie* (17162).[370] Die langsame Bewegung des Gehens kommt in der Haltung des Sitzens gewissermaßen zu einem temporären Stillstand. Die Liebenden lassen sich auf *der linden gestüele* (17178) nieder; sie streifen nicht nur in der Minnegrotte umher, gleiten an den Pflanzen und Gewässern vorbei, sondern werden geradezu eingelassen in die Natur, gebettet auf Blumen und Gras (17179).[371] Dies lässt auf ein Raumerleben der Figuren schließen, bei dem sie von dem Raum, der sie umgibt, ergriffen werden.[372] Im Vordergrund dieses intensivierten Erlebens steht nicht ein zeitlich-sukzessiver Aspekt, sondern eine Gegenwärtigkeit und ein Verweilen in der Zeit.[373] Dies ist keineswegs gleichbedeutend mit Stillstand oder Starrheit. Das Sich-Einlassen in den Moment beinhaltet gerade, den manchmal kaum wahrnehmbaren Veränderungen und Bewegungen der Natur zu folgen, sich ihrem Gang hinzugeben und gewissermaßen anzuvertrauen. In der Idylle der Minnegrotte geht die Bewegung der Figuren einher mit jener der Erscheinungen der Natur, anstatt dieser die eigene Bewegung aufzuoktroyieren: sie *loseten mit dem gange dem süezen vogelsange* (17155f.). Daraus spricht eine Bescheidenheit und Demut all den Erscheinungen der Umgebung gegenüber.

Neben der absichts- und interesselosen Wahrnehmung, in der sich die Figuren dem Spiel der Natur in der Minnegrottenszene hingeben, lässt sich auch eine gegensätzliche Bewegung beobachten, in der sich die Natur auf die Figuren einzulassen scheint und den Figuren durch ihr Agieren der Ort unbewusst zu einem Raum der Muße wird. Mit Seel lässt sich hierbei von einer korresponsiven Beziehung sprechen, in der sich Möglichkeiten eines guten Lebens eröffnen – und dies nicht nur als »raumerfüllendes Spiel der Erscheinungen«, sondern als

---

[369] Harald Neumeyer, *Der Flaneur. Konzeptionen der Moderne,* Würzburg 1999, S. 11.

[370] Vgl. Gruenter, »Das *wunnecliche tal*«, S. 393.

[371] Die häufige Nennung des Lokaladverbs *dâ* betont für den Rezipienten die Bedeutung des Raumes auf Wortebene. Über die Bewegungen der Figuren generiert sich für ihn der Raum der Handlung.

[372] Vgl. Seel, *Ästhetik der Natur,* S. 56.

[373] Vgl. zum Verweilen Theunissen, »Freiheit von der Zeit«.

»weltoffenes Zuspiel zur eigenen Form des Lebens«.[374] Der Raum ist nicht nur Objekt des Anblicks und der Wahrnehmung aus der Distanz, er wird vielmehr zum Raum unmittelbaren, erfüllten Erlebens und glückhaften Seins. Aus dem Zusammenspiel einzelner Wahrnehmungsformen werden temporär währende Modi des Erlebens, etwa jener Modus des mußevollen Erlebens. In einem solchen Erleben, das durch Passibilität und Wachheit gekennzeichnet ist, werden die Naturerscheinungen nicht allein bereitwillig aufgenommen, sondern sie werden den Liebenden regelrecht – dies zeigt sprachlich das Verb *was* (17152; 17165) – zu *lust* (17171), zu *ruowe* (17162) und *wunne* (17165): *diu küele prâerîe / was danne ir banekîe* (17151f.). In jedem Fall ist hierfür eine Haltung des Sich-bewegen-Lassens, des Sich-affizieren-Lassens, des Sich-Einlassens vonnöten. Das Verb ›lassen‹, das in all diesen Verbindungen als Wortkern steckt, meint gerade nicht Gleichgültigkeit, Untätigkeit oder gar Passivität. Es trägt sowohl die Bedeutungskomponente von Verzicht, Abschied oder auch Abgeschiedenheit in sich, als auch jene von ›gewähren lassen‹, ›sein lassen‹, was bedeutet, »dem, was ist und geschieht, seinen Raum und seine Zeit [zu] lassen«[375]. Aber auch der Aspekt des Verlassens im Sinne von vertrauen schwingt mit.[376] Diese verschiedenen Komponenten spielen in der Mußeerfahrung ineinander und ermöglichen erst ein Bewegtwerden und ein Berührtwerden dieser Art.

Die Liebenden werden somit von der Natur angezogen und lassen sich von ihr anziehen. Sind es zunächst Duft und Aussehen der Blumen, die sie anlocken, ändert sich die Richtung der Spazierenden, wenn sie von dem Geräusch des Quellwassers affiziert werden oder der Schatten der Linde in der Mittagshitze ihnen reizvoll erscheint (17147–17175). Die Natur zeigt Ähnlichkeit zu menschlicher

---

[374] Seel, *Ästhetik der Natur,* S. 90.

[375] Vgl. die semantische Aufspaltung des Wortes ›lassen‹ bei Wilhelm Weischedel, »Von der Gelassenheit«, in: ders., *Philosophische Grenzgänge. Vorträge und Essays,* Stuttgart/Berlin/Köln u.a. 1967, S. 111–115, hier S. 113.

[376] In diesem letzten Punkt schwingt auch eine religiöse Deutung von Lassen und Gelassenheit mit, wie sie in der Mystik etwa bei Meister Eckhart thematisiert wird: Meister Eckhart, *Die deutschen und lateinischen Werke,* hg. im Auftrag der Deutschen Forschungsgemeinschaft, 1. Abteilung: *Die deutschen Werke,* Bd. I-III, V, hg. u. übers. v. Josef Quint, Stuttgart 1958–1976; Bd. IV›I, hg. u. übers. v. Georg Steer unter Mitarbeit v. Wolfgang Klimanek und Freimut Löser, Stuttgart 2003, Bd. IV,2, Lfg. 1–2, hg. u. übers. v. Georg Steer unter Mitarbeit v. Wolfgang Klimanek. Stuttgart 2003; vgl. dazu u.a. Ludwig Völker: *Die Terminologie der mystischen Bereitschaft in Meister Eckharts deutschen Predigten und Traktaten,* Tübingen 1964, bes. S. 80–91; Ludwig Völker, »›Gelassenheit‹. Zur Entstehung des Wortes in der Sprache Meister Eckharts und seiner Überlieferung in der nacheckhartschen Mystik bis Jacob Böhme«, in: *›Getempert und gemischet‹ für Wolfgang Mohr zum 65. Geburtstag von seinen Tübinger Schülern,* Göppingen 1972, S. 281–312; Adeltrud Bundschuh, *Die Bedeutung von gelassen und die Bedeutung von Gelassenheit in den deutschen Werken Meister Eckharts unter Berücksichtigung seiner lateinischen Schriften,* Frankfurt a.M./Berlin/Bern u.a. 1990; der Sammelband *Semantik der Gelassenheit. Generierung, Etablierung, Transformation,* hg. v. Burkhard Hasebrink, Susanne Bernhardt und Imke Früh, Göttingen 2012, öffnet den Blick auf weitere mystische wie ›nicht-mystische‹ Verwendungsweisen des Wortes.

Gestik und Mimik; so lacht die Sonne (17065), die Winde sind sanft und lieblich (17177), die Blumen und Bäume versüßen und ergötzen Tristan und Isolde den Aufenthalt (17173f.). Diese Art »ausdruckshafte[r] Physiognomie«[377] wird zusätzlich dadurch gesteigert, dass die Natur zum *ingesinde* (16880) personifiziert wird.[378] Außerdem zeichnet das wiederholt verwendete Possessivpronomen *ir*[379] die Korrespondenz zwischen erlebender Figur und antropomorphisierter Natur nicht nur als eine besonders intime aus, sondern die Natur ersetzt sogar die menschliche Gesellschaft.

Der Tagesablauf der Liebenden, der streng in Zeiten der *muoze* und der *unmuoze* aufgeteilt ist, folgt einem immer wiederkehrenden Muster. Müller spricht daher auch vom dominierenden Zeitmodus der Wiederholung.[380] Jeder Tag gleicht in seinem Ablauf dem anderen: Der Morgen gilt den Spaziergängen durch die taunasse Wiese, dann folgt das Ausruhen inmitten der Blumen und Gräser, bevor sich das Paar der Lektüre, dem Musizieren und der Liebe widmet.[381] In dieser Gleichförmigkeit des Seins, die doch immer wieder neu Reiz und Erfüllung – *und ie vrisch unde niuwe* (16829) – bietet, finden Tristan und Isolde ihr zeitweises Glück der Muße und der Minne.[382] Dieser Spielraum der Liebenden ist eben nicht nur ein paradiesischer Minneraum, sondern vor allem auch ein Spielraum der Muße. Das Minneerleben wird von der Mußeerfahrung, die allein den wahrhaft Liebenden, den *edelen herzen,* an diesem speziellen Ort widerfahren kann, sublimiert und dadurch intensiviert. Über die Mußeerfahrung löst sich die Minne von dominant sexuellem Begehren und wird zu einer veredelten Intimität, die sich nicht nur auf den Geliebten richtet, sondern auch die Vorgänge und Bewegungen der umgebenden Welt mit dem aufmerksamen Blick des Liebenden betrachtet.[383]

---

[377] Seel, *Ästhetik der Natur,* S. 99. Vgl. auch Gernot Böhme, *Atmosphäre,* Frankfurt a.M. 1995, bes. S. 132–152.

[378] Es ist Schnyder, »Der Wald in der höfischen Literatur«, S. 126f., zu widersprechen, wenn sie die Behauptung aufstellt, die narrative Ausgestaltung der Minnegrotte und die imaginäre Umdeutung zu einem Hof seien nurmehr ein schlechter Versuch der Täuschung über die Mangelexistenz, die Tristan und Isolde in der Hofferne empfinden.

[379] Vgl. die Verse 16881; 16887; 16895, 16896; 16897; 16898.

[380] Jan-Dirk Müller, »Mythos und mittelalterliche Literatur«, in: *Mythos – Sage – Erzählung. Gedenkschrift für Alfred Ebenbauer,* hg. v. Johannes Keller und Florian Kragl, Göttingen 2009, S. 331–349, hier S. 340.

[381] Vgl. Hasebrink, »Zwischen Skandalisierung und Auratisierung«, S. 125, der das »Mußeleben« als geradezu »naturalisiert« beschreibt, da es sich am natürlichen Tagesablauf orientiert.

[382] Müller, »Zeit im ›Tristan‹«, S. 394, deutet hier ein Unbehagen gegenüber dem strengen Tagesablauf an, da dieser ihm beinahe den Eindruck vermittelt, es mit einem angestrengten Vergnügungsprogramm zu tun zu haben, das, ähnlich im *Daniel* beim Fest Maturs, absolviert werden müsse, um jegliche Form von Leere zu vermeiden. Die Ordnung des Tages ist ihm »letztlich spannungslose Repetition«, S. 395.

[383] Mit dem jüngst erschienenen Werk von Hartmut Rosa, *Resonanz. Eine Soziologie der Weltbeziehung,* 2. Auflage, Berlin 2016, lässt sich im Kontext der Minnegrottenepisode von einer neuen und andersartigen Beziehung zur Welt sprechen, die mit Rosa als Resonanzbeziehung bezeichnet werden kann. Subjekt und Objekt begegnen sich dialogisch, berühren einander und lassen sich auf die jeweiligen Schwingungen des Gegenüber ein.

Die Bedürfnislosigkeit und Selbstgenügsamkeit – in gewisser Weise auch Einfachheit – ermöglicht Tristan und Isolde eine andere Haltung der Welt gegenüber, die sich durch Gelassenheit, Unaufgeregtheit, aber auch Unangestrengtheit auszeichnet und in welcher sie sich für die zeitlich beschränkte Dauer des Aufenthaltes harmonisch miteinander und in der Natur der Minnegrottenumgebung bewegen.[384] In der Erinnerung an die im ersten Kapitel zitierten Zeilen Kierkegaards wird auch im Spielraum der Minnegrotte der enge Konnex von Wiederholung und Gegenwärtigkeit deutlich:

> Sie [die Liebe der Wiederholung] hat nicht wie die der Erinnerung die Unruhe der Hoffnung, nicht die beängstigende Abenteuerlichkeit der Entdeckung, aber auch nicht die Wehmut der Erinnerung, sie hat die selige Gewißheit des Augenblicks.[385]

Kierkegaards Formulierung der »selige[n] Gewißheit des Augenblicks« erinnert an die Bezeichnung desjenigen als ›*saelic*‹ (17091), der Zugang zur Minnegrotte erhält und welchem dort Muße und wahre Minne widerfährt. Es wird eine herausgehobene Zeiterfahrung der Gegenwärtigkeit beschrieben, in der sich Zeit und Ewigkeit für den Augenblick durchdringen.[386] Der Fokus auf das Hier lässt jedes *anderswâ* (16753; 17099) unbedeutend werden.

Im artifiziellen Gegenraum der Minnegrotte taucht im höfischen Roman in sprachlich wie ästhetisch höchster Ausdruckskraft nicht nur die Möglichkeit, sondern die tatsächliche Realisierung eines Spielraumes der Muße auf. An diesem ›anderen Ort‹, der aus Perspektive der höfischen Gesellschaft gar nicht sein dürfte, wird erfahrbar, was mitten in der adligen Sozietät destabilisierend und gefährdend wirkte. In der geographischen Abgeschiedenheit und Unbestimmtheit wird hier nun ein Spielraum der Muße poetisch ausgestaltet, der textintern nicht verurteilungswürdig oder skandalträchtig anmutet, sondern fasziniert, weil er von einem ganz eigenen sinnlichen Zauber umgeben ist, den zu erahnen nur wenigen geschenkt ist.

---

[384] Dass diese Form der Wiederholung auch gegenteilige Wirkung erzielen kann, betont Müller, »Mythos und mittelalterliche Literatur«, S. 341, und verweist dabei auf den Erzähler, der ebenfalls bei der Minnegrotte war, doch niemals vergleichbares Glück empfand: »Ein und derselbe Raum umschließt dysphorische und euphorische Wiederholung«.

[385] Kierkegaard, *Die Wiederholung*, S. 330.

[386] Neben der repetitiven Struktur des Tagesablaufes ist keinerlei weitere zeitliche Struktur erkennbar. Auch die angekündigten Besuche Kurvenals alle zwanzig Tage finden keine Erwähnung (16789–16803). Bis zu Markes Jagdausflug scheint nichts von außen in die Minnegrottenszenerie zu dringen, wodurch auch jede zeitliche Orientierung unmöglich wird. Vgl. auch Franziska Küenzlen, »Erzählen von vollkommener Liebe. Die Tristan-Romane Eilharts von Oberg und Gottfrieds von Straßburg«, in: *Vollkommenheit. Ästhetische Perfektion in Antike, Mittelalter und Früher Neuzeit*, hg. v. Verena Olejniczak Lobsien, Claudia Olk und Katharina Münchberg, Berlin/New York 2010, S. 45–73, hier S. 66: »Die Statik der Repetition generiert ein Gefühl von Ewigkeit. Mensch und Natur befinden sich im wahrsten Sinne des Wortes im Gleichklang.« Vgl. auch Müller, »Zeit im ›Tristan‹«, bes. S. 384–397.

4.3.2 *Der Spielraum der Muße zwischen Utopie und Heterotopie*

In der Forschungsliteratur ist die paradiesisch anmutende Topographie der Minnegrotte bisweilen als ›Jenseitslandschaft‹[387] bezeichnet worden. Besonders Tomasek weist diese Deutung mit Vehemenz zurück, denn es handle sich dezidiert um »eine fossiure werltlicher (!) aventiure [...], die nicht durch eine spezifische ›Jenseitsschwelle‹ vom irdischen Bereich abgetrennt erscheint«[388]. Auch die Auffassung Jupés, die Minnegrotte sei nur Schein höchsten Glücks, wird der Szene nicht gerecht.[389] Das Minnegrottendasein ist keine ›Scheinwelt‹, sondern vielmehr eine ›Parallelwelt‹, die sich von der höfischen Welt absetzt und sich ihr gewissermaßen entzieht. Während die *sumerouwe* (554) beim Maifest Markes noch vollständig in die gesellschaftlich-höfische Sphäre integriert ist, ist die Minnegrotte in einem topographisch schwer zu erfassenden Außerhalb lokalisiert. Die Unwegsamkeit zeigt sich in der weiten felsigen Umgebung, *velse âne gevilde* (16763), die zu überwinden eine Tagesreise beansprucht. Auch die anfangs angekündigte Verbindung zum Hof, die die Liebenden über Brangäne und Kurneval aufrechterhalten möchten, wird nicht beschrieben, als ob diese nicht stattfinde.[390] Der Raum der Minne und der Muße, der sich in der Minnegrotte eröffnet, kann nur durch eine vollständige Trennung vom Hof existieren. In ihm herrschen andere Gesetze und Regeln, die nicht der institutionellen Ordnung der Gesellschaft entsprechen, sondern diese radikal übersteigen und mit ihr unversöhnbar scheinen.

Angesichts der konkreten Ortsbeschreibung und der Darstellung der, wenn auch schwierigen, Zugangswege verwundern die hauptsächlich in der älteren Forschung gehäuft auftauchenden Formulierungen, die die Minnegrotte beinahe selbstverständlich als Utopie begreifen. Walter Haug etwa betont, dass das Leben in der Minnegrotte »irdischen Bedingungen enthoben«[391] sei, da es sich

---

[387] Vgl. u.a. Welz, »Glück und Gesellschaft«, S. 37; Jost Trier, »Gotfrid von Straßburg«, in: *Die Welt als Geschichte* 7 (1941), S. 72–83, hier S. 80; vgl. zu dieser Jenseits-Deutung auch Tomasek, *Die Utopie,* S. 152.

[388] Tomasek, *Die Utopie,* S. 152f.

[389] Jupé, *Die ›List‹ im Tristanroman,* S. 113. Vgl. auch Jan-Dirk Müller, »Gottfried von Straßburg: *Tristan.* Transgression und Ökonomie«, S. 227: »Die Grotte [...] ist, vom Hof aus gesehen, ein Ort der Verbannung, und auch für Tristan und Isolde ist sie kein jenseitiger Ort, an dem das ›Ganz andere‹ Wirklichkeit wird, sondern bleibt auf die Welt bezogen, aus der sie ausgegrenzt wurden.«

[390] Vgl. die Verse 16795–16804: *und daz er* [sc. Kurvenal] *ouch genôte / Tristanden unde Îsôte / in sîne trahte naeme / und ie dar wider kaeme / mit sô getânen maeren, / diu rât ze muote baeren, / ie z'einem mâle in zweinzec tagen. / waz mac ich iu nu mê gesagen? / er leiste, daz man ime gebôt.* Diese Verse sprechen für regelmäßige Besuche Kurvenals. Dass diese jedoch in der Beschreibung des Wunschlebens keine Erwähnung finden, zeigt, dass die Verbindungen zum Hof für diese Lebensform nicht von Bedeutung sind, sondern tatsächlich gekappt werden. Vgl. auch Fußnote 386.

[391] Haug, »Sexueller Sündenfall oder erotische Utopie«, S. 605. Der Mangel an *êre* sei, so Haug, jener »epische Hebel, über den Gottfried das Grottenleben wieder in die Bedingtheit der irdischen Existenz zurückholt«, S. 605. Vgl. u.a. auch Klaus Peter, »Die Utopie des Glücks. Ein neuer Versuch über Gottfried von Straßburg«, in: *Euphorion* 62 (1968), S. 317–344; Rainer Gru-

um einen Nicht-Ort, einen utopischen Ort also, handle. Aber auch noch jüngst Andreas Kraß spricht von der »Utopie der Minnegrotte«, in der das »erotische Ideal einer ungeschiedenen Einheit« temporär zur Geltung kommen könne.[392] Solche Assoziationen zu einer utopischen Lebensweise weckt nicht zuletzt der Text selbst, wenn vom *wunschleben* (16845) die Rede ist. Doch zu Recht wendet Monika Schausten ein, dass die Minnegrotte nicht als jener ›Nicht-Ort‹ verstanden werden kann, wie er 1516 von Thomas Morus im Kontext eines idealen Staatswesens entworfen wird.[393] Angesichts des Mangels an *êre* sprechen sowohl Monika Schausten als auch Tomas Tomasek, auf Dieter Seitz zurückgehend, von einer »begrenzten Utopie«[394]. Damit legen sie mit der Bezeichnung ›Utopie‹ den Schwerpunkt auf inhaltliche Aspekte und entfernen sich von der räumlichen Dimension der Minnegrotte.[395] ›Utopie‹ meint in ihrer Verwendung nicht den irrealen Ort, der nirgendwo existiert und ein Wunschtraum bleibt, sondern vielmehr die Unmöglichkeit der dauerhaften Realisierbarkeit der Lebensweise in der Minnegrotte.

Löst man sich von der Vorstellung der Utopie als literarische Form eines systemhaften, idealen Gegenentwurfes zu den herrschenden politischen und gesellschaftlichen Strukturen, zeigt sich, um auf einen Aufsatztitel Markus Stocks zu-

enter, »Bauformen der Waldleben-Episode in Gotfrids Tristan und Isold«, in: *Gestaltprobleme der Dichtung. Günther Müller zu seinem 65. Geburtstag am 15. Dezember 1955*, hg. v. Richard Alewyn, Hans-Egon Hass und Clemens Heselhaus, Bonn 1957, S. 21–48, S. 39; Gruenter, »Das *wunnecliche tal*«, S. 397.

[392] Kraß, »Der fragmentierte Körper«, S. 118. Vgl. auch Mieth, *Dichtung, Glaube und Moral*, S. 182.

[393] Monika Schausten, *Erzählwelten der Tristangeschichte im hohen Mittelalter. Untersuchungen zu den deutschsprachigen Tristanfassungen des 12. und 13. Jahrhunderts*, München 1999, hier S. 180; vgl. die kritische Ausgabe Thomas More, *The Complete Works*, Bd. 4: Utopia, hg. v. Edward Surtz und Jack H. Hexter, New Haven/London 1965. Vgl. auch Bumke, der die These vertritt, »dass das Mittelalter eine Zeit ohne Utopien gewesen« sei; Joachim Bumke, »Die Utopie des Grals. Eine Gesellschaft ohne Liebe?«, in: *Literarische Utopie-Entwürfe*, hg. v. Hiltrud Gnüg, Frankfurt a.M. 1982, S. 70–799, hier S. 70: »Die mittelalterliche Literatur ist voll von utopischen Ansätzen und Entwürfen, die sich allerdings nur selten in der Ausmalung einer neuen Staatsform konkretisieren. Staatliche Organisations- und Verwaltungsformen spielten für die Frage nach der richtigen Ordnung menschlicher Gesellschaft eine eher untergeordnete Rolle.«

[394] Schausten, *Erzählwelten*, S. 180; vgl. auch Huber, *Gottfried von Straßburg*, Berlin 2013, S. 124; vgl. Tomasek, *Die Utopie*, S. 157; vgl. Dieter Seitz, »Gottfried von Straßburg: *Tristan*«, in: *Einführung in die deutsche Literatur des 12.-16. Jahrhunderts*, hg. v. Winfried Frey, Walter Raitz und Dieter Seitz u.a., Bd. 1: Adel und Hof – 12./13. Jahrhundert, Opladen 1979, S. 222–261, bes. S. 254–260.

[395] Dieser Entfernung vom Räumlichen hat Akihiro Hamano in seinem Aufsatz eine Annäherungsbewegung an den Raum der Minnegrotte unter anderem auch mit dem Foucaultschen Heterotopiekonzept entgegengestellt, da seiner Meinung nach die Minnegrotte nicht zwingend außerhalb der Gesellschaft zu verorten sei, vgl. Akihiro Hamano, »Die Anderweltigkeit der Minnegrotte im ›Tristan‹ – Die Suche nach der neuen Lokalisierung der Minnegrotte«, in: *Lingua* 17 (2006), S. 63–87, bes. S. 81–83.

rückzugreifen, narrativ inszenierte »utopische Anschaulichkeit«[396]. Demgemäß zeigen sich in den literarischen Ausgestaltungen, die zeitlich vor Morus' *Utopia* entstehen, punktuell utopische Potenziale. Diese werde ich im Folgenden auch an der Minnegrottenepisode aufzeigen, um daran anknüpfend jedoch die Dominanz heterotoper Elemente in dieser Passage zu verdeutlichen.

Die utopisch anmutende Idealität der Minnegrotte ist allein durch die Entfernung und Abgeschiedenheit vom Hofe möglich. Die Zweisamkeit, in der Differenz und Indifferenz ineinander spielen,[397] löst das Gesellschaftliche und Gesellige der adligen Gemeinschaft ab. Daher wundert es zunächst, wenn die *zweier gesellschaft* (16859) mit jener der Artusrunde verglichen wird (16859–16865). Doch nur wenig später wird der *hôhgezît* (16863) von Artus eine *hôhzît* (16896) ganz anderer Art entgegengesetzt, nämlich diejenige der Minne. Die Liebenden sind sich selbst eine *getriuwe massenîe,* die jede weitere Gesellschaft ersetzt. Ein solches Verständnis von *hôhzît* bricht mit den Vorstellungen geselliger Festlichkeit am Hof und fokussiert sich auf ein individuelles Glückserleben.

Die Minnegrotte wird als ein Ort beschrieben, an dem leibliche Grundbedürfnisse keine Rolle mehr spielen; selbst die körperliche Liebe wird ästhetisiert und in allegorischer Ausdeutung umschrieben (16976–17057; 17205–17241). Auch wenn Tristan beim Aufbruch vom Hof *zweinzic marke* (16638) einpackt, um in der Wildnis *z'ir nôtdürfte und z'ir lîpnar* (16641) sorgen zu können, erweist sich diese Vorsorge als unnötig. Am Ort der Göttin der Liebe bedürfen die Minnenden keiner materiellen Nahrung mehr. Die Augen ›ernten‹ Blicke und Gesten des Geliebten, die im Bereich des Hofes noch größte Gefahr bedeuteten, hier aber zur *besten lîpgeraete* (16826) werden:

daz was diu reine triuwe;
diu gebalsemete minne,
diu lîbe unde sinne

---

[396] Markus Stock, »Paradoxer Gewinn: Raumpoetik und utopische Anschaulichkeit in Ulrichs von Etzenbach ›Alexander‹-Anhang«, in: *Das Mittelalter 18* (2013), S. 113–128. Es ist zu beachten, dass das Erzählen einen Nicht-Ort zu veranschaulichen vermag, ihn im gleichen Zuge jedoch als unverfügbar markiert, da er allein in der Erzählung existiert, vgl. S. 116. Beispiele vergleichbaren Vorgehens bezogen auf mittelalterliche Literatur sind v.a. Tomasek, *Die Utopie;* Tomas Tomasek, »Zur Poetik des Utopischen im Hoch- und Spätmittelalter«, in: *JOWG* 3 (2001/02), S. 179–193; Tomasek, »Auf der Durchreise«, S. 99–107; Werner Röcke, »Die nackten Weisen der fremden Welt. Bilder einer utopischen Gesellschaft in Johann Hartliebs ›Alexander‹-Roman«, in: *ZfGerm* 6 (1996), S. 21–34; Werner Röcke, »Das Ende der Geschichte. Utopie und Anti-Utopie in der Literatur des 16. Jahrhunderts«, in: *Paragrana* 7,2 (1998), S. 122–139. Stock, »Paradoxer Gewinn«, S. 115, warnt davor, einen, vor allem auf Ernst Bloch (Ernst Bloch, *Das Prinzip* Hoffnung, Werkausgabe Bd. 5, Frankfurt a.M. 1959 (1985)) zurückgehenden, weiten Utopiebegriff zu verwenden: »Die textbezogene Mediävistik muss sich hier der Gefahr stellen, dass die Übertragung eines weiten Utopiebegriffs auf literarische Entwürfe des Mittelalters diese zu enthistorisieren droht und außerdem die poetische Dimension der literarischen Form missachtet.«

[397] Vgl. zur Liebeseinheit auch Burkhard Hasebrink, »*ein einic ein.* Zur Darstellbarkeit der Liebeseinheit in mittelhochdeutscher Literatur«, in: *PBB* 124 (2002), S. 442–465.

als innecliche sanfte tuot,
diu herze vuoret unde muot.
(16830–16934)

Die Nahrung der Liebenden ist nicht sichtbar, sondern wird verborgen, *innerthalp der waete* (16835) im Herzen getragen. Die besondere Nahrungsquelle Tristans und Isoldes versiegt nicht, sie ist jederzeit verfügbar (*an iegelîchem trite und z'iegelîchen stunden* (16843f.)) und verlangt keinerlei Form der Bezahlung oder der Gegenleistung: *daz truoc sich in vergebene an / und ie vrisch unde niuwe* (16828f.). Tristans Goldmark hat im Reich der Minne jeden Wert verloren. Gerade die Bezeichnung des *sanfte tuon* und die Umschreibung mit *gebalsemete* verdeutlichen die Wirkung der Wohligkeit und angenehm erfüllenden ›Sättigung‹, die von der Minne auf Leib und Seele übergehen.[398]

Das in der Forschung sogenannte ›Speisewunder‹ stellt nicht nur die Minne in den Mittelpunkt des Grottenlebens, es steht metaphorisch für die Sorglosigkeit und Unbeschwertheit dieser Daseinsform. Im Text selbst ist von *maezlîchen sorgen* (16823) und von *genuoc* (16841) die Rede. Erst gestillte Grundbedürfnisse und ein gewisses Maß an körperlicher Unversehrtheit lassen den Menschen eine Freiheit empfinden, auf deren Grundlage ein Entstehen und Passieren von Muße möglich ist. Hunger, Durst und Schmerzen dagegen nehmen im Erleben so viel Raum ein, dass ein potenzielles Sich-Versenken und Sich-Vergessen mehr einer Art Realitätsflucht gleichkommt, als jener Erfülltheit in der Muße, das im Text als *wunschleben* (16845) bezeichnet wird. Dieser Ausdruck verweist offenkundig auf das utopische Potenzial des Minnegrottenlebens.

Utopisch im Sinne von irreal erscheint auch die Entstehungszeit der Höhle. Die Grotte entstammt einer mythischen, vorzivilisatorischen Zeit. Ihr Ursprung und ihre Genesis liegen derart weit zurück, dass die Anfänge nicht mehr vorstellbar und nicht mehr greifbar sind. Dadurch entsteht der Eindruck von Immerzeitigkeit oder auch Zeitlosigkeit.[399] Die Herausgehobenheit aus einem alltäglichen Zeitmaß demonstriert aber auch die Entrückung der Grottenlandschaft aus der Gesellschaft. In seinen Ausführungen zur Zeit im *Tristan* stellt Müller das Paradox von sowohl utopischer Zeitaufhebung als auch Jederzeitlichkeit fest.[400] Am Beispiel des ›persönlichen‹ Erzählerberichtes wird diese widersprüchliche Verbindung deutlich:

---

[398] Vgl. zu der allumfassenden Wirkung der Minne auch die Verse 16836–16846: *deiswâr si nâmen selten war / dekeiner spîse niuwan der, / von der daz herze sîne ger, / daz ouge sîne wunne nam / und ouch dem lîbe rehte kam. / hie mite sô haeten sî genuoc. / in streich diu liebe, ir erbepfluoc, / niwan an iegelîchem trite / und z'iegelîchen stunden mite / und gab in alles des den rât, / des man ze wunschlebene hât.*

[399] Vgl. Müller, »Zeit im ›Tristan‹«, S. 386, der darauf verweist, dass die Ursprünge der Grotte soweit zurückliegen, dass sie jenseits der ritterlich-höfischen Welt liegen. Durch diese zeitliche Entfernung kommt noch einmal die Andersartigkeit dieses Ortes und der Bruch mit der höfischen Welt zum Ausdruck.

[400] Müller, »Zeit im ›Tristan‹«, hier S. 387.

ouch hân ich an die liehten want
mîner ougen weide vil gewant
und hân mich oben an daz gôz,
an daz gewelbe und an daz slôz
mit blicken vil gevlizzen,
mîner ougen vil verslizzen
an der gezoerde dar obe,
diu sô gestirnet ist mit lobe.
diu sunnebernde vensterlîn,
diu habent mir in daz herze mîn
ir gleste dicke gesant.
ich hân die fossiure erkant
sît mînen eilif jâren ie
und enkam ze Curnewâle nie.
(17125–17138)

In diesen ›autobiographischen‹ Ausführungen (17100–17138) löst sich die Minnegrotte von ihrer konkreten Verräumlichung und wird zu einem imaginären Gegenbereich, der nicht an bestimmte Koordinaten gebunden ist, sondern als buchstäblich ortloser Ort ebenso eine mentale Form des Ausbruchs darstellt. Auf abstrakter Ebene kann sich die mußevolle Lebensform der Minnegrotte potenziell jederzeitig entfalten und einen Entrückungsraum der Seele öffnen, der topographisch unbestimmbar ist.[401] Die utopischen Aspekte der Minnegrotten-Episode betreffen insbesondere die »ideale Zeit- und Ortlosigkeit der Grotte«[402]. Doch die Liebesenklave ist mehr ein ortloser Ort denn ein irrealer Nicht-Ort, ein u-topos. Mit dem Oxymoron ›ortloser Ort‹, mit welchem Foucault das Konzept der Heterotopie umschreibt, ist die Unbestimmtheit und Zersetzung von Orientierungs- und Referenzpunkten ausgedrückt. Ähnlich einer Heterotopie im Sinne Foucaults ist die Minnegrotte auf paradoxe Weise sowohl Abbild als auch Gegenbild der höfischen Welt, sie entbehrt fester Koordinaten, ist keiner bestimmten Lokalisierung vorbehalten und »ganz auf sich selbst angewiesen, in sich geschlossen und zugleich dem endlosen Meer ausgeliefert«[403]. Das endlose Meer, das Foucault auf das Schiff als »Heterotopie *par excellence*«[404] bezieht, lässt sich metaphorisch als jene Widrigkeiten und Hindernisse fassen, die den heterotopen Freiraum allgemein von außen bedrohen oder doch zumindest bedrängen.

Aus Sicht des Hofes handelt es sich bei der Vertreibung des Paares um eine Verbannung in die Wildnis, die Unzivilisiertheit und Ungezähmtheit, die einem Ausschluss aus jeglichen kulturellen Ordnungsprinzipien gleichkommt. Doch während in den Tristanerzählungen vor Gottfried in der Tat die Protagonisten von einem entbehrungsreichen, mühsamen und geschundenen Leben im Exil gezeich-

---

[401] Vgl. Huber, *Gottfried von Straßburg*, Berlin 2013, S. 122. Vgl. auch Mark Chinca, *History, Fiction, Verisimilitude. Studies in the Poetics of Gottfried's* Tristan, London 1993, S. 73, der von einer Oszillation zwischen realer und imaginärer Geographie spricht.

[402] Tomasek, *Die Utopie*, S. 153.

[403] Foucault, »Von anderen Räumen«, S. 942.

[404] Foucault, »Von anderen Räumen«, S. 942.

net sind, schafft Gottfried, wie bereits oben deutlich wurde, eine hochartifizielle Landschaft, die durch ein kunstvolles Klang- und Farbspiel ausgezeichnet ist.[405] In dieser Umgebung ist ein vollkommenes Leben in Muße möglich, das die Freuden des Hofes aufnimmt, gar übersteigt, und zugleich die Intrigen, Täuschungen und Verbote ausklammert. Die Minnegrotte wird trotz der Ferne zu höfischen Regularien nicht als Ort von Ausschweifungen oder Zügellosigkeit, sondern bei aller Freiheitlichkeit als ein gesitteter und strukturierter Raum beschrieben. Übertreibung und Überfluss zeigen sich höchstens, wie bereits gesehen, in der Fülle an Sinneseindrücken. Tristan und Isolde geben sich nicht selbstvergessen der leidenschaftlichen Liebe hin, sondern schaffen sich außerhalb der höfischen Ordnung eine neue, eigene Ordnung:

> Insofern diese eigene Welt der zwei Liebenden eine neue ist und eine andere, ist sie [...] bereits auf Konflikt angelegt. Sie ist naturwüchsig subversiv. Sie ist da und ist ausgebildet, bevor noch feststeht, ob sie je in Harmonie gelangen kann mit der Ordnung aller andern.[406]

Die Minnegrotte bietet ein heterotopes Gegenbild zu der höfischen Welt und spiegelt zugleich deren Wertesystem in vollendeter Ausführung. Das Dasein in der *fossiure* bricht mit den Prozessen der Anstrengung und Aktivität, die die adlige Gesellschaft immerzu einfordert, indem es einen Raum kreiert, der in und für sich besteht. Dennoch tragen die Liebenden das gesellschaftlich-höfische Leben mit hinaus in das Exil der Minnegrotte. Gerade dort, wo die institutionelle Ordnung scheinbar überwunden ist, taucht das Thema von Gesellschaft und Ansehen immer wieder auf. Das temporäre Zurückziehen aus dem auf Funktion und Zweck hin ausgerichteten Sozialgefüge, welches sich in der Muße ermöglicht, zeigt zugleich, dass die Bindung an dieses nie aufgehoben ist, denn nur über den Konnex an das Entfernte kann der momentane Zustand als Freiheit empfunden werden.[407] Auch der Spielraum der Minnegrotte ist auf diese Weise nur möglich, weil die Liebenden von der höfischen Ordnung wissen und diese sogar in den in einem Außerhalb verorteten Mußeraum hineintragen.[408]

---

[405] Vgl. Eilhart von Oberg, *Tristrant und Isalde,* mittelhochdeutsch/neuhochdeutsch, hg. v. Danielle Buschinger und Wolfgang Spiewok, Greifswald 1993, die Verse 4685–4782; vgl. dagegen bei dem Fortsetzer Heinrich von Freiberg, *Tristan und Isolde,* Fortsetzung des Tristan-Romans Gottfrieds von Straßburg, Originaltext (nach der Florenzer Handschrift ms. B.R.226) von Danielle Buschinger, Versübersetzung v. Wolfgang Spiewok, Greifswald 1993, die Verse 3350–3380. Dort wird ein ausschweifendes und luxuriöses zweites Waldleben beschrieben, das Jan-Dirk Müller, »Zeit im ›Tristan‹«, S. 392, Fußnote 36, als »Existenz der leisure class« bezeichnet. Vgl. dazu ausführlich Jan-Dirk Müller, »Tristans Rückkehr. Zu den Fortsetzern Gottfrieds von Straßburg«, in: *Festschrift Walter Haug und Burghart Wachinger,* hg. v. Johannes Janota, Paul Sappler, Frieder Schanze, Konrad Vollmann, Gisela Vollmann-Profe, Hans-Joachim Ziegler, Bd. II, Tübingen 1992, 529–548.

[406] Peter von Matt, *Liebesverrat. Die Treulosen in der Literatur,* München 1989, 3. Auflage 1996, S. 61.

[407] Vgl. Günter Figal, *Gegenständlichkeit. Das Hermeneutische und die Philosophie,* Tübingen 2006, S. 205–218.

[408] Vgl. Schnyder, *Topographie des Schweigens,* hier S. 315, die die Unterschiede dieser Ordnung zur höfischen herausstellt: »Was hier aufgebaut ist, ist keine antihöfische Welt, sondern

Die Episode der Minnegrotte im *Tristan* stellt geradezu paradigmatisch einen Spielraum der Muße in aisthetischer wie ästhetischer Fülle dar. Sie tut dies nicht aus dem Grund, dass hier über einen längeren Zeitraum Muße erfahren zu werden scheint. Das Verschwimmen von Wiederholung und Ewigkeit ist vielmehr metaphorisch zu fassen. Die liebliche Szenerie der Minnegrotte lässt sich vor allem aufgrund des zerbrechlichen Spiels von Begrenzung und Offenheit als Bild eines in sich geschlossenen Mußemomentes fassen. Den temporalen wie gesellschaftlichen Zwängen des Alltagsgeschehens steht die Freiheit der empfundenen Zeitlosigkeit und die Erfahrung von Erfülltheit und Vollkommenheit entgegen. Diese Erfahrung allerdings ist flüchtig, anfällig für Störungen und schnell wieder zerronnen. Die Architektur und Topographie der Liebeshöhle und des Lustortes spiegeln diese Aspekte des Mußephänomens symbolhaft wider. Ein mußevoller Augenblick stellt sich nicht planbar, sondern meist unverhofft ein. Auch die Minnegrotte taucht, uneinsehbar von Felsen und Klippen umgeben,[409] geradezu plötzlich auf und die Figuren finden sich gänzlich unerwartet in ihr wieder. Mußemomente zeugen von Prekarität und Fragilität. Ebenso zerbrechlich ist der freiheitliche Spielraum der Minnegrotte: Bei der ersten Störung fällt er in sich zusammen. Das Eindringen des Jägers und Markes zerstört ihn unwiederbringlich.

Als wesentlich, um Muße zu erfahren, erweist sich eine gewisse Passivität, die sich in einer Empfänglichkeit und Offenheit gegenüber den Geschehnissen der eigenen Um- und Mitwelt äußert. Gerade die größten Aktivitäten und Anstrengungen sind meist aussichtslos, da sie Ausdruck eines Strebens nach Muße sind, welches dem Phänomen, das als Gabe verstanden werden muss, nicht gerecht werden kann. Übungen, Techniken und Technologien können immer nur bis zu einem gewissen Punkt als Vorbereitung dienen. Der ›Sprung‹ in die Muße kann aber nicht willentlich vollbracht, sondern ausschließlich erfahren werden. Das ›autobiographische‹ Beispiel des Erzählers ist für das vergebliche Mühen ein passendes Bild: *mîn arbeit und mîn ungemach / daz was âne âventiure* (17108f.). Während für Tristan und Isolde die Minnegrotte als Spielraum der Muße gerade zum Gegenteil von *arbeit* und *ungemach* wird, kann der Ort ebenso Raum des Verpassens oder Versäumens darstellen:[410] *ich hân* [...] *aber die stunde alsô betrogen* (17106).

eine durch und durch höfisch gegliederte Ordnung, deren Sprachlosigkeit aber eine Wahrhaftigkeit garantiert und eine natürliche Ordnung suggeriert, die keiner Verfälschung ausgesetzt sein kann.« Dies ändert sich jedoch mit dem Eindringen Markes in die Grottenlandschaft.

[409] Im Text wird der Weg zur Minnegrotte als äußerst beschwerlich beschrieben. Auffällig ist die Korrelation von Anstrengung und Leid. So ist im Text die Rede von *arbeitsam unde herte* (17080) oder von der *arbeit* der *marteraeren* (17085).

[410] Meines Erachtens ist die Formulierung von Gelingen und Scheitern, wie sie sich bei Müller, »Zeit im ›Tristan‹«, S. 387, findet, an dieser Stelle unpassend. ›Gelingen‹ und ›Scheitern‹ beinhalten sowohl den Aspekt der Herstellbarkeit, als auch jenen der Leistungsorientierung, welche beide weder auf Minne, und noch weit weniger auf Muße zutreffen. Es handelt sich vielmehr um die Möglichkeit des Empfangens, welcher letztlich ein unkontrollierbares Moment innewohnt. Minne und Muße sind als Gaben zu verstehen, die einem bis zu einem gewissen Grade unerwartet ›geschenkt‹ werden.

Nicht jedem öffnet sich einem Automatismus folgend die Möglichkeit zur Erfahrung wahrer Muße. So ist auch die *stunde* des Erzählers nicht von Muße erfüllt, sondern bei aller erlebten Freude und Vitalität doch von einer gewissen Leere und einem Mangel geprägt: *ich hân den reien getreten / dicke dar und ofte dan. / ine gruowet aber nie dar an* (17114–17116). Der aktiven, dynamischen Bewegung, die beinahe etwas Erzwungenes aufweist, scheint jener Gegenpol des zweckbefreiten Ruhens und Ankommens, des Lassens und beschaulichen Seins zu fehlen, wie er in der Paarformel von der *muoze* und *unmuoze* mit dem Element der *muoze* zum Ausdruck kommt. Zu sehr dominiert hier noch die Maxime des Tätigseins und der Anstrengung, wie sie für das ritterliche Ethos charakteristisch ist.

Die Felsen grenzen die Szenerie der Minnegrotte räumlich ein und geben ihr einen klar abgesteckten Rahmen. Erst in der Bewusstwerdung der Einrahmung, kann der Spielraum der Möglichkeiten in Erscheinung treten. Allem Anschein nach entfaltet sich die Kraft von Muße nur in einer solchen Begrenzung, innerhalb derer Grenzenlosigkeit erfahren werden kann.[411] Muße lässt sich nicht als Dauerzustand festhalten. Im Wunsch, sie zu halten, verflüchtigt sie sich augenblicklich. Auch der Wunsch nach Wiederholung ist nicht möglich, sondern verfehlt das Phänomen der Muße im Kern. So gilt auch für die Protagonisten nach ihrem Auszug aus der Minnegrotte:

sine wurden aber niemer mê
in allen ir jâren
sô heinlîch, sô s'ê wâren,
nochn gewunnen nie z'ir vröuden sît
sô guote state sô vor der zît.
(17702–17705)

Der heterotope Spielraum der Muße bot den Liebenden die Gelegenheit zu intimem Beisammensein. Das Adjektiv *heinlîch* fasst sowohl das Moment des Geheimen und vor der Öffentlichkeit Verborgenen, als auch das Moment des Vertrauten, das ihr Minnedasein in der Grotte prägte (LEXER, BMZ). Insbesondere der letzte Aspekt scheint in der Verbindung von Muße und Minne erreicht zu werden, durch welche das Empfinden und Erleben auf angenehme Weise intensiviert wird. Solche Mußemomente können immer wieder entstehen und den Figuren widerfahren, doch niemals auf dieselbe Weise. Wie der Marmorboden in der Liebeshöhle, der noch so sehr zertreten und tanzend beansprucht werden kann (17114–17124), hinterlässt auch der Mußemoment keine sofort sichtbaren Spuren.[412] Und doch scheint den Figuren eine andere *lebesite* (16921) jenseits von Bedürfnis, Zwang, Regelkorsett und Leistungsethos als Möglichkeit eröffnet zu werden, die auch jenseits des Mußeerlebens prägend sein und sich auf das alltägliche Leben zurückwirken kann. Die Liebenden, die sich auf den Moment der

---

[411] Analog zu Soeffners »absichtsvoller Absichtslosigkeit« (vgl. Soeffner, »Muße – Absichtsvolle Absichtslosigkeit«) ließe sich hier von ›begrenzter Grenzenlosigkeit‹ sprechen.

[412] Müller, »Zeit im ›Tristan‹«, S. 389, betont die Vitalkraft, mit der sich dieser Ort »unermüdlich verausgabt [...], aber auch unablässig wiederherstellt.«

Muße einlassen, vermögen bisweilen in der Minne ihres *herzen spil* (17095) zu finden. Das Adjektiv *saelic* (17091) fasst diesen Zustand in einem einzigen Wort.

4.3.3 *Der Einbruch der Gesellschaft und die Auflösung des Spielraums der Muße*

Das »in reiner Zyklizität stillgestellte«[413] Geschehen in der Minnegrotte erfährt durch die Hirschjagd Markes eine neue Dynamisierung. Der Wald um die Minnegrotte herum wird vom Lärm der Hörner und Jagdhunde in Unruhe und Aufregung versetzt. Die Jäger stören mit ihren Hunden ein Rudel Wild auf, unter dem sich ein *vremeder hirz* (17293) befindet, der durch sein ungewöhnliches Äußeres die Aufmerksamkeit der Jäger auf sich zieht und ihren Jagdtrieb in besonderer Weise weckt: *den jageten sî ze strîte / und mit gewalte under in / unz vaste vür den âbent hin* (17300–17302).[414] Doch all ihren Bemühungen zum Trotz verlieren sie die Spur des wunderbaren Hirsches, welcher dorthin flüchten kann, woher er kam, *hin dâ diu fossiure was* (17307). Das edle Tier wird direkt mit der Grotte in Verbindung gebracht und als ihr zugehörig ausgezeichnet. Bereits hier deutet sich an, dass diese Jagd nicht mehr auf das Erlegen eines Tieres abzielt, sondern metaphorisch als Jagd auf die einzigartige Lebensweise des Liebespaares zu verstehen ist. Zu Beginn heißt es schon, Marke ziehe zur Jagd aus *mê durch sîne triure / dan durch kein âventiure* (17285f.). Es wird ein Bruch mit der üblichen Jagdtätigkeit des Hofes deutlich, die als reines Vergnügen fungiert.[415]

Die Nähe des Hirsches zur Minnegrotte und dem darin lebenden Paar wird zusätzlich dadurch verstärkt, dass die Spuren des Hirsches und jene des in der taubesetzten Wiese spazierten Paares ineinander übergehen und sich nicht mehr unterscheiden lassen:[416]

Der jeger, von dem ich nu las,
der zuo dem brunnen komen was,
der spurte in dem touwe,
dâ Tristan und sîn vrouwe
vor ime geslichen wâren hin.
hie mite sô kam er an den sin,
ez waere niwan des hirzes trat.
er erbeizete und trat ûf den pfat
und volgete dem selben spor,

[413] Schulz, *»in dem wilden wald«*, S. 536.

[414] Durch sein hybridartiges Wesen ist der Hirsch, ähnlich Petitcreiu, nicht in vorgegebene Schemata und Erklärungsmuster einzuordnen.

[415] Vgl. Kapitel 3.3, bes. 3.3.3 zur Jagd.

[416] Der Versuch von Johannes Rathofer, die Unstimmigkeit der Spuren logisch zu erklären, ist an dieser Stelle zu weltlich gedacht, vgl. Johannes Rathofer, »Der ›wunderbare Hirsch‹ der Minnegrotte«, in: *Der ›Tristan‹ Gottfrieds von Straßburg. Symposion Santiago de Compostela. 5.-8. April 2000*, hg. v. Christoph Huber und Victor Millet, Tübingen 2002, S. 371–391, hier S. 382 (zuvor abgedruckt in: *ZfdA* 95 (1966), S. 27–42).

daz s'ime haeten getreten vor
biz hin an der fossiuren tür.
(17417–17427)

Die Überlagerung der Spuren ist Zeichen für die Gleichsetzung von Hirsch und Liebespaar, welches einmal mehr zum gejagten Objekt wird: »Der Text suggeriert [...] unterschwellig, daß der Hirsch nichts anderes *ist* als das Paar selbst (es also nicht bloß symbolisch *repräsentiert*)«[417] und dass er in seiner hybriden Gestalt aus Hirsch und Pferd die Einheit in der Zweiheit, wie sie in Tristan und Isolde zur Erscheinung kommt, verkörpert. Die ›Einheit‹ des Beuteziels zeigt sich auch daran, dass einerseits der Hirsch selbst, nachdem er höfische Welt und verborgene Welt der Minnegrotte gewissermaßen verbunden hat, nicht mehr auftaucht und geradezu in Vergessenheit gerät, andererseits die Jagd nach der Entdeckung des Liebespaares ohne weitere Suche nach dem edlen Tier abgebrochen wird (17620).

Noch geschützt in der Idylle der Grottenlandschaft nehmen Tristan und Isolde den Schall der Jagdhörner wahr, der die genüssliche Stille des *locus amoenus* durchbricht. Die Unbekümmertheit ihres Daseins weicht der Besorgnis und Angst, am Hofe verraten worden zu sein und nun entdeckt zu werden, da sie hinter dem Jagdaufgebot sofort König Marke vermuten (17318–17326; 17398–17402). Dass den Liebenden diese gedankliche Verbindung zum Hof nahe liegt, ja beinahe selbstverständlich scheint, zeugt davon, dass auch innerhalb der Minnegrotte die Welt des Hofes doch, wenn auch in ihrer Abwesenheit, präsent ist. Sobald sich Elemente oder Vertreter der höfischen Welt auch nur andeuten, dringt dieses unbedeutend gewordene Wissen wieder in den Vordergrund.

Die Welt des Hofes nähert sich den Liebenden zunächst akustisch. Der Lärm des Jagdtreibens und die Hektik dieses Tuns bricht unerwartet ein und wirkt derart störend und verfehlt, dass die Unvereinbarkeit der beiden Welten deutlich zum Vorschein tritt. Diese Gegensätzlichkeit betont Gottfried noch einmal dadurch, dass er inmitten des Jagdgeschehens und der Verärgerung über den entkommenen Hirsch erneut eine Passage einfügt, die die meditativen Spaziergänge Tristans und Isoldes in der Morgenfrühe detailliert ausführt.[418] Die Trennung von Natur und Mensch, wie sie in der Jagd vorgeführt wird, steht in radikalem Kontrast zu jenem Zusammenspiel mit und in der Natur, in welches Tristan und Isolde eingefügt sind. Die Interaktion mit Flora und Fauna in der Auenlandschaft wird noch einmal potenziert dargestellt. Die Pflanzen und Tiere scheinen sich in ihrem wiederholten Grüßen und Willkommen-heißen geradezu zu überschlagen:

galander unde nahtegal
die begunden organieren,
ir gesinde salûieren.
sie gruozten ie genôte

417 Schulz, *»in dem wilden wald«*, S. 542.

418 Im Gegensatz zu Schulz, *»in dem wilden wald«*, S. 538, der in den beiden Erzählsträngen eine Parallelisierung von Liebespaar und Hirschjagd ausmacht, weist meines Erachtens der Text gerade auf eine Kontrastierung der beiden Bereiche hin.

Tristanden unde Îsôte.
diu wilden waltvogelîn
hiezen sî willekomen sîn
vil suoze in ir latîne.
mangem süezem vogelîne
dem wâren sî dâ willekomen.
si haeten sich alle an genomen
eine wunneclîche unmuoze
den gelieben zwein ze gruoze.
(17354–17366)

Ihr unbedingtes Wohlwollen und ihr Wunsch, den Liebenden Freude zu bereiten, wird in der Formulierung der *wunneclîchen unmuoze* (17365) auf den Punkt gebracht.

Ganz im Sinne Foucaults weist der durch die Felsenfront sowie die eherne Tür doppelt abgeschlossene Ort der Minnegrotte ein »System der Öffnung und Abschließung [auf], das [ihn] isoliert und zugleich den Zugang [...] ermöglicht«[419]. So gelangt auch der Jäger der Spur folgend bis zur Tür der Minnegrotte, die jedoch durch den speziellen Schließmechanismus verriegelt ist (16985–17030). *von âventiure* (17433) findet er eines der Fensterchen, das ihm einen Einblick in das Innere gewährt und ihn doch zugleich ausschließt, denn was er sieht, erscheint ihm nicht von dieser Welt.[420] Sein Blick fällt auf das schlafende Paar, das, einander abgewendet und mit einem bloßen Schwert zwischen ihnen, schlafend auf dem Kristallbett ruht (17438–17447). Während der Jäger von den scheinbar *wilden dingen* (17451), die er aufgrund seines Wissenshorizontes weder entziffern noch einordnen kann, verängstigt ist, ist Marke wenig überrascht über die Entdeckung des Paares.[421] Doch auch wenn er Neffe und Frau erkennt, vermag er dennoch die Situation nicht recht zu deuten (17517–17531). Er bleibt der außenstehende und ausgeschlossene Dritte, der Voyeur, der durch das kleine Fenster begrenzt Einsicht erhält und doch im Grunde nichts sieht. Das Betreten des Ortes bleibt eine Illusion: »Man glaubt, den Ort zu betreten, und ist gerade deshalb schon ausgeschlossen«[422]. Marke lässt sich, von seinem begehrenden Blick geleitet, von der

[419] Foucault, »Von anderen Räumen«, S. 940. Vgl. auch Hasebrink, »Darstellbarkeit der Liebeseinheit«, der vom »Paradox der unzugänglichen Zugänglichkeit«, S. 460, spricht.

[420] Vgl. dazu folgende Formulierungen: *kein crêatiure als ûz erkorn / ze dirre werlde würde geborn* (17443f.); *schoene âventiure* (17462); *ein gotinne* (17470); *mîn zwîvel ist aber dar an, / sîn geslâfe dâ bî / daz der ein mensche sî. / der ist schoener danne ein feine. / von vleische noch von beine / enkunde niht gewerden / sô schoenes ûf der erden* (17474–17480).

[421] Gruenter, »Der *vremede hirz*«, betont die psychologische Zeichnung, die Markes träges, wenig entschlusshaftes Verhalten nahelegt. Er schläft, als sein Jägermeister morgens auf die Suche nach dem Hirsch aufbricht: »Dem Zaudernden, Schwerblütigen, der in parasitärer Müdigkeit von den Unternehmungen anderer lebt, muß immer ein Zweiter helfen. [...] Der *trurige* Marke, zu schwach, um den Verlust Isoldes zu ertragen, zu schwach, um Außerordentliches zu wagen, sie zu gewinnen, steht als Kontrastfigur dem *wunschleben* der Liebenden gegenüber. Den *vremeden hirz,* der zum Wunderreich der Grotte gehört, wird er niemals erjagen«, S. 236.

[422] Foucault, »Von anderen Räumen«, S. 940.

inszenierten Oberflächlichkeit des Sichtbaren täuschen und deutet das Schwert als rechtssymbolische Geste. Dass diese Konstellation jedoch in einem zum Hof heterotopen Bereich stattfindet, scheint er nicht wahrzunehmen oder nicht wahrnehmen zu können. Letztlich wird Marke von der Schönheit Isoldes derart in Bann gezogen und von seiner Leidenschaft zu ihr übermannt, dass er schließlich zu der Entscheidung gelangt, die beiden zurück an den Hof holen zu lassen (17659–17691). Zuvor jedoch bedeckt er die Öffnung des Fensters mit Gräsern und Blumen, um die schlafende Isolde vor den eindringenden Sonnenstrahlen zu schützen: *er vorhte, ez waere ir an ir lîch schade unde schedelîch* (17611f.). Vor der Verdunkelung der Fenster konnte durch die drei kleinen Fenster, die für *güete* (17063), *diemüete* (17064) und *zuht* (17065) stehen, die Sonne ungehindert scheinen. Dieses Licht ist, anders als es im vorangegangenen Kapitel an den peripheren Spielräumen der Muße verhandelt wurde,[423] nicht negativ konnotiert, sondern gleichbedeutend mit *êre* als *aller liehte beste* (17068). Es wird als ebenso *süeze* (17066) wie *saelec* (17067) beschrieben und bietet Tristan und Isolde die Möglichkeit, *êre* und Liebesgeheimnis zu verbinden.[424] Diese *êre* unterscheidet sich offensichtlich von jener äußeren Ehrzuschreibung des Hofes, da sie, symbolisiert durch die Grotte, in das Innerste der Minne dringt und den wahrhaft Liebenden vorbehalten ist.[425] War es im Baumgarten oder in der Kemenate im *Erec* die gleißende Mittagssonne, die ans Licht der Gesellschaft brachte, was sich dieser doch zu entziehen suchte, ist in der Minnegrotte das Abdunkeln der Fenster Zeichen für die baldige Auflösung der Idylle. Einmal des Lichtes der *êre* beraubt, ist auch der damit verbundene als vollkommen erlebte Zustand in der Minnegrotte endgültig verloren.

Es sind jedoch nicht nur äußere Umstände, die den Zusammenbruch der Minnegrottenszenerie vorantreiben, sondern auch das Handeln der Figuren innerhalb der Grotte trägt dazu bei. So wird mit dem Eintritt der höfischen Welt, verkörpert durch Marke und sein Jagdgefolge, der Spielraum der Muße als Raum des Seins abrupt zu jenem des Scheins. Das Spiel der Listen und Täuschungen dringt in jenen Bereich, der bislang jenseits derartiger Betrügereien zu verorten war. Selbst das kristallene Bett, Zeichen der Reinheit und Wahrhaftigkeit der Liebe, wird durch die List mit dem bloßen Schwert in seiner Integrität angegriffen. Hinter diese Täuschung kann das Liebespaar nicht mehr zurück. Dass die Liebenden beim ersten Sonnenlicht des Morgens – *diu sunne wol ûf kam* (17344) – entdeckt werden, ist ein leiser Verweis auf jenes gleißende Licht in der Baumgartenszene, das die endgültige Trennung der Liebenden herbeiführt.

Der Spielraum der Muße bricht durch die Störung von außen in sich zusammen, noch bevor Marke die Verbannung der Liebenden aufhebt und sie zurück an den Hof rufen lässt. Durch ihr Handeln führen die Liebenden dieses Ende in

---

[423] Vgl. Kapitel 4.2.

[424] Tomasek, *Die Utopie*, S. 173.

[425] Vgl. auch Annette Gerok-Reiter, »Umcodierung. Zum Verhältnis von *minne* und *ere* in Gottfrieds ›Tristan‹«, in: *ZfdPh* 121 (2002), S. 365–389.

gewisser Weise selbst herbei, denn mit dem Eindringen der höfischen Welt fallen sie zurück in die Zeitstruktur und Verhaltenslogik des Hofes. Die Unmittelbarkeit des Erlebens und Empfindens weicht jener Kommunikation der Distanz und der gegenseitigen Entfremdung, wie sie durch das Schwert auf dem Bett symbolisch zum Ausdruck kommt:

si giengen an ir bette wider
und leiten sich dâ wider nider
von ein ander wol hin dan
reht alse man unde man,
niht alse man unde wîp.
dâ lac lîp unde lîp
in vremeder gelegenheit.
ouch haete Tristan geleit
sîn swert bar enzwischen sî.
hin dan lac er, her dan lac sî.
si lâgen sunder, ein und ein.
(17405–17415)

Insbesondere in der Formulierung der *vremeden gelegenheit* (17411) wird das Moment der Diskrepanz deutlich. Was zuvor als gerade Zahl Einheit symbolisierte – *dane was niuwan ein und ein* (16853) – wird nun zum Zeichen der Differenz: *sunder, ein und ein* (17415). Die Konjunktion *und* ist im ersten Fall in kollektiver, im zweiten in distributiver Verwendung zu verstehen.

In geradezu vorauseilendem Gehorsam unterwerfen sich Tristan und Isolde den Regeln des Hofes, indem sie sich selbst als Bild inszenieren, durch welches sie sich in das herrschende Ordnungssystem ebenmäßig einfügen lassen. Es ist ein Bild der (Wieder-)Gezähmten, die ihr Handeln im Rückgriff auf vergangene, einst habituelle Verhaltensweisen wieder instrumentell ausrichten und die sich in einem Modus der Uneigentlichkeit sukzessive von dem temporär erlebten Freiraum abseits der institutionellen Ordnung entfernen. Aus Furcht vor der Entdeckung durch die Jagdgesellschaft erlegen sie sich das Regelkorsett der adligen Gesellschaft mehr oder weniger freiwillig auf und kehren zurück in jene institutionelle Rahmung, in der sie sich aufgrund ihrer höfischen Identität immer schon befinden, aus dessen Einflussradius sie sich jedoch während der Zeit des Exils, nicht nur räumlich, weitgehend zu entziehen vermochten.

Die List Tristans (*hier über vant Tristan einen sin / dar an gevielen s'under in* (17403f.)) entspringt zwar noch dem Wunsch, den Spielraum der Muße und der Minne zu bewahren und zu schützen, doch gerade hierin liegt der Fehlschluss. Wie in den vorangegangenen Kapiteln deutlich wurde, zeigt sich auch im Falle Tristans und Isoldes in der Minnegrotte, dass der Versuch, zu kontrollieren und in Besitz zu nehmen, was sich gerade jeder Kontrolle und jedem Zugriff entzieht, zum Scheitern verurteilt ist.[426] Das Tun als Lassen weicht einem aktiven Tätig-

[426] Vgl. auch Hasebrink, »Zwischen Skandalisierung und Auratisierung«, S. 123, Fußnote 53, der diese Bedingung der Aufhebung des Minnegrottendaseins vor dem Hintergrund der »konstitutiven Begrenztheit der Transgression bzw. der konstitutiven Rückverweisung der Heterotopie

sein, dessen Wirkung den Protagonisten jedoch entgleitet. In gewisser Weise ist die Inszenierung auf dem Kristallbett eine Geste der Beschwichtigung in Richtung der verlassenen höfischen Welt und ihren Strukturen. Auf diesem Hintergrund ist auch Markes versöhnliche Reaktion auf das Bild des schlafenden Paares zu verstehen. Die Liebenden scheinen sich wieder als Knotenpunkt des sozialen Bezugsgewebes zu verstehen und werden auch als solcher von außen wahrgenommen. Nur aufgrund dieses Selbstverständnisses ist auch die innigliche Freude, die Tristan und Isolde empfinden, als sie von Kurvenal an den Hof zurückgeholt werden, begreifbar:[427]

daz dûhte die gelieben guot
und wurden in ir herzen vrô.
die vröude haeten s'aber dô
vil harter unde mêre
durch got und durch ir êre
dan durch iht anders, daz ie wart.
(17694–17699)

Die Episode in der Minnegrotte ist trotz des Anscheins von Unbegrenztheit, die sich im Moment des Erlebens und Da-seins als Zeitlosigkeit ausdrückt, begrenzt. Damit ist auch der Lebensweise in der Minnegrotte das Ausbruchhafte, nicht Beständige, Episodische und damit die Rückführung in die institutionelle Ordnung wesentlich: *si kêrten wider ûf ir vart / an ir hêrschaft als ê* (17700f.). Der Raum ist konstitutiv endlich und muss es notwendigerweise sein, denn er wird genährt durch die Andersartigkeit zu der gewöhnlichen, alltäglichen Welt und steht mit ihr, auch wenn dies zeitweise in den Hintergrund gerät, doch ständig in Beziehung. Selbst in jener Annäherung an den Entwurf einer anderen Lebensweise, wie er in der Minnegrotte in einer Außergewöhnlichkeit dargestellt ist, zeigt sich mit Müller jene Grenze, welche die mittelalterliche höfische Literatur im Hinblick auf bestimmte Formen der Überschreitung und Radikalisierung nicht zu sprengen bereit zu sein scheint: »Es bleibt bei den ambivalenten Zwischenräumen, in denen Geltung und Überschreitung des höfischen Öffentlichkeitsprinzips zugleich möglich sind. Ein Außerhalb gibt es für die Romanhelden des 13. Jahrhunderts nicht.«[428] Ein gänzlicher Bruch mit der Gesellschaft ist in seiner Radikalität auch deswegen nicht möglich, da ein solcher einer elementaren anthro-

---

auf den Raum, von dem er sich als anderer abgrenzt« als mögliche Neuperspektivierung in den Raum stellt, aber nicht weiter verfolgt. In dieser Arbeit stellt die konstitutive Begrenztheit des Mußeraumes den entscheidenden Punkt dar, der zur Auflösung des Grottenlebens führt und führen muss. Herbert Herzmann, »Warum verlassen Tristan und Isolde die Minnehöhle? Zu Gottfrieds *Tristan*«, in: *Euphorion* 69 (1975), S. 219–228, ist daher zu widersprechen, wenn er die These aufstellt, Tristan und Isolde verlassen aufgrund eines Mangels an Leidensbereitschaft das *wunschleben,* S. 223.

[427] Vgl. dazu auch Müller, »Gottfried von Straßburg: *Tristan.* Transgression und Ökonomie«, S. 228: »Rein handlungslogisch rückt die Grotte im Raum des Romans damit aus dem Zentrum an die Peripherie; sie ist nicht Ziel, sondern Zwischenstation«.

[428] Vgl. Müller, *Höfische Kompromisse,* hier S. 304, vgl. auch S. 2.

pologischen Komponente beraubt wäre, nämlich jener des Sozialen, der Bindung an und der Anwesenheit von Anderen, wobei sich die Interaktion mit Anderen sowohl in Form von Anerkennung und Zuspruch als auch von Widerpart und Reibung zeigen kann. Entscheidend ist die Sichtbarkeit, das In-Erscheinung-Treten im Raum der Gemeinschaft, in welcher allein *êre*, verstanden als »Gemeinschaftsprinzip«[429], erworben werden kann. Damit zeigt sich paradoxerweise gerade die Defizienz dessen, was Tristan und Isolde zu fliehen trachteten und was sie auch angesichts der Vollkommenheit der idyllischen Grottenwelt letztlich nicht entbehren können:

sine haeten umbe ein bezzer leben
niht eine bône gegeben
wan eine umbe ir êre
(16875–16877)[430]

Die Selbstgenügsamkeit der Zweierbeziehung, die sich zudem als Liebeseinheit äußert, reicht für das menschliche Leben auf Dauer nicht aus. Darin liegt die Ambivalenz des Grottenlebens: »Es ist eben nicht nur vollkommen, sondern auch auf eine radikale Weise asozial«[431]. Was bleibt, ist das auf diese Weise einmalige Erleben eines Glücks, das sich nicht wieder-holen lässt, welches jedoch eine Erfahrung der Freiheit, der Offenheit und Vertrautheit ermöglicht (17702–17711), die die Protagonisten in ihrer Haltung prägt, bestärkt und verändert – auch und gerade dann, wenn sich dieser innere Wandel Außenstehenden nicht augenscheinlich offenbart.

Der Einschub über die fehlende *êre* ist daher nicht als Zeichen für einen Mangel aufzufassen, vielmehr bedarf eine Erfahrung derartiger Erfülltheit in Muße möglicherweise, so absurd dies anzumuten scheint, gerade jenes fehlenden Quäntchens – *eine bône umbe die êre* – zur Vollkommenheit, um als solche überhaupt empfunden werden zu können. Erst die Bewusstwerdung der Grenzen und Rahmungen lässt die Möglichkeiten innerhalb des Spielraumes der Muße zutage treten. Vollendete Vollkommenheit ist gleichbedeutend mit Stillstand und Tod. Jene kleine Lücke, die etwas Offenes, Defizitäres und Unperfektes offenbart, ist es erst, die Erfüllung und Perfektion vor der Folie des Gegenteiligen erfahren lässt. Nichts anderes spielt in der im Prolog prominent entfalteten Formel von *süeze sûr* und *liebez leit* (60) ineinander, durch welche sich die Haltung der *edelen herzen* auszeichnet.

In einem weiteren Punkt an den *Tristan*-Prolog anknüpfend wird auch in der Minnegrottenszene deutlich, dass der Flüchtigkeit eines Mußemomentes allein

[429] Walter Haug, »Der ›Tristan‹ Gottfrieds von Straßburg: eine narrative Philosophie der Liebe?«, in: ders., *Brechungen auf dem Weg zur Individualität. Kleine Schriften zur Literatur des Mittelalters,* Tübingen 1995, S. 171–183, hier S. 174.

[430] Meyer, »The ambiguity of honor«, deutet diese Verwendung des Begriffes *êre* als ironisch, S. 408, und unterscheidet sie von jener *êre,* die durch die kleinen Fenster in das Innere der Grotte dringt. Erstere meint die oberflächliche *êre* des Hofes, letztere stellt das innere Konzept von *êre* dar, das allein den Liebenden zusteht, S. 414.

[431] Müller, »Mythos und mittelalterliche Literatur«, S. 335.

die Kunst in ihrer Beständigkeit und Endlosigkeit eine Art Bollwerk entgegenzustellen vermag. Hannah Arendt hat, Formulierungen Rilkes aus dem Gedicht ›Magie‹ aufnehmend, die Fähigkeit der Kunst, wieder herbeizuholen, was als verloren galt, eindrucksvoll beschrieben:

> Alles Verdinglichen ist Verwandlung und Transformation, aber die vergegenständlichende Verdinglichkeit, die das Kunstwerk dem ihm zugrundeliegende Inhalt zufügt, ist eine Transfiguration, eine Metamorphose so radikaler Art, daß es ist, als könne in ihm der natürliche Lauf der Dinge umgekehrt werden – als gäbe es Gebilde, die aus so ›unbeschreiblicher Verwandlung‹ stammen, daß die Flammen des Herzens, in sie gerettet, nicht mehr zu Asche werden, ja daß noch der Staub der Vergänglichkeit in ein immerwährendes Feuer entflammt. [...] der Preis ist das Leben selbst, da immer nur ein ›toter Buchstabe‹ überdauern kann, was einen flüchtigen Augenblick lang lebendigster Geist war. Zwar kann auch der tote Buchstabe immer wieder zum Leben erweckt werden, nämlich sobald er wieder mit einem Lebendigen in Berührung kommt, das vermöge des eigenen Lebens den lebendigen Geist spürt, welchen der tote Buchstabe gleichsam verewigt hat.[432]

In der Betrachtung der Tätigkeiten des Liebespaares in der Minnegrotte zeigt sich, wie im folgenden Abschnitt ersichtlich, dass ein solcher Versuch der Bewahrung der augenblickshaften Erfülltheit in der Kunst im Text selbst bereits angedeutet wird und als Spiegel für die außertextliche Rezeption aufzufassen ist.

4.3.4 *Das Tätigsein der Liebenden und die Minnegrotte als Raum ästhetischer Erfahrung*

sine tâten niht wan allez daz,
dâ sî daz herze zuo getruoc.
Der kurzewîle was genuoc,
der s'in dem tage begunden.
(17239–17243)

Bereits diese wenigen Zeilen beschreiben ein Tätigsein der Liebenden ganz eigener Art und Weise, welches nicht äußeren Anforderungen und Verpflichtungen gehorcht, oder in seiner Ausführung festgelegt ist, sondern dessen Motivation allein den innersten Vorstellungen und Wünschen entspringt. Mit der Nennung des Herzens wird den Beschäftigungen zusätzlich eine individuelle Bedeutsamkeit zugesprochen. Es scheint sich nicht um Aktivitäten zu handeln, die pflichtbewusst ausgeführt oder notwendigerweise getan werden müssen, auch folgen sie keinem Streben nach Produktivität oder Perfektion: *ir geschepfede unde ir pflege / was alle zît und alle wege / niht anders wan des sî gezam / und in ze muote rehte kam* (17271–17274). Stattdessen scheinen sie mit einer gewissen Leidenschaft und Hingabe verbunden zu sein, sie scheinen in sich lohnend. Mit dem Wort *kurzwîle* (17242) werden jene Tätigkeiten bezeichnet, die typischerweise als jene des höfischen Zeitvertreibs und der Unterhaltung genannt werden,[433] sich im selben Moment jedoch gerade von diesem Bereich lösen und frei höfischen Nutzenkalküls

[432] Arendt, *Vita activa,* S. 203f.
[433] Vgl. Kapitel 3.3.

ausgeübt werden. Entsprechend erfährt das Wort *kurzewîle* (17242) dahingehend eine Umdeutung, dass es nun als Bezeichnung jener positiv erfüllten Beschäftigungen verwendet wird, die nicht mehr einem höfischen Zweck der Unterhaltung dienstbar gemacht werden, sondern in sich Freude und Glückseligkeit erwirken.[434] Die Zeit, die *wîle,* wird nicht als Leere empfunden, die zwanghaft gefüllt werden muss, sondern die Tätigkeiten sind derart leicht im Sinne von ziel- und zwecklos, dass Zeit und Zeitvergehen sekundär werden. Dieses Moment des Umherschweifens im Raum zeigt sich eindrücklich etwa im Spazieren oder auch im Jagen. Im Kontext der Minnegrotte wird das Jagen angesichts des Speisewunders vollkommen seines ursprünglichen Sinnes als existenzielle Sicherung beraubt: *mit dem vertriben si manegen tac, / niht durch dekeinen den bejac, / der an solhen dingen lît, / niuwan durch die kurzen zît / die man hie mite haben sol* (17261–17265). Als unbefangenes, zweckfreies Tun dient es allein der *banekîe* (17269).[435]

In der Aussage ›*Der kurzewîle was genuoc*‹ (17241) wird der Aspekt der Zufriedenheit und Wunschlosigkeit ausgedrückt. Dies ist nicht im negativen Sinne als Gleichgültigkeit oder Apathie aufzufassen, sondern vielmehr als Beschreibung eines erfüllten Zustands. Es kommt eine Freude am Hier und Jetzt zum Ausdruck, die dasjenige, was präsent ist und als Möglichkeit zur Verfügung steht, freudig wahrnimmt, ohne sich in maßlosen Sehnsüchten, besinnungslosem Verlangen oder unstillbaren Bedürfnissen vergeblich zu verausgaben.

Neben dem atmosphärisch-gestimmten Naturraum eröffnet sich am Ort der Minnegrotte im Tätigsein der Liebenden ein weiterer Raum, nämlich jener der Kunst bzw. ästhetischen Erfahrung. Ästhetische Erfahrung meint dabei ästhetische Wahrnehmung, die sich im Sosein und Hiersein der Erscheinungen verliert und zugleich für den Erfahrenden selbst zu einem Ereignis wird.[436] Der ›Kunstraum‹ der Minnegrottenszene findet sich nicht nur in der kunstvollen Gemachtheit des Textes und seiner sprachlichen Klanglichkeit,[437] sondern spielt ebenso auf Figurenebene eine zentrale Rolle; einerseits in der oben beschriebenen Erfahrung der synästhetischen Erscheinungen, andererseits in der Beschäftigung der

---

[434] Hasebrink, »Zwischen Skandalisierung und Auratisierung«, S. 126, betont das wechselseitige Bedingungsverhältnis von Mußeraum und genannten Tätigkeiten. Die Tätigkeiten füllen den Raum aus, wie andererseits dieser Raum Ermöglichungsgrund für solche Tätigkeiten jenseits hermeneutischer Reflexion ist.

[435] Vgl dazu Mark Chinca, *Gottfried von Straßburg. Tristan,* Cambridge 1997, S. 92: »Like music-making, hunting is a conventional metaphor for love; it is presented by Gottfried as an aesthetic pastime, like music. [...] As if to underline how hunting has been turned into a recreation pursued for its instrinsic pleasure, Gottfried relates how Tristan trained the dog Hiudan to hunt without barking. [...T]his training is art for art's sake.«

[436] Vgl. Martin Seel, »Über die Reichweite ästhetischer Erfahrung – Fünf Thesen«, in: *Ästhetische Erfahrung im Zeichen der Entgrenzung der Künste. Epistemische, ästhetische und religiöse Formen von Erfahrung im Vergleich,* hg. v. Gert Mattenklott, Hamburg 2004, S. 73–81, hier S. 75.

[437] Vgl. auch die Verschmelzung von Kunst und Natur bei der Beschreibung der Landschaft: *der linden gestüele / daz was von bluomen und von grase / der baz gemâlete wase, / den ie linde gewan* (17178–17181).

Liebenden mit Kunst, etwa mit Musik oder Literatur. Das Leben um die Minnegrotte herum ist wesentlich gefüllt von künstlerischen Tätigkeiten, die sich dadurch auszeichnen, dass sie »allein für sich und nicht im Bezug auf die Handlungs- und Nutzenseite von Bedeutung [sind]«[438]. Dies wird im Text auch anhand der häufig genannten Bezeichnung *spil* deutlich.[439] Das Spiel eröffnet nicht nur einen außeralltäglichen Raum, sondern verweigert sich auch der in der Gesellschaft herrschenden Zweckrationalität. Beispielhaft zeigt sich in der Formulierung des *her unde hin* (17153) ein solches von Ziel- und Zweckhaftigkeit befreites Tun Tristans und Isoldes im Spielraum der Minnegrotte.[440] Vor dieser Folie kann Gruenter auch von der Tätigkeitsform des Spiels in der Minnegrottenszene sprechen.[441]

Der Begriff der Ästhetik etabliert sich bekanntlich erst mit Alexander Baumgartens *Aesthetica* Mitte des 18. Jahrhunderts. Daher wundert es nicht, wenn Haug provokant fragt, ob man überhaupt von einer mittelalterlichen Ästhetik sprechen dürfe.[442] Doch auch wenn die philosophische Disziplin in der Form noch nicht besteht, und auch die mittelalterliche Kunst und Kunstausführung selbst weit stärker in einem technischen, handwerklichen oder nutzenorientierten Kontext, so etwa im Dienste der *kurzwîle* und der Geselligkeit, verstanden werden muss, lassen sich doch Vorformen ästhetischen Genießens und Erlebens auch in der mittelalterlichen höfischen Literatur, insbesondere aber in der Minnegrottenszene des *Tristan,* beobachten. Die bereits mehrfach zitierten Verse *si haeten in der wilde* [...] / *ir muoze und ir unmuoze / besetzet harte suoze* (17141–17144) verbinden das Substantivpaar *muoze* und *unmuoze* mit dem vielschichtigen Wort *süeze,* wodurch eindeutig ein Bereich des Ästhetischen, des sinnlichen Genusses, geöffnet wird. In dem Adjektiv *süeze* schwingt neben der ursprünglichen Bedeutung von ›angenehm, lieblich‹ (BMZ, LEXER) auch stets die religiöse Bedeutung ›heilig‹ mit.[443] Manuel Braun betont das »Wechselspiel von sinnlichem Reiz und intellektueller Einsicht«[444], welche sich beispielhaft an dem Wort *süeze* zeigt. Nach Auffassung Adornos ist die Kombination aus konzentrierter sinnlicher Wahrnehmung

---

[438] Figal, *Erscheinungsdinge,* S. 8. Hasebrink, »Zwischen Skandalisierung und Auratisierung«, S. 123, spricht vom »Modus der *muoze*«, der zum »Kennzeichen eines sinnlich-ästhetischen Verhaltens« wird.

[439] Vgl. die Verse 16912; 17095; 17231; 17233; 17237; 17581.

[440] Vgl. auch Gruenter, »Das *wunnecliche tal*«, S. 392: »Zum paradiesischen *gaudium sine aegritudine* gehört auch die *vita sine labore.* Es ist kein Zufall, daß Gotfrid der idealen *minne* in idealer Umgebung die idealen Beschäftigungen des höfischen Lebens zuordnet. Alles bloß Nützliche und auf reale Zwecke Gerichtete ist aus dieser Sphäre zweckfreien Tuns verbannt.«

[441] Vgl. Gruenter, »Das *wunnecliche tal*«, S. 392.

[442] Vgl. Walter Haug, »Gab es eine mittelalterliche Ästhetik aus platonischer Tradition?«, in: *Neuplatonismus und Ästhetik. Zur Transformationsgeschichte des Schönen,* hg. v. Verena Olejniczak Lobsien und Claudia Olk, Berlin/New York 2007, S. 19–42; Manuel Braun, »Kristallworte, Würfelworte. Probleme und Perspektiven eines Projekts ›Ästhetik mittelalterlicher Literatur‹«, in: *Das fremde Schöne. Dimensionen des Ästhetischen in der Literatur des Mittelalters,* hg. v. Manuel Braun und Christopher Young, Berlin/New York 2007, S. 1–40.

[443] Vgl. Ohly, »Geistige Süße bei Otfried«.

[444] Braun, »Kristallworte, Würfelwort«, S. 19.

und intellektueller Auffassung für ästhetische Erfahrung entscheidend. Ästhetische Erfahrung ist gerade kein leeres Konsumieren, das sich auf Genuss fokussiert und dadurch zum reinen Amusement verkommt.[445] In seinen Vorlesungen über Ästhetik nennt Adorno jenes entscheidende Stichwort der ›aktiven Passivität‹, die für Muße entscheidendes Merkmal und für die Szenerie der Minnegrotte prägendes Strukturelement ist:

> es käme weniger darauf an, was einem das Kunstwerk ›gibt‹, als darauf, was man dem Kunstwerk gebe, das heißt: ob man in einer bestimmten Art von aktiver Passivität, oder von angestrengtem Sich-Überlassen an die Sache, ihr das gibt, was sie von sich aus eigentlich erwartet.[446]

In der Hingabe an und in der Verausgabung in Praktiken der Kunst und des Spiels, die sich als aktive Passivität fassen lassen, wird die Nähe zu Muße als Selbstzeiterfahrung offenbar. In der konzentrierten Beschäftigung mit Kunst treten Potenziale eines freiheitlichen Erlebens auf, in das sich der Rezipient wie der Produzent von Kunstwerken auf eigentümliche Weise verlieren und wodurch ihm Muße widerfahren kann. Gerade in der Herstellung und Erzeugung von Kunst liegt das Potenzial eines »unvordenklichen Spielraum[s] der Selbstbegegnung«[447], denn auch der Künstler hat nur bis zu einem gewissen Punkt die Kontrolle und Macht über sein Werk. Wesentlich ist dem Künstler ein offener Zugang zu seinem zu bearbeitenden Material oder seinem Instrument. Diesem muss er sich ebenso hingeben können und von ihm leiten lassen, wie er andererseits versucht, es zu beherrschen.

Adorno hat sich in seiner Vorlesung aus dem Wintersemester 1958/59 deutlich gegen jene Rede vom ›Kunstgenuss‹ ausgesprochen, dem eine entfremdete Verhaltensweise, dem Konsumieren gleich, entspricht. Eine solche wägt ab, ob Anstrengung und Gewinn ausgeglichen sind und fragt nach demjenigen, »was einem das Kunstwerk ›gibt‹«[448]. Doch Kunst und Kunstwerke, werden sie in derartigen Zweck-Mittel-Beziehungen begriffen, entziehen sich in ihrem Sein dem Rezipienten. Sie sind allem voran um ihrer selbst willen, auch wenn gerade bei den mittelalterlichen Dichtern Selbstzweck des Kunstwerkes und Zweckhaftigkeit des Schreibens ineinanderfließen.[449] »Man könnte paradox vielleicht [...] sagen, daß das Kunstwerk überhaupt erst an der Stelle etwas bedeutet, eine Funktion hat, also seine raison d'être in der Welt unter Beweis stellt, wo es einen unmittelbaren Zweck eigentlich nicht erfüllt, sondern als ein An-sich-Seiendes erscheint.«[450] Erst in diesem An-sich-Sein lässt sich das Beglückende der Kunsterfahrung empfinden. Dies bedarf eines Momentes von Selbstvergessenheit, um das »Enthobenwerden aus der alltäglichen Sphäre«, oder in der Terminologie dieser Arbeit: die

---

[445] Adorno, *Ästhetik*, S. 188. Vgl. dazu auch die Auslegung der Ästhetik Adornos von Seel, »Aktive Passivität«, S. 252. Vgl. auch Einleitung, Kapitel 1.

[446] Adorno, *Ästhetik*, S. 190.

[447] Seel, *Aktive Passivität*, S. 257.

[448] Adorno, *Ästhetik*, S. 190.

[449] Da es sich im Mittelalter hauptsächlich um Auftragsliteratur handelt, ist der Literaturbetrieb von einem modernen autonomen zu unterscheiden. Vgl. Kapitel 5.

[450] Adorno, *Ästhetik*, S. 191.

Ausbruchserfahrung, die das Kunstwerk ermöglichen kann, zu erleben, denn es bereitet Glück dadurch,

> daß es ihm gelingt, einen [...] in sich hineinzuziehen, [...]daß es einen nötigt, die Bahnen mitzugehen, die es in sich selbst beschreibt; und daß es einen dadurch allerdings der entfremdeten Welt, in der wir leben, entfremdet, und durch diese Entfremdung des Entfremdeten die Unmittelbarkeit oder das unbeschädigte Leben selber eigentlich wiederherstellt.[451]

Auch in der Idylle der Minnegrotte lassen sich die Liebenden auf Kunstwerke und Kunstausübung gleichermaßen hingebungsvoll ein und suchen die Unmittelbarkeit eines unbeschädigten Lebens. Tristan und Isolde gehen im Musizieren und in der Lektüre mußeaffinen Tätigkeiten nach, die in der Umgebung der Minnegrotte den Bereich leichter höfischer *kurzwîle* übersteigen.

Tristan nimmt vom Hof eine charakteristische Auswahl jener Gegenstände mit, die beispielhaft für die Vergnügungen des höfischen Lebens sind: *sîne harphen und sîn swert, / sîn pirsarmbrust und sîn horn* (16644f.). Diese Dinge verweisen auf das Tätigkeitsfeld der Liebenden im Exil, überführen zugleich aber auch die adlige Geselligkeitskultur materialisiert in das Außerhalb der Minnegrotte. Ohne Gebrauch sind es allenfalls Erinnerungen an das frühere Leben am Hofe oder Hüllen eines kurzweiligen Zeitvertreibs, der seine vertraute Umgebung verloren hat. Doch trotz des ›Ortswechsels‹ werden die Gegenstände in der Minnegrottenepisode nicht zu Fremdkörpern. Sie fügen sich im Gegenteil auf geradezu selbstverständliche Weise in die Grottenlandschaft ein. Im Spiel auf den Instrumenten zeigen sich Korrespondenzen zu den Klängen des Vogelsangs. Außerhalb der Höhle ertönt der Klang der Natur, der sich als Tönen, Raunen, Klingen, Salutieren, Pfeifen oder Säuseln äußert.[452] Durch ihr eigenes Musizieren im Inneren der Grotte fügen sich die Liebenden in diesen Klangraum ein:

und liezen danne clingen
ir harphen unde ir singen
senelîchen unde suoze
sie wehselten unmuoze
mit handen und mit zungen.
si harpheten, si sungen
leiche unde noten der minne.
(17205–17210)

Ihre Musik ist ein harmonisches Zusammenspiel. Zupft der eine die Harfe, so singt der andere oder umgekehrt. Ihre Klänge fügen sich ineinander und ein jeder ergänzt das Spiel des anderen. Deutlich wird das Musizieren als *unmuoze* (17208) bezeichnet, denn mit freudigem Eifer entsteht die Musik durch die geübte Bewegung der Hände und das gekonnte Agieren der Stimmen.[453]

---

[451] Adorno, *Ästhetik,* S. 192f.

[452] Vgl. auch Gnaedinger, *Musik und Minne,* S. 85.

[453] Auch der Gesang der Vögel wird als *unmuoze* bezeichnet: Lerche und Nachtigall *organieren* (17355) und *salûieren* (17356) mit *wunneclîcher unmuoze* (17365). Darin zeigt sich wiederum, wie Natur und Kultur ineinanderfließen. Vgl. Waltraud Fritsch-Rößler, *Finis Amoris. Ende,*

In die Beschreibung des Musizierens fließen auf subtile Weise erotische Andeutungen ein. Explizit ist vom Raum der *süezen Minne* (17222) die Rede und auch die Lieder erzählen von der Minne oder sind ihr gewidmet. Nicht umsonst zieht sich das Liebespaar zurück in die Grotte, um seinem Spiel nachzugehen. Es entsteht der Eindruck, als »metaphysizieren [Tristan und Isolde, RB] ihr eigenes Liebesspiel im Praktizieren der Musik«[454]. Die Grenzen zwischen musikalischem Spiel und Liebesspiel werden für den Rezipienten unscharf (17218–17223). Auch auf Wortebene wird das Wort *spil* von der musikalischen Darbietung gelöst und auf die Minne zwischen Tristan und Isolde übertragen (17231, 17233, 17237). Ihre Liebe transformiert sich in Klanglichkeit und ihr *wunnenspil* (17213) erfüllt den Raum der *clûse,* die erst durch die Art und Weise des Aufenthaltes von Tristan und Isolde ihre wahre Bestimmung erfährt: *si triben der minne ir stunde hin / sô wol sô nie geblieben baz* (17238f.). Es scheint, als bezöge sich das Wort *unmuoze* in dieser Passage nicht nur auf das Musizieren, sondern auf das Liebesspiel selbst.[455]

Neben dem Musizieren wird auch das Lesen dem Bereich der *unmuoze* zugeordnet, das heißt, es ist ein aktives, sich darauf einlassendes, aber zugleich auch reflektierendes Tun. Es handelt sich, wie im Prolog bereits ausgeführt, um ein Lesen als *unmüezic wesen* (171; 17199).[456] Diese Literaturszene, in der Tristan und Isolde sich gegenseitig *senemaere* (17184) über die tragischen Schicksale mythischer Figuren erzählen, findet sich inmitten der Idealität des Liebesparadieses.[457] Sie haben es sich auf dem grünen Rasen bequem gemacht und sich nahe aneinander geschmiegt (17182). Diese körperliche Berührung wird nun in Sprache überführt und schafft auf mentaler Ebene eine ebensolche Nähe in der Imagination. Das Erzählen der *senemaere* lässt Tristan und Isolde in den traurigen Geschichten Ovids versinken, die sie berühren, erfreuen und ihnen das Überschreiten in andere Welten ermöglichen, ohne die Verbindung zu der sie umrahmenden Kulisse des paradiesischen Ortes zu verlieren. Entscheidend ist das Moment der Identifikation mit den literarischen Figuren. Der Sinn ästhetischer Erfahrung besteht nicht zuletzt

Gefährdung und Wandel von Liebe im hochmittelalterlichen deutschen Roman, Tübingen 1999, S. 357: »In der Minnegrotte wird das memorierende Erzählen der Liebenden ausdrücklich als *unmüezic*-Sein (V. 17199) bezeichnet (Lustwandeln geschieht zwischen *muoze und unmuoze,* V. 17143, Musizieren ist *unmuoze* (V. 17208)). Allen anderen, vorher oder nachher beschriebenen Beschäftigungen geht diese *unmuoze*-Qualität ab, sie sind *spil, kurzewîle, banekîe, geschepfede* oder *pflege* (V. 17231, 17233, 17242, 17264, 17269, 17271).« Vgl. auch Hasebrink, »Zwischen Skandalisierung und Auratisierung«, S. 122.

[454] Gnaedinger, *Musik und Minne,* S. 85.

[455] Vgl. auch im *Tristan* Vers 18214 im Kontext der Baumgartenszene, Kapitel 4.2.3.

[456] Vgl. Kapitel 2.

[457] Vgl. u.a. Peter Ganz, »Tristan, Isolde und Ovid. Zu Gottfrieds ›Tristan‹ Z. 17182f.«, in: *Mediævalia litteraria. Festschrift für Helmut de Boor zum 80. Geburtstag,* hg. v. Ursula Hennig und Herbert Kolb, München 1971, S. 397–412. Ganz sieht in den tragischen Geschichten eine Vorwegnahme des Schicksals der Protagonisten, S. 405. Vgl. auch den Kommentar von Walter Haug in: Gottfried von Straßburg, *Tristan und Isold,* hg. v. Walter Haug und Manfred Günter Scholz, mit dem Text des Thomas, hg., übers. u. kommentiert v. Walter Haug, Bd. 2, Berlin 2011, S. 669–671.

darin, im kommunikativen Akt des *bereden* (17187) und *besagen* (17187), »sich selbst oder besser einander im ›Text‹ zu finden«[458]. Im Falle Tristans und Isoldes ist diese Selbstfindung mit der Akzeptanz der Liebe-Leid-Dialektik verbunden. In der Erinnerung wird der im Prolog genannte Aspekt des Leidens, der erst die wahre Minne *edeler herzen* auszeichnet, wieder gegenwärtig, ohne die friedvolle Atmosphäre des Ortes zu trüben.[459] Im *betrûren* (17188) und *beclagen* (17188) der *vor ir jâren* (17185) aus Liebe gestorbenen Figuren vermischen sich die unterschiedlichen Zeitformen miteinander; vergangene Schicksale werden auf die Gegenwart bezogen sowie mögliche zukünftige präfiguriert. Die vorgetragenen Erzählungen sind weit mehr als bloße Unterhaltung, sie betreffen Tristan und Isolde direkt und verbinden ihr eigenes Leben mit den vergangenen Schicksalen.[460] Zugleich handeln diese Geschichten vom Ende, von Tod und Trauer und verweisen indirekt auf die Begrenztheit der Minnegrottenepisode selbst. Mit den Erzählungen wird die Flüchtigkeit und Labilität des erfahrenen Glückes nicht ausgeklammert, sondern durch die Protagonisten aktiv in das Geschehen hereingeholt und dadurch bejaht.[461] Walter Haug sieht in dieser Passage das Primat der Literatur vor dem Leben begründet: »die antiken Geschichten öffnen der eigenen Erfahrung die letzte Dimension, sie öffnen den Blick auf den Tod. [...V]om Tod kann man nur erzählen. Wenn man ihn erfährt, ist dies zugleich das Ende aller Erfahrung.«[462]

Wenn auch nicht explizit benannt, so kann die Literaturszene in der Minnegrottenepisode doch als Spiegelung derjenigen Rezeption aufgefasst werden, welche der Autor sich möglicherweise für den *Tristan* selbst erhofft.[463] In Erinnerung gerufen seien die Verse aus dem Prolog:

---

[458] Kern, »Iwein liest ›Laudine‹«, S. 402.

[459] Vgl. die häufige Nennung von Wortformen des Stamms *sen-* (17183; 17184; 17186; 17196; 17197).

[460] Vgl. auch Daniel Rocher, »*Monumenta amoris* zwischen Unterhaltung und Kult. Die Funktion von Leichs und *sene-maeren* in Gottfrieds *Tristan*«, in: *Erkennen und Erinnern in Kunst und Literatur. Kolloquium Reisensburg, 4.-7. Januar 1996*, in Verbindung mit Wolfgang Frühwald, hg. v. Dietmar Peil, Michael Schilling und Peter Strohschneider, Tübingen 1998, S. 169–180, hier bes. S. 177–179.

[461] Dies geht möglicherweise auch mit der Betonung des Erzählers einher, dass Tristan und Isolde den Jagdhund *Huidanen, niht Petitcreiu* (16659) mit ins Exil nehmen, da Petitcreiu gerade für die versuchte Verdrängung der Dialektik von Liebe und Leid steht.

[462] Vgl. Haug, »Lesen oder Lieben?«, S. 321.

[463] Vgl. dazu auch Huber, *Tristan*, Berlin 2013, S. 117, der ebenfalls die These vertritt, dass der Text an dieser Stelle die Situation des *Tristan*-Lesers reflektiert, »der nach dem Prologprogramm selbst in die Leidfreude leidenschaftlicher Minne verstrickt ist und in den Augenblicken der Muße am Beispiel der Romanhelden Trost und Aufrichtung findet.« Vgl. auch Manfred Kern, *Edle Tropfen vom Helikon. Zur Anspielungsrezeption der antiken Mythologie in der deutschen höfischen Lyrik und Epik*, Amsterdam/Atlanta 1998, S. 189: »Tristan und Isolde führen das vor, was unter anderem im Prolog Gottfrieds erzählendes Ich von den Rezipienten seines Romans verlangt: Sie lassen sich in Literatur ein. Es ist das Phänomen der Identifikation, das von den Romanfiguren selbst im wahrsten Wortsinne *dar*gestellt wird.« ›Identifikation‹ meint dabei, der Gemeinschaft der *edelen herzen* zugehörig, »sich gemeinsam finden in der Literatur«, S. 190.

der innecliche minnen muot,
sô der in sîner senegluot
ie mêre und mêre brinnet,
sô er ie sêrer minnet.
diz leit ist liebes alse vol,
daz übel daz tuot sô herzewol,
daz es kein edele herze enbirt,
sît ez hie von geherzet wirt.
ich weiz ez wârez alse den tôt
und erkenne ez bî der selben nôt:
der edele senedaere
der minnet senediu maere.
(111–122)

Die Minnegeschichten bieten Tristan und Isolde einen Reflexionsraum, um ihre eigene Liebe zu ergründen und einzuordnen. Sie integrieren in den paradiesischen Ort der Minnegrotte das Moment des Leidens,[464] das die *edelen herzen* in ihrer sublimen Liebesfähigkeit auszeichnet. Vor allem aber sind sie Tristan und Isolde jenes süße Brot der Eucharistie (233–240), durch das in der kulturellen Erinnerung Gegenwärtigkeit immer wieder neu aktualisiert werden kann und durch das auch sie letzten Endes in rezeptionsästhetischer Perspektive das ewige Leben in der Relektüre der Rezipienten des *Tristan* erlangen können. Um noch einmal an die Worte Hannah Arendts zu erinnern, ist »der Preis [dafür] das Leben selbst, da immer nur ein ›toter Buchstabe‹ überdauern kann, was einen flüchtigen Augenblick lang lebendigster Geist war«[465]. Der ästhetischen Wirkung von Texten, die als Ansammlung von Schriftzeichen dasjenige überdauern, was der flüchtige Augenblick hinweg trägt, geht das folgende Kapitel 5 nach. Es untersucht in den unterschiedlichen Paratexten die explizit ausformulierten Intentionen der höfischen Romane, um darauf aufbauend das Mußepotenzial für den

[464] Wenn Tristan und Isolde diese *senemaere vergezzen wolten* (17201), ziehen sie sich in die geschützten Mauern der Minnegrotte zurück. Dadurch wird die Leidkomponente nicht negiert, sondern tritt allenfalls kurzzeitig in den Hintergrund. Es ist nicht, wie Waltraud Fritsch-Rößler meint, Ausdruck eines Mangels und eines Absinkens der Hochstimmung, vgl. Waltraud Fritsch-Rößler, »Pathos und Sympathie. Zur Erfahrung und Überwindung von Fremdheit in Gottfrieds ›Tristan‹«, in: *Fremdkörper – Fremde Körper – Körperfremde. Kultur- und literaturgeschichtliche Studien zum Körperthema,* hg. v. Burkhardt Krause, Stuttgart 1992, S. 167–205, hier S. 194. Vielmehr kommt in diesem *vergezzen wollen* die betörende, entrückende Macht von Musik zum Ausdruck, die das Mußeerleben der Protagonisten intensiviert, vgl. auch Kapitel 3.3.3 zu Musik. Zudem tritt die körperlich-empfindende Dimension in den Vordergrund – *mit handen und mit zungen* (17209), das eine geistige Auseinandersetzung mit der Liebe kurzzeitig hinter sich lässt. Daher ist auch Stein, »Die Musik in Gotfrids von Straßburg *Tristan*«, S. 616, vehement zu widersprechen, der das Musizieren in der Minnegrotte als bewusst gewähltes Mittel der Realitätsverweigerung begreift, durch das die Liebenden zu verdrängen suchen, dass ihre Situation aussichtslos und mangelhaft sei. Stein spricht weiter von ›beschädigte[r] Utopie‹ und vom Versagen bei der Aufgabe, individuelle Passionsliebe und gesellschaftliche Anforderungen zu vereinbaren.

[465] Arendt, *Vita activa,* S. 204.

externen Rezipienten abzuwägen, dem in der Kunst die Erfahrung von Präsenz immer wieder möglich ist.[466]

Auch wenn sich der literarisch inszenierte Spielraum der Muße, als welcher sich die Minnegrotte in geradezu paradigmatischer Ausgestaltung zeigt, auflöst – und sich auch konstitutiv auflösen muss –, kann in der »affektive[n] Überwältigung«[467] der Aktanten wie möglicherweise auch der Rezipienten das Potenzial für neue Mußemomente entstehen. Muße zeigt sich in der Minnegrottenszene in enger Verknüpfung mit ästhetischer Erfahrung – und dies nicht nur in der Ausübung künstlerischer Tätigkeiten oder der Rezeption von Kunstwerken, sondern auch in der ästhetischen Wahrnehmung des *locus amoenus* selbst. Muße widerfährt den Figuren gerade dann, wenn diese über eine Haltung des Empfangens und des Sich-Überlassens an die Eindrücke und Bewegungen der sie umgebenden Welt verfügen. Dann öffnet Muße heterotope Räume der Erfüllung und des Glücks, die über kurz oder lang verändernd auf den Erfahrenden und seine Mitwelt wirken:

> Man ist woanders als im Alltag gewesen, und das, so scheint es, war eine Ergänzung – als ob nun das Leben vollständiger wäre. [...] Kunst kann das Handeln nicht ersetzen, auch nicht das zielgerichtete Forschen. Aber sie hat, wie es scheint, eine über dieses hinausführende und hinausreichende Kraft.[468]

4.3.5 *Resümee: Die Minnegrotte als heterotoper Spielraum der Muße*

Das vorliegende Kapitel hat gezeigt, dass sich jenseits der die höfischen Texte in weiten Zügen prägenden Ablehnung und Verurteilung von Formen der Muße in der Minnegrottenszenerie ein Spielraum findet, der Muße nicht nur toleriert, sondern geradezu auratisiert.[469] Dieser heterotope Raum fasziniert in seiner aisthetischen wie ästhetischen Pracht, die alle Sinne anspricht. In diesem Gegenraum des Hofes wird eine neue Lebensweise propagiert, die zumindest zeitweise nicht auf die Gemeinschaft und das Kollektiv angewiesen ist, sondern als »Lebensform ›nur für sich‹«[470] besteht. In der Minnegrotte ist das Ziel allen Strebens der beiden Protagonisten erreicht und muss doch notwendigerweise begrenzt sein, da dieses

[466] Vgl. Seel, »Über die Reichweite ästhetischer Erfahrung«, S. 78: »Im Angesicht der Kunst begegnen wir Gegenständen, die durch ihre unwahrscheinliche Gegenwart die Erfahrung vergangener oder künftiger, erinnerter oder imaginierter Gegenwärtigkeit möglich machen. [...] Kunst, würde das heißen, präsentiert Präsenz, indem sie Präsenz produziert. Im Ereignis ihrer Werke bringt sie jene Konstellationen des Möglichen und Unmöglichen, Anwesenden und Abwesenden durcheinander, die wir als Realität unserer Zeit zu erfahren gewohnt sind. Indem sie so mit dem Gleichlauf des Wirklichen bricht, führt sie auf und führt sie vor, wie sehr das Wirkliche ein Mögliches und wie sehr das Mögliche ein Wirkliches ist. Dieses Bewußtsein des Wirklichen im Möglichen und des Möglichen im Wirklichen ist ein Bewußtsein von Gegenwart: ein Bewußtsein davon, wie offen der Lauf der Zeit und die Ordnung der Dinge tatsächlich ist.«

[467] Hasebrink, »Zwischen Skandalisierung und Auratisierung«, S. 128.

[468] Figal, *Erscheinungsdinge*, S. 9.

[469] Vgl. Hasebrink, »Zwischen Skandalisierung und Auratisierung«.

[470] Hasebrink, »Zwischen Skandalisierung und Auratisierung«, S. 121.

Ideal der Minne und der Muße nur in der momenthaften Realisierung überhaupt möglich ist.

In der Formel von der *muoze* und der *unmuoze* wird die Dynamik zwischen Bewegung und Ruhe, zwischen Aktivität und Passivität, die in der Textstelle auf unterschiedlichen Ebenen auftaucht, prägnant fassbar. Dieses Oszillieren kommt einerseits in der strengen Einteilung der Aktivitäten des Liebespaares in Bereiche der *muoze* und der *unmuoze* zum Ausdruck. Andererseits zeigt es sich in der sinnlichen Wahrnehmung der lieblichen Umgebung, in der die Figuren sich den Geschehnissen der Natur unterordnen und sich von ihnen leiten lassen, zugleich aber auch von der Natur aktiv affiziert werden. Die Natur verliert ihren passiven Objektstatus und tritt in Interaktion mit den Figuren. Die schwindende Fremdheit zwischen Natur und Mensch geht einher mit einer Freude der Figuren an den Veränderungen in der Umgebung und einem unmittelbaren und gegenwärtigen Erleben. Während am Hof die Treffen der Liebenden von der ständigen Sorge vor der Entdeckung ihres illegitimen Verhältnisses beherrscht sind, weicht diese nun dem Gefühl der Vertrautheit und Unbeschwertheit.

Muße lässt sich in der Passage der Minnegrotte folglich nicht nur auf einer konzeptionell-phänomenologischen Ebene fassen, sondern ist in Form des Nomens *muoze* auch auf Wortebene präsent. In der Verknüpfung mit *unmuoze* erfährt *muoze* eine positive Umwertung, in der es den Anschein hat, dass es nicht zu einer Gleichgewichtigkeit, sondern beinahe zu einer leichten Tendenz des Ungleichgewichts in Richtung *muoze* kommt. *muoze* hat in diesem Kontext jene skandalträchtigen und unmoralischen Aspekte verloren, die es in der Zeichnung der Gothaer Handschrift noch von der Geißel der *Unmuoze* zu vertreiben galt.[471] Vielmehr intensiviert sie die Ausführung der jeweiligen Tätigkeit. Die typisch aristokratischen Aktivitäten des Liebespaares verlieren in diesem Modus ihre Zweckbestimmtheit als Unterhaltung und sind in sich selbst erfüllend. Der Tätigkeitsbereich des Lesens und Musizierens öffnet einen Raum ästhetischer Erfahrung. Für die Figuren auf Textebene wie für den textexternen Rezipienten ist die ästhetische Erfahrung, freilich je unterschiedlich, eine »auf mühelose Weise gespannte und darin besonders lebendige Tätigkeit«[472], die Auslöser für Muße sein kann.

Der Mußeraum der Minnegrotte weist zwar punktuell utopische Potenziale auf, etwa in Form des Speise- und Gesellschaftswunders oder in der Wendung der konkreten Minnegrotte in einen imaginären, jederzeitigen Bereich, in der Zusammenschau der Szene jedoch verwehrt sich der Ort einer Bestimmung als Utopie. Er ist vielmehr als heterotoper Spielraum aufzufassen, da er nicht nur ein komplexes System von Öffnung und Begrenzung aufweist, sondern geradezu ein ›Widerlager‹ zu der höfischen Sphäre bildet, ohne sich völlig von ihr zu lösen. Die räumliche Entfernung vom Hof und die Unbestimmtheit der konkreten Verortung dürfen nicht darüber hinwegtäuschen, dass hier ein Ideal höfischen Lebens und adligen Zeitvertreibs gezeichnet wird. Damit ist das Dasein in der Minne-

---

[471] Vgl. Kapitel 3.1.

[472] Figal, *Erscheinungsdinge*, S. 9.

grotte Privileg wie Krönung einer Elite, die sich dadurch in ihrer Besonderheit inszeniert und stilisiert. Möglich allerdings ist dieser exklusive Raum der Muße und der Minne in seiner Absolutheit allein in dieser Form eines poetisch imaginierten, heterotopen Freiraums, der nur vage zu lokalisieren und schwer zu erreichen ist. Mit Hasebrink ist Muße im Kontext höfischen Erzählens also »in vollem Sinne nur möglich [...], wo sie unmöglich ist«[473].

Letztlich kann dieser Freiraum der Muße und der Minne jedoch nicht das ersetzen, wovon er Freiraum ist. Die monadisch anmutende Abgeschlossenheit und Einheitlichkeit der Liebenden in der Minnegrotte bedarf dauerhaft der Anerkennung der Gesellschaft in Form von *êre*. Mit dem Einbruch der Gesellschaft kommt es zu einer zweisträngigen Auflösung des Mußeraumes. Einerseits bedeutet das Eindringen der Jagdgesellschaft eine Störung des idyllischen Minnegrottenlebens, hinter die nicht mehr zurückzukommen ist, andererseits tragen die Liebenden durch ihr Verhalten unbewusst zum Zusammenbruch des innigen Moments im Spielraum der Muße bei. Die Intention ihres Handelns ist zwar das Festhalten und Bewahren des Mußeraumes, doch sie bedienen sich dabei aus dem Arsenal ihnen wohlbekannter höfischer Verhaltensweisen, durch die sie sich in die Welt des Hofes und seiner Intrigen mühelos wieder einfügen. Zugleich verkennen sie, dass die Minnegrotte als heterotoper Spielraum der Muße nicht auf Dauer existieren kann und sich, um überhaupt als solcher bestimmt zu werden, konstitutiv auflösen muss.

Die Szenerie der Minnegrotte vermag die Polarität von Institutionalität und Spielraum nicht zu überwinden. Gerade aufgrund der Rückbezüglichkeit an und der Rückführung in die bestehende Ordnung lässt sich die Szenerie der Minnegrotte jedoch als paradigmatischer Spielraum der Muße fassen, der den Figuren eine andere Lebens- und Erfahrungsweise ermöglicht und den Rezipienten alternative Denk- und Handlungsweisen eröffnet. Ein ›Wieder-holen‹ dieses vollkommenen Mußemomentes in der Minnegrotte, so scheint es, ist allein in Form der Kunst möglich, nämlich in der Lektüre und Relektüre des *Tristan* selbst. Darin liegt das Potenzial, doch freilich keine Garantie für Muße.

4.4 Zwischenfazit: Spielräume der Muße

Die in diesem zweiten Hauptteil im Fokus stehenden Szenen von Spielräumen der Muße lösen sich räumlich vom Zentrum des Hofes und finden an Rückzugsorten und Nebenplätzen der höfischen Repräsentationskultur statt. Sie stellen eine Unterbrechung von jenem gewohnten und routinierten Geschehen dar, das die höfische Gesellschaft *alle Tage* prägt. Die Figuren, die sich bewusst oder unbewusst an diese Orte zurückziehen, verweigern sich für eine begrenzte Zeit den

[473] Hasebrink, »Zwischen Skandalisierung und Auratisierung«, S. 127.

Anforderungen, die der Hof an den Einzelnen stellt. In ihrer Leichtigkeit des Erlebens und in ihrer Flüchtigkeit stehen diese aufgesuchten wie erfahrenen Spielräume den Grundsätzen eines aktiv nach *êre* strebenden Ritters diametral entgegen. Hier werden Aspekte der höfischen Kultur fassbar, die über die Ideale der *zuht*, der *hövescheit* und der *gewonheit* hinausgehen, diese gar unterwandern und Freiräume eröffnen, die, anders als etwa beim höfischen Fest, tatsächliche Außeralltäglichkeitserfahrungen ermöglichen. Die Szenen sind hauptsächlich in der freien Natur, in Gärten oder an anderen peripheren Orten des Hofes literarisch inszeniert. Diese Orte scheinen privilegiert dafür zu sein, dass sich an ihnen für die Figuren ein Raum der Erfülltheit, der Losgelöstheit und Freiheit von zweckgerichtetem Denken und Handeln eröffnet. Diese Erfülltheit in Muße spiegelt sich in der lieblichen Umgebung wider und bringt mittelbar zum Ausdruck, was die Figuren empfinden.

Bei der Topographie der Muße lässt sich eindeutig eine Affinität zu solch amönen, idyllischen Orten erkennen, die den Figuren ein synästhetisches Vergnügen bieten. Meist handelt es sich um klar begrenzte Flächen, etwa die Waldlichtung oder der Baumgarten. In einigen Fällen weicht die lockere Umrahmung und der Ort gleicht einer ummauerten Festung, durch die der Zugang bzw. der Ausgang erschwert wird. Dann wird das Leben im Inneren in besonderem Maße als exklusive Seinsweise ausgezeichnet, derer nur wenige fähig sind und die nur Auserwählten möglich ist. Auserwählt sind in den Szenen meist diejenigen, die eine bestimmte Haltung und eine Sensibilität gegenüber der Umgebung aufweisen. Diese Empfänglichkeit findet sich vor allem bei Liebenden. Damit korrespondiert die Lieblichkeit der Natur mit der Minne zweier Menschen, die sich an einen derartigen potenziellen Mußeraum zurückziehen, um dort ihre Zweisamkeit genießen zu können. Minne und Muße ermöglichen und intensivieren sich gegenseitig, da das eine für das andere empfänglich macht und umgekehrt. Insbesondere in Spielräumen in der Natur kommt dieses Wechselspiel in gesteigertem Maße zum Ausdruck.

Es erstaunt somit nicht, dass von diesen Spielräumen innerhalb der Texte eine Faszination ausgeht, die sich freilich auch auf den textexternen Rezipienten übertragen kann. In den idyllischen Rückzugsorten der Muße kann sich die adlige Gesellschaft als Elite entwerfen und in ihrer Exklusivität zur Schau stellen. Doch zugleich sind diese Räume eine Gefährdung derselben, da in der Vernachlässigung herrschaftlicher und sozialer Verpflichtungen Einzelner das gemeinschaftliche Gefüge am Hof und die kollektive *vreude* ins Wanken gerät. Mußeerfahrungen einzelner Figuren werden aus diesem Grund von der Gesellschaft als unerhörtes Fehlverhalten und als Müßiggang verurteilt oder gar in Zusammenhang mit der Sünde der *acedia* gebracht. Dies ist auch ein Grund dafür, dass den Figuren ein Ausbruch in Spielräume der Muße vor allem an mehr oder weniger geschützten, abgeschotteten Orten an der Peripherie des Hofes widerfährt. An dieser zu beobachtenden Bewegung an die Grenzbereiche kommt zum Ausdruck, dass das Erleben von Muße eine Störung innerhalb des Ordnungssystems darstellt und von der Gesellschaft nicht in vollem Maße integriert werden kann, will sie sich nicht selbst unterlaufen. Sogar an den Randgebieten des Hofes stellen die Ausbrüche einzelner Figuren noch eine Bedrohung dar, die es gilt, in die Schranken des Geduldeten, Gezähmten und Kontrollierten innerhalb der institutionellen Ordnung zurückzuführen. Andernfalls bärgen die peripheren Räume womöglich das Potenzial in sich, ein Gegengewicht zum Zentrum des Hofes zu schaffen, das die festen Regeln und Gebote nicht nur infrage stellt, sondern vorübergehend gar zum Einsturz bringen könnte.

Auch deshalb können Spielräume der Muße im höfischen Roman immer nur als räumlich und zeitlich begrenzte Freiräume bestehen. Im vergeblichen Wunsch, sie auf Dauer zu stellen, werden sie zugleich nivelliert und aufgehoben. Ihre zeitliche und räumliche Rahmung ist es jedoch auch, die Spielräume der Muße erst als solche qualifiziert. Selbst der heterotope Spielraum der Minnegrotte, der sich in seiner Absolutsetzung von Muße und Minne gegen den Hof wendet, von dessen Vorstellungen und Abläufen abweicht und doch stets auf diesen Bezug nimmt, kann nicht zu einem dauerhaften ›anderen Ort‹ werden und zugleich Spielraum der Muße bleiben. Ein solcher muss konstitutiv aufgelöst werden, etwa durch äußeres Eingreifen eines Dritten, wie im Falle Markes und seiner Jagdgesellschaft, oder aus sich heraus enden, wie in der Baumgartenszene im *Iwein*. Andernfalls verliert er den Aspekt der Außeralltäglichkeit und wird zu einem erzwungenen Raum, der dem Phänomen der Muße nicht mehr gerecht wird und nicht mehr gerecht werden kann. Erst in der Bewusstwerdung der Grenzen und Rahmungen ist auch für die erlebende Figur der Wert dieses Augenblicks des Verweilens zu begreifen.

Letztlich lassen sich die Spielräume der Muße im höfischen Roman als momenthaft realisierte Ideale fassen, durch die sich die adlige Gesellschaft in ihrer Exklusivität auszeichnet, in denen sich dem Protagonisten ein neues Welt- und Selbstverständnis offenbart und in denen er eine Vollkommenheit erleben kann. Diese Erfülltheit steht zugleich jedoch denjenigen Prozessen der Aktivität und Anstrengung des höfischen Werte- und Tugendsystems entgegen, die die adlige Gesellschaft bestimmen und Spielräume der Muße überhaupt ermöglichen. Diese Prozesse bieten die Basis an Orientierung und Sicherheit, auf deren Grundlage sich ein Gefühl der Freiheit erst einstellen kann.

Kapitel 5

Ausklang: Muße in der Poetologie und der ästhetischen Dimension der Texte

In diesem abschließenden Kapitel findet in gewisser Weise eine Verlagerung oder genauer eine Erweiterung des Untersuchungsgegenstandes statt. Es geht nicht mehr primär um die literarische Inszenierung von Muße auf Figurenebene, sondern um den Zusammenhang von Muße und dem Akt des Erzählens selbst.[1] In der Betrachtung der Minnegrotte im vorangegangenen Kapitel wurde das Mußepotenzial in der Ausübung und Rezeption von Kunst an den Liebenden Tristan und Isolde ersichtlich. Die folgenden Überlegungen gehen der Frage nach, inwieweit auch in der externen Rezeption der hier untersuchten Kerntexte Muße potenziell erfahrbar ist. Es geht um jene im *Tristan*-Prolog angedeutete Aktualisierung von Räumen der Präsenz, in denen sich Leser aller vergangenen und zukünftigen Zeiten vereinen.[2] Im Zentrum steht somit die Frage nach dem Zusammenhang von Lektüre und Muße, die in dieser Arbeit bereits anhand unterschiedlicher Lektüreszenen betrachtet wurde,[3] nun aber, gerichtet auf poetologische und rezeptionsästhetische Aspekte, neu gestellt wird.

Diese zentrale Frage hängt mit weiteren Fragen zusammen, die die Textentstehung und die in den Romanen formulierten Wirkungsabsichten betreffen. Muße ist eine mögliche Rezeptionskategorie, doch spielt sie ebenso für die Textherstellung eine Rolle? Es ist zu untersuchen, ob Muße Hinderung oder Bedingung des Dichtens ist oder ob sie sich als Widerfahrnis während des Schreibprozesses selbst zeigt. Außerdem sollen die Unterschiede zwischen Produktion und Rezeption der Texte herausgearbeitet werden, um Muße in ihrer Nähe oder Ferne zu schöpferischem Tätigsein und ästhetischer Erfahrung im Kontext der mittelhochdeutschen Romane zu erfassen.

Ein geeignetes Untersuchungsfeld, um diese Fragen beantworten zu können oder, soweit nicht anders möglich, zumindest den Versuch einer Antwort zu wagen, bieten die begleitenden reflexiven Textelemente in den höfischen Romanen. Dort finden sich in verdichteter Form Äußerungen zum poetischen Tun und den

[1] Vgl. hierzu Klinkert, *Muße und Erzählen,* bes. die einleitenden Überlegungen, S. 1–17.

[2] Vgl. zum *Tristan*-Prolog Kapitel 2. Vgl. dazu auch Kiening, »Ästhetik des Liebestods«, S. 182, der zusätzlich die Verbindung der Leser mit der Textwelt betont: »Es gibt nicht hier die Geschichte und dort ihre Rezeption. Beide sind untrennbar aneinander gekoppelt und auf einen Memorialakt verpflichtet, der Totes in Lebendes verwandelt.«

[3] Vgl. bes. Kapitel 4.1 und Kapitel 4.3.

erwünschten Rezeptionseffekten. Mit der Verschriftlichung der *matière de Bretagne* und der Entstehung dieser neuen Textsorte lassen sich in den Prologen und Exkursen, trotz topischer Verbindlichkeit, freiere Passagen finden, in denen der ästhetische Anspruch und das dichterische Selbstverständnis der Autoren Ausdruck findet.[4]

Neben den poetologischen Aussagen und selbstreferentiellen Überlegungen in den Paratexten weisen die hier untersuchten höfischen Romane eine sprachliche Artifizialität auf, die in der ästhetischen Erfahrung Mußemomente im modernen Verständnis begünstigt, unabhängig von einer konkret genannten Rezeptionskategorie dieser Art. Sprache trägt in ihrer Klanglichkeit und poetischen Bildlichkeit das Potenzial in sich, Mußemomente zu generieren. Dies wirkt zunächst widersprüchlich, da Muße aufgrund ihrer essentiellen Offenheit durch eine gewisse Unverfügbarkeit charakterisiert ist. Herstellbarkeit, gewollte Machbarkeit und bewusstes Kreieren von Muße scheinen dem Phänomen entgegenzustehen. Vor dem Hintergrund der in den letzten Jahren und Jahrzehnten geführten Präsenzdiskussion in der Mediävistik zeigt sich jedoch eine Parallele zwischen der Herstellung von Präsenz und dem Grad an ›Herstellbarkeit‹ von Spielräumen der Muße. Die Herstellung von Präsenz meint eine Intensivierung der Erfahrbarkeit dessen, was einen in nächster Nähe umgibt und ein Berührtwerden von all dem, was um einen herum geschieht. Diese Wachheit gegenüber der eigenen Umwelt, den dort zu beobachtbaren kleinsten Veränderungen und Ereignissen schult das Sensorium, wodurch Mußeerfahrungen begünstigt werden können.[5] Im Fokus der Präsenzdebatte steht die Frage, wie medial, also durch Sprache und Darstellung, Präsenz erzeugt werden kann, aber auch, wie sich diese von selbst einzustellen vermag. Die höfische Literatur des 12. und 13. Jahrhunderts ist durch die Aufführungspraktiken, die Materialität der Stimme und des Körpers eng mit der Produktion von Präsenz verbunden.[6] Mit Hans Ulrich Gumbrecht, der das Präsentische

---

[4] Vgl. auch Haug, *Literaturtheorie,* S. 91–107.

[5] Vgl. bei Kiening, »Mediale Gegenwärtigkeit«, bes. S. 15–21, den Überblick zu den Forschungsansätzen der letzten Jahre und Jahrzehnte, in denen Begriffe wie Gegenwärtigkeit oder Präsenz im Fokus stehen; vgl. auch Kiening, »Ästhetik des Liebestods«.

[6] Vgl. Christina Lechtermann, *Berührt werden. Narrative Strategien der Präsenz in der höfischen Literatur um 1200,* Berlin 2005, hier S. 8f.; Gumbrecht, *Diesseits der Hermeneutik,* bes. S. 12; 33–37. Dabei ist jedoch von einer Auffassung des Mittelalters als Epoche der unmittelbaren Präsenz zu unterscheiden, wie es Peter Czerwinksi, *Gegenwärtigkeit. Simultane Räume und zyklische Zeiten, Formen von Regeneration und Genealogie im Mittelalter. Exempel einer Geschichte der Wahrnehmung II,* München 1993, getan hat. Vgl. dazu kritisch Peter Strohschneider, »Die Zeichen der Mediävistik. Ein Diskussionsbeitrag zum Mittelalter-Entwurf in Peter Czerwinskis ›Gegenwärtigkeit‹«, in: *Internationales Archiv für Sozialgeschichte der deutschen Literatur* 20 (1995), S. 173–191. Christian Kiening, »Medialität in mediävistischer Perspektive«, in: *Poetica* 39 (2007), S. 285–352, betont, dass die Zunahme pragmatischer Schriftlichkeit im hohen Mittelalter weder zu einer »Abnahme von Mündlichkeit noch zu einer Verminderung der auratischen Dimension von Schriftlichkeit«, S. 298, geführt habe. »Die Vitalität der Stimme und die Präsenz von Körpern bleibt produktions- wie rezeptionsbezogen als Sinnhorizont gültig«, S. 299. Während, wie Gerhard Huber verdeutlicht, das Sprachliche im Akustischen nur in

»gleichsam als Epochensignal«[7] des Mittelalters versteht, lässt sich Präsenz als ein »räumliches Verhältnis zur Welt und zu deren Gegenständen«[8] verstehen. Präsenz ist verbunden mit Greifbarkeit und Unmittelbarkeit; was präsent ist, befindet sich in Reichweite.[9] ›Produktion von Präsenz‹ meint demnach die ständige Bewegung des Vorführens oder Vorrückens; ›Präsenz‹ wiederum bezeichnet eine besondere Weise des In-Erscheinung-Tretens.[10] Christina Lechtermann legt im Unterschied zu Gumbrecht, der die mittelalterliche Kultur aus einer allgemeineren Perspektive als Präsenzkultur versteht, den Fokus auf Präsenzeffekte, die die mittelalterlichen Texte figurieren. Sie untersucht die höfische Literatur als ein Medium, das Präsenzeffekte im Moment der Rezeption performativ hervorbringen kann. Nach Lechtermann ist daher neben der Räumlichkeit auch die spezifische Temporalität von Präsenz zu beachten: präsent ist dasjenige, was »in einer mittleren Dauer [...] als etwas hervortritt und sich einer Wahrnehmung bemächtigt, die sich andersherum dem Wahrgenommenen eine Zeit lang mit besonderer Aufmerksamkeit widmet.«[11] Wie sich in den vorangegangenen Kapiteln gezeigt hat, ist Gegenwärtigkeit ein konstitutives Moment von Muße; es wundert daher nicht, dass sich deutliche Überlappungen zwischen den Fragen nach Herstellbarkeit von Präsenz und Mußeerleben zeigen, welche gegen Ende des Kapitels betrachtet werden.

In Erinnerung gerufen sei zunächst eine Aussage aus dem *Tristan*-Prolog:[12] Dort heißt es, das Werk von Tristan und Isolde sei *ze kurzewîle* (72) der Rezipienten verfasst worden. Ähnliche rezeptionsästhetische Aussagen finden sich auch in den anderen hier untersuchten höfischen Romanen. Im Hinblick auf die Poetologie der Texte zeigt sich demnach ein performativer Selbstwiderspruch. Inhaltlich fordern die Romane, wie aus den vorangehenden Kapiteln hervorgeht, zu *unmuoze* auf und verurteilen ausdrücklich Formen der Untätigkeit und des Nichtstuns, während sie zugleich den poetologischen Anspruch haben, dem Rezipienten ei-

---

der kurzen Spanne des Dazwischen gegenwärtig wird, schafft Schrift als fixiertes Zwischen die Möglichkeit der ständigen Aktualisierung, vgl. Gerhard Huber, *Eidos und Existenz. Umrisse einer Philosophie der Gegenwärtigkeit,* Basel 1995, S. 33f. Schrift oder Tonaufnahme, optisch oder akustisch fixierte Zeichen also, bieten Gelegenheit zu wiederholtem Rezipieren mit der Möglichkeit, dass immer wieder neu und immer wieder anders Bilder und Vorstellungen entstehen können.

[7] Burkhard Hasebrink, »Diesseits? Eucharistie bei Meister Eckhart im Kontext der Debatte um ›Präsenzkultur‹«, in: *Mediale Gegenwärtigkeit,* hg. v. Christian Kiening, Zürich 2007, S. 193–205, hier S. 194, der auf Gumbrechts Präsenzkonzept in Bezug auf konkrete mittelalterliche Texte Bezug nimmt.

[8] Gumbrecht, *Diesseits der Hermeneutik,* S. 10.

[9] Gumbrecht, *Diesseits der Hermeneutik,* S. 11.

[10] Vgl. Gumbrecht, *Diesseits der Hermeneutik,* S. 33.

[11] Lechtermann, *Berührt werden,* S. 13. Vgl. dazu auch Kiening, »Gegenwärtigkeit«, S. 27: Onomasiologisch sei, so Kiening, »ein Wort wie lat. ›praesentia‹ mehr zur zeitbezogenen Bezeichnung dessen, was nicht-vergangen und nicht-zukünftig ist (›praeterita‹, ›praesentia‹, ›futura‹), verwendet [worden], denn zur raumbezogenen Bezeichnung dessen, was greifbar und verfügbar ist oder scheint – die klassische Rhetorik verwendet dafür das Wort ›evidentia‹.«

[12] Vgl. zum *Tristan*-Prolog auch Kapitel 2.

nen vergnüglichen Zeitvertreib zu bieten. Dieses Spannungsverhältnis soll im ersten Teil dieses Kapitels genauer beleuchtet werden. Die folgenden Überlegungen sind als kursorischer Blick zu verstehen, der auf den Raum der Kunst sowohl in produktions- als auch in rezeptionsästhetischer Dimension in seinem Potenzial als Spielraum der Muße gerichtet ist. Beginnen möchte ich jedoch nicht mit den Paratexten der höfischen Texte, sondern mit einer Passage aus dem Lehrgedicht des Thomasin von Zerklaere, in der ein – freilich inszenierter und stilisierter – Blick auf das Verfassen eines Textes geworfen wird. Dadurch scheint der Schreibprozess selbst greifbar zu werden. Ausgehend von dieser Betrachtung der die Textherstellung veranschaulichenden Szenerie im *Welschen Gast* werden dann die reflexiven Textelemente speziell im höfischen Roman in den Fokus der Untersuchung gerückt.

Im Lehrgedicht *Der Welsche Gast* des Thomasin von Zerklaere taucht zu Beginn des IX. Buches überraschend eine Szene auf, die dem Inhalt wie dem Sprachduktus nach aus der didaktischen Erörterung der anderen Passagen herausfällt. Es handelt sich um den unvermittelt einsetzenden Dialog des Autor-Ich mit seiner Feder. Das Schreibwerkzeug wird seines leblosen Objektstatus beraubt und zu einem eigenständigen Gesprächspartner antropomorphisiert, der vorwurfsvoll etwas Ruhe vom Schreiben einfordert:

›Lâ mich ruowen, sîn ist zît‹,
spricht mîn veder.
(12223f.)

Die Dialog-Passage ist insofern von Interesse für die folgenden Überlegungen, da hier ein literarisch gestalteter, durchaus ungewöhnlicher Einblick in den Schreibprozess und die Literaturproduktion, wie sie textimmanent konstruiert und inszeniert wird, im Text selbst gewährt wird, ohne dass dies als zeitgenössische literatursoziologische Wirklichkeit aufzufassen wäre.[13] Der Akt der Werkgenese wird von beiden Seiten – von Autor wie Gegenstand – als mühsam und quälend beschrieben und von *kurzwîle* dezidiert unterschieden. Verben wie *dienen* (12228), *verslizen* (12231), *erlîden* (12234), *müezen* (12230; 12253) oder *dulten* (12254) drücken die Strapazen des Schreibens aus. Aber auch die Klagerede der Feder, die davon handelt, dass sie den ganzen Winter über immer wieder zugeschnitten und respektlos von Hand zu Hand gereicht wurde, veranschaulicht die körperlichen Anstrengungen des Schaffensprozesses, welche Formen der Muße entgegen zu stehen scheinen (12227–12238).

[13] Das im Präsens formulierte Zwiegespräch transportiert mit jeder Rezeption eine Gegenwärtigkeit und Aktualität. Vgl. auch André Schnyder/Alexander Schwarz, »Der Autor und seine kritische Feder. Zur ungewöhnlichen Ausgestaltung eines klassischen Musters bei Thomasin von Zerklaere«, in: *Archiv für das Studium der neueren Sprachen und Literaturen* 250 (2013), S. 151–174, hier S. 156, Fußnote 21; vgl. auch Monika Unzeitig, »Konstruktion von Autorschaft und Werkgenese im Gespräch mit Publikum und Feder«, in: *Formen und Funktionen von Redeszenen in der mittelhochdeutschen Großepik*, hg. v. Nine Miedema und Franz Hundsnurscher, Tübingen 2007, S. 89–101.

Zu Beginn des Abschnittes ergreift die Feder das Wort. Energisch bringt sie ihre Anschuldigungen zum Ausdruck. Sie empfindet sich als schlecht behandelten *eigen knehte* (12225), der Tag und Nacht im Dienst des Schreibers stehe (12227–12238). Dem Autor-Ich wirft sie vor, sich durch das Schreiben immer weiter vom Hof und dessen angenehmen Seiten, etwa den repräsentativen Festlichkeiten oder geselligen Zusammenkünften, zu entfernen und sich in die entbehrungsreiche Einsamkeit zurückzuziehen.[14] Diese Distanzierung vom Hofleben wird nachdrücklich verurteilt, denn die Loslösung von der Gemeinschaft widerspricht nach Ansicht der Feder *guoter site* (12239) und des Autors *selbes dinc* (12250), mithin seiner habituellen Gewohnheiten und Verpflichtungen. Durch das Dichten scheint der Autor regelrecht zum isolierten *klôsenære* (12255) geworden zu sein.

Anschaulich werden die Umstände der Schreibarbeit illustriert: Über die Wintermonate verschließt sich der Dichter in seiner Kammer vor der Öffentlichkeit und geht des nachts bei Kerzenlicht seiner geistigen Tätigkeit nach, obwohl sein Platz doch inmitten der Sozietät des Hofes sein müsste. Bewusst zieht er die räumliche Enge der geselligen Weite vor und bevorzugt die dunkle, stille Nacht zum Schreiben anstatt den grellen und lauten Tag. Vergleichbar mit dem Geschehen im *Erec* wird eine solche Entfernung vom Hof (den *liuten* (12246)) und seinen streng rhythmisierten Vorgängen sowie der dortigen gemeinschaftlichen Aktivitäten mit größter Skepsis betrachtet. Die Feder findet dafür deutliche Worte:

swer sich verlæzet an getiht,
der muoz gar werden enwiht,
wan er sich versendet gar
mit gedanken, daz ist wâr.
(12267–12270)

In diesen Versen drückt sich die Sorge aus, dass derjenige, der sich vollkommen dem Schreiben und Dichten verpflichtet, sich in den eigenen Gedanken und Phantasien zu verlieren droht, anstatt sich aktiv an und in der Gesellschaft zu beteiligen.[15] Diese mentalen Fluchten und Ausbrüche, die letztlich als Text auf dem Blatt gebannt und visualisiert werden, rauben dem Autor-Ich, so die Kümmernis der Feder, den Tatendrang. Sie machen ihn regelrecht zu einem Taugenichts oder Nichtsnutz in der Gemeinschaft, wie der Satz ›*der muoz gar werden enwiht*‹ frei übersetzt werden kann. Wer sich in der Kemenate im *Erec* oder im Schreibstüb-

[14] Vgl. die Verse 12241–12243: *dô du mit rîtern und mit vrouwen / phlæge buhurt und tanz schouwen, / dô was ich harte gern bî dir.* Vgl. zur Einsamkeit des Dichters auch Horst Wenzel, »Einsamkeit und Dialog. Zum Spektrum der Vereinzelung in der höfischen Dichtung«, in: *Einsamkeit. Archäologie der literarischen Kommunikation VI,* hg. v. Aleida und Jan Assmann, München 2000, S. 247–264, bes. S. 257–262. Ein früherer Lebensstil wird einem heutigen gegenteiligen entgegengestellt, für den die Schreibfeder steht: »für die Abkehr vom höfischen Leben, das nur noch erinnert, aber nicht erfahren werden kann *(dô du phlaege)*«, S. 259. Die Kommunikation mit Mitgliedern des Hofes wird ersetzt durch das fiktive Gespräch mit dem Schreibwerkzeug.

[15] Damit wird nicht nur ein Ungleichgewicht zwischen Öffentlichkeit und Privatheit angedeutet, sondern auch eines von Körper und Geist.

chen wie bei Thomasin den ›Augen‹ des Hofes entzieht, wird buchstäblich unsichtbar und spielt für und in der adligen Gesellschaft keine Rolle mehr.

Doch die Entfernung von der höfischen Gesellschaft ist Grundlage von Kreativität und Schaffensfreude.[16] In der Antwort des Autor-Ichs zeigt sich explizit, dass das Verfassen eines Textes allein mit Disziplin und Selbstbeherrschung zu erreichen ist. Das Dichten bedarf der ungeteilten Aufmerksamkeit des Autors, ist es nicht als bloße Unterhaltung angelegt. Daher gilt es auch, die gegebene Zeit ökonomisch zu nutzen, anstatt sich die Stunden müßig zu vertreiben:

hiet ich mich tihten an genomen
durch kurzwîle, ich wær niht komen
in vier jâren, dâ ich bin,
mich entriege dan mîn sin.

---

[16] Ich danke Martina Backes für den Hinweis auf Äußerungen des Hofgeistlichen Gottfrieds von Viterbo, der im Epilog seiner 1185 vollendeten *Memoria saeculorum* deutlich zum Ausdruck bringt, welch widrigen Umständen derjenige Autor ausgesetzt ist, der versucht, sich im Trubel und Lärm des Hoflebens ganz seinem – in diesem Falle historiographischen – Schreiben zu widmen. Muße wird hier klar als Voraussetzung für künstlerisches Schaffen sowie Rückzug und Ruhe zur kreativen Entfaltung als eindrücklicher Wunsch des Schriftstellers erkennbar: *Attendant magis humanos labores meos et rerum magnitudinem operisque prolixitatem, cum ego in angulis palatii imperialis, aut in via equitando sub aliqua arborum aut in cilva aliqua absconsus ad horam ista scripserim, in obsidionibus castrorum, in periculo preliorum multorum, non in heremo vel in claustro aut aliquo quietis loco positus hec dictaverim, set in omni motu et rerum turbatione assidue, et in guerra et in rebus bellicis, in strepitu tante curie, ubi me oportebat cotidie esse assiduum, utpote capellanum, die ac nocte, in missa, in omnibus horis diei, in mensa, in causis agitandis, in epistolis conficiendis, in cotidiana cura novorum hospitiorum, in stipendiis conquirendis mihi meisque, in maximis legationibus peragendis, bis in Siciliam, ter in Provintiam, semel in Yspaniam, sepe in Franciam, 40 vicibuus Romam de Alemania, et in omni labore et sollicitudine assidue magis, quam aliquis meus coetaneus in imperiali curia pertulisset. Que omnia quanto plura et graviora sunt, tanto mirabilius est, quod ego in tanto motu, in tanta crapula, tanto strepitu et sollicitudine ista potui operari,* vgl. *Gottfried von Viterbo. Memoria saeculorum,* hg. v. Georg Waitz, in: MGH SS 22, Hannover 1872, S. 94–106, hier S. 105, übersetzt nach Bumke, *Höfische Kultur,* S. 641: »Mein geduldiges Bemühen und die Großartigkeit der behandelten Gegenstände und der Umfang des Werks mögen um so mehr Beachtung finden, als ich dies geschrieben habe in den Winkeln des kaiserlichen Palastes oder unterwegs zu Pferd, unter einem Baum oder tief im Wald, wie die Zeit es erlaubte, bei der Belagerung von Burgen, in den Gefahren von mancherlei Kämpfen. Nicht in der Einsamkeit oder im Kloster oder sonst an einem Ort der Stille habe ich dies verfaßt, sondern ständig in großer Unruhe und im Wirrwarr der Geschehnisse, im Krieg und unter kriegerischen Verhältnissen, im Lärm eines so großen Hofs, wo ich täglich zur Stelle sein mußte, als Kaplan, bei Tag und Nacht, zur Messe und zu allen Stundengebeten, bei der Tafel, bei Verhandlungen, beim Ausfertigen von Briefen, bei der täglichen Bestellung neuer Unterkünfte, bei der Sorge um den Lebensunterhalt für mich und die Meinen, bei der Durchführung sehr bedeutender Gesandtschaften, zweimal nach Sizilien, dreimal in die Provence, einmal nach Spanien, mehrfach nach Frankreich, vierzigmal aus Deutschland nach Rom und zurück, in jeglicher Anstrengung und Unruhe ständig mehr gefordert, als einer meiner Altersgenossen am Kaiserhof es ertragen hätte. Je umfangreicher und schwerwiegender dies alles ist, um so wundersamer ist es, daß ich in solchem Trubel, in solchem Rausch, in so großem Lärm und solcher Unruhe dies Werk habe schaffen können.«

[...]
dâ bi merk, daz mîn getiht
ist mir gar kurzwîle niht.
Ich hiet dermit wol vümf jâr
ze kurzwîlen, daz ist wâr,
hiet ichz durch kurzwîle getân.
(12273–12287)

Im Text wird *kurzwîle* gegen *nôt* (12289) gesetzt. Literaturproduktion dient nicht der Zerstreuung des Schreibers, sondern erfolgt aus dem Drang und der Notwendigkeit heraus, die Welt und das gesellschaftliche Zusammenleben und Handeln positiv zu verändern (12288–12290). Diese Motivation erinnert an die Formulierung des Autor-Ichs aus dem *Tristan*-Prolog: *Ich hân mir eine unmüezekeit / der werlt ze liebe vür geleit* (45f.).[17] In beiden Fällen wird das Schreiben als Aufgabe im Dienst der – freilich je unterschiedlich definierten – Welt verstanden. Diese Art der selbst auferlegten Pflicht wiegt schwerer als die kontinuierliche Teilnahme am gesellschaftlichen Leben: *dâ von hân ich ze rukke gelân, / swaz ich solt anders hân getân, / wan ich ez schiere sprechen wil, / daz mich verswîgen müet vil* (12291–12294).[18] Die Verse lassen aufhorchen, denn der Ausdruck ›*ze rukke lân*‹ weckt unweigerlich Assoziationen des Ausbruchs aus den alltäglichen gesellschaftlichen Pflichten. Im Rückzug in die Isolation der Schreibkammer kehrt der Dichter den Erwartungen und Normen des Hofes buchstäblich den Rücken. In diesem Falle handelt es sich gewissermaßen um einen Ausbruch in die eigene Gedankenwelt. Die Frage ist, inwiefern dieser mentale Ausbruch auch ein Ausbruch in einen zumindest zeitweisen Spielraum der Muße darstellt.

Der Vorwurf der Untauglichkeit und Untätigkeit wird durch die Wiederholung des Autor-Ichs noch einmal in seinem Gewicht herausgestellt. Es gilt, die Anschuldigung vollständig zu widerlegen, denn mit dieser steht gewissermaßen die Existenz des Dichters selbst auf dem Spiel. Der Kritik wird folglich mit Nachdruck entgegnet. Das Autor-Ich betont den Wert und den Gewinn von Schriften und Büchern, die über die vergangenen Zeiten hinweg von eben solch tüchtigen Männern verfasst wurden, wie jene, die sie lasen, dadurch wiederum tüchtig wurden (12297–12303).

Die indirekte Sprechweise des ›*wær man niht bî der alten zît / alsô enwiht worden*‹ (12297f.) – im Sinne von ›auf diese Weise untätig‹ – erinnert indirekt an den Modus der tätigen Untätigkeit, wie er insbesondere das Leben der *edelen herzen* in der Minnegrotte bestimmt.[19] Es handelt sich um eine spezifische Form der Untätigkeit, die sich nicht einfach als Faulheit oder Untüchtigkeit abwerten lässt. Das

---

[17] Vgl. auch Kapitel 2.

[18] Vgl. auch die Verse 12319–12324: *mich luste hart wol ze schouwen / beidiu rîter unde vrouwen, / doch dunket mich daz baz getân, / daz ich mich ir ein wîle an, / in den worten daz ich spreche wol, / daz in bêden vrumen sol.* Schnyder/Schwarz, »Der Autor und seine kritische Feder«, S. 169f. weisen daraufhin, dass *luste* bzw. *geluste* bei Thomasin meist nur für flüchtige Befriedigungen stehe.

[19] Vgl. Kapitel 4.3.

Verfassen eines Textes weist einerseits aktive, handwerkliche Aspekte auf, etwa bei der konkreten Niederschrift der Gedanken, andererseits handelt es sich um eine Tätigkeit des Nachdenkens, des Beobachtens, Sammelns und Reflektierens, welches oberflächlich betrachtet allzu oft als Untätigkeit missverstanden werden kann. Bricht der Dichter aus den routinierten Abläufen und gesellschaftlichen Vergnügungen aus, öffnet sich ihm mental eine Art Spielraum, dem er sich selbstvergessen hinzugeben vermag:

ich bin eins dinges worden inne,
daz man sich verdenket gar
die wîl man tihtet, daz ist wâr,
sô daz man kûme gebâren kan,
wan man gedenket vil dar an.
(12304–812308)

Die Umgebung wird ausgeblendet und der Autor verliert sich in völliger Hingabe an das entstehende Werk. Erst in einer solchen mentalen Enklave – *in einem winkel* (12315), wie es im Text anschaulich heißt – kann Literatur entstehen, die in der *werlde* (12318) auf Resonanz stößt und eine Form des Wandels und des Umdenkens bewirkt: *daz ez* [sc. der Text] *loufe nâch der zît / in der werlde harte wît* (12317f.).[20] Doch nicht nur die Rezipienten erfahren durch das geschriebene Werk eine Veränderung, sondern auch der Schreiber selbst wandelt sich während des Schreibprozesses. Diese Transformation ist meist erst in der Retrospektive erkennbar und in ihrem Nutzenpotenzial deutbar: *swenn man aver ûz komen ist / und an sich gekêret zuo der vrist, / sô mac man noch gebâren baz / dann man ê tet, wizze daz* (12309–12312).[21] Der Autor tritt nach dem temporären Rückzug aus den Geschehnissen der Welt wieder in die Gesellschaft ein und kompensiert seine Abwesenheit durch die Übergabe eines nutzenbringenden Werkes für die Sozietät. Die Bewegung von Ausbruch und Wiedereingliederung in die Gesellschaft, die für Mußeerfahrungen bestimmend ist, bedingen einander auch im Falle des Autor-Ichs im *Welschen Gast.*

Nach dem kurzen, retardierenden Intermezzo, in der die Schreibfeder stellvertretend für das Autor-Ich von den Mühen des Dichtens Kunde gibt, wird sie wie-

[20] Vgl. im Text die Metaphorik des Gehens und Reisens, die nach Beendigung des Textes diesem eine gewisse Autonomie zuschreibt. Die Reisemetaphorik wird in den Versen 14681–14694 wieder aufgegriffen: *Mîn buoch heizt ›der welhisch gast‹, / wan ich bin an der tiusche gast / und kom nie sô verre drin, / als ich alzan komen bin. / nu var hin, welhischer gast, / und hüet durch mînen willen vast, / daz du komest ze herberge niht / zuo deheinem bœsewiht. / und ob du im komest zuo, / son sitze niht, wan du tuo, / daz du schiere komest dan, / wan dich sol ein biderbe man / müezeclîchen an gesehen. / sitze ûf sîn schôz, daz hab ze lêhen.* Im Gegensatz zum Schreibprozess soll der Rezeptionsprozess *müezeclîche,* also in Ruhe und Achtsamkeit, vonstatten gehen. Durch das Verb *sitzen* wird der Aspekt des Sich-Zeit-Nehmens zusätzlich betont. Das Adjektiv *müezeclîch* wird im Kontext der Lektüre des Textes ethisch neutral konnotiert. Dies steht in Kontrast zu der Abwertung eines *müezeclîchen* Lebens in Vers 157.

[21] Das *ûz komen* lässt auf eine immersive Bewegung schließen, wie sie im Kapitel 3.3.3 zur Musik behandelt wird. Es handelt sich offensichtlich um eine metaphorische Bewegung des Ein- und wieder Auftauchens.

der zum Objekt degradiert, das die Gedanken des Autor-Ichs zu Papier bringt. Als Gesprächspartnerin verschwindet sie von der Handlungsebene.[22] Die beschriebenen Momente der Versunkenheit und Selbstvergessenheit täuschen an keinem Punkt darüber hinweg, es mit einer körperlich und geistig anstrengenden Tätigkeit zu tun zu haben, bei der sich Augenblicke des Innehaltens, der intensiven Hingabe an das Werk und damit möglicherweise auch Inseln der Muße eröffnen mögen, in der Hauptsache aber wird das Verfassen eines Textes dezidiert als *arbeit* verstanden.[23]

In der kritischen Literaturschau im *Tristan* Gottfrieds von Straßburg, in der das Autor-Ich im Rückgriff auf antike und mittelalterliche Rhetoriken Überlegungen zur höfischen Poetik anstellt,[24] wird ebenfalls der praktische, arbeitsame Aspekt des Dichtens im Sinne einer *unmüezekeit* angeführt.[25] Veranschaulicht wird die Verfertigung eines Textes im Bild und Vokabular textiler Techniken: das Verfassen eines Textes ist als Handwerk oder Fabrikation eine anstrengende Tätigkeit.[26] In der poetologischen Selbstreflexion wird die Arbeit des Dichters mit derjenigen des Schneiders und Tuchmachers verglichen.[27] Der epische Dichter ist *verwaere* (4691), ein Wortkünstler, der aus einzelnen Worten Literatur spinnt. Am Beispiel

[22] Vgl. allein noch die direkte Anrede der Feder in den beschwichtigenden, versöhnlichen Versen 13565–13567: *Trût veder, du solt dich niht lân / betrâgen, wan ez ist getân / vil schiere, swaz ich schrîben wil.*

[23] Vgl. im *Armen Heinrich* die Beschreibung des Schaffensprozesses als *arbeit,* Vers 19. Vgl. auch Konrad von Würzburg, *Trojanerkrieg* die Verse 212–225. Dort ist die Rede von *flîze* (217), aber auch von *kumber* (215), mit dem jeder neue dichterische Arbeitsprozess verbunden ist. Dieser Prozess teilt sich nach den Andeutungen Konrads in unterschiedliche Phasen, die aufeinanderfolgen, so wird hier etwa das Sammeln und Bewältigen von Stoffmassen genannt, das jedem tatsächlichen Schreiben vorgelagert ist. Vgl. Konrad von Würzburg, *Der Trojanische Krieg.* Nach den Vorarbeiten K. Frommanns und F. Roths, hg. v. Adelbert von Keller, Stuttgart 1858.

[24] Vgl. Ursula Schulze, »Literarkritische Äußerungen im ›Tristan‹ Gottfrieds von Straßburg« in: *PBB* 88 (1967), S. 285–310 (wieder abgedruckt in *Gottfried von Straßburg,* hg. v. Alois Wolf, Darmstadt 1973, S. 489–517); Sawicki, *Gottfried von Straßburg.* Walter Haug betont jedoch, dass es darum gehe, »über den Stellenwert der einzelnen Versatzstücke im Gesamtkonzept nicht nur die individuelle Akzentuierung des Traditionellen sichtbar zu machen, sondern auch zu zeigen, in welchem Maße der Dichter im Spielraum der exordialen Argumentation sich das literarhistorisch Innovative seines Werkes bewußtzumachen und inwieweit er es theoretisch zu fassen vermochte«, vgl. Haug, *Literaturtheorie,* S. 194.

[25] Vgl. auch Vers 4756 im *Tristan,* in dem die Dichtertätigkeit als *ambet* bezeichnet wird.

[26] Vgl. dazu auch Beatrice Trinca, »Dichter als inspirierte Handwerker? Bligger von Steinach und Gottfried von Straßburg«, in: *Konzepte von Produktivität im Wandel vom Mittelalter in die Frühe Neuzeit,* hg. v. Corinna Laude und Gilbert Heß, Berlin 2008, S. 45–65; Sabine Obermeier, *Von Nachtigallen und Handwerkern. ›Dichtung über Dichtung‹ in Minnesang und Sangspruchdichtung,* Tübingen 1995, bes. S. 333–338.

[27] Zur Tradition der Textilmetaphorik in Bezug auf die Textherstellung vgl. u.a. Andreas Kraß, *Geschriebene Kleider,* bes. S. 356–374; Mark Chinca, »Metaphorische Interartifizialität. Zu Gottfried von Straßburg«, in: *Interartifizialität. Die Diskussion der Künste in der mittelalterlichen Literatur,* hg. v. Susanne Bürkle und Ursula Peters, ZfdPh Sonderheft zum Band 128, Berlin 2009, S. 17–36. Die Textilmetaphorik erwächst gewissermaßen aus dem Kontext der ritterlichen Investitur, in die der kritische Literaturexkurs eingelassen ist. Vgl. auch Jaeger, »Höfisches Fest

des Bligger von Steinach spricht das Autor-Ich von Worten, die so lieblich seien, als seien sie auf Stickrahmen aus feinsten Materialien gefertigt worden (4691–4704). Es ist vom wunderbaren *umbehange* (4712) der Dichtung die Rede, oder davon, wie Veldeke *sînen sin besneit* (4729) und Hartmann seine *maere durchverwet* und *durchzieret* (4625). Höchstes Lob verdiene Hartmanns von Aue Spiel mit *cristallînen wortelîn* (4629), mit welchen er *rede figieret* (4626). Derartige Vergleiche mit handwerklichen Tätigkeiten beziehen sich auf den schöpferischen Anteil des Autors. Doch die Zunge des Dichters, die die Worte formt, ist auch auf eine transzendente Form der Inspiration und Eingebung angewiesen (4828–4830).[28] Wie Mußemomente scheint auch der künstlerische Moment von einer konstitutiven Unverfügbarkeit geprägt zu sein. Entsprechend finden sich im Textabschnitt auffällig viele Metaphern des Wachsens und natürlichen Gedeihens, vermittels derer jener Aspekt des Schreibens zum Ausdruck kommt, der sich der Kontrolle des Dichters entzieht und eigenen Gesetzen folgt: *als ob si dâ gewahsen sîn* (4717), *este ersprungen* (4740) und *bluomen kamen* (4741). Die Grenze zwischen Kunst und Natur, zwischen Artifiziellem und Natürlich-Ursprünglichem verschwimmt.

Im Falle des *Tristan* erbittet sich das Autor-Ich in einem Gebet Inspiration von den als »*höfische* [...], poetische[...] Instanz«[29] zu verstehenden Musen auf dem Helikon (4862–4907), sein Gesuch bleibt aber theoretisch (4908–4927).[30] Durch diese Anrufung der Musen erhofft er sich, offensichtlich auch in ironischer Färbung,[31] dass seine *rede* (4902) *durchliuhtec* (4902) werde.[32] Hieraus spricht die für den *Tristan* prägende poetologische Forderung nach Klarheit und Durchsichtigkeit des Wortes auf den Sinn hin einerseits sowie nach Wirkmächtigkeit des Wortes und tiefgehender Durchdringung selbst größter Gegensätze andererseits.[33] Im Unterschied zu den *vindaere wilder maere* (4665) bzw. der *maere wil-*

und Hofästhetik«. Jaeger versucht unter dem Begriff der ›Kontextwiederherstellung‹ die Dichterschau in engem Rückbezug auf die Schwertleite zu interpretieren.

[28] Die Inspirationsquelle kann nach Gottfried unterschiedlich ausfallen, seien es die Feen des Bligger oder die Quelle des Pegasus bei Veldeke (4731), sei es Orpheus' Zunge (4790) wie bei Reinmar von Hagenau oder *Zythêrône* (4808) bei Walther von der Vogelweide. Dass es sich im letzten Punkt um eine Verwechslung oder Verschmelzung von der Insel Kythera und dem Musenberg Kithairon handelt, behandelt u.a. Kern, *Edle Tropfen vom Helikon,* S. 175; zum Topos der Inspiration vgl. auch Bruno Boesch, *Die Kunstanschauung in der mittelhochdeutschen Dichtung von der Blütezeit bis zum Meistersang,* Bern/Leipzig 1936, bes. S. 113–116.

[29] Kern, *Edle Tropfen vom Helikon,* S. 181.

[30] Vgl. Mark Chinca, »Mögliche Welten. Alternatives Erzählen und Fiktionalität im Tristanroman Gottfrieds von Straßburg«, in: *Poetica* 35 (2003), S. 307–333, hier S. 319.

[31] Vgl. etwa die auffällig übertreibenden Worte in den Versen 4870–4879.

[32] Vgl. diese Lichtmetaphorik auch in den Versen 4889–4895: *diu mînen wort muoz er mir lân / durch den vil liehten tegel gân / der camênischen sinne / und muoz mir diu dar inne / ze vremedem wunder eiten, / dem wunsche bereiten / als golt von Arâbe.*

[33] Vgl. Kern, *Edle Tropfen vom Helikon,* S. 176. Dieser Wunsch fügt sich in das am Beispiel Hartmanns *cristallînen wortelîn* (4629) geäußerte Postulat, Dichtung und Sprache müssen *ûzen unde innen* (4623) *lûter* und *reine* sein (4628). Vgl. auch Klaus Grubmüller, »*cristallîniu wortelîn.* Gottfrieds Stil und die Aporien der Liebe«, in: *Literarischer Stil. Mittelalterliche Dichtung zwi-*

denaere (4666), die mit ihren Worten täuschen und blenden, betont er die Verständlichkeit von Sprache, denn uns Lesern fehlt es an *muoze, daz wir die glôse suochen in den swarzen buochen* (4689–4690).[34] Die Sprache müsse ebenmäßig und glatt sein, sodass der Leser nicht ins Stolpern gerate und unnütz Zeit – *muoze* – mit der Suche nach Kommentaren und Erklärungen verbringen müsse.

Eine kunstvolle Verwendung und sorgfältige Wahl der Worte vermag den *edelen herzen herzeluste* (4680) und Erquickung zu schenken. Interessant ist die Art und Weise, mit der diese Erquickung beschrieben wird: Sprache kann mit ihren eigenen Mitteln, mit dem *grüenen meienblate* (4674), wie es metaphorisch heißt, aus sich heraus dem Rezipienten *schate* (4676) spenden.[35] Dieses Bild der Lektüre als schattenspendender Baum erinnert an intendierte Wirkungsabsichten im Prolog, die in dem Verb *senften* (75, 100) gebündelt zum Ausdruck kommen.[36] Lektüre kann Schmerz, Kummer und Unannehmlichkeiten nicht auflösen, sie kann jedoch einen bestimmten, in sich begrenzten Raum schaffen – hier im Bild des scharf konturierten Schattens –, in dem das Leid gemindert ist. Der Schatten verbildlicht die Formulierung *›ze halber senfte bringen‹* (75), denn ebenso wie der

---

schen Konvention und Innovation. XXII. Anglo-German Colloquium Düsseldorf, hg. v. Elizabeth Andersen, Ricarda Bauschke-Hartung, Nicola McLelland und Silvia Reuvekamp, Berlin/Boston 2015, S. 179–190; Christoph Huber, »Kristallwörtchen und das Stilprogramm des *perspicuitas*. Zu Gottfrieds *Tristan* und Konrads *Goldener Schmiede*«, in: *Literarischer Stil. Mittelalterliche Dichtung zwischen Konvention und Innovation. XXII. Anglo-German Colloquium Düsseldorf*, hg. v. Elizabeth Andersen, Ricarda Bauschke-Hartung, Nicola McLelland und Silvia Reuvekamp, Berlin/Boston 2015, S. 191–204.

[34] Zum Dichterkatalog bzw. Literaturexkurs vgl. Stein, »Tristans Schwertleite«; Dieter Goebel, »Tristans Einkleidung«, in: *ZfdPh* 96 (1977), S. 61–72; Hahn, »Zu Gottfrieds von Straßburg Literaturschau«; Huber, *Gottfried von Straßburg. Tristan*, Berlin 2013, S. 65–73; Christoph Huber, »Wort-Ding-Entsprechungen. Zur Sprach- und Stiltheorie Gottfrieds von Straßburg«, in: *Befund und Deutung. Zum Verhältnis von Empirie und Interpretation in Sprach- und Literaturwissenschaft. Festschrift für Hans Fromm*, hg. v. Klaus Grubmüller u.a., Tübingen 1979, S. 268–308; Fromm, »Tristans Schwertleite«; Kraß, *Geschriebene Kleider*, S. 365.

[35] Vgl. auch die Verse 4910–4922. Diese wenigen Andeutungen reichen aus, um Assoziationen zur Szenerie der Minnegrotte oder dem Frühlingsfest an Markes Hof zu wecken, vgl. v.a. die Verse 554–559.

[36] Eine ähnliche Formulierung findet sich auch im *Armen Heinrich* Hartmanns von Aue. Dort heißt es im Prolog: *der nam im manege schouwe / an mislîchen buochen. / dar an begunde er suochen / ob er iht des vunde / dâ mite er swære stunde / möhte senfter machen* (6–11). Das Autor-Ich verfolgt die Absicht, die als beschwerliche Stunde oder Langeweile verstandene *swære stunde* der Rezipienten zu lindern. In seinem Kommentar führt Volker Mertens die Doppeldeutigkeit der Wendung *swære stunde* an: Einerseits kann damit »die Muße, die Zeit ohne Verpflichtungen« gemeint sein, die durch die Lektüre des vorgelegten Textes sinnvoll gefüllt wird. Andererseits kann es sich auch um die beschäftigungslose Zeit handeln, die in die Nähe von Trägheit rückt und der durch angemessene Literatur entgegen zu wirken ist. Vgl. Hartmann von Aue, *Gregorius. Der Arme Heinrich. Iwein*, Kommentar S. 903f. Vgl. auch im *Wigalois* die Verse 124–130, in denen der Ausdruck wieder aufgenommen wird: *Mîn kunst diu was verborgen ie; / die wold ich nu offen hie, / ob ich mit mînem munde / möhte swære stunde / den liuten senfte machen, / und von solhen sachen / daz guot ze hœren wære.*

Zustand der *edelen herzen* zwischen Leid und Liebe oszilliert, hält sich der Schatten zwischen Helligkeit und Dunkelheit in der Schwebe. Welche Gewichtung diese intendierte Wirkung auf den Rezipienten für das Autor-Ich hat, wird in der Wiederaufnahme des schattenspendenden Blattes wenig später deutlich:

senfte allen ôren mîniu wort,
ber iegelîchem herzen schate
mit dem ingrüenen lindenblate,
gê mîner rede als ebene mite,
daz ich ir an iegelîchem trite
rûme unde reine ir strâze
noch an ir strâze enlâze
dekeiner slahte stoubelîn,
ezn müeze dan gescheiden sîn,
und daz si niuwan ûfe clê
unde ûf liehten bluomen gê
(4912–4922)

Während im *Tristan* und im *Welschen Gast* die literarische Tätigkeit als mühevolle Anstrengung beschrieben wird, ordnet Hartmann von Aue im *Iwein*-Prolog das Dichten nicht der pflichtgemäßen alltäglichen Arbeitszeit zu, sondern der freien Zeit: *swenner sîne stunde / niht baz bewenden kunde, / daz er ouch tihtennes pflac* (23–25).[37] Andreas Kraß spricht folglich von Zeiten der Muße, in denen sich der ›hauptberufliche‹ Ministeriale der dichterischen Aktivitäten widme, auch Peter Kern bringt die Verse Hartmanns in Zusammenhang mit Stunden der Muße.[38] Diese Verbindungen zu Muße sind allerdings mit Vorsicht zu betrachten, da das Wort im Sinne von freier Zeit bzw. Freizeit in Kontrast zu Arbeit bzw. *arbeit* gemeint zu sein scheint. Festhalten lässt sich zunächst, dass der Freiraum des Schreibens sich von jenen Zeiten abgrenzt, in denen das Autor-Ich als *rîter, der gelêret was* (21), ritterlichen Diensten nachgeht. Doch seine praktischen Erfahrungen als *dienstman* sowie seine geistige Horizonterweiterung durch die gelehrte Schulbildung bieten erst die notwendige Grundlage, um in der übrigen freien Zeit Dichtkunst formvollendet zu schaffen.[39] Indirekt kommen in den Versen 21–25 topische Überlegungen zum nützlichen Zeitvertreib zum Ausdruck. Die dichterische Tätigkeit ist freilich eine angemessene Weise, freie Zeit zu füllen und schützt vor

---

[37] Der *Iwein*-Prolog beruht auf der selbstständigen Ausgestaltung Hartmanns, da in der altfranzösischen Vorlage Chrétiens ein Prolog fehlt. Chrétien beginnt direkt mit dem Pfingstfest des Königs. In diese Anfangsverse sind allerdings Prologelemente wie nebenbei eingewoben, vgl. dazu Haug, *Literaturtheorie,* bes. S. 119–133.

[38] Kraß, *Geschriebene Kleider,* S. 26; Peter Kern, »Der Roman und seine Rezeption als Gegenstand des Romans. Beobachtungen zum Eingangsteil von Hartmanns *Iwein*«, in: *WW* 23 (1973), S. 246–252, hier S. 248.

[39] Volker Mertens verbindet in seiner Übersetzung aufgrund des *daz* in Vers 25 die Lektüre von Büchern und das eigenständige Schreiben miteinander: »Die Lektüre erscheint also als die erste und eigentliche Freizeitbeschäftigung, die Dichtung ist erst der zweite Schritt und ausgelegt auf das *delectare*«, vgl. Hartmann von Aue, *Gregorius. Der Arme Heinrich. Iwein,* Kommentar S. 977.

müßigem Nichtstun. Die frei zur Verfügung stehenden Stunden, die den Zeitraum des Schreibens darstellen, dürfen nicht darüber hinwegtäuschen, dass das Autor-Ich sich mit Engagement und *vlîz* (27), in konzentrierter, eifriger Sorgfalt also, der Darstellung und Bearbeitung desjenigen Stoffes hingibt, *daz man gerne hœren mac* (26). Diese letzte Spezifizierung zeugt von einer ähnlichen Bindung an die umgebende Welt, wie sie auch im *Tristan*-Prolog mit der Wendung *der werlt ze liebe vür geleit* (46) zum Ausdruck kommt. Die Werke werden nicht um ihrer selbst willen verfasst, sondern treten, in freilich unterschiedlicher Absicht, in den Dienst der Gesellschaft. Seien es moralisch-didaktische, lehrhafte oder rein unterhaltende Motive, stets spielt die Umgebung beim dichterischen Tun in den untersuchten höfischen Texten eine entscheidende Rolle.

Nur am Rande sei erwähnt, dass neben dem *Tristan*-Prolog, der zu Beginn der vorliegenden Arbeit isoliert betrachtet wurde,[40] eine explizite begriffliche Nennung von *mûzicheit* (31) als potenzielle poetologische Kategorie allein in dem um 1150 datierten mittelhochdeutschen Text, dem *Straßburger Alexander* des Pfaffen Lambrecht, auftaucht, wenn auch nur in der Negation.[41] Vergleichbar dem *Iwein* nutzt das Autor-Ich hier seine freien, unbeschäftigten – *ledichen* – Stunden, um zu schreiben. Darin folgt es den Äußerungen Meister Alberichs über Salomon in der provenzalischen Vorlage:

Er [sc. *meister Elberîch*] *ne wolde niwit langer ledich sitzen,*
er screib von grôzen witzen,
wande des mannis mûzicheit
zô dem lîbe noh zô der sêle nit ne versteit.
Dar ane gedâhte meister Elberîch.
Den selben gedanc haben ouh ih.
(29–34)

Implizit wird hier der Topos der schädlichen Muße und des skandalösen Müßiggangs aufgerufen.[42] Die Motivation zum poetischen Tätigsein liegt in der bewussten Vermeidung der unerhörten *mûzicheit* im Sinne des Geist und Körper gefährdenden Nichtstuns. In dieser Aussage wird ein indirekter Verweis auf Ecclesiasticus 33,29 *(multam enim malitiam docuit otiositas)* sowie auf die Benediktinerregel 48,1 erkennbar, in der *otiositas* als Feindin der Seele bezeichnet wird.[43] Bei Lambrecht wird das Schreiben somit gewissermaßen als Bollwerk gegen die Bedrohungen der Müßigkeit angeführt.

Die vorangegangenen Überlegungen richteten sich vornehmlich auf die Seite der Produktion von Texten und den Zusammenhang von Schreiben und Muße. Dabei ist festzuhalten, dass das Dichten als Anstrengung beschrieben wird. Die poetische Tätigkeit ist im Sinne einer *unmüezekheit* zu verstehen, die gerade For-

[40] Vgl. Kapitel 2.

[41] Vgl. auch im *Gregorius* Hartmanns von Aue den Vers 36 des Prologs.

[42] Zu diesem Prologtopos vgl. Haug, *Literaturtheorie,* S. 85; 88.

[43] *Die lateinisch-althochdeutsche Benediktinerregel Stiftsbibliothek St. Gallen Cod. 916,* hg. v. Achim Masser, Göttingen 1997.

men schädlicher Muße entgegenwirken soll. Die produktionsästhetischen Ausführungen gehen oftmals fließend in Wirkungsabsichten über. Auch am *Straßburger Alexander* lässt sich dieser gleitende Wechsel zu Rezeptionsaspekten beobachten, die im Folgenden stärker ins Zentrum des Kapitelabschnittes rücken. Der im *Straßburger Alexander* formulierte Gedanke, dass Klugheit und errungene Kenntnisse sich im Schreiben manifestieren – *er screib von grôzen witzen* (30) – und dadurch kommuniziert werden können, bezieht sich zwar explizit auf den Schreibprozess, trägt aber implizit auch die Vorstellung von Literatur als nutzenbringendes, lehrreiches Medium in sich. Der Gedanke, seine Weisheit nicht zu verbergen, sondern mit der Gemeinschaft zu teilen, weist zurück auf Ecclesiasticus 20,32 (*Sapientia absconsa et thesaurus invisus: quae utilitas in utris que?* – ›Verborgene Weisheit und unsichtbarer Schatz: Welcher Nutzen liegt in beiden?‹) und 4,28 (*Non abscondas sapientiam tuam* – ›Verbirg deine Weisheit nicht‹) sowie auf das neutestamentliche Gleichnis vom Schatz im Acker (Mt. 13,44). Unter anderem wird auch in Engelhus' *Laienregel* um 1400 dieses Motiv aufgenommen und sogar mit Sünde in Verbindung gebracht, auch wenn dort die Art und Weise der Sündhaftigkeit, anders als im *Alexanderlied* im Falle der *mûzicheit,* nicht konkretisiert wird: *Wente de doet grote sunde, de syne wysheit behut, alse de dar schat begrauet.*[44] Im altfranzösischen *Erec*-Prolog findet sich Entsprechendes; dort heißt es, dass derjenige, der Bildung und Lehre erhalten hat, geradezu pflichtmäßig aufgerufen sei, sein Wissen zum Nutzen aller zu teilen (4–8; 11f.; 15–18). Da mit dem Anfang des deutschsprachigen *Erec* auch ein möglicher Prolog Hartmanns verloren ist, bietet ein Blick in die Chrétiensche Vorlage eine Ahnung dessen, was auch Hartmann hätte aufgreifen können. Derartige Überlegungen müssen aber spekulativ bleiben. Unabhängig von einem Hartmannschen Prolog ermöglicht der Chrétiensche Prolog vor allem Einblick in das poetologische Konzept des neuen Romantypus, wie er dann mit den Adaptionen Hartmanns auch in der deutschsprachigen Literatur Eingang findet.

Die bis dahin weitgehend mündlich überlieferte Stoffkonstellation des bretonischen Erzählfundus um König Artus – die *matière de Bretagne* – zeichnet sich gegenüber den anderen Stoffen dadurch aus, dass sie sich nicht auf historische Wahrheiten beruft. Im Kontext seiner *Chanson des Saxons* um 1180 wertet Jean Bodel in seiner vielzitierten Gattungsunterscheidung die *matière de Bretagne* deutlich ab – *Li conte de Bretaigne si vain et plaisant* (9)[45] –, da sie ihm zufolge keinerlei An-

[44] Dietrich Engelhus, »Laienregel (Regule der leyen)«, in: *Quellen und Forschungen zur Geschichte der deutschen Mystik,* hg. v. Rudolf Langenberg, Bonn 1902, S. 72–106, hier S. 99 (»Van der geselschap. Capitulum XIV.). Vgl. generell zur Verwendung des Motivs vom Schatz im Acker TPMA, Bd. 10, S. 39–40 sowie Bd. 12, S. 139–142.

[45] Jean Bodel, *La Chanson des Saxons, publiée pour la première fois par Francisque Michel,* Paris 1839, vgl. auch Jehan Bodel, *La Chanson des Saisnes, edition critique par Annette Brasseur,* Vol. 1: Texte, Genève 1989. Vgl. auch Philipp August Becker, »Jean Bodels Sachsenlied«, in: *ZrP* 60 (1940), S. 321–358. Zu beachten ist jedoch, dass Bodels Aussagen nicht vorschnell als allgemein-gültig bewertet werden dürfen, sondern im Zuge einer Rechtfertigung seines eigenen Vorhabens verstanden werden müssen.

spruch auf Historizität verfolge und jeden konkreten Bezug zu den Geschehnissen der wirklichen Welt verneine.[46] Es lässt sich vermuten, dass Chrétien seinen Roman deshalb mit nachfolgend zitiertem Bauernsprichwort beginnt, weil der Stoff einen ambivalenten Status inne hatte: *Li vilains dit an son respit / que tel chose a l'an an despit / qui molt valt mialz que l'an ne cuide* (1–3). Aus dieser Exordialsentenz spricht die Überzeugung, dass der Inhalt des *Erec* einen verborgenen, tiefer liegenden Wert in sich trägt.[47] Dieser Wert ist nicht einfach zugänglich, sondern fordert eine gewisse geistige Anstrengung und Mühe, um dorthin vorzudringen:

Por ce dist Crestïens de Troies
que reisons est que totevoies
doit chascuns panser et antandre
a bien dire et a bien aprandre
(9–12)

In selbstbewusstem Gestus rühmt sich Chrétien in der dritten Person, ein *conte d'avanture* (13) aufgrund seiner *estuide* (6) wieder in eine *molt bele conjointure* (14) transformiert zu haben. Mit diesem neologistischen Stichwort, das ein »neue[s] künstlerische[s] Programm«[48] aufruft, setzt sich Chrétien von den fahrenden Spielleuten ab, die von der mündlichen Überlieferung dieser Ereignisse ihre Existenz bestreiten, doch durch Kürzung und unangemessene Veränderung, so die Auffassung des Autor-Ichs, die Geschichten zerstückeln und verderben (*depecier et corronpre* (21)).[49] Chrétiens literarische Darstellung wiederum setzt dieser Brüchigkeit eine strukturierte künstlerische Einheit entgegen und verbindet die Ereignisse formvollendet, sodass sich daraus zugleich der innere Sinnzusammenhang erschließt, der durch das qualitative Epitheton *bele* gefasst wird. Das Wort *conjointure* geht vermutlich auf das lateinische Verb *coniungere* zurück, das ›verbinden‹, ›verknüpfen‹ oder ›zusammenfügen‹ bedeutet.[50] Im Zuge des erzählerischen Aktes fügen sich die einzelnen Teile durch Vorausdeutungen, Rückverweise, Wiederaufnahmen und Spiegelungen zu einem harmonischen Ganzen, um

[46] Diese Abwertung ist nicht kategorisch zu verstehen, sondern muss im Zusammenhang der Aufwertung des von Bodel selbst gewählten Stoffes, nämlich der *matière de France,* verstanden werden. Vgl. Lutz, *Schreiben, Bildung und Gespräch,* S. 195f. Vgl. zum Element des Wunderbaren, Märchenhaften u.a. André Jolles, *Einfache Formen. Legende, Sage, Mythe, Rätsel, Spruch, Kasus, Memorabile, Märchen, Witz,* 6., unveränd. Auflage, Tübingen 1982 (Erstveröffentlichung 1930); Propp, *Morphologie des Märchens;* Warning, »Formen narrativer Identitätskonstitution«.

[47] Vgl. auch Haug, *Literaturtheorie,* S. 100.

[48] Bumke, *Der ›Erec‹,* S. 77.

[49] Diese pejorative Bemerkung über die berufsmäßigen Sänger lässt sich auch als Grund ansehen, warum das Autor-Ich im *Iwein* betont, allein in seiner freien Zeit dem Dichten nachzugehen.

[50] Vgl. auch Douglas Kelly, »The Source and Meaning of Conjointure in Chretien's Erec 14«, in: *Viator. Medieval and Romance Studies* 1 (1971), S. 179–200, zeigt, dass der Begriff auf den in Horaz' *Ars poetica* verwendeten poetologischen Terminus *iunctura* zurückgeht, »but Horace uses *iunctura* in reference not to plot or narrative structure, but rather to artful and elegant syntax«, S. 179f. Vgl. auch Mertens, *Der deutsche Artusroman,* S. 26.

dadurch, so die überzeugte Schlussphrase des Prologs, für immer in Erinnerung zu bleiben (23–25).

Im Gegensatz zum französischen Heldenlied, der *chanson de geste,* oder deutschsprachigen Heldenliedern etwa um Dietrich oder Siegfried, sind die Romane der *matière de Bretagne* nicht durch die Wiedergabe historischer Ereignisse vorbelastet, sondern stehen von Beginn der Einteilung an, wie sie bereits in den vielzitierten einleitenden Versen des Heldenepos über Karls Sachsenkriege bei Bodel auftaucht, im Zusammenhang mit Unterhaltung und Geselligkeit. Die Einteilung des aus Arras stammenden Bodel bezieht sich freilich auf die französische Epik, lässt sich jedoch, wie es in der Forschung auch getan wurde, auf die deutsche Epik übertragen. So lautet dort die gattungspoetische Unterscheidung:

Ne sont que .iij. matieres à nul home antandant:
De France et de Bretaigne et de Rome la grant;
Et de ces .iij. matieres n'i a nule samblant.
Li conte de Bretaigne si vain et plaisant;
Cil de Rome sont sage et de san aprenant.
Cil de France de voir chascun jor aparant.
(6–11)

Der Inhalt dieses Erzählfundus erscheine »eitel, nichtig und nur unterhaltsam«[51], er sei »lügenhaft, aber ergötzlich«[52]. Die Epitheta *vain* und *plaisant* lassen die Schlussfolgerung zu, bei der *matière de Bretagne* handele es sich um eine zwecklose Lektüre momenthafter leichter Stunden. Ein Blick in die die Rezeptionssästhetik betreffenden Passagen in den hier betrachteten Romanen zeigt ein differenzierteres Bild. Eben jene Spannung zwischen Freude und Anstrengung, zwischen mußeaffinen Momenten und mühsamer Arbeit, die sich in den Beschreibungen der Dichter über ihr eigenes poetisches Schaffen findet, taucht auch in ihren Äußerungen über die Wirkungsabsicht ihrer Werke auf. In der bisherigen Betrachtung des *Tristan* etwa wurde deutlich, dass das Autor-Ich sowohl zur Freude der *edelen herzen* schreibt (*z'einer hage* (47)) und ihnen ein Werk vorlegen möchte, dass *ze kurzewîle* (72) dienen, zugleich aber auch *unmuoze* (78; 90) sein soll.[53] Unterhaltende und belehrende Aspekte im Sinne des traditionellen *delectare* und *prodesse*

[51] Hans Robert Jauß, *Alterität und Modernität der mittelalterlichen Literatur. Gesammelte Aufsätze 1956–1976,* München 1977, S. 314. Bodel führt die oben zitierte kritische Aufzählung offensichtlich an, um die von ihm gewählte Gattung der *chanson de geste* für die Ausführungen zum Sachsenkrieg zu rechtfertigen. Dass er dabei durchaus von wahren Begebenheiten abweicht, zeigt Christine Jacob-Hugon, *L'œuvre jongleresque de Jean Bodel. L'art de séduire un public,* Paris/Brüssel 1998. Zu beachten ist zudem, dass es sich bei Bodel um den mittelalterlichen Geschichtsbegriff, und nicht um einen modernen, handelt, vgl. *Historische und religiöse Erzählungen,* GLMF IV, hg. v. Geert H.M. Claassens, Firtz Peter Knapp und Hartmut Kugler, Berlin/Boston 2014, S. 6.

[52] Ursula Peters, »Geschichte der Interpretation«, in: *Epische Stoffe des Mittelalters,* hg. v. Volker Mertens und Ulrich Müller, Stuttgart 1984, S. 475–490, hier S. 475. Nach Jauß, *Alterität und Modernität,* S. 314, verbirgt sich hinter dieser ablehnenden Haltung Bodels eine Aversion »der nur poetischen Fiktion im Namen der episch-geschichtlichen Wahrheit«.

[53] Vgl. auch Kapitel 2.

(*kurzwîle* und *bezzerunge*) fließen bis zur Unkenntlichkeit ineinander. Auch im *Iwein*-Prolog verbinden sich ethische Imperative (*Swer an rehte güete / wendet sîn gemüete, / dem volget sælde und êre* (1–3)) mit dem Wunsch, Freude bei den Rezipienten zu erwirken (26), damit diese *rehte wol wesen* (57).

Eine ähnliche Spannung zeigt sich im *Daniel*-Prolog des Strickers: Einerseits wird als passender Zeitpunkt der Lektüre jener Zeitraum empfohlen, *swenne kurzwîle gezimet* (12). Dieser Hinweis darf jedoch nicht darüber hinwegtäuschen, dass damit der Wunsch nach wohlwollender Aufnahme des Werkes verknüpft ist. Eine derartige dem Text gezollte Gunst fördere eine lobenswerte Haltung und die Ausübung ebensolcher Taten im Leben (1–4). *worte* und *werc* stehen somit in Korrelation zueinander.[54] Dasjenige, was auf abstrakte Weise vernommen wird, wird sich, so die Verheißung des Autor-Ichs, im Konkreten und Praktischen nutzbringend bewähren. Diese Ausführungen werden wenig später allerdings eingeschränkt, denn es scheint bereits der *willige muot* (26) auszureichen und gegebenenfalls sogar die gute Tat zu ersetzen: *sô man den willigen muot / an ime erkennet unde siht, / man giht im, des man dem giht / der den willen und diu werc tuot* (26–29). In dieser Reduktion auf die innere Idealität erkennt Walter Haug eine deutliche Umwandlung gegenüber dem klassischen Artusroman. Letzterer fordert die Kongruenz von Innen und Außen ein, die sich jedoch rein im Fiktionalen leichter herstellen lässt. Bei sofortiger Realisierung des Wortes in die Praxis ist diese Idealität jedoch nicht länger aufrechtzuerhalten, da sie mit den Einschränkungen der materiellen Möglichkeiten konfrontiert ist.[55]

Auch wenn Konrads von Würzburg in der zweiten Hälfte des 13. Jahrhunderts entstandener Liebesroman *Partonopier und Meliur* nicht Teil des hier untersuchten Textcorpus ist, lohnt ein ausschnitthafter Blick auf den dortigen Prolog. Dort werden über 134 Verse hinweg die unterschiedlichen Aufgaben von Kunst detailliert aufgeführt. Bereits die ersten sentenzhaften Zeilen des Romans handeln vom Nutzen der Dichtung, der explizit auf junge Menschen ausgerichtet ist:[56]

Ez ist ein gar vil nütze dinc,
daz ein bescheiden jungelinc
getihte gerne hœre
und er niemen stœre,
der singen unde reden kan.

[54] Vgl. Haug, *Literaturtheorie,* S. 283.

[55] Vgl. Haug, *Literaturtheorie,* S. 284.

[56] Vgl. auch im *Welschen Gast* die Verse 1023–1142, in denen die literarischen Werke in ihrem Nutzen für junge Leute diskutiert werden. Wer ein gewisses Alter und eine gewisse Reife erreicht hat, demjenigen empfiehlt Thomasin, sich von den Phantasiegeschichten zu lösen und diese zugunsten ethischer Lehrbücher hinter sich zu lassen. Vgl. Haug, *Literaturtheorie,* S. 235: »Die Rezeption versteht sich nicht mehr als ein Prozeß, in den der Zuhörer eintreten muß, sondern die literarischen Figuren und Szenen illustrieren universale Verhaltensmuster.« Vgl. zum Verhältnis Thomasins zur höfischen Literatur auch Christina Lechtermann, »Affekterregung und höfische Literatur im ›Welschen Gast‹«, in: *Beweglichkeit der Bilder. Text und Imagination in den illustrierten Handschriften des ›Welschen Gastes‹ von Thomasin von Zerclaere,* hg. v. Horst Wenzel und Christina Lechtermann, Köln/Weimar/Wien 2002, S. 143–155.

dâ lît vil hôhes nutzes an
und ist ouch guot für ürdrutz.
(1–7)

Von Interesse ist im Zusammenhang der Muße-Thematik insbesondere das mittelhochdeutsche Substantiv *ürdrutz,* das als Überdruss oder Unlust (BMZ *urdruz*) zu übersetzen ist. Damit ist der Topos der schädlichen Muße aufgerufen, gegen die Dichtung als Heilmittel zu wirken vermag.[57] Drei Gründe nennt Konrad, durch die es Literatur gelingt, die Zeit nutzbringend zu füllen, anstatt sich der Inaktivität, der Leere und Melancholie hinzugeben: Dichtung bedeutet erstens ästhetischen Genuss, vor allem ist die Rede von akustischer Freude (*süezer klanc,* 10). Zweitens lehrt und fördert die Beschäftigung mit Literatur das höfische Verhalten (*hovezuht,* 12) und bildet drittens die rhetorische Kompetenz und die Sprachgewandtheit der Rezipienten aus (14f.). In Konrads Prolog verbinden sich folglich unterhaltende und belehrende Aspekte miteinander, die sein Schreiben ebenso wie die Lektüre legitimieren sollen. Das Autor-Ich veranschaulicht dieses Zusammenspiel anhand des Beispieles von Blüte und Frucht an einem Baum.[58] Die ästhetische Pracht der Blüten dient dabei als Bild für die *kurzewîle* (53), die Dichtung bieten kann: die *kurzewîle*

diu sich alsam des meien bluot
in daz gemüete ströuwet
und im sîn ougen fröuwet
der guot getihte hœret,
wan ez im trûren stœret
und alle sorge mit genuht.
(54–59)

Dichtung vertreibt Ängste und Sorgen und dient der Erquickung und Ergötzung aller Sinne, gleich einem Maientag, wie er etwa beispielhaft zu Beginn des *Tristan* am Markehof beschrieben wird. Die Pflanzenmetaphorik erinnert an die enge Verknüpfung von Mußemomenten und Naturraum, in dem sich Mußeerfahrungen projiizieren, durch den zugleich aber auch Muße erst hervorgerufen werden kann.[59] Die Früchte des Baumes, um zum Prolog-Beispiel zurückzukehren, illustrieren den *nütze wîse rât* (62) und die *erweltiu bîschaft* (63), die wortwörtlich als Frucht in das alltägliche Leben getragen werden können und dort ihren Nutzen erweisen und *ze bezzerunge* (65) der Rezipienten in Verhalten und Handeln beitragen. Dieser praktisch-verändernde Aspekt der Dichtung baut auf der schönen Form der Literatur auf, die, als Blüte verstanden, den Rezipienten durch ihre Gestalt und ihren lieblichen Duft affizieren und in ihren Bann ziehen soll.

[57] Vgl. auch Haug, *Literaturtheorie,* S. 352.

[58] Vgl. Parallelen im Prolog des *Trojanerkrieges* Konrads von Würzburg. Dort heißt es, die seltene meisterliche Kunst sei eine *wol gebluomte rede, schoene* und *waehe* (12f.). Vgl. auch Wolfgang Monecke, *Studien zur epischen Technik Konrads von Würzburg. Das Erzählprinzip der* wildekeit, mit einem Geleitwort von Ulrich Pretzel, Stuttgart 1968, bes. S. 1–33.

[59] Vgl. bes. Kapitel 4.1.

kurzwîle ist in den poetologischen Konzepten der höfischen Literatur eine häufig genannte Rezeptionskategorie.[60] Ungewöhnlicher dagegen erscheint die Verbindung von *kurzwîle* und Produktionsseite, wie sie im Prolog von *Partonopier und Meliur* auftaucht.[61] Dadurch wird eine gewisse Unabhängigkeit der Texte von ihrer jeweiligen Rezeption postuliert, die eine »Begründung der Dichtung durch sich selbst«[62] andeutet, ohne dass ich dies an dieser Stelle bereits mit modernen Kategorien poetischer Autonomie in Verbindung bringen will. Während Gottfried im *Tristan*-Prolog die Überzeugung äußert, dass ein Werk, das in Gleichgültigkeit herabsinkt – wohlgemerkt allein gegenüber jenem exklusiven Publikum der *edelen herzen* –, zugleich seinen Sinn verliert (1–28), darf nach dem Autor-Ich in Konrads Roman die Hingabe an die Literatur nicht von der Wertschätzung und Anerkennung der Rezipienten bestimmt sein – *swie lützel man im wizze danc sîner meisterlichen kunst* (108f.).

Am Beispiel der Nachtigall, die auch dann ihren lieblichen Gesang erklingen lässt, wenn keiner sie hört, und sich in radikaler Konsequenz zu Tode singt (122–134), demonstriert das Autor-Ich die Kompromisslosigkeit, mit welcher ein Dichter seiner *unmüezekeit* des Schreibens nachzugehen hat.[63] Das Bild der Nachtigall greift Konrad in dem zwischen 1281 und 1287 entstandenen *Trojanerkrieg*[64] wieder auf: *ich tæte alsam diu nahtegal, / diu mit ir sanges dône / ir selben dicke schône / die langen stunde kürzet* (192–194). In letzterem Falle führt ihr Singen nicht zum Tod, sondern wird zu einer isolierten Existenzweise relativiert, die jedoch, so Bent Gebert, mehr einer »Quasi-Einsamkeit« entspricht, denn die Nachtigall singt, »als ob niemand zuhörte«.[65]

Die Nachtigall singt immerzu, weil sie von ihrem eigenen Gesang fasziniert ist. Dieses bestrickende Moment von Kunst, welches das Exempel der Nachtigall

---

[60] Vgl. u.a. auch die Ausführungen zu *kurzwîle* als Rezeptionskategorie gegen Ende des *Daniel* (8120–8140).

[61] Zu finden ist diese rezeptions- wie produktionsseitig zugeordnete *kurzwîle* in wiederholter und dadurch akzentuierter Form auch im Epilog der um 1220 entstandenen Verserzählung *Der guote Gêrhart*, vgl. Rudolf von Ems, *Der guote Gêrhart*, hg. v. John A. Asher, zweite, revidierte Auflage Tübingen 1971. Vgl. bes. die Verse 6832.f.: *durch kurzwîle und durch mînen sin / leit ich dar an mîn arebeit, 6836–6838: swer hab alsô getriuwen lîp, / sô diemüeten sin daz er / des mæres ze kurzewîle ger … sowie 6907- 6912: ouch gert der tihtære / der iu ditz selbe mære / ein teil durch guotes muotes rât / ze kurzwîl getihtet hât / daz ir im wünschet heiles / ze himel werndes teiles* […] Vgl. dazu auch Otto Neudeck, *Erzählen von Kaiser Otto. Zur Fiktionalisierung von Geschichte in mittelhochdeutscher Literatur*, Köln/Weimar/Wien 2003, bes. S. 245–265, der u.a. in der wiederholten Nennung von *kurzwîle* als fiktionsträchtigem Schlüssellexem die Nähe der Verserzählung zu fiktionalen Textsorten untersucht.

[62] Haug, *Literaturtheorie*, S. 355. Vgl. auch Trude Ehlert, »Zu Konrads von Würzburg Auffassung vom Wert der Kunst und von der Rolle des Künstlers«, in: *JOWG* 5 (1988/1989), S. 79–94.

[63] Vgl. auch im *Tristan* die Bezeichnung der Dichter, in diesem Fall speziell der Minnesänger, als *nahtegalen* (4751–4820).

[64] Konrad von Würzburg, *Der Trojanische Krieg*.

[65] Vgl. Bent Gebert, *Mythos als Wissensform. Epistemik und Poetik des ›Trojanerkriegs‹ Konrads von Würzburg*, Berlin/Boston 2013, S. 142.

aufruft, bezieht das Autor-Ich auch auf sich selbst und sein eigenes dichterisches Tun:[66]

Hie mag ein künste rîcher man
bild unde bîschaft nemen an,
sô daz er künste niht enber
durch daz man ir sô lützel ger
und alsô kleine ruoche.
der sîne kunst niht suoche
dur tugende rîches herzen site,
sô mache im selben doch dâ mite
fröud unde kurzewîle guot,
durch sînen frîen hübeschen muot
sing unde spreche zaller zît.
(135–145)

Die zitierten Worte bringen einen ambivalenten Zustand des Dichters zum Ausdruck. Einerseits vermag die Sprachkunst eine solche Bereicherung zu schaffen, die das literarische Tätigsein als Rückzug in einen Spielraum der Muße verstehen lässt, der sich in den Worten selbst entfaltet: *durch daz ich lange stunde / mit herzen und mit munde / mir selben kürzen müeze / und ich mit worten süeze / den hübeschen trûren stœre* (153–157). *kurzwîle* meint dabei mehr als reine Unterhaltung, wie sie am Hof zur Zerstreuung der adligen Elite ausgeübt wird.[67] Das Dichten, das hier beschrieben wird, scheint vielmehr einer inneren Notwendigkeit zu folgen, die den Schreiber in seiner Existenz erfüllt und beflügelt, wodurch die Stunden leicht vorübergehen.

Andererseits spricht eine Ernüchterung aus diesen Zeilen. Während sich in den Prologen Gottfrieds und Hartmanns das Autor-Ich bewusst der *werlt,* wie immer sie genau bestimmt sei, zuwenden kann, ist sich das Autor-Ich bei Konrad, das in der Einsamkeit – *in holze und in geriuten* (122) – dichtet, seiner Adressaten nicht mehr sicher.[68] Der Eigenwert der poetischen Tätigkeit kann diese Unsicherheit relativieren.

---

[66] Vgl. zu Konrads Kunstauffassung u.a. folgende Arbeiten: Ehlert, »Zu Konrads von Würzburg Auffassung vom Wert der Kunst«; Burkhard Hasebrink, »Die Ambivalenz des Erneuerns. Zur Aktualisierung des Tradierten im mittelalterlichen Erzählen«, in: *Fiktion und Fiktionalität in den Literaturen des Mittelalters. Jan-Dirk Müller zum 65. Geburtstag,* hg. v. Ursula Peters und Rainer Warning, München 2009, S. 205–217; Elisabeth Lienert, *Geschichte und Erzählen. Studien zu Konrads von Würzburg ›Trojanerkrieg‹,* Wiesbaden 1996, bes. S. 17–29; Werner Schröder, *Text und Interpretation III. Zur Kunstanschauung Gottfrieds von Straßburg und Konrads von Würzburg nach dem Zeugnis ihrer Prologe,* Stuttgart 1990; Beate Kellner, »*daz alte buoch von Troye* [...] *daz ich es welle erniuwen.* Poetologie im Spannungsfeld von ›wiederholen‹ und ›erneuern‹ in den Trojaromanen Herborts von Fritzlar und Konrads von Würzburg«, in: *Im Wortfeld des Textes. Worthistorische Beiträge zu den Bezeichnungen von Rede und Schrift im Mittelalter,* hg. v. Gerd Dicke, Burkhard Hasebrink und Manfred Eikelmann, Berlin/New York 2006, S. 231–262; Gebert, *Mythos als Wissensform,* bes. S. 134–155, 328–334.

[67] Vgl. Kapitel 3.3.

[68] Vgl. Ehlert, »Zu Konrads von Würzburg Auffassung vom Wert der Kunst«, hier S. 89, betont, dass Konrad sich von der sich zu Tode singenden Nachtigall absetzt, da er zumindest seine

Neben den in Prologen, Epilogen oder Exkursen ausgelagerten poetologischen Äußerungen finden sich Passagen auf Handlungsebene, in denen Rezeptionssituationen literarisch inszeniert sind, die möglicherweise Rezeptionsvorstellungen der Autoren spiegeln.[69] Ein solcher Fall findet sich im *Iwein* Hartmanns von Aue. Im Kontext der Erzählung Kalogrenants reflektiert der *Iwein* die Bedingungen seiner Rezeption selbst und stellt Kriterien auf, wie die rechte Weise des Lesens auszusehen habe (243–258).[70] Die intradiegetische Erzählung ruft damit Prologtopoi auf, die sich gewöhnlich auf extradiegetischer Ebene wiederfinden. Dadurch wird zusätzlich markiert, dass die Szene als Spiegelszene der außertextlichen Rezeption fungieren soll.[71] Kalogrenant fordert von seinen Zuhörern erhöhte Aufmerksamkeit und ungeteilte Konzentration. Passives Lauschen und beiläufiges Konsumieren ist fehl am Platz. Wahre Beteiligung an der Lektüre geht einher mit einer als *arbeit* zu begreifenden »aktive[n] Verstehensbereitschaft«[72] und der Fähigkeit, mit dem Herzen den Sinn der Worte aufzunehmen. Andernfalls sind nicht nur die Worte selbst vergebens, sondern sowohl die *arbeit* des Zuhörers als auch jene des Erzählers: *wan si verliesent beide ihr arbeit, / der dâ hœret und der dâ seit* (255f.). Vergleichbare Bitten an den Leser finden sich auch im *Daniel,* wenn die Rede davon ist, *mit zühten* (19; 21f.) zuzuhören und nicht durch Kommentare oder Gespräche den Fluss der Erzählung zu unterbrechen (20).

Ungewöhnlich ist die Verkehrung von Taten und literarischer Inszenierung dieser Taten im *Iwein*-Prolog. In einer antithetischen Wendung von Vergangenheit *(ze den zîten)* und Gegenwart *(nû)* erhält Literatur eine Vorrangstellung und wird sogar dem Leben übergeordnet:[73]

Mäzene zu seinen kunstverständigen Rezipienten zählen kann. Das Nachtigallenbeispiel diene daher, so Ehlert, vor allem zur Gewinnung der Publikumsgunst, S. 90. Vgl. auch Lienert, *Geschichte und Erzählen,* S. 20, die von einer »Poetik nur scheinbarer Autonomie und Interesselosigkeit« spricht.

[69] Vgl. Unzeitig, »Konstruktion von Autorschaf«, S. 92: Es ist zu vermuten, »dass Literatur, die schriftlich verfasst ist, in einem hohen Maße neben ihrer Entstehung auch ihre Gebrauchssituation, ihre mediale Vermittlung thematisieren und reflektieren kann. Für die mittelhochdeutsche Literatur ist dies der Fall: Die Aufführungssituation bildet den Kontext, in dem Autorschaft thematisiert wird.«

[70] Vgl. Kern, »Der Roman und seine Rezeption«, S. 250.

[71] Kartschoke, »Erzählen im Alltag«, S. 29: »Erzählte Erzählungen haben in der mittelalterlichen Literatur den gleichen ästhetischen Status wie der sie einbettende Kontext«. Kern, »Iwein liest ›Laudine‹«, S. 391f., weist zurecht daraufhin, dass auch die selbstreferentiellen Textstellen wiederum Literatur sind und nicht auf realhistorische Formen der Performanz schließen lassen.

[72] Kartschoke, »Erzählen im Alltag«, S. 37. Vgl. zu den Bedingungen höfischer Rezeption auch Franziska Wenzel, »Von Schwellentexten und anderen Beobachtern. Überlegungen zu den Bedingungen und Modalitäten höfischer Rezeption, vorgeführt am ›Iwein‹ Hartmanns von Aue«, in: *Akten des X. Internationalen Germanistenkongresses Wien 2000. ›Zeitenwende – Die Germanistik auf dem Weg vom 20. ins 21. Jahrhundert‹,* hg. v. Peter Wiesinger, unter Mitarbeit v. Hans Derkits, Bd. 5, Berlin/Bruxelles/Frankfurt a.M. u.a. 2002, S. 95–102, bes. S. 98.

[73] Dieser Deutung skeptisch gegenüber äußert sich Karina Kellermann, »›Exemplum‹ und ›historia‹. Zu poetologischen Traditionen in Hartmanns ›Iwein‹«, in: *GRM* 42 (1992), S. 1–27, hier S. 5.

mich jâmert wærlîchen,
und hulfez iht, ich woldez clagen,
daz nû bî unseren tagen
selch vreude niemer werden mac
der man ze den zîten pflac.
doch müezen wir ouch nû genesen.
ichn wolde dô niht enwære,
dâ uns noch mit ir mære
sô rehte wol wesen sol:
dâ tâten in diu werc vil wol.
(48–58)

Grund für den Primat der Literatur scheint der besondere Wert der ästhetischen Erfahrung zu sein. Dieser liegt offenbar in der Möglichkeit, dass das *werc* (58) ein singuläres Ereignis darstellt, während das *mære,* ähnlich der Eucharistieanklänge im *Tristan*-Prolog, immer wieder neu mitteilbar ist.[74] Der Lektüre des *Iwein* werden wohltuende, heilsame Kräfte (*doch müezen wir ouch nû genesen* (53)) zugesprochen.[75] Dabei wird das Streben nach *rehte güete* (1) nicht literarisch illustriert, sondern in der Rezeption verwirklicht.[76] Der heilbringende Aspekt (*genesen* (53)) und die vergnügliche Wirkung (*sô rehte wol wesen* (57)) von Literatur gehen miteinander einher, nicht zuletzt indem die Lektüre eine immer wieder aktualisierbare verlebendigende ästhetische Erfahrung ermöglicht, die den Rezipienten im ständigen geistigen »Mit-tätig-Sein«[77] berührt und verändert. Diese vergegenwärtigende Lektüre reißt den Leser oder Zuhörer temporär aus den realen, tatsächlichen Konstellationen heraus und führt ihn als einen anderen in das alltägliche Geschehen zurück: »[man] tritt [...] nicht mit demselben Lebensgefühl, mit dem man [...] eingetreten ist, [...] wieder heraus; wenn man wirklich eine Erfahrung von Kunst erfuhr, ist die Welt lichter und ist die Welt leichter geworden.«[78]

Die Ausführungen zur Poetologie der Texte lassen sich an diesem Punkt zusammenfassen: Auch wenn das Schreiben eines poetischen Textes als körperliche Anstrengung beschrieben wird, die, wie im *Welschen Gast* veranschaulicht, den Dichter wie sein Werkzeug an den Rand der Belastungsfähigkeit treiben kann, handelt es sich doch, dies wurde in den poetologischen Ausführungen textübergreifend deutlich, um eine bewusst und freiwillig gewählte Aufgabe – und dies obwohl es sich um eine Auftragsdichtung handelt. In Gestalt und Inhalt versuchen die Dichter mit größter Sorgfalt und Konzentration ihren hohen Qualitäts-

[74] Vgl. auch Lutz, *Schreiben, Bildung und Gespräch,* S. 186, der vom »Vorzug des (gewissen) Wertes der Erzählung vor dem (ungewissen) Wert des (nur behaupteten) Geschehens« spricht. Vgl. Köbele, »Mythos und Metapher«. Vgl. zu den Eucharistieanklängen im *Tristan*-Prolog auch Kapitel 2.

[75] Vgl. im *Tristan*-Prolog die Dichotomie von *verderben* und *genesen* in Vers 66.

[76] Vgl. Hasebrink, »Die Ambivalenz des Erneuerns« , hier S. 209.

[77] Gadamer, *Die Aktualität des Schönen,* S. 35.

[78] Gadamer, *Die Aktualität des Schönen,* S. 34. Volker Mertens, »*Imitatio Arthuri.* Zum Prolog von Hartmanns ›Iwein‹«, in: *ZfdA* 106 (1977), S. 350- 358, spricht von »Bewußtseins- und Erkenntniserweiterung«, S. 357.

ansprüchen gerecht zu werden. Doch die geradezu handwerkliche Verfertigung eines Textes beleuchtet den künstlerischen Schaffensprozess nur einseitig. Ebenso wie gestalterisches Geschick bedarf der Dichter einer Inspirationsquelle, die ihm ohne sein willentliches Zutun widerfährt. Es scheint, dass der poetische Akt ebenso wie Muße ein Moment der Unverfügbarkeit aufweist. Obschon in den Texten keine genaueren Angaben zu finden sind, liegt die Vermutung nahe, dass Inspiration und Mußeerfahrung eng gekoppelt sind. Erst das freiheitliche, losgelöste Erleben im Modus der Muße schafft den unabdingbaren Raum für Ideen und Einfälle, die die Grundlage für schöpferische Produktivität bilden.

Als wünschenswerte Produktions- oder Rezeptionskategorie allerdings werden *muoze* oder *müezekheit* an keiner Stelle explizit genannt. Das Schreiben und das Lesen der Texte sollen gerade vor gefährlichem Müßiggang und sündhafter Trägheit schützen. Die Lektüre bietet eine angemessene Art und Weise der *kurzwîle,* die zudem Alltagssorgen mildert. Die Prologe fordern eine tätig-untätige Beschäftigung der Rezipienten mit den Texten, wie sie in der Minnegrottenszene narrativ ausgestaltet ist.[79] Ist der Lesevorgang selbst ein eher vergnügliches Ereignis, wird sich die Lektüre in der Retrospektive als gewinnbringend im alltäglichen Leben erweisen und das Verhalten und Handeln der Rezipienten verändern und ethisch formen. Die zu Beginn des Kapitels angesprochene Aporie zwischen dem in den Texten verlautbaren Imperativ des aktiven Tätigseins einerseits und dem Verständnis von Literatur als Zeitvertreib in den poetologischen Überlegungen andererseits lässt sich angesichts dieser doppelten Wirkungsabsicht des *delectare* und *prodesse* relativieren.

Im folgenden letzten Abschnitt dieses Kapitels kommt es noch einmal zu einer Fokusverschiebung und einer Erweiterung des Betrachtungsfeldes von dem textimmanent intendierten Rezipienten auf die textexterne Rezeption. Dabei wird die Bedeutung von Erzählinhalten und Sprache, von imaginären Bildeindrücken und akustischen Erfahrungen beim Rezeptionsprozess in die Untersuchung miteinbezogen und ein möglicher Zusammenhang zu Mußeerfahrungen ausgelotet.

Lese- und Darbietungsszenen in den Texten, dies wurde bereits in den vorangehenden Kapiteln deutlich, zeigen das Spektrum soziologischer Orte der Rezeption, das von der geselligen Festrunde im Rahmen der Erzählung Kalogrenants bis hin zu abgeschiedenen Mußeräumen reicht. Erinnert sei dabei etwa an den Baumgarten im *Iwein*[80] oder die Minnegrotte im *Tristan*[81]. Folgt man allerdings der Bestimmung Hugo Kuhns ist allein *muoze* der soziologische Ort des Erzählens: »Der soziologische Ort ihres Erzählens [sc. der mittelalterlichen Autoren] ist die *muoze:* Feierabend, Fest usw.«[82] An anderer Stelle greift Kuhn diesen Punkt noch einmal auf und präzisiert ihn, wenn er den soziologischen Ort als die »von

[79] Vgl. Kapitel 4.3.4.

[80] Vgl. Kapitel 4.1.2.

[81] Vgl. Kapitel 4.3.

[82] Hugo Kuhn, »Tristan, Nibelungenlied, Artusstruktur«, in: ders., *Liebe und Gesellschaft,* hg. v. Wolfgang Walliczek, Stuttgart 1980, S. 12–35, hier S. 34.

Herrschaft, Arbeit und Beruf entlastete ›Freizeit‹«[83] definiert. Kuhn subsumiert unterschiedliche Ausformungen freier Zeit, die die höfische Kultur prägen, unter dem Oberbegriff der *muoze*. Diese Kategorisierung ist meines Erachtens zu undifferenziert. Die Begriffe stehen ohne Zweifel in dynamischer Verbindung zueinander, jedoch ohne dass der eine pauschal dem anderen zugeordnet werden kann.[84] Unabhängig von der verwendeten Terminologie bestimmt Kuhn den ›Ort‹ des Erzählens und Lesens eindeutig als jenen Bereich, der der Mühe und Pflicht des Alltäglichen gegenüber steht. Dieser Bereich kann ebenso Geselligkeit, Vergnügen und Unterhaltung wie auch Muße in sich fassen. Doch gerade letztere folgt keinem Automatismus, sondern kann *eventuell* aus der gesellig-festlichen Stimmung heraus dem Einzelnen bei der Lektüre widerfahren.

Auch Rainer Warning grenzt die in seinen Ausführungen in gleichwertiger Aufzählung genannten Begriffe Muße, Fest und Feiertag nicht näher voneinander ab, betont jedoch im Rückgriff auf Kuhns Überlegungen nicht nur die Dimension des Vergnügens, sondern auch die Offenheit dessen, was durch Lektüre erfahren werden kann:

> Die fiktionsimmanent aufgebauten Erzählsituationen dieser Texte spiegeln lebensweltliche Rezeptionssituationen, die durch Muße, durch Fest und Feiertagsstimmung gekennzeichnet sind. Vorlesen und Zuhören wurden hier zum Selbstgenuß einer Bildungselite, die in diesen Texten primär kultivierte Unterhaltung suchte, was immer sie auch sonst noch in ihnen finden mochte.[85]

In der wohl um 1215 dem Adressaten Kaiser Otto IV. überreichten, in drei Bücher eingeteilten *Otia Imperialia* des Gervasius von Tilbury[86] werden eben jene Gedanken von Kuhn und Warning anschaulich. Nach Aussage dieses Werkes bedürfen gerade die im weltlich-gesellschaftlichen Raum aktiv Beteiligten der Rekreation, der Ruhe und Zerstreuung in Form von Literatur,[87] um sich für Augenblicke den

---

[83] Hugo Kuhn, »Bemerkungen zur Rezeption des Tristan im deutschen Mittelalter. Ein Beitrag zur Rezeptionsdiskussion«, in: ders., *Liebe und Gesellschaft*, hg. v. Wolfgang Walliczek, Stuttgart 1980, S. 36–43, hier S. 42: »Der soziale Ort ist die von Herrschaft, Arbeit und Beruf entlastete ›Freizeit‹, die aber im Mittelalter ein geradezu zeremonieller Freiraum für repräsentative Selbstverwirklichung ist (die Spielleute geben *êre umbe guot!*). Nur dieser soziale Freiheitsraum aber erlaubt auch die kritische Reflexion der sozialen Zwänge des Mittelalters, zunächst beim Adel, in den literarischen Werken höchster Qualität. (Ähnlich wie im Gesellschafts-Liebesroman des 19. Jahrhunderts der Adel als Freiheitsraum für die Probleme psychologischer Selbstbestimmung fungiert: Stendhal, Anna Karenina, Fontane!).«

[84] Vgl. dazu auch Kapitel 3.3. Vor allem ist zu beachten, dass ›*muoze*‹ in den hier untersuchten Texten in den wenigsten Fällen neutral als ›gegebene freie zeit‹, freiheit von geschäften‹,... (BMZ, LEXER) verwendet wird, sondern meist im Hinblick auf die schädliche Wirkung von Untätigkeit.

[85] Warning, »Formen narrativer Identitätskonstitution im höfischen Roman«, S. 589.

[86] Gervase of Tilbury, *Otia imperialia. Recreation for an Emperor*, edited and translatet by Shelagh E. Banks und James W. Binns, Oxford 2002.

[87] Eine geradezu ideale Rezeptionsszenerie entwirft der Text in Buch III, Kapitel 59, S. 667: »Erat in Britannia maiore, paucis exactis diebus, miles in armis strenuissimus, omnibus uirtutibus dotatus, inter barones paucis secundus in potentia, nullique inferior in probitate, Osbertus

Sorgen des täglichen politischen Geschäftes zu entziehen und sich einen Spielraum der Imagination und möglicherweise auch der Muße – so lassen zumindest die prominent im Titel genannten kaiserlichen Mußestunden schließen – zu eröffnen:

Et quoniam apud nos sunt mutationes et uicissitudinum obumbrationes, nunc inter felicia letatur animus, nunc inter tristia mediatur, semper mouetur, raro quiescit. Enimuero in dilucidis interuallis imperialis magestas nonnonquam sono cithare Dauid uexationem | in Saule a spiritu perturbante factam amotam sentit aut emollitam. Quia igitur optimum nature fatigate remedium est amare nouitates et gaudere uariis, nec decet tam sacras aures spiritu mimorum fallaci uentilari, dignum duxi aliquid auribus uestris ingere quo humana receetur ocupatio.[88]

Weil es nun in unserem Leben Wandel und Schatten von Veränderungen gibt *(Iac 1,17)*, freut sich unser Herz in glücklichen und grübelt in traurigen Zeiten; immer ist es in Bewegung, nur selten kommt es zur Ruhe. In lichten Augenblicken spürt die kaiserliche Majestät bisweilen, wie die Beunruhigung, die durch einen quälenden Geist in Saul ausgelöst wurde, beim Klang von Davids Zither weicht und gemildert wird *(I Sm 16, 14–23)*. Weil es aber nun das beste Mittel für eine erschöpfte Natur ist, sich freudig etwas Neuem zuzuwenden und an Abwechslungen zu ergötzen, es jedoch andererseits nicht angeht, daß so heilige Ohren vom verlogenen Atem der Schauspieler behelligt werden, (14) habe ich es für angemessen befunden, Euren Ohren etwas einzuflößen, was Euch bei Eurer irdischen Belastung entspannen soll.[89]

Hugonis nominatus. Hic aliquo die castrum memoratum ut hospes ingreditur, et cum in hyemis intemperie post cenam noctu familia diuitis ad focum, ut potentibus moris est, ecensendis antiquorum gestis operam daret et aures acommodaret, tandem occurrit ab indigenis pretaxatum mirabile recensitum [...]«. In der Übersetzung Stienes, Gervasius von Tilbury, *Kaiserliche Mußestunden.* Otia Imperialia, eingeleitet, übersetzt und mit Anmerkungen versehen von Heinz Erich Stiene, zweiter Halbband, Stuttgart 2009, S. 371: »Es ist noch nicht lange her, da lebte in Großbritannien ein Ritter namens Osbert Fitz Hugh. Er beherrschte glänzend seine Waffen, besaß alle Vorzüge und stand unter den Baronen an Macht nur wenigen nach. Eines Tages kam er als Gast in den besagten Ort. Und als die Familie seines wohlhabenden Gastgebers, wie es bei den Mächtigen der Brauch ist, sich zur ungemütlichen Winterszeit einmal abends nach dem Essen anschickte, am Feuer Geschichten aus alter Zeit zu erzählen oder gespannt zu lauschen, da wandte man sich schließlich auch der erwähnten wundersamen Erscheinung zu, von der die Einheimischen dann erzählen [...]«.

[88] Gervase of Tilbury, *Otia Imperialia,* S. 13f.

[89] Gervasius von Tilbury, *Kaiserliche Mußestunden.* Otia Imperialia, eingeleitet, übersetzt und mit Anmerkungen versehen von Heinz Erich Stiene, erster Halbband, Stuttgart 2009, S. 10. Vgl. auch Gervase of Tilbury, *Otia Imperialia,* S. 558f.: »Vt enim ab exordio meminimus, propositi nostri principium est mirabilia singularium prouinciarum deliciosis auribus inferre, ut habeat imperialis celsitudo, cum dilucidum fuerit ei uacationis interuallum, quo suas recreet meditationes, secundum illud: Interpone tuis interdum gaudia curis. Enimuero non ex loquaci ystrionum garrulitate ocium decet imperiale imbui, sed potius, abiectis importunis fabularum mendaciis, que uetustatis auctoritas comprobauit aut scripturarum firmauit auctoritas aut cotidiane conspectionis fides oculata testatur ad ocium sacri auditus sunt ducenda. Et quoniam humane mentis auiditas ad audiendas ac hauriendas nouitates semper accuitur, antiquissima commutari necesse erit in noua, naturalia in mirabilia, apud plerosque usitata in inaudita.« In der Übersetzung Stienes, zweiter Halbband, S. 308, lautet dieser Abschnitt folgendermaßen: »Da hatten wir unsere Absicht erklärt, wählerischen Ohren wundersame Erscheinungen in den einzelnen Provinzen zu bieten; schließlich sollte sich Eure kaiserliche Hoheit von seiner geistigen Anspannung in einem arbeitsfreien Augenblick mit einem unterhaltsamen Gegenstand erholen

In der »bei aller gebotenen Vorsicht als höfische Enzyklopädie mit Bildungs- und Unterhaltungsangebot«[90] zu bezeichnenden *Otia Imperialia* wird der Begriff des *otium* sowohl im Sinne »leichte[r], zerstreuende[r] Unterhaltung«, als auch im Sinne »gefüllte[r], genutzte[r] freie[r] Zeit« verwendet.[91] *Otia* wiederum mögen sowohl die »dargebotenen Inhalte«, als auch die »gemeinsame Beschäftigung« mit diesen Inhalten sein, wie Eckart Conrad Lutz in seiner Untersuchung zum Werk Gervasius' ausführt.[92]

Die Betrachtung der *Otia Imperialia* lenkt den Blick auf einen weiteren Punkt, der für die Frage nach Muße in der ästhetischen Dimension der Texte zentral ist. Es geht um Elemente des Wunderbaren in den Texten, wie sie sich auch im dritten Buch des Gervasius finden lassen. Dieses dritte Buch stellt regelrecht eine Sammlung von Wundergeschichten dar und dient dezidiert unterhaltsamen Zwecken.[93] Die rational unerklärlichen Ereignisse lassen den textexternen Rezipienten staunen, sie heben ihn aus der alltäglichen Welt empor und ziehen ihn in Räume der Imagination. Auch die höfischen Romane schaffen eine solche Welt des Phantastischen und Surrealen, in die der Rezipient eintauchen kann. Textintern sorgt das irrationale Moment phantastischer Geschehnisse für wenig Verwunderung.[94] Der Auszug vom Artushof ist ein Übertritt in eine beunruhigende, doch selbst nicht beunruhigte Welt. Den Rezipienten jedoch ziehen die Figurationen des Unfassbaren in ihren Bann, oder genauer: erst im Rezeptionsprozess entfalten sich diese überhaupt.[95] Die Begegnung mit dem narrativ ausgestalteten Wunderbaren bleibt bei aller Unmittelbarkeit, die das Lesen oder Erzählen zu erzeugen vermag, eine

können, heißt es doch: ›Unterbrich deine Sorgen hin und wieder durch Freuden‹. Denn nicht das geschwätzige Palaver von Gauklern soll die Muße des Kaisers beanspruchen. Fort daher mit den unverschämten Märchen! Eurer Muße ziemt, was seit alter Zeit zuverlässig beglaubigt ist, was in schriftlichen Werken bestätigt wird oder was die aus täglicher Beobachtung gewonnene Erfahrung zu Euren heiligen Ohren bringen soll. Und weil der Mensch seiner Natur nach immer darauf erpicht ist, Neues zu hören und zu erfahren, muß auch das Älteste zu etwas Neuem, das Selbstverständliche zu etwas Wunderbarem und das, was für die meisten ganz gewöhnlich ist, zu etwas Außergewöhnlichem umgedeutet werden.«

[90] Michael Rothmann, »*Mirabilia vero dicimus, quae nostrae cognitioni non subiacent, etiam cum sint naturalia.* ›Wundergeschichten‹ zwischen Wissen und Unterhaltung: der ›Liber de mirabilius mundi‹ (›Otia Imperialia‹) des Gervasius von Tilbury«, in: *Mirakel im Mittelalter. Konzeptionen, Erscheinungsformen, Deutungen,* hg. v. Martin Heinzelmann, Klaus Herbers und Dieter R. Bauer, Stuttgart 2002, S. 399–432, hier S. 427.

[91] Vgl. Lutz, *Schreiben, Bildung und Gespräch,* S. 142.

[92] Lutz, *Schreiben, Bildung und Gespräch,* S. 143, betont den dialogischen Aspekt der *Otia.* Das als gelehrte Lektüre am Hof gedachte Werk Gervasius' entfalte seinen Wert erst im Gespräch und in der gemeinsamen reflexiven Durchdringung der Zusammenhänge, um in diesem Spiel aus Fragen und Erläutern die eigene Bildung zu demonstrieren und zu vertiefen, S. 164.

[93] Vgl. dazu auch Fritz Peter Knapp, »›Wahre‹ und ›erlogene‹ Wunder. Gervasius von Tilbury und der Höfische Roman«, in: *Beiträge* 132 (2010), S. 230–244.

[94] Vgl. auch Walter Haug, »Die komische Wende des Wunderbaren: arthurische Grotesken«, in: *Das Wunderbare in der arthurischen Literatur. Probleme und Perspektiven,* hg. v. Friedrich Wolfzettel, Tübingen 2003, S. 159–174, bes. S. 167.

[95] Vgl. Störmer-Caysa, *Grundstrukturen,* S. 196.

»Differenzerfahrung«[96]. In Erinnerung gerufen seien etwa die Skurrilitäten und Kuriositäten im *Daniel,* die beispielhaft für die Ausführungen des Wunderbaren in anderen Texten der *matière de Bretagne* sind. Die dort gezeichneten Hybridwesen stellen für den textexternen Rezipienten eine unüberbrückbare Fremdheit dar, die jeder Erklärung, jeder Referenz und jeder Kategorisierung trotzen.[97] In dieser Differenzerfahrung, die, wie anzunehmen ist, zwischen intendiertem zeitgenössischem und heutigem Leser in ihrer Intensität schwankt,[98] liegt meines Erachtens das Potenzial für eine Begegnung anderer Art. Mersch verwendet im Zusammenhang radikaler Entzogenheit des Anderen den Ausdruck der ›Heimsuchung‹, der auf Lévinas zurückgeht.[99] Die Konfrontation mit den wunderbaren Welten und Figuren der höfischen Romane, etwa im *Daniel,* kann eine solche Heimsuchung darstellen. Sie bedeutet, so in der Ausführung Merschs, »eine Passivität – oder

[96] Mersch, »Die Frage der Alterität«, S. 47. Dabei ist jedoch mit Sonja Glauch, »Fiktionalität im Mittelalter; revisited«, in: *Poetica* 46 (2014), S. 85–139, hier S. 91, zu beachten, dass sich die Beurteilung des Wahrheitsgehaltes von phantastischen Beschreibungen durch den intendierten zeitgenössischen Rezipienten sehr wohl von einem heutigen Rezipienten unterscheiden kann. Kriterium dürfe, so Glauch, allein der intendierte zeitgenössische Rezipient sein. Dessen Wirklichkeitsauffassung umgreife ebenso Wunderbares und Magisches, S. 114. Anders dagegen die Auffassung von Ulrich Wyss, »Über Vergnügen und Missvergnügen an Erzählungen vom Wunderbaren«, in: *Das Wunderbare in der arthurischen Literatur. Probleme und Perspektiven,* hg. v. Friedrich Wolfzettel, Tübingen 2003, S. 129–139, der als Kriterium der Bestimmung des Wunderbaren den modernen Leser heranzieht, und dabei zu dem Schluss kommt, in vielen Artusromanen sei das Wunderbare nicht inhaltlich festzumachen, sondern als Effekt des Erzählens.

[97] Erinnert sei an den Riesenboten König Maturs, die bauchlosen Wesen mit dem Gorgonenhaupt, den Zwerg Jurân und sein mächtiges Zauberschwert oder den kahlköpfigen Siechen, vgl. Kapitel 3.2.2. Mit der Abkehr vom klassischen Artusroman und dessen struktureller Logik eines Nacheinander geht eine narrative Gestaltung einer Welt der »Verflechtung von Lichtem und Dunklem« (Haug, »Paradigmatische Poesie«, S. 212) einher. In der Weise transportiert der Text Imaginationen, die verunsichern und irritieren, und dies auch wollen. Vgl. auch im *Willehalm* das schreckenerregende Heer des Königs Gorhant (35,12–28). Vgl. dazu auch Martin Przybilski, »Möglichkeitsräume in Strickers ›Daniel von dem blühenden Tal‹«, in: *Fiktionalität im Artusroman des 13. bis 15. Jahrhunderts. Romanistische und germanistische Perspektiven,* hg. v. Martin Przybilski und Nikolaus Ruge, unter Mitarbeit von Leonie Butz und Hanna Häger, Wiesbaden 2013, S. 119–132, hier S. 121. Das Toponym des Protagonisten öffnet eine Räumlichkeit des Wunderbaren, aber auch jede seiner *âventiuren* spielt sich in einer eigenen Topographie ab. Jede seiner Bewegung öffnet ein neues Raumfenster des Phantastischen: »Der Raum breitet sich wie ein Teppich unter der Aventiure aus und rollt sich mit ihr wieder ein«, vgl. Störmer-Caysa, *Grundstrukturen,* S. 75. Vgl. auch Hans Jürgen Scheuer, »Bildintensität. Eine imaginationstheoretische Lektüre des Strickerschen Artusromans ›Daniel von dem Blühenden Tal‹«, in: *ZfdPh* 124 (2005), S. 23–46, hier S. 29f.; Pingel, *Ritterliche Werte,* bes. S. 160–189. Vgl. auch die anderen Ortsbezeichnungen, etwa der *Trüebe Berc,* der *Liehte Brunnen* oder die *Grüene Ouwe,* die allesamt ›sprechend‹ sind, vgl. dazu das Diagramm bei Scheuer, »Bildintensität«, S. 30f.

[98] Vgl. Glauch, »Fiktionalität im Mittelater; revisited«, S. 91.

[99] Mersch, »Die Frage der Alterität«, S. 49; vgl. Emmanuel Lévinas, *Die Spur des Anderen. Untersuchungen zur Phänomenologie und Sozialphilosophie,* übers., hg. u. eingeleitet von Wolfgang Nikolaus Krewani, 6. Auflage, Freiburg i.Br./München 2012, S. 221 (Originalausgabe *En découvrant l'existence avec Husserl et Heidegger,* Paris 2001).

genauer: eine ›Passibilität‹, denn sie zeigt an, daß einem Anderen begegnen nicht bedeuten kann, aktiv auf ihn [oder es, RB] zuzugehen, sondern sich von ihm in seiner ganzen Verletzlichkeit *angehen* zu lassen«[100]. Die Undenkbarkeiten, die sich dem Rezipienten darbieten, widersprechen jeder Rationalität und entziehen sich jedem Erfahrungswissen. Das Fremde ruft einen Taumel des Staunens hervor, der etwas Verfängliches, Bestrickendes an sich hat.[101] Wie das Netz der Sandinôse im *Daniel* vermag das Wunderbare den Rezipienten einzufangen und zu verzaubern.

Die folgende Aussage Roland Roßbachers fasst die Wirkung der literarisch inszenierten Anderwelt auf die zeitgenössischen Leser des höfischen Romans pointiert zusammen: »Allein der wohldosierte Wechsel von Magischem, Materialischem, Melodramatischem und Festlichem muß für die mittelalterlichen Leser und Zuhörer ein literarisch-kulinarisches Ereignis bedeutet haben.«[102] Der Text birgt die Macht in sich, nicht nur ästhetischen Genuss im Sinne eines ›literarisch-kulinarischen Ereignisses‹ zu erzeugen, sondern auch Momente der Muße zu ermöglichen. Er eröffnet Spielräume, die der Rezipient, damals und heute, in seiner Imagination mit Bildern füllen kann.[103] Insbesondere bei Kunstbeschreibungen wechselt der Rezipient zwischen der Betrachtung innerer Bilder und der Entschlüsselung von Buchstaben.[104] Diese Ekphrasen tauchen im höfischen Roman gehäuft auf und stellen eine Unterbrechung und Entschleunigung der Handlungsgeschehnisse dar.[105] Sie lenken den Blick auf die literarische Textverfertigung, de-

---

[100] Mersch, »Die Frage der Alterität«, S. 49.

[101] Vgl. Haug, »Das Fantastische«, S. 148, spricht vom »Sog des Abgründigen der Fantasie«. Kritisch resümiert Haug, dass eine Steigerung der poetisch-fantastischen Virtuosität des späten Artusromans zugleich einen Verlust an »ästhetischer Führung und sinnstiftender Form« bedeute, S. 149. Vgl. zum Staunen u.a. Schnyder, »Überlegungen zu einer Poetik des Staunens im Mittelalter«; für einen ideengeschichtlichen Überblick vgl. Stefan Matuschek, *Über das Staunen. Eine ideengeschichtliche Analyse,* Tübingen 1991. Vgl. auch Gauger, »Geheimnis und Neugier«, S. 22, der auf die etymologische Nähe von Neugier (curiositas) und kurios verweist; vgl. auch Jutta Eming, »Neugier als Emotion. Beobachtungen an literarischen Texten des Mittelalters«, in: *Neugier und Tabu. Regeln und Mythen des Wissens,* hg. v. Martin Baisch und Elke Koch, Freiburg i.Br. 2013, S. 107–130, hier S. 112f.

[102] Roland Franz Roßbacher, *Artusroman und Herrschaftsnachfolge. Darstellungsform und Aussagekategorien in Ulrichs von Zatzikhoven ›Lanzelet‹, Strickers ›Daniel von dem Blühenden Tal‹ und Pleiers ›Garel von dem Blühenden Tal‹,* Göppingen 1998, S. 149. Vgl. Haiko Wandhoff, »Strickers ›Daniel von dem Blühenden Tal‹: ein komischer Artusroman im frühen 13. Jahrhundert?«, in: *Komische Gegenwelten. Lachen und Literatur in Mittelalter und Früher Neuzeit,* hg. v. Werner Röcke und Helga Neumann, Paderborn 1999, S. 47–62. In der Forschung war lange Zeit ein eher abschätziger Blick auf den *Daniel* vorherrschend, so spricht Gustav Rosenhagen dem Stricker-Werk etwa »[g]rossen poetischen Wert« ab, vgl. Gustav Rosenhagen, *Untersuchungen über Daniel vom Blühenden Tal vom Stricker,* Kiel 1890, S. 120.

[103] Gadamer, *Die Aktualität des Schönen,* S. 34.

[104] Haiko Wandhoff, *Ekphrasis. Kunstbeschreibungen und virtuelle Räume in der Literatur des Mittelalters,* Berlin/New York 2003, S. 4, spricht von »Ekphrasis als Schnittstelle auditiver und visueller Medialität«.

[105] Vgl. etwa prominent im *Erec* Enites neuer Zelter (7286–7766). Vgl. Bumke, *Der ›Erec‹* , S. 131: »Man kann den höfischen Erzählstil geradezu als einen Beschreibungsstil definieren.«

monstrieren die Fiktionalität der Texte und ermöglichen die Reflexion des Erzählens selbst. Zugleich schaffen sie eine Gegenwärtigkeit, die das jeweils beschriebene Kunstwerk vor dem inneren Auge des Rezipienten performativ erschafft. In diese Bilder kann der Rezipient eintauchen und sich darin verlieren.

Wie in Kapitel 3.3.3 im Abschnitt zu Musik deutlich wurde, spielt für eine solch immersive Bewegung Klang eine bedeutsame Rolle. Die Klanglichkeit der Sprache vergegenwärtigt, indem sie »Daseiendes in die Ausdrücklichkeit eines eigens Sichmanifestierens [...] in die *ausdrückliche* Zugewandtheit«[106] bringt. Noch vor jeder Identifikation mit den intradiegetischen Figuren wird der Rezipient über den Wohlklang der Worte ästhetisch berührt und geradezu in den Text hineingezogen.[107] Dies gilt nicht nur für den Zuhörer. Auch dem stillen Leser ist die ästhetische Erfahrung des Sprachklanges mit Hilfe der eigenen ›inneren Stimme‹ möglich. Durch unterschiedliche sprachliche Mittel wie kunstvoller Satzkomposition oder rhetorischer Gewandtheit erreichen die Autoren Klang und Expressivität. Was sich in der Herstellung eines Textes als aufreibende, bisweilen körperlich mühsame Arbeit darstellt (vgl. die Analyse der poetologischen Aussagen zu Beginn des Kapitels), kann im Rezeptionsprozess zu einer befreienden mußevollen Erfahrung werden, die den Leser oder Zuhörer von seiner jeweiligen konkreten Alltagslast emporhebt und Pflichten und Sorgen gleichermaßen vergessen lässt.

Ausnahmen stellen etwa im *Tristan* Passagen wie die Schwertleite, der Hirschbast oder der Drachenmord, aber auch die Minnegrotte dar, vgl. dazu den Vortrag von Kathryn Starkey, »Achronie im höfischen Roman, oder: Ekphrasis als Zeitreise« am 10.07.2013 an der Albert-Ludwigs-Universität Freiburg. Starkey vertritt die These, dass Gottfried bewusst eine abstrakte allegorische Beschreibung einer lebendigen Darstellung vorzieht und dadurch Kritik am unkritischen Publikum übt, das sich allein dem visuellen Reiz hingeben will. Vgl. zu Ekphrasis u.a. *Beschreibungskunst – Kunstbeschreibung. Ekphrasis von der Antike bis zur Gegenwart,* hg. v. Gottfried Boehm und Helmut Pfotenhauer, München 1995; Wandhoff, *Ekphrasis;* Haiko Wandhoff, »Das geordnete Welt-Bild im Text. Enites Pferd und die Funktionen der Ekphrasis im *Erec* Hartmanns von Aue«, in: *Ordnung und Unordnung in der Literatur des Mittelalters,* hg. v. Wolfgang Harms, C. Stephen Jaeger und Horst Wenzel, Berlin 2003, S. 45–60; Susanne Bürkle, »›Kunst‹-Reflexion aus dem Geiste der *descriptio.* Enites Pferd und der Diskus artistischer *meisterschaft*«, in: *Das fremde Schöne. Dimensionen des Ästhetischen in der Literatur des Mittelalters,* hg. v. Manuel Braun und Christopher Young, Berlin/New York 2007, S. 143–170, hier S. 145f.; Kathryn Starkey/Horst Wenzel, »The Visuality of German Courtly Literature«, in: *Oxford German Studies* 37 (2008), S. 130–159; zu den antiken und mittelalterlichen rhetorischen Traditionen von Ekphraseis vgl. Nikolaus Henkel, »›Fortschritt‹ in der Poetik des höfischen Romans. Das Verfahren der Descriptio im ›Roman d'Eneas‹ und in Heinrichs von Veldeke ›Eneasroman‹«, in: *Retextualisierung in der mittelalterlichen Literatur,* Sonderheft ZfdPh 124 (2005), hg. v. Joachim Bumke und Ursula Peters, S. 96–116; zur Behandlung von *descriptio* in mittellateinischen Poetiken des 12. und 13. Jahrhunderts vgl. auch Corinna Laude, »*wîs lûter sam ein îs* – oder: Schwierige Schönheit. Überlegungen zur Etablierung ästhetischer Normen in der höfischen Epik«, in: *Text und Normativität im deutschen Mittelalter. XX. Anglo-German Colloquium,* hg. v. Elke Brüggen, Franz-Josef Holznagel, Sebastian Coxon und Almut Suerbaum, unter Mitarbeit v. Reinhold Katers, Berlin/Boston 2012, S. 79–104, bes. S. 89–92.

[106] Huber, *Eidos und Existenz,* S. 34.

[107] Vgl. Bleumer, »Im Netz des Strickers«, S. 205f.

Eine solche Mußeerfahrung, die sich durch und über die Literarizität der Texte ereignen kann, bezieht sich auf die materielle Oberfläche der Texte und kann sich unabhängig von korrespondierenden oder widersprechenden narrativen Inhalten einstellen. Während die inhaltliche Aussage in ihrem Sinn erst geistig erfasst und decodiert werden muss, um zu ›berühren‹, vermag Klang den Hörer unmittelbar zu ergreifen. Und doch kann man sich nicht des Eindrucks erwehren, dass die in dieser Studie als mußehafte Szenen herausgearbeiteten Textstellen eine spezifische textexterne Rezeptionshaltung provozieren, durch die die inhaltliche und die materielle Seite des Textes miteinander verknüpft wird. Die Textanalysen zeigten, dass Spielräume der Muße auf Handlungsebene oftmals aus dem hektischen Geschehensablauf herausfallen und den Gang der Geschichte zu einem scheinbaren Stillstand kommen lassen. Statt einer sukzessiven Aneinanderreihung von Ereignissen öffnet sich dem Rezipienten, etwa in ausführlichen Raumbeschreibungen, ein Nebeneinander an Eindrücken. Dadurch schafft der Text nicht nur im Handlungsablauf, sondern möglicherweise auch für den Rezipienten Momente der Ruhe, durch die eine Empfänglichkeit für Muße gesteigert wird. Aussagen darüber, inwiefern die Szenen von Spielräumen der Muße den Rezeptionsprozess beeinflussen oder gar ›lenken‹, bzw. inwiefern der ›Rhythmus‹ der Handlung sich auf die Art der Rezeption auswirkt, können jedoch nicht letztgültig beantwortet, sondern allenfalls als Vermutungen formuliert werden.

Geräusche, das wurde bereits in den Musikszenen im *Tristan* deutlich (vgl. Kapitel 3.3.3 zu Musik), dringen unabhängig von inhaltlichen Aussagen direkt an das Ohr und stellen eine physische Nähe her, die zu einer ganzkörperlichen Erfahrung wird.[108] Das Ich wird in Gänze erfasst: »Etwas oder jemanden zu hören, bedeutet, berührt worden zu sein.«[109] Die Erfahrung von Unmittelbarkeit, die die Klanglichkeit von Texten bewirken kann, betrifft nicht mehr den Aktanten im Text. Dieser betritt literarisch konstruierte Räume der Muße, die, weil sie erzählt werden, unverfügbar sind und dies auch bleiben. Dem externen Rezipienten dagegen eröffnet die stoffliche Oberflächenästhetik der Texte reale Spielräume der Muße. Der Umschlag in diese Spielräume, die nicht willentlich erzeugbar sind, widerfährt demjenigen Leser bzw. Hörer, der sich bereitwillig auf das Gehörte einlässt und sich ihm selbstvergessen hingibt.

Worte schwingen sich auf wie der Adler – *sweiment alse der ar* (*Tristan*, 4722) – und keiner weiß, welche Bilder und Räume der Muße sie den Rezipienten letztlich finden lassen. In einer solch intensivierten Erfahrung des Aufgehens in einem Kunstwerk können sich für den Leser dieser Texte flüchtige Augenblicke des Ausbruchs und des Durchbruchs in Spielräume der Muße öffnen, in denen, um das Bild des Flügel schlagenden Vogels noch einmal aufzugreifen, ein »Gefühl des Herausgehobenseins«[110] und des Befreitseins für kurze Zeit möglich ist.

[108] Hans Ulrich Gumbrecht, *Stimmungen lesen. Über eine verdeckte Wirklichkeit der Literatur*, München 2011, S. 23.

[109] Alice Lagaay, »Zwischen Klang und Stille. Gedanken zur Philosophie der Stimme«, in: *Paragrana* 17 (2008), S. 168–181, hier S. 169.

[110] Vgl. Adorno, *Ästhetik*, S. 196f.

Kapitel 6

Fazit: Muße im höfischen Roman

dâ mite sô müezeget der muot

Tristan, Vers 91.

Die Ausgangsthese der vorliegenden Arbeit war, dass die im höfischen Roman vorzufindenden literarischen Konzeptionen des Ausbruchs und der Außeralltäglichkeit strukturelle Analogien zu einer modernen Phänomenologie von Muße aufweisen. Dies hat sich zunächst insofern als produktive Heuristik erwiesen, dass dadurch der Fokus auf Aspekte der höfischen Kultur gerichtet werden konnte, die den breit diskutierten Idealen der *zuht,* der *hövescheit* und der *gewonheit* entgegenstehen und eher im Bereich des Marginalen, Unscheinbaren zu verorten sind. So konnte die Relevanz der Ausbrüche für die Vervollkommnung und Selbstinszenierung der adligen Gesellschaft herausgearbeitet und der Blick für die teils bis zur Paradoxie gesteigerte Spannungslogik zwischen dem tätigen Streben nach *ére* einerseits und dem verweilenden Innehalten andererseits geschärft werden. Als eine zentrale Erkenntnis hat sich gezeigt, dass die adlige Elite zwar in all ihrem Tun Anstrengungen verfolgt, die immerfort auf Virtuosität und Perfektionierung ausgerichtet sind, ihre Erfülltheit und Exklusivität findet sie jedoch gerade in vom Hof abseitigen Freiräumen, die die ritterliche Tätigkeit zum Stillstand bringen. Die Vertreter der adligen Elite gelangen nicht innerhalb der ritterlichen Ideale zu wahrer Entfaltung, sondern erst in einem Freiraum, der außerhalb der höfischen Ordnung verortet ist. Im Moment erlebter Vollkommenheit entziehen sich die Figuren damit gerade jenen gesellschaftsstabilisierenden Anforderungen und Pflichten, die Voraussetzung dieser Erfülltheit sind. Wie die Arbeit zeigt, ist dieser Zustand der Erfülltheit dadurch in sich stets prekär.

Als Referenzebene bot der moderne ›Muße‹-Begriff, wie er in der Einleitung ausführlich bestimmt wurde, die Möglichkeit, Strukturen in den Texten erkennbar zu machen, die aufgrund fehlender begrifflicher und theoretischer Möglichkeiten in den Texten nicht entsprechend begrifflich ausgedrückt wurden. Vermittels des modernen Beobachtungsbegriffes konnten Schlüsse über die literarisch inszenierte höfische Kultur gezogen werden, die über das Explizite in den Romanen hinausgehen und andernfalls nur schwer oder gar nicht erkennbar würden. So konnte unter anderem geklärt werden, warum die untersuchten Szenen des Ausbruchs von einer bestimmten Zerbrechlichkeit geprägt sind, warum sich die Konstellationen stets wieder auflösen und auflösen müssen; aber auch, warum die betrachteten literarisch inszenierten Momente den Einzelnen in ein Spannungsverhältnis zu der Gesellschaft setzen. Im Hinblick auf das Verhältnis der untersuchten Literatur und der damaligen Kultur konnte die Arbeit zudem Aspekte der höfischen Kultur freilegen, die sie als vielgestaltiger erkennbar macht als bislang angenommen. Die gewonnenen Erkenntnisse möchte ich abschließend noch einmal pointiert zusammenfassen:

In den Texten des höfischen Romans nehmen Kampfepisoden und *âventiure*-Fahrten quantitativ den größten Raum ein. Sie erzeugen eine spannungsgeladene Unruhe, die das Geschehen in Bewegung hält und beschleunigt. Stets sucht der Ritter nach Gelegenheiten, *arbeit* auf sich zu nehmen und dadurch *êre* zu erlangen. Dadurch fügt er sich in besonderem Maße in das strenge Ordnungsgefüge des Hofes ein, das von jedem Einzelnen Aktivität, Anstrengung und das Streben nach Perfektion (ein)fordert. Trotz dieser dominierenden Betriebsamkeit und Geschäftigkeit lassen sich doch immer wieder Strukturen des Ausbruchs aus den fest etablierten Mustern und Mechanismen erkennen, die zu einer Entschleunigung des Handlungsverlaufs führen und einzelnen Figuren Momente des Verweilens bieten. Diese Ausbrüche mögen einerseits ›institutionalisierte Ausbrüche‹ sein, die, wie etwa das Fest, der höfischen Gesellschaft zwar Momente der Außeralltäglichkeit ermöglichen, zugleich jedoch die hierarchischen Strukturen stabilisieren und festigen. Diese werden von der herrschenden Ordnung nicht nur konzediert und legitimiert, sondern aktiv befürwortet und gefördert.

Andererseits zeigen sich aber auch Ausbrüche der Figuren, die tatsächlich einen zeitweisen *Bruch* mit dem Ordnungsgefüge und eine Unter*brechung* der Geschehnisse darstellen. Ausbruchsformen dieser Art unterscheiden sich wesentlich von verwandten Phänomenen wie etwa der *kurzwîle,* indem sie den Figuren Freiräume eröffnen, die ihnen alternative Seinsweisen und Momente der Gegenwärtigkeit, der Erfülltheit und Selbstvergessenheit sowie der Freiheit von zweckgerichtetem Denken und Handeln ermöglichen und in denen die Grenzen zwischen Aktivität und Passivität, Tätigkeit und Untätigkeit bis zur Unkenntlichkeit verschwimmen. Aufgrund dieser qualitativen Merkmale, die sich ebenfalls in modernen Konzeptionen von Muße wiederfinden, komme ich zu dem Schluss, diese Ausbrüche als ›Spielräume der Muße‹ zu fassen. Zwar können sich einzelnen Figuren innerhalb der höfischen Vergnügungskultur durchaus momenthafte Inseln der Muße eröffnen, wie etwa beim intensiven Musizieren oder beim konzentrierten Schachspiel während eines Festes; dabei handelt es sich jedoch vermehrt um mentale Spielräume der Muße, um Rückzugsmomente in die Imagination und das eigene Innere, die von außenstehenden Figuren meist unbemerkt bleiben. Diese Beschreibungen unterscheiden sich von jenen Szenen, in denen konkrete Orte geschildert werden, die sich durch das Tun bzw. Nicht-Tun der Figuren zu freiheitlicheren Spiel*räumen* der Muße wandeln. Es lässt sich festhalten, dass Muße im höfischen Roman sich insbesondere abseits des Hofes an entlegenen Orten entfaltet und den erlebenden Figuren in der Losgelöstheit vom alltäglichen Geschehen eine andere Daseinsweise ermöglicht, die sich durch die eben genannten qualitativen Merkmale auszeichnet. Die offenkundigen Analogien, die über eine rein strukturelle Ähnlichkeit hinausreichen, rechtfertigen auch retrospektiv die Verwendung des ›Muße‹-Begriffes für die mittelalterlichen Texte. Die gewonnenen Erkenntnisse führen zu dem Schluss, dass Muße in den höfischen Texten um 1200 als wesentlicher Bestandteil der adligen Kultur inszeniert wird.

Die Wortbelege aus dem Wortfeld *muoze* zeigen sich auch im Rückblick oftmals als Indiz dafür, dass die Thematik der Muße auf inhaltlicher Ebene verhandelt wird: Sei es gehäuft in der Minnegrottenszene im *Tristan,* prägnant in der *verligen*-Episode im *Erec* oder, im altfranzösischen *Roman de la Rose,* sogar namentlich in der Figur der Oiseuse. Wie in der Arbeit jedoch deutlich wird, zeigen sich Mußeinszenierungen auch in Szenen, die auf Wortebene keine Belegstellen aus dem Wortfeld *muoze* aufweisen, so etwa im *Titurel.* Die mit dem neuhochdeutschen Wort ›Muße‹ verwandten mittelhochdeutschen Wörter weisen ein anderes semantisches Spektrum auf und werden äußerst ambivalent verwendet. Die Untersuchung der semantischen Ebene stützt die inhaltlich-konzeptionellen Erkenntnisse, dass Mußeinszenierungen in den Texten nicht in Dichotomien wie Aktivität oder Passivität, Tätigkeit oder Untätigkeit zu bestimmen sind, sondern in einem ständigen Oszillieren begriffen werden müssen. Zudem spiegelt sich in den Semantisierungen der Einzelwörter auch die große Spannweite zwischen positiver und negativer Wertung von Muße. In einigen untersuchten Szenen wird deutlich, dass die verwendeten Wörter die, mit Hasebrink gesprochen, skandalisierte Seite von Muße mitführen, während narrativ auratisierte Freiräume entfaltet werden. So folgt etwa der idyllischen Baumgartenszene im *Iwein* die Warnung vor *verlegeniu müezekheit,* die *Joie-de-la-curt*-Episode im *Erec* steht in Korrelation mit der *verligen*-Szene, in welcher mit dem Wort *müezeclîche* die verwerfliche Trägheit des Paares bezeichnet wird. Andererseits werden mußehafte Szenen, die eindeutig skandalträchtig sind, wie etwa die Liebesbegegnung Tristans und Isoldes auf dem Schiff oder beim mittäglichen Stelldichein im Baumgarten, durch die Verwendung des Wortes *unmuoze* in ein positiveres Licht gerückt: Die Schärfe des Urteils über ihr Tun scheint gemildert. Verwendete Begrifflichkeit und Inszenierung treten in diesen Szenen auseinander. Dies untermauert das Ergebnis der Arbeit, dass Muße stets in Konflikt mit den ritterlichen Idealen von Anstrengung, Tatkraft und Einsatz und damit der institutionalisierten Ordnung des Hofes steht, der adligen Gesellschaft zugleich aber jene Momente der Erfülltheit und freien Entfaltung bietet, die sie nicht zuletzt als Elite auszeichnet.

Diese Erkenntnisse aus der Betrachtung der Wortebene bestätigen das Ergebnis der Studie, dass Muße im höfischen Roman eine gewichtige, doch ambivalente Rolle einnimmt. Die Diskursivierung und Semantisierung von Muße ist in den Texten von konkurrierenden Denkweisen bestimmt. Damit steht die Arbeit dem bisherigen Forschungsbestand entgegen, der die Vermutung nahelegt, Muße habe in den höfischen Texten um 1200 keine bedeutende Rolle gespielt. Auch die provokante Säkularisierungsthese Virginia Krauses,[1] Muße habe sich erst in der

[1] Vgl. Krause, *Idle Pursuits,* die eine Aufwertung ›weltlicher‹ Muße erst in der Renaissance sieht; vgl. in ähnlichem Tenor David Kaldewey, *Wahrheit und Nützlichkeit. Selbstbeschreibun-*

Renaissance als Exklusivitätsmerkmal der adligen Elite etabliert, wird in diesem Punkt widerlegt.

Einfache Antworten, die versuchen, Muße in der Großepik um 1200 entweder vollständig zu negieren, oder unter einem alles umfassenden Begriff der ›höfischen Muße‹ auch verwandte Phänomene wie Spiel, Fest und Vergnügen zu subsumieren, greifen zu kurz und übersehen die prekäre Vielschichtigkeit des Phänomens, gerade auch in Bezug auf das Wechselverhältnis von Einzelnem und Gesellschaft, von individuellen Wünschen und sozialen Forderungen. Damit bietet die Arbeit auch Anschlusspunkte an weitere Überlegungen zu vormodernen kulturellen Inszenierungen, wie sie sich abseits der öffentlichen und repräsentativen Bereiche abspielen. Übergreifende Ausführungen zu Muße im Mittelalter, die Überschneidungen und Umbesetzungen in chronologischer Fortführung bis in die Frühe Neuzeit in den Blick nähmen, hätten den Zeitraum um 1200 nicht zu ignorieren, sondern entsprechend zu berücksichtigen. Ebenso wären parallel verlaufende Mußediskurse in der geistlichen, auch lateinischen, Literatur miteinzubeziehen – dazu gehörten genauso benachbarte Konzepte von Muße, wie etwa *acedia, vita activa* und *vita contemplativa.*

In den Texten selbst zeigen sich implizit wie explizit deutliche Divergenzen zwischen den Interpretationen und Wertungen der beobachteten Freiräume. Je nach Perspektive schwankt das Urteil über Muße von sündhafter Trägheit bis zu höchster Erfülltheit. Die Untersuchung bestätigt somit die These Hasebrinks, dass Muße im höfischen Roman zwischen Skandalisierung und Auratisierung zu verorten ist.[2] Die Verschiedenheit und teilweise Sinnwidrigkeit der Bewertungen von Muße lassen auf die kulturelle Relevanz des Themas für die höfische Gesellschaft schließen. Auch wenn über die literarischen Texte keine direkten Rückschlüsse auf die textexterne historische Gesellschaft und deren Auffassung von Muße möglich sind, verweist die in den Texten in Bezug auf Muße im Zentrum stehende Spannung zwischen Einzelnem und Kollektiv, zwischen Bruch und Norm sowie zwischen Abweichung und Übereinstimmung doch auf allgemeingültige kulturanthropologische Themen und ist damit immer auch auf ein Außerhalb der Texte bezogen. Zu vermuten ist allerdings, dass die Texte ein Experimentierfeld bieten, das Grenzen austestet und womöglich auch überschreitet, die in der Realität nicht zu übertreten möglich waren. Hier ist insbesondere das poetische Phantasma der Minnegrotte zu nennen. In solchen Passagen vermag die höfische Gesellschaft sich selbst in ihrer Exklusivität auszustellen und mittels dieser Inszenierung und Idealisierung die eigene soziale Distinktion zu unterstreichen. Womöglich liegt gerade hierin der Grund für die bedeutsame Rolle von Muße in den Texten des höfischen Romans: Die narrativen Texte bieten einen Raum, um Ausbrüche aus den gegebenen Schranken der institutionellen Ordnung gefahrlos auszubuchstabieren. Diese Ausbruchsstrukturen interessieren und faszinieren; sie zeigen, dass

gen der Wissenschaft zwischen Autonomie und gesellschaftlicher Relevanz, Bielefeld 2013; Burke, »The Invention of Leisure«. Vgl. Einleitung Kapitel 1, bes. 1.7.

[2] Vgl. Hasebrink, »Zwischen Skandalisierung und Auratisierung«.

gerade die höfische Elite über das Privileg verfügt, sich dem Ordnungsgefüge zu entziehen, in kurzzeitigen Dehabitualisierungsbewegungen aus den erwarteten Rollen auszubrechen und in idyllischen Freiräumen der Muße und der Minne zu verweilen. Durch solche Selbstdarstellungen wie Selbstüberschreitungen wirken die Texte wiederum auf die Wirklichkeit zurück und prägen das Selbstbild der adligen Schicht und deren kulturelle Vorstellungen mit. Im Zusammenhang mit Muße erscheint Literatur aber nicht nur als Möglichkeitsraum, sondern zugleich auch als ›didaktischer Zeigefinger‹. In der literarisch ausgestalteten Vorführung der Gefahren und Bedrohungen von Müßiggang oder gar Trägheit verfolgen die Texte ebenfalls eine erzieherische Aufgabe.

Als besonders tragfähig hat sich bei der Analyse die Kategorie des Raumes erwiesen. In der Arbeit konnte geradezu eine Topographie der Muße nachgezeichnet werden: Spielräume der Muße finden im höfischen Roman vornehmlich an den örtlichen Randbereichen des Hofes statt, bevorzugt in der freien Natur, etwa dem wilden Wald oder dem kultivierten Baumgarten. Die auffällig häufige Verwendung topischer Elemente des *locus amoenus* verweist zudem auf ein enges Bezugssystem von Muße, Minne und Naturraum. Oftmals handelt es sich bei den beschriebenen Orten um Rückzugsorte eines Liebespaares. Über die Raumbeschaffenheit lassen sich besonders im Kontext der Mußeräume, so hat sich in der Untersuchung gezeigt, Rückschlüsse auf innere Zustände der Figuren ziehen, ohne dahingehend einen Automatismus unterstellen zu wollen. Mußeerfahrungen ließen sich in den Texten vor allem an der Peripherie des Hofes ausfindig machen. Sie sind zugleich im metaphorischen Sinne peripher, da sie mit den Vorstellungen der adligen Sozietät brechen und deshalb meist tabuisiert werden. Mußevolles Erleben wird, dies zeigt nicht nur die berühmte *verligen*-Szene im *Erec*, gesellschaftlich abgewertet und in Verbindung mit verwerflichem Müßiggang und lasterhafter Trägheit gebracht. Die Wahnsinns-Szene im *Iwein* verdeutlicht zudem die Nähe zu psychopathologischen Zuständen, etwa dem mittelalterlichen Krankheitsbild der Melancholie oder der Sünde der *acedia*.

Eine Ausnahme hiervon bildet die Minnegrotte im *Tristan*. In der topographischen Unbestimmtheit wird auf artifizielle Weise ein paradigmatischer Spielraum der Muße ausgestaltet, der textintern geradezu idealisiert wird. Dies äußert sich auch in einer positiven semantischen Umwertung des Nomens *muoze*, durch das ein intensiviertes Erleben ausgedrückt wird. In diesem heterotopen Spielraum scheint die Dichotomie von herrschender Ordnung und Sehnsucht nach Freiraum temporär aufgehoben, was sich nicht zuletzt daran zeigt, dass das beschriebene Dasein als Krönung höfischen Lebens stilisiert wird. Doch auch im Falle der Minnegrotte genügt die kleinste Störung, um den Mußemoment aufzulösen und die Figuren in ihre gewohnten Verhaltensmuster zurückzuwerfen.

Hinsichtlich der verwendeten narrativen Verfahren lassen sich folgende Beobachtungen summierend festhalten: In den Passagen des höfischen Romans, in denen es vornehmlich um die ritterliche *arbeit* geht, dominiert eine akzelerierte Erzählweise, die sich in der dichten Abfolge von Ereignissen äußert. Dagegen ist in den untersuchten Textstellen von ›Spielräumen der Muße‹ eine Verlangsamung des Erzählens festzustellen. Detaillierte Schilderungen von Gegenständen oder anwesenden Figuren bremsen die Erzählgeschwindigkeit, wodurch der Eindruck eines temporären Stillstandes entsteht. Dies wird auch durch vage oder vollständig fehlende Zeitangaben unterstützt. Meist weicht jegliche Figurenrede deskriptiven Passagen des Erzählers, die den Szenen eine gemäldeartige Statik verleihen und den Eindruck des Verweilens verstärken. Dabei lenken lokal- wie temporaldeiktische Adverbien (wie *dâ, dô, so danne, nû, hinne, hier, hie von*) die Aufmerksamkeit auf die jeweilige gegebene Situation. Der häufige Gebrauch von Adjektiven dient nicht nur der Veranschaulichung der Szenerie, sondern transportiert auch die besondere Atmosphäre der Räume und bringt die Vielfalt der Sinneseindrücke bis hin zu Synästhesien zum Ausdruck *(küele, linde, lûter, reine, süeze).*

Auch in Bezug auf die Figuren zeigt sich eine gewisse Verlangsamung in den Bewegungsabläufen sowie eine Tendenz zu ruhenden Körperpositionen. Jede Hast wird abgelegt, stattdessen versinken die Figuren in ihr jeweiliges Tun, etwa das Lesen oder Musizieren, das sie vollkommen einzunehmen scheint. Dies zeigt sich auch an der Verwendung von Verben, die atelisch und durativ sind, etwa *schouwen, sehen, volgen* oder *ruowen.* Sie drücken ein Wahrnehmen und Sich-treiben-Lassen der Figur aus, das auf kein bestimmtes Ziel hin ausgerichtet ist. Dem aktiven Inbesitznehmen und zweckorientierten Handeln während der Aventiurefahrten steht damit ein Hingeben der Figur an ihre Umgebung und die Bereitschaft, sich von ihr berühren zu lassen, entgegen, ohne dass dies jedoch mit völliger Untätigkeit einherginge.

Die Machart der Szenen stützt auf struktureller Ebene den Eindruck, es mit Freiräumen jenseits der alltäglichen Abläufe zu tun zu haben: Die Szenen sind für den Handlungsverlauf meist als Verzögerungen zu begreifen, die Erzählzeit ist in Bezug auf das Gesamtwerk weithin gering, die Szenen flüchtig und bisweilen gehen sie beinahe unter im sonstigen hektischen Geschehen der höfischen Romane. Gerade durch die ihnen innewohnende Flüchtigkeit aber gewinnen sie an Intensität. Den Ausbrüchen in Spielräume der Muße folgt eine ebenso sprunghafte Rückkehr der Figuren in die Alltäglichkeit, welche meist durch äußere Impulse evoziert wird. Löst sich der Spielraum der Muße auf, verfallen die Figuren sofort wieder in tradierte höfische Muster und habituelle Verhaltensweisen. Dies ist jedoch nicht im Widerspruch zu verstehen, sondern spricht für die spezifische Fragilität von Mußeerfahrungen im höfischen Roman und demonstriert ihre prinzipielle Unverfügbarkeit.

Auf Rezipientenebene können diese Szenen, die eine Verlangsamung des Geschehens und ein augenblickhaftes Verweilen für den Leser eröffnen, möglicherweise zu ebensolchen neuen Sichtweisen führen, die im Mußemoment selbst unbemerkt bleiben. Da die Textsorte des höfischen Romans über größere Freiheiten bezüglich Stoff, Gestaltung und Stil verfügt, vermag sie in den narrativen Inszenierungen von Spielräumen der Muße poetologisch zu überwinden, was sich über Sprache oft nur mittelbar transportieren lässt. In den entworfenen imaginären Bildern und in der Rhetorizität und Ästhetizität der sprachlichen Gestaltung kann sie den Leser berühren und ihn für Momente der Muße sensibilisieren oder diese gar selbst über Klänge und Bilder hervorrufen. Die literarischen Texte können das Potenzial zu Muße in sich bewahren und mit jeder neuen Lektüre für den Rezipienten aktualisieren, auch dann, wenn sich für die Figuren auf Handlungsebene der Mußemoment längst verflüchtigt und jeder Verfügbarkeit entzogen hat. Die hier für den höfischen Roman beispielhaft untersuchten Texte vermögen durch ihre kunstvolle Sprache Räume des Gegenwärtigen zu eröffnen, die dem Leser das Eintauchen in Muße in unterschiedlichster Form immer wieder gewähren können.

Abschließend bleibt, mit Blumenberg gesprochen, sowohl für Figuren- als auch Rezipientenebene festzuhalten, dass für denjenigen, dem Muße widerfahren ist, »nicht alles so selbstverständlich [bleibt] wie es war. Das ist alles.«[3]

[3] Blumenberg, »Nachdenklichkeit«, S. 61.

Anhang

Literaturverzeichnis

Abkürzungen

Die vollständigen bibliographischen Angaben finden sich nach Abkürzung einsortiert im Abschnitt ›Wörterbücher und Nachschlagewerke‹.

AWB	*Althochdeutsches Wörterbuch*
BMZ	Benecke/Müller/Zarncke, *Mittelhochdeutsches Wörterbuch*
DWB	*Deutsches Wörterbuch von Jacob und Wilhelm Grimm*
EWA	*Etymologisches Wörterbuch des Althochdeutschen*
GEORGES	*Der neue Georges, lateinisch-deutsches Handwörterbuch*
HWPh	*Historisches Wörterbuch der Philosophie*
KLUGE	Friedrich Kluge, *Etymologisches Wörterbuch der deutschen Sprache*
LEXER	*Mittelhochdeutsches Handwörterbuch,* hg. v. Matthias Lexer
MWB	*Mittelhochdeutsches Wörterbuch,* hg. v. Kurt Gärtner, Klaus Grubmüller und Karl Stackmann
TPMA	*Thesaurus proverbiorum medii aevi, Lexikon der Sprichwörter des romanisch-germanischen Mittelalters*

Textausgaben

La versione franco-italiana della ›Bataille d'Aliscans‹, hg. v. Günter Holtus, Tübingen 1985.
Die lateinisch-althochdeutsche Benediktinerregel Stiftsbibliothek St. Gallen Cod. 916, hg. v. Achim Masser, Göttingen 1997.
Les chansons de geste du cycle de Guillaume d'Orange, hg. v. Jean Frappier, 2 Bde., Paris 1955–1967.
Chrestien de Troyes, *Lancelot,* übers. und eingeleitet von Helga Jauss-Meyer, München 1974.
Chréstien de Troyes, *Yvain,* übers. und eingeleitet v. Ilse Nolting-Hauff, München 1962.

Chrétien de Troyes, *Erec et Enide. Erec und Enide,* altfrz./dt., übers. u. hg. v. Albert Gier, Stuttgart 1987.

Engelhus, Dietrich, »Laienregel (Regule der leyen)«, in: *Quellen und Forschungen zur Geschichte der deutschen Mystik,* hg. v. Rudolf Langenberg, Bonn 1902, S. 72–106.

Meister Eckhart, *Die deutschen und lateinischen Werke,* hg. im Auftrag der Deutschen Forschungsgemeinschaft, 1. Abteilung: Die deutschen Werke, Bd. I-III, V, hg. u. übers. v. Josef Quint, Stuttgart 1958–1976; Bd. IV›I, hg. u. übers. v. Georg Steer unter Mitarbeit v. Wolfgang Klimanek und Freimut Löser, Stuttgart 2003, Bd. IV,2, Lfg. 1–2, hg. u. übers. v. Georg Steer unter Mitarbeit v. Wolfgang Klimanek, Stuttgart 2003.

Eilhart von Oberg, *Tristrant und Isalde,* mittelhochdeutsch/neuhochdeutsch, hg. v. Danielle Buschinger und Wolfgang Spiewok, Greifswald 1993.

[Fleck, Konrad,] *Flore und Blanscheflur. Eine Erzählung von Konrad Fleck,* hg. v. Emil Sommer, Quedlinburg/Leipzig 1846.

Gervase of Tilbury, *Otia imperialia. Recreation for an Emperor,* edited and translated by Shelagh E. Banks und James W. Binns, Oxford 2002.

Gervasius von Tilbury, *Kaiserliche Mußestunden. Otia Imperialia,* eingeleitet, übers. u. mit Anmerkungen versehen v. Heinz Erich Stiene, erster und zweiter Halbband, Stuttgart 2009.

Gottfried von Straßburg, *Tristan und Isold,* hg. v. Friedrich Ranke, Bd. 1: Text, Berlin 1930, 14. Auflage Zürich/Berlin 1969.

Gottfried von Straßburg, *Tristan,* Bd. 1: Text, hg. v. Karl Marold, unveränderter fünfter Abdruck nach dem dritten, mit einem auf Grund von Friedrich Rankes Kollationen verbesserten kritischen Apparat besorgt und mit einem erweiterten Nachwort versehen v. Werner Schröder, Berlin/New York 2004 (1. Auflage 1906, 3. Abdruck mit Rankes Erweiterungen und Verbesserungen und einem Nachwort v. Werner Schröder 1969).

Gottfried von Straßburg, *Tristan,* nach dem Text von Friedrich Ranke, neu hg., ins Neuhochdeutsche übers., mit einem Stellenkommentar und einem Nachwort v. Rüdiger Krohn, 3 Bde., Stuttgart 2007 (1. Auflage 1980, durchgesehene Auflage 1993).

Gottfried von Straßburg, *Tristan und Isold,* hg. v. Walter Haug und Manfred Günter Scholz, mit dem Text des Thomas, hg., übers. und komm. v. Walter Haug, 2 Bde., Berlin 2011.

[Gottfried von Viterbo,] *Gottfried von Viterbo. Memoria saeculorum,* hg. v. Georg Waitz, in: MGH SS 22, Hannover 1872, S. 94–106.

Guillaume de Lorris/Jean de Meun, *Le Roman de la Rose,* éd. par Félix Lecoy, 3 vol., Paris 1965–1970.

Guillaume de Lorris/Jean de Meun, *Der Rosenroman,* altfrz./dt., übers. u. eingel. v. Karl August Ott, 3 Bde., München 1976–1979.

Hartmann von Aue, *Das Büchlein,* hg. v. Arno Schirokauer und Petrus W. Tax, Berlin 1979.

[Hartmann von Aue,] *Erec. Eine Erzählung von Hartmann von Aue,* Leipzig 1839, 21871, Nachdruck Hildesheim/New York 1979, hg. v. Moritz Haupt.

[Hartmann von Aue,] *Erec von Hartmann von Aue,* hg. v. Albert Leitzmann, Halle 1939 (Nachdruck mit einem Vorwort v. Willi Steinberg Halle 1960), Tübingen 21957, 3. Auflage besorgt v. Ludwig Wolff 1963, 41967, 51972, 6. Auflage besorgt v. Christoph Cormeau und Kurt Gärtner 1985.

Hartmann von Aue, *Erec,* hg. v. Manfred Günter Scholz, übers. v. Susanne Held, Frankfurt a.M. 2004.

Hartmann von Aue, *Erec,* mit einem Abdruck der neuen Wolfenbütteler und Zwettler Erec-Fragmente, hg. v. Albert Leitzmann, fortgeführt v. Ludwig Wolff, 7. Auflage besorgt v. Kurt Gärtner, Tübingen 2006 (1. Auflage 1939).

Hartmann von Aue, *Ereck.* Textgeschichtliche Ausgabe mit Abdruck sämtlicher Fragmente und der Bruchstücke des mitteldeutschen ›Erek‹, hg. v. Andreas Hammer, Victor Millet, Timo Reuvekamp-Felber unter Mitarbeit von Lydia Merten, Katharina Münstermann und Hannah Rieger, Berlin/Boston 2017.

[Hartmann von Aue,] *Iwein. Eine Erzählung von Hartmann von Aue,* hg. v. Georg Friedrich Benecke und Karl Lachmann, neu bearbeitet v. Ludwig Wolff, siebente Ausgabe, Bd. 1: Text, Bd. 2: Handschriftenübersicht, Anmerkungen und Lesarten, Berlin 1968.

Hartmann von Aue, *Iwein,* Text der siebenten Ausgabe v. Georg Friedrich Benecke und Karl Lachmann, hg. v. Ludwig Wolff, Übersetzung und Nachwort von Thomas Cramer, 4., überarb. Auflage, Berlin/New York 2001.

Hartmann von Aue, *Iwein,* hg. und übers. v. Max Wehrli, Zürich 2004.

Hartmann von Aue, *Gregorius. Der Arme Heinrich. Iwein,* hg. und übers. v. Volker Mertens, Frankfurt a.M. 2008 (Frankfurt a.M. 2004).

Hartmann von Aue, *Iwein,* hg. v. Rüdiger Krohn und Mireille Schnyder, übers. v. Rüdiger Krohn, Stuttgart 2012.

Heinrich von Freiberg, *Tristan und Isolde,* Fortsetzung des Tristan-Romans Gottfrieds von Straßburg, Originaltext nach der Florenzer Handschrift ms. B.R.226 von Danielle Buschinger, Versübersetzung von Wolfgang Spiewok, Greifswald 1993.

Jean Bodel, *La Chanson des Saxons,* publiée pour la première fois par Francisque Michel, Paris 1839.

Jehan Bodel, *La Chanson des Saisnes,* edition critique par Annette Brasseur, Vol. 1: Texte, Genève 1989.

Johannes von Salisbury, *Ioannis Saresberiensis Episcopi Carnotensis Policratici sive De nvgis cvrialivm et vestigiis philosophorvm libri VIII,* recognovit et prolegomenis, apparatv critico, commentario, indicibvs instrvxit Clemens C. I. Webb, Bd. 1, London/Oxford 1909.

Konrad von Würzburg, *Engelhard,* hg. v. Ingo Reiffenstein, 3., neubeabeitete Auflage der Ausgabe von Paul Gereke, Tübingen 1982.

Konrad von Würzburg, *Konrads von Würzburg Partonopier und Meliur,* aus dem Nachlasse von Franz Pfeiffer, ed. u. hg. v. Karl Bartsch, mit einem Nachwort v. Rainer Gruenter, in Verbindung mit Bruno Jöhnk, Raimund Kemper und Hans-Christian Wunderlich, Berlin 1970 (photomechanischer Nachdruck des *Partonopier und Meliur* nach der im Verlag Wilhelm Braumüller, Wien, 1871 erschienen Ausgabe).

Konrad von Würzburg, *Der Trojanische Krieg,* nach den Vorarbeiten K. Frommanns und F. Roths, hg. v. Adelbert von Keller, Stuttgart 1858.

Pfaffe Lambrecht, *Alexanderroman,* mittelhochdeutsch/neuhochdeutsch, hg., übers. u. komm. v. Elisabeth Lienert, Stuttgart 2007.

Mauritius von Craûn, hg. v. Heimo Reinitzer, Tübingen 2000.

Das Nibelungenlied, nach der Ausgabe von Karl Bartsch, hg. v. Helmut de Boor, 22., revidierte und von Roswitha Wisniewski ergänzte Auflage, Wiesbaden 1988.

Die Pilgerfahrt des träumenden Mönchs, aus der Berleburger Handschrift, hg. v. Aloys Bömer, Berlin 1915.

Rudolf von Ems, *Der guote Gêrhart,* hg. v. John A. Asher, zweite, revidierte Auflage, Tübingen 1971.

Seuse, Heinrich, *Deutsche Schriften,* im Auftrag der Württembergischen Kommission für Landesgeschichte, hg. v. Karl Bihlmeyer, Stuttgart 1907, Nachdruck Frankfurt a.M. 1961.

Der Stricker, *Daniel von dem Blühenden Tal,* hg. v. Michael Resler, 2., neubearbeitete Auflage, Tübingen 1995.

Thomasin von Zirclaria, *Der wälsche Gast,* hg. v. Heinrich Rückert, mit einer Einleitung und einem Register von Friedrich Neumann, photomechan. Nachdruck der Ausgabe Quedlinburg/Leipzig 1852, Berlin 1965.

Thomasin von Zerklaere, *Der Welsche Gast,* Text (Auswahl), Übersetzung, Stellenkommentar, ausgewählt, eingeleitet, übers. und mit Anmerkungen versehen v. Eva Willms, Berlin/New York 2004.

Ulrich von Türheim, *Rennewart,* aus der Berliner und Heidelberger Handschrift, hg. v. Alfred Hübner, Berlin 1938.

Wirnt von Grafenberg, *Wigalois,* Text, Übersetzung, Stellenkommentar, übers. von Ulrich Seelbach und Sabine Seelbach, 2. Auflage, Berlin/Boston 2014.

Wolfram von Eschenbach, *Parzival,* Studienausgabe, mittelhochdeutscher Text nach der sechsten Ausgabe von Karl Lachmann, Übersetzung von Peter Knecht, mit einer Einführungen zum Text der Lachmannschen Ausgabe und in Probleme der ›Parzival‹-Interpretation von Bernd Schirok, 2. Auflage Berlin/New York 2003.

Wolfram von Eschenbach, *Titurel,* hg., übers. u. mit einem Kommentar und Materialien versehen von Helmut Brackert und Stephan Fuchs-Jolie, Berlin/New York 2002.

Wolfram von Eschenbach, *Willehalm,* Urtext und Übersetzung, nach der 6. Textausgabe von Karl Lachmann, Übersetzung und Anmerkungen von Dieter Kartschoke, Berlin 1968.

Wolfram von Eschenbach, *Willehalm,* nach der Handschrift 857 der Stiftsbibliothek St. Gallen, mittelhochdeutscher Text, Übersetzung und Kommentar, mit Miniaturen aus der Wolfenbütteler Handschrift und einem Aufsatz von Peter und Dorothea Diemer, hg. v. Joachim Heinzle, Frankfurt a.M. 1991.

Wolfram von Eschenbach, *Willehalm,* nach der Handschrift 857 der Stiftsbibliothek St. Gallen, mittelhochdeutscher Text, Übersetzung, Kommentar, hg. v. Joachim Heinzle, Tübingen 1994.

Wolfram von Eschenbach, *Willehalm,* 3., durchgesehene Auflage, Text der Ausgabe von Werner Schröder, Übersetzung, Vorwort und Register von Dieter Kartschoke, Berlin/New York 2003.

Wolfram von Eschenbach, *Willehalm,* hg. v. Joachim Heinzle, Frankfurt a.M. 2009.

Wörterbücher und Nachschlagewerke

Adelung, Johann Christoph, *Grammatisch-kritisches Wörterbuch der Hochdeutschen Mundart,* nach der Ausgabe letzter Hand 1793–1801, 6 Bde., vollständige Neuausgabe, hg. v. Karl-Maria Guth, Berlin 2014.

Altfranzösisches Wörterbuch, Adolf Toblers nachgelassene Materialien, bearbeitet und hg. v. Erhard Lommatzsch, 11 Bde., Wiesbaden 1971.

AWB: *Althochdeutsches Wörterbuch,* hg. v. Elisabeth Karg-Gasterstädt und Theodor Frings, Berlin 1952f.

BMZ: *Mittelhochdeutsches Wörterbuch,* mit Benutzung des Nachlasses von Georg Friedrich Benecke ausgearbeitet v. Wilhelm Müller und Friedrich Zarncke, 4 Bde., Leipzig 1854–1871, Neudruck Hildesheim 1963.

Dictionnaire de l'ancienne langue française et de tous ses dialects du IX au XV siècle, hg. v. Frédéric Godefroy, Paris 1881–1902.

DWB: *Deutsches Wörterbuch von Jacob und Wilhelm Grimm,* 16 Bde., Leipzig 1854–1971, Nachdruck 33 Bde. München 1984.

EWA: *Etymologisches Wörterbuch des Althochdeutschen,* hg. v. Albert L. Lloyd, Otto Springer und Rosemarie Lühr, Göttingen/Zürich 1988f.

GEORGES: *Der neue Georges. Ausführliches lateinisch-deutsches Handwörterbuch,* 2 Bde., Darmstadt 2013.

Handbuch der Sentenzen und Sprichwörter im höfischen Roman des 12. und 13. Jahrhunderts, Bd. 1: Einleitung und Artusromane bis 1230, hg. v. Manfred Eikelmann und Tomas Tomasek, bearbeitet von Manfred Eikelmann und Silvia Reuvekamp, unter Mitarbeit von Agata Mazurek, Rebekka Nöcker, Arne Schumacher und Sandra Theiß, Berlin/Boston 2012.

HWPh: *Historisches Wörterbuch der Philosophie,* 13 Bde., hg. v. Joachim Ritter, Karlfried Gründer und Gottfried Gabriel, völlig neu bearb. Ausgabe, 13 Bde., Basel 1971–2007.

KLUGE: Kluge, Friedrich, *Etymologisches Wörterbuch der deutschen Sprache,* unter Mithilfe von

Max Bürgisser und Bernd Gregor, völlig neu bearbeitet v. Elmar Seebold, Berlin/New York 1989, 25. Auflage 2011.
LEXER: Lexer, Matthias, *Mittelhochdeutsches Handwörterbuch,* 3 Bde., Leipzig 1872–1878, Nachdruck Stuttgart 1965 und 1974.
Mittelhochdeutsche Grammatik, Teil III, Wortbildung, hg. v. Thomas Klein, Hans-Joachim Solms und Klaus-Peter Wegera, Tübingen 2009.
TPMA: *Thesaurus proverbiorum medii aevi. Lexikon der Sprichwörter des romanisch-germanischen Mittelalters,* hg. vom Kuratorium Singer der Schweizerischen Akademie der Geistes- und Sozialwissenschaften, begründet v. Samuel Singer, 14 Bde., Berlin/New York 1995f.
Walde, Alois/Hofmann, Johann Baptist, *Lateinisches etymologisches Wörterbuch,* 2 Bde. und Registerband, Heidelberg [5]1982.
Wolf, Beat, *Vademecum medievale. Glossar zur höfischen Literatur des deutschsprachigen Mittelalters,* Bern/Berlin/Bruxelles u.a. 2002.

Forschungsliteratur

Acham, Karl, »Struktur, Funktion und Genese von Institutionen aus sozialwissenschaftlicher Sicht«, in: *Institutionen und Geschichte,* hg. v. Gert Melville, Köln u.a. 1992, S. 25–71.
Ackermann, Beate-Arlt, *Das Pferd und seine epische Funktion im mittelhochdeutschen ›Prosa-Lancelet‹,* Berlin/New York 1990.
Adorno, Theodor W., »Freizeit«, in: ders., *Kulturkritik und Gesellschaft II. Eingriffe, Stichworte, Anhang,* (Gesammelte Schriften Bd. 10, 2), Frankfurt a.M. 1977, S. 645–655.
Adorno, Theodor W., »Sur l'eau«, in: ders., *Minima Moralia. Reflexionen aus dem beschädigten Leben,* (Gesammelte Schriften, Bd. 4), Frankfurt a.M. 1980, S. 175–177.
Adorno, Theodor W., *Ästhetik* (1958/59), Frankfurt a.M. 2009.
Adorno, Theodor W., *Ästhetische Theorie,* Gesammelte Schriften, Bd. 7, hg. v. Gretel Adorno und Rolf Tiedemann, Frankfurt a.M. 1970, 19. Auflage 2012.
Aertsen, Jan A., »Einleitung: Die Entdeckung des Individuums«, in: *Individuum und Individualität im Mittelalter,* hg. v. Jan A. Aertsen und Andreas Speer, für den Druck besorgt v. Andreas Speer, Berlin/New York 1996, S. IX-XVII.
Agamben, Giorgio, *Bartleby oder die Kontingenz gefolgt von Die absolute Immanenz,* aus dem Italienischen von Maria Zinfert und Andreas Hiepko, Berlin 1998.
Althoff, Gerd, *Spielregeln der Politik im Mittelalter. Kommunikation in Frieden und Fehde,* Darmstadt 1997.
André, Jean-Marie, *Recherches sur l'otium romain,* Paris 1962.
André, Jean-Marie, *L'otium dans la vie morale et intellectuelle romaine (des origines à l'époque augustéenne),* Paris 1966.
Arendt, Hannah, *Vita activa oder Vom tätigen Leben,* (amerikanische Originalausgabe: *The Human Condition,* Chicago 1958), 15. Auflage, München 2015.
Arentzen, Jörg/Ruberg, Uwe (Hg.), *Die Ritteridee in der deutschen Literatur des Mittelalters. Eine kommentierte Anthologie,* mit einer Einleitung von Peter Somogyi und Jürgen Wolf, 2. durchgesehene und bibliografisch ergänzte Auflage, Darmstadt 2011.
Aristoteles, *Problemata physica,* übers. v. Hellmut Flashar, Darmstadt 1962.
Aristotelis quae feruntur problemata physica, ed. Charles-Émile Ruelle, Hermann Knoellinger und Joseph Klek, Leipzig 1922.
Arlt, Gerhard, *Philosophische Anthropologie,* Stuttgart 2001.
Assmann, Aleida/Harth, Dietrich (Hg.), *Mnemosyne. Formen und Funktionen der kulturellen Erinnerung,* Frankfurt a.M. 1991.

Assmann, Aleida, *Ist die Zeit aus den Fugen geraten?* München 2013.

Assmann, Jan/Hölscher, Tonio (Hg.), *Kultur und Gedächtnis,* hg. v. Jan Assmann und Tonio Hölscher, Frankfurt a.M. 1988.

Assmann, Jan, *Das kulturelle Gedächtnis. Schrift, Erinnerung und politische Identität in frühen Hochkulturen,* München 1992, 2., durchgesehene Auflage 1997.

Audehm, Kathrin/Velten, Hans Rudolf, »Einleitung«, in: *Transgression – Hybridisierung – Differenzierung. Zur Performativität von Grenzen in Sprache, Kultur und Gesellschaft,* hg. v. Kathrin Audehm und Hans Rudolf Velten, Freiburg i.Br./Berlin/Wien 2007, S. 9–40.

Auerbach, Erich, *Mimesis. Dargestellte Wirklichkeit in der abendländischen Literatur,* 11. Auflage, Tübingen/Basel 2015 (Erstausgabe 1946).

Averill, James R., *Anger and Aggression. An Essay on Emotion,* New York 1982.

Bachmann-Medick, Doris (Hg.), *Kultur als Text. Die anthropologische Wende in der* Literaturwissenschaft, Frankfurt a.M. 1996.

Bachmann-Medick, Doris, *Cultural Turns. Neuorientierungen in den Kulturwissenschaften,* Reinbek bei Hamburg 2006.

Bachtin, Michail M., *Rabelais und seine Welt. Volkskultur als Gegenkultur,* übers. v. Gabriele Leupold, hg. u. mit einem Vorwort versehen v. Renate Lachmann, 5. Auflage, Frankfurt a.M. 1995 (russ. Erstausgabe 1965).

Bachtin, Michail M., »Der Karneval und die Karnevalisierung der Literatur«, in: ders., *Literatur und Karneval. Zur Romantheorie und Lachkultur,* übers. v. Alexander Kempfe, Frankfurt a.M. 1996, S. 47–60 (russ. Erstausgabe 1963).

Bachtin, Michail M., *Formen der Zeit im Roman. Untersuchungen zur historischen Poetik,* hg. v. Edward Kowalski und Michael Wegner, aus dem Russischen v. Michael Dewey, Frankfurt a.M. 2003.

Bader, Günter, *Melancholie und Metapher. Eine Skizze,* Tübingen 1990.

Baier, Beate, *Die Bildung der Helden. Erziehung und Ausbildung in mittelhochdeutschen Antikenromanen und ihren Vorlagen,* Trier 2006.

Baier, Sebastian, »Heimliche Bettgeschichten. Intime Räume in Gottfrieds *Tristan*«, in: *Virtuelle Räume. Raumwahrnehmung und Raumvorstellung im Mittelalter. Akten des 10. Symposiums des Mediävistenverbandes, Krems, 24.-26. März 2003,* hg. v. Elisabeth Varva, Berlin 2005, S. 189–202.

Baisch, Martin, »Medien der Faszination im höfischen Roman«, in: *Wie gebannt. Ästhetische Verfahren der affektiven Bindung von Aufmerksamkeit,* hg. v. Martin Baisch, Andreas Degen und Jana Lüdtke, Freiburg i.Br./Berlin/Wien 2013, S. 213–234.

Baisch, Martin/Degen, Andreas/Lüdtke, Jana (Hg.), *Wie gebannt. Ästhetische Verfahren der affektiven Bindung von Aufmerksamkeit,* Freiburg i.Br./Berlin/Wien 2013.

Bak, János, »Symbol – Zeichen – Institution. Versuch einer Systematisierung«, in: *Institutionen und Geschichte. Theoretische Aspekte und mittelalterliche Befunde,* hg. v. Gert Melville, Köln/Weimar/Wien 1992, S. 115–131.

Barandun, Anina, *Die Tristan-Trigonometrie des Gottfried von Straßburg. Zwei Liebende und ein Dritter,* Tübingen 2009.

Bartels, Kerstin, *Musik in deutschen Texten des Mittelalters,* Frankfurt a.M./Berlin/Bern u.a. 1997.

Barthes, Roland, *Fragmente einer Sprache der Liebe,* übers. von Hans-Horst Henschen, 16. Auflage 2014 (franz. Erstausgabe 1977).

Bataille, Georges, »Spiel und Ernst«, in: Johan Huizinga, *Das Spielelement der Kultur. Spieltheorien nach Johan Huizinga von Georges Bataille, Roger Caillois und Eric Voegelin,* hg. u. mit einem Vor- sowie einem Nachwort v. Knut Ebeling, Berlin 2014, S. 75–111.

Batany, Jean, »Miniature, allégorie, idéologie: ›Oiseuse‹ et la mystique monacale récupérée par la ›classe de loisir‹«, in: *Études sur la Roman de la Rose de Guillaume de Lorris,* hg. v. Jean Dufournet, Genf 1984, S. 7–36.

Bauer, Gerhard, »Das fortdauernde Aufschweben der Phantasie; seine zunehmenden äußeren und inneren Hinderungsgründe«, in: *Möglichkeitssinn. Phantasie und Phantastik in der Erzählliteratur des 20. Jahrhunderts,* hg. v. Gerhard Bauer und Robert Stockhammer, Wiesbaden 2000, S. 9–20.

Bauschke, Ricarda, »Der Artushof als Provokation. Überlegungen zum Konzept der ›Symbolstruktur‹«, in: *Ironie, Polemik und Provokation,* hg. v. Cora Dietl, Christoph Schanze und Friedrich Wolfzettel, Berlin/Boston 2014, S. 225–238.

Becker, Michael, *Krise und Klang. Eine wissenschaftliche Betrachtung zur krisenhaften Freisetzung und klangvollen Bindung ästhetischer Potentiale,* Norderstedt 2012.

Becker, Philipp August, »Jean Bodels Sachsenlied«, in: *ZrP* 60 (1940), S. 321–358.

Bein, Thomas, »Rezension zu: Hartmann von Aue, *Ereck.* Textgeschichtliche Ausgabe mit Abdruck sämtlicher Fragmente und der Bruchstücke des mitteldeutschen ›Erek‹, hg. v. Andreas Hammer, Victor Millet u. Timo Reuvekamp-Felber«, in: *Editio* 31/1 (2018), S. 285–293.

Bekker, Hugo, *Gottfried von Strassburg's Tristan: Journey through the Realm of Eros,* Columbia, South Carolina 1987.

Bellebaum, Alfred, *Langeweile, Überdruß und Lebenssinn. Eine geistesgeschichtliche und kultursoziologische Untersuchung,* Opladen 1990.

Benjamin, Walter, »Das Kunstwerk im Zeitalter seiner technischen Reproduzierbarkeit (zweite Fassung, 1936)«, in: ders., *Gesammelte Schriften,* Bd. I.2 Abhandlungen, Werkausgabe Bd. 2, hg. v. Rolf Tiedemann und Hermann Schweppenhäuser, Frankfurt a.M. 1980, S. 47–469.

Benjamin, Walter, *Das Passagen-Werk,* 2. Bd., hg. v. Rolf Tiedemann, Frankfurt a.M. 1982.

Berger, Christian, »Musik[er]«, in: *Höfe und Residenzen im spätmittelalterlichen Reich. Bilder und Begriffe,* hg. v. Werner Paravicini, bearb. v. Jan Hirschbiegel und Jörg Wettlaufer, Residenzenforschung 15 II, Teilbd. 1: Begriffe, Ostfildern 2005, S. 198–202.

Berger, Peter L./Luckmann, Thomas, *Die gesellschaftliche Konstruktion der Wirklichkeit. Eine Theorie der Wissenssoziologie,* mit einer Einleitung zur deutschen Ausgabe von Helmuth Plessner, übers. von Monika Plessner, Frankfurt a.M. 1969.

Bergson, Henri, *Zeit und Freiheit,* Frankfurt a.M. 1989 (franz. Erstausgabe 1889).

Bergson, Henri, *Philosophie der Dauer,* Textauswahl von Gilles Deleuze, Hamburg 2013.

Bernhardt, Susanne, *Figur im Vollzug. Narrative Strukturen im religiösen Selbstentwurf der ›Vita‹ Heinrich Seuses,* Tübingen 2016.

Bertau, Karl, *Über Literaturgeschichte. Literarischer Kunstcharakter und Geschichte in der höfischen Epik um 1200,* München 1983.

Bieger, Laura, »Ästhetik der Immersion: Wenn Räume wollen. Immersives Erleben als Raumerleben«, in: *Raum und Gefühl. Der Spatial Turn und die neue Emotionsforschung,* hg. v. Gertrud Lehnert, Bielefeld 2011, S. 75–95.

Bieri, Peter, *Zeit und Zeiterfahrung. Exposition eines Problembereichs,* Frankfurt a.M. 1972.

Blank, Walter, *Die deutsche Minneallegorie. Gestaltung und Funktion einer spätmittelalterlichen Dichtungsform,* Stuttgart 1970.

Blank, Walter, »Der Melancholikertypus in mittelalterlichen Texten«, in: *Mittelalterliche Menschenbilder,* hg. v. Martina Neumeyer, Regensburg 2000, S. 119–145.

Bleumer, Hartmut, »Rezension zu Knapp/Niesner (Hg.): *Historisches und fiktionales Erzählen im Mittelalter*«, in: *Jahrbuch für Internationale Germanistik* 35 (2003), S. 187–190.

Bleumer, Hartmut, »Im Feld der *âventiure.* Zum begrifflichen Wert der Feldmetapher am Beispiel einer poetischen Leitvokabel«, in: *Im Wortfeld des Textes. Worthistorische Beiträge zu den Beziehungen von Rede und Schrift im Mittelalter,* hg. v. Gerd Dicke, Manfred Eikelmann und Burkhard Hasebrink, Berlin/New York 2006, S. 347–367.

Bleumer, Hartmut, »Gottfrieds ›Tristan‹ und die generische Paradoxie«, in: *PBB* 130 (2008), S. 22–61.

Bleumer, Hartmut, »*Titurel.* Figurationen der Zeit zwischen Narrativik und Lyrik«, in: *Poetica* 43 (2011), S. 227–265.

Bleumer, Hartmut, »Immersion im Mittelalter: Zur Einführung«, in: *Immersion im Mittelalter,* in: *LiLi* 167 (2012), S. 5–15.

Bleumer, Hartmut, »Im Netz des Strickers. Immersion und Narration im *Daniel von dem Blühenden Tal*«, in: *Wie gebannt. Ästhetische Verfahren der affektiven Bindung von Aufmerksamkeit,* hg. v. Martin Baisch, Andreas Degen und Jana Lüdtke, Freiburg i.Br. 2013, S. 183–214.

Bleumer, Hartmut/Emmelius, Caroline, »Generische Transgressionen und Interferenzen«, in: *Lyrische Narrationen – narrative Lyrik. Gattungsinterferenzen in der mittelalterlichen Literatur,* hg. v. Hartmut Bleumer und Caroline Emmelius, Berlin/New York 2011, S. 1–39.

Blumenberg, Hans, »Nachdenklichkeit«, in: *Jahrbuch der Deutschen Akademie für Sprache und Dichtung* (1980), S. 57–61.

Blumenberg, Hans, *Lebenszeit und Weltzeit,* Frankfurt a.M. 1986.

Bodensohn, Heinz, *Die Festschilderungen in der mittelhochdeutschen Dichtung,* Münster 1936.

Boehm, Gottfried/Pfotenhauer, Helmut (Hg.), *Beschreibungskunst – Kunstbeschreibung. Ekphrasis von der Antike bis zur Gegenwart,* München 1995.

Boesch, Bruno, *Die Kunstanschauung in der mittelhochdeutschen Dichtung von der Blütezeit bis zum Meistersang,* Bern/Leipzig 1936.

Böhme, Gernot, *Atmosphäre,* Frankfurt a.M. 1995.

Böhme, Gernot, *Aisthetik. Vorlesungen über Ästhetik als allgemeine Wahrnehmungslehre,* München 2001.

Bojcov, Michael, »Festliche Anlässe und Festformen«, in: *Höfe und Residenzen im spätmittelalterlichen Reich. Bilder und Begriffe,* hg. v. Werner Paravicini, bearb. v. Jan Hirschbiegel und Jörg Wettlaufer, Residenzenforschung 15 II, Teilbd. 1: Begriffe, Ostfildern 2005, S. 483–487.

Bollnow, Otto Friedrich, *Neue Geborgenheit. Das Problem einer Überwindung des Existentialismus,* 3. überarbeitete Auflage, Stuttgart/Berlin/Köln u.a. 1972 (Erstausgabe 1955).

Bourdieu, Pierre, »Der Habitus als Vermittlung zwischen Struktur in Praxis«, in: ders., *Zur Soziologie der symbolischen Formen,* Frankfurt a.M. 1970, S. 125–158.

Bourdieu, Pierre, *Die feinen Unterschiede. Kritik der gesellschaftlichen Urteilskraft,* Frankfurt a.M. 1979 (franz. Erstausgabe 1979).

Bourdieu, Pierre, »Les rites comme actes d'institution«, in: *Actes de la recherche en sciences sociales,* 43 (1982), S. 58–63.

Bourdieu, Pierre, *Ce que parler veut dire. L'économie des échanges linguistiques,* Paris 1982.

Bourdieu, Pierre, »Ökonomisches Kapital, kulturelles Kapital, soziales Kapital«, in: *Soziale Ungleichheiten,* hg. v. Reinhard Kreckel, Göttingen 1983, S. 183–198.

Bourdieu, Pierre, *Sozialer Sinn. Kritik der theoretischen Vernunft,* aus dem Französischen von Günter Seib, Frankfurt a.M. 1987 (franz. Erstausgabe 1980).

Bourdieu, Pierre, *Was heißt Sprechen? Die Ökonomie des sprachlichen Tausches,* aus dem Französischen v. Hella Beister, hg. v. Georg Kremnitz, Wien 1990 (franz. Erstausgabe 1987).

Bourdieu, Pierre, *Die verborgenen Mechanismen der Macht,* Hamburg 1992.

Bourdieu, Pierre/Wacquant, Loïc J.D., *Reflexive Anthropologie,* aus dem Französischen von Hella Beister, Frankfurt a.M. 1996 (franz. Erstausgabe 1992).

Bourdieu, Pierre, *Praktische Vernunft. Zur Theorie des Handelns,* aus dem Französischen v. Hella Beister, Paris 1998 (franz. Erstausgabe 1994).

Bourdieu, Pierre, *Entwurf einer Theorie der Praxis auf der ethnologischen Grundlage der kabylischen Gesellschaft,* übers. von Cordula Pialoux und Bernd Schwibs, 2. Auflage, Frankfurt a.M. 2009 (franz. Erstausgabe 1972).

Brackert, Helmut, »›*deist rehtiu jegerîe*‹. Höfische Jagddarstellungen in der deutschen Epik des Hochmittelalters«, in: *Jagd und höfische Kultur im Mittelalter,* hg. v. Werner Rösener, Göttingen 1997.

Brackert, Helmut, »Sinnspuren. Die Brackenseilinschrift im Wolframs von Eschenbach ›Titurel‹«, in: *Erzählungen in Erzählungen. Phänomene der Narration in Mittelalter und Früher Neuzeit*, hg. v. Harald Haferland und Michael Mecklenburg, München 1996, S. 155–175.

Brall, Helmut, »Imaginationen des Fremden. Zu Formen und Dynamik kultureller Identitätsfindung in der höfischen Dichtung«, in: *An den Grenzen höfischer Kultur. Anfechtungen der Lebensordnung in der deutschen Erzähldichtung des hohen Mittelalters,* München 1991, S. 115–165.

Braun, Manuel/Herberichs, Cornelia, »Gewalt im Mittelalter: Überlegungen zu ihrer Erforschung«, in: *Gewalt im Mittelalter. Realitäten – Imaginationen,* hg. v. Manuel Braun und Cornelia Herberichs, München 2005, S. 7–37.

Braun, Manuel, »Mitlachen oder verlachen? Zum Verhältnis von Komik und Gewalt in der Heldenepik«, in: *Gewalt im Mittelalter. Realitäten – Imaginationen,* hg. v. Manuel Braun und Cornelia Herberichs, München 2005, S. 381–410.

Braun, Manuel, »Kristallworte, Würfelworte. Probleme und Perspektiven eines Projekts ›Ästhetik mittelalterlicher Literatur‹«, in: *Das fremde Schöne. Dimensionen des Ästhetischen in der Literatur des Mittelalters,* hg. v. Manuel Braun und Christopher Young, Berlin/New York 2007, S. 1–40.

Braungart, Wolfgang, *Ritual und Literatur,* Tübingen 1996.

Breuninger, Renate/Schiemann, Gregor (Hg.), *Langeweile. Auf der Suche nach einem unzeitgemäßen Gefühl. Ein philosophisches Lesebuch,* Frankfurt/New York 2015.

Brinker-von der Heyde, Claudia, »Zwischenräume: Zur Konstruktion und Funktion des handlungslosen Raums«, in: *Virtuelle Räume. Raumwahrnehmung und Raumvorstellung im Mittelalter. Akten des 10. Symposiums des Mediävistenverbandes, Krems, 24.-26. März 2003,* hg. v. Elisabeth Varva, Berlin 2005, S. 203–214.

Brinkmann, Hennig, »Der Prolog im Mittelalter als literarische Erscheinung Bau und Aussage«, in: *WW* 14 (1964), S. 1–21 (wieder abgedruckt in: Hennig Brinkmann, *Studien zur Geschichte der deutschen Sprache und Literatur,* Bd. 2, Düsseldorf 1966, S. 79–105).

Brown, George Hardin, »Yvain's Sin of Neglect«, in: *Symposium* 27 (1973), S. 309–321.

Brüggen, Elke/Holznagel, Franz-Josef/Coxon, Sebastian u.a. (Hg.), *Text und Normativität im deutschen Mittelalter, XX. Anglo-German Colloquium,* Berlin/Boston 2012.

Brunner, Horst, *Die poetische Insel. Inseln und Inselvorstellungen in der deutschen Literatur,* Stuttgart 1967.

Brunner, Horst, »Das Bild des Krieges bei Chrestien de Troyes und bei Hartmann von Aue«, in: *Spannungen und Konflikte menschlichen Zusammenlebens in der deutschen Literatur des Mittelalters. Bristoler Colloquium 1993,* hg. v. Kurt Gärtner, Ingrid Kasten und Frank Shaw, Tübingen 1996, S. 113–122.

Bubner, Rüdiger, »Ästhetisierung der Lebenswelt«, in: *Das Fest. 14. Kolloquium, Bad Homburg, vom 28. September bis 3. Oktober 1987,* hg. v. Walter Haug und Rainer Warning, München 1989, S. 651–662.

Bulang, Tobias/Kellner, Beate, »Wolframs *Willehalm:* Poetische Verfahren als Reflexion des Heidenkriegs«, in: *Literarische und religiöse Kommunikation in Mittelalter und Früher Neuzeit, DFG-Symposion 2006,* hg. v. Peter Strohschneider, Berlin/New York 2009, S. 124–160.

Bumke, Joachim, *Wolframs Willehalm. Studien zur Epenstruktur und zum Heiligkeitsbegriff der ausgehenden Blütezeit,* Heidelberg 1959.

Bumke, Joachim, *Studien zum Ritterbegriff im 12. und 13. Jahrhundert,* 2. Auflage mit einem Anhang: Zum Stand der Ritterforschung 1976, Heidelberg 1977.

Bumke, Joachim, »Die Utopie des Grals. Eine Gesellschaft ohne Liebe?«, in: *Literarische Utopie-Entwürfe,* hg. v. Hiltrud Gnüg, Frankfurt a.M. 1982, S. 70–79.

Bumke, Joachim, »Höfischer Körper – Höfische Kultur«, in: *Modernes Mittelalter. Neue Bilder einer populären Epoche,* hg. v. Joachim Heinzle, Frankfurt a.M./Leipzig 1994, S. 67–102.

Bumke, Joachim, *Die Blutstropfen im Schnee. Über Wahrnehmung und Erkenntnis im ›Parzival‹ Wolframs von Eschenbach,* Tübingen 2001.

Bumke, Joachim, *Wolfram von Eschenbach,* 8., völlig neubearbeitete Auflage, Stuttgart/Weimar 2004.

Bumke, Joachim/Peters, Ursula (Hg.), *Retextualisierung in der mittelalterlichen Literatur,* ZfdPh Sonderheft 124, Berlin 2005.

Bumke, Joachim, *Der ›Erec‹ Hartmanns von Aue. Eine Einführung,* Berlin/New York 2006.

Bumke, Joachim, *Höfische Kultur. Literatur und Gesellschaft im hohen Mittelalter,* München 1986, 12. Auflage 2008.

Bundschuh, Adeltrud, *Die Bedeutung von gelassen und die Bedeutung von Gelassenheit in den deutschen Werken Meister Eckharts unter Berücksichtigung seiner lateinischen Schriften,* Frankfurt a.M./Berlin/Bern u.a. 1990.

Bunke, Simon, »Kahnfahrten als Heterotopien der Wahrhaftigkeit. Überlegungen zu Rousseau und Goethe«, in: *Rousseaus Welten,* hg. v. Simon Bunke, Katerina Mihaylova und Antonio Roselli, Würzburg 2014, S. 45–58.

Burke, Peter, »The Invention of Leisure in Early Modern Europe«, in: *Past & Present* 146 (1995), S. 136–150.

Burke, Peter, »Reply. The Invention of Leisure in Early Modern Europe«, in: *Past & Present* 156 (1997), S. 192–197.

Bürkle, Susanne/Deutsch, Lorenz/Reuvekamp-Felber, Timo (Hg.), *Von der Sozialgeschichte zur Kulturwissenschaft. Aufsätze 1973–2000,* Tübingen/Basel 2004.

Bürkle, Susanne, »›Kunst‹-Reflexion aus dem Geiste der *descriptio.* Enites Pferd und der Diskus artistischer meisterschaft«, in: *Das fremde Schöne. Dimensionen des Ästhetischen in der Literatur des Mittelalters,* hg. v. Manuel Braun und Christopher Young, Berlin/New York 2007, S. 143–170.

Büschen, Ilka, *Sentimentalität. Überlegungen zur Theorie und Untersuchungen an mittelhochdeutschen Epen,* Stuttgart/Berlin/Köln u.a. 1974.

Bussmann, Britta, »*Dô sprach diu edel künegîn...* Sprache, Identität und Rang in Hartmanns ›Erec‹«, in: *ZfdA* 134 (2005), S. 1–29.

Caillois, Roger, »Les démons de midi. (Suite et fin)«, in: *Revue de l'histoire des religions* 115 (1937), S. 143–186.

Caillois, Roger, *Die Spiele und die Menschen. Maske und Rausch,* Frankfurt a.M./Berlin/Wien 1982.

Caillois, Roger, »Das Spiel und das Heilige«, in: Johan Huizinga, *Das Spielelement der Kultur. Spieltheorien nach Johan Huizinga von Georges Bataille, Roger Caillois und Eric Voegelin,* hg. und mit einem Vor- sowie einem Nachwort von Knut Ebeling, Berlin 2014, S. 59–74.

Carruthers, Mary J., *The Book of Memory. A Study of Memory in Medieval Culture,* Cambridge 1998.

Cassien, Jean, *Institutions Cénobitiques,* texte Latin revu, introduction, (SC 109), hg. v. Jean-Claude Guy, Paris 1965.

Castoriadis, Cornelius, *Gesellschaft als imaginäre Institution. Entwurf einer politischen Philosophie,* aus dem Französischen übers. v. Horst Brühmann, Frankfurt a.M. 1990 (franz. Erstausgabe 1975).

Castoriadis, Cornelius, »Das Imaginäre: die Schöpfung im gesellschaftlich-geschichtlichen Bereich«, in: *Das Imaginäre im Sozialen. Zur Sozialtheorie von Cornelius Castoriadis,* hg. v. Harald Wolf, auf dem internationalen Symposium der Stanford University ›Unordnung und Ordnung‹ (14.-16. September 1981) gehaltener Vortrag, übers. v. Harald Wolf, Göttingen 2012, S. 15–38.

Chinca, Mark, *History, Fiction, Verisimilitude. Studies in the Poetics of Gottfried's Tristan,* London 1993.

Chinca, Mark, *Gottfried von Straßburg. Tristan,* Cambridge 1997.

Chinca, Mark, »Mögliche Welten. Alternatives Erzählen und Fiktionalität im Tristanroman Gottfrieds von Straßburg«, in: *Poetica* 35 (2003), S. 307–333.

Chinca, Mark, »Metaphorische Interartifizialität. Zu Gottfried von Straßburg«, in: *Interartifizialität. Die Diskussion der Künste in der mittelalterlichen Literatur,* hg. v. Susanne Bürkle und Ursula Peters, ZfdPh Sonderheft zum Bd. 128, Berlin 2009, S. 17–36.
Claassens, Geert H.M./Knapp, Firtz Peter/Kugler, Hartmut (Hg.), *Historische und religiöse Erzählungen,* GLMF IV, Berlin/Boston 2014.
Classen, Albrecht, »Chess in Medieval German Literature: A Mirror of Social-Historical and Cultural, Religious, Ethical, and Moral Conditions«, in: *Chess in the Middle Ages and Early Modern Age. A Fundamental Thought Paradigm of the Premodern World,* hg. v. Daniel E. O'Sullivan, Berlin/Boston 2012, S. 17–44.
Cormeau, Christoph, »Artusroman und Märchen. Zur Beschreibung und Genese der Struktur des höfischen Romans«, in: *Wolfram-Studien* V (1979), S. 63–78.
Cormeau, Christoph, »Zur Gattungsentwicklung des Artusromans nach Wolframs *Parzival*«, in: *Spätmittelalterliche Artusliteratur. Ein Symposion der neusprachlichen Philologen auf der Generalversammlung der Görres-Gesellschaft, Bonn, 25.-29. September 1982,* hg. v. Karl Heinz Göller, Paderborn/München/Wien u.a. 1984, S. 119–131.
Cormeau, Christoph/Störmer, Wilhelm, *Hartmann von Aue. Epoche-Werk-Wirkung,* München 1985, 2., neubearb. Auflage, München 1993.
Cramer, Thomas, »*Saelde* und *êre* in Hartmanns *Iwein*«, in: *Euphorion* 60 (1966), S. 30–47.
Cramer, Thomas, »›Pulchritudo et bonitas.‹ Faste, pouvoir et étique dans la littérature allemande vers l'an 1200«, in: *Cours princières et châteaux. Pouvoir et culture du Ixe au XIIIe siècle en France du Nord, en Angleterre et en Allemagne. Actes du Colloque de Soissons (28–30 Septembre 1987),* hg. v. Danielle Buschinger, Greifswald 1993, S. 81–94.
Csikszentmihalyi, Mihaly, *Das Flow-Erlebnis. Jenseits von Angst und Langeweile: Im Tun aufgehen,* in deutscher Sprache hg. und mit einer Einf. versehen v. Hans Aebli, aus dem Amerikanische übers. v. Urs Aeschbacher, Stuttgart 1985, 8. Auflage 2000 (amerik. Erstausgabe 1975).
Csikszentmihalyi, Mihaly, *Flow. Das Geheimnis des Glücks,* aus dem Amerikanischen übers. v. Annette Charpentier, Stuttgart 1992, 14. Auflage 2008 (amerik. Erstausgabe 1990).
Curtis, Robin/Voss, Christiane, »Theorien ästhetischer Immersion«, in: *montage AV* 17/2/2008, S. 11–17.
Curtius, Ernst Robert, *Europäische Literatur und lateinisches Mittelalter,* 11. Auflage, Tübingen/Basel 1993 (Erstausgabe 1948).
Czerwinski, Peter, *Der Glanz der Abstraktion. Frühe Formen von Reflexivität im Mittelalter. Exempel einer Geschichte der Wahrnehmung I,* Frankfurt/New York 1989.
Czerwinkski, Peter, *Gegenwärtigkeit. Simultane Räume und zyklische Zeiten, Formen von Regeneration und Genealogie im Mittelalter. Exempel einer Geschichte der Wahrnehmung II,* München 1993.
Dahlberg, Charles, »Love and the ›Roman de la Rose‹«, in: *Speculum* 44 (1969), S. 568–584.
Daiber, Jürgen, *Der Mittagsdämon. Zur literarischen Phänomenologie der Krise der Lebensmitte,* Paderborn 2006.
Dallapiazza, Michael, »Häßlichkeit und Individualität. Ansätze zur Überwindung der Idealität des Schönen in Wolframs von Eschenbach Parzival«, in: *DVjs* 59 (1985), S. 400–421.
Däumer, Matthias/Gerok-Reiter, Annette/Kreuder, Friedemann, »Einleitung: Das Konzept des Unorts«, in: *Unorte. Spielarten einer verlorenen Verortung. Kulturwissenschaftliche Perspektiven,* hg. v. Matthias Däumer, Annette Gerok-Reiter und Friedemann Kreuder, Bielefeld 2010, S. 9–27.
Däumer, Matthias, »Truchsess Keie – Vom Mythos eines Lästermauls«, in: *Artusroman und Mythos,* hg. v. Friedrich Wolfzettel, Cora Dietl und Matthias Däumer, Berlin 2011, S. 69–108.
de Boor, Helmut, »Der Daniel des Stricker und der Garel des Pleier«, in: *PBB* 79 (1957), S. 67–84.

de Boor, Helmut, »Der strophische Prolog zum Tristan Gottfrieds von Straßburg«, in: *PBB* 81 (1959), S. 47–60 (wieder abgedruckt in: Helmut de Boor, *Kleine Schriften,* Bd. 1, Berlin 1964, S. 173–183).

de Certeau, Michel, *Kunst des Handelns,* aus dem Französischen übers. v. Ronald Voullié, Berlin 1988 (franz. Erstausgabe 1980).

de Grazia, Sebastian, »Der Begriff der Muße«, in: *Soziologie der Freizeit,* hg. v. Erwin K. Scheuch und Rolf Meyersohn, Köln 1972, S. 56–73.

Deile, Lars, »Feste – eine Definition«, in: *Das Fest. Beiträge zu seiner Theorie und Systematik,* hg. v. Michael Maurer, Köln/Weimar/Wien 2004, S. 1–17.

Derrida, Jacques, *Eine gewisse unmögliche Möglichkeit, vom Ereignis zu sprechen,* übers. v. Susanne Lüdemann, Berlin 2003 (franz. Erstausgabe 1997).

Désilles-Busch, Margrit, ›*Doner un don*‹ - ›*Sicherheit nemen*‹. *Zwei typische Elemente der Erzählstruktur des höfischen Romans,* Pau 1970.

Dick, Ernst S., »Tristan the Hunter. Toward a Metanarrative Reading of Gottfried' Stag Ritual«, in: *Fide et amore. A Festschrift for Hugo Bekker on his sixty-fifth,* hg. v. William McDonald und Winder McConnell, Göppingen 1990, S. 41–69.

Dick, Ernst S., »Minne im Widerspruch. Modellrevision und Fiktionalisierung in Wolframs ›Titurel‹«, in: ›Der Buchstab tödt – der Geist macht lebendig‹. *Festschrift zum 60. Geburtstag von Hans-Gert Roloff von Freunden, Schülern und Kollegen,* Bd. 1, hg. v. James Hardin und Jörg Jungmayr, Bern u.a. 1992, S. 399–420.

Dicke, Gerd, »Das belauschte Stelldichein«, in: *Der ›Tristan‹ Gottfrieds von Straßburg. Symposion Santiago de Compostela, 5. bis 8. April 2000,* hg. v. Christoph Huber und Victor Millet, Tübingen 2002, S. 199–220.

Dicke, Gerd/Eikelmann, Manfred/Hasebrink, Burkhard (Hg.), *Im Wortfeld des Textes. Worthistorische Beiträge zu den Beziehungen von Rede und Schrift im Mittelalter,* Berlin/New York 2006.

Dietz, Reiner, *Der ›Tristan‹ Gottfrieds von Straßburg. Probleme der Forschung [1902–1970],* Göppingen 1974.

Dinges, Martin, »Die Ehre als Thema der historischen Anthropologie. Bemerkungen zur Wissenschaftsgeschichte und zur Konzeptualisierung«, in: *Verletzte Ehre. Ehrkonflikte in Gesellschaften des Mittelalters und der Frühen Neuzeit,* hg. v. Klaus Schreiner und Gerd Schwerhoff, Köln/Weimar/Wien 1995, S. 29–62.

Dinzelbacher, Peter, *Europäische Mentalitätsgeschichte. Hauptthemen in Einzeldarstellungen,* Stuttgart 1993, 2., durchgesehene u. ergänzte Auflage, Stuttgart 2008.

Döring, Jörg/Thielmann, Tristan, »Einleitung: Was lesen wir im Raume? Der *Spatial Turn* und das geheime Wissen der Geographen«, in: *Spatial Turn. Das Raumparadigma in den Kultur- und Sozialwissenschaften,* hg. v. Jörg Döring und Tristan Thielmann, Bielefeld 2008, S. 7–45.

Draesner, Ulrike: »Zeichen – Körper – Gesang. Das Lied in der Isolde-Weißhand-Episode des *Tristan* Gotfrits von Straßburg«, in: *Wechselspiele. Kommunikationsformen und Gattungsinterferenzen mittelhochdeutscher Lyrik,* hg. v. Michael Schilling und Peter Strohschneider, Heidelberg 1996, S. 77–101.

Dünne, Jörg/Günzel, Stephan (Hg.), *Raumtheorien. Grundlagentexte aus Philosophie und Kulturwissenschaften,* Frankfurt a.M. 2006.

Ebenbauer, Alfred, »*In Flagranti.* Zur literarischen Darstellung ent-deckter Ehebrüche«, in: *Blütezeit. Festschrift für L. Peter Johnson zum 70. Geburtstag,* hg. v. Mark Chinca, Joachim Heinzle und Christopher Young, Tübingen 2000, S. 245–269.

Eberwein, Elena, *Zur Deutung mittelalterlicher Existenz (nach einigen altromanischen Dichtungen),* Bonn/Köln 1933.

Eckermann, Johann Peter, *Gespräche mit Goethe in den letzten Jahren seines Lebens,* hg. v. Heinz Schlaffer, München 1986.

Edigi, Margreth, »›Innenräume‹ des Liebesdiskurses. Spiegelungen des Innen am Beispiel der Gartenmotivik in Minnereden«, in: *Innenräume in der Literatur des deutschen Mittelalters, XIX. Anglo-German Colloquium Oxford 2005,* hg. v. Burkhard Hasebrink, Hans-Jochen Schiewer, Almut Suerbaum und Annette Volfing, Tübingen 2008, S. 147–156.

Ehlert, Trude, »Zu Konrads von Würzburg Auffassung vom Wert der Kunst und von der Rolle des Künstlers«, in: *JOWG* 5 (1988/1989), S. 79–94.

Ehrismann, Gustav, »Die grundlagen des ritterlichen tugendsystems«, in: *ZfdA* 56 (1919), S. 137–216.

Ehrismann, Otfrid, *Ehre und Mut, Aventiure und Minne. Höfische Wortgeschichten aus dem Mittelalter,* München 1995.

Eifler, Günter, »Publikumsbeeinflussung im strophischen Prolog zum Tristan Gottfrieds von Straßburg«, in: *Festschrift für Karl Bischoff zum 70. Geburtstag,* hg. v. Günter Bellmann, Günter Eifler und Wolfgang Kleiber, Köln/Wien 1975, S. 357–389.

Elias, Norbert, »Zum Begriff des Alltags«, in: *Materialien zur Soziologie des Alltags,* hg. v. Kurt Hammerich und Michael Klein, Opladen 1978.

Eming, Jutta, »Neugier als Emotion. Beobachtungen an literarischen Texten des Mittelalters«, in: *Neugier und Tabu. Regeln und Mythen des Wissens,* hg. v. Martin Baisch und Elke Koch, Freiburg i.Br. 2013, S. 107–130.

Emmelius, Caroline, *Gesellige Ordnung. Literarische Konzeptionen von geselliger Kommunikation in Mittelalter und Früher Neuzeit,* Berlin/New York 2010.

Erlei, Stefan, *›Höfisch‹ im Mittelhochdeutschen. Die Verwendung eines Programmworts der höfischen Kultur in den deutschsprachigen Texten vor 1300,* Frankfurt a.M. 2010.

Ernst, Ulrich, »Virtuelle Gärten in der mittelalterlichen Literatur. Anschauungsmodelle und symbolische Projektionen«, in: *Imaginäre Räume. Sektion B des internationalen Kongresses ›Virtuelle Räume. Raumwahrnehmung und Raumvorstellung im Mittelalter‹, Krems an der Donau, 24 bis 26. März 2003,* hg. v. Elisabeth Varva, Wien 2007, S. 155–190.

Eroms, Hans-Werner, *›vreude‹ bei Hartmann von Aue,* München 1969.

Évagre le Pontique, *Traité pratique ou le moine,* tome II, traduction, commentaire et tables pae Antoine Guillaumont et Claire Guillaumont, Paris 1971.

Fallend, Ksenija, »Oiseuse zwischen ›courtoise‹, Muße und Sünde: eine umstrittene Figur aus dem Roman de la Rose«, in: *ZrP* 126 (2010), S. 226–236.

Fasbender, Christoph, »Siegfrieds Wald-Tod. Versuch über die Semantik von Räumen im Nibelungenlied«, in: *Außen und Innen. Räume und ihre Symbolik im Mittelalter,* hg. v. Nikolaus Staubach und Vera Johanterwage, Frankfurt a.M. 2007, S. 13–24.

Fechter, Werner, *Lateinische Dichtkunst und deutsches Mittelalter. Forschungen über Ausdrucksmittel, poetische Technik und Stil mhd. Dichtung,* Berlin 1964.

Fenske, Lutz, »Jagd und Jäger im früheren Mittelalter. Aspekte ihres Verhältnisses«, in: *Jagd und höfische Kultur im Mittelalter,* hg. v. Werner Rösener, Göttingen 1997, S. 29–93.

Fest, Kerstin, »›Bless me, papa, what a strange place this is‹. Muße und Professionalität im englischen Metadrama des 18. Jahrhunderts«, in: *Muße im kulturellen Wandel. Semantisierungen, Ähnlichkeiten, Umbesetzungen,* hg. v. Burkhard Hasebrink und Peter Philipp Riedl, Berlin/Boston 2014, S. 152–166.

Figal, Günter, *Gegenständlichkeit. Das Hermeneutische und die Philosophie,* Tübingen 2006.

Figal, Günter, *Erscheinungsdinge. Ästhetik als Phänomenologie,* Tübingen 2010.

Figal, Günter, »Die Räumlichkeit der Muße«, in: *Muße im kulturellen Wandel. Semantisierungen, Ähnlichkeiten, Umbesetzungen,* hg. v. Burkhard Hasebrink und Peter Philipp Riedl, Berlin/Boston 2014, S. 26–33.

Figal, Günter, »Muße als Forschungsgegenstand«, Vortrag auf der Sommerakademie der Studienstiftung des deutschen Volkes in La Villa 2014, abgedruckt im Online-Journal *Muße. Ein*

Magazin 1 (2015), vgl. *www.musse-magazin.de* im Rahmen des SFB 1015 ›Muße‹, [Zugriff: Januar 2019].

Fink, Eugen, *Oase des Glücks. Gedanken zu einer Ontologie des Spiels,* Freiburg/München 1957.

Fink, Eugen, *Spiel als Weltsymbol,* Stuttgart 1960.

Flecken-Büttner, Susanne, *Wiederholung und Variation als poetisches Prinzip. Exemplarität, Identität und Exzeptionalität in Gottfrieds ›Tristan‹,* Berlin/New York 2011.

Flecken-Büttner, Susanne, »Exzeptionalität. Zu Narration, Deskription und Reflexion im *Tristan* Gottfrieds von Straßburg«, in: *Text und Normativität im deutschen Mittelalter, XX. Anglo-German Colloquium,* hg. v. Elke Brüggen, Franz-Josef Holznagel, Sebastian Coxon und Almut Suerbaum, unter Mitarbeit v. Reinhold Katers, Berlin/Boston 2012, S. 105–141.

Fleckenstein, Josef, »Über den engeren und den weiteren Begriff von Ritter und Rittertum *(miles und militia)*«, in: *Person und Gemeinschaft im Mittelalter. Festschrift Karl Schmid,* hg. v. Gerd Althoff, Dieter Geuenich, Otto Oexle und Joachim Wollasch, Sigmaringen 1988, S. 379–392 (wieder abgedruckt in: Fleckenstein, Josef, *Vom Rittertum im Mittelalter. Perspektiven und Probleme,* Goldbach 1997, S. 13–31).

Fleckenstein, Josef (Hg.), *Curialitas. Studien zu Grundfragen der höfisch-ritterlichen Kultur,* Göttingen 1990.

Fleckenstein, Josef, »Miles und clericus am Königs- und Fürstenhof. Bemerkungen zu den Voraussetzungen, zur Entstehung und zur Trägerschaft der höfisch-ritterlichen Kultur«, in: *Curialitas. Studien zu Grundfragen der höfisch-ritterlichen Kultur,* hg. v. Josef Fleckenstein, Göttingen 1990, S. 302–325.

Fleckenstein, Josef, »Nachwort. Ergebnisse und Probleme«, in: *Curialitas. Studien zu Grundfragen der höfisch-ritterlichen Kultur,* hg. v. Josef Fleckenstein, Göttingen 1990, S. 452–487.

Fleming, John V., »Further Reflections in Oiseuse's Mirror«, in: *ZrP* 100 (1984), S. 26–40.

Flesch, Stefan, »›Elle me dit eschec et mat‹. Geschlechtergrenzen und Geschlechterbeziehungen im Kontext des hoch- und spätmittelalterlichen Schachspiels«, in: *Grenzen erkennen – Begrenzungen überwinden. Festschrift für Reinhard Schneider zur Vollendung seines 65. Lebensjahrs,* hg. v. Wolfgang Haubrichs, Kurt-Ulrich Jäschke und Michael Oberweis, Sigmaringen 1999, S. 123–143.

Flüeler, Christoph, »Acedia und Melancholie im Spätmittelalter«, in: *Freiburger Zeitschrift für Philosophie und Theologie* 34 (1987), S. 379–398.

Foucault, Michel, *Überwachen und Strafen. Die Geburt des Gefängnisses,* aus dem Französischen übers. v. Walter Seitter, Frankfurt a.M. 1976, 1. Auflage 1994 (franz. Erstausgabe 1975).

Foucault, Michel, »Vorrede zur Überschreitung«, in: ders., *Schriften in vier Bänden. Dits et Ecrits, Bd. I 1954–1969,* hg. v. Daniel Defert und François Ewald unter Mitarbeit von Jacques Lagrange, aus dem Französischen von Michael Bischoff, Hans-Dieter Gondek und Hermann Kocyba, Frankfurt a.M. 2001, S. 320–342 (im Original erschienen: Michel Foucault, »Préface à la transgression«, in: *Critique,* Nr. 195-196: Hommage à G. Bataille, August-September 1963, S. 751–769).

Foucault, Michel, *Hermeneutik des Subjekts. Vorlesungen am Collège de France (1981/82),* aus dem Französischen von Ulrike Bokelmann, Frankfurt a.M. 2004.

Foucault, Michel, »Von anderen Räumen«, in: ders., *Schriften in vier Bänden. Dits et Ecrits, Bd. IV 1980–1988,* hg. v. Daniel Defert und François Ewald, unter Mitarbeit von Jacques Lagrange, aus dem Französischen von Michael Bischoff, Ulrike Bokelmann, Horst Brühmann, Hans-Dieter Gondek, Hermann Kocyba und Jürgen Schröder, Frankfurt a.M. 2005, S. 931–942 (Originaltitel: »Des espaces autres«, Vortrag im Cercle d'études architecturales, 14. März 1967, in: *Architecture, Mouvement, Continuité,* Nr. 5, Oktober 1984, S. 46–49).

Foucault, Michel, *Ästhetik der Existenz. Schriften zur Lebenskunst,* Frankfurt a.M. 2007.

Frese, Tobias/Hoffmann, Annette (Hg.), *Habitus. Norm und Transgression in Bild und Text. Festgabe für Lieselotte E. Saurma-Jeltsch,* Berlin 2011.

Freytag, Wiebke, *Das Oxymoron bei Wolfram, Gottfried und andern Dichtern des Mittelalters,* München 1972.

Fried, Johannes, »Kaiser Friedrich II. als Jäger«, in: *Jagd und höfische Kultur im Mittelalter,* hg. v. Werner Rösener, Göttingen 1997, S. 149–166.

Friedrich, Udo/Quast, Bruno, »Mediävistische Mythosforschung«, in: *Präsenz des Mythos. Konfigurationen einer Denkform in Mittelalter und Früher Neuzeit,* hg. v. Udo Friedrich und Bruno Quast, Berlin/New York 2004, S. IX-XXXVII.

Friedrich, Udo, »Die symbolische Ordnung des Zweikampfes im Mittelalter«, in: *Gewalt im Mittelalter. Realitäten – Imaginationen,* hg. v. Manuel Braun und Cornelia Herberichs, München 2005, S. 123–158.

Friedrich, Udo, *Menschentier und Tiermensch. Diskurse der Grenzziehung und Grenzüberschreitung im Mittelalter,* Göttingen 2008.

Fritsch-Rößler, Waltraud, »Pathos und Sympathie. Zur Erfahrung und Überwindung von Fremdheit in Gottfrieds ›Tristan‹«, in: *Fremdkörper – Fremde Körper – Körperfremde. Kultur- und literaturgeschichtliche Studien zum Körperthema,* hg. v. Burkhardt Krause, Stuttgart 1992, S. 167–205.

Fritsch-Rößler, Waltraud, »Multiple Memorialisierung in Gottfrieds von Straßburg ›Tristan‹«, in: *Kunst und Erinnerung. Memoriale Konzepte in der Erzählliteratur des Mittelalters,* hg. v. Ulrich Ernst und Klaus Ridder, Köln 2003, S. 159–197.

Fritsch-Rößler, Waltraud, »Erlöst vom Paradies. Die Anti-Utopie eines Ortes guten Lebens in Hartmanns von Aue *Erec*«, in: *Orte des guten Lebens. Entwürfe humaner Lebensräume, Jürgen Landwehr zum 65. Geburtstag,* hg. v. Hans-Peter Ecker, Würzburg 2007, S. 205–223.

Fromm, Hans, »Tristans Schwertleite«, in: *DVjs* 41 (1967), S. 333–350.

Fromm, Hans, »Doppelweg«, in: *Werk-Typ-Situation. Studien zu Bedingungen in der älteren deutschen Literatur, Festschrift für Hugo Kuhn,* Stuttgart 1969, S. 64–79.

Fuchs, Peter, »Moderne Identität – im Blick auf das europäische Mittelalter«, in: *Identität und Moderne,* hg. v. Herbert Willems und Alois Hahn, Frankfurt a.M. 1999, S. 273–297.

Fuchs, Stephan, *Hybride Helden. Gwigalois und Willehalm. Beiträge zum Heldenbild und zur Poetik des Romans im frühen 13. Jahrhundert,* Heidelberg 1997.

Fuchs-Jolie, Stephan, »Rezension zu: Hartmann von Aue, *Erec,* hg. v. Manfred Günter Scholz. Hartmann von Aue, *Gregorius/Armer Heinrich/Iwein,* hg. v. Volker Mertens (Bibliothek des Mittelalters 5 u. 6)«, in: *PBB* 129/2 (2007), S. 338–345.

Füssel, Marian, »Tote Orte und gelebte Räume. Zur Raumtheorie von Michel de Certeau S.J.«, in: *Historical Social Research* 38 (2013), S. 22–39.

Gadamer, Hans-Georg, »Über leere und erfüllte Zeit«, in: ders., *Kleine Schriften III. Idee und Sprache. Platon. Husserl. Heidegger,* Tübingen 1972, S. 221–236.

Gadamer, Hans-Georg, *Die Aktualität des Schönen: Kunst als Spiel, Symbol und Fest,* Stuttgart 1993 (Erstausgabe 1975).

Gadamer, Hans-Georg, *Hermeneutik I. Wahrheit und Methode. Grundzüge einer philosophischen Hermeneutik,* Tübingen 2010 (Erstausgabe 1960).

Ganz, Peter, »Tristan, Isolde und Ovid. Zu Gottfrieds ›Tristan‹ Z. 17182f.«, in: *Mediævalia litteraria. Festschrift für Helmut de Boor zum 80. Geburtstag,* hg. v. Ursula Hennig und Herbert Kolb, München 1971, S. 397–412.

Ganz, Peter, »Der Begriff des ›Höfischen‹ bei den Germanisten«, in: *Wolfram-Studien* IV (1977), S. 15–32.

Ganz, Peter, »curialis/hövesch«, in: *Höfische Literatur. Hofgesellschaft. Höfische Lebensformen um 1200. Kolloquium am Zentrum für Interdisziplinäre Forschung der Universität Bielefeld (3. bis 5. November 1983),* hg. v. Gert Kaiser und Jan-Dirk Müller, Düsseldorf 1986, S. 39–56.

Ganz, Peter, »›hövesch‹/›hövescheit‹ im Mittelhochdeutschen«, in: *Curialitas. Studien zu Grundfragen der höfisch-ritterlichen Kultur,* hg. v. Josef Fleckenstein, Göttingen 1990, S. 39–54.

Gauger, Hans-Martin, »Geheimnis und Neugier – in der Sprache«, in: *Schleier und Schwelle*, Bd. 3: Geheimnis und Neugier, München 1999, hg v. Aleida Assmann und Jan Assmann, S. 13–28.

Gebert, Bent, »Beobachtungsparadoxien mediävistischer Mythosforschung«, in: *Poetica* 43 (2012), S. 19–62.

Gebert, Bent, »Poetik der Tugend. Zur Semantik und Anthropologie des Habitus in höfischer Epik«, in: *Text und Normativität im deutschen Mittelalter, XX. Anglo-German Colloquium*, hg. v. Elke Brüggen, Franz-Josef Holznagel, Sebastian Coxon und Almut Suerbaum, Berlin/New York 2012, S. 143–168.

Gebert, Bent, *Mythos als Wissensform. Epistemik und Poetik des ›Trojanerkriegs‹ Konrads von Würzburg*, Berlin/Boston 2013.

Gebhardt, Winfried, *Fest, Feier und Alltag. Über die gesellschaftliche Wirklichkeit des Menschen und ihre Deutung*, Frankfurt a.M./Bern/New York u.a. 1987.

Gehlen, Arnold, *Urmensch und Spätkultur. Philosophische Ergebnisse und Aussagen*, Bonn 1956.

Gehlen, Arnold, *Der Mensch. Seine Natur und seine Stellung in der Welt*, Berlin 1940, zitiert nach der 8. Auflage, unveränderter Nachdruck, Frankfurt a.M. 1966.

Gehlen, Arnold, *Moral und Hypermoral. Eine pluralistische Ethik*, Frankfurt a.M. 1969, 6., erweiterte Auflage, Frankfurt a.M. 2004.

Genette, Gérard, *Die Erzählung*, aus dem Französischen von Andreas Knop, mit einem Nachwort hg. v. Jochen Vogt, 2. Auflage, München 1998 (franz. Erstausgabe 1972).

Gentry, Francis G., »Arbeit in der mittelalterlichen Gesellschaft. Die Entwicklung einer mittelalterlichen Theorie der Arbeit vom 11. bis zum 14. Jahrhundert«, in: *Arbeit als Thema in der deutschen Literatur vom Mittelalter bis zur Gegenwart*, hg. v. Reinhold Grimm und Jost Hermand, Königstein/Ts 1979, S. 3–28.

Gephart, Irmgard, *Das Unbehagen des Helden: Schuld und Scham in Hartmanns von Aue ›Erec‹*, Frankfurt a.M. 2005.

Gerok-Reiter, Annette, »Auf der Suche nach der Individualität in der Literatur des Mittelalters«, in: *Individuum und Individualität im Mittelalter*, hg. v. Jan A. Aertsen und Andreas Speer, für den Druck besorgt v. Andreas Speer, Berlin/New York 1996, S. 748–765.

Gerok-Reiter, Annette, »Die Hölle auf Erden. Überlegungen zum Verhältnis von Weltlichem und Geistlichem in Wolframs ›Willehalm‹«, in: *Geistliches in weltlicher und Weltliches in geistlicher Literatur des Mittelalters*, hg. v. Christoph Huber, Burghart Wachinger und Hans-Joachim Ziegeler, Tübingen 2000, S. 171–194.

Gerok-Reiter, Annette, »Umcodierung. Zum Verhältnis von *minne und ere* in Gottfrieds ›Tristan‹«, in: *ZfdPh* 121 (2002), S. 365–389.

Gerok-Reiter, Annette, *Individualität. Studien zu einem umstrittenen Phänomen mittelhochdeutscher Epik*, Tübingen 2006.

Gerok-Reiter, Annette, »Kindheitstopoi in Gottfrieds Tristan. Anspielungen, Überlagerungen, Subversionen«, in: *Alterstopoi. Das Wissen von den Lebensaltern in Literatur, Kunst und Theologie*, hg. v. Dorothee Elm, Thorsten Fitzon, Kathrin Liess und Sandra Linden, Berlin/New York 2009, S. 113–136.

Gibbs, Marion E., Wîplîchez wîbes reht. *A study of the Women Characters in the Works of Wolfram von Eschenbach*, Duquesne University 1972.

Glaser, Andrea, *Der Held und sein Raum. Die Konstruktion der erzählten Welt im mittelhochdeutschen Artusroman des 12. und 13. Jahrhunderts*, Frankfurt a.M. 2004.

Glauch, Sonja, *An der Schwelle zur Literatur. Elemente einer Poetik des höfischen* Erzählens, Heidelberg 2009.

Glauch, Sonja, »Fiktionalität im Mittelalter, revisited«, in: *Poetica* 46 (2014), S. 85–139.

Glauch, Sonja, »Rezension zu: Hartmann von Aue, *Ereck*. Textgeschichtliche Ausgabe mit Abdruck sämtlicher Fragmente und der Bruchstücke des mitteldeutschen ›Erek‹, hg. v. Andreas Hammer, Victor Millet u. Timo Reuvekamp-Felber«, in: *PBB* 141/1 (2019), S. 112–127.

Glier, Ingeborg, *Artes amandi. Untersuchung zu Geschichte, Überlieferung und Typologie der deutschen Minnereden,* München 1971.
Gnaedinger, Louise, *Musik und Minne im ›Tristan‹ Gotfrids von Straßburg,* Düsseldorf 1967.
Goebel, Dieter, »Tristans Einkleidung«, in: *ZfdPh* 96 (1977), S. 61–72.
Goetz, Hans-Werner, *Leben im Mittelalter vom 7. bis zum 13. Jahrhundert,* München 1986.
Goetz, Hans-Werner, »Geschichte des mittelalterlichen Alltags. Theorie – Methoden – Bilanz der Forschung«, in: *Mensch und Objekt im Mittelalter und in der Frühen Neuzeit. Leben – Alltag – Kultur. Internationaler Kongress Krems an der Donau, 27. bis 30. September 1988,* bearbeitet v. Gerhard Jaritz, Wien 1990, S. 67–101.
Göhler, Gerhard/Lenk, Kurt/Schmalz-Bruns, Rainer (Hg.), *Die Rationalität politischer Institutionen. Interdisziplinäre Perspektiven,* Wiesbaden 1990.
Göhler, Gerhard (Hg.), *Die Eigenart der Institutionen. Zum Profil politischer Institutionentheorie,* Baden-Baden 1994.
Göhler, Gerhard/Speth, Rudolf, »Symbolische Macht. Zur institutionstheoretischen Bedeutung von Pierre Bourdieu«, in: *Institutionen und Ereignis. Über historische Praktiken und Vorstellungen gesellschaftlichen Ordnens,* hg. v. Reinhard Blänkner und Bernhard Jussen, Göttingen 1998, S. 17–48.
Goldstein, Jürgen, »Aufmerksamkeit. Über ein Vermögen der Vernunft«, in: *Philosophisches Jahrbuch* 114 (2007), S. 22–33.
Gowans, Linda, *Cei and the Arthurian Legend,* Cambridge 1988.
Graf, Michael, *Liebe – Zorn – Trauer – Adel. Die Pathologie in Hartmann von Aues ›Iwein‹. Eine Interpretation auf medizinhistorischer Basis,* Bern u.a. 1989.
Grau, Dietrich, *Das Mittagsgespenst (daemonium meridianum). Untersuchungen über seine Herkunft, Verbreitung und seine Erforschung in der europäischen Volkskunde,* Bonn 1966.
Grebe, Anja, »In the Paradise of Love: Medieval Love Gardens – Topography and Iconography«, in: *Fauna and Flora in the Middle Ages. Studies of the Medieval Environment and its Impact on the Human Mind,* papers delivered at the International Medieval Congress, Leeds, in 2000, 2001 and 2002, Frankfurt a.M. u.a. 2007, S. 225–248.
Green, Dennis Howard, »The concept *âventiure* in *Parzival*«, in: *Approaches to Wolfram von Eschenbach. Five Essays,* Bern/Frankfurt a.M./Las Vegas 1978.
Green, Dennis Howard, *Medieval Listening and Reading. The primary reception of German literature 800–1300,* Cambridge 1994.
Green, Dennis Howard, »Fiktionalität und weiße Flecken in Wolframs ›Parzival‹«, in: *Wolfram-Studien* XVII (2002), S. 30–45.
Green, Dennis Howard, »Vorlesen, Lesen«, in: *Höfe und Residenzen im spätmittelalterlichen Reich. Bilder und Begriffe,* hg. v. Werner Paravicini, bearb. v. Jan Hirschbiegel und Jörg Wettlaufer, Residenzenforschung 15 II, Teilbd. 1: Begriffe, Ostfildern 2005, S. 210–212.
Greenfield, John T., »Vivien und Vivianz«, in: *Wolfram-Studien* XI (1989), S. 47–64.
Greenfield, John, »Wolframs ›Willehalm‹ als Transgression?«, in: *Norm und Transgression in deutscher Sprache und Literatur, Kolloquium in Santiago de Compostela, 4.-7. Okt. 1995,* hg. v. Victor Millet, München 1996, S. 18–29.
Greenfield, John/Miklautsch, Lydia, *Der ›Willehalm‹ Wolframs von Eschenbach. Eine Einführung,* Berlin/New York 1998.
Greimas, Algirdas Julien, *Strukturale Semantik. Methodologische Untersuchungen,* Braunschweig 1966 (franz. Erstausgabe 1972).
Griese, Sabine, *Salomon und Markolf. Ein literarischer Komplex im Mittelalter und in der frühen Neuzeit. Studien zu Überlieferung und Interpretation,* Tübingen 1999.
Grimm, Jacob, *Frau Aventiure klopft an Beneckes thür. III. Aug. MDCCCXLII,* Berlin 1842.
Grisebach, Cornelia, *Zeitbegriff und Zeitgestaltung in den Romanen Chrétiens de Troyes und Hartmanns von Aue,* Freiburg 1956.

Gross, Hedwig, *Hartmanns Büchlein, dargestellt in seiner psychologischen, ethischen und theologischen Bezogenheit auf das Gesamtwerk des Dichters,* Würzburg 1936.

Grosse, Siegfried, »Die Erzählperspektive der gestaffelten Wiederholung. Kalogrenants *âventiure* in Hartmanns ›Iwein‹«, in: *Gotes und der werlde huld. Literatur in Mittelalter und Neuzeit. Festschrift für Heinz Rupp zum 70. Geburtstag,* hg. v. Rüdiger Schnell, Bern/Stuttgart 1989, S. 82–96.

Grubmüller, Klaus, »Historische Semantik und Diskursgeschichte: *zorn, nît und haz*«, in: *Codierungen von Emotionen im Mittelalter/Emotions ans Sensibilities in the Middle Ages,* hg. v. C. Stephen Jaeger und Ingrid Kasten, Berlin/New York 2003, S. 47–69.

Grubmüller, Klaus, »*cristallîniu wortelîn.* Gottfrieds Stil und die Aporien der Liebe«, in: *Literarischer Stil. Mittelalterliche Dichtung zwischen Konvention und Innovation. XXII. Anglo-German Colloquium Düsseldorf,* hg. v. Elizabeth Andersen, Ricarda Bauschke-Hartung, Nicola McLelland und Silvia Reuvekamp, Berlin/Boston 2015, S. 179–190.

Gruenter, Rainer, »Bauformen der Waldleben-Episode in Gotfrids Tristan und Isold«, in: *Gestaltprobleme der Dichtung. Günther Müller zu seinem 65. Geburtstag am 15. Dezember 1955,* hg. v. Richard Alewyn, Hans-Egon Hass und Clemens Heselhaus, Bonn 1957, S. 21–48.

Gruenter, Rainer, »Der *vremede hirz*«, in: *ZfdA* 86 (1955/1956), S. 231–237.

Gruenter, Rainer, »Das wunnecliche tal«, in: *Euphorion* 55 (1961), S. 341–404.

Gruenter, Rainer, »Zum Problem der Landschaftsdarstellung im höfischen Versroman«, in: *Euphorion* 56 (1962), S. 248–278 (wieder abgedruckt in *Landschaft und Raum in der Erzählkunst,* hg. v. Alexander Ritter, Darmstadt 1975, S. 293–335).

Gumbrecht, Hans Ulrich, »Präsenz-Spuren. Über Gebärden in der Mythographie und die Zeitresistenz des Mythos«, in: *Präsenz des Mythos, Konfigurationen einer Denkform in Mittelalter und Früher Neuzeit,* hg. v. Udo Friedrich und Bruno Quast, Berlin/New York 2004, S. 1–15.

Gumbrecht, Hans Ulrich, »Zeit des Raums und Raum der Epiphanie«, in: *Temporalität und Form. Autoren-Kolloquium mit Karl Heinz Bohrer,* hg. v. Wolfgang Lange, Jürgen Paul Schwindt und Karin Westerwelle, Heidelberg 2004, S. 11–20.

Gumbrecht, Hans Ulrich, *Diesseits der Hermeneutik. Die Produktion von Präsenz,* übers. v. Joachim Schulte, Frankfurt a.M. 2004.

Gumbrecht, Hans Ulrich, *Stimmungen lesen. Über eine verdeckte Wirklichkeit der Literatur,* München 2011.

Günzel, Stephan (Hg.), *Raumwissenschaften,* Frankfurt a.M. 2009.

Günzel, Stephan, »Raumkehren«, in: *Raum. Ein interdisziplinäres Handbuch,* hg. v. Stephan Günzel unter Mitarbeit von Franziska Kümmerling, Stuttgart/Weimar 2010, S. 77–89.

Guth, Klaus, »Alltag und Fest. Aspekte und Probleme gegenwärtiger Festkulturforschung«, in: *Schweizerisches Archiv für Volkskunde* 81 (1985), S. 59–78.

Haas, Alois M., *Parzivals tumpheit bei Wolfram von Eschenbach,* Berlin 1964.

Haas, Alois M., »Schwermütigkeit. Ein Wort der deutschen Mystik«, in: *Verborum amor. Studien zur Geschichte und Kunst der deutschen Sprache. Festschrift für Stefan Sonderegger zum 65. Geburtstag,* hg. v. Harald Burger, Alois M. Haas und Peter von Matt, Berlin/New York 1992, S. 273–296.

Haas, Alois M., *Mystik im Kontext,* München 2004.

Haferland, Harald, *Höfische Interaktion. Interpretationen zur höfischen Epik und Didaktik um 1200,* München 1988.

Hahn, Alois, »Transgression und Innovation«, in: *Poetologische Umbrüche. Romanistische Studien zu Ehren von Ulrich Schulz-Buschhaus,* hg. v. Werner Helmich, Helmut Meter und Astrid Poier-Bernhard, München 2002, S. 452–465.

Hahn, Ingrid, *Raum und Landschaft in Gottfrieds Tristan. Ein Beitrag zur Werkdeutung,* München 1963.

Hahn, Ingrid, »*Daz lebende paradis*«, in: *ZfdA* 92 (1963), S. 184–195.

Hahn, Ingrid, »Zu Gottfrieds von Straßburg Literaturschau«, in: *ZfdA* 96 (1967), S. 218–236.

Hahn, Ingrid, »Das Ethos der ›kraft‹: Zur Bedeutung der Massenschlachten in Strickers ›Daniel von dem Blühenden Tal‹«, in: *DVjs* 59 (1985), S. 173–194.

Hamano, Akihiro, »Die Anderweltigkeit der Minnegrotte im ›Tristan‹ - Die Suche nach der neuen Lokalisierung der Minnegrotte«, in: *Lingua* 17 (2006), S. 63–87.

Han, Byung-Chul, *Duft der Zeit. Ein philosophisches Essay zur Kunst des Verweilens,* Bielefeld 2009.

Han, Byung-Chul, *Müdigkeitsgesellschaft,* Berlin 2010, 8. Auflage 2013.

Handke, Peter, *Versuch über die Müdigkeit,* Frankfurt a.M. 1989, 1. Auflage 2012.

Harms, Wolfgang, *Der Kampf mit dem Freund oder Verwandten in der deutschen Literatur bis um 1300,* München 1963.

Hasebrink, Burkhard, »*ein einic ein.* Zur Darstellbarkeit der Liebeseinheit in mittelhochdeutscher Literatur«, in: *PBB* 124 (2002), S. 442–465.

Hasebrink, Burkhard, »Rache als Geste. Medea im ›Trojanerkrieg‹ Konrads von Würzburg«, in: *Literarische Leben. Rollenentwürfe in der Literatur des Hoch- und Spätmittelalters. Festschrift für Volker Mertens zum 65. Geburtstag,* hg. v. Matthias Meyer und Hans-Jochen Schiewer, Tübingen 2002, S. 209–230.

Hasebrink, Burkhard, »›sich erbilden‹. Überlegungen zur Semantik der Habitualisierung in den ›Rede der unterscheidunge‹ Meister Eckharts«, in: *Meister Eckhart in Erfurt,* hg. v. Andreas Speer und Lydia Wegener, Berlin/New York 2005, S. 122–136.

Hasebrink, Burkhard, »Diesseits? Eucharistie bei Meister Eckhart im Kontext der Debatte um ›Präsenzkultur‹«, in: *Mediale Gegenwärtigkeit,* hg. v. Christian Kiening, Zürich 2007, S. 193–205.

Hasebrink, Burkhard/Schiewer, Hans-Jochen/Suerbaum, Almut/Volfing, Annette (Hg.), *Innenräume in der Literatur des deutschen Mittelalters,* Tübingen 2008.

Hasebrink, Burkhard, »Die Ambivalenz des Erneuerns. Zur Aktualisierung des Tradierten im mittelalterlichen Erzählen«, in: *Fiktion und Fiktionalität in den Literaturen des Mittelalters. Jan-Dirk Müller zum 65. Geburtstag,* hg. v. Ursula Peters und Rainer Warning, München 2009, S. 205–217.

Hasebrink, Burkhard, »Erecs Wunde. Zur Performativität der Freundschaft im Höfischen Roman«, in: *Oxford German Studies* 38 (2009), S. 1–12.

Hasebrink, Burkhard, »*mitewürker gotes.* Zur Performativität der Umdeutung in den deutschen Schriften Meister Eckharts«, in: *Literarische und religiöse Kommunikation in Mittelalter und Früher Neuzeit. DFG-Symposion 2006,* hg. v. Peter Strohschneider, Berlin/New York 2009, S. 62–88.

Hasebrink, Burkhard/Bernhardt, Susanne/Früh, Imke (Hg.), *Semantik der Gelassenheit. Generierung, Etablierung, Transformatin,* Göttingen 2012.

Hasebrink, Burkhard, »Zwischen Skandalisierung und Auratisierung. Über *gemach* und *muoze* in höfischer Epik«, in: *Muße im kulturellen Wandel. Semantisierungen, Ähnlichkeiten, Umbesetzungen,* hg. v. Burkhard Hasebrink und Peter Philipp Riedl, Berlin 2014, S. 107–130.

Hasebrink, Burkhard/Riedl, Peter Philipp (Hg.), *Muße im kulturellen Wandel. Semantisierungen, Ähnlichkeiten, Umbesetzungen,* hg. v. Burkhard Hasebrink und Peter Philipp Riedl, Berlin/Boston 2014.

Hasebrink, Burkhard, »Die Anthropologie der Abgeschiedenheit. Urbane Ortlosigkeit bei Meister Eckhart«, in: *Meister Eckhart im Original,* hg. v. Freimut Löser und Dietmar Mieth, Stuttgart 2014, S. 139–154.

Hasebrink, Burkhard, »Selbstüberschreitung der Religion in der Mystik. ›Höchste Armut‹ bei Meister Eckhart«, in: *PBB* 137 (2015), S. 446–460.

Hasebrink, Burkhard, »*Otium contemplationis.* Zu einer Begründungsfigur von Autorschaft im *Legatus divinae pietatis* Gertruds von Helfta«, in: *Muße und Gesellschaft* (Otium. Studien zur

Theorie und Kulturgeschichte der Muße 5), hg. v. Gregor Dobler und Peter Philipp Riedl, Tübingen 2017, S. 291–316.

Hatto, Arthur T., »Wolfram von Eschenbach and the Chase«, in: *Et Multum et multa. Beiträge zur Literatur, Geschichte und Kultur der Jagd. Festgabe für Kurt Lindner zum 27. November 1971*, hg. v. Sigird Schwenk, Gunnar Tilander und Carl Arnold Willemsen, Berlin/New York 1971, S. 101–112.

Haubrichs, Wolfgang, »Das Wortfeld von ›Arbeit‹ und ›Mühe‹ im Mittelhochdeutschen«, in: *Arbeit im Mittelalter. Vorstellungen und Wirklichkeiten*, hg. v. Verena Postel, Berlin 2006, S. 91–106.

Haubrichs, Wolfgang, »Die Narration der Normen oder die Beschreibung des Ungeschriebenen. Das Beispiel ›Erec‹«, in: *Frühmittelalterliche Studien* 41 (2008), S. 415–433.

Haug, Walter, »Die Symbolstruktur des höfischen Epos und ihre Auflösung bei Wolfram von Eschenbach«, in: *DVjs* 45 (1971), S. 668–705 (wieder abgedruckt in: ders., *Strukturen als Schlüssel zur Welt. Kleine Schriften zur Erzählliteratur des Mittelalters*, Tübingen 1989, S. 483–512).

Haug, Walter, »*Aventiure* in Gottfrieds von Straßburg ›Tristan‹«, in: *Festschrift für Hans Eggers zum 65. Geburtstag*, hg. v. Herbert Backes (PBB 94. Sonderheft), Tübingen 1972, S. 88–125 (wieder abgedruckt in: Walter Haug, *Strukturen als Schlüssel zur Welt*, Tübingen 1989, S. 557–582).

Haug, Walter, *»Der aventiure meine«*, in: *Würzburger Prosastudien II. Untersuchungen zur Literatur und Sprache des Mittelalters. Kurt Ruh zum 60. Geburtstag*, hg. v. Peter Kersting, München 1975, S. 93–111.

Haug, Walter, »Parzivals ›zwîvel‹ und Willehalms ›zorn‹ - Zu Wolframs Wandel vom höfischen Roman zur Chanson de geste«, in: *Wolfram-Studien* III (1975), S. 217–231.

Haug, Walter, »Erzählen vom Tod her. Sprachkrise, gebrochene Handlung und zerfallende Welt in Wolframs ›Titurel‹«, in: *Wolfram-Studien* VI (1980), S. 8–24.

Haug, Walter, »Paradigmatische Poesie. Der spätere deutsche Artusroman auf dem Weg zu einer ›nachklassischen‹ Ästhetik«, in: *DVjs* 54 (1980), S. 204–231.

Haug, Walter, »Das Fantastische in der späteren deutschen Artusliteratur«, in: *Spätmittelalterliche Artusliteratur. Ein Symposion der neusprachlichen Philologen auf der Generalversammlung der Görres-Gesellschaft, Bonn, 25.-29. September 1982*, hg. v. Karl Heinz Göller, Paderborn/München/Wien u.a 1984, S. 133–149.

Haug, Walter, »Gottfrieds von Straßburg ›Tristan‹. Sexueller Sündenfall oder erotische Utopie«, in: ders., *Strukturen als Schlüssel zur Welt. Kleine Schriften zur Erzählliteratur des Mittelalters*, Tübingen 1989, S. 600–611.

Haug, Walter, »Von der Idealität des arthurischen Festes zur apokalpytischen Orgie in Wittenwilers *Ring*«, in: *Das Fest*, hg. v. Walter Haug und Rainer Warning, München 1989, S. 157–179.

Haug, Walter, »Wandlungen des Fiktionalitätsbewußtseins vom hohen zum späten Mittelalter«, in: *Entzauberung der Welt. Deutsche Literatur 1200–1500*, hg. v. James F. Poag und Thomas C. Fox, Tübingen 1989, S. 1–17.

Haug, Walter, »Der ›Tristan‹ – eine interarthurische Lektüre«, in: *Artusroman und Intertextualität. (Beiträge der Deutschen Sektionstagung der Internationalen Artusgesellschaft vom 16. bis 19. November 1989 an der Johann Wolfgang Goethe-Universität Frankfurt a.M.)*, hg. v. Friedrich Wolfzettel, Giessen 1990, S. 57–72.

Haug, Walter, »Über die Schwierigkeiten des Erzählens in ›nachklassicher‹ Zeit«, in: *Positionen des Romans im späten* Mittelalter, hg. v. Walter Haug und Burghart Wachinger, Tübingen 1991, S. 338–365.

Haug, Walter, *Literaturtheorie im deutschen Mittelalter. Von den Anfängen bis zum Ende des 13. Jahrhunderts*, 2. überarb. und erw. Auflage Darmstadt 1992 (Erstausgabe 1985).

Haug, Walter, »Lesen oder Lieben? Erzählen in der Erzählung, vom ›Erec‹ bis zum ›Titurel‹«, in: ders., *Brechungen auf dem Weg zur Individualität. Kleine Schriften zur Literatur des Mittelalters,* Tübingen 1995, S. 153–167, (zuvor in *PBB* 16 (1994), S. 302–323).

Haug, Walter, »Der ›Tristan‹ Gottfrieds von Straßburg: eine narrative Philosophie der Liebe?«, in: ders., *Brechungen auf dem Weg zur Individualität. Kleine Schriften zur Literatur des Mittelalters,* Tübingen 1995, S. 171–183.

Haug, Walter, »Die Entdeckung der personalen Liebe und der Beginn der fiktionalen Literatur«, in: *Brechungen auf dem Weg zur Individualität. Kleine Schriften zur Literatur des Mittelalters,* Tübingen 1995, S. 233–248.

Haug, Walter, »Mündlichkeit, Schriftlichkeit und Fiktionalität«, in: ders., *Brechungen auf dem Weg zur Individualität. Kleine Schriften zur Literatur des Mittelalters,* Tübingen 1995, S. 59–71.

Haug, Walter, »O Fortuna. Eine historisch-semantische Skizze zur Einführung«, in: *Fortuna,* hg. v. Walter Haug und Burghart Wachinger, Tübingen 1995, S. 1–22.

Haug, Walter, »Eros und Fortuna. Der höfische Roman als Spiel von Liebe und Zufall«, in: *Fortuna,* hg. v. Walter Haug und Burghart Wachinger, Tübingen 1995, S. 52–75.

Haug, Walter, »Mittelhochdeutsche Klassik zwischen Norm und Normverstoß«, in: *Norm und Transgression in deutscher Sprache und Literatur, Kolloquium in Santiago de Compostela, 4.-7. Oktober 1995,* hg. v. Victor Millet, München 1996, S. 1–17.

Haug, Walter, »Für eine Ästhetik des Widerspruchs. Neue Überlegungen zur Poetologie des höfischen Romans«, in: *Mittelalterliche Literatur und Kunst im Spannungsfeld von Hof und Kloster. Ergebnisse der Berliner Tagung, 9.-11. Oktober 1997,* hg. v. Nigel F. Palmer und Hans-Jochen Schiewer, Tübingen 1999, S. 211–228.

Haug, Walter, »Wendepunkte in der Geschichte«, in: *Mittelalter und frühe Neuzeit. Übergänge, Umbrüche und Neuansätze,* hg. v. Walter Haug, Tübingen 1999, S. 357–377.

Haug, Walter, *»Joie de la curt«,* in: *Blütezeit. Festschrift für L. Peter Johnson zum 70. Geburtstag,* hg. v. Mark Chinca, Joachim Heinzle und Christopher Young, Tübingen 2000, S. 271–290.

Haug, Walter, »Erzählung und Reflexion in Gottfrieds ›Tristan‹«, in: *Der ›Tristan‹ Gottfrieds von Straßburg. Symposion Santiago de Compostela, 5. bis 8. April 2000,* hg. v. Christoph Huber und Victor Millet, Tübingen 2002, S. 281–294.

Haug, Walter, »Einleitung«, in: ders., *Die Wahrheit der Fiktion. Studien zur weltlichen und geistlichen Literatur des Mittelalters und der frühen Neuzeit,* Tübingen 2003, S. 3–15.

Haug, Walter, »Die Entdeckung der Fiktionalität«, in: ders., *Die Wahrheit der Fiktion. Studien zur weltlichen und geistlichen Literatur des Mittelalters und der frühen Neuzeit,* Tübingen 2003, S. 128–144.

Haug, Walter, »Gloser la lettre oder Marie de France, die Liebe und die Allegorie«, in: ders., *Die Wahrheit der Fiktion. Studien zur weltlichen und geistlichen Literatur des Mittelalters und der frühen Neuzeit,* Tübingen 2003, S. 187–204.

Haug, Walter, »Die komische Wende des Wunderbaren: arthurische Grotesken«, in: *Das Wunderbare in der arthurischen Literatur. Probleme und Perspektiven,* hg. v. Friedrich Wolfzettel, Tübingen 2003, S. 159–174.

Haug, Walter, »Montage und Individualität im Nibelungenlied«, in: *Nibelungenlied und Nibelungenklage. Neue Wege der Forschung,* hg. v. Christoph Fasbender, Darmstadt 2005, S. 13–29.

Haug, Walter, »Gab es eine mittelalterliche Ästhetik aus platonischer Tradition?«, in: *Neuplatonismus und Ästhetik. Zur Transformationsgeschichte des Schönen,* hg. v. Verena Olejniczak Lobsien und Claudia Olk, Berlin/New York 2007, S. 19–42.

Haug, Walter, »Schreckensorte und künstliche Paradiese. Zur mittelalterlichen Vorgeschichte der Landschaftsdarstellung«, in: ders., *Positivierung von Negativität. Letzte kleine Schriften,* hg. v. Ulrich Barton, Tübingen 2008, S. 56–73.

Haupt, Barbara, »Zum Prolog des ›Tristan‹ Gottfrieds von Straßburg. Prolegomenon zu einer wirkungs- und rezeptionsorientierten Untersuchung mittelalterlicher volkssprachlicher Prologe«, in: *Literatur – Publikum – historischer Kontext,* hg. v. Gert Kaiser, Bern/Frankfurt a.M./Las Vegas 1977, S. 109–136.

Haupt, Barbara, *Das Fest in der Dichtung. Untersuchungen zur historischen Semantik eines literarischen Motivs in der mittelhochdeutschen Epik,* Düsseldorf 1989.

Haupt, Barbara, »Die Kemenate der hochmittelalterlichen Burg im Spiegel der zeitgenössischen (volkssprachigen) Literatur«, in: *Burg und Schloß als Lebensorte in Mittelalter und Renaissance,* hg. v. Wilhelm G. Busse, Düsseldorf 1995, S. 129–145.

Haupt, Barbara, »Der schöne Körper in der höfischen Epik«, in: *Körperinszenierungen in mittelalterlicher Literatur. Kolloquium am Zentrum für interdisziplinäre Forschung der Universität Bielefeld (18.-20-. März 1999),* hg. v. Klaus Ridder und Otto Langer, Berlin 2002, S. 47–73.

Haupt, Barbara, »Der höfische Ritter in der mittelhochdeutschen Literatur«, in: *Rittertum und höfische Kultur der Stauferzeit,* hg. v. Johannes Laudage und Yvonne Leiverkus, Köln/Weimar/Wien 2006, S. 170–192.

Haupt, Jürgen, *Der Truchsess Keie im Artusroman. Untersuchungen zur Gesellschaftsstruktur im höfischen Roman,* Berlin 1971.

Hausmann, Albrecht, »Mittelalterliche Überlieferung als Interpretationsaufgabe. ›Laudines Kniefall‹ und das Problem des ›ganzen Textes‹«, in: *Text und Kultur. Mittelalterliche Literatur 1150–1450,* hg. v. Ursula Peters, Stuttgart/Weimar 2001, S. 72–95.

Haye, Thomas, »*labor* und *otium* im Spiegel lateinischer Sprichwörter und Gedichte des Mittelalters«, in: *Arbeit im Mittelalter. Vorstellungen und Wirklichkeiten,* hg. v. Verena Postel, Berlin 2006, S. 79–89.

Heidegger, Martin, *Gesamtausgabe I. Abteilung: Veröffentlichte Schriften 1910–1976,* Bd. 7: Vorträge und Aufsätze, Frankfurt a.M. 2000.

Heidegger, Martin, »Gelassenheit (30. Oktober 1955)«, in: ders., *Gelassenheit. Heideggers Meßkircher Rede von 1955,* zum 125. Geburtstag von Martin Heidegger, mit Interpretationen von Alfred Denker und Holger Zaborowski, Freiburg i.Br./München 2014, S. 9–26.

Heidemann, Ingeborg, *Der Begriff des Spieles und das ästhetische Weltbild in der Philosophie der Gegenwart,* Berlin 1968.

Heinzle, Joachim, »Die Entdeckung der Fiktionalität. Zu Walter Haugs ›Literaturtheorie im deutschen Mittelalter‹«, in: *PBB* 112 (1990), S. 55–80.

Henderson, Ingeborg/Moellecken, Wolfgang, »Die Bedeutung der *liste* im ›Daniel‹ des Strickers«, in: *ABäG* 4 (1973), S. 187–201.

Henkel, Nikolaus, »›Fortschritt‹ in der Poetik des höfischen Romans. Das Verfahren der Descriptio im ›Roman d'Eneas‹ und in Heinrichs von Veldeke ›Eneasroman‹«, in: *Retextualisierung in der mittelalterlichen Literatur,* Sonderheft ZfdPh 124 (2005), hg. v. Joachim Bumke und Ursula Peters, S. 96–116.

Hennebo, Dieter, *Gärten des Mittelalters,* München/Zürich 1987.

Hermann, Henning, *Identität und Personalität in Gottfrieds von Straßburg Tristan. Studien zur sozial- und kulturgeschichtlichen Entwicklung des Helden,* Hamburg 2006.

Herzmann, Herbert, »Warum verlassen Tristan und Isolde die Minnehöhle? Zu Gottfrieds *Tristan*«, in: *Euphorion* 69 (1975), S. 219–228.

Heuss, Alfred, »Zum Problem einer geschichtlichen Anthropologie«, in: *Kulturanthropologie* (Neue Anthropologie, Bd. 4), hg. v. Hans-Georg Gadamer und Paul Vogler, München 1973, S. 150–194.

Hillebrandt, Frank, *Praktiken des Tauschens. Zur Soziologie symbolischer Formen der Reziprozität,* Wiesbaden 2009.

Hoffmann, Ulrich, *Arbeit an der Literatur. Zur Mythizität der Artusromane Hartmanns von Aue,* Berlin 2012.

Hofmann, Hasso, »Der spätmittelalterliche Rechtsbegriff der Repräsentation in Reich und Kirche«, in: *Höfische Repräsentation. Das Zeremoniell und die Zeichen,* hg. v. Hedda Ragotzky und Horst Wenzel, Tübingen 1990, S. 17–42.

Hofmann, Hasso, *Repräsentation. Studien zu Wort- und Begriffsgeschichte von der Antike bis ins 18. Jahrhundert,* Berlin 1974, 4. Auflage 2003.

Höhler, Gertrud, »Der Kampf im Garten. Studien zur Brandigan-Episode in Hartmanns *Erec*«, in: *Euphorion* 68 (1974), S. 371–419.

Hohnsträter, Dirk, »Im Zwischenraum. Ein Lob des Grenzgängers«, in: *Über Grenzen. Limitation und Transgression in Literatur und Ästhetik,* hg. v. Claudia Benthien und Irmela Marei Krüger-Fürhoff, Stuttgart/Weimar 1999, S. 231–244.

Hollandt, Gisela, *Die Hauptgestalten in Gottfrieds Tristan,* Berlin 1966.

Honemann, Volker/Ruh, Kurt/Schnell, Bernhard u.a. (Hg.), *Poesie und Gebrauchsliteratur im deutschen Mittelalter. Würzburger Colloquium 1978,* Tübingen 1979.

Honemann, Volker, »Daniel monologisiert, der Riese berichtet, drei Damen erzählen: Aspekte der Figurenrede im ›Daniel von dem Blühenden Tal‹ des Strickers«, in: *Erzählungen in Erzählungen. Phänomene der Narration in Mittelalter und Früher Neuzeit,* hg. v. Harald Haferland und Michael Mecklenburg, München 1996, S. 221–232.

Honemann, Volker, »Das Schachspiel in der deutschen Literatur des Mittelalters. Zur Funktion des Schachmotivs und der Schachmetaphorik«, in: *Zeichen – Rituale – Werte. Internationales Kolloquium des Sonderforschungsbreichs 496 an der Westfälischen Wilhelms-Universität Münster,* hg. v. Gerd Althoff, unter Mitarbeit von Christiane Witthöft, Münster 2004, S. 363–383.

Horkheimer, Max/Adorno, Theodor W., *Dialektik der Aufklärung. Philosophische Fragmente,* 16. Auflage Frankfurt a.M. 2006 (Erstausgabe 1944).

Hrubý, Antonín, »Moralphilosophie und Moraltheologie in Hartmanns *Erec*«, in: *The Epic in Medieval Society. Aesthetic and Moral Values,* hg. v. Harald Scholler, Tübingen 1977, S. 193–213.

Huber, Christoph, »Wort-Ding-Entsprechungen. Zur Sprach- und Stiltheorie Gottfrieds von Straßburg«, in: *Befund und Deutung. Zum Verhältnis von Empirie und Interpretation in Sprach- und Literaturwissenschaft. Festschrift für Hans Fromm,* hg. v. Klaus Grubmüller u.a., Tübingen 1979, S. 268–308.

Huber, Christoph, »Ritterideologie und Gegnertötung. Überlegungen zu den ›Erec‹-Romanen Chrétiens und Hartmanns und zum ›Prosa-Lancelot‹«, in: *Spannungen und Konflikte menschlichen Zusammenlebens in der deutschen Literatur des Mittelalters. Bristoler Colloquium 1993,* hg. v. Kurt Gärtner, Ingrid Kasten und Frank Shaw, Tübingen 1996, S. 59–73.

Huber, Christoph, *Gottfried von Straßburg. Tristan,* 2., verbesserte Auflage, Berlin 2001.

Huber, Christoph, »*Ars et prudentia.* Zum ›list‹-Exkurs im ›Daniel‹ des Strickers«, in: Ars *und* Scientia *im Mittelalter und in der Frühen Neuzeit. Ergebnisse interdisziplinärer Forschung, Georg Wieland zum 65. Geburtstag,* hg. v. Cora Dietl und Dörte Helschinger, Tübingen/Basel 2002, S. 155–172.

Huber, Christoph/Millet, Victor (Hg.), *Der ›Tristan‹ Gottfrieds von Straßburg. Symposion Santiago de Compostela, 5. bis 8. April 2000,* Tübingen 2002.

Huber, Christoph, *Gottfried von Straßburg: Tristan,* 3., neu bearb. und erw. Auflage, Berlin 2013.

Huber, Christoph, »Kristallwörtchen und das Stilprogramm des *perspicuitas.* Zu Gottfrieds *Tristan* und Konrads *Goldener Schmiede*«, in: *Literarischer Stil. Mittelalterliche Dichtung zwischen Konvention und Innovation. XXII. Anglo-German Colloquium Düsseldorf,* hg. v. Elizabeth Andersen, Ricarda Bauschke-Hartung, Nicola McLelland und Silvia Reuvekamp, Berlin/Boston 2015, S. 191–204.

Huber, Gerhard, *Eidos und Existenz. Umrisse einer Philosophie der Gegenwärtigkeit,* Basel 1995.

Hübner, Gert, *Erzählform im höfischen Roman. Studien zur Fokalisierung im ›Eneas‹, im ›Iwein‹ und im ›Tristan‹,* Tübingen/Basel 2003.

Hübner, Gert, »Fokalisierung im höfischen Roman«, in: *Wolfram-Studien* XVIII (2004), S. 127–150.
Hübsch, Stefan (Hg.), *Affekte. Philosophische Beiträge zur Theorie der Emotionen,* Heidelberg 1999.
Hufeland, Klaus, »Das Motiv der Wildheit in mittelhochdeutscher Dichtung«, in: *ZfdPh* 95 (1976), S. 1–19.
Huizinga, Johan, *Herbst des Mittelalters. Studien über Lebens- und Geistesformen des 14. und 15. Jahrhunderts in Frankreich und in den Niederlanden,* hg. v. Kurt Kösters, Stuttgart 1969.
Huizinga, Johan, *Homo ludens. Vom Ursprung der Kultur im Spiel,* in engster Zusammenarbeit mit dem Verfasser aus dem Niederländischen übertragen von H. Nachod, mit einem Nachwort von Andreas Flitner, Reinbek bei Hamburg 2001 (niederl. Erstausgabe 1939).
Huizinga, Johan, *Das Spielelement der Kultur. Spieltheorien nach Johan Huizinga von Georges Bataille, Roger Caillois und Eric Voegelin,* hg. und mit einem Vor- sowie einem Nachwort von Knut Ebeling, Berlin 2014 (Originaltitel: »Over de grenzen van spiel en ernst in de cultur« (1933), Rektoratsrede an der Universität von Leiden).
Jackson, Stanley W., »Acedia the Sin and its Relationship to Sorrow and Melancholia in Medieval Times«, in: *Bulletin of the History of Medicine* 55 (1981), S. 172–185.
Jackson, Timothy R., »Zwischen Innenraum und Außenraum. Das Motiv des Fensters in der Literatur des deutschen Mittelalters«, in: *Innenräume in der Literatur des deutschen Mittelalters, XIX. Anglo-German Colloquium Oxford 2005,* hg. v. Burkhard Hasebrink, Hans-Jochen Schiewer, Almut Suerbaum und Annette Volfing, Tübingen 2008, S. 45–65.
Jackson, William T. H., »Der Künstler Tristan in Gottfrieds Dichtung«, aus dem Englischen übers. v. Alois Wolf, in: *Gottfried von Straßburg,* hg. v. Alois Wolf, Darmstadt 1973, S. 280–304 (im Original: »Tristan the artist in Gottfried's poem«, in: *PMLA* 77 (1962), S. 364–372).
Jackson, William Henry, »Das Turnier in der deutschen Dichtung des Mittelalters«, in: *Das ritterliche Turnier im Mittelalter. Beiträge zu einer vergleichenden Formen- und Verhaltensgeschichte des Rittertums,* hg. v. Josef Fleckenstein, Göttingen 1985, S. 257–295.
Jacob-Hugon, Christine, *L'œuvre jongleresque de Jean Bodel. L'art de séduire un public,* Paris/Brüssel 1998.
Jaeger, C. Stephen, *The prologue tradition in Middle High German romance,* Berkeley 1970.
Jaeger, C. Stephen, *Medieval Humanism in Gottfried von Strassburg's ›Tristan und Isolde‹,* Heidelberg 1977.
Jaeger, C. Stephen, »Höfisches Fest und Hofästhetik in Gottfrieds ›Tristan‹. Die Dichterschau als Zelebration«, in: *Bildhafte Rede in Mittelalter und früher Neuzeit. Probleme ihrer Legitimation und ihrer Funktion,* hg. v. Wolfgang Harms und Klaus Speckenbach, in Verbindung mit Herfried Vögel, Tübingen 1992, S. 197–216.
Jaeger, C. Stephen, »Melancholie und Studium. Zum Begriff ›Arbeitsælikeit‹, seinen Vorläufern und seinem Weiterleben in Medizin und Literatur«, in: *Literatur, Artes und Philosophie,* hg. v. Walter Haug und Burghart Wachinger, Tübingen 1992, S. 117–140.
Jaeger, C. Stephen, *Ennobling Love. In Search of a Lost Sensibility,* Philadelphia 1999.
Jaeger, C. Stephen, *Die Entstehung höfischer Kultur. Vom höfischen Bischof zum höfischen Ritter,* aus dem Amerikanischen übers. v. Sabine Hellwig-Wagnitz, Berlin 2001.
Jaeger, C. Stephen, »Wunder und Staunen bei Wolfram und Gottfried«, in: *Inszenierungen von Subjektivität in der Literatur des Mittelalters,* hg. v. Martin Baisch, Jutta Eming, Hendrikje Haufe und Andrea Sieber, Königstein/Taunus 2005, S. 122–139.
Jaeggi, Rahel, »Was ist eine (gute) Institution?«, in: *Sozialphilosophie und Kritik,* hg. v. Rainer Forst, Martin Hartmann, Rahel Jaeggi und Martin Saar, Frankfurt a.M. 2009, S. 528–544.
Jaeggi, Rahel, *Kritik von Lebensformen,* Berlin 2014.
Jannidis, Fotis, *Figur und Person. Beitrag zu einer historischen Narratologie,* Berlin/New York 2004.

Jappe, Elisabeth, *Performance, Ritual, Prozeß. Handbuch der Aktionskunst in Europa,* München/New York 1993.
Jauß, Hans Robert, *Alterität und Modernität der mittelalterlichen Literatur. Gesammelte Aufsätze 1956–1976,* München 1977.
Javor Briški, Marija, »Die Bildung in Gottfrieds *Tristan:* Bemerkungen zu ihrer epischen und symbolischen Funktion«, in: *Acta Neophilologica* 29 (1996), S. 13–25.
Joas, Hans/Knöbl, Wolfgang, *Sozialtheorie. Zwanzig einführende Vorlesungen,* aktualisierte Ausgabe, mit einem neuen Vorwort versehen, Frankfurt a.M. 2004.
Johannsen, Anja. K., *Kisten, Krypten, Labyrinthe. Raumfigurationen in der Gegenwartsliteratur: W.G. Sebald, Anne Duden, Herta Müller,* Bielefeld 2008.
Jolles, André, *Einfache Formen. Legende, Sage, Mythe, Rätsel, Spruch, Kasus, Memorabile, Märchen, Witz,* 6., unveränd. Auflage, Tübingen 1982 (Erstausgabe 1930).
Joerges, Bernward, »Leistung«, in: HWPh 5 (1980), Sp. 215–220.
Jupé, Wolfgang, *Die ›List‹ im Tristanroman Gottfrieds von Straßburg. Intellektualität und Liebe oder die Suche nach dem Wesen der individuellen Existenz,* Heidelberg 1976.
Jurt, Joseph, *Das literarische Feld. Das Konzept Pierre Bourdieus in Theorie und Praxis,* Darmstadt 1995.
Jurt, Joseph, »Die Habitus-Theorie von Pierre Bourdieu«, in: *LiTheS* 3 (2010), S. 5–17.
Kahn, Christoph, »Zeichen – Ordnung – Gesetz: Zum Naturverständnis in der mittelalterlichen Philosophie«, in: *Natur im Mittelalter. Konzeptionen – Erfahrungen – Wirkungen. Akten des 9. Symposiums des Mediävistenverbandes, Marburg, 14.-17. März 2001,* hg. v. Peter Dilg, Berlin 2003, S. 33–49.
Kaiser, Gert, *Textauslegung und gesellschaftliche Selbstdeutung. Aspekte einer sozialgeschichtlichen Interpretation von Hartmanns Artusepen,* Frankfurt a.M. 1973.
Kaiser, Gert, »Liebe außerhalb der Gesellschaft. Zu einer Lebensform der höfischen Liebe«, in: *Liebe als Literatur. Aufsätze zur erotischen Dichtung in Deutschland,* hg. v. Rüdiger Krohn, München 1983, S. 79–97.
Kaiser, Gert/Küsters, Urban, »Zur gesellschaftlichen Bedeutung mittelalterlicher Literatur«, in: *Zusammenhänge, Einflüsse, Wirkungen. Kongreßakten zum ersten Symposium des Mediävistenverbandes in Tübingen 1984,* hg. v. Joerg O. Fichte, Karl Heinz Göller und Bernhard Schimmelpfennig, Berlin/New York 1986, S. 27–43.
Kaldewey, David, *Wahrheit und Nützlichkeit. Selbstbeschreibungen der Wissenschaft zwischen Autonomie und gesellschaftlicher Relevanz,* Bielefeld 2013.
Kaminski, Nicola, »Männerliebe contra weibliche Autorschaft? Geteilte Spiele im *Iwein* Hartmanns von Aue«, in: *Oxford German Studies* 30 (2001), S. 26–52.
Kaminski, Nicola, »Zeichenmacht: Gottfrieds Tristan«, in: *Oxford German Studies* 37 (2008), S. 3–26.
Kartschoke, Dieter, »Ich-Darstellung in der volkssprachigen Literatur«, in: *Entdeckung des Ich. Die Geschichte der Individualisierung vom Mittelalter bis zur Gegenwart,* hg. v. Richard van Dülmen, Köln/Weimar/Wien 2001, S. 61–78.
Kartschoke, Dieter, »Erzählen im Alltag – Erzählen als Ritual – Erzählen als Literatur«, in: *Situationen des Erzählens. Aspekte narrativer Praxis,* hg. v. Ludger Lieb und Stephan Müller, Berlin/New York 2002, S. 21–39.
Kasten, Ingrid, »Rennewarts Stange«, in: *ZfdPh* 96 (1977), S. 394–410.
Kasten, Ingrid, »Bachtin und der höfische Romane«, in: bickelwort *und* wildiu mære. *Festschrift für Eberhard Nellmann zum 65. Geburtstag,* hg. v. Dorothee Lindemann, Berndt Volkmann und Klaus-Peter Wegera, Göppingen 1995, S. 51–70.
Kasten, Ingrid, »Martyrium und Opfer. Der Liebestod im *Tristan*«, in: *Martyrdom in Literature. Visions of Death and Meaningful Suffering in Europe and the Middle East from Antiquity to Modernity,* hg. v. Friedericke Pannewick, Wiesbaden 2004, S. 245–257.

Keiling, Anna, *Muße in mystischer Literatur. Paradigmen geistig tätigen Lebens bei Meister Eckhart,* Tübingen 2019.

Kellermann-Haaf, Petra, *Frau und Politik im Mittelalter. Untersuchungen zur politischen Rolle der Frau in den höfischen Romanen des 12., 13. und 14. Jahrhunderts,* Göppingen 1986.

Kellermann, Karina, »›Exemplum‹ und ›historia‹. Zu poetologischen Traditionen in Hartmanns ›Iwein‹«, in: *GRM* 42 (1992), S. 1–27.

Kellermann, Karina, »Entstellt, verstümmelt, gezeichnet – Wenn höfische Körper aus der Form geraten«, in: *Die Formel und das Unverwechselbare. Interdisziplinäre Beiträge zu Topik, Rhetorik und Individualität,* hg. v. Iris Denneler, Frankfurt a.M./Berlin/Bern u.a. 1999, S. 39–58.

Kellermann, Karina, »*und vunden vür ihr herren da einen zestucketen man.* Körper, Kampf und Kunstwerk im ›Tristan‹«, in: *Der ›Tristan‹ Gottfrieds von Straßburg. Symposion Santiago de Compostela. 5.-8. April 2000,* hg. v. Christoph Huber und Victor Millet, Tübingen 2002, S. 131–152.

Kellner, Beate, »Autorität und Gedächtnis. Strategien der Legitimierung volkssprachlichen Erzählens im Mittelalter am Beispiel von Gottfrieds von Straßburg ›Tristan‹«, in: *Autorität der/in Sprache, Literatur, Neuen Medien. Vorträge des Bonner Germanistentages 1997,* Bd. 2, hg. v. Jürgen Fohrmann, Ingrid Kasten und Eva Neuland, Bielefeld 1999, S. 484–508.

Kellner, Beate, »*daz alte buoch von Troye [...] daz ich es welle erniuwen.* Poetologie im Spannungsfeld von ›wiederholen‹ und ›erneuern‹ in den Trojaromanen Herborts von Fritzlar und Konrads von Würzburg«, in: *Im Wortfeld des Textes. Worthistorische Beiträge zu den Bezeichnungen von Rede und Schrift im Mittelalter,* hg. v. Gerd Dicke, Burkhard Hasebrink und Manfred Eikelmann, Berlin/New York 2006, S. 231–262.

Kelly, Douglas, »The Source and Meaning of Conjointure in Chretien's Erec 14«, in: *Viator. Medieval and Romance Studies* 1 (1971), S. 179–200.

Kerényi, Karl, »Vom Wesen des Festes. Antike Religion und ethnologische Religionsforschung«, in: *Paideuma* 1 (1938/40), S. 59–74.

Kern, Manfred, *Edle Tropfen vom Helikon. Zur Anspielungsrezeption der antiken Mythologie in der deutschen höfischen Lyrik und Epik,* Amsterdam/Atlanta 1998.

Kern, Manfred, »Iwein liest ›Laudine‹. Literaturerlebnisse und die ›Schule der Rezeption‹ im höfischen Roman«, in: *Literarische Leben. Rollenentwürfe in der Literatur des Hoch- und Spätmittelalters. Festschrift für Volker Mertens zum 65. Geburtstag,* hg. v. Matthias Meyer und Hans-Jochen Schiewer, Tübingen 2002, S. 385–414.

Kern, Manfred, *Weltflucht. Poesie und Poetik der Vergänglichkeit in der weltlichen Dichtung des 12. bis 15. Jahrhunderts,* Berlin/New York 2009.

Kern, Peter, »Der Roman und seine Rezeption als Gegenstand des Romans. Beobachtungen zum Eingangsteil von Hartmanns *Iwein*«, in: *WW* 23 (1973), S. 246–252.

Kern, Peter, »Rezeption und Genese des Artusromans. Überlegungen zu Strickers ›Daniel von dem blühenden Tal‹«, in: *ZfdPh* 93 (1974), Sonderheft, S. 18–42.

Kielpinski, Andrea, *Der Heide Rennewart als Heilswerkzeug Gottes. Die laientheologischen Implikationen im ›Willehalm‹ Wolframs von Eschenbach,* Berlin 1990.

Kiening, Christian, »Umgang mit dem Fremden. Die Erfahrung des ›französischen‹ in Wolframs ›Willehalm‹«, in: *Wolfram-Studien* XI (1989), S. 65–85.

Kiening, Christian, *Reflexion – Narration. Wege zum ›Willehalm‹ Wolframs von Eschenbach,* Tübingen 1991.

Kiening, Christian/Köbele, Susanne, »Wilde Minne. Metapher und Erzählwelt in Wolframs ›Titurel‹«, in: *PBB* 120 (1998), S. 234–265.

Kiening, Christian, *Zwischen Körper und Schrift. Texte vor dem Zeitalter der Literatur,* Frankfurt a.M. 2003.

Kiening, Christian, »Gewalt und Heiligkeit. Mittelalterliche Literatur in anthropologischer Perspektive«, in: *Wahrnehmen und Handeln. Perspektiven einer Literaturanthropologie,* hg. v. Wolfgang Braungart, Klaus Ridder und Friedmar Apel, Bielefeld 2004, S. 19–39.

Kiening, Christian, »Gegenwärtigkeit. Historische Semantik und mittelalterliche Literatur«, in: *Scientia Poetica* 10 (2006), S. 19–46.

Kiening, Christian, »Mediale Gegenwärtigkeit. Paradigmen – Semantiken – Effekte«, in: *Mediale Gegenwärtigkeit,* hg. v. Christian Kiening, Zürich 2007, S. 9–70.

Kiening, Christian, »Medialität in mediävistischer Perspektive«, in: *Poetica* 39 (2007), S. 285–352.

Kiening, Christian, »Ästhetik des Liebestods«, in: *Das fremde Schöne. Dimensionen des Ästhetischen in der Literatur des Mittelalters,* hg. v. Manuel Braun und Christopher Young, Berlin/New York 2007, S. 171–194.

Kiening, Christian, »Versuchte Frauen. Narrative Muster und kulturelle Konfigurationen«, in: *Text und Kontext. Fallstudien und theoretische Begründungen einer kulturwissenschaftlich angeleiteten Mediävistik,* hg. v. Jan-Dirk Müller, unter Mitarbeit von Elisabeth Müller-Luckner, München 2007, S. 77–98.

Kiening, Christian, »Einleitung«, in: *Literarische Performativität. Lektüren vormoderner Texte,* hg. v. Cornelia Herberichs und Christian Kiening, Zürich 2008, S. 9–22.

Kiening, Christian, Un*heilige Familien. Sinnmuster mittelalterlichen Erzählens,* Würzburg 2009.

Kierkegaard, Sören, »Die Wiederholung. Ein Versuch in der Experimentalpsychologie von Constantin Constantius«, in: ders., *Die Krankheit zum Tode, Furcht und Zittern, Die Wiederholung, Der Begriff der Angst,* unter Mitwirkung von Niels Thulstrup und der Kopenhagener Kierkegaard-Gesellschaft, hg. v. Hermann Diem und Walter Rest, aus dem Dänischen von Walter Rest, Günther Jungbluth und Rosemarie Lögstrup, München, 2. Auflage 2007 (Erstausgabe 1843).

Klein, Dorothea, »Geschlecht und Gewalt. Zur Konstitution von Männlichkeit im ›Erec‹ Hartmanns von Aue«, in: *Literarische Leben. Rollenentwürfe in der Literatur des Hoch- und Spätmittelalters. Festschrift für Volker Mertens zum 65. Geburtstag,* hg. v. Matthias Meyer und Hans-Jochen Schiewer, Tübingen 2002, S. 433–463.

Klein, Dorothea, »Amoene Orte. Zum produktiven Umgang mit einem Topos in mittelhochdeutscher Dichtung«, in: *Projektion – Reflexion – Ferne. Räumliche Vorstellungen und Denkfiguren im Mittelalter. Hartmut Kugler zum 65. Geburtstag,* hg. v. Sonja Glauch u.a., Berlin/Boston 2011, S. 61–83.

Klein, Gabriele/Sting, Wolfgang (Hg.), *Performance. Positionen zur zeitgenössischen szenischen Kunst,* Bielefeld 2005.

Klibansky, Raymond/Panofsky, Erwin/Saxl, Fritz, *Saturn und Melancholie. Studien zur Geschichte der Naturphilosophie und Medizin, der Religion und der Kunst,* übers. v. Christa Buschendorf, Frankfurt a.M. 1990.

Klinger, Judith, »Möglichkeiten und Strategien der Subjekt-Reflexion im höfischen Roman. Tristan und Lancelot«, in: *Mittelalter. Neue Wege durch einen alten Kontinent,* hg. v. Jan-Dirk Müller und Horst Wenzel, Stuttgart/Leipzig 1999, S. 127–148.

Klingner, Jacob/Lieb, Ludger, »Flucht aus der Burg. Überlegungen zur Spannung zwischen institutionellem Raum und kommunikativer Offenheit in den Minnereden«, in: *Die Burg im Minnesang und als Allegorie im deutschen Mittelalter,* hg. v. Ricarda Bauschke, Frankfurt a.M. 2006, S. 139–160.

Klinkert, Thomas, *Muße und Erzählen: ein poetologischer Zusammenhang. Vom ›Roman de la Rose‹ bis zu Jorge Semprún,* Tübingen 2016.

Klotz, Volker, »Erzählen als Enttöten. Vorläufige Notizen zu zyklischem, instrumentalem und praktischem Erzählen«, in: *Erzählforschung. Ein Symposion,* hg. v. Eberhard Lämmert, Stuttgart 1982, S. 319–334.

Kluge-Pinsker, Antje, *Schach und Trictrac. Zeugnisse mittelalterlicher Spielfreude in salischer Zeit,* Sigmaringen 1991.

Knapp, Fritz Peter, *Rennewart. Studien zu Gehalt und Gestalt des ›Willehalm‹ Wolframs von Eschenbach,* Wien 1970.

Knapp, Fritz Peter, »›Wahre‹ und ›erlogene‹ Wunder. Gervasius von Tilbury und der Höfische Roman«, in: *Beiträge* 132 (2010), S. 230–244.

Knoll, Hiltrud Katharina, *Studien zur realen und außerrealen Welt im deutschen Artusroman (›Erec‹, ›Iwein‹, ›Lanzelet‹, ›Wigalois‹)*, Bonn 1966.

Koal, Valeska, »Tanzen, Musizieren«, in: *Höfe und Residenzen im spätmittelalterlichen Reich. Bilder und Begriffe*, hg. v. Werner Paravicini, bearb. v. Jan Hirschbiegel und Jörg Wettlaufer, Residenzenforschung 15 II, Teilbd. 1: Begriffe, Ostfildern 2005, S. 202–205.

Köbele, Susanne, »*iemer niuwe*. Wiederholung in Gottfrieds ›Tristan‹«, in: *Der ›Tristan‹ Gottfrieds von Straßburg. Symposion Santiago de Compostela, 5. bis 8. April 2000*, hg. v. Christoph Huber und Victor Millet, Tübingen 2002, S. 97–115.

Köbele, Susanne, »Mythos und Metapher. Die Kunst der Anspielung in Gottfrieds *Tristan*«, in: *Präsenz des Mythos. Konfigurationen einer Denkform in Mittelalter und Früher Neuzeit*, hg. v. Udo Friedrich und Bruno Quast, Berlin/New York 2004, S. 219–246.

Köbele, Susanne, »Der paradoxe Fall des Ich. Zur *Klage* Hartmanns von Aue«, in: anima *und* sêle. *Darstellungen und Systematisierungen von Seele im Mittelalter*, hg. v. Katharina Philipowski und Anne Prior, Berlin 2006, S. 265–283.

Koch, Susanne, *Wilde und verweigerte Bilder. Untersuchungen zur literarischen Medialität der Figur um 1200*, Göttingen 2014.

Köhler, Erich, *Ideal und Wirklichkeit in der höfischen Epik. Studien zur Form der frühen Artus- und Graldichtung*, Tübingen 1956, 2., ergänzte Auflage 1970.

Köhler, Erich, »Lea, Matelda und Oiseuse. Zu Dante, *Divina Commedia, Purgatorio*, 27. bis 31. Gesang«, in: *ZrP* 78 (1962), S. 464–469.

Kohler, Erika, *Liebeskrieg. Zur Bildersprache der höfischen Dichtung des Mittelalters*, Stuttgart/Berlin 1935.

Kolb, Herbert, »*Der Minnen hus*. Zur Allegorie der Minnegrotte in Gottfrieds Tristan«, in: *Gottfried von Straßburg*, hg. v. Alois Wolf, Darmstadt 1973, S. 305–333 (zuvor erschienen in: *Euphorion* 56 (1962), S. 229–247).

Kolb, Herbert, »*Oiseuse*. Die Dame mit dem Spiegel«, in: *GRM* 15 (1965), S. 139–149.

Kolb, Herbert, »Ars venandi im ›Tristan‹«, in: *Medium aevum deutsch. Beiträge zur deutschen Literatur des hohen und späten Mittelalters, Festschrift für Kurt Ruh zum 65. Geburtstag*, hg. v. Dietrich Huschenbett, Klaus Matzel, Georg Steer und Norbert Wagner, Tübingen 1979, S. 175–197.

Kolb, Michael, *Spiel als Phänomen – Das Phänomen Spiel. Studien zu phänomenologisch-anthropologischen Spieltheorien*, Sankt Augustin 1990.

Konetzke, Claudia, »*triuwe* und *melancholia*. Ein neuer Annäherungsversuch an die Isolde-Weißhand-Episode des Tristan Gottfrieds von Straßburg«, in: *Körperinszenierungen in mittelalterlicher Literatur. Kolloquium am Zentrum für interdisziplinäre Forschung der Universität Bielefeld (18. bis 20. März 1999)*, Berlin 2002, S. 117–138.

Kraemer, Klaus, *Die soziale Konstitution der Umwelt*, Wiesbaden 2008.

Krais, Beate/Gebauer, Gunter, *Habitus*, Bielefeld 2002.

Krauß-Siemann, Jutta, »Muße", in: *Theologische Realenzyklopädie*, hg. v. Gerhard Müller, Berlin/New York 1994, Bd. 23, Sp. 495–497.

Kraß, Andreas, »Die Mitleidfähigkeit des Helden. Zum Motiv der *compassio* im höfischen Roman des 12. Jahrhunderts (›Eneit‹ - ›Erec‹ - ›Iwein‹)«, in: *Wolfram-Studien* XVI (1998), S. 282–304.

Kraß, Andreas, *Geschriebene Kleider. Höfische Identität als literarisches Spiel*, Tübingen/Basel 2006.

Kraß, Andreas, »Freundschaft als Passion. Zur Codierung von Intimität in mittelalterlichen Erzählungen«, in: *Freundschaft. Motive und Bedeutungen*, hg. v. Sibylle Appuhn-Radtke und Esther P. Wipfler, München 2006, S. 97–116.

Kraß, Andreas, »Der fragmentierte Körper. Politik und Poetik im *Tristan* Gottfrieds von Straßburg«, in: *Fragmentarität als Problem der Kultur- und Textwissenschaften,* hg. v. Kay Malcher, Stephan Müller, Katharina Philipowski und Antje Sablotny, München 2013, S. 117–131.

Kraß, Andreas, »Poetik der Stimme. Der Gesang der Sirenen in Homers *Odyssee,* im *Tristan* Gottfrieds von Straßburg und im *Buch der Natur* Konrads von Megenburg«, in: der âventiuren dôn. *Klang, Hören und Hörgemeinschaften in der deutschen Literatur des Mittelalters,* hg. v. Ingrid Bennewitz und William Layher, Wiesbaden 2013, S. 31–43.

Krause, Burkhardt, »Zur Psychologie von Kommunikation und Interaktion. Zu Iweins ›Wahnsinn‹«, in: *Psychologie in der Mediävistik. Gesammelte Beiträge des Steinheimer Symposions,* hg. v. Jürgen Kühnel, Hans-Dieter Mück, Ursula Müller und Ulrich Müller, Göppingen 1985, S. 215–242.

Krause, Burkhardt, »Scham und Selbstverhältnis in mittelalterlicher Literatur«, in: *Das Andere Wahrnehmen. August Nitschke zum 65. Geburtstag gewidmet,* hg. v. Martin Kintzinger, Wolfgang Stürner und Johannes Zahlten, Köln/Weimar/Wien 1991, S. 191–212.

Krause, Burkhard, *Die Jagd als Lebensform und höfisches ›spil‹. Mit einer Interpretation des ›bast‹ in Gottfrieds von Straßburg Tristan,* Stuttgart 1996.

Krause, Burkhardt, »Imaginierte Gewalt in der mittelalterlichen Literatur. Der fragmentierte Leib: Teile und Ganzes«, in: *Verstehen durch Vernunft. Festschrift für Werner Hoffmann,* hg. v. Burkhardt Krause, Wien 1997, S. 201–226.

Krause, Virginia, *Idle Pursuits. Literature and Oisiveté in the French Renaissance,* Newark/London 2003.

Kreutzer, Ansgar, *Arbeit und Muße. Studien zu einer Theologie des Alltags,* Wien 2011.

Krohn, Rüdiger, »*ein boumgart umb daz hûs lac.* Höfische Natur als Schonraum der Liebe in der deutschen Literatur des Mittelalters«, in: *Burgen, Länder, Orte,* hg. v. Ulrich Müller und Werner Wunderlich, unter Mitarbeit von Margarete Springeth, Konstanz 2008, S. 91–108.

Krotz, Elke, »Der Leser an der Leine. Zu Wolframs ›Titurel‹«, in: helle dône schöne. *Versammelte Arbeiten zur älteren und neueren deutschen Literatur. Festschrift für Wolfgang Walliczek,* hg. v. Horst Brunner, Claudia Händl, Ernst Hellgardt und Monika Schulz, Göppingen 1999, S. 167–200.

Krüger, Sabine, »›Verhöflichter Krieger‹ und miles illiteratus«, in: *Curialitas. Studien zu Grundfragen der höfisch-ritterlichen Kultur,* hg. v. Josef Fleckenstein, Göttingen 1990, S. 326–349.

Krupp, Meta, »Wortfeld ›Arbeit‹«, in: *Europäische Schlüsselwörter,* B. II: *Kurzmonographien I. Wörter im geistigen und sozialen Raum,* hg. vom Sprachwissenschaftlichen Colloquium (Bonn), München 1964, S. 258–286.

Küenzlen, Franziska, »Erzählen von vollkommener Liebe. Die Tristan-Romane Eilharts von Oberg und Gottfrieds von Straßburg«, in: *Vollkommenheit. Ästhetische Perfektion in Antike, Mittelalter und Früher Neuzeit,* hg. v. Verena Olejniczak Lobsien, Claudia Olk und Katharina Münchberg, Berlin/New York 2010, S. 45–73.

Kuhn, Helmut, *Das Sein und das Gute,* München 1962.

Kuhn, Hugo, »Erec«, in: ders., *Dichtung und Welt im Mittelalter,* Stuttgart 1959, S. 133–150.

Kuhn, Hugo, »Bemerkungen zur Rezeption des Tristan im deutschen Mittelalter. Ein Beitrag zur Rezeptionsdiskussion«, in: ders., *Liebe und Gesellschaft,* hg. v. Wolfgang Walliczek, Stuttgart 1980, S. 36–43.

Kuhn, Hugo, »Tristan, Nibelungenlied, Artusstruktur«, in: ders., *Liebe und Gesellschaft,* hg. v. Wolfgang Walliczek, Stuttgart 1980, S. 12–35.

Kuhn, Reinhard, *The Demon of Noontide. Ennui in Western Literature,* Princeton, New Jersey 1976.

Kunisch, Hermann, »*edelez herze – edeliu sêle.* Zum Verhältnis höfischer Dichtung zur Mystik«, in: *Mediævalia litteraria. Festschrift für Helmut de Boor zum 80. Geburtstag,* hg. v. Ursula Hennig und Herbert Kolb, München 1971, S. 413–450.

Kunisch, Hermann, »Spätes Mittelalter«, in: *Deutsche Wortgeschichte,* Bd. 1, hg. v. Friedrich Maurer und Friedrich Stroh, 2. neubearbeitete Auflage 2011, S. 205–268.

Kurtze, Wilhelmine, *Die Natur in Gottfrieds von Strassburg ›Tristan und Isolde‹,* Greifswald 1921.

Küsters, Urban, »Liebe zum Hof. Vorstellungen und Erscheinungsformen einer ›höfischen‹ Lebensordnung in Gottfrieds *Tristan*«, in: *Höfische Literatur, Hofgesellschaft, höfische Lebensformen um 1200,* hg. v. Gert Kaiser und Jan-Dirk Müller, Düsseldorf 1986, S. 141–176.

Küsters, Urban, »Die Liebe und der zweite Blick. Wahrnehmungshaltungen in höfischen Liebesbegegnungen«, in: *Personenbeziehungen in der mittelalterlichen Literatur,* hg. v. Helmut Brall, Barbara Haupt und Urban Küsters, Düsseldorf 1994, S. 271–320.

Küsters, Urban, »Späne, Kreuze, Initialen. Schriftzeichen als Beglaubigungsmittel in mittelalterlichen Tristan-Dichtungen«, in: *Literatur im Informationszeitalter,* hg. v. Dirk Matejovski und Friedrich Kittler, Frankfurt/New York 1996, S. 70–101.

Lagaay, Alice, »Zwischen Klang und Stille. Gedanken zur Philosophie der Stimme«, in: *Paragrana* 17 (2008), S. 168–181.

Lähnemann, Henrike, »Tristan und der Sündenfall. Ein Theologumenon auf höfischen Abwegen«, in: *Der ›Tristan‹ Gottfrieds von Straßburg. Symposion Santiago de Compostela, 5. bis 8. April 2000,* hg. v. Christoph Huber und Victor Millet, Tübingen 2002, S. 221–241.

Langer, Otto, »Der ›Künstlerroman‹ Gottfrieds – Protest bürgerlicher ›Empfindsamkeit‹ gegen höfisches ›Tugendsystem‹?«, in: *Euphorion* 68 (1974), S. 1–14.

Largier, Nikolaus, »Liebe als Medium der Transgression. Überlegungen zu Affektgemeinschaft und Habitusformung in Gottfrieds Tristan (mit einer Anm. zur Hohelied-Mystik)«, in: *Norm und Krise von Kommunikation. Inszenierungen literarischer und sozialer Interaktion im Mittelalter. Für Peter Moos,* hg. v. Alois Hahn, Gert Melville und Werner Röcke, Berlin 2006, S. 209–224.

Lass, Heiko, »Jagdschlösser«, in: *Höfe und Residenzen im spätmittelalterlichen Reich. Bilder und Begriffe,* hg. v. Werner Paravicini, bearb. v. Jan Hirschbiegel und Jörg Wettlaufer, Residenzenforschung 15 II, Teilbd. 1: Begriffe, Ostfildern 2005, S. 336–342.

Laude, Corinna, »*wîs lûter sam ein îs* – oder: Schwierige Schönheit. Überlegungen zur Etablierung ästhetischer Normen in der höfischen Epik«, in: *Text und Normativität im deutschen Mittelalter, XX. Anglo-German Colloquium,* hg. v. Elke Brüggen, Franz-Josef Holznagel, Sebastian Coxon und Almut Suerbaum, unter Mitarbeit v. Reinhold Katers, Berlin/Boston 2012, S. 79–104.

Lauppe, Yannick/Manuwald, Henrike, »›Muße/*muoze* digital‹. Zur dynamischen Präsentation eines Wortfeldes«, in: *ZfdA* 147 (2018), S. 274–280.

Layher, William, »sô süeze waz der schellen klanc«, in: *PBB* 133/2 (2011), S. 235–264.

Layher, William, »Hörbarkeit im Mittelalter. Ein auditiver Überblick«, in: *der âventiuren dôn. Klang, Hören und Hörgemeinschaften in der deutschen Literatur des Mittelalters,* hg. v. Ingrid Bennewitz und William Layher, Wiesbaden 2013, S. 9–29.

Lebsanft, Franz, »Die Bedeutung von altfranzösisch *aventure.* Ein Beitrag zu Theorie und Methodologie der mediävistischen Wort- und Begriffsgeschichte«, in: *Im Wortfeld des Textes. Worthistorische Beiträge zu den Beziehungen von Rede und Schrift im Mittelalter,* hg. v. Gerd Dicke, Manfred Eikelmann und Burkhard Hasebrink, Berlin/New York 2006, S. 311–337.

Lechtermann, Christina, »Affekterregung und höfische Literatur im ›Welschen Gast‹«, in: *Beweglichkeit der Bilder. Text und Imagination in den illustrierten Handschriften des ›Welschen Gastes‹ von Thomasin von Zerclaere,* hg. v. Horst Wenzel und Christina Lechtermann, Köln/Weimar/Wien 2002, S. 143–155.

Lechtermann, Christina, *Berührt werden. Narrative Strategien der Präsenz in der höfischen Literatur um 1200,* Berlin 2005.

Lechtermann, Christina, »Körper-Räume. Die Choreographie höfischer Körper als Mittel der Raumgestaltung«, in: *Virtuelle Räume. Raumwahrnehmung und Raumvorstellung im Mittelalter. Akten des 10. Symposiums des Mediävistenverbandes, Krems, 24.-26. März 2003,* hg. v. Elisabeth Varva, Berlin 2005, S. 173–188.

Lecouteux, Claude, »Zur anderen Welt«, in: *Diesseits- und Jenseitsreisen im Mittelalter. Voyages dans l'ici-bas et dans l'au-delà au moyen âge,* hg. v. Wolf-Dieter Lange, Bonn 1992, S. 79–89.

Lefebvre, Henri, *Kritik des Alltagslebens,* 3 Bde., aus dem Französischen v. Burkhart Kroeber, hg. v. Dieter Prokop, München 1974/75 (franz. Erstausgabe 1958 und 1961, Fassung der einbändigen Erstausgabe 1947).

LeGoff, Jacques, »Lévi-Strauss in Brocéliande: Skizze zur Analyse eines höfischen Romans«, in: ders., *Phantasie und Realität des Mittelalters,* Stuttgart 1990, S. 171–200.

Lenger, Alexander/Schneikert, Christian/Schumacher, Florian (Hg.), *Pierre Bourdieus Konzeption des Habitus. Grundlagen, Zugänge, Forschungsperspektiven,* Wiesbaden 2013.

Lenz, Barbara, un-*Affigierung: unrealisierbare Argumente, unausweichliche Fragen, nicht unplausible Antworten,* Tübingen 1995.

Lepenies, Wolf, *Melancholie und Gesellschaft,* Frankfurt a.M. 1969, 2. Auflage 1981.

Lerchner, Karin, *Lectulus floridus. Zur Bedeutung des Bettes in Literatur und Handschriftenillustration des Mittelalters,* Köln/Weimar/Wien 1993.

Lévi-Strauss, Claude, *Strukturale Anthropologie,* Frankfurt a.M. 1971 (franz. Erstausgabe 1964).

Lévi-Strauss, Claude, »Einleitung in das Werk von Marcel Mauss«, in: Marcel Mauss, *Soziologie und Anthropologie 1,* Frankfurt a.M. 1989, S. 7–41 (franz. Erstausgabe 1950).

Lévinas, Emmanuel, *Die Spur des Anderen. Untersuchungen zur Phänomenologie und Sozialphilosophie,* übers., hg. u. eingeleitet von Wolfgang Nikolaus Krewani, 6. Auflage, Freiburg i.Br./München 2012 (franz. Erstausgabe 2001).

Lewis, Gertrud Jaron, *Das Tier und seine dichterische Funktion in* Erec, Iwein, Parzival *und* Tristan, Bern/Frankfurt a.M. 1974.

Lichtblau, Karin, »Locus amoenus. Der ›liebliche Ort‹ – ein Topos in der Literatur des Mittelalters«, in: *Burgen, Länder, Orte,* hg. v. Ulrich Müller und Werner Wunderlich, unter Mitarbeit von Margarete Springeth, Konstanz 2008, S. 497–510.

Lieb, Ludger/Strohschneider, Peter, »Die Grenzen der Minnekommunikation. Interpretationsskizzen über Zugangsregulierungen und Verschwiegenheitsgebote im Diskurs spätmittelalterlicher Minnereden«, in: *Das Öffentliche und Private in der Vormoderne,* hg. v. Gert Melville und Peter von Moos, Köln/Weimar/Wien 1998, S. 275–305.

Lieb, Ludger/Müller, Stephan (Hg.), *Situationen des Erzählens. Aspekte narrativer Praxis im Mittelalter,* Berlin/New York 2002.

Lieb, Ludger/Müller, Stephan, »Einleitung«, in: *Situationen des Erzählens. Aspekte narrativer Praxis,* hg. v. Ludger Lieb und Stephan Müller, Berlin/New York 2002, S. 1–18.

Lieb, Ludger, »Essen und Erzählen. Zum Verhältnis zweier höfischer Interaktionsformen«, in: *Situationen des Erzählens. Aspekte narrativer Praxis im Mittelalter,* hg. v. Ludger Lieb und Stephan Müller, Berlin/New York 2002, S. 41–68.

Lieb, Ludger, »Wiederholung als Leistung. Beobachtungen zur Institutionalität spätmittelalterlicher Minnekommunikation (am Beispiel der Minnerede Was Blütenfarben bedeuten)«, in: *Wunsch – Maschine – Wiederholung,* hg. v. Klaus Müller-Wille, Detlef Roth und Jörg Wiesel, Freiburg i.Br. 2002, S. 147–165.

Lieb, Ludger/Müller, Stephan, »Situationen literarischen Erzählens. Systematische Skizzen am Beispiel von ›Kaiserchronik‹ und Konrad Flecks ›Flore und Blanscheflur‹«, in: *Wolfram-Studien* XVIII (2004), S. 33–57.

Lieb, Ludger, »Erzähltes Charisma – Charisma des Erzählers. Zum ›Tristan‹ Gottfrieds von Straßburg«, in: *Institution und Charisma. Festschrift für Gert Melville zum 65. Geburtstag,* hg.

v. Franz J. Felten, Annette Kehnel und Stefan Weinfurter, Köln/Weimar/Wien 2009, S. 559–570.

Lieb, Ludger, »Seeing Love in the World of Lovers. Late Medieval Love Literature as a Fulfillment of Gottfried's *Tristan*«, in: *Visuality and Materiality in the Story of Tristan and Isolde*, hg. v. Jutta Eming, Ann Marie Rasmussen und Kathryn Starkey, Notre Dame/Indiana 2012, S. 83–104.

Liebertz-Grün, Ursula, »Das trauernde Geschlecht. Kriegerische Männlichkeit und Weiblichkeit im *Willehalm* Wolframs von Eschenbach«, in: *GRM* 46 (1996), S. 383–405.

Liebertz-Grün, Ursula, »Erkenntnistheorie im Literalisierungsprozeß. Allegorien des *lesens im Wolframs Metaerzählung Gardeviaz*«, in: *GRM* 51 (2001), S. 385–395.

Liebertz-Grün, Ursula, »Kampf, Herrschaft, Liebe. Chrétiens und Hartmanns Erec- und Iweinromane als Modelle gelungener Sozialisation im 12. Jahrhundert«, in: *The graph of sex and the German text: gendered culture in early modern Germany 1500–1700*, hg. v. Lynne Tatlock, Amsterdam/Atlanta 1994, S. 297–328.

Lienert, Elisabeth, *Geschichte und Erzählen. Studien zu Konrads von Würzburg ›Trojanerkrieg‹*, Wiesbaden 1996.

Lienert, Elisabeth, »Raumstrukturen im ›Nibelungenlied‹«, in: *4. Pöchlarner Heldenliedgespräch. Heldendichtung in Österreich – Österreich in der Heldendichtung*, hg. v. Klaus Zatloukal, Wien 1997, S. 103–122.

Lienert, Elisabeth, »Begehren und Gewalt. Aspekte einer Sprache der Liebe in Wolframs *Parzival*«, in: *Wahrnehmung im ›Parzival‹ Wolframs von Eschenbach. Actas do Colóquio Internacional 15 e 16 de Novembro de 2002*, hg. v. John Greenfield, Porto 2004, S. 193–210.

Linden, Sandra, »Körperkonzepte jenseits der Rationalität. Die Herzenstauschmetaphorik im *Iwein* Hartmanns von Aue«, in: *Körperkonzepte im arthurischen Roman*, hg. v. Friedrich Wolfzettel, Tübingen 2007, S. 247–267.

Linden, Sandra, »Rezension zu Gerok-Reiter: *Individualität. Studien zu einem umstrittenen Phänomen mittelhochdeutscher Epik*«, in: LBJ 49 (2008), S. 339–344.

Linden, Sandra, »Die Amme der *edelen herzen*. Zum Konzept der moraliteit in Gottfrieds ›Tristan‹, in: *Dichtung und Didaxe. Lehrhaftes Sprechen in der deutschen Literatur des Mittelalters*, hg. v. Henrike Lähnemann und Sandra Linden, Berlin 2009, S. 117–133.

Lindner, Kurt, »Zur Sprache der Jäger«, in: *ZfdPh* 85 (1966), S. 407–431.

Lofmark, Carl, *Rennewart in Wolframs ›Willehalm‹. A study of Wolfram von Eschenbach and his sources*, Cambridge 1972.

Lotman, Jurij M., *Die Struktur des künstlerischen Textes*, Frankfurt a. M. 1973.

Lotman, Jurij M., »Über die Semiosphäre«, in: *Zeitschrift für Semiotik* 12, 4 (1990), S. 287–305.

Lotman, Jurij M., *Die Struktur literarischer Texte*, übers. v. Rolf-Dietrich Keil, München 1972, 4., unveränderte Auflage 1993.

Löw, Martina, *Raumsoziologie*, Frankfurt a.M. 2001.

Lugowksi, Clemens, *Die Form der Individualität im Roman*, mit einer Einleitung von Heinz Schlaffer, Frankfurt a.M. 1976.

Luhmann, Niklas, *Liebe als Passion. Zur Codierung von Intimität*, Frankfurt a.M. 1996.

Luhmann, Niklas, *Die Gesellschaft der Gesellschaft*, zweiter Teilbd., Frankfurt a.M. 1997.

Luhmann, Niklas, *Vertrauen. Ein Mechanismus der Reduktion sozialer Komplexität*, 5. Auflage, München 2014 (Erstausgabe 1968).

Lutz, Eckart Conrad, »*lesen – unmüezec wesen*. Überlegungen zu lese- und erkenntnistheoretischen Implikationen von Gottfrieds Schreiben«, in: *Der ›Tristan‹ Gottfrieds von Straßburg. Symposion Santiago de Compostela. 5.-8. April 2000*, hg. v. Christoph Huber und Victor Millet, Tübingen 2002, S. 295–315.

Lutz, Eckart Conrad, »Anschauung der Welt und vergnügliche Bildung. Die ›Otia imperialia‹ des Gervasius von Tilbury für Kaiser Otto IV.«, in: *Innenräume in der Literatur des deutschen*

Mittelalters. XIX. Anglo-German Colloquium Oxford 2005, hg. v. Burkhard Hasebrink, Hans-Jochen Schiewer, Almut Suerbaum und Annette Volfing, Tübingen 2008, S. 383–408.

Lutz, Eckart Conrad, »Lesevorgänge. Vom *punctus flexus* zur Medialität. Zur Einleitung«, in: *Lesevorgänge. Prozesse des Erkennens in mittelalterlichen Texten, Bildern und Handschriften,* hg. v. Eckart Conrad Lutz, Martina Backes, Stefan Matter, Zürich 2010, S. 11–33.

Lutz, Eckart Conrad/Backes, Martina/Matter, Stefan (Hg.), *Lesevorgänge. Prozesse des Erkennens in mittelalterlichen Texten, Bildern und Handschriften,* Zürich 2010.

Lutz, Eckart Conrad, *Schreiben, Bildung und Gespräch. Mediale Absichten bei Baudri de Bourgueil, Gervasisu von Tilbury und Ulrich von Liechtenstein,* Berlin/Boston 2013.

Lyotard, Jean-François, *Das postmoderne Wissen. Ein Bericht,* hg. v. Peter Engelmann, aus dem Französischen von Otto Pfersmann, 3., unveränderte Auflage, Wien 1994 (franz. Erstausgabe 1979).

Manuwald, Henrike, *Medialer Dialog. Die ›Große Bilderhandschrift‹ des* Willehalm *Wolframs von Eschenbach und ihre Kontexte,* Tübingen/Basel 2008.

Manuwald, Henrike, »*Ich hân gehôrt unde gelesen, / man sol ungerne müezec wesen.* Spuren der *acedia*-Tradition im *Welschen Gast* Thomasins von Zerklaere«, in: *800 Jahre ›Welscher Gast‹,* hg. v. Christian Schneider, Peter Schmidt und Jakub Šimek, Heidelberg 2019 [im Druck].

Marfany, Joan-Lluis, »Debate. The Invention of Leisure in Early Modern Europe«, in: *Past & Present* 156 (1997), S. 174–191.

Marquard, Odo, »Moratorium des Alltags. Eine kleine Philosophie des Festes«, in: ders., *Skepsis und Zustimmung. Philosophische Studien,* Stuttgart 1994, S. 59–69.

Marquardt, Rosemarie, *Das höfische Fest im Spiegel der mittelhochdeutschen Dichtung (1140–1240),* Göttingen 1985.

Martin, Norbert, »Muße«, in: HWPh, hg. v. Joachim Ritter und Karlfried Gründer, Darmstadt 1984, Bd. 6, Sp. 257–260.

Martinez, Matias/Scheffel, Michael, *Einführung in die Erzähltheorie,* München 1999, 7. Auflage 2007.

Martini, Thorsten W. D., *Facetten literarischer Zorndarstellungen. Analysen ausgewählter Texte der mittelalterlichen Epik des 12. und 13. Jahrhunderts unter Berücksichtigung der Gattungsfrage,* Heidelberg 2009.

Matejovski, Dirk, *Das Motiv des Wahnsinns in der mittelalterlichen Dichtung,* Frankfurt a.M. 1996.

Matuschek, Stefan, *Über das Staunen. Eine ideengeschichtliche Analyse,* Tübingen 1991.

Maurer, Friedrich, »Tugend und Ehre«, in: *WW,* Sammelband II, Düsseldorf 1962, S. 55–63.

Maurer, Michael, »Prolegomena zu einer Theorie des Festes«, in: *Das Fest. Beiträge zu seiner Theorie und Systematik,* hg. v. Michael Maurer, Köln/Weimar/Wien 2004, S. 19–54.

Mauss, Marcel, *Die Gabe. Form und Funktion des Austausches in archaischen Gesellschaften,* Frankfurt a.M. 1990 (franz. Erstausgabe 1924).

Mauz, Andreas, »Verwunschene Orte. Zur Einführung in Thematik und Band«, in: *Verwunschene Orte. Raumfiktionen zwischen Paradies und Hölle,* hg. v. Andreas Mauz und Ulrich Weber, Göttingen 2014, S. 9–34.

Mayer-Tasch, Peter Cornelius/Mayerhofer, Bernd (Hg.), *Hinter Mauern ein Paradies. Der mittelalterliche Garten, Texte und Bilder,* Frankfurt a.M. 1998.

Mazzadi, Patrizia, *Autorreflexionen zur Rezeption: Prolog und Exkurse in Gottfrieds ›Tristan‹,* Trieste 2000.

Meineke, Eckhard/Schwerdt, Judith, *Einführung in das Althochdeutsche,* Paderborn/München/Wien u.a 2001.

Meissburger, Gerhard, »De Vita Christiana. Zum Bild des christlichen Ritters im Hochmittelalter«, in: *Der Deutschunterricht* 6 (1962), S. 21–34.

Melville, Gert, »Institutionen als geschichtswissenschaftliches Thema. Eine Einleitung«, in: *Institutionen und Geschichte. Theoretische Aspekte und mittelalterliche Befunde,* hg. v. Gert Melville, Köln/Weimar/Wien 1992, S. 1–24.

Melville, Gert (Hg.), *Institutionalität und Symbolisierung. Verstetigung kultureller Ordnungsmuster in Vergangenheit und Gegenwart,* im Auftrag des Sonderforschungsbereichs 537, Köln/Weimar/Wien 2001.

Merleau-Ponty, Maurice, *Das Auge und der Geist. Philosophische Essays,* Hamburg 1984.

Mersch, Dieter, »Vom Anderen reden. Das Paradox der Alterität«, in: *Ethnozentrismus. Möglichkeiten und Grenzen des interkulturellen Dialogs,* hg. v. Manfred Brocker und Heino Heinrich Nau, Darmstadt 1997, S. 27–45.

Mersch, Dieter, *Ereignis und Aura. Untersuchungen zu einer Ästhetik des Performativen,* Frankfurt a.M. 2002.

Mersch, Dieter, »Ereignis und Respons. Elemente einer Theorie des Performativen«, in: *Performativität und Praxis,* hg. v. Jens Kertscher, München 2003, S. 69–94.

Mersch, Dieter, »Die Frage der Alterität. Chiasmus, Differenz und die Wendung des Bezugs«, in: *Hermeneutik der Religion,* hg. v. Ingolf U. Dalferth und Philipp Stoellger, Tübingen 2007, S. 35–57.

Mertens Fleury, Katharina, *Leiden lesen. Bedeutungen von compassio um 1200 und die Poetik des Mit-Leidens im ›Parzival‹ Wolframs von Eschenbach,* Berlin/New York 2006.

Mertens Fleury, Katharina, *Zeigen und Bezeichnen. Zugänge zu allegorischem Erzählen im Mittelalter,* Würzburg 2014.

Mertens, Volker, »*Imitatio Arthuri.* Zum Prolog von Hartmanns ›Iwein‹«, in: *ZfdA* 106 (1977), S. 350- 358.

Mertens, Volker, *Laudine. Soziale Problematik im ›Iwein‹ Hartmanns von Aue,* Berlin 1978.

Mertens, Volker, *Der deutsche Artusroman,* Stuttgart 1998.

Mertens, Volker, »Klosterkirche und Minnegrotte«, in: *Mittelalterliche Literatur und Kunst im Spannungsfeld von Hof und Kloster. Ergebnisse der Berliner Tagung, 9.-11- Oktober 1997,* hg. v. Nigel F. Palmer und Hans-Jochen Schiewer, Tübingen 1999, S. 1–16.

Mertens, Volker, »Frau *Âventiure* klopft an die Tür...«, in: *Im Wortfeld des Textes. Worthistorische Beiträge zu den Bezeichnungen von Rede und Schrift im Mittelalter,* hg. v. Gerd Dicke, Burkhard Hasebrink und Manfred Eikelmann, Berlin/New York 2006, S. 339–346.

Meyer, Kathleen J., »The ambiguity of honor in Gottfried's Tristan: lines 17694–17769«, in: *Neophilologus* 70 (1986) S. 406–415.

Meyer, Matthias, *Die Verfügbarkeit der Fiktion. Interpretationen und poetologische Untersuchungen zum Artusroman und zur aventiurehaften Dietrichsepik des 13. Jahrhunderts,* Heidelberg 1994.

Meyer, Matthias, »Der Weg des Individuums. Der epische Held und (s)ein Ich«, in: *Text und Kultur. Mittelalterliche Literatur 1150–1450,* hg. v. Ursula Peters, Stuttgart/Weimar 2001, S. 529–545.

Mierke, Gesine/Schanze, Christoph, »Im Schatten des Baumes. Zur Semantisierung des Schattens im höfischen Roman«, in: *LiLi* 180 (2015), S. 12–44.

Mieth, Dietmar, *Dichtung, Glaube, und Moral. Studien zur Begründung einer narrativen Ethik mit einer Interpretation zum Tristanroman Gottfrieds von Strassburg,* Mainz 1976.

Mohr, Wolfgang, »Mittelalterliche Feste und ihre Dichtung«, in: *Festschrift für Klaus Ziegler,* hg. v. Eckehard Catholy und Winfried Hellmann, Tübingen 1968, S. 37–60.

Mohr, Wolfgang, »Iweins Wahnsinn. Die Aventüre und ihr ›Sinn‹«, in: *ZfdA* 100 (1971), S. 73–94.

Mohr, Wolfgang, »›Tristan und Isold‹ als Künstlerroman«, in: *Gottfried von Straßburg,* hg. v. Alois Wolf, Darmstadt 1973, S. 248–279 (erstmals in: *Euphorion* 53 (1959), S. 153–174).

Mölk, Ulrich, »Philologische Aspekte des Turniers«, in: *Das ritterliche Turnier im Mittelalter. Beiträge zu einer vergleichenden Formen- und Verhaltensgeschichte des Rittertums,* hg. v. Josef Fleckenstein, Göttingen 1985, S. 163–174.

Möllenbrink, Linus, »*inter negocia literas et cum literis negocia in usu habere.* Die Verbindung von *vita activa* und *vita contemplativa* in der *Epistola vitæ suæ rationem exponens* Ulrichs von Hutten«, in: *Muße und Gesellschaft* (Otium. Studien zur Theorie und Kulturgeschichte der Muße 5), hg. v. Gregor Dobler und Peter Philipp Riedl, Tübingen 2017, S. 101–136.

Monecke, Wolfgang, *Studien zur epischen Technik Konrads von Würzburg. Das Erzählprinzip der* wildekeit, mit einem Geleitwort von Ulrich Pretzel, Stuttgart 1968.

Moos, Peter von, »Das Öffentliche und das Private im Mittelalter. Für einen kontrollierten Anachronismus«, in: *Das Öffentliche und Private in der Vormoderne,* hg. v. Gert Melville und Peter von Moos, Köln/Weimar/Wien 1998, S. 3–83.

Moos, Peter von, »Krise und Kritik der Institutionalität. Die mittelalterliche Kirche als ›Anstalt‹ und ›Himmelreich auf Erden‹«, in: ders., *Öffentliches und Privates, Gemeinsames und Eigenes. Gesammelte Studien zum Mittelalter,* Bd. III, hg. v. Gert Melville, Berlin 2007, S. 65–119.

More, Thomas, *The Complete Works,* Bd. 4: Utopia, hg. v. Edward Surtz und Jack H. Hexter, New Haven/London 1965.

Morris, Rosemary, *The Character of King Arthur in Medieval Literature,* Cambridge 1982.

Morsch, Klaus, schœne daz ist hœne. *Studien zum Tristan Gottfrieds von Straßburg,* Erlangen 1984.

Müller, Dorothea, ›*Daniel von dem blühenden Tal*‹ *und* ›*Garel vom blühenden Tal*‹. *Die Artusromane des Stricker und des Pleier unter gattungsgeschichtlichen Aspekten,* Göttingen 1981.

Müller, Jan-Dirk, »Tristans Rückkehr. Zu den Fortsetzern Gottfrieds von Straßburg«, in: *Festschrift Walter Haug und Burghart Wachinger,* hg. v. Johannes Janota, Paul Sappler, Frieder Schanze, Konrad Vollmann, Gisela Vollmann-Profe, Hans-Joachim Ziegler, Bd. II, Tübingen 1992, 529–548.

Müller, Jan-Dirk, *Spielregeln für den Untergang. Die Welt des Nibelungenliedes,* Tübingen 1998.

Müller, Jan-Dirk, *Das Nibelungenlied,* Berlin 2002.

Müller, Jan-Dirk, »Die Zeit im ›Tristan‹«, in: *Der ›Tristan‹ Gottfrieds von Straßburg. Symposion Santiago de Compostela 5. bis 8. April 2000,* hg. v. Christoph Huber und Victor Millet, Tübingen 2002. S. 379–397.

Müller, Jan-Dirk, »Gottfried von Straßburg: *Tristan.* Transgression und Ökonomie«, in: *Transgressionen. Literatur als Ethnographie,* hg. v. Gerhard Neumann und Rainer Warning, Freiburg i.Br. 2003, S. 213–242.

Müller, Jan-Dirk, »Imaginäre Ordnungen und literarische Imaginationen um 1200«, in: *Jahrbuch des Historischen Kollegs* 2003, S. 41–68.

Müller, Jan-Dirk, »Die Fiktion höfischer Liebe und die Fiktionalität des Minnesangs«, in: *Text und Handeln. Zum kommunikativen Ort von Minnesang und antiker Lyrik,* hg. v. Albrecht Hausmann, unter Mitwirkung v. Cornelia Logemann und Christian Rode, Heidelberg 2004, S. 47–64.

Müller, Jan-Dirk, »Literarische und andere Spiele. Zum Fiktionalitätsproblem in vormoderner Literatur«, in: *Poetica* 36 (2004), S. 281–312.

Müller, Jan-Dirk, »Rezension zu Fritz Peter Knapp u. Manuela Niesner (Hg.), *Historisches und fiktionales Erzählen im Mittelalter* – Johannes Laudage (Hg.), *Von Fakten und Fiktionen*«, in: *PBB* 126 (2004), S. 109–115.

Müller, Jan-Dirk, *Höfische Kompromisse. Acht Kapitel zur höfischen Epik,* Tübingen 2007.

Müller, Jan-Dirk, »Mythos und mittelalterliche Literatur«, in: *Mythos – Sage – Erzählung. Gedenkschrift für Alfred Ebenbauer,* hg. v. Johannes Keller und Florian Kragl, Göttingen 2009, S. 331–349.

Müller, Jan-Dirk, »Literarischer Text und kultureller Text in der Frühen Neuzeit. Am Beispiel des ›Narrenschiffs‹ von Sebastian Brant«, in: ders., *Mediävistische Kulturwissenschaft. Ausgewählte Studien,* Berlin/New York 2010, S. 27–43 (bereits abgedruckt in: *Zwischen den Disziplinen? Perspektiven der Frühneuzeitforschung,* hg. v. Helmut Puff und Christopher Wild, Göttingen 2003, S. 81–101).

Müller, Jan-Dirk, »Überlegungen zu einer mediävistischen Kulturwissenschaft«, in: ders., *Mediävistische Kulturwissenschaft. Ausgewählte Studien,* Berlin/New York 2010, S. 1–8.

Müller, Jan-Dirk, »Kulturwissenschaft historisch. Zum Verhältnis von Ritual und Theater im späten Mittelalter«, in: ders., *Mediävistische Kulturwissenschaft. Ausgewählte Studien,* Berlin/New York 2010, S. 111–134.

Müller, Jan-Dirk, »The Light of Courtly Society. Blanscheflur and Riwalin«, in: *Visuality and Materiality in the Story of Tristan and Isolde,* hg. v. Jutta Eming, Ann Marie Rasmussen und Kathryn Starkey, Notre Dame/Indiana 2012, S. 19–40.

Müller, Jan-Dirk, »Symbolische Kommunikation zwischen Liturgie, Spiel und Fest«, in: *Alles nur symbolisch? Bilanz und Perspektiven der Erforschung symbolischer Kommunikation,* hg. v. Barbara Stollberg-Rilinger, Tim Neu und Christina Brauner, Köln/Weimar/Wien 2013, S. 331–355.

Müller, Jan-Dirk, »Gotteskrieger Tristan?«, in: *Literarische Säkularisierung im Mittelalter,* hg. v. Susanne Köbele und Bruno Quast, Berlin 2014, S. 39–63.

Müller, Stephan, »Rezension zu: Hartmann von Aue, *Ereck.* Textgeschichtliche Ausgabe mit Abdruck sämtlicher Fragmente und der Bruchstücke des mitteldeutschen ›Erek‹, hg. v. Andreas Hammer, Victor Millet u. Timo Reuvekamp-Felber«, in: *Arbitrium* 36/3 (2018), S. 302–311.

Murray, Harold J. R., *A History of Chess,* originally published by Oxford University Press in 1913, New York 2012.

Musil, Robert, *Der Mann ohne Eigenschaften,* in: *Gesammelte Werke in neun Bänden,* Bd. 1–5, hg. v. Adolf Frisé, Reinbek bei Hamburg 1978, Bd. 1–2.

Nahrstedt, Wolfgang, *Die Entstehung der Freizeit. Dargestellt am Beispiel Hamburgs. Ein Beitrag zur Strukturgeschichte und zur strukturgeschichtlichen Grundlegung der Freizeitpädagogik,* Göttingen 1968.

Necke, Michael, *Hierarchie und Liebe.* zuht-*Rituale in der mittelhochdeutschen Heldenepik, im höfischen Roman und in der Märendichtung,* Regensburg 2002.

Neudeck, Otto, *Erzählen von Kaiser Otto. Zur Fiktionalisierung von Geschichte in mittelhochdeutscher Literatur,* Köln/Weimar/Wien 2003.

Neuenfeld, Jörg, *Alles ist Spiel. Zur Geschichte der Auseinandersetzung mit einer Utopie der Moderne,* Würzburg 2005.

Neumann, Gerhard/Warning, Rainer (Hg.), *Transgressionen. Literatur als Ethnographie,* Freiburg i.Br. 2003.

Neumann, Gerhard/Warning, Rainer, »Transgressionen. Literatur als Ethnographie«, in: *Transgressionen. Literatur als Ethnographie,* hg. v. Gerhard Neumann und Rainer Warning, Freiburg i.Br. 2003, S. 7–16.

Neumeyer, Harald, *Der Flaneur. Konzeptionen der Moderne,* Würzburg 1999.

Nietzsche, Friedrich, »Also sprach Zarathustra I-IV«, in: *Sämtliche Werke, Kritische Studienausgabe in 15 Bänden,* Bd. 4, hg. v. Giorgio Colli und Mazzino Montinari, 2., durchgesehene Auflage München/Berlin/New York 1988.

Nietzsche, Friedrich, »Menschliches, Allzumenschliches: I und II«, in: *Sämtliche Werke. Kritische Studienausgabe in 15 Bänden,* Bd. 2, hg. v. Giorgio Colli und Mazzino Montinari, 2., durchgesehene Auflage, München/Berlin/New York 1988.

Nitsch, Wolfram, »2. Topographien: Zur Ausgestaltung literarischer Räume«, in: *Handbuch Literatur & Raum,* hg. v. Jörg Dünne und Andreas Mahler, Berlin/Boston 2015, S. 30–40.

Nitsche, Barbara, *Die Signifikanz der Zeit im höfischen Roman. Kulturanthropologische Zugänge zur mittelalterlichen Literatur,* Frankfurt a.M. 2006.

Nolte, Theodor, »*Wilde* und *zam.* Wildnis und Wildheit in der deutschen Literatur des Hochmittelalters«, in: *Methodisch reflektiertes Interpretieren. Festschrift für Hartmut Laufhütter zum 60. Geburtstag,* hg. von Hans-Peter Ecker. Passau 1997, S. 39–60.

Nolting-Hauff, Ilse, »Märchen und Märchenroman. Zur Beziehung zwischen einfacher Form und narrativer Großform in der Literatur«, in: *Poetica* 6 (1974), S. 129–178.

Nowé, Johan, »Riwalin und Blanscheflur. Analyse und Interpretation der Vorgeschichte von Gottfrieds *Tristan* als formaler und thematischer Vorwegname der Gesamtdichtung«, in: *Leuvense bijdragen* 71 (1982), S. 265–330

Nünning, Ansgar/Sommer, Roy, »Kulturwissenschaftliche Literaturwissenschaft: Disziplinäre Ansätze, theoretische Positionen und transdisziplinäre Perspektiven«, in: *Kulturwissenschaftliche Literaturwissenschaft. Disziplinäre Ansätze – Theoretische Positionen – Transdisziplinäre Perspektiven,* hg. v. Ansgar Nünning und Roy Sommer, unter Mitarbeit v. Stella Butter, Tübingen 2004, S. 9–29.

Ó Riain-Raedel, Dagmar, *Untersuchungen zur mythischen Struktur der mittelhochdeutschen Artusepen. Ulrich von Zatzikoven, ›Lanzelet‹ – Hartmann von Aue, ›Erec‹ und ›Iwein‹,* Berlin 1978.

Obermeier, Sabine, *Von Nachtigallen und Handwerkern. ›Dichtung über Dichtung‹ in Minnesang und Sangspruchdichtung,* Tübingen 1995.

Œuvres complètes d'Hippocrate, traduction nouvelle avec le texte grec en regard, hg. v. Émile Littré, 10 Bde., Paris 1839–1861.

Oevermann, Ulrich, »Krise und Muße. Struktureigenschaften ästhetischer Erfahrung aus soziologischer Sicht«, Vortrag am 19.6. 1996 in der Städel-Schule, online verfügbar unter: *http://publikationen.ub.uni-frankfurt.de/files/4953/Krise-und-Musse-1996.pdf* [Zugriff: Januar 2019].

Ohly, Friedrich, »Cor amantis non angustum. Vom Wohnen im Herzen«, in: *Gedenkschrift für William Foerste,* hg. v. Dietrich Hofmann, unter Mitarbeit von Willy Sanders, Köln/Wien 1970, S. 454–476.

Ohly, Friedrich, »Geistige Süße bei Otfried«, in: *Typologia Litterarum. Festschrift für Max Wehrli,* Zürich 1969, S. 95–124 (Nachdruck in: Friedrich Ohly, *Schriften zur mittelalterlichen Bedeutungsforschung,* Darmstadt 1977, S. 93–127).

Ohly, Friedrich, »Die Suche in Dichtungen des Mittelalters«, in: *ZfdA* 94 (1994), S. 171–184.

Okken, Lambertus, *Kommentar zur Artusepik Hartmanns von Aue,* im Anhang: Die Heilkunde und Der Ouroboros v. Bernhard Dietrich Haage, Amsterdam/Atlanta 1993.

Oswald, Marion, *Gabe und Gewalt. Studien zur Logik und Poetik der Gabe in der frühhöfischen Erzählliteratur,* Göttingen 2004.

Ott, Dietmar, *Definition, Darstellung und Bewertung von Arbeit und Tätigkeit in den deutschen Epen des Hohen Mittelalters,* Frankfurt a.M./Berlin/Bern u.a. 1993.

Ovid, *Amores, medicamina faciei femineae, ars amatoria, remedia amoris,* hg. v. Edward J. Kenney, Oxford 1995.

Ovid, *Remedia amoris. Heilmittel gegen die Liebe,* lateinisch/deutsch, übersetzt und herausgegeben von Niklas Holzberg, Stuttgart 2011.

Painter, Sidney, *French Chivalry. Chivalric Ideas and Practices in Mediaeval France,* London 1977.

Panofsky, Erwin, *Architecture gothique et pensée scolastique,* traduction et postface de Pierre Bourdieu, Paris 1967.

Paravicini, Werner, »Alltag bei Hofe«, in: *Alltag bei Hofe. 3. Symposium der Residenzen-Kommission der Akademie der Wissenschaften in Göttingen, Ansbach 28. Februar bis 1. März 1992,* hg. v. Werner Paravicini, Sigmaringen 1995, S. 9–30.

Peil, Dietmar, *Die Gebärde bei Chrétien, Hartmann und Wolfram,* München 1975.

Peil, Dietmar, »*âventiure, was ist daz?* Überlegungen zur âventiure-Definition des Kalogrenant«, in: *Deutsch-französisches Germanistentreffen Berlin, 30.9. bis 4.10.1987, Dokumentation der Tagungsbeiträge,* Bonn 1988, S. 55–77.

Perucci, Tony, »What the Fuck is That? The Poetics of Ruptural Performance«, in: *Liminalities: A Journal of Performance Studies* 5 (2003), S. 1–16.

Peschel, Gerd Dietmar, *Prolog-Programm und Fragment-Schluß in GOTFRITs Tristanroman,* Erlangen 1976.

Peter, Klaus, »Die Utopie des Glücks. Ein neuer Versuch über Gottfried von Straßburg«, in: *Euphorion* 62 (1968), S. 317–344.

Peters, Ursula, »Geschichte der Interpretation«, in: *Epische Stoffe des Mittelalters,* hg. v. Volker Mertens und Ulrich Müller, Stuttgart 1984, S. 475–490.

Peters, Ursula, *Text und Kontext: Die Mittelalter-Philologie zwischen Gesellschaftsgeschichte und Kulturanthropologie,* Wiesbaden 2000.

Philipowski, Silke, »Mittelbare und unmittelbare Gegenwärtigkeit oder: Erinnern und Vergessen in der Petitcriu-Episode des ›Tristan‹ Gottfrieds von Straßburg«, in: *PBB* 120 (1998), S. 29–35.

Philipowksi, Silke, »Körper-Räume und räumliche Körper. Gesten in der höfischen Epik um 1200«, in: *Gestik. Figuren des Körpers in Text und Bild,* hg. v. Margreth Egidi, Oliver Schneider, Matthias Schöning u.a., Tübingen 2000, S. 53–69.

Philipowski, Katharina, *Die Gestalt des Unsichtbaren. Narrative Konzeptionen des Inneren in der höfischen Erzählliteratur,* Berlin/Boston 2013.

Pieper, Josef, *Das Viergespann. Klugheit – Gerechtigkeit – Tapferkeit – Maß,* München 1964.

Pieper, Josef, »Muße und Kult«, in: *Kulturphilosophische Schriften,* hg. v. Berthold Wald, Werke in acht Bänden, Bd. 6, Hamburg 1999, S. 1–44.

Pieper, Josef, »Über das Phänomen des Festes (1963)«, in: ders., *Religionsphilosophische Schriften,* hg. v. Berthold Wald, Werke in acht Bänden, Bd. 7, Hamburg 2000, S. 579–612.

Pieper, Josef, »Über die Hoffnung (1935)«, in: *Schriften zur Philosophischen Anthropologie und Ethik: Das Menschenbild der Tugendlehre,* hg. v. Berthold Wald, Werke in 10 Bde., Bd. 4, Hamburg 2006, S. 256–295.

Pieper, Josef, »Muße und menschliche Existenz (1959)«, in: ders., *Miszellen,* Register und Gesamtbibliographie, CD-ROM zum Gesamtwerk, hg. v. Berthold Wald, Werke in acht Bänden, Bd. 8,2, Hamburg 2008, S. 453–458.

Pieper, Josef, »Kunst – Kontemplation – Fest (1973)«, in: ders., *Miszellen,* Register und Gesamtbibliographie, CD-ROM zum Gesamtwerk, hg. v. Berthold Wald, Werke in acht Bänden, Bd. 8,2, Hamburg 2008, S. 495–507.

Pieper, Josef, »Was ist ein Fest?«, in: ders., *Miszellen,* Register und Gesamtbibliographie, CD-ROM zum Gesamtwerk, hg. v. Berthold Wald, Werke in acht Bänden, Bd. 8,2, Hamburg 2008, S. 521–531.

Pingel, Regina, *Ritterliche Werte zwischen Tradition und Transformation. Zur veränderten Konzeption von Artusheld und Artushof in Strickers* Daniel von dem Blühenden Tal, Frankfurt a.M. 1994.

Platon, »Nomoi«, in: *Werke in acht Bänden,* griechisch/deutsch, Bd. 8, hg. v. Gunther Eigler, übers. v. Friedrich Schleiermacher 4. Auflage Darmstadt 2005.

Polsakiewicz, Roman, »Zur Chronologie der epischen Werke Hartmanns von Aue«, in: *Euphorion* 71 (1977), S. 82–91.

Poser, Thomas, *Raum in Bewegung. Mythische Logik und räumliche Ordnung im ›Erec‹ und im ›Lanzelet‹,* Tübingen 2018.

Posner, Roland, »Kultur als Zeichensystem. Zur semiotischen Explikation kulturwissenschaftlicher Grundbegriffe«, in: *Kultur als Lebenswelt und Monument,* hg. v. Aleida Assmann und Dietrich Harth, Frankfurt a.M. 1991, S. 37–74.

Post, Werner, *Acedia – Das Laster der Trägheit. Zur Geschichte der siebten Todsünde,* Freiburg/Basel/Wien 2011.

Postel, Verena, »Einleitung«, in: *Arbeit im Mittelalter. Vorstellungen und Wirklichkeiten,* hg. v. Verena Postel, Berlin 2006, S. 7–19.

Postel, Verena, *Arbeit und Willensfreiheit im Mittelalter,* Stuttgart 2009.

Propp, Vladimir, *Morphologie des Märchens,* hg. v. Karl Eimermacher, übers. v. Christel Wendt, München 1972 (russ. Erstausgabe 1928).

Przybilski, Martin, »Die Selbstvergessenheit des Kriegers. Rennewart in Wolframs ›Willehalm‹«, in: *Kunst und Erinnerung. Memoriale Konzepte in der Erzählliteratur des Mittelalters,* hg. v. Ulrich Ernst und Klaus Ridder, Köln 2003, S. 201–222.

Przybilski, Martin, »Möglichkeitsräume in Strickers ›Daniel von dem blühenden Tal‹«, in: *Fiktionalität im Artusroman des 13. bis 15. Jahrhunderts. Romanistische und germanistische Perspektiven,* hg. v. Martin Przybilski und Nikolaus Ruge, unter Mitarbeit von Leonie Butz und Hanna Häger, Wiesbaden 2013, S. 119–132.

Quast, Bruno, »*Getriuwe wandelunge.* Ehe und Minne in Hartmanns ›Erec‹«, in: *ZfdA* 122 (1993), S. 162–180.

Quast, Bruno, »Das Höfische und das Wilde. Zur Repräsentation kultureller Differenz in Hartmanns *Iwein*«, in: *Literarische Kommunikation und soziale Interaktion. Studien zur Institutionalität mittelalterlicher Literatur,* hg. v. Beate Kellner, Ludger Lieb und Peter Strohschneider, Frankfurt a.M. 2001, S. 111–128.

Quast, Bruno, »*Daz ander paradîse.* Mythos und Norm in den Artusromanen Hartmanns von Aue«, in: *Text und Normativität im deutschen Mittelalter, XX. Anglo-German Colloquium,* hg. v. Elke Brüggen, Franz-Josef Holznagel, Sebastian Coxon und Almut Suerbaum, unter Mitarbeit v. Reinhold Katers, Berlin/Boston 2012, S. 65–77.

Ragotzky, Hedda, »Das Handlungsmodell der *list* und die Thematisierung der Bedeutung von guot. Zum Problem einer sozialgeschichtlich orientierten Interpretation von Strickers ›Daniel von dem blühenden Tal‹ und dem ›Pfaffen Amis‹«, in: *Literatur – Publikum – historischer Kontext,* hg. v. Gert Kaiser, Bern/Frankfurt a.M. 1977, S. 183–203.

Ragotzky, Hedda, *Gattungserneuerung und Laienunterweisung in Texten des Strickers,* Tübingen 1981.

Rahner, Hugo, *Der spielende Mensch,* Einsiedeln 1960.

Ranawake, Silvia, »Zu Form und Funktion der Ironie bei Hartmann von Aue«, in: *Wolfram-Studien* VII (1982), S. 75–116.

Ranawake, Silvia, »Erec's verligen and the Sin of Sloth«, in: *Hartmann von Aue. Changing Perspectives,* hg. v. Timothy McFarland und Silvia Ranawake, Göppingen 1988, S. 93–115.

Ranawake, Silvia, »Verligen und versitzen. Das Versäumnis des Helden und die Sünde der Trägheit in den Artusromanen Hartmanns von Aue«, in: *Chrétien de Troyes and the German Middle Age.* hg. v. Martin H. Jones und Roy Albert Wisbey, Cambridge 1993, S. 19–35.

Ranke, Friedrich, »Etwas vom Bärenfang im Mittelalter. Zu Gottfrieds Tristan V. 284«, in: *ZfdPh* 70 (1949), S. 225–233 (wieder abgedruckt in Friedrich Ranke, *Kleinere Schriften,* hg. v. Heinz Rupp und Eduard Studer, Bern/München 1971, S. 115–121).

Ranke, Friedrich, »Die Allegorie der Minnegrotte in Gottfrieds Tristan«, in: *Gottfried von Straßburg,* hg. v. Alois Wolf, Darmstadt 1973, S. 1–24 (zuvor erschienen in: *Schriften der Königsberger gelehrten Gesellschaft, Geisteswissenschaftliche Klasse, 2. Jahrg., H. 2,* Berlin 1925, S. 21–39, auch abgedruckt in Friedrich Ranke, *Kleinere Schriften,* Bern 1971).

Rasmussen, Ann Marie, »Emotions, Gender, and Lordship in Medieval Literature: Clovi's Grief, Tristan's Anger, and Kriemhild's Restless Corpse«, in: *Codierungen von Emotionen im Mittelalter/Emotions and Sensibilities in the Middle Ages,* hg. v. C. Stephen Jaeger und Ingrid Kasten, Berlin/New York 2003, S. 174–189.

Rathofer, Johannes, »Der ›wunderbare Hirsch‹ der Minnegrotte«, in: *Der ›Tristan‹ Gottfrieds von Straßburg. Symposion Santiago de Compostela. 5.-8. April 2000,* hg. v. Christoph Huber und Victor Millet, Tübingen 2002, S. 371–391 (zuvor abgedruckt in: *ZfdA* 95 (1966), S. 27–42).

Reckwitz, Andreas, *Die Transformation der Kulturtheorien. Zur Entwicklung eines Theorieprogramms,* mit einem Nachwort zur Studienausgabe 2006: Aktuelle Tendenzen der Kulturtheorien, Göttingen 2000.

Rehberg, Karl-Siegbert, »Institutionen als symbolische Ordnungen. Leitfragen und Grundkategorien zur Theorie und Analyse institutioneller Mechanismen«, in: *Die Eigenart der Institutionen. Zum Profil politischer Institutionentheorie,* hg. v. Gerhard Göhler, Baden-Baden 1994, S. 47–84.

Rehberg, Karl-Siegbert, »Die ›Öffentlichkeit‹ der Institutionen. Grundbegriffliche Überlegungen im Rahmen der Theorie und Analyse institutioneller Mechanismen«, in: *Macht der Öffentlichkeit – Öffentlichkeit der Macht,* hg. v. Gerhard Göhler, Baden-Baden 1995, S. 181–211.

Rehberg, Karl-Siegbert, »Weltrepräsentanz und Verkörperung. Institutionelle Analyse und Symboltheorien – Eine Einführung in systematischer Absicht«, in: *Institutionalität und Symbolisierung. Verstetigungen kultureller Ordnungsmuster in Vergangenheit und Gegenwart,* im Auftrag des Sonderforschungsbereichs 537 hg. v. Gert Melville, Köln/Weimar/Wien 2001, S. 3–49.

Rehberg, Karl-Siegbert, »Institutionelle Ordnungen zwischen Ritual und Ritualisierung«, in: *Die Kultur des Rituals. Inszenierungen, Praktiken, Symbole,* hg. v. Christoph Wulf, München 2004, S. 247–265.

Reuvekamp-Felber, Timo, »Zur gegenwärtigen Situation mediävistischer Fiktionalitätsforschung. Eine kritische Bestandsaufnahme«, in: *ZfdPh* 132 (2013), S. 417–444.

Reuvekamp-Felber, Timo, »Polyvalenzen und Kulturkritik. Zur notwendigen Neuausgabe des *Erec* Hartmanns von Aue«, in: *Ambiguität im Mittelalter. Formen zeitgenössischer Reflexion und interdisziplinärer Rezeption,* hg. v. Oliver Auge und Christine Witthöft, unter redaktioneller Mitarbeit von Steve Riedl und Susanne Koch, Berlin/Boston 2016, S. 219–239.

Reuvekamp, Silvia, »Hölzerne Bilder – mentale Modelle? Mittelalterliche Figuren als Gegenstand einer historischen Narratologie«, in: *Diegesis* 3.2 (2014), S. 112–130.

Reuvekamp, Silvia, *Hölzerne Bilder? Narratologie und Anthropologie mittelalterlicher und frühneuzeitlicher Figurendarstellung* [Habilitationsschrift 2015 abgeschlossen].

Richards, Earl Jeffrey, »Reflections on Oiseuse's Mirror: Iconographic Tradition, Luxuria and the Roman de la Rose«, in: *ZrP* 98 (1982), S. 296–311.

Ricœur, Paul, *Zeit und Erzählung,* 3 Bde., München 1988–1991.

Ricœur, Paul, *Wege der Anerkennung. Erkennen, Wiedererkennen, Anerkanntsein,* aus dem Französischen von Ulrike Bokelmann und Barbara Heber-Schärer, Frankfurt a.M. 2006.

Ridder, Klaus, »Gelehrtheit und Häßlichkeit im höfischen Roman«, in: *Körperinszenierungen in mittelalterlicher Literatur. Kolloquium am Zentrum für interdisziplinäre Forschung an der Universität Bielefeld (18. bis 20. März 1999),* hg. v. Klaus Ridder und Otto Langer, Berlin 2002, S. 75–95.

Ridder, Klaus, »Kampfzorn. Affektivität und Gewalt in mittelalterlicher Epik«, in: *Wahrnehmen und Handeln. Perspektiven einer Literaturanthropologie,* hg. v. Wolfgang Braungart, Klaus Ridder und Friedmar Apel, Bielefeld 2004, S. 41–55.

Riedel, Herbert, *Die Darstellung von Musik und Musikerlebnis in der erzählenden deutschen Dichtung,* Bonn 1959.

Rimmon-Kenan, Shlomith, *Narrative Fiction. Contemporary Poetics,* London/New York 1983.

Rippl, Coralie, »Geld und *âventiure.* Narrative Aspekte der Zeit-Raum-Erfahrung bei Heinrich Kaufringer«, in: *PBB* 134 (2012), S. 540–569.

Rocher, Daniel, »*Monumenta amoris* zwischen Unterhaltung und Kult. Die Funktion von Leichs und sene-maeren in Gottfrieds Tristan«, in: *Erkennen und Erinnern in Kunst und Literatur.*

Kolloquium Reisensburg, 4.-7. Januar 1996, in Verbindung mit Wolfgang Frühwald, hg. v. Dietmar Peil, Michael Schilling und Peter Strohschneider, Tübingen 1998, S. 169–180.

Röcke, Werner, »Die nackten Weisen der fremden Welt. Bilder einer utopischen Gesellschaft in Johann Hartliebs ›Alexander‹-Roman«, in: *ZfGerm* 6 (1996), S. 21–34.

Röcke, Werner, »Das Ende der Geschichte. Utopie und Anti-Utopie in der Literatur des 16. Jahrhunderts«, in: *Paragrana* 7,2 (1998), S. 122–139.

Röcke, Werner, »Provokation und Ritual. Das Spiel mit der Gewalt und die soziale Funktion des Seneschall Keie im arthurischen Roman«, in: *Der Fehltritt. Vergehen und Versehen in der Vormoderne,* hg. v. Peter von Moos, Köln/Weimar/Wien 2001, S. 343–361.

Rosa, Hartmut (Hg.), *fast forward – Essays zu Zeit und Beschleunigung. Standpunkte junger Forschung,* in Kooperation mit Julia Clemens und Matthias Mayer, Hamburg 2004.

Rosa, Hartmut, *Beschleunigung. Die Veränderung der Zeitstrukturen in der Moderne,* Frankfurt a.M. 2005.

Rosa, Hartmut, *Beschleunigung und Entfremdung, Entwurf einer kritischen Theorie spätmoderner Zeitlichkeit,* aus dem Englischen übers. v. Robert Celikates, Berlin 2013.

Rosa, Hartmut, *Resonanz. Eine Soziologie der Weltbeziehung,* 2. Auflage Berlin 2016.

Rösener, Werner, »Jagd und Tiere«, in: *Höfe und Residenzen im spätmittelalterlichen Reich. Bilder und Begriffe,* hg. v. Werner Paravicini, bearb. v. Jan Hirschbiegel und Jörg Wettlaufer, Residenzenforschung 15 II, Teilbd. 1: Begriffe, Ostfildern 2005, S. 326–332.

Rösener, Werner, »Wildpark«, in: *Höfe und Residenzen im spätmittelalterlichen Reich. Bilder und Begriffe,* hg. v. Werner Paravicini, bearb. v. Jan Hirschbiegel und Jörg Wettlaufer, Residenzenforschung 15 II, Teilbd. 1: Begriffe, Ostfildern 2005, S. 333–336.

Rosenhagen, Gustav, *Untersuchungen über ›Daniel vom Blühenden Tal‹ vom Stricker,* Kiel 1890.

Roßbacher, Roland Franz, *Artusroman und Herrschaftsnachfolge. Darstellungsform und Aussagekategorien in Ulrichs von Zatzikhoven ›Lanzelet‹, Strickers ›Daniel von dem Blühenden Tal‹ und Pleiers ›Garel von dem Blühenden Tal‹,* Göppingen 1998.

Rothmann, Michael, »*Mirabilia vero dicimus, quae nostrae cognitioni non subiacent, etiam cum sint naturalia.* ›Wundergeschichten‹ zwischen Wissen und Unterhaltung: der ›*Liber de mirabilius mundi*‹ (›*Otia Imperialia*‹) des Gervasius von Tilbury«, in: *Mirakel im Mittelalter. Konzeptionen, Erscheinungsformen, Deutungen,* hg. v. Martin Heinzelmann, Klaus Herbers und Dieter R. Bauer, Stuttgart 2002, S. 399–432.

Röttgers, Kurt, »Muße«, in: *Sinn von Arbeit. Soziologische und wirtschaftsphilosophische Betrachtungen,* hg. v. Wieland Jäger und Kurt Röttgers, Wiesbaden 2008, S. 161–182.

Rousseau, Jean-Jacques, *Die Träumereien eines einsamen Spaziergängers,* übers. v. Ulrich Bossier, Stuttgart 2003.

Ruberg, Uwe, »Bildkoordinationen im ›*Erec*‹ Hartmanns von Aue«, in: *Gedenkschrift für William Foerste,* hg. v. Dietrich Hofmann, unter Mitarbeit von Willy Sanders, Köln/Wien 1970, S. 477–501.

Ruberg, Uwe, *Beredtes Schweigen. Schweigemotive in erzählender und lehrhafter deutscher Literatur des Mittelalters,* München 1987, S. 174–203.

Ruh, Kurt, *Höfische Epik des deutschen Mittelalters. Erster Teil: Von den Anfängen bis zu Hartmann von Aue,* Berlin 1977.

Ruh, Kurt, *Höfische Epik des deutschen Mittelalters. Zweiter Teil: ›Reinhart Fuchs‹, ›Lanzelet‹, Wolfram von Eschenbach, Gottfried von Straßburg,* Berlin 1980.

Russ, Anja, *Kindheit und Adoleszenz in den deutschen Parzival- und Lancelot-Romanen. Hohes und spätes Mittelalter,* Stuttgart 2000.

Sadlek, Gregory M., *Idleness Working. The Discourse of Love's Labor from Ovid through Chaucer and Gower,* Washington, D.C. 2004.

Sadlek, Gregory M., »*Otium, Negotium,* and the Fear of *Acedia* in the Writings of England's Late Medieval Ricardian Poets«, in: *Idleness, Indolence and Leisure in English Literature,* hg. v. Monika Fludernik und Miriam Nandi, Basingstoke 2014, S. 17–39.

Safranski, Rüdiger, *Zeit. Was sie mit uns macht und was wir aus ihr machen,* München 2015.

Salaverría, Heidi, *Spielräume des Selbst. Pragmatismus und kreatives Handeln,* Berlin 2007.

Sasaki, Shigemi, »Sur le Personnage d'Oiseuse«, in: *Études de langue et littérature* 32 (1978), S. 1–24.

Sasaki, Shigemi, »Le jardin et son ›estre‹ dans ›Le Roman de la rose‹ et dans ›Le Dit dou lyon‹«, in: *Cahiers de l'Association internationale des études françaises* 34 (1982), S. 25–37.

Sawicki, Stanislaw, *Gottfried von Straßburg und die Poetik des Mittelalters,* Berlin 1932 (Nachdruck Nendeln (Liechtenstein) 1967).

Schäfer-Biermann, Birgit/Westermann, Aische/Vahle, Marlen u.a., *Foucaults Heterotopien als Forschungsinstrument. Eine Anwendung am Beispiel Kleingarten,* Wiesbaden 2016.

Schäfer, Alfred/Thompson, Christiane, »Spiel – eine Einleitung«, in: *Spiel,* hg. v. Alfred Schäfer und Christiane Thompson, Paderborn 2014, S. 7–33.

Schanze, Christoph, »Schatten und Nebel. Die dunkle Seite des Artusromans«, in: *Aktuelle Tendenzen der Artusforschung,* hg. v. Brigitte Burrichter, Matthias Däumer, Cora Dietl, Christoph Schanze und Friedrich Wolfzettel, Berlin/Boston 2013, S. 187–207.

Schausten, Monika, *Erzählwelten der Tristangeschichte im hohen Mittelalter. Untersuchungen zu den deutschsprachigen Tristanfassungen des 12. und 13. Jahrhunderts,* München 1999.

Schausten, Monika, »›dâ hovet ir iuch selben mite‹. Höfische Jagdkunst im Spiegel klerikaler Kritik am Beispiel des *Tristan* Gottfrieds von Straßburg«, in: *LiLi* 161 (2011), S. 139–163.

Scheuer, Hans Jürgen, »Die Signifikanz des Rituals. Zwei ›Tristan‹-Studien«, in: *PBB* 121 (1999), S. 406–439.

Scheuer, Hans-Jürgen, »Gegenwart und Intensität. Narrative Zeitform und implizites Realitätskonzept im *Iwein* Hartmanns von Aue«, in: *Zukunft der Literatur – Literatur der Zukunft. Gegenwartsliteratur und Literaturwissenschaft,* hg. v. Reto Sorg, Adrian Mattauer und Wolfgang Proß, München 2003, S. 123–138.

Scheuer, Hans Jürgen, »Bildintensität. Eine imaginationstheoretische Lektüre des Strickerschen Artusromans ›Daniel von dem Blühenden Tal‹«, in: *ZfdPh* 124 (2005), S. 23–46.

Schiller, Friedrich, *Über die ästhetische Erziehung. 15. Brief,* Sämtliche Werke, hg. v. Gerhard Fricke und Herbert G. Göpfert, Bd. V: Erzählungen, Theoretische Schriften, München 1975.

Schipperges, Heinrich, »Melancolia als ein mittelalterlicher Sammelbegriff für Wahnvorstellungen«, in: *Studium generale* 20 (1967), S. 723–736.

Schirok, Bernd, »Zu den Akrosticha in Gottfrieds ›Tristan‹. Versuch einer kritischen und weiterführenden Bestandsaufnahme«, in: *ZfdA* 113 (1984), S. 188–213.

Schirok, Bernd, »Handlung und Exkurse in Gottfrieds ›Tristan‹. Textebenen als Interpretationsproblem«, in: *Texttyp, Sprechergruppe, Kommunikationsbereich. Studien zur deutschen Sprache in Geschichte und Gegenwart. Festschrift für Hugo Steger zum 65. Geburtstag,* hg. v Heinrich Löffler, Karlheinz Jakob und Bernhard Kelle, Berlin/New York 1994, S. 33–51.

Schmid-Cadalbert, Christian, »Der wilde Wald. Zur Darstellung und Funktion eines Raumes in der mittelhochdeutschen Literatur«, in: Gotes und der werlde hulde. *Literatur in Mittelalter und Neuzeit. Festschrift für Heinz Rupp zum 70. Geburtstag,* hg. v. Rüdiger Schnell, Bern/Stuttgart 1989, S. 24–47.

Schmid, Elisabeth, »*Dâ stuont âventiur geschriben an der strangen.* Zum Verhältnis von Erzählung und Allegorie in der Brackenseilepisode von Wolframs und Albrechts ›Titurel‹«, in: *ZfdA* 117 (1988), S. 70–97.

Schmid, Elisabeth, »Weg mit dem Doppelweg. Wider eine Selbstverständlichkeit der germanistischen Artusforschung«, in: *Erzählstrukturen der Artusliteratur. Forschungsgeschichte und neue Ansätze,* hg. v. Friedrich Wolfzettel und Peter Ihring, Tübingen 1999, S. 69–85.

Schmid, Elisabeth, »Natur und Kultur in der Jagdszene von Gottfrieds ›Tristan‹«, in: *Der ›Tristan‹ Gottfrieds von Straßburg. Symposion Santiago de Compostela. 5.-8. April 2000,* hg. v. Christoph Huber und Victor Millet, Tübingen 2002, S. 153–166.

Schmid, Hans Ulrich, *Einführung in die deutsche Sprachgeschichte,* 2., aktualisierte Auflage, Stuttgart 2013.

Schmid, Wolf, *Elemente der Narratologie,* 2., verbesserte Auflage, Berlin/New York 2008 (russ. Erstausgabe 2003).

Schmidt-Biggemann, Wilhelm, *Apokalypse und Philologie. Wissensgeschichten und Weltentwürfe der Frühen Neuzeit,* hg. v. Anja Hallacker und Boris Bayer, Göttingen 2007.

Schmidt, Wolfgang, *Untersuchungen zu Aufbauformen und Erzählstil im ›Daniel von dem blühenden Tal‹ des Stricker,* Göppingen 1979.

Schmitt, Kerstin, »Kontrollverlust und Fragmentierung. Männlichkeit und Monster in Strickers ›Daniel von dem Blühenden Tal‹«, in: *Aventiuren des Geschlechts. Modelle von Männlichkeit in der Literatur des 13. Jahrhunderts,* hg. v. Martin Baisch, Hendrikje Haufe, Michael Mecklenburg, Matthias Meyer und Andrea Sieber, Göttingen 2003, S. 51–76.

Schmitt, Wolfram, »Der ›Wahnsinn‹ in der Literatur des Mittelalters am Beispiel des ›Iwein‹ Hartmanns von Aue«, in: *Psychologie in der Mediävistik. Gesammelte Beiträge des Steinheimer Symposions,* hg. v. Jürgen Kühnel, Hans-Dieter Mück, Ursula Müller und Ulrich Müller, Göppingen 1985, S. 197–214.

Schmitz, Heinz-Günter, »Iweins *zorn* und *tobesuht.* Psychologie und Physiologie in mittelhochdeutscher Literatur«, in: *Sandbjerg 85. Dem Andenken von Heinrich Bach gewidmet,* hg. v. Friedhelm Debus und Ernst Dittmer, Neumünster 1986, S. 87–112.

Schmitz, Silvia, »Das Ornamentale bei Suchenwirt und seinen Zeitgenossen. Zu strukturellen Zusammenhängen zwischen Herrschaftsrepräsentation und poetischen Verfahren«, in: *Höfische Repräsentation. Das Zeremoniell und die Zeichen,* hg. v. Hedda Ragotzky und Horst Wenzel, Tübingen 1990, S. 279–302.

Schnabel, Ulrich, *Muße. Vom Glück des Nichtstuns,* München 2010, 6. Auflage 2012.

Schneider, Guido, er nam den spiegel in die hant, als in sîn wîsheit lêrte. *Zum Einfluß klerikaler Hofkritiken und Herrschaftslehren auf den Wandel höfischer Epik in groß- und kleinepischen Dichtungen des Stricker,* Essen 1994.

Schneidewind, Gisela, »Die Wortsippe arbeit und ihre Bedeutungskreise in den althochdeutschen Sprachdenkmälern«, in: *PBB* 81 (1959), S. 174–187.

Schnell, Rüdiger, »Abaelards Gesinnungsethik und die Rechtsthematik in Hartmanns *Iwein*«, in: *DVjs* 65 (1991), S. 15–69.

Schnell, Rüdiger, *Suche nach Wahrheit. Gottfrieds ›Tristan und Isold‹ als erkenntniskritischer Roman,* Tübingen 1992.

Schnell, Rüdiger, »Unterwerfung und Herrschaft. Zum Liebesdiskurs im Hochmittelalter«, in: *Modernes Mittelalter. Neue Bilder einer populären Epoche,* hg. v. Joachim Heinzle, Frankfurt a.M./Leipzig 1994, S. 103–133.

Schnell, Rüdiger, »Kritische Überlegungen zur Zivilisationstheorie von Norbert Elias«, in: *Zivilisationsprozesse. Zu Erziehungsschriften in der Vormoderne,* hg. v. Rüdiger Schnell, Köln 2004, S. 21–83.

Schnyder, André/Schwarz, Alexander, »Der Autor und seine kritische Feder. Zur ungewöhnlichen Ausgestaltung eines klassischen Musters bei Thomasin von Zerklaere«, in: *Archiv für das Studium der neueren Sprachen und Literaturen* 250 (2013), S. 151–174.

Schnyder, Mireille, »*Âventiure? waz ist daz?* Zum Begriff des Abenteuers in der deutschen Literatur des Mittelalters«, in: *Euphorion* 96 (2002), S. 257–272.

Schnyder, Mireille, *Topographie des Schweigens. Untersuchungen zum deutschen höfischen Roman um 1200,* Göttingen 2003.

Schnyder, Mireille, »Erzählte Gewalt und die Gewalt des Erzählens. Gewalt im deutschen höfischen Roman«, in: *Gewalt im Mittelalter. Realitäten – Imaginationen,* hg. v. Manuel Braun und Cornelia Herberichs, München 2005, S. 365–379.
Schnyder, Mireille, »Sieben Thesen zum Begriff der *âventiure*«, in: *Im Wortfeld des Textes. Worthistorische Beiträge zu den Beziehungen von Rede und Schrift im Mittelalter,* hg. v. Gerd Dicke, Manfred Eikelmann und Burkhard Hasebrink, Berlin/New York 2006, S. 369–375.
Schnyder, Mireille, »Der Wald in der höfischen Literatur: Raum des Mythos und des Erzählens«, in: *Das Mittelalter* 13 (2008), S. 122–135.
Schnyder, Mireille, »Kunst der Vergegenwärtigung und gefährliche Präsenz. Zum Verhältnis von religiösen und weltlichen Lesekonzepten«, in: *Literarische und religiöse Kommunikation in Mittelalter und Früher Neuzeit. DFG-Symposion 2006,* hg. v. Peter Strohschneider, Berlin/New York 2009, S. 427–452.
Schnyder, Mireille, »›Daz ander paradîse‹. Künstliche Paradiese in der Literatur des Mittelalters«, in: *Paradies. Topografien der Sehnsucht,* hg. v. Claudia Benthien und Manuela Gerlof, Köln/Weimar/Wien 2010, S. 63–75
Schnyder, Mireille, »Räume der Kontingenz«, in: *Kein Zufall. Konzeptionen von Kontingenz in der mittelalterlichen Literatur,* hg. v. Cornelia Herberichs und Susanne Reichlin, Göttingen 2010, S. 174–185.
Schnyder, Mireille, »Überlegungen zu einer Poetik des Staunens im Mittelalter«, in: *Wie gebannt. Ästhetische Verfahren der affektiven Bindung von Aufmerksamkeit,* Freiburg i.Br./Berlin/Wien 2013, S. 95–114.
Scholte, Jan Hendrik, »Gottfrieds von Straßburg Initialenspiel (1942)«, in: *Gottfried von Straßburg,* hg. v. Alois Wolf, Darmstadt 1973, S. 74–96 (zuvor abgedruckt in: *PBB* 65 (1942), S. 280–302).
Schöne, Albrecht, »Zu Gottfrieds ›Tristan‹«, in: *DVjs* 29 (1955), S. 447–474.
Schrader, Werner, *Studien über das Wort ›höfisch‹ in der mittelhochdeutschen Dichtung,* Würzburg 1935.
Schreiner, Klaus, »Dauer, Niedergang und Erneuerung klösterlicher Observanz im hoch- und spätmittelalterlichen Mönchtum. Krisen, Reform- und Institutionalisierungsprobleme in der Sicht und Deutung betroffener Zeitgenossen«, in: *Institutionen und Geschichte. Theoretische Aspekte und mittelalterliche Befunde,* hg. v. Gert Melville, Köln/Weimar/Wien 1992, S. 295–341.
Schreiner, Klaus/Schwerhoff, Gerd, »Verletzte Ehre. Überlegungen zu einem Forschungskonzept«, in: *Verletzte Ehre. Ehrkonflikte in Gesellschaften des Mittelalters und der Frühen Neuzeit,* hg. v. Klaus Schreiner und Gerd Schwerhoff, Köln/Weimar/Wien 1995, S. 1–28.
Schröder, Walter J., *Die Soltane-Erzählung in Wolframs Parzival. Studien zur Darstellung und Bedeutung der Lebensstufen Parzivals,* Heidelberg 1962.
Schröder, Werner, »Armout«, in: *DVjs* 34 (1960), S. 501–526.
Schröder, Werner, »Die Hinrichtung Arofels«, in: *Wolfram-Studien* II (1974), S. 219–240.
Schröder, Werner, »*Die von Tristande hant gelesen.* Quellenhinweise und Quellenkritik im ›Tristan‹ Gottfrieds von Straßburg«, in: *ZfdA* 104 (1975), S. 307–338.
Schröder, Werner, *Text und Interpretation III. Zur Kunstanschauung Gottfrieds von Straßburg und Konrads von Würzburg nach dem Zeugnis ihrer Prologe,* Stuttgart 1990.
Schröder, Werner, *Text und Interpretation V. Über die Liebe der Getrennten im ›Tristan‹ Gottfrieds von* Straßburg, Stuttgart 1993.
Schroer, Markus, *Räume, Orte, Grenzen. Auf dem Weg zu einer Soziologie des Raums,* Frankfurt a.M. 2006.
Schroer, Markus, »›Bringing space back in‹ - Zur Relevanz des Raums als soziologischer Kategorie«, in: *Spatial Turn. Das Raumparadigma in den Kultur- und Sozialwissenschaften,* hg. v. Jörg Döring und Tristan Thielmann, Bielefeld 2008, S. 125–148.

Schülein, Johann August, *Theorie der Institution. Eine dogmengeschichtliche und konzeptionelle Analyse,* Opladen 1987.

Schulz, Armin, »*in dem wilden wald.* Außerhöfische Sonderräume, Liminalität und mythisierendes Erzählen in den Tristan-Dichtungen Eilhart – Béroul – Gottfried«, in: *DVjs* 77 (2003), S. 515–547.

Schulz, Armin, *Schwieriges Erkennen. Personenidentifizierung in der mittelhochdeutschen Epik,* Tübingen 2008.

Schulz, Armin, »Die Ambivalenzen des Höfischen und der Beginn arthurischen Erzählens«, in: *Scientia Poetica* 13 (2009), S. 1–20.

Schulz, Armin, *Erzähltheorie in mediävistischer Perspektive,* hg. v. Manuel Braun, Alexandra Dunkel und Jan-Dirk Müller, Berlin/Boston 2012.

Schulz, Knut, »Feiertage – Muße und Müßiggang – Freizeit in der Welt des Bürgertums. Etappen der geschichtlichen Entwicklung vom Hochmittelalter bis zum 18. Jahrhundert«, in: *Il tempo libero, economia e società (Loisirs, Leisure, Tiempo Libre, Freizeit), Secc. XIII-XVIII, atti dessa ventiseiesima settima di studi, 18.-23. aprile 1994,* hg. v. Simonetta Cavaciocchi, Florenz 1995, S. 641–665.

Schulze-Belli, Paola, »From the Garden of Eden to the ›locus amoenus‹ of Medieval Visionaries«, in: *Fauna and Flora in the Middle Ages. Studies of the Medieval Environment and its Impact on the Human Mind, papers delivered at the International Medieval Congress, Leeds, in 2000, 2001 and 2002,* Frankfurt a.M. u.a. 2007, S. 209–224 (auf Deutsch: »Garten Eden«, in: *Burgen, Länder, Orte,* hg. v. Ulrich Müller und Werner Wunderlich, unter Mitarbeit von Margarete Springeth, Konstanz 2008, S. 245–257).

Schulze, Ursula, »Literarkritische Äußerungen im ›Tristan‹ Gottfrieds von Straßburg« in: *PBB* 88 (1967), S. 285–310 (wieder abgedruckt in *Gottfried von Straßburg,* hg. v. Alois Wolf, Darmstadt 1973, S. 489- 517).

Schwarz, Gertrud, *›arebeit‹ bei mittelhochdeutschen Dichtern,* Würzburg 1938.

Schwenk, Sigrid, »Die Jagd im Spiegel mittelalterlicher Literatur und Jagdbücher«, in: *Jagd und höfische Kultur im Mittelalter,* hg. v. Werner Rösener, Göttingen 1997, S. 407–464.

Schwerdfeger, Nikola, »Zu den Sinneswahrnehmungen und ihrer Funktion im ersten Teil des *Roman de la Rose*«, in: *ZrP* 127 (2011), S. 315–327.

Schwietering, Julius, »Der Tristan Gottfrieds und die Bernhardischen Mystik«, in: ders., *Philologische Schriften,* hg. v. Friedrich Ohly und Max Wehrli, München 1969, S. 339–361.

Seeber, Stefan, »Wolframs ›Titurel‹ und der Mythos der Minne«, in: *PBB* 132 (2010), S. 43–61.

Seel, Martin, *Eine Ästhetik der Natur,* Frankfurt a.M. 1991.

Seel, Martin, *Versuch über die Form des Glücks. Studien zur Ethik,* Frankfurt a.M. 1999.

Seel, Martin, *Sich bestimmen lassen. Studien zur theoretischen und praktischen Philosophie,* Frankfurt a.M. 2002.

Seel, Martin, *Ästhetik des Erscheinens,* München/Wien 2003.

Seel, Martin, »Über die Reichweite ästhetischer Erfahrung – Fünf Thesen«, in: *Ästhetische Erfahrung im Zeichen der Entgrenzung der Künste. Epistemische, ästhetische und religiöse Formen von Erfahrung im Vergleich,* hg. v. Gert Mattenklott, Hamburg 2004, S. 73–81.

Seel, Martin, *Paradoxien der Erfüllung. Philosophische Essays,* Frankfurt a.M. 2006.

Seel, Martin, »Von Ereignissen«, in: ders., *Paradoxien der Erfüllung. Philosophische Essays,* Frankfurt a.M. 2006, S. 11–26.

Seel, Martin, »Tun und Lassen. Über die Zeit der Autonomie«, in: ders., *Paradoxien der Erfüllung. Philosophische Essays,* Frankfurt a.M. 2006, S. 70–81.

Seel, Martin, »Aktive Passivität. Über die ästhetische Variante der Freiheit«, in: *Freiheit.* Stuttgarter Hegel-Kongress 2011, hg. v. Gunnar Hindrichs und Axel Honneth, Frankfurt a.M. 2013, S. 195–214.

Seelbach, Sabine, *Labiler Wegweiser. Studien zur Kontingenzsemantik in der erzählenden Literatur des Hochmittelalters,* Heidelberg 2010.

Seidl, Stephanie, »Eine kleine Geschichte der *êre.* Thesen zur historischen Semantik von Ehre und zu ihrer Narrativierung in höfischen und legendarischen Texten des hohen Mittelalters«, in: *Höfische Textualität. Festschrift für Peter Strohschneider,* hg. v. Beate Kellner, Ludger Lieb und Stephan Müller, unter Mitarbeit v. Jan Hon und Pia Selmayr, Heidelberg 2015, S. 45–63.

Seitter, Walter, »Aufmerksamkeitskorrelate auf der Ebene der Erscheinungen«, in: *Aufmerksamkeiten. Archäologie der literarischen Kommunikation VII,* hg. v. Aleida Assmann und Jan Assmann, München 2001, S. 171–182.

Seitz, Dieter, »Gottfried von Straßburg: *Tristan*«, in: *Einführung in die deutsche Literatur des 12.-16. Jahrhunderts,* hg. v. Winfried Frey, Walter Raitz und Dieter Seitz u.a., Bd. 1: Adel und Hof – 12./13. Jahrhundert, Opladen 1979, S. 222–261.

Seneca, L. Annaeus, *Ad Lucilium. Epistulae morales LXX-CXXIV, [CXXV] – An Lucilius. Briefe über Ethik 70–124, [125],* übers., eingeleitet u. mit Anmerkungen versehen v. Manfred Rosenbach, Darmstadt 2011.

Shin, Jiyoung, *Der ›bewußte Utopismus‹ im Mann ohne Eigenschaften von Robert Musil,* Würzburg 2008.

Siefken, Hinrich, »*Der sælden strâze.* Zum Motiv der Zwei Wege bei Hartmann von Aue«, in: *Euphorion* 61 (1967), S. 1–21.

Simmel, Georg, »Das Abenteuer«, in: ders., *Philosophische Kultur. Gesammelte Essais von Georg Simmel,* Leipzig 1911, 2., um einige Zusätze vermehrte Auflage, Leipzig 1919, S. 7–24.

Simmel, Georg, »Soziologie der Geselligkeit«, in: ders., *Soziologische Ästhetik,* hg. v. Klaus Lichtblau, Wiesbaden 2009, S. 163–175.

Simmel, Georg, *Soziologie. Untersuchungen über die Formen der Vergesellschaftung,* Berlin 2013.

Simon, Ralf, *Einführung in die strukturalistische Poetik des mittelalterlichen Romans. Analysen zu deutschen Romanen der matière de Bretagne,* Würzburg 1990.

Sloterdijk, Peter, *Der ästhetische Imperativ. Schriften zur Kunst,* Berlin 2014.

Soeffner, Hans-Georg, »›Typus und Individualität‹ oder ›Typen der Individualität‹? - Entdeckungsreisen in das Land, in dem man zuhause ist«, in: *Typus und Individualität im Mittelalter,* hg. v. Horst Wenzel, München 1983, S. 11–41.

Soeffner, Hans-Georg, *Auslegung des Alltags – Der Alltag der Auslegung. Zur wissenssoziologischen Konzeption einer sozialwissenschaftlichen Hermeneutik,* unter redaktioneller Mitarbeit von Ludgera Vogt, Frankfurt a.M. 1989.

Soeffner, Hans-Georg, »Überlegungen zur Soziologie des Symbols und des Rituals«, in: *Die Kultur des Rituals. Inszenierungen, Praktiken, Symbole,* hg. v. Christoph Wulf, München 2004, S. 149–176.

Soeffner, Hans-Georg, »Muße – Absichtsvolle Absichtslosigkeit«, in: *Muße im kulturellen Wandel. Semantisierungen, Ähnlichkeiten, Umbesetzungen,* hg. v. Burkhard Hasebrink und Peter Philipp Riedl, Berlin/Boston 2014, S. 34–53.

Soja, Edward W., *Postmoderne Geographies. The Reassertion of Space in Critical Social Theory,* London 1989.

Sonderegger, Ruth, *Für eine Ästhetik des Spiels. Hermeneutik, Dekonstruktion und der Eigensinn der Kunst,* Frankfurt a.M. 2000.

Sonderegger, Stefan, *Althochdeutsche Sprache und Literatur,* 3., durchgesehene und wesentlich erweiterte Auflage, Berlin/New York 2003.

Sosna, Anette, *Fiktionale Identität im höfischen Roman um 1200:* Erec, Iwein, Parzival, Tristan, Stuttgart 2003.

Speckenbach, Klaus, »*Rîter – geselle – herre.* Überlegungen zu Iweins Identität«, in: *Erkennen und Erinnern in Kunst und Literatur. Kolloquium Reisensburg, 4.-7. Januar 1996,* in Verbin-

dung mit Wolfgang Frühwald hg. v. Dietmar Peil, Michael Schilling und Peter Strohschneider, Tübingen 1998, S. 115–146.
Splett, Jörg, »Selbstvergessenheit. Zum Thema Selbstverlust und Selbstgewinn«, in: *GuL* 48 (1975), S. 96–106.
Starkey, Kathryn/Wenzel, Horst, »The Visuality of German Courtly Literature«, in: *Oxford German Studies* 37 (2008), S. 130–159.
Starkey, Kathryn, *A Courtier's Mirror, Cultivating Elite Identity in Thomasin von Zerclaere's* Welscher Gast, Notre Dame, Indiana 2013.
Starobinski, Jean, *Geschichte der Melancholiebehandlung von den Anfängen bis 1900,* Basel 1960.
Stauffer, Marianne, *Der Wald. Zur Darstellung und Deutung der Natur im Mittelalter,* Zürich 1958.
Stebbins, Sara, *Studien zur Tradition und Rezeption der Bildlichkeit in der ›Eneide‹ Heinrichs von Veldeke,* Frankfurt a.M./Bern 1977.
Stegmaier, Werner, *Philosophie der Orientierung,* Berlin/New York 2008.
Stein, Peter K., »Formaler Schmuck und Aussage im ›strophischen‹ Prolog zu Gottfrieds von Straßburg *Tristan*«, in: *Euphorion* 69 (1975), S. 371–387.
Stein, Peter K., »Tristans Schwertleite. Zur Einschätzung ritterlich-höfischer Dichtung durch Gottfried von Straßburg«, in: *DVjs* 51 (1977), S. 300–350.
Stein, Peter K., »Die Musik in Gotfrids von Straßburg *Tristan* – ihre Bedeutung im epischen Gefüge. Vorstudie zu einem Verständnishorizont des Textes«, in: *Sprache – Text – Geschichte,* hg. v. Peter K. Stein, gemeinsam mit Renate Hausner, Gerold Hayer, Franz V. Spechtler und Andreas Weiss, Göppingen 1980, S. 569–694.
Stevens, Adrian, »Memory, Reading and the Renewal of Love: On the Poetics of Invention in Gottfried's *Tristan*«, in: *German Narrative Literature of the Twelfth and Thirteenth Centuries. Studies presented to Roy Wisbey on his Sixty-fifth Birthday,* hg. v. Volker Honemann, Martin H. Jones, Adrian Stevens und David Wells, Tübingen 1994, S. 319–333.
Stierle, Karlheinz, »Cortoisie. Die literarische Erfindung eines höfischen Ideals«, in: *Poetica* 26 (1994), S. 256–283.
Stock, Brian, »Activity, Contemplation, Work and Leisure between the Eleventh and the Thirteenth Centuries«, in: *Arbeit, Muße, Meditation. Betrachtungen zur Vita activa und Vita contemplativa,* hg. v. Brian Vickers, Zürich 1985, S. 87–108.
Stock, Markus, »Das Zelt als Zeichen und Handlungsraum in der hochhöfischen deutschen Epik. Mit einer Studie zu Isenharts Zelt in Wolframs ›Parzival‹«, in: *Innenräume in der Literatur des deutschen Mittelalters, XIX. Anglo-German Colloquium Oxford 2005,* hg. v. Burkhard Hasebrink, Hans-Jochen Schiewer, Almut Suerbaum und Annette Volfing, Tübingen 2008, S. 67–85.
Stock, Markus, »Figur: Zu einem Kernproblem historischer Narratologie«, in: *Historische Narratologie – Mediävistische Perspektiven,* hg. v. Harald Haferland und Matthias Meyer, Berlin/New York 2010, S. 187–203.
Stock, Markus, »Paradoxer Gewinn: Raumpoetik und utopische Anschaulichkeit in Ulrichs von Etzenbach ›Alexander‹-Anhang«, in: *Das Mittelalter 18* (2013), S. 113–128.
Störmer-Caysa, Uta, *Gewissen und Buch. Über den Weg eines Begriffes in die deutsche Literatur des Mittelalters,* Berlin/New York 1998.
Störmer-Caysa, Uta, »Wer ist der Herr der Zeit? Über die Ungewißheit von Übereinkunft in Gottfrieds Tristan«, in: *Poetica* 33 (2001), S. 51–68.
Störmer-Caysa, Uta, *Grundstrukturen mittelalterlicher Erzählungen. Raum und Zeit im höfischen Roman,* Berlin/New York 2007.
Strässle, Thomas, *Gelassenheit. Über eine andere Haltung zur Welt,* München 2013.
Stridde, Christine, »Das Spiel um die *âventiure*. Ein Versuch zu Pennincs und Pieter Vostaerts *Roman van Walewein*«, in: *Höfische Textualität. Festschrift für Peter Strohschneider,* hg. v. Bea-

te Kellner, Ludger Lieb und Stephan Müller, unter Mitarbeit v. Jan Hon und Pia Selmayr, Heidelberg 2015, S. 65–93.

Strittmatter, Ellen, *Poetik des Phantasmas. Eine imaginationstheoretische Lektüre der Werke Hartmanns von Aue,* Heidelberg 2013.

Strohschneider, Peter, *Ritterromantische Versepik im ausgehenden Mittelalter. Studien zu einer funktionsgeschichtlichen Textinterpretation der ›Mörin‹ Hermanns von Sachsenheim sowie zu Ulrich Fuetrers ›Persibein‹ und Maximilians I. ›Teuerdank‹,* Frankfurt a.M. u.a. 1986.

Strohschneider, Peter, *Alternatives Erzählen. Interpretationen zu* Tristan- *und* Willehalm-*Fortsetzungen als Untersuchungen zur Geschichte und Theorie des höfischen Romans,* München 1991.

Strohschneider, Peter, »Die Zeichen der Mediävistik. Ein Diskussionsbeitrag zum Mittelalter-Entwurf in Peter Czerwinskis ›Gegenwärtigkeit‹«, in: *Internationales Archiv für Sozialgeschichte der deutschen Literatur* 20 (1995), S. 173–191.

Strohschneider, Peter, »Kemenate. Geheimnisse höfischer Frauenräume bei Ulrich von dem Türlin und Konrad von Würzburg«, in: *Das Frauenzimmer. Die Frau bei Hofe in Spätmittelalter und früher Neuzeit. 6. Symposium der Residenzen-Kommission der Akademie der Wissenschaften in Göttingen,* veranstaltet in Zusammenarbeit mit dem Deutschen Historischen Institut Paris, dem Sonderforschungsbereich 537 der Technischen Universität Dresden und dem Landesamt für Archäologie des Freistaates Sachsen, Dresden, 26. bis 29. September 1998, hg. v. Jan Hirschbiegel und Werner Paravicini, Stuttgart 2000, S. 29–45.

Strohschneider, Peter, »*âventiure*-Erzählen und *âventiure*-Handeln. Eine Modellskizze«, in: *Im Wortfeld des Textes. Worthistorische Beiträge zu den Beziehungen von Rede und Schrift im Mittelalter,* hg. v. Gerd Dicke, Manfred Eikelmann und Burkhard Hasebrink, Berlin/New York 2006, S. 377–383.

Strohschneider, Peter, »Die Arbeit der anderen. Institutionalisierung und Geschichtlichkeit der höfischen Literatur des deutschen Mittelalters. Ein germanistisches Forschungsprojekt im Rahmen des SFB 537 ›Institutionalität und Geschichtlichkeit‹ an der Technischen Universität Dresden«, vgl. *http://resikom.adw-goettingen.gwdg.de/MRK/MRK9-1.htm* [Zugriff: Januar 2019].

Strohschneider, Peter, »Muße und Wissenschaft. Ein Gespräch mit Burkhard Hasebrink und Peter Philipp Riedl«, in: *Muße im kulturellen Wandel. Semantisierungen, Ähnlichkeiten, Umbesetzungen,* hg. v. Burkhard Hasebrink und Peter Philipp Riedl, Berlin/Boston 2014, S. 69–88.

Strohschneider, Peter, *Höfische Textgeschichten. Über Selbstentwürfe vormoderner Literatur,* Heidelberg 2014.

Stückrath, Jörn, »Figur und Handlung«, in: *Literaturwissenschaft. Ein Grundkurs,* hg. v. Helmut Brackert und Jörn Stückrath, Reinbek 1992.

Szabó, Thomas, »Die Kritik der Jagd. Von der Antike zum Mittelalter«, in: *Jagd und höfische Kultur im Mittelalter,* hg. v. Werner Rösener, Göttingen 1997, S. 167–229.

Tally Jr., Robert T., *Spatiality,* London/New York 2013.

Tappenbeck, Inka, *Phantasie und Gesellschaft. Zur soziologischen Relevanz der Einbildungskraft,* Würzburg 1999.

Tax, Petrus W., »Studien zum Symbolischen in Hartmanns *Erec.* Erecs ritterliche Erhöhung«, in: *WW,* S. 277–288.

Tewes, Joseph (Hg.), *Nichts Besseres zu tun. Über Muße und Müßiggang,* Oelde 1989.

Tewes, Joseph, »Einleitung«, in: *Nichts Besseres zu tun – über Muße und Müßiggang,* hg. v. Joseph Tewes, Oelde 2000, S. 9–24.

Thali, Johanna, »*Quit vult cum Deo semper esse, frequenter debet orare, frequenter et legere.* Formen und Funktionen des Lesens in der klösterlichen Frömmigkeitskultur«, in: *Lesevorgänge.*

Prozesse des Erkennens in mittelalterlichen Texten, Bildern und Handschriften, hg. v. Eckart Conrad Lutz, Martina Backes und Stefan Matter, Zürich 2010, S. 421–458.

Theisohn, Philipp, *Plagiat. Eine unoriginelle Literaturgeschichte,* Stuttgart 2009.

Theunissen, Michael, »Freiheit von der Zeit. Ästhetisches Anschauen als Verweilen«, in: ders., *Negative Theologie der Zeit,* Frankfurt a.M. 1991, S. 285–298.

Theunissen, Michael, »Zeit des Lebens«, in: ders., *Negative Theologie der Zeit,* Frankfurt a.M. 1991, S. 299–320.

Theunissen, Michael, *Vorentwürfe von Moderne. Antike Melancholie und die Acedia des Mittelalters,* Berlin/New York 1996.

Thiébaux, Marcelle, *The Stag of Love. The Chase in Medieval Literature,* London 1974.

Thoss, Dagmar, *Studien zum locus amoenus im Mittelalter,* Wien 1972.

Thurn, Hans Peter, *Der Mensch im Alltag. Grundrisse einer Anthropologie des Alltagslebens,* Stuttgart 1980.

Todtenhaupt, Martin, *Veritas amoris. Die ›Tristan‹-Konzeption Gottfrieds von Straßburg,* Frankfurt a.M./Bern/New York u.a. 1992.

Tomasek, Tomas, *Die Utopie im ›Tristan‹ Gotfrids von Straßburg,* Tübingen 1985.

Tomasek, Tomas, »Zur Poetik des Utopischen im Hoch- und Spätmittelalter«, in: *JOWG* 13 (2001/02), S. 179–193.

Tomasek, Tomas, »Auf der Durchreise durch (das arthurische) Utopia«, in: *Raumerfahrung – Raumerfindung. Erzählte Elten des Mittelalters zwischen Orient und Okzident,* hg. v. Laetita Rimpau und Peter Ihring, Berlin 2005, S. 99–107.

Trachsler, Ernst, *Der Weg im mittelhochdeutschen* Artusroman, Bonn 1979.

Trier, Jost, »Gotfrid von Straßburg«, in: *Die Welt als Geschichte* 7 (1941), S. 72–83.

Trinca, Beatrice, »Dichter als inspirierte Handwerker? Bligger von Steinach und Gottfried von Straßburg«, in: *Konzepte von Produktivität im Wandel vom Mittelalter in die Frühe Neuzeit,* hg. v. Corinna Laude und Gilbert Heß, Berlin 2008, S. 45–65.

Turner, Victor, *Das Ritual. Struktur und Anti-Struktur,* Frankfurt a.M. 2005 (Erstausgabe 1969).

Uhlig, Claus, *Hofkritik im England des Mittelalters und der Renaissance. Studien zu einem Gemeinplatz der europäischen Moralisitik,* Berlin/New York 1973.

Unger, Otto, »Bemerkungen zu einer neuen ›Willehalm‹-Übersetzung«, in: *Wolfram-Studien* XII (1992), S. 194–198.

Unzeitig, Monika, »Konstruktion von Autorschaft und Werkgenese im Gespräch mit Publikum und Feder«, in: *Formen und Funktionen von Redeszenen in der mittelhochdeutschen Großepik,* hg. v. Nine Miedema und Franz Hundsnurscher, Tübingen 2007, S. 89–101.

Urban, Melanie, *Kulturkontakt im Zeichen der Minne. Die* Arabel *Ulrichs von dem Türlin,* Frankfurt a.M. 2007.

Uttenreuther, Melanie, *Die (Un)ordnung der Geschlechter. Zur Interdependenz von Passion, Gender und Genre in Gottfrieds von Straßburg Tristan,* Bamberg 2009.

van den Abeele, Baudouin, *La Fauconnerie dans les lettres françaises du XIIe au XIVe Siècle,* Leuven 1990.

van Gennep, Arnold, *Übergangsriten (Les rites de passage),* aus d. Franz. v. Klaus Schomburg u. Sylvia M. Schomburg-Scherff, mit einem Nachw. v. Sylvia Schomburg-Scherff, Frankfurt a.M./New York 1986 (franz. Erstausgabe 1981).

van Laak, Lothar, »Literarisches Wahrnehmen – ästhetisches Handeln. Zum Stellenwert der Aufmerksamkeit im Prozeß der Aisthesis«, in: *Wahrnehmen und Handeln. Perspektiven einer Literaturanthropologie,* hg. v. Wolfgang Braungart, Klaus Ridder und Friedmar Apel, Bielefeld 2004, S. 193–217.

Veblen, Thorstein, »Freizeit und Elite«, in: *Soziologie der Freizeit,* hg. v. Erwin K. Scheuch und Rolf Meyersohn, Köln 1972, S. 46–55.

Veblen, Thorstein, *Theorie der feinen Leute. Eine ökonomische Untersuchung der Institutionen,* 2. Auflage, Frankfurt a.M. 2011 (amerik. Erstausgabe 1899.)

Vickers, Brian, »Leisure and idleness in the Renaissance: the ambivalence of otium«, in: *Renaissance Studies* 4 (1990), Part I S. 1–37 und Part II S. 107–154.

Villena, Almudena Otero, *Zeitauffassung und Figurenidentität im ›Daniel von dem Blühenden Tal‹ und ›Gauriel von Muntabel‹,* Göttingen 2007.

Virilio, Paul, *Rasender Stillstand,* aus dem Französischen von Bernd Wilczek, Frankfurt a.M. 1997.

Virilio, Paul, *Der große Beschleuniger,* aus dem Französischen von Paul Maercker, Wien 2012.

Voegelin, Eric, »*Homo ludens.* Eine Besprechung«, in: Johan Huizinga, *Das Spielelement der Kultur. Spieltheorien nach Johan Huizinga von Georges Bataille, Roger Caillois und Eric Voegelin,* hg. und mit einem Vor- sowie einem Nachwort von Knut Ebeling, Berlin 2014, S. 46–58.

Vogl, Joseph, *Über das Zaudern,* Zürich/Berlin 2007, Neuauflage 2014.

Vogt, Ludgera, »Ehre in traditionalen und modernen Gesellschaften. Eine soziologische Analyse des ›Imaginären‹ am Beispiel zweier literarischer Texte«, in: *Ehre. Archaische Momente in der Moderne,* hg. v. Ludgera Vogt und Arnold Zingerle, Frankfurt a.M. 1994, S. 291–314.

Volfing, Annette, »Gottfried's *huote-Excursus (Tristan* 17817–18114)«, in: *Medium Aevum* 67 (1998), S. 85–103.

Völker, Ludwig, *Die Terminologie der mystischen Bereitschaft in Meister Eckharts deutschen Predigten und Traktaten,* Tübingen 1964, bes. S. 80–91.

Völker, Ludwig, »›Gelassenheit‹. Zur Entstehung des Wortes in der Sprache Meister Eckharts und seiner Überlieferung in der nacheckhartschen Mystik bis Jacob Böhme«, in: *›Getempert und gemischet‹ für Wolfgang Mohr zum 65. Geburtstag von seinen Tübinger Schülern,* Göppingen 1972, S. 281–312.

Völker, Ludwig, *Langeweile. Untersuchungen zur Vorgeschichte eines literarischen Motivs,* München 1975.

Volkmann, Berndt, »*Costumiers est de dire mal.* Überlegungen zur Funktion des Streites und zur Rolle Keies in der Pfingstfestszene in Hartmanns *Iwein*«, in: bickelwort *und* wildliu mære. *Festschrift für Eberhard Nellmann zum 65. Geburtstag,* hg. v. Dorothee Lindemann, Berndt Volkmann und Klaus-Peter Wegera, Göppingen 1995, S. 95–108.

von Ertzdorff, Xenja, »Höfische Freundschaft«, in: *Der Deutschunterricht* 14 (1962), S. 35–51.

von Kujawa, Gerhard, *Ursprung und Sinn des Spiels. Eine kleine Flugschrift versehen mit Randbemerkungen eines Schildbürgers,* Köln 1949.

von Matt, Peter, *Liebesverrat. Die Treulosen in der Literatur,* München 1989, 3. Auflage 1996.

von Moos, Peter, »Krise und Kritik der Institutionalität. Die mittelalterliche Kirche als ›Anstalt‹ und ›Himmelreich auf Erden‹«, in: *Institutionalität und Symbolisierung. Verstetigung kultureller Ordnungsmuster in Vergangenheit und Gegenwart,* hg. v. Gert Melville, im Auftrag des Sonderforschungsbereichs 537, Köln/Weimar/Wien 2001, S. 293–340.

von See, Klaus, »Held und Kollektiv«, in: *ZfdA* 122 (1993), S. 1–35.

von Wulffen, Barbara, *Der Natureingang in Minnesang und frühem Volkslied,* München 1963.

Voß, Rudolf, *Die Artusepik Hartmanns von Aue. Untersuchungen zum Wirklichkeitsbegriff und zur Ästhetik eines literarischen Genres im Kräftefeld von soziokulturellen Normen und christlicher Anthropologie,* Köln/Wien 1983.

Voßkamp, Wilhelm, »Literaturwissenschaft und Kulturwissenschaften«, in: *Interpretation 2000: Positionen und Kontroversen. Festschrift zum 65. Geburtstag von Horst Steinmetz,* hg. v. Henk de Berg und Matthias Prangel, Heidelberg 1999, S. 183–199.

Wachinger, Burghart, »Geistliche Motive und geistliche Denkformen in Gottfrieds *Tristan*«, in: *Der Tristan Gottfrieds von Straßburg. Symposion Santiago de Compostela, 5.-8. April 2000,* hg. v. Christoph Huber und Victor Millet, Tübingen 2002, S. 243–255.

Wagner, Kirsten, »Raum und Raumwahrnehmung. Zur Vorgeschichte des ›Spatial Turn‹«, in: *Möglichkeitsräume. Zur Performativität von sensorischer Wahrnehmung,* hg. v. Christina Lechtermann, Kirsten Wagner und Horst Wenzel, Berlin 2007, S. 13–22.

Waldenfels, Bernhard, *Topographie des Fremden. Studien zur Phänomenologie des Fremden 1,* Frankfurt a.M. 1997.

Waldenfels, Bernhard, *Phänomenologie der Aufmerksamkeit,* Frankfurt a.M. 2004.

Waldenfels, Bernhard, *Grundmotive einer Phänomenologie des Fremden,* Frankfurt a.M. 2006.

Waldenfels, Bernhard, »Topographie der Lebenswelt«, in: *Topologie. Zur Raumbeschreibung in den Kultur- und Medienwissenschaften,* hg. v. Stephan Günzel, Bielefeld 2007, S. 69–84.

Waldenfels, Bernhard, »Spielräume des Möglichen und Überschüsse des Unmöglichen«, in: *Unmöglichkeiten,* hg. v. Ingolf U. Dalferth, Philipp Stoellger und Andreas Hunziker, Tübingen 2009, S. 3–20.

Waldenfels, Bernhard, *Sinne und Künste im Wechselspiel. Modi ästhetischer Erfahrung,* Frankfurt a.M. 2010.

Wandhoff, Haiko, »*âventiure* als Nachricht für Augen und Ohren. Zu Hartmanns von Aue ›Erec‹ und ›Iwein‹«, in: *ZfdPh* 113 (1994), S. 1–22.

Wandhoff, Haiko, »Gefährliche Blicke und rettende Stimmen. Eine audiovisuelle Choreographie von Minne und Ehe in Hartmanns ›Erec‹«, in: *›Aufführung‹ und ›Schrift‹ in Mittelalter und Früher Neuzeit,* hg. v. Jan-Dirk Müller, Stuttgart/Weimar 1996, S. 170–189.

Wandhoff, Haiko, »Strickers ›Daniel von dem Blühenden Tal‹: ein komischer Artusroman im frühen 13. Jahrhundert?«, in: *Komische Gegenwelten. Lachen und Literatur in Mittelalter und Früher Neuzeit,* hg. v. Werner Röcke und Helga Neumann, Paderborn 1999, S. 47–62.

Wandhoff, Haiko, »Iweins guter Name. Zur medialen Konstruktion von adliger Ehre und Identität in den Artusromanen Hartmanns von Aue«, in: *Mittelalter. Neue Wege durch einen alten Kontinent,* hg. v. Jan-Dirk Müller und Horst Wenzel, Stuttgart/Leipzig 1999, S. 111–126.

Wandhoff, Haiko, »*Künec, vernemt von mir!* Zur Problematik des ehrenhaften Erzählens von der eigenen Person im Artusroman«, in: *Situationen des Erzählens. Aspekte narrativer Praxis im Mittelalter,* hg. v. Ludger Lieb und Stephan Müller, Berlin/New York 2002, S. 123–142.

Wandhoff, Haiko, *Ekphrasis. Kunstbeschreibungen und virtuelle Räume in der Literatur des Mittelalters,* Berlin/New York 2003.

Wandhoff, Haiko, »Das geordnete Welt-Bild im Text. Enites Pferd und die Funktionen der Ekphrasis im *Erec* Hartmanns von Aue«, in: *Ordnung und Unordnung in der Literatur des Mittelalters,* hg. v. Wolfgang Harms, C. Stephen Jaeger und Horst Wenzel, Berlin 2003, S. 45–60.

Wandhoff, Haiko, »In der Klause des Herzens. Allegorische Konzepte des inneren Menschen in mittelalterlichen Architekturbeschreibungen«, in: anima *und* sêle. *Darstellungen und Systematisierungen von Seele im Mittelalter,* hg. v. Katharina Philipowski und Anne Prior, Berlin 2006, S. 145–163.

Wandhoff, Haiko, »Imaginäre Kopfreisen in die Wunderwelt der *âventiure,* oder: Wenn das Sehen zur Allegorie des Lesens wird. Neue Überlegungen zu Hartmanns *Erec* und *Iwein*«, in: *Sehen und Sichtbarkeit in der Literatur des deutschen Mittelalters, XXI. Anglo-German Colloquium London 2009,* hg. v. Ricarda Bauschke, Sebastian Coxon und Martin H. Jones, Berlin 2011, S. 141–159.

Wapnewski, Peter, *Hartmann von Aue,* Stuttgart 1979.

Warning, Rainer, »Heterogenität des Erzählten – Homogenität des Erzählens. Zur Konstitution des höfischen Romans bei Chrétien de Troyes«, in: *Wolfram-Studien* V (1979), S. 79–95.

Warning, Rainer: »Formen narrativer Identitätskonstitution im höfischen Roman«, in: *Identität,* hg. v. Odo Marquard und Karlheinz Stierle, 2., unveränderte Auflage, München 1996, S. 553–589.

Warning, Rainer, *Die Phantasie der Realisten,* München 1999.

Warning, Rainer, »Erzählen im Paradigma. Kontingenzbewältigung und Kontingenzexposition«, in: *Romanistisches Jahrbuch* 52 (2001), S. 176–209.

Warning, Rainer, »Die narrative Lust an der List: Norm und Transgression im *Tristan*«, in: *Transgressionen. Literatur als Ethnographie,* hg. v. Gerhard Neumann und Rainer Warning, Freiburg i.Br. 2003, S. 175–212.

Warning, Rainer, *Heterotopien als Räume ästhetischer Erfahrung,* München/Paderborn 2009.

Weber, Gottfried, *Gottfrieds von Straßburg Tristan und die Krise des hochmittelalterlichen Weltbildes um 1200,* Bd. 1, Stuttgart 1953.

Wegera, Klaus-Peter, »›*mich enhabe diu âventiure betrogen*‹. Ein Beitrag zur Wort- und Begriffsgeschichte von *âventiure* im Mittelhochdeutschen«, in: *Das Wort. Seine strukturelle und kulturelle Dimension. Festschrift für Oskar Reichmann zum 65. Geburtstag,* hg. v. Vilmos Ágel, Andreas Gardt, Ulrike Haß-Zumkehr und Thorsten Roelcke, Tübingen 2002, S. 229–244.

Wehrli, Max, »Iweins Erwachen«, in: *Hartmann von Aue,* hg. v. Hugo Kuhn und Christoph Cormeau, Darmstadt 1973, S. 491–510 (zuvor abgedruckt in: *Geschichte, Deutung, Kritik. Literaturwissenschaftliche Beiträge, dargebracht zum 65. Geburtstag Werner Kohlschmidts,* hg. v. Maria Bindschedler und Paul Zinsli, Bern 1969, S. 64–78).

Wehrli, Max, *Wolframs ›Titurel‹,* Opladen 1974.

Weick, Reiner, *Der Habicht in der deutschen Dichtung des 12. bis 16. Jahrhunderts,* Göppingen 1993.

Weigel, Sigrid, »Zum ›topographical turn‹. Kartographie, Topographie und Raumkonzepte in den Kulturwissenschaften«, in: *KulturPoetik* 2 (2002), S. 151–165.

Weischedel, Wilhelm, »Von der Gelassenheit«, in: ders., *Philosophische Grenzgänge. Vorträge und Essays,* Stuttgart/Berlin/Köln u.a. 1967, S. 111–115.

Welskopf, Elisabeth Charlotte, *Probleme der Musse im alten Hellas,* Berlin 1962.

Welz, Dieter, »Glück und Gesellschaft in den Artusromanen Hartmanns von Aue und im ›Tristan‹ Gottfrieds von Straßburg«, in: *Acta Germanica* 6 (1971), S. 11–40.

Wennerhold, Markus, *Späte mittelhochdeutsche Artusromane. ›Lanzelet‹, ›Wigalois‹, ›Daniel von dem Blühenden Tal‹, ;Diu Crône‹. Bilanz der Forschung 1960–2000,* Würzburg 2005.

Wenzel, Franziska, »Keie und Kalogrenant. Zur kommunikativen Logik höfischen Erzählens in Hartmanns *Iwein*«, in: *Literarische Kommunikation und soziale Interaktion. Studien zur Institutionalität mittelalterlicher Literatur,* hg. v. Beate Kellner, Ludger Lieb und Peter Strohschneider, Frankfurt a. M. 2001, S. 89–109.

Wenzel, Franziska, »Von Schwellentexten und anderen Beobachtern. Überlegungen zu den Bedingungen und Modalitäten höfischer Rezeption, vorgeführt am ›Iwein‹ Hartmanns von Aue«, in: *Akten des X. Internationalen Germanistenkongresses Wien 2000. ›Zeitenwende – Die Germanistik auf dem Weg vom 20. ins 21. Jahrhundert‹,* hg. v. Peter Wiesinger, unter Mitarbeit v. Hans Derkits, Bd. 5, Berlin/Bruxelles/Frankfurt a.M. u.a. 2002, S. 95–102.

Wenzel, Franziska, *Meisterschaft im Prozess. Der Lange Ton Frauenlobs – Texte und Studien. Mit einem Beitrag zu vormoderner Textualität und Autorschaft,* Berlin 2012.

Wenzel, Horst, »*Ze hove* und *ze holze* – *offenlîch* und *tougen.* Zur Darstellung und Deutung des Unhöfischen in der höfischen Epik und im Nibelungenlied«, in: *Höfische Literatur. Hofgesellschaft. Höfische Lebensformen um 1200, Kolloquium am Zentrum für Interdisziplinäre Forschung der Universität Bielefeld (3. bis 5. November 1983),* hg. v. Gert Kaiser und Jan-Dirk Müller, Düsseldorf 1986, S. 277–300.

Wenzel, Horst, »Negation und Doppelung. Poetische Experimentalformen von Individualgeschichte im ›Tristan‹ Gottfrieds von Straßburg«, in: *Wege in die Neuzeit,* hg. v. Thomas Cramer, München 1988, S. 229–269.

Wenzel, Horst, »Öffentlichkeit und Heimlichkeit in Gottfrieds ›Tristan‹«, in: *ZfdPh* 107 (1988), S. 335–361.

Wenzel, Horst, »Melancholie und Inspiration. Walther von der Vogelweide L. 8,4f. Zur Entwicklung des europäischen Dichterbildes«, in: *Walther von der Vogelweide. Beiträge zu Leben und Werk,* hg. v. Hans-Dieter Mück, Stuttgart 1989, S. 133–153.

Wenzel, Horst, »Repräsentation und schöner Schein am Hof und in der höfischen Literatur«, in: *Höfische Repräsentation. Das Zeremoniell und die Zeichen,* hg. v. Hedda Ragotzky und Horst Wenzel, Tübingen 1990, S. 171–208.

Wenzel, Horst, *Hören und Sehen, Schrift und Bild, Kultur und Gedächtnis im Mittelalter,* München 1995.

Wenzel, Horst, »*Jâ unde nein sint beidiu dâ.* Zu konfligierenden Ehrvorstellungen am Hof und in der höfischen Dichtung«, in: *Verletzte Ehre. Ehrkonflikte in Gesellschaften des Mittelalters und der Frühen Neuzeit,* hg. v. Klaus Schreiner und Gerd Schwerhoff, Köln/Weimar/Wien 1995, S. 339–360.

Wenzel, Horst, »Wilde Blicke. Zur unhöfischen Wahrnehmung von Körpern und Schriften«, in: *L'Homme. Zeitschrift für Feministische Geschichtswissenschaft* 8 (1997), S. 257–271.

Wenzel, Horst, »Einsamkeit und Dialog. Zum Spektrum der Vereinzelung in der höfischen Dichtung«, in: *Einsamkeit. Archäologie der literarischen Kommunikation VI,* hg. v. Aleida und Jan Assmann, München 2000, S. 247–264.

Wenzel, Horst, »Augenzeugenschaft und episches Erzählen. Visualisierungsstrategien im Nibelungenlied«, in: *6. Pöchlarner Heldenliedgespräch. 800 Jahre Nibelungenlied. Rückblick – Einblick – Ausblick,* hg. v. Klaus Zatloukal, Wien 2001, S. 215–234.

Wenzel, Horst, »Der Dichter und der Bote. Zu den Illustrationen der Vorrede in den Bilderhandschriften des ›Welschen Gastes‹ von Thomasin von Zerclaere«, in: *Beweglichkeit der Bilder,* hg. v. Horst Wenzel und Christina Lechtermann, Köln/Weimar/Wien 2002, S. 82–103.

Wenzel, Horst, »Schwert, Saitenspiel und Feder«, in: *Literarisches Leben. Rollenentwürfe in der Literatur des Hoch- und Spätmittelalters. Festschrift für Volker Mertens zum 65. Geburtstag,* hg. v. Matthias Meyer und Hans-Jochen Schiewer, Tübingen 2002, S. 853–870.

Wenzel, Horst, »Repräsentation«, in: *Reallexikon der deutschen Literaturwissenschaft,* Neubearbeitung des Reallexikons der deutschen Literaturgeschichte, hg. v. Jan-Dirk Müller u.a., Berlin/New York 2003, Bd. 3, S. 269–271.

Wenzel, Horst, »Zum Stand der Germanistischen Mediävistik im Spannungsfeld von Textphilologie und Kulturwissenschaft«, in: *Mediävistik im 21. Jahrhundert. Stand und Perspektiven der internationalen und interdisziplinären Mittelalterforschung,* hg. v. Hans-Werner Goetz und Jörg Jarnut, München 2003, S. 149–160.

Wenzel, Horst, *Höfische Repräsentation. Symbolische Kommunikation und Literatur im Mittelalter,* Darmstadt 2005.

Wenzel, Horst, *Spiegelungen. Zur Kultur der Visualität im Mittelalter,* Berlin 2009.

Wenzel, Siegfried, *The Sin of Sloth: Acedia in medieval thought and literature,* Chapel Hill 1967 (Erstausgabe 1960).

Wessel, Franziska, *Probleme der Metaphorik und die Minnemetaphorik in Gottfrieds von Straßburg ›Tristan und Isolde‹,* München 1984.

Wetzel, René, »*Dûr daz wort, in daz wort, an daz wort.* Die Engelberger Lesepredigten zwischen *lectio, meditatio, contemplatio* und Mystagogik«, in: *Lesevorgänge. Prozesse des Erkennens in mittelalterlichen Texten, Bildern und Handschriften,* hg. v. Eckart Conrad Lutz, Martina Backes, Stefan Matter, Zürich 2010, S. 403–420.

Wetzel, René, »Erkennen und Verkennen. Schattenwurf und Spiegelbild in mittelalterlichen Tristandichtungen und -bildzeugnissen«, in: *LiLi* 180 (2015), S. 45–66.

Wharton, Janet, »*Daz lebende paradis?* A Consideration of the Love of Tristan und Isot in the Light of the huote-Discourse«, in: *Gottfried von Straßburg and the Medieval Tristan Legend. Papers from an Anglo-North American Symposium,* hg. v. Adrian Stevens, Rox Albert Wisbey, Cambridge 1990, S. 143–154.

Wieland, Magnus, »Bücherspektren: die Bibliothek als ›verwunschener‹ Ort«, in: *Verwunschene Orte. Raumfiktionen zwischen Paradies und Hölle,* hg. v. Andreas Mauz und Ulrich Weber, Göttingen 2014, S. 203–228.

Willms, Eva, »*Der lebenden brôt.* Zu Gottfried von Straßburg ›Tristan‹ 238 (240)«, in: *ZfdA* 123 (1994), S. 19–44.

Wirth, Uwe, »Der Performanzbegriff im Spannungsfeld von Illokution, Iteration und Indexikalität«, in: *Performanz. Zwischen Sprachphilosophie und Kulturwissenschaften,* hg. v. Uwe Wirth, Frankfurt a.M. 2002, S. 9–60.

Wittgenstein, Ludwig, *Tractatus logico-philosophicus,* Frankfurt a.M. 1963.

Wittmann, Marc, *Wenn die Zeit stehen bleibt. Kleine Psychologie der Grenzerfahrung,* München 2015.

Wodtke, Friedrich Wilhelm, »Die Allegorie des ›inneren Paradieses‹ bei Bernhard von Clairvaux, Honorius Augustodunensis, Gottfried von Straßburg und in der deutschen Mystik«, in: *Festschrift Josef Quint anläßlich seines 65. Geburtstags überreicht,* hg. v. Hugo Moser, Rudolf Schützeichel und Karl Stackmann, Bonn 1964, S. 277–290.

Wolf, Alois, »Zu Gottfrieds literarischer Technik«, in: *Sprachkunst als Weltgestaltung. Festschrift für Herbert Seidler,* hg. v. Adolf Haslinger, Salzburg/München 1966, S. 384–409.

Wolf, Alois, »Die Klagen der Blanscheflur. Zur Fehde zwischen Wolfram von Eschenbach und Gottfried von Straßburg«, in: *Gottfried von Straßburg* , hg. v. Alois Wolf, Darmstadt 1973, S. 392–413 (zuvor abgedruckt in: *ZfdPh* 85 (1966), S. 66–82).

Wolf, Alois, »Gottfrieds Dichterschau als Versuch einer Neubegründung der deutschen Literatur aus dem Geist der Mythe von Tristan und Isolde«, in: *Festschrift für Ingo Reiffenstein zum 60. Geburtstag,* hg. v. Peter K. Stein, Andreas Weiss und Gerold Hayer, Göppingen 1988, S. 397–424.

Wolf, Alois, *Gottfried von Straßburg und die Mythe von Tristan und Isolde,* Darmstadt 1989.

Wolf, Gerhard, »Verborgene Kalküle. Pierre Bourdieus ›Reflexive Anthropologie‹, Erecs und Iweins Habitus und die ›Conditio humana‹ des Interpreten«, in: *Text und Kultur. Mittelalterliche Literatur 1150–1450. DFB-Symposium 2000,* hg. v. Ursula Peters, Stuttgart/Weimar 2001, S. 215–244.

Wolf, Jürgen, »*hövesch.* Verwirrende Beobachtungen zur Genese der deutschen Hofkultur«, in: *Mittelhochdeutsch. Beiträge zur Überlieferung, Sprache und Literatur. Festschrift für Kurt Gärtner zum 75. Geburtstag,* hg. v. Ralf Plate und Martin Schubert, zusammen mit Michael Embach, Martin Przybilski und Michael Trauth, Berlin/Boston 2011, S. 356–374.

Wolfzettel, Friedrich, »Doppelweg und Biographie«, in: *Erzählstrukturen der Artusliteratur. Forschungsgeschichte und neue Ansätze,* hg. v. Friedrich Wolfzettel und Peter Ihring, Tübingen 1999, S. 119–141.

Wolfzettel, Friedrich, »Der defiziente arthurische Körper: Nacktheit als Gattungs-Paradigma«, in: *Körperkonzepte im arthurischen Roman,* hg. v. Friedrich Wolfzettel, Tübingen 2007, S. 201–230.

Worstbrock, Franz Josef, »Der Zufall und das Ziel. Über die Handlungsstruktur in Gottfrieds ›Tristan‹«, in: *Fortuna,* hg. v. Walter Haug und Burghart Wachinger, Tübingen 1995, S. 34–51.

Worstbrock, Franz Josef, »Wiedererzählen und Übersetzen«, in: *Mittelalter und frühe Neuzeit. Übergänge, Umbrüche und Neuansätze,* hg. v. Walter Haug, Tübingen 1999, S. 128–142.

Wulf, Christoph/Zirfas, Jörg, »Die performative Bildung von Gemeinschaften. Zur Hervorbringung des Sozialen in Ritualen und Ritualisierungen«, in: *Paragrana* 10 (2001), S. 93–116.

Wulf, Christoph/Zirfas, Jörg (Hg.), *Muße, Paragrana* 16 (2007).

Wulf, Christoph/Zirfas, Jörg, »Die Muße. Vergessene Zusammenhänge einer idealen Lebensform«, in: *Muße, Paragrana* 16 (2007), S. 9–11.

Wulf, Christoph, »Rituale. Spiel, Mimesis, Performativität«, in: *Spiel,* hg. v. Alfred Schäfer und Christiane Thompson, Paderborn 2014, S. 99–127.

Wyss, Ulrich, »Selbstkritik des Erzählers. Ein Versuch über Wolframs Titurelfragment«, in: *ZfdA* 103 (1974), S. 249–289.
Wyss, Ulrich, »Über Vergnügen und Missvergnügen an Erzählungen vom Wunderbaren«, in: *Das Wunderbare in der arthurischen Literatur. Probleme und Perspektiven,* hg. v. Friedrich Wolfzettel, Tübingen 2003, S. 129–139.
Young, Christopher, »Literaturtheorie bei Gottfried von Straßburg: Fiktion, Religion und Rhetorik«, in: *Wolfram-Studien* XV (1998), S. 125–210.
Young, Christopher, »Der Minnetrank als Literarisierungsprozeß bei Gottfried von Straßburg«, in: *Der ›Tristan‹ Gottfrieds von Straßburg. Symposion Santiago de Compostela, 5. bis 8. April 2000,* hg. v. Christoph Huber und Victor Millet, Tübingen 2002, S. 257–279.
Zaborowski, Holger, *Spielräume der Freiheit. Zur Hermeneutik des Menschseins,* 2. Auflage, Freiburg/München 2009.
Zirfas, Jörg, »Muße und Melancholie«, in: *Paragrana* 16 (2007), S. 146–157.
Zotz, Thomas, »Unterhaltung/Zeitvertreib«, in: *Höfe und Residenzen im spätmittelalterlichen Reich. Bilder und Begriffe,* hg. v. Werner Paravicini, bearb. v. Jan Hirschbiegel und Jörg Wettlaufer, Residenzenforschung 15 II, Teilbd. 1: Begriffe, Ostfildern 2005, S. 195–198.
Zotz, Thomas, »Spiele«, in: *Höfe und Residenzen im spätmittelalterlichen Reich. Bilder und Begriffe,* hg. v. Werner Paravicini, bearb. v. Jan Hirschbiegel und Jörg Wettlaufer, Residenzenforschung 15 II, Teilbd. 1: Begriffe, Ostfildern 2005, S. 207–210.
Zudrell, Lena, »Gawein und die historische Narratologie. Zur Rede von Figuren am Beispiel von Hartmanns von Aue *Erec* und *Iwein*«, in: *Aktuelle Tendenzen der Artusforschung,* hg. v. Brigitte Burrichter, Matthias Däumer, Cora Dietl u.a., Berlin 2013, S. 101–112.
Zumthor, Paul, *La mesure du monde. Représentation de l'espace au moyen âge,* Paris 1993.
Zunkel, Friedrich, »Ehre, Reputation«, in: *Geschichtliche Grundbegriffe. Historisches Lexikon zur politisch-sozialen Sprache in Deutschland,* hg. v. Otto Brunner, Werner Conze, Reinhart Koselleck, Bd. 2 E-G, Stuttgart 1975, S. 1–64.

Register

Sachregister

Es werden nicht alle Vorkommen eines Lemmas gelistet, sondern nur besonders relevante Nennungen. Kursiv gesetzte Angaben beziehen sich auf Fußnoten.

Namensregister

Die Stellenangaben sind nicht vollständig; Hartmann von Aue sowie Gottfried von Straßburg bestimmen freilich den gesamten Text. Literarische Figuren sind nicht in das Register aufgenommen. Kursiv gesetzte Angaben beziehen sich auf Fußnoten.

Otium

Studien zur Theorie und Kulturgeschichte der Muße

Herausgegeben von
Elisabeth Cheauré, Gregor Dobler, Monika Fludernik,
Hans W. Hubert und Peter Philipp Riedl

In der Schriftenreihe *Otium* des Freiburger Sonderforschungsbereichs 1015 „Muße" erscheinen Monografien und Sammelbände, die sich mit der Bedeutung, der kulturellen Form und der gesellschaftlichen Rolle von Muße befassen. Muße wird dabei als ein freies und aus der Produktionslogik herausgenommenes Verweilen verstanden, das aber vielfach Voraussetzung von Arbeit und Produktivität bleibt.

Die Schriften der Reihe untersuchen Muße konzeptuell und anhand unterschiedlicher historischer wie gesellschaftlicher Kontexte. Die Beiträge verstehen Muße nicht als idyllischen Rückzugsraum, sondern als ein Feld, in dem wesentliche Fragen dieser Disziplinen der Untersuchung zugänglich werden – von der phänomenologischen Bestimmung unseres Verhältnisses zur Welt über die Analyse von Autorschaft und Kreativität bis zur stets neu verhandelten Spannung zwischen individueller Freiheit einerseits, gesellschaftlich zugeschriebenen Rollen und Erwartungen andererseits. Ziel der Reihe ist es damit auch, durch die Untersuchung des Phänomens „Muße" einen Beitrag zur Analyse der heutigen Arbeitsgesellschaft und ihrer Aporien zu leisten.

Alle Bände dieser Reihe werden durch einen Beirat begutachtet. Die Reihe steht auch Autorinnen und Autoren außerhalb des Sonderforschungsbereichs offen.

ISSN: 2367-2072
Zitiervorschlag: Otium
Alle lieferbaren Bände finden Sie unter *www.mohrsiebeck.com/otium*

Mohr Siebeck
www.mohrsiebeck.com